中国石油化工集团有限公司

CHINA PETROCHEMICAL CORPORATION YEARBOOK

《中国石油化工集团有限公司年鉴》编委会　编

中国石化出版社

图书在版编目（CIP）数据

中国石油化工集团有限公司年鉴．2019 /《中国石油化工集团有限公司年鉴》编委会编．— 北京：中国石化出版社，2019.10
ISBN 978-7-5114-0970-6

Ⅰ．①中… Ⅱ．①中… Ⅲ．①石油化工厂—中国—2019 —年鉴 Ⅳ．① F426.22-54

中国版本图书馆 CIP 数据核字（2019）第 215195 号

中国石化出版社出版发行
地址：北京市东城区安定门外大街58号
邮编：100011　电话：（010）57512500
发行部电话：（010）57512575
http：//www. sinopec-press. com
E-mail：press@ sinopec. com
北京科信印刷有限公司印刷

*

787 × 1092 毫米　16 开本　50 印张　46 彩页　1369 千字
2019 年 10 月第 1 版　2019 年 10 月第 1 次印刷
定价：330.00 元

《中国石油化工集团有限公司年鉴》2019 年卷

编　委　会

《中国石油化工集团有限公司年鉴》2019 年卷
编　辑　部

地　　址：北京市东城区安定门外大街 58 号

邮政编码：100011

电　　话：（010）57512413　57512414

电子信箱：chengqz@sinopec.com

The Editorial Department of

《CHINA PETROCHEMICAL CORPORATION YEARBOOK》

Add：58 Anwai Street, Dongcheng District, Beijing China

P.C：100011

Tel：+86-10-57512413/57512414

Email：chengqz@sinopec.com

编 辑 说 明

一、《中国石油化工集团有限公司年鉴》（简称《年鉴》）是中国石油化工集团有限公司正式对外公布一定时期生产、经营、财务状况及有关数据资料的权威性出版物，向国内外公开发行。《年鉴》从1988年问世至今，已出版24卷。2019年卷《年鉴》为第25卷。

二、2019年卷《年鉴》全面、系统地记述了2018年集团公司在生产经营、深化改革、科技创新和企业管理等各方面的基本情况和重大事项，图文并茂，直观反映了集团公司及其所属企事业单位的新变化、新成果，为各级领导科学决策和科学管理提供依据，为集团公司内部和社会各界人士了解集团公司提供翔实、可靠、可鉴资料。

三、2019年卷《年鉴》新设“资本与金融业务管理”栏目，共设29个栏目：大事记、总述、境内油气勘探开发、境内石油工程、炼油生产、化工生产、境内炼化工程、产品销售、资本与金融业务管理、国际化经营、重点工程建设、公用工程、安全生产、绿色低碳、科研开发与管理、企业改革与管理、财务资产管理、人事管理、物资采购与管理、“两化”融合、法律管理、内部监督、矿区（社区）建设、企业党建与企业文化、新闻与出版、企事业单位、人物、统计资料、附录。为便于读者查阅和检索，文前附中、英文目录，书后附企事业单位主题词索引和表题索引。

四、《年鉴》所收录的数据表中，空格表示该项统计数据不详，“—”表示无该项统计数据，“…”表示该项数据不足本表最小单位数。

五、《年鉴》中，“中国石油化工集团有限公司”简称“集团公司”，“中国石油化工股份有限公司”简称“股份公司”，两者统称“中国石化”。

六、《年鉴》中插图由各单位提供，图片版权归各单位所有。

七、在《年鉴》的编纂和出版过程中，承蒙有关单位领导、专家、管理人员的大力支持和帮助，在此，谨向为《年鉴》提供稿件和资料、对稿件进行审读把关以及给予《年鉴》各种帮助的人士，致以诚挚的谢意。对2019年卷《年鉴》存在的缺点和疏漏，诚请广大读者批评指正。

《中国石油化工集团有限公司年鉴》编辑部

2019年8月

董事长致辞

2018年是贯彻党的十九大精神开局之年，也是公司决胜全面可持续发展的起步之年。面对错综复杂的国际环境和艰巨繁重的改革发展任务，在以习近平同志为核心的党中央坚强领导下，公司各级领导班子团结带领广大干部员工，自觉以习近平新时代中国特色社会主义思想和党的十九大精神为指引，坚决贯彻党中央、国务院决策部署，坚持稳中求进工作总基调，按照高质量发展要求，贯彻“四个坚持”兴企方略和“改革、管理、创新、发展”工作方针，承压而上、奋勇向前，成功应对各种风险和挑战，公司发展总体呈现稳中有进、稳中提质、稳中向好势头。全年实现营业收入2.94万亿元、同比（下同）增长22.5%，实现利润967.38亿元（税前）、增长66.2%，实现税费3 581亿元。

一年来，我们围绕稳增长保效益，精心优化生产经营。国内上游稳油增气降本取得实效，生产原油3 506.03万吨，生产天然气275.75亿立方米，油气单位完全成本持续下降；境外上游运营水平持续提升，海外权益油气当量产量4 250万吨，桶油现金操作成本进一步降低。炼油与销售携手巩固产业链竞争优势，合力推进市场攻坚，加工原油2.46亿吨，境内成品油经营量1.8亿吨。化工提质增效升级成效明显，生产乙烯1 151.15万吨，生产对二甲苯476万吨，三大合成材料高附加值产品比例进一步提高；化工产品经营总量8 660万吨。天然气经营量保持快速增长。炼油中副产品经营量再创新高。润滑油高档产品销量进一步提高。石油工程、炼化工程海外市场开拓取得新成效。

我们围绕转方式调结构，加快推进转型发展。围绕打造世界一流，研究提出“两个三年、两个十年”战略部署，制订实施相配套的规划计划和行动方案，绘就了新时代打造世界一流的发展蓝图。加大投资优化力度，全力推进重点工程项目建设。油气勘探在顺北、威荣等地取得一批新发现，SEC油当量储量替代率下降势头得到扭转；涪陵页岩气二期等重点产能建设加快部署实施，威荣页岩气田成为继涪陵之后又一产能建设新阵地。炼化基地建设迈出新步伐，镇海乙烯、中科炼化等重点工程积极推进。新能源综合示范站建设稳步开展，境外加油零售业务取得新突破。天津LNG、鄂安沧管道、文23储气库等储运设施建设取得实效。易派客、石化e贸、易捷电商等新业态快速发展，非油品业务交易额、利润持续快速增长，地热、余热利用等清洁能源业务稳步发展。一批关键核心技术实现突破，“两化”深度融合加快推进，获国家技术发明二等奖1项、国家科技进步二等奖3项，全年专利申请、获授权数量继续位居中央企业前列。

我们围绕增活力提效率，全面强化改革管理。资本公司在雄安注册并投入运营，销售股份有限公司注册成立。防范风险、“处僵治困”、分离移交三大攻坚战有序推进，公司资产负债率较年初降低0.8个百分点；国务院国资委督导的39户困难企业减亏扭亏任务全部完成；“四供一业”及其他办社会职能正式协议全部签订，独立工矿区剥离办社会职能综合改革试点稳步推进。“三项制度”改革进一步深化，直属企业“三定”方案落实工作全面展开，3家“双百行动”试点和其他9家综合改革试点初见成效。公司制改制、压缩法人管理层级和法人产权层级工作全面完成。一体化共享服务建设取得突破性进展，财务共享完成境内企业全面上线。地热业务混合所有制改革扎实推进，矿权区块流转、自主承包经营、难动用储量开发等机制探索取得实质性进展。从严管理、精细管理、精益管理积极推进，规划计划引领作用不断增强，全员成本目标管理持续深化，HSSE管理体系完善发布，依法依规治企水平有效提升。

我们围绕强“根”固“魂”，坚定不移推动全面从严治党向纵深发展。认真学习宣传贯彻习近平新时代中国特色社会主义思想和党的十九大精神，广大干部员工“四个意识”“四个自信”更加坚定，坚决做到“两个维护”的思想自觉和行动自觉显著增强。“党建入章”积极推进，党委书记、董事长（执行董事、分公司代表）“一肩挑”体制加快实施，党的领导融入公司治理进一步制度化规范化。坚定不移正风肃纪反腐败，深入推进中央巡视反馈问题整改，坚决落实中央八项规定精神和党组实施细则，健全大监督工作格局，推进党组巡视全覆盖，用好监督执纪“四种形态”，大力实施“马上就办”，促进了政治生态持续好转。践行新时代党的组织路线，启动实施人才强企工程，扎实开展“三强”干部能力提升系列培训，加强企业领导班子配备和优秀年轻干部选拔培养，干部和人才工作得到切实加强。启动组织力提升工程，开展“双示范”创建，基层党建工作得到夯实和提升。强化意识形态和舆论引导工作，大力弘扬石油石化优良传统，唱响了主旋律，凝聚了正能量。

我们始终坚持以人民为中心的发展思想，努力在共建共享中推进企业发展。认真落实党中央精准脱贫部署，切实承担起8个县及750个村的帮扶任务，全年直接投入扶贫资金2.3亿元，派驻扶贫干部1 149名，定点扶贫县安徽省岳西县脱贫“摘帽”。完成国VI油品质量升级，强化安全生产责任措施落实，全面启动实施绿色企业行动计划，助力打好污染防治攻坚战和蓝天保卫战。坚定承担冬季天然气保供责任，千方百计拓展资源，为保障民生用气稳定供应做出积极贡献。积极投身抗灾救灾、捐资助学、扶危济困等社会公益事业，第20万例白内障患者在“中国石化光明号”成功复明。在13省市启动“爱心加油站·环卫驿站”公益活动，持续开展“情暖驿站·满爱回家”、公众开放日等活动，增进了与社会的沟通交流。

2018年成绩来之不易。这是以习近平同志为核心的党中央坚强领导的结果，也是社会各界关心帮助的结果，是广大客户和消费者高度信赖的结果，是海内外合作伙伴支持协作的结果。在此，我代表公司董事会、管理层，代表公司全体干部员工，向所有关心、支持和帮助中国石化的朋友们表示衷心的感谢！

2019年是新中国成立70周年，是全面建成小康社会关键之年，也是公司决胜全面可持续发展关键之年。我们将更加紧密地团结在以习近平同志为核心的党中央周围，自觉以习近平新时代中国特色社会主义思想和党的十九大精神为指引，坚持新发展理念，落实高质量发展要求，贯彻“四个坚持”兴企方略和“改革、管理、创新、发展”工作方针，遵循“专业化发展、市场化运作、国际化布局、一体化统筹”运营准则，把握“市场和资源、管理和科技、改革和调整、党建和人才”四大着力点，以深化供给侧结构性改革为主线，稳中求进，担当作为，狠抓落实，推动各项工作不断取得新成效，为公司决胜全面可持续发展打下决定性基础，以优异成绩庆祝新中国成立70周年，为我国全面建成小康社会、夺取新时代中国特色社会主义伟大胜利做出新的更大贡献！

我们将坚定不移加强对外合作，期待与您携手共创更加灿烂美好的明天！

组织机构图

（截至 2018 年底）

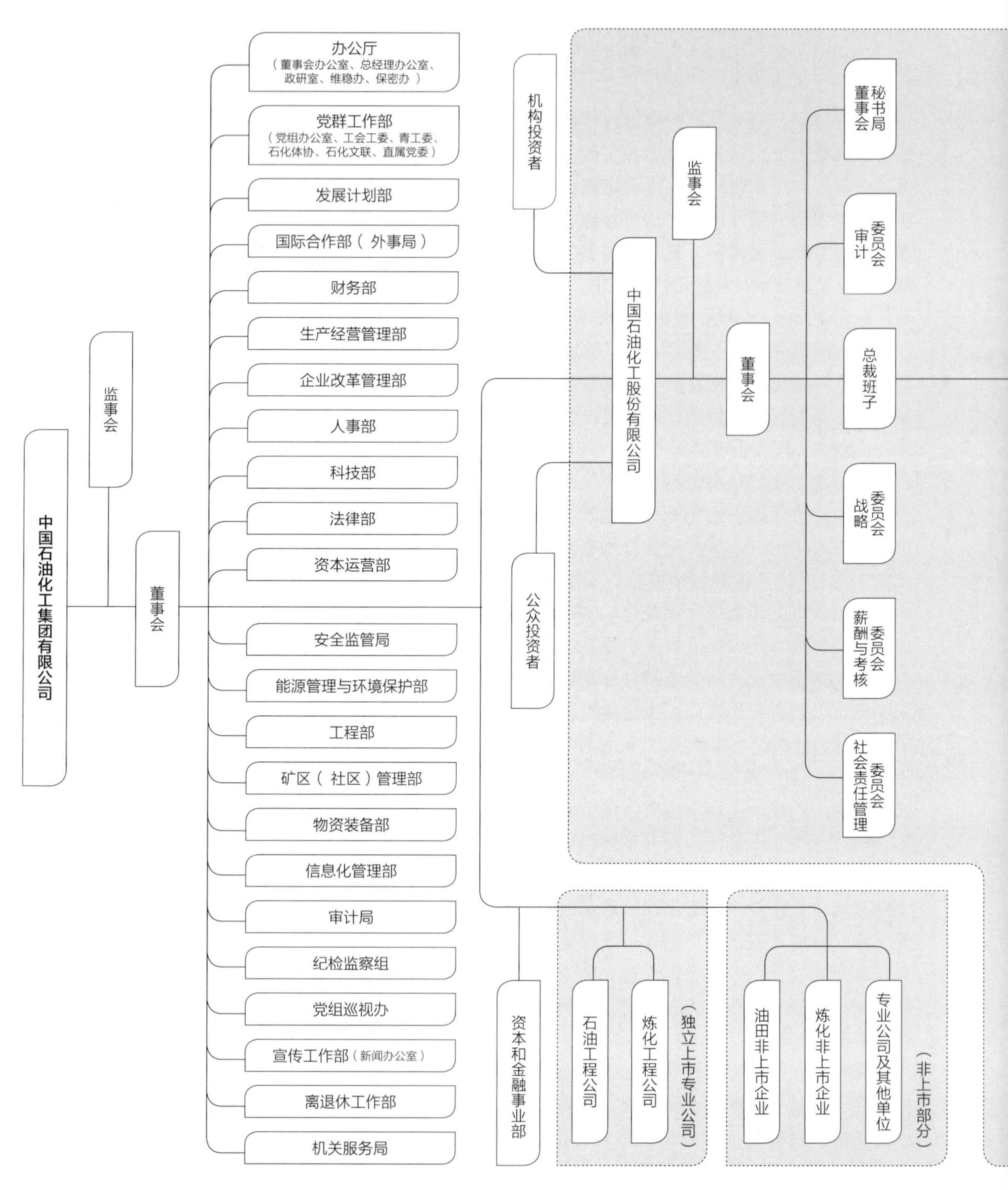

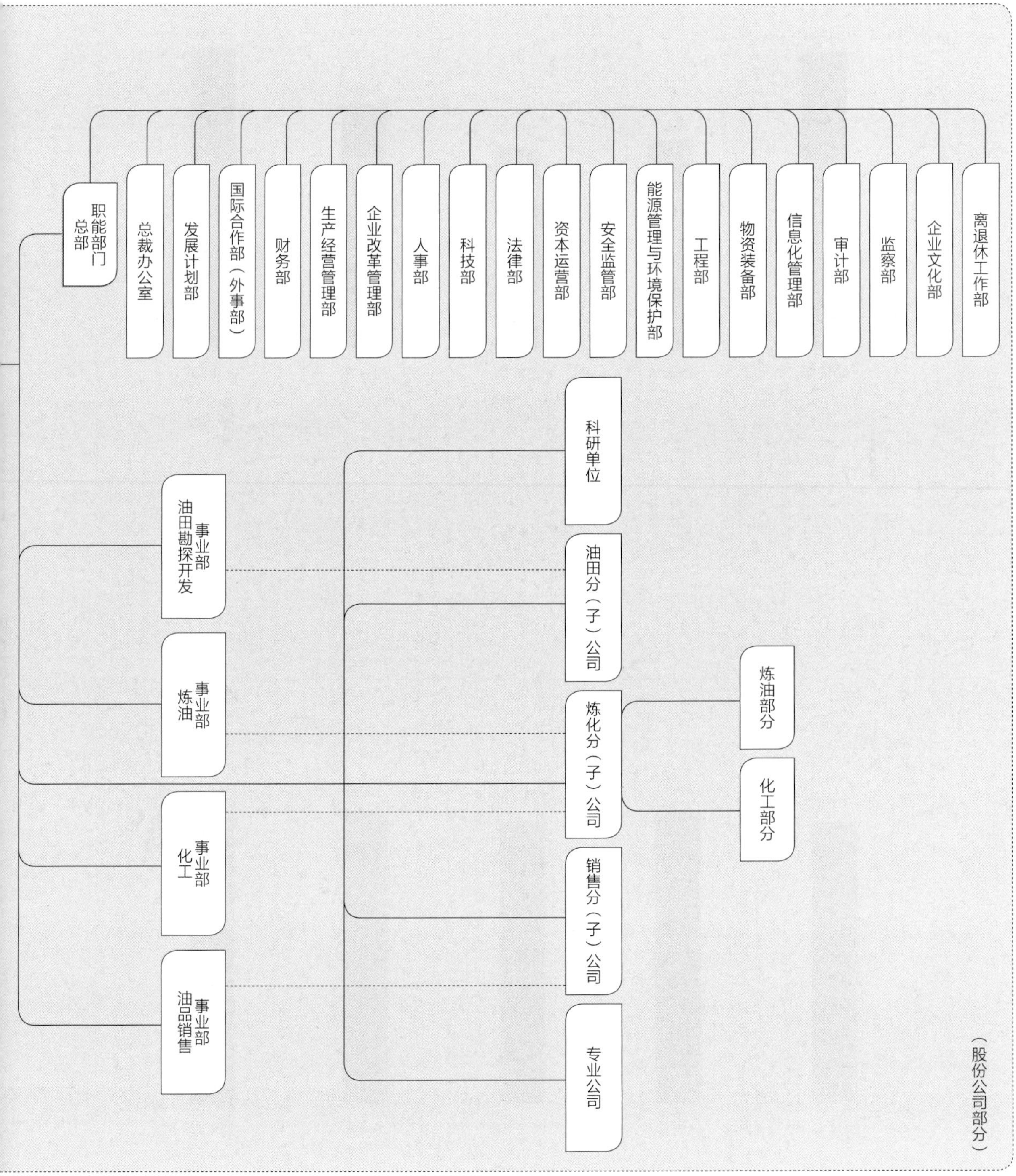

职能总部门

总裁办公室

发展计划部

国际合作部（外事部）

财务部

生产经营管理部

企业改革管理部

人事部

科技部

法律部

资本运营部

安全监管部

能源管理与环境保护部

工程部

物资装备部

信息化管理部

审计部

监察部

企业文化部

离退休工作部

油田勘探开发事业部

炼油事业部

化工事业部

油品销售事业部

科研单位

油田分（子）公司

炼化分（子）公司

销售分（子）公司

专业公司

炼油部分

化工部分

（股份公司部分）

单位：亿元
30000
25000
20000
15000
10000
5000
0
28 899
20 473
19 692
24 003
29 451
2014 年
2015 年
2016 年
2017 年
2018 年

营业收入

单位：亿元
4000
3500
3000
2500
2000
1500
1000
500
0
3 350
3 505
3 357
3 455
3 415
2014 年
2015 年
2016 年
2017 年
2018 年

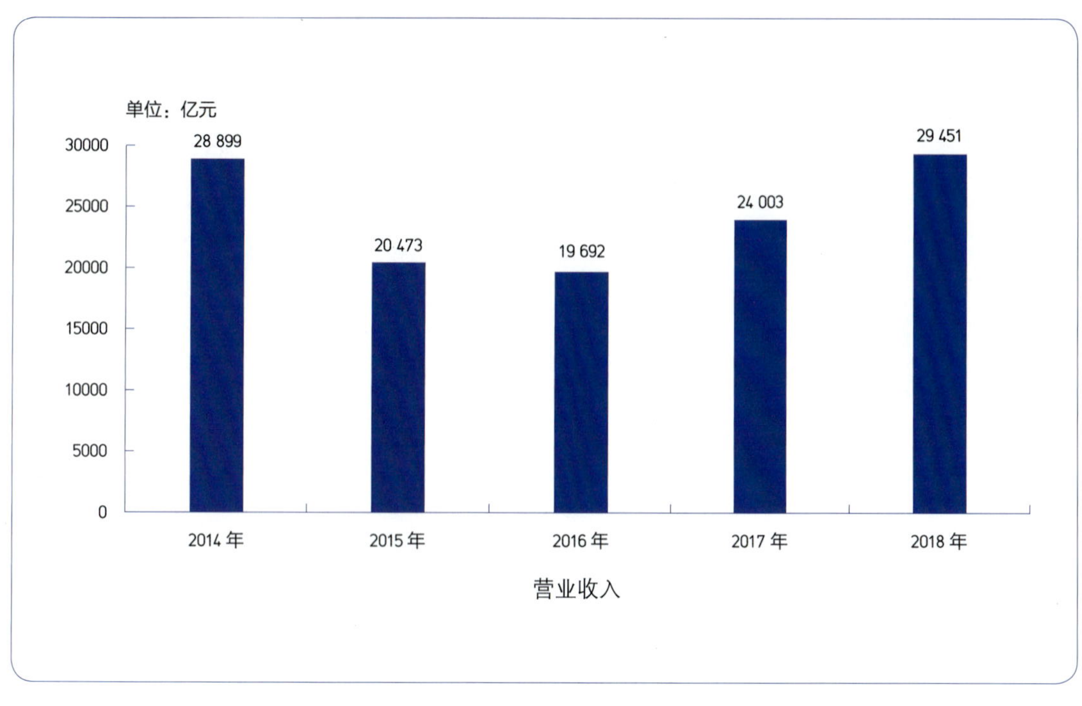

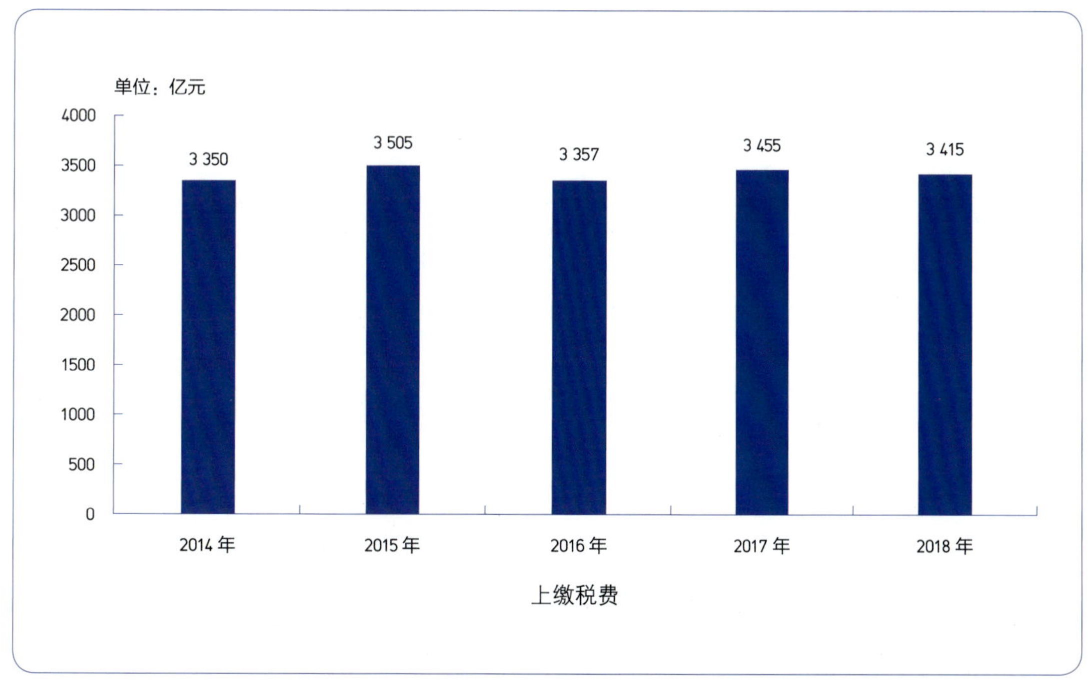

上缴税费

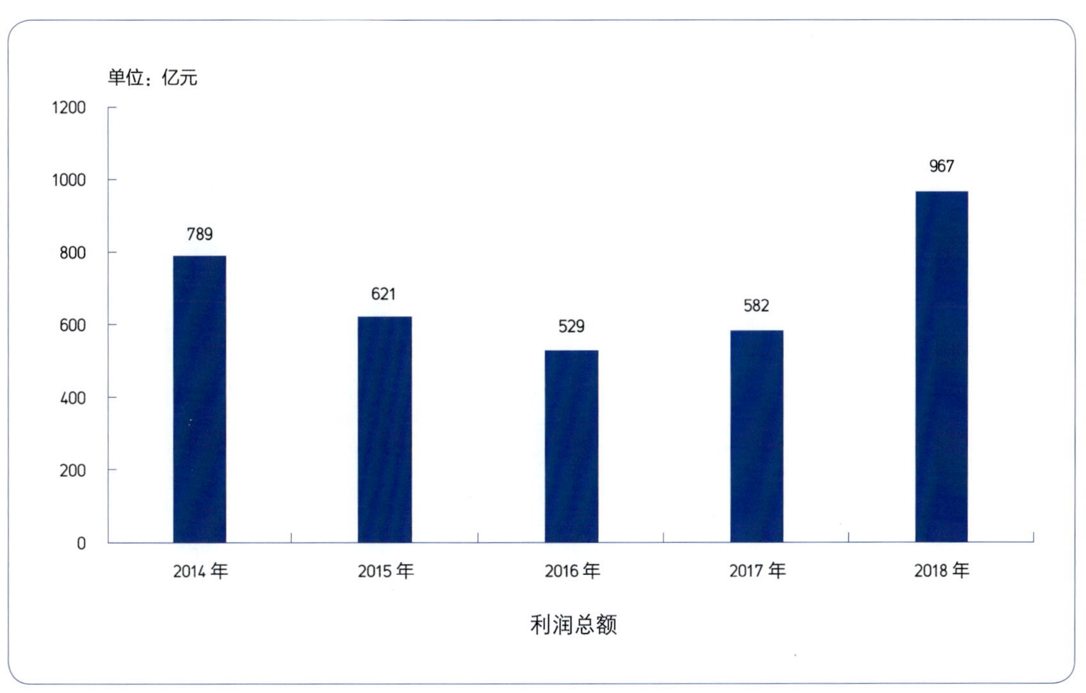

利润总额

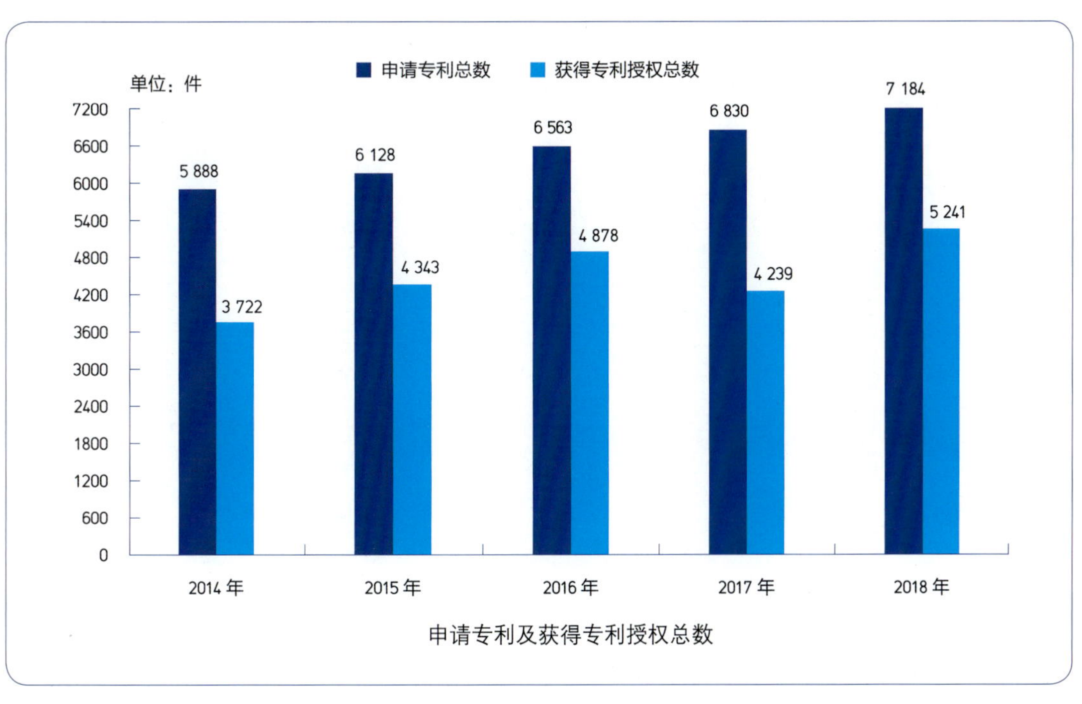

申请专利及获得专利授权总数

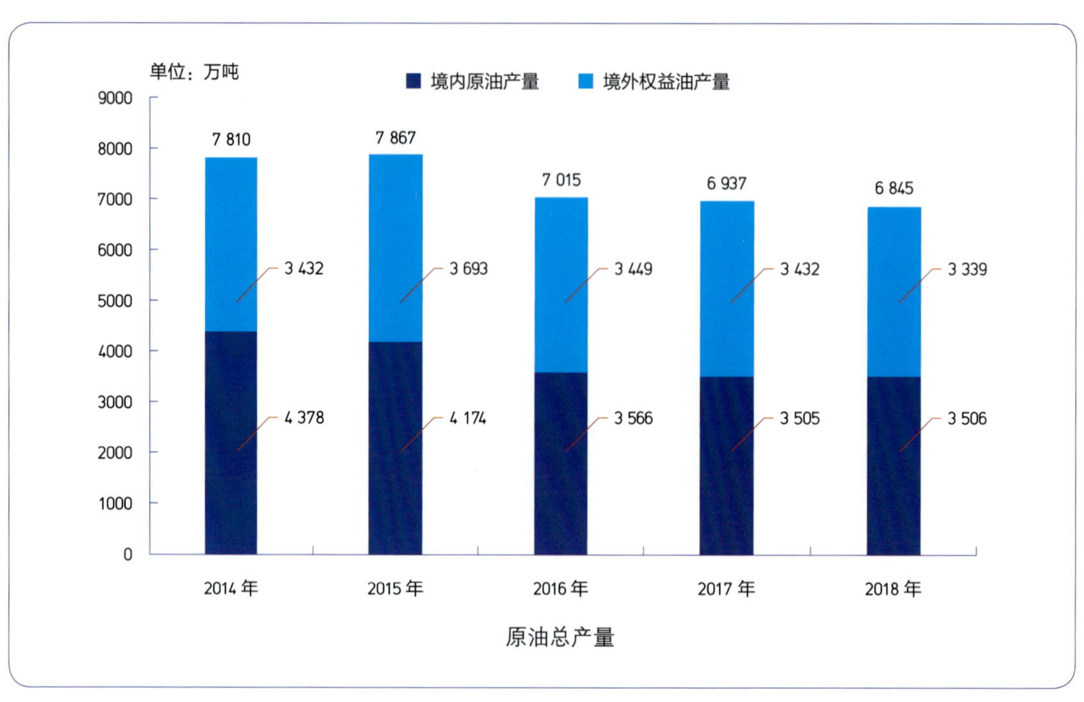

原油总产量

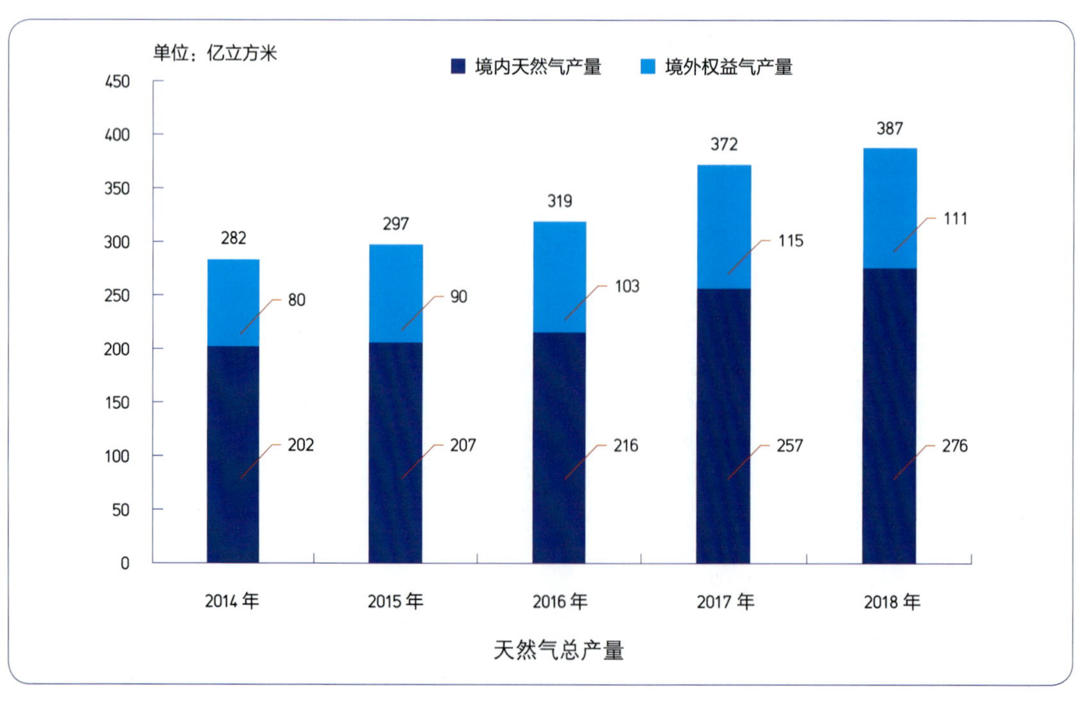

天然气总产量

原油加工量及汽煤柴润产量

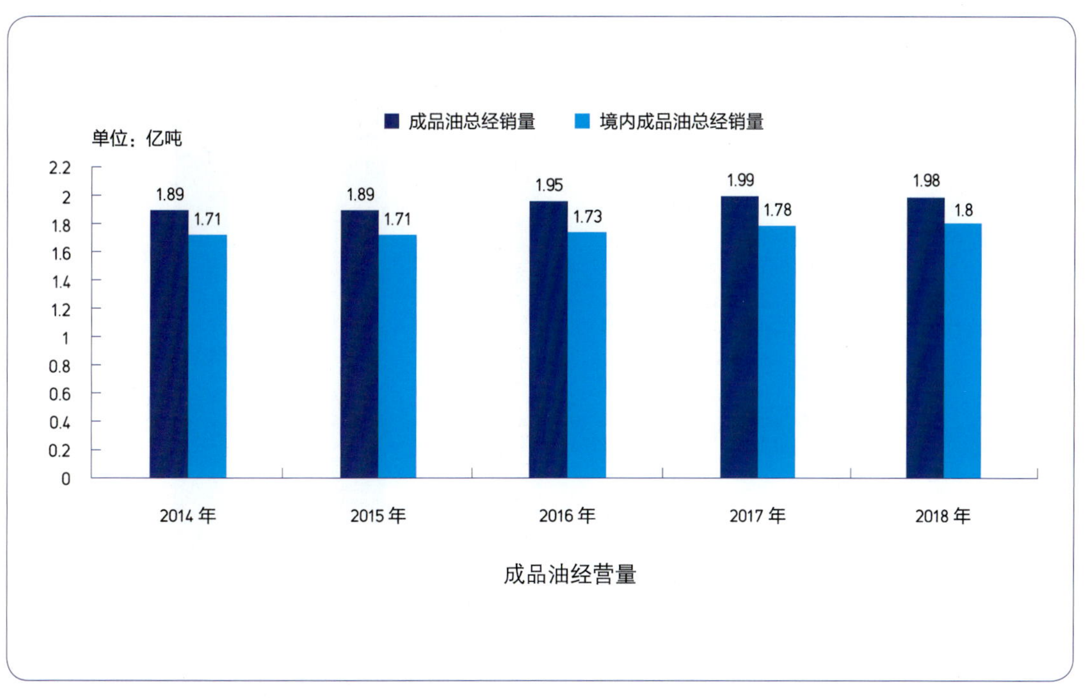

成品油经营量

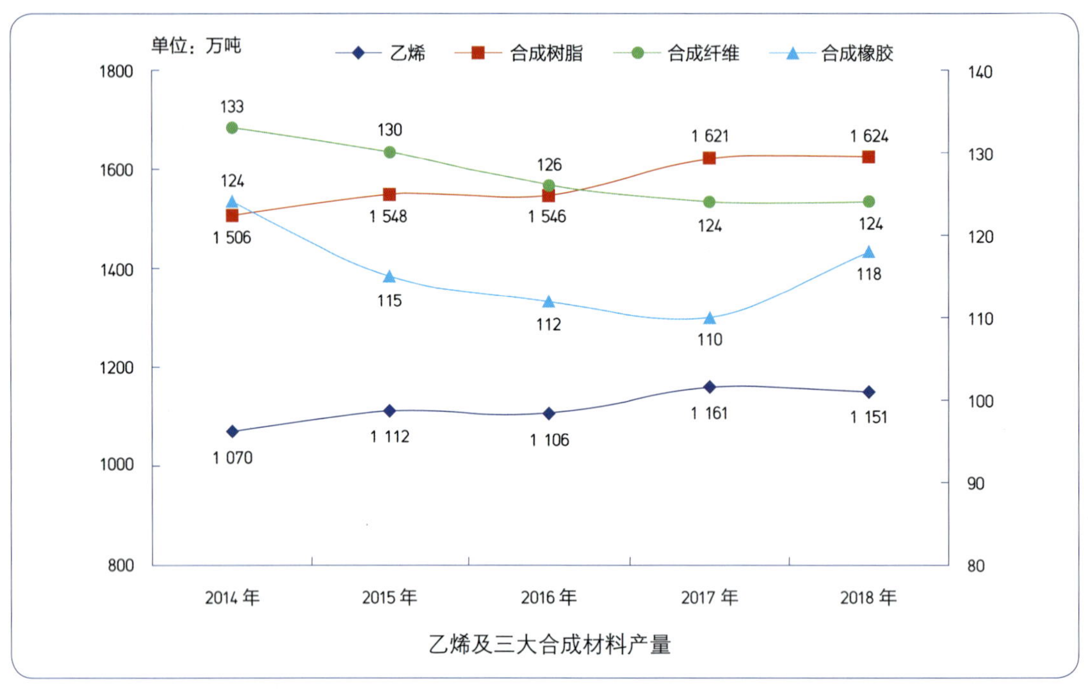

乙烯及三大合成材料产量

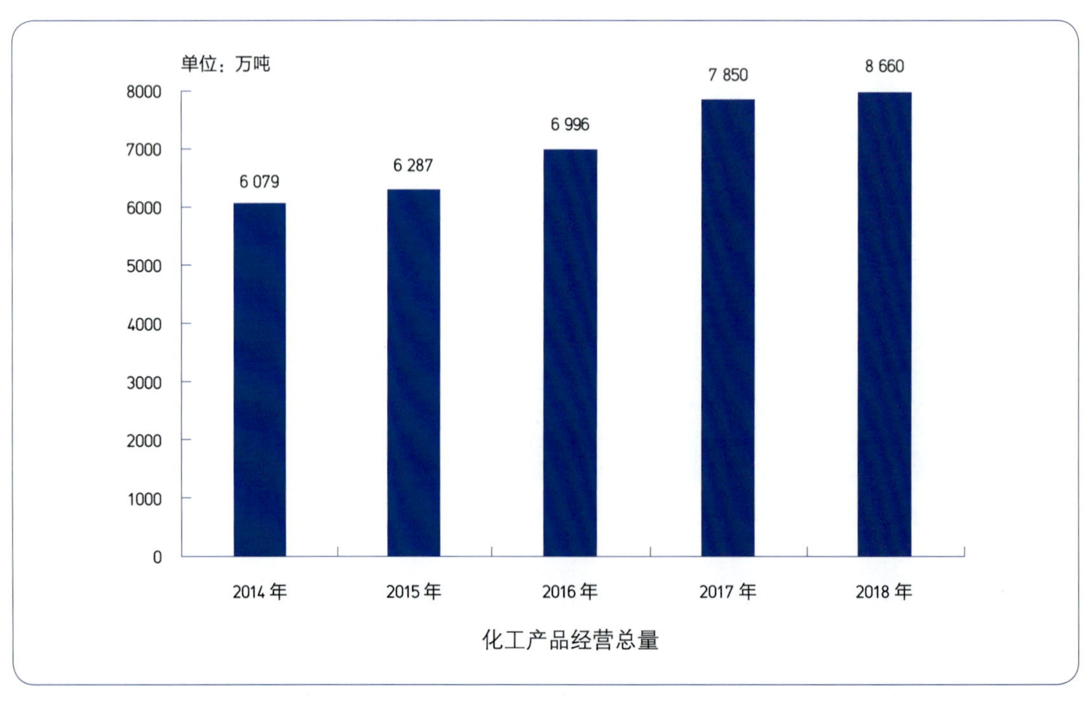

化工产品经营总量

2018年，集团公司加大新区新领域风险勘探和预探力度，加强成熟探区一体化精细评价，油气勘探取得12项新发现、20项商业发现和6个好苗头的新成果，超额完成年度储量任务。全年新增石油控制储量1.69亿吨、天然气控制储量1 727亿立方米。图为塔河油田区块现场

2018年，集团公司原油产量保持硬稳定。天然气保持持续上产、销量持续攀升。境内生产原油3 506.03万吨；生产天然气275.75亿立方米，上产18.4亿立方米。境外上游运营水平持续提升，全年实现权益油气当量产量4 250万吨，桶油现金操作成本进一步降低。图为中原普光天然气净化厂

2018 年，集团公司石油工程板块勇挑重担、攻坚克难，经营质量不断改善，化解了退市风险，取得扭亏脱困保市攻坚战的阶段性胜利。坚定发展海外业务信心，抓紧抓实全年目标任务，境外业务稳中有进，经济效益进一步提升。全年新签合同额 31.5 亿美元，完成合同额 25.92 亿美元。图为勘探分公司元坝 7 井

2018 年，集团公司炼油板块充分发挥产业链整体优势，积极支持销售，全力保障化工，努力做大出口，确保炼油生产总量稳中增长。全年加工原油 2.46 亿吨、增长 2.4%，生产成品油 1.55 亿吨、增长 2.7%。图为扬子石化大炼油联合装置

2018 年，集团公司全面开展信息化“421 工程”建设，经营管理、生产营运、客户服务、技术支撑等四大平台更加完善，智能制造试点示范、统一电商推广应用、互联网出口集中管控等重点项目取得重要突破，消除信息孤岛、治理网络安全隐患等专项行动卓有成效，信息化为集团公司加快新旧动能转换、提质增效升级、全面可持续发展提供了有力支撑。图为总部生产调度指挥中心

2018 年，集团公司蹄疾步稳深化改革，突出重点加强管理，有关工作迈出实质性步伐。坚定落实新时代党的组织路线，较好地完成领导班子和干部队伍建设、人才队伍建设、劳动薪酬管理、“三项制度”改革、培训开发等方面的任务目标。全系统共组织脱产培训 85 万人次，开展基本功训练等岗位培训 93 万人次。远程培训系统总学习时长 1 227 万小时。图为“三强”中青年干部能力提高班现场

2018 年，集团公司贯彻落实党的十九大精神，致力于成为生态文明实践者、美丽中国建设者，正式对外发布“绿色企业行动计划”。不断提升能源环境一体化管理水平，有序推动“能效提升”计划，深入推行清洁生产，持续加强污染防治，有效管控重大环境风险，各项指标总体受控。全年外排废水达标率 99.9%，有控废气外排达标率 99.8%，固废妥善处理处置率 100%，4 项主要污染物全面完成国家下达的年度减排目标。图为青岛石化厂区

2018 年，集团公司深入实施创新驱动发展战略，持续深化科技体制机制改革，加快重大关键技术攻关和前沿引领技术研究，取得丰硕成果。全年共申请专利 7 184 件、获授权专利 5 241 件，持续保持央企领先；获国家技术发明二等奖 1 项、国家科技进步二等奖 3 项，中国专利银奖 4 项、优秀奖 4 项。图为上海石油化工研究院 SOR 分子筛攻关团队

2018 年，集团公司炼油销售发挥一体化优势，深化炼销融通，坚持量效平衡，实现成品油总经销量 1.98 亿吨。积极部署增效措施，着力提升每一立方米天然气价值，实现天然气生产经营水平稳步提升，销售天然气 404 亿立方米、增长 18.6%。非油品交易额增长 29%。图为中国石化某油库罐区

2018 年，集团公司严格重大安全风险管控和承包商安全监管，切实加强各级领导的安全引领力建设，强化基层安全管理体系建设，有力保障生产经营任务顺利完成。扎实推进预防性境外公共安全工作，全年未发生境外公共安全死亡事件，连续 11 年保持境外公共安全“零死亡”纪录。图为沧州炼化举行企地联合消防演练

2018 年，集团公司化工板块以市场为导向，统筹抓好安全环保、结构调整、降本减费、“处僵治困”等工作，完成年度各项目标任务，生产经营再创佳绩。全年化工产品经营总量 8 660 万吨、增长 10.32%；生产乙烯 1 151.15 万吨、对二甲苯 476 万吨。图为天津烷基化项目

2018 年，集团公司炼化工程板块狠抓生产经营、大力开拓市场、强化技术创新，各项工作取得显著成效。优化境外业务结构，积极拓市增效，生产经营取得较好成绩。全年新签合同额 7.28 亿美元，完成合同额 15.56 亿美元。图为济南炼化 120 万吨 / 年催化裂化装置

2018 年，集团公司全面贯彻落实新时代党的建设总要求，以政治建设为统领，大力加强直属企业党委把方向管大局保落实的能力建设，大力实施基层党组织“组织力提升工程”，大力增强队伍干事创业的活力动力，统筹加强党的各项建设工作，不断提高党的建设质量。图为中国石化承办国务院国资委第一次党建大型现场会议

2018 年，集团公司全面坚持依法依规治企强化管理，推动企业主要负责人履行法治建设第一责任人职责落地，深化法律风险防控体系建设，切实提升法律“三基”工作水平。着力提高审计监督质量和效率，较好地发挥审计监督的保障和促进功能。蹄疾步稳推进全面从严治党向纵深发展，党风廉政建设和反腐败工作取得明显成效。主动担当管党治党政治责任，以前所未有的力度推进党组巡视工作。图为中国石化党组 2018 年第一轮巡视动员暨培训会

2018 年，集团公司加快推进企业办社会职能分离移交，推动经营业务提质增效，保障生产生活服务，持续做好惠民工程，全力保持和谐稳定，完成年度各项目标任务。图为管道储运公司某社区

2018 年，集团公司认真落实党中央精准脱贫部署，切实承担起 8 个县及 750 个村的帮扶任务，直接投入扶贫资金 2.3 亿元。坚定承担冬季天然气保供责任。积极投身抗灾救灾、捐资助学、扶危济困等社会公益事业。持续开展“情暖驿站 · 满爱回家——关爱春节返乡务工人员”大型公益活动；在 13 个省市启动“爱心加油站——环卫驿站”公益活动；继续做好对口支援工作；支持中国法律援助志愿者行动项目；“中国石化光明号”健康快车驶入河南商丘、新疆伊犁、广东肇庆 3 个地区，累计为 3 000 多名贫困白内障患者实施手术，帮助其重见光明。图为加油站为返乡务工人员免费加油

目录

大事记

总　述

境内油气勘探开发

境内石油工程

炼油生产

化工生产

境内炼化工程

产品销售

资本和金融业务管理

国际化经营

重点工程建设

公用工程

安全生产

绿色低碳

科研开发与管理

企业改革与管理

财务资产管理

人事管理

物资采购与管理

“两化”融合

法律管理

内部监督

内部审计

纪检监察

党组巡视

矿区（社区）建设

企业党建与企业文化

企业党建

企业文化

新闻与出版

新闻媒体

图书出版

企事业单位

人　　物

统计资料

附　　录

索　　引

CONTENTS

Petrochemical Production

Domestic Refinery and Chemical Engineering

Marketing

Capital and Financial Business Management

International Operation

Key Projects Construction

Public Utilities

Safety

Green & Low-carbon

Scientific Research, Development and Management

Corporate Reform & Management

Finance & Assets Management

Personnel Management

Material Purchase & Management

Integration of Informatization and Industrialization

Legal Affairs

Internal supervision

Internal Audit

Discipline Supervision

Leading Party Group Inspection

Mining Area (Community) Construction

Party Building and Corporate Culture

Enterprise Party Construction

Enterprise Culture

News & Publishing

News Media

Book Publishing

Enterprise & Institutions

Personages

Statistics

Appendix

Index

企业形象宣传专版单位名称

前插页

1：天津钢管集团

2：中国工商银行

3：瑞穗银行

4：星展银行

5：东京三菱 UFJ 银行

6：立信会计师事务所

7：旺泰能源

8：大华会计师事务所

9：丸红（北京）商业贸易有限公司

10：上海化学工业区发展有限公司

中插页

1：扬子石化—巴斯夫有限责任公司

2：中国石化茂名石化

3：中国石化上海石化

4：中国石化扬子石化

5：中国石化巴陵石化

6：中国石化上海石油化工研究院

7：中石化华东石油工程有限公司

8：中石化南京工程有限公司

大事记

2018 年

2018

1月

8 日　2017 年国家科学技术奖励大会在人民大会堂举行，中国石化获国家技术发明二等奖 2 项、国家科技进步一等奖 3 项。

2月

14 日　天津 LNG 项目接收站正式投产。

3月

26 日　中国石化宣布中国首个大型页岩气田——涪陵页岩气田 100 亿立方米年产能如期建成。

4月

2 日　中国石化“绿色企业行动计划”正式启动，该计划为国内规模最大的全产业链绿色企业创建行动。

20 日　中国石化公众开放日第 3 季启动，公司所属 50 家企业在国内 36 座城市同日开放，近 2 000 人入厂参观。

5月

9 日　“2018 中国品牌价值百强榜”发布，中国石化位列第五，成为国内品牌价值最高的能源化工行业品牌。

15 日　中国石化全新结构分子筛材料正式获国际分子筛协会授予结构代码，实现中国工业企业在新结构分子筛合成领域零的突破。

23 日　中国石化发布《2017 社会责任报告》。报告显示，2017 年公司缴纳税费 3 623 亿元，为社会提供 1.99 亿吨成品油、7 850 万吨化工产品，扶贫总投入 1.6 亿元。

6月

17 日　根据党中央、国务院任免决定，喻宝才任中国石油化工集团公司副总经理、党组成员，焦方正不再担任中国石油化工集团公司副总经理、党组成员职务。

18 日　自主研发的新型硫酸法烷基化装置开车成功。

28 日　中国石化连续第 8 年获评中国低碳榜样。

7月

12日　中国石化召开庆祝中国石化成立35周年暨2018年中工作会议，回顾中国石化在党的领导下不懈奋斗的光辉历程，展望新时代中国石化发展的光明前景，动员广大干部员工不忘初心、牢记使命、永远奋斗，向着基业长青的世界一流能源化工公司扬帆前进。

19日　美国《财富》杂志发布世界500强排名，中国石化位居第三。

20日　中共中央组织部宣布中央关于中国石油化工集团公司董事长、党组书记任职的决定：戴厚良任中国石油化工集团公司董事长、党组书记，免去其中国石油化工集团公司总经理职务。

同日　戴厚良出席北京2022年冬奥会和冬残奥会官方油气合作伙伴签约仪式，中国石化成为北京2022年冬奥会和冬残奥会官方油气合作伙伴。

8月

20日　中国石化公司制改制完成，公司更名为中国石油化工集团有限公司。

同日　中国石化与招商局集团有限公司签署战略合作框架协议，加强能源运输、产品供销、金融服务等领域战略合作。

9月

18日　中国石化连续第14年获中华健康快车基金会颁发光明功勋特别奖。

10月

16日　《中国石化精准扶贫白皮书（2017—2018）》在北京发布。

24日　由中国石化研发生产的超高分子聚乙烯纤维制成的高性能绳索应用于港珠澳大桥，为港珠澳大桥建成通车提供重要支撑。

25日　185℃高温随钻测量系统试验成功，标志着中国石化随钻测量仪器研发和制造能力步入国际先进行列。

30日　中国石化镇海基地项目主体工程——扩建1 500万吨/年炼油、120万吨/年乙烯项目开工建设。

11月

15日　鄂安沧输气管道工程（一期）应急段投产，为保障冬季华北地区天然气供应发挥重要作用。

23日　10万吨/年双氧水法环氧丙烷成套技术通过鉴定，中国石化成为全球第3家拥有此技术的公司。

24日　中国石化获2018年度责任企业奖，成为唯一一家连续8年获得该荣誉的中央企业。

12月

28日　海南炼化100万吨/年乙烯及炼油改扩建项目开工。

总　　述

以党的十九大精神为指引 观大势谋全局干实事　奋力谱写石化新篇章

2018 年是贯彻党的十九大精神的开局之年，也是集团公司决胜全面可持续发展的起步之年。一年来，在以习近平同志为核心的党中央坚强领导下，公司各级领导班子团结带领广大干部员工，自觉以习近平新时代中国特色社会主义思想和党的十九大精神为指引，坚决贯彻落实党中央、国务院决策部署，坚持稳中求进工作总基调，按照高质量发展要求，贯彻“四个坚持”兴企方略和“改革、管理、创新、发展”工作方针，观大势、谋全局、干实事，推动公司发展呈现稳中有进、稳中提质、稳中向好势头，企业竞争力、抗风险能力和社会影响力进一步增强。

一、生产经营优化提升

国内上游稳油增气降本取得实效，生产原油 3 506.03 万吨、天然气 275.75 亿立方米，油气单位完全成本持续下降。境外上游运营水平持续改善，海外权益油气当量产量 4 250 万吨，桶油现金操作成本进一步降低。炼油与销售携手巩固产业链优势，合力推进市场攻坚，全年加工原油 2.46 亿吨，境内成品油经营量 1.8 亿吨。化工提质增效升级成效明显，生产乙烯 1 151.15 万吨、对二甲苯 476 万吨，吨乙烯原料成本再降 25 元，三大合成材料高附加值产品比例持续提高，全年顶替进口 22.5 万吨；化工产品经营总量 8 660 万吨。天然气经营量保持快速增长。燃料油经营量达 2 191 万吨。炼油中副产品经营量突破 4 000 万吨。润滑油高档产品销量增长 17%。石油工程、炼化工程海外市场开拓取得新成效。集团公司全年实现营业收入 2.94 万亿元、同比（下同）增长 22.5%，实现利润 967.38 亿元（税前）、增长 66.2%，实现税费 3 581 亿元。

二、转型发展扎实推进

研究提出“两个三年、两个十年”战略部署，制订实施相配套的规划计划和行动方案，绘就新时代打造世界一流的发展蓝图。加大投资优化力度，全力推进重点工程项目建设。油气勘探在顺北、威荣等地取得一批新发现，SEC 油当量储量替代率下降势头得到扭转；重点产能建设加快部署实施，新增原油产能 257 万吨、天然气产能 19 亿立方米，威荣页岩气田成为继涪陵之后又一产能建设新阵地。炼化基地建设迈出新步伐，镇海、海南百万吨乙烯开工建设，中科炼化、海南二套芳烃、古雷炼化、中安联合等重点工程积极推进，一批油品质量升级、炼化结构调整项目有序实施。新发展加油（气）站 1 220 座，新能源综合示范站建设稳步开展，境外加油零售业务取得新突破。天津 LNG、鄂安沧管道、文 23 储气库等储运设施建设取得实效。易派客、石化 e 贸、易捷电商等新业态快速发展，其中易派客平台交易额达 2 862 亿元、增长 117%；非油品交易额和利润分别增长 29% 和 37%；地热、余热利用等清洁能源业务稳步发展。

三、科技创新成果丰硕

四川盆地复杂碳酸盐岩储层综合预测等技术不断发展，185℃高温随钻测量系统等成功应用，新型硫酸法烷基化、加氢异构脱蜡生产高档基础油成套技术实现工业转化，双氧水法环氧丙烷、精环氧乙烷等工业示范装置实现稳定运行，聚乙烯功能膜等一批新产品实现工业化生产。全新结构分子筛材料获国际分子筛协会授予结构代码，实现中国企业在该领域零的突破。获 2018 年度国家技术发明二等奖 1 项、国家科技进步二等奖 3 项。全年申请专利 7 184 件，获授权专利 5 241 件，均创历年新高，继续位居中央企业前列。“两化”深度融合取得实效，共享服务覆盖范围和服务水平持续提升，智能工厂、智能油气田、智能加油站建设取得新进展，消除信息孤岛、治理网络安全隐患等专项行动初见成效。

四、深化改革纵深推进

国际合作部、资本和金融事业部挂牌成立，

资本公司在雄安注册并投入运营，销售股份有限公司注册成立。防范风险、“处僵治困”、分离移交三大攻坚战有序推进，集团公司资产负债率较年初降低 0.8 个百分点；国务院国资委督导的 39 户困难企业减亏扭亏任务全部完成，全级次企业亏损面降至 16%，杭州炼厂、东方石化等 8 户企业关停退出；“四供一业”及其他办社会职能正式协议全部签订，独立工矿区剥离办社会职能综合改革试点稳步推进。“三项制度”改革进一步深化，直属企业“三定”方案落实全面展开，3 家“双百行动”试点和其他 9 家综合改革试点初见成效。公司制改制、压缩法人管理层级和法人产权层级工作全面完成。一体化共享服务建设取得突破性进展，财务共享完成境内企业全面上线。地热业务混合所有制改革扎实推进，矿权区块流转、自主承包经营、难动用储量开发等机制探索取得实质性进展。

五、企业管理不断加强

坚持全面依法依规治企强化管理，制订实施 2018 年行动方案，推进从严管理、精细管理、精益管理取得实效。积极发挥董事会等治理主体作用，进一步规范决策程序和议事规则，自上而下的“三重一大”制度体系不断完善。深化全员成本目标管理，深挖原油采购、物资采购、物流优化、商储运作等重点领域降本潜力，严控各环节成本费用支出，全年成本费用利润率提升 0.9 个百分点。强化依法依规经营，严格内控制度执行，加强法律审核把关，有效发挥审计监督作用，抓好内审外查发现问题整改，规范经营行为，堵塞管理漏洞。完善发布 HSSE 管理体系，强化安全生产责任落实、措施到位，全面启动实施“绿色企业行动计划”，推进京津冀、沿江企业污染防治攻坚战，加快实施加油站地下油罐防渗改造，加强员工健康和公共安全管理，总体保持安全生产、清洁生产。

六、党建质量持续提升

深入学习贯彻习近平新时代中国特色社会主义思想和党的十九大精神，广大干部员工“四个意识”“四个自信”更加坚定，坚决做到“两个维护”的思想自觉和行动自觉显著增强。“党建入章”积极推进，党委书记、董事长（执行董事、分公司代表）“一肩挑”体制加快实施，党的领导融入公司治理进一步制度化、规范化。坚定不移正风肃纪反腐败，深入推进中央巡视反馈问题整改，坚决落实中央八项规定精神和党组实施细则，健全大监督工作格局，推进党组巡视全覆盖，用好监督执纪“四种形态”，大力实施“马上就办”，促进了政治生态持续好转。践行新时代党的组织路线，启动实施人才强企工程，扎实开展“三强”干部能力提升系列培训，加强企业领导班子配备和优秀年轻干部选拔培养，干部和人才工作得到切实加强。启动组织力提升工程，开展“双示范”创建，基层党建工作得到夯实和提升。围绕“不忘初心、牢记使命、永远奋斗”主题，系统回顾总结中国石化成立 35 年来走过的不平凡历程、做出的历史性贡献、积累的宝贵经验，凝聚起“爱我中华、振兴石化”“为美好生活加油”的强大力量，唱响了主旋律，汇聚了正能量。

同时，始终坚持经济责任、政治责任与社会责任相统一，认真落实党中央精准脱贫战略部署，切实承担起 8 个县及 750 个村的帮扶任务，全年直接投入扶贫资金 2.3 亿元，派驻扶贫干部 1 149 名，定点扶贫县安徽省岳西县脱贫“摘帽”。坚定承担冬季天然气保供责任，千方百计拓展资源，为保障民生用气稳定供应做出积极贡献。积极投身抗灾救灾、捐资助学、扶危济困等社会公益事业，第 20 万例白内障患者在“中国石化光明号”成功复明。在 13 省市启动“爱心加油站 · 环卫驿站”公益活动，持续开展“情暖驿站 · 满爱回家”、公众开放日等活动，增进了与社会的沟通交流。

回顾过去的 2018 年，面对错综复杂的国际环境和艰巨繁重的改革发展任务，公司各级领导班子和广大干部员工承压而上、奋勇向前，有效应对各种风险挑战，取得了来之不易的成绩。2019 年是新中国成立 70 周年，是全面建成小康社会关键之年，也是公司决胜全面可持续发展的关键之年。中国石化将更加紧密地团结在以习近平同志为核心的党中央周围，自觉以习近平新时代中国特色社会主义思想和党的十九大精神为指引，坚持新发展理念，落实高质量发展要求，贯彻“四个坚持”兴企方略和“改革、管理、创新、发展”

工作方针，遵循“专业化发展、市场化运作、国际化布局、一体化统筹”运营准则，把握“市场和资源、管理和科技、改革和调整、党建和人才”四大着力点，以深化供给侧结构性改革为主线，稳中求进，担当作为，狠抓落实，推动各项工作不断取得新成效，为公司决胜全面可持续发展打下决定性基础，以优异成绩庆祝新中国成立70周年。

中国石化
SINOPEC

境内油气勘探开发

综述 | 油气勘探 | 油田开发 | 气田开发
采油气管理 | 油气集输 | 设备管理 | 基层管理

综　述

2018年，油田板块全面贯彻落实集团公司党组决策部署，认真研究制定大力提升油气勘探开发力度7年行动计划，精心编制油气和新能源板块“两个三年、两个十年”打造一流战略规划和行动方案，聚焦增加SEC经济可采储量，加强高效勘探和效益开发，狠抓稳油增气降本，加快天然气产供储销体系建设，强化精益管理，锐意改革创新，着力提高全要素生产率，大打扭亏脱困攻坚战，生产经营形势持续显著好转，全面完成年度各项目标任务。

一、油气勘探实现新突破

坚持高效勘探，狠抓基础研究，科学论证部署，加大新区新领域风险勘探和预探力度，加强成熟探区一体化精细评价，取得12项新发现、20项商业发现和6个好苗头，超额完成年度储量任务。突出成果有：石油勘探方面，在塔里木盆地顺北一区5号、7号断裂带和1号断裂带深层勘探取得重要发现，勘探场面不断扩大；在银额盆地拐子湖凹陷基岩潜山勘探取得重要发现，开辟了外围新区石油增储建产新领域；济阳坳陷取得规模商业发现。常规气勘探方面，四川盆地首次钻遇茅口组台地边缘高能浅滩气藏，风险探井元坝7井试获高产气流，展现了元坝地区具有多层系复式聚集的良好勘探前景；川西坳陷广汉斜坡带正向构造雷口坡组勘探取得重要发现；松南火石岭组中一基性火山岩勘探取得新发现。页岩气勘探方面，四川盆地威荣页岩气田新增探明储量1 247亿立方米，成为继涪陵页岩气田后又一页岩气重大商业发现；南川金佛斜坡焦页10HF井试获稳定工业气流，取得盆缘复杂构造带常压页岩气勘探重要发现。

二、原油产量保持硬稳定

增量方面，加强滚动勘探与油藏评价，分类分级划分潜力单元，积极应用物探新技术提高目标描述预测精度，全年落实可动用储量5 773万吨，已动用4 517万吨；全力推进济阳、顺北、塔河、溱潼等区域效益建产，加强一体化优化，全年新建产能257万吨，增加43万吨。存量方面，狠抓精细描述、精细开发，加大稳产基础投入，规模应用低成本技术，着力提高采收率，积极推进注采输系统优化简化，自然递减率降低0.5个百分点，老油田开发质量稳步提升；水驱油藏持续在水质治理、细分注水和精细注采上发力，自然递减率降低0.6个百分点；稠油油藏加强全过程热效能管理，产量稳定在480万吨以上，油汽比保持在0.53以上；塔河碳酸盐岩缝洞型油藏扩大注水注气规模，自然递减率降低0.8个百分点；推广二元复合驱、非均相复合驱等大幅提高采收率技术，三次采油年增油116万吨；措施增油力度加大，工作量增加596井次，措施增油量增加6.2万吨；持续推进原油效益复产，实施井筒产能恢复工程，油水井开井率比年初提高0.5个百分点。

三、天然气产供储销体系建设加快推进

全面落实《关于调整天然气公司和管道储运公司关系的通知》要求，把天然气分公司纳入油田板块管理，梳理工作界面，规范业务流程，推进天然气产供储销一体化管理；坚持讲政治、顾大局、保民生，编制保供方案，落实保供责任，多方协同稳定市场供应，彰显中国石化的责任担当。

天然气保持持续上产。常规气：加强川西气田、鄂北等地滚动勘探与气藏评价，全年落实可动用储量1 190亿立方米；持续推进东胜、川西东坡等地产建，加强普光、大牛地、元坝等气田动态分析和调整挖潜，做好顺北油田溶解气回收利用，全年新建产能14.1亿立方米，产气205.8亿立方米、上产11.5亿立方米。页岩气：积极推进威荣页岩气田一期产能建设；加快涪陵页岩气田二期地面工程建设和新井投产，狠抓一期精细管理，推进增压工程建设，开展上部气层开发动用和下部气层井网加密，全年新建页岩气产能5亿立方米，产气66.2亿立方米、上产6.2亿立方米、盈利32.7亿元。煤层气：持续推进延川南煤层气田精细排采，全年产气3.8亿立方米，首次盈利3 900万元。

天然气销量持续攀升。充分发挥一体化协同

优势，统筹 LNG 和自产气销售，因地制宜调整用户结构、拓市增销，积极开拓终端市场，推进线上交易，全年销售天然气 384.5 亿立方米，增加 63.5 亿立方米。天然气分公司销售天然气 296.7 亿立方米，增加 47.1 亿立方米；各油田企业自主销售天然气 87.8 亿立方米，增加 16.4 亿立方米。天然气分公司、西南油气田等单位在上海和重庆交易中心挂牌销售天然气 76 亿立方米。全力抓好采暖季保供，全面落实“压非保民”应急调峰气源，天津 LNG 接收站、鄂安沧管道一期沧州—安平—南宫段等工程成功投产，一批互联互通工程建成投用，文 23 储气库等重点工程扎实推进，增强了天然气供应能力、应急保障能力和资源调配能力。

四、生产运行效率持续提高

统筹安排季度、月度油气产销计划，推进勘探开发工程一体化运行、生产销售一体化运行、投资工作量一体化运行，加强重点单位、重点工程、重点项目、重点井的生产运行组织协调，实施工作量运行月度通报，实行油气超产和天然气保供专项奖励，超额完成全年油气产销目标任务。原油产销方面，加快产建节奏，加大措施和效益复产力度，加强运行管理，多措并举保障西部原油产销平衡，积极应对台风等极端天气影响，协调推进胜利油田稠油热采“气代油”，有序组织生态红线区油气设施的关停退出，夺取生产运行主动权，全年原油产量实现硬稳定、商品率明显提升。胜利油田千方百计做大效益产能，积极提高老油田采收率，全年产油 2 341 万吨，超产 1 万吨，为原油产量硬稳定做出重要贡献。西北油田全力抓好顺北油田上产和塔河油田稳产，全年产油 650 万吨，上产 20 万吨。华东油气分公司加大溱潼西斜坡滚动建产，全年产油 42.2 万吨，超产 1.2 万吨，上产 6.2 万吨。中原油田、江汉油田、华北油气田、东北油气田、西南油气田、上海海洋石油等单位原油生产超计划，超产 11.2 万吨。天然气产销方面，统筹淡旺季和重点气田检维修期间产销协调优化，加快重点产能项目建设，狠抓主力气田稳产，协调拓展平桥页岩气销售后路，加强压缩机运行管理，全年天然气产销超计划完成、创历史新高。中原油田加强普光气田调整挖潜，全年产气 65.6 亿立方米。西南油气分公司抓实元坝气田满负荷生产，加快川西中浅层滚动建产，全年产气 61.4 亿立方米，超产 1.4 亿立方米。江汉油田加强涪陵页岩气田精细管理，全年产气 61.4 亿立方米，保持产量硬稳定。西北油田、华东油气田、胜利油田、河南油田、上海海洋石油等单位天然气生产超计划，超产 3.5 亿立方米。

五、降本减亏力度不断加大

强化成本和现金流管控。大力推进业财融合，分类制定降本减费策略，深化全员成本目标管理，深挖重点费用降本潜力，严控各环节成本支出，在加大生态红线区油气资产处置、处理历史负担的基础上，单位完全成本降低 147 元 / 吨。西北油田、江汉油田、东北油气田和勘探分公司保持持续盈利，华北油气分公司和华东油气分公司实现扭亏为盈，盈利企业增至 6 家，其中西北油田盈利 40 亿元、江汉油田盈利 21 亿元；胜利油田、中原油田、河南油田、江苏油田大幅减亏；全级次亏损子企业亏损面比年度目标下降 19 个百分点。严格“两金”占用管控，经营现金流和自由现金流持续大幅增长，所有油田企业均实现经营现金净流入。“两金”占用指标均控制在预算内，其中存货占用指标低于控制指标 15.6 亿元。全面开展区块创效减亏活动，盈利区块增加 31 个。

强化全方位挖潜增效。全年实现挖潜增效 36.2 亿元。积极推进天然气推价增收和拓市增销、原油分储分销，加大外创市场创收创效，实现增收增效 19.6 亿元。严格措施效益评价，严控外委作业，推进大用户直购电，优化提升地面系统效率，加强闲置设备调剂，实现优化增效 6.8 亿元。加快付息债务偿还，加速应收款项清欠回笼，严控非生产性支出，实现降本增效 7.5 亿元。充分利用税费优惠政策，实现节税增效 2.3 亿元。

强化投资质量管控。严把投资效益决策关，严格项目排队优选，加强部署和方案优化，全力推动有效项目实施，投资执行率显著提升。预探井和评价井成功率分别提高 3 个百分点；原油开发成本降低 0.7 美元 / 桶；常规气 10 亿立方米产建投资降低 3.2 亿元，开发成本降低 166 元 / 千米 ^{3}。研究建立单位投资新增经济可采储量考核机制，引导各专业各层级全力增加 SEC 经济可采储量，油气当量替代率增长 10 个百分点。

六、深化改革迈出新步伐

油公司改革向纵深推进。全面完成专业化队伍在分公司层面整合，组织开展专业化队伍量化评价考核，东部老油田专业化队伍人均劳动效率提高 29%，万元收入成本下降 10.2%，人均作业井口数增加 0.18 口，专业化管理成效初步显现。全力推进“瘦身健体”，超前完成压减法人户数任务，累计压减 16 户；持续精简机构，再优化压减 1 个采油厂、14 个管理区。积极落实“三定”方案，深化“三项制度”改革，引导富余人员按政策离岗，鼓励专业化队伍开展业务承揽和外闯市场，东部老油田外闯市场达 1.5 万人。矿权区块流转和难动用储量合作开发力度加大。总结鄂南旬邑—宜君矿权区块流转经验，研究制定《油气矿权区块流转实施办法（试行）》，组织完成四川盆地通南巴、百色油田、彰武油田等矿权区块流转。加大胜利油田与胜利石油工程公司合作开发难动用储量力度，建成产能 11.5 万吨。自主承包经营进一步扩大。东北油气分公司坚持用好自主承包经营政策，推进深化“三项制度”改革试点，一批优秀年轻干部脱颖而出，“80 后”中层干部占比 38.2%，提高 25.4 个百分点。启动华东油气分公司自主承包经营和江苏油田转型发展工作。甲方管理水平持续提升。制定下发《关于加强油气田工程承包商管理的意见》，每季度发布承包商管理情况和钻井工程质量时效通报，严格石油工程队伍资质和准入审查，对发生备案事故的承包商进行通报问责。各油田企业制定承包商管理实施细则，完善考核内容、细化考核指标、优化评分标准，实现考核覆盖更全、奖惩力度更大、监督执行更严。全年共处罚承包商队伍 1 338 支，末位淘汰承包商队伍 74 支，有 4 支承包商队伍被列入黑名单。

七、关键技术攻关应用取得新进步

渤海湾盆地精细勘探关键技术、海相碳酸盐岩大中型油气田分布规律及勘探评价技术、中西部盆地碎屑岩层系油气富集规律与勘探关键技术、特高含水油藏提高采收率技术、碳酸盐岩缝洞型油藏提高采收率技术、页岩气区带目标评价与勘探技术等国家重大专项攻关取得新进展。高密度地震勘探技术在胜利油田东部老区应用取得显著成效，准南缘复杂山前带地震一体化攻关取得积极进展，特深层钻完井关键技术实现突破；常压页岩气低成本开发攻关试验井隆页 2HF 井提产降本达到阶段目标，深层页岩气压裂工艺攻关在丁山和东溪见到较好效果；持续推广套损井高效修复、短流程分水回注、水平段一趟钻、电动泵压裂等低成本技术，以及井下全通径无级滑套、碳纤维抽油杆等国产化工具，在提速降本上见到新成效。积极推进“两化”融合，基本完成采油管理区生产信息化改造和 EPBP 推广建设。

八、QHSSE 管理严抓不懈

坚持识别大风险、消除大隐患、杜绝大事故，层层压实 HSSE 责任，深入查思想、查管理、查技术，全面抓好上海合作组织峰会、首届中国国际进口博览会等特殊时段的安全环保维稳工作，严抓安全环保大检查及设备、承包商、海上、井控等专项检查，加快重大风险和隐患管控治理，督导鄂北油气开发与煤矿交叉开采碰撞和沉降等重大安全风险，开展普光气田和元坝气田安全专题研究和评价，实施井下作业安全管理提升专项行动，落实顺北探区钻机风险管控措施，推进西北、濮阳等救援基地建设，强化公共安全和职业健康管理，消除隐患 3 400 余处、降级 220 项风险，安全环保态势总体保持平稳。全力打好污染防治攻坚战，实施绿色企业行动计划，加大含油污泥无害化处置力度，中原油田和江苏油田被授予集团公司首批绿色企业称号。加强节能减排和质量管理，万元产值综合能耗完成考核指标，油气质量合格率达 100%。

（王鹏飞）

油气勘探

【概述】 2018年，集团公司各油田企业在常规油气勘探方面取得4项重要发现、5项新发现、15项商业发现，油气勘探整体上呈现良好的发展态势。新增石油控制储量1.69亿吨、预测储量2亿吨，天然气控制储量1 727亿立方米、预测储量3 694亿立方米，均超计划指标。截至年底，集团公司在全国41个盆地（坳陷或构造区）拥有勘查区块194块，面积52.53万平方千米（含页岩气增列区块）。

（许静华）

【常规勘探工作量】 2018年共完成二维地震2 618千米、三维地震3 301平方千米；完成预探井、评价井、滚动勘探与油藏评价井合计383口，进尺115.39万米。26口预探井获工业油气流，成功率33.3%。

（许静华）

【4项重要发现】 ①塔里木盆地顺北一区5号、7号断裂带和1号断裂带深层勘探取得重要发现，顺北7井、顺北51X、顺北501井获得高产工业油气流，新增预测储量7 176万吨，勘探场面不断扩大。②济阳坳陷多类型潜山勘探取得重要发现，新增控制储量826万吨、预测储量1 013万吨，拓展了下古和上古生界勘探新空间。③元坝地区二叠系新层系天然气勘探取得重要新发现，元坝7井日产气105.94万立方米，新增预测储量1 527亿立方米，开辟了元坝地区新层系新类型勘探领域。④松南地区火山岩新层系天然气勘探取得重要新发现，北213井、苏201井获高产油气流，新增控制天然气储量101亿立方米、凝析油储量327万吨，拓展了中—基性火山岩勘探领域。

（许静华）

【5项新发现】 ①拐子湖凹陷基岩潜山勘探新发现，新增预测储量1 063万吨，开拓了拐子湖凹陷油气勘探新领域。②川东南地区茅口组新类型天然气勘探新发现，新增预测储量191亿立方米，揭示了茅口组一段“埋藏较浅、源储一体、构造裂缝控藏、层状连片分布”的成藏特点，拓展了勘探领域。③成都凹陷马井构造雷口坡组天然气勘探新发现，新增预测储量1 177亿立方米，实现川西坳陷从西部隆起带向东部斜坡带的油气拓展。④梓潼凹陷蓬莱镇组勘探取得新发现，落实资源量205.16亿立方米，实现侏罗系勘探由新场构造带向梓潼凹陷的拓展。⑤天山南新和地区中新生界断裂带取得新发现，落实资源量气103亿立方米、油62万吨，落实圈闭面积35平方千米，带动了山前带领域的勘探。

（许静华）

【15项商业发现】 石油方面，顺北油田1号断裂带勘探重大商业发现，新增石油控制储量5 712万吨；准西缘车排子及春光地区勘探商业发现，新增石油控制储量1 548万吨；东营凹陷石油勘探商业发现，新增石油控制储量2 520万吨；滩海地区石油勘探商业发现，新增石油控制储量1 015万吨；沾化凹陷石油勘探商业发现，新增石油勘探储量1 099万吨；惠民凹陷石油勘探商业发现，新增石油控制储量631万吨；高邮—金湖凹陷石油勘探商业发现，新增石油控制储量646万吨；南阳凹陷石油勘探商业发现，新增石油控制储量513万吨；溱潼凹陷西斜坡石油勘探商业发现，新增石油控制储量258万吨；拐子湖凹陷巴音戈壁组石油勘探商业发现，新增石油控制储量1 083万吨；鄂南红河油田石油勘探商业发现，新增石油控制储量318万吨。天然气方面，川西彭州气田雷口坡组勘探商业发现，新增天然气控制储量401亿立方米；鄂北杭锦旗地区锦77井区天然气勘探商业发现，新增天然气控制储量498亿立方米；川西东坡福兴地区侏罗系天然气勘探商业发现，新增天然气控制储量284亿立方米；元坝地区陆相天然气勘探商业发现，新增天然气控制储量264亿立方米。

（许静华）

【勘探效益】 2018年共预探圈闭134个，完钻115个，新获工业油气流圈闭38个，圈闭预探成功率

33%。平均每口探井控制油气地质储量（油当量）为146万吨，每米进尺控制油气地质储量472吨，每吨控制油气地质储量直接成本25.96元。

（许静华）

【非常规勘探开发工作量】 2018年完成二维地震381千米、三维地震646平方千米；完成钻井113口，进尺56.5万米。其中，完成页岩气探井5口，开发井81口，压裂67口，试气75口，投产101口，新建页岩气产能5.1亿立方米。

（王　烽）

【页岩气勘探进展】 ①威荣页岩气田勘探获重大商业发现，新增探明地质储量1 247亿立方米，成为中国石化第2个具有千亿立方米储量规模的页岩气田。②南川地区金佛斜坡页岩气勘探获重大新发现，焦页10HF井试获日产气19.6万立方米。③武隆向斜常压页岩气勘探取得新进展，隆页2HF试获日产气9.22万立方米，达到阶段降本增效目的。④丁山、东溪4 000米中深层页岩气攻关取得新进展，丁页5HF井试获日产气16.3万立方米，东页深1HF井试获日产气13.8万立方米。⑤永川区块页岩气评价取得积极进展，新店子背斜永页7HF井试获日产气7.18万立方米。⑥赤水林滩场地区页岩气勘探取得重要突破，林页1HF井试获日产气4.43万立方米。

（王　烽）

【涪陵页岩气田开发进展】 强化气藏精细管理，加快新井投产，实现涪陵页岩气田全面上产。深化一期老井生产规律认识和精细管理，深化气井动态分析和能力评价，合理调整气井配产，积极推进增压开采，完善地面集输系统，确保一期产量平稳运行。持续推进江东、平桥区块地面集输管网建设，加快新井投产，确保增量贡献。2018年，涪陵页岩气田新建页岩气产能5.1亿立方米，实现年产气65.6亿立方米，销售63亿立方米。截至年底，累计开钻井487口，完钻井447口，完试井397口，投产井369口井，日产气1 889.8万立方米，年产气65.6亿立方米，累产气219.95亿立方米。

（王　烽）

【煤层气开发进展】 ①延川南气田产气效果逐渐显现，日产气量逐步上升。截至2018年底，排采井908口、产气井792口，千立方米井483口，日产气110万立方米。2018年气田累产气3.84亿立方米、销售气3.46亿立方米。②织金煤层气试验井组评价有序推进，区块累计钻井42口，试采井22口。其中，织2小井组平均日产1 068立方米，平均累产气126万立方米；织2U1井累产突破500万立方米；J型水平井织平1井降本37%，日产气达4 200立方米，降本增产效果显著。

（王　烽）

油田开发

【概述】 2018年，油田板块坚持效益开发理念，着力做大做优新区产建规模，着力增强完善老区创效能力，着力加大技术攻关试验力度，着力推行开发精益管理，开发技术与经营指标持续改善，助力油田板块向可持续高质量发展迈进。

油田开发资源动用情况。截至年底，各油田企业投入开发油田219个，动用石油地质储量73.4亿吨，当年新增动用储量7 151万吨。井网、工艺条件下标定可采储量18.9亿吨，采收率25.7%。

油田开发现状。截至年底，共有油水井数69 542口，其中油井51 030口、注水井18 454口。油井开井38 394口，油井利用率87.5%，年均含水率90.5%，平均单井日产油2.5吨，采油速度0.5%，剩余可采储量采油速度13.4%，采出程度22.3%。注水开井12 617口，水井利用率84.6%，平均单井日注水70.6立方米，年注水32 086万立方米，年注采比0.87，累计注采比0.82。

（侯　振）

【原油产量】 2018年，集团公司原油产量3 506.03万吨，增长0.63万吨。各油田企业原油产量见表1。

（姜颜波）

表1　集团公司各油田企业原油产量　万吨

油田＼年份	2018	2017	2016	2015	2014	2013
集团公司合计	3 506.03	3 505.40	3 565.50	4 173.70	4 378.50	4 378.00
胜利油田	2 341.00	2 341.60	2 390.20	2 710.00	2 787.10	2 776.20
中原油田	126.00	127.30	147.80	182.60	231.00	243.00
河南油田	136.00	156.50	169.10	231.00	241.00	235.00
江汉油田	68.30	69.70	73.90	88.50	97.50	98.20
江苏油田	113.20	120.10	133.00	155.50	171.00	171.20
上海海洋油气分公司	10.60	11.00	10.50	12.00	5.20	3.20
西北油田	650.00	630.00	594.30	703.00	735.50	737.00
西南油气分公司	2.20	1.30	0.70	1.70	2.30	2.20
东北油气分公司	3.00	1.80	3.50	14.70	19.30	21.70
华北油气分公司	13.10	10.00	9.40	39.60	53.50	60.00
华东油气分公司	42.20	36.00	33.00	35.00	35.00	30.30

【滚动勘探与油藏评价】 深化潜力认识，细分滚动勘探单元，精准地震资料目标处理，强化物探技术集成应用，滚动增储领域不断拓展。在胜利东部断块岩性油藏、顺北地区断溶体、苏北盆地岩性油藏等重点地区取得新进展，全年落实商业开发储量5 169万吨。其中，在胜利东部东营中央隆起带、盘河复杂断裂带等重点增储区带落实商业开发储量2 585万吨。顺北地区通过深化断溶体油藏油气运聚规律认识，应用断溶体精细刻画技术，1号断裂向深、向南取得突破，SHB1-10H井进山深度430米，获日产油80吨以上稳定高产，含油柱高度向下延伸330米，初步揭示深层开发潜力；SHB1-11、SHB1-12等5口井相继获得日产百吨以上高产，证实1号断裂南段与北段具有相似产能，落实商业开发储量2 107万吨。苏北盆地溱潼凹陷西斜坡吉沟区块新增规模商业开发储量258万吨，当年建产能5.7万吨。

（侯　振）

【产能建设】 ①强化精细油藏描述，夯实高效产建基础。紧密围绕开发调整需求，由单元整体系统描述转向重点方向及潜力描述，把握不同类型油藏、不同开发阶段矛盾，整装油藏重点加强储层内部结构表征及高耗水层带描述，断块油藏加强低序级断层描述及组合研究，低渗油藏加强储层微观孔喉、非均质性等研究，精准定量刻画剩余油分布。②持续加强项目优化，产能建设提质增效。以项目库建设为载体，以统一平台筛选为基础，以“部署跟踪管理系统”为抓手，加强增量项目油藏、工艺、地面、经评、安全环保“五位一体”统筹优化，持续拓展效益产能建设阵地。全年完钻开发井1 523口，投产油井1 723口，新建产能257万吨、增加22万吨。平均单井日产油5.8吨，提高0.1吨。

（侯　振）

【老油田精细开发】 始终以增加老油田经济可采储量为核心，在强化精准油藏描述的基础上，盯住不同类型油藏增效的关键因素，抓好老区结构优化和精益调整，持续增强老油田创效能力，自然递减率降低 0.51 个百分点。①持续强化水驱油藏精细注水控递减，加大水动力学注采调整力度，应用矢量开发、立体调整等多项精细注水开发技术，配套韵律层细分注水、高效分层采油、长寿命管柱等工艺技术，优化注水产液结构，自然递减率持续降低。②持续加强稠油油藏热效管理，推行“三图一线”管理，实现单井、单炉按需注汽；推广应用多轮次吞吐后期提效技术、高效封堵体系、长寿命分层防砂、分层注汽工艺、热复合化学增效等配套热复合增效关键技术，改善了注汽效果，产量、油汽比连续 3 年保持稳定。③持续强化塔河缝洞油藏注水注气管理，通过构建差异化注采井网，探索高压注水、重复酸化改造等技术动用多套储集体，提高了注水有效率，扩大了注水、注气规模，提升了注水、注气效果。④抓实三次采油优化调整和成熟技术扩大应用，通过对已实施项目的个性调整，控制窜流，提高油井见效率，矿场实施效果不断改善；同时扩大聚合物驱、二元驱、非均相驱等成熟技术应用，全年新投 6 个项目。

（侯　振）

【油田开发管理】 ①探索难动用储量合作开发新模式，制定并完善《难动用储量合作开发实施细则》，通过优化钻井设备和钻井液体系，推广“井工厂”模式，市场化自主物资采购，集约化钻井压裂施工，修旧利废抽油机等设备，全方位优化工程造价，降低项目平衡油价。②持续加强 SEC 储量全过程管理，以储量评估单元为单位，按季度、分构成层层分解落实，强化指标运行全过程管控，按季度逐单元做好跟踪分析和优化调整，实现经济可采储量持续增长。③加大区块流转力度，2017 年旬邑—宜君区块流转至河南油田，通过坚持低成本发展和市场化运作，简政放权，激发了区块自主经营活力和自我发展能力，2018 年已实现盈利；2018 年加大流转力度，通南巴、百色和彰武 3 个油气矿权区块在系统内部分别流转至中原油田、江苏油田、江汉油田。④推进落实区块到单元分级效益管理，以经营现金流和边际贡献为评价标准，按季度跟踪分析现金流、盈亏平衡点变化，推进对标提升，当年 172 个可评价区块有 54 个实现盈利，增加 33 个；区块均有直接现金流流入，增加 75 个；区块盈亏平衡点在 70 美元 / 桶以下区块 48 个，比上年增加 35 个。

（侯　振）

气田开发

【概述】 2018 年，全力推动川西气田、鄂北杭锦旗、川西中江气田等重点产能建设工程，强化老区精益管理和综合调整，编制完成普光气田整体稳产方案，持续开展普光、大牛地、雅克拉等主力气田精细管理和调整挖潜，加强滚动勘探和气藏评价，实现天然气产量持续增长。

常规气田开发储量动用情况。截至年底，各油田企业投入开发气田（藏）145 个，累计动用天然气储量 15 625 亿立方米，储量动用率 53.61%，标定采收率 31.01%。其中，气层气动用储量 12 217 亿立方米，标定采收率 32.15%；溶解气动用储量 3 408 亿立方米，标定采收率 26.96%。全年新增天然气动用储量 226 亿立方米。

气田开发现状。截至年底，共有常规天然气生产井 4 527 口，开井 4 698 口，开井率 82.63%，平均单井日产气 1.7 万立方米，采气速度 1.9%。采出程度 21.0%，动用储量储采比为 8.2。2018 年度天然气储采平衡系数为 0.32。

（张　华）

【天然气产量】 2018 年生产常规天然气 205.8 立方米，增加 11.5 亿立方米。

（张　华）

【生产能力】 截至 2018 年底，油田板块常规天然气生产能力 215.5 亿立方米，其中气层气生产能力 204.0 亿立方米、溶解气生产能力 11.5 亿立方米。

（张　华）

【天然气开发管理】 持续推进鄂北致密低渗砂岩气藏产能建设。进一步深化杭锦旗锦58井区古地貌约束下的冲积扇群展布认识，由扇中向南北两端、东西两翼不断外扩，持续滚动评价建产，完钻开发井47口，平均气层钻遇率63.2%，新建产能3.5亿立方米。针对大牛地气田不同层系的沉积体系特点，开展单砂体构型分析，优化调整井部署，完钻开发井32口，气层钻遇率69.91%，新建产能1.5亿立方米。全年累计新增动用地质储量110亿立方米，完钻水平井86口，新建产能5.0亿立方米，新增经济可采储量30.39亿立方米。

川西中江气田开发效果较好。持续开展河道精细刻画和储层精细预测，坚持滚动评价建产一体化，部署开发井32口，完钻25口，平均单井产能2.6万立方米，新建产能2.1亿立方米。截至2018年底，川西中江气田保有生产能力达9.0亿米^3/年。

普光气田加强滚动扩边和综合调整，进一步夯实气田稳产基础。编制完成普光整体稳产方案，按照“整体部署、分步实施”的原则逐步展开，通过滚动扩边建产、细分层系开发调整、老井措施增产和增压开采等工作，确保普光气田以70亿立方米净化气稳产至2025年。整体稳产方案部署产能建设井21口（含2口利用井），措施井12口，新增动用储量543亿立方米，新建净化气产能22亿立方米，新增经济可采储量300亿立方米。2018年完钻井3口，正钻井4口，投产井1口（M504-1H），无阻流量621万米^3/日，日产气90万立方米，动用储量21亿立方米，新建净化气产能2.0亿立方米，新增经济可采储量12亿立方米。

滚动勘探与气藏评价取得积极进展。加强川西雷口坡组气藏地质综合研究，实施完成3口评价井，进一步明确构造、储层展布和气水关系，落实商业开发储量850亿立方米，编制完成《川西气田雷口坡组气藏开发方案》。方案设计开发井30口，动用储量850亿立方米，新建净化气产能30亿立方米，稳产期6年。已完成开发方案并上报可研，待批复。审查杭锦旗区块评价思路由单一岩性气藏转变为岩性—地层、构造、构造—岩性等多种类型气藏，实施分区分类型评价，部署气藏评价井25口，完钻7口，评价锦58井区、锦66井区和锦72井区有利目标区38个，落实商业开发储量230亿立方米。川西东坡沙溪庙组气藏持续开展河道精细刻画和储层精细预测，在断层夹持区和构造低部位评价取得新突破，新钻滚动勘探和气藏评价井12口，储层钻遇率90%，落实商业开发储量74亿立方米。

（张　华）

采油气管理

【采油工程队伍】 截至2018年底，采油工程系统共有采油（气）厂58个、采油气服务中心7个、工程技术管理部（中心）11个，合计总人数114 913人。其中，采油（气）厂87 610人，采油气服务中心24 462人，石油工程技术研究院2 795人。按队伍类型分，采油工程一线及辅助队伍（队站）共有1 589个、81 989人，采油（气）厂科研单位122个、5 247人。

（马玉生）

【重点工艺技术措施工作量及效果】 2018年，各油田企业共实施油气水井大修作业1 214口，成功1 165口，成功率96.0%，平均修井天数32天。从大修工艺类型上看，大修主要以套损井修复、井下落物打捞、管柱解卡、复杂故障修复等复杂工艺为主，共实施1 048口，占大修成功井数的90.0%。共实施油气水井补孔改层措施2 753井次，有效2 381井次，有效率86.5%；油气水井压裂296井次，有效258井次，有效率87.2%；油气水井酸化1 257井次，有效1 142井次，有效率90.9%；油井泵升级758井次，有效630井次，有效率83.1%；油井防砂1 446井次，有效1 286井次，有效率88.9%。

（马玉生）

【采油气工程综合管理】 2018年，采油工程系统始终坚持价值引领，立足算清效益账、多干效益活、多产效益油，在管理创新、技术创效、成本控制等方面取得一系列成果，为油田板块圆满完成年度工作目标任务做出积极贡献。①技术创新及推广效果显著。开展长水平段和3 500米以深技术攻关，推广电动压裂泵、乳液速溶减阻水、返排压裂液重复利用和可溶桥塞等低成本工艺技术，页岩气完井压裂技术取得积极进展；开展智能分采分注技术试验，实现井下与地面数据双向传输和动态精准调控；攻关形成碳纤维连续抽油杆举升应用配套模式和举升优化设计技术，逐步发展成为低渗深井深抽增产、高矿化井防腐延寿的重要手段；探索稀油小砂体二元堵驱边水治理技术，阶段增油3 701吨；试制自动修井作业装备样机，实现油管输送、起下、排放、测长等工序自动化，降低劳动强度，保障作业安全；加大压缩机气举、邻井气举、泡排等排采工艺应用力度，开展柱塞气举排水采气等工艺现场试验，取得一定效果。“海上长寿命高效注采技术”等6项工艺创新和集成应用技术获年度开发奖励。②重点工作有序推进。全年完成油气水井措施与维护作业30 879井次，费用与年度预算基本持平，措施年增油上升9.46万吨；以提高水驱“三率”为中心，实施精细注水工程，分注率达46.8%，提高1.5个百分点。开展套损井专项治理，2017—2018年共治理951口，完成3年治理计划的52.1%。实施三大工区“两北一川”提速提质提效工程，切实提高建产速度、稳产基础和单井产能。废弃土地退出基本达到部署目标，全年共治理废弃井1 779口，安全环保生产基础得到进一步夯实。

（马玉生）

【井下作业工作量情况】 2018年，各油田企业共完成油气水井井下作业工作量33 029井次。其中，措施作业12 190井次，维护作业18 689井次，新井投产、投注2 150井次（口），分别占总作业工作量的36.91%、56.58%和6.51%。油气水井年作业频次0.56井次/口（不含新井和投注），其中年措施作业频次0.22次/口、年维护作业频次0.34次/口。从生产井类型看，油井作业25 855井次、气井作业1 518井次、水井作业5 656井次，分别占油气水井井下作业总工作量的78.28%、4.60%和17.12%。

（马玉生）

【井下作业施工能力】 截至2018年底，各油田企业共有小修队伍332个，年施工能力20 352口；大修队伍29个，年施工能力559口；试油（气）队伍23个，年施工能力1 240口。

（马玉生）

【井下作业装备现状】 截至2018年底，各油田企业共有井下作业设备3 646台（套）、后勤场站62座。其中，油管厂23座，年检测油管3 800万米，年修复油管3 733万米；抽油杆厂12座，年检测抽油杆721万米，年修复抽油杆514万米；配液站5座，年配液能力36.4万立方米。

（马玉生）

油气集输

【概述】 截至2018年底，油田原油集输处理系统共建有联合站109座、油库11座、接转站251座、原油稳定装置36套，原油储罐库容146万立方米。设计原油稳定能力4 829万吨/年，原油外输能力8 020万吨/年。2018年稳定原油1 945万吨。

油田采出水处理系统建有污水处理站179座，设计含油污水处理能力5.39亿米^3/年。2018年处理含油污水4.23亿立方米。

注水系统共有各类注水站740座、配水间2 854座。2018年实际污水回注3.05亿立方米，污水处理站出口水质达标率94.1%。

（刘峻峰）

【主要技术经济指标】 原油密闭率 64.7%，输油泵平均运行效率 50.2%，管网效率 87.5%，集输系统效率 43.9%；注水泵平均运行效率 74.1%，注水系统注水管网效率 73.6%，注水系统效率 54.6%。

（刘峻峰）

【海上油气开采设施及生产】 截至 2018 年底，海上油田（自营区块）共有各类海上采油平台 127 座，其中中心平台 6 座、井组平台 89 座、单井平台 32 座；海底输油管线 103 条，总长 615.54 千米；海底输气管线 15 条，总长 990.81 千米；海底注水管线 67 条，总长 116.46 千米；海底电缆 131 条，总长 429.36 千米。海上油气水井共 928 口，开井 820 口。其中，油井 577 口，开井 503 口，年生产原油 332.4 万吨、天然气 1.21 亿立方米；气井 79 口，开井 62 口，年产气量 12.21 亿立方米；注水井 272 口，开井 255 口，年注水量 1 679.8 万立方米。

（马玉生）

设备管理

【概述】 截至 2018 年底，油田企业在册设备原值 445.92 亿元、净值 166.4 亿元，设备新度系数 0.37。设备管理人员 3 738 人，设备维修人员 3 810 人，装机总功率 934.29 万千瓦。共有主要专业设备 79 516 台（套），设备原值 353.36 亿元、净值 131.95 亿元，新度系数 0.37。其中，钻采特车 2 306 台、注采设备 44 348 台、油气处理与集输设备 16 577 台、起重搬运机械 166 台、运输车辆 1 075 台、辅助专用车辆 1 563 台、动力设备 6 630 台、工程机械 779 台。综合完好率 99.45%，主要设备利用率 86.7%。

（刘峻峰）

【油田设备状况】 2018 年各油田企业设备状况统计见表 2。

（刘峻峰）

表 2　　2018 年各油田企业设备状况统计

单　位	在册设备				主要专业设备					
	在册台数	原值 / 亿元	净值 / 亿元	新度系数	在册台数	完好率 / %	利用率 / %	原值 / 亿元	净值 / 亿元	新度系数
股份公司	151 069	445.92	166.40	0.37	79 516	99.45	86.70	353.36	131.95	0.37
胜利油田分公司	37 882	120.49	41.47	0.34	31 439	99.68	88.21	108.55	37.36	0.34
西北油田分公司	21 822	50.74	14.06	0.32	7 440	98.09	93.44	33.48	9.16	0.27
中原油田分公司	22 380	162.34	61.84	0.38	9 473	99.24	83.71	130.59	48.43	0.37
河南油田分公司	8 527	20.47	6.07	0.29	7 268	99.64	84.99	18.03	5.28	0.28
江汉油田分公司	11 528	26.91	9.05	0.36	8 242	99.68	82.09	18.94	6.45	0.36
江苏油田分公司	6 640	12.41	4.19	0.29	3 982	99.82	90.62	10.58	3.75	0.36
西南油气分公司	14 511	23.35	14.85	0.39	2 156	99.53	95.62	14.09	10.24	0.73
华北油气分公司	19 265	14.49	7.85	0.47	5 511	99.00	93.94	8.92	5.80	0.65
华东油气分公司	3 106	4.85	1.79	0.40	1 775	99.47	93.43	3.07	1.29	0.49
东北油气分公司	5 408	9.87	5.23	0.53	2 230	99.23	59.08	7.11	4.19	0.59

【设备管理】①加强闲置设备物资调剂工作，优化存量资产，下发《油气田分公司闲置设备转让管理办法》，利用闲置设备信息共享平台，积极盘活设备存量资产。2018 年，各油气分公司之间共计调剂设备 114 台（套），原值 2 841 万元；分公司内部调剂 560 台（套），原值 12 632 万元。②组织开展油田板块年度设备管理检查。企业自查共查出问题 16 927 个，全部完成整改。现场检查二级单位 64 个，抽查基层单位 166 个，抽查现场设备 1 956 台（套），查出各类问题 612 个，全部完成整改。

（刘峻峰）

基层管理

【深化油公司改革迈出新步伐】 油田板块坚持推进扁平化油公司体制建设，结合“三定”，压减分公司和采油气厂两级机关管理人员，对无效、低效油气生产单位进行整合，全年压减处级单位 23 个，整合压减低效、无效采油气管理区 14 个，两级机关科室减少 78 个。全面完成油公司专业化队伍剥离整合，油气主业人员较改革前减少 3.9 万人，油公司核心业务队伍更加精干。全面完成 16 家法人户数压减任务，超额压减 1 家，板块法人层级全部控制在 5 级以内。开展专业化队伍量化评价，每季度对作业、维修、测试等 6 个类型专业化队伍开展排名，发布标杆指标，为专业化队伍搭建价值创造竞赛平台，专业化队伍效率和服务保障能力进一步增强。系统内作业、特车、维修、测试、公务车辆业务（不含电力）专业化队伍人均创收、万元收入管理服务费得到较大改善，井下作业队伍万元收入人工成本下降 23.36%、万元收入管理服务下降 6.96%，施工一次合格率提高 0.28%，人均作业井口数增加 0.18 口，油公司专业化队伍整合效果开始显现。

（靳红兴）

【矿权区块流转力度加大】 充分发挥中国石化上游板块整体技术、管理、人才优势，盘活油气储量资产，加快增储建产增效。制定油田板块《油气矿权区块流转实施办法（试行）》，明确矿权区块流转范围、管理职责、运作流程及要求，对长期低效、无效等得不到有效动用的区块实施内部流转，各分公司根据区块现状研究编制高效勘探和效益开发方案，依据专家评审排序结果竞争性获得区块经营权，建立了公司内部竞争性开展区块流转的常态化工作机制。将“贵州省郎岱区块油气勘查”和“贵州省安顺地区油气勘查”2 个勘查区块由华东油气分公司流转至勘探分公司。完成通南巴马路背区块、广西百色油田、东北彰武油田等 3 个矿权区块内部流转，中原油田、江汉油田和江苏油田 3 家以公开竞标方式，确定为区块流转承接单位，为加快储量动用注入动力，倒逼承接单位创新体制机制，推动难动用储量效益开发。河南油田分公司创新体制机制，发挥老油田精细研究、精细描述和精细管理优势，对旬邑宜君区块实施项目管理，强调资产轻量化、市场化运作等，全年累计产油 2.7 万吨，创效超过 3 500 万元，成功将亏损区块经营为有效益的区块。

（靳红兴）

【自主经营试点成效显著】 持续推进东北油气分公司自主经营试点，加大企业内部改革力度，激发各要素活力，实现连续 2 年盈利。进一步扩大自主承包经营试点范围，启动华东油气分公司自主经营。华东油气分公司把承包指标逐层打开，梳理分解各类考核指标 450 余项，直到每个最小的生产经营单元，确保实现扭亏为盈。江汉油田在荆州采油厂、坪北经理部全面开展自主经营承包，实现扭亏为盈。河南油田分公司全面推行承包经营，细化承包指标、配套考核政策，实现油气区块的全覆盖。

（靳红兴）

【合作开发难动用储量取得新进展】 以难动用、未动用、无效、低效区块为对象，创新合作开发方式，推行项目管理，对项目独立核算、独立评价考核，形成合作开发体制机制，建立利益共同体，着力降低工程成本，推动效益开发。胜利油田与胜利石油工程公司加大难动用储量合作开发，推广“井工厂”模式，优化钻井设计，缩短钻井周期，降低工程成本。盐 222 区块合作开发明确承包合作区块、落实责任主体，推动油藏、地质、工程的深度融合，降低工程成本，提升开发效果，区块钻井周期由 80 天缩减至 24 天，钻井周期压减 70%，实现提速提效、合作共赢。

（靳红兴）

【区块目标管理】 2018 年，编制下发《油气田区块目标管理评比办法》，统一数据口径，加大无现金流区块综合治理力度，实现区块目标管理工作运行平稳，油田气区块生产经营状况明显改善。①开展区块经营现金流综合治理。开展区块投入产出分析，强化区块、厂级、分公司三级现金流分析，组织无现金流区块治理，提高区块开发效益，全年 172 个可评价油气田区块累计实现直接现金流 973 亿元。②开展优胜区块评比活动。按照《油气田区块目标管理评比办法》，以实现油气田效益开发为目标，突出对区块创效能力、可持续性开发的评价，综合考虑生产经营实际，选取在油气生产过程中对质量、成本、效益起关键作用的指标，进行量化对比，客观评价油气田区块开发、生产和经营现状，完成综合创优排名、突出贡献、降本增效显著、劳动效率提升等优胜区块的评比表彰工作。③强化区块管理基础。结合年度油气田区块生产运行、新区投产等情况，核定油气田区块目标管理基本单元总数为 191 个，奠定分析管理基础；初步完成区块目标管理数据库的升级改造，实现区块、厂级、分公司三级生产经营管理数据的统一填报，全面落实区块成本核算、预算管理到区块；按季度通报区块现金流、利润、成本等生产经营情况，为经营决策提供依据；开展区块分层级效益评价，对生产井、采油区、采油厂、油田区块经济效益开展分析评价。

（马玉生）

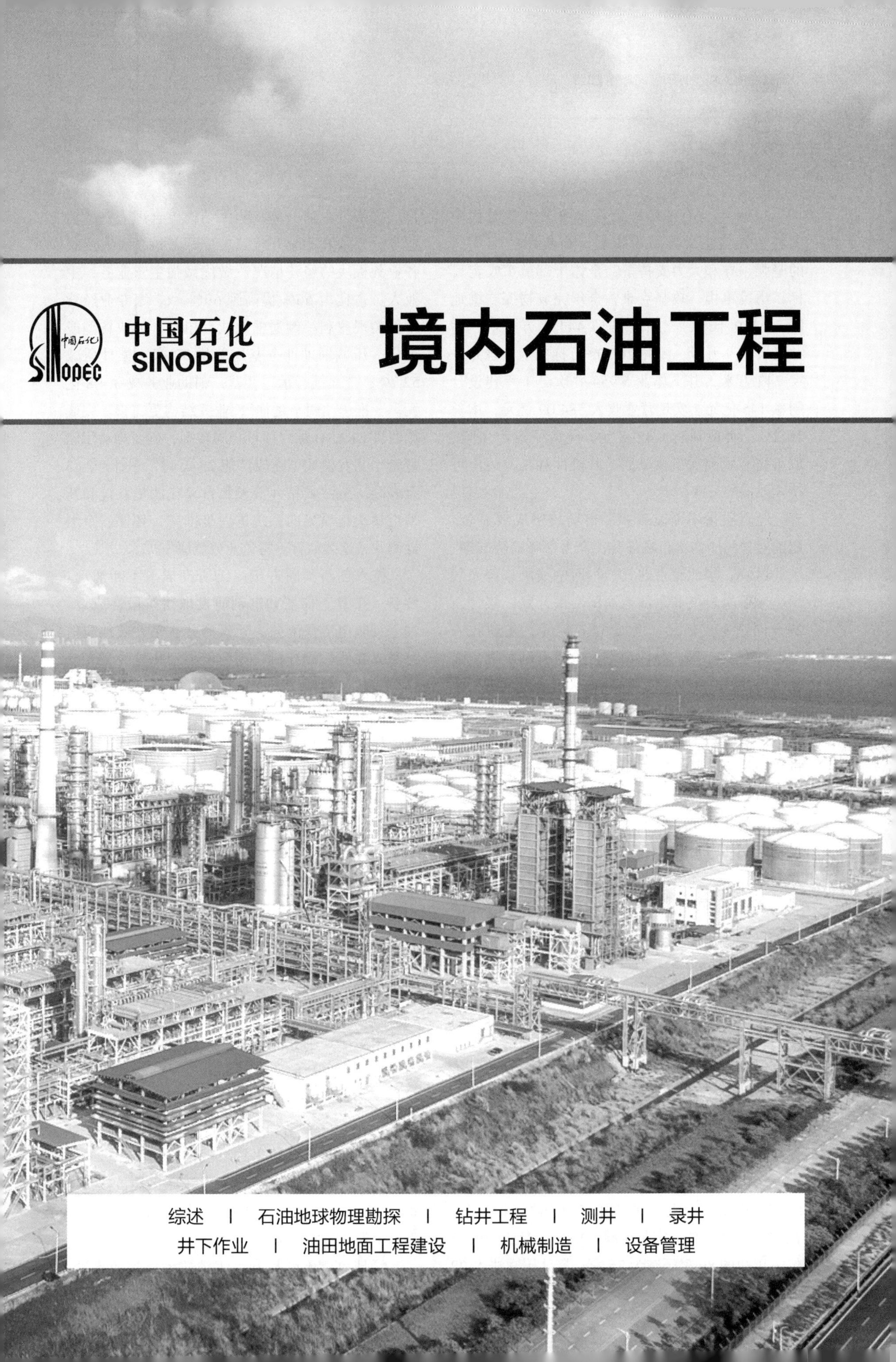

境内石油工程

综述 | 石油地球物理勘探 | 钻井工程 | 测井 | 录井

井下作业 | 油田地面工程建设 | 机械制造 | 设备管理

综　述

2018年，石油工程板块以习近平新时代中国特色社会主义思想为指引，在集团公司党组的坚强领导和大力支持下，全体干部员工咬定目标，勇挑重担、攻坚克难，全年完成物探二维地震30 279千米，三维地震13 441平方千米，钻井进尺869万米，测井24 309万标准米，录井进尺747万米，井下作业5 954井次，工程建设合同额145亿元。实现营业收入584.09亿元，增长20.2%；实现利润1.42亿元，化解了退市风险，取得扭亏脱困保市攻坚战的阶段性胜利，迈出可持续发展的关键一步。

经营质量不断改善。①市场攻坚成效显著。超前对接集团内部市场任务，全力保障涪陵二期、顺北区块、华北致密油气、川西中浅层、普光气田、威荣页岩气和东部老油田勘探开发，累计新签合同额371亿元、增加67.6亿元，实现收入336.81亿元。国内外部市场，抢抓有利契机，强化统筹协调，高效组织队伍，发起全力攻坚，全年新签合同额117亿元、增加11亿元，实现收入108.31亿元。海外市场，强化集中统一管理，推进资源优化配置，狠抓风险管控和亏损项目治理，累计新(续)签合同额22.1亿美元、增加3.1亿美元，实现收入132.65亿元。②项目创效水平明显提高。完善形成以5 185个单体制度为基础的“六大制度体系”，健全以项目为核心的一体化管理模式，提升了项目盈利能力。全年运行项目8 118个，盈利7 160个，占比提升6.31%，项目毛利润提升7.3%。③主要财务指标明显改善。做实月度滚动预算，强化刚性控制，百元收入营业成本91.95元，降低14.14元。狠抓“两金”清收，期末应收账款余额比年初下降15.93亿元。完成定向增发，适时补充现金流，优化债务结构，资产负债率90.51%，比年初下降12.77%。强化全员目标成本管理，深入分析完全成本，分类施策，分类控制，全年挖潜增效56.8亿元。

深化改革持续进行。①推进“瘦身健体”，组织结构更精干。机关部门由17个压减到12个，机构压减29.4%，定员压减20.3%；专业经营单位由年初的80家压减为76家；累计压减法人22户。②推进主辅分离，队伍结构更合理。将主辅业务分开预算、分开核算、分开考核，真实反映各业务板块的经营情况。做优做强主营业务，主业人员占比由66%提高到69%，67家专业经营单位实现盈利。倒逼辅业减亏扭亏、加快转型或退出，压减辅助业务基层单位92家，累计压减52.7%；全面推行承包经营，辅助业务减亏4.8亿元。③推进“两个延伸”，业务结构更完善。完成墨西哥EBANO综合项目合同转型；创新难动用储量合作开发模式，建成产能29万吨，累计产油3万多吨。撬装式钻井液参数自动化测量系统和新型近钻头地质导向系统进一步推广，环保、牵引器测井、连续油管等特色业务健康发展。

技术创新不断进步。①研发成果不断涌现。装备、工具、仪器和助剂研发取得阶段性成效。油基泥浆电成像测井、元素测井、钻井液地质信息激光在线检测样机、高精度小型化拉曼激光气体分析仪研发成功，碳同位素录井填补国内多项空白。联合攻关的185℃高温MWD、钻井旋转导向仪器、随钻井涌井漏预警系统试验成功，烷基糖苷衍生物基钻井液首次在页岩油井成功应用，DREAM-I钻机管柱自动化装备开始推广应用。统筹推进自主创新、联合创新、开放创新与全员创新，全年申请专利562件，获专利授权465件，获集团公司科技进步奖8项。②重点攻关加快突破。单点高密度、高精度地震勘探技术在东部、四川、准中等地区实现工业化，国内首次自主扫描高效采集攻关实验获得成功。应用“低温多效蒸发”等技术，建成国内首座高含硫气田采出水资源化利用处理站。重点工区各项主要技术指标不断提升。川西陆相平均机械钻速提高40%；海相井下复杂故障率降低80%。涪陵焦石坝主体区块平均机械钻速提高12.45%、平均钻井周期缩短6.81天，三开造斜段、水平段和整个三开实现“一趟钻”。威荣区块平均机械钻速提高50.23%、平均钻井周期缩短32天。顺北工区平均机械钻速提高12.9%，顺北蓬1井完井井深8 455米，创亚洲陆上钻井最深纪录。

管理效能不断提升。①绩效考核加快推进。

统一财务核算与定额标准，严格落实《关于进一步完善所属单位绩效考核办法的指导意见》，绩效考核不断规范、逐步加强。以绩效考核为抓手，层层做实做细“三项制度”改革方案，“三能”机制建设积极推进。②安全管理更加严格。严控安全风险，深挖事故根源，吸取血的教训，组织各单位逐区域、逐装置、逐班组、逐岗位查找问题和辨识风险，全面启动安全管理提升工作。推进清洁生产，加强现场环保管理，钻井作业的固体废料、废液做到合规处置、达标排放。③风险防控得到强化。全面依法依规治企，修订内控手册，开展法治工作自查，规范管理和使用合同标准文本；排查项目运行、招标采购、资金管控、涉法涉诉等风险，狠抓亏损项目特别是海外亏损项目治理，有效防范债务、金融、法律、境外等风险。

党建工作持续加强。①强化政治思想引领。深入学习贯彻习近平新时代中国特色社会主义思想和党的十九大精神，始终牢记初心使命，持续开展“转观念、勇担当、促改革、创效益”专题讨论，大力开展“决胜扭亏脱困保市”主题活动，涌现出一批先进集体和个人。②落实管党治党责任。逐级压实“一岗双责”，召开党建暨党风廉洁建设和反腐败工作会议、党建工作座谈会，实施组织力提升工程，提高了党建工作质量。坚持正确选人用人导向，加大竞争性选拔和年轻干部选拔力度，各级班子的年龄、知识等结构得到改善。全面接受党组巡视，认真整改发现问题；统筹监督资源，推进党委巡察工作，积极构建“大监督”格局，树立了清风正气。③打造石油工程铁军。编制人才强企工程战略规划，启动“五大人才子工程”，举办中层干部、项目经理等各类培训班，狠抓员工培训工作，队伍整体素质不断提升。开展不担当不作为慢作为突出问题查摆整改，“关键少数”作用得到较好发挥。推进“机关作风建设年”活动，大力整顿作风漂浮、能力不强、责任缺失等问题。本部机关通过专题讲座、实岗锻炼、对照查摆等形式，践行“马上就办、办就办好”要求，履职能力逐步增强。持续加大业绩、典型、品牌推介力度，企业文化建设初见成效。

（汪映春）

石油地球物理勘探

【概述】 截至2018年底，集团公司共有陆地采集队伍50支，其中地震队伍39支、非地震队伍7支、VSP与井间队伍3支、清线队伍1支、转多元业务队伍15支。共有甲级队伍37支，乙级队伍2支。从业人员7 159人，其中正式职工7 108人、其他用工51人。

（孙呈德）

【主要装备】 截至2018年底，集团公司共有可控震源146台，数字地震仪主机共计66台（套），接收道数32.48万道，单分量数字检波器1.71万个，VSP采集设备7套，运载设备1 448台。装备新度系数0.24。

（孙呈德）

【采集工作量及实施情况】 2018年，共实施二维地震14 730千米、三维地震10 454平方千米；国内二维日均生产126炮，国内三维日均生产548炮；地震资料优良率92.86%，提升1.46%。

（孙呈德）

【主要技术进步】 单点高密度地震勘探技术在东部地区实现工业转化。通过胜利油田罗家地区三维地震采集项目的成功应用,2018年对单点高密度三维地震技术进行优化，选择面元尺寸12.5米 × 12.5米或10米 ×10米、接收道数1万—1.5万道，炮道密度130万—180万道/千米^2，在胜利油田陈官庄、临邑北和江苏油田永安等地区更加复杂的隐蔽性油气藏进行推广应用，效果显著，大幅提高目的层的分辨率，断裂系统更加清晰，层间弱反射信息更加丰富。

高精度地震勘探技术在四川、准中等地实现工业转化。普光二期东岳寨—清溪场工区在复杂山地首次采用上万道采集观测系统，资料效果改善明显，低频从 7 赫兹拓宽到 3 赫兹，高频从 62 赫兹拓宽到 65 赫兹，频宽拓宽 7—10 赫兹，盐下信噪比提高，弱反射层成像改善明显；准中地区庄 3 井三维首次应用高精度地震勘探技术，获取高分辨率的地震资料，深层反射改善明显，层间信息更加丰富。

复杂地表地震勘探技术在四川、塔里木等盆地实现工业转化。复杂区域观测系统优化设计、复杂地表安全激发智能检测技术、现场质量控制实时可视化技术及河滩大卵石区钻井工艺等形成配套，应用效果明显。东溪三维资料成像品质明显提高，有力地指导东页深 1 井水平井设计与钻探。顺中三期项目资料总体信噪比、分辨率较高，断裂带断面、断点清晰，奥陶系内幕缝洞体地震响应特征更加明显。

准南山前带地震勘探技术持续攻关取得重要进展。米泉山前带攻关中采取“从点到线、从线到面、分层实施”的思路，逐步对近地表进行精细的结构和岩性调查，指导激发参数的试验优选以及静校正量的计算，通过超高覆盖次数二维宽线试验论证优选激发接收点距、线距和覆盖次数，通过多种组合方式试验优选出最佳组合参数，用于三维高密度观测系统攻关试验，结合理论模拟验证进行方案优选，最终推出最佳方案，取得理想的剖面效果，地震成像质量改善比较明显，攻关取得初步的成功。

塔里木顺北特深层技术攻关取得重要进展。完成顺北地区可控震源激发试验，获 1 200 余炮的可控震源激发采集原始资料；形成特深层地质目标地震响应分析技术，初步建立地表条件与地震响应特征之间关系，为研究特深层地质目标地震响应变化规律打下基础；通过可控震源低频段驱动幅度测试，获取最佳出力特征曲线，优化了可控震源激发低频扫描信号。

4 项自主研发成果稳步推广推进。节点自主采集系统研发成功并逐步试验。已完成 1 套完整的无缆采集系统研发，在临邑北三维、普光二期三维、成都城市地下空间调查等项目中进行现场试验。海量地震数据现场质量分析监控及软件研发取得新进展。成果先后应用到包括车 66、庄 3 井、十三间房、牛庄高精度等 10 多个工区，通过量化分析与评价软件，不出监视记录，可对地震资料进行有效监控。地震采集工程软件 SeisWay3.0 完成地震采集队伍全面推广。2018 年软件升级配套 46 套、新推广 98 套，覆盖地球物理公司 95% 的野外地震队。井中分布式光纤（DAS）探测装备初步研发成功。完成 DAS 系统主机研发工作，耐高温高压的铠装光缆的设计工作已完成，正在进行生产加工。

（徐雷良）

钻井工程

【概述】 集团公司钻井业务主要分布在石油工程公司的胜利石油工程公司、中原石油工程公司、江汉石油工程公司、华北石油工程公司、华东石油工程公司、西南石油工程公司 6 个地区分公司和海洋石油工程公司等单位。钻井研究、专业技术服务及钻井施工单位共 40 个，其中陆地钻井公司 19 个、海洋钻井公司 2 个、钻井研究院 3 个、钻井技术服务公司 9 个、其他油田服务公司 7 个。钻井系统用工总量约 5.38 万人，其中合同制员工约 3.58 万人。

（黄立玫）

【主要装备】 拥有陆地钻机 727 台，其中电动钻机 228 台、机械钻机 499 台；海洋钻井平台 13 座，其中座底式 2 座、自升式 10 座、半潜式 1 座。各类顶驱 307 套；LWD（FEWD）74 套，MWD 242 套；防喷器 2 346 台，其中单闸板 439 台、双闸板 1 124 台、环形防喷器 783 台；固井装备 300 台，其中水泥车 274 台、泥浆撬 26 台；欠平衡装备旋转防喷器 36 台；空气压缩机 88 套；钻机网电装置 189 台（套）。

（黄立玫）

【主要工作量】 2018 年，平均动用钻机 439.93

台。全年开钻 3 221 口，完井 3 100 口，其中集团公司内部市场完井 2 176 口、国内外部市场完井 328 口；完成钻井进尺 869 万米。

（黄立玫）

【重点工艺井应用】 完成深井钻井 223 口，超深井（6 000 米以深）钻井 82 口；完成定向井服务 1 337 井次，其中水平井 359 井次；各类固井 6 705 井次；常规欠平衡井 19 口，其中气体钻井 16 口。

（黄立玫）

【主要技术进步】 页岩气钻井技术逐步完善。研究形成页岩气水平井“一趟钻”技术：优化国产 PDC 钻头及耐油基高效螺杆，提高钻头穿行效率；通过钻具组合的优化、减阻工具的应用，改变井底钻具受力；通过钻井液性能优化及水平段防漏堵漏技术研究应用，降低水平段的摩阻，提高防漏堵漏能力及净化能力。涪陵工区 11 口井成功应用水平井“一趟钻”技术，完成井平均水平段长 1 629 米，完成井水平段平均机械钻速 12.04 米 / 时，提高 54.36%；水平段平均钻井周期 10.52 天，较设计降低 17.81%。2018 年完成页岩气井钻井 141 口，钻井进尺 95.21 万米，完成井平均井深 5 066.35 米，平均机械钻速 7.17 米 / 时，平均钻井周期 86.54 天。

超深井钻井技术趋于成熟。通过持续开展超深井关键技术攻关研究，超深井钻井集成配套技术；超深井钻井能力持续提升和完善，为特深层油气勘探开发提供强力支撑。在西北工区，顺北油气田油气藏埋深超过 8 500 米，形成钻井分层提速、超深定向、超深小间隙固井、高温高压测试等系列技术。全年超深井完井 82 口，平均井深 6 750.66 米，平均机械钻速 5.42 米 / 时，平均钻井周期 135.49 天。

钻井液技术取得突破。YJJS-1 高性能水基钻井液，解决泥页岩井钻井过程中井壁稳定、钻井液流变性、井眼润滑和钻井提速等技术难题。高性能水基钻井液技术，首次在中深层页岩气水平井 YS117H1-6 井钻完井一体化成功应用。以烷基糖苷为主剂的近油基钻井液技术，突破水基钻井液无法安全钻穿长裸眼段纯泥岩的技术瓶颈，应用该技术成功打成中国第一口页岩油水平井——松页油 2HF 井，标志着国内水基钻井液技术的革命性突破。

（黄立玫）

测　井

【概述】 集团公司拥有胜利测井公司、中原测井公司、江汉测录井公司、西南测井公司、华北测井公司、华东测井公司 6 家测井单位，测井、射孔队伍 263 支，其中裸眼井测井队 153 支、生产测井队 38 支、射孔队 72 支；分布在集团内部 238 支，国内外部 16 支，国外市场 9 支。用工总量 5 078 人。

（高瑞香）

【主要装备】 拥有测井设备 1178 台（套），综合完好率 98.99%，运转时率 66.22%，新度系数 0.32。其中，测井系统 264 套（成像测井 106 套、高精度测井 67 套、国产数控测井 19 套、射孔 72 套）。拥有井下仪器 7 084 支，包括成像井下仪器 834 支、特殊井下仪器 401 支、常规井下仪器 5 849 支。

（张新华）

【工作量】 2018 年，集团公司测井队伍累计完成各类测井 11 988 井次 (不含射孔)、24 368 万标准米，分别增加 1 023 井次和 3 685 万标准米。测井曲线优等品率 96%。

（高瑞香）

【主要技术进步】 2018 年，测井为支撑“两北一川”勘探开发持续攻关，推广成熟技术。裸眼测井方面：中国石化新一代 SINOLOG900 网络成像测井系统初步成形，已上井获合格资料。常规系列温压指标 200℃、170 兆帕，超高温高压小直径（70 毫米）系列温压指标 200℃、160 兆帕；声、电成像温压指标：175℃、140 兆帕。生产测井方面：新型剩余油评价方法瞬变电磁过套管测井技术不断完善，已试验 10 余口井，较常规剩余油监测方法具有探测深、施工环境要求低、时效高等优点；初步研制完成存储 / 直读水平井产出剖面测井仪器，对于大斜度 / 水平井含气量较小情况下的产气剖面监测具有重要意义，打破国外垄断。射孔技术：创造性地将牵引器优势技术与多级射孔施工相融合，实现水平井牵引器输送射孔，填补国内页岩气该领域技术空白（页岩气水平井首段射孔施工均采用连续油管），具有时效高、成本低等优点，应用近 30 口井，达到提速提效的目的。

（张新华）

录　井

【概述】 集团公司录井系统共有 9 家服务商，分别为胜利地质录井公司、中原录井公司、江汉测录井公司、西南地质录井公司、华北录井公司、华东录井公司、胜利石油工程有限公司海洋钻井公司、西南石油工程公司临盘钻井公司、上海海洋石油局第三海洋地质调查大队。截至 2018 年底，共有队伍 551 支，其中综合录井队 472 支、地质录井队 74 支、其他录井队 5 支；分布在集团内部 435 支、国内外部 85 支、国外市场 31 支。用工总量 4 495 人。

（高瑞香）

【主要装备】 拥有主要录井设备 877 台，综合完好率 99.24 %，运转时率 68.54%，新度系数 0.26。其中，综合录井仪 449 台，新度系数 0.25；气测录井仪 18 台，新度系数 0.27；地质录井仪 153 台，新度系数 0.46；其他设备 257 台。

（张新华）

【工作量】 截至 2018 年底，集团公司队伍累计完成录井 2 847 口、录井进尺 745 万米，分别增加 217 口和 79 万米。完井资料合格率 100%。

（高瑞香）

【主要技术进步】 各地区定录导一体化技术更为成熟，软件功能不断完善，多专业结合更为紧密，全年完成地质导向近 200 口井。以涪陵页岩气为例，优质储层钻遇率提高至 95%，三开平均导向用时比常规导向缩短 14 天。把人工智能成果引入录井，开展“井场视频智能分析及违章行为预警系统开发”研究，完成人形检测模型训练、视频实时追踪训练等年度工作安排，完成对违章行为判别模型训练平台的开发设计。

（张新华）

井下作业

【概述】 集团公司井下作业系统主要包括胜利井下作业公司、中原井下特种作业公司、江汉井下测试公司、江汉页岩气开采技术服务公司、江汉国际合作公司、西南井下作业分公司、华北井下作业分公司、华东工程技术分公司和上海特殊作业分公司等单位，主要为油气田勘探开发提供试油测试、储层改造、修井作业、海上作业、稠油开采等专业的石油工程承包和技术服务。截至 2018 年底，全系统拥有员工 8 669 人，专业队伍 299 支。

（曹　明）

【主要装备】 拥有各类主要生产设备 1 677 台（套），拥有 2000 型及以上压裂泵车 224 台，主要资产原值68.4亿元，新度系数0.49。

（曹　明）

【工作量】 2018年，完成井下作业工作量4 718井次，完成试油气测试2 095层次。

（曹　明）

【主要技术进步】 连续油管和高压带压作业等专业化队伍保障能力不断加强，水平井细分压裂、大型酸压、酸性气试气、高温高压油气井测试、水平井修井等技术服务能力持续增强，建成国内最高实验条件的高温高压井下工具检测中心，“页岩气井带压作业工艺技术”获石油石化科技成果转化与推介会银质奖章。

（曹　明）

油田地面工程建设

【概述】 截至2018年底，集团公司地面工程建设有2家设计企业（石油工程设计公司、中原设计公司）、7家施工企业（胜利油建公司、中原油建公司、河南油建公司、江汉油建公司、江苏油建公司、胜利建工公司、中原建工公司）、1家监理企业（江苏监理公司）、1家节能环保企业（节能环保公司）和1家管道技术服务企业（管道技术公司）。从业人员14 525人，员工平均年龄44岁，其中设计板块2 341人（16.12%）、油建板块8 762人（60.32%）、建工板块3 098人（21.33%）、监理板块127人（0.88%）。专业从事国内外陆地、海洋油气工程建设。提供油气田建设、长输管道、天然气处理、石油化工、节能环保、路桥市政、房屋建筑、压力容器制造等领域的工程建设服务，具有设计、施工、制造、安装、管道和场站运维保、监理、PMC及EPC“一揽子”总承包能力，业务范围遍布20多个国家和地区。

（刘　芳）

【资质情况】 拥有的勘察设计及咨询资质：工程勘察综合甲级，海洋工程勘察乙级，地理信息系统工程专业测绘甲级；石油天然气（海洋石油）、海洋行业（离岸工程）、建筑行业（建筑工程）、市政行业（给水、排水、城镇燃气、热力工程）工程设计甲级，环境（固体废弃物处理专项）工程设计甲级，市政行业（桥梁工程、道路工程、电力行业、环境卫生工程）、海洋行业（沿岸工程）、化工石化医药行业（化工工程）、机械行业（通用设备制造业工程、金属制品工程）、大气及水污染防治、环境工程（大气污染防治工程、水污染防治工程）专项设计乙级；石油天然气、港口河海工程、建筑、市政公用工程（热力、给排水、燃气、热力、通信信息、火电）工程咨询甲级，工程造价咨询甲级；石油天然气、建筑、市政行业资信甲级；特种设备设计许可证（压力容器）A1、A2、A3级，特种设备设计许可证（压力管道）GA类、GB类、GC类。

施工及制造资质：石油化工工程、建筑工程、公路工程、水利水电工程、市政公用工程施工总承包一级，机电工程、港口与航道工程、电力工程施工总承包二级，海洋石油工程、消防设施工程、钢结构工程、建筑装饰装修工程、防水防腐保温工程、地基与基础工程、公路路面工程、桥梁工程施工专业承包一级，建筑机电安装工程、输变电工程施工专业承包二级；A1、A2、A3级，特种设备制造许可证（压力容器）；GA1甲级、GB1级（含PE管道）、GB2级、GC1级特种设备安装改造维修许可证（压力管道），静设备、电气设备、仪表设备和控制系统、防腐类、绝热类等检维修资质，锅炉安装维修改造一级资质（参数不限），电梯安装、改造、维修A级资质。

监理资质：建筑工程、石油化工工程、市政公用工程监理甲级，电力工程监理乙级。其他资质：拥有民用无人驾驶航空器经营许可证；生活污水、工业废水处理设施运行三级资质；工业固体废物无害化处理、有机废物处理、生活垃圾处理处置设施运行三级资；地质灾害治理丙级勘察单位、乙级评估单位；管道漏磁检测证书；通过

ISO 9001 质量管理体系、ISO 14001 环境管理体系、QHSAS 18001 职业健康安全管理体系认证。

（刘 芳）

【市场开拓】 2018 年，各级市场开发人员以市场开发“三三制”为统领，充分利用“四项沟通机制”，坚持“五不干”原则，抓住国内油气领域投资复苏抬头的机遇，千方百计访客户、闯市场，取得可圈可点的优秀业绩。全年国内市场新签合同额 170.33 亿元，增加 8.93 亿元。积极推动以 EPC 模式承建项目，新签 EPC 项目数量由上年的 20 个增加到 32 个，累计新签 EPC 项目合同额 30.5 亿元，并呈现 3 家设计院多点开花的局面，先后承揽中江—龙泉输气管道、中天合创渣场二期、南川—涪陵管道、国家危险化学品二期工程等多个 EPC 工程。

以服务集团重点工程建设为己任，充分发挥专业化优势，突出强化重大项目策划，集团内市场份额得到持续巩固和提升。全年国内集团内新签合同额 118.78 亿元，增加 23.22 亿元、增长 24.3%，占国内新签合同额的 69.74%、提高 10 个百分点。积极参与集团公司“绿色企业行动计划”，节能环保公司利用竞争优势加强业务承揽，新签合同额 2.10 亿元，增长 24%。在销售华南分公司中科炼化项目招标中，胜利油建公司通过独家谈判，中标国内最长海底成品油管道穿越工程，总长度 4.06 千米。

国内外部市场在激烈竞争中积极拓展：严格遵守“五不干”原则，既积极拓展国内外部优良市场，又避免了外部市场的无序开发。胜利油建公司充分发挥海上平台制造优势，先后中标 4 个海上风电升压站项目，累计金额约 3.7 亿元。管道技术公司通过提升业务资质，提高市场竞争力，中标浙江省天然气管道维护项目 1 170 万元，集团外部市场实现零突破。地方燃气市场主要集中在山西、陕西、浙江、江苏、江西、湖北、广东和广西等省，全年新签 17.94 亿元，增加 3.41 亿元。市政道桥工程新签 20.77 亿元，增加 6.44 亿元，其中胜利建工承建的云南宜毕高速工程总合同额 14.6 亿元。

（刘 芳）

【主要装备】 截至 2018 年底，拥有各类工程设备及仪器 3.7 万余台（套），包括各类工程机械、起重搬运机械、焊接切割设备、工程勘察设备和仪器仪表等。年内重点安排泰国输气管道工程、鄂安沧输气管道工程、新气管道项目、常规施工设备更新改造等项目，购置了大型带压开孔封堵设备、定向钻、全自动焊机等先进设备，服务能力大幅度提升。滩浅海工程建设装备齐全，可建造浅海自升式平台、1 万吨级大型固定平台，铺管作业水深可达 150 米；带压封堵设备覆盖管径范围 40—1 016 毫米，满足国内大多数长输管道所采用的管道口径；全自动焊接装备适用 508—1 900 毫米管道焊接，达到全球范围内最大口径；水平定向钻穿越最长 3 278 米，管径最大 1 422 毫米，处于国内领先水平。积极开展主要专业装备自动化智能化发展，增强高端化装备实力，为进一步开拓市场保供生产做好准备。

（刘 芳）

【主要技术创新】 2018 年共开展各级科研项目 100 余项，其中国家级 8 项、集团公司级 19 项、石油工程公司级 20 项。“模块化含油污水处理系统”等 8 项技术被列入中国石化重点科技成果转化推广目录；“可控源音频大地电磁法划分深大隧道围岩等级关键技术”获石油工程公司科技进步一等奖；《页岩气田油基钻屑热解析残渣制备压裂支撑剂》等 2 项方案进入 2018 中央企业熠星创新创意大赛方案复赛。

自主研发的“油气田及长输管道电控一体化小屋”通过集团公司科技部评议，解决传统变配电间建设周期长、占地面积大等问题，已在鄂安沧管道项目中成功应用 29 套，合同金额总计 1 952 万元。该设备的成功推广应用，实现“技术研发—成果转化—装备研制—推广应用”的科研投入到产出的市场化、商业化转化，成为科技成果转化的示范工程。

“江汉油田分公司涪陵页岩气田焦石坝区块一期工程产能建设项目”获中国施工管理协会优秀设计一等奖；“济南—青岛输气管道二线工程”等 22 项工程获 2017 年度中国石化优质工程奖；“天然气川气东送管道增压工程（一期）压气站”等 11 项工程获全国优秀焊接工程奖。

截至 2018 年底，拥有施工工法 168 项，其中国家级12项、省（部）级129项。拥有授权专利498件，其中2018年新申请专利86件，获授权专利64件、软件著作权3项。

（刘　芳）

【重点工程】2018年，以单项目为核心，持续强化项目全过程管控，聚焦工期和效益，努力打好“项目管控攻坚战”，大力开展“出精品、创品牌、提高客户满意度”专项行动，突出抓重点项目、抓业主关注度高的项目，确保重点项目工期正点、安全平稳运行。

潜江—韶关输气管道工程、湛江—北海成品油管道工程、日照—濮阳—洛阳原油管道工程、鄂安沧输气管道工程等大型项目相继开工，国家危险化学品应急救援（实训）濮阳基地、文23储气库地面工程EPC项目、涪陵页岩气管道建设和油田产能建设等重大项目正点、安全运行，云南宜毕和格巧高速公路工程、北京新机场供油工程京津第二输油管道工程等系统外重点工程进行顺利。对22个重点项目（项目群）实行领导挂牌督导，成立新气项目部、鄂安沧项目协调组、日濮洛项目协调组、湛北项目协调组4个项目协调小组，选出18个重点项目作为“出精品、创品牌、提高客户满意度”专项行动的标杆工程。全年国内项目超额完成下达的产值指标。

（刘　芳）

【海洋工程建造与安装】拥有分别位于胜利桩西内港和龙口胜利港的2处海工建造基地，以及胜利901铺管船、胜利902铺管船等海上施工专用船舶和装备。2018年，提出“简易井口平台＋小型FPSO+穿梭油轮”的海工模式并完成涠西油田开发可行性研究。通过数值模拟及模型试验研究，形成中深水海底管道屈曲设计分析方法。建立海底管道在位状态二次挖沟应力应变数值模拟方法，形成海底管道二次挖沟埋设防护技术，研究成果在埕镇海底管道及埕岛油田海底管道隐患治理工程中得到应用。

承建的中心一号新建生产平台、西北新区SH201平台、中心二号隐患治理工程完工，系列平台延寿治理工程一、二、三标段、三峡庄河海上升压站、河北乐亭海上升压站相继完工投产。“茂石化海底管道工程”获全国优秀焊接工程一等奖，《提高工艺管线法兰节点安装合格率》获全国工程建设优秀成果二等奖，《提高海上升压站高压电缆敷设质量》获山东省优秀成果奖、全国工程建设优秀成果三等奖。

（刘　芳）

机械制造

【概述】业务涵盖石油工程、油气开发、油气集输三大领域，形成钻井、修井、固井、压裂设备、特种作业设备、钻头钻具、完井工具、天然气压缩机、集输钢管等12类特色技术产品系列，建有国家认定企业技术中心、院士专家工作站、博士后科研工作站、全国钻采专标委固压设备标准工作部、国家石油机械装备重点实验室等科研平台，具备年产牙轮钻头4万只、金刚石钻头5 000只、螺杆钻具3 000根、固压装备300台（套）、钻修设备200台（套）、大型压缩机50台（套）、高压管汇20万件、钢管60万吨的能力，市场覆盖全国各油气生产区域并出口40多个国家或地区，形成产品门类齐全、特色技术优势突出的油气装备研发、制造、销售和服务体系。

（田治明）

【7 000米钻机首次进入科威特市场】科威特当地时间2018年1月22日，石化机械公司为国际石油工程公司科威特分公司深井修井作业项目研制的首台7 000米电动钻机，在科威特西北部LA-002井位顺利开工，比合同要求时间提前9天。1月25日，同批次出口科威特的第2台7 000米钻机也顺利开工。石化机械公司7 000米钻机首次进入科威特市场。

（付喜艳　庞　坚）

【中标沙特阿美延布输油管线项目】 2018年2月26日，石化机械公司中标沙特阿美延布输油管线项目。该项目为沙特阿美重点能源输送项目，工程总承包公司是沙特当地最大工程承包商沙特电力与机械服务工程公司。

（蔡　繁　张旭光）

【9 000米钻机完成首口井作业】 2018年2月27日，石化机械公司研制的9 000米钻机在新疆塔河油田桑塔木工区某超深井完成首口井作业。标志着石化机械公司进一步丰富钻机装备序列，实现从7 000米到9 000米的跨越，并推动中国石化在超深井钻机研发和应用方面跃上新台阶，为油气勘探开发作业提供重要装备支撑。

（刘庆丰　庞　坚）

【启动科威特石油公司钻头试用工作】 2018年3月4日，石化机械公司正式收到科威特石油公司（KOC）关于金刚石钻头和牙轮钻头试用合同的生效信。标志着石化机械公司钻头在科威特石油公司试用合同正式启动。

（杜记鹏　焦　刚）

【压缩机助力涪陵页岩气开发受用户好评】 2018年3月8日，石化机械公司针对涪陵49#站自主研制的增压压缩机组，在进气压力2.2兆帕左右、排气压力5.2兆帕工况下，无故障运行累计突破2 000小时，输气量超过1 200万立方米，有效助力涪陵页岩气开发，受到用户好评。该压缩机组应用高速全平衡主机、变频控制、数据远传等技术，可适应宽工况进气压力，实现装备无人值守，且首次配置高性价比降噪房。不仅在压缩比、供气量等方面能满足现场工况要求，而且机组操作控制便捷、运转平稳，噪声数据远低于环境量化指标。该机组的成功应用，标志着石化机械公司已具备自主研发生产页岩气压缩机的能力。

（刘旭明　李宗鑫）

【实现低压耗水力振荡器中国造】 2018年4月3日，石化机械公司自主研发的第3代6¾in低压耗耐油基水力振荡器在涪陵工区焦页某井成功投入应用，工具压耗1.8兆帕，输出力5吨，综合技术指标超越区块市场应用的国外同类产品。标志着石化机械公司实现低压耗水力振荡器中国造。

（类　歆　蒋洪亮）

【成功研制5000型大功率电驱压裂装备】 2018年8月15日，石化机械公司研制的2台（套）5000型大功率电驱压裂装备，完成性能测试、连续运转等出厂试验，发运到涪陵现场。作为“十三五”国家科技重大专项“深层页岩气开发关键装备及工具研制”项目的标志性成果之一，该电驱压裂装备搭载石化机械公司自主研制的压裂柱塞泵，完成百万冲次试验验证，各项技术指标达到或优于设计要求，性能稳定、可靠；机电设备采用变频节能技术，配备国产大功率双轴异步电机，VFD控制房集中控制，同时兼容柴驱和电驱的多种装备、混搭成网；配置在线状态监控、远程数据传输系统，整机国产化率达95%以上。与传统柴驱动力压裂设备相比，制造成本、能耗费率、作业噪声明显下降，现场作业人数减少40%；在同等功率下，机组设备数量减少50%，大大缩减井场占地面积，二氧化碳、氮氧化物等污染物实现零排放，有效解决压裂施工中装备功率提升难、使用维护成本高、节能环保受限等难题。

（李　哲　任文喜　庞　坚）

【新型钻头钻具助力中国钻井钻出新深度】 2018年11月10日，石化机械公司研制的混合钻头、尖峰PDC钻头、大扭矩等壁厚螺杆钻具等优势产品，助力顺北蓬1井创下多项亚洲陆上钻井纪录，完钻井深8 450米。

（孙海涛　吴孔波　焦　刚）

设备管理

【概述】 截至2018年底，石油工程系统拥有主要专业设备16 145台（套），其中钻井设备1 285台（套）、测井设备1 178台（套）、录井设备877台（套）、井下作业设备1 789台（套）、物探设备2 698台（套）、工程机械设备1 252台、海洋工程设备243台（套）。设备资产原值468.52亿元、净值189.62亿元、新度系数0.34。设备管理人员1 043人，设备维修人员1 496人。

（张　军）

【主要设备技术指标】 2018年，石油工程主要专业设备综合完好率99.33%，运转时率64.12%。主要专业设备指标见表1。

（张　军）

表1　　2018年石油工程主要专业设备技术指标

技术指标 设备分类	设备数量/台（套）	综合完好率/%	利用率/%	故障停机率/%	新度系数
钻井设备	1 285	99.79	80.58	0.01	0.35
测井设备	1 178	98.93	81.12	0	0.32
录井设备	877	99.24	80.37	0	0.25
井下作业设备	1 789	99.78	85.29	0	0.47
物探设备	2 698	99.12	89.47	0	0.18
工程机械设备	1 252	99.23	83.26	0	0.28
海洋工程设备	243	98.40	72.68	0.02	0.62

【重大装备技术选型论证工作】 组织开展2018年度石油工程重大装备更新改造工作，组织开展钻机升级改造方案论证会，制定钻机改造标准规范。组织开展西南工区威荣项目电动钻机、电动压裂设备需求分析，提出威荣项目装备保障方案和电动压裂设备配置建议。

（张　军）

【设备大检查】 开展2018年设备大检查，按照集团总部要求，在各单位自查的基础上，成立3个设备检查组，对胜利、中原、江汉、西南、华北5家地区公司进行检查，对西北、西南、华北3个工区的部分施工队伍进行抽查，查出各类设备问题和隐患累计597项。

（张　军）

【装备挖潜增效】 组织开展装备租赁和修理的挖潜增效工作，2018年租赁费用和修理费用实现挖潜增效6.73亿元，其中租赁费完成挖潜增效6 629万元、修理费完成挖潜增效4 721万元，装备资源优化（折旧、长摊）55 988万元。制定下发《装备统筹管理办法》，明确装备统筹工作机构和职责，规范闲置富余装备信息发布、内部调拨、内部租赁、报废处置等工作流程，建立装备统筹和资源共享机制，全年调剂设备645台（套）、原值6.32亿元。

（张　军）

【设备检测评估】 组织开展2018年石油钻机、修井机井架底座和整机检测评估分级工作，全年共完成钻机修井机井架底座检测214部（其中钻机井架底座171部，修井机43部）、各类整机检测评估122套，出具检测评估报告，全面分析设备的整体状况、存在问题、安全隐患，并指导制定整改措施，进一步规范大型设备检测评估工作，健全大型设备档案资料，并为设备维修保养和报废判定工作提供基础和依据。

（张　军）

【装备自动化智能化】 组织制定《自动化智能化工作指导意见》和《装备自动化智能化总体实施方案》，明确装备自动化智能化工作思路、阶段目标和实施路径；组建钻井地面设备自动化和智能钻井专家系统2个项目组，提出具体的实施方案并协调推进。胜利工程研制应用动力猫道、钻台机械手、铁钻工、二层台排管装置、液压动力集成系统、司钻集成控制系统等关键设备，西南工程开发钻井智能专家系统，实现钻井作业的实时监测和风险预警。

（张　军）

【装备战略规划和滚动计划】 组织编制《装备发展战略行动方案暨三年滚动计划》，方案紧紧围绕各阶段生产经营、技术进步和业务发展需求，以市场为导向，以效益为中心，推进装备结构优化调整，推进装备自动化智能化发展，推动装备总体配套能力加快迈向中高端，有效提升装备业务可持续发展能力。

（张　军）

炼油生产

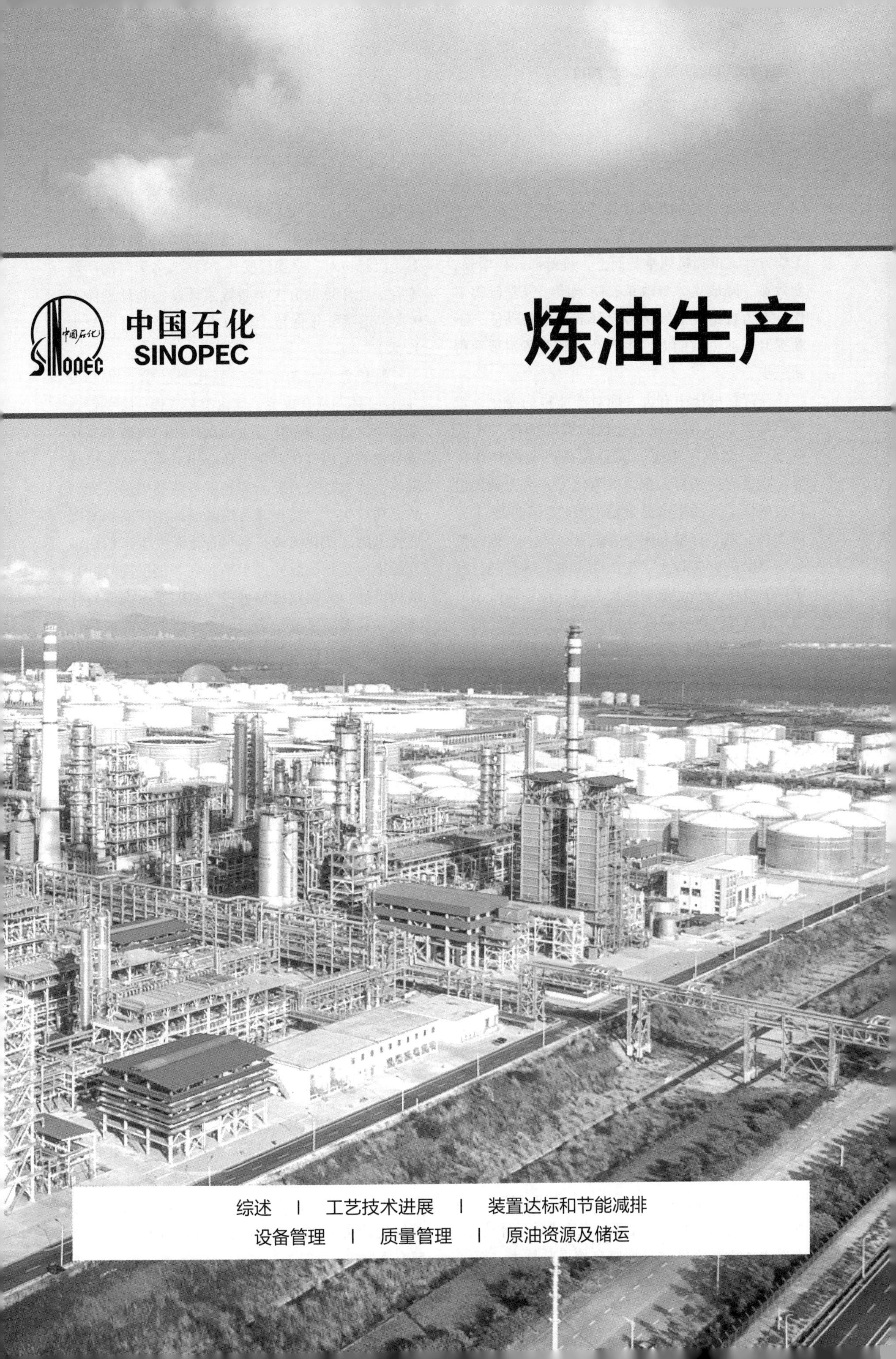

综述 | 工艺技术进展 | 装置达标和节能减排

设备管理 | 质量管理 | 原油资源及储运

综 述

2018年，炼油板块聚焦“两个三年、两个十年”战略部署，狠抓“改革、管理、创新、发展”工作方针，抢抓机遇乘势而上，统筹抓好稳增长、创效益、降成本、推改革、防风险、强基础等工作，着力打造发展新优势，释放创效新动能，不断提升炼油创效能力，生产经营和改革发展取得新进步。

经营总量稳中有进。面对产能格局变化、竞争不断升级、油价跌宕起伏的严峻形势，牢固树立“一盘棋”思想，充分发挥产业链整体优势，积极支持销售，全力保障化工，努力做大出口，确保了炼油生产总量稳中增长。全年加工原油2.46亿吨，产能利用率突破90%大关，运行负荷率稳定在96%以上。生产成品油1.55亿吨，其中汽油增长7.3%、航煤增长7.6%、柴油降低3%，生产柴汽比1.06、降低0.11个单位。化工轻油产量突破3 900万吨，自给率达90.2%。

创效能力全面增强。以业财融合为切入点，推进零基预算，实施低成本战略，成本费用国内领先优势进一步巩固。炼油单位完全费用同比持平；统筹杭州石化、西安石化等闲置资产，调拨至荆门石化、九江石化、金陵石化等企业再利用，降低投资成本3亿元。优化原油采购，降低原油采购成本约7.4亿元；优化原油管输方案，全年原油物流降本约1.4亿元。全面提升炼油主要技术经济指标，综合商品率提高0.18个百分点，加工损失率降低0.013个百分点，炼油单因能耗下降0.08个单位。

基础管理不断夯实。全面推进安全环保合法性、装置设计合规性、生产运行平稳性、设备管理完整性“四性”工作，系统提升本质安全生产水平；严抓承包商和直接作业等薄弱环节管理，推进现场安全标志和施工作业规范化、标准化管理，全年装置大检修实现安全无事故目标。以环保合法性为抓手，严格执行绿色企业行动计划，推进合规危废暂存库建设，启动实施“钢桶包装替代、绿色润滑服务”专项行动，完成系统内200升钢桶减量12 420只，全年污染物排放总体达标，未发生污染环境事件。推广自控提升技术，石家庄炼化、荆门石化、高桥石化等企业实施装置自控率提升至96%以上，平稳率97%以上。细化预案、沉稳应对，平稳经受住19次恶劣天气的严峻考验。全年炼油五大类装置累计发生非计划停工9次，连续2年保持个位数水平，停工时间减少42天。

科技创新卓有成效。强化产、学、研、设“四位一体”联合攻关，优化工艺流程、攻关设备难题，具有中国石化自主知识产权的硫酸烷基化技术在石家庄炼化首次工业应用成功。适应市场需求，加大攻关力度，高黏度指数基础油系列产品成功试生产，实现非石蜡基原油生产高档基础油技术的国产化突破；荆门石化开发生产的白油芳烃指标达到国际先进水平。创新烟机动静叶片结构设计，大幅度缓解烟机结垢问题；九江石化液相加氢循环泵成功实现国产化。初步建成静设备腐蚀状态在线监测体系。修理费信息管理系统在23家炼化企业推广实施，动设备RCM、预防性维修等先进维修手段开始在部分企业应用。

结构调整稳步加快。对照可持续发展要求，炼油产业结构调整逐步加快。组织企业提前建设异辛烷接卸设施，统筹协调异辛烷资源供应，顺利完成国Ⅵ油品质量升级任务。济南炼化炼油结构调整项目顺利投产，扬子石化重油轻质化、LTAG增产高标号汽油项目投产。海南炼化、济南炼化、北海炼化完成S-Zorb装置改造或新建，新增能力270万吨/年；完成扬子石化、上海石化、荆门石化增产航煤改造，新增航煤产能132万吨/年。成功实现利用现有海南洋浦—马村成品油管道顺序输送航煤、安庆—合肥一期成品油管道专线输送航煤，并进行西南成品油管道北线（茂名—贵阳段）顺序输送航煤试验，提升航煤管输能力、降低输送成本。产销一体化推动出口能力建设，成品油出口能力达3 000万吨/年。中科项目设备安装施工全面铺开，茂湛炼化基地建设进入快车道。镇海炼化新一体化、海南炼化乙烯配套炼油改造工程进入实质性实施阶段；南京炼化基地先期实施的扬子石化、金陵石化炼油结构调整有序推进。

深化改革积极推进。以激发运营活力为目的，改革深化稳步推进。“处僵治困”全面达标，西安石化实现与陕西石油分公司一体化管理，杭州石化顺利完成工商注销，南阳能化保持持续盈利势头，中原油田石化厂物料调运已完成。“瘦身健体”顺利完成，全年2家、2年7家法人单位压减任务提前完成；“四供一业”分离移交全部签署协议并稳步实施。机制改革全面推开，炼化企业“三定”方案逐步落地见效，25家企业机构整合基本实现一步到位，中层机构整合压减17%，机关（含二级机关）用工占比降至11%，炼油用工总量比年初净减少2 579人。

（易　漾）

工艺技术进展

【常减压蒸馏】 截至2018年底，中国石化31家炼油企业（不含福建炼化）共有59套常减压装置，总加工能力为2.84亿吨/年。全年共有53套装置投入运行，共加工原油2.46亿吨、增加584万吨。原油平均硫含量1.59%，平均酸值0.41毫克（氢氧化钾）/克，API平均30.31。常减压蒸馏工艺的技术进展主要集中在提高拔出率、延长运行周期、节能降耗等方面。

装置运行经济技术水平。全年，加工原油中劣质原油比例为65.27%，降低2.08个百分点。一次平均轻收率42.86%，提高2.62个百分点；总拔出率69.81%，增加0.68个百分点。装置能耗8.52千克标油/吨，下降0.16个单位。

装置运行周期。通过强化设备管理、开展工艺防腐、严格日常巡检、及时消除隐患，有效减少非计划停工。截至年底，有7套常减压装置实现“四年一修”的长周期运行目标。

（林　崧）

【催化裂化】 截至2018年底，中国石化催化裂化装置总加工能力为7 862万吨/年，平均装置规模148万吨/年。全年运行装置49套，加工原料7 489万吨，满负荷运行。中国石化加工能力200万吨/年以上催化裂化装置达15套。与此同时，一批新技术、实用技术在催化裂化装置得到应用。

装置运行经济技术水平。全年，二次轻收中催化轻收率18.65%，提高0.15个百分点。共生产汽油3 347万吨、增加143万吨，汽油收率44.69%、降低0.21个百分点。装置平均能耗46.91千克标油/吨，降低0.17个单位。

新技术应用。年内，持续推广应用LTAG技术，已在石家庄炼化、青岛石化、洛阳石化、胜利油田炼油厂、燕山石化、武汉分公司、福建联合石化公司、安庆分公司、荆门分公司、金陵分公司、茂名分公司、齐鲁分公司、沧州分公司、清江石化和扬子石化等炼油企业的23套催化裂化装置实施并投用，为国内企业催化裂化柴油的出路提供有效途径，并解决高辛烷值汽油短缺等问题。

（林　崧）

【延迟焦化】 截至2018年底，中国石化共有35套延迟焦化装置运行，分布于24家企业，年加工能力5 105万吨，年处理量4 266万吨，负荷率88.88%。年内，焦化装置进一步优化操作，降低循环比、提高反应苛刻度，总液收率继续保持在较优水平。

装置运行经济技术水平。全年，焦化原料残碳21.94%、降低0.38个百分点，密度1 025.45千克/米^3、提高5.45个单位。总液收率达63.42%，提高0.5个百分点。生焦指数1.37，保持较好水平。装置能耗为22.83千克标油/吨，提高0.02个单位。

新技术应用。安全环保型延迟焦化石油焦密闭除焦、输送及存储成套技术（S-CCHS）在镇海炼化、扬子石化、上海石化焦化装置上实现工业应用。

（林　崧）

【催化重整】 截至2018年底，中国石化催化重整总加工能力为 3 377 万吨 / 年。全年有 35 套催化重整装置运行，其中连续重整 30 套，加工量 2 863 万吨，运行负荷率 99.91%；半再生重整 5 套，加工量 122 万吨，运行负荷率 97.95%。

装置运行经济技术水平。全年，连续重整装置的"重整生成油 RON × 重整生成油收率"为 93.39，能耗 49.08 千克标油 / 吨；半再生重整装置的"重整生成油 RON × 重整生成油收率"为 92.34，能耗 48.66 千克标油 / 吨。

新技术应用。PS-VI 连续重整催化剂在线换剂技术在荆门分公司应用，实现与停工换剂同样的置换效果。青岛石化、武汉石化、胜利油田、湛江东兴公司、沧州炼化和福建联合石化公司等企业的 6 套重整装置采用 SR-1000 新型重整催化剂及无需额外预硫化开工技术，催化剂具有活性高、选择性好、稳定性高及再生性能好等特点。

（林　崧）

【S-Zorb 技术进展】 截至 2018 年底，中国石化 S-Zorb 装置总加工能力为 3 818 万吨 / 年。全年有 28 套 S-Zorb 工业装置运行，稳定生产硫含量小于 10×10^{-6} 的精制汽油，运行负荷率为 79.79%。

装置运行经济技术水平。全年，S-Zorb 装置原料硫含量为 233.56×10^{-6}，最高原料硫含量达 932.4×10^{-6}。产品硫含量为 3.85×10^{-6}，辛烷值（RON）损失为 0.76。能耗 5.86 千克标油 / 吨，剂耗 0.04 千克 / 吨原料。

（高　娜）

【煤油加氢】 截至 2018 年底，中国石化煤油加氢装置总加工能力为 2 013 万吨 / 年。有 26 套装置运行，负荷率为 92.29%。

装置运行经济技术水平。全年，煤油加氢装置加工原料总硫含量为 0.18%，硫醇硫为 353×10^{-6}。产品硫醇硫为 4.32×10^{-6}，总硫为 634×10^{-6}，烟点为 24.06 毫米。能耗为 7.29 千克标油 / 吨。

新技术应用。年内，持续推广高空速航煤加氢催化剂的应用，已在青岛炼化、广州分公司、上海石化、齐鲁石化、北京燕山分公司、石家庄炼化、塔河分公司、荆门分公司等炼油企业的 12 套航煤加氢装置应用。

（高　娜）

【柴油加氢】 截至 2018 年底，中国石化柴油加氢处理装置加工能力为 1.02 亿吨 / 年。全年运行装置 60 套，加工量 6 956 万吨。各企业积极调整产品结构，降低柴汽比，柴油加氢装置负荷率为 71.53%。

装置运行经济技术水平。全年，加工原料硫含量为 0.787%，十六烷值为 46.29。精制柴油硫含量为 13×10^{-6}；部分装置改为 LTAG 工艺，产品硫含量控制较高，十六烷值 49.7、提高 3.4 个单位。原料催化柴油比例为 18.59%，焦化柴油比例为 22.98%，装置能耗为 10.23 千克标油 / 吨。

新技术应用。年内，持续推广低成本高效柴油加氢催化剂的应用，已在九江分公司、扬子石化、青岛石化、广州分公司、武汉石化、长岭分公司、北京燕山分公司、沧州分公司、石家庄炼化、海南炼化、安庆分公司、塔河分公司、高桥石化、荆门分公司等炼油企业的 17 套柴油加氢装置应用，为国内企业柴油加氢装置长周期生产硫含量小于 10×10^{-6} 的清洁柴油提供技术保障。

（高　娜）

【蜡油加氢处理】 截至 2018 年底，中国石化蜡油加氢处理装置加工能力为 2 785 万吨 / 年。全年运行装置 15 套，加工量 2 490 万吨，装置负荷率为 91.07%。

装置运行经济技术水平。全年，装置原料硫含量为 1.904%，密度为 935.1 千克 / 米^3，总氮为 $2\,123 \times 10^{-6}$。精制蜡油硫含量为 $1\,825 \times 10^{-6}$，总氮为 $1\,112 \times 10^{-6}$，密度为 871 千克 / 米^3。加工原料中焦化蜡油比例为 21.11%，溶剂脱沥青油比例为 12.47%，精制蜡油收率为 95.34%，精制柴油收率为 4.66%。大多数装置停用分馏塔，少量加氢柴油与蜡油一起作为催化裂化装置进料，装置能耗为 7.45 千克标油 / 吨。

（高　娜）

【加氢裂化】 截至 2018 年底，中国石化加氢裂化装置加工能力为 3 536 万吨 / 年。全年运行装置 23 套，加工量 3 145 万吨，装置负荷率为 89%。

装置运行经济技术水平。全年，处理原料密度为 904.3 千克 / 米^3，直馏蜡油比例为 94.42%，焦化蜡油比例为 9.7%，原料硫含量为 1.64%，总氮为 0.161%。轻石脑油收率为 7.34%，辛烷值为 81.9。重石脑油收率为 20.44%，芳烃潜含量为 53.29%。航煤收率为 23.85%，烟点为 25 毫米。柴油收率为 21.35%，硫含量为 3×10^{-6}，十六烷值为 57。加氢尾油收率为 24.28%，BMCI 值为 12.46。

新技术应用。上海石化 150 万吨 / 年中压加氢裂化装置改造后实现中压条件下生产合格航煤。以减压蜡油为原料，原料密度 0.907 克 / 厘米 ^{3}，硫质量分数 2.3%，氮质量分数 900 微克 / 克，航煤收率 21%，航煤烟点大于 25 毫米，实现系统内中压加氢裂化装置加工减压蜡油原料生产 3# 喷气燃料的首次应用。

（高　娜）

【渣油加氢】 截至 2018 年底，中国石化渣油加氢处理装置加工能力为 2 354 万吨 / 年。全年运行装置 12 套，加工量 2 382 万吨，装置满负荷。

装置运行经济技术水平。全年，处理原料硫含量为 2.48%，氮含量为 0.42%，残炭含量为 10.08%，金属（Ni+V）含量为 56.8×10^{-6}，密度为 965.7 千克 / 米 ^{3}。加氢渣油硫含量 0.32%，氮含量为 0.21%，残炭含量为 4.24%，金属（Ni+V）含量为 11.1%。装置能耗为 14.78 千克标油 / 吨。

新技术应用。开展新型催化剂研发应用，RHT-200 系列渣油加氢催化剂在石家庄炼化和金陵分公司实现全系列工业应用，在茂名分公司、上海石化和安庆分公司实现部分品种工业应用。自主 STRONG 沸腾床渣油加氢技术开发成功，实现 5 万吨 / 年规模示范装置工业应用。

（高　娜）

【润滑油生产】 截至 2018 年底，中国石化共有 9 套糠醛精制装置，加工能力 328 万吨 / 年，开工运行 7 套，负荷率 73.38%；酮苯脱蜡装置 13 套，加工能力 289 万吨 / 年，开工运行 11 套，负荷率 66.45%；白土补充精制装置 8 套，加工能力 123 万吨 / 年，开工运行 6 套，负荷率 72.43%；加氢补充精制装置 1 套，加工能力 10 万吨 / 年，负荷率 56.00%；润滑油加氢—老三套组合工艺装置 2 套，其中加氢改质总加工能力 50 万吨 / 年，负荷率 97.52%；润滑油全加氢装置 1 套，其中裂化单元加工能力 30 万吨 / 年、负荷率 77.93%，异构单元加工能力 40 万吨、负荷率 76.88%；润滑油加氢异构装置 1 套，加工能力 40 万吨 / 年，负荷率 83.63%。2018 年基础油综合收率提高 3.93 个百分点，综合能耗降低 11.39 个单位，综合物耗降低 0.13 个单位。

年内，茂名石化高档基础油“十条龙”攻关项目顺利“出龙”，可稳定生产黏度指数 HVI Ⅲ $^+$4#、6# 基础油系列产品，实现非石蜡基原油生产 HVI Ⅲ类及以上基础油技术的国产化，突破国外技术垄断，填补国产技术生产 HVI Ⅲ $^+$ 基础油的空白。

年内，长城润滑油获国际认证 66 项，国内 OEM 设备认证和写入设备说明书 176 项；研发新产品 69 个，申请发明专利 86 件；主导建立的《Measuring Friction & Wear Properties of MTF Using SRV》正式通过 ASTM D02 审查；累计收集产品应用案例 231 例，实现国产化替代项目 136 项。与奔驰汽车建立从研发到商务的全方位合作，完成奔驰 2 个规格产品同步研发，成功中标福建奔驰，推动乘用车领域地位提升；完成风电在金风科技的技术认可，启动全球风电传动龙头企业南高齿认证；获中交天合的认可并在盾构机应用中成功中标；实现在 2 万标箱集装箱船的用油突破。

（林　崧）

装置达标和节能减排

【概述】 2018 年，中国石化 30 家炼油企业（不含福建炼化、巴陵石化）轻油收率增加 0.15 个百分点，综合商品率增加 0.05 个百分点，加工损失率降低 0.01 个百分点，综合能耗增加 1.03 个百分点，单因能耗下降 0.08 个百分点。

（高　娜）

【炼油达标】 2018年，综合商品率、加工损失率、综合能耗、单因耗能、原油储运损失5项指标全部达到年度达标考核指标。

1. 专业达标

实现炼油专业保标的企业有27家，分别是燕山石化、天津石化、石家庄炼化、沧州炼化、洛阳石化、河南油田、济南炼化、齐鲁石化、安庆石化、九江石化、武汉石化、长岭炼化、荆门石化、金陵石化、扬子石化、高桥石化、镇海炼化、广州石化、茂名石化、海南炼化、北海炼化、塔河炼化、江苏油田、泰州石化、湛江东兴公司、青岛炼化、青岛石化。

2. 专业竞赛

大型炼厂排名第1到第6位的企业是青岛炼化、广州石化、扬子石化、镇海炼化、天津石化、金陵石化；中型炼厂排名第1到第3位的企业是北海炼化、石家庄炼化、湛江东兴公司；小型炼厂排名第1位的企业是沧州炼化。

3. 同类装置竞赛

常减压装置。53套运行的常减压装置参与同类装置竞赛，排名第1至第10位的是金陵石化4#、青岛炼化、天津石化3#、茂名石化5#、扬子石化3#、燕山石化2#、广州石化3#、九江石化1#、湛江东兴公司、镇海炼化3#。

催化裂化装置。48套运行的催化裂化装置参与同类装置竞赛，排名第1至第10位的是上海石化2#、齐鲁石化3#、安庆石化1#、青岛炼化、金陵石化3#、镇海炼化2#、荆门石化2#、九江石化1#、高桥石化2#、长岭炼化2#。

加氢裂化装置。24套运行的加氢裂化装置参与同类装置竞赛，排名第1至第3位的是燕山石化高压、茂名石化2#、青岛炼化。

延迟焦化装置。33套运行的延迟焦化装置参与同类装置竞赛，排名第1至第5位的是镇海炼化3#、燕山石化、九江石化、金陵石化3#、高桥石化2#。

催化重整装置。29套运行的连续重整装置参与同类装置竞赛，排名第1至第3位的是广州石化2#、金陵石化3#、齐鲁石化。

半再生重整装置。5套运行的半再生重整装置参与同类装置竞赛，排名第1的是青岛石化。

S-Zorb装置。28套运行的S-Zorb装置参与同类装置竞赛，排名第1至第3位的是金陵石化2#、青岛炼化、天津石化。

（高　娜）

【节能减排】 2018年，炼油板块单因能耗下降0.08个百分点，用能水平持续提升。赴燕山石化、洛阳石化、青岛石化、广州石化和湛江东兴公司等企业开展节能服务，共提出节能优化措施117项，相关企业用能水平均取得不同程度提升。

强化“能效提升”项目管理。为指导企业进一步挖掘节能潜力，组织大连石油化工研究院、SEI、LPEC、SEG和部分大型炼油企业，汇总行之有效的节能案例，编撰《炼油节能技术汇编》。“汇编”从全厂、工艺、过程强化和公用工程5个方面收录56项节能技术案例供企业参考实施，既包括成熟可靠、节能效果显著的常规技术，也有在系统中应用的节能新技术。以此为基础，多批次收集、审核、批复及下达节能减排项目218项，实际完成投资2.3亿元，节能折标煤5.0万吨。

加强用能优化技术推广。开展检修开停工用能优化工作，总结并推广检修开停工用能优化措施，包括氮气质量和压力的串级利用，蒸塔水的串级利用、变频泵顶水试压，优化控制污水及污油的产生量等；推进新建烷基化装置用能优化措施实施，推广石家庄炼化、天津石化烷基化用能优化操作经验；开展降低供电标煤耗对标及现场对接，推广巴陵石化和茂名石化热电降低供电标煤耗经验等。

（谢小华）

【环保治理】 2018年，深入践行绿色低碳战略，以绿色企业创建和“环保合法性”为主线，以环保隐患治理为抓手，以环保问题整改为重点，狠抓环境风险防控，从严环保基础管理，全面完成环保目标责任书要求。

推进绿色企业行动计划实施。编制《炼油化工绿色企业行动实施方案》，指导企业绿企创建工作。天津石化、镇海炼化、茂名石化、金陵石化4家炼油企业获第1批绿色企业称号。

狠抓重大环境风险防控。通过强化风险防控、实施隐患治理等措施，68项重大环境风险实现降级、销项40项。组织对管道储运公司、长岭炼化、武汉石化等企业重大风险防控现场督导。

积极做好重大国事活动期间空气质量保障。推广济南炼化、燕山石化等企业大气污染防治经验，形成标准化措施供其他企业借鉴。燕山石化、济南炼化、青岛炼化、青岛石化、上海石化、高桥石化等企业在“两会”及重污染天气、上合组织青岛峰会、首届中国国际进口博览会等期间环保稳定达标，得到各级政府和集团公司认可。

严格危险废物规范化管理。下发危废暂存库规范建设指导意见，推进标准化危废库建设。对石家庄炼化、燕山石化、管道储运公司、润滑油公司、炼油销售公司等企业开展危废专项检查，督促整改存在问题。推进废润滑油桶源头减量，共减量 12 420 只；石家庄炼化和燕山石化润滑油桶已实现由液袋周转箱替代。

继续做实环保“检查 + 服务”工作模式。组织 9 家沿江企业开展环保专项“检查 + 服务”，共查出 325 项问题，并提出建议和解决方案。组织系统内专家团队，赴塔河炼化、胜利油田、北海炼化等企业开展环保技术服务 10 余次，提出建议 120 余项。推广检修企业第三方环保服务，石家庄炼化、海南炼化、高桥石化等企业试点应用，效果显著。

开展重点环保隐患综合治理。推进焦化装置密闭除焦治理，镇海炼化、扬子石化、上海石化等企业焦化装置密闭除焦改造完成，济南炼化、洛阳石化等企业项目已批复；推进半干法（清江石化）、干法脱硫（燕山石化）催化烟气治理提升技术应用；推进催化硫转移剂应用，青岛炼化、北海炼化、石家庄炼化等企业已开始应用。

（佟玉文）

【节水减排】 2018 年，炼油企业工业水运行情况良好，加工吨原料油平均取新鲜水 0.47 吨，加工吨原料油排污水 0.19 吨，吨油取、排水指标均继续保持先进水平。

继续推进节水减排工作。增加雨水回用设施，减少新鲜水用量；工业水运行水平差的企业向先进企业取经，制定措施减少循环水质波动大等问题，取得良好的经济效益和社会效益。

（朱　哲）

设备管理

【概述】 2018 年，炼油板块设备总体运行持续保持良好状态，装置长周期运行管理稳步提高；大检修管理工作顺利完成，所有检修装置全部一次开车成功；设备完整性管理体系建设第 1 批推广、腐蚀在线监测、自控提升、电力系统隐患治理等专项工作成效显著；烟机、加热炉、工业水等专业指标均优于年度目标。

全年共有 23 家炼油企业的 268 套装置计划检修，与上年计划相比，企业减少 7 家，装置减少 132 套。在检修的 6 类装置中，全厂停工大修的企业有高桥石化、胜利油田、扬州石化，系列大检修的企业有荆门石化、上海石化、镇海炼化、广州石化、茂名石化、福建炼化；实现“四年一修”的装置有 63 套；实现“三年一修”以上的装置共有 139 套，占检修装置的 78.2%，增加 4.9 个百分点。其中，荆门石化、镇海炼化系列装置实现“四年一修”；高桥石化全厂装置实现“三年半一修”；福建炼化新区系列等装置实现“三年一修”。

年内，炼油板块持续推进检修标准化管理工作。大检修管理过程标准化，编制完成《炼油企业检修管理指南》；设备检查标准化，组织编制主要生产装置设备隐蔽检查方法，已完成常减压、加氢、催化裂化反再系统等设备隐蔽检查方法编制工作，其他类装置正在编制中；装置停工腐蚀检查工作标准化，组织编制炼油装置停工腐蚀检查工作实施导则（企业标准），已通过专家审查；持续开展全专业、全流程检修技术服务 19 次，协助企业提升检修质量；全面推广法兰螺栓定力矩紧固技术，继海南炼化首次实施全厂装置法兰螺栓定力矩紧固技术后，镇海炼化、高桥石化等企业大检修装置全面推广，均实现大锤不进装置、气密一次通过、取消热紧环节、VOCs 小于

200×10^{-6} 的目标。

（吕　伟）

【设备防腐蚀管理】 2018 年，炼油板块设备腐蚀情况总体可控，与设备腐蚀有关装置非计划停工 4 次。炼油板块重视设备防腐蚀管理，持续完善炼油装置静设备腐蚀在线监测体系建设，2015 年开始，利用 4 年时间在炼油重点装置重点部位建设静设备腐蚀在线监测系统，累计投入专项费用 3.5 亿元在 656 套炼油装置实施项目建设。截至 2018 年底，静设备腐蚀在线监测体系初步建成，投用后效果显著，累计发现、处理 103 起设备腐蚀减薄和泄漏隐患。

（吕　伟）

【加热炉运行情况】 2018 年，对沧州分公司、济南分公司、九江分公司、北海炼化、镇海炼化、金陵石化、武汉石化、湛江东兴公司、巴陵石化、茂名石化、荆门石化、长岭炼化、高桥石化、扬子石化、广州石化、上海石化 16 家企业的 350 台加热炉进行测试，总运行负荷为 5 251 兆瓦，加权平均热效率超过 92.1% 以上，为历史最优水平。其中，加权平均热效率最高的企业是沧州分公司，为 93.2%；最低的是上海石化，为 91.81%。加权热效率超过 93% 的有 3 家，分别为沧州分公司、济南分公司和九江分公司。

（朱　哲）

【催化烟机运行】 2018 年，集团公司共有催化烟机 47 台，其中故障停机 20 台次，连续 2 年将故障停机次数控制在不超过 20 次。

（朱　哲）

【大机组运行管理】 2018 年，为应对大机组运行问题，发布《炼油企业压缩机组干气密封管理指导意见（暂行）》和《炼化企业大机组联锁报警设置指导意见》。

（朱　哲）

【电气专业管理】 2018 年，组织电气专家组赴因外线路发生大面积停晃电事故的金陵石化、长岭炼化、上海石化、高桥石化开展停晃电技术服务。印发《炼化企业电力系统主网结构管理指导意见（试行）》，指导企业完善电力系统。在广州石化、洛阳石化、青岛炼化试点孤网运行和安全稳定控制技术，逐步建立电力系统第二道防线。

（邢　勐）

【仪控专业管理】 2018 年，石家庄炼化、齐鲁石化一期、金陵石化一期自控提升项目顺利通过验收，效果均满足《炼化企业装置自控提升管理要求》，其中石家庄炼化平均自控率从 81.4% 提高到 98.1%，平均控制平稳率从 80.1% 提高到 98.1%，日均报警次数及操作次数下降到实施前的 1/5，最长无报警操作时间为 2 小时。该项目作为中国石化炼化板块“四性”工作重点内容，对提升生产装置的控制水平、装置安全平稳运行、产品质量控制、节能降耗、智能工厂建设意义重大。

（邢　勐）

【加强原油储运损失管理】 2018 年，继续加大“比学赶超”力度，抓好原油一程途耗管理，以及原油末站交接计量工作，提高原油储运管理水平。原油储运损失率比上年下降 0.003 个百分点，产生经济效益 1 830 万元。原油储运损失率进入“优秀”群组的有镇海炼化、金陵石化、燕山石化、茂名石化、沧州炼化、北海炼化、武汉石化、广州石化、海南炼化、齐鲁石化、高桥石化、扬子石化、天津石化、九江石化 14 家企业。

（邢　勐）

质量管理

【概述】 2018 年，中国石化继续加强质量管理，始终坚持“每一滴油都是承诺”的社会责任，认真履行“质量永远领先一步”“质优量足、客户满意”的方针目标，确保出厂产品质量。稳步推进产品质量升级工作，完成上海市、河南省、广东省、江苏省、海南省、云南省（昆明地区）等省市提前国Ⅵ质量升级，天津市乙醇汽油推广及全国国Ⅵ油品质量升级工作。通过严格产品内控指标管理和加强全过程产品质量控制，产品质量稳定满足标准和用户使用要求。出厂产品合格率100%；在国家、各级政府部门质量监督抽查中，产品质量合格率100%。

（李爱文）

【产品实物质量】 2018年，炼油产品实物质量总体稳定，为确保各阶段质量升级工作的顺利完成，通过加快质量升级项目建设和临时接卸设施建设，提前组织相关炼油企业和销售企业就生产组织、系统置换、市场供应、应急处理等工作进行对接，并落实实施进度与效果。

汽油：按照《车用汽油》《车用乙醇汽油调和组分油》等国家标准、地方标准和出口汽油协议标准等产品标准生产汽油。

柴油：按照国家《车用柴油》《普通柴油》《军用柴油》等国家标准、军用标准和出口柴油协议标准等产品标准生产柴油。

（李爱文）

【产品质量管理】 2018年，中国石化紧紧围绕“质量永远领先一步”的质量方针、“每一滴油都是承诺”的社会责任和“质优量足、客户满意”的质量目标，从体系建设、制度管理、全过程质量控制、质量改进及用户服务等方面，开展质量管理工作。通过质量培训和质量检查，不断提高质量管理体系运行的有效性，全面提升企业质量管理水平。加强质量风险管理，严格企业产品内控指标管理，开展月度产品质量统计分析和质量情况通报，使炼油企业产品质量的管理控制水平得到提高。组织开展“质量日”活动和客户座谈会，以客户为焦点，基于事实，解决客户困难，持续改进产品质量，满足客户使用要求，全面提高质量意识和管理队伍的业务水平。各企业通过强化质量管理，狠抓全员、全过程质量培训和质量风险控制，炼油质量管理工作得到全面提高。充分利用实验室信息化管理系统（LIMS）和产品质量管理信息系统（QMS）等信息化手段，提高质量管理、质量控制的科学性与工作效率。

（李爱文）

原油资源及储运

【储运设施】 原油管道。2018年，中国石化共拥有原油长输管道8 177千米（不含管道储运公司站内管道及油田、炼化企业内部管线），其中在运行原油长输管道6 971千米、停用原油长输管道1 206千米，原油输送量增加600万吨。其中，管道储运公司负责运营管理的原油长输管道7 081千米（其中在用管道6 185千米、停用管道896千米），原油输送量增加558万吨；油田企业负责运营管理的原油长输管道513千米（其中在用管道368千米、停用管道145千米），原油输送量减少106万吨；炼化企业负责运营管理的原油长输管道583千米（其中在用管道418千米、停用管道165千米），原油输送量增加148万吨。

原油储罐。2018年，中国石化炼化企业在用原油储罐403座，管道储运公司在用原油储罐167座。

原油码头。2018年，中国石化共拥有货主、合资、合作原油深水码头14座（含岙山合作码头），25万吨级以上原油泊位21座（岙山2座），接卸中国石化原油资源增加788万吨。

（陈　栋）

【原油资源配置】 2018年，中国石化炼化企业原油资源配置增加896万吨，其中自产原油减少4万吨、接收中国石油原油减少6万吨、接收中国海油原油减少72万吨、接收进口原油增加979万吨。

（陈　栋）

【原油资源运输】 2018年，中国石化炼化企业原油资源进厂量增加626万吨，其中管输与一程直靠进厂占原油资源总量的93.82%、增加505万吨，其他方式运输进厂（含二、三程水运，火车，汽车运输等）占原油资源总量的6.18%、增加121万吨。

（陈 栋）

【临济复线投产】 临济复线为常温输送管道，全长约80千米（临邑县15千米、济阳县约45千米、济南市约20千米），管径355.6毫米，设计压力8.5兆帕，设计输量330万吨/年。管道于2017年5月15日开工建设，2018年8月16日工程中交、9月28日实现顺利投产。

（陈 栋）

【发挥储运设施能力保障供应】 加强与生产企业、管道储运公司、油运公司及铁路部门沟通协调，保障原油资源国内运输系统平稳高效运行，提升炼化企业原油资源保供能力。调整原油流向，优化原油管网运行安排，努力发挥仪长复线投产、日仪线增输改造新增输油能力，增加原油管输量。采用原油管道顺序输送与混合输送相结合、部分管道实施加剂增输等运行模式，努力增加管输原油品种及数量。加快东黄复线、临濮线等管线清管作业及洪荆线消除安全隐患工作，积极协调临济复线建设，努力消除瓶颈，确保资源供应满足企业原油需求。

（陈 栋）

【优化物流运输降低运输成本】 发挥区域优势，从采购源头优化进口原油拼装和接卸方案，加强对外贸公司租船点数统计分析，克服南北美原油采购量增加、原油运输拼装困难的矛盾，实现VLCC大船运输比例、一港卸货率不下降，海外运保费低于预算指标。克服油轮集中到港、系统外拼装增加、码头油罐集中检修和册镇海底管道整治施工及异常天气增加等不利因素影响，在全年接卸量增加3.8%情况下，实现原油滞期时间和滞期费双下降。

（陈 栋）

化工生产

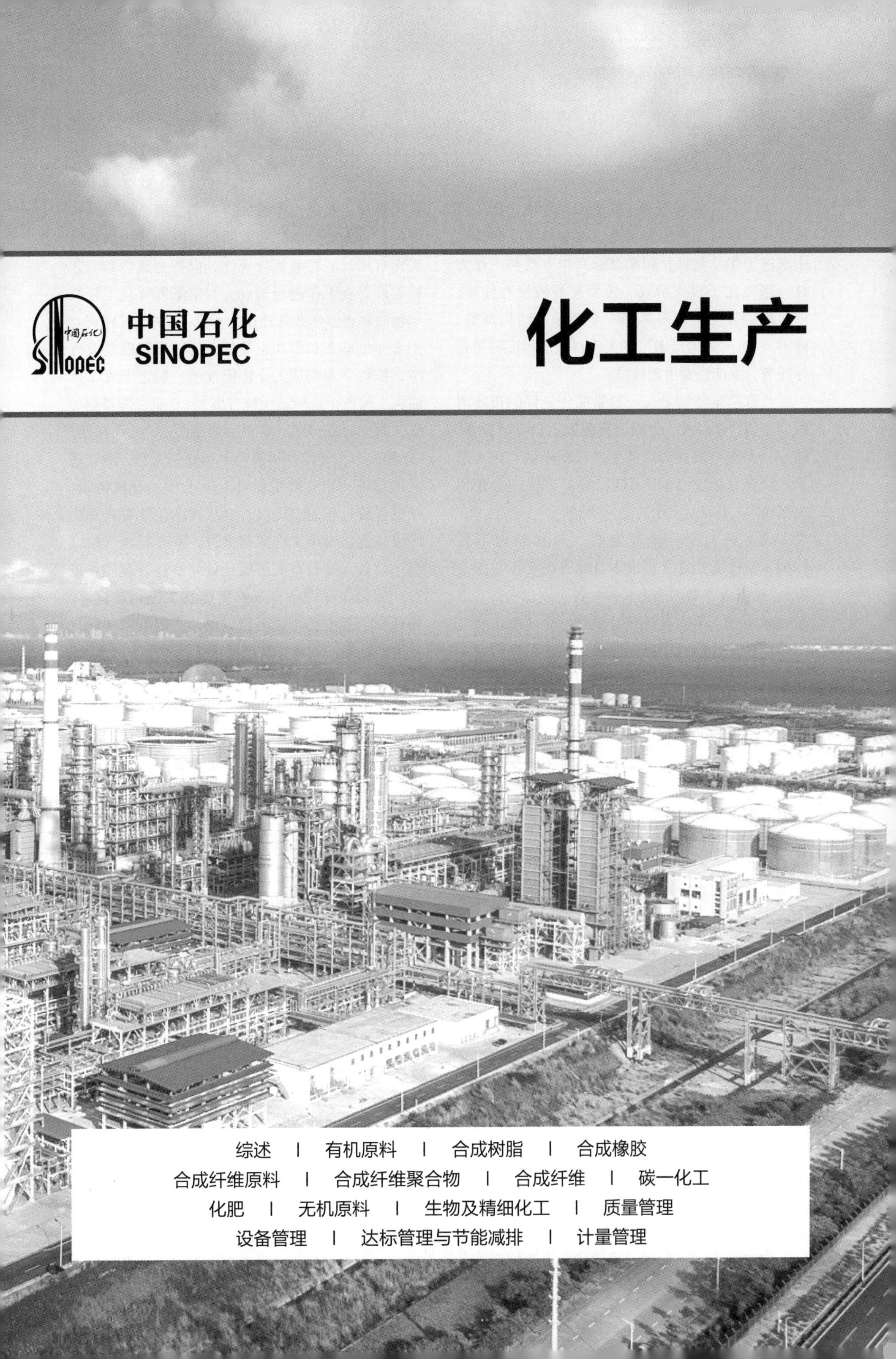

综述 | 有机原料 | 合成树脂 | 合成橡胶
合成纤维原料 | 合成纤维聚合物 | 合成纤维 | 碳一化工
化肥 | 无机原料 | 生物及精细化工 | 质量管理
设备管理 | 达标管理与节能减排 | 计量管理

综　述

2018 年，面对复杂多变的市场环境，化工板块认真贯彻落实集团公司党组决策部署，坚持稳中求进工作总基调，切实遵循兴企方略和工作方针，围绕化工提质增效、转型发展的核心任务，以市场为导向，统筹抓好安全环保、结构调整、降本减费、“处僵治困”等工作，完成年度各项目标任务，生产经营再创佳绩。

经营总量持续增长。紧紧抓住良好的市场时机，密切产销衔接，继续开展装置运行专项竞赛，抓好“龙头”装置满负荷生产，积极做大化工总量。经营总量增加 810 万吨，增长 10.32%，创历史新高。

成本效益指标全面完成。年初制定下发《2018 年持续推进全员成本目标管理工作实施方案》，确保成本费用支出受控；各企业积极落实经营创效措施，努力实现效益最优。全年上市企业万元产值综合能耗下降 1.96%，吨产品完全费用比年度指标低 33 元，实现利润超年度奋斗指标。

结构优化稳步推进。优化原料结构，全年“乙烯”产品收率 66%、同比持平，吨“乙烯”原料成本降低 25 元。优化产品结构，全年合成树脂新产品与专用料比例提高 1.3 个百分点，合成橡胶高附加值产品比例提高 1.6 个百分点，合成纤维差别化率提高 1.4 个百分点。优化装置运行，安排中原石化 MTO 等装置阶段性停工，实现减亏 1.75 亿元；减产聚乙烯、增加乙烯外销增效 1.09 亿元。优化煤化工运行，长城能化生产经营状况持续好转。

市场开拓扎实有效。加强“产销研用”协同，推动产品结构调整；积极应对中美贸易摩擦，及时提出出口退税率及税则号调整建议；健全激励机制，推进出口工作顺利开展；努力做大内部市场，解决内部供需流程繁琐等问题。化工销售继续深化“一品一策”“一户一案”应用，细化“产品、价格、渠道、服务”差异化营销策略；深化大客户合作，稳固“龙头”和战略客户，积极开发新的大客户；“石化 e 贸”平台成交量增加 268 万吨，并启动二期建设：全年化工统销产品增加 12.1%，自营贸易量增加 10.4%，出口产品增加 28.6%。

企业管理继续加强。贯彻全面依法依规治企强化管理，基础工作进一步夯实。安全环保总体受控，重大安全风险有效降低，隐患排查和整治工作有序开展，装置合规性、设备完整性和工艺稳定性普查工作进行试点，制定下发《化工板块承包商和直接作业管理指导意见》；国务院国资委生态环境排查和沿江企业督察的环保问题整改有序，绿色企业创建工作协同推进，制定下发《炼油化工绿色企业行动实施方案》。专业管理得到加强，对非计划停工、生产异常处置、“三小问题”（小偏差、小异常、小波动）和极端天气应对管理更加重视；启动质量提升专项工作，合成树脂、合成橡胶过程能力提高；合成树脂包装材料和出厂设施改进专项工作顺利推进，共享托盘开始试点；设备大检查首次按照设备完整性管理体系进行，炼化企业设备专业管理信息系统初步建立，修理费子系统在企业得到应用；制定下发《炼化企业推进零基预算、强化预算管控实施方案》《炼化企业业务外包规范管理指导意见》；根据资产分类和评价结果，分别制定提质增效目标和措施。

改革攻坚深入推进。“三项制度”改革稳步实施，所有企业改革方案完成审核备案，并启动实施。截至 2018 年底，化工业务（含托管企业）用工总量比年初减少 6%。“处僵治困”全面达标，化工 12 家企业均完成年度任务目标。“瘦身健体”取得新突破，“压减”工作超额完成；亏损子企业治理控制在目标范围内；“四供一业”分离移交总体顺利。

提质发展加快实施。一批新项目建成投产，包括中韩石化新增轻烃炉和苯乙烯抽提，仪征化纤对位芳纶、环保型差别化涤纶短纤和第 3 套高性能聚乙烯纤维。重点工程有序推进，中安联合、海南炼化二套芳烃、中科炼化一体化项目按计划建设，古雷石化基地、镇海炼化乙烯扩建、中韩石化乙烯脱瓶颈改造等项目加快推进，组织做好福海创芳烃装置开工技术服务。认真谋划未来发展，编制完成《化工和材料板块打造一流战略规划和行动方案》，明确“两个三年、两个十年”目标与措施。

（张金萍）

有机原料

【概述】 集团公司有机原料主要产品有乙烯、丙烯、丁二烯、苯、甲苯、二甲苯、甲醇、丁醇、辛醇、环氧乙烷、环氧丙烷、环氧氯丙烷、苯酚、丙酮、丙烯酸和苯乙烯等。其中，乙烯、丙烯、丁二烯、苯、甲苯、二甲苯为基础有机原料，其余为主要中间原料。

集团公司主要有机原料生产能力见表 1。由表 1 可见，乙烯、丁二烯、邻二甲苯、间二甲苯、对二甲苯、丁醇、辛醇、环氧丙烷、环氧氯丙烷、苯酚、丙酮、丙烯酸和苯乙烯的生产能力没有变化，苯、甲苯、混合二甲苯和甲醇的生产能力有所增加，丙烯、环氧乙烷的生产能力下降。

集团公司主要有机原料产量见表 2。由表 2 可见，除乙烯、丁二烯、间二甲苯和苯乙烯的产量有不同幅度的减少外，其余有机原料的产量增加。集团公司的乙烯、丙烯、丁二烯、对二甲苯等产品在中国大陆地区继续保持主导地位。

全年，以"比学赶帮超"、装置达标、同类装置竞赛、绩效评价等对标活动和管理平台为抓手，持续推进装置技术经济指标改善提升；按照"自产为主、外采补充、进口调节"的思路，发挥炼化一体化优势，持续推进乙烯、芳烃原料结构调整和装置操作优化；针对乙烯装置检修安全环保要求愈发严格的现实情况，全过程各环节落实低排放措施，统筹做好检修计划，优化检修策略，确保停开工过程的安全环保、绿色经济；贯彻全面依法依规治企强化管理，进一步完善隐患排查治理工作机制，开展乙烯装置合规性、设备完整性和工艺稳定性普查试点，安全环保、可持续发展的基础进一步夯实。组织开展芳烃装置生产运行专题调研，针对生产运行管理等方面好的做法和存在的问题进行梳理，分析优化运行和提质增效的潜力，从资源优化、生产管理、节能降耗、安全环保及规划发展等方面提出措施和建议，提升装置整体运营水平。

2018 年，为推动人才建设，围绕装置节能、环保及长周期运行等主题，举办乙烯装置专家培训班、有机原料生产技术高研班，重点提升乙烯、乙二醇、丁二烯、苯乙烯等装置技术管理骨干的业务水平和综合能力，并首次举办环氧乙烷 / 乙二醇装置操作工职业技能竞赛。

表 1　　集团公司主要有机原料生产能力　　万吨 / 年

产品名称 \ 年份	2018	2017	2016	2015	2014	2013
乙　烯	1 112.80	1 112.80	1 084.40	1 052.00	1 052.00	1 033.00
丙　烯	1 031.53	1 032.77	1 011.75	986.95	980.42	934.85
丁二烯	180.70	180.70	183.64	185.14	185.14	168.64
苯	555.82	548.84	536.34	538.38	538.38	505.61
甲　苯	196.19	167.60	140.60	143.14	143.14	136.14
混合二甲苯	373.20	337.52	303.12	305.76	305.76	233.66
邻二甲苯	46.52	46.52	46.52	46.52	46.52	46.52
间二甲苯	8.00	8.00	8.00	8.00	8.00	8.00
对二甲苯	483.91	483.91	483.91	483.91	483.91	477.91
甲　醇	509.10	491.74	311.74	131.74	131.74	87.10

续表

产品名称 \ 年份	2018	2017	2016	2015	2014	2013
丁　醇	35.50	35.50	37.50	37.50	37.50	37.50
辛　醇	25.50	25.50	30.50	30.50	30.50	30.50
环氧乙烷	146.45	155.95	139.31	139.31	121.31	121.31
环氧丙烷	62.50	62.50	38.50	38.50	28.50	28.50
环氧氯丙烷	2.80	2.80	2.40	2.40	5.60	5.60
苯　酚	75.75	75.75	75.75	85.75	85.75	60.75
丙　酮	46.04	46.04	46.04	52.14	52.14	37.14
丙烯酸	19.00	19.00	23.08	23.08	23.08	23.08
苯乙烯	242.30	242.30	231.60	228.10	228.10	221.90

表 2　　集团公司主要有机原料产品产量　　万吨

产品名称 \ 年份	2018	2017	2016	2015	2014	2013
乙　烯	1 151.15	1 160.97	1 105.86	1 111.79	1 069.78	997.98
丙　烯	973.05	947.68	908.03	926.28	896.59	855.47
丁二烯	142.95	149.45	145.32	147.41	145.43	134.02
苯	425.30	415.55	400.08	402.81	399.54	374.53
甲　苯	141.74	113.06	115.25	145.67	133.46	100.80
混合二甲苯	230.65	175.71	149.15	166.41	174.80	189.85
邻二甲苯	58.19	54.52	47.31	51.07	52.95	54.12
间二甲苯	6.12	6.15	6.26	5.62	5.18	4.95
对二甲苯	476.19	462.52	433.14	440.25	479.14	447.79
甲　醇	504.43	393.51	115.17	121.13	106.76	53.22
丁　醇	29.33	26.60	26.48	28.18	33.99	35.11
辛　醇	27.03	22.43	26.56	24.89	27.55	29.32
环氧乙烷	121.78	105.07	94.81	97.44	111.73	86.79
环氧丙烷	58.42	43.41	30.54	31.64	26.51	29.66
环氧氯丙烷	2.62	2.21	1.81	2.31	1.22	3.07
苯　酚	74.16	70.90	61.29	68.89	62.97	59.72
丙　酮	45.79	43.70	37.71	42.29	38.97	37.08
丙烯酸	19.22	17.73	18.80	13.71	12.12	6.37
苯乙烯	228.79	246.37	223.77	225.76	208.37	214.51

（曾森洋）

【乙　烯】 截至2018年底，集团公司生产乙烯的企业共15家，生产能力合计1 112.8万吨/年（含中原石化和长城能化MTO装置），同比持平。

采用的生产技术主要有美国Lummus公司、美国S&W公司、中国石化与Lummus联合开发及中国石化自主开发的专利技术，其中中韩石化（产能80万吨/年）、中原石化MTO装置（产能10万吨/年）、中天合创MTO装置（产能64.8万吨/年）均采用中国石化自主专利技术。

2018年，集团公司紧紧抓住良好的市场时机，密切产销衔接，深入开展装置运行专项竞赛和对标、达标管理，抓好乙烯“龙头”装置满负荷生产，在安排上海石化新区、镇海炼化、上海赛科公司、福建炼化4套装置大修，扬巴公司装置小修的情况下，累计生产乙烯1 151.15万吨，减少9.82万吨，降低0.85%。

（曾淼洋）

【丙　烯】 集团公司丙烯产品分炼油丙烯和化工丙烯两大类。截至2018年底，生产炼油丙烯的企业共31家，炼油丙烯由炼厂气分装置生产；生产化工丙烯的企业共15家，化工丙烯由蒸汽热裂解装置和MTO装置生产。集团公司丙烯生产能力为1 031.53万吨/年，减少1.24万吨/年、降低0.12%。

2018年，集团公司生产丙烯973.05万吨，增加25.36万吨、增长2.68%。其中，炼油丙烯385.38万吨，增加20.94万吨、增长5.75%；化工丙烯587.67万吨，增加4.42万吨、增长0.76%。

（曾淼洋）

【丁二烯】 截至2018年底，集团公司生产丁二烯的企业共12家，生产能力合计180.70万吨/年、同比持平；2018年产量减少2.09万吨，下降1.44%。

（张　燕）

【纯　苯】 截至2018年底，集团公司生产纯苯的企业共30家，生产能力合计555.82万吨/年，增加6.98万吨/年、增长1.26%。2018年产量减少1.64万吨，下降0.41%。

（苏　莹）

【甲　苯】 截至2018年底，集团公司生产甲苯的企业有14家，生产能力合计196.19万吨/年，增加28.59万吨/年、增长14.57%；2018年产量增加3.48万吨，上升3.02%。

（苏　莹）

【混合二甲苯】 截至2018年底，集团公司生产混合二甲苯的企业有17家，生产能力合计373.20万吨/年，增加35.68万吨/年、增长9.56%；2018年产量减少11.83万吨，下降7.93%。

（苏　莹）

【对二甲苯】 截至2018年底，集团公司生产对二甲苯的企业有9家，生产能力合计483.91万吨/年、同比持平；2018年产量增加13.67万吨，增长2.87%。

（苏　莹）

【邻二甲苯】 截至2018年底，集团公司生产邻二甲苯的企业有6家，生产能力合计46.52万吨/年、同比持平；2018年产量增加3.67万吨，增长6.31%。

（苏　莹）

【间二甲苯】 截至2018年底，集团公司生产间二甲苯的企业只有北京燕山分公司，生产能力为8万吨/年、同比持平；2018年产量减少0.03万吨，降低0.49%。

（苏　莹）

【甲　醇】 截至2018年底，集团公司生产甲醇的企业有2家，生产能力为509.10万吨/年，增加17.36万吨/年、增长3.41%；2018年产量增加110.92万吨，增长21.99%。

（张　燕）

【丁　醇】 截至2018年底，集团公司生产丁醇的企业有2家，生产能力合计35.50万吨/年、同比持平；2018年产量增加2.73万吨，增长9.31%。

（张　燕）

【辛　醇】 截至2018年底，集团公司生产辛醇的企业只有齐鲁分公司，生产能力 25.50 万吨 / 年、同比持平；2018 年产量增加 4.60 万吨，增长 17.02%。

（张　燕）

【环氧乙烷】 集团公司环氧乙烷均与乙二醇在同一套装置中生产。截至 2018 年底，集团公司生产环氧乙烷的企业有 10 家，生产能力合计 146.46 万吨 / 年，减少 9.50 万吨 / 年、降低 6.49%；2018 年产量增加 16.71 万吨，增长 13.72%。

（张　燕）

【环氧丙烷】 截至 2018 年底，集团公司生产环氧丙烷的企业有 3 家，生产能力合计 62.5 万吨 / 年、同比持平；2018 年产量增加 15.01 万吨，增长 25.69%。

（张　燕）

【环氧氯丙烷】 截至 2018 年底，集团公司生产环氧氯丙烷的企业只有巴陵石化，生产能力为 2.8 万吨 / 年、同比持平；2018 年产量增加 0.41 万吨，增长 15.65%。

（张　燕）

【苯　酚】 截至 2018 年底，集团公司生产苯酚的企业有 4 家，生产能力合计 75.75 万吨 / 年、同比持平；2018 年产量增加 3.26 万吨，增长 4.40%。

（张　燕）

【丙　酮】 集团公司丙酮均与苯酚在同一套装置中生产。截至 2018 年底，生产丙酮的企业有 4 家，生产能力合计 46.04 万吨 / 年、同比持平；2018 年产量增加 2.09 万吨，增长 4.56%。

（张　燕）

【丙烯酸】 截至 2018 年底，集团公司生产丙烯酸的企业只有扬巴公司，生产能力为 19.00 万吨 / 年、同比持平；2018 年产量增加 1.49 万吨，增长 7.75%。

（张　燕）

【苯乙烯】 截至 2018 年底，集团公司生产苯乙烯的企业有 13 家，生产能力合计 242.3 万吨 / 年、同比持平；2018 年产量减少 17.58 万吨，降低 7.68%。

（张　燕）

合成树脂

【概　述】 截至 2018 年底，集团公司合成树脂总生产能力为 1 723.20 万吨 / 年，增长 10.20 万吨 / 年。其中，聚乙烯生产能力为 761.42 万吨 / 年，增长 5.00 万吨 / 年；聚丙烯生产能力为 751.68 万吨 / 年，增长 1.70 万吨 / 年；聚氯乙烯生产能力为 60.00 万吨 / 年，产能没有变化；聚苯乙烯生产能力为 69.80 万吨 / 年，产能没有变化；ABS 树脂生产能力为 20 万吨 / 年，产能没有变化；其他树脂生产能力为 60.30 万吨 / 年，增长 3.50 万吨 / 年。各种合成树脂生产能力见表 3。在合成树脂中，聚乙烯、聚丙烯两大品种占主导地位，截至 2018 年底，集团公司聚乙烯、聚丙烯两大品种的总产能为 1 513.10 万吨 / 年，占合成树脂生产能力的 87.81%。

2018 年，集团公司合成树脂装置进一步完善现场设施，强化运行管理，加强原料、添加剂等化工原辅材的质量控制，以良好的合成树脂产品品质满足用户需求；进一步完善应急预案，加强生产一线的应急演练，防范反应器爆聚等非计划停车事故，确保主要装置安全稳定运行，合成树脂装置主要技术经济指标保持历史较好水平。年内，上海赛科公司等企业完成大检修工作，聚烯烃装置均实现一次投料开车成功。

表 3　　集团公司合成树脂分品种生产能力　　万吨 / 年

产品名称 \ 年份	2018	2017	2016	2015	2014	2013
合成树脂合计	1 723.20	1 713.00	1 695.68	1 585.68	1 593.38	1 548.38
聚乙烯	761.42	756.42	721.42	695.92	690.92	690.92
LDPE	154.62	154.62	117.62	117.62	117.62	117.62
HDPE	281.80	281.80	283.80	288.30	288.30	288.30
LLDPE	325.00	320.00	320.00	290.00	285.00	285.00
聚丙烯	751.68	749.98	750.56	666.06	669.56	624.55
聚氯乙烯	60.00	60.00	60.00	60.00	60.00	60.00
聚苯乙烯	69.80	69.80	69.80	69.80	75.00	75.00
ABS 树脂	20.00	20.00	20.00	20.00	20.00	20.00
其他树脂	60.30	56.80	73.90	73.90	77.90	77.90

（刘志武）

【聚乙烯】 截至 2018 年底，集团公司共有 34 套聚乙烯装置，总生产能力为 761.42 万吨 / 年，增加 5.00 万吨 / 年。其中，单线能力最大的是镇海炼化线型低密度聚乙烯装置。

（刘志武）

【低密度聚乙烯】 截至 2018 年底，集团公司共有 10 套 LDPE 装置，生产能力为 154.62 万吨 / 年，同比没有变化。根据国家环保排放标准，各装置先后更新或新建“RTO”处理设施，消灭了高压聚乙烯料仓的排放气污染。产品结构调整方面：燕山分公司 2# 高压聚乙烯装置生产的超高压电缆料已通过电力电缆行业的多项专业认证，实现推广应用。齐鲁石化膜料 F1806PX 完成发泡成型加工试生产，制品可用于汽车门板、汽车隔热棉等领域。燕山石化的涂覆料首次采用 800 千克 / 袋的大包装加托盘形式出厂，满足特定用户要求；超纤料也实现大包装袋产品出厂。

（刘志武）

【高密度聚乙烯】 截至 2018 年底，集团公司共有 11 套高密度聚乙烯装置，生产能力为 281.80 万吨 / 年，同比没有变化。产品结构调整方面：大中空吹塑料、PE-100 级管材料等专用料产品保持良好市场竞争力，在华北、华南等各区域形成较合理的定点生产格局，各装置之间的分工排产进一步优化。全年，积极推进管材用混配料的应用，与下游紧密合作取得较好进展。齐鲁分公司生产的茂金属 PERT 管材料进一步扩大市场占有率。

（刘志武）

【线型低密度聚乙烯】 截至 2018 年底，集团公司共有 12 套 LLDPE 装置，生产能力为 325 万吨 / 年，增加 5 万吨 / 年，为现有装置扩能改造增加的生产能力。产品结构调整方面：天津分公司生产的三元共聚聚乙烯高性能膜料进一步推广，实现 FFS 膜料的进口替代。齐鲁分公司装置优化生产方案，强化生产过程控制，全年实现稳定生产中高密度钛系催化剂产品，拉丝料、滚塑料等主要产品质量优良，比生产通用料增效显著。

（刘志武）

【聚丙烯】 截至 2018 年底，集团公司聚丙烯生产能力为 751.68 万吨 / 年，增加 1.70 万吨 / 年。其中，连续法聚丙烯装置有 41 套，生产能力为 718.20 万吨 / 年，占集团公司聚丙烯总生产能力的 95.95%。产品结构调整方面：高光泽聚丙烯专用料、PPR 管材料、高品质纤维料、高结晶注塑料等聚丙烯产品实现增量增效。高模量聚丙烯、绿色环保发泡聚丙烯新产品在汽车零部件等方向实现进一步推广。天津分公司的热成型聚丙烯专用料形成系列化产品，推价、推量工作有较大进展。镇海炼化进一步扩大聚丙烯透明料 M26ET 和 M35ET 对日本市场出口，已形成一定规模；进一步提高车用注塑料 M50RH 和 M60RHC 的气味、VOC 含量和抗冲强度等指标，获客户认可。燕山石化等企业继续推动医用聚丙烯系列产品进口替代工作，与国内主要厂家开展实质合作，下游应用取得进展。

（刘志武）

【聚苯乙烯】 截至 2018 年，集团公司共有 6 套聚苯乙烯生产装置，生产能力为 69.80 万吨 / 年，均采用连续本体法工艺。

（刘志武）

【聚氯乙烯】 截至 2018 年底，集团公司生产 PVC 的企业只有齐鲁分公司 1 家，生产能力为 60 万吨 / 年，同比没有变化。

（刘志武）

【ABS 树脂】 截至 2018 年底，集团公司生产 ABS 树脂的企业只有高桥石化 1 家，生产能力为 20 万吨 / 年，同比没有变化。年内开展改进 3325MT 产品品质攻关工作，优化产品维卡软化温度、抗冲击强度的控制，进一步提升产品性能。

（刘志武）

【其他树脂】 集团公司生产的其他树脂包括乙烯醋酸乙烯共聚物（EVA）、聚碳酸酯（PC）等。截至 2018 年底，集团公司生产乙烯醋酸乙烯共聚物（EVA）的企业共 3 家，生产能力合计 30 吨 / 年。原北京华美聚合物有限公司 EVA 装置被划入燕山分公司。

（刘志武）

合成橡胶

【概述】 截至 2018 年底，集团公司合成橡胶生产能力为 158 万吨 / 年，其中新增溶聚丁苯产能 3 万吨 / 年，为国内最大、世界第二大合成橡胶生产商。2018 年 5 月 31 日，巴陵石化 3 万吨 / 年间歇法溶聚丁苯橡胶装置新建的聚合单元按期中交；7 月 18 日，装置实现一次开车成功，标志着中国石化溶聚丁苯生产能力进一步增强，牌号进一步丰富。该装置是在原 6 万吨 / 年顺丁橡胶装置的基础上，进行部分新建和技术改造。全年，合成橡胶产量为 117.91 万吨（不含福橡化工公司），增加 7.8 万吨。其中，顺丁橡胶和热塑性弹性体产量均有大幅增加；乳聚丁苯橡胶连续 2 年减产，主要原因是齐鲁分公司丁苯装置进行尾气治理改造，影响乳聚丁苯橡胶产量。

（徐忠亮）

【顺丁橡胶】 截至 2018 年底，集团公司顺丁橡胶生产能力没有变化。镍系顺丁橡胶方面，燕山分公司顺丁橡胶装置完成后处理三线、四线利旧改造，产品挥发分控制进步明显，优级品率提高 4.1 个百分点；2018 年 9 月，茂名分公司顺丁橡胶装置的尾气治理装置建成投用，实现尾气达标排放。稀土顺丁橡胶方面，2018 年一季度，燕山分公司 3 万吨 / 年稀土顺丁橡胶装置使用第 2 代高效稀土催化剂进行稀土顺丁橡胶连续工业化试生产，标定结果表明：第 2 代催化剂活性显著提高，单耗明显降低，达到设计值，产品 1，4- 顺微观结构含量超过技术指标要求；2018 年 5 月，该技术通过总部科技部科研成果鉴定，达到国际领先水平。锂系顺丁橡胶（低顺橡胶）方面，燕山分公司与北京化工研究院共同合作，完成间歇法低顺橡胶 LCBR1303 工业试生产，该牌号直接对标外国进口高端产品，其工业产品的凝胶含量、色度等关键指标均与世界同类产品水平相当。

2018 年，集团公司共生产顺丁橡胶 43.1 万吨，增加 6.84 万吨。

（徐忠亮）

【丁苯橡胶】 截至2018年底，集团公司丁苯橡胶生产能力较上年增加3万吨/年。乳聚丁苯橡胶方面，2018年6月，齐鲁分公司丁苯橡胶装置的尾气治理装置建成并一次开车成功，为国内首套实现尾气达标排放的同类装置；为满足下游客户不断扩大的环保化需求，齐鲁分公司继开发生产SBR1502E、SBR1723等环保型丁苯橡胶后，又成功开发环保高结苯充油新牌号SBR1739，并于10月完成首次工业化生产，工业化产品各项指标全部合格，符合欧盟最新环保标准。扬子橡胶公司丁苯橡胶装置完成丁苯脱气塔技术攻关，平均运行周期从60天延长到80天，最长达180天，装置生产运行水平再上新台阶。溶聚丁苯橡胶方面，年内，由燕山分公司生产的SSBR-2636产品顺利通过国外知名轮胎公司认证，成为通过该公司认证的第1个产自中国的溶聚丁苯橡胶产品；年内，巴陵石化3万吨/年间歇法溶聚丁苯装置一次开车成功，中国石化溶聚丁苯产品牌号将进一步丰富，并逐步形成系列化。

2018年，集团公司共生产丁苯橡胶26.85万吨，减少4.82万吨，其中油胶减少1万吨、干胶减少3.8万吨。

（徐忠亮）

【SBS热塑性弹性体】 截至2018年底，集团公司SBS生产能力与上一年持平。年内巴陵石化继续做优SAM防水系列产品，完成沥青改性用SBS新牌号SAM1801的开发和工业化试生产，该产品可有效提高改性沥青的延度和软化点，改善沥青在夏季高温环境下的使用性能，并拥有更好的生产适应性。燕山分公司携手北京化工研究院，为下游客户定向研发，开发热熔型防水卷材用SBS新牌号4303S并完成工业化试生产，产品正在进行应用评价，主要用于替代进口产品；首创采用环保型芳烃油填充的SBS新牌号4466，可应用于拉杆箱、鞋底等制品领域。茂名分公司完成SBS油胶环保产品全面升级后，重点开发高档童鞋专用料牌号F880，在耐折、耐开裂等方面有较大提升。

2018年，集团公司共生产SBS橡胶27.1万吨，增加2.12万吨，其中油胶减少1.1万吨、干胶增加3.2万吨。

（徐忠亮）

【SEBS橡胶】 截至2018年底，集团公司只有巴陵石化生产SEBS橡胶，生产能力为4万吨/年，与上年持平。巴陵石化继续发挥产销研用一体化优势，根据下游客户的不同需求定制开发专用牌号。在医用材料领域，医用SEBS橡胶已经在国内实现工业化应用，部分替代进口产品，促进了中国医用材料技术进步。在运动跑道材料领域，SEBS橡胶材料凭借自身安全环保的优势，应用比例逐年提高。年内，使用巴陵石化SEBS橡胶生产的跑道料成功通过国内的场地认证。

2018年，集团公司共生产SEBS橡胶6.6万吨，增加1.4万吨，为连续保持产量增长的少数品种之一。

（徐忠亮）

【SIS橡胶】 截至2018年底，集团公司只有巴陵石化生产SIS橡胶，生产能力为4万吨/年，与上年持平。2018年，巴陵石化成功开发高端商标纸用SIS橡胶产品，该产品初黏性优异、对基材浸润性好，易分切，完全满足高端商标纸用胶的性能要求，获使用客户一致好评，完全替代国外进口产品。

（徐忠亮）

【SEPS橡胶】 截至2018年底，集团公司只有巴陵石化生产SEPS橡胶，生产能力为2万吨/年，与上年持平。2018年5月，巴陵石化完成SEPS橡胶产品的第2次工业化试生产任务，重点进行润滑油黏指剂牌号的工业化试生产，产品性能与国外同类产品相当，部分指标优于国外同类产品，填补国内空白。SEPS橡胶工业化产品在加氢度、成品金属离子含量等重要指标上均与国外同类产品相当。

2018年，集团公司共生产SEPS橡胶0.1万吨，增加0.03万吨。

（徐忠亮）

【丁基橡胶】 截至2018年底，集团公司只有燕山分公司生产丁基/普通溴化丁基橡胶，生产能力为12.5万吨/年，与上年持平。2018年，燕山分公司完成丁基橡胶改性产品——支化丁基橡胶的工业化试生产，并通过各硫化胶囊企业的准入，用户对该产品的加工和应用性能表示满意。

2018 年，集团公司共生产丁基 / 溴化丁基橡胶 2.67 万吨，增加 1.4 万吨。

（徐忠亮）

【乙丙橡胶】 截至 2018 年底，集团公司只有高桥石化具备乙丙橡胶生产能力，生产能力为 7.5 万吨 / 年。2018 年生产乙丙橡胶 6.17 万吨，与上年持平。

（徐忠亮）

【异戊橡胶】 截至 2018 年底，集团公司只有燕山分公司具备异戊橡胶生产能力，生产能力为 3 万吨 / 年。

（徐忠亮）

合成纤维原料

【概述】 集团公司生产的合成纤维原料有精对苯二甲酸（PTA）、精间苯二甲酸（PIA）、丙烯腈（AN）、己内酰胺（CPL）、乙二醇（EG）5 个品种。截至 2018 年底，集团公司合成纤维原料生产能力为 820 万吨 / 年。

（朱　良）

【精对苯二甲酸】 2018 年，针对扬子石化和洛阳分公司 PTA 装置存在的问题，组织专家对装置生产运行状况进行详细剖析，提出相应的整改措施，帮助企业提高装置运行水平。仪征化纤 PTA 氧化尾气处理设施投入使用，确保装置尾气达标排放，完成 PTA 节能降耗项目建成投用，进一步提高装置竞争力。截至年底，集团公司 PTA 生产能力为 311.9 万吨 / 年；2018 年产量为 206.29 万吨，减少 18.53 万吨、降低 8.24%。

（朱　良）

【丙烯腈】 2018 年，安庆石化 8 万吨 / 年丙烯腈装置反应器催化剂更换为 SANC-11 型，丙烯单耗大幅降低。上海赛科公司 1#AN 装置回收塔塔盘更换为新型固阀塔盘，分离效果提高，在同等分离指标情况下，再沸器蒸汽消耗约下降 10 吨 / 时，节能效果显著。截至 2018 年底，集团公司丙烯腈生产能力为 107 万吨 / 年；2018 年产量为 82.01 万吨，减少 15.87 万吨、降低 16.2%。

（朱　良）

【己内酰胺】 2018 年 8 月，巴陵石化 5 万吨 / 年环己酮装置开工；为提高己内酰胺的产量，通过技术攻关，巴陵石化氨肟化反应釜的单釜投酮量提高 5%—10%。石家庄炼化开展提高双氧水产量技术攻关，通过更换催化剂及优化氢化塔参数等措施，双氧水产量每月增加约 1 000 吨。截至 2018 年底，集团公司己内酰胺生产能力为 70.9 万吨 / 年；2018 年产量为 71.56 万吨，增加 12.7 万吨、增长 17.7%。

（朱　良）

【乙二醇】 截至 2018 年底，集团公司生产环氧乙烷的企业有 11 家，生产能力为 329.86 万吨 / 年，增加 9 万吨 / 年；2018 年产量增加 6.07 万吨。茂名石化 20 万吨 / 年环氧乙烷装置完成满负荷性能考核标定，生产能力、能耗、物耗、产品质量等指标均达到保证值。湖北化肥持续开展技术攻关，装置运行水平不断提升，全年装置保持在较高负荷下运行，乙二醇和碳酸二甲酯产品质量稳定达标。

（张　燕）

【精间苯二甲酸】 截至 2018 年底，集团公司生产精间苯二甲酸的企业是燕山分公司，采用自主研发技术生产。

（朱　良）

合成纤维聚合物

【概述】 集团公司生产的合成纤维聚合物主要品种有聚酯（PET）、聚乙烯醇（PVA）、聚酰胺（PA6）、聚对苯二甲酸丁二醇酯（PBT）。截至2018年底，集团公司合成纤维聚合物生产能力为355万吨/年。

（朱　良）

【聚酯】 2018年，聚酯装置根据市场情况优化组织生产，既平衡了产销，又保证了产品效益。仪征化纤组织15家实验室完成瓶片、PBT国家标准样品的协作试验并完成试验报告；聚酯14单元完成余热回收项目改造，13单元采用较成熟的朗肯循环螺杆发电回收热量。截至2018年底，集团公司聚酯生产能力为337万吨/年；2018年产量为275.36万吨，增加3.08万吨、增长1.15%。

（朱　良）

【聚乙烯醇】 2018年，川维化工公司做好生产优化，加快产品升级换代步伐，低甲醇含量、悬浮分散剂、纸用、乳液用PVA等高附加值产品产销量大幅增加；技术攻关取得实质性进展，千吨级T-PVA中试装置成功投料试车。截至2018年底，集团公司聚乙烯醇生产能力为33万吨/年；2018年产量为22.17万吨，减少0.7万吨、降低3.1%。

（朱　良）

【聚酰胺】 2018年，巴陵石化新产品研发及市场推广取得重大突破，采用连续固相缩聚工艺开发尼龙6多层共挤薄膜专用料获得成功，实现稳定的工业化生产和批量销售，产品质量得到下游用户认可，打破国外品牌对市场的垄断。截至2018年底，集团公司聚酰胺生产能力为7.7万吨/年；2018年产量为12.7万吨，增加3.1万吨、增长32.3%。

（朱　良）

合成纤维

【概述】 合成纤维的五大品种是涤纶、锦纶、腈纶、维纶、丙纶，俗称“五大纶”。集团公司拥有涤纶、腈纶、维纶、丙纶和超高分子量聚乙烯纤维和芳纶生产装置。截至2018年底，集团公司合成纤维生产能力为155万吨/年。

（朱　良）

【涤纶】 2018年，仪征化纤建成10万吨/年差别化涤纶短纤装置。其中，37—38K于5月31日开车，35—36K分别于6月30日、7月5日开车一次成功，4条线全面投产水刺专用料，7月24日转产有光缝纫线型短纤维；9月，完成35—38K装置达标考核，各项经济技术指标均达到设计要求。截至2018年底，集团公司涤纶生产能力为128万吨/年；2018年产量为101.97万吨，增加1.37万吨、增长1.36%。

（朱　良）

【腈纶】 2018年，上海金甬公司干法腈纶装置设备拆除。上海石化对腈纶生产线进行改造，增加抗起球纤维产能；凝胶染色腈纶投放市场，受到客户认可。安庆分公司收缩型扁平纤维、粗旦扁平纤维研发成功，扁平系列纤维市场占有率进一步扩大。截至2018年底，集团公司腈纶生产能力为26万吨/年;2018年产量19.32万吨，减少1.45万吨、降低6.98%。

（朱　良）

【维纶】 2018年，川维化工公司低温水溶纤维质量改进效果明显。重点开发Q-14以上更高强度更高模量的高强纤维、ECC 专用纤维、高强维纶长丝及油田用系列纤维等产品。截至 2018 年底，集团公司维纶生产能力为 3 万吨 / 年；2018 年产量为 1.9 万吨，减少 0.07 万吨、降低 3.4%。

（朱 良）

【超高分子量聚乙烯（PE）纤维】 2018 年，高纤 E04 线开车吸取前 3 条线开车经验，进一步优化开车流程，开车过程顺利，4 条螺杆全部一次开车成功，进一步降低新装置开车成本。截至 2018 年底，集团公司超高分子量聚乙烯（PE）纤维生产能力为 2 300 吨 / 年；2018 年产量为 2 348 吨，增加 48 吨、增长 2.0%。

（朱 良）

碳一化工

【概述】 2018 年，在以煤、天然气、渣油等为生产原料的产品业务基础上，集团公司继续有序发展煤化工业务。镇海炼化煤焦制氢项目、扬子石化煤制气二期改造项目建成中交，中安联合煤化工项目建设积极推进，长城能化（贵州）煤化工项目获批。

（杨 砚）

【煤气化】 截至 2018 年底，集团公司有 12 套煤气化装置运行，其中 8 套装置采用 GE 水煤浆气化技术、3 套装置采用 Shell 干粉煤气化技术、1 套装置采用中国石化具有自主知识产权的 SE 干粉煤气化技术。

2018 年，主要煤气化装置运行平稳。各水煤浆气化装置继续保持较好运转水平，连续运行时间均在 200 天以上，其中齐鲁分公司水煤浆气化装置自 2017 年 6 月 19 日大修开工后已连续运行 560 天，连续 3 个运行周期均实现连续运行 560 天以上。各粉煤气化装置运行总体平稳，巴陵分公司、湖北化肥分公司 2 套装置继续实现年累计运行 300 天以上，其中湖北化肥分公司煤气化装置运行水平显著提高，煤气化装置实现连续运行 140 天，创其历史最好水平，装置运行负荷也由年初的 84% 提升到最高的 95%，实现 90% 以上负荷运行常态化。

（杨 砚）

【天然气】 截至 2018 年底，集团公司仅扬子石化有 1 套天然气制一氧化碳装置，由 TECHNIP（德西尼布）提供工艺包，采用 TECHNIP 天然气蒸汽转化技术、BASF 的 aMDEA 脱碳技术和 AIR-PRODUCT（美国空气产品公司）深冷分离技术，主要向下游装置提供一氧化碳、氢气和羰基合成气。

（杨 砚）

【油气化】 截至 2018 年底，集团公司仅镇海炼化有 1 套油制氢装置，采用德士古烃类部分氧化技术，其主要向炼油装置提供氢气。

（杨 砚）

化 肥

【概述】 集团公司生产的化肥产品主要有合成氨、复合肥、硫酸铵 3 个品种，截至 2018 年底，生产能力为 297.55 万吨 / 年，减少 52 万吨 / 年，主要为安庆分公司尿素装置关停并处置核减生产能力 52 万吨 / 年。各化肥产品生产能力详见表 4。

表 4　　集团公司主要化肥生产能力　　万吨 / 年

年份 产品名称	2018	2017	2016	2015	2014	2013
合成氨	157.50	157.50	157.50	157.50	180.70	180.70
复合肥	40.00	40.00	50.00	50.00	50.00	50.00
硫酸铵	100.05	100.05	100.05	100.05	88.05	86.25

（杨　砚）

【合成氨】 截至 2018 年底，集团公司生产合成氨的企业有 5 家，生产能力合计 157.50 万吨 / 年，同比持平；2018 年产量减少 7.51 万吨、降低 6.82%。

（杨　砚）

【复合肥】 截至 2018 年底，集团公司生产复合肥的企业只有南化公司 1 家，生产能力为 40 万吨 / 年。自 2015 年 1 月 1 日起全套生产装置租赁给安徽辉隆农资公司，合同期 5+5 年。

（杨　砚）

【硫酸铵】 截至 2018 年底，集团公司生产硫酸铵的企业有 5 家，生产能力（实物量）100.05 万吨 / 年，同比持平；2018 年产量（实物量）增加 1.61 万吨、增长 1.84%。

（杨　砚）

无机原料

【概述】 集团公司无机原料产品主要为“三酸一碱”4 个品种。截至 2018 年底，无机原料产品生产能力为 213.30 万吨 / 年，增加 36 万吨 / 年。其中，巴陵石化分公司硫酸装置扩建新增生产能力 34.50 万吨 / 年，巴陵资产分公司烧碱装置技改技革新增生产能力 1.50 万吨 / 年。各无机原料产品生产能力详见表 5。

表 5　　集团公司主要无机原料生产能力　　万吨 / 年

年份 产品名称	2018	2017	2016	2015	2014	2013
硫　酸	123.00	88.50	88.50	88.50	113.50	113.50
浓硝酸	22.00	22.00	22.00	22.00	22.00	22.00
盐酸（折 31%）	10.50	10.50	10.50	10.50	14.43	14.43
烧　碱	57.80	56.30	56.30	56.30	59.30	64.30

（杨　砚）

【硫酸】 截至 2018 年底，集团公司生产硫酸的企业有 4 家，生产能力为 123 万吨 / 年，增加 34.5 万吨 / 年；2018 年产量增加 37.04 万吨、增长 51.6%。

（杨　砚）

【硝酸】 截至 2018 年底，集团公司生产硝酸的企业仅有南化公司 1 家，生产能力为 22 万吨 / 年，同比持平；2018 年产量减少 1.75 万吨、降低 8.73%。

（杨　砚）

【盐酸】 截至2018年底，集团公司生产盐酸的企业有4家，生产能力为10.50万吨/年（不含南化公司和齐鲁分公司副产盐酸生产能力），同比持平；2018年产量减少10.44万吨、降低62.33%。

（杨　砚）

【烧碱】 截至2018年底，集团公司生产烧碱的企业有4家，生产能力为57.80万吨/年，增加1.5万吨/年；2018年产量增加1.17万吨、增长2.26%。

（杨　砚）

生物及精细化工

【概述】 集团公司有专用化学品、高性能聚合物及单体、精细化工中间体和生物化工4类13小类产品，详见表6。2018年产量合计为64.51万吨（不包括合资公司），增加0.81万吨。

表6　　集团公司生物及精细化工产品

大　类	小　类	产　品
专用化学品	油品添加剂	润滑油无灰分散剂（T151、T154A、T161）
	油气田化学品	耐温抗盐表面活性剂、聚胺抑制剂、极压减摩剂、极压润滑剂、高效润滑剂、纤维类随钻堵漏剂、有机土、消泡剂、聚合醇封堵剂、黏土稳定剂、降压增注驱油用纳米乳液等
	表面活性剂	脂肪醇聚氧乙烯醚、聚乙二醇
	特种溶剂	对二乙苯（PDEB）、戊烷（聚烯烃用、发泡剂用、脱附剂用）
	合成材料助剂	橡胶防老剂（4010NA、4020、TMQ）、PVA分散剂、纳普®弹性纳米粒子（复合α成核剂、复合β成核剂、抗菌剂等）
	杀菌剂	漂粉精（次氯酸钙）、强氯精（三氯异氰尿酸）
高性能聚合物及单体	黏合剂和涂料	液体环氧树脂、固体环氧树脂、邻甲酚醛环氧树脂、风力发电环氧树脂、水性环氧树脂、复合材料用环氧树脂、特种环氧树脂、稀释剂、固化剂、VAE乳液、VAE粉体
	特种聚合物	本体法ABS聚合物、聚醚多元醇、聚合物多元醇
	功能性膜材料	超滤膜及管式、帘式膜组件
	3D打印材料	改性PLA、改性ABS、PP粉体、环氧树脂类光固化材料、水溶酯类支撑材料等
精细化工中间体	C_4下游	聚异丁烯丁二酸酐
	C_5下游	异戊烯、甲基叔戊基醚
生物化工	生物发酵化学品	C_{12}/C_{13}长链二元酸

（刘金胜）

【油品添加剂】 主要产品为润滑油无灰分散剂，生产企业为扬子石化，产品牌号有T151、T154A和T161。2018年，为进一步提升装置灵活性，开发出聚异丁烯丁二酸酐产品，成功应用于路标漆等行业。

（刘金胜）

【特种溶剂】 扬子石化对二乙苯（PDEB）主要用于吸附分离法生产 PX，2018 年销量增长 140%，国内市场占有率稳居第一。

（刘金胜）

【合成材料助剂】 主要有橡胶防老剂系列产品和纳普®弹性纳米粒子，生产企业分别为南化公司和燕山分公司。

其中，纳普®弹性纳米粒子技术是中国石化开发的具有原始创新、世界首创的技术，获国家技术发明二等奖和国家发明专利金奖，在中国、美国、欧洲、日本等国家和地区取得 70 余件专利授权。该技术已在燕山分公司建成工业化装置，可生产丁苯、丁腈、丙烯酸酯、硅、丁苯吡和氯丁等 22 个牌号产品。

（刘金胜）

【杀菌剂】 主要有漂粉精、强氯精等产品，生产企业为中石化江汉盐化工湖北有限公司。2018 年，针对漂粉精构建“产品 + 技术 + 服务”体系，优化调整市场布局，扩大高端市场占有率，欧洲市场销量上升，销售覆盖范围从东南亚、俄罗斯扩展到中南美、非洲等地区，自营出口首次突破 5 000 吨；通过优化改进强氯精装置，5 月、6 月产量均超过 1 500 吨，全年产量创投产以来新高。

（刘金胜）

【黏合剂和涂料】 主要有环氧树脂、醋酸乙烯—乙烯共聚乳液（VAE）等产品。

其中，环氧树脂生产企业为巴陵资产分公司，开发出的汽车电泳漆用环氧树脂、紫外光固化光纤内层涂覆专用环氧树脂、电子封装用 DCPD 苯酚型环氧树脂、碳纤维复合材料用环氧树脂等新产品，2018 年通过技术鉴定，均填补国内空白；下属隆兴新材料中心形成水性环氧、固化剂、稀释剂及功能性特种环氧系列化产品，2018 年销量增长 21.2%，其中新特产品销量增长 65.6%。

VAE 乳液生产企业有燕山石化和川维化工公司。其中，燕山石化 VAE 产量增长 8.81%，创历史新高；新产品开发取得新成果，BJ-806H 产量超年计划 7.86%，成为第二大产量牌号产品。川维化工公司加大环保产品 CW40-907 的应用推广力度，2018 年销量增长 119%，高黏系列产品替代外资中高端市场，占比保持稳定，并研发涂层、涂布用高 T_g（玻璃化转变温度）乳液产品。

（刘金胜）

【特种聚合物】 主要有聚醚多元醇（PPG）、聚合物多元醇（POP）、ABS 聚合物、超滤膜等产品。

天津资产分公司 8 万吨 / 年聚醚项目一期（3.5 万吨 / 年）于 2018 年 4 月顺利投产，项目二期（4.5 万吨 / 年聚醚）启动建设。

高桥石化 20 万吨 / 年 ABS 聚合物装置于四季度完成大修和技术改造，全年高附加值产品产量增长 7%。

燕山分公司“中空纤维超滤膜及膜组件”展品于 9 月获第 5 届国际新材料产业博览会金奖。该技术可根据客户需求，生产各种规格型号的帘式膜组件和压力式膜组件，产品已在天津分公司、九江分公司及北京燕山威立雅水务有限责任公司成功应用。

（刘金胜）

【生物化工产品】 主要产品有 C_{12}/C_{13} 长链二元酸，生产企业为扬子石化。2018 年，二元酸精制工业试验打通流程，产出合格精制产品。

（刘金胜）

【合资合作取得新进展】 石家庄炼化分公司与武汉有机实业有限公司就苯甲酸及下游衍生物项目签署合资协议，共同成立河北康石新材料公司，项目将有助于提高石家庄炼化分公司苯甲酸、苯甲酸钠的生产制造水平。川维化工公司与索尔维投资有限公司就油气田特种化学品项目达成合资合作意向，拟合资建设一期 2 万吨 / 年油气田特种化学品生产装置，共同打造集研发、生产、销售和服务于一体的油气田化学品研发和生产基地，并向国内油气田市场进行产品推广销售及服务。

（刘金胜）

质量管理

【概述】 2018 年，化工板块认真贯彻落实中共中央、国务院《关于开展质量提升行动的指导意见》和集团公司年度工作会议精神，按照高质量发展要求，坚持“质量永远领先一步”的质量方针，树立质量第一、效益优先的发展理念，推进质量变革，全面提升产品质量和服务质量。

推进质量管理体系有效性建设。组织专家对安庆分公司、长岭分公司、川维化工公司和江汉盐化工总厂 4 家企业的质量管理体系有效性进行抽查，共计查出问题 108 项，其中川维化工公司 24 项、安庆分公司 26 项、江汉盐化工总厂 28 项、长岭分公司 30 项。组织对扬子石化、南化公司、中韩石化和石家庄炼化 4 家企业的质量管理体系第三方审核过程进行观察。

抓好化工产品质量提升工作。下发《关于做好 2018 年质量提升项目实施工作的通知》，将燕山石化、齐鲁石化等 10 家企业的 24 个项目列为 2018 年质量提升项目，拨付专项资金予以支持，要求项目承担企业加强对项目实施管理，每季度上报项目进展情况；组织召开对接会，与各企业详细对接项目内容、投资、进展、实施后的效益及责任人落实等情况，对 2018 年质量提升项目完成情况进行对接，组织企业实施的 23 个质量提升项目中，完成 14 项，累计增效 1 984 万元。下发《关于申报 2019 年化工板块质量提升项目计划的通知》，组织各企业梳理上报通过实施“短、平、快”项目能够有效解决“质量瓶颈问题”，同时能够快速提升产品实物质量和质量稳定性的质量提升项目。提升三大合成材料质量稳定性。将三大合成材料质量稳定性排名纳入“比学赶帮超”，每月通报排名。组织燕山石化、上海石化和齐鲁石化等 11 家企业的质量管理人员和合成树脂装置负责人（车间主任）召开“合成树脂稳定性研究”科研项目成果发布会，通报 2016 年和 2017 年合成树脂质量稳定性研究的成果。2018 年对低密度聚乙烯薄膜、线型低密度聚乙烯棚膜、线型低密度聚乙烯注塑料、薄膜三元共聚聚丙烯和管材类共聚聚丙烯树脂 5 类 25 个产品的质量稳定性进行研究。启动合成橡胶和合成纤维产品质量稳定性研究工作。

抓好质量控制在线分析仪表管理工作。下发《中国石化质量控制在线分析仪应用评价办法（试行）》。赴天津分公司和齐鲁分公司开展质量控制在线分析仪管理工作研讨，帮助企业解决在线仪表管理中存在的问题。组织 23 家化工企业的 65 名负责质量和在线分析仪表管理工作的人员召开化工企业在线分析仪运行管理交流会；对前期在质量控制在线分析仪表的管理工作进行总结；对总部端和扬子石化企业端在线分析仪表管理系统功能进行演示和交流；对各企业纳入总部监控的在线分析仪表进行梳理，对化工企业在线分析仪表的运维管理模式和配置现状进行了调查、交流和讨论。

持续提升质量信息化管理水平。完成上海石化企业端质量管理系统的试点建设。完成第 3 批实验室管理系统（LIMS）、炼化企业实验室执行系统（LES）、炼化企业在线分析仪表运行监控与管理系统可研评审。

抓好标准的提档升级工作。参加 2018 年石油化工国家标准和行业标准制修订项目计划（草案）审定会，对《丙烯腈—丁二烯—苯乙烯（ABS）树脂》等 7 项国家标准和《工业用二乙二醇》等 15 项行业标准的项目计划进行审定。参加企业标准自我声明公开工作讨论会，对《中国石化产品和服务标准自我声明公开工作指导意见》进行讨论并提出修改意见。参加化工产品一级企业标准涉密审查会，对《注塑类聚乙烯树脂》《缝纫线型涤纶短纤维》《工业用纯苯》等 17 项一级企业标准进行涉密审查，确定标准自我声明公开的内容。参加《石油产品包装、储运及交货验收规则》行业标准讨论会。下发《关于开展中国石化一级企业标准集中复审工作的通知》，组织仪征化纤、上海石化、齐鲁石化、北京化工研究院等 8 家企业和科研单位对《涤纶短纤维命名规则》《乙烯装置专用石脑油》《注塑类聚丙烯树脂》等 13 个到期的一级企业标准开展集中复审工作。组织《腈纶短纤维和丝束命名规则》《纤维类聚丙烯树脂》一级企业标准验收审查。

（杨世飞）

【化工产品客户服务】2018年，化工板块牢固树立客户至上理念，提升客户服务水平。开展线型低密度聚乙烯和腈纶短纤维2个产品用户满意度调查工作。组织完成“2017年合成树脂重点行业客户需求侧研究”科研项目验收，项目对中国石化合成树脂产品在包装、汽车、管材、医药四大行业的用户需求及满意度情况进行调查。在中国石化第8个“质量日”活动期间，分别在广州分公司和中原石化召开2018年化工产品客户座谈会，邀请客户走进企业进行参观和交流。全年累计接到28件用户投诉，减少27件；投诉涉及合成树脂产品质量问题27件，其中涉及产品外观14件、无法满足客户使用性能8件、产品中混有杂质4件、产品气味1件。投诉全部处理完成，处理完成率为100%，平均处理周期为7.91天。

（杨世飞）

【质量培训】组织28家企业、研究院及专业公司的34名学员在管理干部学院举办化工分析检验技术高级研修班；组织分析检验高研班学员在管理干部学院开展学员论文集中答辩，并组织学员首次赴系统外中国石油四川石化和中国测试技术研究院进行参观交流和现场教学。

（杨世飞）

【化工产品等级品率完成情况】2018年，合成树脂一级品以上比例92.02%，提高0.65个百分点。分品种来看，聚丙烯91.57%，降低0.37个百分点；高密度聚乙烯96.22%，提高1.24个百分点；低密度聚乙烯97.68%，降低0.47个百分点；线型低密度聚乙烯98.57%，降低0.03个百分点；聚氯乙烯97.82%，提高0.99个百分点。

合成橡胶一级品以上比例95.51%，同比持平。分品种来看，丁苯橡胶（包括SBS橡胶、SEBS橡胶）97.62%，降低0.41个百分点；顺丁橡胶94.33%，降低5.6个百分点；丁基橡胶67.51%，提高8.28个百分点。

合成纤维一级品以上比例99.14%，提高0.32个百分点。分品种来看，涤纶99.24%，提高0.28个百分点；腈纶99.76%，降低0.17个百分点；维纶100%，同比持平。

合成纤维原料一级品以上比例99.99%，提高0.08个百分点。分品种来看，丙烯腈100%，同比持平；精对苯二甲酸100%，提高0.04个百分点；乙二醇100%，提高0.12个百分点；己内酰胺100%，同比持平。

合成纤维聚合物一级品以上比例98.41%，降低0.15个百分点。分品种来看，锦纶切片99.31%，提高0.35个百分点；聚乙烯醇92.42%，降低0.26个百分点；聚酯98.88%，降低0.20个百分点。

（杨世飞）

设备管理

【概述】2018年，集团公司24家化工企业固定资产原值为3 067.60亿元、净值为1 005.89亿元，其中设备固定资产原值为2 701.32亿元、净值为836.34亿元，设备新度系数为0.31。

（方紫咪）

【专项工作】为了提升设备管理水平，推广设备完整性体系，组织召开炼化板块设备管理工作会议，分享先进的设备管理经验，促进企业人员的交流，为强化设备管理夯实基础。组织企业开展装置现场整治工作，部分企业通过治理，现场面貌焕然一新。

提高大机组管理水平。通过系统调研和技术研讨，推进关键机组远程诊断和检维修策略服务中心的项目建设。组织设备润滑技术交流，总结大机组、机泵等设备润滑管理的技术和经验，并推动润滑油国产化替代工作。

板壳式换热器失效分析及操作优化。组织相关人员研究服役20年以上压力容器安全性与剩余寿命，主要分析扬子石化和海南炼化芳烃装置的板壳式换热器失效的原因，总结运行操作和维护要求，提出工程设计和设备结构优化的改进建议。

进一步加强修理费管理。推进炼化企业修理费管理系统建设，组织相关使用人员进行研讨，确定化工装置费用基准模型影响因素、费用指标和费用自动上报规则。

做好 2019 年设备大检查工作准备。组织企业专家讨论炼化企业设备大检查标准，根据大检查平台的使用情况，对不足之处进行优化调整。

（方紫咪）

【技术服务】 开展检修技术服务。帮助当年度停车大修的企业做好停工和检修方案的优化，检查企业的检修计划安排和准备工作，督促安全保障措施的落实。2018 年主要大修企业有镇海炼化、上海石化、上海赛科公司、高桥分公司和中原石化等。

组织专业团队解决疑难问题。帮助企业分析设备故障、查找系统缺陷，提出解决方案，为企业决策提供依据，并通过技术交流进一步提升企业的设备专业管理水平。

①动设备方面：组织专家分析扬子石化 3#PTA 装置空压机组压缩机 1/2 级转子及齿轮箱等损坏原因，并在机组修复后安排专家到现场指导安装和开车；针对洛阳分公司 PTA 装置氧化干燥机、扬子石化 2#PTA 装置反应器搅拌机故障，分别组织研讨，分析原因，提出措施和建议；组织专家分析中天合创烯烃分离装置工艺气压缩机 310-K-3001 的驱动汽轮机结垢原因，并提出在线处理的方案。

②静设备方面：针对中原石化 MTO 装置反应器等主要设备存在方大量缺陷，组织专家进行原因分析，提出处理措施；针对南化公司煤气化锁渣阀阀芯腐蚀、硝基氯苯装置部分设备腐蚀等问题，组织专业帮扶。

③电气方面：针对金陵分公司“2·28”和湖北化肥分公司“5·3”电气事故，分别组织专家深入分析故障原因，查找系统缺陷，并提出相应的解决方案。

④仪表方面：针对湖北化肥空分装置增压机 ITCC 卡件故障且更换卡件后打气量严重下降的问题，组织专家进行技术分析，通过找原因、定方案，快速恢复装置生产。

（方紫咪）

【专业培训】 为了提升设备专业管理和检修维护水平，加强修理费管理，培养一批具有较高专业技术水平、较强创新能力的设备高级专业技术人才，举办炼化装备及检维修技术骨干研修班、电气骨干培训班、仪表骨干培训班、公用工程高级研修班和修理费管理系统预算模块等培训班。

（方紫咪）

【《石油化工设备维护检修规程》修编】 结合石油化工设备管理要求和维护检修实际需要，开展《石油化工设备维护检修规程》修编工作。对电气组、通用组、炼油组、化工组及公用工程组等所修编的 390 多项设备规程和新编的 60 多项装置规程分别进行第一稿的审查。

（方紫咪）

【裂解炉运行检查】 2018 年，对 10 家企业的 97 台裂解炉进行资料检查和现场测试。检查中发现，部分裂解炉存在排烟氧含量和排烟温度偏高、DCS 在线仪表误差较大、氮氧化物超标、空气预热器积灰严重等问题，督促各企业加强管理，制定整改措施。

（方紫咪）

达标管理与节能减排

【达标工作组织】 化工达标管理工作按装置、专业等层次组织开展工作。装置达标方面，继续组织同类装置竞赛；专业达标方面，分乙烯专业、芳烃专业、基本有机化工专业、合成树脂专业、合成橡胶专业、合纤原料专业、合成纤维专业、碳一化工专业 8 类组织专业达标工作。

2018 年，参与化工达标的企业共 23 家，包括镇海炼化、茂名石化、齐鲁石化等炼化一体化企业和南化公司、巴陵石化等老化工企业。

（刘志武）

【专业达标】 采用价值量化方式进行各专业的达标核算，体现效益优先的专业管理思路。2018 年度，乙烯专业、芳烃专业、合成树脂专业、合成橡胶专业、合成纤维专业、碳一化工专业的达标率为 100%，基本有机化工专业、合纤原料专业的达标率分别为 90.91% 和 66.67%。

（刘志武）

【装置长周期运行攻关】 围绕化工装置优化运行开展攻关，在关键机组维护、电气及仪表管理、生产操作等方面持续改进，落实保证长周期运行的专业管理措施。2018 年，乙烯裂解、芳烃、聚烯烃、PTA、煤气化等化工装置实现安全稳定运行。

（刘志武）

【同类装置竞赛】 2018 年，化工板块有 20 类 142 套装置参加同类装置竞赛，通过对产量完成、物耗能耗、安稳运行、质量、安全环保等指标的综合横向评定，共有 48 套装置获得竞赛奖励。其中，乙烯装置获得前 3 名的分别是中韩石化、镇海炼化、齐鲁分公司；芳烃装置获得前 3 名的分别是扬子石化、镇海炼化、金陵分公司；乙二醇装置获得前 3 名的分别是上海石化 2# 装置、扬子石化、中韩石化；苯乙烯装置获得第 1 名的是齐鲁分公司；苯酚丙酮装置获得第 1 名的是高桥石化；丁二烯装置获得前 3 名的是齐鲁分公司、广州分公司、镇海炼化；高压聚乙烯装置获得前 3 名的是齐鲁分公司、茂名分公司 1# 装置、茂名分公司 2# 装置；低压聚乙烯装置获得前 3 名的是上海石化 4# 装置、中韩石化、齐鲁分公司 1# 装置；线型聚乙烯装置获得前 3 名的是镇海炼化、广州分公司、天津分公司；化工连续法聚丙烯装置获得前 3 名的是北京燕山分公司 3# 装置、上海石化 1# 装置、扬子石化 2# 装置；炼油连续法聚丙烯装置获得前 3 名的是长岭分公司置、海南炼化、湛江东兴公司；顺丁橡胶装置获得第 1 名的是北京燕山分公司 1# 装置；SBS 装置获得第 1 名的是巴陵石化；PTA 装置获得前 3 名的是仪征化纤 2# 装置、天津分公司、仪征化纤 1# 装置；丙烯腈装置获得第 1 名的是安庆分公司 1# 装置；聚酯装置获得前 3 名的是仪征化纤 1 厂、仪征化纤 4 厂、上海石化 1# 装置；涤纶短丝装置获得前 3 名的是仪征化纤 2# 装置、仪征化纤 1# 装置、仪征化纤 3# 装置；腈纶装置获得前 3 名的是上海石化（南）、上海石化（北）、安庆分公司；己内酰胺装置获得第 1 名的是石家庄炼化；煤气化装置获得前 3 名的是齐鲁分公司、南化公司（氨）、巴陵分公司。

（刘志武）

【达标重点工作】 2018 年，在国内化工市场持续向好的大环境下，化工达标工作服务于装置安全稳定运行、降本增效、结构调整等化工板块重点工作，强化专业技术人员培训和操作人员岗位练兵，持续开展装置运行优化、操作优化，组织各化工装置进行提质增效攻关、脱瓶颈的增产攻关，化工板块圆满完成产量、三大合成材料结构调整、吨产品费用控制等生产经营任务。全年，乙烯装置、芳烃装置等“龙头”装置的能耗、物耗指标持续提升；聚烯烃装置的能耗、物耗指标完成良好；PTA、己内酰胺的能耗、物耗进一步下降；煤化工主要装置实现长周期运行，能耗、物耗进一步下降。全年化工装置总体运行平稳，技术经济指标、吨产品完全费用等指标受控良好。

（刘志武）

【节能减排】 2018 年，化工板块万元产值综合能耗为 1.428 吨标煤、降低 0.028 个单位，比计划低 0.027 个单位，节能率为 1.96%，节能量为 90 万吨标煤。化工托管企业万元产值综合能耗为 1.126 吨标煤、降低 0.084 个单位，比计划低 0.104 个单位，节能率为 6.99%，节能量为 41 万吨标煤。

节能技术服务效果明显。组织对石家庄炼化和中韩石化开展节能技术服务，提出 31 项具体优化措施、18 项方向性建议和 10 项管理建议。 合同能源管理扎实推进。按照总部统一部署，组织炼化企业与节能技术服务公司合作开展合同能源管理项目，已落实 13 个项目，总投资达 5.4 亿元。

落实芳烃节能改造方案。通过组织专项调研为企业梳理详细的芳烃节能措施，要求企业尽快落实具体方案抓紧组织实施。其中，洛阳石化、金陵石化等企业芳烃装置低温余热利用方案已启动。

开展节能技术培训。第一阶段：5月，在管理干部学院分部进行脱产学习。第二阶段:5—10月，学员在各自企业完成研修报告。第三阶段：11月，组织现场教学和集中答辩。通过培训，学员学习了化工节能先进技术和管理经验，学到了许多兄弟企业好的做法，提高了节能管理能力。

镇海炼化、茂名分公司、齐鲁分公司、仪征化纤、天津分公司、高桥石化6家企业被评为2018年度化工节能先进企业。

（黄志壮）

计量管理

【计量管理与监督】 2018年，化工板块以贯彻落实国家计量法律法规和中国石化计量管理制度为重点，鼓励各企业建立符合企业管理要求的测量管理体系，不断提高计量设备的现代化和信息化水平，确保计量数据准确可靠，夯实质量基础，支撑企业发展。

①控制石脑油途耗，督促企业采取有效措施降低石脑油途耗率。全年石脑油累计途耗率为0.03%，其中水运途耗率最高为0.14%。②完成“能量计量在蒸汽节能降耗实时分析与优化中的应用”“修订《计量管理与考核规范》”“质量流量计运行状态远程监控与诊断系统研究”“原油进厂计量监督设施”和“天然气流量计算机检测技术研究”等项目的验收。③参加三大石油公司“2018年度中国油气计量论坛”。④参加集团公司直属计量技术机构2018年度工作会。

（杨世飞）

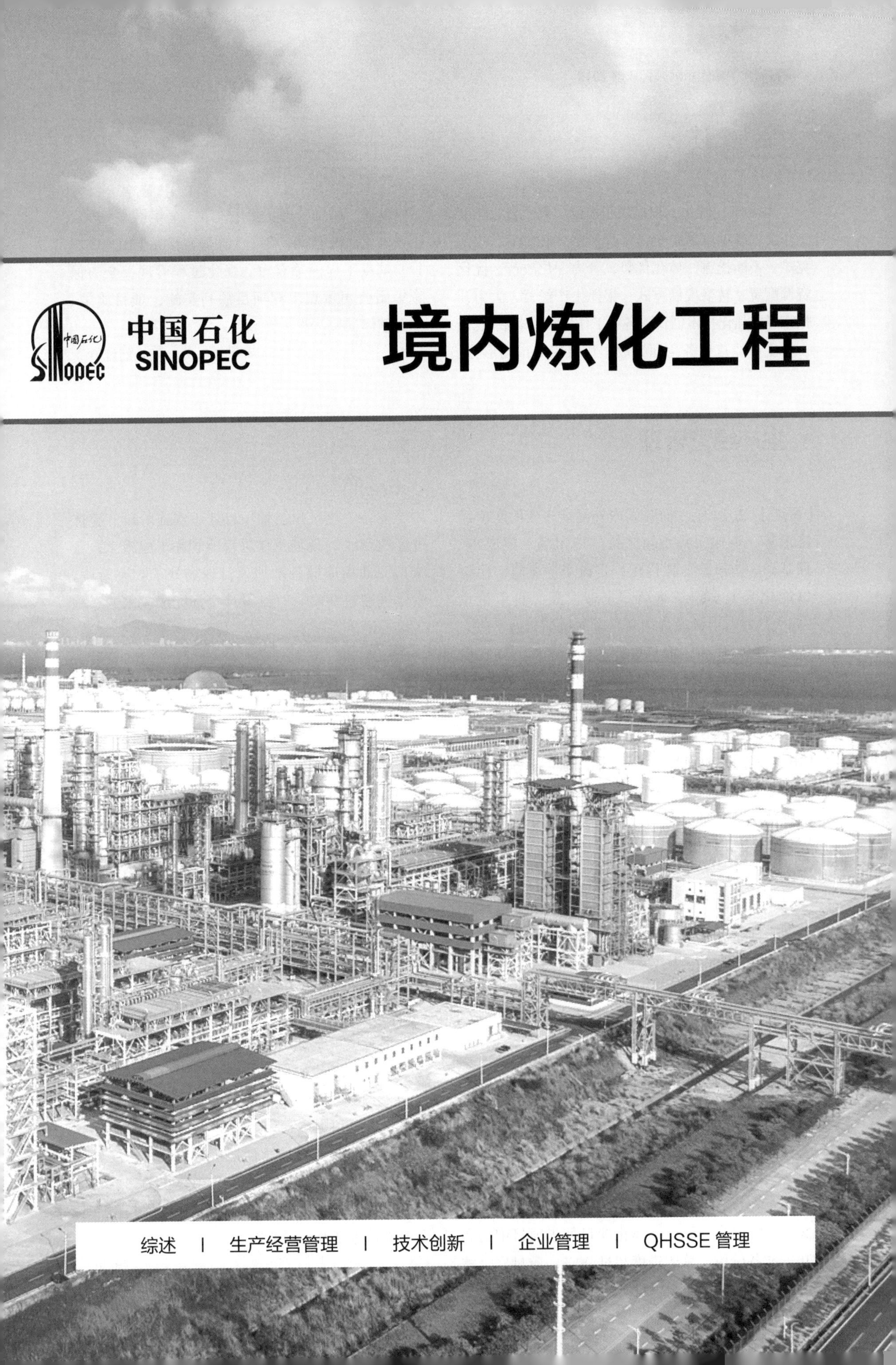

境内炼化工程

综述 | 生产经营管理 | 技术创新 | 企业管理 | QHSSE 管理

综　　述

2018 年，炼化工程板块积极落实集团公司年度工作会议各项部署，全体干部员工齐心协力、攻坚克难，不断挖掘一体化优势，着力深化改革、优化资源配置、转变发展方式、狠抓生产经营、大力开拓市场、强化技术创新，各项工作取得显著成效。

生产经营任务全面完成。积极应对市场形势，抓住机遇、精细管理、深化改革，全年累计实现营业收入 470.19 亿元，各项生产经营目标全面完成。

重点工程保障有力。强化过程管理，全力保障集团公司重点工程项目顺利实施，项目质量、安全整体受控。

（刘红叶）

生产经营管理

【概述】 2018 年，面对国内外复杂多变的政治经济形势，炼化工程板块坚持“拓市场、控成本、强基础、防风险、抓优化、促改革”主线，坚持以能化为本、创新驱动、全球发展、价值聚焦“四大战略”引领发展创新，全面抢抓机遇、应对挑战、积极作为，取得良好的经营业绩，实现稳中向好的发展态势。

（刘红叶）

【市场开发卓有成效】 2018 年，炼化工程板块把握市场复苏机遇，发挥产业链、业务链、技术链的整体优势，加大市场开拓力度。全年新签订合同额为人民币 509.27 亿元，其中境内新签合同额为人民币 459.25 亿元。新签多个大型项目，其中中科炼化项目（炼油、化工和动力站部分），合同金额总计约为人民币 196.44 亿元；中沙石化项目，合同总额约为人民币 45.86 亿元；洛阳石化渣油加氢项目，合同金额总计约为 18.42 亿元人民币；中化泉州项目，合同金额总计人民币 15.06 亿元。

（刘红叶）

【重大项目顺利实施】 截至 2018 年底，中科炼化项目（炼油、化工和动力站部分）总体进展超过 40%，详细设计正在收尾，现场土建收尾，设备安装全面展开；中沙石化项目处于详细设计时间，现场正在进行桩基和地管施工，项目总体进度逾 20%；中安联合煤化一体化项目处于项目中交和开车准备阶段，总体进度超过 90%，质量安全整体受控；中化泉州乙烯项目处于实施阶段，整体进度约 30%，现场正在进行地管和土建施工；董家口原油商业储备基地项目现场处于收尾阶段，整体进度超 90%，详细设计全部完成，采购、施工接近尾声。

（刘红叶）

【工程保障能力不断加强】 炼化工程板块充分发挥组织保障力量，根据项目特点和建设需要，成立多个重点项目工作协调组，发挥整体合力，加强组织协调和项目监控，建立以效益和进度为核心的“三重预警”机制，及时纠偏，保证项目顺利实施；建立项目分级管理机制，每年度发布重点项目列表，全面监控重点项目进展，做好重点项目的前期策划和统筹协调，执行过程保障，做好内部资源整合和优化，保证项目的质量和安全；在项目执行上充分发挥专业化管理优势，积极服务业主及各参建单位，为项目顺利开展起到保障作用。

建立项目统一分包资源库，降低分包成本，全面提升项目管理水平；加大培育 A 级分包商力度，给予市场份额保障，建立优质分包商长期合作积极性和黏度，增加其对管理体系的熟悉度，保障项目顺利执行。

密切监控分析结算计划执行情况，深度分析项目结算及项目存货管理工作中存在的问题，提出相应的对策和措施，加强项目执行的过程管理，及时确认进度及合同变更。

（刘红叶）

技术创新

【概述】 2018年，炼化工程板块努力组织好重大技术合作和技术创新项目的实施，充分利用好研发中心工程技术开发的特色优势，不断加强与全球知名专利商的合作。

（刘红叶）

【各项工程技术研发工作稳步推进】 围绕主营业务积极开展各类研发工作：2018年新开设重点科研课题201项，涉及石油炼制、石油化工、无机化工、施工制造等传统优势业务，以及二氧化碳利用、固废资源化、纤维素类生物质催化制备生物航油技术等环保技术，紧密结合技术市场发展需求，体现“能化为本、创新驱动、全球发展、价值聚焦”的总体指导思想。

重点科研项目取得重大进展：“大型液化天然气（LNG）接收站工程成套技术”等一批重点研发项目完成研发任务；“加氢异构脱蜡生产高档基础油成套技术”“新型硫酸烷基化成套技术”等7个重点研究项目实现工业化应用；“煤化工污水综合处理及近零排放技术”等项目进入应用实施阶段，第二代芳烃技术、水煤浆气化技术应用开始进入现场施工阶段。

一批科研成果在工程项目中的推广应用取得实效：完成古雷炼化一体化乙烯及相关技术的技术许可工作。固定口自动焊技术等一批科研成果在中安联合、中科炼化项目实施运用，显著提高工效，保障了工程质量。

（刘红叶）

【洛阳技术研发中心】 “沸腾床加氢生成重油综合加工及相关技术研究”等重点项目进展有序，“加热炉冷凝式陶瓷空气预热器技术开发”等6个项目工业试验已完成，协同开发的“现场腐蚀数据采集的规范化研究”等技术已经应用于工业项目。国家重点专项“长江经济带石化类场地污染治理技术研究与集成示范”课题通过评审获批。“减低催化裂化烟气 NO_x 排放助剂工业应用”项目获年度中国石化科技进步三等奖。“可再生湿法烟气脱硫（RASOC）工艺及LAS吸收剂”技术获中国石油化工联合会、中国化工环保协会认定的石油和化工行业环境保护与清洁生产重点支撑技术证书。

（刘红叶）

【专利申请与获奖情况】 2018年，炼化工程板块完成新专利申请532件，其中发明专利327件，占比61.5%；获授权专利332件，其中发明专利115件。技术进步再结硕果，全年在科技创新及工程建设领域斩获多项省部级及以上奖项。获科技进步奖共计37项，其中获国家科技进步奖3项，“煤制油品/烯烃大型现代煤化工成套技术开发及应用”“高效甲醇制烯烃全流程技术”2个项目获国家科技进步一等奖；中国石化科技进步奖19项（一等奖6项、二等奖4项、三等奖9项）；其他省部级科技进步奖15项（一等奖8项、二等奖3项、三等奖4项）。获优秀设计奖8项，其中国家级1项、省部级7项。获优质工程奖30项，其中国家级金奖2项、银奖5项；其他省部级23项。

（刘红叶）

企业管理

【概述】 2018年，炼化工程板块按照“创建世界一流工程公司”的愿景，强基固本、凝聚合力、突出创新，扎实推进全面可持续发展，全面推进企业的资源优化和改革重组。

（刘红叶）

【节能环保业务不断拓展】 2018年，共签订节能环保类业务合同额为人民币21.69亿元，包括中安联合污水处理场和废碱焚烧装置EPC总承包合同，福建联合石化公司锅炉、燃机烟气脱硝改造项目，广州分公司硫黄回收环保治理项目，扬子石化锅炉烟气脱硝改造项目等。

在节能领域，积极推动中国石化 46 个合同能源管理项目进展，其中 14 个项目签订合同，其余项目正在进行合同谈判、可行性研究报告编制或方案编制。积极组织开展节能技术交流，丰富节能技术资源。

在环保领域，签订天津石化聚醚部东丽厂区场地污染修复治理项目 EPC 项目；积极推动国内某大型污染土壤治理项目进展。采用国内外先进技术，开展二氧化碳捕集、转化示范装置方案研究和项目前期工作。

（刘红叶）

【数字化工程应用初见成效】 2018 年，稳步推进数字化工厂建设，国家标准《石油化工工程数字化交付标准》出版发行，数字档案馆被列为国家试点，中科炼化、中沙石化、镇海炼化等重点项目智能 P&ID 应用全面推广，数字化交付平台提升完善，设备及结构专业三维模型设计自主创新，标准化设计、电子化存盘、数字化出版一体化应用，数字化、网络化、智能化工程设计模式的变革，整体提升了工程服务能力和水平，为智能化工厂建设提供有力支撑。

（刘红叶）

QHSSE 管理

【概述】 始终坚持“以人为本”的 QHSSE（质量、职业健康、安全、公共安全与环境）核心价值理念，以 QHSSE 管理体系为主线，以长效机制建设为统领，全面落实主体责任，全面辨识安全风险和重大隐患，强化风险防控，夯实“三基”管理，全力推进质量安全标准化建设和本质安全能力建设，通过组织多层次培训、深化设计本质安全管理、加强监督检查、深入开展质量提升活动等措施，不断提升 QHSSE 管理水平。以“全员、全过程、全方位、全天候”的管理理念，强化境外项目 QHSSE 管理，保障境外项目的顺利实施。截至 2018 年底，未发生重大安全、质量、环境、职业卫生或境外公共安全等事故，累计实现 221.88 百万安全人工时。

（刘红叶）

产品销售

天然气销售 | 加油（气）站产品销售

炼油自销产品销售 | 燃料油销售 | 化工产品销售

天然气销售

【概述】 2018年，在国际油价大幅波动、国内天然气市场竞争激烈、企业经营创效压力大等复杂环境下，集团公司以突出提质创效减亏为核心，以完善产供储销体系为抓手，以强化管网安全运行为保障，深入研究，认真谋划，积极部署增效措施，着力提升每一立方米天然气价值，实现天然气生产经营水平稳步提升。

（林媛媛）

【资源经营】 2018年，中国石化销售天然气404亿立方米，增长18.6%。

（林媛媛）

【市场结构不断优化】 采取“优化存量、扩大增量、加速终端、提升效益”的市场策略，多方筹集资源，调整用户结构，加快终端开发，全力保障市场稳定供应。①内外并举拓宽资源渠道。在保证国产陆上气全产全销、长约LNG资源全部运回国内销售的基础上，提前预判国际LNG价格走势，合理安排进口LNG资源现货采购，择机外采部分国内其他资源，补充局部市场缺口。②因地制宜优化用户结构。加强区域量价分析，合理调配进口LNG和国产气销售区域，优化管道气用户用气结构，加大LNG液体销售力度，实现气液产品销售各有侧重、协同发展。③有的放矢加强市场开发。按照效益最大化原则，以合资合作、资源换市场等方式，开发城市燃气、工业、发电等优质用户，开拓储气调峰市场，年度新开发管道用户87家、液体用户43家。④全面布局推进终端业务。立足长城燃气公司，以合资合作、资源换市场等手段，加快进入工业直供、热电联产、分布式能源、城市燃气等终端市场。已在15个省跟踪终端项目65个、正在开发用户16家、成立合资公司3家。⑤凝心聚力完成保供任务。严格落实“讲政治、顾大局、保民生”要求，努力增强资源供应，优化调峰需求，累计供气117亿立方米，实现重点地区、重大时段、重要用户平稳供应。

（林媛媛）

【工程建设成绩斐然】 把完善天然气产供储销体系作为增强企业拓市创效能力、夯实发展基础的重要举措，紧紧围绕项目建设目标，齐心合力抓进度，内外并举促协调，确保重点工程高效、优质、安全实施。天津LNG接收站一期建成投产，配套管道形象进度99%；广西管道闸口—柳州段投产；涪陵—王场管道增压工程形象进度89%；川气东送管道增压工程（二期）开工建设；鄂安沧管道一期按时投用应急投产段管道，主体工程建设从计划的3年时间成功压缩到半年多，创造“100天焊接长度突破300千米”等国内长输管道建设纪录。文23储气库一期总体形象进度86%，先导工程已开展试注气工作；金坛储气库累计完钻井29口，造腔214万立方米。广西钦州、广西来宾、江苏青山、天津南港4处与中国石油互联互通工程建成投用，为开展资源串换、代输业务，实现区域资源合理配置奠定了设施基础。青宁管道、天津LNG二期、广西LNG二期项目、江汉黄场储气库获得核准，山东LNG二期、龙口LNG等项目前期工作正在稳步开展。

（林媛媛）

【管网实现平稳运行】 将抓好风险源头管控作为保障设施安全运营的关键措施，加强HSSE管理、生产调控、检维修、应急、管道保护等专业化体系建设，实现“零事故、零伤害、零污染”的安全生产目标。细化HSSE责任体系，分解成14个方面100项具体工作，做到分解到岗、落实到人。深入推进“三同时”管理，保障建设项目依法合规。强化承包商专项整治，切实落实甲方主体责任。加强直接作业环节监管，安全开展特级动火等作业1 058次。抓好环保管理工作，提升绿色发展水平。推行生产集中调控管理，编制运行方案256个，强化仿真模拟，确保运行平稳高效。完善计量及气质体系建设，定期发布天然气质量报告。统筹安排，精心组织，实现天津LNG接收站、鄂安沧管道等重点项目投产一次成功。大力开展隐患治理，定期开展演练，有效提高应急处置能力。

（林媛媛）

加油（气）站产品销售

【概述】 2018 年，面对前所未有的严峻形势，集团公司发挥一体化优势，深化炼销融通，坚持量效平衡，科学参与竞争，坚守份额底线，实现党组赋予的“经营总量、零售量同比不降”的目标任务。全年成品油经营量 1.98 亿吨，其中境内成品油经营量 1.8 亿吨。坚持油非互促，非油品交易额增长 29%。

（戴　菲）

【油气经营】 坚持“市场就是战场”理念，遵循“点上狠、面上稳”原则，发力“精细、精准、灵活”营销，分区域采用差异化手段，出台增量激励政策，强化现场服务督导，通过各种渠道反映市场乱象，推动政府开展“打非治违”，多措并举打好市场攻坚战。直分销经营贴近市场灵活定价，大力开发社会加油站、集团战略客户和终端用户，组织“油气非”销售竞赛，抑制汽油外采价格、上推柴油直批价格，有效发挥稳价托市作用。推进天然气资源外部战略合作，以及内部上游企业合资合作，确保重庆 LNG 工厂高效运营，提升加气站在营率、单站销量和供应稳定性，大力开发终端用户和工业气化站项目，实现车用气与工业用气共营发展。

（戴　菲）

【非油经营】 坚持“品牌 + 资本 + 商品 + 服务”“四位一体”发展方式，实施“六个同步推进”工作思路，即坚持提高盈利和提升市值同步推进；坚持油促非和非促油同步推进；坚持引进来和走出去同步推进；坚持线上和线下同步推进；坚持自主经营和平台打造同步推进；坚持做强实体和拓展金融同步推进，非油品交易额增幅创 2011 年以来最好水平。加强自主商品开发和销售，推出长白天泉、易捷专销烟等新商品系列，以尾气处理液、卓玛泉、鸥露纸、赖茅酒等核心重点商品为主打，深入开展油非互促，不仅有效扩大非油销售规模，还为油品经营提供重要的营销支撑。推进跨界合作和交叉营销，大力拓展汽服、广告、保险、“店中店”等新业态，加快提升综合服务能力，价值创造能力继续提升。运用互联网理念和大数据技术，开发测试 CRM 系统和 APP 应用，提前接入 95388 统一客服，研究制定会员积分管理规则，改善线上线下消费体验，微信关注人数、注册会员、绑卡客户激增。

（戴　菲）

【网络发展】 紧密跟踪国家税务总局 2018 年 1 号公告对投资的影响，细分资产创效能力，提高项目审批效率，以提升发展质量为依据，灵活采取长期保有和轻资产发展方式，新发展加油（气）站 1 220 座，其中“他有我营”站 518 座，实现新投营 1 099 座，国外首座加油站在新加坡开业；加快加油站防渗综合改造，推进重点储运设施脱瓶颈改造。信息化建设立足“找问题、理思路、打基础”，启动站级一体化与加油卡升级、线上营销平台、成品油供应链、智慧加油站等信息项目设计和开发。

（戴　菲）

【改革重组】 贯彻落实党组领导“用增量是假改革、动存量是真改革”指示精神，积极推进销售企业“三项制度”改革，以提高劳动生产率为目标，采取小站委托家庭管理、油库大班组运行、多联计酬分配机制、机关“三定”等改革举措，加快构建市场化用工分配体系，全口径用工减少 9.6%，人均零售量提高 5%。完成销售公司股份制改造。坚持效率优先、兼顾公平，运用零基预算理念，构建起以综合考核和加油站单列薪酬考核为主线，以专项奖励、“比学赶帮超”等为补充的绩效考核体系，进一步强化对扩销增效的激励作用。扎实推进“处僵治困”和全级次亏损企业治理，完成 575 项“四供一业”项目的协议签订、资产移交等工作，提前半年完成集团下达的法人压减计划。

（戴　菲）

【基础管理】 以价值管理为核心，深化资源顺推模型运用，加强业务与财务联动分析，通过年度预算控制和月度经营策划，推动传统会计向管理会计转型；继续开展全员成本目标管理，积极应对税收政策调整，优化资金资产监管，实现挖潜增效14亿元。深化HSSE量化评价体系，做实分委会防控督办责任，推行地市公司主要负责人履职评价，重点强化施工全流程安全监管；着手建立环保管理体系，完成长江经济带等重点区域首批绿色企业创建，未发生较大及以上等级安全环保事故。加强数质量全过程监控，国家级和集团公司质量抽检合格率达100%。投资项目管理系统上线运行，实现投资计划和项目管理在线监管；推广使用资金监管系统，有效防范资金风险。在全系统开展“强基础、防风险、促发展”专项活动，累计发现问题及隐患8 900余个，立行立改超过90%；针对加油站违规违法案件，制定42项零售业务风险防控具体措施，有效堵塞经营管理漏洞。建立典型经验总结推广机制，推广优秀一线工作法530项次。推进依法治企，落实法治第一责任人职责，做好标准合同应用和重大项目审核，妥善处理贸易融资、行政复议、侵权诉讼、合作纠纷等重大案件，坚决维护企业合法权益。

（戴　菲）

炼油自销产品销售

【概述】 2018年，中国石化炼油自销产品（除汽油、煤油、柴油及化工轻油以外）销量增长6.3%，销售价格增长15.8%，主要由炼油销售公司、化工销售公司、润滑油公司等统一销售。持续优化资源配置，不断细分产品和客户，深化客户服务；以提质扩量增效为中心，积极开拓市场，努力做大经营总量；优化营销策略，努力创效增效；积极推进改革试点，不断激发业务活力；深化“技术＋服务”开发策略，努力提升市场竞争力；持续推进高端替代，努力扩大行业影响；配合“一带一路”倡议，加大海外市场开发力度，实现自销产品的效益最大化。

（羊依智）

【润滑油】 2018年，润滑油脂销量增加4.36万吨。产品结构持续优化，高档产品销量增长17%。与雷诺、日产、PSA等国际知名车企开展“欧7”标准新型发动机和电动车用油同步研发。围绕“一带一路”发展倡议，与国际一线品牌建立从研发到商务的全方位合作，同三一集团达成全面战略合作。全年获国际认证66项，海外市场销量增长23%。大力实施“军民融合”，顺利完成军品转产任务，获军方好评。全年研发新产品69个，申请发明专利86件，主导建立SRV方法的ASTM标准发布，实现润滑油国际标准“零”的突破。

（羊依智）

【其他自销产品】 全力保畅保供，增量增效，强基做优，2018年经营总量突破4 000万吨，增加332万吨、增长9%。吨产品费用比下达指标低3.7元。通过工业气和民用气市场的开发，液化气全年实现销售1 122万吨；通过物流优化、跨区域资源调配，开发高硫焦排放达标客户，全年实现石油焦销售1 330万吨；通过用好自储经营、争做工程项目、加大出口力度等多种手段，全年实现沥青销售813万吨；通过加强区域联动和物流方式探索，全年实现硫黄销售576万吨；通过拓展系统内外资源，落实保供，开展贸易，全年实现异辛烷经营量153万吨；通过巩固既有市场，探索销售新渠道，全年实现石蜡销售21万吨。充分发挥专业化优势，利用“两种资源、两个市场”，积极开展代理、外采等自营业务及进出口贸易，自营及进出口业务取得突破，全年自营业务经营量增加254万吨、增长63%。

（羊依智）

【品牌建设】 作为试点单位之一，润滑油公司参与国务院国资委国有企业改革“双百行动”计划；强化保障服务，推行诚信经营，获中央宣传部、国家发改委授予诚信之星称号。持续强化以提升品牌形象、增强品牌信赖为传播目标，继续塑造“航天润滑保护”的差异化品牌形象，长城品牌力持续领跑润滑油行业，获2018年中国品牌力指数

C-BPI 中国机油 / 润滑油行业品牌力第 1 名、2018 全明星品牌。充分利用中央电视台、央广网等权威平台，强化“大国重器的隐形力量”“服务中国航天 60 年”的品牌形象，结合航天发射任务，连续举办航天体验营、航天助威团等活动，丰富“航天科技”的品牌形象内涵。针对目标客户群开展精准传播，促进品牌力向销售力转化。坚持运用互联网思维，通过新媒体渠道有针对性地开展线上口碑传播，针对汽修厂、汽修工群体坚持以“原厂油”为核心开展产品品牌塑造，组织策划“金吉星工友会”“寻找有故事的卡车人”等线下体验活动，实现品牌形象的线上与线下互联。紧跟国际化发展步伐，提振海外品牌形象。通过召开 TULUX T700 产品全球发布会、投放澳大利亚橄榄球赛场广告，综合展会、平面媒体、互联网络等媒介，丰富 SINOPEC“高科技、高品质、国际化”的品牌形象。

炼油销售公司着力规范“东海牌”沥青商标适用范围、授权管理的专业化管理，保证沥青产品质量，维护中国石化企业信誉，使中国石化知名品牌的无形资产实现保值增值。年内，“东海牌”获中国石化优秀品牌称号。

（羊依智）

燃料油销售

【概述】 2018 年，集团公司燃料油销售实现经营总量 2 191 万吨。

（李登兴）

【内贸业务创效能力持续增强】 主动应对国家税收政策变化，坚定做消费税征管新政的执行者，履行央企责任，坚持依法合规经营。加强经营统筹，准确研判市场，实施精准营销，有效规避油价下挫风险。充分发挥系统一体化优势，争取石化资源 111 万吨，供应原料 34 万吨，实现经营规模快速增长。借助“三油合一”契机，推进内河船舶用油企业标准并入国家标准，推进船用轻质燃料油专业化经营。全年实现经营量 335.3 万吨、水上零售业务效益增长 55%。

（李登兴）

【保税业务规模效益大幅增长】 推进保税业务体制机制改革，积极融入沿海自贸区建设，在浙江（舟山）自贸区成立全球船供油业务中心，激发了团队活力效率，提升了公司行业影响力。实现全国首单不同税号油品混兑业务，发挥仓储和资源优势，携手行业伙伴共同做大中国保税油市场。牵头成立舟山船供油行业协会并成为会长单位，推动规范行业服务标准，加强与综合海事服务单位合作，推动港口竞争力提升。主办第 2 届世界油商大会低硫主题论坛，积极宣传推广低硫资源，与招商、力拓、中水等集团战略合作进一步深化。保税业务全年经营量 525.5 万吨、增长 30%，市场占有率达 36%、提高 3 个百分点。

（李登兴）

化工产品销售

【概述】 2018 年，中国经济运行总体平稳，国际油价波动加剧，中美贸易摩擦不断演变，国际国内化工产能持续快速增长，市场竞争愈发激烈。面对复杂严峻的形势，化工销售认真落实集团公司工作会议精神，以提升化工板块整体竞争力为目标，着力拓市场、抓改革、谋创新、促增效、强基础，努力打造新优势、培育新动能。全年实现经营总量 8 660 万吨、增长 10.32%，其中自营贸易量占比达 43%。

（武　晶）

【一品一策】 建立产业链研究常态化机制，全年开展近 70 项产业链分析，推动市场研究与营销业务深度融合、互相促进，为经营和决策提供及时、有效支撑。在产业链研究和市场研判基础上，深化“一品一策”运行，细分产品品种和牌号颗粒度，细化产品及价格策略，各类产品营销策略更有针对性。持续开展短期价格预测，积极主动应对行情波动，引导客户树立市场信心，维护国内化工产业链健康发展。

（武 晶）

【一户一案】 不断完善“一户一案”信息系统功能，进一步明确职责、理顺流程，建立客户反馈信息的闭环管理机制，对客户的“三类”（营销类、研发类、服务类）需求提供针对性、全流程解决方案，提升客户忠诚度和黏度，稳定销售渠道，有效应对市场行情波动。进一步完善营销区域布局，新增海南、广西、贵州等网点，发挥前沿触角作用；进一步优化销售渠道，全年开发新生产型客户近 1 000 家；发挥 95388 客服效能，打造服务品牌，客户满意度进一步提高，2018 年客户满意度达 93.1 分，提高 1.6 分。

（武 晶）

【一企一制】 与生产企业积极推行“一企一制”，定制化开展产销衔接、排产优化、技术服务，资源对接更加顺畅，产销运行更有针对性和指导性。做好统销资源统筹，优化相关企业和装置在检修期的资源流向安排，保障客户资源供应。深化生产企业产品销售流向分析，针对物流费用高、跨区调拨多的产品进行销售流向优化，提升资源合理化配置水平。

（武 晶）

【产销研用】 发挥中国石化市场、科技、管理、服务一体化优势，完善产销研用体系建设，定期召开产销高层衔接会，突出市场引领，以客户为中心，全年推动多次优化排产。全年共成立 130 多个产销研用（MPRC）工作小组，促进生产企业、科研院所和下游客户发挥各自优势、形成合力，开发推广合成树脂新产品，合成树脂新产品及专用料销售继续增长；三大合成材料持续顶替进口，促进化工产业链结构调整和提质增效。立足长远，与东方雨虹、金发科技等行业领先企业建立战略合作，促进三大合成材料研发推广，共同引领市场，推动行业持续健康发展。

（武 晶）

【“石化 e 贸”提升建设】 全面推进“石化 e 贸”提升项目建设，打造高效交易、便捷支付、智慧物流、智能服务，推动石化全产业链深度融合，2018 年 7 月 1 日正式上线试运行。创新电商业务模式，稳步推动全部销售业务上线。全年电商平台成交量远超年度目标，其中平台合约采购成交量增幅较大，吸引了大量潜在客户。年内，“石化 e 贸”被评为中国石化优秀服务品牌。

（武 晶）

【期货业务】 稳妥开展期货业务，完善期货业务管理制度，为进一步做大做优奠定基础。完善市场行情分析、建仓方法及风险防控体系，加强业务及知识培训，提升专业技能，增强对市场行情的预判分析能力，有效利用套期保值工具规避市场风险。

（武 晶）

【合资合作】 充分发挥中国石化一体化优势，与知名企业建立战略合作，减少恶性竞争，实现合作共赢。与地方政府设立合资公司，宁波、青岛等合资公司顺利运营；着眼国内外资源和市场，筹备设立驻俄罗斯办事处，完善国内、国际网点布局，提升国际化运作能力。发挥香港公司和自贸区公司优势，响应国家“一带一路”建设，与沿线国家客户开展业务往来。

（武 晶）

【安全环保】 落实集团公司 HSSE 管理体系要求，结合化工产品销售实际，制定与业务匹配的检查标准，形成“内容清晰、检查规范、易于操作”检查体系，实现产品经营、物流（运输、仓储）、自有仓库检查标准全覆盖。加强经营过程监管，强化危险化学品客户和供应商管理，严格资质审核。推动物流服务商建立健全 HSSE 管理体系，落实安全环保主体责任。与安全工程研究院开展合作，修订应急预案，提升应急处理能力。加强职业健康管理，充分保障员工健康权益。

（武 晶）

【物流管理】 推动建章立制，完善物流管理制度，着力构建物流管理长效机制。推进合成树脂产品托盘化运作，编制完成共享托盘实施方案。深入开展物流优化，打通九江石化混二甲苯水路出厂流程；优化中天合创、宁夏能化产品运输方式，增加铁路发运量。推进物联网项目，开展“石化e贸”物流平台建设，完成订单、运输、仓储、计费结算等核心功能提升，物联网系统于2019年1月1日正式上线运行。

（武 晶）

【铁路安全管理】 与国家铁路局、铁路总公司、各地方铁路局对共用企业铁路运输进行全覆盖安全检查，引进专业团队查找问题，提升铁路安全管理水平。持续维护“铁路危险货物运输管理查询系统”软件，运用IT手段提升安全管理水平。

（武 晶）

【危险化学品延伸管理】 严格按照流程开展录入、审批客户相关安全资质，确保客户许可资质完整、有效，产品采购范围受控，渠道性质与许可资质匹配。加强物流服务商准入管理，推动物流服务商建立健全质量、安全、环保管理体系；签署安全协议，落实物流服务商安全主体责任。持续推进危险化学品载运工具检查认证。召开自提物流服务商座谈会，督促危险化学品供应商、危险化学品自提客户切实履行安全责任，提高安全意识。

（武 晶）

【应急保障】 高度重视特殊时期应急保障工作，华北分公司在全国“两会”、上合组织青岛峰会、中非论坛北京峰会、天津达沃斯年会期间，华东分公司在进口博览会期间，华中分公司在宁夏60周年大庆期间，及时跟踪各地管控政策，各项经营工作平稳有序，保障原料进厂和产品发运安全顺畅。华北分公司总结推广基层实践创新成果，形成“天津驻厂办特殊时期安全管理六抓工作法”并推广应用。

（武 晶）

【推广主动安全技术】 召开IT企业运输管理系统及主动安全技术应用推介会和化工销售物流管理系统接口、标准及技术路线研讨会，推荐、选择物流及主动安全管理行业内优秀的IT企业作为合作对象，形成物联网系统对外集成标准。完成与危险化学品物流服务商主动安全系统的集成工作，实现近10家公路危险化学品运输服务商主动安全数据的接入。

（武 晶）

【市场行情】 有机化工产品。乙烯上半年受下游产品带动快速上涨，随后现货资源增多，市场进入下行通道，年末降至低位。丁二烯年初震荡上行，下半年受下游合成橡胶和外盘市场影响，市场价格跌至低谷。纯苯一季度市场消费低于预期；二季度价格弱势运行；三季度价格上涨；四季度受油价断崖式下跌影响，价格快速下行。苯乙烯前3季度市场走强，三季度末原油价格下行，进口资源集中到港，价格持续下跌。苯酚前3季度价格震荡走高，四季度随着原料及下游产品回落，价格快速回落。丙酮价格年初高位，后期持续回落。

合成树脂产品。合成树脂市场总体呈现震荡下跌走势。一季度调整，二、三季度震荡上行，四季度大幅下跌，除PP外年底均创新低。LDPE全年走势疲弱；LLDPE全年区间震荡；HDPE前3季度坚挺，四季度“跳水”；PP二、三季度走势强劲，四季度大幅回落。全年，汽车用塑料制品出现滞涨，彩电用塑料制品出口较好。

合成橡胶产品。合成橡胶市场低位震荡，波动明显减弱，市场走势仍然强于天然橡胶，价格重心下移。合成橡胶生产能力有增有减，变化不大。受天然橡胶替代影响，顺丁橡胶、丁苯橡胶消费量下降；SBC受下游需求拉动，消费量大幅增加。全年，合成橡胶8类产品累计进口减少。由于天然橡胶供大于求，市场持续处于弱市，与合成胶价格持续倒挂。

合成纤维原料产品。主要合成纤维原料产品市场价格整体高于2017年，其中三季度价格急速提升，PX、PTA和AN等产品创出价格新高水平，四季度触底。PTA、MEG、CPL3种主要合成纤维原料产品新建装置投产10套，总产能增长。PX

国内检修较少，二、三季度产量损失小于往年，全年增产幅度较小。

合成纤维产品。切片产量基本维持，价格上涨，加工区间降低；切片出口增长较快。瓶片产能产量较快增长，价格上涨，加工区间扩大。涤纶短纤产能产量增长提速，价格上涨，加工区间有所扩大。中空纤维产量逆势下降，价格上涨，加工区间缩减。涤纶出口保持一定增长。

其他产品。甲醇生产能力、产量需求继续增长，供需维持平衡态势；烯烃为甲醇需求主要驱动。硫酸铵生产能力、产量增加。合成氨生产能力、产量减少，开工负荷下降。MTBE 市场价格重心上移，价格波动幅度变大；进口量减少，出口基本持平。

（武　晶）

中国石化
SINOPEC

资本和金融业务管理

【概述】 2018年6月28日，集团公司挂牌成立资本和金融事业部，作为集团公司直属事业部，对集团公司所有新兴产业的财务投资和各类金融服务业务进行集中、统一、专业化管理。截至2018年底，资本和金融事业部管理的企业包括中国石化财务有限责任公司、中国石化盛骏国际投资有限公司、中石化保险有限公司、中石化保险经纪有限公司、上海浙石期货经纪有限公司、太平石化金融租赁有限责任公司、实华国际租赁有限公司和中国石化集团资本有限公司（简称资本公司）。资本和金融事业部的成立，是集团公司应对世界范围内能源变革、产业变革和技术变革，打造转型发展新引擎的重要举措。

2018年，集团公司资本和金融业务在不断改革探索中深入推进各项筹建工作，积极推进7家金融企业的转隶，组建资本公司，各项工作积极有序推进。

（霍宏涛）

【组建事业部】 搭建更有利于金融业务发展的治理体系。事业部设综合管理处、财务和合规处、战略研究和规划处、产融协同处、金融发展和创新处、投资和价值管理处6个处室，定员32人。截至2018年底，经过面向系统内外的招聘，有25名员工到岗（其中系统外聘用职业雇员10人）。作为改革试点，在总部率先试行“一处一长”制，对系统内选聘人员和外部来的职业雇员明确退出条款，实现差异化薪酬。成立党支部和分工会，注重文化融合，通过组织赴油田、炼化企业参观，组织“双示范”主题党日活动，促进外部人员对中国石化的价值观认同和“创业、创新、创造价值”氛围的形成。同时，发起集团公司首届金融高级人才培训班，培养专业化、复合型人才。

（霍宏涛）

【组建资本公司】 搭建市场化运行机制和专业化团队。突出“组织形式市场化、人力资源配置市场化、激励约束市场化”，在人员招聘的同时，注重管理制度和体系建设，制定投资管理、风险防控、财务和资金管理、人力资源制度流程及员工行为守则、企业文化手册，并嵌入信息化管理模块，实现全程数字化管理、规范化运作、防控风险、提高效率，使聘用人员到岗后能直接投入工作。

（霍宏涛）

【规范管理、建章立制、全方位提升风险防范能力】 组织研究搭建资本和金融板块业务管理制度与内控体系，分析主要风险因素及关键风险点。研究利率、汇率和国际局势变化的影响，就调整集团公司海外债务结构提出建议。讨论设立风险防范预案，确保境内外资金池安全。根据集团公司外部董事要求，从防控风险角度积极推动打造期货等衍生品业务平台。研讨修订《财务及金融类股权投资管理办法》。加强投后管理，依法依规履行股东权责，推动财务性股权投资项目向“法治”规范化管理方向转变。

（霍宏涛）

【制订完善板块“两个三年、两个十年”战略规划并推动细化落实】 强化战略引领，制订资本和金融业务打造世界一流战略规划和行动方案发展目标。组织企业细化战略规划和行动方案，以方案指导工作，推动真正落地。金融业务方面，组织研究2个资金平台和租赁业务统筹发展规划，指导期货、保险业务不断完善发展规划和年度计划，启动研究金融科技顶层设计。新兴业务方面，密集组织参与内外部调研座谈，把握行业发展新趋势，结合企业实际形成专题报告和建议方案，为新能源、新材料、节能环保、智能制造等领域的投资布局提供决策支撑。

（霍宏涛）

【努力推动产融结合和融融结合发展】 调研了解企业经营现状及其对资本和金融业务的迫切与潜在需求，组织深入研讨，提出解决方案，协调相关金融企业前往主业企业“登门服务”，及时提供定制化方案。积极拥抱“数字革命”，充分认识数据资产对发展金融业务的重要性，有序做好金融科技业务近期计划落实和远期规划梳理工作，务求打造在商业和金融领域的核心数字化能力，支撑资本和金融业务下一步发展。

2018年，资本和金融板块企业转隶工作进行平稳，各项工作稳步推进，实现较好的业绩。资产规模5 953.03亿元，全年累计实现营业收入153.04亿元，完成境内外资金结算2 921万笔、55万亿元，实现利润总额54.40亿元，板块年化ROE为7.98%。

（霍宏涛）

国际化经营

综述 | 对外经济合作 | 国际贸易 | 外事管理

综　述

2018 年，集团公司认真贯彻落实党的十九大精神和国家外交大政方针，紧紧围绕“建设世界一流能源化工公司”战略目标，积极探索统筹国际化经营，集中管理、形成合力、明确职责、管控风险；积极寻求境内外油气勘探开发、炼油与销售、化工与新材料、工程与技术服务、国际贸易等各板块业务的合资合作机会；认真做好涉外管理、协调与服务工作，为全面提升集团公司全球资源配置能力和国际化经营水平打好基础。

（戚　鸣）

对外经济合作

【境外油气勘探开发】 通过科学优化部署，狠抓投资与成本管控，持续优化作业运行，不断强化 HSSE 管控，自由现金流持续增加，勘探开发取得多项成果，开发生产超额完成任务，资产创效能力进一步提升，总体呈现出稳中有进、稳中提质、稳中向好的势头。全年实现权益油气当量产量 4 250 万吨；在加拿大 Daylight、厄瓜多尔安第斯、埃及 Apache、安哥拉等项目实现多项商业发现和勘探突破，其中参投的安哥拉 1506 项目 2 项勘探突破，新增地质储量 4.32 亿桶。全年有 41 口探井和评价井完成测试并获商业油气流，成功率达 75%，新增 2P+2C 储量 900 万吨油气当量。截至 2018 年底，在全球 26 个国家拥有 50 个油气勘探开发项目。

（孙　菲）

【境外石油工程服务】 在全球油价大幅震荡、市场竞争异常激烈的严峻形势下，坚定发展海外业务信心，攻坚克难、抓紧抓实全年目标任务，境外业务稳中有进，经济效益进一步提升。截至 2018 年底，在 40 余个国家执行项目 626 个，合同总额 170.54 亿美元。2018 年新签合同额 31.5 亿美元，完成合同额 25.92 亿美元。

（孙　菲）

【境外炼化合资合作】 境外炼化投资合作项目稳步推进，形势向好。一批已投资的境外炼化项目，如沙特延布炼厂项目、参股西布尔项目、阿联酋富查伊拉仓储项目、俄罗斯克拉斯诺雅尔斯克丁腈橡胶项目、新加坡润滑油脂项目、荷兰 VESTA 仓储项目等运营平稳。积极开拓“一带一路”沿线及周边市场，俄罗斯阿穆尔天然气化工项目、沙特合成橡胶项目等一批境外炼化项目的前期工作正按计划积极推进。截至 2018 年底，在全球 5 个国家拥有 6 个炼油化工、仓储物流项目。

（靳楚楚）

【境外炼化工程服务】 2018 年，面对国际油价复苏、新建项目增多的机遇，炼化工程板块优化业务结构，积极拓市增效，生产经营取得较好成绩，全年在境外 12 个国家共执行 77 个承包合同（50 个项目），合同总额 88.74 亿美元。全年新签合同额 7.28 亿美元，完成合同额 15.56 亿美元。其中，在沙特、科威特成功中标 15 个总承包及施工项目，中东地区市场份额进一步得到巩固。哈萨克斯坦 FCC 石油深加工项目、沙特吉赞炼油项目、沙特吉赞常减压项目等完工。全年境外项目管理和作业人员月均 18 409 人，其中中国石化员工 1 286 人、国内雇佣及分包人员 8 146 人、国外雇佣及当地分包人员 8 977 人，累计实现 9 171.23 万安全人工时。

（靳楚楚）

国际贸易

【概述】 积极跟踪分析国际市场变化，充分发挥国际化贸易团队力量，建立全球化运作机制，努力降低采购成本，保证集团公司生产经营的资源供应。全年进口原油 12.19 亿吨，增加 876 万吨。根据国内成品油市场平衡情况，充分发挥两种资源、两个市场优势，依据国内成品油消费结构变化的情况，合理安排成品油出口总量和品种结构，提高炼油负荷，全年出口成品油 2 242 万吨，增加 242 万吨。平稳推进 LNG 进口保供工作，全年海外 LNG 进口 926.9 万吨，折合 132.7 亿立方米，增加 53.7 亿立方米，增长 68%。

一般贸易面对错综复杂的国际政治环境和全球经贸关系，强化风险防控，充分发挥各境内外公司的市场主体作用，国际贸易市场化率较上年显著提升。物资装备全年实现国际贸易额 51.83 亿美元，增长 90.4%；实现煤炭进口和第三国贸易 8.89 亿美元，增长 123.37%。化工产品销售完成进出口总量 837 万吨，其中出口 180 万吨、增幅 30.2%。有序推进海外网点及国内自贸区公司建设，为未来国际业务拓展打下良好基础。催化剂产品出口结构更趋合理，实现品种、区域多样化，在境外销量与上年基本持平的情况下，收入和盈利能力均有明显提高。燃料油全力挖掘国际化业务增长机会，紧抓船用燃料油低硫化历史机遇，业务发展迈上新台阶，全年实现海外经营量 1 314 万吨，海外业务占公司经营比重超过 60%。润滑油业务聚焦重点项目高端合作，全年中资企业海外配套销量增长 51%，海外市场总销量增长 23%；积极推进“一带一路”沿线市场开发，截至 2018 年底，累计发展并建立长期合作海外经销商 233 家。

（孙　菲）

外事管理

【重要外事活动和对外交流】 2018 年，集团公司紧紧围绕公司战略部署，突出业务导向，不断开拓对外交流交往渠道，严谨、高效、务实地开展一系列外事交往与交流活动，保障了公司国际化经营持续健康发展，助力国家层面的多双边合作。全年组织实施高层出访团组 50 个；组织安排各类外事活动 381 场（境内 213 场、境外 168 场），其中公司领导班子成员外事活动 222 场（境内 131 场、境外 91 场）。

注重配合国家总体外交，创造良好外部环境。公司领导参加国家领导人出席的国事活动 11 场，积极参与中非合作论坛北京峰会、首届中国国际进口博览会、金砖国家领导人与工商界对话会等国家层面高端国际会议 19 场，会见主要涉外项目所在国政要、驻华大使 20 余次。

深化与合作伙伴的交流交往，推动项目落地。突出业务导向，集团领导通过高层会见促进油气勘探开发、炼油化工、石油工程、炼化工程、科技创新、财务金融等各板块涉外业务发展；集团领导出访科威特、哈萨克斯坦、俄罗斯、印尼等共建“一带一路”参与国，开展对东南亚、非洲、拉美等重要新兴市场的调研并推动相关业务合作。通过高层交往，促进了包括投资、工程、贸易、科研的全方位涉外合作新格局形成。

积极与合作伙伴开展专题交流，提升经营管理能力和公司形象。举办对外交流 20 场，重点围绕世界能源发展趋势和政策转变、石油石化与清洁能源技术、安全环保管理、境外安全与非技术风险、公司治理等热点话题，与国际先进公司和咨询机构形成定期交流机制。总部领导及有关部门与境外媒体代表团、境外优秀员工等进行面对面交流，积极开展对外宣传，讲好中国石化故事。

认真做好对外交流专项工作，保障对外交往顺利开展。重视参会参展参训和引智工作。围绕石油勘探开发和炼化创新产品技术发展需要等工作重点，审核立项、派出 108 个国际会议参会团组和 17 个参展与观展团组；利用国家专项资金引进海外高端人才，2018 年上报项目 7 个，获国家外国专家局批准资助项目 3 个，批准培训计划 4 个。

积极建言献策，发挥好外事参谋作用。境外代表处发挥海外信息资源优势，做好公司海外业务的参谋助手。

（戚　鸣）

【因公出国（境）管理与服务】 2018 年，集团公司贯彻落实中央外事工作会议精神，紧紧围绕公司中心工作，不折不扣地执行国家对因公出国（境）管理工作要求，不断完善具有中国石化特色的出国（境）管理体制机制，保障公司全年 2 万人次规模的各类国际化经营团组出得去、出得快、出得顺、出得安全。

深入调查研究，积极回应和服务基层一线的关切和实际需求。按照“有需求的企业必去、有困难的企业必去、有问题的企业必去”的原则，赴企业和境外机构 10 余次，先后对 20 多家单位进行外事综合调研或专项检查，扭转个别单位外事管理下滑局面，掌握企业和境外机构的实际需求。

优化工作流程，积极探索因公出国（境）便利化措施。在出国（境）管理方面研究推出一系列优化流程、提高效率的便利化措施。①实现归口审核和垂直管理。出国（境）任务审核审批由多关口、长流程审批，转换为由 1 个处室归口审核、副处级及以下人员由分管部领导批量审批，有效缩短审批流程、节省了审批时间。②推出“放管服”便利化新举措。提升须行前公开公示人员的层级，调整出国（境）人员备案表有效期，简化任务请示附件。③优化年度出国（境）任务计划和预算管理。改计划和预算批复为下达计划和预算指标，企业根据业务发展和工作实际自主优选提报出访任务，进一步贴近企业生产经营实际需求。

以“三化”工作助力外事管理和服务能力提升。①推进“规范化管理”。完成对 28 家原授权委托保管护照单位和 7 家拟新授权单位的全覆盖检查验收，拟通过重新授权解决护照委托保管工作存在的管理交叉、界面不清、权责不明等问题。②推进“模板化管理”。启动出国（境）任务请示标准化模板和行前外事教育标准化 PPT 课件制作工作，编撰《出入境国别指南丛书》等，为企业提供更多提高工作效率和服务质量的辅助工具和手段。③推进“信息化管理”。有效运用现代信息化办公和管理技术，启动建设因公出国（境）辅助办公 APP 软件，在手机客户端一站式实现网上提前预约、在线办案及后台综合管理等功能；完成出国（境）档案数字化项目，实现对 1988—2013 年间历史档案的全电子化追溯。

（戚　鸣）

【境外公共安全管理】 2018 年，全球安全形势依然复杂严峻。集团公司在全球 75 个国家（地区）共设有 567 个境外机构，执行 325 个项目；有常驻人员的机构 320 个，分布在 61 个国家（地区）；境外用工总量 5.76 万人，其中在中东、非洲和中南美洲 3 个安全形势严峻地区的用工数量占境外用工总量的 79.73%，在橙色Ⅱ级（较高风险）、橙色Ⅰ级（高风险）和红色（极高风险）国家的用工 8 716 人、占境外用工总量的 15.14%。

集团公司高度重视公共安全工作。年初，集团公司 HSE 委员会变更为集团公司 HSSE 委员会，将境内外公共安全工作纳入集团公司 HSSE 委员会议事日程；9 月 27 日董事长签发《集团公司 HSSE 管理体系》，正式把境内外公共安全纳入 HSSE 管理体系。面对严峻的境外安全形势和繁重的国际化经营任务，集团公司上下进一步强化“发展决不能以牺牲安全为代价”的红线意识，以“严、细、实”的工作态度和作风，重点抓好已出台规章制度的落地生根，扎实推进预防性境外公共安全工作，全年未发生境外公共安全死亡事件，连续 11 年保持境外公共安全“零死亡”纪录，为中国石化国际化经营持续健康发展提供有力支撑和坚强保障。

加强境外公共安全风险评估与控制。严格按照“不进行风险评估，机构不能设立、项目不能投标、人员不能派出”的原则，严把风险“源头”控制关。全年印发 2 版《中国石化境外公共安全状况评估报告》，为全系统境外机构、项目的公共安全风险评估提供参考依据。提交国家层面风险评估报告 78 份，审核审批境外新设机构 / 新上项目风险评估报告 210 份，备案境外正在运行项目动态风险评估 228 份；召开尼日利亚、巴基斯坦等高风险国家（地区）项目公共安全风险分析研讨会，深入进行风险评估和分析，并提出应对措施。启动国别风险提示工作，开展国别风险研究，编发集团公司层面首期国别风险提示报告。

加强境外公共安全风险防范与安全保障。严格执行“不培训不派出、培训不合格不派出”的境外公共安全培训制度，组织境内初训、复训 149 期，培训 3 720 人。赴驻马来西亚、沙特等国家的机构、项目现场开展“送课上门”培训，培训 226 人。制作《撤离南苏丹》纪录片和《境外交通安全》宣传片，编写《境外突发事件案例汇编》等，提高培训质量和效果。加强安保设施和安保力量配备，派出安保顾问和安全官 43 人次，赴巴基斯坦、尼日利亚、阿尔及利亚、苏丹、南苏丹等国家的机构、项目执行任务 2 832 人·天。加强境外员工身心健康管理，在前 2 年专项工作基础上，2018 年开展“境外员工身心健康管理深化年”活动，加强境外员工健康风险评估，举办境外现场急救人员培训班和境外兼职心理辅导员培训班，派出心理专家团队赴沙特、科威特的项目现场为内派员工提供心理健康培训、测评和辅导等。

加强应急能力建设，妥善处置境外突发事件。修订完善境外突发事件应急预案，突出预警和预防性管理理念；部署境外远程应急通信平台和海事卫星设施，提升境外突发事件应急处置能力。全年妥善处置多起因突发疾病、交通事故等原因造成的人员伤亡事件。

开展境外公共安全审计，实现闭环管理。年初召开 2017 年境外公共安全审计总结会，对各涉外单位在境外公共安全管理方面存在的问题进行查摆和分析，总结问题并督促落实整改，要求各派出单位和境外机构 / 项目严格执行境外公共安全各项制度。根据年初制订的年度境外公共安全审计计划，2018 年对第五建设公司、广州工程公司、胜利石油工程公司、地球物理公司等 10 家单位进行境外公共安全审计。

（戚　鸣）

重点工程建设

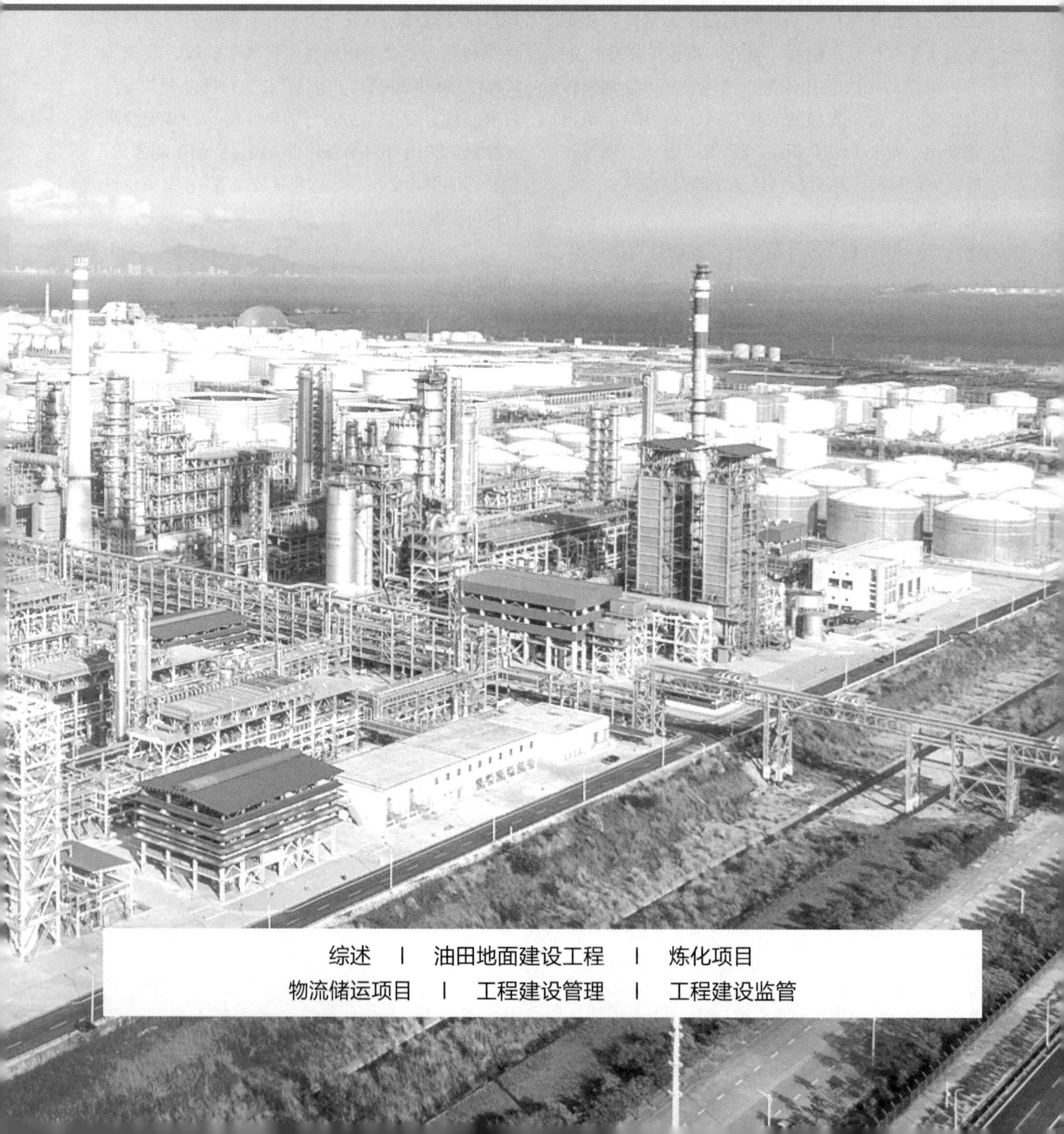

综述 | 油田地面建设工程 | 炼化项目
物流储运项目 | 工程建设管理 | 工程建设监管

综　述

2018 年，工程建设系统认真贯彻落实集团公司工作会议精神，紧紧围绕公司“两个三年、两个十年”战略部署，统筹谋划、苦干实干，扎实抓好工程项目实施管理，严格落实“五大控制”，确保工程安全质量，保投产保续建，夯实基础，助力公司在激烈市场竞争中赢得主动，为决胜全面可持续发展做出积极贡献。

重点工程项目建设成效显著。全年建成投产（投用）3 座油气田地面工程、14 套炼化装置、7 套油气储运设施及管道项目。其中，鄂安沧输气管道一期工程作为国家天然气产供储销体系建设的重要组成部分、国家“十三五”规划大型能源项目，历时 7 个月快速高效建成投产，为治理中国北方地区大气污染、缓解环保压力、促进区域经济绿色低碳发展具有重大现实意义。

油气田地面工程，胜利埕岛西北部新区产能建设工程、普光气田集气总站水洗脱氯工程、东胜气田集中处理站顺利建成投产；涪陵页岩气田二期产能建设地面工程 17 座集气站建成投用，集气管线正在加紧施工。炼油化工工程，催化剂大连基地，石家庄炼化、天津石化烷基化，北海炼化、济南炼化 S-Zorb、金陵石化硫黄回收，茂名石化连续重整、济南炼化催化裂化等装置建成投产；中安联合煤化工项目各主装置陆续建成中交，公用工程分批投用，生产准备工作有序推进；海南炼化第 2 套芳烃、镇海炼化炼油老区结构调整提质升级项目进入施工收尾阶段，中科炼化一体化项目土建陆续交安、安装工程展开，中沙聚碳酸酯、福建古雷炼化一体化、天津石化和洛阳石化炼油产品结构调整、茂名石化产品结构优化及配套、荆门石化重油催化裂化、扬子石化 EVA 等项目正在加紧实施；全力推进项目建设，齐鲁石化、镇海炼化、扬子石化、洛阳石化、荆门石化、安庆石化、九江石化、武汉石化 8 套烷基化装置进入设备、管道安装高峰；镇海基地、海南炼化 100 万吨乙烯及炼油改扩建项目顺利实现建设开工启动，长城能化（贵州）煤化工、中韩石化乙烯脱瓶颈改造、上海科研信息办公综合基地等项目正在积极开展建设准备工作。管道储运工程，天津 LNG 接收站、涪陵 LNG 工厂、甬台温成品油管道及配套、临邑—济南原油管道复线工程、广西 LNG 输气管道、鄂安沧输气管道一期工程建成投用，广西 LNG 外输管道与中缅管道钦州港支线联通工程、广西 LNG 输气管道与中缅管道来宾输气站连通工程、西气东输一线青山站与川气东送南京支线联通工程 3 个互联互通项目按计划接气投用；文 23 储气库（一期）、日照—洛阳原油管道、潜江—韶关输气管道、中科炼化一体化工程配套输气管道、荆门—襄阳和湛江—北海成品油管道等项目正在加紧建设。大修改造项目，全年完成 12 项重点大修改造项目共 229 套主要生产装置停工大修改造，累计实现 1 974.5 万安全人工时，焊接质量抽检总体合格率 98.9%。

涪陵页岩气田焦石坝区块一期产能建设工程获 2018 年度国家优质工程金奖，该工程攻克“五大技术难题”，形成“六大技术体系”，是中国海相页岩气勘探开发理论和技术及管理创新的典范，具有示范和引领的作用。元坝气田产能建设工程和九江石化油品质量升级改造工程获 2018 年度国家优质工程奖。

强化工程安全质量风险管控。严格承包商管理，修订招标文件及合同模板，把承包商及分包商纳入各企业安全质量管理体系，从承包商资质准入、施工技术措施方案审查、安全费用投入、入厂前安全教育、安全交底、现场安全质量监管等环节严格把关，从严管理。抓实安全质量监管，解决突出问题，做到现场管理规范化、标准化、程序化，增强工作责任心，提高制度执行力，严格执行作业许可管理规定，各项目重点监管动火、高空作业、吊装、脚手架、施工用电等直接作业环节安全管理，落实重大、高危作业“双监护”管理。标准化工地建设取得突破，海南炼化第 2 套芳烃项目树立新开项目标准化工地样板，其他项目正在全面推广实施。借鉴中天合创项目经验，在大型项目推进“工厂化预制”和“模块化建设”，中安煤化工、中科炼化一体化、镇海炼化老区改造等项目创建样板活动成效显著。开展工程质量提升行动，全年组织 27 次质量大检查、

12次质量监察，发现各类质量问题2 607项；质量监督系统在日常监督和检查中发现各类质量问题14 180项，检测焊口104 770道，拍片420 502张，一次合格率98.66%。约谈4家问题责任单位，督促深入分析问题原因，提高安全质量意识。

稳步抓好工程招标投标。充分发挥招标公司专业化优势，提早介入项目前期，加强协调，大力推广使用147套招标标准文本，提高企业招标文件编制质量，与企业联动，加强过程管控和服务，跟踪后期合同执行。全年直接监管工程项目中，工程、服务标段共1 076个，中标金额460.7亿元，其中公开招标标段数占比93%、公开招标金额占比96%。严抓建设秩序整治，组织工程采购监督检查2次、分包管理检查2次，对2家分包商给予清除出中国石化建设工程市场的处罚，对2家单位因发生安全事故暂停投标资格，对22家承包商进行诫勉谈话和点对点警告。

（宋 铎）

油田地面建设工程

【胜利油田埕岛西北部新区产能建设地面工程建成投产】 该工程新建SH201采修一体化平台、CB248井组平台及12井式CB246井口平台，新建海底输油管线10.77千米、注水管线10.73千米、海底海缆12.24千米。2018年11月1日，项目顺利投产。

（宋 铎）

【中原油田普光气田集气总站水洗脱氯项目建成投产】 该工程新建2列天然气水洗脱氯设施和酸性水汽提设施，每列装置规模75万米^3（标准）/时，新建综合用房及配套仪表、电气等，改迁原综合用房外部电缆和光缆等。2018年9月20日，项目顺利投产。

（宋 铎）

【涪陵页岩气田二期产能建设地面工程新开】 该工程包括江东区块、平桥北区块、平桥南区块和产出水收集与处理系统4个部分。其中，江东区块新建产能12.25亿立方米，建设集气站13座、集气干线33.3千米、集气支线27.1千米，批复投资3.04亿元；平桥北区块计划新建产能11.1亿立方米，建设集气站13座、脱水站1座、集气干线14.8千米、集气支线20.3千米，投资3.93亿元；平桥南区块计划新建产能5.6亿立方米，建设集气站7座、脱水站1座、集气干线8.1千米、集气支线5.3千米、输气联络线10.9千米，投资3.45亿元；产出水收集与处理系统新建管线64千米、污水增压泵46台、1 600米^3/日污水处理站1座及配套等，投资2.22亿元。截至12月底，江东区块进度完成72.0%，已建成9座集气站；平桥北区块进度完成70.0%，已建成7座集气站；平桥南区块进度完成74.0%，已建成1座集气站；产出水收集与处理系统工程初步设计已批复。

（宋 铎）

炼化项目

【催化剂大连基地（一期）建设项目建成投产】 项目主要内容为1套规模为7 500吨/年的加氢催化剂生产装置（由3条单线2 500吨/年加氢催化剂生产线组成）及配套的储运设施、公用工程和辅助生产设施，工程总投资7.82亿元。2018年3月11日，生产装置投料试车一次成功，标志着项目顺利建成，进入商业运营。

（周旭东）

【中科合资广东炼化一体化项目续建】 项目包括

设计炼油能力1 000万吨/年、乙烯生产能力80万吨/年，主要装置包括30套工艺装置和4×450吨/时CFB锅炉、3×100兆瓦发电机组及相应配套公用工程；厂外工程包括码头和成品油管道，码头建在厂区北侧，共8个泊位。批复总投资346.7亿元。截至2018年底，总体进度完成50.0%，其中桩基施工完成97.9%、土建基础施工全面展开、全厂地下管网施工完成39.0%、钢结构施工完成3.0%、顺岸码头施工完成63.0%、离岸码头施工完成80.0%。

（周旭东）

【中安联合煤化工项目工艺装置建成中交】 项目包括新建170万吨/年煤制甲醇装置（以产量计）、170万吨/年甲醇制烯烃装置和烯烃下游35万吨/年线型低密度聚乙烯装置、35万吨/年聚丙烯装置及专有铁路、取水口、码头、水厂、输配电、热电、空分等辅助及公用工程配套设施。项目批复总投资206亿元。2018年8月15日，锅炉点火成功。截至年底，总进度完成96.7%，主要工艺装置建成中交。

（周旭东）

【中沙石化聚碳酸酯项目续建】 项目包括新建2套13万吨/年聚碳酸酯生产线，每套生产线包括3万吨/年一氧化碳单元、5/11万吨/年碳酸二甲酯/碳酸二甲苯酯单元、12万吨/年双酚A单元、13万吨/年聚碳酸酯单元4个单元；配套建设循环水、空压站、110千伏变电站和35千伏变电站等公用工程和火炬系统、罐区、中央控制室、中央化验室、环监站等辅助设施。批复总投资107.1亿元。截至2018年底，总体进度完成30.1%，桩基施工完成80.0%，开始地管及基础施工。

（周旭东）

【海南炼化第2套芳烃项目续建】 项目包括新建100万吨/年对二甲苯装置、5万米^3（标准）/时制氢装置及配套工程。其中，对二甲苯装置包括二甲苯分馏、吸附分离、异构化3套工艺装置及与之配套的公用工程，制氢装置包括原料气加压、原料精制、转化及余热回收、变换及变换气冷却、变压吸附氢提纯、锅炉给水及蒸汽发生及公用工程。批复总投资为36.80亿元。截至2018年底，总体进度完成93.9%，土建施工完，设备安装完成99.8%，工艺管道安装完成96.0%。

（周旭东）

【镇海炼油老区结构调整提质升级项目续建】 项目包括新建260万吨/年沸腾床渣油加氢、15万吨/年硫黄回收（含130吨/时的酸性水气提）、2万米^3（标准）/时的PSA氢气回收等装置；已有的2$^\#$催化裂化装置由300万吨/年改造至340万吨/年，以及液化气公路装车移位改造、罐区改造、热力管网改造及电气仪表等相关系统配套内容。批复总投资36.83亿元。截至2018年底，硫黄回收装置建成中交，渣油加氢装置总体进度完成88.0%，动静设备、钢结构安装已基本完成，工艺管道安装完成53.0%。

（周旭东）

【石家庄炼化20万吨/年烷基化项目建成投产】 项目采用中国石化自有硫酸法技术，新建20万吨/年烷基化装置及配套设施。项目于2018年5月15日建成中交，6月18日产出合格产品，标志着中国石化自有硫酸法烷基化技术投入工业化生产。

（周旭东）

【天津石化30万吨/年烷基化项目建成投产】 项目包括新建30万吨/年烷基化装置、3万吨/年待生酸再生装置，配套储运系统、公用工程系统及辅助设施进行适应性改造。批复总投资6.08亿元。项目于2017年6月1日开工，2018年5月30日建成中交、8月11日产出合格产品。

（周旭东）

【福建漳州古雷炼化一体化项目新开】 项目包括一期建设80万吨/年乙烯裂解、55万吨/年裂解汽油加氢、35万吨/年芳烃抽提、13万吨/年丁二烯抽提、30万吨/年乙烯醋酸乙烯树脂（EVA）等10套工艺生产装置及公用辅助工程，总体设计批复投资278.4万元。项目于2017年12月26日开工建设。

（周旭东）

物流储运项目

【重庆涪陵 LNG 工厂项目建成投产】 项目设计总规模 200 万米^3/ 日，分 2 期建设，其中一期建设规模 100 万米^3/ 日（年产液化天然气 22.66 万吨），二期建设规模为 100 万米^3/ 日。项目于 2016 年 1 月 14 日开工建设，2017 年 8 月 30 日完成中交，2018 年 3 月 4 日投产。

（侯志强）

【甬台温成品油管道及配套油库工程建成投产】 该工程管道全长 430 千米，共设 6 座站场、4 座油库，设计输量 460 万吨 / 年。工程于 2012 年 7 月 5 日开工，2017 年 6 月中交、7 月完成投产条件检查、8 月 28 日开始水联运，2018 年 3 月 6 日投产。

（侯志强）

【天津 LNG 项目建成投产】 该项目分码头、接收站、输气管道 3 个部分。其中，一期建设规模 300 万吨 / 年，码头工程包括 1 座 26.6 万立方米 LNG 运输船码头（兼顾 3 万立方米 LNG 船装船功能），接收站内建设 4 座 16 万立方米 LNG 储罐及配套工艺处理设施；二期规模扩至 1 000 万吨 / 年。输气管道线路全长 580 千米，输气能力 136 亿米^3/ 年，沿途设分输站 10 座、线路截断阀室 31 座。项目于 2013 年 5 月开始储罐桩基施工，2017 年 3 月 28 日完成中交验收,2018 年 2 月 6 日首船接气、2 月 14 日首车外运、3 月 12 日气化外输投产。

（侯志强）

【鄂安沧输气管道一期工程新开】 该项目工程总体包括“一干五支”，线路总长 2 293 千米，主干线设计输量 300 亿米^3/ 年，设置工艺站场 25 座、截断阀室 84 座。一期工程包括“一干两支三联通”管道，线路全长 710 千米，设计任务输量 70 亿米^3/ 年，设置 9 座站场、27 座阀室。项目于 2018 年 4 月 15 日开始焊工现场技能见证考核。沧州—安平—大高村阀室段（应急投产段）于 2018 年 11 月 15 日应急投产。

（侯志强）

【文 23 储气库工程续建】 项目主要内容为建设集注站 1 座（站内设 110 千伏变电所 1 座）、集气站 6 座、注采总井数 77 口（新钻井 66 口、老井利用 11 口），多井井场 8 座及配套集输管网，设计工作气量 32.67 亿米^3/ 时。项目于 2017 年 7 月 11 日获基础设计批复，2017 年 10 月 30 日开工。截至 2018 年 12 月底，总体完成 92.2%。

（侯志强）

【潜江—韶关输气管道工程续建】 项目线路全长 856 千米，设置站场 9 座、阀室 39 座、维抢修中心 1 座；水域大中型穿跨越 30 处，山体隧道穿越 13 处；年输气 60 亿立方米。2017 年 10 月 28 日，长江定向钻穿越开钻，截至 2018 年 12 月底，总体进度完成 71.5%。

（侯志强）

【荆门—襄阳成品油管道工程续建】 项目管道全线长度 130.4 千米，设荆门首站和襄阳末站 2 座站场及 RTU 线路截断阀室 5 座。项目于 2017 年 10 月 16 日开工。截至 2018 年 12 月底，总体进度完成 90.0%。

（侯志强）

【湛江—北海成品油管道工程续建】 项目管道线路全长 170 千米，设中科首站和廉江注入站。其中，北海—山口段全长 79 千米，扩建北海站。2017 年 8 月 20 日，湛廉项目新奥 18 千米代建段开工。2018 年 1 月 28 日，北山项目开工；2018 年 4 月 20 日，湛江—廉江段开工；截至 12 月底，总体进度完成 48.5%。

（侯志强）

工程建设管理

【设计管理】①积极开展建设项目设计管理。组织中科炼化、中沙石化、中安合创、中韩石化、古雷、腾龙翔鹭、海南炼化第2套芳烃、镇海炼化乙烯扩建及炼油老区改造，天津石化、洛阳石化、扬子石化、茂名石化等炼油改造，涪陵页岩气、鄂安沧输气管道、国家应急救援基地，以及汽、柴油质量升级项目群等重点工程建设项目和重点检修改造项目的设计管理检查协调，组织设计统一规定审查、设计方案专题论证，参加项目可研评估、工艺包审查、总体设计和基础设计审查等。严格检查落实设计条件，检查协调工程设计进度，协调装置（单元）之间的界面关系、设计与采购施工的界面关系等，切实协调解决设计过程中出现的问题，确保设计质量和进度。②稳步推进制度建设。结合《建设项目实施程序及管理办法》的修订，初步完成《建设项目设计管理规定》的修订及《建设项目设计过程专项审查管理规定》的制定工作。③扎实开展技术基础工作。组织完成通用管道材料等级库管理系统的测试和鉴定、《中国石化通用管道材料等级选用规定》《中国石化通用管道材料等级库规定》《石油化工收购项目技术评估导则》等编制。组织中天合创项目设计回访、策划中国石化炼化装置数字化交付试点项目验收准备。

（王永焕）

【生产准备与投料试车】 2018年，共有3个油气田地面工程、14套炼化装置、7项油气储运设施及管道建成投用（见表1）。各企业按照《中国石化建设项目生产准备与试车管理规定》要求，认真做好组织、人员、技术、物资、资金、营销、外部条件7个方面的生产准备工作，做到生产准备与工程建设同步进行无缝衔接，加强对项目生产准备和投料试车全过程管理，认真进行投料试车条件检查，保证装置投料试车顺利进行。为保证投料试车一次成功，全年总部共组织总体试车方案审查38次，投料条件检查13次，开车经验交流1次，各类研讨、总结及问题协调会10次，开车队及开车专家组12批。

表1　　2018年新建炼油化工装置和油气储运设施投产计划完成情况

序号		单位	名　称	建设规模／万吨·年$^{-1}$	投产时间
一	1	中原油田	水洗脱氯及酸性水汽提装置	150万米^3（标准）/时	9月2日
二	2	华北油气分公司	东胜气田集中处理站	10亿米^3（标准）/年	7月29日
三	3	胜利油田	埕岛西北部新区产能建设工程	22.7	11月1日
四	4	石家庄炼化分公司	中国石化硫酸法烷基化装置	20	6月18日
五	5	天津分公司	杜邦硫酸法烷基化装置	30	8月11日
六	6	金陵分公司	硫黄回收装置	15	11月16日
七	7	北海炼化	S-Zorb装置	150	10月9日
八	8	济南分公司	催化裂化装置	120	9月16日
	9		S-Zorb装置	90	8月28日
九	10	茂名分公司	连续重整装置	150	5月18日
	11		干气提浓乙烷装置	50万米^3（标准）/时	11月6日

续表

序号		单位	名　　称	建设规模 / 万吨·年$^{-1}$	投产时间
十	12	中安联合	热电装置（二炉一机）	465 吨 / 时、50 兆瓦	8 月 3 日
十一	13	扬子石化	燃煤锅炉增设烟气脱硫装置项目	75 万米^3（标准）/ 时	12 月 28 日
十二	14	重庆石油分公司	涪陵 LNG 工厂	100 万立方米	3 月 4 日
十三	15	催化剂公司	催化剂大连基地（一期）项目	1	3 月 11 日
	16		云溪基地 5 万吨 / 年催化裂化催化剂联合生产装置	5	9 月 16 日
十四	17	巴陵分公司	热电一炉一机项目	260 吨 / 时、25 兆瓦	8 月 13 日
十五	18	润滑油公司	北京润滑油搬迁改造项目（一期）	30	11 月 23 日
十六	19	管道储运公司	临邑—济南原油管道复线工程	330	9 月 28 日
十七	20	浙江石油分公司	甬台温成品油管道及配套设施项目	460	3 月 6 日
十八	21	天然气分公司	鄂安沧输气管道工程（一期应急投产）	70 亿米^3/ 年	11 月 15 日
	22		天津 LNG 项目接收站工程	300	2 月 14 日
	23		广西 LNG 输气管道工程（主干线）	40.5 亿米^3/ 年	9 月 5 日

（谢国学）

【大修改造】 2018 年完成 12 个重点大修改造项目（见表 2），涉及 229 套生产装置，大修改造总费用 55.33 亿元（检修费用 29.81 亿元，同步实施改造项目投资 25.52 亿元）。

重点大修改造项目中，全厂性停工大修改造共计 6 家（高桥石化、宁夏能化、胜利油田石化总厂、上海赛科公司、扬州石化、福建联合石化公司）。检修停工装置达 30 套以上的有 3 家，包括高桥石化（40 套）、镇海炼化（46 套）、福建联合石化公司（48 套）。大修改造计划总费用达 5 亿元以上的有 5 家，包括高桥石化（5.95 亿元）、宁夏能化（7.49 亿元）、镇海炼化（9.29 亿元）、上海赛科公司（11.23 亿元）、福建联合石化公司（12.73 亿元）。全年工程部组织大修改造项目协调会、重大方案审查、检查调研共计 31 次。

表 2　　2018 年重点大修改造项目实施情况

序号	企业名称	大修装置范围	计划时间	总费用 / 亿元
1	高桥石化	500 万吨 / 年、800 万吨 / 年常减压系列 40 套装置	3 月 19 日—6 月 2 日	5.95
2	塔河炼化	350 万吨 / 年常减压系列 8 套装置	3 月 25 日—5 月 5 日	2.62
3	宁夏能化	50 万吨 / 年甲醇等 20 套主要生产装置及公用工程和辅助配套系统	4 月 1 日—5 月 10 日	7.49
4	镇海炼化	600 万吨 / 年常减压系列、乙烯系列、PX 系列等主要生产装置 46 套	4 月 18 日—7 月 5 日 10 月 10 日—11 月 28 日	9.29
5	元坝净化厂	第 3 联合、第 4 联合共 2 个系列顺序停工大修	5 月 7 日—6 月 24 日 7 月 19 日—8 月 27 日	0.44
6	中原石化	60 万吨 / 年 MTO 等 8 套主要生产装置	5 月 2 日—8 月 19 日	1.15
7	胜利油田石化总厂	220 万吨 / 年常减压系列等 10 套装置	9 月 15 日—11 月 10 日	2.48

续表

序号	企业名称	大修装置范围	计划时间	总费用/亿元
8	荆门石化	350万吨/年常减压、80万吨/年催化、60万吨/年重整等9套主要生产装置	8月26日—9月21日	0.69
9	上海赛科公司	110万吨/年乙烯系列18套装置	9月19日—12月21日	11.23
10	扬州石化	50万吨/年常压、30万吨/年催化、3万吨/年聚丙烯等8套装置	10月12日—11月2日	0.28
11	福建联合石化公司	800万吨/年常减压系列、400万吨/年常减压系列、80万吨/年乙烯系列、PX联合等共48套装置	11月1日—12月26日	12.73

（王扶卷）

工程建设监管

【工程质量监督】 2018年，石油化工工程质量监督总站（简称总站）及其分站认真履行监督职能，规范各方行为。①利用各种培训和会议，积极组织对《石油化工工程质量监督规范》进行宣贯，要求各分站和监督组规范化、程序化开展质量监督工作。②规范监督，为确保重点工程项目监督工作到位，总站统一平衡协调各分站监督资源，认真做好前期策划，明确监督重点。重点抓好参建单位质保体系运行、分包管理、设备材料进场检验、单位资质和人员资格、焊接、热处理、无损检测等关键环节的监控。通过规范参建单位的质量行为，尤其是建设单位和监理单位的质量行为，促进了工程实体质量的提高。③重点抓好质量问题整改，制定质量问题分类标准，根据问题性质将质量问题按A、B、C共3个等级进行分类管理，督促责任单位做好举一反三工作，确保整改效果。

（李建国）

【工程质量监察】 根据《工程质量监察2018年度工作计划》的安排，结合项目建设的实际情况，总站对华东油气分公司涪陵页岩气二期产能建设项目部等单位进行10次质量监察，共发现质量问题165项。质量监察工作的开展，有效地促进各单位总部质量管理体系的完善，提升了各单位对现场项目部质量管理力度，为提高项目质量管理水平奠定基础。

（李建国）

【特种设备检验】 2018年，总站在85个项目开展压力管道监督检验工作。各监检组依据《压力管道安装安全质量监督检验规则》（2002版）、《压力管道安装安全质量监督检验细则》的要求和项目情况有针对性地编写监检大纲或监检计划，对重点项目的压力管道监督检验方案组织专家论证，在监检过程中，监检组及时发现和督促整改材料用错、管道元件焊接和法兰垫片安装遗漏、管道密封面泄漏、设计选材错误等重要质量隐患，监检工作得到受检单位的欢迎和地方质量技术监督局的认可。

（李建国）

【工程质量监测】 对海南、元坝、银川、中安、镇海项目开展日常监测工作，重点对进场设备材料、安装实体质量、无损检测底片等进行抽查复测，以及对运行装置开展腐蚀监测，发现问题及时通知被抽查单位和建设单位，使问题得到及时解决。对已完工的广西液化天然气（LNG）项目输气管道工程进行底片复审专项监测，共复审Ⅱ级底片57 797张、Ⅰ级底片9 602张，发现300项底片质量问题，43项错评、漏评评定问题。积极与建设单位协调，多次召开专题会研究确定整改方案，并监督责任单位整改，为消除质量隐患提供保证。

积极参与多项检测技术的研发工作。其中，参与完成的“国家质量基础的共性技术研究与应用”重点专项中的“电磁超声高温测厚关机技术与应用”项目获中国职业安全健康协会科学技术奖一等奖。

（李建国）

【工程质量检查】 2018 年，总站共组织 27 次质量大检查，主要针对参建单位质保体系运行、分包管理、设备材料进场检验、单位资质和人员资格、焊接、热处理、无损检测等关键环节进行检查，共发现各类问题 2 607 项。根据质量管理情况，全年共约谈 4 家参建单位，督促其进一步采取有效措施，加强现场质量管理，提升项目质量管理水平。

（李建国）

【招标工作】 优质高效组织招标，为重点工程建设服务。2018 年，中国石化集团招标有限公司共组织完成招标 1 112 个标段、增长 55%，累计中标额 291.09 亿元、增长 30%；组织完成非招标采购 784 个标段（其中招标失败转非招标 103 个标段），合同额 245.60 亿元。

电子招标投标交易平台建设和应用成果显著。截至 2018 年底，中国石化系统内共有 141 家企事业单位在平台开展工程服务采购，完成采购标段 20 377 个，其中 9 月成交金额累计突破亿元大关，全年累计成交额 1 260.50 亿元、完成全流程电子化招标标段 1 939 个。自 2016 年 1 月 18 日系统上线至 2018 年底，经审核入库的市场主体有 13 192 家，包括招标人 654 家、投标人 12 104 家、代理机构 434 家；专家在册 6 978 人，包括企业级专家 4 134 人、总部级专家 2 844 人；数字证书 CA 发放共计 9 426 个。工程电子招标文件管理、电子档案管理和远程异地评标获评第 2 届中国“互联网 +”招标采购发展论坛创新典型成果亮点项目。

加强评标专家库管理。开展评标专家的专项培训，计划分 12 期完成总部级以上评标专家集中培训。截至 2018 年底，已举办 4 期，累计培训总部级专家近 929 人。

（杨东成）

【标准管理】 2018 年，石油化工工程建设标准化工作遵循“立足行业、服务企业、国际接轨”的工作方针，真抓实干、锐意进取，较好地完成全年各项任务。

工程建设标准体系建设。①发挥标准的导向作用，服务于国家战略。经国家工信部组织专家评审，有 146 项石油化工工程标准被列入《中国制造 2025》课题总报告，作为石化工业推动中国制造的重要技术支撑。②进一步优化标准体系，梳理和解决不同层级标准重复问题。申报废止与国家标准或行业标准重复的企业标准 91 项，继续保留并启动修订企业标准 122 项，补充制定企业标准 20 项。③积极开展工程建设标注制修订。全年工程建设国家标准和行业标准在编项目 97 项，其中国家标准 17 项、行业标准 75 项、国家标准英文版 5 项。全年完成报批国家标准 6 项、行业标准 21 项。年内经国家有关部委公告批准国家标准 3 项、行业标准 21 项（标准目录见表 3）。④顺利完成工程建设标准立项计划申报。为适应石化工业发展的需要，组织行业标准立项申报，经工信部审查和答辩，有 13 项行业标准获批准立项；完成集团公司企业标准立项申报 20 项。

扎实开展全文强制标准（建成工程规范）研编。中国石化承担《炼油化工工程项目规范》（含《炼油化工辅助设施项目规范》）《加油加气站项目规范》《石油库项目规范》《地下水封洞库项目规范》《工业电气设备抗震通用规范》等 6 项强制性标准研编任务，牵头组织国内相关行业技术实力较强的设计、建设、科研和生产单位，成立研编组。确定研编范围、重点内容及章节构成，落实研编分工和进度控制点，完成研编大纲和规范初稿。研编工作对现有规范强制性条文、国内外法律法规、国际通用惯例等进行收集与分析，开展专题研究并形成专题报告，为研编工作中期评估打下基础。

抓好产业发展急需的标准制定工作。①根据国家环保要求，落实国务院《水污染防治行动计划》和国家生态环境部要求，强化加油站的土壤和地下水污染防控措施，积极推进《加油站在役油罐防渗漏改造标准》编制工作，提前 1 年完成编制任务，该标准对于确保全国加油站防渗漏改造工程的质量、安全和环保具有重要意义。②国家标准《石油化工工程数字化交付标准》（GB/T 51296—2018）经住建部公告，将于2019年3月1日起实施，该标准将有力推动工程数字化交付和智能工厂建设。③完成《石油库节能设计规范》等17项行业标准报批；《石油化工FF现场总线控制系统设计规范》《石油化工电缆桥架施工及验收规范》等编制工作及时启动，以适应装置大型化、系统控制等工程建设需要。

稳步推进标准国际化工。完成《“一带一路”石化工程标准应用研究报告》。按照住建部要求，组织“一带一路”石油化工工程建设及标准应用调研工作，2018年组织14家企业参与并完成《对外工程和工程标准应用需求调研表》，相继召开《“一带一路”石化工程标准应用研究报告》编制启动会、审查会和定稿会。专题报告结合海外工程项目实践，切实反映中国标准“走出去”所存在的问题和困难，剖析原因并提出推进中国工程标准国际化的建议，推动中国的产品、技术、装备、服务“走出去”。该研究报告被列入国家该专题的出版计划，为中国标准“走出去”营造政策环境提供支撑。

聚焦HSE，强化标准的引导和约束作用。①协调解决工程防火、环保等重点问题。协调住建部标准定额司，组织研究国家标准《石油化工企业设计防火规范》报批会签反馈的问题，针对应急管理部消防局提出的涉及液化烃厂际管道、抗爆设计等29条意见逐条研究并答复，最终取得一致意见。2018年12月18日，住建部发布批准公告，该规范将于2019年4月1日起实施，结束了自2013年起历时5年的报批工作。②参加公安部消防局召开的石油库消防专题会，研究国家标准《企业消防站技术规范》（消防部门主编）和《石油库设计规范》等石化主导标准中有关消防规定的统一性问题。③针对化工协会组织编制的《精细化工企业工程设计防火标准》报批稿，进行可实施性意见反馈114项，将问题处理在标准公告前，确保相关标准之间的协调一致。④对交通运输部《高速铁路安全防护管理办法（征求意见稿）》提出反馈意见，主要涉及油气管道穿跨越和并行高速铁路线路、电力及通信线等问题，对高速铁路线路两侧生产、储存易燃易爆等危险物品的设施、仓库等进一步明确安全防护距离。⑤按照集团公司创建工程品牌的建设要求，组织编制《标准化工地建设标准指南》。标准化工地建设已在中国石化重点工程项目上取得突破，从海南炼化二套芳烃项目到西北油田储运系统扩建工程，树立了标准化工地样板，并相继在其他项目推广实施。

表3　2018年公告的国家标准和行业标准目录

序号	标准编号	标准名称
1	GB/T 51273—2018	石油化工钢制设备抗震鉴定标准
2	GB/T 51296—2018	石油化工工程数字化交付标准
3	GB/T 51316—2018	烟气二氧化碳捕集纯化工程设计标准
4	SH/T 3035—2018	石油化工工艺装置管径选择导则
5	SH/T 3039—2018	石油化工非埋地管道抗震设计规范
6	SH/T 3074—2018	石油化工钢制压力容器
7	SH/T 3105—2018	石油化工仪表管线平面布置图图形符号及文字代号
8	SH/T 3118—2018	石油化工蒸汽喷射式抽空器技术规范
9	SH/T 3198—2018	石油化工空分装置自动化系统设计规范
10	SH/T 3199—2018	石油化工压缩机控制系统设计规范
11	SH/T 3200—2018	石油化工腐蚀环境电力设计规范
12	SH/T 3201—2018	石油化工工程减隔震（振）技术规范

续表

序号	标准编号	标准名称
13	SH/T 3202—2018	二氧化碳输送管道工程设计标准
14	SH/T 3203—2018	石油化工电加热系统设计规范
15	SH/T3417—2018	石油化工管式炉高合金炉管焊接工程技术条件
16	SH/T3419—2018	石油化工钢制异径短节
17	SH/T3428—2018	石油化工管式炉用热管预热器工程技术条件
18	SH/T3429—2018	石油化工管式炉用铸铁预热器工程技术条件
19	SH/T3430—2018	石油化工管壳式换热器用柔性石墨波齿复合垫片
20	SH/T3529—2018	石油化工厂区竖向工程施工及验收规范
21	SH/T3540—2018	钢制冷换设备管束防腐涂层及涂装技术规范
22	SH/T3565—2018	X80 级钢管道施工及验收规范
23	SH/T3566—2018	石油化工设备吊装用吊盖技术规范
24	SH/T3567—2018	石油化工工程高处作业技术规范

（葛春玉）

【炼化工程造价管理】 2018 年，炼化工程造价管理遵循“绿色、环保、安全”的工程建设发展理念开展计价体系建设，推进计价依据向“量真价实，贴近市场”的方向改革。跟踪建设市场价格变化，及时发布设备材料价格信息，为工程建设项目管理提供专业技术支持与服务。

贴近实际，稳步推进计价体系文件的修编和完善。①完成 2018 版《石油化工工程建设设计概算编制办法》和《石油化工工程建设费用定额》的报批及发布。按照“价税分离”“量价分离”的原则，通过广泛的调研、数据采集、评估、测算，顺应工程建设投资管理体制改革的发展趋势，充分考虑与可研投资估算、过程费用管理之间的衔接，力求兼顾各方利益和公平公正，对工程建设项目总概算的费用结构、费用内容和计算标准进行全面的修订。②完成 2018 版《石油化工安装工程预算定额》和《石油化工安装工程费用定额》送审稿。为切实反映工程建设市场和工程管理发展的实际情况，提高基础性计价文件的科学性、合理性和可操作性，修订工作明确以深化定额改革创新为目标，从定额人工价格与构成、劳动效率及材料、机械消耗等方面入手，努力做到贴近企业、贴近市场和“量真价实”，为形成“市场决定价格”的机制打下坚实基础。③组织完成国家标准《构筑物工程工程量计算规范》修编。发挥中石化工程造价专业优势，加强与系统外单位的合作，保证了编制质量和修编进度，拓展了业务层面，扩大了行业话语权。④积极拓展专业领域，完善煤化工工程定额子目。完成国家能源集团《煤制油化工装置检修工程预算定额》和《煤制油化工装置检修工程计价规则》课题成果上报，并配合国家能源集团组织定额发布和宣贯。以此为契机，中国石化检修定额得以补充煤制油和煤化工装置子目，拓展了应用范围。

及时发布工程建设设备材料价格信息。为了真实、准确反映大宗金属材料与非标设备市场价格变化，有针对性地对直属工程公司、建设单位、设备制造单位进行专项调研和资料采集，经过整理、分析、取定，补充和完善非标设备价格信息，并在《工程经济信息》上发布 4 期非标设备指导价。对主材费的基础价格进行大量的资料采集和市场调研，结合集团公司发布的价格信息，动态跟踪、调整、发布 5 期“石油化工安装工程主材费”调整系数和 5 期《石油化工建筑工程概（预）算定额》A 类材料（107 项）价格信息，包括含税价格和不含税价格，使材料费水平更加贴近市场、贴近实际，并被广泛应用于中国石化、中国石油、中国海油、中化集团、国家能源集团、中煤集团、延长集团等系统的石油化工建设项目。

工程定额管理站公司制改革取得进展。根据集团公司改革要求，集团公司工程定额管理站由企业法人变更为公司法人，注册成立中石化工程造价有限公司，2018 年通过住建部的资质审查并取得工程造价咨询企业甲级资质，获国家质量管理体系、职业健康安全管理体系、环境管理体系认证。

发挥行业管理职能，开展工程造价管理业务培训及资质资格管理。按照住建部、中价协相关规定和集团公司《工程造价从业人员的资格管理规定》，2018 年共举办 2 期一级注册造价工程师继续教育培训、4 期石油化工工程造价预算专业人员和 3 期概算专业人员职业技能培训和考核，来自系统内外 120 多家石油化工、煤化工企业的施工、设计、咨询、检维修单位的 2 000 多名学员参加培训。完成资格认证及复检等注册管理工作，进一步完善造价专业人员信息档案。

继续加强“工程经济信息网”的网站建设和信息发布。网站及时发布项目信息、工程造价信息、设备材料价格信息、造价人员资质管理及业务培训信息、业务咨询信息等 2 万多条，已成为石油化工工程造价信息管理、发布的主要渠道之一。

（蒋　炜）

【石油工程造价管理】 2018 年，石油工程定额管理工作积极落实集团公司要求，在定额的建设、调整完善等方面投入大量精力，形成一批新成果。按总部要求调整发布石油工程定额人工费等相关计费标准。首次制定发布《油气田和长输管道建设安装工程停待工计费办法》和《油气田地面工程和长输管道工程其他费用及预备费计费标准》。跟踪重点新区开发部署，组织编制顺北一区钻井工程定额并发布试行。完成威荣页岩气区块、涪陵页岩气二期区块钻井工程定额的转正发布。持续开展物探采集工程定额试行版跟踪优化。着眼内部市场专业化服务定额价格体系的扩充完善，编制第 3 批成果。完成天然气长输管道项目估算和概算指标编制，已发布实施。组织编制并发布 21 项小项定额。2018 年定额成果有 3 个显著特点：①定额体系的完整性方面有了新提升。发布的《油气田和长输管道建设安装工程停待工计费办法》，在行业内属于首次。发布的《油气田地面工程和长输管道工程其他费用及预备费计费标准》，明确 40 项费用项目及计算方法和标准，填补中国石化的空白。②新区定额编制方法创新上有了新提升。顺北一区作为新区钻井工程定额编制，将学习曲线法、统计平均法等多种方法综合运用，解决许多难点问题，形成高质量成果，体现了在新区块超前编制定额的新水平。③定额的合理性又有了新提升。调整石油工程定额人工费等相关计费标准，落实总部领导的要求，解决定额中的问题；内部专业化服务定额通过引入定额调整系数，体现各油田的差异，使定额水平更符合实际。

预算价格管理。预算价格管理以材料预算价格管理子系统运行为抓手，按照统一平台、分级管理、动态调整的管理模式，不断延伸工作深度，实现流程化、信息化、动态化的管理目标，为清单计价应用平台的上线运行提供有力的支撑和保障。①抓好预算价格管理子系统运行。全年以子系统的运行完善为工作重心，将运行落“实”、将完善做“细”，对各级用户持续做好操作培训，不断修改完善功能模块，理顺了工作流程，提高了工作效率。依托子系统平台，材料预算价格管理已达到全流程线上操作，实现基价采集自动化、价格编审流程化、调整发布动态化，提升了管理水平。②抓好清单计价上线的支撑保障。为保障清单平台的运行，材料预算价格数据库与材料费用计价模块的匹配链接工作，做得细致扎实。各企业配合造价中心，全面梳理材料类别，结合各专业需求，及时增补规格型号，定期维护库内数据，保障平台内材料价格数据的准确可靠和及时更新。③持续扩大造价中心直管 A 类主材品种。新增井口装置、抽油泵和封隔器 3 类，直管品种达 9 类 2 800 多项，涉及 12 个油区 30 个转运站库。按材料费用占比计算，钻井工程 A 类主材的覆盖面达 63%、井下作业工程达 58%。④创新开展石油工程主要材料价格走势分析。选取油套管、成品油等 9 类主要材料预测价格走势。通过主材价格分析，向各企业提供更多的价格信息，有助于企业判断把握主材价格长周期的走势和变动规律，将工程项目的预算做得更准。

清单计价体系建设。实现 12 家油气分公司全部上线的工作目标。重点抓实 5 个关键环节。①抓实定额转换和套算对比工作。组织各分公司、石油工程公司在定额转换和费用水平套算方面做了扎实细致的工作，最终达到总体费用差异不超过 0.5%、单井费用差异不超过 3% 的控制目标，为清单计价系统试点运行打下基础。②抓实试点运行。按照先试点后推开的工作思路，选择江苏油田分公司、江汉油田分公司、西南油气分公司 3 家进行试点，用 3 个月的时间实现造价业务在清单计价平台上运行。③抓实上线推广工作。组织总结清单计价试点工作，明确下步工作方向，为清单计价全面上线做了整体部署。在此基础上用 6 项条件来衡量，按成熟一家、上线一家的原则，逐家召开现场启动会进行宣传动员，让参会人员了解推行清单计价系统意义、优势，推介先期上线单位的经验，对上线工作提出部署要求。④抓实上线培训工作。结合企业的具体情况和需求，不断总结和优化培训方式，按用户分类、分层次进行有针对性培训。从先期试点的江汉油田分公司、江苏油田分公司聘请有经验的专家进行授课，提升了培训效果。共举办 13 期培训班，累计培训 899 人次。⑤抓实运维保障工作。建立问题首问责任制，由第 1 个接受反馈的运维人员全程负责到底，提高了运维服务质量。利用问题分类管理法做好运维记录，分类制定相应措施，共解决各类问题 260 多个。上线后实现了平稳运行，至 2018 年底，已在新平台实现 771 口井的全流程运转。

造价管理。对 23 个重点项目投资进行审查，在可研上报 321 亿元的基础上审减 5.2 亿元；审查风险探井等 14 口重点井预算，在上报 10.2 亿元的基础上审减 1 亿元。及时协调西南油气分公司彭州 3-5D 等 3 口钻井费用争议，为工程顺利实施清除障碍。各油气田分公司造价部门加强造价全过程管理，重点做好"三算"管理，严把结算关，全年共审核结算 444.57 亿元，其中物探 33.12 亿元、钻井 150.72 亿元、测录井 19.15 亿元、井下作业 70.31 亿元、试油气 26.95 亿元、油气田地面工程 144.32 亿元。

扎实抓好基础工作。首次举办造价管理高级培训班，22 家单位的 200 余人参加培训，取证培训保持较高质量，交底培训人数有较大增长。各分公司选派业务骨干参加造价中心和分公司层面的定额编制，在工作中提高了业务能力。注重加强业务交流，通过组织各类专业会议、专题座谈等多种形式提升交流广度和深度。组织优秀造价分析和"打造一流"专题论文研讨交流，各分公司积极参与，造价中心从企业推荐的 69 篇造价分析和 9 篇论文中，选出优秀成果进行集中发布交流。通过多种形式的交流，学到了方法，共享了经验，促进了全系统整体业务的提升。

（王　珞）

【优质工程评选】 根据《中国石化优质工程管理办法》，石化建设分会对 2018 年度集团公司优质工程进行评选，经过初审、复查、优质工程审定委员会委员审定，天津液化天然气（LNG）项目（一期）码头及接收站工程、甬绍金衢成品油管道及配套油库工程等 13 项油田地面、炼化及储运等上、中、下游项目被评为集团公司 2018 年度优质工程（见表 4）。

表 4　　集团公司 2018 年度优质工程

序号	工程名称	申报单位
1	天津液化天然气（LNG）项目（一期）码头及接收站工程	中国石油化工股份有限公司天然气分公司
2	甬绍金衢成品油管道及配套油库工程	中国石化销售有限公司浙江石油分公司
3	催化剂大连基地（一期）建设项目	中国石化催化剂有限公司
4	湛江东兴石油化工有限公司 120 万吨 / 年 S-Zorb 催化汽油吸附脱硫装置	中国石化湛江东兴石油化工有限公司

续表

序号	工程名称	申报单位
5	塔河油田天然气外输管线完善工程	中国石油化工股份有限公司西北油田分公司
6	普光气田净化厂原料气管线安全隐患治理工程	中国石油化工股份有限公司中原油田普光分公司
7	2.7 万吨 / 年裂解汽油抽提项目	中石化宁波工程有限公司
8	茂名分公司 20 万吨 / 年环氧乙烷装置工程	中国石油化工股份有限公司茂名分公司
9	基地热电联供西主干线建设工程	胜利石油管理局有限公司热力分公司
10	中国石化天津分公司外排污水深度治理提标改造项目	中国石油化工股份有限公司天津分公司
11	齐鲁石化分公司炼油第一、第二污水处理场污水达标升级技术改造项目	中国石化集团资产经营管理有限公司齐鲁石化分公司
12	烟台八角港油库建设工程	中国石化销售有限公司山东石油分公司
13	齐鲁石化分公司 2 台 CFB 锅炉烟气超洁净排放技术改造项目	中国石化集团资产经营管理有限公司齐鲁石化分公司

（李国之）

公用工程

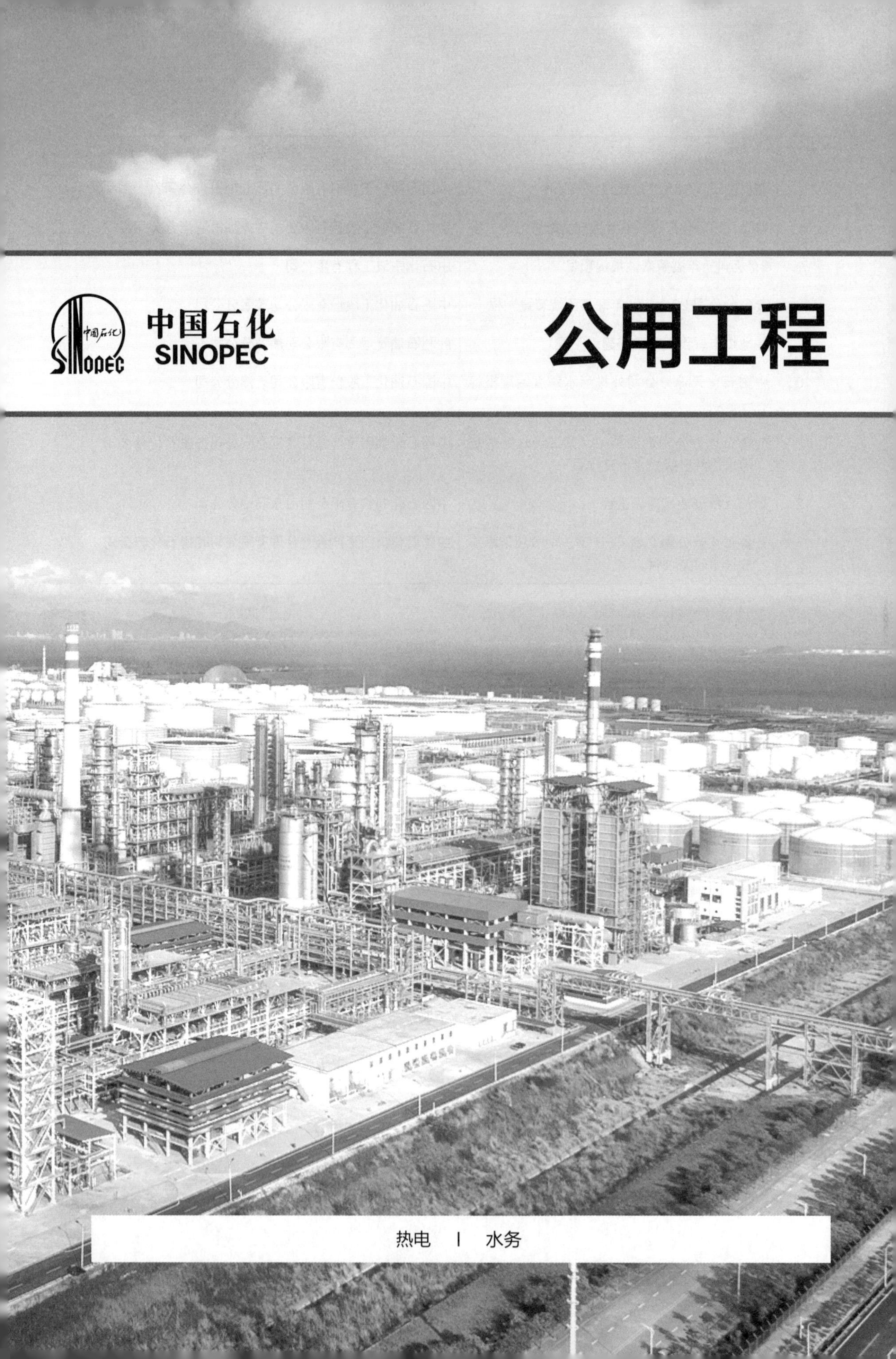

热电 | 水务

热　电

【概述】 2018年，热电业务认真贯彻落实集团公司党组决策部署，不断强化热电专业化管理，夯实“三基”工作，细化专业对标，持续深入开展专业竞赛，大力推进节能减排，持续提升运行水平和运营效率，全力服务保障主业，为集团公司全面可持续发展提供了坚强的公用工程保障。

（王福刚）

【电力和热力供应保障能力明显增强】 在满足主业用热需求的基础上，坚持效益优先的原则，积极增加发电量。全年发电380.25亿千瓦·时、增长4.9%；供热3.88亿吉焦、增长13.1%，均创历史最好水平，保障了主业增产增效。胜利国电努力提高机组运行负荷，发电量、供热量分别增长9.04%和25.22%。九江石化机组运行时间大幅提升，增加发电量1.37亿千瓦·时。

（王福刚）

【主要技术经济指标创历史最好水平】 建立长效机制，在各环节、各岗位持续开展专业对标，优化生产运行，推进节能提效改造，主要技术经济指标再创新高。全年供电标煤耗降低1.29克/（千瓦·时），供热标煤耗下降0.26千克/吉焦，热电成本优势进一步发挥，有效提升了主业竞争力。巴陵石化对标行业先进，通过优化机组建设方案、持续开展技术监督、加强运行优化等措施，2座电站供电标煤耗均持续降低，均低于300克/（千瓦·时），处于全系统先进水平。

（王福刚）

【非计划停工得到有效控制】 完善热电机组非计划停工管理体系，采取有效措施防范锅炉“四管”泄露，不断提升装置稳定运行水平。全年发电设备利用小时数比同期全国火电机组平均水平高684小时。2018年，仪征化纤、齐鲁石化、南化公司等14家企业未发生机组非计划停工。镇海炼化持续开展CFB锅炉的水冷壁管防磨攻关，全煤燃烧和煤焦混烧连续运行周期分别达1年和1.5年。广州石化充分发挥热电机组作用，成功应对台风“山竹”造成的外电网停电，保障了主业安稳生产，动力一站、二站电力系统安全运行分别达4 577天和4 105天。

（王福刚）

【风险管控水平不断提高】 扎实开展HSSE评估，加强风险分级管控和隐患排查双重预防机制建设，组织开展现场安全督导，层层落实风险管控责任，全系统开展热电装置压力管道安全隐患排查和电气系统安全隐患排查工作，针对压力管道未办理注册登记、超期未检、材质不符合规范要求，以及电气设备老化、变压器容量不匹配、架空线路安全距离不足等问题，组织研究制定整改措施，落实整改项目。

（王福刚）

【降本增收取得明显成效】 持续推进全员成本目标管理，强化煤炭采购、储运和使用全过程管控，优化配煤掺烧，消化煤价上涨因素，实现营业利润21.22亿元，增加5.19亿元。通过严把煤炭入厂验收关，持续规范煤炭数量、质量验收方法和验收流程，全年入厂入炉煤热值差处于全国同行业先进水平。

（王福刚）

【配售电改革试点工作有序推进】 深入试点企业开展专题调研，争取政策支持。河南油田组建全系统首家售电公司，2018年代理交易电量超过8亿千瓦·时。胜利油田与国网山东公司、东营市合资组建供电公司，既拓展了供电业务范围，也顺利完成“四供一业”居民供电业务的分离移交任务。江汉油田被列为国家第2批增量配电业务改革试点单位。上海石化配售电公司可研报告正在履行审批程序。江苏区域企业集中开展购售电业务相关工作也在稳步推进之中。

（王福刚）

【电力市场化交易规模进一步扩大】 深入研究国家和各省（区、市）电力市场化交易规则，积极开展直接购电等市场化交易工作，集团公司市场化交易电量从2016年国家启动新一轮电力体制改革的78亿千瓦·时增加至2018年的196亿千瓦·时，外购电市场化交易率比全国平均水平高出22个百分点。2018年，电力市场化交易和调整基本电费计价等工作合计为集团公司节约购电成本7.7亿元。济南炼化热电机组取得资源综合利用资质认证，减免了政策性交叉补贴和系统备用费；茂名石化与发电企业建立战略伙伴关系，全年节约购电成本1.3亿元；南化公司深入研究电力交易规则，积极争取交易资源，及时优化交易策略，节约电费2 667万元。

（王福刚）

【参与电力交易机构股份制改造工作】 认真研究国家关于推进电力交易机构规范化建设的相关政策，积极推进集团公司及所属企业分层次参股电力交易机构。协调指导胜利油田、长岭炼化分别成功参股山东省、湖南省电力交易中心，为优化配置电力资源、降低企业用能成本搭建了社会交易平台。

（王福刚）

【超期服役机组治理工作稳步推进】 针对石油石化企业热电生产组织的特殊性和实际困难，持续向国家发改委、国家能源局和地方政府有关部门沟通汇报，争取政策支持。通过编制超期服役机组治理工作动态，及时掌握治理工作进展情况，“逐家逐台”“一企一策”研究制订延寿评估和替代改造具体方案。齐鲁石化2台机组延寿运行获能源主管部门正式批准，热电机组替代改造项目可研报告也上报总部审批；仪征化纤替代改造项目与相关合作方达成初步意向；高桥石化完成部分锅炉延寿技术评估工作，上海石化、安庆石化等企业正在积极争取替代项目核准；重庆市已批准川维化工公司对老机组进行替代改造，新建1台49兆瓦抽凝机组，其他企业也正在积极推进相关工作。

（王福刚）

【热电超低排放改造顺利推进】 严格按照国家和地方政府超低排放的时限和指标要求，加快推进热电装置环保升级改造项目，不断优化技术路线，持续提高脱硫脱硝除尘等设施安稳运行水平。已完成改造126台（含计划关停10台）。有燃煤锅炉的28家企业中，胜利油田、齐鲁石化、仪征化纤、镇海炼化等25家企业已实现超低排放。

（王福刚）

【持续深化推广热力系统整体优化技术】 推广应用胜利油田和茂名石化联合开展的供热机组热力系统整体优化技术成果，全系统结合自身条件积极推进。齐鲁石化热电厂机组全部实现单阀改顺序阀控制，减少进汽节流损失，机组热耗率降低1.8个百分点，供电标煤耗降低5.6克/（千瓦·时）。青岛炼化乏汽回收系统随机组同步运行，年回收热量6.9万吉焦，根据不同季节生产特点，及时优化机泵运行方式，年节约厂用电1 500万千瓦·时。

（王福刚）

【专业指导和现场技术服务更具实效】 加强热电专业指导，紧盯问题短板，着力提升安全稳定运行水平，重点抓锅炉、汽机与供电系统可靠性分析，定期组织系统内专家开展现场技术服务，综合测算机组能耗、环保减排、发电效益等关键因素，优化调控发电负荷，明确节能提效方向和路径，制订能耗达标技术方案，有力促进企业热电专业管理水平提升。先后组织专家对仪征化纤超期服役机组替代、齐鲁石化新建机组、巴陵石化热电装机方案与蒸汽系统优化利用等项目进行技术论证，有效提升机组可靠性与经济性。

（王福刚）

【积极开展社会化服务推进融合发展】 胜利油田发挥热电机组性能试验、运行优化、机组检修等技术优势，先后为安庆石化等7家企业提供锅炉提效等多层次技术服务，有力促进集团公司热电专业节能降耗、环保减排等重点工作的整体水平提升，同时积极拓展外部供热、供电市场。齐鲁石化积极拓展外供市场，与地方企业开展合资合作，融入地方热电发展规划，转型地方区域供能中心。

（王福刚）

【持续开展专业竞赛和现场考评】 组织开展2018

年度热电专业竞赛，组成6个专业检查组对30家油田和炼化企业开展现场考评。重点检查各企业安全稳定运行、节能减排综合改造、超期服役机组治理、降低用电成本和专业对标等工作开展情况，现场发现问题496项，提出整改建议349条。根据集团公司相关制度规定，经综合评定，共有11家企业被评为综合竞赛优胜单位，其中胜利石油管理局获特等奖，镇海炼化分公司获一等奖，巴陵分公司、齐鲁分公司、茂名分公司获二等奖，川维化工公司、南化公司、天津分公司、燕山石化公司、广州分公司获三等奖；共有7家单位被评为单项竞赛优胜单位，其中青岛炼化获评锅炉管理优胜单位，巴陵分公司获评汽机管理优胜单位，胜利石油管理局获评燃料管理优胜单位，广州分公司获评电气管理优胜单位，齐鲁分公司获评环保管理优胜单位，镇海炼化分公司获评煤炭验收优胜单位，南化公司获评外购电降本优胜单位。

（王福刚）

【结对帮扶工作成果丰硕】 中天合创与胜利发电厂、燕山石化与镇海炼化、湖北化肥与巴陵石化结成对子，帮扶提升。中天合创多名骨干人员前往胜利发电厂调研学习管理经验。燕山石化学习镇海炼化细化热电专业考核指标经验做法。湖北化肥与巴陵石化通过现场诊断、交流研讨开展多种形式帮扶互动。

（王福刚）

【加强专业队伍建设】 牢固树立“人才是第一资源”的理念，按照集团公司人才强企工程战略部署，开展热电专业人力资源调查摸底工作，有计划有步骤地培养专业队伍，为“两个三年、两个十年”专业人才储备提出建设性意见。2018年举办热电专家专题研讨班，组织27家企业学习研讨热电机组节能评估与技术诊断、配售电业务改革等内容，有力地促进了专业人才队伍建设。举办煤炭采制化岗位资质取证班，组织24家企业的113名学员进行业务学习和取证考核。

（王福刚）

水　务

【概述】 2018年，水务系统认真贯彻落实集团公司年度工作会议精神，不断深化水务专业化管理，围绕主业生产，进一步加大保供水量；加强水质管理，保障主装置稳定运行；推进污水升级改造，保证外排水总体达标；开展水务系统“三废”治理，提高本质环保水平；全面推进各项专业化管理工作，为集团公司持续健康发展做出新贡献。

（张　晗）

【服务保障能力不断增强】 全面保障主业供水需要。紧盯主业产能扩增，及时调整供水运行方式，优化水资源配置，确保主业生产用水需要。全年累计取水12.2亿立方米，供循环水289.8亿立方米、化学水3.0亿立方米，供水总量增长6.8%；处理污水3.5亿立方米，增加5.0%。茂名石化、金陵石化为满足新装置生产需要增供2.3亿立方米，扬子石化、齐鲁石化生产负荷提升增供3.9亿立方米，为完成全年生产经营任务提供了充足的水资源。

保证装置运行总体平稳。持续加强水处理设备、水质在线仪表现场管理，装置运维、停工检修水平稳步提高，全年仅发生非计划停工1次。同时，不断提高水质质量，集团公司循环水水质综合合格率达97%以上，新鲜水和化学水水质综合合格率达99%以上，均完成年初目标计划。中原油田、济南炼化、北海炼化等14家企业新鲜水、化学水水质综合合格率均为100%，镇海炼化、上海石化、九江石化等10家企业循环水水质综合合格率均达99%以上，为主装置稳定运行提供可靠保证。

不断加强本质安全管理。认真贯彻落实HSSE有关要求，加强水务系统安全风险识别和排查，重点督导企业开展现场设备安全隐患治理，生产过程本质安全水平进一步提高。胜利油田强化水务系统设备管理，完善管理制度，加大隐患排查治理力度，实现设备管理“三化三零”目标，保证了设备的正常运转和安全高效运行。

（张 晗）

【运营水平持续提升】 技术经济指标水平再创新高。坚持开展月度运营分析，紧紧抓住关键指标，持续加强过程管控，并采取措施加以改进。全年供水单位电耗为 5.20（千瓦·时）/（千米^3·米）、自用损失率 7.17%，分别降低 3.3% 和 5.7%；循环水单位电耗为 4.38（千瓦·时）/（千米^3·米）、标准补新水率 11.00‰，分别降低 1.6% 和 2.4%。11 项水务竞赛指标进步 1.6%。江苏油田加大约束性指标考核力度，逐级落实管理责任，通过冷却塔上大压小、机泵精细调控等措施，实现循环水单位电耗降低 13.2%。海南炼化严格污水分级管理，加强源头控制，优化单元运行，污水处理单位电耗下降 25.2%。

降本增效成效显著。以《循环水系统整体优化专项治理工作要点》《化学水系统综合治理工艺技术要点》《污水系统提质提效工艺技术要点》等为指导，持续促进系统优化运行和全员成本目标管理深度融合、协同提升，新鲜水、循环水和化学水的单位现金操作费用分别完成 0.68 元 / 米^3、0.15 元 / 米^3 和 2.67 元 / 米^3，分别降低 2.3%、2.8% 和 4.1%，全年实现营业利润 13.06 亿元。齐鲁石化针对污水提标后运行费用居高不下的问题，进一步细化指标管控，实现从“不计成本保达标”到“精打细算保达标”的观念转变，“三剂”费用下降 2.7%，降本增效 275 万元。广州石化全力做好夏季高温期间化工循环水运行优化和保供协调工作，累计节电 527 万千瓦·时。燕山石化建成国内第 1 套设计能力为 13.5 米^3/ 时的溴化丁基废水处理装置，实现对废水中溴化钠的回收和利用。仪征化纤通过强化污水厌氧生化单元运行管理，加大沼气综合利用力度，全年沼气送烧量达 900 万标准立方米以上，增加效益 138 万元。

（张 晗）

【环保升级改造顺利推进】 外排废水总体达标。坚持每月跟踪各企业外排废水化学需氧量、氨氮、总氮、总磷等关键指标，督促不达标企业加快实施环保升级改造。积极开展设计消缺和运行调优，纳入专业化管理范围的 38 家企业外排废水均实现总体达标。扬子石化加强源头管控，确保总排口稳定达标，在中央环保督察“回头看”和国家发改委、水利部环保督察中均获好评。天津石化成功运用 ABR 高效生化技术，有效解决循环水排污水、化学水中和废水和 RO 浓水达标外排难题。

水务系统“三废”治理扎实推进。组织开展水务系统“三废”调查和环保风险排查工作，对纳入专业化管理范围的 609 套水务装置的“三废”现状进行全面梳理，就排查出的假定净水、“三泥”、废树脂、废气等方面存在的环保问题开展现场调研，督促企业研究制订治理方案和整改措施，各企业共上报治理项目 127 项，计划投资 24 亿元。针对炼油污水处理场脱水处理“三泥”含水率高、外委处置费用大等突出问题，组织企业积极开展减量化研究。江苏油田通过与科研单位合作，成功研制出适合本企业实际的污泥干化机，污泥含水率由 90% 降至 45%。

（张 晗）

【专业对标不断深化】 持续开展专业竞赛和现场技术服务。持续深入开展水务专业现场考评，对专业贯标、循环水物料泄漏管理、化学水水质安全和污水系统提质提效等工作进行重点检查，现场发现问题 631 项，提出整改建议 437 条。组织系统内专家就危废识别和“三废”治理存在的突出问题，赴重点企业开展现场技术交流和服务。2018 年组织召开水务业务专题分析会议，细化专业对标，分析存在问题，研究提出强化管理和整改提升的具体措施，并督促企业认真加以落实，促进专业管理水平进一步提升。

组织企业开展对口帮扶工作。就影响主生产装置稳定运行的突出问题，加强产研结合，帮助企业切实加以解决。组织北京化工研究院与海南炼化共同研究循环水系统阻垢缓蚀技术措施，针对循环水物料泄漏影响标准补新水率等问题，找准指标改善的切入点，通过采取有效措施，减少大排大补，循环水标准补新水率降低 14.6%。

（张 晗）

【专项治理成效显著】 循环水水质管理不断加强。

组织开展循环水业务外包现状调查和研讨，分析存在问题，研究制定措施，共享管理经验。逐月跟踪统计循环水系统物料泄漏情况，持续加强物料泄漏时的水质稳定管理。全年发生泄漏 398 台次，下降 14%，仪征化纤、江苏油田等 4 家企业实现全年“零泄漏”。

污水系统提质提效持续推进。按照国家关于废水排放的新要求，持续优化系统运行，加强过程管理，推进污水系统提质提效工作。重点推进源头治理、清污分流、污污分治工作，跟踪提标改造项目收尾和废水外排口总氮、总磷等重点指标达标情况。巴陵石化、武汉石化、北海炼化等企业积极开展雨污分流治理，南化公司、茂名石化、安庆石化大力实施假定净水污污分治项目，为有效减轻污水系统末端压力创造条件。高桥石化、湖北化肥、青岛石化、青岛炼化等企业已完成提标改造后续项目，为实现全面达标奠定基础。

（张　晗）

【样板水场创建工作有序推进】 样板水场创建正式启动。按照“两个三年”建成国内一流工业水务的目标要求，2018 年上半年组织研究并印发样板循环水场、化学水场和污水处理场的创建标准。同时选择基础设施相对完善、专业管理水平较好的水务装置进行示范试点，洛阳石化、齐鲁石化、天津石化等企业完成样板水场示范建设。截至 2018 年底，各企业均已正式上报 2019—2023 年样板水场创建计划，为下一步全面打造样板水场开创良好局面。

循环水处理自动化水平明显提升。采用 pH、荧光示踪、ORP 等在线检测方式，通过自动投加硫酸、阻垢缓蚀剂、氧化型杀菌剂等水处理剂，实现关键水质指标在线控制；通过液位计、在线电导率仪精确调节补水、排污，实现系统运行自动控制，为创建样板循环水场奠定基础。

信息化建设扎实推进。持续推进水务系统信息化建设，在天津石化成功试点的基础上，洛阳石化、沧州炼化等 5 家企业积极推广应用水务生产营运管理信息系统企业端建设。洛阳石化与项目实施单位通力合作，逐个岗位对接，确保系统顺利上线运行。沧州炼化通过不断完善系统功能模块，实现各类报表数据与交接班日志的在线采集、录入汇总，提升了水务运行数据实时监控和报警分析功能。

（张　晗）

【持续提升专业队伍素质】 按照集团公司人才强企工程战略部署，开展水务专业人才资源调查摸底工作，为“两个三年、两个十年”专业人才储备提出建设性意见。组织举办集团公司污水处理专业技术比武，39 家企业的 105 名优秀选手参加总决赛，13 家企业的 21 名选手分获金、银、铜牌，燕山石化、扬子石化、天津石化、齐鲁石化和茂名石化获团体奖，有力地促进专业人才队伍建设。

（张　晗）

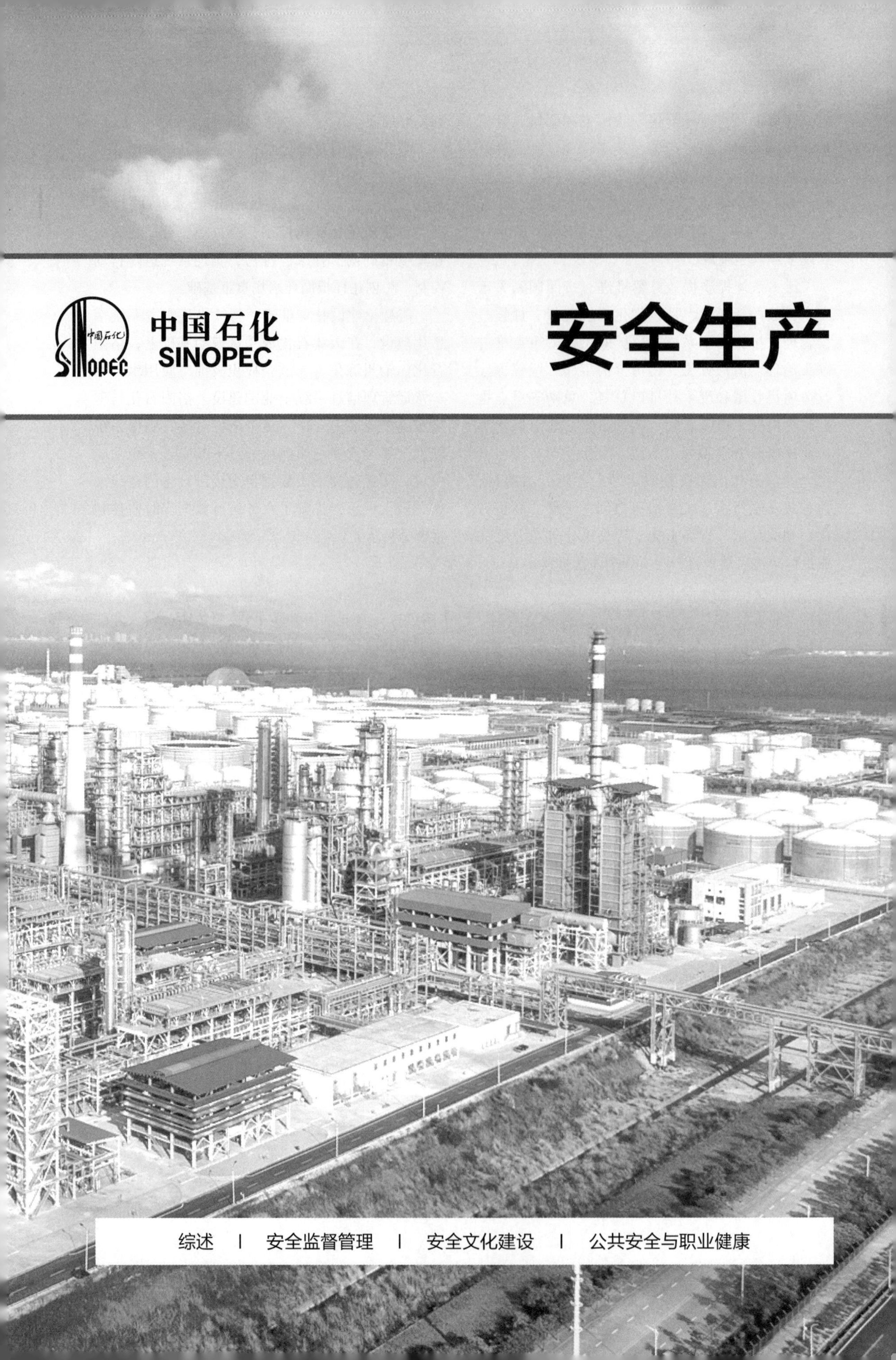

中国石化 SINOPEC

安全生产

综述 | 安全监督管理 | 安全文化建设 | 公共安全与职业健康

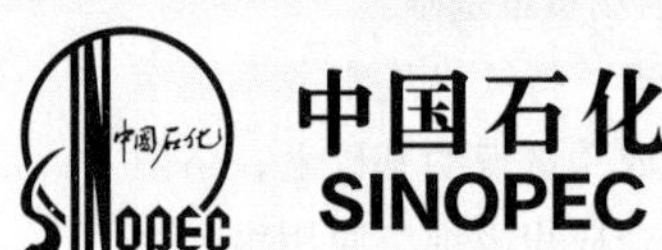

综　述

2018 年，集团公司认真贯彻落实党中央、国务院关于安全环保工作的方针政策，以“识别大风险、消除大隐患、杜绝大事故”为工作主线，坚持问题导向，严格重大安全风险管控，严格承包商安全监管，切实加强各级领导的安全引领力建设，强化基层安全管理体系建设，有力保障全年生产经营任务顺利完成。

（程敬博）

安全监督管理

【深化双重预防机制建设】 积极推进安全风险分级管控和隐患排查治理。建立各级安全生产风险和隐患清单，2018 年，30 项集团公司级重大风险关闭 19 项、续转 2019 年 11 项；191 项集团公司级重大隐患完成治理 147 项。

加快推进危险化学品安全综合治理。按照国务院安委会统一部署，围绕 13 项重点任务，扎实开展危险化学品安全综合治理工作。开展重大危险源全面排查，建立危险化学品安全风险分布档案，整治一大批危险化学品和危险化工工艺安全隐患。

吸取事故教训，组织开展专项风险与隐患排查。按照举一反三原则，组织开展“高压串低压”“内浮顶罐检修”，以及硫黄回收装置、加氢裂化装置等 17 项专项隐患排查。

规范 HAZOP/SIL 管理。完成首轮 HAZOP 分析和“两重点一重大”生产装置 SIL 评估任务。组织对涉及氯化、煤化工工艺的装置开展安全风险专项评估。

推进危险化学品泄漏专项治理。组织开展泄漏管理专题研讨，交流研讨密封、堵漏、检测等相关技术。各企业建立完善泄漏检测机制和泄漏管理台账，逐点治理，逐项消除。高桥石化等单位积极采用新型垫片，推广定力矩紧固等技术手段，泄漏率大幅下降。

（程敬博）

【严抓承包商和直接作业环节安全管理】 抓实承包商安全专项督察。总部持续开展承包商安全管理“四不两直”专项督察，对存在以包代管等突出问题施工项目勒令立即停工整改，对相关承包商和违章人员进行严肃处理。各企业进一步加大督察检查力度，广州石化等单位开发应用承包商安全管理信息系统，管控效果明显。

加强直接作业环节安全管控。采取提高预制深度、模块化施工等减少高危作业人数和频次，实施直接作业环节安全管控 13 条硬措施，强化施工现场安全管控。梳理出 2 477 项非常规作业，各项非常规作业前必须进行 JSA 分析。

积极推进承包商实操培训。按照验证式、体验式培训的思路，在华南、华北、华东建设 3 个安全实操培训基地，完成培训 3 391 人次。茂名石化、中科炼化施工项目建成移动式安全实操培训岛，完成各类施工作业人员培训 4 489 人次。

加强承运商安全管理。制定危险化学品运输承运商安全管理制度，规范承运商和承运工具准入、审核和考核标准。初步建成具备承运商及承运工具信息管理、运输过程监控、预警、应急联动和统计分析五大功能的危险化学品运输安全管理系统。

（程敬博）

【认真开展检查督察】 开展年度 HSSE 大检查。以问题为导向，统一评分标准，确定 9 个方面、56 个检查项。强化闭环管理，将大检查发现的问题逐项通报给企业，督促举一反三抓好整改。

加强煤矿、海上安全管理。在长城能化成立煤矿安全专职部门，健全煤矿安全管理体制。委托煤炭安全专业机构对银星二号煤矿进行联合试运转前的全方面安全体检。组织开展海上生产和作业设施督察，对海上重点设施、重大施工进行动态监控，对高风险作业进行预警。

（程敬博）

【扎实开展长输管道保护和自然灾害防范工作】 开展长输管道高后果区摸排和风险防控工作。对 2 653 处人口密集型高后果区实施分级分类动态管理。深入开展管道检验检测和缺陷修复工作，2018 年完成长输管道内检测 4 968 千米，长输管道内检测率提高到 82%。首次完成杭州湾海底管道全面内检测。

吸取中缅输气管道“6·10”爆燃事故教训，组织排查复核 X80 钢管道焊缝质量控制情况，完善鄂安沧管道 X80 钢焊接工艺规程和质量检验标准。

建立健全汛期预警和企业应急值班机制，实行汛期每日安全“零报告”制度，动态掌握情况。驻广东、福建、浙江、上海等地企业积极落实防洪防汛防台风的各项措施，最大限度降低灾害损失。

（程敬博）

【强化建设项目“三同时”管理】 制定建设项目设计安全管理办法。加强建设项目从前期准备到投料试车各阶段与设计安全相关的风险识别、风险评价与管控，对建设项目进行全过程管理。

严格执行标准。分板块编制可行性研究报告、安全条件、安全设施设计、安全设施竣工验收审查表，对审查提出的建议措施实施闭环管理，保障建设项目安全可靠。

严格审查程序。重点加强危险化学品建设项目安全内部审查工作，对 151 个建设项目进行会签前的审查，对 51 个项目开展专项论证，驳回 17 个不符合要求的项目，确保建设项目依法合规，杜绝未批先建。

（程敬博）

安全文化建设

【推进 HSSE 管理体系建设】 发布实施中国石化 HSSE 管理体系。认真总结集团公司 HSSE 管理的经验教训，借鉴国内外同行有效做法，编制完成中国石化 HSSE 管理体系，并于 2018 年 9 月 27 日发布，2019 年 1 月 1 日正式实施。

修订完善 HSSE 管理制度。根据 HSSE 管理体系要求，全面修订安全、环境、健康、公共安全管理制度，初步建成保障体系运行的制度支撑。新修订的集团公司 HSSE 管理制度有 87 项，与修订前的 171 项相比，减少 84 项、占 49%。

强化安全生产标准管理。成立集团公司安全生产标准指导委员会，初步制定中国石化安全专业标准体系框架，确定标准制定的重点方向。积极参与国家有关 HSSE 标准修订，结合石油石化生产实际，提出修改建议。

（程敬博）

【强化基层安全体系建设】 优化完善应急预案、现场处置方案和应急处置卡。在高桥石化举行集团公司级大型原油罐火灾事故应急演练，检验应急预案，磨合联防机制。拓展专职消防队伍职能，增加应急堵漏等综合救援任务。天津石化、中原油田等企业应急消防队伍积极参与企业外重大火灾事故扑救，展示了良好的企业形象。

加强基层安全体系建设。明确基层安全组织建设要求和基层单位主要安全职责。推动应急管理关口前移，严格各类生产异常情况的上报和处置要求。推动基层单位义务应急队建设，全面提升一线人员应急处置能力。

加强全员岗位练兵。以操作规程、岗位应急处置为基础，结合岗位风险辨识，制定完善覆盖全员的岗位安全培训矩阵，提升基层培训的针对性。分板块组织开展集团公司安全管理和基层应急技术比武，有效促进全员安全意识和安全能力的提升。

（程敬博）

公共安全与职业健康

【公共安全管理水平进一步提升】 统筹部署博鳌论坛、上合峰会等重大活动公共安全工作。青岛炼化、高桥石化、北京石油分公司等企业补充完善技防、物防设施，增派安保力量，加密巡护频次，顺利完成重大活动期间的安保任务，得到国家有关部委的充分肯定。

积极开展油气安保工作，加大涉油气案件的追逃和司法跟踪。西北石油局、塔河炼化、中原油田、销售华南分公司等多家企业连续多年实现涉油犯罪零发案。北京石油分公司、上海石油分公司成功处置多起顾客强买散装汽油事件。

（程敬博）

【员工健康管理】 树立“大健康”理念，职业健康危险因素得到有效管控。开展员工健康状况与岗位适应性排查，加强重点人员健康监护，对排查出的职业禁忌、二级及以上高血压和心脑血管疾病等人员及时安排调岗并重点跟踪管理，员工在岗期间突发疾病死亡人数下降40%。开展粉尘、毒物与噪声超标场所专项治理，经过连续3年的专项治理，毒物超标和粉尘超标现象基本得到治理，毒物监测合格率和粉尘监测合格率分别提升到98.1%和99.1%。发布实施劳保鞋技术标准，加大质量抽查检验，劳保鞋质量得到保障。各部门齐抓共管，关心员工心理健康，将安全心理与事故（事件）危机干预纳入员工帮助计划（EAP），关注员工8小时外的安全行为，促进员工队伍整体和谐稳定。

（程敬博）

中国石化
SINOPEC

绿色低碳

综述 | 绿色企业行动 | 能源管理 | 环境保护 | 应对气候变化

综　述

2018年，中国石化全面贯彻习近平生态文明思想和党的十九大精神，坚决落实《中共中央 国务院关于全面加强生态环境保护 坚决打好污染防治攻坚战的意见》有关要求，积极践行集团公司绿色低碳发展战略，树立奉献清洁能源、践行绿色发展理念，以环保优先为原则，不断提升能源环境一体化管理水平，持续推进绿色企业行动计划，有序推动“能效提升”计划，深入推行清洁生产，持续加强污染防治，有效管控重大环境风险，各项指标总体受控，助力集团公司全面可持续发展。

全年，集团公司万元产值综合能耗为0.527吨标煤，下降0.86%，节能量80.4万吨标煤；工业取水量9.26亿立方米，下降1.1%；外排废水达标率99.9%，有控废气外排达标率99.8%，固废妥善处理处置率100%；4项主要污染物化学需氧量、氨氮、二氧化硫、氮氧化物全面完成国家下达的年度减排目标。

年内，中国石化获中国低碳榜样称号。青岛炼化、茂名石化在国务院国资委能效对标活动中，分别获原油加工和乙烯生产最优企业称号；镇海炼化在工信部能效“领跑者”活动中获能效“领跑者”称号；青岛炼化、广州石化、镇海炼化在石油石化联合会能效“领跑者”活动中，分别获原油加工和乙烯生产标杆企业称号。

（刘兆鑫）

绿色企业行动

【发布《中国石化绿色企业行动计划》】 2018年4月2日，中国石化正式对外发布“绿色企业行动计划”，生态环境部、国务院国资委、国家能源局、中国石油和化学工业联合会等部门和单位相关领导，中国石化部分领导，有关部门、专业公司及企业负责人，以及国内40余家主流媒体代表出席发布仪式。

中国石化“绿色企业行动计划”以“奉献清洁能源 践行绿色发展”为理念，提供清洁能源和绿色产品，提升绿色生产水平，引领行业绿色发展，到2023年建成清洁、高效、低碳、循环的绿色企业，将绿色低碳打造成中国石化的核心竞争力。“绿色企业行动计划”由绿色发展、绿色能源、绿色生产、绿色服务、绿色科技、绿色文化6个部分组成，是国内规模最大的全产业链绿色企业创建行动，是新时代中国石化绿色发展的行动纲领，也是中国石化贯彻落实党的十九大精神、致力于成为生态文明实践者、美丽中国建设者的庄严承诺。

在发布会上，中国石化所属镇海炼化、江苏油田等10家企业签署绿色企业创建承诺书，润滑油公司与3家合作企业签订资源综合利用合作意向书。

（刘兆鑫）

【印发绿色企业行动计划及绿色企业评价指南】 2018年4月，中国石化印发《关于全面实施绿色企业行动计划的通知》，要求所属企业于2023年完成绿色企业创建。6月，中国石化印发《中国石化绿色企业评价指南（试行）》，对标国内、国际先进，兼顾板块差异，有效指导企业开展绿色企业创建工作，支撑中国石化开展绿色企业审核评价。

（刘兆鑫）

【绿色行动工作进展】 2018年，中国石化重点推进绿色发展基础较好且行动迅速的企业开展绿色企业创建，其中23家企业参与首批绿企申报，经中国石化绿色企业工作组现场审核，并经HSSE委员会通过，确定对中原油田、江苏油田、茂名石化、镇海炼化、天津石化、金陵石化、江苏石油分公司、浙江石油分公司、广东石油分公司、销售华南分公司10家企业授予2018年“中国石化绿色企业”称号。

（刘兆鑫）

能源管理

【强化用能结构优化调整】 ①西北油田持续推进能源结构调整步伐，落实以电代油工作，推进注气、网钻、修井油改电作业，通过配网优化调整，实现注气、网钻、修井、泵车、完井试油用电接入率5个100%；武汉石化引入武钢公司富余氮气，停掉生产氮气的空分装置，1年节约电力消耗2 000万千瓦·时，降低生产成本450万元/年；管道储运公司在4个站库利用周边热电厂及炼厂的余热蒸汽加热，取得替代效益386万元。②有效使用地热、太阳能，实现能源清洁化。油品销售事业部编制下发《销售企业光伏发电项目建设指导意见》，销售华南分公司、安徽石油分公司等8家企业推广建设分布式光伏发电站58座，装机容量2 059千瓦，降低用电成本131万元。中原油田扩大地热、太阳能等新能源产能规模，建成4个地热余热供暖社区，供暖面积达104万平方米，每年节约标煤0.8万吨。③淘汰高耗能落后设备，保证用能合规化。2018年集团公司淘汰电机7 650台、变压器774台、泵120台。

（刘兆鑫）

【加快推进能源管理中心和体系建设】 ①持续推进能源管理中心建设。2018年完成能源管理信息系统一期项目验收和二期项目建设，启动三期项目建设。其中，9家炼化企业完成能源管理信息系统一期建设，通过蒸汽动力在线优化操作，累计获得效益1.6亿元；9家炼化企业完成能源管理信息系统二期上线运行工作；19家企业开展三期需求对接工作。② 38家企业建成符合国家要求、与企业一体化管理相衔接的能源管理体系。其中，胜利油田、镇海炼化等9家企业对197个分厂或装置开展能源评审工作，查找问题、落实措施、限时整改，确保能源管理体系有效运行，能效管理持续提升。

（刘兆鑫）

【稳步推进“能效提升”计划】 2018年，“能效提升”计划项目实施481项，实现年节能70.5万吨标煤、效益10.4亿元。①油田板块积极实施注采输一体化能效提升、天然气回收利用、分布式能源利用等重点工程，实施项目96项，实现节能15.9万吨标煤、效益2.71亿元。②炼油板块通过月度讲评考核和技术服务等形式，加快落实“能效提升”计划项目，实施项目254项，实现节能23.9万吨标煤、效益4.1亿元。③化工板块逐一落实“能效提升”计划项目技术方案、投资和时间窗口，实施项目94项，实现节能27.4万吨标煤、效益3.8亿元。④资产热电专业制定煤电机组能耗达标实施方案和锅炉长周期运行措施，深化管理、细化考核，供电标煤耗持续下降。⑤油田存续企业采取分离移交供热业务、淘汰高能耗机电设备等措施，降低能源消耗，实施项目3项，实现节能2.3万吨标煤、效益0.3亿元。⑥油品销售企业通过优化运输结构，强化油品损耗管理，采取高压变频和低压无功补偿等节能措施，降低管输能耗。

（刘兆鑫）

【夯实能源管理基础工作】 ①完成49个建设项目节能审查，从能耗计算完整性、节能措施可行性、能源计量器具配备合规性等方面严格把关，杜绝高耗低效的项目建设。②开展能源审计和水平衡测试工作。完成华北油气分公司的能源审计，提出加强能源统计管理，建立能源管理体系的审计意见；完成中韩乙烯水平衡测试工作，挖掘节水潜力超过200万吨/年；完成天津石化高压消防水管网检测工作，发现漏点31处，消除重大安全隐患。③ 27家企业利用国家节能节水及资源综合利用产品财税优惠政策，积极开展税收减免工作，获得财税抵扣、减免和财政奖励累计8.2亿元。

（刘兆鑫）

【大力推广节能技术】 企业推广应用成熟适用节能技术，实施技术改造共计280项，节能27.9万吨标煤，实现效益4.5亿元。茂名石化应用余热发电、相变换热等节能技术对余热进行回收利用，停运6台空冷，实现年节能0.7万吨标准煤。广州石化应用蒸汽乏汽回收技术，不仅消灭蒸汽“白龙”，改善了现场环境，而且节约1.0兆帕低压加热蒸汽2.1吨/时，取得良好的节能效果。

（刘兆鑫）

【积极推进节水管理】 采取技术上可行、经济上合理、符合安全环保要求的节约和替代措施，减少和避免生产及辅助生产过程中用水的损失和浪费，高效、合理利用水资源。积极推行清洁生产，促进废水循环利用和综合利用，实现废水资源化，鼓励综合利用海水、微咸水等非常规水资源，创建节水型企业。积极采用先进的技术、工艺、设备、器具及信息化技术，进一步提高工业用水系统运行效率，控制用水总量，以每年不低于1%的幅度削减工业取水总量/新鲜水用量。①实施用水计划和目标管理。严格取水总量计划管理，建立全口径工业取水量目标，下达年度企业工业取水量指标，对取水总量增长过快的企业、板块、地区和业务及时预警调控并通报考核。②加强节水管理，提高用水效率。通过加强生产全过程节水管理，减少和避免生产及辅助生产过程中水的损失和浪费，不断提高工业水重复利用率，降低用水综合损失率，实现高效、合理利用水资源。③推进节水技术应用。江苏油田在9座站点开发并应用“含油污水生化及低能耗膜处理技术”，减少新鲜水回注量超过1 000万立方米。镇海炼化开发并应用“炼油节水减排成套技术”“炼油达标外排适度处理回用技术”“厂区清净废水（雨水）回用技术”，实现污水资源化，工业水重复利用率达98.3%，用水指标达到行业先进水平。

（刘兆鑫）

环境保护

【大力推进污染防治】 ①全面部署未来3年污染防治工作。制订下发《中国石化绿色企业行动计划污染防治工作三年实施方案》，以打赢蓝天保卫战、打好碧水保卫战、推动净土保卫战为目标，细化23项具体工作任务，为集团公司实现全面可持续发展奠定坚实基础。②加大环保隐患治理力度。累计投入资金125.91亿元，加紧实施环保隐患治理项目。完成117个达标整治项目和56个罐区、装卸及污水场VOCs综合整治项目，实施32台锅炉超低排放改造，累计实现500余台工艺加热炉低氮燃烧改造；完成约1万座加油站埋地油罐防渗改造；持续推进危废贮存设施建设，推广使用固废减量化技术，危废产生量减少约15.2万吨。

（刘兆鑫）

【开展环保专项行动】 ①认真组织京津冀及周边、汾渭平原、长三角地区企业做好重污染天气及秋冬季大气污染防治工作；完成“两会”、博鳌论坛、上合峰会、进博会等重大活动期间空气质量保障任务。②开展沿江企业环保专项督察，召开长江经济带区域环保工作推进会，下发《沿江企业污染防治指导意见》，从9个方面提出具体指标目标和重点任务。③累计对60家企业开展环保专项督察，组织“生态环境保护问题大排查”“清洁生产月”活动，完成121家企业环保综合检查。

（刘兆鑫）

【有效管控环境风险】 ①持续降低超标排污风险。通过实施监督监测、月度通报制度，督促企业做好环境在线监控平台运行管理，确保废气、废水综合达标率达99%以上，数据传输率达97%以上。②不断提升企业环境风险管控能力。对海底管道等重大环境风险开展现场督导；部署雨季汛期环境风险管控工作。通过完善管理措施，实施隐患治理，淘汰或停用红线区内生产设施，减少环境风险物质量等措施，完成集团公司重大环境风险源降级目标。

（刘兆鑫）

【严格规范建设项目环保管理】 强化项目前期管理，认真履行项目批建过程中的环保管理责任，严格项目环保评估审查和把关，确保环保措施“三同时”；积极参与重点项目投产前和建设过程中环保把关，保证环保措施有效落实；推动环保遗留项目整改，19个遗留项目中，14个项目完成整改，整改完成率为73.7%；印发《中国石化建设项目竣工环境保护验收管理实施则（试行）》，规范集团公司环保自主验收工作流程，2018年集团公司共有250个项目完成自主验收，未出现新的“久投未验”。

（刘兆鑫）

【持续推进清洁生产】 ①完成广州石化、武汉石化、长岭炼化3家企业清洁生产现场验收；完成对中原油田、宁夏能化、塔河炼化、金陵石化4家企业文审工作。②开展清洁生产技术征集，筛选较成熟技术95项。③修订《石油化工企业清洁生产标准》《中国石化清洁生产企业审核细则》。

（刘兆鑫）

【强化排污许可相关工作】 下发《中国石化排污许可管理工作指导意见》，指导企业做好排污许可证申领及环境保护税申缴工作。截至2018年底，应取证企业已全部按期完成取证工作并依法按证排污；应税企业已按政府要求每季度缴纳环境税。

（刘兆鑫）

【持续提升基础管理】 ①完成集团公司污染源调查。全面摸清集团公司92家生产企业主要生产装置生产运行及其污染源分布、污染物产生强度及去向等；掌握企业水气声渣产生、排放及治理现状。②环保信息化工作有序推进。完成环境保护信息系统（二期）项目可研论证及批复，对在线监测等已建模块进行功能提升，开发部署排污许可等新功能模块。③持续提升环境统计与监测能力。组织环保统计、环境监测培训；编制《中国石化环境监测实施细则》《中国石化在线监测管理办法》，组织监督性监测检查，持续提升环境监测合规性。

（刘兆鑫）

【加强环保教育培训】 组织研究国家政策法规，编制《环保政策动态参考》，为公司决策提供依据及支撑，并有效指导企业开展节能环保工作；加大绿色发展宣传工作，编制《绿色企业行动工作简报》，在“奋进石化”公众号上开设“绿色石化”专栏，在《中国石化报》上组织开展各类绿色主题宣传。分别组织企业领导及环保处长层面的专题环保培训，切实提高企业领导对环保形势的认识，及环保从业人员履职能力和专业水平。

（刘兆鑫）

应对气候变化

【强化碳资产基础管理】 ①实施温室气体减排考核，对事业部、企业的碳排放总量和碳排放强度2项结果性指标和碳盘查、碳交易等7项过程性指标进行考核，明确企业温室气体减排主体责任，扎实推进全系统碳资产管理工作。②持续深化碳资产信息化管理，全面启动炼化、油田企业碳资产管理信息系统企业端建设，提高碳排放数据统计效率，增强企业碳排放过程管控能力。③以开展“绿色企业行动计划”为契机，重点推进温室气体实质减排、碳足迹核算评价等工作，着力提升绿色企业创建水平。④强化非控排企业温室气体自愿减排项目管理，依据国家相关方法学开展项目开发可行性论证，为开展国家核证自愿减排量申报做好准备。

（刘兆鑫）

【加大温室气体实质减排行动力度】 ①持续开展油田、炼化企业二氧化碳捕集回收利用。2018年，炼化企业捕集二氧化碳101万吨，累计捕集二氧化碳245万吨，用于驱油、工业用气或食品级加工气体。油田企业推进二氧化碳驱油示范工程，二氧化碳驱油注入24万吨，累计注入二氧化碳344万吨。②加强油田伴生气、试油试气、原油集输系统等甲烷回收利用，共回收甲烷约2.26亿立方米，相应减少温室气体排放约 335 万吨二氧化碳当量。③炼化企业推进沼气回收利用技术，上海石化、仪征化纤持续优化生化装置沼气送烧项目运行管理，提高沼气利用效率，年回收利用沼气 1 100 万立方米。

（刘兆鑫）

【积极参与碳交易】 26 家碳交易试点企业制订合理的履约方案和交易计划，积极利用 CCER 抵扣配额政策，按时完成 2017 年度碳配额履约，降低履约费用。集团公司 2018 年碳交易量达 172 万吨、交易额为 3 632 万元。

（刘兆鑫）

中国石化
SINOPEC

科研开发与管理

综述 | 科技成果 | 知识产权 | 技术监督 | 国际科技合作

综　述

2018年，集团公司认真贯彻党的十九大精神，深入实施创新驱动发展战略，持续深化科技体制机制改革，加快重大关键技术攻关和前沿引领技术研究，取得丰硕成果。

强化顶层设计，加强创新能力建设。积极谋划顶层设计，围绕规划、平台、项目等方面进行系统研究和布局，为提升创新能力打下坚实基础。①突出科技创新顶层设计。根据集团公司“两个三年、两个十年”战略部署，编制《中国石化打造一流科技战略规划和行动方案》，布局公司未来一段时期科技主攻方向。②推动重大科研平台建设。聚焦国家重大需求，积极申报建设国家技术创新中心、国家重点实验室。命名气驱提高石油采收率等集团公司重点实验室，对已建重点实验室进行评价和通报。持续完善海外研发中心建设与运行。③强化重大技术攻关布局。积极承担一批国家科技重大专项任务和国家重点研发计划项目。持续推进“十条龙”科技攻关，年内8个项目完成攻关任务顺利“出龙”，9个项目获批“入龙”。2个项目被列入2018年集团公司重大科技攻关计划。

积极解放思想，持续推进科技体制机制改革。在进一步深化科技项目、科技经费、科技成果转化推广与激励等改革的基础上，大力推进引领型研究院和创新型企业建设，持续深化开放创新，加快科技孵化器建设，充分激发创新活力。①推进引领型研究院建设。依托直属研究院成立新能源研究所。着眼引领未来业务发展，落实一批前沿引领技术研究项目。提高直属研究院前沿和新领域技术研究目标任务考核比重，推动技术研发储备。②加强创新型企业建设。落实中试与工业试验专项支持资金，支持一批工业试验。规范企业研发经费统计口径，核增科研经费预算。完善企业研发支出视同利润考核机制，进一步调动企业科技创新的积极性。③加强产学研深度融合。围绕前沿和新领域技术，与相关高校和科研院所成立4个联合研发中心，建立联合研发中心管理委员会、技术指导委员会，设立前瞻性、长远性研究课题，推进前沿技术研究。④强化创新激励机制。进一步加强科技创新与成果转化奖励力度。落实重大科技项目过程激励，授予云露、夏先知2018年度科技创新功勋奖。开展优秀青年创新基金项目评选，授予8位课题负责人集团公司优秀青年科技创新人才称号。⑤推进科技孵化器建设。印发鼓励科技创新的3个管理办法。举办首届“中国石化杯”创新创业大赛决赛，评选出20个获奖项目。承办国务院国资委2018年中央企业熠星创新创意大赛新材料技术方向比赛。推进创新企业孵化，一家专利使用权参股组建的合资公司启动运营；完善相关单位设立创新公司的方案；批复实施首批12个新领域培育项目，加快推进新技术突破与转化。

知识产权工作取得新进展，专利成果保持央企领先。贯彻“数量布局，质量取胜”的专利管理理念，持续加大专利申请质量管控力度。开展专利价值分析评估，放弃低价值专利，优化维护成本。编制印发《中国石化涉外专利管理流程》。组织认定20项专有技术。持续开展重大技术自由运作权分析。技术贸易工作持续提升。积极开展技术维权。获2018年度国家技术发明二等奖1项、国家科技进步二等奖3项，中国专利银奖4项、优秀奖4项。专利申请、授权数量持续保持央企领先。

开展质量提升行动，加快标准提档升级。组织开展中国石化“质量日”活动和全国“质量月”活动。进行质量风险和隐患排查，持续强化产品质量监督抽检，开展质量管理体系有效性检查，促进企业质量管理水平的提高。中国石化客服电话95388实现全覆盖上线运行，提升了服务质量。贯彻落实《中华人民共和国标准化法》，组织开展标准自我声明公开工作。持续推进国际标准、国家标准、行业标准、一级企业标准的研究、制定和发布工作。

（林　源）

科技成果

【概述】 2018 年度，国家授予集团公司“高酸性活跃厚沥青层复杂碳酸盐岩油田钻完井技术及应用”“稀乙烯增值转化高效催化剂及成套技术”和“特种表面冲击强化抗应力腐蚀与疲劳技术及应用”3 项成果科学技术进步奖二等奖；授予“油气管道系统完整性关键技术与工业化应用”技术发明奖二等奖。

集团公司授予“全新结构分子筛材料的合成”等 2 项成果前瞻性基础性研究科学奖一等奖、“长链正构烷烃高效异构催化材料基础研究”等 2 项成果前瞻性基础性研究科学奖二等奖、“碎屑岩储层地震相模式及自动识别关键技术”等 6 项成果前瞻性基础性研究科学奖三等奖。授予“大型变径流化床反应器关键技术研究与开发”等 2 项成果技术发明奖一等奖、“特殊形貌纳米沸石与协同催化技术的研发及在二甲苯生产中的应用”等 5 项成果技术发明奖二等奖、“基于广义散射理论的高分辨率地震成像技术”等 10 项成果技术发明奖三等奖。授予“绿色高效百万吨级乙烯成套技术开发及工业应用”等 2 项成果科学技术进步奖特等奖、“满足国五柴油生产的高性价比加氢催化剂关键制备技术创新及应用”等 15 项成果科学技术进步奖一等奖、“中间基油生产优质高黏度基础油加氢处理催化剂及工艺技术”等 34 项成果科学技术进步奖二等奖、“大型储罐完整性检测评价技术”等 60 项成果科学技术进步奖三等奖。

（李铁军）

知识产权

【概述】 2018 年度，中国石化知识产权管理持续保持央企领先，全年共申请专利 7 184 件，获授权专利 5 241 件。在确保专利申请及授权量稳步增长的基础上，稳步推进专利战略研究工作，提高专利战略研究水平；完善专利管理系统建设，采用国家知识产权局数据库进行数据补充；继续加强专有技术保护工作，对成套技术创新成果进行专有技术梳理和认定工作。在 2018 年中国国家知识产权局举办的第 20 届中国专利奖评选活动中表现优秀，中国石化共获专利银奖 4 项、优秀奖 4 项。

在国务院国资委 2017 年中央企业专利情况排名中，中国石化当年累计有效发明专利拥有量排名第一，当年累计拥有有效专利总量排名第二，当年发明专利申请量和当年发明专利授权量排名第三，继续处于央企领军地位。

（张洪波）

技术监督

【质量管理与监督】 ①制定下发《中国石化 2018 年度质量工作要点》。②组织开展 2017 年度中国石化质量管理奖评选和表彰。评选出质量管理先进单位 25 家、质量管理先进个人 89 名、计量管理先进个人 25 名。2 月 14 日印发《关于表彰 2017 年质量管理奖先进单位和先进个人的决定》。③开展第 3 轮质量管理体系认证机构准入工作。5 月 24 日印发《关于发布第三轮质量管理体系认证机构准入名单的通知》，确定 12 家认证机构为第 3 轮准入的质量管理体系认证机构，有效期为 5 年。6 月 8 日召开质量管理体系准入认证机构工作会议，通报准入结果并提出管理要求。④4 月 7 日组织开展中国石化第7个“质量日”活动，9月组织开展“质量月”活动。组织开展中国石化质量答题活动，27万余人参加；组织参加中央企业全面质量管理知识竞赛，近6万人参加。⑤组织召开3次质量工作例会，对5家中国石化质检中心进行检查。⑥举办第14期企业质量处（科）长岗位培训班，55人参加。举办第2期提高质量管理体系有效性研讨班，35人参加。⑦组织开展对所属22家企业的质量管理体系有效性检查，共提出问题772项，派出观察员41人次。其中，组织对青岛安全工程研究院、物探技术研究院2家单位质量管理体系进行有效性检查。⑧下发《关于2017年石油和石油化工产品质量监督抽查结果的通报》和《关于2017年油田企业采购物资质量监督抽查结果的通报》。召开质量监督检验中心工作会议，制定并下发中国石化2018年度质量监督抽查计划。

（赵 巍）

【标准化管理】 ① 2018年，中国石化共完成6项ASTM标准，25项国家标准，46项行业标准，5项英文版国家标准、行业标准和77项一级企业标准。②发布《关于加强中国石化产品标准和服务标准自我声明公开工作的指导意见》，重点审查并确定107项中国石化企业标准的自我声明公开内容，组织并督促各企业按进度要求做好标准公开工作，公开国家标准、行业标准948项次，一级企业标准和二级企业标准972项次。③积极落实国务院《打赢蓝天保卫战三年行动计划》要求，参与《船用燃料油》《车用柴油》标准修改工作。④召开企业标准归口工作讨论会，讨论确定产品和服务二级企业标准的管理流程和审查要求，规范中国石化二级企业标准的归口管理。⑤召开标准化工作会议，总结2018年标准化工作，安排部署2019年标准化重点工作。⑥多次组织《汽油中非常规添加物限值研究》等4项国Ⅵ车用汽、柴油标准配套课题的研讨。⑦完成《地热标准体系研究与规划》等6项重点标准化项目的鉴定和验收。⑧举办2期标准化专业培训，培训内容包括宣讲2017年新发布的《中华人民共和国标准化法》和《中国石化标准化管理制度》，标准编制和标准复审要求、国际标准化工作程序和实践等，共培训学员212人。⑨协助指导成立“中国石化安全生产标准指导委员会”；组织完成石油工业安全专业标准化技术委员会秘书处承担单位由胜利油田分公司调整至青岛安全工程研究院的相关工作。

（刘慧敏 薛 颖）

【计量管理与监督】 完成国家市场监督管理总局（原国家质检总局）交办的工作：向国家市场监督管理总局计量司提交中国石化2017年计量工作总结及2018年重点工作任务。

组织企业参加“2018年度中国油气计量论坛”：论坛由中国石化、中国石油和中国海洋石油三大公司共同组织，每2年举办1次，三大公司轮流承办，2018年论坛由中国石油主办。论坛征集到中国石化论文239篇，其中13篇论文分别获得一、二、三等奖。

开展计量人员培训工作：根据2018年集团公司培训计划，5月，在北京燕山石化教育培训中心举办第16期计量处科长岗位培训班，油田、炼油化工、油品销售、石油工程企业的43位计量管理人员参加培训；12月，在天津分公司举办可燃及有毒气体报警器取证培训班，共有308名学员参加培训并取得集团公司计量检定员证。

完成石油专用计量器具校准规范直属工作组换届工作：根据《关于石油专用计量器具校准规范直属工作组换届工作的通知》的要求，完成中国石化11名委员的换届工作。

（毕海鹏）

国际科技合作

【概述】 与美国勘探地球物理学家学会、格勒诺布尔—阿尔卑斯大学、科罗拉多矿业学院、塔尔萨大学、德克萨斯大学达拉斯分校、英国帝国理工大学、卡尔加里大学就油气勘探开发技术进行合作；与战略联盟伙伴 Phillips 66 公司和 UOP 公司就炼油技术开展合作；与日本丰田公司在成品油和润滑油等领域进行技术合作；与美国化学工程师学会（AIChE）开展化工过程安全技术合作。

（柳江琳）

中国石化
SINOPEC

企业改革与管理

综述 | 体制改革 | 企业管理

内控与风险管理 | 资本运作 | 股权管理

综　述

2018年，集团公司全面贯彻落实党的十九大精神和党中央、国务院深化国有企业改革的有关要求，蹄疾步稳深化改革，突出重点加强管理，有关工作迈出实质性步伐。

深化改革蹄疾步稳。制订实施公司全面深化改革总体方案，国际合作部、资本和金融事业部挂牌成立，资本公司投入运营，销售股份有限公司注册成立，天然气分公司、管道储运公司等专业公司完成管理关系调整。完善全面深化改革领导小组办公室（简称深改办）工作运行机制，统筹推进公司深化改革工作。积极打好防范风险、“处僵治困”、分离移交三大攻坚战，守住了不发生系统性风险的底线；国务院国资委督导的39家企业“处僵治困”任务全部完成，全级次亏损面降至16%，杭州炼厂等8家企业关停；“四供一业”及其他办社会职能分离移交走在央企前列，正式协议全部签订，业务、职能和资产移交完成国务院国资委考核目标，独立工矿区剥离办社会职能综合改革试点稳步推进。“三项制度”改革进一步深化，相关配套政策不断完善，企业层面“三定”方案全面落实推进，3家国务院国资委“双百行动”试点和其他9家综合改革试点初见成效。公司制改制和压缩法人管理层级、法人产权层级工作全面完成。

企业管理得到加强。坚持全面依法依规治企强化管理，制订实施2018年行动方案，强化依法依规经营，严格内控制度执行，抓好问题整改，规范经营行为，堵塞管理漏洞。持续深化制度建设，建立立项评估机制，提升体系化水平。编制境外油气投资新项目风险管理指引，防范化解境内外投资并购风险。积极发挥董事会等治理主体作用，进一步规范决策程序和议事规则，自上而下的“三重一大”制度体系不断完善。推动“三基”管理标准化，促进“三基”工作与专业深度融合，强化岗位责任制落实，提升了基层管理，夯实了管理基础。优选出江苏石油分公司《石油销售企业三项制度改革的探索与实践》、茂名石化《特大型炼化企业制度管理体系的建立与实施》、齐鲁石化《炼化一体化企业基于“以销带产”实现经营增效的精益管理》等管理创新成果263项，并在全系统推广。启动践行“马上就办”，以提高管理效率为出发点，聚焦频率高、反响强、辐射带动作用明显的签报、会签、批复等文件，明确限时办结和限时回复要求，管理撬动效应初显。

（赵　楠　李鑫轶）

体制改革

【调整完善深改领导小组工作机制】 学习借鉴党中央全面深化改革工作统筹领导、成立全面深化改革委员会的重要举措，以及国务院国资委深改组建设及会议运作情况，2018年5月9日，集团公司下发《关于印发<中国石油化工集团公司全面深化改革领导小组工作规则>等3个文件的通知》，优化公司深化改革领导小组和深改办人员构成、主要职责、会议制度等，完善运行机制，统筹协调推进全面深化改革工作。

（王俊瑶）

【细化分解落实改革重点工作】 按照集团公司年度工作会议精神和全面深化改革领导小组会议要求，对2018年全面深化改革工作进行研究，重点围绕调整完善集团公司管理体制、全力打好改革攻坚战、推进运行机制改革、深化企业层面改革4个方面，提出23项深化改革工作及运行计划表，明确相关责任单位责任人、联系人，细化、量化年度工作计划及目标，稳妥有序推进工作。

（王俊瑶）

【集团公司完成公司制改制】 按照国务院国资委

关于推进中央企业公司制改制的总体要求，2018年8月20日，集团公司完成工商变更登记，更名为中国石油化工集团有限公司，企业类型由全民所有制变更为有限责任公司（国有独资）。

（王俊瑶）

【成立资本和金融事业部、国际合作部】 为进一步加快公司资本和金融业务发展，2018年6月25日，集团公司印发《关于成立资本和金融事业部的通知》，成立资本和金融事业部，负责对集团公司所有新兴产业的财务投资和各类金融服务业务进行集中、统一、专业化管理。为加强总部对国际合作业务和涉外工作的统筹归口管理，集团公司印发《关于成立国际合作部的通知》，在对外合作办公室、外事局基础上，成立国际合作部。

（王俊瑶）

【成立中国石化集团资本有限公司】 为进一步加快公司新兴业务发展，促进产融结合，2018年7月9日，集团公司印发《关于成立中国石化集团资本有限公司的通知》。资本有限公司作为中国石化开展新兴产业投资和基金业务的平台，归口资本和金融事业部管理，注册地设在雄安新区，注册资本100亿元人民币，集团公司持股51%、股份公司持股49%。

（王俊瑶）

【调整绩效考核与管理规格职能】 为实现绩效考核与薪酬分配同谋划、同部署、同审核、同下达，2018年6月7日，集团公司印发《关于绩效考核管理与机构规格管理职能调整的通知》，将企业改革管理部绩效考核管理与机构规格管理职能调整到人事部。

（王俊瑶）

【调整天然气有限（分）公司和管道储运有限公司管理关系】 为进一步理顺天然气产业链和炼油产业链一体化体制，加大天然气生产销售和原油储运加工的统筹协调力度，提升管理运行效率，2018年3月26日，股份公司印发《关于调整天然气有限（分）公司和管道储运有限公司管理关系的通知》，将天然气有限（分）公司由股份公司直接管理调整到股份公司油田板块管理序列，归口油田勘探开发事业部管理；将管道储运有限公司由股份公司直接管理调整到股份公司炼油板块管理序列，归口炼油事业部管理。

（王俊瑶）

【完成“僵尸企业”处置及特困企业专项治理工作】 根据国务院国资委关于中央企业处置“僵尸企业”及特困企业治理工作部署，集团公司加大统筹推进力度，制定红黄绿运行大表，强化重点难点企业动态跟踪督导，如期完成剩余16家企业治理任务。其中，保定石化、中原油田石油化工总厂实施关停，石油工程建设公司、华东油气分公司等14家企业实现扭亏为盈或大幅减亏。截至2018年底，国务院国资委督导的39家企业“处僵治困”任务全部完成。

（王俊瑶）

【注销杭州石化有限责任公司】 2018年7月24日，股份公司印发《关于注销杭州石化有限责任公司的通知》，决定注销杭州石化有限责任公司。

（王俊瑶）

【调整西安石化、中原油田石油化工总厂管理关系】 2018年10月11日，股份公司印发《关于调整西安石化管理关系的通知》，决定西安石化由陕西石油分公司管理，建立一体化管理体制；印发《关于调整中原油田石油化工总厂管理关系的通知》，将中原油田石油化工总厂由炼油事业部转隶油田勘探开发事业部。

（王俊瑶）

【持续推进压缩法人管理层级和法人产权层级工作】 按照国务院国资委工作部署，2018年，集团公司持续推进压缩法人管理层级和法人产权层级工作，完成“将法人管理层级控制在4级以内、法人产权层级控制在7级以内”的工作目标。

（王俊瑶）

【稳妥推进企业综合改革试点】 按照国务院国资委国企改革“双百行动”有关要求，结合遴选标准，集团公司选取润滑油公司、石化机械公司、易捷公司3家企业作为“双百行动”试点企业，将江苏石油分公司、易派客、石化盈科、江苏油田、石油工程建设公司、巴陵石化、荆门石化、湖北化肥、北京石油分公司9家单位作为综合改革试点，按照国务院国资委“五突破、一加强”的思路，组织研究制订综合改革方案，稳妥推进改革工作。

（王俊瑶）

【推进生产经营类事业单位改革】 按照《关于做好中央和国家机关所属从事生产经营活动事业单位改革工作的通知》要求，2018年12月19日，集团公司印发《关于撤销中国石化集团公司机关服务中心的通知》和《关于中国石油化工集团公司经济技术研究院转企改制的通知》，完成机关服务中心、经济技术研究院转企改制工作。

（王俊瑶）

【推进国际石油勘探开发有限公司简政放权】 为提升国际石油勘探开发有限公司发展活力、创造力和市场竞争力，2018年3月2日，集团公司印发《关于国际石油勘探开发有限公司简政放权的实施意见（试行）》，从计划预算、境外投资、财务资金、人事管理、安全环保、外事管理、信息管理、审计管理8个方面，对15项具体事项进行放权。

（王俊瑶）

【进一步规范机构管理工作】 2018年11月16日，集团公司修订印发《中国石化直属机构与法人单位设立变更撤销管理办法》，从制度层面进一步规范公司直属机构和非直属法人单位设立、变更、撤销管理工作。

（王俊瑶）

【深化纪检监察体制改革】 贯彻落实党中央、中央纪委关于纪检监察体制改革有关文件要求，集团公司编制深化纪检监察体制改革实施方案，明确“时间表”“路线图”，蹄疾步稳推进各项改革工作。

（杨军山）

企业管理

【坚持依法依规治企强化管理】 研究制订并组织实施《坚持全面依法依规治企强化管理2018年行动方案》，从制度查缺补漏、修订完善、推动落实3个角度，梳理问题40项并分解到16个牵头部门，制定整改措施，完成相关制度的制定和修订完善。

（栾　图）

【优化完善公司制度体系】 为落实全面依法依规治企，集团公司进一步优化完善制度体系，不断强化制度建设与管理。建立制度立项评估机制，优化存量制度、严控制度增量，初步解决制度“碎片化”问题。系统梳理优化公司安全管理、参股管理、责任追究等专项领域的制度，推进制度体系化、系统化建设。

（李召雪）

【规范公司“三重一大”制度建设】 为进一步规范“三重一大”制度建设，促进依法依规决策，2018年，集团公司进一步理顺“三重一大”管理组织体系，明确总部相关部门在“三重一大”制度建设、执行、监督检查等各环节的职责分工，推动实现闭环管理。完成对140家直属单位的“三重一大”制度的集中审批，公司自上而下的“三重一大”制度体系基本健全。

（李召雪）

【启动并践行“马上就办”】 为进一步提高管理效率，转变工作作风，2018年，集团公司印发《总部机关践行“马上就办”工作方案》，聚焦工作频率高、反响强烈、辐射带动作用明显的签报、会签、批复，明确限时办结和限时回复要求，开展信息化提升，建立通报专栏，并配套健全工作机制，积极营造“马上就办”氛围，提高了工作效率。在总部机关践行基础上，印发《企业践行“马上就办”工作指导意见》，推动“马上就办”向企业层面延伸。

（李召雪）

【推进基层管理工作标准化】 总结推广油田企业价值积分管理法和低油价下三线四区管理法，炼化企业检修标准化作业管理和一体化协同管理法，销售企业基层党代表制和“站长站”培养骨干站长经验做法等，并将上述做法上升为板块管理标准，促进了基层管理工作标准化。同时，组织开展基层岗位操作手册和基层岗位管理手册编写应用，在石油工程企业实现基层单位全覆盖。

（朱好生）

【推进专业管理与“三基”工作融合】 制定《关于在“三基”工作中充分发挥党支部作用的指导意见》和《关于进一步强化安全“三基”工作的指导意见》等制度，落实基层班子跟班带班值班制、班组交接班制、巡回检查制、设备维护保养制等措施，促进基层党建、安全生产等与“三基”工作深度融合，提升了“三基”工作整体水平。

（朱好生）

【上线应用新版制度管理系统】 为推进制度全生命周期管理，提高信息化水平，2018 年，集团公司上线应用新版制度管理系统。新版制度管理系统改进了制度查询、编制、信息分析等功能，增加制度宣贯、承接、评估等功能，实现制度管理横向、纵向全流程贯通，成为全面依法依规管理企业的重要平台。同步开发上线制度管理 APP 移动端，实现制度的移动查询及流转审批，深化了制度应用，提高了工作效率。

（李召雪）

【持续推进管理现代化创新】 集团公司持续推进管理现代化创新工作，以深化改革、强化管理和激发活力、提升效率为中心，明确“三基”管理、制度管理、“三项制度”改革等管理创新重点，评选出 263 项创新成果，其中一等成果 34 项、二等成果 109 项、三等成果 120 项。

（朱好生）

内控与风险管理

【全力打好防范风险攻坚战】 2018 年，集团公司认真贯彻党的十九大精神，以习近平新时代中国特色社会主义思想为指导，按照“两个三年、两个十年”战略部署，全力打好防范风险攻坚战。建立季度风险例会机制，明确防范风险攻坚战工作重点和目标要求，协调解决风险管控过程中存在的问题，推动防范风险攻坚战工作开展。狠抓重大风险防控，聚焦重点业务领域，将风险进一步细化分解为债务接续、应付账款等 33 个风险点，逐项制定风险管控目标及措施。聚焦重点单位，组织 21 家专业公司全面排查风险并编写风险管理报告，狠抓国勘公司、石油工程公司、炼化工程公司等单位的主要风险，建立重大重要风险动态评估和跟踪监控机制，按季度编写季度报告，提示风险。推进风险管理制度化标准化建设，制定并实施《境外油气投资新项目风险管理指引（试行）》《环境风险评估指南》《法律风险清单指引（2018 年）》《加强境外廉洁风险防控的实施意见》《境外反腐败合规手册》等。集团公司在防范化解债务接续风险、原油库存跌价风险、利率汇率波动风险、境外法律案件诉讼风险等方面取得阶段性成果。

（吴雪琳）

【推进内控风控一体化】 以风险为导向，总结评估投资决策和对外投资管理风险控制矩阵运行情况，结合重大重要风险，逐步开展其他业务领域风险控制矩阵修订，将识别的风险清单落实到风险控制矩阵中，制定控制措施，建立风险和控制措施的对应关系，扎实推进内控风控一体化。

（吴雪琳）

【加强内控信息化建设】 开发内控检查评价系统，在 7 家单位试点基础上，2018 年在 103 家企业上线运行。共创建检查规则 419 项，其中业务操作类 148 项、配置类 73 项、权限类 161 项、职责分离类 37 项。开发应用总部综合检查、企业年度自查、专项检查、IT 控制点检查等相关功能模块，与审计系统、ERP 系统、BW 系统集成。明确 IT 控制点检查规则，对 ERP 系统进行全样本扫描，重点关注存疑数据，实现 ERP 系统 IT 内控要求在线检查、远程检查，内控信息化水平得到提升。

（吴雪琳）

资本运作

【概述】 2018 年，集团公司资本运作和上市公司管理工作认真贯彻落实集团公司工作会议精神，以持续推进销售公司和新星公司地热业务板块混合所有制改革、加强控股上市公司日常监管为重点，综合运用资本运作和资本市场各种工具，有效服务于集团公司深化改革、结构调整等工作，努力为公司实现跨越式发展、提高国际竞争力和可持续发展能力提供支撑。

（祝晋东）

【新星公司地热业务板块混改工作稳妥有序推进】 2017 年 11 月，新星公司地热业务板块被列为国家混改试点。集团公司研究制定《中石化新星清洁能源有限公司地热业务发展规划》和《中石化新星清洁能源有限公司深化体制机制改革方案》，在此基础上，形成新星公司地热业务板块混改试点方案（中国石化资〔2018〕372 号），并经集团公司党组会和董事会审议通过后，于 2018 年 9 月正式上报国家发改委。2018 年 12 月，该方案获国家发改委批复同意（发改办经体〔2018〕1714 号）。截至 2018 年底，新星公司地热业务板块重组工作涉及的审计、评估和法律尽职调查有序推进，其后将引入有技术、有资源、有市场的外部战略投资者和各类社会资本，通过实施混改，促使企业转变体制机制，增强企业活力，提升盈利能力，努力打造国际知名的绿色能源品牌，支持雄安新区规划建设，为中国石化实现绿色低碳发展起到示范作用。

（祝晋东）

【保定石化调整转型工作取得阶段性重大成效】 保定石化调整转型是中国石化落实党中央、国务院关于“处僵治困”要求的重要举措，也是中国石化讲政治、顾大局，深入践行以人民为中心理想的生动实践，更是在京津冀协同发展和雄安新区建设规划的重大机遇下，中国石化社会责任和历史担当的彰显。2018 年 4 月 25 日，保定石化调整转型总体方案及各专项方案通过集团公司党组会审议；6 月 29 日，《保定石化调整转型人员分流安置实施细则》获保定石化七届五次“双代会”高票通过；8 月 2 日，保定石化人员分流安置工作全部完成，在册 493 名人员全部得到妥善安置，实现员工自主选择和队伍稳定的总体目标；截至 12 月底，与保定市竞秀区有关部门相继签订供电、供水、供热和物业移交协议，标志着“三供一业”移交工作基本完成。保定石化后续资产处置及调整转型工作有序推进。

（祝晋东）

【完成销售公司股份制改造】 2018 年，集团公司多次召开领导小组专题会议，工作团队定期召开例会，修订完善工作方案，明确责任分工和时间节点要求，有序推进各项工作。①积极推进监管机构报批工作。5 月初，国务院国资委上报国务院的销售公司股改上市请示文件在征得国家发改委、证监会等 9 部委同意后正式上报国务院。此后，集团公司总部相关部门又多次就国务院办公厅提出的上市地点、管道剥离、全流通等 10 余项问题逐一拟定并上报说明材料。11 月底和 12 月中旬，销售公司股改上市整体方案分别获得国务院和国务院国资委批准同意。②完成销售公司股份制改造工作。为了依法合规、规范操作，集团公司成立销售公司股改上市工作领导小组，相关部门组成领导小组办公室，定期召开工作例会，对各项工作任务进行细化分解，倒排时间节点，组织力量对审计评估、资产权属、管道剥离、人员划转、运营模式、关联交易、投资者沟通、体制机制、新公司章程以及信息披露等项工作中存在的具体问题进行反复分析论证，逐一研究制订切实可行的解决方案，并规范履行集团公司审批程序。12 月 24 日，商务部批复同意销售公司变更为外商投资股份有限公司；12 月 27 日，销售股份公司完成工商变更登记，正式挂牌运营。③制订剥离成品油管道方案，并获得批准。集团公司就剥离成品油管道资产至股份公司的承接主体、交易对价、人员划转、剥离后管理运营方式和收费标准等事项进行反复论证，研究制订剥离成品油管道资产初步方案，履行了集团公司内部审批程序，并于 7 月 5 日在销售公司董事会上获外部董事全票通过。④积极推进销售公司混改工作。研究制定未来发展战略和深化体制机制改革总体方案及配套意见办法，并积极推动相关措施落地。12 月 12 日，集团公司正式向国家发改委上报《关于将中国石化销售公司纳入混合所有制改革试点范围的请示》及《关于销售公司进一步深化混合所有制改革方案》和《销售公司深化人事劳动分配制度改革的实施方案》，申请将销售公司纳入国家第 4 批混改试点单位。

（郑子翔）

【石化油服实现扭亏脱困】 受国际油价断崖式下跌和油公司大幅减少投资影响，石化油服经营十分困难，陷入行业持续低迷、市场容量萎缩、企业发展受阻的困境，并被国务院国资委列为亏损上市公司专项治理重点企业，其 A 股股票因连续亏损于 2018 年初被宣布 ST（特别处理）。在面临退市风险的情况下，石化油服通过有效的手段改善资本结构，充实营运资金。2018 年 1 月 16 日、1 月 18 日，石化油服发行 H 股、A 股分别获得中国证监会核准（证监许可〔2018〕130 号、142 号），共发行 A 股 1 526 717 556 股、H 股 3 314 961 482 股，合计募集资金 76.88 亿元人民币，既缓解了石化油服面临的经营困境，又充分调动了广大员工的积极性，压实了管理责任，为扭亏脱困保市工作提供有力支撑。年内，石化油服实现扭亏脱困，其 A 股股票成功"摘掉 ST 帽子"（撤销 A 股股票退市风险警示）。

（郑子翔）

【中国博奇完成香港主板发行上市】 2018 年 3 月 16 日，中国博奇环保（控股）有限公司（简称中国博奇）正式在香港联交所主板挂牌上市。股票简称"博奇环保"，股票代码 02377.HK，最终发行价 2.4 港币 / 股，较中国石化增资入股估值溢价 19.55%。2018 年，中国博奇全年实现营业收入 17.45 亿人民币，净利润 3.93 亿元，其中经营净利润 2.59 亿元，分配现金股利 0.09 港元 / 股。中国石化持有中国博奇 1.10 亿股，股权占比 10.91%，2018 年度现金分红收益 990 万港元。

（汪　潇）

【上海石化下属检测公司引入战略投资者】 2018 年 3 月 23 日，上海石化设备检验检测有限公司（简称检测公司）完成在产权交易所公开挂牌增资相关工作，国家核电运营服务技术有限公司作为战略投资者出资 960 万元，占增资完成后公司股比的 50%。

（汪　潇）

股权管理

【概述】 2018 年，集团公司股权管理工作认真贯彻落实集团公司工作会议精神，以质量和效益为核心，以提升股权投资价值为目标，不断强化股权投资运营和流转管理，切实防范投资风险，总体投资收益水平显著提高，为集团公司改革发展做出积极贡献。

（苏云峰）

【完善股权管理制度】 组织总部有关部门、专业公司、相关企业和产权管理专家进行专题研讨，对集团公司产权流转处置相关制度办法进行修订完善，形成《中国石化企业国有资产交易管理实施办法》并上报党组领导审阅。

（苏云峰）

【强化股权运营管理】 对股权投资单位加强动态监控，及时掌握生产经营和财务状况，对其重大事项逐一进行审核并履行相关审批程序，全年审核重大事项149件，办理相关授权手续21件，切实贯彻股东意志，依法行使股东权利。持续开展股权投资单位运营情况统计分析工作，查找存在问题，研究提出改进管理的建议意见，上报2017年度境内股权投资分析报告。

（苏云峰）

【积极推动股权流转】 2018年组织实施新疆维美等11项股权进场交易挂牌事项，完成广陵石油公司等8项股权挂牌转让、实华嘉盛公司等5项股权协议转让、陕西中地公司等2项股权无偿划转、江汉物业公司等2项增资扩股、济南康雅公司等2项清算注销的审核、报批工作。完成新疆能化、无锡物流等转让及重组整合事项的研究论证工作。全年实现股权处置收入3.7亿元，切实防范了投资风险，提升了股权投资价值。

（苏云峰）

【发行可交换债券事项取得实质性进展】 为多渠道筹集资金用于集团公司改革发展，在前期工作基础上，细化完善集团公司拟发行规模不超过500亿元人民币可交换债的具体工作方案，履行集团公司党组会、董事会审批程序后，向国务院国资委和证监会上报相关请示文件，并分别获国务院国资委和证监会核准，取得发行路条。

（苏云峰）

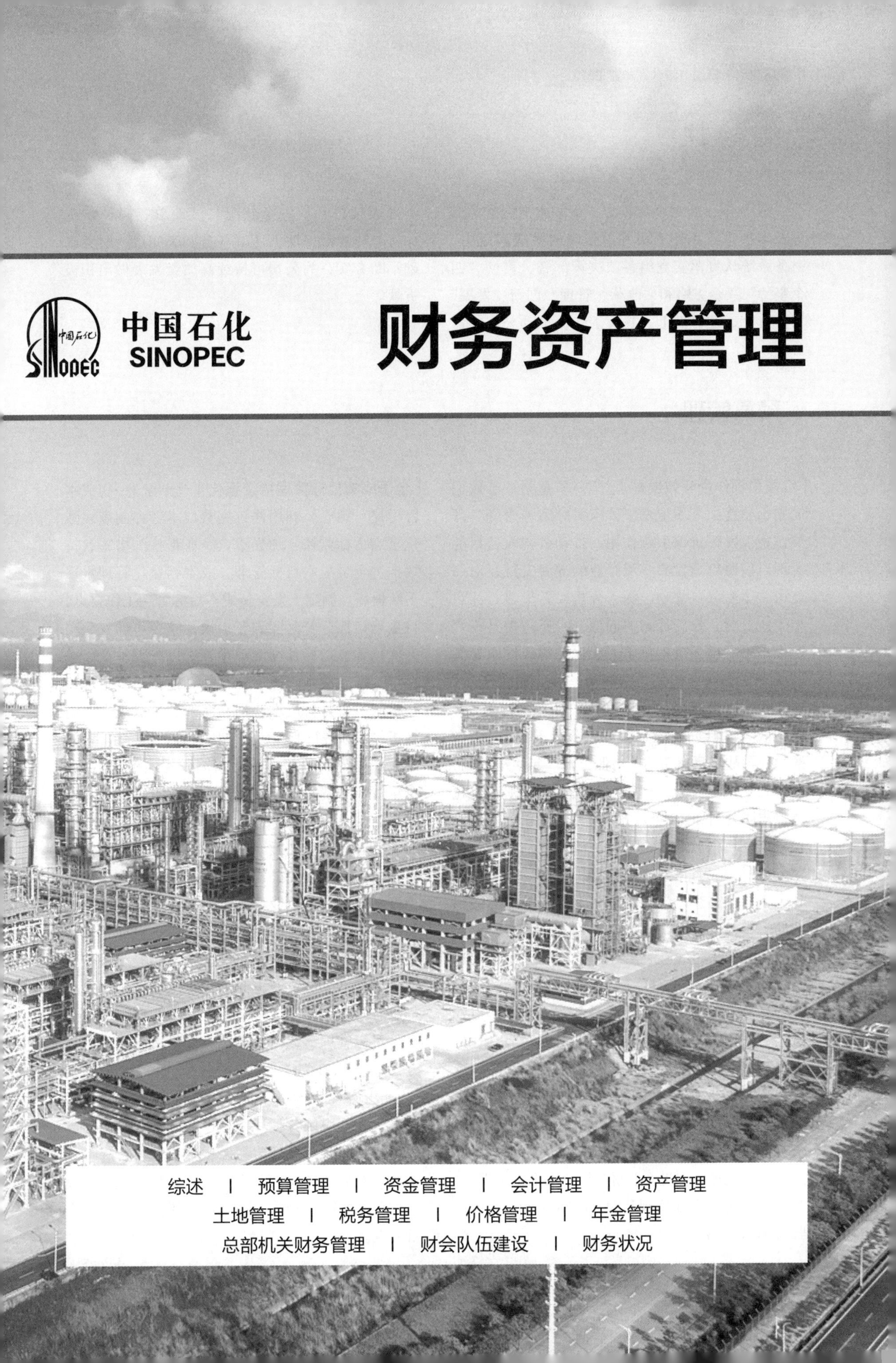

财务资产管理

综述 | 预算管理 | 资金管理 | 会计管理 | 资产管理
土地管理 | 税务管理 | 价格管理 | 年金管理
总部机关财务管理 | 财会队伍建设 | 财务状况

综　述

2018 年，面对复杂多变、竞争加剧的市场形势及多项重点工作齐头并进带来的挑战和压力，财务系统认真落实党组各项决策部署，贯彻“四个坚持”兴企方略和“改革、管理、创新、发展”工作方针，迎难而上、扎实工作，推动公司效益实现大幅提升，资金状况持续改善，财务状况保持总体稳健，法人压减任务圆满完成，财务基础不断夯实，为公司可持续高质量发展做出积极贡献。

（叶文峰）

预算管理

【价值引领作用有效发挥】 坚持质量第一、效益优先，始终把高质量发展要求贯穿财务管理各环节，积极发挥价值引领作用，推动公司效益目标实现。按照打造世界一流企业的部署安排，对照公司“十三五”规划，深入分析经营形势，注重与生产经营、投资计划协同融合，坚持提升投资回报水平、增强成本竞争力、保持财务健康稳健等原则，编制集团公司“两个三年、两个十年”财务预算目标规划，提出“两个三年、两个十年”公司收入、利润、现金流、财务状况预测目标，推动公司战略目标落地。对照公司 3 年滚动计划，坚持强化成本管控、消化改革成本等原则，优化调整集团公司 2018 年财务预算目标，引领生产经营更加注重创效增效。紧盯原油、汇率利率等变化，通过公司月度经济活动分析会，持续对月度和未来 3 个月生产经济指标和财务绩效指标进行滚动安排，强化重点项目运行监控，业财融合度、资源配置效率进一步提升。坚持问题导向，改进经济活动分析形式和内容，强化资产分类创效、降杠杆减负债、成本管控等财务专题分析，更加关注数据背后的业务变化，反映问题、揭示风险、提出建议，财务分析针对性进一步增强，决策支撑作用进一步发挥。建立直属企业财务动态通报制度，对各单位营业收入、效益、经营现金流、资产负债率等情况进行排名，对标先进、学习先进、赶超先进，促进企业财务绩效水平不断提升。2018 年，集团公司实现利润 967.38 亿元，净资产收益率达 6.7%。

（叶文峰）

【全员成本目标管理持续强化】 强化“一切成本皆可控”理念，利用修订完善成本考评制度、强化重点指标监控、加强重点企业帮扶等措施，持续推进全员成本目标管理，成本精益化管理水平不断提高。制定下发全员成本目标管理工作要点，将重点指标分解落实到各板块，结合市场变化动态优化重点指标月度滚动预算，以月保季、以季保年，推动成本管控目标实现。建立主要指标监控机制，每月对成本费用利润率、重点成本费用等相关指标进行监控，总结阶段性目标完成情况，对完成差异大的指标剖析动因，提出解决措施，全年对成本费用等开展 5 次专题分析。坚持“抓两头、带中间”，对成本管控不力企业，督促在经济活动分析会上做专题分析汇报，并赴石化机械公司、第五建设公司、洛阳工程公司等企业进行督导帮扶；对企业涌现出的好经验好做法进行总结推广，形成《中国石化全员成本目标管理案例》，入选国务院国资委案例库。修订全员成本目标考评奖励办法，突出激励约束功能，首次引入行业通用功效系数法进行评价，重点从优化指标、强化对标管理、突出重点企业及重点成本项目等方面进行修订完善，优化考评奖励，避免奖励“撒胡椒面”，推动企业“比学赶帮超”。强化战略成本管控，组织各板块挖掘原油物资采购、物流优化、税收管理等环节和领域降本潜力，降本减费成效明显。2018 年，公司成本费用增幅低于收入增幅 1.2 个百分点，成本费用利润率提升 0.9 个百分点。

（叶文峰）

【推进亏损子企业治理】 牢固树立“企业不消灭亏损，亏损必将消灭企业”理念，综合采用强化组织领导、建立红蓝黄运行大表、加强督导约谈等措施，加大工作力度，亏损子企业治理取得重要进展。强化组织领导，总部、板块及企业层面成立工作领导小组，通过召开季度例会等方式，明确工作目标，研究制定政策，推动治理工作落实。加强督导约谈，建立红黄蓝运行大表机制，每月在全系统范围通报治理进展，对重点亏损企业治理不力的定期约谈分管领导，对进度严重滞后的责成相关板块和企业向党组领导做专题汇报。坚持分类施策，组织板块和企业逐户分析亏损子企业情况，按照管理机关、科研单位、经营性亏损、项目公司、特殊实体等细化分类，采取对壳公司等非正常经营单位持续加大清理注销工作力度，对经营性亏损单位着力优化生产经营和内部管理等治理措施，努力减亏扭亏。强化考核引导，研究提出亏损子企业治理工作考核方案，从亏损子企业户数、亏损企业亏损额 2 个维度对治理工作开展专题考核，纳入绩效考核体系，将治理结果与效益薪酬挂钩，加大考核引导，推动目标完成。全年共有 147 户亏损子企业完成清理注销或实现扭亏为盈，年末全口径亏损企业比年初减少 41 户，亏损面 16%、下降 8.6 个百分点。

（叶文峰）

资金管理

【持续推动降杠杆减负债】 紧扣年度管控目标，综合采取提升效益、压降债务规模、加大资本运作力度等措施，深入开展降杠杆减负债工作。下发 2018 年降杠杆减负债工作要点，将工作目标分解落实到各板块，通过每月资金平衡会、每季度专题例会等方式，跟踪通报工作进展，检查重点工作推进情况，加强对重点企业的帮扶和重点问题的协调。下发“两金”占用专项清理工作要点，提出年度“两金”管控目标和清理方案，通过每月通报“两金”占用压降情况、加强系统内资金结算、挂牌督办清收系统外应收账款等方式，持续压控“两金”占用，在全年国际原油价格平均上涨 30.3% 的情况下，2018 年末“两金”占用余额 2 917 亿元，比国务院国资委下达的管控目标低 323 亿元。推进重点企业扭亏脱困工作，配合石油工程公司完成 76 亿元定向增发，权益资本得到有效补充；结合国勘公司经营现状和宏观政策环境，形成《关于国勘公司扭亏脱困工作建议的报告》并上报国务院国资委。坚持将降杠杆减负债与扭亏脱困、亏损子企业治理等工作相结合，通过“瘦身健体”、提质增效、严控成本费用等措施，不断提升公司盈利能力和创现能力。2018 年末，集团公司资产负债率 57.83%、较年初下降 0.4 个百分点，付息债务余额 5 423 亿元、较年初减少 543 亿元。

（叶文峰）

【持续加强资金管控】 面对复杂多变的金融环境，坚持现金为王理念，利用预算管控、考核通报、集中管理等措施，强化现金流管理，企业创现意识显著增强，公司现金流状况大幅改善。强化总部层面统筹，在月度资金平衡会的基础上，建立 2 个财务部及 2 个资金平台资金团队碰头会制度，及时响应、及时分析、及时决策，进一步加大日常资金运行和资金头寸安排的统筹运作力度，资金流转更加顺畅有效。加强企业层面管控，以资金预算为抓手，利用每月定期通报企业资金预算执行情况、资金平衡会强化资金管控等，密切跟踪预算进度，逐月提出强化和改进现金流管理的要求，推动年度资金预算目标落实。严格资金集中管理，充分发挥境内外资金池作用，通过严控银行账户资金日限额、提高境外资金归集力度等，资金使用效率进一步提升。全年境内资金集中度超 95%、境外资金集中度上升 5 个百分点至 80%。2018 年，集团公司实现资金盈余 326 亿元，连续 3 年自由现金流盈余。

（叶文峰）

【持续强化筹融资统筹】 面对美联储加息缩表步伐加快、国内资本市场剧烈波动、中美贸易摩擦加剧等带来的挑战，综合运用内部委存委贷、内外部票据池、债券融资等方式，强化筹融资统筹，实现债务的平稳接续和融资成本的有效控制。全年接续到期债务 550 亿元，综合融资成本率 3.35%，持续保持央企较低水平。其中，9 月 4 日、5 日分别完成境内人民币公司债 50 亿元、境外美元债 24 亿美元的发行工作，均取得较大的发行规模和较低的发行成本，确保了生产建设资金需求。争取优惠利率贷款，组织商储公司取得中国进出口银行 3 年期 180 亿元优惠贷款额度，年节约财务费用 1.3 亿元。

（叶文峰）

【持续强化资金风险管控】 按照集团公司“打好防范风险攻坚战”工作安排，落实财务风险防控责任，狠抓债务、金融、资金安全等风险防控，坚决守住不发生系统性风险的底线。下发《关于做好 2018 年资金管理工作的通知》《2018 年利率汇率风险管理工作方案》，从强化推进降杠杆减负债工作、强化债务风险防范、强化资金基础管理等方面，对全年风险管控工作进行安排部署。加强利率汇率管控，密切关注资本市场动态，按月发布资金风险提示，提出利率汇率风险防范措施。加大检查力度，组织资金安全和金融风险全面自查，重点排查委托理财、融资性贸易、“空转”“走单”贸易及内部集资等违规业务风险；组织金融子企业从产融结合、资产质量、管理控制、资金运用、依法合规等方面进行全面自查和复查，进一步完善风险管理体系。加强风险管理培训，组织举办资金安全与风险防控培训班，通过剖析风险案例、分析境内外资本市场变动、讲解最新风险管理要求等，全面提升风险管控意识。组织修订金融衍生品业务管理办法，初步形成“1+2+N”的金融衍生品业务制度体系，进一步完善金融衍生品业务风险管理和应急机制。

（叶文峰）

会计管理

【完成 2017 年度财务决算】 精心组织、通力合作、扎实工作，按时圆满完成 2017 年决算审核、汇总、编制、报送工作。会计师事务所对集团公司所属各级次共 625 家企业（含股份）进行了审计，所有企业均取得标准无保留意见的审计报告。集团公司及所属全级次子公司的财务决算，一次性顺利通过财政部、国务院国资委 2017 年度财务决算审核，被财政部、国务院国资委评为 2017 年决算先进单位。

（叶文峰）

【大力推进财务共享服务】 紧紧围绕年度上线目标，通过建立工作协调机制、规范业务操作、优化业务流程等，深入推进财务共享服务建设。全年完成上线 116 家、累计完成 213 家，境内企业财务共享上线任务基本完成，财务共享服务体系初步建成。建立总部、企业、共享三方参与的财务共享工作协调机制，明确工作协调沟通的基本原则和各方职责，推动解决上线企业难点问题，协调解决共享与企业间争议问题，确保财务共享上线进度按计划稳步推进。组织对 17 家企业财务共享实施情况进行调研，梳理形成 151 个问题，通过规范业务操作、完善信息系统等，推动企业反映问题解决。制定下发《财务共享服务业务职责界面若干规定（暂行）》，进一步明确总部、共享服务公司、企业的工作职责，有效提高共享服务质量和效率。针对 2017 年业务和场景变化，制定下发《财务共享服务业务操作规范（会计业务模板）》，累计新增、修订 1 100 余个业务场景，业务操作标准体系更加完善，业务标准化水平显著提升。积极推动业务流程优化，通过全面推广业务端直接提报、扩大应用定制化服务申请模板、取消费用报销系统企业财务初审等方式，企业财务人员工作量大幅减少，业务处理效率不断提高。

（叶文峰）

【强化会计基础管理】 以“财务基础管理年”活动为抓手，强化会计基础管理，会计信息质量不断提升。收集汇总近3年各类内审外查问题案例2 300余个，分类整理共性和个性问题，形成《企业财务管理问题案例库》，重点对企业资金管理、资产管理、薪酬管理等7个方面59类、共计75个具体案例进行分析，提出整改建议措施。组织《会计法》普法学习和知识问答，4万余人参与，进一步提升财务人员会计政策水平。坚持月度会计工作考评制度，每月对企业的报表质量、会计业务规范、系统规范运行等方面情况进行通报，提出整改要求，形成“比学赶帮超”的良好氛围，有效促进财务会计信息工作水平提升。完成AIC系统三期建设、FIRMS系统深化应用部署上线、总部ERP上线工作，会计信息化水平不断提升。

（叶文峰）

【深入整改内审外查发现问题】 在审计署进驻公司开展专项审计工作中，配合做好资料提供、解释汇报、沟通协调等迎检工作，保证检查工作顺利进行。针对审计署提出的问题、国务院国资委决算批复问题及年报审计机构提出的审计问题，及时与相关企业沟通了解情况、分析问题原因，依据会计准则、集团公司管理制度和会计手册要求，提出整改意见，全程跟踪督导整改结果，实行问题销号管理，推动问题的整改落实。

（叶文峰）

资产管理

【圆满完成法人户数压减任务】 落实国务院国资委“瘦身健体”本质要求，紧紧围绕年度目标，综合采取红黄牌警示、领导约谈、重点单位督导等措施，扎实推进法人户数压减工作。根据生产经营业务特点，坚持“侧重非上市部分、重点关注持续亏损企业、促进企业内部整合优化、利于企业管理提升”原则，对集团所属企业进行全面梳理分析，逐批下达压减计划，明确压减企业名录、完成方式及完成时间。每季度召开压减工作例会，检查工作推进情况，协调重点难点问题，提出下一步工作要求。每月向全系统通报压减工作开展情况，提出下月工作重点，根据工作推进情况发布红黄旗亮牌警示，针对压减进度滞后单位启动约谈督导，督促加快工作进度。每周跟踪项目实施情况，协调解决难点问题，提供相关政策和技术支持，推动压减目标任务完成。提前7个月超额完成国务院国资委下达的20%的法人压减任务。集团公司3年累计压减法人322户，其中国务院国资委考核范围内294户、超额完成11户、压减比例20.75%。

（叶文峰）

【加强资产分类管理】 坚持以提高资产创效能力为核心，通过建立工作体系、细化完善创效方案、落实提质增效计划等，常态化推进资产分类创效工作。按照责、权、利相统一原则，厘清总部、事业部（专业公司）、企业三级管理界面，建立并持续完善分层级的资产分类创效工作运行体系。制订2018年资产分类创效工作方案，明确资产分类创效工作总体目标、职责分工、工作内容及工作要求，提出加强资产分类评价、开展固定资产清查、持续推进法人压减、有效运行资产调剂平台、推动房产转让创效、加强长期股权投资管理、组织资产创效指标排名通报七大创效措施，引导企业推进资产分类创效。制定并发布《中国石油化工集团公司资产分类评价标准》，组织全系统企业开展分类评价工作，形成集团公司资产分类评价工作报告。制订下达资产盘活处置计划，依托内部资产调剂平台，通过无偿划转、系统内转让、内部出租等方式，加大资产盘活创效力度。全年内部调剂资产净值33.3亿元，对外资产转让实现收入9亿元，低无负效资产规模下降6.1个百分点，总资产报酬率提高1.6个百分点。

（叶文峰）

【强化资产管理基础】 针对资产管理薄弱环节，

通过修订资产管理制度、编制业务操作手册、开展固定资产清查等，全方位提高资产管理水平，进一步夯实资产管理基础。组织修订《中国石油化工集团公司资产管理办法》《中国石化资产调剂管理办法》，对资产运营管理、资产处置管理及资产评估管理等内容进行细化完善。启动全系统固定资产清查工作，从资产基本情况、使用状态、价值情况、权属情况等方面，全面摸清集团公司固定资产“家底”，为提升资产运营创效工作提供支撑。组织对资产管理日常业务进行梳理，完成资产处置业务操作流程、资产评估业务操作流程、产权登记业务操作流程，形成资产日常业务操作“傻瓜”手册，推动业务标准化、规范化。完成资产调剂平台全面上线、固定资产模块优化提升等工作，资产管理信息化水平不断提升。

（叶文峰）

【积极参与资本运作】 积极支持销售公司股改上市工作，协调国务院国资委完成股改评估报告预核准工作，针对预核准过程中提出问题做好整改、沟通解释等工作，推动股改审计、评估工作完成。积极参与新星公司地热业务混合所有制改革、武汉中韩合资项目、石化机械公司“双百行动”改革试点方案、澳门中天公司债转股方案、上海金申德股权调整等改革和资本运作工作。

（叶文峰）

土地管理

【加强土地盘活创效】 按照《2018 年土地盘活处置计划》，有计划有步骤、有理有据、有略有利地指导企业推进土地盘活处置工作，积极筹划方案，严格履行程序，加快审批节奏，全年盘活处置土地 335 宗、543 万平方米，实现收入 16.1 亿元，节约用地投资 2.3 亿元。系统梳理 2018 年“处僵治困”、转型发展、退城入园等重大项目涉及土地盘活处置的工作进展情况，并完成书面报告。持续跟踪南化公司转型、保定石化关停、武汉中韩石化炼化一体化项目、巴陵石化退城进园、长城能化乌鲁木齐基地等重大项目涉及土地处置工作，积极提供政策支持。

（叶文峰）

【积极争取新增建设用地政策】 加强与土地主管部门沟通，提出工作建议，争取理解支持，促成国家和地方建设用地政策出台。自然资源部下发《关于做好占用基本农田重大建设项目用地预审的通知》，将油气生产等能源类用地列入重大建设项目用地预审范围，打开了油气生产用地继续办理划拨用地手续的突破口。河南省下发《关于临时用地审查报批有关问题的通知》、山东省下发《关于加强临时用地管理的通知》，针对油气生产用地无法避让基本农田的情况，同意经县级国土部门批准，临时占用基本农田，为两省境内的系统内油田企业解决临时用地问题，保障了企业生产经营用地需要。

（叶文峰）

【积极争取公司制改制用地政策】 加强与国务院国资委沟通，通过专题报告、座谈交流等多种方式，汇报公司制改制有关土地变更登记的问题及下一步土地处置建议。财政部、国税总局分别于 2018 年 3 月、5 月下发《关于继续支持企业事业单位改制重组有关契税政策的通知》和《关于继续实施企业改制重组有关土地增值税政策的通知》，土地增值税和契税优惠政策在改革重组中得以延续。

（叶文峰）

【抓好土地管理专项工作】 会同中国石油联合成立课题组，开展油气田企业废弃井场土地退出课题研究，组织到 2 家公司下属江汉油田、大庆油田等 7 个企业调研，对已成功盘活利用的废弃地基本情况及正在进行盘活利用的废弃地情况和尚未启动盘活利用的废弃地情况进行梳理，总结经验、探索路径，完成油气水井废弃用地退出方案，得到自然资源部认可。在 2012 年土地租金调整基础上，根据新的市场评估价，以实际用地为准、参照基准地价单宗测算的基本方式，分别与各板块对接关联交易用地情况，利用土地管理信息系统确定租赁面积，采用基准地价法和收益还原法综合评定土地租金。

（叶文峰）

税务管理

【争取与落实财税优惠政策】 跟进资源税立法进程，争取到页岩气减征30%、低丰度油气田和高含硫天然气继续维持原有优惠不变等政策。争取到一般贸易下催化剂、丁腈橡胶、聚丙烯等部分产品出口退税政策。推进离退休人员生活补贴税前扣除政策争取工作，与地方政府加强沟通，防范税务风险在局部地区扩散。争取到天津LNG项目适用进口增值税退税及青岛LNG进口退税额度的调整，解决超额度进口LNG无法退税问题。落实江汉油田页岩气财政补贴资金等，推进相关税务优惠政策落实。

（许继胜）

【规范内部税务管理】 建立总部费用分摊机制，规范总部关联交易。召开区域财税协调小组会议，推进一体化税务管理。调研分析国税总局2018年1号公告实施影响，推进国家加强成品油消费税监管，促进成品油市场有序竞争。编制《中国石化税务手册》《中国石化与一带一路税收政策手册》，修订完善《中国石化企业所得税汇算清缴操作规程》等涉税制度，强化制度流程基础管理。加大信息化提升力度，推动实现递延报表自动出具，完成增值税信息系统中专用发票认证、抵扣功能开发和应用，解决共享业务适配难题。加大服务企业力度，重点解决北京石油分公司税务迁址事宜，防范西北油田个人所得税、新疆石油分公司增值税、塔河炼化消费税、润滑油郑州公司委托加工消费税等涉税风险，消除九江石化、江西石油分公司、洛阳石化等7家企业离退休人员生活补贴税前扣除争议；协调处理华北油气分公司、河南石油分公司、安徽石油分公司等企业税务评估事项，以及中原油田、华北石油工程公司及江汉石油工程公司税务纠纷等。

（许继胜）

【加强境外税务风险防控】 坚持“成熟一个、建立一个”原则，启动境外区域财税协调机制建设，首批设立4个境外区域财税协调小组，制定《中国石化境外区域财税协调管理细则（试行）》，境外区域财税协调机制初步形成。加大境外风险排查力度，通过组织境外税务风险自查摸底、召开境外税务风险座谈会等方式，重点对境外业务相对集中的单位开展境外税务风险检查，梳理形成集团公司4类12项境外税务风险清单，制定应对策略。针对国勘公司等境外税务风险比较突出的单位，深入企业现场调研，督导落实境外税务风险防范应对措施。积极应对BEPS行动计划，认真收集核实35家直属单位国别报告采集信息，完成集团公司2017年国别报告，税务管理基础不断夯实。

（叶文峰）

价格管理

【积极争取价格政策】 持续推动国家发改委出台国Ⅵ汽、柴油优质优价政策，配合做好成品油定价机制评估工作。积极推动国家发改委理顺国内居民用天然气价格机制，国家发改委2018年6月22日出台理顺居民用气价格机制。根据国家发改委关于天然气产供储销体系建设部署和集团公司工作安排，从全面推动国内天然气、储气设施和可中断用户供气价格市场化的角度，向国家发改委提出相关建议，为天然气产供储销体系建设做好价格政策争取工作。加强原油和成品油管输定价机制的课题研究，为国家发改委制定合理的成品油管道运输价格提供参考。根据国家油气体制改革整体部署，组织销售公司、炼油事业部和管道储运公司对成品油、原油管输基本情况进行梳理并研究相关方案。针对与中国石油互供原油和天然气价格存在的问题，加强与中国石油总部沟通协商，就互供原油价格问题达成共识，妥善解决西北油田分公司供中国石油天然气价格问题。

（许继胜）

【推动完善内部互供价格政策】 为应对成品油市场竞争加剧形势，出台炼油交销售汽、柴油市场化定价方案，完善炼油交销售汽、柴油出厂价格机制，根据市场变化情况进行动态调整，进一步发挥公司一体化优势。根据市场情况动态，完善天然气内部结算价格机制，出台区分淡旺季分别定价的内部天然气价格机制。

（许继胜）

年金管理

【强化年金投资收益管理】 围绕年度收益目标，坚持一手抓风险防范，一手抓投资监督措施落实，确保年金投资收益目标完成。在投资监管过程中，坚持对年金组合业绩和大类资产配置结构进行日监督、周通报、月分析，发现问题纠正偏差，对收益排名靠后的投管人进行挂牌督导，采取有效措施调整优化资产配置，合理调整股票仓位，坚决减持触碰止损线个股，确保整体收益目标实现。2018 年年金运营实现收益率 4%，在国内特大型中央企业中仍处于领先地位。

（叶文峰）

【强化年金风险管控】 面对严峻的市场信用环境，通过提高投资门槛、加强风险排查、建立快速反应机制等，全面防控风险。组织修订年金投资政策，采取提高可投资债券的信用等级，限制信用风险高发地区和行业的投资比例，建立钢铁、煤炭、水泥建材行业的融资主体可投范围等，严格投资政策中对信用资产的投资门槛，切实把控住风险源头。加大风险排查力度，以周为频率开展持仓债券的风险自查，按月对全部持仓债券和非标资产进行排查，重点关注、择机减持存在风险隐患的产品，2018 年共减持各类风险债券 74 个。建立信用违约事件快速反应机制，对信用违约负面新闻或发生实质性违约事件快速响应，及时组织投管人进行持仓排查，防止“踩雷”。树立产品全生命周期管理理念，密切关注融资主体财务状况、信用资质和再融资能力评估，严控任何隐含风险的非标类资产投资，防止触碰违约底线。2018 年投管人上报各类拟投资标的 250 个，经综合评估收益风险，否决项目 131 个。

（叶文峰）

【强化年金运营精细化管理】 制定下发《关于加强企业年金日常运营工作的通知》，通过月度考评、季度通报等方式，有效提高各单位对年金工作的重视程度，推动集团年金管理水平提高。开展投管人建档管理工作，对各投管组合服务集团年金的历史业绩、风险控制能力、团队稳定性等进行梳理总结，客观分析评价投管人专业能力，为优化投管人提供参考依据。坚持“请进来”和“走出去”相结合，加强金融政策和年金业务学习，通过组织到专业机构、中国石油等单位交流，不断提高年金运营管理能力和水平。

（叶文峰）

总部机关财务管理

【完成 2017 年总部机关财务决算和 2019 年预算编制】 根据集团公司财务决算工作安排，扎实做好总部机关财务决算各项工作，妥善解决决算中遇到的问题，逐一落实审计机构提出的审计调整事项，按期完成 2017 年总部机关财务决算工作。编制下达 2018 年总部机关部门工作经费预算指标，严格执行总部机关内部控制制度，严格预算管理和标准控制，2018 年总部机关经费支出控制在预算范围内。贯彻落实总部机关带头勤俭办企业要求，组织 27 个机关部门逐家进行预算对接，坚持从管行为、控标准入手，按照“零基预算”方法逐项落实各项经费预算支出必要性和业务量，从预算源头严控开支行为和费用金额，从严从紧完成 2019 年总部经费预算的编制工作。

（叶文峰）

【打造服务型机关财务】 贯彻“做好三个表率，建设模范机关”要求，增强服务意识，改进工作作风，不断提升服务质量和服务水平，打造服务型机关财务。履行总部机关住房公积金管理职责，认真研究国管局住房公积金相关政策，形成总部机关住房公积金政策解读，方便总部机关员工提取使用住房公积金，并为员工及时办理住房公积金提取、清算和转入转出等工作。根据个人所得税法实施要求，完成总部机关员工薪酬代扣代缴个人所得税的系统配置工作，保证员工薪酬按新税法计算和缴纳个人所得税。

（叶文峰）

财会队伍建设

【加强“人才强企”财务人才队伍建设】 落实集团公司“人才强企”战略，从制订实施方案、召开启动会、开展人才盘点等方面，全力推进“人才强企”工程财务人才队伍建设。根据《中国石化人才强企工程三年滚动计划（2018—2020 年）》，制订《“人才强企”工程财务人才队伍建设实施方案》，明确财务人才队伍建设的指导思想、工作原则及主要财务工作任务等。组织召开“人才强企”财务人才队伍建设启动会，成立“人才强企”财务人才队伍建设工作领导小组，建立季度工作例会制度，明确编制和制订财务人才队伍现状分析报告及“人才强企”规划方案、开展财务骨干人才队伍建设、制定财务人才评价办法等四大工作任务。至 2018 年底，制定完成财务人才五大岗群 15 套人才评价标准，形成财务人才盘点报告和财务人才发展初步规划。

（叶文峰）

【强化总会计师队伍建设】 认真落实好干部标准，坚持正确的用人导向，利用组织选拔、公开选聘等形式，调整补充企业总会计师 45 人，公司各下属企业总会计师基本配齐。落实企业总会计师述职制度要求，组织企业总会计师现场述职 2 次、共计 29 人，企业总会计师的履职意识进一步增强，履职管理明显加强。突出财务转型和效益引领，举办新任总会计师培训班，加深总会计师对职责和使命的理解，增强其做好财务风险防控、财务转型、财会队伍建设等工作的自觉性和职业能力。

（叶文峰）

【加强财务人员培训】 制定财务专业人才库管理办法，选聘会计、价税、资金、资产、土地等财务专业人才 96 名，财务专业人才在总部组织的困难企业帮扶、重大财税政策研究中发挥重要作用。加大财务人员培训力度，举办成本管控、资金、会计、资产、土地、财税等专题培训班近 20 个。各企业结合自身实际，开展丰富多彩的技能比武和学习培训，提高了财务人员素质。

（叶文峰）

财务状况

【概述】 2018 年，集团公司合并报表实现营业收入 29 368.41 亿元，实现利润 967.38 亿元，实现利税 4 168.76 亿元，实现净利润 724.85 亿元（其中归属于母公司净利润 386.63 亿元）。截至年末，集团公司合并报表资产总额 22 600.94 亿元，负债总额 11 714.91 亿元，所有者权益 10 886.04 亿元（其中归属于母公司权益 7 221.45 亿元，占所有者权益的 66.34%）。资本负债率 28.27%，比年初下降 2.73 个百分点；资产负债率为 51.83%，比年初下降 0.38 个百分点。

集团公司合并会计报表见表 1 和表 2。

（张镇远）

表 1 资产负债表 单位：百万元人民币

项 目	2018 年	2017 年（调整后）	2017 年（调整前）	2016 年
流动资产：				
货币资金	200 150.24	169 209.22	195 941.37	164 674.77
应收票据及应收账款	86 013.55	94 142.56	94 142.56	79 885.38
预付款项	19 374.99	12 996.71	12 996.71	10 785.00
其他应收款	30 288.67	28 434.88	28 552.60	30 207.92
存货	241 515.19	248 782.83	263 249.59	251 050.09
合同资产	14 299.71	14 466.76	—	—
一年内到期的非流动资产	92 567.01	79 452.22	79 632.86	68 961.43
其他流动资产	117 429.01	153 534.86	120 901.84	54 400.42
流动资产合计	801 638.37	801 020.04	795 417.54	659 965.02
非流动资产：				
可供出售金融资产	—	—	18 666.87	23 780.40
其他债权投资	4 192.47	5 015.70	—	—
长期应收款	39 411.30	37 031.72	37 031.72	36 750.34
长期股权投资	137 959.30	128 166.34	128 166.34	120 215.52
其他权益工具投资	12 318.67	7 806.84	—	—
固定资产	570 594.05	590 388.77	590 388.77	591 036.09
油气资产	145 507.89	171 898.03	171 898.03	215 240.03
在建工程	154 489.32	134 646.58	134 646.58	151 304.24
无形资产	130 430.87	124 385.50	124 385.50	110 494.67
商誉	10 861.15	10 818.77	10 818.77	8 537.35
长期待摊费用	20 038.86	18 514.19	18 514.19	17 408.51
递延所得税资产	23 586.76	16 740.38	16 740.38	8 331.61
其他非流动资产	209 065.33	209 906.06	210 023.09	216 327.67
非流动资产合计	1 458 455.97	1 455 318.87	1 461 280.22	1 499 426.43
资产总计	2 260 094.34	2 256 338.91	2 256 697.76	2 159 391.45

续表

项　目	2018 年	2017 年（调整后）	2017 年（调整前）	2016 年
流动负债：				
短期借款	93 371.52	145 496.76	145 496.76	116 268.59
应付票据及应付账款	269 260.90	258 936.29	258 936.29	235 687.72
预收款项	—	—	149 295.20	126 054.32
合同负债	143 068.44	149 743.17	—	—
应付职工薪酬	14 852.64	10 200.19	10 200.19	5 386.87
应交税费	93 369.12	77 417.95	77 417.95	60 020.40
其他应付款	80 586.76	85 387.86	85 387.86	59 170.54
一年内到期的非流动负债	38 424.90	76 838.07	76 838.07	71 976.97
其他流动负债	50 867.03	38 855.93	38 855.93	53 522.47
流动负债合计	783 801.31	842 876.22	842 428.25	728 087.89
非流动负债：				
长期借款	62 850.03	37 676.58	37 676.58	66 306.44
应付债券	227 833.56	218 537.45	218 537.45	216 687.70
长期应付款	31 208.50	17 653.79	17 653.79	17 616.84
长期应付职工薪酬	2 428.47	2 348.52	2 348.52	2 418.70
预计负债	43 764.96	40 309.96	40 280.62	39 619.79
递延所得税负债	6 696.25	6 704.71	6 704.71	8 079.05
其他非流动负债	12 907.56	12 054.10	12 502.07	7 674.47
非流动负债合计	387 689.33	335 285.12	335 703.75	358 402.97
负债合计	1 171 490.64	1 178 161.34	1 178 132.00	1 086 490.86
所有者权益：				
实收资本	326 547.22	326 374.05	326 374.05	325 907.53
资本公积	54 722.61	96 983.53	96 983.53	97 561.40
其他综合收益	−27 999.04	−25 320.24	−24 995.44	−23 850.48
专项储备	2 069.04	1 260.23	1 260.23	1 090.80
盈余公积	217 355.85	209 418.03	209 414.82	205 373.07
一般风险准备	1 765.24	1 459.93	1 459.93	1 327.72
未分配利润	147 683.67	129 917.95	129 984.55	132 869.39
归属于母公司所有者权益合计	722 144.60	740 093.49	740 481.67	740 279.43
少数所有者权益	366 459.10	338 084.08	338 084.08	332 621.17
所有者权益合计	1 088 603.70	1 078 177.57	1 078 565.76	1 072 900.59
负债和所有者权益总计	2 260 094.34	2 256 338.91	2 256 697.76	2 159 391.45

注：集团公司自 2018 年 1 月 1 日起执行财政部 2017 年发布实施的新金融工具系列准则和新收入准则，并依据财政部 2018 年发布的一般企业财务报表格式要求，对相关项目进行追溯调整列式。

表 2 利润表 单位：百万元人民币

项　目	2018 年	2017 年（调整后）	2017 年（调整前）	2016 年
一、营业收入	2 936 840.85	2 400 281.00	2 400 318.21	1 969 219.82
二、营业总成本	2 858 076.74	2 358 007.16	2 358 007.16	1 934 382.26
其中：营业成本	2 425 746.15	1 920 377.43	1 920 377.43	1 528 839.65
税金及附加	251 392.65	239 627.09	239 627.09	237 977.64
销售费用	61 166.33	57 832.63	57 832.63	51 197.87
管理费用	81 144.46	73 530.30	73 530.30	70 198.50
研发费用	11 339.89	8 247.51	8 247.51	7 706.96
勘探费用	10 753.27	11 120.18	11 120.18	11 047.45
财务费用	32.65	4 182.80	4 182.80	8 402.14
资产减值损失	16 172.02	43 089.23	43 089.23	19 012.04
信用减值损失	329.31	—	—	—
加：其他收益	8 178.58	5 372.15	5 334.94	—
投资收益	13 282.33	13 093.45	13 093.45	16 818.97
公允价值变动收益	2 028.11	−8.73	−8.73	−209.04
资产处置收益	−846.81	−2 221.77	−2 221.77	−1 182.78
三、营业利润	101 406.33	58 508.95	58 508.95	50 264.72
加：营业外收入	8 049.71	3 546.35	3 546.35	6 650.11
减：营业外支出	12 717.94	3 850.29	3 850.29	4 011.36
四、利润总额	96 738.09	58 205.01	58 205.01	52 903.46
减：所得税费用	24 253.45	19 245.04	19 245.04	24 704.68
五、净利润	72 484.64	38 959.97	38 959.97	28 198.78
减：少数股东损益	33 821.92	28 566.84	28 566.84	19 841.85
六、归属于母公司所有者的净利润	38 662.72	10 393.13	10 393.13	8 356.93

注：集团公司自 2018 年 1 月 1 日起执行财政部 2017 年发布实施的新金融工具系列准则，新增“信用减值损失”项目；并依据财政部 2018 年发布的一般企业财务报表格式要求，对“营业收入”和“其他收益”项目进行追溯调整列式。

人事管理

综　述

2018年，集团公司组织人事工作以习近平新时代中国特色社会主义思想为指导，深入学习贯彻党的十九大精神和全国组织工作会议精神，坚决贯彻落实党组部署要求，紧紧围绕打造世界一流的战略目标，坚定落实新时代党的组织路线，较好地完成领导班子和干部队伍建设、人才队伍建设、劳动薪酬管理、“三项制度”改革、培训开发等方面的任务目标，为中国石化持续健康发展提供坚强的组织保证和人才支撑。

领导班子和干部队伍建设。把思想政治建设放在首位，坚持用习近平新时代中国特色社会主义思想武装干部头脑，引导领导干部始终坚定“四个自信”，牢固树立“四个意识”，自觉践行“两个维护”。积极推进董事长（执行董事、分公司代表）和党委书记由一人担任，党的组织在同级组织中的领导地位逐步强化。围绕中心选优配强领导班子，突出“一把手”队伍建设，优化干部资源配置。以加强干部工作五大体系建设为抓手，统筹推进全面考核常态化、综合考评全覆盖、分析研判制度化。修订完善《中国石化领导人员选拔任用办法》，制定印发《直属单位领导人员绩效考核管理办法》《关于进一步激励各级干部新时代新担当新作为的实施意见》《领导人员异地交流若干规定》《中国石化关于适应新时代要求大力发现培养选拔优秀年轻干部的实施意见》，以制度化建设促进选人用人质量不断提高。全覆盖开展选人用人专项检查，直属企业选人用人总体满意度连续4年实现提升。深入开展中层机构和职数优化调整调研督导专项行动，按进度完成中层机构和职数总量精简14%的目标，为“三项制度”改革的深入推进奠定基础。修订出台《关于改进加强直属单位中层领导人员考核评价工作的指导意见》《关于加强直属单位退出现职中层领导人员管理的通知》，从集团层面对中层干部考评和退出现职工作进行统一规范。

人才队伍建设与培训开发。召开动员部署会，印发《中国石化人才强企工程战略规划和行动方案》《人才强企工程2018—2020年三年滚动计划》《关于成立中国石化人才强企工程领导小组的通知》等文件，全面推进人才强企工程。进一步加强高层次专家和高技能人才队伍建设，公开选聘集团首席专家、高级专家、技能大师，人才成长发展空间进一步打开。组织开展国家级和集团公司级职业技能竞赛，推荐优秀人才参加国家级荣誉称号评选，高技能人才队伍建设工作取得明显进步。加强机关人才及优秀年轻干部队伍建设，机关人才队伍凝聚力稳步提升。加快人才发展机制建设，研究制定双百人才、柔性引才引智办法、党组联系服务专家办法、院士及后备人才队伍管理办法，印发《集团公司深入开展“弘扬爱国奋斗精神、建功立业新时代”活动实施方案》，人才培养、发展、激励措施逐步完善，爱才聚才机制进一步形成。深入开展学习贯彻习近平新时代中国特色社会主义思想和党的十九大精神研讨轮训，大力实施专业技术人才创新能力提升计划和“一带一路”国际化人才培训计划，加强新能源、新材料等新技术研发人才培训，继续推进海外项目经理思想政治轮训。充分运用优才政策，探索实施“名校尖子生专项引进计划”，积极创造条件引进名校尖子生77人，全系统引进牛津、剑桥、清华、北大等名校优秀毕业生强化毕业生持续培养工作，开展“优才”综合能力提升培训项目，毕业生引进工作再上新台阶。

劳动薪酬与绩效管理。修订用工总量管理制度及配套办法，完善用工管理激励约束机制。研究制定职业雇员试点工作意见，率先在金融资本、电子商务等业务领域开展试点。开展“严肃劳动纪律、严格考勤制度”专项治理，推进纪律文化建设。明确“四管三放两加强”薪酬分配管理模式，持续开展人工成本对标，完善工效联动机制，建立工资增长指导线制度，实现工资总额与经济效益全额挂钩。构建工资预算与财务预算、绩效考核紧密协同、高效联动的新机制。推进薪酬制度由“大一统”向类别化、差异化转变，推进重点领域、新兴业务和科技创新企业薪酬制度改革，研究制定海外人力资源管理与收入分配制度体系。修订企业年金“1+3”制度体系，逐步拓展对新兴业务骨干人员的长期激励作用。优化考核分配管理体制，将考核管理职能划归人事部，修订《中国石化绩效考核管理办法》，完善企业 KPI 指标体系和考核分配管理关系。

“三项制度”改革与研究工作。制定印发深化“三项制度”改革实施意见及三年推进计划，组织召开全面推进“三项制度”改革视频会议进行全面部署。加强重点单位改革方案编制指导，加大督导力度，全面推进人力资源市场化机制建设，“三能”机制建设取得重要进展。构建“四效”评估模型，形成包含标准体系、运行体系、统计体系等在内的评估体系建设方案。研究探索职业经理人管理办法，指导企业积极试点，加大竞争性选拔力度，企业中基层干部竞争性选拔全面推开。编制人力资源战略规划和行动方案暨三年滚动计划，围绕岗位、能力管理的基础环节部署研究课题，形成岗位管理体系架构、岗位设置及评价工具等重要成果，为深化改革、提升专业化水平奠定基础。

人力资源共享服务工作。完成 90 家企业上线，累计上线企业 115 家，服务员工 43 万人、离退休人员 36 万人。总结形成 6 类 25 项人力资源共享业务的菜单式服务方案，为资本公司等新建单位提供一站式服务。发布人事、薪酬共享业务操作手册和薪酬计发业务规范，完成上线企业薪酬计发规则梳理和优化配置。完成人力资源优化配置平台公开招聘、柔性引才、业务承揽功能开发，实现一键式应聘的全流程在线管理。加强 HR 系统与周边系统信息集成共享，完成综合应用平台功能优化升级。

综合管理和自身建设。强化自觉担当，推动“勇立排头、追求卓越”文化落地生根。深入践行“马上就办”要求，强化处室和员工绩效考核。加强组织人事系统自身建设，开展组织人事系统学习十九大精神活动。加强党支部建设，严格“三会一课”制度，研究起草《人事部改进工作作风密切联系群众实施办法》，建设敢于担当、主动高效、执行有力、服务基层的队伍，推进人力资源管理向战略型、创新型、学习型转型取得良好成效。

离退休人员管理。加强离退休党建工作，举办集团公司直属单位基层离退休党支部书记培训班。以“增添正能量，共筑中国梦”为主题，组织全系统离退休老同志开展为党的事业和企业发展增添正能量活动，为集团公司持续健康发展营造良好环境。继续开展“五好”老年活动中心创建活动，带动全系统老年文体活动蓬勃发展。

（张旭升）

领导班子和干部队伍建设

【组织召开中国石化组织人事工作会议】 组织召开中国石化组织人事工作会议，集团公司领导班子成员、总部机关部门主要负责人及企事业单位党政主要领导共 290 人参加。会议传达全国组织工作会议精神，深刻总结集团公司党的组织建设和干部人事工作经验，研究部署当前和今后一个时期组织人事工作。与会代表对《关于贯彻落实全国组织工作会议精神的意见》《领导人员选拔任用办法》《关于适应新时代要求大力发现培养选拔优秀年轻干部的实施意见》3 个制度文件进行研究讨论。

（杨兴泽）

【推动全面从严治党向纵深发展】 坚持以党的政治建设为统领，从严从实抓好管党治党责任落实。坚持不懈强化理论武装，以增强“八种本领”为重点，分 8 期组织 1 083 名党组管理干部开展学懂、弄通、做实十九大精神集中轮训，引导领导干部树牢“四个意识”，增强“四个自信”，坚决做到“两个维护”。严肃规范党内政治生活，深入推进“两学一做”学习教育常态化、制度化，严格落实理论中心组学习、职代会民主评议等班子自身建设制度，全程督导 171 家直属单位（总部部门）召开党员领导干部民主生活会。扎实推进直属单位党委换届，按照抓实抓好中央巡视整改要求，以“严细实”作风抓好直属单位党委换届，基本做到“应换必换”。

（杨兴泽）

【建立健全知事识人体系】 坚持全面考察、重点考察双线推进，推进全面考察常态化，考察工作量再创历史新高。制定出台《直属单位领导人员绩效考核管理办法》，对领导班子正副职实行差异化考核，与副职领导人员签订个人业绩考核责任书，推进领导人员绩效考核从班子向个人拓展。借助互联网技术开发领导班子和领导干部综合考评信息系统，《基于二维码信息技术的领导班子和领导干部综合考评体系研究与应用》获集团公司管理现代化创新成果一等奖。建立干部调整工作月报和领导班子分析研判机制，实时掌握班子缺员情况、结构状况、运行现状，并有针对性地提出下步干部调整建议意见，推进分析研判规范化，增强选人用人工作的前瞻性和科学性。

（杨兴泽）

【健全完善领导班子配备】 坚持政治路线服务组织路线不动摇，紧紧围绕企业中心任务选好干部、配强班子。全年共 10 次提请党组会研究干部调整配备方案，涉及党组管理领导人员 461 人次。截至 2018 年底，党组管理的现职领导人员共 1 104 人，干部队伍结构进一步优化，部分领导班子缺员问题得到缓解。集团公司选人用人工作总体评价“好”率达 87.4%，提高 1.4 个百分点，连续 3 年稳步提升。①完善上市公司治理结构。提请党组会研究通过股份公司第七届董事会、监事会、总裁班子及专门委员会组成人员建议方案，并做好股份公司董事会换届后总部机关及所属分（子）公司 609 人次行政领导人员续聘工作。②推进企业领导体制调整。坚持加强党的领导和完善公司治理相统一，强化党的组织在同级组织中的领导地位，对具备条件的 47 家单位积极推进董事长（执行董事、分公司代表）、党委书记“一肩挑”；持续完善“双向进入、交叉任职”体制，提高行政班子与党委班子成员的重合度，出台《关于规范直属单位党政主要领导分工的指导意见》，使党委发挥领导作用组织化、制度化、具体化。③健全完善班子配备。聚焦班子结构优化，选优配强 58 家单位（部门）领导班子正职，调整优化和充实 93 家领导班子副职，公开招聘 18 家单位总会计师，集中配备 23 家单位纪委书记，为 14 家单位（部门）配备总工程师或总地质师。聚焦改革发展需要，组建国际合作部、资本和金融事业部、资本公司、休斯顿研发中心等 9 个领导班子；增设第九、第十等 2 个党组巡视组，配齐配强专兼职组长、副组长。聚焦激发队伍活力，推进机关和企业、不同板块之间及行政、党务干部之间的交流，推动纪委书记、总会计师易企交流任职，全年交流领导人员 163 人。

（杨兴泽）

【深化干部人事制度改革】 认真落实集团公司“三项制度”改革要求，加大干部管理制度建设力度，干部工作的科学化、规范化水平稳步提升。修订完善《中国石化领导人员选拔任用办法》及配套制度，对领导人员任职资格条件、选拔任用程序、纪律要求等进行规范。制定出台《中国石化关于进一步激励各级干部新时代新担当新作为的实施意见》，梳理领导干部不担当、不作为、慢作为的 15 种具体表现，组织开展不担当不作为慢作为突出问题查摆整改。加大《推进领导人员能上能下暂行办法》落实力度，先后采取调离岗位、改任非领导职务、免职、降职等方式，调整不适宜担任现职领导人员 20 人。修订出台《中国石化领导人员异地交流若干规定》和《党组管理的领导人员调京工作管理办法（内部掌握）》，健全领导干部待遇保障制度。

（杨兴泽）

【做好年轻干部工作】 着眼近期现实需求和长远战略需要，把年轻干部选拔使用寓于班子日常调整工作中，切实加大年轻干部培养选拔力度。①加强顶层设计。制定出台《关于适应新时代要求大力发现培养选拔优秀年轻干部的实施意见》，对培养选拔优秀年轻干部工作进行整体规划，提出具体措施。②注重推荐选拔。加大年轻干部选拔力度，2018 年新提拔的 116 名党组管理领导人员中，“70 后”63 人、占 54.3%；45 岁以下的 25 人、占 21.6%。③抓好培养锻炼。集中开展“三强”领导干部系列培训，先后选调 46 名“70 后”党组管理领导干部举办“三强”领导干部能力提升班，49名40—45岁直属单位优秀正职、总部机关重要岗位正处级干部举办“三强”中青年干部能力提高班，44名40岁以下直属单位、总部机关优秀副处级干部举办“三强”年轻干部能力强化班。④完成中管企业年轻干部队伍建设课题研究。按照中央组织部部署安排，成立课题组对“中管企业年轻干部队伍建设”课题进行研究，形成《关于中管企业年轻干部队伍建设的研究报告》，被中央组织部评为2018年度组织工作重点调研成果二等奖。

（杨兴泽）

【干部日常监督】 严格落实领导干部报告个人事项“两项法规”，组织完成1 149名党组管理领导人员（含32名党组委托人事部管理领导人员）个人有关事项的年度报告工作，按照中央“凡提必核”和“随机抽查”要求，全年共对353名领导人员个人有关事项进行查核，先后对4名拟提任党组管理领导人员人选给予诫勉处理并暂缓提拔，对1名拟提任党组管理领导人员人选给予取消考察对象资格处理，对2名家庭财产较大领导人员进行查核验证，并对其中1名领导人员相关线索移交监察局进一步查核。充分用好监督执纪“四种形态”，形成日常严管约束机制，组织人事系统全年共开展提醒谈话3 102人次、函询51人次、诫勉谈话188人次。不断提升信访线索处置效率和质量，全年共受理信访举报109件（重复29件），办结101件。依据查核结果对7个单位违规问题进行纠正。下发《关于进一步做好领导人员及时报告个人有关事项工作的通知》，明确领导人员婚姻情况等8项内容发生变化的，事后30日内须报告集团公司人事部，进一步强化干部日常监管的及时性。

（王显达）

【选人用人监督】 开展选人用人专项检查，采取上门帮扶、专项督办等措施，帮助企业提升选人用人工作水平，实现选人用人巡视检查全覆盖。结合集团公司党建考核和领导班子综合考评，同步开展选人用人“一报告两评议”工作，直属单位选人用人总体评价“好 + 一般”得票率平均99.14%（“好”的得票率平均89.66%）。新提拔中层领导人员“认同 + 基本认同”得票率平均88.59%，选人用人规范性和群众满意度连年提升。

（王显达）

【中层机构和中层领导人员职数管理】 全力推进机构优化和职数调整，深入开展调研督导专项行动，对134家直属单位中层机构和中层职数调整工作推进落实情况进行督导。对906个中层机构进行职能优化调整，撤并中层机构497个，截至2018年底，中层机构和中层干部职数总量均减少14%以上。

（王显达）

【议事协调机构管理】 根据领导变动相关情况，及时组织办公厅等24个部门（单位）调整相关议事协调机构，截至12月底，集团公司共有议事协调机构60个。

（王显达）

【骨干培养】 针对直属单位组工队伍更新快，年轻干部历练不足、积累不够等问题，先后举办2期选人用人骨干培训班，对干部管理监督主体制度、选人用人检查业务、信访核查业务、领导干部个人有关事项报告、常用公文写作进行辅导，共培训153名“80后”业务骨干和“75后”组织人事副处长。

（王显达）

人才队伍建设

【人才强企工程】 结合集团公司“两个三年、两个十年”发展战略规划，编制印发《中国石化人才强企工程战略规划和行动方案》及3年滚动计划，创新实施专项计划牵引人才队伍建设，部署“四大行动计划”。用财务经营理念深化人才体制机制改革，部署“生才聚才理才用才”四大机制建设，勾画人才强企顶层设计、路线图和施工图。印发《关于做好人才强企工程方案设计和实施落地工作的通知》，全面推进人才强企工程落地实施，审核备案 120 家单位人才强企工程行动方案。成立中国石化人才强企工程领导小组，进一步加强组织领导、强化工程运行。集团公司党组书记、董事长戴厚良署名文章《实施人才强企工程 奋勇迈向世界一流》在《求是》杂志发表。

（李　康）

【人才成长通道和领军专家队伍建设】 加快推进人才成长通道建设，共批复 122 家单位总体完善工作方案、专家职数设置及配套制度办法，人才成长通道建设实现系统内直属企业全覆盖，成为中国石化的一项基本制度设计。根据人才强企工程部署要求，大力推进领军专家队伍建设。首次大规模公开选聘集团公司专家，完善形成专家选聘五大能力指标，职位设置首次向专业领域拓展，选聘 12 名首席专家、60 名高级专家和 27 名技能大师，专业技术和技能人才发展空间进一步拓宽。扎实做好专家考核工作，对集团公司专家和技能大师 2017 年度履职情况和目标任务完成情况进行考核，对 2014 年聘任并在岗的 79 名集团公司专家进行聘期考核，共解聘 9 人，真正构建起能上能下的动态管理机制。截至 2018 年底，聘任在岗集团公司首席专家 15 人、高级专家 152 人、技能大师 45 人。58 人享受国务院政府特殊津贴，刘全有（石油勘探开发研究院）、齐国祯（上海石油化工研究院）入选国家“万人计划”——科技创新领军人才。

（李江涛）

【人才配置】 完成人力资源优化配置平台开发建设，开发公开招聘、专项招聘、业务承揽、柔性引才 4 个功能模块，2018 年 6 月正式上线运行。编制 2018 年成熟人才引进计划，审核批复 65 家单位引进 389 人，其中在京单位 162 人、社会成熟人才 87 人。通过人力资源优化配置平台，审核发布 80 家单位 696 个岗位 2 769 人的招聘公告，有效提升人力资源优化配置效能。

（邓　勇）

【职称评审】 经人力资源和社会保障部备案批复，集团公司可评审工程技术、自然科学研究、经济、会计、统计、审计、政工、新闻、出版、实验技术 10 个专业系列的职称。拓展开发职称评审信息化平台，实现全系列、各层级、全流程在线评审，并向全系统推广使用，90 余家直属单位实现线上运行。250 人通过正高级（教授级）职称评审，4 744 人通过高级职称评审，4 916 人通过中级职称评审，3 297 人通过初级职称评审。

（许　斌）

【博士后工作】 新增石油工程建设公司、石油物探技术研究院和石化机械公司 3 个博士后工作站。有博士后工作（流动）站 33 个、在站 163 人，2018 年出站 76 人，有 65 人出站后留在中国石化工作。承担省部级科研课题 154 项，博士后科研成果获省部级奖 18 项，申请专利 244 件，在核心期刊发表论文 175 篇。选派 6 名博士服务团成员支援西部大开发工作。

（孙远芳）

【技术能手评选】 组织优秀技能人才评选表彰活动，经人力资源和社会保障部批准，田明（江苏油田）、张恒珍（茂名石化）2 人获中华技能大奖，沈霁（华东油气田）、都亚军（中原油田）、张思豪（金陵石化）、张志华（江汉石油工程公司）4 人获全国技术能手称号，天津石化获国家技能人才培育突出贡献单位奖，江苏油田厉昌峰获国家技能人才培育突出贡献个人奖。另有 200 人被授予中国石化技术能手称号。

（丁新兴）

【职业技能鉴定】 适应职业资格制度改革，完善职业技能等级认定政策，修订相关制度，发放中国石化职业技能等级证书 。与各单位对接职业技能鉴定工作计划，深化中国石化职业技能鉴定综合管理平台应用，加强过程监控，指导 21 家单位培训考评人员 1 800 人。完善高级技师评审条件，对评审委员会进行换届，统一组织高级技师综合评审。全年共鉴定 7.97 万人，通过 4.63 万人。合同制员工中技能操作人员持证率为 87.2%，高技能人才占技能操作人员比例为 55.1%。

（丁新兴）

【业务竞赛】 承办全国催化裂化工国家级二类职业技能竞赛，取得8金、11银、4铜的优异成绩。举办集团公司一类竞赛10项和二类竞赛9项。首次举办中国石化人力资源管理业务竞赛，133家直属单位的2 555名选手参加决赛，产生48个团体奖单位，35个优秀组织奖单位，384名金、银、铜奖选手，25人获中国石化技术能手称号，92人获中国石化青年岗位能手称号。积极组队参加2018年中国技能大赛，齐鲁石化获第10届全国石油和化工行业职业技能竞赛机修钳工团体第1名，扬子石化、天津石化分获化学检验员团体第3名、第4名，重型起运公司获第5届全国吊装职业技能竞赛团体第2名。齐鲁石化李震、天津石化孙侨，金陵石化刘震、胡彪，重型起运公司徐玉波5人被授予全国技术能手称号。

（丁新兴）

劳动薪酬与绩效管理

【持续严控用工总量】 修订《中国石化用工总量管理办法》等“1+3”用工总量管理制度，构建以“愿景目标定员—用工总量规划目标—年度用工计划”为主线的用工总量目标管理体系。依据“三定”目标，调整“十三五”用工总量规划，核定下达2018年度用工计划及合同制员工增补计划。树立“大用工”理念，制定全口径用工总量管理统计方案，研究合资公司和主营业务外包用工情况。对各单位2017年度用工计划完成情况和优化用工情况进行考核评价，分类实行奖励，引导企业自主追求优化用工。截至2018年底，集团公司“大用工”总量87.2万人，其中境内报表用工68.5万人，比2017年底减少4.4万人、减幅6%。

（祝君光）

【加强人员引进规划】 围绕中国石化“两个三年、两个十年”发展战略，对标世界一流企业，坚持严控总量与优化结构相结合、引进人员数量结构与用工模式调整相结合、自主培养人才与引进成熟人才相结合，研究制定“两个三年、两个十年”人员引进规划，为中国石化决胜全面可持续发展、迈上高质量发展、打造世界一流提供人力资源保证。

（祝君光）

【优化人力资源配置】 制定《人力资源优化配置激励暂行规定》，明确业务承揽、人力资源输出的奖励范围和比例，加大激励力度，鼓励富余人员较多的单位引导员工动起来、走出去。修订《阶段性人事调动管理暂行规定》，拓展优化配置方式和渠道，明确系统内外阶段性调动适用范围和相关政策。研究制定强化人工成本牵引作用下进一步促进人力资源优化盘活的机制，督促和引导企业持续严控用工总量，优化人力资源配置。加强人力资源供需统筹，指导协调企业开展系统内业务承揽和人力资源输出，2018年集团公司系统内外优化配置达2.7万人。

（祝君光）

【深化用工制度改革】 推进建立以合同管理为核心、以岗位管理为基础、人岗匹配、进出通畅、灵活高效的市场化用工制度。探索职业雇员制度，按照社会化招聘、契约化管理、精细化考核、市场化薪酬、制度化退出的原则，制定职业雇员制度试点工作意见，率先在金融资本、电子商务等业务领域开展试点。开展“严肃劳动纪律、严格考勤制度”专项治理，解除或终止劳动合同392人。审核有关单位离岗人员分流安置实施细则，指导协调企业稳妥开展人员分流安置工作。

（祝君光）

【优化人工成本调控机制】 坚持“一切成本都可控”的理念，对人工成本预算机制进行优化，逐步将人工成本管理嵌入到企业战略、融入生产经营，人工成本预算与财务预算紧密协同、高效联动，与用工计划同步编制、同步下达，切实发挥预算编制的“整体规划”功能。依据企业利润目标、人工成本利润率等，合理确定人工成本预算，初步实现人工成本随企业效益能增能减，突出对严重亏损、长期亏损企业人工成本的刚性约束，有效传递压力。持续开展人工成本对标，分板块发布人工成本利润率、劳动分配率等对标结果，促进企业结合对标结果查摆差距，提高投入产出效率。

（李　肃）

【完善工资总额决定机制】 重塑考核分配体系，发挥考核分配管理合力，打通价值创造、价值评价、价值分配的人力资源价值管理链条。完善工效联动机制，从无到有建立工资增长指导线制度，实现工资总额与经济效益全额挂钩，建立起“业绩升、工资升，业绩降、工资降”的调控机制，引导企业由向总部“要总额、争增量”转为向市场“要效益、挣工资”。内部分配坚持效益效率导向，进一步拉开板块间、企业间分配差距，收入分配格局更加合理有序。

（李　肃）

【深化分配制度改革】 明确“四管三放两加强”的薪酬分配管理模式，对事业部和企业下放薪酬制度制定权、薪酬结构调整权、激励方式选择权，确立企业市场主体地位，落实企业内部分配自主权，增强企业内在活力和市场竞争力。探索差异化管理模式，加大重点领域、新兴业务和科技创新企业分配制度改革力度，在资本和金融事业部、资本公司、易派客公司等单位试行一企一策、单列管理等工资总额管理新模式。推进领导人员薪酬制度改革，突出效益效率导向、强化正向激励，实施领导人员薪酬结构调整和基薪考核晋档，逐步构建与劳动力市场基本适应、与企业经济效益和劳动生产率挂钩的领导人员薪酬管理体系。按照“问题导向、系统设计、突出重点、综合治理”的思路，研究制定海外人力资源管理与收入分配制度体系，推动海外薪酬分配向效益效率导向和业绩贡献导向转变。

（李　肃）

【加强收入分配管理】 召开加强收入分配管理工作会议，规范收入分配行为，严肃收入分配纪律，筑牢防范收入分配违规风险的坚强防线，确保职工收入工资化、工资货币化、发放透明化。组织开展工资外收入专项检查和清理规范工作，逐类逐项研究提出规范管理意见，并按照成本不增加原则，指导企业规范费用列支渠道，有效解决历史遗留问题，为规范收入分配秩序、推进薪酬分配制度改革奠定基础。

（李　肃）

【完善企业年金政策】 积极贯彻国家多层次社会保障体系建设工作要求，组织修订企业年金政策，立足在充分发挥企业年金传统补充养老保险功能基础上，坚持以价值创造为导向，激励约束并重，加大企业缴费水平与企业经济效益关联度，逐步拓展对优秀骨干人员的长期激励作用，形成以《企业年金管理办法》为主的“1+3”系列文件。稳妥实施 2017 年度激励性年金评选工作，加大对贡献突出优秀人才的激励约束力度，起到吸引人才、稳定骨干的作用。

（刘　腾）

【推进社保移交管理工作】 持续推进企业自行管理的社会保险移交地方管理工作，指导企业整合资源、内外联动，加强与地方政府沟通协调；完成胜利油田、江汉油田、仪征化纤 3 家单位社保移交工作，移交方式符合企业和职工利益，实现党组提出的移交省级统筹、最大限度减少费用支出、确保移交平稳有序的工作目标。

（刘　腾）

【集团公司负责人及高管人员绩效考核】 协助国务院国资委做好中央企业负责人 2017 年度经营业绩考核工作，中国石化连续 3 年考核结果为 A 级，获评中央企业考核工作先进单位。做好集团公司高管人员 2017 年度绩效考核及 2018 年度《绩效考核责任书》签订工作。优化总师级领导人员年度绩效考核管理机制，制定《总师级领导人员年度绩效考核方案》，并据此制定总师级领导人员 2018 年度《绩效考核责任书》。

（牛彦峰）

【绩效考核机制改革】 修订印发《中国石化绩效考核管理办法》，完善总部机关部门、事业部（专业公司)、直属单位绩效考核管理制度和运行机制，理顺管理关系，完善工效联动考核机制，强化分类考核和差异化管理，突出效益导向。修订印发《总经理奖励实施细则》，进一步明确奖励项目、管理程序等。

（牛彦峰）

【单位及其领导班子绩效考核及全员绩效考核】 完成总部机关部门、事业部（专业公司）、直属单位及其领导班子2017年度绩效考核及2018年度《绩效考核责任书》签订工作。研究制定全员绩效考核管理制度体系顶层设计方案和工作进度时间表。

（牛彦峰）

【绩效对标评价】 根据中国石化年度决算数据，从盈利能力、成本控制、生产经营、资本运营、发展能力5个维度对事业部（专业公司）绩效水平进行综合对标，形成油田、炼油、化工、油品销售、石油工程、炼化工程、公用工程等15个业务板块2015—2017年对标评价指标体系标准值。对7个业务板块内部各单位70多项关键指标进行排序对比，形成板块内部企业对标评价结果。

（牛彦峰）

人才培训开发

【培训管理】 根据核心能力理论，按照体系化思路对领导人员培训进行整体设计，形成正职、副职、后备、战略后备“四类对象层次”，适应→胜任→优秀→卓越“四级提升阶梯”，培训→实践→评估→使用“四环培育链条”培训框架，初步构建起源头培养、跟踪培养、全程培养的素质培养体系。干部系统化培训体系创新得到上级部门肯定，人民日报《内部参阅》、中央组织部《组工通讯》进行专门介绍。对专业技术人才培训培养进行总体设计，加快构建领军人才、精英人才、骨干人才、青年英才四级递进的塔形培养体系。全系统共组织脱产培训85万人次，开展基本功训练等岗位培训93万人次。

（任军辉）

【重点人才培训】 强化体系化培训，总部培训重点人才4 471人次、培训党组管理领导人员1 731人次。培训高层次专业技术人才1 085人次，实施专业技术人才创新能力提升计划，优选科技骨干到国外科研机构做访问学者，开展高级专业人才系列培训和新能源新材料新技术研发人才培训。培训高技能人才221人次，开展石化名匠、首席技师和拔尖技能人才培训，首次对全系统18名集团公司技能大师进行调训，全年举办首席技师、采油采气工、加氢裂化装置操作工、环烃生产工等10期高技能人才培训班。培训国际化人才1 434人次，实施“一带一路”国际化人才培训计划，加强海外项目经理思想政治轮训，分板块开展海外项目经理和海外机构负责人综合管理能力提升培训，分区域组织海外项目管理团队和储备人才强化培训，分业务线条加强财税法律、营销贸易、HSE等岗位实务培训。

（任军辉）

【培训基础建设】 对中国石化未来5年重点人才培训进行体系化设计，奠定培训体系整体建设和系统创新基础。全面完成远程培训系统三期建设，全年远程培训系统总学习时长1 227万小时，总登录人次达593万，平台点击总次数超过1亿次。研究安全培训基地建设思路，做好试点和扩大推广工作。出版《中国石化基本功训练典型案例汇编》，为企业基本功训练提供借鉴和参考。

（任军辉）

【毕业生引进工作】 强化政策引领，完善服务措施，毕业生招聘工作再上台阶。2018年组织120家招聘单位接收毕业生2 886人，其中研究生占比52.5%。探索实施“名校尖子生专项引进计划”，全系统共引进牛津、剑桥、清华、北大等名校优秀毕业生77人。开展“优才”综合能力提升培训项目和总部储备岗主题教育项目，将“优才”毕业生和总部机关储备岗毕业生纳入集团培训体系，毕业生持续培养迈出实质步伐。

（任军辉）

“三项制度”改革

【“三项制度”改革】 制定印发深化“三项制度”改革实施意见及三年推进计划，组织召开视频会议安排部署，着重抓好综合改革试点单位的改革实施，推动新兴业务直接实行人力资源市场化机制，“三项制度”改革得到全面推进。开展中央企业“三项制度”改革评估体系建设研究，构建改革效益、效力、效能、效率“四效”评估模型，形成指标体系、标准体系、运行体系、统计体系框架，得到国务院国资委充分认可。

（宋子傲）

【课题和专题研究】 组织编制人力资源战略规划和行动方案暨三年滚动计划，根据集团公司“两个三年、两个十年”战略规划，完成以业务为中心、跨越近中远期的人力资源战略发展蓝图，并推动板块和企业研究制订相应人力资源发展规划。积极推进岗位管理课题研究，以课题为载体推进人力资源研发体系和研究力量建设，形成岗位管理体系架构、岗位设置及评价工具方法、岗位管理信息系统等阶段性成果，指导部分企业开展岗位评估，为深化改革、提升专业化水平奠定基础。组织开展人力资源盘点和价值评估课题研究工作，完成课题研究初步设计，准备相关调研培训。

（宋子傲）

总部机关人事管理

【概述】 截至2018年底，总部直接负责人事管理的27个部门内设处室218个，处级及以下定员1 355人，其中处级领导职数462人、专业技术岗位882人。共有处级及以下员工1 040人，其中处级领导人员352人、其他处级人员58人、专家110人、业务人员520人。平均年龄43.03岁，其中35岁以下占18.2%、36—45岁占40.8%、46—55岁占37.1%、56岁以上占3.9%。从学历结构看，博士研究生占6.6%，硕士研究生占42.2%，大学本科占49.5%，大专及以下占1.7%。从职称结构看，教授级占8.6%，高级占63.9%，中级及以下占27.5%。总部机关部门派出机构有4个审计分局、5个监察分局和南京项目管理中心，内设处室44个，定员384人。有处级及以下人员255人，其中处级人员72人、部门专家16人、业务人员167人。

（冯洪祥）

【机构编制管理】 根据集团公司深化改革部署和要求，在总部机关新设国际合作部、资本和金融事业部后，及时完成新设部门“三定”工作。按照集团公司绩效考核管理职能调整意见，积极做好相关机构编制及人员划转工作，企业改革管理部业绩考核管理处成建制划转至人事部。根据改革发展实际和工作需要，按照精干高效原则，对发展计划部、安全监管局、宣传工作部、化工事业部内设机构及编制进行优化调整。

（冯洪祥）

【处级干部管理】 ①认真落实十八大以来党中央关于干部管理新精神新要求，以建设“政治坚强、本领高强、意志顽强”总部机关处级干部队伍为目标，以高素质专业化为重点，突出政治标准，树立正确选人用人导向，积极做好处级干部选拔聘任工作。加大优秀年轻干部选拔使用力度，严格执行干部退出现职有关规定，不断优化干部队伍年龄结构。组织开展处级干部选拔聘任 12 次，涉及 12 个部门、43 个处级领导岗位，选拔聘任“75 后”干部 20 人、占 46.5%，“80 后”干部 8 人、占 18.6%。②为激励广大干部新时代新担当新作为，进一步发挥考核的激励、约束和导向作用，以股份公司董事会换届为契机，对总部机关部门 313 名处级干部的聘期履职情况进行考核。③推进总部机关“三项制度”改革工作试点，探索市场化用工管理方式。参与资本和金融事业部公开招聘工作，指导资本和金融事业部制订员工市场化招聘工作方案，研究相关管理体制和配套制度。

（冯洪祥）

【人才成长通道建设工作】 在总结首席专家聘任试点经验的基础上，梳理部门业务分类，分析人才队伍现状，健全纵向晋升机制，完善横向流动渠道，加快人才成长。按照“突出主业、宁缺毋滥”原则，有计划、有步骤地推动油田勘探开发事业部、炼油事业部、化工事业部、生产经营管理部、安全监管局、集团财务部等部门首席专家、高级专家选聘工作。新聘任部门首席专家 12 人、高级专家 6 人、专家 16 人。

（冯洪祥）

【人才培训开发工作】 ①研究制定总部机关高级、中级专业技术职务任职资格评审管理办法，强化职称评审信息化平台应用，提高职称评审工作效果。推荐申报教授级职称 18 人、高级职称 14 人参加集团公司评审。完成总部机关高级职称和中级职称参评人员 198 人评审材料复审工作。②以思想政治教育和岗位适应性培训为重点，举办 5 期处级干部培训班、2 期业务骨干培训班、1 期专家培训班，参加培训共计 798 人，占总部机关员工总数的 61.6%。③完成享受国务院政府特殊津贴候选人推荐工作，审核总部机关 9 个部门 16 名候选人申报资格，经总部机关专家委员会评议，推荐的 3 名候选人均当选享受国务院政府特殊津贴人员。

（冯洪祥）

【薪酬保险工作】 ①以员工绩效考核为抓手，在总部机关稳妥推进员工收入能增能减，顺利完成薪酬发放和基本薪酬晋档工作；结合部门绩效考核，完成 2017 年度兑现奖金分配，实现“真考核，硬兑现”；研究特岗特薪政策，完成外事局特岗特薪人员选拔，进一步规范特薪标准。②根据《中国石化总部机关激励性年金实施办法》，规范评选程序和职责，明确评选标准和范围，完成 2017 年度激励性年金评选、公示、入账等工作，共有 35 名党组管理的领导人员和 316 名处级及以下人员享受激励性年金。③积极做好院士退休工作，制订总部机关 4 名到龄或即将到龄院士退休方案，做好退休院士工作和生活方面的服务工作。

（冯洪祥）

综合与信息管理

【综合管理和自身建设】 强化自觉担当，推动“勇立排头、追求卓越”文化落地生根，深入践行“马上就办”要求，强化处室和员工绩效考核。加强组织人事系统自身建设，开展组织人事系统学习十九大精神活动。加强党支部建设，落实《关于建设模范部门打造过硬队伍的实施意见》，严格“三会一课”制度，研究起草《人事部关于改进工作作风密切联系群众实施办法》，建设敢于担当、主动高效、执行有力、服务基层的队伍，推进人力资源管理向战略型、创新型、学习型转型取得良好成效。强化“督察催办”机制，及时督促检查通报，保证党组决策部署落实有序推进、紧抓快办、责任到人。

（党玉涵）

【人力资源共享服务工作】 完成 90 家企业上线，累计上线企业 115 家，服务员工 43 万人、离退休人员 36 万人。总结形成 6 类 25 项人力资源共享业务的菜单式服务方案，为资本公司等新建单位提供一站式服务。发布人事、薪酬共享业务操作手册和薪酬计发业务规范，完成上线企业薪酬计发规则梳理和优化配置。完成人力资源优化配置平台公开招聘、柔性引才、业务承揽功能开发，实现一键式应聘全流程在线管理。加强 HR 系统与周边系统信息集成共享，完成综合应用平台功能优化升级。

（李堂亮）

离退休人员管理

【概述】 截至 2018 年底，集团公司共有离退休人员 45 万人，其中离休干部 3 063 人、退休干部 14.44 万人、退休工人 30.3 万人。离退休人员和内退人员总计 48.05 万人。离退休人员党员 14.72 万人（不含内退人员党员 10 360 人），设有 88 个离退休人员党委、213 个党总支、3 427 个党支部。专职离退休工作人员 4 330 人，兼职工作人员 1 002 人。

（崔文生）

【加强离退休党建工作】 在全系统开展离退休先进党支部、优秀共产党员和优秀党务工作者评选表彰工作，表彰 162 个集团公司离退休先进党支部、325 名优秀共产党员和 219 名优秀党务工作者。向集团公司党组推荐 10 个基层离退休党支部、15 名离退休优秀共产党员和 15 名离退休优秀党务工作者，受到集团公司党组表彰。先后在西柏坡举办 2 期集团公司直属单位基层离退休党支部书记培训班，91 家直属单位的 283 名离退休党支部书记参加培训。

（崔文生）

【开展正能量活动】 按照党中央部署和集团公司党组要求，以“增添正能量，共筑中国梦”为主题，组织全系统离退休老同志开展为党的事业和企业发展增添正能量活动，为集团公司持续健康发展营造良好环境；围绕改革开放 40 周年、中国石化成立 35 周年和集团公司重组 20 周年，组织全系统离退休老同志开展“我看改革开放新成就”专题调研活动，组织老同志忆往昔、说发展、谈变化、献良策；大力宣传各单位开展正能量活动的好做法好经验，宣传活动中涌现出的老同志先进典型，形成学习先进典型、争当先进典型的浓厚氛围，进一步凝聚、传递和释放离退休老同志的正能量。

（崔文生）

【老年活动中心和老年大学建设】 继续开展好“五好”老年活动中心和老年大学创建活动，评选表彰第 3 批集团公司“五好”老年活动中心、站、室和老年大学（分校）；举办集团公司第 3 届离退休人员象棋比赛，全系统共有 53 支代表队 300 余名运动员参加，为丰富离退休老同志精神文化生活搭建了平台，带动了全系统老年文体活动蓬勃发展。

（崔文生）

【关心下一代工作】 按照中国关工委部署和集团公司党组要求，组织开展“传承红色基因，争做时代新人”主题教育活动，助力集团公司实现人才强企；结合企业实际和青年员工特点，充分发挥“五老”优势，持续加强“传帮带”工作品牌建设，在培养青年员工成长成才上发挥积极作用；积极参与社会治理创新，配合有关部门开展普法教育、家庭教育、关爱帮扶等活动；继续开展创建基层“五好”关工委活动，举办直属单位关工委常务副主任培训班，对 160 名关工委常务副主任和秘书长进行培训。坚持开展关工委片区研讨交流，总结和推广好做法好经验，不断提升关工委工作水平。

（崔文生）

中国石化
SINOPEC

物资采购与管理

综述 | 保供降本 | 集团化采购
招标采购 | 电子化采购 | 物资管理

综　　述

2018年，物资供应系统认真贯彻落实集团公司党组决策部署，围绕保供降本，聚焦优化提升，扎实推进物资供应各项工作。物资供应管理效能和服务水平持续提升，集团化采购、招标采购、电子化采购规模持续扩大，质量进一步提升，为集团公司全面可持续发展提供坚实的物资保障。

物资供应保障组织有力。聚焦重点工程项目，紧贴生产运营需求，强化服务意识，密切跟踪市场，推进协同保供、多点保供，有力保障集团公司生产建设物资的安全、及时、经济供应。完善应急抢险物资供应管理，快速保障生产应急物资供应。聚焦质量管控重点，强化质量监造与问题处理，有效保障物资质量本质安全。推进重大装备国产化，依托重点工程项目，开展35万吨/年聚丙烯挤压造粒机组、大型储气库压缩机组、超高压管道等重大装备的国产化攻关，打破资源垄断瓶颈。

集团化采购优势进一步提升。聚焦优化总部直采，强化平台采购应用，推进集团化采购成果共享，集团化采购比例进一步提高。持续优化集团化采购目录，调整组采委托牵头单位，扩大框架协议覆盖范围，加强框架协议执行监管，集团化采购统一对外、集中决策、上下协同、分层操作的优势进一步发挥。

招标采购水平稳步提高。坚定不移落实应招必招、能招尽招，依法合规开展公开招标，深化招标专项提升对标，全面推行“互联网+”招标，招标采购率与电子招标率稳步提升。强化招标基础工作，组织开展招投标管理制度修订，推进招标机构布局优化。组织制定评标办法模板及通用评标办法，大力推进“易派客”标准在招标中的应用，招标标准化、规范化水平持续提升。

电商平台建设快速推进。围绕“易派客”平台功能优化提升，优化物料编码、推进系统集成，深化数据共享，采购信息化水平进一步提高。进一步深化“易派客”平台应用，全面推进供销畅通，平台采购率稳步提升。大力推动“易派客”标准应用，推出“易派客”标准指数数据榜、产品评价数据榜、贸易融通数据榜，营造品质为先、质量至上的商业新生态。

物资供应管理成效明显。推进采购管理提升对标，建立完整的对标评价要素体系，持续深化物资供应管理“七统一”要求。全面改造供应资源管理系统，供应资源管理进一步加强。持续治理指定采购和独家采购，规范集团外承包商采购，采购规范化水平进一步提升。加强储备管理、物资质量管理、推进物资供应队伍建设，物资供应管理水平进一步提升。

（杜　涵）

保供降本

【概述】 2018年，物资供应系统立足服务主业，加强物资搜寻，全力保障生产建设物资供应，充分发挥集中采购优势，有效降低物资采购成本。全年累计供应化工原辅料、煤炭、设备、材料等物资2 346亿元、增长20%，节约采购资金127亿元、节约率达5.4%，有力保障了集团公司生产建设物资的安全、及时、经济供应。

（杜　涵）

【保障生产建设物资供应】 面对集团公司决胜全面可持续发展的保供新形势和供给侧结构性改革深化带来的供应环境新变化，物资供应系统强化服务意识，密切跟踪市场，优化采购策略，精心组织资源，全年召开重点工程项目专题协调会24次，参加工程项目建设会130余次，为32项重点工程项目顺利建设、212套企业装置大修改造及3座油气田地面工程、14套炼化装置、2套储运设施、5条油气管道的建成投用提供有力的物资保障。在装置应急抢修等突发事件中，迅速对接需求、紧急协调资源、全力催交催运，快速保障生产应急物资供应。

（杜 涵）

【推进重大装备国产化】 依托重点工程项目，组织开展35万吨/年聚丙烯挤压造粒机组、大型储气库压缩机组、超高压管道等重大装备的国产化攻关，培育供应资源，降低建设成本。组建国产化攻关工作小组，发布重大装备国产化简报，跟踪重大装备国产化项目全过程管理。组织开展重要投资项目重大装备国产化专家评审，2018年共评审、出具重点工程重大装备国产化评审报告14份，拓宽资源获取渠道，助力集团公司降本增效。

（杜 涵）

【降低物资采购成本】 物资供应系统强化全员成本目标管理，通过整合采购需求、加强成本分析、优化采购方式与物流方式，深挖采购降本潜力。化工专业组织对催化剂等物资开展原材料构成剖析，深入开展市场调研，挖掘降本空间，实现偏钨酸铵招标采购价格下降3 000元/吨。煤炭专业推进中长期合同和公开招标采购，加强港口协调和物流服务商管理，有效降低采购价格和物流成本。材料专业充分发挥集团化采购和公开招标优势，在钢材等大宗工业品市场走势上行的情况下，有效控制油套管、管线钢板等物资品种的采购价格。设备和电仪专业充分发挥集团化采购规模优势，对离心泵、加氢反应器、高压分离器、阀门等物资，整合各项目物资需求开展集中采购，统一资格审查条件，合理设置分包，有效降低采购成本。

（杜 涵）

集团化采购

【概述】 2018年，集团化采购规模进一步扩大，集团化采购率达87.5%，提高1个百分点。集团化采购水平持续提升，框架协议采购质量进一步提高，通过集团化采购节约采购资金111亿元，充分发挥了资源获取优势和降本优势。

（杜 涵）

【优化集团采购目录】 按照“统一对外、集中决策、上下协同、分工操作”的原则，2次调整集团化采购目录，进一步扩大和优化集团化采购的范围。将潜油电泵、特种抽油杆、无线电通信设备、加油站复合管道等企业集中采购物资调整为集团化采购物资，将劳保、部分炉类、焊材等总部组采物资调整为总部直采物资，充分发挥总部和企业的分工协作优势，持续做强做优集团化采购。

（杜 涵）

【提高集团化采购质量】 优化调整集团化采购流程，简化集团化框架协议审批，进一步提高集团化采购的运行质量和效率。强化需求计划管理，加强采购策略编制，坚持推行专家采购，大力推进开门采购，提升集团化采购决策水平。开展集团化采购管理提升对标，分板块召开专题对接会，推进企业共享集团化采购成果。分析组采牵头单位工作绩效，动态调整组采委托牵头单位，54家牵头单位积极承担总部组采品种框架协议签订工作，进一步发挥总部和企业的分工协作优势。持续扩大框架协议覆盖范围，加强框架协议执行监管，对集团化框架协议接续情况实施考核，完善周通报、月考核、季预警的框架协议接续机制，全年签订集团化框架协议1.2万份，接续完成率达98.7%，不断提升集团化采购框架协议质量。

（杜 涵）

招标采购

【概述】 2018年，集团公司坚决落实应招必招、能招尽招，全面推进公开招标与“互联网+”招标采购，确保招标采购依法合规。全年招标采购率79.6%，提升2.4个百分点，电子招标率由2017年底的70.9%提高到89.2%，依法公开招标率保持100%，招标采购水平稳步提升。

（杜 涵）

【加强招标采购管理】 加强对招标采购的考核与监管，规范招标采购操作。强化招标异常异议管理，规范招标投标行为，严肃开标评标纪律。优化评标专家管理，开发启用评标专家自动抽取系统，推行“1+6”专业关联化评标专家选择模式，提高专家抽取随机性和来源广泛性。制定招标从业人员“八不准”，对照“八不准”开展大查摆、大讨论、大落实活动。推进招标机构优化工作，形成“9+8+N”（9个招标中心、8个招标分部、N个招标联盟）的招标服务网络，管理结构更为清晰，机构布局更加合理，招标服务更加到位。

（杜 涵）

【提升招标采购水平】 持续优化招标采购，全面推进招标标准化、规范化、电子化。修订完善招投标管理制度，组织制度修订工作组，依照国家招投标法律法规开展制度集中修订。在物资招投标采购中全面应用“易派客”标准数据，制定并应用评标办法模板296个、通用评标办法1 441个。深化招标专项提升对标，开展企业对标自查和互查互促，组织总部部门、招标中心、直属企业召开招标管理提升对标座谈会，招标采购水平稳步提高。

（杜 涵）

【推进“互联网+”招标采购】 积极贯彻落实中国石化“互联网+”招标采购实施方案，持续推进“互联网+”招标采购。在2017年8月通过中国信息安全认证中心认证，获得三星级最高等级认证证书的基础上，于2018年8月顺利完成第一次监督审查。进一步完善电子招标平台功能建设，完善网上开标大厅、招标项目进度查询、投标文件人异常行为识别等功能，大力实施电子招标。积极推进企业自采招标业务登上EC电子招标平台，全面推行全流程电子化招标。

（杜 涵）

电子化采购

【概述】 2018年，物资供应系统推进采购系统集成与流程优化，深化电商平台建设与应用，推动“易派客”标准全面应用。全年，“易派客”平台采购率达97.9%，提高1.3个百分点，集团化采购框架协议100%登上“易派客”平台，电商平台应用深入突进。

（杜 涵）

【持续深化信息系统应用】 完成“易派客”平台与内部系统集成改造，大力推进EPEC、EC、ERP、电招平台等系统的集成优化，消除“信息孤岛”取得初步成效。强化物料编码应用管理，推进物料编码双语化建设，不断提高物料编码应用水平。完成集团外承包商电子化采购方案的开发上线、优化询比价、紧急采购、独家采购、框架协议管理等业务流程，实现制度流程化、流程信息化。

（杜 涵）

【进一步深化“易派客”平台应用】 严格规范平台运营，依照国家电子商务法，完善平台运营管理制度15项、运行规则33项、信息功能23项。推出钢铁、阀门、劳保等10个采购专区，持续丰富平台商品，提升平台采购体验。全面推进平台供销畅通，60 家企业应用率达 100%，平台采购率进一步提升。全力推进电子化支付，在线支付进一步放大，全年平台在线支付金额 1 078 亿元。推出商业化保理服务，累计为 110 家关联方企业提供保理融资 29.3 亿元。推行一体化互联互通，与 118 家关联方企业完成一体化连接，有效增强平台与供应方之间的黏性。

平台运营绩效稳健增长，打造英语、俄语、西班牙语多语种国际平台，平台市场影响不断扩大。2018 年，“易派客”被中国品牌发展论坛评为信息能源化工领域前 50 强，国际事业公司被国家商务部等八部门确定为全国供应链创新与应用试点企业。

（杜　涵）

【大力推动“易派客”标准应用】 聚焦法人信用、产品质量、履约能力、市场业绩，全力打造“易派客”标准体系。截至 2018 年底，累计完成法人信用认证 3 130 家，完成产品质量评价 1 600 家次，对 2.1 万家平台关联方进行履约动态考评，对 1.8 万家平台关联方给予市场业绩表现评价。推出“易派客”标准指数数据榜、产品评价数据榜，全面倡导品质为先、质量至上的平台新理念。全面推进“易派客”标准在采购中的应用，将“易派客”标准融入招标资格审查模板和评标办法中，有效提升采购标准化、数据化水平。

（杜　涵）

物资管理

【概述】 2018 年，物资供应系统进一步强化物资供应管理，深入推进采购管理提升对标，夯实集中统一供应管理体制，落实采购管理、决策、招标、执行“四分离”机制，加强供应资源管理与储备管理，强化质量管理与物资采购监管，持续开展物资队伍培训与交流学习，物资供应管理效能持续提升。

（杜　涵）

【深入开展采购管理提升对标】 建立以对标促提升的长效工作机制，将中国石化采购管理提升对标自评内容分类细化，形成 7 个方面共 40 项对标评价要素。各企业扎实开展对标自评，明确提升目标，制定工作措施，采购管理水平进一步提升。优化物资供应统计管理与绩效考核，提升统计工作信息化水平，科学设置考核指标标准，充分发挥绩效考核的导向作用，推进采购管理水平持续提升。在国务院国资委 2018 年采购管理对标评估中，中国石化总分排名位居小组第一，连续 4 年位居央企前列。

（杜　涵）

【加强物资供应管理体制建设】 夯实集中统一管理体制，持续深化物资供应管理“七统一”要求，系统分析总结企业体制建设对标工作情况，推进各直属企业物资供应管理全面覆盖、平衡发展。石油工程板块全面推进 ERP 系统上线，统一规范采购业务。石油工程公司境外采办中心试点工作进一步推进，境外采购得到进一步规范。

（杜　涵）

【推进物资供应管理制度建设】 加强制度建设、强化制度执行，深入梳理制度执行情况，制定发布年度集团公司物资供应管理制度制修订计划。2018 年共新制定 2 项、修订 6 项管理制度。组织企业梳理承接集团公司物资供应管理制度，下发《关于进一步加强物资供应管理制度建设的通知》，100 余家企业上报制度承接修订情况，积极开展企业层面制度建设，确保制度要求落到实处。

（杜　涵）

【加强供应资源管理】 严格供应商资质评价，对 1 266 家供应商开展现场核查，从源头防控供应风险。加大违约供应商处罚和曝光力度，通过取消资格、暂停交易、通报降级等方式处理违约供应商 75 家，全力打造重质量、重服务、重品牌、重口碑的供应生态。构建供应资源信息标准化数据库，整合供应商在法人信用认证、产品质量评价、招标投标等业务环节的综合信息，统一维护管理；全面改造供应资源管理系统，完善资质评价、动态考评、违约处理等各项功能，实现供应资源信息在多个系统实时共享。

（杜　涵）

【强化物资质量管理】 深入贯彻质量提升行动计划，完善质量管理技术规范，完成 48 个新编制石油石化设备材料监造大纲的评审工作。全面开展质量月、质量日活动和质量满意度调查，79 家参与调查企业物资质量满意度达 99.9%。强化重要物资的监造、过程监管和质量抽查，监造设备 7.7 万台（套）、阀门和配件 10.7 万件、关键材料 72.3 万吨，A 类物资监造率 100%，发现并跟踪处理制造过程质量异常问题 859 项。加强物资质量监督检查，物资入库验收合格率 99%，油田采购物资质量监督抽查合格率 96%。组织开展劳保防护用品质量巡检，共抽查 238 批次，覆盖 61 家企业。

（杜　涵）

【加强物资储备管理】 压实库存资金占用责任，大力推行储物于商，落实监督预警机制，严防严控物资积压。组织企业制定年度积压物资防控方案，下发物资储备管理考核指标，定期通报完成情况。指导企业制定储物于商年度工作方案，并纳入年度采购策略，完善与供应商协同保供机制。在物资采购总额增长 20% 的情况下，2018 年底物资总库存和积压物资分别减少 2% 和 2.6%，库存周转次数加快 28.3%。

（杜　涵）

【加大物资采购监管力度】 持续深化中央巡视反馈意见整改，强化物资采购监管，从严规范采购操作，进一步巩固集团化采购管理、决策、招标、执行相分离的运行机制。全面开展整改落实情况自查自纠，结合专项审计、专项检查发现的问题，全面查纠监管不严、操作违规、人为干预物资采购等行为。物资供应部门会同技术、纪检监察等部门，严把物资需求、采购预案审核关，严格执行审批和公示程序，持续治理指定采购和独家采购。强化集团外承包商采购监督管理，建立集团外承包商引用中国石化框架协议、委托招标等工作机制，打通集团外承包商电子化采购流程，规范承包商采购行为，以规范的采购确保工程项目建设物资安全供应。

（杜　涵）

【加强物资供应队伍建设】 认真落实集团公司人才强企工程，加强物资供应人才队伍建设。按照 2018 年物资供应系统培训计划，多层次开展物资供应领域相关培训。组织开展 1 期管理科长培训班、2 期物资供应新任处级干部培训班、3 期物资供应信息系统操作培训，累计培训 450 多人次，有效提升管理能力、强化业务操作。同时，深入齐鲁分公司、扬子石化、石家庄炼化开展现场专题培训，进一步提高物资供应队伍人员的专业能力与管理水平。广泛开展对外交流，中国石油、中国海油、国家电网、中国移动、中国铝业等多家单位到访，交流学习中国石化物资供应管理经验与“易派客”电商平台运行模式。同时，主动走出去，向中国石油、中国海油、鞍钢集团等兄弟企业学习，借鉴采购管理工作经验，进一步促进物资供应管理水平提升。

（杜　涵）

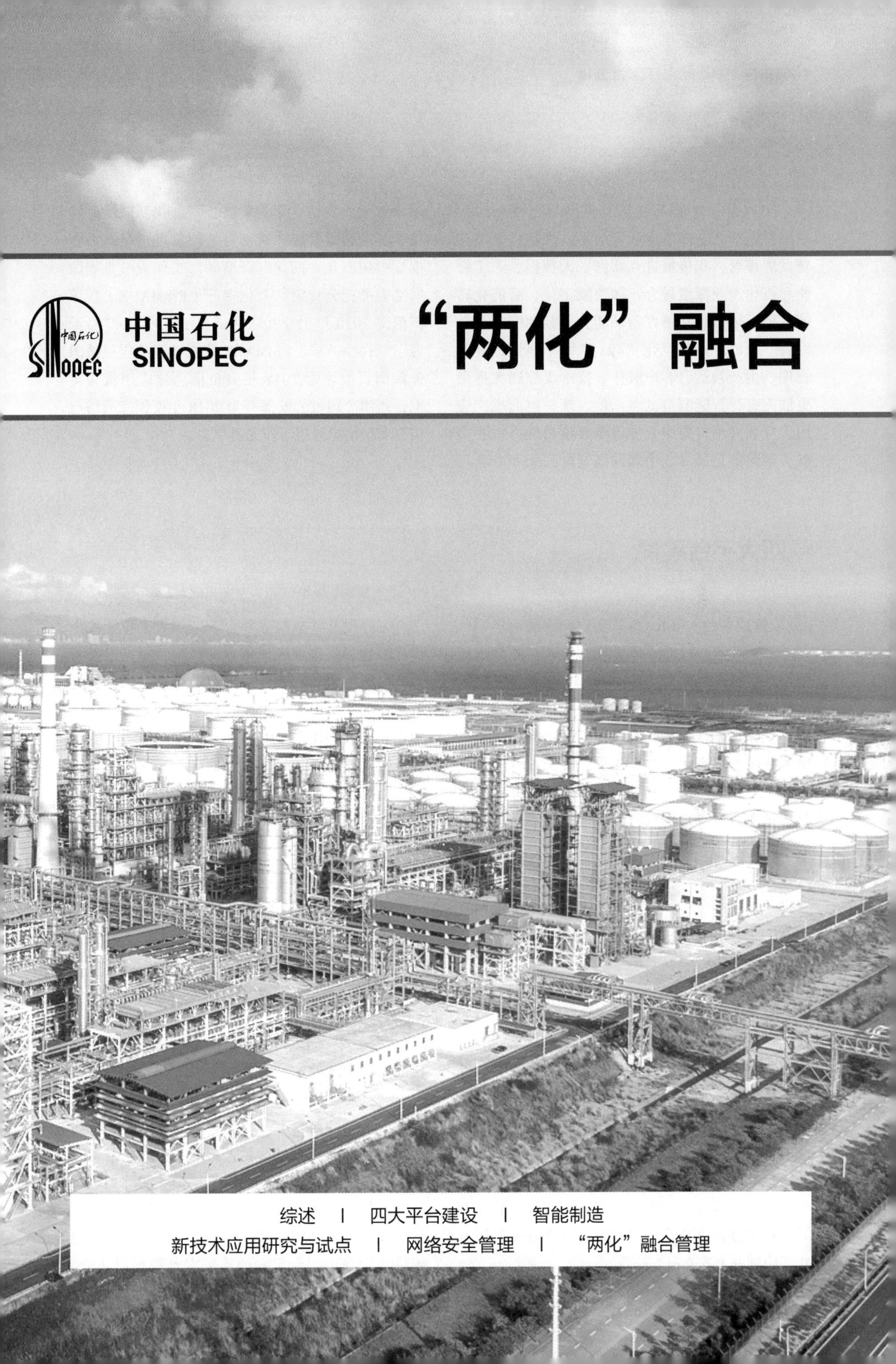

中国石化 SINOPEC

“两化”融合

综述 | 四大平台建设 | 智能制造

新技术应用研究与试点 | 网络安全管理 | “两化”融合管理

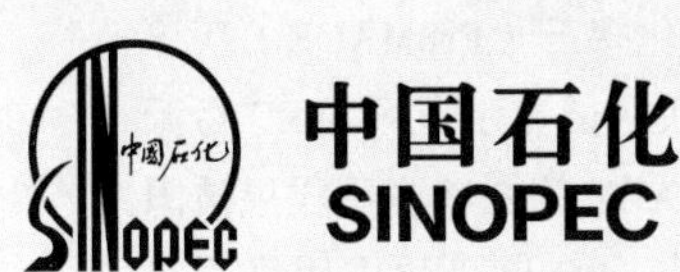

综　述

2018 年，中国石化认真贯彻习近平新时代中国特色社会主义思想和党的十九大精神，坚持新发展理念，积极推进互联网、大数据、人工智能和石化产业深度融合，加快数字化、智能化转型发展，以信息化培育新动能，用新动能推动新发展。全面开展信息化“421 工程”建设，经营管理、生产营运、客户服务、技术支撑四大平台更加完善，智能制造试点示范、统一电商推广应用、互联网出口集中管控等重点项目取得重要突破，消除信息孤岛、治理网络安全隐患等专项行动卓有成效，信息化为集团公司加快新旧动能转换、提质增效升级、全面可持续发展提供有力支撑。中国石化“两化”深度融合工作成效得到国家部委的充分肯定，石化智云（ProMACE）获评工信部 2018 年工业互联网试点示范项目，“易派客”“石化 e 贸”、ProMACE 等 3 项应用成果被国务院国资委评为 2018 年央企信息化应用优秀案例，集团公司被公安部评为 2018 年度国家网络与信息安全信息通报工作先进单位。

（王景涛）

四大平台建设

【经营管理平台】 ERP 推广实现新突破。集团公司总部 ERP 正式上线，石油工程公司、石化机械公司实现境内企业 ERP 全面推广；根据新的国际会计准则要求，对 ERP 系统进行全面调整；开展 ERP 大集中上线“回头看”，共收集油田、炼化、销售 3 个板块应用问题 844 项、解决 656 项，收集共享服务相关问题 66 项并全部解决；完善股份公司报表系统，全级次法人单位报表出具进一步提速。

资金集中管理系统又有新提升。实现集团资金预算口径统一，与国务院国资委大额资金监管平台实现信息集成。完成增值税管理系统试点，提高了增值税的核算、认证、对账、申报等业务自动化水平，有效防范增值税业务风险。

跨系统集成应用取得新成效。围绕业务协同开展跨系统流程优化、集成整合，实现审计、监察、内控等“大监督”相关系统的数据共享，提升了管理效率；实现合同履约业务集成，减少了重复工作量，降低了业务风险。

改造提升公文系统和移动端应用。完成 37 项功能提升和配套改造，为总部机关落实“马上就办”提供技术支撑；统一移动平台用户达 67.3 万人，移动办公已成为总部和企业日常管理工作方式，协同办公效率显著提高。

完善提升共享服务平台。运用人工智能技术优化系统，实现业务模板自动适配，提高了财务共享、费用报销的业务处理自动化水平，部分业务工作效率提高 80%。推进 IT 共享服务建设，已为企业提供 ERP、费用报销、合同管理等 11 套系统运营服务支持。

全面升级网络学院系统。构建全新的云学习平台，建成岗位培训、学习专区、资源管理、移动学习等功能模块，线上运行培训项目 8 700 多个、学习课件 9 000 多个，活跃用户 28 万人，在线学习人次超过 4 123 万，实现企业培训与员工个性化学习有机融合，有力支撑岗位培训和人才队伍建设。

（王景涛）

【生产营运平台】 加强总部生产营运指挥系统深化应用。开展原油、天然气、成品油三大资源的跨板块全产业链协同，提升集团公司资源统筹配置能力；综合监控上、中、下游重点探井、炼化装置、加油（气）站等近 6.5 万类生产数据、25 万余路现场视频；综合利用炼化企业的计划、生产和销售数据，开展汽、柴油销量大数据分析预测，支持成品油销量滚动计划编制与平衡；完善洪水、暴雨、台风和地质灾害预警预报功能，

2018 年累计预警 2 267 次，支持总部、企业应对台风等自然灾害，为总部及时掌握生产动态、统筹调度、应急支持提供支撑。

建成涵盖上、中、下游全产业链的生产经营一体化优化模型。支撑总部生产管理部门和事业部开展原油加工总量、成品油经营总量、成品油出口、化工产品总量、化工轻油互供等平衡优化应用，利用板块整体优化模型和企业模型开展原油采购和配置、加工方案、产品结构等优化，有效促进优化增效、降本增效。

完善提升安全管理信息系统。实现异常管理、问题提报、安全公示等 6 项业务功能在 106 家企业上线运行，支撑集团公司安全大检查；完成作业安全管理在镇海炼化、青岛炼化、管道储运公司和催化剂公司 4 家试点企业上线应用，实现生产现场 7 类高风险作业 8 个环节的流程化、可视化管控。

推进环境保护信息系统推广建设。完成 40 家炼化企业与专业公司挥发性有机化合物（VOCs）管理系统推广实施，实现 12 类 VOCs 排放源的核算统计；实现泄漏检测与修复（LDAR）模块日常检测、泄漏点维修、维修结果复测的闭环管理，覆盖 1 000 余万密封点，累计完成 6.6 万个泄漏点修复，为降低排放、绿色生产提供支撑。完成勘探开发新区环境敏感目标管理系统建设，支撑 11 家油气田企业优化勘探开发部署方案，累计执行各类环境敏感分析 19 万次，有效规避法律风险、项目投资风险和环境风险。建设危险化学品运输安全管理系统，在化工销售公司、炼油销售公司、江苏石油分公司、销售华东分公司 4 家单位试点上线，实现危化学品运输全过程监控和轨迹异常、不安全驾驶等行为预警。

推进能源管理、碳资产管理、操作管理、工艺管理系统推广建设。完成能源管理系统在 9 家企业现场上线，深化系统应用，2018 年动力优化增效 3 620 万元、蒸汽管网优化增效 1 022 万元。完成碳资产管理系统在总部和茂名石化、扬子石化、九江石化 3 家试点建设，集团公司年度盘查碳资产时间由 1 个月缩减为 15 天。完成操作管理系统二期在 7 家企业推广，装置操作合格率平均达 95% 以上，操作平稳率提升 2% 以上，外操巡检漏检率低于 5%，巡检按时率达 95% 以上。完成工艺管理系统在天津石化、洛阳石化、中原石化、广州石化等 7 家企业实现工艺监控、工艺分析 2 个功能上线运行，装置预检效率提升 60%，预检时间从 30 分钟减少到 10 分钟。

推进质量管理系统建设。实现质量管理系统在上海石化、九江石化 2 家试点企业上线运行，通过质量过程能力分析，提升产品质量，不良品率降低 1%，年增效约 1 000 万元；通过质量异常分析及质量风险管控，前移质量管控关口，提升全过程质量管控水平。

推进水务管理系统试点建设。完成水务管理系统提升并在齐鲁石化、茂名石化等 5 家试点企业上线运行，实现对 147 套水务装置运行情况实时监控，提升主装置保障能力；实现水质指标预测预警，水质综合合格率达 95% 以上，为企业打造样板水厂提供有力支撑；支持水务专业考核评价体系建立，2018 年 11 项竞赛指标提升 0.3%，提升了集团公司水务专业管理水平。

推进工程单位信息化建设。石油工程技术研究院自主研发的石油工程远程作业支持系统（PEAdviser），在顺北、塔河、尼日利亚等多个工区推广应用，提高了远程技术服务能力。炼化工程公司制定并发布《石油化工工程数字化交付国家标准》，已在中科炼化、镇海炼化等重点项目数字化交付中得到应用，为智能工厂建设奠定基础。

推进科研单位信息化建设。开展科技管理平台、电子实验记录、材料试剂管理等系统建设；完成智能化研究院建设规划和方案设计；建成上游知识管理系统，并在“三院一企”部署应用，构建起千万级节点的勘探开发知识图谱，支撑 1 000 余个在研项目的知识共享应用。该系统获 2018 年中国最具创新力知识型组织（MIKE）大奖。

（王景涛）

【客户服务平台】 加强“易派客”统一采购电商平台推广应用。建设英语、俄语等多语种国际站点，拓展商业保理、垂直采购专区等功能，实现与百家战略供应商信息系统的一体化连接，提升了供应链整体运转效率。“易派客”平台市场影响力进一步提升，2018 年平台交易额突破 2 800

亿元。

推进“石化 e 贸”统一销售平台建设。实现炼油销售的现货销售、竞价交易等业务应用上线；完成化工销售的合约销售业务流程再造，实现在线支付、电商物流、客户在线评级等功能，已在华北、华南等 4 家区域公司推广上线，支撑“一户一案，一品一策”营销策略实施。

聚合营销网络资源，构建“人、车、生活”生态圈。在油品销售企业积极打造“电商平台 + 企业微信公众号 + 移动端 APP”互联网平台矩阵，集聚线上、线下渠道用户资源，深度融合成品油销售和非油品业务，营造“人、车、生活”多元经营生态圈，进一步巩固在成品油市场的领军地位。

推进一体化物流系统建设。搭建供应链与物流平台，满足总部层面物流计划、库存、费用、设施等信息共享需求，实现华南区域炼油、销售跨板块的业务流程优化与一体化物流业务协同；完成原油物流系统建设，实现原油购、运、储等物流业务的一体化管理和协同优化，提高了原油物流管理水平和抗风险能力。

推进统一支付系统建设。完善 B2B 支付功能，新增网关支付、订单支付、票据支付等在线支付方式，合作银行增至工、农、中、建、招 5 家银行，已在“石化 e 贸”平台推广应用；完善担保支付、分批支付等功能，满足了“易派客”平台支付需求，支撑保理业务扩展。

（王景涛）

【技术支撑平台】 提升石化云服务能力。建成生产营运资源池，新增云资源 1.4 万核 CPU、1PB 存储，云平台总规模达 7 万核 CPU、9PB 存储，实现 90% 的新建系统云上部署、68 个在建项目开发过程云上管理，有力推进“应用上云，开发上平台”。

优化网络基础设施。流量优化系统在武汉、胜利等 6 个区域中心推广上线，实现网络流量可视化，主干网承载能力提升 30%；制订 IPv6 应用部署规划，完成集团门户网站 IPv6 试点升级；搭建集中视频监控平台，升级卫星通信系统，完成济南炼化、青岛炼化、齐鲁石化 3 家企业融合通信建设，为企业应急指挥、日常调度提供一体化通信功能。

加强 IT 运行维护管理。深化统一运维平台推广应用，实现对总部 1.4 万台 IT 设备、146 套应用系统的集中管控和运维服务管理，并在九江、茂名、中原等企业推广上线；完善信息系统应急预案，组织炼化、销售企业开展跨企业、跨系统的综合应急演练，提高了应急处置能力；强化运维质量考核，全年无重大运行故障发生，一般性故障数量明显减少。

（王景涛）

智能制造

【石油和石化工业互联网平台】 加强石油和石化工业互联网平台（ProMACE）研发与推广，完成平台 2.1 版本升级，形成工业设备管理、软件应用管理、用户与开发者管理、存储和计算服务、应用开发服务五大核心能力，已成为智能工厂、智能油气田建设的基础技术平台。ProMACE 被国家工信部评选为 2018 年工业互联网试点示范项目。

（王景涛）

【智能工厂建设】 完成 2 家智能工厂试点升级并取得显著成效，镇海炼化建立设备检维修综合管理系统，通过数据分析和诊断，对设备故障进行提前干预，提高了设备运行可靠性和利用率，维修成本下降 20%、故障停机率下降 50%；茂名石化提升日效益与优化系统，优化碳四等资源利用，年增效益 1 000 多万元。基于 ProMACE，形成智能工厂 2.0 技术方案和推广模板，在上海石化、齐鲁石化、天津石化、金陵石化、青岛炼化、海南炼化 6 家企业推广实施。上海石化被国家工信部评选为 2018 年智能制造试点示范。

（王景涛）

【智能油气田建设】 中原普光、西北三厂2个示范区建设取得重要进展，搭建了智能油气田基础云平台，其中西北三厂初步实现331口油井工况故障诊断与预警、无人机巡线、泄漏视频智能识别；勘探开发业务协同平台（EPBP）在油田企业全面推广，提高了业务协同、数据共享水平；生产运行指挥系统（PCS）在155个油气管理区完成推广，推进了油气田体制变革和劳动生产率提高。

（王景涛）

【智能加油站建设】 在北京、广东、江苏等省市石油公司探索人工智能、物联网等新技术应用，初步实现车牌识别、智慧支付、数字营销；编制站级一体化和新加油卡系统建设方案。

（王景涛）

【智能化管线管理系统深化应用】 完成智能化管线管理系统2.0版本在总部和10家企业的升级部署，开展应用监控考核、岗位应用达标工作，促进了企业系统应用水平提升，提高了管线运行管理、隐患治理水平和应急处置效率。

（王景涛）

新技术应用研究与试点

【大数据分析应用】 在经营管理领域开展化工销售市场分析、产品价格多角度多层次分析；在油气勘探开发领域开展页岩气水平井压裂工程参数优化、高含硫气田腐蚀预测及检维修优化等应用研究；在炼化生产领域开展设备腐蚀、工艺及操作优化等应用研究，实现对腐蚀风险、装置运行状态预测预警；在客户服务领域，“易派客”平台建立会员360° 全景视图、流量有效性分析模型，开展商机管理、客户开发等大数据应用，提高了客户服务精准化水平；在北京石油分公司等企业进行加油站销量分析预测等探索应用，取得初步成效。

（王景涛）

【人工智能应用】 利用机器学习、视觉识别等技术，在胜利油田、西北油田、茂名石化、九江石化等单位开展异常工况侦别、人员安全行为监测示警、区域异常情况预警等应用试点，在销售华南分公司等单位开展无人机智能化巡线研究，在浙江、重庆等地加油站尝试刷脸加油、个性化客户关怀信息推送等智能化应用。

（王景涛）

网络安全管理

【完善网络安全管理制度】 发布《中国石化信息安全责任制暨总部机关各部门（单位）信息安全责任制》《中国石化信息安全通报管理细则》《中国石化账户管理办法》《网络安全管理办法》《中国石化网络安全和信息化考核细则》等多个管理办法和实施细则；编制发布5类、21种对象、33份信息安全配置基线。针对互联网应用安全等突出问题，起草《中国石化互联网应用安全管理细则》《中国石化互联网应用安全防护规范》等制度规范。

（王景涛）

【落实网络安全责任】 出台《中国石化直属单位党委网络安全工作责任制实施办法》，由网络安全和信息化领导小组与各二级单位签订网络安全责任承诺书，明确各单位“一把手”是网络安全的第一责任人、主管领导是直接责任人，要求各单位以信息系统的维度，组织信息管理部门、业务部门、建设部门、运维部门、使用部门将网络安全责任逐一细化落实，不留死角，确保“横向到边，纵向到底”。2018年完成加油卡、“易派客”、生产运营指挥系统等44个系统的《重要信息系统网络安全责任书》签署工作，将安全责任细化落实到具体的部门（单位）、岗位和人员。

（王景涛）

【健全网络安全运行机制】 建立健全网络安全保障与应急响应机制、网络安全通报机制，网络安全通报机制覆盖174家下属单位，联络员达671人，2018年全年编制下发网络安全月度通报12期，发布各类网络安全整改通知书415份、紧急通报5份，对安全隐患整改情况进行持续跟踪，实现网络安全信息的汇集分析、研判通告、整改跟踪的闭环管理。集团公司连续3年被公安部评为国家网络与信息安全信息通报工作先进单位。

（王景涛）

【加强网络安全建设】 推广网络准入控制、防病毒、桌面安全管理、统一身份管理等系统，系统安装率超过90%，实现全集团70多万用户集中管理。建成信息安全管控平台（SMCC），实现对重要系统信息安全事件的集中监控、综合分析。以企业网络安全技术人员为主，组建中国石化长城战队，参加国务院国资委组织的网络安全攻防竞赛和公安部组织的网络安全技术大赛，其中在网络安全攻防竞赛中获决赛第5名、团体三等奖。全年未发生重大网络安全事件。

（王景涛）

【开展互联网应用安全专项治理】 推进企业互联网出口统一管控，共关闭企业出口578个；建立互联网应用安全档案，对排查发现的396个较大安全隐患全部进行整改；加强网络安全与信息化建设“三同步”管控，坚持开展信息系统上线和验收前安全检查，全年共完成127个系统的漏洞扫描、web应用扫描、渗透测试、基线检查、等级测评等安全检测工作。

（王景涛）

【开展企业网络安全评价考核】 建立网络安全责任制考核制度，制定网络安全和信息化考核细则、网络安全水平评价指标体系，将企业网络安全事件发生及处置情况、年度网络安全水平评价结果与企业领导班子绩效直接挂钩。

（王景涛）

【开展网络安全宣传周活动】 统一组织、集中开展网络安全倡议书签名、视频、海报、展览、讲座、互动体验等多种宣传活动，组织全系统网络安全视频培训，进一步提高全员网络安全意识，积极营造“网络安全人人有责”和“网络安全靠大家”的良好氛围。

（王景涛）

“两化”融合管理

【加强组织领导】 调整网络安全和信息化领导小组成员，集团公司党组书记、董事长戴厚良任组长，党组成员、副总经理马永生和党组成员、总会计师赵东任副组长，总部机关各部门、专业公司、石化盈科负责人为成员，定期召开领导小组全体会、专题会、总部应用例会等，对公司信息化发展规划、年度计划和网络安全等重要事项进行审议和决策。

（王景涛）

【加强顶层设计、统筹管理】 统一组织编制中国石化信息化发展“两个三年、两个十年”整体规划，编写《数字革命给石化行业带来的机遇和挑战》《大数据发展规划》等研究报告。完善信息化项目立项与计划管理、信息安全等级保护等管理制度11项，发布技术规范15项。

（王景涛）

【推进企业“两化”融合贯标】 12家企业入选

2018年国家级"两化"融合管理体系贯标试点企业名单，全集团实施"两化"融合贯标企业累计达54家，截至2018年底共有26家企业取得贯标证书，在中央企业"两化"融合贯标工作中名列前茅。

（王景涛）

【组织开展消除信息孤岛专项工作】 组织对全集团信息系统情况进行深入调研，摸清孤岛现状和集成整合需求，发布《关于加强系统集成整合、消除信息孤岛专项工作指导意见》，明确利用3年时间消除孤岛的工作思路、目标任务，按板块制定集成模板，在总部和企业分级分类开展整合治理，2018年共完成消除孤岛总任务的23.8%，实现良好开局。

（王景涛）

【推进深化应用创新创效行动计划实施】 2018年完成第一阶段目标任务，88%的企业实现综合应用达标，23家企业被评为深化应用创新创效示范，共评出优秀应用成果158项。各企业通过采取参数优化、流程优化等多项措施，提升规范化、标准化应用水平，实现绩效提升、创新创效。

（王景涛）

【加强信息化队伍建设】 统一组织信息化培训交流，共培训各层次管理人员3万余人次；举办"网络安全技术比武"竞赛活动，全集团共有百余家企业、2万余人次参加岗位练兵，邀请国务院国资委、中央网信办、公安部等主管单位领导莅临决赛观摩指导。

（王景涛）

中国石化 SINOPEC

法律管理

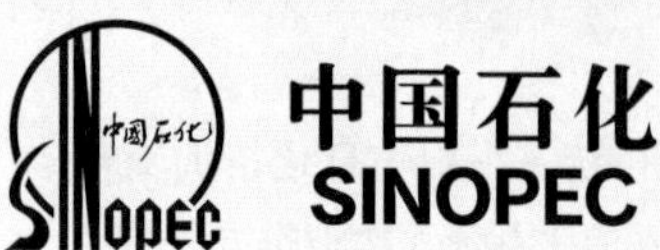

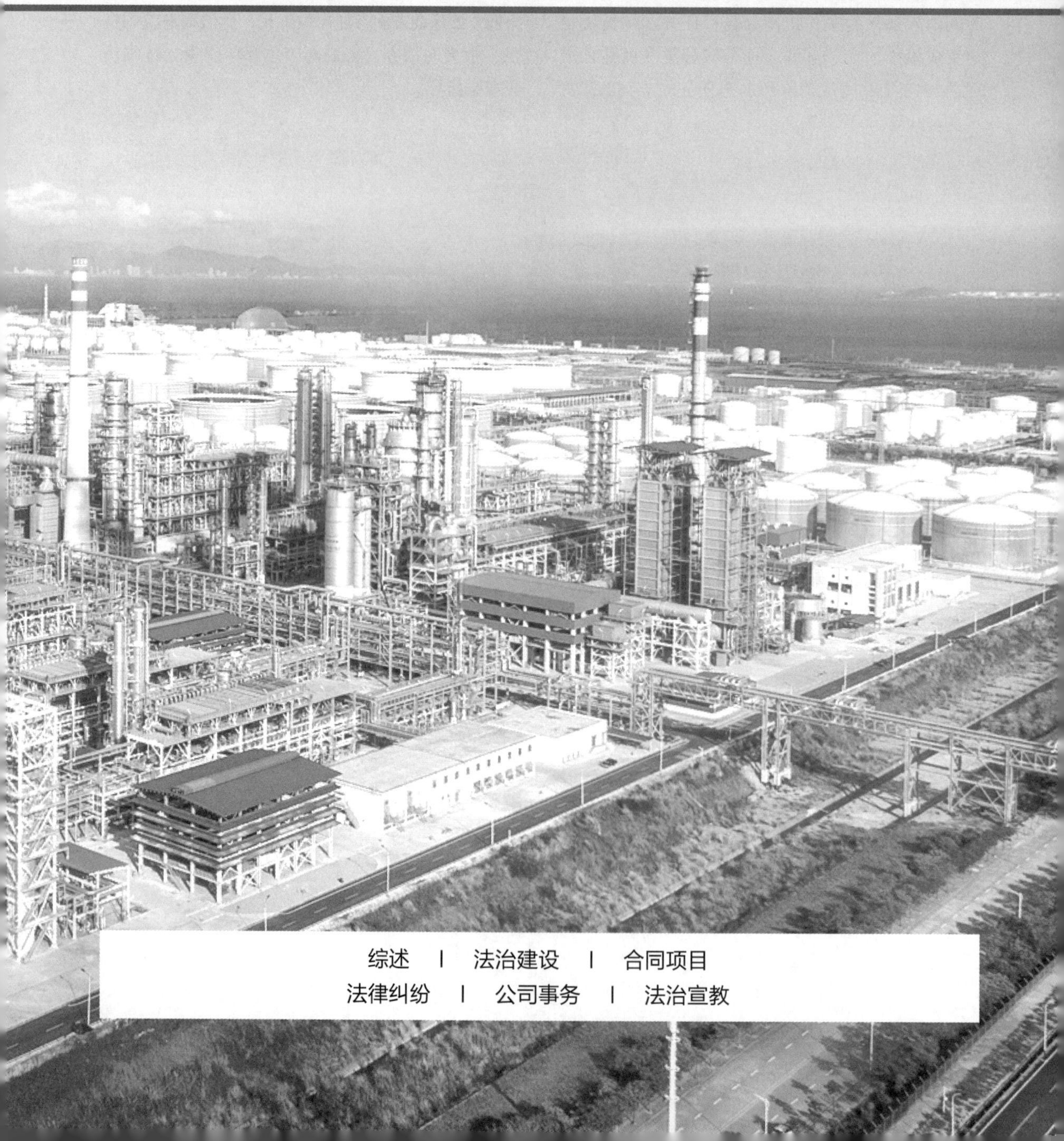

综述 | 法治建设 | 合同项目

法律纠纷 | 公司事务 | 法治宣教

综 述

2018 年，法律系统按照集团公司党组“两个三年、两个十年”战略部署，全面坚持依法依规治企强化管理，推动企业主要负责人履行法治建设第一责任人职责落地，深化法律风险防控体系建设，服务保障公司改革发展，切实提升法律“三基”工作水平，法治建设第 1 个三年目标开局良好。

依法依规治企强化管理形成共识并持续推进。集团公司党组将“坚持全面依法依规治企强化管理”纳入公司“四个坚持”兴企方略，出台《中国石化全面依法依规治企强化管理的意见》，作为企业法治建设顶层设计方案。制定《中国石化企业主要负责人履行法治建设第一责任人职责实施办法》，明确主要负责人职责，发挥一把手作用，公司董事长、党组书记担任依法治企领导小组组长，法治建设领导体系和考核机制建设到位。集团公司、股份公司总法律顾问聘任到位，直属企业专职总法律顾问评聘机制规范，“三重一大”决策事项和专项工作合法合规性审核把关制度化、常态化运行。

法律风险防控体系日趋完善并取得积极成效。法律风险识别和应对机制不断强化，建立定期风险排查处置报告机制，及时发布法律风险清单、法律风险提示、风险防控建议，编印《法律纠纷典型案例汇编》。建立境外法律风险月度排查处置联席会议制度，实行“一案一策”、挂牌督办、销项管理，重大涉外案件和重大法律风险隐患项目及时应对处置，一批重大案件妥善处理化解，境外法律风险蔓延趋势得到有效遏制。印发第 2 批“两表一图”示范文本，法律风险识别、提示细化到业务流程内部控制点与责任岗位，法律风险防控指引基本实现全覆盖。

服务保障改革发展更为专业并融入中心。重大合同项目把关服务成效显著，投资决策合法性审查优质高效，审核把关集团公司、股份公司重大项目 30 余项，两级法律部门源头参与直属企业重大项目 40 余项。完成集团公司改制工商登记，积极参与销售公司股份制改革、新星公司地热业务重组、事业单位改制、“双百行动”综合改革、“压减”法人户数、“四供一业”分离移交、处僵治困等重大改革项目，为企业深化经营改革保驾护航。继续加强公司字号、品牌规范使用管理，全面核查、清理整顿“中国石化”“中石化”等字号使用情况。

法治文化建设扎实推进并形成良好氛围。以新宪法宣贯为中心深入推进“七五”普法教育，印发年度法治宣传教育工作要点，举办法治宣教业务骨干人员培训班，开展“七五”普法中期督导。坚持领导干部季度学法主题、月度普法讲坛，完善“大普法”工作格局，落实“谁的业务谁普法”责任制。充分利用网站、微博、微信等新媒体宣传报道法治工作，积极参与政府、社会普法教育工作，法治文化建设扎实推进，社会影响力不断扩大。

法律“三基”工作逐步夯实并不断强化提升。法律人才队伍建设紧抓不懈，法律精英人才选拔培养被列入集团公司“人才强企”工程试点专业，建立集团公司高级法律专家序列并完成第 1 次评聘。法律管理信息化水平不断提升，完成法律综合管理信息系统功能提升项目，合同管理信息系统被纳入集团公司综合应用评价系统，实现与费用报销系统、财务共享平台、工程招标系统有效集成，完成 74 家企业合同支付全流程线上运行，线上合同法律审核率保持 100%。修订工商事务、商标管理、授权委托、法律中介机构管理制度，制定法律费用预算和分担管理办法，专项法律业务进一步优化完善。

2018 年，集团公司在国务院国资委中央企业主要负责人履行法治建设第一责任人职责情况专项督导检查中名列前茅，获 A 级评价。中国石化在法援基金会 20 周年大会上被评为法律援助公益事业突出贡献单位。

（吴明晓）

法治建设

【法治建设第一责任人职责有效落实】 集团公司党组高度重视企业法治建设和法律工作，将“坚持全面依法依规治企强化管理”纳入公司“四个坚持”兴企方略。制定出台《中国石化企业主要负责人履行法治建设第一责任人职责实施办法》，明确企业主要负责人在法治建设中第一责任人的新责任、新定位，138家直属企业细化规定，将法治建设情况纳入企业发展规划和年度工作计划。开展全系统法治建设第一责任人履职和依法合规经营督导检查，90%以上单位获B级以上评价。集团公司在国务院国资委中央企业主要负责人履行法治建设第一责任人职责情况专项督导检查中名列前茅，获A级评价。

（焦慧娟）

【出台企业法治建设顶层设计文件】 2018年10月25日，集团公司以首个“司”字号文件印发出台《中国石化全面依法依规治企强化管理的意见》（简称“《意见》”）。《意见》对标集团公司“两个三年、两个十年”战略部署，对依法依规治企强化管理的总体要求、提升治理能力、推进合规管理、防范重大风险、强化法治保障5个方面进行总体部署，涵盖了既有原则性要求又具有实际操作意义的250多项制度措施，成为引领推动当前和今后一个时期全面依法依规治企工作的纲领性文件。

（焦慧娟）

【完善企业总法律顾问配备】 2018年，集团公司、股份公司总法律顾问聘任到位，5家因故暂时空缺的直属企业总法律顾问及时配备到位，30家重要子企业总法律顾问全部在岗。先后组织24家企业总法律顾问现场述职，从企业法治建设责任落实、重大决策及规章制度审核把关、法律工作体系及队伍建设等方面检验总法律顾问履职成效，进一步提升总法律顾问履职意识和履职能力。

（焦慧娟）

【强化法律人才队伍建设】 落实集团公司“人才强企”工作要求，启动法律精英人才选拔和培养试点工作。建立高级法律专家序列并完成第1批次评聘，法律专业技术人才成长通道逐步拓宽。充分发挥公司律师作用，全系统241名法律人员获司法部公司律师证，其中37名公司律师担任人民法院陪审员、检察院监督员及仲裁员，全年参与审理、仲裁案件61起。

（焦慧娟）

【制度建设】 修订完善中国石化《法律中介机构管理办法》《工商事务管理办法》《授权委托管理办法》《商标管理办法》4部现行法律管理制度。新制定《中国石化全面依法依规治企强化管理的意见》1部重要文献制度及《企业主要负责人履行法治建设第一责任人职责实施办法》《总部法律费用预算和分担管理办法》2部法律管理制度。审核《员工健康管理规定》《中国石油化工股份有限公司炼油调度汇报办法》《中国石化全员安全行为规范（试行）》《炼油中国石化统计工作考评办法》等相关制度，提出修改意见。

（焦慧娟）

【法律中介机构管理】 通过法律综合系统完善提升法律中介机构管理信息化水平，集成中介管理线上模块与合同管理信息系统，实现法律中介资源库线上共享、实时更新。制定《中国石化总部法律服务费用预算和分担管理办法（试行）》，对法律服务费用实施预算管控。修订完善《中国石化法律中介机构管理制度》，强化法律中介机构管理，对违反利益冲突原则损害中国石化利益的中介机构在全系统禁用。

（刘洪英）

【国别法律环境研究】 组织国别投资贸易法律实务研究工作，完成埃及、尼日利亚2个国家法律环境研究，形成6个专题、近10万字研究报告。报告分为投资贸易国政策法律环境变化概述、项目案例总结及经验体会、纠纷案例分析、附录4个部分，旨在反映相关国家（地区）的立法、执法、司法最新变化，为集团公司海外项目总结提炼经验教训和措施建议。报告被编入国别《投资贸易法律务实》系列丛书，以电子书形式发行。

（焦慧娟）

合同项目

【重大合同项目法律服务】 2018年，继续推进重大合同项目法律服务源头介入、全程参与。全年总部参与集团公司境外美元债券发行、阿穆尔化工合资、海投荷兰公司压减、资本投资公司设立、冬奥会赞助等重大合同项目30余个；两级法律部门参与LNG采购协议、茂名石化苯乙烯建设、川维油田特殊化学品合资等重大项目40余个。发挥法律专家组作用，为上游企业区块合资合作项目开展定制化法律服务，厘清法律问题，提供解决方案，编写合同、章程等标准文本，配套典型项目模式分析、重点条款分析及法律风险提示。

（程大庆）

【项目投资决策合法合规性论证】 推进项目投资决策合法合规性论证制度化，57家企业制定实施细则，并利用LIMIS项目管理模块实现线上标准化运行。组织编写、修订管道、炼化项目行政许可指南。全年两级法律部门共对威荣页岩气田产能建设、天津LNG、鄂安沧管道、文23储气库等天然气产供储销体系项目、镇海炼化扩建、中科炼化、海南芳烃、贵州能化等61个固定资产投资一类项目出具合法合规性论证意见，确保重点项目依法合规推进。

（程大庆）

【合同管理基础工作】 合同基础管理日趋标准完善，全年全系统共签订合同63万余份，合同金额3.63万亿元，线上合同100%经过法律审核。通过系统监控、人工抽查、季度通报、绩效考核等方式，有效降低企业合同管理不规范现象。组织企业自查，加强合同办理各环节管理工作，防范涉及安全环保业务合同的法律风险。参与检维修招标、非招标采购标准及工程框架招标标准文件编制工作，重点编制审核相关标准合同文本23份。组织梳理总部和企业两级8 000多份标准合同文本，确认保留与新增合同文本3 200份，提升文本的合法合规性和适用性。

（程大庆）

【合同管理信息系统（CMIS）建设及应用】 开展合同履约集成推广实施工作，推进CMIS系统与ERS系统、ERP系统、财务共享平台集成，完成74家企业合同支付全流程线上运行。完成CMIS系统与工程招标系统集成，有效避免项目招标与合同办理“两张皮”现象。合同管理信息系统被纳入集团公司综合应用评价系统，全年发现并督促企业整改各类问题300多个，合同应签不签、不按照条款支付等问题得到有效控制，管理效率和效益明显提升。

（程大庆）

【举办涉外法律业务竞赛】 为适应国际化经营需求，面向全系统举办涉外法律业务竞赛，选拔培养政治坚强、本领高强、意志顽强高素质涉外法律人才。竞赛于4月20日启动报名，11月22日在北京举行竞赛决赛，历时7个月，分为选拔、初赛、复赛、决赛4个阶段，来自系统内68家单位的322名选手报名参赛。最终决出12名选手获金、银、铜奖，21名选手获个人优胜奖，5家单位获团体奖，5家单位获优秀组织奖。

（程大庆）

法律纠纷

【纠纷案件管理】 2018年，全系统共新发案件1 132件，同比保持平稳；办结994件，避免或挽回损失29亿元。落实“一案一策”、挂牌督办、销项管理等管理要求，一批重大案件妥善处理化解，境外法律风险蔓延趋势得到遏制。全系统27家单位法律部门参与“两金”清理，用法律手段推进债权清收，涉及债权207笔、27.13亿元，收回债权9.29亿元。加强直属企业办案指导，开展公司律师纠纷诉讼业务培训，落实法案单位负责制和发案单位负责人参与重大案件处理制度要求，定期编报《案件情况月报》，编制印发《中国石化法律纠纷管理和工作指引汇编》《中国石化法律纠纷典型案例汇编》。

（张志军）

【法律风险识别】 建立定期风险排查处置报告制度，发布年度法律风险清单、季度法律风险管理报告，全系统共编制专项法律风险提示358期（次）。印发第2批“两表一图”示范文本，对安全环保、人力资源、土地、合同管理、法律纠纷管理等25个主要业务流程编制风险清单和岗位人员防控指引。提升法律风险管理信息系统，法律风险识别、提示细化到业务流程内部控制点和责任岗位。

（江 渊）

【境外法律风险防范】 严格落实境外法律风险月度排查处置联席会议制度，针对中美贸易摩擦、美国对伊制裁及出口管制、对美投资国家安全审查、海外反腐败调查、反不正当竞争、欧盟通用数据保护、危险废弃物处置等热点、敏感问题，及时跟进立法执法动态，编发专题法律风险防控建议和风险提示，组织相关部门和企业梳理业务、排查风险、加强应对。

（廉 明）

【知识产权保护】 积极参与科技孵化器项目调研工作，协助石油化工科学研究院、上海石油化工研究院、扬子石化、胜利油田、南京化工研究院等单位设立科技孵化器公司。加大知识产权法律维权力度，丁基橡胶技术秘密侵权案一审判赔燕山石化9 000万元；己内酰胺技术秘密侵权案一审判决赵某等7人侵犯商业秘密，获侵权单位技术许可费1 600万元；丙烯腈技术合资公司项目完成合资协议签署，设立工作进展顺利。

（姚天健）

【环境保护】 重大环境案件得到妥善处理，海南实华嘉盛公司环保刑事调查案以撤案处理；湖北化肥环境行政诉讼案，法院判决撤销枝江环保局《排污费核定通知书》和《行政处罚决定书》，避免损失1 600万元。环保法律风险识别常态化，组织编制中国石化八大业务板块环境保护法律风险清单。

（徐 阳）

公司事务

【服务企业改革重大项目】 2018年共参与服务集团公司重大改革项目345项，先后参与销售公司股份制改革、新星公司地热业务重组、事业单位改制、“双百行动”综合改革、压减法人户数、“四供一业”分离移交、“处僵治困”等企业重大改革项目，为公司深化经营改革保驾护航。组织编写《股权转让合同》《资产转让合同》《增资协议》文本及使用说明，为公司改革和发展提供有效法律支撑和保障。

（王 栋）

【集团公司改制圆满收官】 顺利完成集团公司改制工商登记，名称由“中国石油化工集团公司”变更为“中国石油化工集团有限公司”，企业类型从全民所有制企业变更为有限责任公司（国有独资）。

（杨心刚）

【工商和授权管理】 2018年，集团公司层面共办理工商事务234项，处理各类授权127份。修订发布《中国石化工商事务管理办法》《中国石化商标管理办法》《中国石化授权委托管理办法》，下发《关于下发人事、工商管理事务所需一般授权文件的通知》。加强“中国石化”“中石化”字号授权管理，开展企业字号使用专项核查，严肃字号使用审核审批程序。

（杨心刚）

【商标管理】 修订发布《中国石化商标管理办法》，根据上位制度调整职责分工和审核审批程序。全面梳理注册商标档案，研究制订商标续展、注册方案，申请办理境外商标续展265件、注册151件。积极开展商标打假维权，运用法律手段打击侵权违法行为，成功取缔湖南“新中石化”侵权加油站，申请裁定其注册商标无效，有效保护品牌权益。

（台莉莉）

法治宣教

【积极参与国家立法】 认真配合全国人大法工委、国务院国资委、国家能源局等国家有关部门开展立法工作，先后组织研究《民法典各分典（草案）》《中华人民共和国海洋石油勘探开发环境保护管理条例（修订草案）》《地下水管理条例（修改稿）》《关于进一步加强新时期反走私工作的意见（代拟稿）》《中华人民共和国资源税法（草案）》5部法律法规，结合企业生产经营实践情况，及时反馈意见建议。

（焦慧娟）

【深入推进“七五”普法教育】 印发《2018年度法治宣传教育工作要点》，明确“七五”普法工作考核指标，以学习宣传新宪法为主线推进年度普法工作。公司总法律顾问深入企业宣贯宪法精神，推进指导法治建设。举办宪法知识有奖答题活动，9.5万人次参与。根据国务院国资委“七五”普法中期督导工作要求，面向全系统开展“七五”普法中期督导检查。

（焦慧娟）

【组织国家宪法日系列活动】 立足企业、面向社会，认真组织第5个国家宪法日和全国首个“宪法宣传周”活动。《中国石化报》刊发集团公司董事长、党组书记题为《深入学习宣传和贯彻实施宪法同心谱写全面依法依规治企新篇章》的署名文章，直属企业主要负责人通过不同媒体发表学习贯彻宪法心得体会。利用门户网站、楼宇显示屏、横幅、展板，以及微博、微信、客户端等新媒体进行宪法宣传。面向全社会举办第4期“与法同行 油中感谢”微信答题，活动参与近128万人次，在线浏览近160万人次，分别增加50万、70万人次，社会影响力不断扩大。

（焦慧娟）

【分层分类开展法律人才培训】 为满足各层级、各领域法律人才培训需求，组织举办公司律师纠纷业务培训班、销售企业合同管理人员培训班、法治宣传教育骨干人员培训班、总法律顾问及法律机构负责人培训班4个类别培训班，有针对性地开展技能培训和业务指导，共计380余人次参加，圆满完成2018年度培训任务，法律人才专业素养及实务操作能力得到有效提升。

（焦慧娟）

内部监督

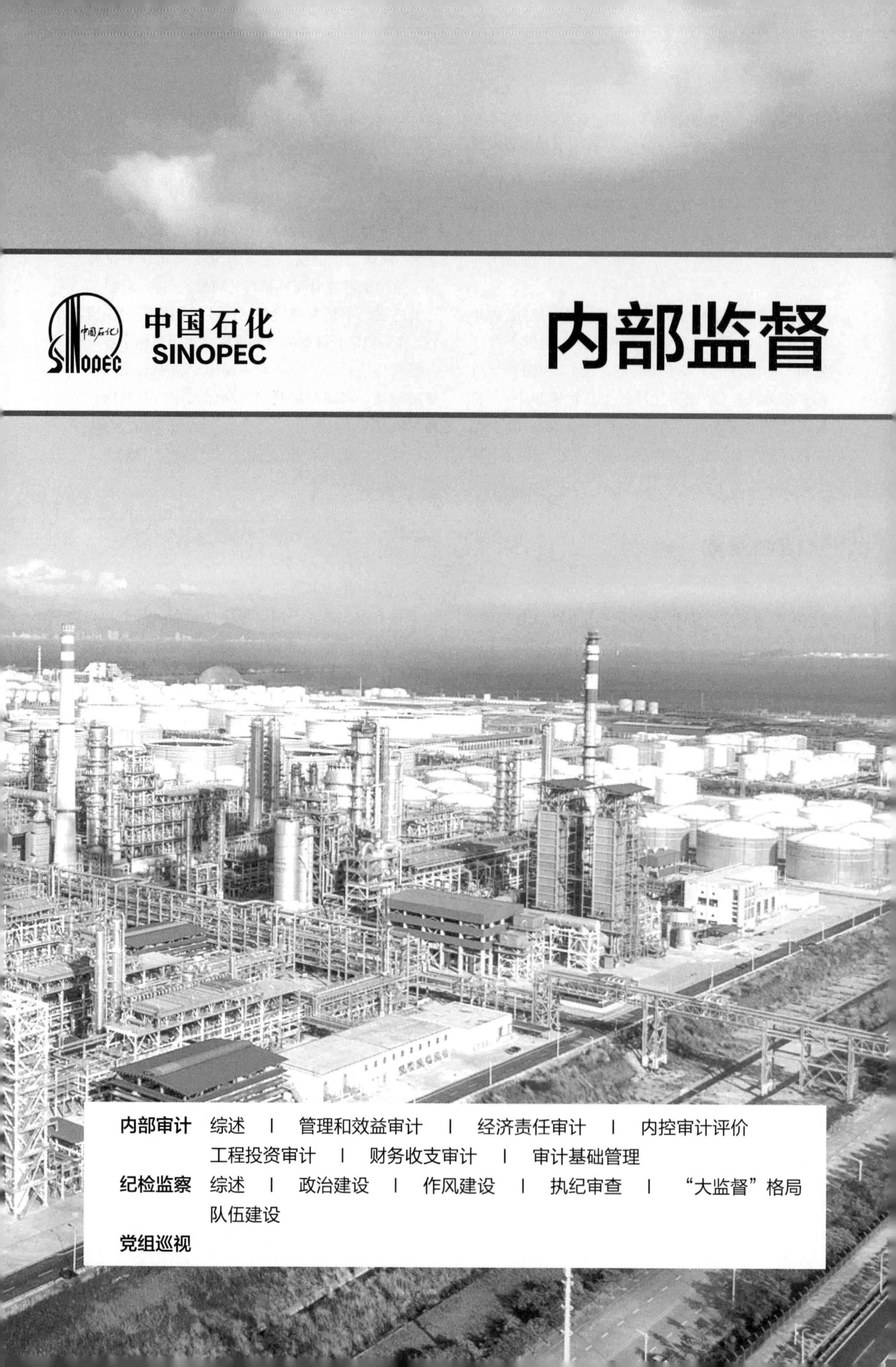

内部审计 综述 | 管理和效益审计 | 经济责任审计 | 内控审计评价
工程投资审计 | 财务收支审计 | 审计基础管理

纪检监察 综述 | 政治建设 | 作风建设 | 执纪审查 | “大监督”格局
队伍建设

党组巡视

内部审计

综　　述

2018年，集团公司审计部门认真贯彻落实中央审计委员第一次会议和全国内部审计工作座谈会精神，在推进提高发展质量效益、防范化解风险、全面依法依规治企、党风廉洁建设4个方面下功夫，着力提高审计监督质量和效率，全年共开展各类审计项目1 118项，促进增收节支12.8亿元（含工程审减成本9.79亿元），提出审计意见和建议并被采纳2 583条，补办各种手续或完善相关制度660项，较好地发挥了审计监督的保障和促进功能。

（李青山）

管理和效益审计

【概述】 2018年，审计部门紧紧围绕中心工作和企业热点、难点问题，开展专项管理效益审计或审计调查425项，促进了相关改革工作的落实和推进。

（李青山）

【总部组织实施的管理和效益审计】 总部采取统一实施方案、组织企业自查和分局重点抽查的方式，集中开展内审外查发现问题整改及风险排查专项治理、企业与改制分流单位业务往来情况专项审计、全级次亏损企业专项审计调查等，揭示和反映部分企业相关业务管理中存在的体制性障碍、制度性缺陷和管理漏洞，及时向集团公司党组提交专项审计报告和专项审计调查报告，并提出建设性意见和建议，得到集团公司党组领导和总部有关部门的高度重视，为促进集团公司重大决策部署落实、依法合规经营、加强风险防控、提质增效发挥较好作用。

（李青山）

【企业组织实施的管理和效益审计】 企业审计部门紧紧围绕中心，抓住影响效益的关键领域和环节，组织开展科研项目管理及经费使用、废旧资产和物资处置、成品油外采、直分销业务管理、服务采购管理等专项管理效益审计或审计调查，收到较好的审计效果，促进了企业增收节支和精益管理。

（李青山）

经济责任审计

【概述】 2018年，审计部门认真执行企业领导人员经济责任审计制度，不仅把领导干部履行经济责任作为审计重点，而且关注影响和制约企业管理发展的重大问题，全年开展经济责任审计312项。

（李青山）

【总部组织实施的经济责任审计】 总部对46家企业原主要负责人和4家企业现任主要领导分别开展离任和任中经济责任审计。通过审计核实企业资产、负债及损益情况，对企业负责人履行经济和社会责任做出评价，促进了领导人员进一步增强依法治企、从严管理的意识，为组织人事部门考核评价经营者提供了重要依据。

（李青山）

【企业组织实施的经济责任审计】 企业审计部门认真按照“有离必审”原则，进一步强化经济责任审计工作，创新探索开展对关键处室负责人、建设项目部负责人等履职情况的审计，有力促进了企业领导及关键岗位人员依法依规经营和管理，维护了法规制度的权威性和严肃性。

（李青山）

内控审计评价

【概述】 2018 年，审计部门以促进公司控制力、企业执行力的提高为目标，对照《内部控制手册》和相关监督办法，开展内控独立审计评价 82 项。

（李青山）

【总部组织实施的内部控制审计评价】 总部重点对 13 家企业开展内部控制独立审计评价工作，重点检查公司层面控制、货币资金、期间费用、物资采购等 10 余项业务流程的设计和执行情况，提出改进内部控制的审计意见和建议，促使相关部门和企业进一步完善内控制度，改进优化季度测试方案等。从结果看，企业的风险管理控制意识和能力进一步提高。

（李青山）

【企业组织实施的内部控制审计评价】 为促进企业有效执行内部控制制度，防范经营管理风险，2018 年企业审计部门组织开展内部控制审计评价 69 项，结合自身实际选择主要业务流程，分别按季度、半年度开展独立审计评价工作，实事求是地提出审计评价意见和建议，促进了内控制度的有效执行和完善。

（李青山）

工程投资审计

【概述】 2018 年，审计部门以促进企业不断规范投资行为、提高投资效益为目标，全年开展固定资产投资项目审计 234 项，审计工程预结算单 68 312 份，审减工程投资金额 9.79 亿元，为集团公司控制投资成本、提高投资效益做出贡献。

（李青山）

【总部组织实施的工程投资审计】 总部组织对销售华中分公司成品油管道二期工程等 7 个重点工程开展竣工决算审计，重点对建设程序的合规性、投资成本控制、工程招投标及发（分）包、工程质量管理等情况进行检查，深入揭示了工程投资及建设管理中存在的问题。

（李青山）

【企业组织实施的工程投资审计】 企业审计部门前移审计关口，加强过程监督，在完成总部授权审计任务的同时，积极开展工程结算审计，为企业节约了投资成本。

（李青山）

财务收支审计

【概述】 2018 年，审计部门以维护企业合法权益和促进企业严格财务管理、提高会计信息质量为目标，改进审计方法，深化财务收支审计工作，全年开展财务收支审计 49 项。

（李青山）

【总部组织实施的财务收支审计】 总部坚持以财务收支审计为基础，将传统的财务收支审计与管理效益审计、经济责任审计等相结合，对 4 家企业开展财务收支审计。针对财务管理和会计核算方面存在的薄弱环节和风险，进一步深化对成本核算与管理及重大资金、资产处置的审计，进一步增强审计的威慑力，提升了常规审计的效果。

（李青山）

【企业组织实施的财务收支审计】 为核实下属单位财务收支的真实性、合法性及合规性，严肃财经纪律，加强内部管理，企业审计部门不断加强财务收支审计，为企业考核下属单位提供了可靠依据。

（李青山）

审计基础管理

【概述】 2018 年，审计部门以夯实基础管理为重点，不断加强审计队伍能力建设，推动各项管理工作迈上新台阶。

（李青山）

【总部审计基础管理】 2018 年，总部积极适应新形势、落实新要求，创新审计工作方式方法，大力加强审计队伍建设。加强监管协调配合，与党组巡视办协同进点开展审计与巡视，有效避免重复检查。积极开展审计信息综合平台建设的前期可研设计工作，并运用审计预警系统远程发现和梳理被审计企业问题疑点，在线审计常态化监督试点工作取得初步成效。推进审计规范化建设，制（修）订《中国石化违规经营投资责任追究实施办法》等制度规定，为依法依规审计提供制度保障。认真学习贯彻党的十九大精神，通过采取把临时党小组建在审计组上、开展形式多样的主题党日活动等，充分发挥党组织的战斗堡垒和党员的先锋模范作用。着力加强审计人员分类培训和开展审计理论研讨，组织举办审计处（科）长、审计信息化应用等培训班，有 7 篇审计理论研讨成果在中国内部审计协会评选中获奖。

（李青山）

【企业审计基础管理】 2018 年，企业审计部门围绕提升审计成效，积极完善审计管理制度，强化运用审计信息化手段开展审计监督，利用审计工作联席会、监督委员会加强审计成果运用，实行问题整改销号机制，加强审计队伍建设，促进审计工作整体水平提升。

（李青山）

纪检监察

综　述

2018年，在以习近平同志为核心的党中央坚强领导下，集团公司党组和党组纪检组以习近平新时代中国特色社会主义思想为指导，认真贯彻落实中央纪委国家监委、中央组织部、国务院国资委党委部署，坚持稳中求进工作总基调，蹄疾步稳推进全面从严治党向纵深发展，党风廉政建设和反腐败工作取得明显成效，公司上下风清气正、干事创业的良好政治生态正在形成，反腐败斗争压倒性胜利已经形成并巩固发展，干部职工对党风廉政建设和反腐败工作总体评价满意率达99.69%。

（杨军山）

政治建设

【概述】 坚持把政治建设摆在首位，牢固树立“四个意识”，自觉坚定“四个自信”，坚决践行“两个维护”，政治统领作用充分发挥。

（杨军山）

【坚决落实中央决策部署】 认真学习贯彻习近平新时代中国特色社会主义思想，制定印发《关于贯彻落实〈中共中央政治局关于加强和维护党中央集中统一领导的若干规定〉实施办法》，落实向党中央请示报告制度，强化贯彻执行，令行禁止、主动对标成为自觉与习惯。紧紧围绕落实习近平总书记重要批示和打好“三大攻坚战”、应对中美经贸摩擦等党中央重大决策部署一抓到底；党组纪检组强化督促推动，积极协助党组妥善应对各种风险挑战和突发事件；集团公司生产经营取得良好业绩，为全面可持续发展奠定坚实基础。国勘公司扭亏脱困工作取得重要阶段性成效，中央领导给予批示肯定。组织开展扶贫领域腐败和作风问题专项治理，促进公司扶贫工作更加规范有效。

（杨军山）

【深入肃清流毒影响】 坚决肃清周永康、苏树林、王天普等流毒影响，牢固树立正确的政绩观发展观，科学做出“两个三年、两个十年”战略部署。明确提出“通过2—3年的努力，推动政治生态持续好转，进而实现根本好转”的阶段性工作目标，扎实推进年度33项重点任务落实落地，持续净化修复政治生态。实事求是、积极稳妥处理中央纪委专案涉及有关人员，既形成有力震慑，又维护大局稳定。持续深化中央巡视反馈问题整改，对2015年140条整改措施逐项“回头看”，制定深化整改措施并加强督办，推动落实见效。认真落实新时代党的组织路线，党组纪检组建好用好领导人员廉洁情况“活页夹”，从初始酝酿阶段就参与选人用人并加强监督，共对726名党员干部进行廉洁筛查，确保“上游来水清澈”。集团公司选人用人满意率逐年大幅提升。

（杨军山）

【严肃党内政治生活】 认真落实《关于新形势下党内政治生活的若干准则》，制定《关于进一步提高党员领导干部民主生活会质量的意见》，集团公司领导班子民主生活会开出高质量，为全系统做出表率。强化党内监督，自觉贯彻民主集中制，严格执行党组工作规则、“三重一大”决策等制度，班子成员之间经常谈话谈心、交流意见，带头营造积极健康的党内政治文化。认真落实领导干部双重组织生活、基层联系点等制度，不断强化党员干部的组织观念和党员意识。全面督促指导直属单位领导班子民主生活会，督促有关党组管理的领导人员在民主生活会上就相关问题做出说明或检查，红脸出汗成为常态，党内政治生活政治性、时代性、原则性、战斗性显著增强。

（杨军山）

作风建设

【概述】 持之以恒落实中央八项规定精神，驰而不息纠“四风”树新风，不断巩固拓展作风建设成果，企业风气更加清正。

（杨军山）

【落实中央八项规定精神更加自觉】 党组带头落实中央八项规定精神和党组实施细则，抓住关键时间节点提醒警示；各级纪检监察机构认真开展监督检查，抓具体、补短板、防反弹。修订领导人员履职待遇、业务支出相关文件，制定《领导人员异地交流若干规定》等制度，通过立“明规矩”破“潜规则”，把良好作风树起来，把违规风险降下来。对系统内驻京办（联络处）进行全覆盖专项检查，坚决查处和纠正违规违纪问题，促进规范管理。

（杨军山）

【整治形式主义官僚主义持续发力】 研究制定《关于集中整治形式主义官僚主义的实施意见》，在全系统组织开展以“深入纠‘四风’、持续转作风”为主题的集中宣教活动，推动两级机关落实“马上就办”，以更大力度反对形式主义和官僚主义。

（杨军山）

【查纠“四风”震慑常在】 坚持越往后执纪越严、处理越重，对反映“四风”问题的信访举报从严从快办理，处理意见均经党组纪检组组长办公会集体研究，防止畸轻畸重。深入分析违反中央八项规定精神问题，聚焦突出问题强化监督执纪。对违反中央八项规定精神问题典型案件进行通报，警示震慑作用明显。

（杨军山）

执纪审查

【概述】 坚持“靶向治疗”，准确把握工作力度、进度和尺度，努力实现政治效果、纪法效果和社会效果相统一，减存量遏增量成效显著。

（杨军山）

【惩治效果较为明显】 对中央纪委、中央巡视交办问题线索依规处置、科学量纪，专题处置重信重访，党的十八大以来的暂存件全部处置完毕，问题线索存量得到有力削减。认真落实案件查办以上级纪委领导为主的要求，党组纪检组对部分案件进行提级办理或督办，问题线索查实率进一步提升。持续聚焦“三类人”从严执纪，提高审理质量和效率，重点查处纪波等人严重违纪违法案件，在党员干部和群众中反响强烈。高度重视“小官大贪”和基层“微腐败”问题，查处石油工程、油品销售等板块典型案件，倒逼进一步规范管理、堵塞漏洞。

（杨军山）

【运用“四种形态”更加精准】 科学运用“四种形态”，第一种、第二种形态占92%以上，通过抓早抓小、层层设防，既重点管住“关键少数”，又全面管住“绝大多数”。充分运用“第一种形态”进行提醒警示，由公司领导班子成员对党组管理的领导人员进行提醒约谈或诫勉谈话，既落实"一岗双责"，又增强谈话的权威性和有效性。制定《中国石化干部函询及采信反馈办法》，对相信组织、依靠组织、知错认错悔错改错的干部给出路，体现"回头是岸、回头有岸"。经过综合施策，2018年信访举报量显著下降，降幅在央企中位居前列。

（杨军山）

【"后半篇文章"扎实有效】 在集团公司年度工作会议上，集中通报违规违纪违法典型案件；召开警示教育大会，开展反腐倡廉宣传教育月活动，举办党规党纪专题辅导讲座，定期通报典型案例，进一步抓警示、明底线、促敬畏。深刻汲取王晓林等案件教训，开展自查自纠、以案促改工作，努力把查处效果转化为治理效能。修订印发《职工处分规定》，制定《违规经营投资责任追究实施办法（试行）》等制度，强化对权力运行的制约和监督。制定《领导人员容错纠错实施办法（试行）》，为激励担当作为提供制度保障。

（杨军山）

"大监督"格局

【概述】 落实全国国有企业党建工作会议精神，围绕形成监督合力推进改革创新，"大监督"探索与实践得到上级机关和央企同行的充分认可。

（杨军山）

【运行协调顺畅】 集团公司监督委员会不断完善工作规则和相关机制，实施季度例会制度，全年研究重点监督任务10余项，参与协作部门及单位20余家，监督资源整合有效，发现和推动解决一批重大风险问题。各直属单位积极对标、主动作为、自觉实践，齐鲁石化、镇海炼化等单位探索出各具特色的好经验好做法。

（杨军山）

【日常监督有力】 紧紧抓住领导人员"关键少数"，充分发挥监督机构作用，全面掌握领导人员"活情况"。完成领导人员亲属经商办企业与中国石化发生业务往来问题整改，以及领导人员家属违规报销医疗费等问题专项治理。深入做好中安联合煤化工项目派驻督察，启动中科炼化项目派驻督察，开展鄂安沧输气管道项目专项监督检查，推动重大工程项目建设廉洁高效。继续深化业务公开，通过异常数据分析发现问题，对有关责任人进行处理。

（杨军山）

【强化企地监督协同】 主动对接20多家省区市纪委监委，与有关省市两级纪委监委联合查办严重违纪违法案件，探索形成央企与地方纪检监察机构协同开展审查调查的有效途径，企地监督合力不断增强、效果明显。

（杨军山）

队伍建设

【概述】 践行忠诚干净担当，时刻铭记打铁必须自身硬的要求，从严从实强化监督管理，队伍自身建设进一步加强。

（杨军山）

【队伍结构持续优化】 坚持优进优出、科学流动，在干部队伍"大池子"里选人用人，坚决落实纪委书记提名考察以上级纪委会同组织人事部门为主，把敢监督善监督的干部选拔到纪委书记岗位。全系统交流提任直属单位纪委书记和分组（局）

领导人员 70 人次，142 名各领域优秀干部被遴选到纪检、巡视岗位锻炼，“源头活水”不断涌入，队伍结构不断优化。围绕集团公司人才强企工程，研究制定“708090”监督人才工程方案，为人才有序接替做好准备。

（杨军山）

【素质能力得到提升】 落实“大学习”要求，党组纪检组带头坚持月度中心组（扩大）学习制度，督促各级纪委加强学习，学懂弄通习近平新时代中国特色社会主义思想，及时掌握上级新部署新要求。加强统筹，优化纪委书记、副书记专题培训，全年分层分类培训各级纪检监察干部 6 000 余人次。选送纪检监察骨干到中央纪委、中央巡视组、驻国务院国资委纪检监察组和地方纪委监委参与专项工作，在实战中培养锻炼干部。

（杨军山）

【作风形象不断改进】 进一步规范纪检监察机构议事决策程序，集体研究处置问题线索，带头把监督执纪权力关进制度笼子。2018 年，党组纪检组召开组长办公会 16 次，集体研究决策重要事项 60 项。制定完善信访举报、审查调查安全等制度，组织开展纪律审查安全自查自纠，加强信息化系统应用，严格自我约束。坚持“刀刃向内”解决“灯下黑”，严肃处理违规违纪纪检监察干部，对履职不力的干部进行调整问责。组织纪委书记现场述职，首次对 130 家直属单位纪委书记进行履职专项考核，一些纪委书记在班子考核中名列前茅，树立了纪检监察干部可亲可信可敬的良好形象。改版办好《监督工作动态》，传递上级声音，推广基层经验，展示公司形象，监督信息和宣传工作在央企中走在前列。

（杨军山）

党组巡视

【概述】 2018 年，集团公司党组主动担当管党治党政治责任，把“两个坚决维护”作为巡视工作的“纲”和“魂”，以前所未有的力度推进党组巡视工作。结合实际建立巡视巡察“六围绕一加强”内容清单，探索实施问题底稿和立行立改制度，推动 19 家直属单位开展党委巡察，初步构建巡视巡察上下联动监督网络。

（韩晓静）

【巡视力度空前】 2018 年 3 月 30 日，集团公司召开第一轮巡视动员暨培训会议，传达中央领导和国务院国资委党委关于巡视工作的新精神新部署新要求。全年派出 10 个巡视组，配备巡视人员 143 人，分 6 批次巡视 56 家单位，首次实现巡视全覆盖。共为 300 余名党组管理的领导干部“画像”，开展个别谈话 6 000 余人次，查阅资料 6.5 万余份，走访基层单位 400 余个，召开座谈会 200 余个。

（韩晓静）

【贯彻中央报备制度】 严格落实中央巡视工作领导小组《关于进一步完善中央单位党组（党委）书记听取巡视汇报情况报备制度的通知》，戴厚良先后 7 次主持领导小组会议听取巡视情况汇报，对巡视发现的重点问题点出具体人头、提出具体意见，并对巡视组工作做出点评，提出明确要求，全年共提出近 96 个重点问题和具体线索，形成点人点事情况管理台账，落实整改责任，强力推进重点问题整改。

（韩晓静）

【完善规章制度】 修改印发《中国石化党组巡视工作办法》《中国石化关于被巡视单位党委配合党组巡视工作的规定》，研究起草《党组巡视工作规划（2018—2022 年）》《关于直属单位党委开展巡察工作的指导意见》。着力推行立行立改制度、问题底稿制度，强化巡视工作管理；加强巡视保密工作，将巡视报告密级提升为核心商密。

（韩晓静）

【做实“后半篇文章”】 按照“止损挽损、倒逼改革、问责追责”整改“三步法”要求，深化被巡视单位问题整改，建立问题清单、责任清单、任务清单，逐项整改并限期销号，推动整改落到实处、见到实效。

（韩晓静）

【强化震慑效果】 在集团公司 2018 年度工作会上，对 2017 年巡视发现的重点问题点名道姓通报，使参会各部门、各单位主要负责人深受教育和震动。9 月，集团公司召开警示教育大会，认真学习贯彻习近平总书记在听取十九届中央第一轮巡视汇报时的重要讲话精神，通报巡视及纪检、审计发现的问题。强调要增强“四个意识”、坚定“四个自信”、做到“两个坚决维护”，推动党风廉洁建设和反腐败工作不断取得新成效。

（韩晓静）

中国石化
SINOPEC

矿区（社区）建设

综述 | 分离移交办社会职能
经营管理 | 社区建设 | 服务和保障民生

综　述

2018 年，矿区（社区）系统认真贯彻落实党的十九大精神，按照国务院国资委和集团公司统一部署，加快推进企业办社会职能分离移交，推动经营业务提质增效，保障生产生活服务，持续做好惠民工程，全力保持和谐稳定，圆满完成年度各项目标任务。

分离移交央企领先。坚决贯彻集团公司党组关于“分离移交攻坚战”的统一部署，“四供一业”及其他办社会职能分离移交正式协议全部签订，实物资产交割“四供一业”完成 99.2%、其他办社会职能完成 88.7%，业务、职能和资产移交进度居央企领先水平，胜利油田独立工矿区剥离办社会职能综合改革试点得到国务院国资委充分肯定。

经营业务持续优化。坚持专业化发展、多元化股权、市场化运作、社会化服务的发展方向，全力推进油田存续经营业务改革调整，经营业务创效能力和发展动力不断增强。编制矿区（社区）经营业务发展规划和行动方案，制定下发油田存续经营业务改革调整提质增效试点工作指导意见，为存续经营业务改革调整提质增效做好顶层设计；推进业务试点，统筹优化资源、推进业务整合，专业化服务和竞争能力得到增强；推动优化盘活，梳理统计矿区（社区）经营资质和专利，分类施策，统筹推进，开展“品牌创优”和“易捷进社区”活动，稳妥推进业务退出，截至 2018 年底，累计压减法人 14 户，压减率 27%，超额完成国务院国资委 3 年压减 20% 的目标任务。

管理管控持续提升。精心安排月度和季度生产经营计划，生产经营平稳运行；严控投资强度，突出投资回报，全年优化投资 6.2 亿元；强化全员成本目标管理，成本费用指标均控制在预算之内。全年油田存续企业考核亏损 6.3 亿元，比预算减亏 3.35 亿元，7 家被纳入“处僵治困”治理范围的企业全部实现减亏控亏目标。

HSSE 工作持续抓实。强化 HSSE 责任制落实，厘清分离移交项目 HSSE 责任界面，与业务、资产和管理职能移交同步推进 HSSE 责任移交；强化风险管控隐患治理和 HSSE 大检查，全年无上报集团公司安全环保事故。落实集团公司绿色企业行动计划，按期完成胜利发电厂超低排放改造等项目竣工环保验收，企业万元产值综合能耗和工业万元产值综合能耗等指标均实现年度目标。

和谐稳定态势良好。认真落实矿区（社区）信访稳定工作责任，切实发挥社区维稳第一道防线作用，做好分离移交风险评估和维稳预案，推动维稳工作重心下移；全力配合维稳办做好进京上访接待，做好重要活动及节日期间信访稳定工作，信访秩序和稳定形势持续向好；妥善处置民生项目遗留问题，西南油气田“鸿运佳苑”项目历经 3 年艰苦细致的工作，于 2018 年底全面竣工交付，维护了职工利益和队伍稳定；东北油气田“愿景都城”项目历时 2 年圆满完成项目处置，确保职工利益不损失，国有资产不流失；原中南公司老职工搬迁安置问题基本解决，配合部队按时完成清理有偿服务工作，保持了和谐稳定的良好局面。

（孟凡密）

分离移交办社会职能

【概述】 按照国务院国资委关于基本完成“三供一业”分离移交和教育医疗机构深化改革、努力完成市政社区管理等职能分离移交的工作部署，集团公司坚持“应交则交、能交尽交，狠抓落实、突破难点，稳妥推进”的原则，进一步完善政策措施、优化工作流程、明确工作标准、加强运行管控，攻坚啃硬，狠抓落实，截至 2018 年底，74 家企业的 1 133 项分离移交“四供一业”项目、344 项其他办社会职能项目，全部按期保质完成既定目标任务。

（汪海洋）

【分离移交办社会职能成效显著】 集团公司严把政策关口、落实工作计划，以会战模式、会战姿态、会战精神，全力冲刺、决战决胜。①高位推动，全力攻坚。集团公司领导靠前指挥、高位推动，要求“立下军令状、打好歼灭战”，领导小组成员部门协同配合、加快节奏，各企业凝心聚力、担当作为，保障了分离移交蹄疾步稳、扎实有效。②狠抓运行，强化管控。分解目标节点，压实运行责任，建立“红黄绿”预警机制，开展“消零、消滞、消缺”专项行动，以抓生产运行的状态“挂图作战、马上就办”，整体进度超预期运行。③创新方式，用好政策。实行项目可研分级审查，加快审批节奏，严控改革成本，优化审减费用117.5亿元，审减率达35.4%；积极争取国家补助103亿元，多渠道筹措资金139亿元；推动建立区域联动机制合力攻关，为加快分离移交拓宽了途径。④聚焦难点，破解瓶颈。梳理出制约分离移交的物业供暖市场化改革、非供暖区供暖业务处置等八大难点、重点问题，经党组和分离移交领导小组审定，配套制定相关政策措施，为规范平稳推进移交提供支撑。

（汪海洋）

经营管理

【概述】 集团公司矿区（社区）经营业务主要包括供水、供电、发电、通信、运输、公车服务、产品生产、商品贸易、租赁、宾馆旅游餐饮、工程及技术服务、办公及厂区服务及其他等13类业务。截至2018年底，经营业务总资产173.7亿元；用工总量2.2万人，其中合同制员工1.99万人；全年实现营业收入218.8亿元。

（杨思湘）

【做好政策引导】 按照集团公司“两个三年、两个十年”战略规划，编制矿区（社区）经营业务发展规划和行动方案。指导企业结合实际，编制经营业务产业发展目录，为油田存续业务有进有退、分类施策提供依据。制定下发油田存续经营业务改革调整提质增效试点工作指导意见，按照合资合作、统筹优化、调查研究3类，推进10项经营业务试点。

（杨思湘）

【推进经营业务试点】 开展合资合作，注册成立国网胜利（东营）供电有限公司、濮阳市长城燃气公司和江汉物业公司，既促进了分离移交，又妥善安置了员工；统筹优化资源、推进业务整合，工业供水、供电业务专业化服务和竞争能力得到增强，外闯市场和大用户直购电量稳步提升，后勤服务、住宿餐饮业务一体化经营和专业化管理初见成效。统筹市场资源，胜利油田和江苏油田的运输企业开拓内外部油气公路运输市场，胜利油田运输公司实现收入5.76亿元、增长21%。培育特色技术与新兴业务，华东石油局研发撬装二氧化碳回收装置并投用，实现驱油过程二氧化碳近零排放，2018年压注二氧化碳9.48万吨、增加87%。

（杨思湘）

【盘活存量资源】 梳理统计矿区（社区）经营资质和专利，按照“准备一批、评价一批、实施一批”分类管理，推动资质和专利盘活。开展“品牌创优”活动，“中原服务”被中国质量协会评为中国企业品牌创新成果，“紫京”被评为中国石化优秀服务类品牌。组织自有产品推介会4场，8家企业的150余种产品参展销售，通过产品推介，油田自有产品线上、线下销售量稳步增加。继续推进“易捷进社区”，2018年新增易捷便利店27家，安置员工150余人，盘活了油田富余人员和闲置资产。

（杨思湘）

【超额完成法人压减任务】 相继完成胜利油田东营市胜利石化产品销售有限公司、胜建物业有限责任公司、黄海消防器材有限责任公司、华东石油局江苏华石技工贸总公司、西南石油局湖南中扬置业有限公司、东北石油局吉林天合天然气开发有限责任公司6家法人单位压减工作，规范处置资产，妥善安置人员。

（杨思湘）

社区建设

【概述】 集团公司矿区（社区）业务主要有物业服务、民用水电气暖供应、市政、学前教育、医疗卫生、文体培训等。截至2018年底，社区从业人员5.6万人，其中正式职工3.6万人。服务管理居民小区830个、住房81万套，服务社区居民230万人，职工公寓床位数4万个、建筑面积80万平方米，职工食堂餐位数4.9万个，管理和服务非在职群体59万人，管理离退休活动场所735个、59万平方米。

（杨识文）

【持续深化文明和谐示范小区创建】 以“五型”社区创建为目标，将“平安幸福、真情服务、环境优美、健康快乐、文明和谐”理念融入新的社区服务体系，不断提升社区人居环境、服务质量、文明程度和居民满意度，累计创建4A级、5A级文明和谐示范小区254个、占自管小区总数的32%，有力确保了服务不断档、水平不降低。6家企业社区获全国安全社区称号（其中1家企业社区获国际安全社区称号），52个小区获国家级物业管理示范小区称号。

（杨识文）

【持续加强绿化管理】 贯彻全国绿化委员会要求部署，扎实推进义务植树，中国石化绿地面积达2.3万公顷，年新增绿地120公顷，绿地率21%，绿化覆盖率达30%，8家企业被评为全国绿化模范单位。

（杨识文）

服务和保障民生

【全面落实棚户区改造任务】 按照国务院国资委对中央企业棚户区改造工作的要求，加强棚改项目的督导落实。截至2018年12月底，累计实施棚改项目16个，新建安置房19 220套，从根本上改善了职工的居住环境和条件。

（黄　萍）

【加强和规范自住房建设管理】 平稳推进惠民工程，全年新开各类职工自住房建设5 267套、续建1 511套、竣工交付2 600套。职工住房条件持续改善，提升了员工群众的幸福指数，传递了党组的关怀和温暖。

（黄　萍）

中国石化 SINOPEC

企业党建与企业文化

企业党建

综　　述

2018 年，集团公司党建工作坚持以习近平新时代中国特色社会主义思想和党的十九大精神为指导，全面贯彻落实新时代党的建设总要求，紧紧围绕建设世界一流企业战略部署，以政治建设为统领，大力加强直属企业党委把方向管大局保落实的能力建设，大力实施基层党组织“组织力提升工程”，大力增强队伍干事创业的活力动力，统筹加强党的各项建设工作，不断提高党的建设质量，为把中国石化建设成为具有全球竞争力的世界一流企业提供坚强保证。

（于　川）

党建工作

【党组自身制度建设不断完善】 制定《关于贯彻落实〈中共中央政治局关于加强和维护党中央集中统一领导的若干规定〉精神的实施办法》，坚持把党的政治建设摆在首位，严肃党的政治纪律和规矩，彰显党组政治担当。修订完善《中国石油化工集团有限公司党组民主生活会制度》，突出党的政治建设，严肃标准要求，不断提升党组自我净化、自我完善、自我革新、自我提高能力。制定《中国石化集团公司领导班子成员基层联系点工作规定》，班子成员带头践行党的群众路线，改进领导方式和工作作风。

（张登宇）

【扎实开展“双示范”创建】 制定实施《关于集团公司党组成员所在党支部联系党支部“双示范”创建的实施意见》，提出“五个过硬”“五个进步”创建目标，班子成员带头深入基层“五看五讲”，开展调研指导，着力把所在党支部建成全面过硬的示范，把基层联系点党支部建成全面进步的示范，充分发挥“头雁效应”和“双示范”催化裂变效应，推进全面从严治党向基层延伸。

（张登宇）

【承办国务院国资委党委“落实全国组织工作会议精神　推进中央企业基层党建座谈会”】 2018 年 11 月 20 日，国务院国资委党委在胜利油田召开“落实全国组织工作会议精神　推进中央企业基层党建座谈会”。各中央企业党委（党组）专职副书记、党群部门主要负责人参加会议。会议传达了全国组织工作会议和中央企业党的建设工作座谈会议精神，总结回顾了中央企业基层党建工作，提出中央企业基层党的建设总的思路；为第 1 批中央企业基层示范党支部代表授牌，5 家中央企业党委（党组）和胜利油田党委介绍基层党建工作经验，3 个基层示范党支部代表做发言。与会代表观摩了胜利油田基层党建情况。集团公司党组书记、董事长戴厚良代表党组做题为《抓责任 抓质量 抓实效筑牢建设世界一流企业的堡垒根基》的基层党建工作经验介绍。会议组织运行工作得到国务院国资委党委和与会代表的充分肯定和高度评价。

（韩冬笑）

【组织召开“党建质量提升年”推进会】 会议于 2018 年 6 月 28 日在总部召开。会议深入贯彻落实党的十九大精神和新时代党的建设总要求，以提升党建工作质量为主题，对直属单位党委发挥把方向管大局保落实作用、实施组织力提升工程等进行措施推动，对“一先两优”进行现场表彰，对典型经验总结推广，推动党的建设质量不断提升。

（韩冬笑）

【实施基层“组织力提升工程”】 贯彻落实中央全面从严治党向基层延伸的部署要求，运用工程思维方法抓基层党建，把提升组织力作为一项系统工程来抓，制定下发“五抓五提升”指导意见，从实现路径、目标任务等方面统筹制定“施工图”，指导基层制订符合各自实际的具体方案和措施。

（韩冬笑）

【创新党建与中心工作融合互促机制】 探索创新推动党建工作与生产经营深度融合的举措，初步形成党建在重大活动、重大任务中发挥作用的有效机制。围绕服务保障上合组织青岛峰会、中非合作论坛、首届进口博览会，分片开展党建与生产、安全、环保、舆情、稳定等工作联动推进督察，促进协同完成重大任务实现新突破，为党建工作更好地融入中心积累宝贵经验。制定下发《关于在安全环保工作中充分发挥党组织和党员作用的通知》，发挥党建优势，促进做好HSSE工作。

（韩冬笑）

【改进完善党建考核】 连续第5年开展覆盖全系统的党建考核。贯彻中央和党组新精神新要求，在总结巩固历年党建考核成果的基础上，积极响应基层呼声，进一步优化完善考核方案。考核内容上，突出责任、质量、实效有机统一。突出直属单位党委工作，更加聚焦党建工作最基本、最核心的问题。评价主体上，加大总部部门日常考评的权重。企业自评、总部日常考评和考核组现场查验相结合，引导直属单位党委和总部部门把功夫下在平时。评价方式上，变扣分法为赋分法、梯度评价，强化正向激励；兼顾板块之间相对平衡，进行差异化调控。考核组织上，简化程序，尽量为企业减负。考核的改进得到各方普遍认可，更好地发挥了“指挥棒”作用。

（韩冬笑）

【加强科研单位党建工作】 针对科研单位基层党支部建设中存在的短板不足，开展党建工作专题调研，遴选集团公司优秀党支部书记，组织“示范党支部书记行”，深入到科研单位一线党支部进行把脉会诊、情景互动、交流指导，巡诊一家带动一片，促进提升了科研单位党建工作质量。

（韩冬笑）

【推进模范机关创建】 认真贯彻落实习近平总书记关于推进中央和国家机关党的政治建设重要指示，研究制定《实施组织力提升工程做好“三个表率”建设“模范机关”若干措施》，把党的政治建设贯穿总部机关党建工作全过程，按照“五抓五提升”基本路径，把强化“四个意识”、坚定“四个自信”、坚决做到“两个维护”体现到机关工作各方面，切实做好“三个表率”，建设“忠诚、担当、公正、高效、廉洁”的模范机关。

（张登宇）

【首次开展总部机关党建工作考核】 制定《总部机关党建工作考核评议办法（试行）》，开展2018年度总部机关党建工作考核，创新组织12名优秀基层党支部书记组成考核组，对总部机关28个部门进行考核，内容包括部门内部测评、基层党支部书记访谈验证和“马上就办”专项评价，各部门党组织书记代表支委会述职，考核结果纳入领导班子年度绩效考核。

（张登宇）

【总部机关推行“马上就办”】 大力践行习近平总书记倡导的“马上就办”精神，制订《总部机关践行“马上就办”工作方案》，实行签报、会签、批复等限时办结回复；推动各部门制定实施细则，融入管理流程；实时通报完成情况，纳入总部机关党建考核，总部机关内部管理、作风形象发生明显变化，责任意识、效率意识显著提升，《国资工作交流》简报对做法经验进行典型宣传。

（张登宇）

【总部机关推行党支部主题党日】 制定实施《关于总部机关开展党支部主题党日的指导意见》，强化政治属性，规范主题内容，突出党性锻炼和思想交流，探索党内组织生活新形式，频次质量实现同步提升。

（张登宇）

【不断加强统战工作】 成立集团公司统战工作领导小组，研究制定《关于进一步加强和改进直属企业统战工作的指导意见》，组织召开统战代表人士座谈会，推荐统战人士参加央企归侨侨眷代表会议，开展全系统统战信息采集，在胜利油田建立集团公司首个统战人士建言献策工作室。

（张登宇）

群团工作

【主题劳动竞赛】 紧紧围绕推动集团公司全面可持续发展，以质量效益、安全环保、重点工程、班组建设、素质提升为重点，持续深化“当好主力军、奉献在岗位、建功创一流”主题劳动竞赛，激发了广大职工的劳动热情和创造活力。及时宣传推广主题劳动竞赛在企业攻坚克难中发挥积极作用的典型案例，推动各级工会在企业生产经营建设中做贡献。向中国能源化学地质工会推荐“岗位创新创效创优”活动重点宣传班（站），18个班（站）受到表彰，其中3个班（站）的宣传片在中工网进行宣传推广，展现了石化职工干事创业的良好精神风貌。

（谢梓峰）

【弘扬劳模精神】 开展中国石化劳动模范和先进集体评选表彰，通过全员推选、层层筛选，授予347名员工中国石化劳动模范称号；授予153个单位中国石化先进集体称号，并以此为契机，广泛宣传劳模事迹、放大劳模效应，使评选劳模的过程成为挖掘劳模、宣传劳模和教育职工、激励职工的过程，努力让劳模工匠精神深入人心。开展中央企业劳动模范和先进集体评选推荐，坚持把推荐的重点放到科研生产经营一线，面向一线职工，面向基层单位和班组，使一大批业绩显著的集体和个人脱颖而出。2018年，集团公司有4名职工获全国五一劳动奖章、1个基层单位获全国五一劳动奖状，11个基层单位获全国工人先锋号称号，1名职工获全国工会系统劳动模范称号。通过报刊微信集中宣传先进典型的感人事迹，在全体职工中产生了良好反响。

（谢梓峰）

【民主管理】 全系统职代会制度普遍建立，职代会各项职权得到较好落实。组织各直属单位对中国石化《职工处分规定》履行民主程序，对集团公司拟出台的安全生产、职工健康管理、提高高技能人才待遇、全面依法依规从严治企、推进物业供暖市场化收费及非供暖区供暖业务处置等方面的有关制度提出意见建议，有效维护职工合法权益。

（谢梓峰）

【走访活动】 坚持党政所需、职工所盼、工会所能相结合，持续开展“走基层、访万家”活动，以建立长效机制为抓手，坚持深入基层调研了解实情，看望慰问一线职工，帮助解决实际困难。截至2018年底，全系统各级党政主要领导10.3万人次、专兼职工会干部23.6万人次、其他党政群团干部23.2万人次参加走访，架起职工与党政间的连心桥。走进基层班组6.8万个、解决班组实际问题4.2万多个次，访问职工71.8万人次、解决职工实际困难5.5万个次，受到职工群众普遍欢迎。扎实开展帮扶救助工作，压实帮扶救助工作责任，加强帮扶救助对象档案动态管理，努力实现精准帮扶，拨付帮扶救助金1 820万元，支持47家困难企业做好帮扶救助工作。坚持逢年过节（国家法定节日）向全体会员发放适量节日慰问品，把对职工的关怀真正落到实处。

（谢梓峰）

【文体工作】 进一步完善群众体育工作组织、服务、运行、保障机制，加强对中国石化文联、体协12个协会的换届管理，指导各协会按照“一会一活动”自主开展工作，各单项协会自转功能进一步增强。依托中国石化“朝阳”文艺志愿服务团，精心组织“送文艺到一线”活动，为基层职工送去丰富多彩的“精神食粮”，受到职工欢迎。先后举办中国石化职工羽毛球、“三对三”篮球、游泳、桥牌等赛事，带动广大职工自觉、便利、科学、文明参加健身。在总部一楼多功能厅举办中国石化2018年新春团拜会，营造节日氛围、鼓舞工作干劲。组织第11届职工文艺录像调演评审活动，共征集到27个单位报送的238件文艺佳品，较好展示了中国石化职工群众文化建设的丰硕成果。

（谢梓峰）

【成立集团公司团委】 2018年11月25—27日，召开共青团中国石油化工集团有限公司第一次代表大会，选举产生共青团中国石油化工集团有限公司第一届团委委员，研究部署未来5年集团公司团委工作的主要任务。

（王　彬）

【加强青年思想政治引领】 集团公司青工委召开学习贯彻习近平总书记重要讲话和团十八大精神座谈会，对学习宣传贯彻提出要求，引导广大团员青年听党话、跟党走，不断提高政治素养。开展学习纪实文学《梁家河》主题征文活动，组织各级团组织通过“青年大学习”、读书分享会、交流座谈等多种形式，读原著、学原文、悟原理，全系统5万余名团员青年参加学习读书征文活动，120家单位团委报送优秀征文作品1 206篇。

（王　彬）

【助力青年人成长成才】 举办中国石化第7届青年外语风采大赛、第1届青工油气藏动态分析大赛，为青年人成长成才搭建舞台。

（王　彬）

企业文化

综　　述

2018年，集团公司认真贯彻党中央和国务院国资委党委要求，以习近平新时代中国特色社会主义思想为指引，深入学习贯彻党的十九大精神，认真落实全国宣传思想工作会议要求，按照集团公司党组的决策部署，围绕中心、服务大局，内聚人心、外树形象，宣传思想工作取得新的成绩。

（刘纯斌）

思想教育工作

【理论武装不断深入】 以学懂弄通做实为目标，宣传思想战线统筹人员和力量，创新方式和方法，从网上党委中心组学习平台到网下“领导带头讲党课”，从“固定讲台”到“流动课堂”，从集团总部到一线班组、车间，从国内到国外，系统上下学习宣传习近平新时代中国特色社会主义思想和党的十九大精神有声有色，形式多样，实现“五个全覆盖”。全年，党组管理干部下基层宣讲4 200余场次，62万人次参加学习，推动习近平新时代中国特色社会主义思想深入人心。6项政研成果获中国政研会、中央企业政研会一、二等奖，集团公司政研会被评为中央企业2018年度课题研究优秀组织单位。

（刘纯斌）

【意识形态领域健康向上】 持之以恒严抓意识形

态工作责任制，坚决把党的领导有力地体现到意识形态工作的各个层面和环节，主旋律嘹亮、正能量强劲。建立相关部门协同推进机制，在上合组织青岛峰会、上海进博会、中非合作论坛北京峰会等国家重大活动期间，实施意识形态、安全环保、信访稳定、舆情研判等联动督察机制，体现“大党建”“大宣传”的工作合力。明确《集团公司 2018 年意识形态重点工作和责任分工》《在讲座与培训等工作中加强意识形态管理》《微信使用“六不准”》等规范要求，完成系统内 200 多家展览室（厅）、陈列室的集中督察和 138 家企业新闻网站和媒体阵地的自查自纠。同时，把意识形态工作纳入党组巡视和办公厅重点督办事项，强化考核监督。全年未发生重大意识形态事件，意识形态领域整体向上向好。

（刘纯斌）

【基层思想政治工作创新升级】 深入开展“转观念、勇担当、创一流”专题讨论，坚持聚焦问题转观念、齐心协力勇担当、奋发有为创一流、强化保障促落实，推动专题讨论从认识层面向实践层面跃升，干部员工“对党忠诚、主动进取、市场竞争、做强做优、改革攻坚、一体化、精细管理、创新创效”8 个方面意识得到增强。扎实开展形势任务教育，借助“奋进石化”平台解读政策、开展教育答题，编发学习集团公司工作会议精神“明白纸”，使教育更具吸引力、更受员工欢迎。聚焦“处僵治困”、分离移交、人才强企等重点工作，加强政策宣讲、解疑释惑，保障改革顺利进行。加强人文关怀和心理疏导，推动 EAP 纳入集团公司 HSSE 管理体系，累计培训 314 名基层党组织书记，“奋进石化”在线心理咨询近 5 000 人次。

（刘纯斌）

企业文化建设

【推动核心价值理念落实落地】 开展企业文化发展沿革及未来需求的研究，全面梳理集团公司企业文化发展脉络并对未来发展做出展望。推进安全文化、廉洁文化等专项文化建设，用文化力量推动重点工作落实。2018 年 6 月 26 日在齐鲁石化召开安全文化建设研讨会，邀请 14 家单位的企业文化和安全工作负责人参加，听取对安全文化建设的意见建议，对安全文化建设现状进行分析。加强廉洁文化建设，起草《进一步加强廉洁文化建设营造“不想腐”氛围的实施意见》。

（刘纯斌）

【组织企业文化宣传片拍摄】 以中国石化发展建设的历史脉络谋篇布局，拍摄《为美好生活加油》企业文化宣传教育片，分为《初心和使命》《企业价值观》《企业作风》《企业愿景》4 个部分，全景展示中国石化发展史和与之相对应形成的企业文化。多次组织企业文化专家、总部有关人员和部分企业宣传部长参与创作、修改，力求内容具有广泛性、代表性和针对性，确保对集团公司企业文化的准确解读。

（刘纯斌）

【永利铔厂入选首批中国工业遗产保护名录】 创建于 1934 年的永利铔厂（南化公司前身）开创了中国制酸工业的先河，是中国化学工业的摇篮。此次入选中国工业遗产保护名录不仅有利于永利铔厂工业遗产的保护和利用，更将有力促进其蕴含的“实业报国”精神发扬光大。南化公司高度重视企业优良传统的继承弘扬，加强工业遗产保护利用，扎实推进企业文化建设，让工业遗产在企业转型升级中进一步发挥精神传承价值。

（刘纯斌）

【精神文明建设成果丰硕】 集团公司积极培育和践行社会主义核心价值观，深入推进精神文明建设，激发广大干部员工爱岗敬业，提升服务品质，取得显著成效。年内评选出 12 名精神文明建设标兵、144 名精神文明建设先进个人和 20 个优秀志愿服务项目，13 万人参与在线点赞评议，创点赞评议新纪录。代旭升、田明获评 2017 工匠中国年度十大国匠，燕山石化张宝彤获国企楷模·北京榜样十大人物称号。润滑油公司获评首都文明单位标兵、入选全国“诚信之星”，石油化工科学研究院、百川公司获评首都文明单位。歌曲《新时代工人走起来》《飞舞的彩霞》和电影《逆境王牌》获第3届央企“五个一工程”优秀作品奖。

（刘纯斌）

新闻宣传工作

【正面宣传积极有力】 2018年涉及中国石化的新闻报道量68 429篇次、信息总量483 305条次，正面及中性报道占92.2%，为集团公司决胜全面可持续发展营造良好氛围。其中,《人民日报》(人民网)、新华社（新华网）、中央电视台3家权威媒体新闻报道及转载累计超过2 300条次。“中国石化在当地”“天然气保供”“中国石化35周年”等主题在中央电视台和《人民日报》等主流媒体重要位置给予持续重点报道，特别是在21个省市地区开展“中国石化在当地”专题宣传，有力提升中国石化社会形象，收到良好反馈效果。电视宣传取得突破性进展，联合中央电视台四套打造5集电视系列片《加油！中国》；配合中央宣传部、中央广播电视总台制作的18集大型电视纪录片《我们一起走过——致敬改革开放40周年》《新加坡港认国旗的父与子》获中央电视台财经频道年度优秀节目。

（刘纯斌）

【打造公众开放日品牌活动】 集团公司公众开放日活动在做好规范化操作和民众科普释惑的基础上，注重与企业生产经营相结合。50家公众开放日示范企业深入打造精品路线和旗舰观摩网点，深挖影响力，持续深入传播，全年共开展公众开放日活动500余期，邀请观众近2万人。通过公众开放日平台，不但将企业科技创新、安全环保、质优量足的理念传递给公众，还创造性地将员工培训、媒体沟通、大客户和政府关系维护等方面融入公众开放日，开辟“解惑平台”，打造“对话机制”，对接“消费需求”，为企业发展凝聚人心、外树品牌，全面唱响石化好声音。“中国石化公众开放日”获SABRE亚太区域品牌和声誉管理杰出成就金奖。

（刘纯斌）

【海外传播取得突破】 紧密围绕改革开放40周年、国家“一带一路”建设和集团公司成立35周年，从企业改革发展、科技创新、社会责任等几个维度进行策划，加强正面新闻的国际传播。全年向国际媒体发布新闻稿共计8篇，相关境外报道达808篇次，其中中性和正面报道占比96.5%。研究制订海外传播战略规划，扎实做好国际正面传播，圆满完成中国石化历史上最大规模的30多家国际媒体走进燕山石化采访工作。建好海外社交媒体，官方脸谱账号关注人数达108万余人，浏览量230万次；推特账号关注人数2.1万人，浏览量38万次。

（刘纯斌）

【新媒体融合有效推进】 以新媒体为抓手，加强传统媒体与新媒体融合，“奋进石化”微信平台作用日益显现，总绑定人数达62.2万人，2018年累计访问7 253万人次，日均访问量20万人次。同时，官方微博（关注人数142万人）、微信（关注人数270万人）等新媒体阵地热度持续上升。适应受众需求，开通官方抖音（关注人数53万人），发布视频730个，总播放量5亿人次，点赞831.7万余次。集团及各企业新媒体矩阵联动发声，有效推动中国石化新媒体影响力向社会拓展。

（刘纯斌）

品牌建设

【精心策划品牌日活动】 借势“5·10中国品牌日”组织策划“中国石化为中国品牌加油”传播活动，在加油站举行“为中国品牌加油”启动仪式，发布十大优秀技术品牌，利用中央主流媒体、新华网等网络媒体、微博、微信，同步推送中国石化为中国品牌加油系列报道，其中“小石头穿越记”品牌互动游戏发布实现10万+的传播。积极参与由国家市场监督管理总局、中国品牌建设促进会等联合举办的“2018中国品牌价值百强榜”评选，位列第五，品牌价值高达2 462.88亿元，是国内品牌价值最高的能源化工行业品牌；同时发布的“中国品牌价值评价信息能源化工领域前50强”榜单，易派客、长城润滑油、易捷品牌价值分别为74.03亿元、66.86亿元和25.69亿元。

（刘纯斌）

【开展品牌创优活动】 通过加强品牌架构管理，确立以“单一母品牌为主+优质子品牌为辅”的品牌架构模式，形成母子品牌良性互动的品牌体系。按照“做大一批，整合一批，规范一批，培育一批”的品牌建设指导原则，通过品牌自查、全员创优、组织申报、网络评选、专家评审等阶段工作，共评选出21个中国石化优秀品牌，首次推出十大优秀技术品牌、6个优秀产品品牌、5个服务类品牌及1个潜力要素品牌，有效促进各单位品牌意识和品牌专业能力的提升。

（刘纯斌）

【规范标识和字号】 设计《资本和金融板块VI规范手册》《雄安办公地点标识使用规范》《总部办公楼户外标识规范》和冬奥会标识。围绕《中国石化品牌视觉识别规范管理系统》VI手册继续将VI管理纳入党建考核中，品牌识别体系不断完善，标识传播效果显著提升。选树12家标杆示范企业，一手抓宣贯，一手抓落地，有序推进品牌标识规范化管理工作，VI更新完成进度达80%，有效发挥示范带头作用。进一步明确“中国石化”字号授权管理的层级，修订下发《中国石化商标管理办法》《中国石化工商事务管理办法》和《关于加强字号使用问题整改工作的通知》，对参股、无实际控制权的合资公司进行清理，运用法律手段保护中国石化品牌资产。

（刘纯斌）

社会公益

【健康快车】 2018年，“中国石化光明号”健康快车驶入河南商丘、新疆伊犁、广东肇庆3个地区，累计为3 000多名贫困白内障患者实施手术，帮助其重见光明。截至2018年底，中国石化累计捐赠超过1.5亿元善款，为18个省市36个地区超过4.4万名贫困白内障患者免费实施复明手术，捐建20所健康快车眼科中心。“中国石化光明号”健康快车连续14年获中华健康快车基金会颁发的光明功勋特别奖，并获评中央宣传部全国最佳志愿服务项目称号和中央企业优秀志愿服务项目。

（鉴　编）

【情暖驿站·满爱回家】 2018年，中国石化持续开展“情暖驿站·满爱回家——关爱春节返乡务工人员”大型公益活动，以加油站为平台，为返乡摩骑免费加油，为返乡车主提供热粥、姜汤、休息室、母婴室等免费服务，让万千游子回家的路更有温度。截至年底，超过3.5万名志愿者累计服务超过4 000万人次春运返乡人员。

（鉴　编）

【爱心加油站·环卫驿站】 2018年5月，中国石化在江苏南京举行“爱心加油站·环卫驿站”启动仪式，宣布在京津冀、长三角、珠三角、川渝

13个省（市、区）规模化启动环卫驿站公益项目，其中在江苏新增100座环卫驿站，使得全省环卫驿站总数超过270座。12月，中国石化“爱心加油站·环卫驿站”公益品牌项目获由全球契约中国网络评选的实现可持续发展目标2018中国企业最佳实践奖。

（鉴　编）

【参与社会普法】 2018年，中国石化连续第7年向中国法律援助基金会捐赠资金，支持“1+1”中国法律援助志愿者行动项目。该项目以扶贫攻坚为主题，派出140名律师志愿者及98名大学生志愿者和基层法律服务工作者，奔赴中西部地区15个省（区）的140个县（区）开展法律援助工作，服务当地法治建设。

（鉴　编）

【服务农忙】 2018年，为保障“春耕”“三夏”“三秋”等农忙期间农业生产顺利开展，中国石化积极加大资源投放，优化资源调配，制定惠农便农措施。在有条件的地区，利用油罐车、配送车提供送油上门服务，送油到田间地头，确保农业用油供应与服务工作顺利进行，保障农作物丰产丰收。

（鉴　编）

【抢险救灾】 在地震、火灾、台风袭击等重大灾害发生时，中国石化第一时间出现在抢险救灾前线。2018年9月，特大级台风“山竹”袭击广东地区。广东石油分公司下属2 300多座加油站员工依旧坚守岗位，在保证安全前提下，继续为紧急用油单位保证资源供应，为三防等应急抢险车辆开辟绿色通道，提供加油服务。

（鉴　编）

【支持重大活动】 2018年，中国石化为党的十九届二中全会、纪念改革开放40周年大会、青岛上合峰会、天津夏季达沃斯论坛、中非合作论坛峰会、中国首届进口博览会等国内外重大活动提供油品保障服务，通过优化资源配置，调整运输路线，加强库存监控等方式，全力保障用油，完成会议期间安全稳定和油品保供任务，支持重大活动顺利举办。

（鉴　编）

【志愿服务】 2018年，中国石化从点到面、从企业到社会、从活动化到常态化，组织员工参与志愿服务活动，为社会送温暖，传递正能量。截至年底，中国石化有注册志愿者20万余人、志愿服务队1 500余支，建立志愿服务基地2 000余个。

（鉴　编）

【定点扶贫和对口支援】 2018年，中国石化继续承担甘肃东乡县，安徽岳西县、颍上县，湖南凤凰县、泸溪县，新疆岳普湖县的定点扶贫任务，和西藏班戈县、青海泽库县的对口支援任务。全年共投入帮扶资金1.5亿元，实施扶贫项目67个，受益贫困户1.3万户3.7万余人。有效助推当地经济社会发展，带动贫困群众脱贫奔小康。其中，岳西县、班戈县分别于2018年、2019年正式脱贫“摘帽”。

第2次发布《中国石化精准扶贫白皮书（2017—2018）》，并首次发布《中国石化在新疆（1978—2018）责任报告》，全面系统阐述中国石化精准扶贫、支援新疆发展的履责实践，彰显企业责任担当。

（鉴　编）

新闻媒体

【概述】 2018年，中国石化各媒体，包括《中国石化报》《车友报》《中国石化手机报》《中国石化》杂志、中国石化新闻联播（电视）、中国石化新闻网、中国石化新闻图片网、石化新闻客户端、中国石化新闻网微博、中国石化报微信公众号等，坚持把学习宣传贯彻习近平新时代中国特色社会主义思想和党的十九大精神作为首要政治任务，紧紧围绕集团公司“两个三年、两个十年”战略部署做好新闻宣传服务，结合庆祝改革开放40周年和中国石化成立35周年，以“不忘初心、牢记使命、永远奋斗”为主题，筹办“感动石化”特别节目、策划35周年特刊等宣传活动，系统回顾展示了中国石化35年特别是党的十八大以来的奋进历程、历史性贡献、宝贵经验和优秀人物，营造良好的舆论氛围，为中国石化决胜全面可持续发展加油鼓劲。同时，加快推进媒体融合，探索建设中国石化融媒体中心。

（庞　炜）

【深入学习宣传习近平新时代中国特色社会主义思想】 2018年，中国石化深入学习习近平新时代中国特色社会主义思想和党的十九大精神，各媒体开设“在习近平新时代中国特色社会主义思想指引下——新时代新作为新篇章”专栏，直接转发新华社相关重要报道和评论员文章，及时报道党组学习习近平新时代中国特色社会主义思想取得的新成效，把握中国石化成立35周年等重要时间节点，以及20多次党组专题学习会等重要时机，精心组织重点理论文章、评论言论、高端专访和主题采访，报道公司上下以习近平新时代中国特色社会主义思想为指导推出的工作举措和创新探索，努力推动习近平新时代中国特色社会主义思想在中国石化落实落地。

（庞　炜）

【紧紧围绕中心工作强化新闻引导】 2018年，中国石化各媒体把宣传报道重心放在党组贯彻落实新发展理念上，放在转观念、转作风、创一流上，突出报道各企业推动转方式调结构、提质增效升级的经验；驻京津冀及周边地区“2+26”城市企业参与大气污染综合治理、长江沿线安全环保大检查、绿色企业行动等安全环保工作；落实党组从严管理、规范管理、精细管理等强化管理要求的实践；油品销售华北市场突围、华东华南差异化竞争、其他区域巩固主导地位、区外公司开疆拓土等拓市扩销的努力；部分“处僵治困”企业扭亏为盈、减亏控亏的做法；“四供一业”分离移交项目完成情况等。各媒体各类言论栏目刊发言论300余篇。《中国石化报》一版开设“领导干部论坛”，以每周2篇的频率刊登领导干部署名文章。

（庞　炜）

【高标准完成重大庆典报道】 2018年，为纪念改革开放40周年，中国石化各媒体开设“壮阔东方潮 奋进新时代”专栏，集中展示石化企业在国际贸易、绿色发展、改制上市、共享服务、市场开拓、服务民生等方面的典型故事。重点策划中国石化成立35周年大型报道，发布15个“奋进石化微视频”，制作11个移动端新媒体产品，推出24个版的正刊、80个版的特刊，播出网络电视专题片，进行专题报道，报道过程中传统媒体和新兴媒体相互嵌入、相互借力、内容融合，形成融合传播合力。7月12日，在总部现场，《中国石化成立35周年·感动石化特别节目》以中国石化35年奋进历程为背景，深情讲述9个获奖人物（团队）的感人故事，为现场和通过直播观看的所有观众，呈现一场“不忘初心、牢记使命、永远奋斗”的精神盛宴。第3届“感动石化”人物评选获中国报业重大主题宣传年度双十佳融合传播奖。

（庞　炜）

【做“新闻信息产品供应商”】 中国石化党组传播机构——中国石化报社各媒体都拥有国家法定的刊号，特别是中国石化新闻网、石化新闻客户端、中国石化报社微博微信共同还拥有中国石化系统内唯一一张由中央网信办颁发的互联网新闻信息服务许可证。石化报社各媒体作为党组的机关报刊台网，为系统内外各媒体提供了大量新闻信息。2018 年，为中国石化官网提供中英文新闻 1 889 条，为总部信息门户提供新闻 349 篇，向国务院国资委报送信息 336 条，获 2018 年度国务院国资委网站新闻信息报送工作优秀组织奖。同时刊发的新闻和制作的融媒体产品，如年度工作会图解报道、学习陈俊武系列报道等，被中国石化官方微博、“奋进石化”“石化党员”等微信公众号及各企业媒体平台大量转载使用。

（庞　炜）

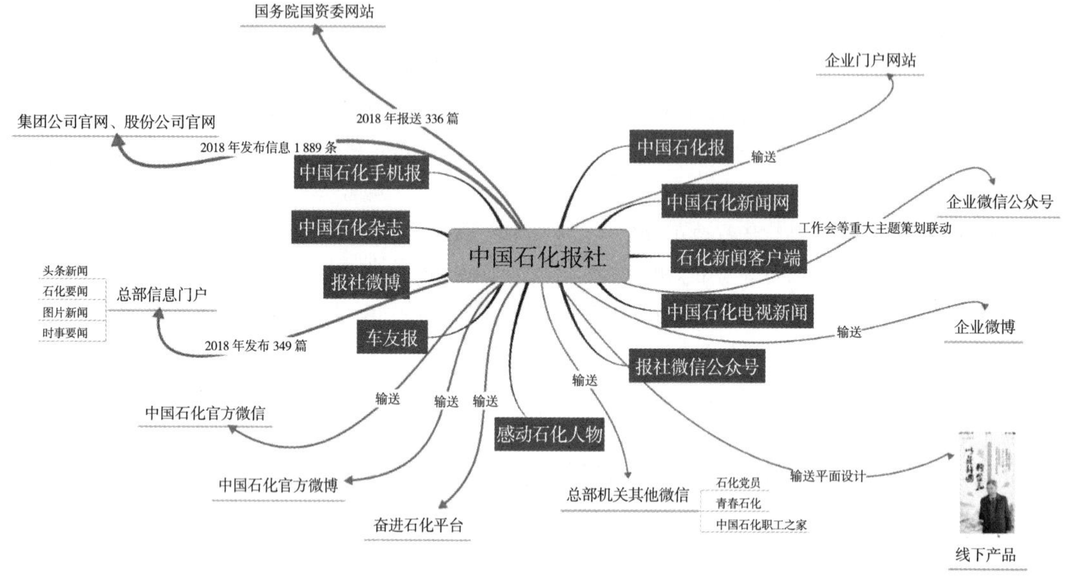

中国石化报社媒体融合传播导图

图书出版

石油石化类

【《智能炼化建设——从数字化迈向智慧化》出版发行】 该书是“十三五”国家重点图书出版规划项目，从炼化产业概况，信息化与炼化产业信息化，信息化新技术的发展情况，对炼化产业在生产模式、管控决策模式和营销模式的变革与影响，以及国内外炼化企业在流程工业智能工厂建设方面的卓越实践 5 个方面，在对比分析和研究离散工业数字化及其升级的实践及智能制造与信息化、网络化融合的经验基础上，首次创新性地提出并论述炼化企业为何和如何通过“数字化—智能化—智慧化”三步曲，不断夯实数字化基础，瞄准智慧化目标，持续建设并完善智能化核心从而实现流程工业的新一代智能制造目标。该书对提高中国炼化企业信息化应用水平，加深并促进“两化”融合，大力提高石油资源与企业资产利用率，推动炼化企业数字化建设并迈向智能化、智慧化进而实现智能优化制造、新一代智能制造起到重要的参考、借鉴和促进作用。

（炼油化工出版分社）

【《催化裂化工艺技术手册》出版发行】 该书由集团公司首席专家许友好主编，系统论述了催化裂化工艺基础知识和基本原理，主要内容包括催化裂化工艺概况，气固流态化基础知识和基本原理，烃类化学反应基本原理及其在催化裂化工艺中应用，裂化催化剂组成、性能及日常技术管理，催化裂化原料组成与性质，产物组成与性质，催化裂化反应工程与再生工程的基础知识和基本原理，催化裂化装置生产过程的清洁化技术概述。该书对催化裂化工艺基础知识和基本原理叙述系统全面，具有一定理论水平和实用价值，是专为催化裂化专家班学员量身打造的培训前自学读本，同时也可以作为复合型炼油技术专家班学员培训教材。

（炼油化工出版分社）

【《中国石化院士传记——陈俊武传》出版发行】 该书是一部走近陈俊武、认识陈俊武、学习陈俊武的佳作。书中，既记录了陈俊武对化学起源的浓厚兴趣，又饱含着对家人最深沉的爱；既记录了他不忘初心，就业首选石油源自学生时代就立志走科技报国的道路，又饱含了他不忘使命，在炼油和现代煤化工技术领域执著、创新、奋斗的人生；既记录了他的成功又分享了他的遗憾。整部传记中不只有石油和技术，更飘洒着一种别样的家国情怀。在集团公司开展向陈俊武学习的活动中，该书受到了广大干部员工的欢迎。

（炼油化工出版分社）

【《压力容器工程师设计指南（第二版）》出版发行】 该书由戚国胜、段瑞主编，全国锅炉压力容器标准化技术委员会设计计算方法专业委员会编写。内容包括：设计基础，材料，内压圆筒和内压球壳，外压圆筒、球壳和锥壳，封头，开孔与开孔补强，法兰，卧式容器，塔式容器，立式容器，管壳式换热器管板，球形储罐，非圆形截面容器，波形膨胀节，密封结构，压力容器分析设计等；几乎涵盖了压力容器设计的所有方面，体现了现行规程、标准、技术的发展，不仅包括各种具体的算例，还包括了新技术、新结构的探讨与分析；理论联系实际，具有系统性、实用性强的特点。对压力容器工程技术人员，特别是压力容器设计人员正确合理使用标准规范具有较大的指导意义，也适合高等院校相关专业师生阅读参考。修订仍保留了原书的整体框架结构，所有内容均按现行最新规范、标准进行更新和补充。

（装备综合出版分社）

【《石油石化金属材料应用及发展》出版发行】 为了满足石化工程和装备发展的战略需求，中国石化科技部、物装部、中国钢研科技集团公司、中国石化工程建设有限公司、中石化洛阳工程有限公司、中石化石油工程技术服务股份有限公司、中石化宁波工程有限公司等多家单位、部门共同组织开展了针对中国石化装备（主要包括油气开采与管输、炼油化工、煤化工装备等）用金属材料的专题调研。《石油石化金属材料应用与发展》是在上述调研成果的基础上，组织有关专家经过反复讨论，精心甄选内容编写而成。该书由张国信、熊建新、龚宏、苏航主编，全书内容分为4个部分：第一部分介绍了石油石化金属材料的应用现状，包括石油地质专用管、油气长输管线焊接钢管、大型储罐用钢、压力容器用钢的应用和研发情况，以及金属材料的分类和特点，包括国内外低合金钢、不锈钢、耐蚀合金钢、钛合金及焊接材料等；第二部分具体论述了油田用金属材料、油气储运用金属材料和炼油、化工及煤化工用金属材料，内容包括选材原则、国内外应用现状、存在的问题和需求与趋势；第三部分介绍了石油石化金属材料的检测及石化设备常见的腐蚀及失效分析；第四部分结合石油石化行业发展趋势，对石油石化金属材料的未来发展进行了展望。该书可供从事石油石化用金属材料研发、生产、使用的工程技术人员使用，也可供从事物资采购、材料管理的技术人员及管理人员参考。

（装备综合出版分社）

【《常减压装置隐蔽项目检查方法》《加氢装置隐蔽项目检查方法》出版发行】 该2本书由中国石化炼油事业部编写，是专门介绍针对装置隐蔽项目检查方法的工具书，重点解决“查什么？怎么查？”的问题，通过分析装置腐蚀机理和失效模式，并结合中国石化多套同类装置历史故障和维修的大量数据，找出每台设备的薄弱环节，确定检查部位和检查方法，具有很强的实践性和应用性。

（装备综合出版分社）

【《石油化工安装工程技能操作人员技术问答丛书》出版发行】 丛书由中国石化炼化工程集团（股

份）有限公司组织编写，由中石化第十建设公司吴忠宪任丛书主编，2018年8月出版。丛书采用问答的形式对工程建设过程的工序和技术要求进行阐释，图文并茂，充分体现了实用性、准确性和先进性的结合。对于安装工程技能操作人员学习掌握基础理论，增强安全意识、提高操作技能、解决实际问题，全面提高施工安装的水平和工程建设降本增效具有重要作用。整套丛书包括《管工》《金属结构制作工》《电焊工》《钳工》《电气安装工》《仪表安装工》《起重工》《油漆工》《保温工》9个分册，每个分册根据各自工种特点，均包括基础知识、基本技能、质量控制、安全知识4个部分内容，可供初级和中级石油化工安装工程技能操作人员使用。

（装备综合出版分社）

【《化工过程安全管理与技术——预防重特大事故的系统方法》出版发行】 该书基于系统思维，详细阐述了预防火灾、爆炸、有毒物暴露等重特大安全事故的有效途径，旨在帮助读者理解化工过程安全管理内涵及技术要点，并在应用过程中识别大风险、消除大隐患、杜绝大事故。该书介绍了安全管理、HSE管理体系、化工过程安全管理、责任关怀的发展历程，讲解了化工过程安全管理的要素内容和实施要求，阐述了化工工艺安全技术、安全仪表与功能安全、生产过程异常预警与诊断、泄漏检测与管理技术、设备完整性管理技术、验证与模拟、系统化过程风险分析等化工过程安全技术的发展趋势、研究成果及应用案例。该书由中国石化青岛安全工程研究院、化学品登记中心及化学品安全控制国家重点实验室等单位的专家编写。

（装备综合出版分社）

【《危险化学品安全技术大典（第Ⅴ卷）》出版发行】 中国石油化工股份有限公司青岛安全工程研究院、国家安全生产监督管理总局化学品登记中心组织有关专业人员，在广泛搜集目前国内外化学品安全管理和技术最新资料和已出版的类似出版物的基础上，结合国内危险化学品管理的实践经验，联合编写了该书。该书提供了危险化学品的标识、危害信息、危险性类别、燃烧与爆炸危险性、活性反应、禁忌物、毒性、中毒表现、侵入途径、职业接触限值、环境危害、理化特性、主要用途、包装与储运信息、中毒急救措施、灭火方法、泄漏应急处置等信息，分5项20余小项，是危险化学品安全管理和技术人员必须重点掌握的信息。其中，选录的化学品，是中国石油化学工业中生产、流通量大，最常用的化学品；也是列入中国一些重要的危险化学品管理名录、目录或标准，危害性大的化学品。《危险化学品安全技术大典》为“十二五”国家重点出版规划项目。

（装备综合出版分社）

【《元坝超深高含硫生物礁气田高效开发技术与实践》出版发行】 该书以元坝长兴组超深高含硫气田高效、安全开发实践为主要内容，系统分析了元坝气田开发在气藏精细描述、气田高效开发、气田安全开发等领域面临的困难、挑战，应对的思路与具体对策，全面阐述了缓坡—镶边台地边缘生物礁发育模式、优质储层形成机理与分布特征、生物礁储层识别预测与分布规律、气藏特征、开发方案设计与优化、超深长水平段水平井井轨迹实时优化与控制、优快钻井、完井国产化、多级暂堵分流酸压储层改造、改良的湿气加热混输工艺、环境保护与安全控制及元坝管理模式等高含硫气田科技创新与管理创新成果，总结了元坝超深高含硫气田高效、安全开发所形成的理论、关键技术和管理模式。该书承载了元坝气田开发建设的理论创新、技术创新、管理创新成果，是元坝气田开发建设的广大科学工作者、工程技术人员和管理干部集体智慧的结晶，希望能够给予广大读者以分享和启迪。

（勘探开发出版分社）

【《全球构造体系概论》正式出版】 2018年4月1日，《全球构造体系概论》正式出版。该书是以康玉柱院士为首的团队十余年科学研究成果的总结，也是将李四光先生提出的“地质力学理论”推向全球的首部著作。该书论述了地球运动的起源，首次将全球划分出八大构造体系类型，阐明了构造体系演化特征及复合联合关系。上述创新理论认识，不但填补了全球构造体系的空白，更丰富和发展了全球地质科学理论，是对全球地质学研究做出的重大贡献，有着很高的学术价值，产生了良好的社会效益。

（勘探开发出版分社）

【《中国石油化工集团公司年鉴（2018 年卷）》出版发行】《中国石油化工集团公司年鉴（2018 年卷）》（简称年鉴）于 2018 年 10 月出版，为出版的第 24 卷年鉴，共设 28 个栏目，全面、系统地记述了 2017 年中国石化在生产经营、深化改革、科技创新和企业管理等各方面的基本情况和重大事项，图文并茂，直观反映中国石化及其所属企事业单位的新变化、新成果，为各级领导科学决策和科学管理提供依据，为中国石化内部和社会各界人士了解公司提供翔实、可靠、可鉴资料。

〔企业文化与教育出版分社（年鉴出版分社）〕

【《中国油气产业发展分析与展望报告蓝皮书（2017—2018）》出版发行】 该书是全面研究中国油气产业发展现状和趋势展望的分析报告，由中国石油企业协会和对外经济贸易大学一带一路能源贸易与发展研究中心合作完成，相关参编单位有中国石化勘探开发研究院、中国海油经济研究院等。本书是“十三五”国家重点图书出版规划项目。全书共分国际篇、国内篇、合作篇、专题篇、附件 5 个部分。蓝皮书以文字分析为主，辅以必要的图表数据，分析与展望强调逻辑性、高度性、权威性，同时对产业热点问题坦率提出看法和观点，具有较强的可信度和一定的权威性，力求对相关部门和油气企业实际工作起到指导作用，对油气行业理论研究者和实际工作者均具有一定的参考价值。

〔企业文化与教育出版分社（年鉴出版分社）〕

【《中国地热能发展报告 2018》白皮书出版发行】《中国地热能发展报告 2018》由自然资源部中国地质调查局、国家能源局新能源和可再生能源司、中国科学院科技战略咨询研究院及国务院发展研究中心资源与环境政策研究所 4 家单位联合编写，其内容包括世界地热能发展现状、中国地热能发展现状及发展的对策建议，于 2018 年 8 月出版。8 月 25 日，白皮书在“2018 年能源大转型高层论坛”上首次公开发布，旨在总结中国地热能发展现状，明确未来地热能发展思路，阐明地热能发展战略与政策取向，为中国地热能快速发展汇集多方力量，凝聚广泛共识。

〔企业文化与教育出版分社（年鉴出版分社）〕

【《国家安全和保密常识》《职工处分条例》等一批服务集团公司图书出版发行】《国家安全和保密常识》由集团公司办公厅（保密办）组织编写，包含“国家安全常识”和“保密常识”2 个部分，面向中国石化全体员工，从维护国家安全利益、保障企业健康发展的层面，对广大干部员工的保密意识及防范技能提出明确要求，是提升石化员工保密意识、筑牢保密安全防线的重要助力；《不忘初心 牢记使命 永远奋斗 向着世界一流能源化工公司扬帆前进——2018 年形势任务教育读本》由集团公司宣传工作部组织编写，包含中国石化 35 年历史回顾、“两个三年、两个十年”战略部署、2018 年上半年工作回顾及下半年重点工作，该书对中国石化 35 年发展历程进行了回顾总结，立足新起点，对全体员工学习领会新时代、新征程提出了新的要求；《职工处分条例》（大开本、小开本）是为落实全面依法依规治企，规范职工行为和违规违纪违法行为处理，维护国家、企业利益和职工合法权益，根据《中华人民共和国劳动法》《中华人民共和国劳动合同法》《中华人民共和国监察法》《国有企业领导人员廉洁从业若干规定》以及国家有关公职人员政务处分规定等法律法规和有关规定，结合集团公司实际制定。

（总编室）

经济管理类

【《国企改革若干问题研究》与《国企改革探索与实践》系列丛书出版发行】 丛书由国务院国资

委改革办编写，共6卷，包括1本理论卷和5本实践卷。丛书深刻领会习近平新时代中国特色社会主义思想，从“混改”、国有资本布局与结构调整、国有资产管理与监督、党建等9个方面系统梳理相关政策和理论，努力形成具有中国特色的国有企业改革发展理论体系，并从中央企业集团、中央企业子企业、地方国企3个维度全景式展示了十八大以来国企改革取得的伟大成就和鲜活的实践案例。该书为2018年度国家出版基金资助项目。

（经管分社）

【《金融科技：框架与实践》出版发行】 该书系统、全面地阐释金融科技，揭示了社会变革导致的金融模糊，金融科技助力金融供需的均衡，金融科技的规则、逻辑和未来之美、未来之道、未来之魅、未来之巅，揭示了金融科技的局面在变化、逻辑在更新、未来在演进。

（经管分社）

【《经济增长值得期待吗》出版发行】 该书从地球资源的有限性入手，分别从经济增长的内涵和历史及其带来的损失、发达国家的经济微增长、绿色增长、后增长时代的社会模式和新指数等方面来论证不惜一切代价地追求经济增长的合理性问题，对中国提出的绿色发展，生态文明、由高速增长阶段转向高质量发展阶段等新的发展理念有较好的借鉴意义。

（经管分社）

【《总体绩效：资本主义新精神》出版发行】 该书从资本主义福特制向后福特制转化过程中的新变化来研究整体绩效问题，并在此基础上研究了现代资本主义精神，分别从绩效的概念、服务业经济、工作关系的个人化、现代化国家的绩效、绩效与量化问题以及绩效体制的多样化等多个方面进行深入阐述，认为组织和国家与个体一样，都遵照整体绩效原则，而整体绩效则支配着个人行为与结果，并以此来影响和改良生产及其最终成果。该书的思想对收入分配、企业管理、人力资源管理及社会政策评估均具有重要的借鉴意义。

（经管分社）

【《中国城乡发展报告2018——聚焦新时代西部地区易地搬迁精准扶贫》出版发行】 该书运用多学科理论研究和扎实的实地调研，从经济、社会、政治、生态等多个维度分析城乡发展差距的深层次原因，聚焦中国省域城乡发展一体化的整体水平和其中的热点、难点问题，对于推进中国城乡发展一体化具有很高的理论和实践价值。

（经管分社）

【《中国经济增长质量发展报告2018：新时代背景下的中国经济增长质量》出版发行】 该书将主题定为“新时代背景下的中国经济增长质量问题”，重点讨论了新时代背景下高质量发展阶段的转型、增长数量与质量不一致性、要素收入分配、供给侧结构性改革等问题。报告主题前瞻、评述客观、内容丰富、数据翔实，对政府部门、国内外企业、研究机构、社会公众具有重要的决策参考意义和研究借鉴价值。

（经管分社）

【《消费金融年度发展报告2018》出版发行】 该书是由零壹财经和零壹智库共同研究撰写，以2017年中国消费金融的发展为重要时间节点，主要围绕现阶段消费金融市场的发展情况，包括市场演变、创新模式、成熟市场经验、监管动态等方面进行分析，以期能够描述与解释最新的行业状态，并对未来的发展趋势做出研判。

（经管分社）

【《新零售时代丛书》出版发行】 该系列图书重点关注零售行业的大变革及商业机会，帮助企业全面了解新零售（行业概念）、全渠道零售（形态概念）和C2B定制（模式概念）。

（教育教材分社）

【《阿米巴团队激励》出版发行】 该书主要是解决干部和员工驱动力问题，释放组织活力。中国式阿米巴，不但强调建立全员共同的愿景，更强调通过一系列的机制来保证愿景实现的可能。阿米巴团队激励，以短期、长期受益和物质、精神奖励作为激励手段，让员工为自己工作，释放个人愿力，激活组织活力，提高各个职能板块的组织效能。

（教育教材分社）

【《责任时代：变革与创新》出版发行】 该书旨在构建一种将社会责任作为企业和各类组织，包括政府组织可普遍采用的思维方式、决策方式、管理方式和行为方式的系统化实践方法。基于社会责任和可持续发展的辩证统一关系，该书全面论述了通过履行社会责任应对社会挑战、实现可持续创新发展的系统化方法。向企业和各类组织包括政府组织，提供了从宏观到微观、从愿景到使命、从战略到行动，贯通社会责任，实现可持续发展目标的理论原理和实践路径。全书以经济全球化为背景，紧密结合中国现阶段高质量发展实际，回答了通过社会责任推动企业转型、产业升级、创新发展和构建和谐社会的一系列理论和实践方法问题，并提出了相应的解决方案。运用上述系统化方法有助于企业和各类组织与国家战略无缝对接，将相关宏观目标转化为微观具体的行动计划，如两个一百年目标、供应侧结构性改革、精准扶贫、一带一路和2030议程等，为中国和全球实现合作共赢共享做出贡献。

（教育教材分社）

【《留法四十年——为中国留法学人存档》出版发行】 该书主要记录了1978—2018年四十年间，赴法学习、归国发展或旅居海外的中国留法学子的求学、就业与创业故事，旨在为中国留法学人存档，并以此纪念改革开放四十周年。

（教育教材分社）

【《能源供需两侧结构性改革初探》出版发行】 该书全面阐述了能源供需两侧结构性改革的内涵，论证了同时推进能源供需两侧结构性改革的必要性，总结了能源供需两侧存在的八大结构性问题，挖掘了导致能源供需两侧结构性问题的7个深层次原因，并提出解决能源供需两侧结构性问题的改革思路、8项重点举措和5个方面的建议。

（多种经营中心）

【《促进生态文明建设的可再生能源综合政策与协调机制》出版发行】 该书着眼于十八大以来推进生态文明建设的战略要求，按照“五位一体”总体布局，紧抓经济转型、能源保障与生态环境协调发展的突出矛盾。在全方位分析发展可再生能源与建设生态文明的关系基础上，提出了高比例可再生能源推动2025年前实现化石能源消费和碳排放峰值、2035年后全面建成美丽中国、重现碧水蓝天的可行路径。

（多种经营中心）

【《中国可再生能源产业发展报告2018》出版发行】 该书在系统阐述中国2017年风能、太阳能光伏发电、太阳能热发电、太阳能热利用、生物质能、地热能、海洋能和储能发展情况的基础上，对中国可再生能源产业发展形势进行展望。同时，针对可再生能源的热点问题进行分析，提出促进可再生能源发展的政策建议。该书资料准确，数据翔实、形式简洁，有助于读者系统、直观地了解中国可再生能源产业的现状和发展方向，适合所有关心中国可再生能源产业发展的人事阅读。

（多种经营中心）

【《中国力量》出版发行】 该书是中国第一本全景式记录中央企业在过去“极不平凡的五年”中推进供给侧结构改革的纪实报告。以中国冶金科工集团有限公司转换动能、扭亏为盈、在全球钢铁建设竞争过程中展示中国力量的经历，提供中央企业培育具有全球竞争力的世界一流企业的样本。作者深入中央企业内部调研，摸准新时代脉搏，揭示国企运行规律与改革实况，对国有企业结合实际学习领悟党的精神，提供有益的参考。

（多种经营中心）

【《全面深化改革样本——地方改革创新实践案例研究（2017）》出版发行】 该书为中国经济体制改革研究会2017年启动的“地方改革创新实践案例研究”课题项目的研究成果。根据2017年中国全面深化改革的总体推进进程，尤其是地方全面深化改革的任务推进的突破、遇到的困难与存在的问题，选取了河北威县、陕西安康、四川内江、广西百色、山东淄博五地作为2017年地方改革创新实践案例研究项目。5个领域的改革实践代表了2017年中国全面深化改革的重点突破领域，代表了 2017 年中国地方全面深化改革推进历程的阶段特征。

（多种经营中心）

【《猫和银行家——一个投资启蒙的故事》出版发行】 该书是一本关于人们该如何进行第一步投资的书籍，迈出第一步对很多人来说是至关重要的。通过苏格拉底·猫和它的银行顾问盖世猫之间发生的有趣故事，帮助读者理解专业的理财知识。大多数人不愿意花时间去阅读专业的理财书籍。《猫和银行家》则避免了这其中不必要的复杂性，让全书变得简单易懂。该书为读者提供了一个理财的基础框架，在这基础上读者可以自己做出合理的理财决定。

（多种经营中心）

【《性格与投资——构建自我驱动的投资组合》出版发行】 该书作者以 3 个不同的身份——新加坡政府投资公司的长期投资者、对冲基金短期交易员、普通散户投资者，为读者制定了一个实用的投资组合过检流程，适用于大多数散户投资者依照自己独特的投资性格制定投资组合。该书能更好地帮助读者了解那个投资自我，带着这种了解，学会如何构建适合自己性格和风格的传统资产类别投资组合。

（多种经营中心）

【《探路：产业扶贫十八洞村思考》出版发行】 该书以 2017 年中央财经大学组织师生前往十八洞村，从寻找电影《十八洞村》原型起头，对十八洞村的自然、人文环境和精准扶贫过程进行全面的调研为背景，由面到点讲述十八洞村精准扶贫的过程，细数精准扶贫带来的改变与成果，并通过整个十八洞村精准扶贫的案例，对产业精准扶贫提出思考与畅想。

（多种经营中心）

【《乡村振兴战略：重构新农业》出版发行】 该书从农业农村的现状分析入手，提出乡村振兴战略的重构新农业的“产融五阶”体系：数据—标准—交易—产业—金融。结合产融课题组的走访案例，以生动的产地案例和产融案例阐述新农业的实践落地，前瞻性地进行了农业农村思考与实践，对新农业的变迁、农产品交易、农村金融、产业基金以及精准扶贫进行了探讨。该书从产业和金融的角度，紧紧围绕乡村振兴战略的精神，为中国特色的农业产业升级和精准扶贫指出了一条切实可行的重构之路。

（多种经营中心）

【《中国经济贸易年鉴》（2017 卷）出版发行】 该年鉴已连续出版发行 18 卷。2017 卷刊载、评价 2016 年中国经济贸易运行善和主要行业及企业改革与发展，融政策性、实用性、指导性和资料性于一体。对全面、系统地了解和掌握中国经贸改革与发展所取得的成就，研究中国经济运行和重要行业、重点企业的发展变化及其规律，对于指导下一年度的经贸工作，具有较大的参考价值。

（中国经济贸易年鉴社）

【《中国国有资产监督管理委员会年鉴（2016 卷）》出版发行】 该年鉴是一部全面记载中国国有经济运行、国有资产监管体制改革和国有企业改革发展，尤其是中央企业和地方国资监管机构所监管企业总体情况的大型工具书和资料性年刊，是国资委统一对外宣传的重要窗口和交流平台，对于宣传、指导中国国有资产监督管理工作及国有企业尤其是中央企业的工作具有重要参考价值。

（中国经济贸易年鉴社）

【《节能服务产业发展报告（2017）》出版发行】 该书是中国节能协会节能服务产业委员会继“十二五”节能服务产业发展报告之后推出的又一报告。全面回顾了 2017 年中国节能服务产业进展，用翔实的数据和综合的视角对节能服务产业的年度进展进行评述，以期为中国节能工作的政策制定者、积极参加节能服务工作的企业以及节能服务公司提供参考。

（中国经济贸易年鉴社）

【《中国石油流通行业发展蓝皮书（2017—2018）》出版发行】 该书是一部全面分析和研究中国石油流通行业发展现状和趋势展望的蓝皮书，由中国石油流通协会、中国石油大学（北京）工商管理学院和对外经济贸易大学国际经济贸易学院合作共同完成，按年度向全社会公开出版发行。全书分四大部分：宏观环境及对石油流通行业的影响分析、国内外石油市场现状、石油流通行业展望和中国石油流通业现存的主要问题。分析国内外宏观外部环境对石油流通行业发展的影响，从产业整体发展角度重点分析国内外石油流通行业发展现状，从原油市场、天然气市场、成品油市场、炼油业等角度对国内外石油流通行业进行展望预测，同时分析中国石油流通业现存的主要问题。具有较强的可信度、一定的权威性和较好的时效性，对于理论研究者和实际工作者都具有一定的参考价值。

（中国经济贸易年鉴社）

企事业单位

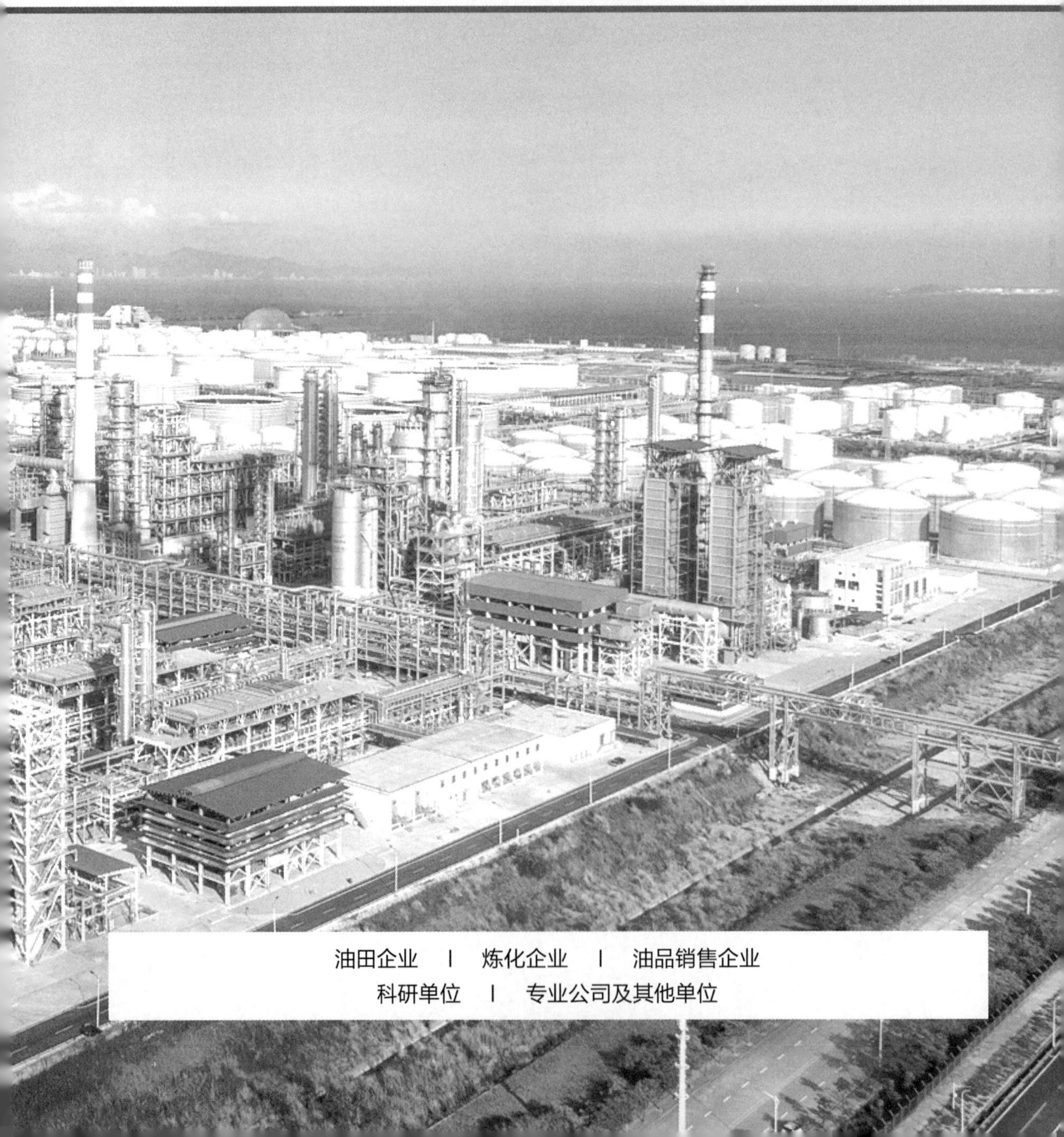

油田企业 | 炼化企业 | 油品销售企业
科研单位 | 专业公司及其他单位

胜利油田

【概况】 胜利油田是中国石化集团胜利石油管理局有限公司（简称胜利石油管理局）和中国石油化工股份有限公司胜利油田分公司（简称胜利油田分公司）的统称，主要以油气生产为主，涵盖油气勘探开发、石油炼制，发（供）电、供水、供热以及矿区服务等业务。工作区域分为东西两部分，东部主要分布在山东省东营、滨州、德州等8个市28个县（区）内以及海上辽东东地区，主体部分位于东营市，包括渤海湾盆地的济阳、昌潍等5个坳陷；西部主要分布在新疆、青海、甘肃、宁夏4个省（自治区），涉及准噶尔、吐哈等6个盆地。胜利油田本部位于东营市济南路125号。

胜利油田是在20世纪50年代华北地区地质普查和石油勘探的基础上发现并发展起来的。1961年4月，位于东营构造上的华8井首获工业油流，标志着胜利油田的发现。1964年1月，中共中央批准组织华北石油勘探会战，胜利油田勘探会战和开发建设拉开序幕。1972年8月，改称胜利油田会战指挥部。1989年8月，更名为胜利石油管理局。1998年6月，国家进行石油石化大重组，胜利石油管理局由中国石油天然气总公司划转给集团公司管理，更名为中国石化集团胜利石油管理局。2000年5月，胜利油田油气主业部分重组改制为中国石化胜利油田有限公司，2006年1月，变更为胜利油田分公司。2013年，将管理局的物探、钻井、测井、录井及地面工程建设等业务，整合到中石化石油工程技术服务有限公司。2017年，对胜利石油管理局进行公司制改制，成立胜利石油管理局有限公司。

截至2018年底，胜利油田有二级单位62个、三级单位756个。其中，胜利石油管理局有二级单位28个、三级单位305个，胜利油田分公司有二级单位34个、三级单位451个。用工总量11.33万人，其中合同制员工10.22万人。拥有高级技术职称（含正高级）的1.55万人、中级技术职称的1.35万人。

胜利油田有探矿权区块32个，面积8.99万平方千米；采矿权区块71个，面积6 501.82平方千米。发现油气田81个，累计探明石油地质储量54.82亿吨；投入开发油气田74个，累计生产原油11.99亿吨，井口累计生产天然气582.34亿立方米。

胜利油田主要技术经济指标和主要生产建设指标分别见表1和表2。

（兰　峰　刘云鹏）

【高效勘探】 2018年，胜利油田突出商业发现，加强基础研究，深化剩余资源、成藏规律再认识，提高部署质量，精细施工管理，探井成功率提高3.10个百分点，取得3个油气新发现、4个商业发现的勘探成果，新增控制储量在油价60—70美元/桶条件下可全部开发动用。年内新增控制石油地质储量7 118.71万吨，预测石油地质储量9 339.60万吨。胜利油田东部探区济阳古生界和东营南坡沙四下—孔店组取得新发现，展示东部老区较大的增储潜力。东营北带砂砾岩体、埕岛周围馆陶、东营组和惠民凹陷沙河街组发现规模储量阵地。胜利东部探区新增控制储量6 086.12万吨、预测储量5 274.76万吨。胜利油田西部探区发现新的增储层系—准西白垩系，规模储量阵地车排子沙湾组，新增控制储量1 032.59万吨、预测储量4 064.84万吨，进一步夯实西部资源阵地。

（侯　飞）

【济阳古生界取得油气新发现】 2018年，胜利油田对潜山资源潜力、构造、储层以及油气成藏规律进行再认识，在埕岛地区和大王庄地区等多个潜山带获得新进展，新增控制石油地质储量826万吨、预测石油地质储量1 013万吨。下古生界，重新认识“挤—拉—滑—剥”成山成藏机理，部署钻探桩古斜473井、埕北古斜14井获高产，新增有利勘探面积1 000平方千米。上古生界，重新认识“储层”分布规律，在大王庄地区部署钻探的大古斜678井、大古斜679井和大古679-斜1井获成功，新增控制储量594万吨，展示济阳坳陷上古生界1万平方千米的勘探潜力。

（侯　飞）

【东营北带砂砾岩体取得商业发现】 2018 年，胜利油田在“源—输—汇”精细地质建模思路指导下，精细地层划分与对比，加强砂砾岩有利储层预测，部署的永斜 560 井等 7 口探井均获成功。新增控制储量 1 296.11 万吨，使东营北带自东向西近 30 千米内的 7 个油田呈现含油连片态势。

（侯 飞）

【效益开发】 2018 年，胜利油田开发工作以增加经济可采储量为核心，坚持算清效益账、多干效益活、多产效益油，强化油藏经营管理，推进高效产能建设，精细老区开发调整，全力提产能、控递减、降成本，油田可持续发展基础得到改善。年内生产原油 2 341 万吨、天然气 4.80 亿立方米，新增 SEC 经济可采储量 3 178 万吨，储量替代率 138%。产能建设质量持续提升，加强产能建设方案一体化审查优化，下放常规方案和零散、更新、侧钻井审批权限，加快油藏评价和滚动建产，加大难动用储量开发力度，推进老区精细油藏描述和高效完善调整，扩大效益建产规模，年新建（增）产能 151 万吨、增加 40.50 万吨，是低油价以来最高的一年。老区开发管理精细有效，完善稳产投入长效机制，严控低效无效工作量，治理双低单元 20 个、提高采油速度 0.23 个百分点，扶停油水井 1 683 口、产油 34.30 万吨、恢复可采储量 638 万吨。加强水驱油藏水质管理、细分注水和注采调配，加强稠油热效管理，持续扩大化学驱规模，开发技术指标进一步改善，稀油自然递减率 8.60%。

（姬 光）

【合作开发盘活难动用储量资源】 2018 年，针对剩余未动用储量油藏品位低、单井产能低、开发成本高，在常规思路和技术条件下难以实现经济有效开发的实际，胜利油田与胜利石油工程公司合作，按照风险共担、合作共赢原则，联合开展技术攻关，提高单井产能、降低工程造价，盘活难动用储量资源。在油价 60 美元 / 桶条件下，年内盘活难动用储量 6 300 万吨，当年动用储量 3 380 万吨，建成产能 38 万吨、增加 10.80 万吨，有力支撑了油田效益稳产。

（姬 光）

青东五海油陆采平台

【经营业务实现整体盈利】 2018 年，胜利油田科学编制经营业务发展规划，分类制订实施提质增效专项方案，发（供）电业务一体化统筹运行，多发效益电、拓展大用户直购，供电煤耗、综合网损分别下降 0.94%、0.20%。热力、供水、物业服务等业务，探索形成政府搭建运营平台，油田输出管理、技术和劳务的运营新模式，运行质量、技术水平、服务标准持续提升，供暖室温达标率保持在 98.90% 以上，供水产销差率降低 0.61%，物业服务满意率稳中有升。运输、胜大、新能源、海检等业务，聚焦规模效益发展，优化产业结构，培育核心品牌，拓展外部市场，社会化创效能力不断增强。

（兰 峰）

【QHSSE 管理】 2018 年，胜利油田安全环保形势保持稳定，增设公用工程、炼化、危化品运输 3 个专业委员会，全面推进管理、监督、督察、考核四大体系向基层延伸，构建起覆盖各专业业务、简洁高效的 QHSSE 分级管理体系和工作机制。抓实风险分级管控和隐患排查治理双重预防机制建设，开展罐区、气井及城区管线等 8 个专项隐患治理，油田本质化安全水平进一步提升。大力实施绿色企业行动计划，有序推进自然保护区生产设施退出，年内关停封井 108 口，实施“能效倍增”项目 51 个、年节能 4.10 万吨标煤，能耗总量持续降低。全面落实职业病分级管控、员工健康查体，改善特别岗位工作环境。质量进步、标准提升全面推进，完善质量风险管控体系，加强油气勘探开发全过程、技术服务各专业质量管控，组织开展 10 项专项质量提升活动，编制 6 类重大质量风险应急预案，分专业建立绿色制造标准体系，制订实施 137 项标准提升计划，外输原油、天然气合格率达 100%，标准化采购覆盖率达 96%。

（兰　峰）

2018 年 10 月 13 日，东营胜利海上油地联合应急演练（朱克民　摄）

【改革获得新进展】 2018 年，胜利油田实施流程再造、组织重构、资源优化，全力推进现代化企业管理体系和运营机制建设。持续深化油公司体制机制建设，聚焦油藏经营价值最大化，变革传统管理模式、组织结构和生产方式，胜利油田分公司、开发单位、管理区职能更加清晰，油田机关职能优化调整到位，年内累计建成 84 个新型采油管理区，初步构建起以油藏经营管理为核心的组织体系和运营机制。全面推进专业化发展、市场化运营，年内完成技术检测、油藏动态监测、注汽技术服务、地面工程维修、油区护卫、应急救援、房产管理维修、宣传文化、培训、老年服务管理 10 项业务专业化整合，油田 15 项业务（含生产用车、电力管理、天然气、井下作业、物

2018 年 4 月 24 日，胜利油田召开新型采油管理区建设暨主题活动推进会（朱克民　摄）

业服务）专业化重组全面完成，配套完善定额价格、合同管理、市场争议仲裁等市场化运行机制，初步构建支撑主业发展、保障生产生活、服务社会创效、打造胜利品牌的专业化发展新格局。

（于福寅）

【办社会职能分离移交实现新突破】 2018 年，胜利油田坚持政策导向、分类实施，采取先移交、后改造的方式，全力推动办社会职能纳入政府管理大体系、融入社会发展大环境。全面完成家属区“四供一业”69 个项目分离移交，稳步推进业务接续、维修改造等后续工作，基本完成学前教育、医疗卫生 28 个项目，全面完成市政、社区管理、公共消防等 53 个项目协议签订、职能移交，社会保险移交取得实质性进展，职工医疗、生育保险移交山东省本级统筹，职工工伤保险和居民养老、居民医疗保险移交东营市管理，整体移交工作得到国务院国资委和集团公司肯定。

（刘云鹏）

【科技创新】 2018 年，胜利油田发挥科技创新第一动力作用，注重科技成果转化为生产力。优化勘探开发组织运行和科技攻关方式，成立 8 个勘探攻关项目组和 7 个开发工程项目组，推进技术攻关、成果转化、项目考核。渤海湾盆地精细勘探、特高含水期提高采收率等国家重大专项研究持续深化，单点高密度地震、二氧化碳混相驱等关键技术攻关取得新进展，精细分注、测调一体化等成熟技术应用成效明显。建强油田基础设施云服务平台，持续加快大数据、“互联网 +”应用，勘探开发业务协同平台（EPBP）全面上线启动，深化应用创新创效行动计划稳步推进，东部陆上管理区实现生产信息化全覆盖。稳步实施风险识别、隐患排查、智能化安全管理技术研究，硫化氢防控、海上平台监测、固废治理等技术攻关成效明显，碳纤维连续抽油杆、地热等新技术应用规模不断扩大。年内，胜利油田实施各类项目 369 项。其中，国家项目 8 项、中国石化项目 121 项，获省部级奖励 16 项。“春风油田浅薄层超稠油百万吨产能高速高效开发关键技术”获中国石化科技进步特等奖，“陆相断陷盆地非常规油赋存富集机制与勘探实践”获国土资源科学技术奖

二等奖。完成专利申请629件，其中发明专利349件；获专利授权数量533件，其中发明专利178件。“一种耐高温清洁乳液或微乳液压裂液及其制备方法”分别获第20届中国专利银奖、山东省专利一等奖。

（邹　斌）

【管理创新】 2018年，胜利油田提升资源资产运行效能，发挥人员、资产、外委业务三大平台作用，优化盘活用工存量，严控增量资产投入，增加“自营、自修”工作量，减少业务外委，内部岗位优化1.42万人、外闯市场1.39万人、员工自愿退下来1.01万人；调剂盘活资产4 556项、节约投资1.84亿元，降低外委费用1.33亿元；外部市场签订合同额11.10亿元、现金回收额8.90亿元。深化实施绩效考核，推动“1+2+2”绩效考核体系全面向基层贯穿延伸、落实落地。加强经营风险有效管控，规范落实党委常委会议事决策规则、“三重一大”决策制度，加强重大事项法律论证和审核把关。加大审计、专项治理、内控、财务稽核、法律合同“五位一体”监督力度，从严落实问题整改问责。优化油田“三基”工作管理职能，制定各专业安全“三基”工作实施细则，实施“看板”管理，强化“三标”建设，有序开展停工停产集中培训，不断夯实基层基础。

（杨荣才）

【技能人才队伍质量持续提升】 2018年，胜利油田开展技能培训项目600余期，培训3.20万人次。举办第2届青年技能人才高级培训班，抓好转岗培训督导审核，持续提升转岗培训质量。下移技能培训重心，加强基层岗位培训和基本功训练，促进一线员工基本素质不断提升。油气井下作业系统率先开展停工停产集中培训。设计开发并承办集团公司优秀青年技能人才综合素质提升培训班。完善技能人才成长通道建设，拓宽高技能岗位设置领域，5人被新聘为集团公司技能大师。推进“大工种、大岗位”管理模式，完成采油工（信息化）和集输工（信息化）2个工种《职业技能等级标准》审核发布以及职业技能等级鉴定试题库开发。开展技能人才职业技能评价，实施采油工等132个工种初中高级工、技师和高级技师技能评价鉴定，4 645人晋升一个等级，高级工及以上人员占技能人才队伍的49.40%。组队参加集团公司井下作业工业务竞赛，获个人2金、2银、2铜和团体第1名，被授予集团公司竞赛优秀组织单位。组队代表中国石化参加2018年中国技能大赛暨第8届中国海洋石油集团有限公司职业技能竞赛，获采油工（海洋油气开采）个人1银、3铜和团体铜奖。2018年，胜利油田技能人才1人享受国务院政府特殊津贴，2人被评为中央企业技术能手，21人被评为集团公司技术能手，2人被评为山东省突出贡献技师。

（薛　媛）

【和谐稳定发展】 2018年，胜利油田多方筹措资金，加大基层投入，员工工作环境进一步改善。推进10家区域职工服务中心建设，发挥“胜利职工e家”网络平台作用，有效落实互助保障、法律咨询、就医绿色通道等普惠服务，山东省内异地就医住院实现联网结算。开展职工住房不动产登记，实行公积金通提通贷业务，配套实施激励性年金，持续调动干部员工争先创优积极性。推进“走基层、访万家”长效机制建设，帮扶救助困难群众4.70万人次，发放慰问金和慰问品4 199万元、救助金2 843万元。深化民主管理和群众监督，推动基层厂务公开制度化、标准化，广泛开展劳动竞赛、青工创效、QC小组等群众性活动，工会、共青团、统战桥梁纽带作用充分发挥。加强法律宣传、增强法治意识，从严落实信访稳定责任，强化舆情管控，加强保密管理，深入开展油区严打整治，完成全国“两会”、上合组织青岛峰会期间安保维稳任务，涉油案件下降16.30%，155个油田小区实现零发案，油田大局保持和谐稳定。

（宋占魁）

孤岛采油厂获全国五一劳动奖状

【政治优势发挥展现新作为】 2018年，胜利油田坚持直入核心、融入中心、深入人心，不断提高党的建设质量，全面加强思想文化引领，把国企政治优势转化为发展优势和企业核心竞争力。全面从严治党向纵深发展，把党的政治建设摆在首位，坚决以习近平新时代中国特色社会主义思想武装头脑、指导实践、推动工作，推进“两学一做”学习教育常态化制度化。强化干部人才队伍建设，突出政治坚强、本领高强、意志顽强，围绕改革发展中心工作配班子、选干部，实施“四个单列”加强年轻干部培养选拔，持续激发干部人才队伍活力。抓紧抓实党风廉洁建设，层层压实“两个责任”，严肃党内政治生活，优化完善“大监督”格局，持续强化党委巡察，深化运用监督执纪“四种形态”，持之以恒反“四风”、正作风。构建齐抓共管的党建责任体系，实施“三点”示范工程，推开“3+X”支部主题党日活动，有效发挥基层党支部战斗堡垒作用。中央企业基层党建座谈会在油田举办，油田党建工作得到国务院国资委党委高度评价。提升思想文化引领力，强化意识形态工作，认真落实集团公司党组“转观念、勇担当、创效益”专题讨论部署，深入开展“三转三创”主题活动，成立以油田领导为团长、党群处室长和党校教授专家为骨干的百人宣讲团，加强形势任务教育和观念引导，召开“不忘初心、牢记使命，从华八井再出发”座谈会，组织“胜利初心”故事汇基层巡讲，开展“全家福”文化行动，大力弘扬社会主义核心价值观，王为民被评为改革开放40周年感动山东人物，王友忠获感动石化人物称号。

（谢　俊）

胜利采油厂注采201站获国务院国资委中央企业基层示范党支部称号，集团公司董事长、党组书记戴厚良为注采201站授牌（李　军　摄）

表1　胜利油田主要技术经济指标①　亿元

指标名称＼年份	2018	2017	2016	2015	2014	2013
工业总产值	786.92	688.53	605.16	758.51	1 223.81	1 261.68
工业增加值	537.15	380.60	237.30	428.37	991.55	1 040.44
资产总计	1 234.83	1 414.71	1 660.67	1 766.07	1 795.40	1 784.91
流动资产	151.75	162.01	160.25	103.36	95.09	169.68
固定资产原值	3 822.30	3 801.52	3 705.45	3 631.62	3 464.62	3 214.96
固定资产净值	991.64	1 153.24	1 444.09	1 558.06	1 566.41	1 513.77
销售收入	888.50	797.27	591.19	784.92	1 195.85	1 401.56
实现利税	84.40	−123.49	−139.14	33.55	604.52	684.32
税金（费）	191.61	151.33	112.84	141.67	431.30	464.57
综合能耗②/吨标煤·万元$^{-1}$						
胜利石油管理局	3.649	3.758	3.763	3.91	3.91	3.97

续表

指标名称 \ 年份	2018	2017	2016	2015	2014	2013
胜利油田分公司	0.308	0.308	0.313	0.31	0.34	0.32

① 2013 年起，因统计口径变化重新调整（扣除石油工程部分）
② 2016 年起，综合能耗指标按行业惯例，保留小数点后 3 位

表 2　　胜利油田主要生产建设指标①

指标名称 \ 年份	2018	2017	2016	2015	2014	2013①
原油产量 / 万吨	2 341.00	2 341.61	2 390.19	2 710.03	2 787.14	2 776.24
天然气产量 / 亿立方米	4.80	4.07	4.04	4.57	5.00	5.00
新增原油生产能力 / 万吨	144.30	115.60	68.43	145.70	253.20	298.30
新增天然气生产能力 / 亿立方米	0.49	0.68	0.31	0.43	0.52	0.95
新增探明石油地质储量 / 万吨	2 502.61	3 458.90	2 989.19	1 090.72	2 012.24	3 091.41
新增探明天然气地质储量 / 亿立方米	7.52	11.95	6.94	4.25	—	12.53
二维地震 / 千米	819.00	431.00	888.32	1 015.77	650.19	1 273.00
三维地震 / 平方千米	1 066.00	1 375.00	964.49	1 016.00	1 142.00	1 348.00
石油钻井 / 口	1 318	1 043	676	1 149	2 268	2 602
钻井进尺 / 万米	300.39	240.62	157.30	256.80	500.33	590.00
勘探投资 / 亿元	37.83	37.47	32.37	33.42	36.12	45.75
开发投资 / 亿元	101.94	74.42	44.99	96.42	194.45	240.57

① 2013 年起，新增探明石油地质储量数据因统计口径变化重新调整；2013 年起，二维地震、三维地震、石油钻井、钻井进尺等数据由施工口径调整为胜利油田分公司投资口径

中原油田

【概况】 中原油田是中国石化集团中原石油勘探局有限公司（简称中原石油勘探局）和中国石油化工股份有限公司中原油田分公司（简称中原油田分公司）的统称，实行一体化管理。主要从事石油天然气勘探开发、工程技术服务、油气销售、矿区管理等业务，主要勘探开发区域包括东濮凹陷、川东北普光气田和内蒙古探区。

1975 年发现中原油田，1979 年投入开发。1982 年 3 月，成立中原石油勘探局。2000 年 1 月，重组为上市和非上市两部分，上市部分称为中原油田分公司，非上市部分称为中原石油勘探局。2012—2013 年，完成石油工程专业化重组暨社区管理体制调整。2017 年 11 月，中原石油勘探局进行公司制改制，更名为中原石油勘探局有限公司。截至 2018 年底，中原油田资产总额 310.33 亿元，负债总额 178.15 亿元。设置机关职能处部室 25 个、所属单位 49 个，用工总量 4.42 万人。其中，分公司设置机关职能处部室 22 个、所属单

位 25 个，用工总量 3.13 万人；勘探局设置机关职能处部室 3 个、所属单位 24 个，用工总量 1.29 万人。

2018 年，中原油田拥有油气资源探矿权、采矿权 43 个，面积 3.40 万平方千米。其中，探矿权 21 个，面积 3.25 万平方千米；采矿权 22 个，面积 1 539.71 平方千米。完成投资 24.73 亿元；上报控制石油地质储量 1 199.65 万吨、溶解气地质储量 19.82 亿立方米；生产原油 126 万吨、天然气 65.62 亿立方米、硫黄 177.34 万吨。外部市场拓展至四川、广西、天津等 19 个地区和沙特、伊拉克、土耳其等 11 个国家，外部市场用工 8 923 人，签订合同金额 19.69 亿元、创收 15.96 亿元。获省部级及以上科技进步奖 8 项，申请专利 141 件，获授权专利 117 件。在集团公司业务竞赛中，获 7 金、9 银、4 铜，安全管理、采油气、青工油气藏开发动态分析 3 项业务均获团体第 1 名。

中原油田主要技术经济指标和主要生产建设指标分别见表 1 和表 2。

（陶　岚　李宁侠）

【绿色企业创建工作】 2018 年 4 月 2 日，中国石化正式启动“绿色企业行动计划”，中原油田成为首批 10 家绿色企业创建试点单位之一。中原油田以创建绿色油田为目标，优化生产结构，增强清洁能源保障能力，推行清洁生产，加强风险管控，推进“六大”绿色计划实施，构建绿色低碳长效机制，探索适合油田特点的绿色企业创建模式。加快清洁能源产能建设，天然气稳步上产，全年生产天然气 65.62 亿立方米、增加 5.85 亿立方米，回收硫黄 177.34 万吨，取得资源综合利用产品增值税退税 7 200 万元。印发《中原油田绿色企业行动实施方案》《绿色采购管理细则》《节能准入实施细则》，细化措施，严格审核供应商资格和耗能设备采购准入；完善《建设项目环境保护管理办法》《废水污染防治管理办法》等制度 12 项，实现环保管理规范化、科学化。编制《中原油田分公司 2018—2020 三年滚动计划》。开展勘探开发矿权区块生态红线区域、条规识别评估工作，环评执行率 100%。建成地热余热供暖项目 4 个，供暖面积 104 万平方米，每年节约标准煤 7 934 吨；建成光伏发电项目 2 个，年发电量 460 万千瓦・时，节约标准煤 1 667 吨，减少碳排放 4 407 吨。开展绿色低碳合理化建议征集、项目申报等活动，征集绿色低碳合理化建议 332 条、绿色企业治理项目 120 项，分别评出优秀合理化建议 80 条、项目 40 项。开展环境污染防治攻坚，污染物排放总量同比下降，缴纳环保税 968.16 万元，累计取得环保税减免 318.53 万元；利用国家电力体制改革政策，直购电量 7.38 亿千瓦・时，节约电费 3 600 万元。12 月 13—14 日，中原油田通过中国石化绿色企业创建审核组现场验收，并获中国石化绿色企业称号。

（陶　岚）

2018 年 5 月 23 日，中原油田濮东采油厂员工在庆 25-20 井进行抽油机防腐作业后回收现场固废垃圾圾（赵奕松）

【东濮凹陷精细勘探取得成效】 2018 年，中原油田在东濮新领域勘探研究取得新进展。东濮凹陷开展富油气区评价，卫 455 井获工业油气流，西南洼陷带赵庄新增天然气探明地质储量 1.8 万立方米、凝析油 1.99 万吨。优选濮卫富油气洼陷运聚单元探索致密油气，濮 76 老井侧钻，在 3 745.80—3 783.60 米井段共解释油层 32.60 米 /5 层，试油获日生产天然气 2 万立方米、原油 10.40 吨的工业油气流。对西南洼陷带长垣断层下降盘的方里集断鼻构造进行评价，新增方 2 块沙三上^{8}探明含气面积 0.13 平方千米、方 3 侧块沙二下$^{6-7}$探明含气面积 0.77 平方千米，探明天然气地质储量 1.80 亿立方米、凝析油 1.99 万吨。

（李宁侠）

【东濮老区开发形势好转】 2018 年，中原油田坚持老油田低成本开发战略，超额完成生产任务，石油 SEC 储量替代率达 127.60%，自然递减减缓

5.44 个百分点，创历史最好水平。精细评价东濮老区富油构造周边有利目标 24 个，实施滚动勘探井、油藏评价井 10 口，新增商业储量 109 万吨。投产新钻井、侧钻井 80 口，新增（恢复）经济可采储量 40 万吨，新建（恢复）产能 8 万吨。综合治理区块 8 个，覆盖地质储量 7 747 万吨，建成文 51 块注水示范区。加强措施挖潜、结构调整，措施有效率提高 3.30 个百分点，压减低无效注水量 66.80 万立方米、产液量 75.5 万吨，降本提效 7 095 万元。中原储气库群建设取得新进展，文 96 储气库平稳运行，文 23 储气库完钻 64 口井；研究设计卫 11、文 13 西、文 24 等储气库，预计总库容量达 128.19 亿立方米，有效工作气量达 55.46 亿立方米。

（李　丽）

【普光气田提产提效】 2018 年，中原油田打造中原普光一流品牌，提高生产能力和经济效益，SEC 储量替代率为正。加大毛坝西块、大湾北部、分水岭和主体南部、飞三段、长兴组工作力度，设计新井 21 口，实施 6 口，投产 1 口，全部完成后预计新增动用储量 553 亿立方米，新建产能 31 亿立方米，动用程度提高 15 个百分点。加强控堵相结合的控水治理，1 亿立方米水侵量稳定在 4.68 万立方米，比高峰时下降 4.21 万立方米。水洗脱氯工程提前完工，原料气氯离子含量大幅低于设计指标，有效降低腐蚀风险。

（李　丽）

2018 年 12 月 9 日，中原油田部署的普光 108-1T 井酸化试气作业现场 （白国强）

【普光气田智能化试点建设获批复】 普光气田是中国发现规模最大的海相整装高含硫气田，气田所产井口气高含剧毒气体硫化氢，具有开发难度大、技术含量高、安全风险大特点。建设初期，普光气田就以“数字气田”为目标，按照无人值守标准进行信息化基础设施建设，建立全覆盖光传输网络、先进的工业自控化控制系统、全方位监测与报警系统、ESD 四级紧急关断系统、基于云存储的视频监控系统、紧急疏散广播系统等一系列数字化生产控制与信息系统，实现气田的安全平稳运行。随着国内外许多领域开始从数字化向智能化迈进，智能化在提升企业经营效益方面发挥重要作用。2018 年 5 月 27 日，普光气田智能化建设总体规划获中国石化总部批准，该项工作对于普光气田打造国内首家整装管理与运营的智能气田有重要意义。截至年底，完成中国石化智能油气田试点建设设计工作。

（张　雨）

【高含硫气田生产运行安全控制关键技术创国际先进水平】 2010 年 1 月—2016 年 12 月，中原油田分公司完成“高含硫气田生产运行安全控制关键技术”项目。该项目针对普光气田生产安全运行开展课题研究，创新形成高含硫气井风险管控与废弃井封井技术、复杂山地酸气集输管道地质灾害风险监控技术、高含硫天然气净化厂安全管控关键技术、超声 +FOFD 识别技术共 4 项核心技术，整体达到国际先进水平。经过技术攻关及现场试验应用，建立高含硫气井、集输站场、集输管道、天然气净化厂安全管理体系，形成 45 项技术规范，为普光气田安全稳定生产提供安全控制技术和管理体系支撑，连续 8 年保持安全平稳运行，为长江中下游提供清洁能源。该成果在元坝气田和天然气净化厂推广应用，经济与社会效益显著。2018 年 3 月，“高含硫气田生产运行安全控制关键技术”项目获集团公司科技进步一等奖。

（李宁侠）

【正式接管四川盆地通南巴区块】 通南巴区块位于四川盆地川北坳陷，面积 1 054.99 平方千米，主体为三维地震覆盖，区块探明天然气地质储量 191.6 亿立方米、控制天然气地质储量 174.5 亿立方米，海相长兴组、飞仙关组、雷口坡组和陆相侏罗系均见气流，初步评价认为海相、陆相均具有较大勘探开发潜力。2018 年，中原油田制发

《中原油田分公司通南巴区块接收工作方案》，成立10个专业工作组，梳理资产、实物、资料等10类交接清单，现场清点探井、生产井、管道等设备、设施和安全环保情况。年内，中原油田分公司与勘探分公司完成马3井井口现场交接，收集生产运行资料8项、气井现场设备及附属物资50项、生产值班及办公用品67项、应急专用设备及物资37项，收集马2井、马2-1H井天然气销售招标公告、招标文件、谈判方案等资料。12月5日，集团公司在成都组织矿权区块流转现场交接，中原油田分公司与西南油气分公司、勘探分公司正式签订通南巴区块交接协议，标志着四川盆地通南巴区块正式移交中原油田经营管理。

（陶　岚）

【拐子胡凹陷基岩潜山油气勘探新发现获中国石化油气勘探重大发现奖】 2018年，中原油田对拐子湖凹陷系统开展野外勘查、三维地震采集和基础地质研究工作，明确银额盆地前中生界及潜山缝洞型储层的特征与分布，优选拐子湖凹陷西部斜坡带反向屋脊断阶亚带，部署实施拐6井。在拐6井钻井过程中前中生界油气显示活跃，气测全烃值99.99%，钻具放空达3.26米。在3 957.74—3 978.55米井段进行裸眼测试，用直径为6毫米油嘴放喷，油压、套压分别稳定在25.80兆帕、26.10兆帕，获日生产原油211立方米、天然气10.70亿立方米的高产油气流。确定拐6井区预测含油面积5.47平方千米，石油地质储量1 063.91万吨，溶解气地质储量69.13亿立方米，实现拐子湖凹陷前中生界基岩潜山油气勘探重大突破。12月10日，中国石化2018年度油气勘探总结会在北京召开，中原油田银额盆地拐子胡凹陷基岩潜山油气勘探新发现获中国石化油气勘探重大发现二等奖。

（陶　岚）

【4英寸套管井精细注采工艺技术】 2015年1月—2017年11月，中原油田分公司完成“4英寸套管井精细注采工艺技术”项目研究。该项目针对中原油田油藏埋藏深、高温、高压、高矿化度、产出水低pH值的特点，开展4个方面攻关：①研发碳纳米管（CNT）补强体系、应用大分子量主体橡胶混炼工艺，创新设计花键式结构中心管，将反洗通道与中心管一体化设计，研制出直径80毫米薄壁高温高强度封隔器，同时研发多级节流阀大通径偏心配水器，实现大压差配水；②研发4英寸套管井封窜无机堵剂体系及深穿透树脂堵剂体系，实现大孔道颗粒相填充和微裂缝无固相填充功能，形成深层低渗油藏4英寸套管井二次固井技术；③研制直径76毫米高强度4英寸套管直连型过桥泵，最大泵挂2 300米，平均泵效由23.40%提升至49.80%；④创新集成4英寸套管井低成本一体化作业技术，平均单井压减作业工序2道，作业时效提高25%，减少作业占产时间2天。该研究成果在油田各采油厂应用，现场实施4英寸套管井精细注采技术1 159井次，累计增加有效注水611.10万立方米，增加水驱动用储量281万吨，水驱动用程度由40%提高至42.80%，累计增产原油22.50万吨，新增产值8.49亿元，新增利润5.08亿元，投入产出比为1∶2.49。2018年3月，“4英寸套管井精细注采工艺技术”获集团公司科技进步二等奖。

（李宁侠）

【中原油田气驱方式适应性研究与提高采收率潜力评价】 2015年1月—2017年12月，中原油田分公司完成“中原油田气驱方式适应性研究与提高采收率潜力评价”研究。该项目针对气驱推广应用过程中面临的气驱油藏适应性及潜力评价等问题开展研究，深化不同类型油藏气驱机理，明确不同类型油藏气驱适应性，创新建立气驱筛选评价体系。首次明确高含水油藏注入二氧化碳能够快速穿透水膜驱替原油，注二氧化碳能驱动纳米级含油孔喉，比水驱增加驱油体积7%以上；首次明确低渗油藏注水后转注二氧化碳注气能力变化主控因素，厘清低渗油藏注水后导致的黏土膨胀、液锁等效应对注气能力的影响机理，量化注水量、储层性质等因素对注气能力的影响程度；深化不同类型油藏二氧化碳驱最小混相压力随开发阶段的变化规律，建立精度较高且考虑多次接触混相的最小混相压力计算新方法；建立气驱适应性评价指标和气驱产量预测模型，形成不同类型油藏气驱筛选评价体系，提出提高气驱经济动用规模的对策。该研究成果指导中原油田

“十三五”“十四五”气驱规划部署和气驱现场实践，明确气驱提高采收率潜力，二氧化碳驱适宜储量 4.90 亿吨，天然气驱适宜储量 3 580 万吨，气驱现场实施区块覆盖地质储量 460 万吨，预计提高采收率 8.30%。2018 年 3 月，“中原油田气驱方式适应性研究与提高采收率潜力评价”获集团公司科技进步二等奖。

（李宁侠）

【一体化纯电动修井机研发与应用填补国内外技术空白】 2016 年 1 月—2017 年 12 月，中原油田分公司完成“一体化纯电动修井机研发与应用”项目。该项目首创研发一体化新能源纯电动修井机，主要由纯电动底盘、作业单元、动力电池单元、传动单元和控制单元等组成，整机采用集成化、模块化、程序化设计，实现底盘行走和修井作业一体化纯电动驱动。整车获国家专利，取得 4 项技术突破：①创新形成适应油田修井作业工况需求的专用电池控制技术及管理系统，实现电池充放电过程的均衡控制和有效保护；②开发高效动力传动分动技术，实现传动结构优化、传递性能合理匹配，提高动力传动分动效率；③开发作业提升控制技术，电机采用“转矩 + 转速”控制模式，利用自主研制的专用齿轮传动箱，实现油管下放过程阻尼辅助制动和势能回收，降低机械刹车失控风险；④开发纯电动修井机行走、作业、远程监控等整机控制技术，提升设备安全运行水平。该研究成果投入现场应用，与传统燃油修井机相比，节能率达 80%，单车平均年节能 21.20 吨标准煤、减少二氧化碳排放 55 吨，通过国家汽车新产品定型鉴定，解决了小容量电源大功率提升需求，具有广阔推广前景。2018 年 3 月，“一体化纯电动修井机研发与应用”获集团公司科技进步二等奖。

（李宁侠）

【国家危险化学品应急救援（实训）濮阳基地联合调试成功】 国家危险化学品应急救援（实训）濮阳基地是由中原油田承建的国家级重点项目，总占地面积 15 万平方米，设有教学生活区和实训区，可开展石化装置火灾、危险化学品仓储事故处置等多项科目训练，具备仿真实训、技术竞赛、骨干救援、对外交流、物资储备功能。该项目于 2017 年 9 月 15 日开工建设，2018 年 8 月 30 日中交。9 月 6 日完成系统联合调试，比赛真火设施及水、电、气、信专业等 20 余项科目达到使用要求。11 月 6 日，全国危险化学品应急救援基地指挥员实训班在濮阳实训基地开班，来自全国各地的 188 名应急救援指挥人员参加培训。

（李宁侠）

2018 年 7 月 31 日，中原油田国家危化品应急救援（实训）濮阳基地建设主体进入联合调试阶段 （马洪山）

【深化改革管理】 2018 年，中原油田压减管理层级，调整管理架构，转变生产经营方式，油公司专业化建设有效推进，单位减少 18%，管理干部压减 7%。整合采油一厂、采油四厂，组建文留采油厂，优化人才、技术、管理资源，为内蒙古探区、通南巴区块增储上产提供支撑。集中专业化业务，剥离各采油厂、天然气产销厂高压电力资产设备，归口供电服务中心；剥离原采油三厂输气业务，归口天然气产销厂，人员、设备实现集中统一管理。优化公共服务业务，组建钻采社区服务中心、基地社区服务中心、房地产管理中心。建立专业化队伍分类量化考评机制，完善高效运行体系，专业化集成管理优势充分发挥。完善“经营绩效 + 风险管控责任”考核体系，做实绩效倍增激励措施，绩效向创效岗位、科研岗位和一线岗位倾斜。实施人才强企工程和青年人才培养“千人计划”，畅通成长通道，开展“双优化、十百千万、提质强基、五大专项人才培养”行动，公开竞聘各类专家 132 人，在站和留用博士后 75 人，评选局级优秀人才 483 人、优秀青年人才 228 人。完善“1+10+X”培训基地网络，加强基本功训练，推进基础工作标准化，创建“三基”示范点21个，1人获全国技术能手称号。

（张　雨）

【完成“四供一业”及其他办社会职能分离移交任务】 2018年，中原油田按照集团公司关于办社会职能移交时间节点要求，与地方政府深度沟通，完成“四供一业”及其他办社会职能分离移交项目82个。其中，除了物业管理业务职能移交在衔接过渡，濮阳市城区污水处理厂、污雨水提升泵站相关设施管护权尚未移交外，其余项目全部完成资产清查审计、实物资产交割、资产无偿划转账务处理以及业务职能移交，接收方已派驻管理人员接管。12月27日，中原油田与濮阳市华龙区、经济技术开发区、濮阳县、清丰县和范县签订《中原油田剥离办社会职能资产、业务及管理权移交协议》，标志着“四供一业”及其他办社会职能分离移交完成。

（张　雨）

【棚改住房安置工作结束】 2015年，中原油田根据国家、河南省棚户区改造相关政策，争取地方政府支持，将油田职工安居动迁工作纳入棚户区改造政策范围，并以需定建，组织开展棚户区改造摸底调查，在此基础上确定改造规模。依据河南省住建厅和濮阳市住房保障部门界定的中原油田棚户区改造范围，油田共获批林海花园（二期）、东城花园、金豫花园、天桥花园4个棚户区改造项目，建住房1.16万套，建筑面积124万平方米。科学制订安置方案，在一线社区逐一考察，设立选房服务大厅。通过网络申报、集中排序、视频选房、全过程直播提高工作效率，并邀请纪检监察部门和职工代表现场监督，确保公平、公正、阳光运作。考虑到职工群众可能存在的购房压力，油田按照国家有关规定，及时调整住房公积金支取政策，简化审批程序，方便职工支取公积金和办理贷款。针对部分剩余房源，油田制订棚户区改造剩余房源安置方案，首次将无房人员纳入安置范围，使国家惠民政策和企业改革发展成果惠及更多的职工群众。截至2018年底，油田棚户区改造住房安置工作历经12个集中选房阶段顺利结束。

（李　丽）

【“中原服务”品牌获2017年中国企业品牌创新成果】“中原服务”是中原油田为实施“走出去”战略，着力打造的市场品牌，主要涵盖水务、电力、燃气、热力、信息通信、物业管理、餐饮酒店、职业卫生、职工培训等业务，相继承揽巴州中建和华电集团供水、中天合创煤化工、天津天保热力等维保服务项目。2018年，在“2017年中国企业品牌创新成果”评选中，全国400余家企业、500余项创新成果参评，经过专家评审，最终61项优秀成果获奖。中原油田是中国石化系统唯一获该荣誉的单位。

（李宁侠）

【获国家级管理创新成果奖】 由中原油田承担的“石油企业以价值最大化为目标的富余资源优化配置管理”项目研究，主要展示油田在低油价、新常态下创新企业管理和优化富余资源配置的方式方法。油田从解决人员、资产、设备与油气产量不匹配的现实问题入手，结合油田油气开发、油气服务、公共服务“三支队伍”现状，科学定编定岗，倒逼显现富余人员和闲置资产，着力消除旧体制对资源资产流动的壁垒限制；通过搭建人力资源、设备资产共享和外委项目公示审查平台，出台配套激励考核政策，打通各生产要素配置路径，实现人员、资产和设备优化配置，提高资源资产使用效率，增强老油田战“寒冬”、求生存、谋发展的能力。2018年3月29日，全国企业管理创新大会发布创新成果，中原油田分公司申报的“石油企业以价值最大化为目标的富余资源优化配置管理”获二等奖。

（张　雨）

【国内外首部《油基钻井液技术》论著出版】 2018年12月，集团公司高级专家王中华独著完成的《油基钻井液技术》由中国石化出版社出版。该著作是国内外首部介绍油基钻井液的技术论著，是作者在广泛查阅国内外相关文献，并结合自己多年从事油基钻井液研究和现场实践应用经验的基础上编写而成，内容以油基钻井液基础知识、取得的配方成果与性能介绍为主，兼顾有关应用技术及实践经验，旨在提高人们对油基钻井液的认识，促进油基钻井液的发展和广泛应用，尤其对低毒或无毒油基钻井液及处理剂的研制开发起到启迪作用，也对从事油田化学品研究的科研人员、工程技术人员及学术人士有很大的借鉴作用。

（李宁侠）

【《断块油气田》首次入编《中文核心期刊要目总览》】《断块油气田》是由集团公司主管、中原石油勘探局有限公司主办、勘探开发研究院承办的中国唯一一份专门研究断块油气田的综合性刊物。1994 年创刊，国内外公开发行。该刊主要介绍断块油气田勘探开发、钻采工艺等方面的新理论、新方法、新技术，旨在提高断块油气田的勘探开发水平，促进石油工业的发展。2018 年，中原油田出版发行《断块油气田》科技期刊 6 期、177 篇，共计 266 万字，翻译英文摘要 44 万字符。9 月，《断块油气田》在保持石油、天然气工业类核心期刊和中文核心期刊"双核心"的基础上，首次入编《中文核心期刊要目总览》。

（李宁侠）

表 1　中原油田主要技术经济指标　亿元

指标名称 \ 年份	2018	2017	2016	2015	2014	2013
企业总产值①	140.06	157.64	124.13	188.72	292.58	303.13
企业增加值①	65.83	68.34	58.33	89.17	137.82	173.03
资产总计	279.24	334.97	370.33	460.55	523.61	543.28
流动资产	39.28	41.98	40.65	54.54	70.87	73.17
固定资产原值	359.36	398.72	396.88	389.42	380.62	368.40
固定资产净值	137.09	170.06	203.53	215.54	228.09	228.09
销售收入	149.84	174.05	154.40	212.64	305.52	323.78
实现利税	9.83	−31.95	−91.44	6.31	93.02	89.62
税　金	20.79	21.59	27.08	49.08	59.31	57.95
综合能耗②/ 吨标煤・万元 $^{-1}$						
中原石油勘探局	2.32	0.53	0.56	5.19	6.00	6.00
中原油田分公司	0.597	0.56	0.48	0.47	0.52	0.53

① 分公司企业总产值 / 增加值即工业总产值 / 增加值
② 2013—2015 年数据为工业综合能耗，2016 年以后为企业综合能耗

表 2　中原油田主要生产建设指标

指标名称 \ 年份	2018	2017	2016	2015	2014	2013
原油产量①/ 万吨	125.34	126.42	146.67	182.64	231.00	243.00
天然气产量 / 亿立方米	65.62	59.76	39.97	58.53	83.05	85.42
新增原油生产能力 / 万吨	7.74	5.71	0.40	1.53	14.80	13.05
新增天然气生产能力 / 亿立方米	1.05	3.97	0.12	0.08	2.54	0.23

续表

指标名称 \ 年份	2018	2017	2016	2015	2014	2013
新增探明石油地质储量 / 万吨	643.07	0	0	0	251.00	285.00
新增探明天然气地质储量 / 亿立方米	10.20	0	0	0	0.31	2.58
二维地震 / 千米	190.00	150.00	0	260.00	325.00	600.00
三维地震 / 平方千米	63.00	25.00	427.00	161.00	192.00	123.00
探井②/ 口	17	17	9	15	23	40
开发井②/ 口	14	13	0	5	30	82
勘探投资 / 亿元	6.82	5.73	3.72	5.17	5.29	6.11
开发投资 / 亿元	11.31	9.04	5.14	4.06	10.10	16.04

① 2015 年以后原油产量不包含中原石油工程公司
② 探井、开发井均为完井口数

河南油田

【概况】 河南油田为中国石化集团河南石油勘探局有限公司（简称河南石油勘探局）和中国石油化工股份有限公司河南油田分公司（简称河南油田分公司）的统称。其前身组建于 1972 年 5 月 1 日。1998 年，河南油田由中国石油天然气总公司划归集团公司。2000 年 1 月，河南石油勘探局和河南油田分公司分设分立。2012 年 9 月—2013 年 9 月，河南油田钻井公司、物探公司、油建公司等 7 个二级单位完成石油工程专业化重组，划归石油工程公司管理。2017 年 9 月，中国石化集团河南石油勘探局改制更名为中国石化集团河南石油勘探局有限公司。

河南油田是以油气生产为主，集油气勘探、开发、精蜡化工、施工作业、辅助生产和社会服务于一体的国有大型 I 类企业；矿权范围地跨河南省南阳、驻马店、洛阳、周口、漯河、许昌，陕西省咸阳、铜川、延安和新疆巴音郭楞蒙古族自治州、伊犁哈萨克自治州等 11 个市（州）。本部设在河南省南阳市宛城区油田五一村，其所属新疆采油厂位于新疆维吾尔自治区巴音郭楞蒙古自治州焉耆回族自治县城。截至 2018 年底，河南油田拥有探矿权区块 5 个、面积 8 116.29 平方千米，采矿权区块 7 个、面积 2 047.04 平方千米。油气资源总量达 21.40 亿吨，已发现 16 个不同类型的油气田，累计探明石油地质储量 3.85 亿吨、天然气地质储量 129.30 亿立方米，已投入开发 16 个油气田，累计生产原油 8 746.15 万吨、天然气 28.52 亿立方米。

河南油田实行勘探局、分公司—二级厂（处）—矿（大队）三级管理体制。截至 2018 年底，河南油田设机关职能处室 20 个，直属二级单位 20 个，其中分公司下属 11 个、勘探局下属 9 个。共有 161 个矿（大队）基层单位。全油田有直属党委 21 个，其中勘探局和分公司单位党委 20 个、移交单位党委 1 个，党总支 51 个，党支部 560 个，党员 1.58 万名。有合同制员工 1.30 万人(分公司 0.90 万人)，其中拥有教授级职称的 67 人、高级职称的 2 041 人、中级职称的 2 590 人、初级职称的 1 405 人；享受政府特殊津贴的 4 人，集团公司突出贡献专家 9 人，获闵恩泽青年科技人才奖的 18 人，学术、技术带头人 10 人。

河南油田主要技术经济指标和主要生产建设指标分别见表 1 和表 2。

（韩　伟　郭运平）

【完成油气生产任务】 2018年，河南油田新建产能11万吨，落实商业开发储量158.30万吨。生产原油136万吨，其中老井自然产量124.04万吨、新井产量4.65万吨、措施增加产量7.31万吨。生产天然气8 415万立方米，其中溶解气2 285万立方米、气层气6 130万立方米。河南油田年末综合含水率92.78%，自然递减率21.15%，稠油热采吞吐油汽比0.18。

（韩 伟）

2018年12月6日，河南油田新疆采油厂春光采油管理区维修班员工在春2-9-8H井井场进行洗井验泵作业
（张秉宇 摄）

【控制储量完成情况】 2018年，河南油田计划新增控制储量1 000万吨，实际完成新增控制储量1 028.91万吨，完成年计划的102.89%。新增储量地区：春光油田春111井井区白垩系油藏，划分为3个计算单元，新增计算含油面积8.60平方千米，控制石油地质储量515.58万吨，技术可采储量77.33万吨；东庄油田南153井、南161井等井区古近系核桃园组油藏，划分为5个计算单元，新增计算含油面积2.46平方千米，控制石油地质储量131.18万吨，技术可采储量13.13万吨；张店油田南159井、张2106井等井区古近系核桃园组油藏，划分为8个计算单元，新增计算含油面积2.28平方千米，控制石油地质储量136.60万吨，技术可采储量17.77万吨；魏岗油田南155井、魏18-1井、魏202-1井井区古近系核桃园组油藏，划分为4个计算单元，新增计算含油面积2.19平方千米，控制石油地质储量245.55万吨，技术可采储量49.11万吨。

（韩 伟）

【能源化工生产情况】 2018年，河南油田能源化工加工原料油21.69万吨，生产特种蜡13.50万吨，销售特种蜡12.76万吨，实现营业收入13.91亿元，盈利503万元。综合商品率98.50%，加工损失率1.10%。炼油能耗47.55千克标油/吨，单位能量因数耗能10.62千克标油/（吨·因数）。开发特种蜡新产品6个：NYTS-01号调和蜡、NYTS-202号树脂蜡、NYTS-203号蜡笔专用蜡、NYTS-205号专用蜡、NYTX-203号橡胶防护蜡、NYTB-208号包裹蜡。特种蜡产品达41个品种、119个牌号。

（郭运平）

【科技创新成果】 2018年，河南油田开展科技项目119项，其中国家级1项、集团公司级24项。完成科技项目64项。“高纯蜡及两种火工用蜡的工程化关键技术开发”“油田智能配电网技术开发与应用”2个项目获集团公司科技进步三等奖，“春光区块油气成藏特征及有利目标评价”“油田井下智能注采工艺配套技术”2个项目获河南省科技进步三等奖；评出河南油田2017年度科技进步获奖项目58项。申请专利92件，获授权专利91件。

（韩 伟）

【安全环保管理】 2018年，河南油田全面落实安全环保主体责任，开展全员安全风险识别评估，确认油田级风险7项，分级建立HSSE风险清单；开展年度环境风险评估，制订重大风险源图301井组管控方案，完成非标罐、管道更换等隐患整改，实现风险降级；开展隐患排查，按基层、二级单位、油田三级建立隐患清单，排查治理隐患1.40万余点（项）。完成集团公司督办的能源公司3项重大安全隐患治理与销号。申报立项集团公司安全隐患治理项目17项。其中，完成“采油一厂锅炉（加热炉）房安全达标整改工程”“采油二厂注汽锅炉腐蚀隐患治理工程”“新疆采油厂消防系统安全隐患治理工程”等安全生产保障基金项目6项，投资1 713万元；完成“采油一厂双河油田江河区集输管线腐蚀治理工程”“采油一厂张店集油站部分储罐隐患治理工程”“采油二厂部分注汽站联锁保护系统安全隐患治理工程”等成本列支项目11项，投资3 629万元。集团公司下达环保隐患治理项目 11 项，投资 8 177 万元，其中完成“采油一厂污泥堆放场地配套改造工程”“75 吨燃煤锅炉超低排放烟气治理工程”“采油二厂燃油锅炉天然气燃料替代工程”等项目 9 项。被评为集团公司环境保护先进单位。

（韩 伟）

2018 年 12 月 26 日，河南油田在采油一厂魏岗采油管理区张 1125 井井场举行井下作业井喷应急演练 （石正文 摄）

【“保效增效”提升经营业绩】 2018 年，河南油田分公司成立 10 个“保效增效”项目组，实现保效增效 6.10 亿元。其中，SEC 储量（现有经济和操作条件下的剩余经济可采储量）工作组优化 SEC 储量评估参数，新增 SEC 储量 203 万吨，替代率达 149%，为油田扭亏脱困奠定坚实基础；油气销售工作组采取春光原油分质分销、天然气推价增销和液化气增产增销等措施，实现增效 9 012 万元；经济技术指标提升工作组采取多种措施，提液单耗降低 0.13，注水单耗下降 0.39，施工一次成功率提高到 97.60%，累计降本 5 112 万元。河南石油勘探局加强生产经营环节成本控制，严控材料费、燃料费、电费和外包支出等费用支出，内部挖潜 1.10 亿元，完成年度目标的 110%。其中，材料费、燃料费分别下降 5%、3%，行政办公 6 项费用降低 4%。

（郭运平）

【节能工程】 2018 年，河南油田加强节能技术推广应用，实施“优化机采系统参数，降低运行成本”“优化高凝油井筒加热及边远零散井管道加热工艺”“精细注水调整，提高有效注水”等节能技术措施项目 34 项。通过管理节能、技术节能、工程节能、结构节能等方法，完成年节能目标。分公司、勘探局万元产值综合能耗分别比考核目标降低 4.40% 和 1.40%，节约标准煤（等价值）1.67 万吨。

（韩 伟）

【南阳凹陷油气勘探成果】 2018 年，河南油田在南阳凹陷地区深化东部构造带油气富集规律研究，部署钻探的南 155 井、魏 202–1 井、南 159 井等井均获工业油流，新增控制储量 382.15 万吨；深化西部构造带油气成藏条件认识，部署钻探的南 156 井、161 井均获工业油流，新增控制储量 131.18 万吨，展示了良好的勘探前景。南阳凹陷勘探发现获股份公司 2018 年度南阳凹陷石油勘探商业发现三等奖。

（韩 伟）

【“六个百口井”治理工程】 2018 年，河南油田成立“六个百口井”专项治理工程领导小组，组织落实计划安排、实施优化方案，确保专项治理工作有效开展并取得显著效果。全年实施治理 1 050 井次，增油 10.20 万吨，降低无效产液 16 万吨，增加注水 57 万立方米，恢复水驱控制储量 265 万吨，恢复经济可采储量 80 万吨。

（韩 伟）

【高密度水泥浆体系研究应用】 2018 年，河南油田对异常高压区调整井采用高密度水泥浆体系固井，确保固井质量。优选水泥浆加重材料（重晶石、铁矿石、铁粉），在 7 口井（魏岗区块 4 口井、张店区块 2 口井、双河区块 1 口井）开展 2—2.50 克 / 厘米^3 高密度水泥浆现场应用，固井质量合格率 100%，一界面优质率提高 20.84%、胶结差降低 17.50%，二界面优质率提高 19.61%、胶结差降低 8.27%。其中，魏 535 井固井施工过程中平均水泥浆密度达 2.50 克 / 厘米^3。

（韩 伟）

【体制机制调整改革】 2018 年，河南油田机关秉持“小机关、大服务”理念，调整计划投资、法律事务、人力资源管理等 8 项职能，中层机构由 53 个压缩至 47 个，减少 6 个，压缩比例 11%。推进专业化重组，重组消防保卫中心、车辆管理中心、社区服务中心，组建资产经营中心，优化了资源配置。推进油公司建设，下发《深化新疆采油厂油公司体制机制建设实施方案》，组建新疆采油厂开发研究所，厂机构设置由22个精简至16个，压缩比例27%；剥离东部采油厂赵凹、古城采油管理区试点操作类业务，提升了油藏经营和技术管理主营业务的经营效率。

（韩　伟）

【企业办社会职能分离移交】 2018年，河南油田通过召开工作例会、发布滞后项目预警等方式，加快推进企业办社会职能分离移交工作。完成河南油田供气、中心区供水、中心区污水处理、双河生活基地供电、南阳社区供暖、魏岗生活区物业市政管理职能等31个移交项目在集团公司的立项工作，并与地方相关部门签订协议。获集团公司分离移交工作先进单位称号。

（韩　伟）

【能源公司转型发展】 2018年，河南油田以实现原油蜡资源充分利用、做大特种蜡市场为发展方向，编制完成《深化细化精蜡化工发展专项规划》《东部原油蜡资源加工方案》和《精蜡化工“两个三年”和“两个十年”战略规划》。在河南省洛阳市召开的中央企业“处僵治困”督导座谈会上，国务院国资委督导组高度评价能源公司扭亏脱困工作，同意将公司处置模式由“关闭撤销”调整为“强化管理、转型发展”，并作为先进典型上报国务院。集团公司注资3亿元，南阳市政府增资303万元，加上自身盈利，公司资产负债率已降至78%，达到合理水平，实现转型发展平稳过渡。

（韩　伟）

【新型采油厂建设】 2018年，河南油田进一步推进油公司体制机制建设，推动油田从“纯油气生产商”向“油气生产商＋油气服务商”转型。对标西北油田、新春油田和渭北油田等油田的组织机构和运行模式，整体划转新疆采油厂采油（气）、注汽（水）、集输、车辆服务等相关业务操作人员537人到采油气工程服务中心，组建专业化服务队伍。新疆采油厂实行“厂—管理区（研究所）”两级管理，定员218人，突出核心业务，实现用工轻量化。新疆采油厂与采油气工程服务中心按照甲、乙方关系，实施专业化管理、市场化运作。

（郭运平）

2018年10月1日，河南油田采油气工程服务中心员工在新疆采油厂12号计量站进行冲砂作业（张秉宇　摄）

【职业技能培训】 2018年，河南油田举办160期各类职业技能培训班，集中培训7 978人次。其中，技师技术创新能力培训96人，“大师讲坛”培训79人，采油测试工高级技师职业资格培训17人，井下作业工培训70人，采油工培训230人，中式烹调师培训101人，电工、锅炉工培训70人，跨专业、多领域复合技能培训1 593人次，特殊作业人员培训5 621人次，班组长培训101人。参加集团公司优秀青年技能人才、主体专业拔尖技能人才能力提升培训12人，班、组长示范培训12人，专兼职教师、现场指导教练综合能力培训和在线培训158人。

（郭运平）

【业务竞赛】 2018年，河南油田开展多种业务竞赛。专业技术人员技术比武设安全管理、人力资源管理、国际项目合同管控等7个专业；技能操作人员技能竞赛设井下作业工、采油工、热注运行工等5个工种。经过层层开展岗位练兵和培训选拔，450名选手参加决赛，69名（技术比武43名、职业技能竞赛26名）选手分获竞赛各专业和工种各项名次，并被授予河南油田技术能手称号；采油一厂、采油二厂、采油气工程服务中心等6个单位获业务竞赛优秀组织奖。优选26名选手参加集团公司举办的采油（气）、油水井动态分析、人力资源管理等5个专业和井下作业工业务竞赛，获人力资源管理专业金牌 2 枚、铜牌 1 枚，井下作业工银牌 1 枚，油水井动态分析专业铜牌 1 枚；人力资源管理专业获油田板块团体第 2 名、团体总决赛铜奖，油水井动态分析和涉外法律专业分获团体第 3 名、第 4 名。李明、刘君、赵云春等 5 人获中国石化技术能手称号，王志富获中国石化青年岗位技术能手称号，河南油田被评为集团公司业务竞赛优秀组织单位。

（郭运平）

【困难群体帮扶救助】 2018 年，河南油田对内开展困难群体帮扶救助活动，继续实施“一助一”扶贫帮困工程，支出帮扶资金 1 572.78 万元。其中，为 137 户特困家庭发放生活补贴 41.87 万元，为 805 名职工家属发放大病救助 486.90 万元，为 22 户困难家庭发放灾难救助金 18.90 万元，为特困（困难）家庭、非在职劳动模范、离岗劳动家属及离退休老同志发放慰问金 1 003.31 万元，为 127 名特困（困难）家庭子女发放助学金 21.80 万元。对外实施精准扶贫工程，捐赠资金 145 万元。其中，为淅川县厚坡镇马王港村捐赠教育扶贫资金 30 万元、农机扶贫资金 95 万元，为社旗县李店镇王庄村文化活动中心捐赠资金 20 万元。

（郭运平）

表 1　　河南油田主要技术经济指标　　亿元

指标名称＼年份	2018		2017		2016		2015		2014		2013	
	勘探局	分公司	勘探局	分公司	勘探局	分公司	勘探局	分公司	勘探局	分公司	勘探局	分公司
工业总产值①	1.76	53.97	1.93	47.28	3.35	45.24	3.89	70.48	2.32	129.39	2.32	136.12
工业增加值	0.38	18.86	1.07	8.43	1.03	0.83	1.25	28.16	1.20	80.86	1.01	86.87
资产总计	23.29	59.04	20.39	84.64	23.24	113.59	23.27	140.23	21.84	162.39	21.19	157.04
流动资产	6.95	6.26	5.02	9.52	5.39	11.41	3.38	12.26	2.44	25.22	2.96	29.64
固定资产原值	18.44	347.20	28.08	342.20	27.15	320.61	26.52	312.83	23.15	299.47	21.28	276.72
固定资产净值	9.95	36.52	13.80	62.16	15.22	95.81	17.16	113.01	14.23	116.98	14.85	241.58
销售收入	13.90	44.19	13.08	47.22	15.54	43.98	17.16	62.74	16.64	111.87	16.47	119.53
实现税费	1.29	7.52	1.21	7.08	1.19	8.38	1.49	12.23	1.36	37.56	1.17	—
综合能耗 / 吨标煤·万元$^{-1}$	0.211	0.689	0.214	0.619	0.316	0.543	0.39	0.55	0.31	0.56	0.30	0.52

① 2013 年数据不包含工程板块拆分重组单位

表 2　　河南油田主要生产建设指标

指标名称＼年份	2018	2017	2016	2015	2014	2013
原油产量 / 万吨	136.01	156.50	169.07	231.00	241.00	235.00
天然气产量 / 亿立方米	0.84	0.80	0.67	0.51	0.51	0.57
新增原油生产能力 / 万吨	10.71	14.52	7.90	11.26	26.75	27.76
新增天然气生产能力 / 亿立方米	0.01	0.01	0.21	0.01	0.29	0.02
新增探明石油地质储量 / 万吨	0	0	77.68	440.10	544.66	101.53

续表

指标名称 \ 年份	2018	2017	2016	2015	2014	2013
新增探明天然气地质储量 / 亿立方米	0	0	—	—	—	—
二维地震 / 千米	—	—	—	—	200.00	400.00
三维地震 / 平方千米	80.00	100.00	137.00	320.00	200.00	220.00
石油钻井 / 口	132	121	76	145	302	323
探　井	39	43	45	62	43	59
开发井	93	78	31	83	259	264
钻井进尺 / 万米	23.39	21.60	13.69	17.10	33.22	49.25
勘探投资① / 亿元	4.01	5.95	4.68	5.78	5.13	6.16
开发投资 / 亿元	5.86	4.63	3.00	5.48	21.30	26.26

① 勘探投资含滚动勘探投资部分

江汉油田

【概况】 江汉油田为中国石化集团江汉石油管理局有限公司（简称江汉石油管理局）和中国石油化工股份有限公司江汉油田分公司（简称江汉油田分公司）的统称，是以油气勘探为主、盐卤化工配套发展的国有大型企业。江汉石油管理局组建于 1972 年 5 月，1998 年划归集团公司。至 2018 年底，下属二级单位 26 个，主要分布在湖北潜江、武汉、荆州，重庆涪陵、万州，山东寿光，陕西安塞等地。主要基层单位有采油队 23 个、采气队 3 个、输油（气）队 11 个、化工车间 26 个。资产总额 317.4 亿元，固定资产原值 654.17 亿元、净值 261.91 亿元，流动资产 15.84 亿元。

2018 年，江汉油田全力抓好勘探开发、市场开拓、创新驱动、改革管理、安全环保、党的建设等工作，各项事业取得新进步。

江汉油田主要经济指标和主要生产建设指标见表 1 和表 2。

（罗秋林　汪发军）

【经营业绩创历史最好水平】 全年生产油气当量 606 万吨；油气业务实现盈利，名列油田板块第二，绩效考核排名第三；盐化工实现盈利；上缴税费 19.08 亿元。

（罗秋林）

【页岩气田实现稳产增效】 统筹推进产能建设，加快钻井、试气、地面建设等节奏，投产集气站 18 座、新井 81 口，日增产 547 万立方米。开展老区立体开发调整评价，12 口井均获工业气流，平均测试产量 15 万米^3/ 日。加强新区资源评价和工艺攻关，明确白马、凤来和焦石坝茅口组 3 个有利目标区，资源量 5 152 亿立方米；深层、常压配套压裂工艺试验取得成功。抓实气井动态调整，优化生产制度，推广应用增压开采、排水采气等增产工艺，月综合递减率由年初的 7.6% 降至 2.9%。气田实现稳产，全年产气 60.2 亿立方米，销售 57.8 亿立方米。

（罗秋林）

【油气勘探取得新成果】 ①精细老区勘探。按照勘探开发一体化、动静态一体化、滚评建整体部署的方针，以成藏组合为单元，深化沉积微相、构造演化与成藏配套研究，精查细找。新增石油控制储量 572 万吨、预测储量 626 万吨。加强页岩油勘探评价和工程工艺技术攻关。二氧化碳干法压裂、砂塞式复合压裂试验取得初步成功，初期日产 14—17 吨；2 口探井见良好油气显示，估算储量规模 4 500 万吨。②天然气勘探多区块、多领域全面铺开。开展目标评价，优选有利目标区，针对纵向上的多套含油气成藏组合，常规与非常规兼探，部署海相震旦—寒武系 2 口风险探井，枫 1 井、张 1 井顺利钻进，涪陵平桥构造、宜昌志留系页岩气探井部署到位，梁平—忠县侏罗系陆相页岩气评价井正在实施。

（罗秋林）

【油气田老区稳油降本成效显现】 聚焦增加 SEC 经济可采储量、降低盈亏平衡点，全力稳产量、降成本，新增石油经济可采储量 185 万吨、天然气经济可采储量 1.2 亿立方米，生产原油 117 万吨、常规天然气 1.2 亿立方米。强化滚动勘探和未动用储量地质工艺一体化评价，落实商业开发储量 171 万吨；加快效益建产，钻采成本得到有效控制，开发成本 17.9 美元 / 桶，新建产能 9.32 万吨、增加 1.7 万吨；强化选井论证，实施油井措施 224 井次、增油 5.96 万吨。推进油藏分类治理，应用流场调整、细分注水、热力引效等技术，覆盖地质储量 2 671 万吨，日增油 109 吨；实施水井专项治理，注采对应率提高 2 个百分点，增加水驱控制储量 328 万吨，自然递减率 13%。优化简化地面管网、站点工艺，狠抓技术节能、管理节能，优化调剂资产设备，做好常规天然气推价，加强现金流管理实现挖潜增效。

（罗秋林）

【盐化工创历史最好业绩】 突出以销定产、以产促销，推动装置提能达产、“安稳长满优”运行，优化产品和市场结构，新开发客户 51 家。推动氯碱销售平衡，氯碱销量 23.32 万吨、增加 0.3 万吨。漂粉精生产 6.25 万吨、增加 0.48 万吨，实现满产满销。强氯精实现销售 1.52 万吨、增加 0.68 万吨。

（罗秋林）

【特色业务持续发展】 健全内部市场化运行机制，出台外闯市场奖励办法，推进专业化、市场化、社会化发展。大力拓市创收，巩固采油管理、LNG 技术服务等老市场，开拓车辆租赁、仓储物流和安保服务等新市场，拓展共享档案、储气库测腔、电力运维、特种设备检测等新业务，输出劳务 620 人。推进农业产业化发展，建成 2 000 亩（133.33 万平方米）虾稻共作示范基地，开展菌菜联作先导试验，加快产品进入终端市场。提升保障服务能力，安全优质供水 1 919 万立方米、供电 10.07 亿千瓦・时，完成采购工作量 23.98 亿元、供应工作量 21.73 亿元，保供成品油 6.9 万吨。

（罗秋林）

【改革调整持续推进】 全面推进“四供一业”及其他办社会职能分离移交，66 个项目全部完成业务、职能和资产移交；油田居民医疗保险纳入地方统筹，实现属地管理。做好供暖、物业服务，推进文明和谐示范小区创建，4A 级以上小区达 22 个、占 44%。稳步实施“三项制度”改革，“三定”方案按计划推进，“三能”机制不断健全；涪陵页岩气公司人力资源管理新模式试点通过集团公司验收，建立新的岗位管理、薪酬分配和绩效考核体系。推进专业化建设，整合采油气工程技术服务同类业务，深化试油作业主辅分离，作业时效提升 5 个百分点。调整矿区业务，按专业化管理组建物业公司、基地服务中心、社区事务管理中心；合并水电分公司和通信分公司；整合钻前、钻后环保治理、市政、消防、园林绿化等工程业务，成立矿区建设分公司。积极争取新的矿权区块，顺利完成彰武油田接收。

（罗秋林）

【科技和信息化工作取得新成绩】 完善科研管理机制，加大激励力度，激发创新创效活力，获省部级科技进步奖 6 项，申请专利 47 件、获授权 34 件，涪陵页岩气院士专家工作站被评为重庆市优秀院士专家工作站，“页岩气勘探开发技术体系”获中国石化十大优秀技术品牌称号。抓好重大项目实施，“涪陵页岩气开发示范工程”等国家科技重大专项、中国石化“十条龙”项目“涪陵页岩气田焦石坝区块稳产技术”取得阶段性成果。加强关键核心技术攻关，3 000 米长水平井钻完井技术、深层压裂工艺攻关获突破，页岩油压裂工艺攻关取得进展，水驱油藏热力解堵引效工艺、采油作业联作一体化技术现场应用效果较好，支撑增产提质降本。2018 年 1 月 8 日，在国家科技奖励大会上，江汉油田分公司参与完成的“涪陵大型海相页岩气田高效勘探开发”项目获国家科技进步一等奖。深化“两化”融合，建成勘探开发综合应用一体化平台，油气井站生产信息化覆盖面达 70%，“两化”融合管理体系通过国家认证。

（罗秋林　刘江伟）

【企业管理持续加强】 始终把从严管理、规范管理、精益管理放在突出位置，以严的要求、细的标准、实的措施强基固本、防控风险。从严从实抓 HSSE 工作，完善 HSSE 管理体系，安全管理水平量化评估体系逐步建立；抓实风险隐患排查治理，加快重大风险降级和隐患销项，集团公司级重大隐患全部完成整改；开展承包商停工反思和专项检查，加大安全督察力度，单个作业现场发现问题数下降 31%；发布绿色企业行动计划和污染防治实施方案，调查污染源，清查危险（固体）废物，加强全过程管控，完成“清废行动 2018”问题整改。推动“三大计划”融合，建立“三个三”全面预算管理体系，优化生产运行机制，加大差异化考核，保障生产经营目标实现。持续加强“三基”工作，推进班站、岗位、现场“三标”建设，严抓“三项纪律”，开展岗位责任制大检查，推动基层管理水平提升。加强全面风险防控，健全完善“三重一大”决策制度，加强对重大决策、制度、合同的法律审核把关，开展经营风险排查，严格内控制度执行，抓实审计监督、组织监督、专项治理等，确保决策合法、程序合规、风险可控。

（罗秋林）

【党的建设更加坚强有力】 坚持以政治建设为统领，坚定不移全面从严治党，不断提高党建工作质量，推动政治优势转化为发展优势。学习宣贯习近平新时代中国特色社会主义思想和党的十九大精神，干部员工理想信念更加坚定，推动全面可持续发展的信心和决心进一步增强。发挥把方向管大局保落实作用，源头参与重大问题决策，前置审议重大事项 42 项；强化责任落实，把生产经营、安全环保等纳入党建考核，促进党建工作与中心工作深度融合。推进“五抓五提升”，大力提升基层组织力，开展“双示范”创建，加强“三基本”建设，推行党支部委员述职，基层党建工作得到夯实。“十百千”人才强企工程行动方案获总部批复，分批启动专家后备人才库建设和油田级专家选聘；坚持正确选人用人导向，提拔调整中层领导 106 人，其中新提拔 38 人、40 岁以下占 25.8%，年龄结构不断优化。深化“正风肃纪年”活动，集中整治形式主义、官僚主义，健全大监督格局，开展党委巡察，从严惩处违纪违规行为，信访举报量大幅下降。践行“马上就办”，深化机关服务基层，推进转作风、强能力、提效率。强化意识形态工作，持续开展“转勇创”专题讨论，组织改革开放 40 周年、“大国顶梁柱”主题宣讲，深化“油田是我家”活动和“当好主力军、奉献在岗位、建功十三五”劳动竞赛，评选“江汉工匠”，唱响了主旋律、凝聚了正能量。江汉油田管理局有限公司第一次团代会圆满召开。积极履行社会责任，做好对口支援三峡库区建设、精准扶贫湖北潜江雷场村、帮扶西藏班戈贫困学子等工作，参与山东寿光抗洪救灾，援助资金 250 万元。坚持“真困难、真帮助”，走访慰问员工群众 5.32 万人次。落实维稳责任，深化企地区域维稳协调化解矛盾纠纷，实现社会治安状况全面稳定。

（罗秋林）

表 1　江汉油田主要经济指标　亿元

指标名称＼年份	2018	2017	2016	2015	2014	2013
工业总产值	123.13	110.90	97.28	89.81	99.14	84.62
工业增加值	96.57	83.72	92.29	53.74	72.44	53.82

续表

指标名称＼年份	2018	2017	2016	2015	2014	2013
资产总计	317.40	337.14	382.23	360.40	266.67	208.85
流动资产	15.84	18.36	28.61	17.87	12.66	24.38
固定资产原值	654.17	613.79	568.95	505.77	396.81	313.25
固定资产净值	261.91	250.43	290.40	271.81	209.91	156.20
销售收入	161.89	137.56	126.48	114.78	138.38	125.85
实现利税	20.41	8.94	35.91	−9.44	−3.38	8.41
税　金	11.87	11.10	39.35	3.62	14.92	20.28

表 2　　江汉油田主要生产建设指标

指标名称＼年份	2018	2017	2016	2015	2014	2013
原油产量 / 万吨	117.00	119.18	126.34	151.50	164.53	164.92
天然气产量 / 亿立方米	61.41	61.34	51.72	33.07	12.31	3.14
新增原油生产能力 / 万吨	9.81	7.09	4.79	6.70	17.60	16.07
新增天然气生产能力 / 亿立方米	5.13	23.50	20.17	25.00	20.30	5.00
新增探明石油地质储量 / 万吨	0	0	0	46.71	69.11	305.99
新增探明天然气地质储量 / 亿立方米	0	0	0	3 805.98	0	0
二维地震 / 千米	354.00	550.00	180.00	680.00	636.83	2 059.50
三维地震 / 平方千米	187.74	200.00	638.48	1 354.76	303.60	1 220.27
石油钻井 / 口	220	162	117	281	368	436
探　井	18	24	29	34	32	44
开发井	202	138	88	247	336	392
注水井 / 口	12	5	3	9	18	60
钻井进尺 / 万米	62.04	38.54	50.65	98.55	109.65	86.53
勘探投资 / 亿元	9.99	5.31	11.20	14.41	11.60	14.63
开发投资 / 亿元	33.43	25.67	56.11	117.66	99.36	41.34

江苏油田

【概况】 江苏油田是中国石化集团江苏石油勘探局有限公司（简称江苏石油勘探局）和中国石油化工股份有限公司江苏油田分公司（简称江苏油田分公司）的统称，是以油气勘探开发为主，石油炼制和盐卤盐硝开发生产综合发展的国有大Ⅰ型企业。江苏油田前身组建于1975年4月23日；1998年3月，划归集团公司；1998年11月，安徽油田并入江苏油田；2000年1月，设立江苏石油勘探局、江苏油田分公司；2012年12月，剥离石油工程业务，设立江苏石油工程有限公司并独立运行；2017年9月，中国石化集团江苏石油勘探局更名为中国石化集团江苏石油勘探局有限公司。主力油区主要分布在江苏、安徽、广东3个省的7个地市15个县(市、区)68个乡镇。油田机关及主要科研单位设在扬州市经济开发区。

江苏油田实行江苏石油勘探局（江苏油田分公司）、二级单位、基层单位三级管理体制。截至2018年底，共有二级单位18个，在岗合同制员工10 159人，派遣制员工831人，非全日制用工483人，离退休人员9 619人，家属3 282人。总资产63.72亿元，其中固定资产净值41.09亿元。江苏油田分公司有油气勘查、开采项目区块25个，总面积2.08万平方千米。其中，探矿权项目区块5个，面积1.96万平方千米；采矿权项目区块20个，面积0.12万平方千米。共探明油气田37个，面积252.64平方千米，累计探明石油地质储量2.85亿吨、天然气地质储量93.80亿立方米（含溶解气），累计生产原油4 666.60万吨、天然气15.43亿立方米。2018年10月12日，江苏油田获得中国石化广西百色盆地油气矿权区块流转经营权。

2018年，江苏油田新增控制石油地质储量646.74万吨，无新增预测石油地质储量；生产原油113.16万吨、天然气7 000万立方米，吨油完全成本3 198元；实现收入67.32亿元、利税总额7.68亿元。其中，分公司实现收入49.51亿元、利税8.92亿元，勘探局实现收入17.81亿元、利税–1.24亿元。

江苏油田主要技术经济指标和主要生产建设指标分别见表1和表2。

（屈传刚）

【油气勘探】 2018年，江苏油田分公司勘探总投资2.41亿元，完钻各类探井20口，试获工业油流井8口，探井综合成功率40%。针对高邮深凹带隐蔽油藏钻探邵24井，综合解释油层10层30.5米，新增控制储量212万吨。高邮北斜坡沙花瓦地区构造结合部获商业发现，钻探花X45井在阜宁组见油气显示20层70.5米，综合解释油层7层18.9米，抽汲日产油9.6立方米，新增控制储量51.53万吨。针对金湖凹陷卞闵杨地区阜三段主力层系开展滚动评价，钻探卞X19井发现油层5层9.3米，通过试油获日产油9.8立方米，为卞闵杨构造西部20多年首次取得勘探突破。

（屈传刚）

【油田开发】 2018年，江苏油田分公司开发总投资3.55亿元，完钻开发井32口，新建（增）产能4.41万吨。开展改善水驱专项治理，自然递减、综合递减分别为11.8%和6.9%。围绕富油区带、高效层系开展滚动评价，新增商业开发储量124.57万吨。深化二氧化碳驱替、调剖技术应用和一体化治理专项攻关，推广应用各类低成本技术178次，实现降本3 950万元。推进大部制改革，构建“一部两厂三院”油气生产命运共同体，深化“勘探开发、地质工程、业务经营”一体化运行机制。成立8个专项工作小组，对产量运行、科技攻关、产能建设等重点工作加强推进力度。引入市场竞争机制，统一招标，优选队伍，实施17口压裂井，作业费平均每口井减少6万元。

（屈传刚）

【安全管理】 2018年，江苏油田加强HSSE管理体系建设，修订完成安全管理制度15项，发布安全行为负面清单100条。推进安全文化建设，发布安全经验做法23个、事故案例视频41个，提出安全诊断建议17 512条，整改率99.8%。抓好隐患排查整治，开展油库、罐区等隐患排查22

次，排查隐患88项，投入1 663万元实施96个安全技措项目。创新监督考核机制，整合HSE督察大队、石油工程监督、质量监督和生产运行等监督组织机构，形成“大监督”格局，实现信息共享、资源共享。推行个人安全积分管理，借鉴交通违章计分制度，开展安全行为量化考核425人次。推行警示约谈实施办法，对存在突出问题的有关单位和承包商开展约谈8次。开展职业病防治宣传，7 300多份健康知识读本发到员工手中，核查职业病危害因素18种，设置固定监测点518个、流动作业监测点41个，规范更新职业健康标识牌910个。启动全员健康大诊断活动，配置急救药品和电子血压计、电子血糖仪等简易医疗设施90套。

（屈传刚）

【环保节能】 2018年，江苏油田加入中国石化绿色企业行动计划，制订《绿色企业行动计划实施方案》《绿色企业创建任务分解清单》《绿色企业创建项目清单》，把创建任务细化为8个方面24项，形成23个具体方案。梳理、评估油田污染源和周边环境质量状况，统计、监测、分析数据3万余个并提出具体防控措施。首次发布环保工作负面清单，提出50条环保禁止行为。收集24个环境案例编制成册，发放到基层班组。实施能效倍增和清洁生产计划，加强生态红线区生产设施维护管理，原油运输水体风险防范改造项目竣工投产，化学剂废弃桶集中整治全面完成，崔庄输油码头迁置工程取得阶段性成果，绿色企业创建工作通过审核验收。引进推广节能低碳技术项目12项，节约能源折合标准煤8 347吨，节约能源消费资金2 191万元。江苏油田连续14年获集团公司环境保护先进单位称号，成为中国石化第一批绿色企业。

（屈传刚）

【经营管理】 2018年，江苏油田强化全过程降本、全价值链创效，经营状况逐步好转。加强投资成本管控，百万吨产能投资下降40%，油气操作成本降低63元/吨。推进重点亏损项目治理，江苏油田分公司亏损区块从20个减少到17个，江苏石油勘探局经营业务亏损额减少4 120万元。统筹优化资金运行，主动归还基建分割贷款6亿元，节约财务费用近700万元，外部收入现金流增加1.6亿元。坚持自己的活自己干，对外委外派业务实行公示和严格审批制度，减少外委外购费用超1亿元。推进土地资源优化处置，节约征地费用1.2亿元，减少租金136万元。采用设备调剂使用、房产盘活出租、车辆公开拍卖等手段，将闲置资产变成创效资源，创效2 000多万元。充分利用政策红利，争取各类税费减免返还5 000多万元。

（屈传刚）

【市场开拓】 2018年，江苏石油勘探局、江苏油田分公司对外创收分别为8.9亿元、1.1亿元，分别增加16.2%、44.7%。江苏紫京获中国石化优秀服务品牌，先后中标多个域外海外、项目，实现收入2.3亿元。盐化工实现利润1 608万元。井下

2018年7月19日，江苏油田原油运输水体风险防范改造项目（真武油区—扬州石化责任有限公司）输油管道建设工程竣工投产，终结了30多年通过京杭大运河船运原油的历史，有效化解船运原油可能造成的水体污染风险

（范友林　摄）

2018年7月19日，江苏油田与高邮国家农业科技园（江苏省现代农业产业示范园）签订地热应用服务协议，开启了江苏油田“不但卖油，而且卖水”的转型发展之路（刘亚亮　摄）

作业中标中国石油南方公司1 500万元试油项目，侧钻队伍首次走出油田开展施工服务。社区管理中心通过资产盘活创效2 126万元。科研院所新签对外技术服务合同额3 049万元。积极培育新产业新模式，江苏油田与高邮国家农业科技园签订地热应用服务协议并投入运营，环保、电子信息等新业务机构组建到位，运输处、培训处获行业协会全国百强企业称号。

（屈传刚）

【企业改革】 2018年，江苏油田被总部列为综合改革试点企业。按照总部改革方案，推出一系列提效率增活力改革举措。推进互补性业务重组和专业化队伍建设，优化整合教育培训、生活后勤资源，加强车辆专业化重组力度，实现产业一体化、资产轻量化、人员专业化，闲置资产盘活创效超过2 000万元。推动机关“瘦身健体”向二级单位延伸，机构和定员压减比例均超过20%。推进“三项制度”改革，价值积分管理在基层推广应用，分档制考核在机关和科研单位全面推行，单位人均组织绩效差距超过1万元，个人绩效差距超过20%。深化油公司建设，生产信息化全面投入使用，37个站库、1 300多个井场实现实时监控。

（屈传刚）

【科技创新】 2018年，江苏油田安排科技经费4 280万元；申请国家专利72件，获授权67件；45项成果通过集团公司和油田验收，其中1项达到国际领先水平、3项达到国际先进水平。探索科技项目竞争机制，出台科技创新创业指导意见。加强EPBP平台研发工作，完善EPBP功能模块建设，云平台、智能巡检、效益配产、设备资产调剂等应用上线运行。创建石油石化大数据知识服务平台，更新清华同方期刊全文数据库数据2 270吉字节，发布电子期刊《石油情报》96期、《油气勘探开发科技周刊》49期，新增科技资料库论文484篇，新增电子及纸质图书2 584册。江苏油田通过江苏省创新型领军企业培育计划评估，正式启动江苏省油气微生物技术工程研究中心建设。

（屈传刚）

【“四供一业”移交】 2018年，江苏油田全面完成集团公司下达的50个“四供一业”分离移交项目，其中供水8项、供电7项、供气1项、物业12项、市政7项、社区10项、学前教育3项、固化宽带1项、有线电视1项。项目涉及苏皖2个省5个地级市12个县（区）17个乡镇（街道办事处）44个小区（居住点）16 722户，常住人口4万余人。根据中国石化和江苏省相关要求，遵循“同一项业务、同一个接收单位”作为一个分离移交项目原则，油田成立分离移交工作办公室，按照“交得出、行得稳、可持续”要求，召开57次工作例会，编制32期工作简报，上报各类会议汇报材料50余份。先后创造金湖社区正式签订协议是驻江苏省央企的第1家、汊涧社区管理职能移交是驻安徽省央企第1家、洪泽物业管理职能移交正式协议是中国石化在江苏省企业第1家等“五个第一”的成绩。

（屈传刚）

【队伍建设】 2018年，江苏油田积极落实集团公司人才强企工作会议精神，制定出台干部选拔培养、管理监督、激励约束等8项制度。合理设置干部职数，处级职数从170人压减至150人以内，科级职数从近千人压减至800人以内。扎实开展干部挂职，优选63人开展机关和基层双向挂职，签订挂职工作目标。加快年轻干部培养步伐，遴选24名40周岁左右优秀年轻干部见习行政助理和专家岗位。加强专业人才建设，完成2 245人专业技术职位选聘工作，组织中青年干部培训班、拔尖技能人才班等各类培训班586期26 446人次。

2018年10月19日，中国石化2018年采油（气）专业技术比武/井下作业工职业技能竞赛在江苏油田公道生产培训基地举行 （范友林 摄）

开展经常性岗位练兵、业务比武和技能竞赛活动，在集团公司业务竞赛中获 4 金、3 银、2 铜的成绩。

（屈传刚）

【党建和思想政治工作】 2018 年，江苏油田坚持用习近平新时代中国特色社会主义思想武装头脑、推动工作，努力把政治优势转化为发展优势。推进形势任务教育进班组、入岗位、到人头，增强打赢扭亏脱困攻坚战信心和决心。创新设置“总支 + 支部”党组织模式，推进基层党建示范点创建，把党支部扎进一线、落到班组。加强石油石化优良传统教育，大力弘扬以“三老四严”“苦干实干”为核心的石油精神，“爱我中华 振兴石化”“为美好生活加油”初心和使命深入人心。从严治党纵深推进，党委巡察纠偏纠错作用充分彰显，“马上就办”要求在两级机关得到积极响应，营造风清气正、干事创业环境。开展“公众开放日”活动，宣传油田科技、责任、绿色良好形象，提升油田知名度和美誉度。开展争杯夺旗劳动竞赛和青年先锋号活动，激励干部员工立足平凡岗位、创造不凡业绩。

（屈传刚）

【民生工程】 2018 年，江苏油田坚持民生为重，力所能及为员工群众办实事解难事，向 260 名困难职工发放帮扶基金 320 万元，向 86 名离退休人员发放困难补助金 140 万元，向 3 909 名劳动家属发放生活帮扶费 624 万元，困难员工帮扶救助更加精准有效。认真落实疗休养、带薪休假制度，举办域外海外员工亲子训练营，让在外打拼的员工有了更多温暖。倡导健康工作、快乐生活，组织 9 827 人参加健康体检，实施“心能量 -EAP”行动计划。完成住房公积金“双贯标”工作，全年归集公积金 3.29 亿元，提取公积金 47 410 人次 3.14 亿元，发放贷款 295 户 1.16 亿元。深化文明和谐示范小区建设，做好道路、绿化、安保系统、供电线路、自来水管网等维修改造，一些边远老旧小区环境明显改善。

（屈传刚）

表 1　江苏油田主要技术经济指标　亿元

指标名称 \ 年份	2018	2017	2016	2015	2014	2013
工业总产值	43.29	37.74	32.40	40.88	72.03	78.66
江苏石油勘探局	5.01	5.96	5.22	5.26		2.73
江苏油田分公司	38.28	31.78	27.18	35.62	72.03	75.93
工业增加值①	24.61	19.60	11.55	20.83	53.53	69.17
江苏石油勘探局	2.08	2.89	2.19	2.36		6.87
江苏油田分公司	22.53	16.71	9.36	18.47	53.53	62.30
企业总产值②	17.81	15.41	13.76	17.93	16.62	
江苏石油勘探局	17.81	15.41	13.76	17.93	16.62	
企业增加值②	7.18	6.91	7.51	8.30	8.52	
江苏石油勘探局	7.18	6.91	7.51	8.30	8.52	
资产总计	69.69	82.59	129.14	153.27	168.12	166.74
江苏石油勘探局	16.26	21.08	22.97	25.65	27.65	23.87
江苏油田分公司	53.43	61.51	106.17	127.62	140.47	142.87

续表

指标名称 \ 年份	2018	2017	2016	2015	2014	2013
流动资产	14.05	16.80	19.36	8.91	15.04	21.69
江苏石油勘探局	5.62	6.11	4.96	6.81	8.58	5.32
江苏油田分公司	8.43	10.69	14.40	2.10	6.46	16.37
固定资产原值	300.59	295.43	303.71	299.22	286.96	263.20
江苏石油勘探局	24.14	26.78	28.40	28.30	25.24	20.90
江苏油田分公司	276.45	268.65	275.31	270.92	261.72	242.30
固定资产净值	41.09	46.93	103.45	134.50	138.49	131.96
江苏石油勘探局	11.94	14.56	16.48	17.41	15.85	13.54
江苏油田分公司	29.15	32.37	86.97	117.10	122.64	118.42
销售收入	67.32	58.58	51.56	66.57	104.24	109.04
江苏石油勘探局	17.81	15.41	13.76	17.93	16.62	16.38
江苏油田分公司	49.51	43.17	37.80	48.64	87.62	92.66
实现利税①	7.68	−52.59	−32.44	−2.86	33.26	40.66
江苏石油勘探局	−1.24	−2.56	−0.38	0.39	1.57	1.04
江苏油田分公司	8.92	−50.03	−32.06	−3.25	31.69	39.62
税　金	13.37	11.31	9.93	11.76	27.07	28.35
江苏石油勘探局	1.38	1.32	1.10	1.65	1.69	1.56
江苏油田分公司	11.99	9.99	8.83	10.11	25.38	26.79
综合能耗 / 吨标煤・万元 $^{-1}$						
江苏石油勘探局	0.388	0.525	0.59	0.48	0.49	0.48
江苏油田分公司	0.340	0.312	0.30	0.30	0.36	0.35

① 2015 年工业增加值总额和分公司工业增加值、实现利税总额和分公司实现利税、税金总额和分公司税金有调整

② 自 2014 年起，企业总产值和企业增加值为江苏石油勘探局统计项目

表 2　　江苏油田主要生产建设指标

指标名称 \ 年份	2018	2017	2016	2015	2014	2013
原油产量 / 万吨	113.16	120.10	133.01	155.50	171.00	171.20
天然气产量 / 亿立方米	0.70	0.43	0.23	0.37	0.52	0.51
新增原油生产能力 / 万吨	4.41	4.67	2.27	9.51	23.00	24.54

续表

年份 指标名称	2018	2017	2016	2015	2014	2013
新增探明石油地质储量 / 万吨	67.80	105.00	165.10	117.62	247.02	228.00
新增动用石油地质储量① / 万吨	163.53	67.80	—	134.14	209.64	515.00
二维地震 / 千米	42.81	30.00	—	600.71	321.00	843.44
三维地震 / 平方千米	70.20	170.00	162.00	211.51	372.00	242.66
完井② / 口	49	50	36	90	363	389
探　井	20	30	26	32	73	79
开发井	29	20	10	58	290	310
钻井进尺③ / 万米	12.82	12.54	10.23	22.27	61.58	101.56
勘探投资 / 亿元	2.41	2.73	4.49	5.59	7.41	7.72
开发投资 / 亿元	3.55	4.96	0.92	3.76	18.65	20.11

① 新增动用石油地质储量包含 2016 年补报动用储量 56.26 万吨
②③ 完井、钻井进尺自 2014 年起只统计分公司工作量

上海海洋石油

【概况】 中国石化集团上海海洋石油局有限公司（简称上海海洋石油局）和中国石油化工股份有限公司上海海洋油气分公司（简称上海海洋油气分公司）统称上海海洋石油，位于上海，是集团公司下属主要从事海洋油气勘探开发及工程服务的上游油田企业。上海海洋石油局主要承担油田企业基地、码头、房产的经营管理以及公共服务职能，是矿区业务的利润中心和管理中心；上海海洋油气分公司主要在东海、南海、黄海等海域开展自营勘探，并承担中国石化部分海外海域油气资源勘探开发项目的评价研究，同时代表中国石化参与管理东海平湖油气田、西湖油气田的开发生产。

上海海洋石油的前身为地质矿产部上海海洋地质调查局，组建于 1973 年 4 月，1997 年 1 月整体归入中国新星石油公司，2000 年 3 月随中国新星石油公司整体并入集团公司，2002 年 7 月，分别直属集团公司和股份公司管理。2009 年，按照集团公司要求，上海海洋石油局、上海海洋油气分公司实行“一体化”管理。2014 年，上海海洋石油局有关海洋石油工程业务整合成立中石化海洋石油工程有限公司，随石油工程公司上市。上海海洋石油局直属集团公司管理。上海海洋油气分公司直属股份公司管理，负责上游勘探开发业务。上海海洋石油局、上海海洋油气分公司实行一体化集中管理、专业化集约发展模式。

截至 2018 年底，上海海洋石油下设 14 个机关综合管理部门、3 个直属机构、8 个二级单位；拥有从业人员 418 人，在岗合同制员工 395 人，其中经营管理人员 96 人、专业技术人员 248 人、具有高级专业技术职称的 151 人。上海海洋油气分公司拥有矿权区块 35 个，所属探区主要分布在东海、南海、南黄海等海域，自营和联合矿权区块面积 10.37 万平方千米；自营探区拥有石油总资源量 4.47 亿吨、天然气总资源量 5.31 万亿立方米。合作探区拥有石油天然气三级地质储量 1.03 万亿立方米气当量，其中探明储量 3 714.9 亿立方米气当量。已探明油气田 16 个，其中自营油气田

1个（涠洲油田）、合作油气田15个。

2018年，上海海洋油气分公司生产份额原油11.05万吨、份额天然气5.13亿立方米；实现销售收入13.17亿元，投资收益1 904.66万元，利润总额亏损53.92亿元。上海海洋石油局实现营业收入0.82亿元，实现利润总额0.05亿元。

上海海洋石油主要经济指标见表1。

（林雪梅）

【领导班子调整】 2018年5月3日，上海海洋石油召开干部大会，宣布集团公司对上海海洋石油领导班子调整事项：张旭任上海海洋石油局党委书记、执行董事，上海海洋油气分公司代表，不再担任上海海洋石油局总经理、上海海洋油气分公司副总经理职务；周荔青任上海海洋石油局总经理、党委副书记（兼），上海海洋油气分公司总经理；赵勇任上海海洋石油局、上海海洋油气分公司副总经理；李上卿不再担任上海海洋石油局、上海海洋油气分公司副总经理职务，任调研员。

（林雪梅）

【合作区西部斜坡带勘探获新发现】 2018年，上海海洋油气分公司在深化理论认识和联合编图会战的基础上，提出勘探类型、勘探层系、勘探区带、勘探模式、理论方法与技术5个勘探思路转变，有效释放斜坡带的勘探潜力，实现规模增储区带的整体勘探、整体评价、整体拓展。东海西湖凹陷武云亭3井取得构造—岩性油气藏勘探的重要突破，奠定了武云亭区带300亿—500亿立方米油气规模储量基础。

（林雪梅）

【自营区勘探评价取得新进展】 2018年，上海海洋油气分公司开展南海北部湾涠西探区重点区带成藏研究，明确D洼东部斜坡带近生烃中心构造脊是油气运移有利指向区和多层系油气复式富集区；涠洲油田东部断块是油气最终汇聚的最有利部位，增储潜力大，具有400万—500万吨规模；针对涠西上组合，落实2个浅层披覆构造。

（林雪梅）

【安全环保迈上新水平】 2018年，上海海洋石油以完善体系制度建设和安全主体责任落实为抓手，安全生产保持平稳态势。全面筑牢安全环保防线，年内签约责任书264份，签署安全承诺书1 793份，推动安全责任落地。落实领导责任体系，领导定点承包督导主要风险点，确保重特大作业和关键装置、要害部位的安全管控。加强隐患治理，年内实施隐患治理项目24项，投资治理资金1 081万元。加强环保工作，严格废弃物管理，外排废水达标率、钻井作业废水回收处置达标率、危险废物妥善处置率、固废合规处置率均达100%。

（林雪梅）

【科技研究跃上新台阶】 2018年，上海海洋石油承担集团公司科研项目2个和局级项目9个。“涠西区块复杂构造精细成像及储层预测技术”获中国石化科技进步三等奖，该项目针对涠西储层与含油气预测方面存在的问题，采用先进的地球物理方法技术，开展探区复杂构造目标精细成像以及储层与油气预测技术攻关，指明了有利目标储层展布特征和有利含油气区，该项研究成果整体达到国内领先水平。“东海深层气藏开发关键技术研究”项目形成复杂岩性测井精细评价方法和储层甜点综合预测技术，提出新的产能评价方法，该项目研究成果整体达到国际先进水平。

（林雪梅）

【1件专利获授权】 2018年，上海海洋油气分公司申请的“基于AVO异常类型约束的剩余相位校正方法”获国家知识产权局发明专利授权。该方法已应用于南海北部湾涠西探区及西湖合作探区的AVO油气检测工作，取得较好的应用效果。该专利提出的方法，解决了常规处理后道集数据存在的剩余时差或同相轴相位畸变问题，同时弥补了传统相位动校正方法未考虑AVO类型影响的不足。

（林雪梅）

【深化改革跨出新步伐】 2018年10月，上海海洋石油印发《中层机构设置改革实施方案》，开展两级机关改革，实施部门、单位整合，压减机关处室4个、二级机关科室9个、附属机构2个；推进“三定”工作，完成处室职能调整，明确管理界面，清晰权责范围，提高了组织运行效率；加快推进通用业务整合，实现基地业务、离退休和车辆的集中统一管理；深化“三项制度”改革，通过完善绩效考核、强化授权承诺、实施工效挂钩等配套措施，初步形成晋升靠能力、上岗靠竞聘、收入靠贡献的争先局面。

（林雪梅）

【管理提升打开新局面】 2018年，上海海洋石油不断夯实“三基”工作，制定“三基”工作细则，建立横向到边、纵向到底的工作组织网络，形成党政齐抓共管合力。发布实施《基层队管理手册》和《基层队岗位标准化操作手册》1.0版，落实基层岗位责任制。加强全员成本目标管理，严格“存货和应收账款”清理，推进招标采购，强化分包业务管理，严控会议费、差旅费等6项非生产性费用，压减保险成本，年内完成挖潜增效指标1.67亿元。优化投资建设，组织编写“两个三年、两个十年”中长期战略行动方案，充分发挥规划引领作用。加强过程管理，勘探四号平台改造、东塘路防汛墙改造等重点项目取得一定进展。坚持依法依规经营，把好审计监督关，狠抓内审外查问题整改，积极建设“大监督”格局。加强法律审核把关，全面提高法律风险防控，全年线上运行合同1 105份，合同上线率及法律审查率均实现100%。

（林雪梅）

【“海域天然气水合物勘查项目”工作组成立】 2018年，上海海洋油气分公司成立“海域天然气水合物勘查项目”工作组。该项目组联合油气勘探管理部、工程技术管理部、勘探开发研究院及物探分公司等，全面负责推进项目研究，做好介入海域天然气水合物勘查开采的前期准备。该项目组的成立标志着上海海洋油气分公司在海域勘探上又有新的领域，同时也体现了对天然气水合物勘探的重视和信心。

（林雪梅）

【签署战略合作备忘录】 2018年3月16日，上海海洋油气分公司与江苏油田分公司在上海签署战略合作备忘录，就共同打造互利共赢的合作机制达成共识。双方多个油气区块地质情况相邻、相似，江苏油田分公司有着丰富的人才资源和成熟、先进的复杂断块油气田勘探开发经验，双方愿意进一步挖掘在平台、机制、人力资源等方面的潜能，发挥各自优势，努力营造一个良性、可持续的合作发展氛围。

（林雪梅）

【人才强企工程全面启动】 2018年，上海海洋石油制订人才强企工程行动方案，推进实施领导人员、专业技术人才、拔尖技能人才、专项人才培养引进四大工程，搭建人才成长、人才共享、人才培育、业务竞技、优质培训五大平台。年内突出抓好党政正职、专业副职的优化组合，加大主体专业技术干部和年轻干部的选配力度，有序开展技术干部、管理干部与党务干部的双向交流，不断提升中层干部的综合素质；积极畅通人才成长通道，组织开展首席专家、高级专家、专家、首席技师、机关主管、二级单位主任师等职位的选聘工作，1人获聘集团公司技能大师，实现上海海洋石油零的突破；持续加强一线人才、青年人才的培养力度，优化培训模式，强化培训效果，年内共举办培训班52期，组织参加各类培训1 712人次。

（林雪梅）

【党建质量持续提升】 2018年，上海海洋石油坚持用习近平新时代中国特色社会主义思想和党的十九大精神武装头脑，坚持把集团公司强化责任、突出质量、注重实效的党建工作导向体现在促进企业扭亏脱困的中心任务中。提高政治站位，在观大势中谋划发展思路，强化“四个意识”“四个自信”和“两个坚决维护”，自觉把各项工作放到是否符合中央精神、是否符合党组要求的大背景下考量；强化使命责任，在促融合上破解发展难题，以“想明白、说明白、干明白”大讨论群策群力，用“转观念、拓市场、扭亏损、创效益”主题活动凝聚共识；强化大抓基层，在强基础上构筑战斗堡垒，完善“海陆双线”党建模式，把支部建在船上、书记配在船上、作用发挥在海上，推动全面从严治党向基层延伸；提升作风形象，在促整改中营造风清气正氛围，为企业发展构建

“不敢腐、不能腐、不想腐”的政治生态。深入开展“走基层、访万家”活动，精准服务职工，结合夏季、冬季“两送”慰问，深入基层一线和重点职工家庭，准确掌握职工思想动态和班组建设情况，全年走访基层班组 52 个、职工 79 人次，发放慰问金 15.67 万元；慰问困难职工 248 人次，发放慰问金 37.3 万元。

（林雪梅）

【在集团公司外语大赛上获好成绩】 2018 年 11 月，在集团公司青年外语风采大赛决赛上，王颖以优异成绩斩获一等奖银牌，同时获才艺之星称号，谌青松获三等奖。在决赛过程中，上海海洋石油的 2 名选手经过即兴演讲、现场提问、才艺展示、英文辩论等环节，分别取得总分第 9 名和第 41 名的好成绩，充分展现了青年职工的风采。

（林雪梅）

【全民健身行活动在黄浦江畔开展】 2018 年 12 月 7 日，上海海洋石油组织开展全民健身行活动，380 名员工迎着寒风、冒着细雨行走在黄浦江畔。此次活动的举办，使广大职工在工作之余，进一步增强健身意识、活跃文化生活，感受到职工之家的温暖。活动不仅让职工领略滨江魅力，向职工传递健康理念，更展现出全局干部职工昂扬向上、团结协作、奋勇争先的风采以及关键时刻站得出、打得赢的铁军精神，以健康的生活方式增强企业克寒创效的凝聚力和向心力。

（林雪梅）

全民健身行活动在黄浦江畔开展

表 1　　上海海洋石油主要经济指标　　亿元

指标名称 \ 年份	2018	2017	2016	2015	2014	2013
企业增加值	–38.34	1.91	2.53	1.37	2.67	12.47
上海海洋石油局	0.54	0.43	0.29	0.60	0.56	10.00
上海海洋油气分公司	–38.88	1.48	2.24	0.77	2.11	2.47
资产总计	130.10	164.33	166.37	148.72	114.21	121.04
上海海洋石油局	2.23	2.13	2.19	1.81	1.65	43.31
上海海洋油气分公司	127.87	162.20	164.18	146.91	112.56	77.73
流动资产	57.57	43.55	31.38	22.12	9.76	20.29
上海海洋石油局	0.65	0.50	0.49	0.50	0.29	5.64
上海海洋油气分公司	56.92	43.05	30.89	21.62	9.47	14.45
固定资产原值	16.17	16.07	16.73	3.18	3.11	52.82
上海海洋石油局	15.55	15.48	16.22	2.61	2.61	52.40
上海海洋油气分公司	0.62	0.59	0.51	0.57	0.50	0.42
固定资产净值	1.71	1.77	1.81	1.49	1.54	35.96

续表

指标名称＼年份	2018	2017	2016	2015	2014	2013
上海海洋石油局	1.56	1.59	1.65	1.27	1.34	35.82
上海海洋油气分公司	0.15	0.18	0.16	0.22	0.20	0.14
销售收入	13.99	14.09	12.80	13.72	8.85	22.91
上海海洋石油局	0.82	0.69	0.61	0.77	0.84	16.01
上海海洋油气分公司	13.17	13.40	12.19	12.95	8.01	6.90
实现利税	−53.80	−12.53	−7.09	−6.63	−3.70	−0.31
上海海洋石油局	0.12	0.06	0.09	0.26	0.13	3.93
上海海洋油气分公司	−53.92	−12.58	−7.18	−6.89	−3.83	−4.24
税　金	1.71	0.65	0.72	0.84	0.57	0.92
上海海洋石油局	0.07	0.04	0.05	0.12	0.12	0.53
上海海洋油气分公司	1.64	0.61	0.67	0.72	0.45	0.39

西北油田

【概况】 西北油田是中国石化集团西北石油局有限公司（简称西北石油局）和中国石油化工股份有限公司西北油田分公司（简称西北油田分公司）的统称，位于新疆维吾尔自治区境内，是中国石化上游油田企业之一，主要从事油气田勘探开发与油气销售业务。本部机关设在新疆维吾尔自治区首府乌鲁木齐，在巴音郭楞蒙古自治州轮台县建立前线生产指挥基地。主力油田——塔河油田位于塔里木盆地北部沙雅隆起阿克库勒凸起南部，地处库车县和轮台县境内。

西北油田的前身是组建于1955年的华北地质局二二六队；1997年1月整体归入中国新星石油公司；2000年3月随中国新星石油公司整体并入集团公司；并于2003年6月整体划归集团公司、股份公司直属。2008年5月，与勘探西北分公司整合重组，组合成新的西北油田分公司。2017年9月，完成公司制改制，名称由中国石化集团西北石油局改制为中国石化集团西北石油局有限公司。

截至2018年底，西北油田分公司共有中层机构39个。其中，机关职能部门18个、直属机构4个、二级单位17个，有合资公司2个；拥有合同制员工3 922人，其中经营管理人员911人、专业技术人员2 543人、技能操作人员468人；博士研究生28人、硕士研究生463人、大学本科2 392人、大学专科527人、中专及以下512人；具有正高级职称的35人、副高级职称的831人、中级职称的1 329人、初级职称的778人。

截至2018年底，西北油田分公司在塔里木盆地拥有登记区块25个，面积9.45万平方千米（其中勘查区块17个，面积8.97万平方千米；开采区块8个，面积4 792.18平方千米）。到期探矿权15个、延续矿权6个、变动矿权9个。累计探明石油地质储量14.52亿吨，动用石油地质储量10.26亿吨，石油可采储量1.73亿吨，石油采收率16.8%，剩余可采储量6 690万吨，已探明未动用储量4.89亿吨。共有采油井总数2 220口。积极响应“绿水青山就是金山银山”号召，主动将对胡杨林、湿地保护区有影响的生产井进行关停，

2018 年共计关停、封井达 53 口。

西北油田主要经济指标与主要生产建设指标分别见表 1 和表 2。

（王登高　邓兴汉）

【领导班子调整】 2018 年 10 月 24 日，股份公司决定：委派刘宝增为西北油田分公司代表；聘任王世洁为西北油田分公司总经理；解聘胡广杰西北油田分公司总经理职务，另有任用。

（王登高　邓兴汉）

【经营指标】 2018 年，西北油田生产原油 650.03 万吨，增加 30 万吨；生产天然气 17.42 亿立方米，增加 1.42 亿立方米；液化气产量 12.01 万吨，增加 0.02 万吨。实现总收入 184.59 亿元，利税 68.65 亿元，总资产 326.64 亿元。其中，西北油田分公司实现收入 181.99 亿元，利税 68.18 亿元，总资产 315.53 亿元，单位完全成本降低 103 元 / 吨，盈亏平衡下降 3 美元 / 桶；西北石油局实现收入 2.6 亿元，利税 0.47 亿元，总资产 11.11 亿元。

（王婷玉）

【油气勘探】 2018 年，西北油田实际完成：三维地震 864 平方千米，完成年初计划的 104%；钻井 9 口，完成计划的 82%；进尺 5.61 万米，完成年初计划的 63.8%；勘探投资 13.69 亿元，完成年初计划的 142.3%；控制石油地质储量 5 712.4 万吨，完成年初计划的 103.8%；提交预测石油地质储量 7 176.16 万吨，完成年初计划的 102.5%；新增石油控制地质储量区块为顺北 1-10H 井区和顺北 1-11 井区，含油面积 50.05 平方千米；新增石油预测地质储量区块为顺北 51X 井区，含油面积 45.50 平方千米。

物探队伍在顺北沙漠腹地实施三维地震施工（张　宁　摄）

全年勘探工作取得 1 个商业发现、1 个重要突破、2 个重要发现和 1 个新发现，8 项地质认识和 1 项关键技术系列的新成果。1 个重大商业发现：顺北 1 区轻质油滚动评价获商业发现。1 个重要突破：顺北 51X 井在 5 号带中段获得高产工业油气流，拓展 5 号带向南的含油面积，展示 5 号断裂带良好的勘探开发前景。2 个重要发现：顺北 7 井实现北西向主干二级 7 号断裂带的油气新突破，向西拓展勘探领域；顺北 501 井在 5 号带中段分支断裂获得高产工业油气流，是下步勘探的有利目标。1 个新发现：星火 5 井实现天山南地区西段白垩系“断裂 + 低幅度构造”领域油气突破。8 项地质认识：塔里木盆地玉尔吐斯组主力烃源岩在“大埋深、高压力”条件下抑制生烃演化，为超深层寻找油气田提供理论依据；通过盆缘大量热年代学数据分析，深化盆内走滑断裂体系的应力场背景、形成机制与改造过程，为盆内走滑断裂的评价提供参考；深化顺北特深断溶体油藏的储层类型与成因认识，指出构造破裂是储层发育的主控因素；建立“寒武多期供烃、深埋断溶成储、原地垂向输导、喜山成藏为主、走滑断裂控富”特深断溶体油气藏成藏模式，指出走滑断裂破碎带是油气富集有利部位；走滑断裂带具有明显的“控储、控藏、控聚”特征；塔深 6 井在蓬莱坝组揭示硅质角砾、硅质岩和砾屑白云岩新的岩石组合类型，丰富了塔北碳酸盐岩储层新类型；深化中央隆起带四组断裂体系形成机制与油气成藏关系认识，优选顺西、先巴扎及玉北中西部为的下步勘探有利区；天山南地区断裂（带）控圈控藏作用明显，星火 5 井的突破带动塔北中新生界低幅度构造、岩性圈闭及山前冲断带等领域的勘探。1 项关键技术系列：集成建立顺北特深断溶体勘探关键技术系列。

（王登高　邓兴汉）

【油气开发】 截至 2018 年底，西北油田分公司拥有采矿权 8 个，开采面积 4 680.18 平方千米；提交石油探明地质储量 5 090.42 万吨，新增动用石油地质储量 2 188 万吨，新增石油经济可采储量 412 万吨（开发口径），新增石油 SEC 储量 690 万吨；新增探明天然气地质储量 184.37 亿立方米、地质储量 22.75 亿立方米、经济可采储量

9.23 亿立方米（开发口径）、SEC 储量 16.65 亿立方米。年末原油日产水平 1.81 万吨，天然气日产水平 505 万立方米。全年落实商业开发储量 2 492 万吨，新增油气 SEC 储量替代率分别达 110% 和 106%。

顺北油气田产能建设，部署新井 21 口，投产 9 口，区块日产油能力达 2 200 吨，建成 70 万吨产能阵地。针对下部储层评价含油气性的 SHB1-10H 井试采获日产 80 吨以上高产、稳产工业油流，证实顺北 1 号断裂含油底界从前期认识的进山 94.7 米增加到 430 米，SHB1-10H 井区提交新增石油探明开发储量 1 940.56 万吨、溶解气 101.77 亿立方米。为整体控制 1 号断裂南段，部署 5 口评价井，已投产 3 口井，均获日产油 200 吨以上高产，顺北 1 号断裂南段 SHB1-11 井区提交新增石油商业开发储量 2 106.8 万吨、溶解气 79.31 亿立方米。

主力油田塔河油田开发，开展精细注水注气、强化机采井管理，自然递减率降至 15%、降低 0.8 个百分点，采收率上升至 16.7%、提高 0.3 个百分点。实施单井高压、过饱和注水 105 井次，成功率 70%，平均周期多产油 300 吨，井组调流道 11 井次，有效率 55%，稳定见效时间由 1.5 年升至 2 年，水驱控制程度达 44.9%、提高 3%。持续推进定量化注气，建立不同岩溶背景下连通程度差异下的注气参数优化图版，新增注气井注气井 / 井组 96 个，有效率 94%、提高 4 个百分点，换油率基本保持平稳。机采井泵效升至 72.3%，提高 2.1 个百分点；机采井系统效率升至 25.6%，提高 0.2 个百分点；检泵周期升至 761 天，延长 24 天，较计划多延长 41 天；检泵频次降至 0.25，下降 0.1。2018 年实施大修治理 29 井次，恢复动用 110 万吨失控储量，井筒故障井数减少 26 井次，完好率达 84.7%、提升 1.2 个百分点。组织修订《新工艺新技术先导试验及推广管理办法》，推进新工艺试验取得积极进展，全年实施新工艺新技术 15 项 40 井次，日增油水平 148 吨，全年增油 5.4 万吨。开展井筒降黏、稠油举升等多项技术攻关，现场实施 49 井次，节约稀油 10.6 万吨，全年增油 3.4 万吨。针对塔河探明未动用储量 4.4 亿吨主要分布在储层欠发育区和水体发育区的现状，通过强化研究，在缝洞刻画描述技术不断进步和对断裂控储控藏认识的深化认识的基础上，利用高频能量属性 + 波形分析 + 去强轴技术，基本可以实现高度小于 10 米的孔洞分布预测；利用相干 AFE+ 蚂蚁体 + 叠前裂缝反演，基本可以实现不同尺度裂缝发育密度、方位的分级表征；针对西部缝洞欠发育区和油气弱充注区的研究取得阶段成果，部署的 TH12313CH2 投产后获日产油 15 吨，部署的 TP197 井投产后获日产油 25 吨，落实商业开发储量 385 万吨。

（王登高　邓兴汉）

2018 年 5 月，正钻的 TP12-Q2 气井 （刘亚雄　摄）

【安全环保】 2018 年，西北油田牢固树立生命“红线”和生态“红线”意识，深入查思想、查管理、查技术，筑牢风险隐患双重防线，实现安全生产、清洁生产、平安稳定。连续 5 年获评集团公司安全生产先进单位。

安全风险防控工作。识别较大风险 62 项，形成“十大风险”清单；建立实验室危险化学品信息化管理平台，落实“五双”（双人验收、双人保管、双人领取、双把锁、双本账）管理要求，实现采购、储存、领用、退回全过程受控；开展井控、硫化氢、安全资格等培训 75 期，受训人数 3 018 人次。

应急预案演练。2018 年 6 月 26 日，西北油田组织实施顺北 1-15 井钻井井控应急内外相关单位协同作战的大型联合演练。演练采用实战和远程指挥相结合方式，通过钻井队启动 Ⅰ 级钻井井喷失控应急预案，西北油田分公司、中原塔里木钻井分公司及各联动保障单位应急预案的配合演练，梳理出应急预案存在的缺陷，简化了报警程序，规范了接警流程，确保应急预案启动后，应急关联单位响应迅速、研判准确、处置及时、上报无误。年内开展 Ⅱ 级应急演练 36 次、承包商应急演练 436 次，平均接报警时间控制在 30 分钟以内。全年未发生 I 级响应事件，未启动西北油田分公司应急预案。在自治区第 2 届危险化学品应急救援技术比武竞赛中，西北油田取得团体第三的优异成绩。

节能减排。积极践行“绿色行动”，发布绿企创建“一案三清单”，持续推进污染物减排减量，推进高耗能电机淘汰、TK7226 及 12 区节能示范区建设，实施井口加热炉自控系统改造，节气 428 万立方米；推进钻井随钻不落地处置，回收泥浆 2.3 万立方米，回收天然气 9 786 万立方米，万元产值综合能耗 0.364 吨标煤，实现减排增效；新增污油泥贮存池建设，新增塔河油田地下水监测评估工作；完成顺北环保站建设工程可研，从严落实生态红线制度，稳步推进保护区退出，胡杨林、湿地保护区封井 53 口，复垦面积 51.81 平方米，已通过属地政府验收销项。

（王登高　邓兴汉）

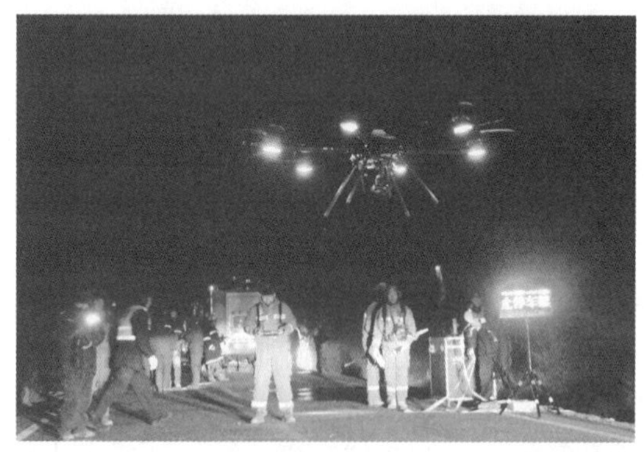

使用无人机等先进技术装备投入顺北 1-15 井大型井控应急联合演练（张宏平　摄）

【油公司建设】 2018 年，西北油田以近 4 000 人的用工总量支撑油公司各项业务的高效运转，油公司建设各项关键工作取得突破性进展，成为集团公司现代油公司升级版典范。

实施人才强企工程。针对专业技术领军人才队伍建设力度不够，高端引领作用发挥不足瓶颈、部分核心业务从业人数过少且成熟度偏低，存在人才“断层”风险和部分单位部门业务领域的人员年龄分布较为集中，知识水平、素质能力的构成不尽合理的人才存量上缺陷，实施“人才强企工程”一揽子计划，不断加大培养上的增量。通过完成所有员工的业绩数据采集，建立“人才盘点”系统建模，绘制人才地图册，形成可视化人才引进、培养、使用、激励要素式人才分析方法。通过员工“价值积分”考核成果利用，即月度绩效工资实施差异化分配、排名靠前的员工实施福利菜单自主选择、能者上平者让庸者下岗位聘用考核机制等 5 个开发利用，厘清“吃苦、实干、有为”的用人导向，人才管理有温度、有效度，让“三让三不让”的选人用人理念落地生根。

实施内部机构优化重组。2 月，整合局工会和局团委，组建群团工作部；撤销财务结算中心将其管理会计业务归入财务资产处；撤销市场管理处将其职能并入企业管理处；撤销北京联络处，将其职能并入办公室。4 月，将资产管理中心与合署办公的基地管理中心分离，实行独立运营，统筹管理局属土地、房产、酒店经营、清洁能源回收利用等经营性业务；整合原特种工程管理中心和供电管理中心，成立油田工程服务中心，为深化西北石油局公司制改制、提高局经营创效水平提供体制保障。11—12 月，组建实验中心，围绕科研实验、质检环保、生产支撑三大业务，打造以缝洞型油藏超深井提高采收率为亮点，以“机构精简、资源优化、开放运行、服务一流”为特色的实验专业化队伍；将原 9 个单位 27 个分站点业务整合到实验中心管理，整体在编 66 人，组织运行效率大幅提升。实施机关大部制改革后，共压减机关处级机构 3 个，科室压减 50%，人员优化 30%。

完成“四供一业”移交。“四供一业”移交做到资产账实相符，同时完成移交资产的清查审计、按照签订的正式协议及时支付改造资金、按项目类别编制上报资产移交申请报告及相关文件的收集整理移交等各项工作。截至 2018 年 12 月 31 日，“四供一业”涉及资产移交工作已全部完成。分离移交工作走在乌鲁木齐市国有企业深化改革的前列，成为乌鲁木齐市分离移交进度最快的企业之一。同时，在正点到达、资产划转、账务处理等方面走在集团公司“四供一业”移交工作的前列。

（王登高　邓兴汉）

【党建工作与企业文化建设】 截至 2018 年底，西北油田共有基层党组织 161 个、党员 2 854 名，申请入党人员共 384 人，年内发展党员 63 名。西北油田在党的组织建设、党员管理、干部监督、宣传教育、企业文化、社会责任等各项工作取得较好的成绩，受到集团公司肯定。

“三建”模式有新进展。“三建”模式是西北石油局党委结合自身特点开展的一项党建工作创新课题。年内开展3项内容实践，即合作方融合、区域内融合和网格化融合。两级党委先后与宝钢、华北西部、大港中成等数十家利益相关方达成融合协议，基层党支部先后与近百家合作方党支部组团结对，以“融合协议”的形式约定10个方面的共建清单，推动共建各方党建、设施、信息、管理等资源共享，推进在现场施工作业、物资采购、科研技术服务等多领域深度合作，实现与合作方融合；基层单位以地域进行片区划分，实施区域化联建，联建双方约定安全、稳定、联抓等9个方面的联建清单，变立足自我抓党建为面向片区抓党建，涌现出联合基地片区4家单位“三环嵌套、八跨八共”联建，油气运销部、雅克拉采气厂、物资供应管理中心“产供销”联建等众多联建对子，以共同的需求和目标为出发点，联合各方优势，实现区域内融合；以“产业链一体化”“科研+管理+生产”“生产科研双促进”等为典型代表的网络化促建，实现管理、科研、生产和后勤保障不同领域的交叉协同、无缝对接。党建工作从一个个点、一条条线，变成一张网，把生产经营和改革发展过程中的难点和热点网格化，成为党建工作的重点和发力点，实现油田党建网格化融合。

企业文化建设向品牌化迈进。持续完善“一根针”“雪莲号”等优秀基层文化，试点成立“同心圆”“金钥匙”“兄弟连”“大漠红”等创新工作室，为培育新的优秀基层文化打基础；开展中国石化视觉形象识别系统（VIS）排查及整改工作，编印《中国石化西北石油局品牌视觉识别手册》，进一步规范品牌应用，提升品牌形象；建成并启用705企业文化教育基地，截至10月底，先后接待23个团队325人次的接受传统石油文化教育。

新媒体建设全面推开。2018年，西北油田建设“融媒体”系统，构建“中央厨房”。通过“6+N+X”模式，充分利用六大宣传平台，在若干重要时间节点，组织策划好新闻活动，同时与多家媒体合作，以多种报道形式，形成几何式放大的舆论传播效果。

（王登高　邓兴汉）

【“访惠聚”】 2018年，西北油田向阿克苏地区柯坪县派驻4个“访惠聚”工作队，另向阿克苏地区柯坪县、喀什地区莎车县8个深度贫困村派驻第一书记，驻村工作覆盖12个村，派驻驻村干部58人。在搞好村党支部建设的同时，通过“结亲戚”、送医下乡、送衣服到户等举措，让“访惠聚”贫困户得到实惠。通过推进产业扶贫、深化就业扶贫、狠抓教育扶贫、公共服务脱贫等方式，在南疆脱贫攻坚主战场精准施策、精准发力，取得扎实成效，已经实现柯坪县7个村3 593人脱贫，7个村整体退出脱贫村。

兴科服饰脱贫项目。西北油田通过调研，了解到派驻各村妇女手工艺制作具有优势，实施引进武汉天鸣服饰有限公司，在当地吸纳100多名贫困户剩余劳动力，成功实现“年产值1 000万元，就业人数100人”的“两个一”脱贫目标，人均年收入达2万元以上。

柯坪羊上职工餐桌脱贫项目。采取企业担保小额贷款给贫困户第一笔帮扶资金，发展养羊业，再把贫困户出栏的羊肉，内销到西北油田各职工食堂，实现真扶贫、真脱贫。2018年，西北油田创新建立“企业+合作社+农牧民”的产供销模式，由合作社与驻村贫困养殖户签订养殖协议，每周为32个食堂供应1 400千克羊肉，带动1 083名贫困人口脱贫，累计为贫困户增收200万元。

小微商脱贫工程。在柯坪县4个“访惠聚”派驻村，通过为贫困户提供经营场所、提供网络技术服务等方式，建立“中国石化阳光小微商圈”平台，带动贫困户自主创业，实现每户增收2万元以上。同时，该项目为村集体年均增收3.3万元以上。

2018年，西北油田4个“访惠聚”驻村工作队全部获评自治区先进工作队，9名队员获自治区“访惠聚”先进工作者称号。

（王登高　邓兴汉）

【进疆40年系列活动】 2018年，为庆祝进疆40周年，西北油田举行一系列活动，包括：召开5个板块的“初心·使命”座谈会，系统回顾总结西北油田进疆40年取得的丰硕成果；开展“40个第一”影像资料征集活动，收集作品200余份；编撰印刷西北油田进疆40年《盆地高望》画册，用图片诠释西北油田从“长子”到“娇子”奋斗历程；编印出版《开拓者的丰碑》《跋涉者的足迹》《奉献者的情怀》3本书籍；拍摄制作勘探、开发、科技、改革、党建5个专题宣传片；导演策划西北油田进疆40年大型情景剧《不忘初心牢记使命》；邀请疆内文艺作家秦汉、石化系统内作家马行、《工人日报》《经济日报》《科技日报》、新华社等各大媒体11家到西北油田实地采风，开展油田文艺创作，在《今日中国》《人民论坛》《中国石油石化》等媒体上进行专题报道30余篇；在《西北石油报》和微信公众号上分别设立《进疆40周年专刊》“老石油讲40年故事”；邀请中央电视台、新疆电视台、《新疆日报》、人民网、中国新闻网等8家媒体对进疆40年庆祝活动全程采访，微信公众号开展进疆40年专项活动，吸引5.7万余人参加。

（王登高　邓兴汉）

【管理创新成果】 2018年，共征集分公司级创新成果59项，其中《以资源创效链模型（RCC）为基础的管理会计体系建设》等10个项目获一等奖，另外评出二等奖10项、三等奖10项。收集各类改善经营管理建议成果193项，经分公司组织专业评委层层评议、细心筛查，最终确定一等奖10项、二等奖20项、三等奖30项、优秀建议奖20项。

持续完善顺北模式。该模式以企业长期价值战略目标为导向，以价值创造为核心，通过增量、存量一体优化决策和以规模效益配产为基础的成本决算“两种方法”，运用外包价格测算、结算服务质量考核、经营跟踪分析优化“三个机制”，打造顺北特色“大财务”运行体系。完善区域项目化外包机制，合理调控直包与总包业务界面，将原油拉运、大修作业等6项业务调整为直包，对小型土建、井场维修等10项业务实行总包，有效降低安全风险，降低运营成本。完善外包结算机制，以业务为核心构建10项一级业务、30项二级业务、96项三级业务、142个业务流程、1 394个控制点，全面发布执行。西北油田《打造“一体两翼”顺北模式　推动油公司建设升级》和《油田企业基于单井的经济效益评价》2个管理创新成果分获集团公司第27届管理创新成果管理创新一等奖和三等奖。

（王登高　邓兴汉）

【科技创新成果】 2018年，西北油田完成“十三五”国家重大专项“塔里木盆地碳酸盐岩油气田提高采收率关键技术示范工程”项目及“缝洞型碳酸盐岩油藏提高采收率关键技术”所属课题2个，完成中国石化“塔河油田碳酸盐岩缝洞型油藏降低自然递减技术”“顺北一区采输关键技术研究与应用”2个重大项目和“塔里木盆地下古生界碳酸盐岩大中型油气田目标评价与勘探技术”“塔里木盆地顺北－顺南地区奥陶系油气富集规律与目标评价”“顺北特深断溶体储集体地震关键技术研究应用”“顺北油气田一区优快钻井技术研究”“塔北下古生界油气田目标评价及勘探关键技术研究”5个重点项目。完成西北油田分公司科研项目48项。其中，“缝洞型油藏堵水关键技术研究及规模应用”获中国石化技术发明三等奖；“沙漠区超深碳酸盐岩储集体成像与描述技术及应用”等2项成果获中国石化科技进步二等奖，“超深碳酸盐岩水平井分段完井及酸压关键技术”等2项成果获三等奖；“超深水平井钻井配套技术研究”“耐温抗盐聚合物凝胶体系开发与工业化应用”2项科研成果（含参与）获新疆维吾尔自治区科技进步奖一等奖，“塔河油田缝洞体刻画技术研究”等3项成果获三等奖。

（王登高　邓兴汉）

表1　西北油田主要经济指标　亿元

指标名称 \ 年份	2018	2017	2016	2015	2014	2013
资产总计	337.75	353.62	379.44	412.63	451.02	444.26

续表

指标名称 \ 年份	2018	2017	2016	2015	2014	2013
西北石油局	11.11	12.34	12.22	11.67	12.33	12.66
西北油田分公司	326.64	341.28	367.22	400.96	438.69	431.60
流动资产	16.57	15.80	19.37	14.26	17.94	18.49
西北石油局	2.02	1.90	1.63	1.01	1.87	1.77
西北油田分公司	14.55	13.90	17.74	13.25	16.07	16.72
固定资产原值	1 008.35	968.63	942.35	902.03	845.20	741.13
西北石油局	11.75	13.01	13.05	10.93	10.73	10.50
西北油田分公司	996.60	955.62	929.30	891.10	834.47	730.63
固定资产净值	269.74	300.20	330.40	358.46	376.71	344.10
西北石油局	7.20	8.59	9.06	7.49	7.80	8.22
西北油田分公司	262.54	291.61	321.34	350.97	368.91	335.88
总收入	184.59	135.26	93.02	115.70	265.45	281.94
西北石油局	2.60	2.26	2.30	2.73	3.06	3.23
西北油田分公司	181.99	133.00	90.72	112.97	262.39	278.71
实现利税	68.65	26.83	−21.93	−2.89	165.02	189.66
西北石油局	0.47	0.34	0.37	0.04	0.39	0.24
西北油田分公司	68.18	26.49	−22.31	−2.93	164.63	189.42
税　金	37.26	25.04	11.23	15.41	67.65	71.24
西北石油局	0.39	0.29	0.27	0.03	0.39	0.24
西北油田分公司	36.87	24.75	10.96	15.38	67.26	71.00

注：因小数点进位原因，部分分项相加不等于总项

表 2　　西北油田主要生产建设指标

指标名称 \ 年份	2018	2017	2016	2015	2014	2013
原油产量 / 万吨	650.03	630.03	594.30	703.00	735.50	737.00
天然气产量 / 亿立方米	17.42	16.00	14.00	16.00	16.30	16.40
新增原油生产能力 / 万吨	73.60	82.70	45.90	62.30	83.61	105.00
新增天然气生产能力 / 亿立方米	2.65	2.61	2.86	1.69	2.53	1.85
新增探明石油地质储量 / 万吨	5 050.00		1 474.87	5 339.07	1 184.77	2 838.24

续表

指标名称 \ 年份	2018	2017	2016	2015	2014	2013
新增探明天然气地质储量 / 亿立方米	142.56		74.65	35.80	31.45	44.03
二维地震 / 千米	0					2 159.00
三维地震 / 平方千米	1 033.00	1 540.00	2 119.00	892.00	1 983.00	1 009.00
石油钻井 / 口	93	90	95	104	256	318
探井（含侧钻）	21	23	15	16	22	30
开发井	72	67	80	88	234	288
钻井进尺 / 万米	54.90	54.93	46.14	62.78	97.00	156.21
勘探投资 / 亿元	22.62	20.187	17.77	14.90	24.49	22.96
开发投资 / 亿元	29.59	27.79	24.88	30.39	63.54	99.20
综合能耗 / 吨标煤·万元 $^{-1}$	0.36	0.35	0.34	0.33	0.33	0.34

西南油气田

【概况】 西南油气田是中国石化集团西南石油局有限公司（简称西南石油局）和中国石油化工股份有限公司西南油气分公司（简称西南油气分公司）的统称。西南石油局负责西南油气田矿区（社区）管理与服务，西南油气分公司负责西南地区油气勘探开发业务。队伍主要分布在四川、重庆、贵州、云南、广西、湖南等地。机关设在四川省成都市高新区吉泰路 688 号中国石化西南科研办公基地。

西南油气田的前身是组建于 1976 年的国家地质总局四川石油普查勘探指挥部，1983 年 3 月更名为地质矿产部西南石油地质局，1997 年 1 月更名为中国新星石油公司西南石油局，2000 年 3 月随中国新星石油公司整体并入集团公司，并于 2003 年 5 月调整为集团公司西南石油局和股份公司西南分公司。2007 年 3 月，西南石油局和西南分公司与中南石油局、中南分公司、滇黔桂石油勘探局、南方勘探开发分公司整合重组，组成西南石油局、西南油气分公司、石油工程西南公司。2009 年 12 月，石油工程西南公司划归西南石油局。2012 年 12 月，西南石油局石油工程物探单位全部划入中石化西南石油工程有限公司和地球物理勘探有限公司。2017 年 9 月，中国石化集团西南石油局改制为中国石化集团西南石油局有限公司。

截至 2018 年底，西南油气田有机关职能部门 20 个、直属单位 27 个，用工总数 8 737 人（正式职工 5 454 人），其中拥有教授级高级职称的 44 人、高级技术职称的 849 人。西南油气分公司有勘探区块 15 个，勘探面积 1.50 万平方千米，开采区块 24 个，开采面积 3 623.54 平方千米；累计提交天然气探明地质储量 9 882.61 亿立方米（含勘探分公司勘探、西南油气分公司开发的区块内探明天然气储量 2 583.87 亿立方米）；有气田 23 个、气井 1 719 口，开井 1 614 口，累计生产天然气 655.32 亿立方米、原油 174.16 万吨。

西南油气田主要技术经济指标和主要生产建设指标分别见表 1 和表 2。

（杨征宇）

【领导班子调整】 2018 年 4 月 24 日，经集团公司党组研究并征得中共四川省委员会同意决定，解聘武恒志的西南油气分公司副总经理职务。8月4日，经集团公司党组研究并征得中共四川省委员会同意决定，聘任王国力为西南油气分公司副总经理，任命其为中共西南石油局有限公司委员会委员。

（杨征宇）

【主要指标任务全面完成】 2018年，西南油气分公司新增天然气探明储量1 556.74亿立方米；新增天然气控制储量685.21亿立方米，完成年计划的125%；新增天然气预测储量1 177.26亿立方米，完成年计划的168%；新增SEC储量71.06亿立方米，SEC储量替代率116%；新建（增）天然气产能2.94亿立方米；生产天然气61.45亿立方米，超计划1.45亿立方米；销售天然气56.65亿立方米；自营部分亏损7.28亿元，油气单位完全成本1 368元/吨，单位现金操作成本256元/吨，完成投资36.92亿元。西南石油局实现利润92万元，完成投资0.25亿元。

（杨征宇）

【油气勘探成果丰硕】 2018年，西南油气田完成二维地震采集133千米，三维地震采集438平方千米，新开钻探井10口，完钻11口（含续建井4口），综合探井成功率75%，取得1项重大突破、2项新发现、3项商业发现、4项好苗头，获股份公司勘探成果奖8项。马井1井试获日产气68万立方米，取得成都凹陷马井地区雷口坡组勘探重大突破，新增预测储量1 177.26亿立方米。永页7井试获日产气7.2万立方米，在永川新店子高陡背斜带取得页岩气勘探新发现，落实资源量503亿立方米；文星102井获工业气流，在梓潼凹陷蓬莱镇组取得勘探新发现，落实资源量205亿立方米。威荣页岩气田新增探明储量1 247亿立方米，川西气田雷口坡组新增控制储量401亿立方米、探明储量310亿立方米，川西东坡福兴地区侏罗系新增控制储量284亿立方米，分别获股份公司商业发现特等奖、一等奖和二等奖。在赤水林滩场页岩气、阆中海相、丰谷侏罗系、崇州须家河组勘探发现好苗头，林页1井在龙马溪组钻遇优质页岩35.5米，川深1井在二叠系茅口组、寒武系龙王庙组、震旦系灯影组等海相层系钻遇多层油气显示，丰谷6D井在下沙溪庙钻遇气层23米，安阜1井在须家河组钻遇良好油气显示。

（杨征宇）

【油气开发成效显著】 2018年，西南油气田编制完成气藏滚动勘探及评价、产能建设及开发方案17个，实施钻井106口，投产49口（含续建井），取得3项显著效果、3项积极进展，天然气产量规模保持箭头向上，获股份公司开发成果奖5项。老区稳产效果显著，元坝气田保持稳产高产，混合气产量保持在1 100万米^3/日以上，年产工业气34.84亿立方米，增长1.32亿立方米，累计产量突破110亿立方米；川西陆相老井产量综合递减率6.7%，创历史最好水平，年产气24.5亿立方米，连续14年保持在20亿立方米以上。评价及建产效果显著，中江气田构造低部位及断层夹持区滚动评价取得新突破，落实商业开发储量56亿立方米，获股份公司油气高效滚动及评价一等奖，陆相新建产能2.96亿米^3/年。开发管理效果显著，强化方案首席负责制，开发方案质量持续提升，开发井储层钻遇率90%以上，老区滚动建产产能达标率100%，10亿立方米产能建设投资控制在30.2亿元，SEC储量替代率连续3年稳步增长。威荣页岩气田30亿立方米产能建设取得积极进展，一期10亿立方米产能建设全面展开，二期试验平台井开钻，气田试采、提速提效试验、配套工程建设同步推进。川西气田开发建设取得积极进展，气田开发方案通过集团公司审查，优化部署6个平台，井位部署、规划、环评手续办理及钻前施工等前期工作有序推进。永川、丁山页岩气开发评价取得积极进展，落实了滚动建产阵地。

（杨征宇）

【工程配套保障有力】 2018年，西南油气田新开钻井93口，完钻51口，钻井总进尺27.97万米，储层改造78井次457井段，试气作业完成65口78层，创32项新纪录；建成各类站场36座、管道64.2千米。在川西中浅层，“一趟钻”理念得到落实，精细分段改造技术全面推广，裸眼分段先导试验取得突破，平均钻井周期缩短4天，测试产量增长10%。在川西海相，形成“新三开”井身结构，分层改造工艺取得突破，国产液压封隔器逐步推广应用，工程技术体系逐渐完善，优化形成醇胺法井台脱硫工艺方案。在川南页岩气，钻井提速取得实质性进展，高性能水基钻井液先导试验取得突破，页岩气体积压裂技术不断完善，钻前、地面一体化设计全面落实。在元坝气田，完成 8 个集输站场、3 座污水处理及回注站、2 套联合装置检维修任务，以及元坝 27-4 井集输站场、管道建设工程，元坝产能建设项目收官，获国家优质工程项目称号。

（杨征宇）

【产销运行效果显著】 2018 年，西南油气田扎实推进产供储销体系建设，突出“大运行”，紧盯“细调控”，统筹产销运行计划，加强动态监控、调整纠偏、时效考核，运行效率有效提升。井位超前部署，油地协调不断强化，用地选址手续办理提速，累计取得 284 口井环评手续。钻前工程有序开展，新井钻完井、投产节奏持续加快，新井累产天然气 2.07 亿立方米。统筹安排元坝气田停产检修，加强上下对接、内外协调，提前完成检修任务，增产 1 600 万立方米。加大与中国石油互联互通力度，做好“新黄线”“中罗线”和元坝净化气的气源调配，年内串换气量增加 0.85 亿立方米。与非居用气客户签订可调峰、可中断合同，在出现供应缺口时，优先保障民生用气。推进气价调整，全面执行居民用气门站价格调整政策，上浮非居用气价格，实现增收 3.09 亿元。推进天然气网上挂牌交易，成交 1.15 亿立方米，增收 0.24 亿元。西南油气分公司销售凝析油 2.03 万吨、硫黄 28.99 万吨，回款率 100%；西南石油局销售天然气 5.26 亿立方米、液化气 17.52 万吨。

（杨征宇）

【安全环保态势平稳】 2018 年，西南油气田系统完善 HSSE 管理体系，安全引领力得到提升，“管业务必须管安全”理念不断深入；持续完善风险管控、隐患治理“双防”机制，探索形成高含硫气井环空窜气、酸性气田检维修和酸气管道“高后果区”的风险诊断、管控、治理经验，年内总风险值降低 53%，较大以上隐患全部销项，各类微、细、小隐患得到有效管控；规范监督检查，优化调整“低老坏”“违章必停”问题清单，新增“开工必备”问题清单 36 项；开展“一专三审二落实”模式的安全环保诊断活动，年内上报建议 4.2 万条。井控安全进一步强化，印发 26 项作业标准。职业健康管理更加精细，完善《作业岗位职业病危害因素清单》，对 60 类作业岗位工种开展职业病危害风险再识别，年内职业病危害因素检测合格率 100%，职业健康体检率 100%。强化消防管理、打非治违、交通安全等工作，公共安全持续稳固。开展绿色企业创建，形成具有西南特色的“一方案两清单”，采气废水全部实现达标外排或合规回注，初步建成固废处理网络，积极履行清洁生产责任。年内未发生上报安全环保事故，连续 4 年获集团公司安全生产先进单位称号，连续 3 年获中央在川企业安全生产工作先进单位称号。

（杨征宇）

【科技创新再攀高峰】 2018 年，西南油气田聚焦主业攻关核心技术，获得一批代表性科技成果，年度科技奖励获奖情况位居中国石化前列。“井下全通径无级滑套系统”获国家、中国石化、四川省多个奖项。“中江气田沙溪庙组气藏高效勘探开发关键技术”等 4 项成果获省部级科技进步奖；“深层页岩气地球物理综合预测技术及应用”等 5 项技术成果获国际先进以上评价；6 项技术获中国石化首次实施新技术奖酬，1 项成果转化得到奖励。专利申请量和授权量再创历史新高，共申请专利 129 件（发明专利 51 件），完成总部下达任务的 184%，新增国家授权专利 70 件（发明专利 21 件）。信息化数据资源管控体系不断完善，采集量增长 57%，采集及时率达 98.9%；石油工程业务智能管控平台扩大推广应用到华北分公司，适用性、先进性得到充分验证和普遍好评；综合研究业务平台取得重要突破，实现专业软件与数据资源中心高效互通，在线设计全面普及；生产安全监督管理平台强力推进，采集 19 万台设备数据，编制发布 2 910 项作业标准，实现单机作业上线运行；行政管理平台进一步扩大应用范围。

（杨征宇）

【深化改革扎实推进】 2018 年，西南油气田加强企业改革顶层设计，成立全面深化改革领导小组，统筹推进13个专项改革。推进机构“瘦身健体”，进一步压减中层机构2个，提前完成“十三五”机构控制任务。优化项目运行机制，厘清各方职能职责，进一步完善“项目管理部+项目部”项目建设模式。调整资产经营机制，规范对外业务主体，积极拓展市场，外部市场增收500余万元、关联交易增收731万元。“三供一业”及其他办社会职能平稳顺利移交，完成80个职工家属区、1项市政道路资产移交和职能业务划转。推进法人层级治理，完成中扬置业公司注销。加强劳动用工管理，严控总量、盘活存量，严把入口、畅通出口，用工总量控制在总部核定范围内。开展中国石化“岗位价值评估工具开发”项目研究，初步完成评估工具研发、试点。推进分配制度改革，出台《年度绩效工资分配办法》，试行月度绩效工资与单位绩效考核挂钩浮动机制。

（杨征宇）

【企业管理不断优化】 2018年，西南油气田贯彻落实民主集中制，进一步规范决策程序和议事规则，集体研究决策发展规划、深化改革、投资部署等重大事项140项。强化投资战略引领，编制《2019—2021年三年滚动计划》《经营业务战略规划（2018—2050年）暨三年滚动计划（2018—2020年）》。规范投资行为，制定《投资项目前期管理实施细则》，修订《投资计划管理办法》。创新定额管理，开展工区石油工程清单计价上线试点，初步实现竞争定价、量价分离。规范概预算编制、加强工作流程审核，工程结算更加严格。修订全面预算管理规范，优化调整指标体系、组织架构、管理流程、信息系统，分六大业务板块细化预算项目，加强基础工作。强化依法依规治企，合法性审查、风险评估、审计监督等工作不断加强，公司经营管理更加规范。探索建立法律、制度、内控“三位一体”风险防控体系，优化调整内控权限，加强“三重一大”决策事项、规章制度、经济合同依法合规审查，审查率达100%。建立健全选商管理、承包商管理、分包商管理规章制度，分类施行承包商准入制、备案制管理，创建“红黑榜”，市场管理进一步规范。大力推进公开招标，试点电子招标，推行石油工程大包，提高招标质量和效率。物资供应保障有力，节约采购资金和物流费用4 300万元。车辆管理成效明显，车辆数量减少26%，运行效率提高5%，节约费用939万元。大力实施修旧利旧，节约投资1 917万元。

（杨征宇）

【党的建设严实有力】 2018年，西南油气田坚持以习近平新时代中国特色社会主义思想和党的十九大精神为指导，认真贯彻落实新时代党的建设总要求，以政治建设为统领，层层压实管党治党责任，党的建设与中心工作进一步融合，为完成年度目标任务提供了坚强保障。胜利召开西南石油局第一次党代会，明确中长期发展目标和今后5年党建工作重点任务，形成发展“路线图”。严格落实“一岗双责”，加大履职考评和党建考核力度，形成明责、督责、考责、追责的闭环管理体系和压力传导机制。坚持“生聚理用”，突出政治标准，严格执行干部选拔任用程序，制订实施“人才强企工程”3年滚动计划。纵深推进全面从严治党，深入贯彻《中国共产党纪律处分条例》，完善党风廉洁建设工作格局，深化“大监督”体系建设，严抓中央八项规定精神落实，开展全覆盖的党委巡察。深入贯彻落实集团公司“党建质量提升年”推进会精神，研究制定组织力提升工程实施方案，印发《关于在深化改革中进一步优化基层党支部设置和运行的实施意见（试行）》《基层党支部议事决策实施细则（试行）》等制度，推行“支委团队工作法”“三联三责”强基工程，开展“大学习、大讨论、大调研”“共学共做共建”“示范党支部书记行”活动。统筹实施心气文化“九个一”工程，发布《西南油气之歌》，编印《心气文化故事集》，拍摄企业形象宣传片，牵头组织“中国石化在四川”专项宣传，举办公众开放日活动。坚持党建带工建、带团建，召开西南石油局第一次工代会、团代会，开展系列立功劳动竞赛，推动群众性“创新创效创优”，持续深化“跟学做”“一团一品”等青字号品牌活动，获全国模范职工之家称号，邓远平创新工作室被评为全国示范性劳模和工匠人才创新工作室。年内帮扶困难人员469人次、145万元，金秋助学250人、66万元，帮扶协解已退休人员4 642人、2 028万元，协解未退休人员3 020人、6 638万元；做好离退休工作，落实“两项待遇”，获集团公司离退休工作先进单位称号；解决计划内临时工工龄认定等信访积案，信访量为近年最低，获四川省信访稳定工作先进集体称号；年内未发生失、泄密事件，四川省保密局现场考评为优秀；对口帮扶的沐川县成功脱贫，被评为四川省“摘帽”先进县。

（杨征宇）

表 1 西南油气田主要技术经济指标 亿元

指标名称 \ 年份	2018	2017	2016	2015	2014	2013
工业总产值						
西南油气分公司	78.57	73.44	68.63	73.15	49.78	45.42
工业增加值						
西南油气分公司	44.60	41.69	38.96	43.76	17.78	10.24
资产总计						
西南石油局	25.08	26.95	26.69	27.62	28.38	30.05
西南油气分公司	321.88	360.30	389.47	404.31	389.31	340.92
流动资产						
西南石油局	7.79	9.08	8.10	8.90	9.23	8.03
西南油气分公司	3.61	2.79	2.62	2.38	6.54	17.02
固定资产原值						
西南石油局	19.89	21.14	20.96	20.62	20.18	21.78
西南油气分公司	585.65	571.70	550.87	454.74	304.71	271.20
固定资产净值						
西南石油局	12.08	13.11	13.56	13.67	13.76	16.31
西南油气分公司	258.58	289.37	304.35	239.31	113.85	109.75
销售收入						
西南石油局	23.91	21.76	19.87	22.82	27.95	28.67
西南油气分公司	83.67	77.05	68.75	73.22	49.88	45.40
实现利税						
西南石油局	0.99	1.01	1.51	2.35	2.78	2.31
西南油气分公司	-11.32	10.38	7.72	17.57	-18.06	-27.96
税　金						
西南石油局	1.23	1.41	1.85	1.39	1.58	1.37
西南油气分公司	8.90	7.99	5.86	4.49	2.65	2.65

续表

指标名称 \ 年份	2018	2017	2016	2015	2014	2013
综合能耗 / 吨标煤 · 万元 $^{-1}$						
西南石油局	0.04	0.04	0.045	0.04	0.03	0.03
西南油气分公司	0.92	0.90	0.87	0.79	0.57	0.57

表 2　　西南油气分公司主要生产建设指标

指标名称 \ 年份	2018	2017	2016	2015	2014	2013
完成二维地震采集量 / 千米	133.03	—	—	—	341.61	—
完成三维地震采集量 / 平方千米	437.49	882.00	264.53	700.08	646.76	799.48
完成钻井数 / 口	51	58	42	62	112	183
完成进尺数 / 万米	27.97	22.13	14.75	17.02	33.77	49.54
原油产量 / 万吨	2.18	1.29	0.75	1.72	2.28	2.23
天然气产量 / 亿立方米	61.45	60.68	55.10	48.25	34.18	32.25
新增原油生产能力 / 万吨	—	—	—	—	0.22	0.32
新增天然气生产能力 / 亿立方米	2.94	1.75	4.55	18.11	22.50	7.41
新增天然气地质储量 / 亿立方米	3 419.21	1 206.58	1 538.11	2 403.65	2 062.42	4 430.57
勘探开发投资额 / 亿元	36.78	34.28	31.11	46.29	78.98	78.92

东北油气田

【概况】 东北油气田是中国石化集团东北石油局有限公司（简称东北石油局）和中国石油化工股份有限公司东北油气分公司（简称东北油气分公司）的统称，是中国石化在东北地区唯一一支从事石油天然气勘探开发研究的主体专业化油公司。本部机关位于吉林省长春市西安大路 4936 号。其前身成立于 1977 年，2000 年并入中国石化，2008 年 1 月 9 日，中国石化将原东北分公司、东北石油局、勘探北方分公司、华东分公司吉林项目部腰英台油田重组为新的东北石油局暨东北油气分公司，按大 I 型企业管理，实行“一套班子、两块牌子”的管理体制。2017 年 9 月，中国石化集团东北石油局名称变更为中国石化集团东北石油局有限公司。

截至 2018 年底，东北油气田下设 10 个管理部门、4 个直属机构、5 个二级单位；共有正式职工 1 042 人，其中在岗合同制员工 1 007 人（管理人员 227 人、专业技术人员 558 人员、技能操作人员 222 人）；具有高级职称的 278 人（教授级的 21 人）、中级职称的 348 人、初级职称的 143 人。东北油气分公司辖有油气勘查与采矿区块 20 个，总面积约 1.22 万平方千米，分布在吉林省、辽宁省和内蒙古自治区。其中，油气勘查区块 8 个，勘查面积约 1.09 万平方千米；采矿区块 12 个，开采面积约 1 294 平方千米。油气总资源量 19.42 亿吨油当量。已获得累计石油探明储量 1.08 亿吨、累计天然气探明储量 830 亿立方米。

东北油气田主要技术经济指标和主要生产指标分别见表 1 和表 2。

（吴　瑶）

【领导班子调整】 2018 年 4 月 24 日，集团公司党组对东北石油局、东北油气分公司领导班子做出调整决定：经征得中共吉林省委员会同意，决定张西乾任中共东北石油局有限公司委员会委员，聘任张西乾为东北油气分公司总会计师（试用期 1 年）。

（吴　瑶）

【经营管理再创佳绩】 2018 年，东北油气田大力推进精益管理，充分发挥财务管理在生产经营中的价值引领作用，经营效果丰硕。全年完成投资 7.15 亿元，生产原油和凝析油 3 万吨、天然气 8.5 亿立方米，销售天然气 8.2 亿立方米。实现销售收入 13.74 亿元，单位完全成本 1 346 元 / 吨，较年度预算降低 83 元 / 吨。在消化 9 700 万元历史负担的情况下，合并实现利润 1.07 亿元。其中，东北油气分公司盈利 1.0293 亿元，东北石油局盈利 401 万元，主营业务利润率由上年度的 38.08% 上升为 40.44%，天然气盈亏平衡点下降 0.7 元 / 万米^3。“两金”占用持续改善，应收账款减少 28%，自由现金流达 9 300 万元，经济增加值（EVA）实现 5 000 万元，已占用资本回报率（ROCE）上升 2.3 个百分点，人工成本利润率增加 4.7 倍，挖潜增效 1.69 亿元，各项指标向好，保持 2 年持续盈利的势头，扭亏脱困全面完成，。

（吴　瑶）

【高效勘探成果丰硕】 2018 年，东北油气分公司科研团队作用显现，井位部署的质量和数量大幅提升，探井成功率为历年最高，新增天然气探明储量 32.18 亿立方米；新增天然气控制储量 101.14 亿立方米，新增凝析油控制储量 327.09 万吨；新增天然气预测储量 239.4 亿立方米，新增凝析油预测储量 621.94 万吨，取得 1 个新突破、3 个新发现的油气资源勘探成果。①松南地区火山岩新层系天然气勘探获得重要新突破。针对探区广泛分布的火石岭组中基性火山岩重新评价，转变思路，提升认识，重点细化火山岩识别和有效储层刻画。在龙凤山部署的北 213 井钻遇多套气层，初产 4.1 万米^3/ 日，取得中基性火山岩新层系天然气勘探重要新发现。在梨树断陷苏家屯次洼火石岭组火山岩部署的苏 201 井，初产 3.1 万米^3/ 日，进一步证实中基性火山岩勘探潜力。探区内火石岭组中基性火山岩发现圈闭地质资源量 1 316 亿立方米，将成为东北油气分公司增储上产新阵地。②梨树断陷中央构造带浅层天然气勘探获得新发现。部署在后五家户南翼构造低部位的十屋 208 井，登娄库组常规测试，直径为 5 毫米油嘴放喷，日产气量 2.4 万立方米，实现梨树中央构造带浅层勘探新突破。该井的成功部署开拓梨树断陷浅层勘探的新思路，坚定浅层效益勘探的信心，为东北油气分公司 2019 年提供评建新阵地。③长岭断陷查干花南次洼登娄库组勘探获得新发现。围绕查干花生烃凹陷，在南部油气源断裂发育区部署双 10 预探井，登娄库组压裂测试，获得日产 1.9 万立方米工业气流，实现长岭新区带油气勘探新突破，对探区中浅层油气勘探具有带动意义。④伏龙泉断陷东部陡坡带沙河子组勘探获得新发现。为探索伏龙泉东部陡坡带邻近生烃中心，寻找构造相对稳定区断陷层原生油气藏，部署胜利 7 预探井。沙河子组压裂测试，获日产 1.1 万立方米工业气流，实现伏龙泉断陷沙河子组碎屑岩油气勘探新发现。2018 年，“松南地区火山岩新层系天然气勘探重要新发现”获中国石化油气勘探重大发现一等奖。

（吴　瑶）

【效益开发积极主动】 2018 年，东北油气分公司在效益开发上积极作为，效果显著。①火山岩评价、碎屑岩建产出成效。部署实施龙凤山北 213 井区火山岩气藏开发试验井组，落实储层展布、开发技术政策，已投产北 213-3HF 井，日产气 5.2 万立方米，日产油 32.7 吨；攻关东岭火山岩气藏未动用储量开发技术，水平评价井突破经济产能关，DK10HF 井日产气 2.5 万立方米。开展龙凤山营城组已开发区南北 2 个方向外扩产建，平均单井日产气 2.5 万立方米；对苏家屯沙河子组气藏再认识，开展评建一体化，苏 4-2 井日产气 5.8 万立方米，取得良好效果。②老区气田控制递减与措施增产同步发力。针对不同气藏、气井类型细化制定控制递减对策，松南火山岩气藏立体开发、合理配产控制水侵，松南登娄库组、伏龙泉与梨树老区实施低压气井增压开采，龙凤山凝析气藏与老区气井优化排液制度，细化各类气井管理，老区天然气自然递减控制在16%；推进腰英台青二段气藏挖潜，开展老区差层压裂评价和伏龙泉气田层间挖潜，多措并举补充老井产能。全年新增SEC储量8.66亿立方米，储量替代率103%，新建天然气产能1.18亿立方米，新建凝析油产能0.89万吨。③油田开发上持续跟踪分析研究，开展油藏再认识，实施七棵树、秦家屯油田注水试验与复产，探索CO_2吞吐提高采收率技术，原油复产减少亏损660万元、增加现金流2 804万元。

（吴　瑶）

【天然气销售量价双增】 2018年，东北油气分公司认真研判天然气市场供求走势，有针对性地调整市场拓展方向，提高天然气效益。充分利用城市燃气居非并轨政策，积极提高城市燃气供应量。强化用户管理，实施“一户一策”，根据用户所在地区、用气性质、接气点以及历史合作情况等，逐个梳理分析，分别制定回款、价格和气量策略，推进精准营销。坚决落实预付款制度，按照“当期余额不足5天用量，提醒支付下期预付款，不足3天用量减量供应，不足1天用量停止供气”的“531原则”，从易到难，严格规范执行，预付款余额已由年初的1 254万元上升至年底的6 540万元，结算回款率达136%。2018年，销售天然气8.2亿立方米，完成销售任务的101%；每千立方米销售价格较预算增加129元，提高9.19%；销量影响收入增加600万元，价格影响收入增加1.1亿元，累计增加销售收入1.16亿元。

（吴　瑶）

【机构调整顺畅高效】 2018年，东北油气分公司实施机构整合提升改革，全面推行“小机关大处室”运行模式。结合自身规模、管理幅度，按照投资成本一体化、勘探开发一体化、地质工程一体化原则，突出管理＋科研核心业务，进一步整合机构，压扁管理层，公司机关职能处室整合为10个部门，科研机构和采油气厂保持不变，总体上形成“2院3厂4中心10大部”的中层构架。采油气厂机关只设“4室1中心”；采油气管理区不再设置单独机构，按业务设置岗位。机构改革后，处级机构由2015年油公司体制机制建设时确定的30个减少到19个，减幅36.6%；科室由185个压减至64个，减幅65.4%，破除机构“小而全”的弊端，缩短管理链条，减少跨部门的横向协调，转变职能交叉、多头管理的现象，实现组织活力和运行效率的有效提升。

（吴　瑶）

【“三项制度”改革稳步推进】 2018年，东北油气分公司按照集团公司“三项制度”改革工作要求，着力开展干部能上能下改革，重点实施处级、科级干部选聘，打破干部身份终身制。针对处级干部选聘，成立选聘工作领导小组，按照组织选拔和公开竞聘相结合原则，确定中层领导人员选聘方案，根据总部批复，明确26名到龄处级干部转任调研员，其余处级干部全体“起立”，免去现任领导职务，正处级干部采用组织选拔的方式聘用，免职的副处级干部与符合条件的科级干部一起参加中层领导人员竞聘，将行政管理部副主任等39个中层副职岗位确定为竞聘岗位，124名符合条件的干部报名参加。通过公开竞聘，有5名原副处级干部落聘，14名原副处级干部重新回到领导岗位，22名科级干部脱颖而出，成为处级干部。其后，又相应开展科级及以下人员的竞聘上岗工作。竞聘后，“60后”处级干部占比由61.54%下降到29.41%；“75后”处级干部占比由19.23%上升到48.53%，其中“80后”处级干部占比由12.82%上升到38.24%，3名“85后”年轻人走上处级领导岗位。通过公开竞聘，掀“盖层”补“断层”，干部“铁交椅”被撼动，干部“终身制”被打破，干部队伍结构得到有效优化。

（吴　瑶）

【安全环保管理从严从实】 2018年，东北油气分公司扎实推进HSSE管理体系建设，强化安全生产责任和措施落实，把党建工作理念融入安全环保工作中，总体保持安全生产、清洁生产。严格HSSE风险管控，积极开展隐患排查治理，推广“网格化”“一口清”等经验做法，确保主体责任清晰。推进全员目标管理，分解工作责任目标，落实到各单位、各基层、各班组。严抓承包商监管，坚持“承包商问题就是甲方问题”理念，严格“一停、二罚、三清退”过程监管，实行安全业绩与工作量挂钩制度，对非法分包、转包或发生事故的，追究相关人员责任，坚决清理出东北工区；全年共开具停工令 7 份，约谈二级单位及承包商负责人 16 人次，清退承包商员工 23 名，下达处罚通知单 31 份。认真履行环境保护责任，实施绿色企业行动计划，处置危险废弃物 2 705 吨，4.5 万立方米废弃钻井液全部实现无害化处置，处理回注生产作业废水 22.5 万立方米，全面实现泥浆不落地，废水废渣达到零排放。

（吴 瑶）

【系统运行质量效率提高】 2018 年，东北油气田生产运行速度加快，新井征地平均办理周期缩短 23%，钻前施工周期缩短 50%，钻井设备搬迁安装周期缩短 5%，钻完井周期缩短 8.3%，钻井撤场及试油气设备搬迁周期缩短 25%，试油气设备搬上至开工周期缩短 8.6%，投产周期缩短 14.7%。钻井和地面工程提速提效明显，钻井从提速、提效、技术、队伍选择、靶点优化 5 个方面发力，全年平均钻时为 7.52 米、提高 3.6%，综合质量评定优良率 88.2%、提高 1.2%；地面工程坚持快速建产，新井地面投产时率由 10—15 天缩短至 3—5 天，有效提高新井当期产量贡献率；推行“四化”建设标准，提高工区内管材和加热炉等地面设备设施的替代利用率，工区标准化物料应用率达 95% 以上，有效降低地面工程物料库存。

（吴 瑶）

【彰武区块系统内流转】 2018 年，东北油气分公司进一步盘活油田板块油气资源，减轻公司负担，创新体制机制，加快推进高效勘探和效益开发。根据集团公司部署，将彰武区块内部流转至江汉油田分公司，按照有序衔接、资产不丢、管理不乱、运行安全原则，顺利完成移交工作，减少低效、无效、负效资产 3.68 亿元，每年减少折旧和摊销 793 万元。

（吴 瑶）

【“四供一业”移交全面完成】 2018 年，东北油气田按照集团公司要求，加快“四供一业”分离移交步伐，全面完成供电、物业 2 项业务移交工作，将职工家属区物业管理职能和资产平稳移交给长春国投公司。

（吴 瑶）

【党建质量持续提升】 2018 年，东北油气田各级党组织自觉以习近平新时代中国特色社会主义思想和党的十九大精神为指引，深入贯彻落实新时代党的建设总要求，全面压实党建责任。公司党委切实发挥把方向、管大局、保落实作用，推动生产经营、改革发展、队伍建设等各项工作平稳开展。按照“党建质量提升年”部署，树立大抓基层鲜明导向，以“五抓五提升”为主线，以“双示范”创建为载体，以党建考核为手段，聚焦重点难点，创新思路方法，深入开展党员承诺践诺、党员责任区等活动，推动党建工作与中心工作深度融合，党建责任进一步落实，党建工作质量不断提升。构建大监督格局，持续加强纪律建设，深入落实中央八项规定精神和集团公司党组实施细则，坚决防止“四风”问题反弹回潮；发挥监督合力，开展工程建设项目管理专项监察，挽回经济损失 114 万元；严把选人用人“廉洁回复关”，全程监督处级、科级干部公开竞聘，对违纪违规问题“零容忍”，严肃执纪问责；用好监督执纪“四种形态”，努力削减存量，对巡视反馈问题涉及相关责任人依规依纪进行处理；重点遏制增量，年内信访举报案件全部了结。搭建青年建功创效平台，召开公司第 4 次团员大会，选举产生新一届团委，共青团和青年工作切实得到加强。

（吴 瑶）

【精准扶贫落实落地】 2018 年，东北油气分公司深入定点帮扶对象长岭县北正镇七撮村开展调研，并与长岭县扶贫办、北正镇政府和七撮村党支部对接，经集团公司同意，捐赠 50 万元帮扶实施长岭县七撮村危房改造扶贫项目，并签订《中国石化与长岭县北正镇人民政府款项捐赠及使用协议》，践行央企社会责任，助力国家脱贫攻坚。

（吴 瑶）

【宣传和意识形态工作不断加强】 2018年，东北油气田积极参加、精心组织中国石化成立35周年和“中国石化在吉林”系列宣传活动。参与由吉林省委宣传部牵头组织的“壮阔东方潮，奋进新时代——改革开放四十周年在吉林·变迁”大型系列宣传活动，联合“吉林日报”、吉林人民广播电台、吉林新闻网、《新文化报》等8家媒体从企业发展历程、深化改革、科研创效、冬季保供、社会责任等多维度全面报道东北油气田40年来坚持艰苦创业、砥砺奋进，服务社会的发展业绩，展示中国石化企业服务吉林发展的良好形象。出版东北石油局组建40周年纪念专刊，记录东北石油局从组建到崛起、取得一系列辉煌成就的发展历程，从企业党建、责任坚守、企业风采、未来规划等方面展示企业深化改革发展新篇章。

（吴　瑶）

表1　　东北油气田主要技术经济指标　　亿元

指标名称＼年份	2018	2017	2016	2015	2014	2013
工业增加值①	10.08	8.63	7.41	8.11	7.05	10.70
东北油气分公司	9.97	8.58	7.36	8.06	6.91	8.63
东北石油局	0.11	0.05	0.05	0.05	0.14	2.07
资产总计	48.89	51.62	57.68	57.43	66.73	72.71
东北油气分公司	46.94	49.65	55.71	55.41	64.48	70.73
东北石油局	1.95	1.97	1.97	2.02	2.25	1.98
流动资产	1.93	1.73	4.42	1.56	2.53	2.93
东北油气分公司	0.81	0.67	3.40	0.52	1.31	1.90
东北石油局	1.12	1.06	1.02	1.04	1.22	1.03
固定资产原值	124.19	126.42	122.56	118.43	112.10	100.56
东北油气分公司	123.09	125.26	121.39	117.42	110.92	99.52
东北石油局	1.10	1.16	1.17	1.01	1.18	1.04
固定资产净值	39.77	44.66	45.81	46.02	49.08	46.77
东北油气分公司	39.43	44.26	45.38	45.55	48.56	46.35
东北石油局	0.34	0.40	0.43	0.47	0.52	0.42
销售收入	13.77	11.92	10.93	14.96	20.77	22.03
东北油气分公司	13.72	11.87	10.87	14.96	20.17	19.96
东北石油局	0.05	0.05	0.056		0.60	2.07
实现利税	1.97	0.80	−0.47	−4.80	−3.21	−0.35
东北油气分公司	1.91	0.78	−0.47	−4.82	−3.22	−0.59
东北石油局	0.06	0.02	0.01	0.02	0.01	0.24
税　金	0.90	0.63	0.59	0.86	2.37	2.75

续表

指标名称 \ 年份	2018	2017	2016	2015	2014	2013
东北油气分公司	0.88	0.62	0.57	0.84	2.28	2.52
东北石油局	0.02	0.01	0.02	0.02	0.09	0.23
综合能耗 / 吨标煤・万元 $^{-1}$	0.54	0.54	0.71	0.53	0.69	0.69

① 2016 年度、2017 年度东北石油局工业增加值调整至 0.05 亿元

表 2　　东北油气分公司主要生产建设指标

指标名称 \ 年份	2018	2017	2016	2015	2014	2013
原油产量 / 万吨	3.01	1.84	3.51	14.29	19.31	21.69
天然气产量 / 亿立方米	8.53	8.40	7.81	6.15	6.62	6.00
新增原油生产能力 / 万吨	0	0.36	0.06	1.96	1.26	4.32
新增天然气生产能力 / 亿立方米	1.12	0.95	0.86	2.00	—	1.47
新增探明石油地质储量 / 万吨	—	—	—	97.95	60.36	261.17
新增探明天然气地质储量 / 亿立方米	32.18	—	—	51.56	—	7.89
二维地震 / 千米	—	—	—	—	1 025.95	914.44
三维地震 / 平方千米	—	—	20.13	152.00	204.00	660.34
油气钻井 / 口	23	22	23	26	43	151
探　井	10	9	11	9	21	43
开发井	13	13	12	17	22	108
钻井进尺 / 万米	9.56	5.56	8.30	8.71	10.46	33.98
勘探投资 / 亿元	2.25	1.04	1.38	1.88	4.34	8.57
开发投资 / 亿元	4.41	2.24	2.94	2.23	3.92	11.24

华北油气田

【概况】 华北油气田是中国石化集团华北石油局有限公司（简称华北石油局）和中国石油化工股份有限公司华北油气分公司（简称华北油气分公司）的统称，总部位于河南省郑州市，是集团公司上游油田企业之一。其前身为组建于 1975 年 5 月的地质矿产部第二石油普查勘探指挥部，1997 年 1 月并入中国新星石油公司，2000 年 3 月随中国新星石油公司整体并入集团公司，2002 年 5 月，根据集团公司重组改制总体部署，华北石油局组建中国石化新星公司华北石油局和中国石油化工股份有限公司新星华北分公司，2003 年 7 月分别划归集团公司、股份公司直接管理。2013 年

1月，按照集团公司关于石油工程专业化重组和矿区（社区）管理体制调整的总体部署，对石油工程和社区板块进行分离，成立华北石油工程有限公司，实现油公司、工程公司和社区业务“三分开”。2015年3月，中国石油化工股份有限公司华北分公司更名为中国石油化工股份有限公司华北油气分公司。2017年9月，中国石化集团华北石油局完成公司制改制工作，名称变更为中国石化集团华北石油局有限公司。

华北石油局主要负责社区管理，拥有郑州、新乡、咸阳、榆次、须水5个社区管理服务中心。华北油气分公司主要从事油气勘探开发、生产和销售业务，油气生产基地位于陕西省榆林市、延安市、铜川市、咸阳市，内蒙古自治区鄂尔多斯市，宁夏回族自治区盐池县和甘肃省庆阳市、平凉市等地区。

截至2018年底，华北油气田配备有1套党政领导班子（成员共7人），下设23个职能（处室）部门、12个二级单位。拥有正式职工3 150人，其中拥有教授级高级职称的23人、高级技术职称的568人。拥有油气勘探开采区块23个，总面积2.74万平方千米。其中，鄂尔多斯盆地16个，合计面积2.15万平方千米；渭河盆地2个，面积811.407平方千米；沁水盆地1个，面积1 374.804平方千米；南华北盆地1个，面积3 067.645平方千米；二连盆地2个，面积541.312平方千米；巴丹吉林盆地1个，面积102.096平方千米。已获累计石油探明储量2.38亿吨、控制储量1.77亿吨、预测储量3.03亿吨，累计天然气探明储量5 892.10亿立方米、控制储量7 546.63亿立方米、预测储量3 787.81亿立方米。

华北油气田主要技术经济指标和主要生产建设指标分别见表1和表2。

（张新悦）

【领导班子调整】 2018年4月24日，经集团公司研究并征得中共河南省委员会同意，决定：吕新华任华北石油局执行董事兼总经理、华北油气分公司总经理、中共华北石油局委员会副书记。

（龙利平　张新悦）

【年度各项目标任务全面完成】 2018年，华北油气分公司生产天然气40.6亿立方米、销售39亿立方米；天然气年末稳定日产超过1 230万立方米，年生产能力超过45亿立方米，实现历史高水平；生产原油14.5万吨（其中油田自营10万吨）。完成投资27亿元，新建天然气产能5亿立方米；新增天然气SEC储量35.7亿立方米，完成计划的112%；新增石油SEC储量10.4万吨，完成计划的173%；油气单位完全成本顺利完成总部下达控制目标，资产负债率降低1个百分点。企业实现营业收入65.7亿元，利润1.35亿元。

（龙利平　张新悦）

【油气勘探取得新进展】 2018年，华北油气田有2项勘探成果分获股份公司规模储量商业发现一等奖和三等奖。①超额完成油气增储任务。新增天然气控制储量676亿立方米、预测储量449亿立方米，石油控制储量318万吨、预测储量598万吨。储量发现成本继续保持集团公司上游较低水平。②杭锦旗战略展开取得新发现。深化分区带成藏认识，细化储层精细描述研究，以锦58井区为“原点”，向东、向西战略展开，锦145井、锦平探1井甩开勘探分别试获日产2.3万立方米和2.9万立方米工业气流，支撑气田持续建产的资源阵地不断夯实。③新领域多点开花取得新成果。杭锦旗J58P38H井马四段“缝洞型”储层试获日产3.1万立方米工业气流，锦146井、锦142井分别在马四段、中新元古界钻遇较厚含气储层。大牛地大122井“盐下”马四段酸压首获气流，上古开发调整井“一井两用”兼探下古，14口井取得良好显示，D1-516井试获日产4万立方米工业气流，落实“裂缝＋溶蚀孔洞型”白云岩气藏可动用储量50亿立方米。富县新区新富9井上石盒子组新层系试获日产1.2万立方米工业气流，新富16井风化壳钻遇85米良好显示。④鄂南勘探再深化取得新成效。新钻红河207井延安组试获日产5.3吨高产油流，HH74P13井补孔试获日产3.2吨工业油流，HH26-7A井“断缝体”油藏新层位补孔试获日产9.5吨高产油流。

（龙利平　张新悦）

【油气开发成果显著】 2018年，华北油气田提高部署质量的研究基础逐步夯实，树立“用最少的井实现产建目标”的高效开发理念，建立“十图两表”单井方案部署模式，运用“四个节点法”钻井跟踪调整技术，开发井气层钻遇率和成功率分别提高 5.6 个和 2.7 个百分点，产能建设方案较计划减少 4 口井，节约投资 7 300 余万元。①杭锦旗成功晋级大气田行列。首次应用“混合井网 + 井组”的立体开发模式滚动扩边建产，方案区储量动用率提高 37%，获股份公司规模增加经济可采储量二等奖。优化调整 61 口气井工作制度、实施 23 口关停井复产、开展 21 口零散井非管道气回收，释放产能 65 万米^3/ 日。东胜气田年末日产水平突破 400 万立方米，年产量首次突破 10 亿立方米，盆地北缘大气田格局初步形成。②大牛地气田稳产基础有望做实。加强气藏单砂体刻画和气井动态储量研究，高效调整新建产能 1.5 亿立方米。投产 38 座站新增产能 29 万米^3/ 日；治理气井 1 407 井次，新增产能 156 万米^3/ 日，气田自然递减由 13% 降至 9.6%，综合递减由 12.4% 降至 9.1%。推进 12 口含硫气井综合治理，释放产能 19 万米^3/ 日。大牛地基本实现 30 亿立方米稳产目标。③鄂南原油可持续稳步推进。按照现金流为正原则，适时扩大复产规模，全年超产 1.5 万吨。红河油田长 9 油藏精细注水开发取得阶段性进展，含水率下降 17 个百分点，综合递减率由 21.2% 降至 7.8%。长 8“断缝体”油藏积极开展注示踪剂试验，为探索定容体精细刻画和裂缝性油藏注水开发奠定基础。

（龙利平　张新悦）

12 月 12 日，采气二厂天然气年累计工业产量达 10.03 亿立方米 （闫志洪　摄）

【强力推进“三项制度”改革】 2018 年，华北油气田积极落实“三定”方案，持续推进机构整合，撤并精简中层机构 3 个，压减基层机构 9 个，优化精简基层班子 30 个。推动“大岗位”设计，企业岗位总数由 1 425 个压减为 888 个。严格控制用工总量，超额完成年度定员控制目标。大力构建油公司用工模式，持续优化人力资源配置，建立人力资源蓄水池，畅通人才流通渠道。

（龙利平　张新悦）

【“四供一业”及医疗幼教分离移交攻坚战取得全面胜利】 2018 年，华北油气田加强全局性统筹和针对性施策，20 个“四供一业”项目及医疗幼教机构全部平稳有序完成施工改造、业务和资产移交，走在集团公司最前列。共争取到国家和集团公司支持改造资金 8 500 万元，针对老旧小区设施设备陈旧、服务不到位、维修基金缴纳不足等问题，积极争取移交政策，改善居民生活环境，最大限度保障居民切身利益。

（龙利平　张新悦）

【科技支撑持续增强】 2018 年，华北油气田获集团公司科技进步、技术发明三等奖各 1 项，通过成果鉴定 4 项，“十三五”国家重大专项顺利通过中期评估。编制华北油气分公司企业标准 9 项，申请国家专利 53 件（发明专利 25 件），获授权专利 47 件（发明专利 20 件）。①高效勘探科技工程取得积极进展。立足盆地整体，深化区域研究，杭锦旗依据烃源岩、储层类型、区域封堵三大条件，划分出 4 种成藏配置关系，建立形成不同成藏区带圈闭评价体系。形成古地貌控储、新构造控藏新认识，有力指导大牛地、杭锦旗和富县取得突破。深化致密油高产富集规律研究，拓展“断缝体”控富控产认识，鄂南油可持续发展有了新的依托。②效益产建科技工程取得初步成效。建立野外地质考察实训基地，综合运用野外露头与岩芯观察、现代沉积卫星图像等成果，深化不同沉积体系砂体构型认识研究，初步构建形成真正面向单砂体、流动单元的精细描述研究体系。③储量有效动用科技工程取得实质成果。针对杭锦旗易漏塌复杂地层，配套完善优快钻完井技术，推广二级井身结构水平井，JPH-402 井首次实现“四个一趟钻”。全通径完井压裂、混合水体积压裂、多薄层穿层压裂、下古“多级交替注入 + 复合加砂酸压”技术推广应用取得实质性增产效果，针对不同气藏类型的高效改造技术体系逐步形成。建立积液综合定性识别方法，针对性开展固化水储层保护、低压泡排剂应用、负压采气、柱塞气举、机抽、电泵等系列试验，优化井下节流设计和管柱组合，气井携液效率大幅提升，老井稳产技术体系更加完善。

（龙利平　张新悦）

【安全环保管理迈出新步伐】 2018 年，细化完善全员安全环保管理责任体系，落实隐患整改机制，严格考核兑现和事故责任追究。打造安全环保月度会通报平台，加强责任落实督办，确保企业安全环保工作部署全面落实到位。深入推动科学化手段应用，全面开展风险识别分析，现场两级动静态风险管控责任全面落实，公司“十大”安全风险全部降值降级，重大环境风险整体降级销项、全面受控。形成气田、煤矿、地方联动机制，应急预案完善桌面推演，科学管理网络体系正在逐步构建成型。直接作业环节管理能力得到提升，施工现场强制配齐全方位视频监控系统，并作为开工基本条件，实时监控现场依规操作情况，成为现场监督和日常督察的重要组成部分，石油工程施工、物探野外采集管理实效和质量得到稳步提高。严格承包商安全资质审核，加大发包源头管控，落实甲方管理责任，对不合格承包商严格清除。

（龙利平　张新悦）

对甲醇回收装置换热器进行维保（孙立华　摄）

【党建工作质量成效显著】 2018 年，华北石油局认真贯彻新时代党的建设总要求，全面落实集团公司党组决策部署，系统谋划“两个三年、两个十年”党建工作规划，部署实施以“强根铸魂、政治生态、人才强企、幸福和谐”为主要内容的党建工作“四大工程”，作为公司中长期党建工作的行动指南。推进党建工作责任全面落实，制定具有华北特色《党建工作责任手册》，量化班子成员责任清单。先后 2 次组织召开专题党委会听取班子成员落实党建工作责任情况汇报；制定《党委委员基层党建工作联系点制度》，督促两级党委委员深入基层一线，全面掌握联系点单位生产经营、安全稳定、从严治党等第一手资料，两级党委委员抓党建意识不断增强。牢固树立大抓基层的鲜明导向，大力实施组织力提升工程，持续推进支部书记持证上岗，开展 2 轮基层调研督导，与华北石油工程公司联合开展党建共建，基层建设不断夯实。坚持融入中心，着力推动政治优势转化，制订机关赴前线服务保障油气生产计划，组织基层支部和广大党员带头发挥作用，充当会战的排头兵、顶梁柱、急先锋，全力保障天然气上产保供百日会战完成各项目标任务，为扭亏为盈打下坚实基础。在 2018 年集团公司党建考核中，华北石油局获评 A 档。

（王　甲　张新悦）

表 1　　华北油气田主要技术经济指标　　亿元

指标名称 \ 年份	2018	2017	2016	2015	2014	2013
工业总产值	57.28	46.56	46.74	57.97	77.48	69.53
华北石油局	0.62	0.37	0.47	0.62	1.37	1.51
华北油气分公司	56.66	46.19	46.27	57.35	76.11	68.02
工业增加值	46.31	31.42	33.98	42.40	56.27	24.22

续表

指标名称 \ 年份	2018	2017	2016	2015	2014	2013
华北石油局	0.33	−0.34	0.30	0.48	0.97	1.18
华北油气分公司	45.98	31.76	33.68	41.92	55.30	23.14
资产总计	213.58	227.20	282.09	290.36	317.91	309.60
华北石油局	3.66	5.20	5.60	6.54	7.32	6.45
华北油气分公司	209.92	222.00	276.49	283.82	310.59	303.15
流动资产	17.15	11.78	5.99	7.67	15.60	16.75
华北石油局	2.05	2.54	2.59	3.21	3.92	3.83
华北油气分公司	15.10	9.24	3.40	4.46	11.68	12.92
固定资产原值	507.95	485.18	476.21	436.11	406.96	356.5
华北石油局	2.99	6.35	6.64	6.44	6.15	5.13
华北油气分公司	504.96	478.83	469.57	429.67	400.81	351.37
固定资产净值	148.11	157.10	171.40	204.05	225.98	220.15
华北石油局	1.46	2.55	2.93	3.01	3.03	2.28
华北油气分公司	146.65	154.55	168.47	201.04	222.95	217.87
销售收入	65.65	48.40	47.23	59.33	76.96	90.01
华北石油局	2.65	2.13	0.51	0.69	1.32	4.73
华北油气分公司	63.00	46.27	46.72	58.64	75.64	85.28
实现利税	4.56	−8.21	−45.95	−18.72	0.26	−18.93
华北石油局	0.17	−0.42	−0.08	0.08	0.39	0.87
华北油气分公司	4.39	−7.79	−45.87	−18.80	−0.13	−19.80
税　金	3.19	2.57	2.55	3.14	6.62	7.55
华北石油局	0.16	0.13	0.19	0.23	0.69	0.82
华北油气分公司	3.03	2.44	2.36	2.91	5.93	6.73
综合能耗 / 吨标煤・万元 $^{-1}$	0.371	0.369	0.33	0.32	0.36	0.29
华北石油局	0.248	0.245	0.21	0.20	0.31	0.20
华北油气分公司	0.494	0.493	0.44	0.43	0.41	0.38

表 2　　华北油气分公司主要生产建设指标

指标名称 \ 年份	2018	2017	2016	2015	2014	2013
油气产量 / 万吨	336.05	307.14	360.46	363.23	453.50	396.81
新增油气生产能力 / 万吨	50.39	60.92	63.72	60.13	105.49	46.86
新增油气探明储量地质储量 / 万吨	—	633.95	—	0	—	1 668.69
三维地震 / 平方千米	284.00	685.00	582.00	869.00	1 763.00	3 493.00
二维地震 / 剖面千米	889.00	—	—	0	503.00	—
油气钻井 / 口	122	96	112	171	291	751
探　井	19	15	18	23	74	149
开发井	103	81	94	148	217	602
钻井进尺 / 万米	44.31	37.32	42.78	66.44	85.98	191.73
勘探投资 / 亿元	3.96	3.91	4.72	6.49	16.31	29.29
开发投资 / 亿元	19.32	13.75	25.26	27.91	44.20	106.44

华东油气田

【概况】 华东油气田是中国石化集团华东石油局（简称华东石油局）和中国石油化工股份有限公司华东油气分公司（简称华东油气分公司）的统称，是中国石化常规与非常规油气勘探开发的专业队伍。本部位于南京市建邺区江东中路 315 号中泰国际广场 6 号楼。华东石油局前身为 1970 年 5 月 6 日成立的江苏省石油勘探指挥所，隶属地质部石油海洋地质局管理。1997 年 1 月纳入中国新星石油公司管理。2000 年 4 月随中国新星石油公司整体并入集团公司。2003 年 5 月，华东石油局和华东油气分公司分别调整为集团公司和股份公司直接管理。2012 年 11 月 8 日，华东石油局石油工程专业队伍划出，成立中石化华东石油工程有限公司。2015 年 3 月 20 日，华东分公司开始运行油公司管理体制，更名为华东油气分公司。

截至 2018 年底，华东石油局和华东油气分公司共设有职能部门和党群工作部门 16 个（华东石油局 1 个、华东油气分公司 15 个），直属机构 2 个，下属单位 11 个（华东石油局 4 个、华东油气分公司 7 个），用工总量 1 730 人，其中在职职工 1 685 人（华东石油局 373 人，不在岗 7 人；华东油气分公司 1 357 人，不在岗 38 人）；具有各类高级专业职称的 334 人、中级专业职称的 497 人。累计 2 人享受政府特殊津贴。

截至 2018 年底，华东油气分公司在苏北、下扬子探区拥有油气勘探区块 9 个，总探矿权面积 6 599.67 平方千米，其中苏北油气勘查面积 1 336.39 平方千米、下扬子中古生界油气勘查面积 5 263.28 平方千米。登记拥有石油矿产开发权的区块 6 个，面积 354.97 平方千米；在四川、重庆、贵州、山西、陕西、安徽、宁夏、内蒙古等地拥有可进行非常规资源勘探的区块 8 个，其中煤层气勘探区块 2 个（东道梁、乡宁），总面积 405.21 平方千米，煤层气资源量 628 亿立方米；可进行煤层气勘探区块 3 个（延川南、织金、红果），总面积 7 661.25 平方千米，煤层气资源量 6 493 亿立方米；页岩气勘探区块 3 个（南川、彭水、宣城），总面积 1.21 万平方千米，预测页岩气地质资源量 2.92 万亿立方米。

华东油气田主要技术经济指标和主要生产建设指标分别见表 1 和表 2。

（刘　波）

【领导班子调整】 2018 年 2 月 24 日，集团公司人事部印发通知，同意俞凯退休。3 月 23 日，集团公司党组征得中共江苏省委员会同意，免去冯如进华东石油局委员会副书记、委员、纪律检查委员会书记职务，不再担任华东石油局工会主席职务，任调研员。9 月 20 日，华东油气田召开领导班子扩大会议，宣布集团公司党组任命决定：何惠生任华东石油局党委副书记、纪委书记，工会主席推荐人选。

（刘　波）

【中共华东石油局第四次代表大会】 2018 年 12 月 23—24 日，中共华东石油局第四次代表大会在南京召开。大会以习近平新时代中国特色社会主义思想为指引，贯彻落实党的十九大精神和集团公司“两个三年、两个十年”战略部署，回顾油气田过去 5 年党委和纪委工作，分析新时代党委和纪委工作面临的新形势，提出今后 5 年党委和纪委工作指导思想和工作思路，部署今后 5 年党委和纪委工作任务。大会通过民主选举产生中国共产党华东石油局第四届委员会和第四届纪律检查委员会，选举郭彤楼为中国共产党华东石油局第四届委员会书记，方志雄、何惠生为中国共产党华东石油局第四届委员会副书记；选举何惠生为中国共产党华东石油局第四届纪律检查委员会书记，杜惠平为中国共产党华东石油局第四届纪律检查委员会副书记。

（刘　波）

【油气产量年累计首超 100 万吨】 2018 年，华东油气田生产原油 42.20 万吨，增加 6.20 万吨，增幅 17.20%；生产煤层气 3.82 亿立方米，增产 27.30%；生产页岩气 5.10 亿立方米。全年油气生产 131.40 万吨，首次超过 100 万吨，人均油气当量 952 吨、增长 127.80%，创华东油气分公司油气年产量历史新高，实现百万吨油气田目标。

（刘　波）

【生产经营实现扭亏为盈】 2018 年，华东油气分公司实现收入 28.55 亿元，完成计划的 137.10%，增幅 104.40%；实现考核利润 5.23 亿元，还原往年勘探费用后，实际账面利润 1.63 亿元，完成计划的 183.20%，利润水平在中国石化上游板块排名第三。经营现金流 18.26 亿元，增幅 193%。单位油气完全成本 1 978 元 / 吨，下降 42%；原油单位完全成本 2 295 元 / 吨，下降 30%，原油盈亏平衡点降至 52.30 美元 / 桶，SEC 储量替代率 121%。华东石油局实现收入 4.40 亿元，利润 2 716 万元（还原“四供一业”费用 1 768 万元），增幅 164%。华东油气田全年实现经营收入 32.96 亿元，完成考核利润 5.50 亿元，实现集团公司提出的 3 年内扭亏脱困目标。

（刘　波）

【平桥南完成 6.5 亿立方米产能建设项目】 2016 年 4 月 11 日，华东油气分公司启动平桥南产能建设项目，坚持“滚评建一体化”开发思路，通过组织协调内部力量，从地震、地质、开发、压裂、测试等方面入手，不断总结产建经验和教训，以深化气藏认识为核心，明确富集高产主控因素，不断优化井网和轨迹，确保平面上储量动用最大化。通过产能评价及合理配产研究，截至 2018 年底，平桥南区页岩气完钻井 30 口，进尺 15.88 万米，压裂试气 28 口，平均测试日产气 28.70 万立方米，其中主体区单井产能 7.0 万米^3/ 日、翼部单井产能 6.0 万米^3/ 日。完成平桥南 6.50 亿立方米产能建设，单井产能高于设计方案。全年生产页岩气 5.10 亿立方米，实现产销同步运行。项目获

2018 年 5 月 17 日，华东油气分公司与重庆市南川区政府达成页岩气开发利用协议。图为签约现场（姚　鹏　摄）

股份公司规模增加经济可采储量特等奖。

（刘　波）

【焦页 10HF 井获高产工业气流】 焦页 10HF 井是华东油气分公司部署在南川区块金佛断坡第 1 口页岩气预探井，垂深 3 405 米，水平段长 1 500 米。2018 年 4 月 1 日完成 21 段压裂施工，平均每段用液 2 200 立方米，加砂 90 余立方米。该井探索“多簇射孔、投球转向、连续加砂”的压裂工艺，创新实践，每秒平均加砂 1.32 立方米，实现储层大规模复杂缝网改造。4 月 17 日完成产能测试，12 毫米油嘴试获日产气 19.60 万立方米，对南川金佛断坡整体勘探开发具有重大意义。预测有利区面积 227.30 平方千米，资源量 2170 亿立方米。南川地区金佛斜坡页岩气勘探获股份公司油气勘探发现特等奖。

（刘　波）

【焦页 201-1HF 井试获工业气流】 焦页 201-1HF 井位于南川区块平桥南背斜东翼，是平桥南地区压裂施工最深井，水平段长 1 500 米，水平段垂深 3 768—3 847 米，分 23 段压裂。施工特征较平桥主体区表现为高开井压力、高破裂压力、高施工压力、高停泵压力的“四高”特征，施工难度大。华东油气分公司坚持地质工程一体化，在压裂施工过程中，设备据实优化，参数当即调整，经验及时推广，通过采用大排量、高砂量、中砂比的压裂工艺，实现平均每米 1.20 立方米的加砂量。2018 年 6 月 3 日，完成产能测试，12 毫米油嘴试获日产气 15.80 万立方米。该井的成功对于探索页岩气 3 800 米压裂施工效果临界深度具有重要指导意义。

（刘　波）

【延川南煤层气田达产推价取得实效】 2018 年，延川南煤层气田按照“高产井快达产、中产井稳上产、低效井巧挖潜”，精细排采、加密更新、措施增产、运行保障，坚持“一井一策”优化管理，及时调参、高效扶躺，开井 908 口，产气井 792 口，其中千立方米井 472 口，日产气 108.53 万立方米，平均单井日产 1 370 立方米，达产率 90.50%，实现整体上产稳产。积极探索氮气泡沫重复压裂、冲击波增透解堵等工艺技术，挖掘低产低效井潜力，攻克增产技术，平均日增产 1.50 万立方米。挖潜煤系气资源潜力，部署调层井、更新井，日增气 6.90 万立方米。采用“分层压裂、合层开采”技术方法，建立逐级降压排采制度，织金地区完钻开发试验井 19 口、探井 3 口，试验井组评价取得阶段性成果。积极沟通销纳客户，保量推价联动，完成全产全销和冬季保供任务，平均每立方米气推价 0.22 元。全年生产煤层气 3.82 亿立方米、增产 27.30%，实现利润 390 万元、增幅 114%。

（刘　波）

延川南煤层气田 W30 平台氮气泡沫压裂施工现场（王海龙　摄）

【常规油气勘探创佳绩】 2018 年，华东油气分公司坚持高效勘探，狠抓部署质量，坚持以新发现为切入点、规模优质储量为目标、甩开勘探与重点评价相结合，立足中浅层和优质储层，老区找新带、老井找新层，断块转岩性、构造转复合，发现仓吉岩性油藏群，全年探井成功率 56%，提交三级石油地质储量 477.58 万吨。其中，提交控制地质储量 258.40 万吨、完成年计划的 129%，预测地质储量 219.10 万吨、完成年计划的 110%。仓吉岩性勘探取得新突破，部署吉 2 井、仓西 2 井、吉 3 井和吉 201 井均获成功，平均单井日产油 9 吨，获股份公司商业发现三等奖。

广山浅层勘探取得新发现，部署的广 6 井在 2 000 米以浅的阜宁组三段试获日产油 3.40 吨；广 7 井钻遇油层 4.80 米，常规试获日产油 3.80 吨，预测地质储量 286 万吨。勘探成果取得 1 个新突破、1 个新发现，获股份公司勘探管理奖。

（刘　波）

【原油上产成效显著】 2018 年，华东油气田扩大西斜坡建产规模，完成南华 201 井区续建工程，部署平台 12 个，建成“12 注 47 采”的开发井网；启动仓吉区块产能建设，部署井网“9 注 23 采”，完成 7 个平台建设，新建产能 1.60 万吨；滚评建一体化，优化方案、科学设计、源头降本，落实商业开发储量 373 万吨，新建产能 3.60 万吨，每桶 60 美元下税后内部收益率 17.40%，基准平衡油价每桶 52 美元；夯实老区稳产基础，精细注采管控，实现北斜坡硬稳产，区块含水上升率控制在 2% 以内，自然递减率下降到 5.8%，日产油水平提升至 500 吨以上；推广应用二氧化碳增油系列技术，有序推进东部斜坡带老油田不同类型二氧化碳驱油开发，通过抓好井网重组恢复、见气井治理，“2C”（二氧化碳加化学药剂复合驱）及水气交替驱，合理提升压力保持水平和见效稳产周期，自然递减率下降到 8.0%，原油产能保持每日 200 吨水平；加强关停低效井潜力分析，确定草平 6 井大修方案，大修复产初产每日 22 吨；实施老区侧钻治理，改善油田开发效果，实施 3 口，新增日产油 28 吨；发挥油田信息化建设作用，常态化开展网上巡检、现场在途处置和自扶躺措施，发现异常井 274 井次，消除设备等异常 116 井次，实施自扶 113 井次，避免躺井 88 井次，减少产量损失 1 901 吨；扩大捞油规模，70 口捞油井日捞油水平稳定在 35 吨，年累计捞油 8 900 吨。全年生产原油 42.20 万吨，连续 9 年递增，创历史新高。

（刘　波）

【自主经营承包全面推进】 2018 年 4 月 19 日，华东油气分公司、华东石油局根据集团公司及油田板块工作部署，结合扭亏脱困和“第一个三年”规划安排，联合印发《关于上报华东油气田自主经营承包方案的请示》；6 月 21 日，《华东油气田自主经营承包方案》通过集团公司审查。该方案围绕价值创造、效益最大化、可持续发展，按照“权责利”对等的基本原则，确定华东油气田 2018—2020 年储量、产能、产量、效益等 5 个方面自主经营的主要目标任务；明确自主经营主体责任、深化体制机制改革、实现油气效益最大化等保障措施，构建勘探、开发、技术攻关、生产运行管理等多个项目管理团队，完善经营承包考核体系，签订 3 年各类考核指标 456 项，配套下放投资决策再调整权、基层机构决策权等 8 项权力清单和 4 项基数指标。推进“买单制”，制定出台《华东油气分公司内部服务模拟市场结算管理办法（试行）》《华东油气分公司内部服务模拟市场结算定额（价格）》等办法，共制定 7 类 446 项内部服务定额（价格）。12 月 7—8 日，华东油气田在句容陈武基地举行自主经营承包推进会，宣贯自主经营承包批复及其要求，落实分解承包指标，安排部署下步工作，以实现企业可持续、高质量发展。

（刘　波）

【改革创新持续推进】 2018 年，华东油气田完成机关部门设置及职能调整，将离退休管理处与社区管理中心合并定名为社区管理中心、生产运行管理部与科技处整合组建生产运行与科技部、财务资产处与计划财务处整合组建财务处、人力资源处加挂党委组织部牌子，中层机构相应减少 3 个。完善人才成长通道建设方案及职位选聘评价体系，完成经营管理、专业技术、技能操作三支人才队伍选聘，公开选聘首席专家 4 名、高级专家 5 名、专家 17 名，首席技师 2 名。推进创新驱动，国家科技重大专项“彭水常压页岩气勘探开发示范工程”中期评估同类排名第一，“南川复杂构造带常压页岩气勘探开发关键技术研究”首次被列入中国石化“十条龙”科技攻关项目，全年获省部级科技进步奖 4 项。

（刘　波）

【安全环保成绩显著】 2018 年，华东油气田落实“谁主管、谁负责”“管业务必须管安全”要求，调整 HSSE 专业分委员会，增设环境保护分委员会，推进 HSSE 主体责任和属地责任落地生根。建立各级安全生产风险和隐患清单，下半年对油气田 3 个较大风险点进行降级管理，增加 1 个较大风险点，调整后油气田管控的较大安全风险点总风险值为177，较上半年降低41。油气田级以上检查各类问题5 120条，完成整改5 116条，整改合格率99.40%。下发督察令6份、停工令3份、罚款通知单2份。加强污染物和危险化学品安全治理管控，钻井、作业废水及废弃泥浆等处理达标率100%，处置危废4 902.20立方米，处置率100%。加强承包商管理，减少安全隐患，清退2家，对2家进行约谈整改。加强危险化学品安全管控，印发《危险化学品安全综合治理实施方案》。开展“全员安全诊断”，推进“现场安全标准化”活动，推进绿色企业创建、职业健康管理和“平安油区”“平安管道”建设工作。全年油气田安全生产总体平稳运行，实现安全环保生产平稳运行和“五个杜绝”HSSE工作目标，获集团公司环境保护先进单位、江苏省平安企业、江苏省非煤矿山安全生产先进单位等称号。

（刘　波）

【庆祝华东油气田发展60年活动】 2018年9月28日，华东油气田开展庆祝中华人民共和国成立69周年暨华东油气田发展60周年庆祝活动，部分离退休领导、劳模、共产党员、工人代表，机关部分领导干部60余人参加活动。召开座谈会，回顾华东油气田奋斗历程，展望华东油气田未来。同时，以“甲子韵·石油情”为主题进行文艺汇演，庆祝建国69周年，展示华东油气田不屈不挠、勇毅笃行、建成百万吨油气田的历程，讴歌华东油气田60年发展历程。

（刘　波）

表1　　华东油气田主要技术经济指标　　亿元

指标名称 \ 年份	2018	2017	2016	2015	2014	2013
工业总产值	26.52	13.30	9.07	10.35	15.20	13.90
华东石油局	1.04	0.82	0.96	2.60	0.90	0.86
华东油气分公司	25.48	12.48	8.11	7.75	14.30	13.04
企业增加值	17.80	4.82	10.27	−1.94	7.72	4.90
华东石油局	2.08	1.91	1.64	1.82	1.73	1.59
华东油气分公司	15.72	2.91	−0.37	−3.76	5.99	3.31
资产总计	87.73	90.28	94.36	96.44	93.06	71.38
华东石油局	13.95	13.56	13.27	16.00	14.09	11.13
华东油气分公司	73.78	76.72	81.09	80.44	78.97	60.25
流动资产	5.95	5.87	10.43	6.96	7.93	8.69
华东石油局	3.87	3.39	2.78	5.08	6.14	5.12
华东油气分公司	2.08	2.48	7.65	1.88	1.79	3.57
固定资产原值	123.04	113.45	93.43	80.23	72.61	61.63
华东石油局	7.01	6.61	6.64	6.63	6.68	6.17
华东油气分公司	116.03	106.84	86.79	73.60	65.93	55.46
固定资产净值	39.54	39.20	38.39	36.72	35.38	30.65
华东石油局	3.40	3.25	3.54	3.83	4.13	4.07

续表

年份 指标名称	2018	2017	2016	2015	2014	2013
华东油气分公司	36.14	35.95	34.85	32.89	31.25	26.58
销售收入	29.63	15.79	12.48	13.17	18.79	22.43
华东石油局	4.10	3.30	3.22	3.64	4.49	5.18
华东油气分公司	25.53	12.49	9.26	9.53	14.30	17.25
实现利税	2.98	−18.13	−13.70	−0.51	−1.04	−2.19
华东石油局	0.39	0.15	0.13	0.60	−0.26	0.55
华东油气分公司	2.59	−18.28	−13.83	−1.11	−0.78	−2.74
税　金	1.73	1.02	0.88	1.05	3.13	2.34
华东石油局	0.39	0.31	0.25	0.36	0.08	0.95
华东油气分公司	1.34	0.71	0.63	0.69	3.05	1.39
综合能耗 / 吨标煤・万元$^{-1}$	0.65	0.85	1.11	0.53	0.55	0.55
华东石油局	0.25	0.24	0.24	0.23	0.22	0.19
华东油气分公司	0.40	0.61	0.87	0.30	0.33	0.36

表 2　　华东油气田主要生产建设指标

年份 指标名称	2018	2017	2016	2015	2014	2013
原油产量 / 万吨	42.20	36.01	33.01	35.01	35.01	30.26
新增原油生产能力 / 万吨	6.10	4.44	0.69	6.39	10.08	8.31
新增探明石油地质储量 / 万吨	0	178.68	242.46	517.91	317.85	242.25
二维地震 / 千米	10.00	132.00	104.00	600.00	480.00	1 632.00
三维地震 / 平方千米	100.00	0	0	393.00	101.00	216.00
石油钻井 / 口	76	94	27	38	647	439
探　井	33	21	17	26	37	32
开发井	43	73	10	12	610	407
钻井进尺 / 万米	20.55	23.91	8.26	10.56	103.24	82.69
勘探投资 / 亿元	3.89	3.06	2.78	6.95	6.97	7.08
开发投资 / 亿元	8.00	17.68	3.86	7.19	22.00	20.45

勘探分公司

【概况】 中国石油化工股份有限公司勘探分公司（简称勘探分公司）是中国石化唯一的专业化勘探企业，肩负着中国石化“打造上游长板、建设世界一流”的资源战略重任，业务归口中国石油化工股份有限公司油田勘探开发事业部管理。勘探分公司位于成都市高新区吉泰路688号中国石化西南科研办公基地。其前身是南方海相油气勘探项目经理部，成立于1999年5月。2002年4月，中国石化整合南方海相油气勘探项目经理部和滇黔桂油田分公司，成立南方勘探开发分公司。2007年3月，原南方勘探开发分公司和原中南油气分公司勘探研究、勘探管理及部分相关业务人员整合重组成立勘探南方分公司，同年8月迁址成都。2014年7月，中国石化批复同意更名为中国石油化工股份有限公司勘探分公司。

截至2018年底，勘探分公司拥有在岗合同制员工463人，管理与专业技术人员463人，具有中级及以上专业技术职务任职资格的员工共计363人。在岗员工平均年龄43岁。

遵照中国石化的统一安排，勘探分公司主要负责所管理勘查区块内的风险勘探，同时开展国内重点含油气盆地分析、矿权登记、投入不足区块评价、风险井平行论证等工作。2018年末，归属勘探分公司管理勘查区块24个，总面积6.09万平方千米，横跨8个省市区，天然气总资源量11.38万亿立方米，石油总资源量1.17亿吨。

2018年，勘探分公司实施钻井12口，全年完成进尺3.5万米。完成二维地震采集699.24千米，完成三维地震采集578.99平方千米。完成2口井3地质层试气工作，获得工业气流2层，钻探成功率100%。新增天然气控制储量264.72亿立方米、预测储量1 527.01亿立方米，分别为年度计划的132%和191%，大幅超额完成年度储量任务。全年完成投资13.81亿元，控制在总部下达的年度投资计划以内；实现利润308万元，为年初目标的140%，全年生产经营任务圆满完成。

2018年，勘探分公司多项成果受到集团公司表彰嘉奖，多个集体和个人获集团公司奖励。“川东北元坝地区二叠系新层系天然气勘探重要新发现”获勘探发现一等奖；“川东南丁山构造深层页岩气勘探新发现”“川东南地区茅口组新类型天然气勘探新发现”获勘探发现二等奖；“中、上扬子地区页岩气勘探整体评价与目标优选研究”获优秀研究项目奖。勘探分公司连续第13年被评为安全生产先进单位，再次被评为环境保护先进单位，被评为2018年优秀勘探管理单位；勘探研究院页岩气室被评为中国石化先进集体，物资供应中心党总支被评为集团公司先进基层党组织；孙坤忠被评为中国石化劳动模范，魏志红被评为集团公司优秀共产党员，余海峰被评为集团公司精神文明先进个人。

勘探分公司主要经济指标和主要生产建设指标分别见表1和表2。

（侯玉梅）

【组织机构设置调整】 2018年3月29日，勘探分公司行文成立勘探分公司安全环保督察大队，安全环保督察大队在勘探分公司原安全督察大队基础上更名及职责调整后组建，为勘探分公司机关附属单位。4月9日，勘探分公司印发《勘探分公司有关部门（单位）职能调整方案》，对物探工作相关部门的职能进行调整，将原物探项目部的物探采集项目管理职能整体并入油气勘探管理部；重新组建物探项目部，新物探项目部定位为物探技术综合研究机构。9月11日，勘探分公司物探项目部更名为勘探分公司物探研究院。

（侯玉梅）

【油气勘探取得新成果】 2018年，勘探分公司大力推进高效勘探，取得1个重大突破、1个新进展勘探新成果。1个重大突破：元坝茅口组台缘高能滩新领域勘探取得重大突破。元坝7井在茅口组三段酸压测试获日产气105.94万立方米，继长兴组生物礁气藏探明后，实现元坝之下找元坝的勘探新突破。评价元坝地区茅口组成藏条件好，邻近开江—梁平深水陆棚优质烃源生烃中心，具有近源高效运聚成藏，多层楼式富集的有利条件。1个新进展：丁山深层页岩气勘探取得新进展。继

2017年丁页4井突破后，2018年丁页5井压裂测试获日产气16.33万立方米，突破近盆缘丁山大型鼻状构造页岩气商业气流关，进一步证实丁山中深层页岩气具有高压、富气特征，资源量大。评价落实丁山页岩气高产富集带有利区面积533平方千米，资源量3 864亿立方米。

（侯玉梅）

【丁页5井试获高产页岩气流】 2018年2月27日，勘探分公司部署在四川盆地东南部綦江地区丁山构造的重点页岩气探井丁页5井试获日产16.33万立方米高产页岩气流，实现油气勘探开门红。丁页5井为丁山构造上第2口高产页岩气井。

（侯玉梅）

【元坝7井试获超百万立方米高产工业气流】 2018年4月4日，勘探分公司部署在川东北元坝构造的风险探井元坝7井在茅口组三段酸压测试获日产气105.94万立方米，元坝7井首次在四川盆地钻遇茅口组台缘浅滩相带高产气藏，取得元坝地区新层系勘探重大突破。

（侯玉梅）

元坝7井全貌 （黄 勇 摄）

【安全环保持续保持平稳】 2018年，勘探分公司连续第13年被评为集团公司安全生产先进单位，再次被评为集团公司环境保护先进单位。全年，勘探分公司实施六大措施确保安全环保平稳运行。①安全环保责任层层压实。分解细化各级安全考核指标，积极组织开展安全公示，对工作中出现的违规作业事件严肃问责，各级安全环保责任不断压实。②安全体系建设稳步推进。全年制（修）订HSSE管理制度11项，深入开展“5·12”事故停工反思、井下作业现场安全管理专项提升行动、百日井控安全无事故竞赛等活动，营造了全员讲安全、时刻抓安全的浓厚氛围。③过程安全监管持续加强。安全环保督察大队对20个作业现场开展督察35次，对12个作业现场进行安全量化评分。严格落实公共安全和“两特两重”针对性管控措施，严格执行井控作业许可管理，严格实施全过程全方位工程监督，实现安全生产。④风险和隐患全面受控。深化双重预防机制建设，组织开展4次安全风险识别，强化风险分级和动态管理；开展6次专项隐患排查，制定针对性的管控措施，各类风险和隐患全面受控。⑤承包商管理全面强化。坚持关口前移严格承包商安全资质管理，逐级落实承包商属地管理责任，加强承包商现场技术交底与考核，加强现场在用设备材料质量监管，承包商管理日益规范。⑥环保管控措施落实有力。依法依规开展12口新井环保审批，4口井钻后环保治理和9井次钻中环保治理。积极开展绿色企业行动，充分发挥泥浆转运站作用，落实减排措施，践行绿色低碳循环发展理念。

（侯玉梅）

【科技创新攻关成效显著】 2018年，勘探分公司进一步强化“科技先行”理念，创新氛围不断增强，技术攻关力度不断加大，科技创新对勘探的支撑作用持续提升。①理论技术创新成果突出。深层页岩气地质评价与工程工艺技术攻关取得重要进展，提出海相深层页岩“超压富气”新认识，在丁山—东溪区块攻关水平井复杂缝网压裂技术及配套工艺，实现深层页岩气勘探重大突破。首次在四川盆地发现茅口组台地边缘高能浅滩相带，发展了超深层薄储层提高分辨率处理和预测技术，落实了高能滩薄储层有利分布区。创新和改进超深层测试工艺技术，实现了致密储层超高压改造测试一体化工艺技术的创新发展，有效支撑了四川盆地海相三新领域的突破。南盘江桂中坳陷泥盆—石炭系页岩气整体评价与目标优选取得新进展，新区油气地质条件与战略选区研究获得新发现，创新形成页岩气静态储量评估方法，有效指导井位部署、战略选区和储量申报工作。②科研项目质量稳步提升。6个项目通过股份公司论证立项，国家科技重大专项“页岩气区带目标评价与勘探技术”通过中期评估检查和外部审计，获专家好评。③科研创新氛围更加浓厚。举办 2018 全国页岩气勘探开发学术研讨会，积极组织员工参加各类学术会议和协会交流等学术活动，参加中国石化首届创新创业大赛获优胜奖，增强了科技创新活力。

（侯玉梅）

【11 件专利获授权或受理】 2018 年，勘探分公司“一种地震子波估计方法”“一种基于叠前多参数降维的储层岩性识别方法”“一种储层产能预测模型建立方法和系统”“储层预测方法及装置”“一种钻杆成型焊缝的热处理方法”5 件发明专利获中国专利授权。勘探分公司科技处组织勘探研究院、物探研究院梳理 6 项技术创新点，编写专利申请材料，向国家知识产权局申请 6 件发明专利获受理。

（侯玉梅）

【打造一流专业化油气勘探队伍】 2018 年 10 月 30 日，勘探分公司印发《勘探分公司人才强企工程实施方案》，实施人才强企工程，提出 8 项工作措施和 2 项保障措施，着力打造一流专业化油气勘探队伍。优化中层领导班子配备，全年共提拔调整中层领导干部 29 人次，其中新提拔 11 人（“80 后”2 人）、调整岗位交流 15 人次、退出现职 3 人。持续优化人才成长通道建设，强化专家队伍管理，1 人受聘为集团公司首席专家，2 人受聘为集团公司高级专家；分公司新聘高级专家 1 名、专家 4 名，续聘专家 2 名。加快后备人才培养，分专业建立各层级后备人才梯队，在生产经营和科研实践中发现优秀年轻干部，加快年轻干部的培养选拔，全年新提拔的基层领导和相当层级人员共 37 人，其中“80 后”30 人、“90 后”1 人。中层领导 40 岁以下干部比例提高 1 倍，基层领导和相当层级的人员中 40 岁以下年轻干部比例提高 16%，干部队伍年龄结构显著改善。

（侯玉梅）

【完善科研激励机制】 2018 年，勘探分公司树立鼓励科研攻关、向科研骨干倾斜的激励导向，国家专项、股份科研项目和科技成果转化奖励金均按照实际贡献大小制订分配方案，侧重实际承担项目研究人员、重奖科研骨干，增强了一线科研工作者的成就感。

（侯玉梅）

【持续强化精益管理】 2018 年，勘探分公司全面加强以财务管理为中心的企业管理，坚持“价值导向”强化投资运行管理，投资控制在计划内。全年深入挖潜增效，加强费用管理，办公费、会议费、业务招待费、出国人员经费、车辆使用费累计支出 2 441 万元，下降 8.9%；取得税收优惠 741 万元，增长 19%。

（侯玉梅）

【“党建三步走”奠定新基础】 2018 年，勘探分公司党委按照“党建三步走”工作规划，结合“强基础、抓提升、创特色”总体思路，取得三大新进步：①党建责任体系进一步完善，党建责任进一步落实。构建横向到边、纵向到底的党建责任体系。②党建工作基础进一步夯实，党建工作质量进一步提升。印发《勘探分公司党建检查考核实施细则》，对各单位、各支部进行党建检查。按季度一小考、半年一中考、年度一大考的频次进行检查考核。党建检查考核结果以 20% 的权重纳入绩效考核，成为绩效考核的“权重股”，发挥了考核的指挥棒作用。党员责任区建设得到全面铺开，党员责任区与中心工作、科研项目紧密结合，将党员作用与岗位示范有机结合，培育了“一个党员一面旗帜”的良好形象。③党建工作氛围进一步增强，党建工作技能进一步提升。连年举办党支部书记（委员）培训班，通过工作锤炼、日常锻炼、检查考核，提高支部书记、委员的业务理论素质。

（侯玉梅）

【建设党建共建机制】 2018 年，勘探分公司建设党建共建机制，开展公司内党建共建。勘探党支部联合勘探研究院和物探研究院部分骨干成立勘探部署联合党员先锋突击队，圆满完成年度地震部署论证和勘探部署论证工作。机关页岩气党支部与涪陵项目部党工委在施工现场组建联合党建责任区。开展甲乙方党建联建。元坝项目部根据生产进度，就阵地共建、安全共筑、技术共享、生产共促，成立甲乙联合党建小组。在栗子三维地震采集项目中，勘探党支部与胜利分公司267地震队联合成立栗子三维联合党员先锋突击队，在雨季来临前，栗子三维地震采集项目圆满收工。

（侯玉梅）

【打造甲乙双方廉洁风险防控机制】 2018年，勘探分公司纪委组织开展专题研究，科学设计防控思路，评估廉洁风险管理制度体系及甲方管理廉洁风险，解剖典型案例特征。遵循预防、制度、监督和惩治并重的一般规律，建立事前预警、事中监督和事后评价管理的工作机制，对风险环节、可预见风险点进行监督和控制，营造了良好的经营环境和政治生态。

（侯玉梅）

【承办全国页岩气勘探开发学术研讨会】 2018年5月10—12日，由勘探分公司承办的2018全国页岩气勘探开发学术研讨会在成都召开。院士、专家和技术人员共300多人参加研讨。国内页岩气勘探开发、科研生产一线的专家、学者，以“页岩气勘探开发创新与发展”为主题，从页岩气发展形势与潜力、页岩气生储机理与富集规律、页岩气地球物理及工程技术、页岩气田开发理论及技术4个方面进行交流。

（侯玉梅）

【配合中央主流媒体开展宣传策划】 2018年2月，勘探分公司策划涪陵页岩气田勘探开发获得国家科技进步一等奖的报道。3月26日，《科技日报》头版刊发《5年间我国页岩气探明储量超过9000亿立方米》文章，报道勘探分公司页岩气勘探成果，三版刊登长篇通讯《引领中国页岩气迈入世界三强》，详细报道勘探分公司页岩气勘探团队的创新工作，人民网、新华网、新浪网等数十家网络媒体进行转载报道。上半年，按照集团公司宣传工作部安排，组织协调中央电视台纪念改革开放40周年摄制组、“加油中国”摄制组以及国外媒体彭博新闻社采访组，深入勘探科研现场采访报道，并及时组织对报道材料进行把关。国庆前夕，央视国际中文频道《加油中国》栏目以《捕获蓝鲸》为题对勘探发现涪陵页岩气田进行重点报道；央视科教频道于12月26日以《页岩气》为题报道勘探发现涪陵页岩气田的创新成果。

（侯玉梅）

表1　勘探分公司主要经济指标①　亿元

指标名称＼年份	2018	2017	2016	2015	2014	2013
资产总计	12.82	14.37	12.99	13.08	46.80	39.83
流动资产	11.98	13.42	12.02	11.97	45.61	38.72
固定资产原值	2.78	3.29	3.15	3.05	2.95	2.76
固定资产净值	0.75	0.82	0.84	0.98	0.97	0.93
销售收入	13.68	12.19	13.22	16.60	24.31	26.15
实现利税	0.16	0.12	0.14	0.39	0.41	0.80

① 经济指标不含开发

表2　勘探分公司主要生产建设指标①

指标名称＼年份	2018	2017	2016	2015	2014	2013
新增天然气探明地质储量/亿立方米		2 202.16		2 738.48	1 176.40	—

续表

年份 指标名称	2018	2017	2016	2015	2014	2013
新增天然气控制地质储量 / 亿立方米	264.72	174.52	1 443.55	601.11	1 202.65	962.24
新增天然气预测地质储量 / 亿立方米	1 527.01	1 115.01	2 435.63	1 043.07	888.33	1 308.14
二维地震 / 千米	699.24	933.19	616	439.93	1 344.05	2 670.63
三维地震 / 平方千米	578.99	873.38	540.28	990.22	367.76	1 005.55
新开钻井 / 口	9	2	7	6	13	16
完井 / 口	3	5	7	15	8	31
钻井进尺 / 万米	3.50	1.36	3.88	4.33	5.40	8.23
勘探投资 / 亿元	13.62	12.16	13.22	16.55	24.21	25.62

① 生产指标含风险、非常规勘探

燕山石化

【概况】 中国石油化工股份有限公司北京燕山分公司（简称燕山分公司）、中国石化集团北京燕山石油化工有限公司（简称燕化有限公司）统称燕山石化，位于北京市房山区，是集团公司旗下特大型石油化工联合企业，前身为 1970 年成立的北京石油化工总厂，曾更名为北京燕山石油化学总公司、中国石油化工总公司北京燕山石油化工公司、北京燕山石油化工集团有限公司。北京东方石油化工有限公司（简称东方石化）为燕化有限公司全资子公司，保定石油化工厂（简称保定石化）由集团公司划归燕化有限公司进行管理。

燕山石化拥有生产装置 62 套、辅助装置 68 套，可生产 94 个品种、431 个牌号的石油化工产品，原油加工能力 1 000 万吨 / 年，乙烯生产能力 80 万吨 / 年，是中国石化 12 个千万吨炼厂和 11 个大型乙烯装置之一；聚乙烯生产能力 60 万吨 / 年，聚丙烯生产能力 50 万吨 / 年，合成橡胶生产能力 42 万吨 / 年，苯酚丙酮生产能力 24 万吨 / 年，是中国重要的合成橡胶、合成树脂和高品质成品油生产基地。

截至 2018 年底，燕山石化下设 32 个中层机构，其中 16 个机关处室、10 个直属单位、6 个业务中心，另有股权投资的 11 家合资企业，共有在岗员工 9 228 人（含东方石化、保定石化）。公司直属党委 19 个，在职党支部 206 个，在岗党员 4 994 人。

燕山石化主要技术经济指标和主要产品产量见表 1 和表 2。

（王善高）

【领导班子调整】 2018 年，集团公司党组共 2 次调整燕山石化领导班子。4 月 27 日，燕山石化召开干部大会，宣布领导班子调整决定：李刚任燕化有限公司董事会董事；聘任李刚为燕山分公司副总经理，主持行政全面工作；李刚任中共燕化有限公司委员会常委；罗强不再担任燕化有限公司董事会董事长、董事职务，不再担任燕化有限公司总经理职务；解聘罗强的燕山分公司总经理职务；免去罗强的中共燕化有限公司委员会副书记、常委、委员职务。12 月 30 日，发文解聘成英杰中共燕化有限公司委员会常委、委员、纪律检查委员会书记职务，不再担任燕化有限公司工会主席职务，另有任用。

（王善高）

【持续向上发展】 2018年，面对复杂多变的内外部形势、艰巨繁重的改革发展任务，燕山石化党委以习近平新时代中国特色社会主义思想和党的十九大精神为指导，认真贯彻落实集团公司党组、北京市委市政府决策部署，充分发挥党委“把方向、管大局、保落实”的领导作用，以“六个更加突出”为主线，以党组巡视反馈问题整改为重点，围绕中心、服务大局，团结带领干部职工迎难而上、顽强拼搏，有力保障和促进了中心工作。燕山石化安全环保、生产经营、改革发展各项工作稳中有进，多项技经指标创历史新高，职工队伍的凝聚力战斗力持续增强，企业发展呈现持续向上的良好态势。

（王善高）

【绿色环保形象更好树立】 2018年，燕山石化将“生态文明”放到企业立足北京生存发展的首位，争做生态文明的践行者、先行者，积极开展绿色企业创建，燕山分公司、橡塑公司获北京市绿色工厂称号，橡塑公司被评为国家级绿色工厂，树立了良好的企业形象。

（王善高）

【保定石化完成人员分流安置】 根据党中央、国务院关于深化国有企业改革和推进供给侧结构性改革精神要求，以及集团公司党组有关决策部署，保定石化调整转型工作于2016年10月正式启动。集团公司成立专项工作组，坚持稳中求进总基调，积极稳妥推进工作开展。经过反复对接、研讨，保定石化调整转型总体方案最终于2018年4月25日通过集团公司党组审议。6月29日，《保定石化调整转型人员分流安置实施细则》经保定石化七届五次“双代会”表决通过，人员分流安置工作随即启动。截至8月2日，保定石化人员分流安置工作完成，在职475人全部得到妥善安置，在规定时间内完成人员分流安置，稳定工作、舆情工作均处于受控状态，没有发生到集团公司上访事件和不良舆情事件，职工队伍稳定，各项工作有序。

（王善高）

【更新三级安全风险清单】 2018年，燕山石化将全年目标任务分解成82项重点工作，涵盖安全、环保、效益、科研、党建、管理体系建设、人才队伍建设等多个方面，以责任清单的形式下发到各部门，各单位。每一项工作都明确工作项目、工作内容及目标、完成时限、主责部门、配合部门等，且由具体的公司领导班子成员总体负责，以形成公司领导班子成员统筹推进、主责部门抓好落实、配合部门全力支持、二级单位认真执行的总动员。

（王善高）

【茂金属聚丙烯成功开发】 2018年3月16日，燕山石化成功产出茂金属聚丙烯产品，是中国工业化连续生产装置上首次实现茂金属聚丙烯的成功开发，标志着燕山石化成为国内首家茂金属聚丙烯连续生产企业。

（王善高）

【100万吨/年连续重整联合装置动工建设】 2018年4月17日，燕山石化100万吨/年连续重整联合装置油品升级改造及配套项目动工仪式顺利举行，标志着该项目正式进入施工建设阶段。新建100万吨/年连续重整联合装置采用中国石化逆流连续重整工艺，其反应机理合理，产品收率高。装置投产后，正常可为炼油系统提供7万米^3（标准）/时的氢气，炼油系统的用氢成本将大幅降低；高标号汽油比例可大幅提高至26.4%，汽油总产量可达297万吨/年，汽油产品质量全部达到京Ⅵ标准；增产的芳烃除作为汽油调和组分外，可基本满足化工系统间二甲苯装置原料需求，使混合二甲苯实现自给，从而更好地发挥炼化一体化优势。

（王善高）

【承办“国企开放日·走进燕山石化”活动】 2018年5月25日，国务院新闻办公室和国务院国资委宣传局共同主办的“国企开放日·走进燕山石化”活动在燕山石化举行，20多家中外媒体记者走进燕山石化，采访并亲身感受石化工厂生产情况及环境保护工作。

（王善高）

国企开放日 · 走进燕山石化（李　雪　摄）

【1- 己烯出口频传捷报】 2018 年 5 月初，4 辆满载 60 吨 1- 己烯的集装箱罐车由储运厂发出，经大连港起航，走出国门，标志着燕山石化 1- 己烯产品开始大批量出口；9 月，燕山石化 1- 己烯产品出口菲律宾和印度尼西亚；10 月，俄罗斯 SBK 公司与燕山石化高科公司就 1- 己烯产品在俄罗斯销售业务进行商谈，从 2018 年起，俄方 1- 己烯采购量保持每月 80 吨。

（王善高）

【各项竞赛屡获佳绩】 2018 年 6 月 12 日，储运厂获 2016—2017 年度全国“安康杯”竞赛优胜单位称号。10 月，燕山石化合成树脂部杜东获中国石化 2018 年聚乙烯装置操作工职业技能竞赛金牌。11 月 1 日，燕山石化获第 10 届全国石油和化工行业职业技能竞赛全国机修钳工赛项团体二等奖；合成树脂部刘健被授予机修钳工赛项全国石油和化工行业技术能手称号，中燕建设张德新获全国石油和化工行业优秀技能人才称号。11 月 2 日，燕山石化代表队在 2018 年北京市“职工技协杯”危险化学品生产作业人员（液体装卸作业）竞赛中取得优异成绩，张永超、杜黎明、孙强分别获北京市总工会个人奖项一、二、三等奖，同时获北京市职工高级职业技能能手称号；张珍媛、付云蒂、张建国等 7 人获在职职工职业发展助推计划资助奖励；北京市应急管理局授予张永超、杜黎明、孙强等 6 人北京市安全生产技术标兵称号；授予王海英、贾秋颖、刘萍等 9 人北京市安全生产技术能手称号，授予燕山石化“职工技协杯”优秀组织奖。11 月 30 日，燕山石化派出 12 人组成的代表队在参加中国石化 2018 年安全管理技术比武（炼化板块）基层应急组和安全管理组 2 个小组的比赛中，摘得 3 金、3 银、2 铜共 8 枚奖牌，夺得团体第 2 名。

（王善高）

【实施“三定”改革】 2018 年 8 月 22 日，燕山石化召开实施“三定”工作启动会，宣布已获得集团公司批复的《燕山石化对标先进实施“三定”工作方案》。组织机构及业务职能调整后，燕山石化机关职能部门由 22 个缩减到 16 个，调整后的二级生产运行单位有 10 个，业务中心由 21 个合并为 6 个。

（王善高）

【牛口峪湿地亮相斯德哥尔摩世界水周论坛】 2018 年 8 月 29 日，燕山石化受邀做“燕山威立雅公司牛口峪湿地公园的成功环保案例及经验做法”的主题演讲，向全世界水环境保护、水资源利用领域的专家学者和企业界人士推介燕山石化在呵护碧水蓝天方面所做出的成绩和贡献，展示牛口峪湿地公园的成功经验及优美生态。

（王善高）

【全力做好“中非论坛”保障服务工作】 2018 年 9 月 3—4 日，2018 年中非合作论坛北京峰会在北京举行。燕山石化及时响应，认真筹备，8 月 29 日组织召开安保工作动员大会，详细部署安保工作。开展 6 个专项行动，集中整治影响公司内部安全稳定、涉及社会治安秩序、内部保卫防范的突出问题；启动一级预案，对公司内部实施全天候立体防控，加强应急准备、应急控制、重点防控、各类长输线路及“三电”巡查监控管理工作，强化交通安全管制，加强值班和信息沟通。9 月 1 日召开生产调度会，对中非合作论坛北京峰会召开期间的安全环保稳定、生产经营稳定、员工队伍稳定等重点工作进行重申和加强部署。

（王善高）

【超滤膜组件获国际新博会展品金奖】 2018 年 9 月 7 日，在第 5 届国际新材料产业博览会颁奖仪式上，经评审专家组初评、国家新材料产业发展领导小组专家咨询委复评、第 5 届新博会组委会审定，燕山石化高科公司报送的“中空纤维超滤膜及膜组件”从159项参评产品中脱颖而出，一举获展品金奖，成为中国石化唯一获此殊荣的项目。

（王善高）

【“四供一业”分离移交取得决定性胜利】 2018年9月17日，燕山石化在基本完成“四供一业”移交的基础上，与燕山办事处、北控城市服务集团共同举行签约仪式，就原属燕山石化的物业管理职能和市政设施的移交工作达成一致意见，实现将燕山地区的物业服务及市政设施管理等相关业务纳入城区市政总体规划和社会化服务体系。

（王善高）

【首次实现航煤通过一般贸易出口蒙古国】 2018年11月13日，燕山石化高科公司成功打通航空煤油出口蒙古国流程，首次以一般贸易方式向蒙古国出口航空煤油2 000吨。同时也是时隔2年之后，再次恢复经由二连口岸出口蒙古国成品油业务。

（王善高）

【低压装置成功完成“石头纸”专用料试生产】

2018年11月27日，燕山石化低压装置转产高密度聚乙烯产品6903B——“石头纸”专用料，成为系统内首家试生产成功的装置，获化工销售公司授予专用料项目组新产品开发工作领域开拓奖。

（王善高）

【170吨/时高压锅炉超洁净排放改造一次开车成功】 2018年12月12日，燕山石化热电部170吨/时高压锅炉超洁净排放改造项目4#炉开车一次成功，继1#炉于10月20日一次开车成功后，又一台高压锅炉改造后一次开车成功，标志着170吨/时高压锅炉超洁净排放改造工作结束，进一步优化燃料调节方式，保证公司安全平稳生产，实现环保超洁净排放，同时也标志着燕山石化又一项被列入北京市2018年蓝天保卫战的重点环保项目完成，兑现了对北京市政府的承诺。

（王善高）

表1　燕山石化主要技术经济指标　亿元

指标名称 \ 年份	2018	2017	2016	2015	2014	2013
原油加工量/万吨	911.33	892.07	820.05	989.95	1 033.31	870.03
工业总产值	629.03	519.21	433.56	532.31	726.90	654.98
燕山分公司	601.34	490.56	402.41	493.16	677.57	602.10
燕化有限公司	27.69	28.65	31.15	39.15	49.33	52.88
资产总计	284.27	324.08	288.18	305.53	297.69	320.59
燕山分公司	177.98	188.98	180.37	204.96	187.61	213.04
燕化有限公司	106.29	135.10	107.81	100.57	110.08	107.55
营业收入	616.14	553.13	466.61	565.39	779.70	709.89
燕山分公司	562.32	499.92	414.18	509.62	715.11	643.52
燕化有限公司	53.81	53.21	52.43	55.77	64.59	66.37
实现利税	128.10	107.05	94.75	151.75	100.95	43.44
燕山分公司	134.99	131.66	101.83	154.50	106.05	53.25
燕化有限公司	−6.89	−5.58	−7.08	−2.75	−5.10	−9.81

续表

指标名称 \ 年份	2018	2017	2016	2015	2014	2013
实现利润	18.72	29.53	1.16	16.39	0.47	−31.41
燕山分公司	26.91	36.52	10.07	21.27	6.93	−20.59
燕化有限公司	−8.19	−6.99	−8.90	−4.88	−6.46	−10.82

表 2　　燕山石化主要产品产量　　万吨

产品名称 \ 年份	2018	2017	2016	2015	2014	2013
燕山分公司						
汽　油	276.21	271.04	260.47	296.32	218.84	223.87
航　煤	187.57	190.77	149.79	160.00	152.31	99.38
柴　油	159.77	156.61	152.54	180.35	218.84	194.70
商品燃料油	4.16	3.62	0	1.37	4.69	16.94
裂解料	228.88	244.00	217.49	248.8	235.28	200.52
商品液化气	8.32	11.08	11.80	27.88	31.00	27.19
纯　苯	16.13	16.64	0	17.44	19.00	17.10
乙　烯	79.40	79.33	69.58	78.60	77.63	72.30
丙　烯	37.18	37.34	31.22	52.26	50.57	46.68
丁二烯	10.62	10.55	9.36	10.62	11.64	10.99
间二甲苯	6.11	6.15	6.26	5.62	5.18	4.95
苯乙烯	6.77	6.98	6.54	3.79	3.74	3.10
乙二醇	4.62	4.79	4.31	5.71	5.97	3.71
苯　酚	15.77	12.85	12.93	14.91	18.91	17.66
丙　酮	9.52	7.76	7.79	8.99	11.51	10.79
低密度聚乙烯	39.13	38.02	32.65	34.7	28.19	31.94
高密度聚乙烯	17.64	17.51	15.26	17.42	17.32	15.55
顺丁橡胶	12.02	10.44	11.60	13.37	13.22	13.35
SBS 橡胶	3.32	2.07	2.57	2.35	1.50	2.43
丁基橡胶	1.17	0.53	1.18	1.36	2.17	2.98
间苯二甲酸	4.84	4.34	4.23	5.00	4.70	4.61
1- 己烯	2.49	2.22	1.79	2.17	2.00	2.25

续表

产品名称 \ 年份	2018	2017	2016	2015	2014	2013
燕化有限公司						
发电量 / 万千瓦·时	35 423.00	25 628.00	44 831.00	59 278.00	43 637.00	38 219.00

齐鲁石化

【概况】 中国石油化工股份有限公司齐鲁分公司（简称齐鲁分公司）、中国石化集团资产经营管理有限公司齐鲁石化分公司（简称齐鲁石化分公司）统称齐鲁石化，是集团公司直属的集石油加工、石油化工、煤化工、天然气化工、盐化工为一体，配套齐全的大型炼油、化工、化纤联合企业，位于山东省淄博市临淄区中南部，占地面积 21.7 平方千米。其前身胜利炼油厂始建于 1966 年 4 月，1983 年 7 月划归中国石油化工总公司。

截至 2018 年底，齐鲁石化拥有石油化工生产装置 141 套，炼油综合加工能力 1 300 万吨 / 年，乙烯产能 80 万吨 / 年，化工产品年生产能力为合成树脂 110 万吨、烧碱 20 万吨、橡胶 30 万吨、苯类 45 万吨、醇类 43.5 万吨、丙烯腈 21 万吨、腈纶 6.5 万吨，其中丁辛醇、丁苯橡胶、聚氯乙烯（乙烯法）产能位居国内前列，热电装机容量 66 万千瓦。主要生产汽油、航煤、柴油、沥青、聚乙烯、聚丙烯、聚氯乙烯、合成橡胶、合成纤维、丙烯腈、丁辛醇、烧碱、苯类等 120 余种石油化工产品，其中烧碱、聚氯乙烯产品被评为中国名牌。

截至 2018 年底，齐鲁石化固定资产原值 459.61 亿元、净值 142.36 亿元。全年完成销售收入 768.63 亿元，实现利润 41.26 亿元，上缴税费 148.49 亿元，利润和上缴税费均居历史第二。设有直属单位 20 个、机关部门 15 个、专业机构 4 个。用工总量 19 526 人，其中正式员工 19 230 人、劳务用工 296 人；在岗正式员工中，经营管理人员 1 399 人、专业技术人员 3 677 人、技能操作人员 11 555 人；具有正高级（教授级）职称的 52 人、高级职称的 1 693 人、中级职称的 2 109 人、初级职称的 757 人。

齐鲁石化主要技术经济指标和主要产品产量分别见表 1 和表 2。

（徐江山　于　萍）

【生产经营创佳绩】 2018 年，齐鲁石化加工原油 1 202.6 万吨，首次突破 1 200 万吨。生产汽油 245.7 万吨、煤油 90.6 万吨，至安徽宿州的鲁皖成品油管线输送 383.7 万吨，乙烯平均小时产量 99.15 吨，均创历史纪录；生产化工产品 380.9 万吨，加强产销衔接，实现优质优价，推价增效 1.38 亿元；盘活土地房产，实现收入 5 740 万元，创历史新高。全过程抓优化增效，169 项生产经营优化增效措施增效 5.36 亿元。全要素抓降本增效，强化资金管理，财务费用降低 8 613 万元；强化原油、原煤、原盐等大宗物资采购管理，降低采购成本 5 609 万元；严格控制工程项目投资成本与维修费用，审减 1.66 亿元；加强企地协调，成为淄博海关首家使用保函单位，降低财务费用 470 万元。

（徐江山　于　萍）

齐鲁石化胜利炼油厂常减压装置

【保持安全生产无事故】 2018年，齐鲁石化明确各岗位安全责任分工，分级建立安全风险管控清单，全面实施风险管控和隐患排查，严抓特种作业持证上岗管理，实施安全网格化管理，全年未发生上报中国石化安全生产事故。持续巩固国家安全生产标准化一级企业建设成果，成为5年来山东省和中国石化唯一获认证的企业。负责山东省55家企业双重预防体系评审，编写的原油加工企业双重预防体系实施指南成为山东省标准。建立公共安全管理领导小组，门禁系统和安保视频等技防建设初步建成，公共安全管理受控。加强安全设施和职业危害防护设施管理，设施配置率和完好率达100%；严格劳保护品管理，从业人员劳动保护用品发放率和佩戴率达100%；职业健康检查率100%。齐鲁石化连续5年被评为中国石化安全生产先进单位。

（徐江山　于　萍）

【加强环保治理】 2018年，齐鲁石化成立绿色企业创建工作领导小组，制订行动实施方案、任务清单和项目清单，推进绿色企业创建工作。加强源头管控、过程监管和结果考核，提高稳定达标排放能力，COD、氨氮、二氧化硫、氮氧化物排放总量分别为348.3吨、10.3吨、323.1吨和2 119.4吨，分别占年度总量指标的47%、14%、10%和37%；外排工业废水平均达标率99.9%；外排废气平均达标率99.8%。投资11.2亿元，实施90个环保治理项目，投资额度和项目数量均创历史新高。实施新旧动能转换，打造节约型企业，全年节约标油3.3万吨，压减煤炭用量11.3万吨。深化工厂异味治理，实施VOCs综合治理，监测密封点1 376 094点次，消除设备密封无组织泄漏，区域环境质量持续改善。结合“清废行动2018”，强化危废全过程管理，危废合规处置率100%。

（徐江山　于　萍）

【科技创新成效显著】 2018年，齐鲁石化被总部重点考核的34项技术经济指标取得突破，16项创历史最好水平，其中吨乙烯“三剂”费用在中国石化八大炼化企业排名第一，炼油吨油“三剂”费用在12家千万吨级炼油企业排名第四。开发生产合成树脂新产品18.21万吨，完成年计划的166%；开发生产顶替进口产品9.06万吨，完成年计划的201%。茂金属聚乙烯管材料升级换代，拉丝料产品性能和销售价格实现双提升，可氯化聚氯乙烯实现系列化、批量化生产，石墨烯复合腈纶实现从实验室到工业化生产线转化，环保型高结苯充油丁苯橡胶首次实现工业化生产。全年获国内专利授权81件、国外专利授权3件，获各级科技奖励8项，收回技术许可费和技术服务费1 770万元。

（徐江山　于　萍）

【智能工厂建设取得新突破】 2018年，齐鲁石化加快推进智能工厂建设速度，确定以炼化一体化“优化平台”“生产集中管控平台”“设备管控平台”为主线的智能工厂建设思路。96个信息化项目齐驱并进、完美收官，创建厂以来纪录。开发通用报警管理平台，实现质量信息、DCS状态、重要仪表参数、环保实时监测等报警信息的统一推送和闭环管理。试点建立的大机组运行状况预警预测平台，提升了动设备运行状态的智能化管控水平。工艺管理系统上线运行，提升工艺分析管控水平。新增4套先进控制系统，装置自控提升项目顺利投用，平均自控率和控制平稳率均提升至97%以上。计量管理系统升级改造，数采率提高21%。向山东省无线电管理委员会申请1.8吉赫兹专用频段，LTE工业无线网与融合通信项目上线运行。

（徐江山　于　萍）

【推进装置现场标准化】 2018年2月，齐鲁石化启动装置标准化建设工作，统筹推进标准泵区、标准罐区、厂际管廊、现场综合治理等专项治理工作，全年共有胜利炼油厂蜡油加氢装置、第二化肥厂气体联合装置等44个泵区完成标准化建设，乙烯产品罐区、橡胶厂球罐区2个罐区和胜利炼油厂蜡油加氢、三催化等17个机柜间完成标准化建设；累计治理厂际、厂区管廊20余千米，开展保温层下腐蚀检查、安全附件隐患排查、“低老坏”问题整治等工作，共查改137项安全隐患，现场面貌得以改善，设备本质安全得到提高。

（徐江山　于　萍）

通过标准化验收的乙烯产品罐区（顾　波　摄）

【2 套丁苯橡胶装置恢复生产】 齐鲁石化 2 套丁苯橡胶装置因废气及 QBF 废气排放不达标，于 2017 年 11 月 15 日被迫停运。为解决尾气达标排放问题，齐鲁石化经多项技术方案比选，最终确定改造技术路线。2017 年 9 月获中国石化批复可行性研究报告，2018 年 5 月批复基础设计，总投资 8 803 万元。该项目于 2018 年 3 月 18 日开工建设，6 月 29 日一次开车成功。2 套丁苯橡胶装置废气排放达到《石油化学工业污染物排放标准》要求，恢复满负荷生产。

（徐江山　于　萍）

【氯乙烯装置高低沸物和有机废气环保隐患治理项目建成投用】 2018 年，齐鲁石化针对氯乙烯装置高低沸物无法处置造成废物堵库影响正常生产问题，经多方论证技术路线，编制可行性研究报告。2017 年 5 月中国石化批复可行性研究报告，12 月批复基础设计，总投资 5 759 万元。该项目于 2017 年 10 月 10 日开工建设，2018 年 4 月 6 日一次开车成功，标志着氯乙烯装置主要环保处理设施配套建成。项目投用后，废气、废液实现环保处置、达标排放，解决氯乙烯装置生产瓶颈问题。

建成投用的氯乙烯装置高低沸物和有机废气环保治理装置

（徐江山　于　萍）

【加强企地合资合作】 2018 年，齐鲁石化加大与地方的合资合作，达成 4 项合资意向。10 月 17 日，齐鲁石化与张店区政府及淄博东部化工建设发展有限公司分别签订建设 25 万吨 / 年聚丙烯装置的框架协议及合资意向书。齐鲁石化以炼油动力站燃煤发电机组及附属设施作为合资公司注册资本，与淄博民通热力有限公司和临淄热电厂组建的山东中豪能源有限公司进行合资，合资意向书获中国石化批复。与山东管仲投资公司出资组建合资公司，共同建设固体废弃物无害化处置装置，处理齐鲁石化和临淄区部分固体废弃物。按照国家淘汰落后产能的要求，齐鲁石化与临淄区达成热电 1#—4# 机组替代改造合资意向。

（徐江山　于　萍）

【深化改革见成效】 2018 年，齐鲁石化深化人事劳动分配制度改革。贯彻落实中国石化部署，成立深化人事劳动分配制度改革工作领导小组，制订适合齐鲁石化发展、具有齐鲁石化特色的实施方案，建立健全“管理人员能上能下、员工能进能出、收入能增能减”工作机制。深化两级机构优化整合。完成销售与储运、计量与检验、后勤等业务整合，二级机构减少 11 个、降幅 20%，基层机构减少 82 个、降幅 16%，优化整合岗位 285 个，机构设置更加合理，岗位设置更加优化。实施新闻宣传业务重组，成立热电、烯烃餐饮制作配送中心，集中优势力量，提供优质服务。建立健全人才培养机制。建立管理人员跨单位、跨专业交流培养机制，建立首批“百人计划”储备库，人才储备更加厚实；2010 年后首次引进 61 名大学毕业生，厚植企业发展优势。

（徐江山　于　萍）

【加强依法治企】 2018 年，齐鲁石化调整依法依规治企领导小组组成，小组成员扩展到齐鲁石化所有职能部门，强化领导小组领导力。开展法律法规识别和合规符合性评价，利用信息系统集成功能，识别风险点 703 个，形成法律风险清单和防控指引；注重“规范运行、风险防控”，理顺内控管理机制，优化调整权限 40 项，修订控制点 395 个。加大纠纷调处力度，高效化解历史积案，新增案件数量明显下降，共处理法律纠纷案件 24 起，下降 25 起，成功结案 21 起。强化合同全生命周期管理，从严管控签订和履约环节，累计审查合同 8 205 份、总金额 130.14 亿元，法律风险提示 3 万余条，有效防范合同风险。落实法律论证把关，开展合法合规性论证及“三重一大”决策涉法事项审查 50 余项。齐鲁石化“七五”普法工作受到山东省委政法委充分肯定，获 2018 年度山东国有企业优秀法务团队称号。

（徐江山　于　萍）

【“四供一业”及其他办社会职能移交全面完成】 齐鲁石化全力推进社区“四供一业”移交工作。2017 年，齐鲁石化完成供气、供水业务的移交。供暖方面，2018 年 3 月 29 日，齐鲁石化分别与淄博市张店区公有资产经营有限公司签订张店丙烯腈社区和腈纶社区供暖移交协议，8 月 30 日，齐鲁石化与临淄区人民政府、淄博民通热力有限公司签订临淄社区供暖移交协议；供电方面，2018 年 6 月 25 日，齐鲁石化与淄博市供电公司签订移交协议；社区物业方面，2018 年 8 月 30 日，齐鲁石化与淄博鑫能能源集团有限公司签订移交协议。截至年底，齐鲁石化社区“四供一业”移交全面完成，累计获国家财政补助 3.56 亿元，获中国石化拨款 4.28 亿元。社会保险方面，2017 年 12 月 26 日，齐鲁石化与淄博市人力资源和社会保障局签订职工基本医疗保险正式移交协议，2018 年 1 月 1 日起纳入淄博市统筹管理；5 月 18 日，齐鲁石化与临淄区人民政府签订城镇居民基本医疗保险和基本养老保险纳入地方管理正式协议；7 月 1 日起，城镇居民基本医疗保险和基本养老保险移交临淄区管理。

（徐江山　于　萍）

【“走出去”发展成常态】 2018 年，齐鲁石化通过业务承揽、借聘借用、阶段性调动等方式，加大对外人力资源输出力度，在做好青岛 LNG、天津 LNG、财务共享等项目的基础上，新增 SEI 马来项目、福建福海创项目、上海赛科乙烯检修项目、安全管理咨询与培训等项目。全年累计派出员工 1 000 余人次，增创效益 1 亿余元。激励引导运维中心等单位积极开展市场化运营，盘活资源、开拓市场，创效 1 000 余万元。财务共享公司淄博服务部 268 名干部员工全部阶段性调入中国石化共享服务公司，成为中国石化唯一整体划转单位。

（徐江山　于　萍）

【美好家园建设】 2018 年，齐鲁石化创新有害岗位职工疗休养模式。确定接害岗位职工疗休养采取自主选择服务商、自主选择疗休养线路的方式进行，受到职工好评。强力推进 EAP（员工帮助计划）项目。制订实施方案，成立 EAP 志愿者协会，完善“1+7”网格化工作体系，每周开办专家咨询日、每月 25 日开放心理服务中心，累计为近 500 名职工及家庭成员提供心理咨询疏导服务。精准帮扶救助。组织爱心善捐，全员捐款率 100%，捐款 120.8 万元。丰富“走基层、访万家”内涵，投入公司、厂、车间三级帮扶慰问金 697 万元，走访员工 17 632 人次。

（徐江山　于　萍）

【企业形象提升】 齐鲁石化严格履行政治责任、经济责任、社会责任，企业形象持续提升。履行政治责任。继 2017 年产生党的十九大代表后，2018 年相继产生第十三届全国人代会代表、第十三届全国政协委员、中国工会十七大代表、中国共青团十八大代表、中国妇女十二大代表，实现党政工团妇代表大满贯。代表履职回来后，在不同层级、不同场合宣讲中央和国家的精神，助力地方区域的改革发展。履行经济责任。稳定安全生产，深入挖潜增效，做大加工总量，全年上缴税费 161.34 亿元，累计上缴税费 1 489.65 亿元，助力国家和地方经济建设。履行社会责任。聚焦精准服务，改进服务质量，增强离退休老同志的归属感、幸福感；落实维稳责任，强化风险管控，着力“降存量、控增量”，信访总量和上访人数连续 3 年下降；组织 12 场大型“公众开放日”活动，邀请主流媒体记者、周边居民及学生等群体共 700 余人走进公司，为落实中国石化开门办企业的部署助力。

（徐江山　于　萍）

【扎实开展全面从严治党工作】 2018年，齐鲁石化扎实开展全面从严治党工作。健全和规范运行“三重一大”决策机制，对涉及机构调整、发展规划和员工切身利益的事项，做到源头参与、深度介入、把关定向。创新开展机关与基层支部结对子，深化开展企地党建共建，促进了党政融合、上下结合和企地联合。持续开展分类定级、达标升级，666个党支部中优秀、良好超过90%。开展“不忘初心、牢记使命”主题教育，推进“两学一做”常态化制度化，深化“亮身份、树形象、做表率”主题实践。党员量化积分考核在齐鲁石化全面推开，党员自律意识得到增强。建立健全监督网络体系，成立公司监督委员会，整合监督资源，推进片区互查。强化“微腐败”治理，发布24条“微腐败”风险提示，对典型案例提级通报。党委巡察办公室全年共审查10个二级单位和2个机关部门，发布50项“负面清单”，党风党纪明显好转。严肃执纪问责，党纪政纪处分共计21人，减少25人，下降54.3%。其中，党纪处分13人，政纪处分14人，党政纪双重处分6人；对责任落实不到位的干部实施“一案双查”和“一责双问”，诫勉谈话28人。在地方党委的支持下，齐鲁石化48家改制企业党组织关系移交地方党组织管理，理顺了管理关系。

（徐江山　于　萍）

表1　齐鲁石化主要技术经济指标　亿元

指标名称 \ 年份	2018	2017	2016	2015	2014	2013
原油加工量 / 万吨	1 202.68	1 155.29	1 188.37	1 121.89	1 034.29	1 011.93
工业总产值	755.63	644.61	569.14	585.12	693.55	688.06
工业增加值	243.04	236.71	244.18	220.61	123.08	128.66
资产总计	232.31	239.40	223.91	217.03	219.43	219.31
流动资产	69.91	73.39	61.20	46.07	50.77	71.86
固定资产原值	459.61	457.12	444.23	434.01	391.29	399.89
固定资产净值	142.36	146.89	147.07	153.79	125.88	124.64
销售收入	768.63	650.51	593.00	591.77	698.44	709.72
实现利税	189.75	178.03	194.17	162.67	67.88	74.08
税　金	148.49	146.91	150.91	139.94	86.79	86.93

表2　齐鲁石化主要产品产量　万吨

产品名称 \ 年份	2018	2017	2016	2015	2014	2013
汽　油	245.74	238.02	229.88	200.49	162.15	151.08
柴　油	301.96	314.30	319.29	322.82	337.40	356.68
煤　油	90.55	85.47	87.80	74.3	72.59	53.78
沥　青	90.03	90.99	105.22	80.67	67.79	66.57
硫　黄	14.06	13.87	13.94	13.73	14.68	14.62

续表

产品名称 \ 年份	2018	2017	2016	2015	2014	2013
乙　烯	86.85	71.59	87.09	86.19	80.07	72.30
丙　烯	37.88	29.26	38.39	40.96	38.97	32.92
聚乙烯	64.94	53.13	67.14	67.34	62.43	47.12
聚氯乙烯	23.22	20.34	23.12	22.60	22.41	30.83
聚丙烯	9.41	7.93	9.58	9.60	9.17	7.62
苯乙烯	21.90	18.15	20.67	20.63	20.33	19.85
合成橡胶	24.42	27.50	35.64	32.55	36.77	36.01
烧　碱	20.61	18.33	20.04	18.14	16.75	23.90
腈纶纤维	3.59	3.59	5.11	4.58	3.65	5.51
丙烯腈	14.92	15.68	24.84	22.37	10.99	10.65
丁辛醇	33.50	27.73	33.68	31.18	32.46	28.83
纯　苯	21.25	17.41	20.85	22.27	20.10	19.58
对二甲苯	9.59	5.50	4.90	7.21	8.24	8.33
发电 / 亿千瓦·时	38.69	36.01	39.78	38.65	37.04	36.75

茂名石化

【概况】 中国石化集团茂名石油化工有限公司、中国石油化工股份有限公司茂名分公司（简称茂名分公司）统称茂名石化。茂名石化位于广东省茂名市，东毗阳江，西临湛江，北连云浮和广西壮族自治区，南临南海；东北距广州 362 千米，西南距湛江 121 千米；占地面积 1 617 万平方米，创建于 1955 年 5 月，是国有特大型综合石化企业，1983 年整体并入中国石油化工总公司。

茂名石化拥有 70 多套主要炼油、化工生产装置，1 座热电动力装置，还有港口码头、铁路运输以及完善的管道、原油和成品油储存、海上原油接卸等储运设施。原油一次加工能力 2 350 万吨 / 年，乙烯生产能力 110 万吨 / 年。主要生产汽油、煤油、柴油、润滑油、溶剂油、石脑油、沥青、乙烯、甲苯、聚丙烯、乙二醇、苯乙烯、丁苯橡胶、SBS 等 30 多类石油化工产品。

截至 2018 年底，茂名石化共设 30 个中层机构单位，其中公司机关部室 14 个、直属基层 7 个、业务中心 9 个，另有合资合作单位 6 个。在岗正式职工总数 7 699 人，其中具有正高级职称的 15 人、副高级职称的 510 人、中级职称的 1 332 人。固定资产原值 486.36 亿元。

茂名石化主要技术经济指标和主要产品产量分别见表 1 和表 2。

（韩泉梅）

【生产总量再创新高】 2018 年，茂名石化原料油加工量首次突破 2 000 万吨，达 2 053.51 万吨，增加 71.87 万吨；原油加工量首次突破 1 900 万吨，达 1 906.01 万吨，增加 50.32 万吨；成品油产量

1 159.72 万吨，增加 12.03 万吨；成品油出口量首次突破 200 万吨，达 252.93 万吨，增长 28.94%；生产乙烯 119.06 万吨，增加 1.47 万吨，位列炼化企业第一，化工商品量达 389.07 万吨，增加 21.50 万吨。最大程度释放产能，生产总量再创历史新高。

（韩泉梅）

【合资公司留存地方税费 3.16 亿元】 2018 年，茂名石化按照“融入地方、借势发展、合作共赢”原则，充分发挥技术、人才、管理和公用工程等优势，持续发展壮大合资公司。参股控股的 6 家合资公司实现销售收入 125.37 亿元，上缴税费 6.66 亿元，其中留存地方 3.16 亿元，增加了地方政府财政收入，促进了地方经济发展。

（韩泉梅）

【150 万吨 / 年连续重整装置建成投产】 2018 年 5 月 17 日，茂名石化 150 万吨 / 年连续重整装置成功投料，产出合格汽油调和产品。装置于 2016 年 3 月开工建设，总投资 13.26 亿元，采用国产超低压连续重整成套工艺技术，主要以直馏石脑油和加氢裂化石脑油为原料，生产富含芳烃的高辛烷值汽油调和组分和氢气，设计处理能力 150 万吨 / 年，设计能耗 102.05 千克标油 / 吨，主要产品脱戊烷油为下游 55 万吨 / 年芳烃抽提装置提供优质原料，并附产 2.2 兆帕氢气、戊烷油和液化气。装置投产后，可进一步调优成品油结构。

（韩泉梅）

【55 万吨 / 年芳烃抽提装置建成投产】 2018 年 3 月 15 日，茂名石化 55 万吨 / 年芳烃抽提装置投产成功。装置于 2016 年 4 月开工建设，2017 年 11 月 30 日建成中交，设计能耗 113.39 千克标油 / 吨，主要由 C_6/C_7 馏分分离、二甲苯分离、抽提蒸馏、溶剂回收、溶剂再生、苯塔精制、甲苯塔精制等单元组成。装置建成后具备生产高纯度苯、甲苯和混合二甲苯的能力，有效降低汽油芳烃含量，改善产品质量，提高了市场竞争力及创效空间。

（韩泉梅）

【50 万吨 / 年干气回收富乙烷气装置建成投产】 2018 年 11 月 6 日，茂名石化 50 万吨 / 年干气回收富乙烷气装置建成投产。装置总投资 4.19 亿元，2017 年 2 月 15 日开工建设，采用北京化工研究院开发的浅冷油吸收工艺和四川天采科技有限责任公司的 PSA 技术，设计能耗 117.51 千克标油 / 吨。装置由压缩单元、碳四吸收解吸单元、汽油吸收解吸单元、制氢单元组成，生产富乙烷气、高纯度氢气，副产轻烃、干气。装置投产后，可为化工裂解装置提供优质原料，实现炼油与化工优化组合，增创效益。

（韩泉梅）

【顺丁橡胶装置尾气 VOC 治理项目建成投用】 2018 年 8 月 29 日，茂名石化顺丁橡胶装置尾气 VOC 治理项目建成投用，项目总投资 6 709 万元，采用抚顺石油化工研究院开发的橡胶装置尾气“冷凝—除雾—催化氧化”工艺处理技术，用于处理 10 万吨 / 年顺丁橡胶装置后处理单元生产过程中的干燥废气，处理能力 10 万米^3（标准）/ 时，2017 年 10 月 20 日开工建设，2018 年 7 月 25 日实现中交，装置尾气中的非甲烷总烃质量浓度达到设计值，低于环保要求。

（韩泉梅）

【产品结构优化及配套 15 万吨 / 年硫黄回收联合装置项目开工建设】 2018 年 10 月 9 日，茂名石化产品结构优化及配套 15 万吨 / 年硫黄回收联合装置项目开工建设。项目总投资 32.48 亿元，主要建设内容为新建 1 套 260 万吨 / 年浆态床渣油加氢裂化及石脑油柴油加氢组合装置、15 万吨 / 年硫黄回收联合装置、系统配套辅助设施。其核心装置 260 万吨 / 年浆态床渣油加氢装置建成投产后，可解决炼油重油加工能力不足、原油劣质化程度不高等问题，提高了轻油收率和煤制氢装置负荷。

（韩泉梅）

【220 千伏输变电工程项目开工建设】 2018 年 12 月 28 日，茂名石化 220 千伏输变电工程项目开工建设。项目总投资 4.56 亿元，建设内容为在炼油和化工厂区各建 1 座 220 千伏变电站，并对已有 110 千伏变电系统进行整合优化。项目投产后，将提高炼油和化工厂区的供电安全可靠性，降低用

电成本近 7 000 万元 / 年。

（韩泉梅）

【原油输送和夏季储输凝析油获突破】 2018 年，茂名石化开展 47 个工况的剂油、油温曲线研究以及 9 项技术攻关，优化原油调和及加减阻剂，原油双线输油量最高达 6.09 万吨 / 日，创历史新高。同时开展夏季加工凝析油技术改造，完成北山岭 2 个、炼油 1 个原油储罐技术改造，实现夏季储存南帕斯凝析油，是中国石化系统首家夏季加工凝析油的企业。

（韩泉梅）

【低牌号 50# 沥青成功生产出口澳洲】 2018 年，茂名石化根据现有原油资源，编制直接采用伊重、索鲁士、奥瑞特、沙轻原油在五号常减压装置进行试生产出口澳洲 50# 沥青生产加工方案和减渣、丙烷脱油沥青与糠醛抽出油的沥青调和配方方案。2 月 5—10 日，成功连续生产出 3 罐符合条件的 50# 沥青约 1.2 万吨，完全满足客户要求。

（韩泉梅）

【人造草用聚乙烯新产品开发成功】 2018 年 8 月，茂名石化开发成功人造草用聚乙烯新产品专用料 PE-L T272，在全密度装置首次试产 400 吨。在国家对教育、体育健身场所不断大力投入的政策下，国内聚乙烯人造草市场规模超过 20 万吨 / 年，其中华南地区市场规模 2 万—3 万吨 / 年，市场规模正以 35%—45% 的速度逐年递增。人造草用聚乙烯新产品的成功开发，填补了国内暂无自产聚乙烯人造草专用料的空白。

（韩泉梅）

茂名石化开发的人造草用聚乙烯新产品专用料 PE-L T272 成功运用在职工足球场

【成功生产低收缩抗冲聚丙烯 PPB-MN24】 2018 年 10 月 28 日，茂名石化化工 1# 聚丙烯装置成功试生产低收缩抗冲聚丙烯 PPB-MN24。该牌号产品是中国石化 2018 年重点科技项目，主要针对汽车轻量化发展趋势需要的“以塑代钢”技术需求进行研发，产品成型收缩率低于 1.3%，制造的汽车零部件能与车身实现无缝隙装配以达到美观、安全效果，价格高于普通抗冲聚丙烯 1 000 元 / 吨以上，可替代巴塞尔、SK 等国外同类型产品。茂名石化是国内首家成功生产低收缩抗冲聚丙烯 PPB-MN24 的企业。

（韩泉梅）

【完成“两化”融合管理体系换版】 2018 年，茂名石化按照 GB/T 23001—2017《信息化和工业化融合管理体系要求》，开展“两化”融合管理体系换版工作，识别、确定和打造与规范化、精细化管理能力，石化产品的产能平衡和高效生产能力 2 项新型能力，9 月 20 日正式通过工业和信息化部电子第五研究所认证，构建了数据、技术、业务流程、组织机构的互动创新和持续优化管理机制，提升了可持续竞争优势。

（韩泉梅）

【员工吴金源受到习近平总书记接见】 2018 年 10 月 24 日，中共中央总书记、国家主席、中央军委主席习近平到广东深圳参观“大潮起珠江——广东改革开放 40 周年展览”，并在展厅内接见参与和推动广东省改革开放相关方面的 20 名代表，集团公司技能大师、茂名石化炼油分部员工吴金源作为代表之一受到接见。

（韩泉梅）

【提出“1+1=0”“寓管理于服务”“穿透式管理”新理念】 2018 年，茂名石化先后提出“1+1=0”“寓管理于服务”“穿透式管理”新理念新举措，倡导负责、实干、实效、高效。干部员工深刻领会、自觉践行系列管理理念和举措，在思想和行动上自觉反自由主义、形式主义、官僚主义，大兴实干之风，突出主管责任，推倒管理围墙，精简工作环节，着力提升管理效能，弘扬“责任至上，事争第一，追求卓越”的新时代茂名石化精神，全面完成全年各项奋斗目标，为公司实现“两个三年”目标、实现高质量发展打下基础。

（韩泉梅）

【绿色发展成就受到社会关注】 2018 年 6 月 5 日，中央电视台到茂名石化开展“塑战速决从原材料开始”网络直播，向社会公众介绍茂名石化实施绿色低碳战略、开发生产绿色环保产品情况。7 月中下旬，全国大学生记者训练营围绕绿色石化、科技石化等主题进行一周深入采访和体验，多媒体、多角度宣传茂名石化的绿色企业建设和社会责任担当。8 月 13 日，茂名石化与茂名石化发源地好心湖双双入选“茂名十大文化名片”。

（韩泉梅）

【石化科普馆建成投用】 2018 年 12 月，石化科普馆建成投用。项目总投资 1 800 万元，2018 年 5 月 28 日开工建设。石化科普馆位于茂名市露天矿博物馆二楼，布馆面积约 2 200 平方米。通过声、光、电、图、文等传统与现代结合的多媒体传播技术，向公众普及石油石化知识，探索石化发展历程，丰富人民群众生活，消除社会公众误解，成为茂名石化与公众沟通的新窗口。

（韩泉梅）

石化科普馆成为茂石化与公众沟通的窗口

表 1　　茂名石化主要技术经济指标　　亿元

指标名称 \ 年份	2018	2017	2016	2015	2014	2013
原料油加工量 / 万吨						
茂名分公司	2 051.49	1 979.62	1 937.12	1 941.82	1 930.01	1 630.14
工业总产值						
茂名分公司	1 059.95	863.09	732.19	776.12	1 072.99	980.38
茂名石化公司	18.73	16.64	14.07	13.49	13.46	13.23
工业增加值						
茂名分公司	342.95	366.13	335.41	293.20	210.91	195.41
茂名石化公司	9.02	6.95	6.38	4.84	5.33	5.33
资产总计						
茂名分公司	306.59	311.87	265.87	235.10	267.38	298.63
茂名石化公司	41.99	47.89	50.03	48.47	46.55	44.33
流动资产						
茂名分公司	130.43	139.95	97.06	63.93	91.03	127.89

续表

指标名称 \ 年份	2018	2017	2016	2015	2014	2013
茂名石化公司	9.73	11.02	12.70	14.48	13.69	14.01
固定资产原值						
茂名分公司	408.77	391.08	382.44	368.46	353.34	316.41
茂名石化公司	77.59	79.54	72.35	71.4	69.28	67.33
固定资产净值						
茂名分公司	128.17	129.36	137.47	140.68	142.17	119.92
茂名石化公司	31.50	34.79	29.23	24.35	29.06	28.60
销售收入						
茂名分公司①	1 049.15	854.46	726.61	768.44	1 052.19	974.44
茂名石化公司	32.26	29.93	27.49	26.71	27.36	28.87
实现利税②						
茂名分公司	420.11	413.21	381.02	330.84	292.01	274.59
茂名石化公司	4.82	4.66	4.33	5.52	4.96	4.74
税　金②						
茂名分公司	320.07	301.88	291.08	269.12	277.51	259.75
茂名石化公司	2.75	2.10	2.09	3.35	2.84	2.91
综合能耗／吨标煤·万元$^{-1}$						
茂名分公司	0.551	0.549	0.547	0.564	0.580	0.598
茂名石化公司	1.284	1.335	1.34	1.390	1.40	1.42

① 茂名分公司销售收入不含炼化互供

② 茂名分公司实现利税和税金的数据为当年税金实际缴纳数，并含进口原油增值税

表 2　　茂名石化主要产品产量　　万吨

产品名称 \ 年份	2018	2017	2016	2015	2014	2013
乙　烯	119.06	117.59	113.03	105.39	114.12	112.55
丙　烯	69.69	66.30	64.92	60.51	64.44	62.02
混合芳烃	45.08	43.23	40.09	40.19	45.47	45.65
三苯（化工）	37.26	35.91	32.84	33.36	38.02	38.26
三苯（炼油）	34.05	4.10	4.31	3.67	3.83	3.23

续表

产品名称 \ 年份	2018	2017	2016	2015	2014	2013
聚丙烯	69.40	67.98	64.92	59.25	59.53	55.37
线型聚乙烯	14.76	19.72	19.83	19.46	20.56	20.30
高密度聚乙烯	36.87	35.00	36.03	32.53	36.42	37.16
高压聚乙烯	36.38	40.99	39.44	35.50	40.59	39.14
丁二烯	14.67	15.02	14.40	13.45	14.12	14.16
MTBE	23.26	16.00	13.98	13.64	9.82	8.39
1- 丁烯	1.51	1.72	1.65	1.65	1.65	1.85
乙二醇	12.26	5.88	3.93	4.00	3.17	4.56
环氧乙烷	23.45	14.41	10.44	11.86	10.68	11.00
苯乙烯	11.11	13.11	11.37	12.81	12.30	11.34
SBS 橡胶	7.62	7.46	7.24	6.64	7.76	8.36
顺丁橡胶	9.05	9.70	8.46	6.35	6.72	4.69
液化气	160.91	148.03	142.50	126.26	118.69	87.93
石脑油	214.45	186.96	193.75	186.17	212.61	180.17
汽油	422.82	412.67	421.53	421.61	394.51	300.60
高标号汽油	151.14	143.65	274.19	325.51	281.31	288.63
煤　油	323.64	290.03	284.59	268.62	217.32	161.91
柴　油	413.27	444.41	419.28	455.63	528.61	491.82
润滑油基础油	37.78	36.51	35.82	25.67	24.02	22.91
石　蜡	4.26	5.13	8.21	7.55	6.82	6.96
商品重油	11.69	14.12	15.84	19.73	22.39	21.33
沥　青	125.79	146.12	137.81	135.49	101.23	102.40
石油焦	70.66	77.59	70.46	66.49	77.02	58.22
硫　黄	20.22	20.45	19.52	20.04	20.80	18.72

镇海炼化

【概况】 中国石油化工股份有限公司镇海炼化分公司（简称镇海炼化）位于浙江省宁波市，前身为始建于 1975 年的浙江炼油厂，1983 年划归原中国石油化工总公司。镇海炼化拥有 2 000 万吨 / 年原油加工能力、100 万吨 / 年乙烯生产能力，与 4 500 万吨 / 年海运码头吞吐能力、390 万立方米的罐储能力，构成“大炼油、大乙烯、大码头、大仓储”的产业格局，集中代表中国炼油化工行业的先进水平，并正在向着“打造世界领先绿色石化基地”的目标扎实迈进。镇海炼化主要生产各种规格的汽油、柴油、3# 喷气燃料、液化气、道路沥青、乙烯、苯类、丁二烯、环氧乙烷、乙二醇、环氧丙烷、苯乙烯、聚丙烯树脂、聚乙烯树脂等多种优质石油化工产品。炼油竞争力居亚太地区炼厂第 1 组群；乙烯装置列全球乙烯装置（石脑油）第 1 群组。实行公司—运行部两级管理，设立 14 个职能处室（含党群部门）、9 个业务中心（含消防支队）、11 个运行部以及中国石化镇海基地项目管理部（炼油老区结构调整提质升级项目管理部）。在岗职工 5 446 人，其中具有高级职称的 376 人、中级职称的 993 人。

2018 年，镇海炼化累计加工原油 2 057.50 万吨，生产乙烯 99.14 万吨，实现营业收入 1 137.87 亿元，利税 325.42 亿元，利润 126.51 亿元。连续 9 年加工原油突破 2 000 万吨。扩建 1 500 万吨 / 年炼油 120 万吨 / 年乙烯项目投建。完成 2 个批次、47 套装置、7 084 个检修改造项目。首台拥有国内自主知识产权的 48 寸裂解气大阀在镇海炼化乙烯裂解装置 10# 裂解炉上成功应用，打破国外垄断。新增聚烯烃新产品牌号 7 个，产销聚烯烃新产品和专用料 41 万吨，差异化增效达 1.94 亿元。累计举办“镇海炼化公众开放日”活动 200 期。连续 21 年坚持开展无偿献血公益活动，累计献血职工达 9 598 人次，累计献血量 290 万余毫升。积极承担社会责任，主动参与对贵州普安县的精准扶贫，成立缙云县双溪口乡周扎村扶贫结对帮扶工作组并选派 1 名干部驻村帮扶，并捐赠资金 96 万元。融入地方互惠发展，积极推进区域资源优化配置，与园区及周边企业的物料互供达 22 个品种、169 万吨。镇海炼化主要技术经济指标及主要产品产量分别见表 1 和表 2。

（郭建波）

【领导班子调整】 2018 年 1 月 22 日下午，镇海炼化召开领导班子扩大会，宣布公司领导班子调整：魏鑫任公司副总经理、党委委员。3 月 29 日上午，召开领导班子扩大会，集团公司人事部到会宣读集团公司党组调整公司领导班子决定：施俊林任公司副总经理、党委委员，徐涛不再担任公司副总经理、党委委员职务，调出另有任用。9 月 18 日上午，集团公司召开视频会议，宣布公司领导班子调整决定：张玉明任公司代表、党委书记，不再担任公司总经理、党委副书记；吕亮功任公司总经理、党委副书记；寿东华不再担任公司党委书记、委员、副总经理，另有任用。

（郭建波）

【宁波市与中国石化在京举行高层会谈】 2018 年 4 月 8 日，浙江省委常委、宁波市委书记郑栅洁与集团公司总经理戴厚良在北京举行宁波市与中国石化高层会谈，双方明确将按照“整体核准、分步实施，先建乙烯、后上炼油”思路和“尽早公示、依法依规、能快则快、周密部署、扎实推进”原则，推动“镇海炼化扩建项目计划 2018 年 4 月下旬启动公示，6 月底前完成项目核准，10 月开工建设，2021 年底前建成”，会谈结束后双方当场签署会谈纪要。

（郭建波）

【中国石化镇海基地项目成功核准并启动主体工程建设】 4 月 24 日—5 月 8 日，镇海炼化扩建项目顺利完成环评第 1 次公示；5 月 14—25 日，镇海炼化扩建项目圆满完成第 2 次环评公示。6 月 15 日—7 月 16 日，圆满完成以“一公开三公示”（环境影响报告书全本及公众参与说明“6+1”文本在镇海炼化公司官网公开、规划选址公示、环评受

镇海炼化扩建项目乙烯装置现场打桩（万 里 摄）

理审批公示、2号地块用海公示）为主要内容的第3次公示工作。6月28日，宁波市环保局出具镇海炼化扩建1 500万吨/年炼油、120万吨/年乙烯项目环境影响报告书批文。6月29日，宁波市发改委出具镇海炼化扩建1 500万吨/年炼油、120万吨/年乙烯项目（简称镇海炼化扩建项目）核准批文。10月28日，集团公司批复镇海炼化扩建项目可研报告。10月30日上午，中国石化镇海基地项目主体工程建设动员大会在镇海炼化举行。

（郭建波）

【中国石化镇海基地项目管理部揭牌】 2018年10月29日上午，中国石化镇海基地项目管理委员会（IPMT）首次会在镇海炼化召开，委员会成员及各参建单位负责人参加会议并发言。IPMT组长、镇海炼化代表、党委书记张玉明和IPMT副组长、中国石化工程部副主任宋立群共同为中国石化镇海基地项目管理部揭牌。

（郭建波）

【中石化宁波镇海炼化有限公司注册成立】 2018年6月18日，由中国石油化工股份有限公司和宁波甬镇投资有限公司合资注册的中石化宁波镇海炼化有限公司经宁波市镇海区市场监督管理局核准设立，注册资金54亿元。

（郭建波）

【连续9年位居市“纳税50强”榜首】 2018年6月15日，2017宁波创业创新风云榜揭晓，镇海炼化连续第9年位居宁波市“纳税50强”企业和市制造业“纳税50强”企业榜首。由镇海炼化管理的中外合资企业——宁波镇海炼化利安德化学有限公司位列“纳税50强”行列。

（郭建波）

【“六大项目群”建设全面收官】 2018年，镇海炼化炼油老区结构调整提质升级等“六大项目群”项目全面收官：12月28日制氢原料结构调整改造（POX）装置建成中交，12月29日15万吨/年硫黄回收装置建成中交；同时，新建变电所群一次成功受电；10万/吨年生物航煤（60万吨/年军柴）加氢装置改造项目已进入设备安装阶段；260万吨/年沸腾床渣油加氢装置全面进入安装高峰；30万吨/年烷基化装置进入设备安装和工艺管道预制安装阶段。

（郭建波）

【完成检修改造任务】 2018年是镇海炼化的检修改造年，圆满完成2个批次共47套装置7 084个检修改造项目，取得检修改造零事故的好成绩，创新形成“白天抓检修、晚上抓学习”的承包商管理办法，得到地方党委政府和施工单位的高度肯定。

（郭建波）

【完成杭州石化专项治理工作】 镇海炼化贯彻国务院国资委和集团公司“处僵治困”部署要求，按照“以人为本，依法操作”思路，推动杭州石化专项治理工作连续攻克人员分流安置、改制企业业务处理、资产处置三大难关，于2018年10月17日依法实施注销，在系统内率先打赢“处僵治困”攻坚战。

（郭建波）

【完成“三供一业”移交协议签订工作】 2018年10月30日，镇海炼化与镇海区人民政府分别签订物业管理、市政设施、社区管理分离移交正式实施协议，标志着分离移交工作进入实施阶段。

（郭建波）

【“东海牌”沥青铺上“一带一路”中巴经济走廊】 2018年2月5日，镇海炼化专供巴基斯坦的1 000吨成品“东海牌（70#道路沥青）”沥青出厂，铺上其国家高速公路白沙瓦—卡拉奇高速公路二标段（苏库尔—木尔坦段），该路段属“一带一路”中巴经济走廊。“东海牌”沥青是中国石化打造世界级品牌的重要力量，此次生产的70#道路沥青与普通70#道路沥青相比，针入度控制范围从以往的60—80（1/10毫米）收窄到60—70，指标要求更加严格。

（郭建波）

【首个新能源合作项目建成投产】 2018年2月11日8时，镇海炼化首个新能源合作项目——岚山水库 190 兆瓦光伏发电项目正式建成投产。项目年发电量可达 2.09 亿千瓦 · 时，相当于镇海 10 万户家庭 1 年的用电量。

（郭建波）

【世界最重反应类设备在镇海炼化安装】 2018 年 4 月 28 日，国内首套 260 万吨 / 年沸腾床渣油加氢装置 2 台反应器中的首台在镇海炼化完成吊装作业。反应器是渣油加氢装置的核心设备，高 71 米，直径约 5 米，重 2 380 吨，是世界最重的反应器。沸腾床渣油加氢工艺建成投产后可最大程度提高渣油转化率，有效提升镇海炼化重油转化能力，提高轻油收率。第 2 台反应器于 5 月 15 日吊装就位。

（郭建波）

国内首套 260 万吨 / 年沸腾床渣油加氢反应器完成吊装（万　里　摄）

【乙烯裂解装置裂解气大阀打破国外垄断】 2018 年，首台拥有国内自主知识产权的 48 寸裂解气大阀在镇海炼化乙烯裂解装置 10# 裂解炉上成功应用，一举打破乙烯裂解装置重要大型阀门由国外垄断的局面。

（郭建波）

【提前完成国Ⅵ汽柴油质量升级】 2018 年 10 月 1 日，镇海炼化出厂汽、柴油产品全部升级到国Ⅵ标准，提前 2 个月完成国Ⅵ标准汽、柴油质量升级任务。

（郭建波）

【聚烯烃新产品研发再攀新高】 2018 年，镇海炼化成功开发生产高速无纺布专用料 N40V、抗菌无纺布专用料 N40Q、滚塑料新品 R548U 和 R646U、抗菌抗静电滚塑专用料 R646UQJ、高光泽聚丙烯 M10RG、高压电缆护套管料 E01RS 共 7 个新产品。其中，R548U 在应用测试中成功跨过 240℃ 的“屈膝陷阱”，解决了滚塑行业的加工难题；R646UQJ 填补了国内抗菌抗静电滚塑专用料空白。

（郭建波）

【获授权国家实用新型专利】 2018 年，镇海炼化“自动下料系统”“物料填充装置和物料填充系统”“观察窗装置和锅炉给煤机”3 件专利获国家知识产权局正式授权实用新型专利。

（郭建波）

【信息化项目入选工信部试点】 2018 年，9 月 26 日，工信部发布 2018 年制造业与互联网融合发展试点示范项目名单，镇海炼化“信息物理系统在石化行业应用”成功入选。

（郭建波）

【2 项现代化创新成果获宁波市管理现代化创新成果一等奖】 2018 年，8 月 9 日，宁波市企业联合会公布了 2017 年管理现代化创新成果评审结果，镇海炼化《建立党建工作与中心工作深度融合工作体系》和《特大型炼化企业安全屏障管理体系的构建与实施》2 篇管理现代化创新成果获宁波市管理现代化创新成果一等奖。

（郭建波）

【张玉明被授予浙江省“勇立潮头敢为天下先”功勋企业家和第 17 届宁波市优秀企业家称号】 2018 年，8 月 9 日，在宁波市企业家活动日暨百强企业颁奖典礼上，镇海炼化总经理张玉明被授予第 17 届宁波市优秀企业家称号。10 月 23 日，在“2018 浙江省企业领袖峰会暨浙江省企业家活动日”上，镇海炼化公司代表、党委书记张玉明被授予浙江省“勇立潮头敢为天下先”功勋企业家称号。

（郭建波）

【获多项荣誉称号】 2018 年，镇海炼化获评全国石油和化工行业新闻宣传先进单位、中国石油和化工企业公民楷模榜最具社会责任企业浙江省

“十佳”企业文化建设示范单位；获评能效领跑者标杆企业（乙烯）称号，成为中国石化唯一一家连续6年获此荣誉的企业；获评无偿献血爱心单位。积极践行绿色发展理念，深入开展绿色企业行动计划，公司成为中国石化首批绿色企业之一。炼油二部杨云峰浙江省“十佳”企业文化工匠称号；生产处王建伟获全国青年岗位能手称号；公用工程部朱建航，仪控部杨宝会、顾鹤军，烯烃部项辉、林森共5人获中央企业技术能手称号，其中项辉、林森2人同时获中央企业青年岗位能手称号；胡联伟获浙江省五一劳动奖章；朱贤峰获浙江省青年岗位能手称号；化工部朱佳未获省级优秀团员称号；行政事务中心陈文近、炼油五部祝飞雄、纪委监察处饶金龙获首批浙江省省部属企事业文明职工标兵称号；消防支队李东营获全国优秀共青团员称号。公司团委获全国五四红旗团委称号；烯烃部三区四班获全国工人先锋号；烯烃部乙烯裂解装置获评全国青年安全生产示范岗；烯烃部、炼油一部、炼油五部芳烃区域、发展科技处、项目管理部控制部、储运部球罐区域获浙江省省部属企事业工人先锋号称号。

（郭建波）

表1　　镇海炼化主要技术经济指标[1]　　亿元

指标名称 \ 年份	2018	2017	2016	2015	2014	2013
原油加工量／万吨	2 057.50	2 190.18	2 012.41	2 180.32	2 094.57	2 214.94
工业总产值	1 064.56	949.62	751.49	884.05	1 137.04	1 269.02
工业增加值	338.00	406.75	372.20	358.35	212.85	250.51
资产总计	468.18	456.63	398.08	320.34	350.87	385.40
流动资产	216.14	244.69	191.53	108.57	121.74	158.95
固定资产原值	396.97	401.27	394.26	386.04	382.99	367.25
固定资产净值	132.07	144.16	156.83	166.46	181.67	185.93
销售收入	1 137.87	1 031.77	816.69	944.80	1 202.18	1 358.72
实现利税	325.42	389.51	353.28	342.88	184.09	227.72
税　金	223.37	236.48	219.64	236.37	152.25	158.96
综合能耗／吨标煤·万元$^{-1}$	0.52	0.52	0.54	0.52	0.53	0.53

① 含杭州石化数据

表2　　镇海炼化主要产品产量[1]　　万吨

产品名称 \ 年份	2018	2017	2016	2015	2014	2013
汽　油	331.54	336.86	307.69	333.27	308.46	285.10
航空煤油	273.34	246.55	213.31	226.26	218.77	208.97
柴　油	574.00	613.82	567.62	628.86	625.41	692.26
石脑油	257.99	300.40	289.39	293.33	288.75	310.00

续表

年份 产品名称	2018	2017	2016	2015	2014	2013
燃料油	36.68	29.18	24.41	33. 54	38.81	32.79
液化气	111.73	115.36	99.99	105.52	97.22	107.57
白色油	—	—	—	—	2.70	4.28
溶剂油	0	0	0.24	1.21	1.64	2.18
沥　青	125.80	135.72	134.53	143.27	126.40	136.25
丙　烯	76.13	85.73	82.94	86.39	77.27	88.03
聚丙烯	50.57	56.55	53.05	54.62	49.41	56.64
苯	34.45	39.90	37.66	38.43	34.43	39.70
甲　苯	…	0	0.05	1.89	1.53	13.01
混合二甲苯	0	1.00	1.10	0.81	4.12	5.94
邻二甲苯	14.18	16.74	14.37	16.93	15.16	16.51
对二甲苯	54.54	61.59	55.25	63.01	54.64	65.11
硫　黄	21.90	24.41	21.49	22.53	22.29	21.99
石油焦	107.91	117.91	109.37	123.59	109.99	117.35
乙　烯	99.14	113.18	112.58	113.14	97.06	111.08
丁二烯	13.41	15.76	15.90	15.79	14.15	16.08
聚乙烯	42.67	49.50	49.87	48.44	41.57	48.80
环氧乙烷	13.75	16.72	16.81	15.58	12.37	10.66
乙二醇	43.20	43.79	46.17	51.89	45.06	52.45

① 含杭州石化数据

天津石化

【概况】 中国石油化工股份有限公司天津分公司（简称天津分公司）和中国石化集团资产经营管理有限公司天津石化分公司（简称天津资产分公司）统称天津石化，位于天津市滨海新区（大港），与天津市区和塘沽新港有铁路、公路相通，与天津港南疆石化码头有输油管线相连。其前身为中国石化天津石油化工公司（由天津市石油化学工业公司和天津市石油化纤总厂组成），成立于1983年12月28日，2000年分设为中国石化集团公司天津石油化工公司和中国石油化工股份有限公司天津分公司；2005年，2个公司进行一体化重组整合，实现机构统一管理；2007年5月22日，注册成立天津资产分公司，10月正式注销中国石化集团天津石油化工公司；2010年6月，2个公司实行一体化管理。

天津石化拥有炼油、化工生产装置54套，原油综合配套加工能力1 250万吨/年，乙烯生产能力120万吨/年（含合资公司），化工产品年生产能力为对二甲苯38万吨、PTA 34万吨、聚酯20万吨、聚醚10万吨，热电装机容量40万千瓦，日供水能力10万吨，原油储存能力27万立方米。主要生产汽油、煤油、柴油、液化气、燃料油、苯类、乙烯、丙烯、环氧乙烷、乙二醇、聚乙烯树脂、聚丙烯树脂等石油化工产品，其中成品油全部达到国Ⅵ质量标准；涤纶短纤维、3#喷气燃料为国优产品；“天仙”牌涤纶短纤维，“津港”牌轻柴油、车用汽油、3#喷气燃料，“大港”牌工业用纯苯被评为天津市名牌产品。

截至2018年底，天津石化共设16个机关部室、6个生产作业部、11个直属专业服务单位，另有2家合资公司；正式职工总数为7 084人，共有专业技术人员1 645人，其中具有高级职称的370人、中级职称的603人。资产总额308.79亿元。

天津石化主要技术经济指标及主要产品产量分别见表1和表2。

（罗　威　周克青）

【生产经营成效明显】 2018年，天津石化完成营业收入603亿元，实现利税104亿元、利润40.42亿元。其中，上市部分盈利41.13亿元，存续部分亏损7 030万元、减亏43.67%。完成原油加工量1 214万吨，为5年来最好水平；生产汽油133.8万吨、航煤190.9万吨、PX 32.5万吨，均刷新历史纪录。柴汽比达1.96，历史上首次降至2以内；炼油、乙烯、芳烃及合纤等7个专业全部实现达标。实施生产经营优化项目133项，增效超过12亿元。乙醇组分油和国Ⅵ汽油同时出厂，有效保障不同区域市场供应。

（罗　威　周克青）

【两个“世界一流”建设有序推进】 2018年，天津石化提出打造世界一流管理体系、建设世界一流绿色企业目标，明确了路线图和时间表。组织开展体系思维千人轮训，完成管理手册、程序文件编制以及370余项业务职责界定和流程梳理，识别评价法律法规、标准规范1 200余项，修订改造公司制度380余项，世界一流管理体系建设相关基础性工作基本完成；集团公司内率先发布世界一流绿色企业行动计划，形成“一方案两清单”，34项任务和21个项目如期完成，成为集团公司首批10家绿色企业之一，获国家石油和化工行业绿色工厂称号。

（罗　威　周克青）

【安全管理水平不断提升】 2018年，天津石化大力倡导发现隐患避免事故安全行为，发现各类隐患5 319项。完善风险识别防控和隐患排查治理双重工作机制，6项公司级、25项作业部级、2 612项岗位风险实现分级管控。承包商积分制考核长效机制全面落地，“黑名单”制度严格执行。建成投用视频监控平台，727个监控点24小时实时监控。全年实现安全事故为零、人身伤害事故为零，未发生非计划停工上报事故，连续4次获全国设

现场优化调整（董　波　摄）

现场巡回检查（董　波　摄）

备管理优秀单位称号，连续 18 年被评为全国“安康杯”竞赛优胜企业。

（罗　威　周克青）

【绿色发展扎实推进】 2018 年，天津石化化学需氧量、氨氮、二氧化硫、氮氧化物分别减排 43.93%、42.63%、9.81% 和 3.37%，废水、废气、VOC 等污染物排放均达到国内领先水平。实施固体废弃物回收利用、减量处置系列攻关，活性污泥合规处置，含油污泥处置实现“零”外委。储煤（焦）场全密闭项目基本建成，8 项公司级雨污分流项目全部完成，罐车密闭蒸汽清洗、设备检修密闭吹扫、储罐吹扫气冷凝吸附处理等排放管控措施成功投用。在集团公司炼油板块所罗门绩效评价中，能源消耗指标位于全球第 1 组群。

（罗　威　周克青）

【建成环保监控地图】 2018 年，天津石化大力推进“两化”融合，借助信息化手段，创新环保管理模式，集团公司内首家建成环保监控地图，做到环境质量及污染物排放情况“一张图”展示，形成全面感知、预防为主、科学决策的管理模式，实现污染物排放管控从“事后治理”向“超前预防”转变。

（罗　威　周克青）

【降本减费取得佳绩】 2018 年，天津石化牢固树立“现金为王”意识，深入资金优化运作，财务费用实现正收益 8 000 万元，增加 7 700 万元，再创历史纪录，存续部分首次实现正收益。成功争取天津市产业基金政府专项补助 1 亿元，首阶段 2 000 万元年内拨付到账。加强沟通协调，解决多项税务难题，享受税收优惠超过 5 亿元。其中，成功争取到暂时解除退税系统限制有利条件，退回石脑油消费税 2.5 亿元；协调打通外采石脑油抵税流程，完成消费税抵扣 1.34 亿元；落实 2017 年度所得税优惠 9 680 万元。强化物资供应，大矿煤引进率连续 8 个月达 100%，减少煤炭消耗 12.4 万吨；石脑油、原辅料、机电材采购降本 1 亿元，物资供应管理综合得分排名集团公司炼化企业第一。

（罗　威　周克青）

【成品油出口实现突破】 2018 年，天津石化正式打通汽油出口流程，为炼油结构调整完成后增产汽油资源拓宽销售渠道。年内，柴油首次出口澳大利亚。全年累计出口柴油 136 万吨，连续 2 年排名集团公司第一，成品油出口总量首次突破 200 万吨。

（罗　威　周克青）

【30 万吨 / 年烷基化装置一次开车成功】 2018 年 5 月 30 日，烷基化装置建成中交，8 月 11 日打通全流程，产出合格产品，在集团公司 13 个同类项目中首家一次开车成功。项目首次采用杜邦硫酸法烷基化专利技术，是集团公司国Ⅵ油品质量升级重要组成部分。

（罗　威　周克青）

【科技创新成果丰硕】 2018 年，天津石化完成集团公司重大项目“高性能聚乙烯树脂开发及应用”“功能性高分子膜材料关键技术攻关”年度目标，“HAT-300 高效增产二甲苯催化剂的工业试验”“电站锅炉完整性技术开发”等 14 个项目完成研发任务。开发 F1815、F201-6 等 6 个牌号聚烯烃新产品，其中 4 个牌号顶替进口，打破国外垄断。申报 23 件国内专利、1 件国外专利，9 件专利获授权，“气相法聚乙烯技术”获得技术转让收益。

（罗　威　周克青）

【项目建设取得新进展】 2018 年，天津石化炼油改造和油品质量升级项目破土动工，项目基础设计批复周期创系统内同等规模最短纪录，计划实施完成情况位居集团公司 36 个重点炼化工程前列。10 万米^3（标准）/ 时天然气制氢项目开工建设，中国石化自主知识产权大型制氢工艺技术首次工业化应用。聚碳酸酯项目建设进入全面施工阶段，整体进度完成 25%。20 万吨 / 年聚丙烯装置基础设计、15 万吨 / 年 CHP 法制环氧丙烷项目可研获得批复。与江阴澄星实业集团签署合资合作意向书，就合资建设 100 万吨 / 年 PX 项目、220 万吨 / 年 PTA 项目相关事宜达成共识，合资协议谈判正式启动。

（罗　威　周克青）

【改革管理持续深入】 2018年，天津石化平稳推进科级机构优化整合，科级机构压减20%。积极推进专业化重组整合，成立化验计量中心、电仪中心。聚醚老区资产处置顺利完成。全面完成“四供一业”移交协议签订和资产移交，提前2个月完成集团公司下达的框架协议签订率、正式协议签订率、实施方案上报率“三个100%”目标，进度名列集团公司前茅，为天津市首家。

（罗　威　周克青）

【创新开展“三小”管理】 2018年，天津石化坚持“事故管理关口前移”，聚焦细节、紧盯苗头，针对“小异常、小偏差、小波动”，建立“三小”问题分级管控机制，下发专项管理办法，落实“四不放过”，查征兆、抓苗头、挖根源，做到“分析一项问题，解决一类问题；消除300项异常，杜绝1起重大事故”，累计处置车间、作业部、公司三级“三小”事件400余项，均完成管理闭环。

（罗　威　周克青）

【智能工厂建设正式启动】 2018年，天津石化正式启动智能工厂建设，“两化”融合管理体系通过再认证，实时数据库、视频平台整合等21个项目有序实施，直接作业环节（二期）、9# 和10# 锅炉APC等9个信息化项目上线运行，网络主干带宽大幅提升，办公区域实现无线网络全覆盖，纸质档案原文数字化率达86%，无纸化会议系统成功应用，被评为集团公司创新创效示范培养企业。

（罗　威　周克青）

【队伍建设进一步加强】 2018年，天津石化加大优秀年轻干部选拔使用力度，公开招聘、组织选拔“80后”中层副职8人；“加长板凳”公开竞聘“85后”基层副职32人。制订《人才强企工程行动方案》及三年推进计划，开展“大学习、大培训、大比武”精准培训，职工培训覆盖率、技能操作培训率保持100%。在国家、集团公司和地方各项业务竞赛中，取得个人2金2银、团体1金2铜的优异成绩，被评为国家技能人才培育突出贡献单位。

（罗　威　周克青）

【维稳工作取得新成果】 2018年，天津石化全力做好维稳工作，多措并举、标本兼治，着力推动维稳工作从“救火”向“防火”转变，“减存遏增”成效显著。开展积案攻坚，“钉子案”“骨头案”化解率达80%。“一条主线、三层管控、四位一体、三个目标”机制不断深化，连续3年保持“零进京越级访”，获集团公司维护稳定工作先进单位。

（罗　威　周克青）

【党的建设更加有力】 2018年，天津石化层层压实党建责任，深化“两单三书”运行机制，推动管党治党责任落实落地。加强党建三级制度体系建设，大力实施“组织力提升工程”，强化党支部引领带动促进“三基”工作，开展“双示范”创建，不断提升党建质量。积极构建“大监督”格局，开展首轮党委巡察，综合运用“四种形态”，风清气正干事创业的良好氛围愈加浓郁。职代会确定的10件惠民生实事全部落实；推进“厕所革命”，109间厕所环境改善提升；注重员工健康管理，工装统一洗涤试点推行；实施单身公寓装修改造，青工生活环境大幅改善。

（罗　威　周克青）

表1　天津石化主要技术经济指标①　亿元

指标名称 \ 年份	2018	2017	2016	2015	2014	2012
原油加工量/万吨	1 214.11	1 202.23	943.16	1 157.61	1 208.26	1 294.09
工业总产值	571.98	471.08	322.11	442.90	710.59	835.56
工业增加值	111.04	152.49	128.86	128.55	76.40	110.83

续表

年份 指标名称	2018	2017	2016	2015	2014	2012
资产总计	308.79	282.02	215.83	206.77	235.31	286.62
流动资产	125.86	108.20	54.38	53.81	84.06	143.98
固定资产原值	317.43	306.13	300.27	294.12	289.86	277.48
固定资产净值	94.91	116.91	99.03	101.53	107.72	108.85
销售收入	595.01	466.19	316.46	463.44	734.61	856.69
实现利税	100.10	131.12	99.98	108.99	53.81	84.06
税　金	58.97	78.28	70.96	90.93	69.35	83.09

① 均为天津分公司数据，不含存续部分数据

表 2　天津石化主要产品产量　万吨

年份 产品名称	2018	2017	2016	2015	2014	2013
汽　油	133.81	130.37	102.07	121.62	106.20	93.49
煤　油	190.85	172.09	125.62	157.42	134.14	130.76
柴　油	263.07	281.41	226.41	294.53	370.52	417.07
化工轻油[①]	392.64	371.77	295.81	345.42	347.69	372.78
商品液化气	44.90	50.91	37.84	46.53	47.86	49.20
石油苯	41.41	41.84	35.12	39.55	41.19	44.00
对二甲苯	32.50	32.26	26.04	31.03	33.88	43.54
精对苯二甲酸	28.44	26.52	24.42	26.05	21.79	31.23
聚　酯	23.53	21.74	18.89	16.27	16.38	29.10
聚酯切片	14.42	12.60	10.10	6.02	5.34	17.58
涤纶短丝	8.87	8.99	8.66	10.20	10.88	11.53
聚醚多元醇	6.19	6.07	5.36	7.38	8.35	8.02
丙　烯	16.96	17.32	13.32	16.64	16.60	18.18
乙　烯	22.64	23.09	17.83	21.08	21.33	22.21
聚乙烯	11.89	12.98	10.64	12.25	11.70	13.01
聚丙烯	6.94	6.99	6.10	7.19	7.08	7.29
乙二醇	3.30	3.85	3.42	3.96	3.47	3.96
环氧乙烷	4.32	4.73	4.18	4.74	5.26	4.67

① 化工轻油数据中含尾油产量

中沙石化

【概况】 中沙（天津）石化有限公司（简称中沙石化）是中国石化和沙特基础工业公司以 50%∶50% 的股比共同出资设立的大型石油化工企业，坐落于天津市滨海新区，成立于 2009 年 10 月 20 日，2010 年 5 月 11 日正式投入商业运行，截至 2018 年底，投资总额 294.07 亿元。

中沙石化拥有主生产装置 9 套，包括 100 万吨 / 年乙烯装置、65 万吨 / 年裂解汽油加氢装置、30 万吨 / 年高密度聚乙烯装置、30 万吨 / 年线型低密度聚乙烯装置、11/28.5 万吨 / 年环氧乙烷 / 乙二醇装置、45 万吨 / 年聚丙烯装置、35 万吨 / 年苯酚丙酮装置、20/12 万吨 / 年丁二烯抽提 /MTBE 联合装置、3.5 万吨 / 年苯乙烯抽提装置，以及配套公用工程及辅助设施。中沙石化生产的产品包括气体产品 4 种、液体产品 17 种、固体产品 3 类 38 个牌号。

截至 2018 年底，中沙石化共有员工 1 371 名。2018 年生产主要化工产品 444.6 万吨，实现销售收入 235.01 亿元人民币。

中沙石化主要经济指标及主要产品产量分别见表 1 和表 2。

（黄　璐）

【安全环保连续 7 年创佳绩】 2018 年，中沙石化贯彻落实安全生产风险管控和隐患排查双体系建设步伐，着手创建企业安全文化，持续完善安全生产责任制，强化直接作业环节监管，全面排查装置隐患，全年 A、B、C 类事故均为零，SHER 事故率为零，安全环保连续 7 年创佳绩。

（张作洋　黄　璐）

【单套乙烯产量在中国石化排名第一】 2018 年，中沙石化乙烯产量 110.05 万吨，连续 2 年乙烯产量突破 110 万吨，单套乙烯产量在中国石化排名第一。

（张作洋　王　晶）

【26 万吨 / 年聚碳酸酯项目全面进入现场施工阶段】 2018 年 6 月 4 日，26 万吨 / 年聚碳酸酯项目开工报告获中国石化批复，标志着项目开工建设的行政许可审批全部完成，项目全面进入现场施工阶段，截至年底共打桩 1.4 万根，占桩基施工总量的 86%，地管、管道安装、钢结构施工等全面开展。

（黄　璐）

26 万吨 / 年聚碳酸酯项目打下第一根桩 （郑大鹏　摄）

【继续保持安全生产标准化一级企业资质】 2018 年 9 月 26—30 日，中国化学品安全协会评审组对中沙石化进行第 1 次安全生产标准化一级企业现场复审。公司顺利通过复审，继续保持自 2015 年 7 月开始的安全生产标准化一级企业资质。

（黄　璐）

【茂金属催化剂首次在国内液相法生产工艺中成功应用】 2018 年 1 月 17 日，高密度聚乙烯装置试用茂金属催化剂成功并产出合格产品，也是茂金属催化剂首次在国内液相法生产工艺中的成功应用。

（黄　璐）

【乙二醇装置换剂停车检修圆满完成】 2018 年 4 月 4—26 日，乙二醇装置按计划开展换剂停车检修，检修重点是更换乙二醇反应器催化剂和更新循环冷却器。经过 521 小时的努力，提前 30 小时圆满完成检修任务，并实现一次开车成功。通过检修，更换了高选择性的新催化剂，有效提高产品收率，同时消除设备运行隐患，为装置平稳运行至下次全面停车检修提供了保障。

（王　晶）

【成为天津市首家享受利润分配转增资本税收优惠政策的外商投资企业】 2018年4月，中沙石化完成股东双方增资，并完成外方股东股息分红转增资本免缴预提所得税工作，成为天津市首家享受利润分配转增资本税收优惠政策的外商投资企业。

（黄　璐）

【获危险化学品安全生产标准化建设突出贡献奖】 2018年，中沙石化获中国化学品安全协会颁发的首届年度危险化学品安全生产标准化建设突出贡献奖。该奖项为全国范围内首次评选，以表彰在安全生产标准化建设、安全管理体系完善等方面表现突出的企业，中沙石化作为天津市唯一一家入围企业，和全国23家企业共享该奖项。

（黄　璐）

【获天津市先进外商投资企业称号】 2018年8月7日，中沙石化被天津市政府授予2017年度天津市先进外商投资企业称号，以表彰在关爱员工、环境保护、安全生产、知识产权保护、社会公益5个方面表现优秀的三资企业。

（黄　璐）

【苯酚丙酮装置提质检修顺利完成】 2018年9月3—23日，苯酚丙酮装置提质检修工作顺利完成并实现一次开车成功。

（黄　璐）

【3.5万吨/年苯乙烯回收项目和7万吨/年环氧乙烷扩能项目竣工验收】 2018年1月29日，3.5万吨/年苯乙烯回收项目顺利通过竣工验收，成为公司第9套生产装置。同日，7万吨/年环氧乙烷扩能项目顺利通过竣工验收，装置产能由年产4万吨环氧乙烷和36万吨乙二醇，调整至年产11万吨环氧乙烷和28万吨乙二醇，使该装置在市场、

苯酚丙酮装置检修现场（张　博　摄）

工艺技术和规模效应方面具备更强竞争力。

（黄　璐）

【在中国石化业务竞赛中取得历史最好成绩】 在2018年9月举办的中国石化业务竞赛中，中沙石化员工程世文、何凤坤、王鹏以出色的操作技能赢得个人1金、1银、1铜成绩，也是公司参与中国石化业务竞赛以来的历史最好成绩。

（黄　璐）

【向数字化工厂转变迈出关键一步】 2018年3月26日，中沙石化内外网更新及移动APP上线启动仪式在北京举行，董事长阿瓦依德·阿尔哈兹、副董事长李永林等董事会成员，公司总裁班子成员出席活动。新项目的上线，是中沙石化由信息系统基础设施向数字化工厂转变的关键一步。

（王　晶）

表1　中沙石化主要经济指标　亿元

指标名称＼年份	2018	2017	2016	2015	2014	2013
工业总产值	233.08	221.33	161.51	186.23	257.24	265.34
工业增加值	63.18	77.29	53.97	47.99	24.44	14.25

续表

年份 指标名称	2018	2017	2016	2015	2014	2013
销售收入	235.01	222.86	163.37	188.68	258.92	267.03
税前利润	39.16	51.14	31.87	27.19	6.13	1.83

表 2　　中沙石化主要产品产量　　万吨

年份 产品名称	2018	2017	2016	2015	2014	2013
乙　烯	110.05	111.62	96.60	108.81	107.71	108.64
丙　烯	56.20	56.82	48.90	56.27	56.60	55.03
丁二烯	20.81	21.41	17.16	20.21	20.27	20.26
甲基叔丁基醚	15.56	15.52	13.04	15.54	15.79	15.05
1- 丁烯	6.94	7.21	4.65	6.01	5.86	5.08
线型低密度聚乙烯	29.96	32.88	28.58	34.53	31.25	34.49
高密度聚乙烯	30.22	30.20	27.20	32.44	27.87	27.22
聚丙烯	50.12	50.77	43.23	49.32	49.55	46.28
环氧乙烷	10.13	8.43	7.29	6.19	7.94	7.15
乙二醇	34.68	37.64	27.76	35.37	37.67	40.55
苯　酚	21.59	22.03	19.06	21.79	23.99	22.84
丙　酮	13.45	13.73	11.83	13.47	14.89	14.22
混合苯	42.20	42.22	41.01	46.36	46.56	48.30
苯乙烯	2.72	2.68	0.69	—	—	—

上海石化

【概况】 中国石化上海石油化工股份有限公司（简称上海石化）位于上海市金山区，占地面积 9.4 平方千米，是集炼油、化工、塑料、化纤生产经营于一体，高度综合的现代化石油化工企业之一，也是中国第 1 家股票在上海、香港、纽约三地同时上市的股份制有限公司。上海石化前身为创建于 1972 年的上海石油化工总厂，1993 年 6 月改制为上海石油化工股份有限公司，2000 年 10 月更名为现名。

上海石化下设炼油部、烯烃部、芳烃部、化工部、腈纶部、涤纶部、塑料部、热电部、电气仪表中心、储运部、环保水务部、精细化工部、物资采购中心和销售中心以及 IT 服务中心、质量管理中心、统计中心、行政事务中心、培训与交流安置中心等单位，并由上海石化资本运营处管理对外投资企业。截至 2018 年底，上海石化总资产445.40亿元，在册员工总数9 597人，具有原油综合加工1 600万吨/年、乙烯70万吨/年、有机化学品428万吨/年、合成树脂100万吨/年、合纤原料109万吨/年、合纤聚合物59万吨/年、合成纤维26万吨/年生产能力。每年向社会提供成品油、有机化工品、合成树脂、合成纤维4类产品。

上海石化主要技术经济指标及主要产品产量分别见表1和表2。

（陆建梅）

【国Ⅵ标准汽、柴油投放市场】 2018年8月20日，上海石化生产的国Ⅵ标准汽、柴油开始投放市场，比上海市政府要求10月1日汽、柴油全部升级至国Ⅵ标准的时间提前42天。上海石化执行的国Ⅵ汽、柴油标准，比欧Ⅵ标准更严格。其中，柴油多环芳烃含量限值为7%，而欧Ⅵ标准为8%。为满足国Ⅵ汽、柴油生产储运需求，上海石化7月起对原已处于饱和状态的储运系统、汽油调和系统进行改造，并于8月初完成2个储罐扩容，新增管线47根，新建1套汽油调和系统。

（陆建梅）

【配售电公司组建迈出实质性步伐】 2016年11月，国家发改委、国家能源局联合印发《关于规范开展增量配电业务改革试点的通知》，上海石化暂供电区域被列进国家第1批105家改革名单，也是上海市唯一增量配电业务改革试点项目。2017年12月，上海石化形成的组建配售电公司方案通过上海市政府和国家发改委审批，确定由上海石化为主组建多元化配售电公司。2018年9月29日，上海石化与国家电网上海市电力公司、申能股份有限公司、上海新金山投资控股集团有限公司、上海化学工业区发展有限公司召开配售电公司股东会议，并签订合资合作意向书，标志着上海石化配售电公司组建工作迈出实质性步伐。年内完成股权架构搭建、存量资产评估、合资合作意向书签订等工作。组建后的配售电公司主要经营业务为配电设施规划、投资、建设与运营，向上海石化暂供电区域保底供电，涉及供电用户数约4.9万户，年售电量达6.52亿千瓦·时。

（陆建梅）

【试点推进过程安全管理】 2018年3月26日，上海石化在烯烃部举行过程安全管理（PSM）试点工作启动仪式。过程安全管理是先进的安全管理体系，倡导对过程的全面把控，以实现安全生产，强调“全员参与”理念，共包含12项要素。烯烃部成立PSM推进领导小组和工作小组，开展过程安全管理宣贯，整理出PSM差距分析资料及实施计划。有计划重点推进过程危害分析、操作程序、培训过程、应急管理、开车前试生产的安全审查、施工的质量控制等要素，做好要素分解细化，以程序文件形式固化，并进行跟踪闭环，形成长效机制。截至年底，基本建立过程安全管理体系，通过实施PSM试点，提高了现场安全管理水平。

（陆建梅）

【被评为智能制造试点示范企业】 上海石化推动“两化”深度融合，形成企业资源计划系统、先进过程控制系统、生产执行系统、生产计划优化系统、实验室信息管理系统、综合统计信息管理系统、操作管理系统等专业平台。在推进智能制造过程中，充分利用信息系统实施系统管理，使各个系统信息共享。通过各种生产工艺、现场管理、操作过程等分析数据的运用，以最优的生产工艺、最佳的操作方法、最安全环保的工作措施，保证生产“安稳长满优”。2018年9月27日，上海石化被国家工信部评为2018年智能制造试点示范企业。

（陆建梅）

【完成企业专职消防队全面交接】 2018年6月8日，公司专职消防队与金山消防支队新纬三中队、纬八中队举行移防交接仪式。至此，交接工作全部完成，接防任务全部由公司专职消防队伍承担。上海石化从2016年起着手组建企业专职消防队，由中原油田消防支队作为公司专职消防队进驻公司厂区，为上海石化提供强有力的消防服务保障。2017年8月29日，上海石化举行组建企业专职消防队启动会暨进驻仪式，12月18日、20日，金山消防支队纬九、纬三以及水上中队相继移防并交接给上海石化专职消防队。

（陆建梅）

【48K大丝束碳纤维填补国内空白】 2018年3月

8日，上海石化成功试制出真正意义上的48K大丝束碳纤维，标志着国产碳纤维大K数原丝生产制备技术实现质的突破，填补了国内空白。在碳纤维行业内，通常将每束碳纤维根数大于48 000根（简称48K）的称之为大丝束碳纤维。其最大优势是在相同的生产条件下大幅度提高碳纤维单线产能，实现生产低成本化，打破碳纤维高昂价格带来的应用局限。48K大丝束碳纤维整体技术达到国际先进水平，在第20届中国国际工业博览会上获新材料产业展优秀参展产品一等奖。

（陆建梅）

【签约独山港浙沪新材料产业园公共管廊项目】 2018年7月27日，上海石化与平湖独山港经济开发区、浙江嘉兴港口服务集团有限公司三方正式签约，计划投资3.2亿元，合作共建浙沪新材料产业园里5条连接浙沪两地的公共管廊。项目共规划5条主管廊、1条辅管廊，总长约9.6千米，主要承担浙沪新材料产业园区内物料输送功能。未来两地企业所需原料及产品可实现管道输送方式互供，可进一步降低运输成本，促进区域内的石化产业链融合和两地的双赢发展。

（陆建梅）

【保障进博会受政府表扬】 2018年11月5—10日，首届中国国际进口博览会（简称进博会）在国家会展中心（上海）举行。上海石化制订安全生产专项保障工作、秋冬季空气质量改善、特殊时期信访稳定和治安保卫等工作方案，并建立保障进博会的“三项机制”，即安全环保管控机制、媒体协作机制、维稳综治确保机制。进博会期间，上海石化范围内治安状况良好，生产运行平稳，环境质量优良，有力维护了上海市良好的进博会环境。11月14日，上海市委、市政府发来感谢信，对上海石化在进博会期间积极协助上海市做好综合协调、展会服务、安全保障和舆论宣传等工作表示感谢。

（陆建梅）

【出台《员工大健康管理实施方案》】 10月11日，上海石化出台《员工大健康管理实施方案》，制定47项具体措施，切实关爱员工身心健康。方案秉着“文化引领健康、管理改善健康、活动促进健康”理念制定，涉及源头管理、过程管理和后续管理三大模块，主要内容包括职业健康、身体健康、心理健康，并针对工作环境、工作条件、工作环节、工作过程，以及安全风险防控、卫生医疗保健、心理调适、保险保障等多个领域开展和推进。

（陆建梅）

【获评创新中国·百强上市公司称号】 2018年12月17日，由全景网和复旦大学经济学院联合推出的首届创新中国·百强上市公司榜单在“2018粤港澳大湾区上市公司发展机遇论坛”发布。上海石化以优秀的创新能力、良好的财务状况入选创新中国·百强上市公司榜单。该榜单以挖掘中国上市公司创新能力、见证科技创新推动企业发展为初心。

（陆建梅）

表1　　上海石化主要技术经济指标　　亿元

指标名称 \ 年份	2018	2017	2016	2015	2014	2013
原油加工量/万吨	1 437.90	1 435.28	1 430.28	1 479.53	1 417.02	1 566.78
工业总产值	817.36	684.54	576.95	677.33	877.16	1 057.79
工业增加值	243.82	278.84	271.30	255.17	154.39	201.39
资产总计	445.40	396.10	341.24	280.22	311.46	369.16
流动资产	253.19	198.85	148.76	81.44	95.10	144.86

续表

指标名称 \ 年份	2018	2017	2016	2015	2014	2013
固定资产原值	468.18	480.08	472.04	467.61	464.55	461.64
固定资产净值	125.45	123.93	135.02	144.25	156.12	167.69
销售收入	1 077.65	920.14	778.94	808.03	1 021.83	1 155.40
利润总额	67.49	78.51	77.65	42.09	−9.14	23.93
所得税	14.72	16.99	17.97	9.27	−2.14	3.79

表 2　上海石化主要产品产量　万吨

产品名称 \ 年份	2018	2017	2016	2015	2014	2013
汽　油	322.92	316.61	287.87	309.76	287.05	287.15
航空煤油	146.82	157.41	159.83	161.30	148.85	126.99
柴　油	373.08	386.38	388.22	426.53	406.53	493.12
乙　烯	77.78	76.69	82.56	83.65	80.44	95.33
丙　烯	50.99	48.82	49.97	53.30	51.02	61.18
纯　苯	34.86	34.06	37.27	35.95	34.75	42.46
对二甲苯	67.30	63.29	67.06	65.97	68.06	93.92
乙二醇	41.52	41.11	36.14	42.15	24.80	39.05
聚乙烯	41.79	47.13	53.10	38.65	39.80	44.40
聚丙烯	49.36	48.18	49.23	45.29	45.09	47.11
PTA	27.00	32.90	31.02	29.54	31.27	35.81
合纤聚合物	41.60	42.45	43.51	41.66	41.70	52.35
聚乙烯醇	0.95	1.20	1.95	2.19	1.58	3.26
聚　酯	40.65	41.26	41.56	39.47	40.12	49.09
合成纤维	16.12	17.78	20.53	22.38	23.24	25.28
涤　纶	4.77	4.58	6.47	6.40	7.74	8.64
腈　纶	11.32	13.19	14.05	15.97	15.49	16.63

上海赛科公司

【概况】 上海赛科石油化工有限责任公司（简称上海赛科公司）成立于2001年10月29日，位于上海化学工业区内，占地约204万平方米，最初是由中国石油化工股份有限公司、中国石化上海石油化工股份有限公司和英国石油公司（BP）华东投资有限公司分别按30%、20%、50%的比例出资组建的中外合资公司。2017年10月26日，由中国石化上海高桥石油化工有限公司完成对BP公司拥有股权的收购。上海赛科公司变更为由中国石油化工股份有限公司、中国石化上海石油化工股份有限公司和中国石化上海高桥石油化工有限公司分别按30%、20%、50%的比例出资组建的国内合资公司。

2005年3月18日，核心装置90万吨/年乙烯装置一次投料开车成功并打通全流程，上海赛科公司全面进入试生产阶段，2005年6月29日工程进入商业运行。截至2018年底，上海赛科公司拥有设计能力为109万吨/年乙烯裂解、60万吨/年芳烃抽提、18万吨/年丁二烯抽提、65万吨/年苯乙烯、30万吨/年聚苯乙烯、60万吨/年聚乙烯、25万吨/年聚丙烯、52万吨/年丙烯腈和1套58.40万吨/年硫酸回收装置、3.5万吨/年苯乙烯抽提装置、5.5万米^3（标准）/时变压吸附氢提纯装置等18套装置，以及配套的动力中心、罐区、空压站、循环水场、污水处理站、变电站、地面火炬、聚合物仓库和行政管理区等公用工程辅助设施。以石脑油和液氨为原料，生产乙烯、丙烯、丁二烯、芳烃、苯乙烯、丙烯腈、聚乙烯、聚丙烯、聚苯乙烯等产品。

截至2018年底，上海赛科公司设有生产部、商务部、财务部、人力资源部、HSSE&Q（健康/安全/保安/环境和质量部）、综合管理部和党群工作部等职能部门。员工总数1 229人。

2018年，上海赛科公司进行了为期65天的装置大检修，整体装置总利用率为72.8%，其中乙烯装置利用率为74.5%。销售产品305.16万吨，下降18.93%；销售收入261.57亿元，下降9.82%；平均占用资本回报率23.50%，年末资产负债率14.9%。

上海赛科公司主要经济指标及主要产品产量分别见表1和表2。

（曹培利）

【完成装置检修】 2018年10月8日—11月25日，上海赛科公司18套主要生产装置和8套配套公用工程系统实施停车检修，预算6.33亿元。计划检修项目8 994项，完成检修项目8 994项。由于正处第1届中国国际进口博览会在上海召开期间，延迟开车日期，12月11日全部装置开车完成。

（张　辉）

【苯乙烯产品塔技术改造项目投用】 项目于2018年4月23日开工，11月10日完工，12月7日投用，投资约700万元，由上海工程公司设计，北京燕华工程公司施工。项目主要是新增1台产能25万吨/年苯乙烯产品塔。项目完工后，增加苯乙烯装置操作性，解决装置2次扩能改造后产品质量下降问题。新增产品塔与原产品塔并联操作，装置产能仍是65万吨/年。

（吕　佳）

【完成动力中心一体化电动机智能化管理系统改造】 2018年12月10日，上海赛科公司完成动力中心一体化电动机智能化管理（INSUM）系统改造，内容包括配合动力脱硫脱硝项目优化调整配电系统、更新INSUM系统为珠海优特电力科技股份有限公司的电动机保护及电机控制系统、调整编制与DCS自动控制系统匹配的通信数据和通信系统地址分配表。改造完工后，为上海赛科公司剩余INSUM系统改造提供可靠方案，实现遥测、遥信、遥控功能，提供快速处理故障的信息保障，确保装置安稳运行。

（汪叶红）

【完成丙烯腈装置大型精馏塔更换项目】 2018年，上海赛科公司在丙烯腈装置大修期间，实施装置最大精馏设备回收塔41-T-3001（90层固阀塔）更换项目，11月14日完成，概算投资2 500万元，由宁波工程公司设计，中国核工业第五建设有限公司施工。项目首次采用水力切割技术拆除旧塔，启用 1 600 吨履带式起重机吊装新塔。项目完工后，消除塔身腐蚀造成的安全隐患。

（申明星）

【完成变更管理电子系统升级】 2018 年 10 月，上海赛科公司完成变更管理电子系统（EMOC）升级和性能优化，上线运行。系统升级包括 EMOC 和业务需求说明书启动顺序，增加维护性、资本性项目划分归类和设计与否的选择，强化 MOC（变更管理）系统风险的分类和审批，建立电气、HSSE 专业审查清单，增设报表自动推送功能。同时，完成 MOC 系统历史台账数据导入 EMOC 系统。该系统是中国石化首套功能完善的电子化变更管理系统，由上海稻盛电子科技股份有限公司研发。

（呼晓慈）

【完成根源分析电子化项目】 项目于 2017 年 1 月启动，2018 年 8 月完成并上线运行。项目引进美国通用电气公司资产绩效管理系统中根源分析模块，根据上海赛科公司实际情况，确认行动项审批权限界定、行动项关闭统计的闭环设计、最终报告实用性等方面线上流程，提升 RCA 分析、管理质量。

（呼晓慈）

【完成资产绩效管理系统升级】 2018 年 7 月，上海赛科公司完成资产绩效管理系统升级，上线运行。系统升级原检验管理和厚度监测 2 个功能模块，新增管理模块（RCM）、故障模式和分析（FMEA）模块、根源性故障原因分析（RCFA）模块。升级后的管理系统作为上海赛科公司设备综合管理平台，推进设备可靠性管理，提高设备管理效率。

（宋正宁）

【4G/5G 现场移动虚拟专网上线运行】 2018 年 12 月，上海赛科公司与上海市金山区电信公司签署 4G/5G 现场移动虚拟专网协议，协议期 5 年，主要是利用中国电信公共移动网络资源，单独开辟一个专属数据传输通道，将传感器、RFID 标签、摄像头、智能终端等设备与公司内部网络实现安全互连互通，实现信息交互和共享。移动虚拟专网运行后，大修现场开完工数据采集应用、现场移动作业管理、备品备件仓库现场前置应用、现场防爆移动视频监控等数据、画面和视频传输到赛科公司数据中心应用服务器，为生产和 HSSE 业务提供信息化管理手段。

（宋正宁）

【OTS 系统虚拟化应用】 2018 年，上海赛科公司 OTS（操作员培训系统）完成并应用。该系统为仿真模拟平台，基于工艺参数和操作环境而搭建，基本涵盖公司全部生产装置。主要是利用先进的桌面虚拟化技术，将传统实体机、固定场所培训方式，转变为虚拟桌面培训，实现任何时间、任何地点实时培训。系统应用后，可充分利用培训资源，提高培训效率及生产业务能力。

（宋正宁）

【人脸识别系统上线运行】 2018 年 10 月，上海赛科公司在装置大检修前，启用装置出入现场人脸识别系统，涉及全体员工和外来承包商。该系统以智能人脸识别为主、门禁卡为辅出入装置现场，加强现场安全管控，提高通行效率，消除人员冒证隐患。系统启用后，无异常情况发生。

（宋正宁）

【“高抗冲聚苯乙烯聚合过程相转变调控技术及应用”获中国石化科技进步奖】 2018 年 3 月，上海赛科公司“高抗冲聚苯乙烯聚合过程相转变调控技术及应用”项目获中国石化科技进步二等奖，也是公司首次获得中国石化的科技进步奖。项目由上海赛科公司与北京化工研究院、广州分公司联合研发。项目研发的“HIPS632E 耐环境应力开裂（ESCR）聚苯乙烯材料”为制造冰箱专用材料，具有优良的耐环境应力开裂性能和低温抗冲击能力。研发技术于 2015 年获国家发明专利授权，被认定为上海市高新技术成果转化项目。

（吕　佳）

【完善在线监测能力】 2018 年，上海赛科公司完善 CEMS（连续污染物排放检测系统）在线监测能力，主要包括完成无机废水氨氮在线监测设施自主验收，实现无机废水系统酸碱度、化学需氧量、氨氮污染物流量在线监控，升级改造裂解炉 CEMS，更新改造动力中心锅炉 CEMS 等。截至年底，上海赛科公司拥有 CEMS 26 套，其中新增 11 套。

（顾　隽）

【完成存货多维度查询功能自主开发】 2018 年 10 月，上海赛科公司自主开发完成存货多维度查询功能，并上线运行。该系统可查询原材料、半成品、产成品、项目材料设备、聚合物寄售存货、委外加工材料等所有存货。主要通过 VBA 编程从 MySQL 数据库中抽数，独立开发出存货收发存表及货龄表，实时监控各类异常物资、长滞留物资情况并报送业务管理部门。截至年底，实施邮件监督 11 次。

（迟晓婷）

表 1　　上海赛科公司主要经济指标　　亿元

指标名称 \ 年份	2018	2017	2016	2015	2014	2013
工业总产值	236.54	272.47	226.79	229.13	257.80	289.45
工业增加值	35.59	76.56	65.61	46.68	12.96	19.04
销售收入	261.57	289.96	237.84	236.82	259.78	293.70
利润总额	43.03	69.21	50.30	29.19	−4.44	2.30

表 2　　上海赛科公司主要产品产量　　万吨

产品名称 \ 年份	2018	2017	2016	2015	2014	2013
乙　烯	95.10	124.51	126.76	127.11	108.09	116.67
丙　烯	45.74	67.57	73.25	73.59	63.17	66.86
丙烯腈	45.29	53.10	52.28	45.62	25.72	28.76
苯乙烯	59.06	76.09	65.53	73.17	63.99	73.23
聚苯乙烯	26.64	33.40	30.28	32.10	27.47	30.54
聚乙烯	59.22	70.34	75.35	76.28	66.89	72.86
聚丙烯	22.46	27.15	28.03	27.89	25.90	27.43

高桥石化

【概况】 中国石化上海高桥石油化工有限公司（简称高桥石化），地处浦东新区，西临黄浦江，北近吴淞口，占地 4.1 平方千米。高桥石化创立于 1981 年 11 月，是中国第 1 个跨部门、跨行业的特大型石油化工联合企业，1983 年 7 月划归中国石油化工总公司。2000 年 1 月，按照集团公司重组改制的统一部署，上海高桥石油化工公司下属炼油厂、化工厂、供销公司的主业部分分离，成立中国石油化工股份有限公司上海高桥分公司。2003 年 10 月，高桥石化根据扁平化改革的要求，撤销了下属单位的工厂建制，实行事业部制管理模式。2007 年 4 月，按照集团公司改革部署，上海高桥石油化工公司实施体制转换，工商注册成立中国石化集团资产经营管理有限公司上海高桥分公司。2010 年 8 月，高桥石化改事业部制管理模式为作业部制管理模式。2016 年 2 月，在上海自贸区金桥开发区注册成立中国石化上海高桥石油化工有限公司，由集团公司旗下的分公司变更为子公司。中国石油化工股份有限公司上海高桥分公司、中国石化集团资产经营管理有限公司上海高桥分公司后续择机注销。

截至 2018 年底，高桥石化在岗员工 4 500 人，离退休人员近 1.4 万人。共有 50 余套生产装置，可生产 200 余种产品，主要产品有汽油、航空煤油、柴油、润滑油基础油、石蜡、合成橡胶、有机化工原料、合成塑料等。拥有年原油加工能力 1 250 万吨，年化工产品生产能力 50 万吨，自备电厂具有装机容量 17.5 万千瓦。先后与德国巴斯夫公司、美国雪佛龙公司、日本三井石化株式会社等成立合资企业。

高桥石化主要技术经济指标及主要产品产量分别见表 1 和表 2。

（魏之臣）

【健全管理体系】 高桥石化成立 HSSE 委员会，设立生产、工艺、设备、工程、行政后勤、物流专业安全分委员会；按照“谁分管、谁负责”和“管业务必须管安全”的原则，修订完善领导班子成员、部门（单位）和岗位 HSSE 责任制，明确专业安全、属地安全管理职责及岗位 HSSE 责任。完善安全环保考核体系，坚持严格要求、严格考核、严肃问责，推动 HSSE 工作责任的落实。

（魏之臣）

【生产经营】 2018 年，高桥石化实现营业收入 472.72 亿元，增加 21.72 亿元；实现利润 36.04 亿元，创历史最好水平。成立原油采购和加工领导小组，坚持原油采购量、加工量与成品油配置量动态匹配的原则，优化采购策略。降低原油采购和加工成本，在总部原油管理专业考核综合排名中列第 3 位。开发生产润滑油加氢装置Ⅲ类基础油、无味煤油、90#道路沥青、工业白油等新产品，持续优化产品结构。加大工业白油、丁苯橡胶等高附加值产品销售力度，累计增加效益 3.34 亿元。制订合资企业绩效评价办法和委派人员绩效考核方案，加强对合资企业的管控，提高投资回报。

（魏之臣）

【加强风险识别管控和隐患排查整治】 制定《高桥石化生产安全风险分级管控和隐患排查治理双重预防机制管理办法》，建立安全风险分级管控和隐患排查整治双重预防机制。开展在役装置安全风险识别评估，对 22 套生产装置进行 HAZOP 分析。推动“十大风险”复核及风险再识别工作，实施重大风险领导干部定点承包、隐患整治挂牌督办、公示管理等制度，建立三级管理台账，推动问题与隐患整改。组织开展危险化学品装卸、高处坠物、内浮顶储罐等专项安全排查，并对排查出的问题及时进行处理，全年累计完成公司级及以上安全隐患治理项目 13 项、环保隐患整治项目 22 项。

（魏之臣）

【加强现场作业管理和承包商管理】 明确承包商管理“六个从严从实”工作要求，严格承包商资质审查、人员准入及三级安全教育；严格执行特殊作业许可制度，加强作业过程管控；制定《检维修承包商综合评价管理办法》，推行承包商安全管理积分考核和“黑名单”制度，累计约谈承包商 14 次、处罚 49 万元、清退外来施工人员 194 人。加强现场作业安全管控，完善现场固定视频监控和移动监控设施，建立生产现场 24 小时 HSE 督察机制。

（魏之臣）

【推进绿色企业建设】 健全环保管理体系，制订《绿色企业行动计划实施方案》《环保工作长效机制实施方案》《落实秋冬季环境空气质量保障方案工作措施》等重要文件，落实各级环保工作要求。定期召开环保整治攻坚行动领导小组会议，系统研究、强力推动环保整治工作，自备燃煤电厂超低排放改造、催化烟气脱硫脱硝、工艺废气治理、VOCs 综合治理等重点环保治理项目相继建成投用。落实排污许可证证后管理工作，加强环保设施运行管理、异常排放预警、“三废”排放管控，提高稳定达标排放水平。推动固危废资源化、减量化，确保处置规范化、合法化。举办“绿色企业”公众开放日活动，强化企地沟通，促进绿色发展。

（魏之臣）

【完成“进博会”保障任务】 成立“进博会”保障工作领导小组，制订“进博会”安全生产保障工作方案、环境空气质量保障方案和治安保卫工作方案。贯彻落实总部专题部署会精神，制定安全环保保障工作强化措施，形成系统全面的“3+1”保障方案，抓好组织实施，确保安全生产、清洁生产，圆满完成“进博会”保障任务。

（魏之臣）

【全面完成装置停工大修任务】 2018年，高桥石化炼化生产装置和公用工程系统进行“四年一次”全面大修。成立检修改造总指挥部，着力抓好总体计划制订、重要方案审定、检修资源落实和工作进度检查，整体推动大修准备工作。建立公司领导大修工作定点联系制度，强化停开车和检修的现场指挥协调，确保检修和停开车工作总体受控。严格执行交付检修三级（装置、作业部、公司）确认制度和生产准备阶段“六个必须”的工作要求，确保检修和开工过程的安全。制定《装置停开工和检修改造专项竞赛考核办法》，实施“表扬良好安全行为，奖励良好安全习惯”活动，激发干部职工与外来施工人员的积极性和遵章守纪的自觉性。加强全过程管控，努力确保检修质量，较好完成装置停工大修任务。

（魏之臣）

【严抓生产管理】 制定实施生产系统重大事项报告制度，按照分级管控、统一受理、分工负责的原则，识别、管控生产系统重大风险。落实“机、电、仪、管、操”“五位一体”巡检工作要求，提高巡检质量，及时发现和处置现场较大生产问题20多起。严肃操作纪律，抓好交接班等现场管理制度的执行，加强内外操工艺参数比对。加强热电、水务等公用工程系统的运行管理，为安稳运行提供保障。制定生产异常管理规定及非计划停工报告制度，建立异常处置信息推送机制，对生产异常事件进行分析总结，举一反三制定并落实综合治理措施。

（魏之臣）

【加强工艺和质量管理】 建设“生产异常报警监控管理系统”，完善工艺参数报警监控机制，及时掌握装置运行的异常情况。加强工艺联锁、盲板管理，开展装置串压风险隐患排查，推进炼油主要装置安全合规性排查整改，防控工艺安全风险。完善质量隐患排查、全过程质量监测机制，制定并落实原料、馏出口等质量管控措施，提高在线质量仪表投用率、完好率，开展石蜡产品质量专项攻关，全年出厂产品质量合格率保持100%。

（魏之臣）

【加强设备运行管理】 启动设备完整性管理工作，加强机电仪设备运行状态监测和预防性维修，密切跟踪设备运行情况，及时消除设备运行隐患。抓好LDAR检测，及时做好消漏工作。发挥“八委会”作用，利用故障处理跟踪、故障原因分析等平台，及时发现、解决运行过程出现的各类问题和缺陷，提高设备安全可靠性。

（魏之臣）

【改进投资与工程管理】 成立投资管理委员会，提高投资项目依法决策、科学决策、民主决策水平。完善投资与工程管理体制及工作机制，初步理顺投资项目前期与后期的工作关系，严格立项审核和审批管理，累计完成214项上报项目审查，压减投资费用3 038万元。抓好施工策划、计划制订、项目招标等工作，加强施工组织协调，明确专业管理和属地管理责任，确保安全、质量、费用、合同受控。

（魏之臣）

【抓好科技创新工作】 聚焦总部“适应国家第四、五、六阶段排放要求的汽、柴油组分研究”重点项目，集中科技资源、集聚科研力量，开展科研攻关，提前做好油品质量升级技术准备，顺利完成国Ⅵ油品质量升级任务。完成丰田测试汽油（CTG-6）调和生产，实现该油品国内生产“零”

的突破。开发出口 46 # 精制石蜡和 64 # 高熔点全精炼石蜡，拓展国际市场。

（魏之臣）

【深化信息化与工业化融合】 实施深化应用创新创效行动计划，建设实时数据库提升、“五位一体”智能化巡检和生产异常报警管理系统等项目，为安稳生产提供技术支持。应用人脸识别、二维码扫描和 GPS 定位等技术，加强承包商人员和外来车辆的实时管控。推进服务器云和桌面云应用，进一步完善网络信息安全防护体系。

（魏之臣）

【建立完善考核分配机制】 建立健全组织绩效管理体系，制定《关于改进加强高桥石化全员绩效考核工作的指导意见》《处级干部、基层领导班子成员绩效考核办法》《一般专业技术及专业管理人员、技能操作人员绩效考核实施意见》，形成差异化的绩效考核体系。制定完善部门（单位）奖金总额和个人奖金考核分配办法，形成组织目标与员工个人目标有机衔接、组织绩效与员工个人绩效有效联动的全员绩效考核机制，充分发挥绩效考核的导向作用和激励约束作用，提高广大干部职工的岗位责任心。制定《总经理奖励实施细则》，设立 13 个专项奖项，累计实施奖励 1 376 万元，突出奖励对价值增值做出重要贡献的组织与个人，充分调动干部职工的工作积极性。

（魏之臣）

【不断规范运行机制】 制定《落实法治建设第一责任人职责实施细则》，建立重大决策、项目建设和管理制度合规性审查机制。认真执行“三重一大”制度规定和内控制度，规范决策和业务操作过程，加强风险管理。贯彻落实中央八项规定精神和党组实施细则，制定并严格执行公司负责人、机关部门及所属单位负责人履职待遇、业务支出管理办法，加强领导人员履职待遇和业务支出管理。严格执行国家和集团公司有关规定，制定《高桥石化业务外包管理办法》，明确职责分工，加强过程管理。制订《加强合同全过程管理实施方案》，开展合同全过程管理检查。建立重点工作督办制度，健全分类分级督办管理体系，督办年度重点工作 81 项、重要任务 143 项、重要事项 48 项，确保上级要求和公司决策有效贯彻落实。

（魏之臣）

【坚持全面从严治党】 贯彻落实集团公司党组《关于全面推进依法依规、从严治企的指导意见》，以优化调整公司领导班子分工为基础，全面修订公司《“三重一大”决策制度实施细则》和《内控手册实施细则》，完善党委会、董事会、领导班子会（总经理办公会）议事规则，健全领导层议事决策机制，保障民主集中制和依法依规治企等要求的落实落地。充分发挥法律审核、审计监督、内控检查等作用，建立重点领域风险管控和预警机制，深入推进“六责协同”，加强重点领域、关键环节的监督管理，确保依法合规经营。

（魏之臣）

【加强员工队伍建设】 制订“人才强企工程行动方案和三年行动计划”，突出政治标准，从严选拔使用、教育培养、考核问责，着力建设政治坚强、本领高强、意志顽强的干部人才队伍。完善职位选聘、使用、考核、薪酬管理办法，加强人才成长通道建设，加快年轻干部培养和使用。抓好“三定”工作，用好增量、盘活存量，控制用工总量，规范用工行为。抓好“爱我中华、振兴石化”“为美好生活加油”初心和使命的宣传教育，教育引导干部职工树立核心价值理念，弘扬忠诚老实、求真务实、精细严谨的石油石化优良传统。

（魏之臣）

表 1　　高桥石化主要技术经济指标　　亿元

指标名称＼年份	2018	2017	2016	2015	2014	2013
原油加工量 / 万吨	868.04	1 054.22	1 040.48	1 042.30	822.35	1 042.39

续表

年份 指标名称	2018	2017	2016	2015	2014	2013
工业总产值	471.51	450.98	406.06	447.80	512.21	662.55
炼　油	433.76	404.86	355.36	389.91	434.20	581.90
化　工	38.97	47.64	49.58	56.16	79.46	83.18
资产总计	316.70	254.34	177.93	149.29	181.69	189.54
流动资产	127.45	59.44	81.96	47.71	70.29	76.12
固定资产原值	173.49	172.45	184.17	197.29	194.35	192.26
固定资产净值	44.48	47.07	59.65	69.76	73.64	75.29
销售收入	472.72	450.80	416.27	450.77	510.54	661.89
实现利税	134.73	157.81	136.12	133.53	55.62	85.58
税　金	98.69	126.17	124.77	131.94	73.96	93.24

表 2　　高桥石化主要产品产量　　万吨

年份 产品名称	2018	2017	2016	2015	2014	2013
汽　油	205.52	253.39	248.25	227.56	184.54	212.09
煤　油	111.09	135.39	132.56	131.62	95.76	95.70
柴　油	263.93	320.76	320.57	334.47	278.59	366.13
石油芳烃	5.94	6.97	6.75	6.42	6.24	7.39
润滑油基础油	21.88	28.30	25.04	26.47	15.59	30.56
商品原料油	22.84	26.36	19.57	23.77	20.61	18.80
石　蜡	10.06	12.81	15.13	8.86	6.08	14.32
石油焦	55.51	69.07	66.93	71.48	55.40	64.92
合成橡胶	6.93	5.24	9.53	12.95	15.19	16.37

金陵石化

【概况】 中国石油化工股份有限公司金陵分公司（简称金陵分公司）和中国石化集团金陵石油化工有限责任公司（简称金陵石化有限公司）统称金陵石化，位于南京市东北郊，占地面积 778.93 万平方米。金陵石化成立于 1982 年 1 月，1983 年 7 月划归中国石油化工总公司。

金陵石化主要从事石油炼制及石化产品的加工生产和销售，拥有炼油、芳烃、热电、烷基苯等大型生产装置70余套，原油加工能力1 800万吨/年，是中国石化第三大原油加工基地和亚洲最大的洗涤剂原料生产基地，在华东及沿江地区石化产业布局中占有重要位置。

金陵石化生产石油产品30余种，是华东及沿江地区汽油、航空煤油、柴油、溶剂油、液态烃、石油苯、烷基苯等产品的主要供应商之一，是南京及周边地区乙烯、聚丙烯、合成纤维生产的重要原料基地，是南京市首家销售收入突破千亿元的工业企业。产品除供应华东市场外，还远销全国各地，并出口至美国、加拿大及欧洲、东南亚、大洋洲、非洲等30多个国家和地区。

截至2018年底，金陵石化下设14个职能处室、7个专业化管理中心、9个生产运行部、2个工厂、1个辅助生产运行单位。在职职工总数6 336人，共有专业技术人员1 004人，具有高级职称的正高级（教授级）11人、副高级（高级）378人，中级职称的938人。资产总额261.58亿元。

金陵石化主要技术经济指标及主要产品产量分别见表1和表2。

（许鹏伟）

【领导班子调整】 2018年8月4日，集团公司宣布金陵石化领导班子调整决定：成晖任金陵石化有限公司党委副书记、纪委书记、监事会主席，为工会主席人选；王运才不再担任金陵石化有限公司党委副书记、纪委书记、工会主席、监事会主席职务。9月18日，集团公司宣布金陵石化领导班子调整决定：张春生任金陵石化有限公司董事长、党委书记、金陵分公司代表，不再担任金陵分公司总经理职务；周立伟任金陵石化有限公司副董事长、党委副书记、金陵分公司总经理。

（许鹏伟）

【经营业绩创历史新高】 2018年，金陵石化加工原油1 800.61万吨，生产汽、煤、柴油合计1 145.56万吨，实现销售收入1 009.37亿元，实现税金203.20亿元，盈利58.38亿元，原油加工量，汽、煤、柴油产量和经济效益均创历史新高。其中，金陵分公司盈利55.95亿元（炼油板块盈利50.68亿元、在集团公司排名第三，化工板块盈利5.27亿元）；金陵石化有限公司盈利2.43亿元，在集团公司托管企业中排名第二。

（许鹏伟）

【市场开拓取得突破】 2018年，金陵石化挖掘规模效益，完成综合商品量2 029.87万吨，增长3.41%。加强高标号汽油市场开拓，首次打通95#汽油至广东、98#汽油至浙江市场，销售高标号汽油171.78万吨，其中销售98#汽油53.19万吨，销量位列集团公司第一，创历史最高水平。拓展化工产品市场，销售石油苯、对二甲苯等化工产品合计158.95万吨，增长43.41%。加强国际市场开拓，出口成品油208.32万吨、增长3.0%，出口沥青18.08万吨、增长74.01%，均刷新历史纪录。

（许鹏伟）

【环保节能持续提升】 2018年，金陵石化认真践行绿色发展，发布绿色企业行动计划，成为中国石化首批绿色企业，连续第11年获中国石化环境保护先进单位称号。全力提升本质环保水平，建成投产15万吨/年硫黄回收装置，新建20套环保项目和设施。扎实推进污染物减排，COD、二氧化硫和氮氧化物排放量分别下降4.94%、62.10%和71.63%。强化节能监管，投用节能设施实时监控和能源监控等系统，超额完成南京市减煤任务，炼油综合能耗位列中国石化同类企业先进水平。

（许鹏伟）

【国Ⅵ标准汽、柴油正式供应江苏市场】 2018年7月16日，金陵石化正式向江苏市场供应国Ⅵ标准汽、柴油。全年供应国Ⅵ汽油179.19万吨、国Ⅵ柴油110.09万吨，完成江苏省汽、柴油质量升级保供任务。

（许鹏伟）

【50A道路沥青投产销售】 2018年7月25日，金陵石化自主生产的5 000吨50A道路沥青装船运往江西高速公路建设项目现场。50A沥青的投产销售，填补中国石化50A沥青市场空白，标志着为期3年、由金陵石化和炼油销售公司合作攻关的50A沥青研发项目顺利完成。

（许鹏伟）

【国内首套无机膜催化油浆净化装置投入运行】 2018年8月9日，全国首套无机膜催化油浆净化试验装置在金陵石化投入运行。该试验装置处理量3吨/时，处理后催化油浆固含量由3.2克/升降至0.1克/升，脱除率为96.9%。装置的成功投产，为金陵石化拓展开发低硫船用燃料油和高端石墨材料产品奠定基础。

（许鹏伟）

【航煤首次销往常州机场】 2018年9月11日，金陵石化航空煤油首次销往常州国际机场。至此，金陵石化已先后开辟南京、上海、重庆、武汉、郑州、成都、香港、常州8个重要机场的航煤市场，并成功打通航煤到北美、东南亚出口流程。全年生产航煤253.93万吨，增长6.98%，创历史最高水平。

（许鹏伟）

金陵石化航煤供应常州机场 （徐 捷 摄）

【15万吨/年硫黄回收联合装置建成】 2018年9月17日，金陵石化15万吨/年硫黄回收联合装置建成中交。该项目为中国石化最大规模硫黄回收联合装置，总投资3.3亿元，采用两级克劳斯制硫工艺。至此，金陵石化已拥有5套硫黄回收装置，总处理能力44万吨/年。

（许鹏伟）

金陵石化新建15万吨/年硫黄回收装置 （徐 捷 摄）

【绿色企业行动计划发布】 2018年9月27日，金陵石化对外发布绿色企业行动计划。南京市环保局、经信委等部门领导及新华社、人民网等新闻媒体参加发布会。金陵石化绿色企业行动计划涵盖绿色发展、绿色能源、绿色生产、绿色服务、绿色文化5个方面，力争到2020年建设成为中国石化绿色示范企业。

（许鹏伟）

【“四供一业”分离移交协议签订】 2018年9月27日，金陵石化与南京市栖霞街道正式签订《金陵石化炼油生活区、栖化新村物业管理职能移交实施协议》。至此，金陵石化已签订供电、供水、8个物业移交及4个居委会移交项目正式协议，“四供一业”分离移交工作全面进入实质性移交阶段。

（许鹏伟）

【原油加工量首次突破1 800万吨】 2018年12月30日，金陵石化单年加工原油首次突破1 800万吨，达到一次加工装置整体设计规模。全年金陵石化加工原油1 800.61万吨，增长1.64%，创历史最高水平。

（许鹏伟）

表1　　金陵石化主要技术经济指标　　亿元

指标名称 \ 年份	2018	2017	2016	2015	2014	2013
原油加工量/万吨	1 800.61	1 771.56	1 712.67	1 750.49	1 697.13	1 713.25

续表

指标名称 \ 年份	2018	2017	2016	2015	2014	2013
工业总产值	1 020.11	787.67	624.77	729.75	972.83	1 070.95
炼　油	879.08	691.18	563.74	655.25	857.01	908.89
化　工	135.36	90.49	53.88	67.58	110.73	157.76
其　他	5.67	6.00	7.15	6.92	5.09	4.30
工业增加值	291.61	291.08	269.21	262.27	164.31	196.57
资产总计	261.58	250.16	233.91	226.90	220.08	276.16
流动资产	104.16	88.99	78.09	76.29	68.88	121.97
固定资产原值	291.13	283.95	253.92	247.63	240.20	233.02
固定资产净值	117.37	121.15	107.01	112.61	115.79	116.15
销售收入	1 009.37	797.35	638.09	735.18	979.81	1 082.54
实现利税	261.58	256.69	278.66	272.38	231.24	267.33
税　金	203.20	198.69	228.35	253.58	226.56	239.63
综合能耗 / 吨标煤·万元 $^{-1}$	0.28	0.27	0.27	0.29	0.29	0.30

表 2　　金陵石化主要产品产量　　万吨

产品名称 \ 年份	2018	2017	2016	2015	2014	2013
汽　油	475.67	415.88	398.81	419.44	384.24	346.32
煤　油	253.93	237.35	251.51	242.17	218.61	199.97
柴　油	415.96	437.62	429.65	443.74	434.74	455.97
溶剂油	1.03	0.90	0.95	1.31	1.14	1.25
石脑油	137.01	176.31	197.87	155.0	151.60	168.55
商品燃料油	5.40	0.41	1.50	1.80	3.59	8.92
液化气	86.64	88.88	89.99	93.10	89.52	94.39
石油焦	76.80	87.26	100.36	96.73	108.29	100.25
沥　青	100.45	132.21	101.31	127.07	104.32	86.86
苯类合计	116.79	86.84	47.94	58.27	76.58	104.51
烷基苯	20.51	20.12	21.80	20.17	18.81	15.85
轻　蜡	29.48	25.14	28.49	26.33	27.24	24.97

扬子石化

【概况】 中国石化扬子石油化工有限公司（简称扬子石化公司）和中国石化集团资产经营管理有限公司扬子石化分公司（简称扬子资产分公司）统称扬子石化，占地面积12.43平方千米，位于江苏省南京市北郊，南临长江，北接京沪铁路，与国家级的南京化学工业园融为一体。其前身是成立于1983年9月的扬子石油化工公司。1998年，扬子石油化工公司实施资产重组，创立以从事石油炼制及乙烯、芳烃等烃类及衍生物生产加工为主的扬子石油化工股份有限公司和以公用工程为主业的扬子石油化工有限责任公司。2007年，扬子石化公司吸收合并扬子石油化工股份有限公司，扬子石油化工有限责任公司改制为扬子资产分公司。2007年底，扬子石化公司收购淮安清江石油化工有限责任公司（清江石化）和泰州石油化工有限责任公司（泰州石化）。2012年，成立南京扬子石油化工有限责任公司(以原塑料厂资产在南京化工园注册设立)。2016年8月，全额收购江苏金浦集团持有的扬子金浦橡胶有限公司股份，更名为南京扬子石化橡胶有限公司（简称扬子橡胶公司）。

截至2018年底，扬子石化职工总数为9 339人，其中在岗经营管理/专业技术人员2 695人，具有高级及以上职称的593人、中级职称的1 297人；下设15个职能部门、7个业务中心、8个生产单位；运营4个全资子公司、6个合资公司；总资产370.7亿元。扬子石化公司本部拥有1 250万吨/年炼油、80万吨/年乙烯、140万吨/年芳烃等58套大型石油化工装置，可生产合成树脂、合成纤维原料、基本有机化工原料、成品油、合成橡胶5类50多种产品，是国内主要的纯苯、对二甲苯、邻二甲苯、精对苯二甲酸（PTA）、乙二醇、丁二烯和环氧乙烷生产商；扬子资产分公司拥有与石油化工生产相配套的36万千瓦发电能力、66万吨/日供水及3 400米^3/时二级污水生化处理能力；清江石化拥有100万吨/年特油预处理、62万吨/年催化裂化等13套石油化工装置；泰州石化拥有60万吨/年常减压、14万吨/年酮苯等6套石油化工装置；扬子橡胶公司拥有10万吨/年丁苯橡胶和10万吨/年顺丁橡胶生产能力。

扬子石化主要技术经济指标和主要产品产量分别见表1和表2。

（朱军涛）

【领导班子调整】 2018年6月11日，经集团公司党组研究并征得中共江苏省委员会同意，决定：李成峰任集团公司化工事业部主任，不再担任扬子石化董事长、党委书记，扬巴公司董事长、党委书记职务；洪剑桥担任扬子石化董事长、总经理、党委书记，扬巴公司董事长、党委书记。

（朱军涛）

【经营业绩创新高】 2018年，扬子石化认真贯彻落实集团公司党组“四个坚持”兴企方略和“改革、管理、创新、发展”的工作方针，以”严、细、实、恒”的工作作风，面对严峻的经营发展环境，大力践行新发展理念，创造了好于预期的业绩。全年，扬子石化公司（本部）投入原料1 432.7万吨，销售商品1 298.1万吨；扬子石化全口径实现营业收入802.51亿元，利润51.42亿元，税费113.24亿元。其中，扬子石化公司实现利润48.06亿元，在股份公司炼化企业排名第五；分公司实现利润3.36亿元，在资产公司所属企业排名第一,实现营业收入继续增长。

（朱军涛）

【HSSE工作总体稳定】 2018年，扬子石化开展安全生产示范基层单位、示范班组创建和“五型班组”建设，推动HSSE工作思想观念、工作作风和思路方法的转变；践行“十大安全理念”，常态化抓好HSSE法律法规宣贯、事故警示教育、经验分享、全员诊断等工作；全面修订各专业、各层级和各岗位HSSE责任制，以及《作业许可管理规定》等制度33项。从严过程管理考核，全年考核HSSE事项性问题105万元；严抓双重预防机制落实，销项风险697项；组织合规性排查，开展17套装置HAZOP分析、32套装置SIL评估，以及高压串低压、储罐检修作业等专项排查，压实属地一把手的责任，整改隐患 1 397 项。加强承包商和现场作业管理，坚决遏制“三违”、防控风险，依法合规完成污染源普查、排污许可证申领等工作，建成投用重油轻质化密闭除焦等 22 个环保治理项目，清洁生产基础得到巩固；推进绿色企业创建，编制“一方案、两清单”，与各单位签字背书，推动各项工作落实，同时加强公共安全和职业健康管理，通过市平安企业验收，“大健康”管理体系初步构建。

（朱军涛）

【生产运行持续改善】 2018 年，扬子石化坚持把平稳运行作为创效的基础，前移平稳管控关口，严抓报警、巡检、监盘、参数比对和联锁变更等专业管理措施落实，及时有效处置生产异常，装置运行总体稳定。推进工艺技术标准化管理，狠抓达标攻关和能效提升，16 项技经指标创历史最好水平，炼油专业达标排名总部第四，乙烯高附能耗、加工损失率分别排名总部第四和第五，“三苯”收率排名总部第一；全年实现节能量 1.7 万吨标煤。完善质量管理责任体系，按期完成国Ⅵ成品油质量升级，快速妥善处置质量纠纷，连续 5 年未发生厂级以上质量事故；严抓质量合格率管控，检验成本进一步降低。深化设备可靠性管理，加强预防性维修，组织技术攻关和专项隐患排查整治，完成 179 台淘汰电机更换，提升设备完好水平。推进“5S”管理“启动示范年”工作，建立健全组织机构和工作机制，明确整体工作规划和三年行动计划及具体方案、目标，各试点单位（部门）成效明显，为后续推广提升奠定良好基础。

（朱军涛）

【优化创效成果显著】 2018 年，扬子石化加大先进经验学习借鉴力度，推行优化工作“项目制”表单化管理，改进优化成果激励机制，实现优化增效和增产增效 7.68 亿元，吨油、吨化工产品完全费用均低于年度预算指标。努力把握原油市场走势，全年进口原油采购均价比总部平均价低 0.95 美元 / 桶、实现降本 2.8 亿元。紧盯重油平衡突出矛盾，优化原油加工方案、装置运行方式和产品结构，扩大出口比例，原油加工量、汽油和航煤产量创历史新高，全年加工原油 1 220.9 万吨、生产成品油 666.5 万吨（其中汽油 265 万吨、航煤 186.3 万吨），分别超年度计划 30.9 万吨和 8.5 万吨；柴汽比下降 0.15 个单位，适时增产沥青和白油，开辟轻质燃料油市场，为改善绩效创造条件。大力调整原料和产品结构，强化精细操作，吨乙烯原料成本再降 36 元，生产乙烯 84.07 万吨、“三苯” 162.7 万吨（其中对二甲苯 99.84 万吨），分别超年度计划 2.6 万吨和 4.7 万吨，均创历史新高。强化提升热电、水务专业管理，运行水平有所改善。强化现金流管理，严格预算“双管控”，全年降本减费 2.98 亿元（与年度预算相比）；加快货款回笼，用足税收优惠、总部激励等政策，超额完成财务考核指标，取得显著成效。3 家子公司主动应对激烈的市场竞争和严峻的安全环保形势，产销量明显增长，累计实现利润 1.54 亿元。

（朱军涛）

【科技创新提质增速】 2018 年，扬子石化大力实施创新驱动战略，全年申请专利 65 件，获专利授权 31 件，其中发明专利 27 件、实用新型专利 4 件，“特种表面冲击强化抗应力腐蚀与疲劳技术及应用”获国家科技进步二等奖。科技孵化器建设获阶段性进展；项目长负责制的科研管理体制成效明显，总部重大专项技术开发取得新突破，获建设中国石化重点实验室批复；合成气制乙醇酸中试装置完成改造并产出合格产品，为万吨级工艺包开发奠定基础；含 VOCs 尾气处理催化剂实现工业应用；特种白油生产技术、超高压电缆料质量提升技术成功转让。塑料新产品产销研用管理体制改革增添新活力，专用料和新产品产量、比例均创历史新高，首次高于总部平均水平；4 个顶替进口牌号实现产销量 1.7 万吨，实现历史性突破。精细化工产品产销量实现翻番。“两化”融合持续深化，完成智能工厂建设方案和后三年实施计划编制，完成 36 项创新创效行动计划并初见成效。截至 2018 年底，扬子石化累计获授权各类专利 429 件，成为中国石化聚烯烃、芳烃等传统石油化工和煤化工、生物化工技术开发基地。

（朱军涛）

【党建质量持续提升】 2018 年，扬子石化深入贯彻落实新时代党的建设总要求，认真学习宣贯习近平新时代中国特色社会主义思想和党的十九大精神，按照集团公司党组“党建质量提升年”工作部署，切实履行好从严管党治党责任。不断完善两级党委把方向管大局保落实的制度体系和具体举措，强化各级领导干部带头履行“一岗双责”，党委领导核心作用有力增强；大力实施基层党组织“组织力提升工程”，落实“三基本”要求；开展“践行‘严细实’、全力强‘三基’”主题教育、拓展“三带三建”、主题党日活动，实现党建工作与中心工作深度融合，特别是在四季度，号召全员“践行‘严细实’、大干四十天”，凝聚全公司力量圆满完成全年各项目标任务。坚持正确选人用人导向，加大优秀年轻干部选拔培养力度，竞聘选拔 10 名中层副职；出台人才强企工程行动方案和三年滚动计划，加大引才力度。进一步完善“大监督”体制机制，深化党委巡察，开展“微腐败”专项整治，推动全面从严治党向基层延伸。大力践行“马上就办”，工作作风持续向好。创新意识形态工作方式方法，聚焦一线选树先进典型，大力宣贯公司新愿景，做好舆论引导，汇聚建设新扬子的正能量。完成工会、团委换届选举，群团组织焕发新活力。建立“走基层、访万家”网格化长效机制，“一卡通”等关心关爱职工措施有效落实，员工获得感、幸福感显著提升。

（朱军涛）

【清江石化完成国Ⅵ汽油质量升级】 2018 年 7 月 25 日，清江石化柴油催化装置在 LTAG 模式下生产出合格的 92# 车用乙醇汽油调和组分油，8 月 1 日完成内部置换出厂销售，比原定计划提前 2 个月，标志着清江石化国Ⅵ汽油质量升级任务圆满完成。

（朱军涛）

【泰州石化解决安全环保历史问题】 2018 年，泰州石化加快推进危险化学品安全专项整治隐患整改，集中清理钢材库周边留存垃圾，对危废堆场防扬散整治，依法转移处置废白土 271.48 吨、生化污泥 14.24 吨、含油废物 7.22 吨、油泥 379.58 吨、催化剂 70.98 吨、废岩棉 107.80 吨，环境风险有效降低，现场面貌得到改善。

（朱军涛）

【煤制气项目建成中交】 2018 年 10 月 30 日，扬子石化化工厂煤制气二期改造项目中交。分 2 期实施：一期进行成套技术的工业化示范；二期采用 SE 粉煤气化完全代替天然气蒸汽转化制合成气，即在一期的基础上，建设第 2 台气化炉。项目实施后，装置拥有 2 台气化炉及相应工艺装置，单炉日投煤 1 000 吨，生产有效合成气 7 万标准立方米。同时，核心设备气化炉将具备“一开一备”的生产条件，保障装置长周期稳定运行，提高公司煤制气装置自身的竞争力，为进一步稳定南京炼化基地氢气资源供应具有积极作用。

（朱军涛）

化工厂煤制气装置 （吴爱明 摄）

【油品质量升级项目运行绩效受赞誉】 2018 年 12 月 5 日，受国家能源局委托，中国国际工程咨询有限公司专家组到扬子石化核查受国家财政贴息支持的成品油质量升级项目，装置运行绩效获得好评。油品质量升级项目是国家清洁能源规划发展项目，也是中国石化与江苏省、南京市协作规划的清洁能源重点项目，项目是通过新建 12 套炼油装置，改造 4 套老装置，并淘汰 350 万吨 / 年常减压等规模小、能耗高装置，实现油品质量升级和产品结构优化目标；把炼油加工能力由 800 万吨 / 年提升到 1 250 万吨 / 年，构建油品与化工良好的装置结构。2018 年 8 月，扬子石化再次将成品油升级至国Ⅵ标准，成为国内最早一批完成油品再升级的企业之一，实现资源的最佳利用。

（朱军涛）

【推行“5S”管理】 2018 年 4 月 2 日，扬子石化召开“5S”管理工作启动会，向 12 家试点单位授

2018年4月2日，扬子石化召开“5S”管理工作启动会（李树鹏　摄）

牌，标志着扬子石化“5S”管理工作正式实施。

（朱军涛）

【“四供一业”社会职能移交】　按照国务院国资委、省市和集团公司有关业务分离移交要求，2018年3月30日，扬子石化召开“四供一业”及其他办社会职能分离移交专题会，就“四供一业”（指国有企业职工家属区供水、供电、供热、供气及物业管理）及其他办社会职能（包括市场设施、职工家属区道路、桥梁、公园、垃圾中转站、幼儿园、社区管理、社区消防站、闭路电视系统等）分离移交政策进行解读；4月4日，扬子石化下发关于印发《“三供一业”及其他办社会职能分离移交任务分解表》的通知，要求各单位增强政治意识、大局意识，做好宣传解释工作，全力以赴打好“四供一业”分离移交攻坚战。通过进一步落实责任，抓实过程管控，截至12月31日，按统一部署和时间节点完成“四供一业”分离移交任务。

（朱军涛）

表1　扬子石化主要技术经济指标　亿元

指标名称＼年份	2018	2017	2016	2015	2014	2013
原油加工量①/万吨	1 337.54	1 143.70	1 334.97	1 037.90	949.70	884.04
工业总产值	1 012.68	618.29	612.05	645.60	715.98	707.37
扬子石化公司	823.33	597.68	591.24	624.20	693.55	685.19
扬子资产分公司	22.30	20.61	20.81	21.40	22.43	22.18
工业增加值	203.46	138.54	198.16	138.84	49.32	55.19
扬子石化公司	199.16	134.89	191.69	131.42	41.75	48.24
扬子资产分公司	4.30	3.65	6.47	7.42	7.57	6.95
资产总计	370.70	349.61	327.35	320.87	354.98	374.42
扬子石化公司	304.53	287.86	262.48	258.52	292.43	312.73
扬子资产分公司	66.17	61.75	64.87	62.35	62.55	61.69
流动资产	142.77	128.30	102.32	76.72	94.67	130.10
扬子石化公司	127.06	117.35	87.84	61.40	79.92	114.75
扬子资产分公司	15.71	10.95	14.48	15.32	14.75	15.35
固定资产原值	442.15	462.27	453.09	450.24	445.12	366.09
扬子石化公司	389.29	404.37	400.30	397.00	396.07	318.40
扬子资产分公司	52.86	57.90	52.79	53.24	49.05	47.69
固定资产净值	139.31	151.87	159.89	173.51	183.08	111.18

续表

年份 指标名称	2018	2017	2016	2015	2014	2013
扬子石化公司	117.54	126.91	138.75	150.08	162.52	91.21
扬子资产分公司	21.77	24.96	21.14	23.43	20.56	19.97
营业收入	802.51	572.40	546.67	542.88	640.50	649.11
扬子石化公司	772.91	547.19	521.04	516.63	613.94	623.89
扬子资产分公司	29.60	25.21	25.63	26.25	26.56	25.22
利　税	153.46	130.45	189.36	123.94	33.88	40.82
扬子石化公司	149.31	126.70	184.16	119.35	28.71	36.58
扬子资产分公司	4.15	3.75	5.20	4.59	5.17	4.24
税　金	102.03	98.44	133.98	116.31	60.55	47.76
扬子石化公司	101.25	97.74	132.28	114.30	59.00	46.16
扬子资产分公司	0.78	0.70	1.70	2.01	1.55	1.60
综合能耗②/吨标煤·万元$^{-1}$						
扬子石化公司	0.82	0.86	0.86	0.91	1.08	1.13
扬子资产分公司	2.77	2.79	2.80	2.90	2.59	2.77

① 原油加工量统计包含清江石化和泰州石化
② 2011 年开始，综合能耗数据按 2010 年不变价计算

表 2　扬子石化主要产品产量①　万吨

年份 产品名称	2018	2017	2016	2015	2014	2013
乙　烯	84.07	65.17	81.62	82.31	75.66	70.55
丙　烯	40.24	36.88	48.18	38.17	46.91	41.80
丁二烯	11.02	8.68	10.83	10.47	10.53	10.45
聚乙烯	48.75	40.64	55.78	54.59	45.19	46.03
聚丙烯	48.15	36.30	48.10	45.88	42.82	43.77
精对苯二甲酸	44.03	55.06	71.38	59.12	69.74	92.21
乙二醇	30.02	22.17	18.67	22.16	16.73	18.44
纯　苯	43.64	35.22	41.59	39.21	38.35	36.95
对二甲苯	99.84	83.54	90.87	73.98	88.17	85.52
邻二甲苯	19.23	14.87	15.85	16.42	13.93	19.72

续表

产品名称 \ 年份	2018	2017	2016	2015	2014	2013
环氧乙烷	15.08	12.64	14.69	15.07	21.36	17.62
柴　油	223.93	221.23	258.23	193.27	182.29	224.32
汽　油	298.74	239.98	276.88	188.82	155.18	84.94
丁苯橡胶	8.59	9.89	2.66	5.58	9.75	9.85
顺丁橡胶②	7.54	5.05	0	0	0.20	1.10

① 产品产量包含清江石化和泰州石化
② 2013 年 6 月开始，顺丁橡胶产品投放市场，2014 年停产，2017 年恢复生产

扬巴公司

【概况】 扬子石化—巴斯夫有限责任公司（简称扬巴公司）位于南京市江北新材料科技园，由中国石化和德国巴斯夫以 50%∶50% 的股比共同投资建设，成立于 2000 年 12 月，2005 年 6 月正式开始商业运营，累计总投资 52 亿美元，占地 242 公顷。

扬巴公司运营着 32 套化工装置，包括 74 万吨 / 年蒸汽裂解装置、38 万吨 / 年环氧乙烷 / 乙二醇装置、40 万吨 / 年低密度聚乙烯 / 醋酸乙烯共聚物装置、30.5 万吨 / 年羟基醇—碳四装置、19 万吨 / 年丙烯酸和 21.5 万吨 / 年丙烯酸酯装置、3.9 万吨 / 年丙酸装置、5 万吨 / 年甲酸装置、3.6 万吨 / 年甲胺装置、4 万吨 / 年二甲基甲酰胺装置、6 万吨 / 年非离子表面活性剂装置、13 万吨 / 年丁二烯抽提装置、8 万吨 / 年 2- 丙基庚醇装置、20 万吨 / 年聚苯乙烯装置和 4 万吨 / 年新戊二醇装置等。所有装置均采用先进的“一体化”理念，以高效、环保的方式生产和利用产品、副产品及能源，降低对环境的影响。还拥有 1 个以天然气为主要原料的燃气—蒸汽轮机联合循环发电厂和数个国际码头，保证能源供应和物流运输。主要产品有低密度聚乙烯、醋酸乙烯共聚物、乙二醇、丁醇、丙烯酸、丙烯酸甲酯及丁酯、甲酸、丙酸、甲胺、二甲基甲酰胺、苯、甲苯、混合二甲苯、聚苯乙烯、丁二烯、非离子表面活性剂、2- 丙基庚醇、超吸水性树脂等，广泛应用于农业、食品、卫生、医药、电子、电器、纺织、洗涤、建筑、汽车、皮革处理等各种领域。

2018 年，扬巴公司共销售 282 万吨化学品和聚合物，实现销售收入 216 亿元人民币。截至年底，共有员工 1 893 名。

（李时艳）

【中国石化与巴斯夫签署谅解备忘录】 2018 年 10 月 29 日，2 家母公司中国石化和巴斯夫在北京签署谅解备忘录。根据该备忘录，扬子石化和扬巴公司将以 50%∶50% 股比出资建设 1 套新的蒸汽裂解装置，年产乙烯 100 万吨，用于发展扬子石化和扬巴公司的下游产品组合。

（李时艳）

中国石化董事长戴厚良（左）和巴斯夫欧洲公司执行董事会主席薄睦乐在备忘录签署仪式上

【丙酸扩建及火炬项目如期竣工】 该项目占地近4 000平方米，于2017年10月开工建设。2018年11月30日，项目如期完成机械竣工，并于12月11日签署项目机械竣工移交协议。

（李时艳）

【电厂燃气轮机升级改造项目合同签署】 2018年5月31日，扬巴公司与通用电气（GE）中国发电事业服务部签署3×6B燃机升级至3×6F.01燃机改造项目及3×6F.01长协合同。该项目可大幅提高扬巴公司燃机出力和效率，实现更高能效。

（李时艳）

【聚苯乙烯运营实现历史性突破】 2018年，扬巴公司聚苯乙烯装置实现全产全销，创5年来最好经济效益。同时与国内橡胶供应商密切合作，实现原料国产化，用国产橡胶替代进口橡胶，大大降低原料成本。同时加大新品开发力度，根据客户需要实施定制化生产，获国际知名企业认可。年内，扬巴公司先后获格力电器、海信集团、创维电器等公司年度优秀供应商称号。

（李时艳）

【获得荣誉】 2018年，扬巴公司获江北新区绿色综合评价等级A类荣誉，享受政府给予的相应优惠政策。在2018年3月8日于上海举办的海尔全球供应商共创共赢大会上，扬巴公司再次获海尔金魔方奖。7月26日，在瓦克集团于上海举办的中国供应商日活动中，扬巴公司被授予2018年度最佳供应商奖。11月15日，“第五届中国欧盟商会企业社会责任大奖”颁奖仪式于南京举办，扬巴公司凭借一贯以来的环保实践和成就获跨国企业可持续增长与环境保护奖。

（李时艳）

【召开供应商TfS推介会】 2018年7月3日，扬巴公司召开供应商TfS推介会，约40家公司参加会议。

（李时艳）

【召开2018年度环境影响对话会】 2018年12月7日，扬巴公司召开2018年度环境影响对话会，周边社区的居民代表、地方政府官员和环保专家应邀到会。扬巴公司相关人员向来宾介绍公司的近期发展状况及对无组织排放的控制。与会代表对扬巴公司高度的社会责任感和对地方发展的支持表示肯定，对进一步加强社企沟通与合作提出建议。

（李时艳）

【举办“安全周”活动】 2018年5月14—18日，扬巴公司举办第6次“安全周”活动，组织信息安全问答、急救培训与实操、安全帽/安全鞋撞击体验、综合用电体验、火盆灭火体验、危害识别与风险评估研讨会和交通安全讲座等各类活动，通过讲座、问答、现场讲解、亲身体验等各种形式传递安全理念，吸引千余名公司员工和承包商员工踊跃参加。活动进一步强化员工和承包商的在工作和生活中的安全意识，主动识别并消除风险以提高安全绩效，改善公司的安全文化，营造更加安全的工作环境。

（李时艳）

【康智杰获2017年度江苏友谊奖】 2018年9月26日下午，2017年“江苏友谊奖”颁奖仪式在南京举行，扬巴公司总裁康智杰获江苏友谊奖。

（李时艳）

福建炼化

【概况】 福建炼油化工有限公司（简称福建炼化）是由股份公司和福建省石油化学工业公司各出资50%合资设立的具有独立法人单位资格的大型炼油化工一体化企业，位于福建省泉州市泉港区。其前身福建炼油厂始建于1989年1月。福建炼化下设8个机关处室，有1家全资子公司、6家合资公司。本部职工总数 174 人，其中本科及以上学历的 145 人。

福建联合石油化工有限公司（简称福建联合石化公司）是由福建炼化、埃克森美孚中国石油化工公司、沙特阿美亚洲有限公司按 50%∶25%∶25%比例合资建设的大型石油化工一体化企业，总投资 319.85 亿元，占地 478.70 万平方米。于 2007 年 6 月成立，2009 年 11 月投入商业运行，2013 年底完成脱瓶颈改造，拥有 1 400 万吨 / 年炼油、110 万吨 / 年乙烯裂解、90 万吨 / 年聚乙烯、55 万吨 / 年聚丙烯、77 万吨 / 年芳烃、部分氧化 / 汽电联产装置（IGCC）等 30 套炼油及化工联合装置，主要加工沙特原油，生产汽油、柴油、聚乙烯、聚丙烯、对二甲苯、工业用纯苯、丁二烯等石化产品。

福建炼化林德气体有限责任公司（简称福林气体公司）由福建炼化与林德气体（香港）公司按 50%∶50%的比例合资建设，于 2008 年 8 月正式成立，2010 年底正式投入商业运行，主要为福建联合石化公司和泉港石化园区提供专业气体产品。

福建省福橡化工有限责任公司（简称福橡化工公司）由福建炼化与福建省石油化学工业公司按 49%∶51%的比例合资建设，于 2011 年 5 月正式成立。

中石化化工销售福建有限公司（简称化销福建公司）由福建炼化与化工销售公司按 10%∶90%的比例合资建设，于 2012 年 4 月正式挂牌成立。

福建古雷石化有限公司（简称福建古雷石化公司）由福建炼化与代表台方的旭腾投资公司按 50%∶50%的比例合资建设，于 2016 年 11 月完成工商注册并举行揭牌仪式，2017 年 12 月正式开工建设。2017 年 7 月 16 日，福建古雷石化公司与福建漳州港口有限公司按 49%∶51%的比例合资成立福建漳州古雷石化码头有限公司。

福建福华气体有限公司（简称福华气体公司）由福建炼化与联华实业投资香港有限公司按照 50%∶50% 的比例合资建设，于 2018 年 3 月 12 日正式注册成立。

福建炼化主要技术经济指标和主要产品产量分别见表 1 和表 2。

（李　晟　刘　威）

【领导班子调整】 2018 年 5 月 17 日，福建炼化召开干部大会，宣布中共福建省委、集团公司党组关于陈晓波职务调整的决定：陈晓波不再担任福建炼化及福建联合石化公司党委书记、委员、董事职务，调出另有任用。10 月 26 日，福建炼化再次召开干部大会，宣布调整福建炼化、福建古雷石化公司领导班子的决定：顾越峰任福建炼化、福建联合石化公司党委书记，仍任福建炼化、福建联合石化公司董事长及福建古雷石化公司副董事长，不再担任福建炼化总经理职务；刘向东任福建炼化党委副书记、董事、总经理，福建联合石化公司党委副书记、董事，不再担任古雷炼化一体化项目部总经理和福建古雷石化公司总裁职务；张西国任福建炼化、福建联合石化公司党委委员，福建炼化副总经理（按大一型企业正职管理）、古雷炼化一体化项目部总经理、福建古雷石化公司总裁；吴德飞任福建炼化董事，戴立起任福建联合石化公司董事，张日勇不再担任福建炼化董事职务。

（李　晟　刘　威）

【经营效益连续 4 年超过集团公司下达的利润奋斗目标】 2018 年，福建炼化深入贯彻集团公司、福建省委省政府的决策部署，持续深化市场化生产经营管理机制，全力提升应对市场能力，着力筑牢投资管理平台，以总体效益最大化为原则，充分发挥炼化一体化优势，抓好“七深化七提升”工作措施落实，全年合并报表实现利润 16.19 亿元，连续 4 年超过集团公司下达的利润奋斗目标。

（李　晟　刘　威）

【福建联合石化公司完成本轮全厂停工检修改造项目】 自 2016 年 8 月起，福建联合石化公司启动本轮全厂停工大检修改造的筹备工作，建立健全专项组织架构，科学规划好检修时间，制定相应的管理制度、流程和工作计划，并开展系列员工培训、工厂开放日、“大修保廉”活动、HSSE 联合关怀等配套性工作。2018 年 11 月，福建联合石化公司正式启动全厂停工检修，12 月 21 日乙烯裂解装置投料开车，进入开工阶段。近 2 个月的时间里，福建联合石化公司完成 8 163 项检修任务和

86 项改造任务，实现了设备维护、流程优化、节能改造、隐患治理的预期目标。

（李 晟 刘 威）

福建联合石化公司大检修现场 （肖万元 摄）

【福林气体公司完成本轮停工检修】 作为福建炼油乙烯一体化项目和泉港石化园区的主要服务商，福林气体公司同步启动本轮全厂停工检修，并通过科学统筹规划、及时与客户对接，克服时间紧、任务重的困难，用时 30 天顺利完成各项工作，提前完成停工检修任务。其中，6491 空压机实现国内首次电机芯子现场滑出式抽芯并顺利回装，填补该领域空白。

（李 晟 刘 威）

【古雷炼化一体化项目建设进展顺利】 2018 年，古雷炼化一体化项目总体设计获得批复，并进一步优化了投资总额。工艺包编制和基础设计工作顺利完成，“三同时”工作、长周期设备采购工作积极推进。主厂区软基预处理工作基本完成，生产准备稳步推进，装置开工方案完成编制。12 月 25 日，福建漳州古雷炼化一体化项目码头工程开工建设。

（李 晟 刘 威）

【古雷空分空压项目成立合资公司并开展项目建设】 2018 年 2 月 8 日，福建漳州古雷空分空压项目举行合资合同章程签约仪式，福建炼化、联华实业投资香港公司签署合资合同、章程和设立党组织的协议。3 月 12 日，福建福华气体有限公司正式注册成立，并于当天召开第 1 届董事会第 1 次会议。截至 12 月 31 日，福华气体公司项目建设进展顺利。项目建成后，将主要为福建古雷石化和古雷石化园区提供气体产品，并开展稀有气体产品和液体产品销售工作。

（李 晟 刘 威）

【福建联合石化公司实现成品油出口常态化】 为积极融入“一带一路”倡议和应对国内成品油市场挑战，福建联合石化公司抓住机遇积极开拓市场，持续推进成品油出口工作。继 2017 年首次实现航煤一般贸易出口后，2018 年 3 月 12 日，公司实现首船柴油一般贸易出口，销往孟加拉国。4 月 12 日，再次完成一批柴油出口，也是公司首次实现柴油产品出口欧洲，也标志着公司成品油出口业务实现常态化。同时，公司 2018 年还实现了工业用裂解碳九产品首次出厂。

（李 晟 刘 威）

【继续推进新产品开发】 福建炼化、福建联合石化公司坚持围绕市场需求抓好新产品开发工作。2018 年 8 月 29 日，福建联合石化公司成功开发“高流动、高模量、高抗冲”聚丙烯牌号产品 2240S。9 月 22 日，公司开发出“高抗冲，耐低温”的管材料聚丙烯新牌号产品 3212E，这也是公司近 2 年来连续成功开发的第 12 个新产品。全年完成 4 个聚烯烃新产品开发工作，12 个牌号产品质量稳定性提升，市场份额不断提升。

（李 晟 刘 威）

【完成成品油质量升级项目】 2018 年，为深入践行党和国家关于生态文明建设的指示精神，按照集团公司有关要求，福建联合石化公司持续优化成品油产品结构，组织、协调完成国Ⅵ汽、柴油产品质量升级。7 月，成功开发生产 98# 高标号汽油；8 月 13 日，98# 汽油成功供应福建市场。项目实施后，相关产品质量控制和管理组织有效，在国家、行业、省质量监督等部门组织的 13 批次的抽检中全部合规。

（李 晟 刘 威）

【福建联合石化公司获沙特阿美公司总裁卓越运行奖】 2018 年 4 月 30 日，福建联合石化公司获沙特阿美公司总裁卓越运行奖——2017 年 HSE 表现最佳进步奖。该奖项是沙特阿美公司总裁颁发给其在 HSE、经营效率等方面有突出表现的炼油化工合资公司 / 子公司的奖励，奖项每年评选 1 次。本次获奖是福建联合石化公司自成立以来首次获得该奖项。

（李　晟　刘　威）

【开展石化火灾事故一级应急实战演练】 2018 年 4 月 4 日，福建联合石化公司与福建省公安消防总队在福建联合石化公司油品储运罐区，联合开展石化火灾事故一级应急实战演练。演练采取分段推演、集中研讨的方式进行，设置有毒可燃气体侦检、固定半固定消防设施应用、罐体冷却保护、消防器材装备及车辆操作、远程供水等演练科目。在演练过程中，各项流程开展高效，工作推进顺利得当，实现预期效果，得到福建省消防总队和有关方面的高度认可。

（李　晟　刘　威）

【“瘦身健体”工作持续推进】 2018 年，福建炼化持续深化改革攻坚。5 月 31 日，福建炼化完成福建巨星化工有限公司清算注销的所有账务处理和报表剥离等工作。8 月 20 日，福建炼化完成对子企业厦门金帝实业开发公司的清算注销工作，标志着集团公司下达的压减法人户数目标任务全部完成，较设定时限提前 4 个月。

（李　晟　刘　威）

【按期完成“三供一业”分离移交】 2018 年，福建炼化积极推进泉港生活区“三供一业”及其他办社会职能分离移交工作，协调组织供水供电接收单位、物业公司、业委会等相关单位推进移交维修改造项目实施，12 月成功实现收费到户，协调办理水、电开户手续 1 539 户，并实现系统联运。大力推进物业管理职能、市政设施及公共消防职能分离移交，按照集团公司统筹安排，于 2018 年 5 月 28 日与泉港区政府签署《福建炼化公司泉港生活区物业管理职能移交框架协议》，于 10 月 22 日与泉港区政府签订《福建炼化公司泉港生活区市政设施及公共消防职能分离移交协议》和《福建炼化公司泉港生活区物业管理职能分离移交协议》。截至年底，泉港生活区物业管理社会化市场化相关工作正在积极开展。

（李　晟　刘　威）

【党建工作质量有效提升】 2018 年，福建炼化牢固树立在经济领域为党工作理念，把党的政治建设摆在首位，持续加强习近平新时代中国特色社会主义思想和党的十九大精神的学习宣传贯彻，树牢“四个意识”，坚定“四个自信”，坚决做到“两个维护”。进一步明确党的领导融入公司治理结构的方式，党委把方向管大局保落实作用得到有效发挥。持续推进党建工作与中心工作的深度融合，开展好特色年度党建主题实践活动，抓好党员责任区、示范岗建设和“六赛一确保”“大修保廉”等活动开展，有力地促进了生产经营目标任务完成。围绕安全环保、社区、扶贫等工作内容，全方位开展好党建共建活动，开展“两学一做”调研督导、基层党支部分类定级，促进基层党建工作质量提升。

（李　晟　刘　威）

【助力精准扶贫出实招显实效】 2018 年，福建炼化认真落实中央关于打好扶贫攻坚战的决策部署，切实履行社会责任，大力支持驻村扶贫第一书记工作，积极推动扶贫项目落实，直接投入扶贫资金 120 万元，通过各种形式支持挂点扶贫村的特色产业发展。6 月 2 日，福建炼化与安溪县在滨海华庭小区举办对口帮扶安溪县建档立卡贫困村农产品展销会，安溪县组织 15 个贫困村的村民走进社区开展特色农产品现场推介展销活动，取得较好成效。

（李　晟　刘　威）

深入挂钩扶贫村开展慰问（董　铭　摄）

表 1　　福建炼化主要技术经济指标①　　亿元

指标名称＼年份	2018	2017	2016	2015	2014	2013
原油加工量 / 万吨	878.01	911.05	933.31	1 076.80	1 130.60	944.90
资产总计	122.60	109.17	87.71	56.27	44.86	48.77
流动资产	8.16	9.92	9.26	1.40	4.36	2.81
固定资产原值	3.19	3.72	3.55	3.55	3.58	3.55
固定资产净值	1.91	2.10	2.03	2.14	2.30	2.37
销售收入	572.60	549.34	462.68	538.23	771.78	621.31
实现利税	16.45	28.01	25.43	14.83	−7.08	−6.82
税　金	0.26	0.29	0.26	0.27	0.26	0.25
炼油综合能耗 / 千克标油 · 吨 $^{-1}$	61.78	67.81	67.45	58.00	53.07	58.94

① 资产总计、实现利税、税金为福建炼化本部数据，其余指标包含福建联合石化公司；分置运营后，福建炼化本部没有工业产品生产，无工业总产值，企业集团工业总产值未做统计

表 2　　福建炼化主要产品产量　　万吨

产品名称＼年份	2018	2017	2016	2015	2014	2013
汽　油	156.08	152.48	176.42	162.70	183.82	149.45
柴　油	183.25	165.79	166.81	256.94	363.00	275.39
航空煤油	102.50	107.07	99.85	97.38	75.94	79.34
石脑油	216.72	273.90	284.55	296.66	309.52	259.54
液化气	25.01	23.68	24.84	22.78	18.37	20.38
燃料油	7.57	6.69	1.01	0.92	3.23	8.53
石油焦	0	0	6.49	5.65	14.76	12.84
硫　黄	15.40	16.69	16.67	17.91	20.13	17.46
液　氨	0.02	0.15	0.02	0.02	0.08	—
丙　烯	57.07	64.81	62.57	64.38	66.21	47.98
聚丙烯	51.72	61.88	58.47	58.55	60.69	42.63
乙　烯	100.86	120.07	110.01	106.64	102.11	71.41

续表

产品名称 \ 年份	2018	2017	2016	2015	2014	2013
聚乙烯	79.17	96.52	89.07	90.78	97.95	75.24
对二甲苯	67.44	77.89	72.18	79.04	77.35	55.66
苯	38.81	44.73	40.68	44.77	44.10	27.59
丁二烯	12.75	15.42	14.43	14.82	15.56	10.66
乙二醇①	37.09	45.32	43.64	31.73	—	—
环氧乙烷①	4.79	4.07	0.71	—	—	—

① 福建联合石化公司环氧乙烷/乙二醇装置于 2015 年 3 月 30 日投产

武汉石化

【概况】 中国石油化工股份有限公司武汉分公司（简称武汉资产分公司）和中国石化集团资产经营管理有限公司武汉分公司（简称武汉资产分公司）统称武汉石化，是集团公司直属大型工业企业和中部地区最大的炼油化工一体化企业。其前身始建于 1971 年，投产于 1977 年，1983 年划归中国石油化工总公司。武汉石化炼油部分位于湖北省武汉市青山区，占地 239 公顷，北濒长江水道，水路交通便利。炼油综合配套能力 800 万吨/年，共有 23 套主要生产装置，可生产汽油、柴油、航煤、石脑油、聚丙烯、“三苯”、液化气、硫黄、石油焦等产品。武汉 80 万吨/年乙烯工程位于武汉市化工区，占地 294.8 公顷，与炼油厂直线距离 9.8 千米，包括 11 套主体装置及系统配套工程。2014 年 1 月，股份公司与韩国 SKGC 公司合资成立的中韩（武汉）石油化工有限公司（简称中韩石化）开始独立商业运营，武汉分公司受股份公司委托行使股东权利。

武汉石化实行两级扁平化管理，共设 13 个职能部门、5 个业务中心、6 个生产单位。截至 2018 年底，共有在岗职工 1 792 人，其中具有高级职称的 110 人、中级职称的 453 人。

武汉石化主要技术经济指标和主要产品产量分别见表 1 和表 2。

（任丽娜）

【领导班子调整】 2018 年 8 月，股份公司发文，委派刘家海为武汉分公司代表，解聘其总经理职务；9 月，解聘杨锋武汉分公司副总经理职务；10 月，聘任张润为武汉分公司总工程师（仍为副总经理）；12 月，聘任管泽民为武汉分公司总经理、武汉石油化工厂厂长，陈伟为武汉分公司副总经理。

2018 年 8 月，集团公司党组发文，刘家海任中共武汉石油化工厂委员会书记，免去向浩萍副书记、工会主席职务；9 月，姜国政任副书记，为工会主席人选（仍任纪委书记）；12 月，管泽民任副书记。

（任丽娜）

【生产经营再创佳绩】 2018 年，武汉石化加工原油 801.9 万吨，首次突破 800 万吨，同比增长 1.15%。实现销售收入 431.03 亿元，增长 16.32%。实现利税 107.71 亿元，连续 2 年突破 100 亿元。所有达标指标和节能减排指标全部达到考核标准。

（任丽娜）

【实现连续安全生产 2 758 天】 2018 年，武汉石化逐步完善以过程风险管控为核心的安全管理体系，开展系统性安全大培训，增加班组安全学习和演练频次。推进完成 34 套装置 HAZOP 分析。持续开展四级风险识别，识别工作常态化、规范化。加大直接作业环节监管力度，落实全天候、全覆盖督察，开展全员“看视频挑违章”活动。强化特殊作业全程管控，对 7 项高风险作业修订 JSA 分析模板。严格用火管理，所有用火提前申报，实行三级审查制。严抓承包商管理，针对承包商违纪行为进行 7 次约谈，清退并列入“黑名单”18 人。通过湖北省应急厅安全生产二级标准化评审。截至 12 月 31 日，实现连续安全生产 2 758 天，连续 7 年无上报集团公司事故。

（任丽娜）

2018 年 10 月 24 日，武汉石化举行气防演习

【推进绿色企业创建工作】 2018 年，武汉石化认真践行生态优先、绿色发展理念，推进“绿色工厂”建设和“绿色企业行动计划”，促进环保管理水平提升。成立“绿色工厂”创建领导小组和工作小组，从规划、产品、生产、服务、文化 5 个方面着手，确定 45 项具体工作、11 个投资项目。组织开展长江大保护系列应急演练。持续开展污水达标攻关，废水、废气排放口全部实现稳定达标。修订完善危险废弃物处理制度，对其产生过程进行再排查、再识别，从源头减少危险废弃物。组织全厂异味源排查工作，全面梳理 VOC 治理项目。主动接受政府和公众监督，实现主要污染物排放数据在企业周界实时公示。投资 500 万元，建成投用厂区外大气质量自助检测设施。通过集团公司第二轮清洁生产企业验收。

（任丽娜）

【深化设备完整性管理】 2018 年，在武汉石化试点基础上形成的《中国石化炼化企业设备完整性管理体系（V1.0 版）》正式发布，并在集团公司 9 家企业推广应用。武汉石化依托完整性管理平台，不断完善和优化业务流程，进一步提高设备可靠性，针对缺陷管理、变更管理和检验检测、预防性维修管理要素开展工作，设备维护管理基本实现线上操作，有效提高设备管理效率。国内首创“一拖二”模式对 S-Zorb 装置 2 台往复机进行改造，实现无级气量调节系统国产化应用，全年节电量 100 万千瓦・时。完成 S-Zorb、烷基化、2# 制氢、MTBE 等装置消缺检修工作。

（任丽娜）

【提前完成国Ⅵ汽、柴油质量升级】 2018 年，武汉石化采取有效措施，加快汽、柴油质量升级步伐，成立汽、柴油质量升级工作领导小组，建立工作机制，定期开展工作；从 2 月开始取消普通柴油生产，全部生产车用柴油；加大技术攻关力度，完善汽油质量升级配套项目，研究和落实各项生产保障措施。5 月 1 日，首批 5 100 吨车用乙醇汽油组分油、3.1 万吨车用柴油达到国Ⅵ质量标准并顺利销售出厂，提前 5 个月完成汽、柴油升级国Ⅵ目标。

（任丽娜）

【优化创效效果明显】 2018 年，武汉石化努力做大原油加工量，生产汽油 180.8 万吨、航煤 92.2 万吨，创历史新高。柴汽比进一步压减，同比降低 0.1 个单位；高标号汽油比例提高 3 个百分点。加强炼化一体化深度优化工作，加大自产、沿江互供及增加进口石脑油，确保 9# 炉投产后的乙烯原料供应。全年通过外购石脑油、蜡油增产高附加值产品创效 4 000 万元。

（任丽娜）

【企业管理有效提升】 2018 年，武汉石化启用制度执行力智慧管理系统，与总部制度提升系统有效承接，实现预期功能。修订绩效考核办法，首次将预算利润排名作为全公司考核指标，增强全员市场意识。《设备完整性管理》和绿色发展典型案例《工业供热管网工程资源耦合》2 个项目均获全国企业管理现代化创新成果二等奖。

（任丽娜）

【强化员工基本功训练】 2018 年，武汉石化开展

16期以“识别大风险、消除大隐患、杜绝大事故”为主线的安全大培训，培训700余人；开展8次工艺大培训，提高技术人员理论和管理水平；完成3期共1 088个岗位标准操作法汇编，并加强实战演练。在原联合三、聚丙烯车间开展全流程星级操作员考评工作，提高员工操作技能。

（任丽娜）

【深化“5S”管理】 2018年，武汉石化开展7项“5S”管理和8项素养提升工作，从全厂设备外防腐、机泵标准、安全标识、管廊标识等方面提升现场管理标准。组织88名班组长参加2期“5S”培训。经过连续3年的“5S”实践，员工良好习惯逐步形成，办公室、操作室和装置现场“5S”成果得到巩固，“5S”管理逐步迈向素养阶段。

（任丽娜）

【完成组织机构精简整合】 2018年，武汉石化稳步推进实施“三项制度”改革，顺利完成职能部门、业务中心和运行部整合。武汉石化组织机构由18个机关处室、5个中心、12个基层单位精简为13个职能部门、5个业务中心、6个生产运行部。

（任丽娜）

【推进炼化一体化合资工作】 2018年，武汉炼化一体化合资项目正式启动，武汉石化完成一体化合资经济效益评价、资产审计和评估现场工作，就资产交易方式、原料和产品、组织人事、合营合同、增资协议和资产整体转让协议与合资方进行多次交流和谈判，完成合资工作预定工作计划。

（任丽娜）

【平稳推进“四供一业”分离移交工作】 2018年，武汉石化供水、供电、物业3个分离移交项目实施方案获集团公司批复，全部与接收单位签订正式移交协议。编制完成生活区供暖业务移交处置及物业收费改革等方案并上报集团公司。

（任丽娜）

【推进两大重点项目建设】 2018年，武汉石化抓紧推进炼油结构调整和110万吨/年乙烯脱瓶颈改造两大项目进展。新建30万吨/年烷基化装置进入建设施工期；新建280万吨/年催化—70万吨/年气分联合装置完成可研批复，气分装置基础设计获批复并开始建设施工。乙烯脱瓶颈改造项目总体设计获批复，新建9#裂解炉顺利投用；新建2.7万吨/年裂解汽油抽提项目12月底中交。

（任丽娜）

【加快推进“智能工厂”建设】 2018年，武汉石化完善“智能工厂”规划方案，确定80项“智能工厂”实施项目。对企业主干网进行完善，实现全厂室内WiFi覆盖。推行智能巡检项目，提高巡检工作效率。开展深化应用创新创效行动，提升经营管理水平。研发应用施工安全“智能化管理系统”，利用人脸识别和精准定位等先进技术，开创施工现场HSSE管理新模式。严格按照“六统一”原则消除信息孤岛。

（任丽娜）

【大力实施人才强企工程】 2018年，武汉石化实施新的人才成长通道建设，完成高技能人才管理制度修订，选聘24名主任师、120名副主任师，其中“80后”55人。启动第3期青年人才导师制培养计划，完成43对师徒结对，将专业扩展到质量管理、原油采购、生产优化、物资管理、党建等专业领域。刘伟技能大师（劳模）工作室授牌成立并入选武汉市技能大师工作室。组织参加全国催化裂化职业技能竞赛，获2枚铜牌、团体成绩第10名；7名员工获得湖北省、武汉市技术能手称号。选树9名集团公司、省、市级劳模，1名员工获湖北荆楚工匠称号，2名员工获武汉大城工匠称号。2名青工获集团公司英语风采大赛三等奖。以提升人才队伍素质为重点，以培养领军人才为突破口的人才队伍建设初见成效。

（任丽娜）

【持续提升党建工作质量】 2018年，武汉石化党委进一步压实党建责任，构建“三书两表单”工作机制，进一步明确党委书记、党委委员党建工作“一岗双责”。扎实推进党支部建设，制定《关于进一步明确基层党支部支委成员职责的指导意见》《关于加强和改进党小组工作的实施细则》等4个制度，细化完善党建工作“一岗双责”、支委成员、党小组长履责清单，形成“书记抓支委、支委抓小组、小组抓党员、层层抓落实”的管理体系。编制《武汉石化党支部组织工作指南》，制定党支部定时性工作清单、流程化图表，投入运行支部书记岗位胜任能力评估系统。持续打造党建特色品牌，全年在职党员参加“党员活动日”活动累计 11 000 多人次，平均参与率为 96.5%。继续扎实抓好党支部分类定级考核，评定出 9 个 A 类党支部、27 个 B 类党支部、5 个 C 类党支部、3 个 D 类党支部。

（任丽娜）

【“幸福工厂”建设新进展】 2018 年，武汉石化按照“幸福工厂”建设方案，推进为职工办实事项目落地，提升完善工装清洗服务；投放和更新公共单车 400 余辆；改进食堂膳食供应，投用网上点餐系统；在运行部（装置）设立休闲茶饮区；深入推动 EAP 服务进基层；开展“迈向幸福”职工健步行、青工足球赛等文体活动；提高生产一线倒班津贴、职工就餐补贴标准及慰问标准，增强员工的幸福感和获得感。

（任丽娜）

2018 年 5 月 8 日中午，武汉石化暨中韩石化 800 余名员工参加“迈向幸福”健步行活动

表 1 武汉石化主要技术经济指标①　　亿元

指标名称 \ 年份	2018	2017	2016	2015	2014	2013
原油加工量 / 万吨	801.85	797.72	676.41	770.24	788.28	641.48
工业总产值						
武汉分公司	425.16	365.84	265.87	325.11	450.72	375.18
武汉资产分公司	2.97	2.68	2.36	2.61	2.52	2.35
武汉乙烯	—	—	—	—	—	55.28
工业增加值						
武汉分公司	122.07	114.38	94.65	94.85	62.73	57.63
武汉资产分公司	1.60	1.22	0.80	1.02	0.99	0.88
资产总计						
武汉分公司	201.33	187.10	203.09	214.23	268.34	275.31
武汉资产分公司	4.90	5.74	5.80	5.58	6.30	5.10
流动资产						
武汉分公司	107.95	93.4	106.93	116.69	170.96	48.08
武汉资产分公司	1.58	1.91	1.98	1.88	2.94	1.82
固定资产原值						

续表

指标名称 \ 年份	2018	2017	2016	2015	2014	2013
武汉分公司	94.68	95.11	92.92	88.73	88.02	239.97
武汉资产分公司	7.99	8.32	7.86	8.00	7.70	7.61
固定资产净值						
武汉分公司	40.93	45.8	47.26	46.75	49.31	203.2
武汉资产分公司	3.14	3.50	3.15	3.23	2.93	3.06
销售收入						
武汉分公司	424.43	364.33	265.97	322.62	451.44	379.71
武汉资产分公司	6.60	6.24	5.50	6.05	6.00	5.19
实现利税						
武汉分公司	107.09	109.88	87.99	85.46	60.6	45.72
武汉资产分公司	0.62	0.51	−0.04	0.33	−0.31	−0.52
税　金						
武汉分公司	91.48	95.72	79.31	86.63	49.62	47.00
武汉资产分公司	0.25	0.29	0.20	0.27	0.23	0.21
综合能耗 / 吨标煤 · 万元 $^{-1}$						
武汉分公司	0.212	0.209	0.215	0.218	0.231	0.248
武汉资产分公司	1.061	1.328	1.540	0.990	1.012	1.979
武汉乙烯						2.396

① 武汉分公司 2013 年资产总计、销售收入、实现利税、税金为炼油、乙烯合并数据；2014 年中韩石化独立商业运营，武汉乙烯数据不再并入武汉石化

表 2　　武汉石化主要产品产量　　万吨

产品名称 \ 年份	2018	2017	2016	2015	2014	2013
汽　油	180.78	176.31	139.24	146.22	128.94	129.70
柴　油	240.78	251.65	224.39	261.51	267.09	256.48
航　煤	92.17	89.19	68.95	79.71	57.74	38.22
化工轻油	185.81	197.36	171.30	181.80	192.92	84.79
燃料油	3.99	0	0.34	2.64	1.59	3.44
溶剂油	0	0	0	−0.04	0.06	0.20

续表

产品名称 \ 年份	2018	2017	2016	2015	2014	2013
液化气	26.52	24.44	24.39	26.34	28.05	24.89
聚丙烯	11.36	11.84	9.21	11.02	11.21	10.47
硫　黄	5.87	5.99	4.76	4.76	5.18	3.58
苯　类	1.13	0.89	0.56	1.63	3.04	4.02
焦　炭	59.26	58.87	48.92	57.19	61.67	49.23
MTBE	4.35	3.98	3.58	3.88	4.82	4.93
丙　烷	2.09	2.02	1.36	0.93	1.23	1.65

中韩石化

【概况】 中韩（武汉）石油化工有限公司（简称中韩石化）由中国石化和韩国爱思开综合化学株式会社以 65%∶35% 的股比合资设立，2013 年 10 月 28 日工商注册，投资总额 186.30 亿元，注册资本 62.70 亿元。于 2014 年 1 月 1 日正式独立运营。武汉分公司受股份公司委托行使股东权利。

中韩石化位于武汉市青山区（化学工业区），占地 291.01 公顷，拥有 80 万吨 / 年乙烯、55 万吨 / 年裂解汽油加氢、15 万吨 / 年碳五分离、13 万吨 / 年丁二烯抽提、35 万吨 / 年芳烃抽提、8/3 万吨 / 年 MTBE/1- 丁烯、30 万吨 / 年高密度聚乙烯、30 万吨 / 年线型低密度聚乙烯、15/28 万吨 / 年 EO/EG、20 万吨 / 年 JPP 聚丙烯、20 万吨 / 年 ST 聚丙烯共 11 套生产，以及相应配套的公用工程：循环水、变电站、热电联产、化学水处理、空压等装置。

截至 2018 年底，中韩石化共设有计划生产部、安全环保部、设备管理部、技术管理部、物资流通部、财务管理部、综合管理部、党群工作部 8 个职能部门，员工总数为 1 094 人，其中包含武汉石化委派 23 人、SKGC 委派 13 人。

2018 年，中韩石化共加工裂解原料 276.49 万吨，生产乙烯 88.4 万吨；生产各类商品总量 245.35 万吨，其中树脂产品 100.36 万吨，合成纤维原料 20.45 万吨，环氧乙烷、“三苯”、丁二烯等有机产品 114.88 万吨；实现销售收入 171.33 亿元，上缴税金 16.59 亿元，实现利润 25.05 亿元。

中韩石化主要技术经济指标和主要产品产量分别见表 1 和表 2。

（张玉婷）

【乙烯产量创投产后最高纪录】 2018 年 4 月 10 日，中韩石化新增 H-009 裂解炉建成中交，5 月 8 日一次投用成功。乙烯装置精心优化操作，保持装置长周期、8 台炉高负荷稳定运行。2018 年，乙烯产量 88.4 万吨，较上年增产 1.7 万吨，增长 2.0%；乙烯装置负荷率 100.9%，较上年增长 1.9 个百分点。

（胡　皓　徐红伟）

【获中国石化 2018 年度乙烯原料结构优化优胜单位称号】 2018 年，中韩石化、齐鲁石化、扬子石化配合化工事业部完成 C 类科研项目“SPYRO 在乙烯原料经济性优化模型的应用”，并成功开发“乙烯原料经济性优化系统”，实现 SPYRO 结果数据与优化系统数据连接，可快速测算不同乙烯原料的边际效益。中韩石化全年当量乙烯收率为 66.52%，总部同类装置排名第二，与燕山石化共同获 2018 年度乙烯原料结构优化优胜单位称号。

（胡　皓　徐红伟）

【开展乙烯脱瓶颈改造项目】 2018年1月23—24日，总部在北京组织完成中韩石化乙烯脱瓶颈改造项目设计统一规定审查。2月，完成项目总体设计。6月29日，项目总体设计获中国石化总部批复。12月18日，举行乙烯脱瓶颈改造项目开工仪式，各主项已陆续进入采购施工阶段。

（杨丽萍）

【10#泊位工程获批】 2018年3月6日，中韩石化优化原料储运设施项目新建10#液体泊位项目可研报告获批复；4月项目基础设计编制完成；5月29日完成基础设计审查；9月25日获环评批复。2019年1月16日，项目基础设计获中国石化总部批复；3月21日，项目初步设计获国家交通运输部批复。项目为满足110万吨改扩建项目新增原料运输提供有利保障。

（杨丽萍）

【取得港口经营许可证】 2018年5月17日，中韩石化3#、4#件杂（兼重件）码头顺利通过省港航管理局组织的竣工验收。10月25日，取得港口经营许可证。

（康雯雯）

【水路进出厂跟踪系统建成】 2018年8月，中韩石化建成水路进出厂跟踪系统，增加了沿江企业液化气和碳五拔头油的水路进厂量，优化了码头进出厂作业流程，提高了接卸效率。全年码头吞吐量为59.86万吨，创公司投产后历史新高，比上年提高2.9万吨。

（胡　皓　徐红伟）

【顺利通过安全生产标准化审核】 2018年4—11月，中韩石化组织开展公司安全生产标准化（二级）复审，完成自评、专家评审、报批等环节工作，取得安全生产标准化（二级）证书。

（汪进祖）

【积极响应长江大保护】 2018年6月1日，为贯彻落实习近平总书记、集团公司有关长江大保护的指示精神和有关要求，由湖北省港航局、长江海事局主办，中韩石化协办的长江船舶安全与防污染联合大排查大整改活动在中韩石化9#液体码头正式启动，并组织开展中韩石化9#液体码头消防及防污染应急演习。

（付　松　张玉婷）

启动仪式（付　松　摄）

【率先发布绿色企业行动计划】 2018年8月24日，中韩石化率先在湖北省内发布绿色企业行动计划，邀请《湖北日报》《长江日报》《工人日报》、新华网、人民网、大楚网等省市主流媒体现场采访报道，网络直播累计近120万人观看，对外展示了企业积极践行绿色发展的新思路、新举措和新形象。

（付　松　段瑞科）

发布绿色企业行动计划（付　松　摄）

【获评2017年度湖北省工业节水型企业】 2018年2月5日，湖北省经信委、水利厅、节水办联合发布2017年度湖北省工业节水型企业名单，共7家企业，中韩石化位列其中。

（耿令昌）

【热电装置辅助锅炉低氮改造成功】 2018 年 6 月 18 日，中韩石化热电联产辅助锅炉低氮燃烧改造项目提前 1 天完成施工，一次点火成功投用。改造后，热电联产装置辅锅排烟氮氧化物含量从原有 154.5 毫克 / 米^3（标准），降低到 50 毫克 / 米^3（标准）以下，达到国家废气达标排放标准，并实现实时监控功能。

（王喜卫）

【首次 QC 成果发布会顺利召开】 2018 年 9 月 29 日，中韩石化首届 QC 成果发布会召开。发布会共收到 7 个部门的 27 项 QC 成果，来自 6 个部门的 10 项 QC 成果分获一、二、三等奖，并在会上进行交流发布。

（宋珍珍）

【成立校企合作技术研发中心】 2018 年 12 月 27 日，"中韩（武汉）石油化工有限公司 - 湖北大学校企合作技术研发中心" 成立。

（周雪云）

【新产品及专用料生产市场推广】 2018 年，中韩石化开发树脂新产品 16 种，其中高刚均聚聚丙烯系列产品（HM02\03\04），高密度聚乙烯 IBC 桶专用料 HDB590、HDB5010，镀铝流延膜料 PF-08 等属首次研发生产。管材专用料 PRC100 在国家化学建材中心通过耐慢速裂纹增长 8 760 小时测试认证，标志着中韩石化管材专用料 PRC100 进入国内领先行列。汽车专用料 NBC03HRA、聚丙烯防水卷材 NS06 等产品市场推广情况良好。全年新产品及专用料产量 60.32 万吨，占比 60.24%，超年度目标 2.24 个百分点，创投产后最高纪录。

（周雪云 胡 皓）

【顺利取得四体系认证证书】 2018 年 1 月，中韩石化一体化管理体系正式运行并开展管理评审。7 月，委托中国船级社质量认证公司对一体化管理体系进行认证审核。顺利通过一阶段审核（7 月 2—4 日）和二阶段审核（7 月 9—13 日）。8 月 29 日，中韩石化取得质量管理体系、职业健康安全管理体系、环境管理体系、能源管理体系认证证书和 HSE 管理体系评价证书。

（闫 寒）

【创新开展公众开放日】 2018 年 4 月 20 日，中国石化公众开放日第三季活动在全国 36 个城市、50 家系统单位同步启动。中韩石化首次启用网上直播形式，在参与网络直播的 10 家单位中人气排名第三（个人公众号人气排第一），并首次创新编排快闪舞蹈，首次演示 3D 打印笔、神奇的纤维等小课堂互动演示游戏，整场活动亮点纷呈，取得圆满成功。全年，中韩石化共组织举办开放日活动 14 期，接待社会公众近 800 人，取得很好的社会反响，企业形象和影响力不断提升。

（段瑞科）

【完成公司章程修订】 2018 年 1 月 30 日，中韩石化党建工作入章程的章程修正案在武汉市工商局完成备案，标志着党建工作入章程具备法律效力，明确党委发挥政治核心作用，把方向、管大局、保落实，明确党组织的机构设置、职责和基础保障；明确董事会决定公司重大问题应当事先听取公司党委的意见；明确党委、纪委的设置及主要职责；党组织成为公司治理结构的有机组成部分。

（段瑞科）

【加强基层党组织建设】 2018 年，中韩石化党委高度重视基层党组织建设工作，按程序完成 14 个党支部换届（增补）工作，将符合条件的 39 名行政班子成员纳入党支部委员会，为推动党组织政治核心作用发挥提供保障。

（段瑞科）

表 1　中韩石化主要经济技术指标　亿元

指标名称 \ 年份	2018	2017	2016	2015	2014
工业总产值	170.97	161.24	117.18	139.70	182.70

续表

指标名称 \ 年份	2018	2017	2016	2015	2014
资产总值	153.63	152.34	161.75	170.72	187.13
资产负债率 /%	15.19	26.09	46.50	57.47	70.20
销售收入	171.33	161.39	117.03	140.77	183.65
利　润	25.05	36.43	20.72	22.56	1.83
上缴税金	16.59	20.11	11.39	14.58	5.13
综合能耗 / 吨标煤・万元 $^{-1}$	1.69	1.69	1.74	1.72	1.71

表 2　　中韩石化主要产品产量　　万吨

产品名称 \ 年份	2018	2017	2016	2015	2014
环氧乙烷	16.55	15.32	12.14	13.68	13.79
乙　烯	88.40	86.70	72.89	85.34	83.09
丙　烯	46.20	45.65	37.78	43.05	43.33
1- 丁烯	2.93	3.61	2.63	2.53	3.09
丁二烯	12.12	12.91	10.57	10.84	11.33
异戊二烯	1.48	1.56	1.31	1.45	1.17
间戊二烯	1.48	1.41	1.37	1.59	2.10
双环戊二烯	1.12	1.10	1.00	1.09	1.04
苯	16.67	16.49	14.08	18.07	17.56
甲　苯	8.14	8.43	6.49	8.18	8.38
二甲苯	5.80	6.28	5.61	6.10	6.26
甲基叔丁基醚	7.49	8.38	7.30	6.96	7.31
高密度聚乙烯	29.59	28.83	24.30	27.74	26.59
线型低密度聚乙烯	30.98	30.17	26.56	30.53	31.21
聚丙烯	39.79	41.47	34.41	40.84	41.08
乙二醇	20.45	21.87	18.70	22.66	23.33

巴陵石化

【概况】 中国石油化工股份有限公司巴陵分公司（简称巴陵分公司）和中国石化集团资产经营管理有限公司巴陵石化分公司（简称巴陵资产分公司）统称巴陵石化，位于湖南省岳阳市云溪区和岳阳楼区，紧邻京广铁路、京广高铁、107 国道、京珠高速和随岳高速，西靠洞庭，北倚长江，厂区总面积 9.45 平方千米，是一家大型石油化工、煤化工联合企业，是国内最大的锂系橡胶、己内酰胺生产企业和重要的环氧树脂生产基地。

巴陵石化下辖炼油部、橡胶部、树脂部、己内酰胺部、煤化工部等 10 个直属单位，以及合资企业浙江巴陵恒逸己内酰胺公司。固定资产原值 179 亿元，净值 44 亿元；有在册员工 9 894 人（在岗 7 243 人）、离退休 10 111 人；有主要生产装置 49 套，配套建有 2 个区域热电中心、3 个污水处理中心等公用工程。分为 5 条产品链，其中未上市部分 3 条：①炼油产品链，包括年综合加工能力 200 万吨炼油（常压部分具备 350 万吨一次加工能力），年产 12 万吨苯乙烯、6 万吨聚丙烯、6 万吨 MTBE 等；②合成橡胶产品链，总产能 34 万吨 / 年，包括年产 20 万吨 SBS、5 万吨 SEBS、4 万吨 SIS、2 万吨 SEPS、3 万吨 SSBR 等；③环氧树脂产品链，包括年产 10 万吨环氧树脂、7 万吨烧碱、5.2 万吨氯丙烯等。上市部分 2 条：①己内酰胺产品链，包括年产 50 万吨己内酰胺（含合资企业 20 万吨）、45 万吨环己酮、80 万吨硫铵等；②煤化工产品链，包括日投煤 2 000 吨煤气化（年产氢气 7 万吨）和年产 42 万吨合成氨、26 万吨双氧水等。

截至 2018 年底，巴陵石化获国家科技进步一等奖、国家技术发明一等奖各 1 项，国家科技进步二等奖 6 项，累计获国家、省部级科技进步奖 136 项，拥有获授权专利 379 件。SEBS 成套技术开发等项目被列入“863”计划，SIS、SEBS 被评为国家重点新产品，SBS、己内酰胺、环氧树脂等一批产品被评为国家级新产品。锂系橡胶规模居世界前列，生产技术及其催化剂综合技术居世界先进水平。掌握了以环己酮氨肟化、磁稳定床精制为核心的绿色生产成套技术；环氧树脂具有成龙配套优势；开发了多元配煤工艺技术。

2018 年，巴陵石化产品总量达 485 万吨，增长 17.7%；实现营业收入 295 亿元，增长 22%；上缴税费 29.8 亿元，增长 29%。

（贺致富　陈　搏）

【领导班子调整】 2018 年 10 月，经集团公司党组研究并征得中共湖南省委同意，邬智勇任分公司代表、党委书记，李德刚任公司总经理、党委副书记。鉴于年龄原因，李大为不再担任公司总经理、党委副书记。

（贺致富）

【上市、未上市均实现盈利】 2018 年，在消化“四供一业”及其他办社会职能分离移交预算外支出 3 亿元的情况下，巴陵石化整体盈利 1.33 亿元，增利 0.96 亿元，完成总部下达的效益指标，其中上市板块盈利 3 033 万元、未上市板块盈利 1.02 亿元。

（陈　搏）

【生产运行平稳有序】 2018 年，巴陵石化全年未发生上报安全事故，4 项主要污染物排放指标均优于中国石化达标指标，连续 4 年获评中国石化安全生产先进单位，连续 6 年获评湖南省安全生产先进单位。产品总量创历史新高，其中原油加工量 195.6 万吨，己内酰胺、双氧水、合成橡胶分别增产 4.5 万吨、3.6 万吨和 3.2 万吨，均刷新历史纪录。公司考核的 139 项能耗、物耗指标中，有 52 项创历史最优，上市、未上市万元产值能耗分别下降 5.8%、6.2%，吨油完全加工费用下降 24.5 元，累计节能降耗提质创效 0.55 亿元。

（贺致富）

【经营运作不断优化】 2018 年，巴陵石化积极争取原油加工计划，拓宽煤炭、大宗化工原料资源渠道，在实现稳定保供的同时，降本 1.14 亿元。努力踏准营销节奏，拓市增销取得一定成效，出口产品 2.8 万吨，增长 34%。坚持“零基预算”，强化全员成本目标管理，各项费用总体受控。

（贺致富）

【项目发展取得进展】 2018年，巴陵石化己内酰胺产业链搬迁与升级转型发展进展顺利，各项工作稳步推进。化工型炼油改造方案得到总部初步确认。新“一炉一机”、年产3万吨SSBR装置建成投产，环己酮高压装置恢复生产，锅炉超洁净排放改造等项目顺利完成，年产5万吨SEBS新装置开工建设。福建己内酰胺项目明确与古雷炼化基地二期同步建设，合成橡胶等“走出去”项目形成初步思路。

（陈 搏）

【科技创新稳步推进】 2018年，巴陵石化医用SEBS材料成功替代进口，浆态床蒽醌法制双氧水技术实施工业化应用，编制环保型环氧氯丙烷新技术5万吨工艺包，钼系橡胶中试进展顺利，开发新产品新牌号17个；省级院士工作站成功挂牌；获授权专利22件，推行核心技术分段保密管理，加大知识产权维权力度。公司被命名为中国石化创新型企业。

（贺致富）

【内部改革不断深化】 2018年，巴陵石化按期完成“四供一业”及其他办社会职能移交协议签订、资产和职能划转，现场改造稳步推进。煤气化合资公司股权收购工作顺利完成，注销金石公司法人。启动“三项制度”改革和人才强企三年行动计划。落实“三定”要求，进一步优化公司机构设置，推进联合装置组建，科级机构压减10%。实施电气、循环水水质、环卫绿化等专业集中。

（贺致富）

【党的建设持续加强】 2018年，巴陵石化通过专题研讨、专题宣讲、专题党课等形式，深入学习宣贯习近平新时代中国特色社会主义思想和党的十九大精神。层层签订党建工作责任书，抓好党委年度工作统筹，深化党支部促“三基”工作，基层党建工作得到夯实和提升。意识形态工作得到加强，顺利通过全国文明单位复查，培育HSSE、设备、人文关怀等专项文化，凝聚了正能量。加大中层领导人员调整交流力度，深化绩效对话，强化了干部队伍建设。狠抓廉洁教育，健全“大监督”工作格局，深化了正风肃纪。

（贺致富）

【己内酰胺搬迁升级项目签订合作框架协议】 2018年11月7日，湖南省人民政府与中国石化、岳阳市人民政府与巴陵石化在北京分别签署《关于中国石化巴陵石化公司己内酰胺产业链搬迁与升级转型发展合作框架协议》。

（贺致富）

【岳阳中石化壳牌煤气化有限公司完成股权交割】 2018年6月21日，岳阳中石化壳牌煤气化有限公司股权交割仪式在岳阳举行，标志着该公司转变为中国石化全资子公司，由巴陵石化负责管理。

（陈 搏）

【获多项荣誉】 2018年，巴陵石化被评为全国安康杯竞赛优胜单位、集团公司宣传思想工作先进单位；橡胶部被评为中国合成橡胶工业自主创新贡献单位，树脂部被评为行业功勋单位；橡胶部SIS车间前工段分会被评为全国模范职工之家；苯乙烯装置党支部、双氧水车间党支部、橡胶部党委被评为集团公司先进基层党组织；群众工作处何雨洁被评为全国优秀工会工作者；橡胶部李望明被评为集团公司精神文明建设先进个人；党委工作处罗爱民、煤化工部林湘被评为集团公司宣传思想工作先进个人；设备管理处周卫、炼油部王东生、橡胶部陈正军、树脂部张献、己内酰胺部张建成、煤化工部于江安被评为集团公司优秀共产党员，煤化工部卢旺兴、己内酰胺部邵中辉、党委工作处黄鹤被评为集团公司优秀党务工作者。

（贺致富 陈 搏）

【内外环境不断改善】 2018年，巴陵石化认真抓好EAP工作，建立公司多功能减压中心和6个基层员工心理减压室，386人获得EAP员工援助师证书。落实职代会制度，抓实主题劳动竞赛，强化走访慰问、精准帮扶，增加元旦、防寒保暖慰问，推进青年职工小家建设，改进食堂管理，发挥了群团作用。持续加强离退休工作，保障了老同志政治和生活待遇。抓实信访维稳工作，保持了企业稳定、队伍稳定。助力地方扶贫攻坚，营造了良好的外部环境。

（贺致富　陈　搏）

表 1　　巴陵石化主要技术经济指标[①]　　亿元

年份 指标名称	2018	2017	2016	2015	2014	2013
原油加工量 / 万吨						
巴陵石化分公司	195.60	162.18	178.99	180.37	159.72	180.6
工业总产值						
巴陵分公司	49.12	38.94	29.98	31.11	46.47	54.17
巴陵资产分公司	180.34	142.98	125.07	129.00	152.41	173.46
炼　油						
巴陵资产分公司	97.51	75.49	71.31	70.10	82.75	86.41
化　工						
巴陵分公司	43.47	31.21	23.25	26.46	39.37	45.03
巴陵资产分公司	82.83	67.49	53.76	58.90	69.65	87.05
化　肥						
巴陵分公司	5.65	7.73	6.73	4.65	7.11	9.14
工业增加值						
巴陵分公司	3.94	−0.24	−1.08	−1.95	−1.61	−2.71
巴陵资产分公司	44.86	39.28	45.56	51.71	35.42	41.81
资产总计						
巴陵分公司	37.85	31.72	30.16	41.17	44.27	43.35
巴陵资产分公司	56.90	63.69	54.22	48.53	65.14	72.94
流动资产						
巴陵分公司	4.95	3.25	4.13	3.34	4.84	5.14
巴陵资产分公司	16.21	24.28	14.82	9.38	14.97	23.38
固定资产原值						
巴陵分公司	75.02	70.58	70.51	70.00	69.15	64.79
巴陵资产分公司	104.26	100.89	99.50	98.25	95.41	95.04
固定资产净值						
巴陵分公司	9.61	5.53	31.67	19.68	21.03	17.89
巴陵资产分公司	34.85	34.54	47.10	36.74	48.22	49.82

续表

指标名称 \ 年份	2018	2017	2016	2015	2014	2013
销售收入						
巴陵分公司	109.16	94.43	73.10	33.84	47.76	49.98
巴陵资产分公司	185.40	147.07	130.60	134.04	160.17	183.24
实现利税						
巴陵分公司	1.83	−1.22	−20.72	−7.53	−7.56	−6.91
巴陵资产分公司	29.33	24.39	31.68	37.35	19.13	26.05
税　金						
巴陵分公司	1.53	0.56	0.57	0.16	0.17	0.16
巴陵资产分公司	28.31	22.93	28.11	34.24	25.90	30.68
能耗 / 吨标煤・万元 $^{-1}$						
巴陵分公司	2.32	2.46	2.61	2.62	2.56	2.88
巴陵资产分公司	0.77	0.82	0.81	0.80	0.83	0.87

① 数据不含混合所有制企业

表 2　　巴陵石化主要产品产量　　万吨

产品名称 \ 年份	2018	2017	2016	2015	2014	2013
巴陵资产分公司						
93[#]汽油	—	—	—	—	—	21.78
97[#]汽油	—	—	—	—	—	16.05
0[#]柴油	—	—	—	—	—	8.08
汽油组分油	46.66	37.57	43.38	42.71	29.74	—
柴油组分油	48.98	43.11	48.29	45.03	11.67	—
燃料油	2.87	2.56	3.01	12.66	50.15	—
石脑油	27.68	20.32	17.77	15.39	24.99	25.34
液化气	18.64	14.01	18.36	19.60	16.70	19.31
干　气	4.88	4.23	3.70	2.69	2.90	3.02
丙　烯	10.21	8.01	9.23	9.26	7.97	9.24
油　浆	—	—	—	—	—	3.53
溶剂油	—	0.51	1.60	3.33	3.27	3.63

续表

产品名称 \ 年份	2018	2017	2016	2015	2014	2013
合成橡胶	28.28	25.27	26.16	25.34	24.81	26.95
顺丁橡胶	—	—	—	—	—	3.35
SEBS 热塑弹性体	6.58	5.17	4.49	17.96	18.10	17.90
环氧树脂	9.33	9.21	7.94	6.50	5.85	6.00
环己酮	11.05	10.00	11.14	10.91	11.29	9.21
烧　碱	8.58	7.45	7.73	7.46	7.22	9.53
盐　酸	0.68	0.41	0.74	1.05	3.85	3.70
液　氯	7.43	6.45	6.48	6.19	11.47	7.61
聚丙烯	6.73	5.40	6.06	6.60	5.39	5.85
氯丙烯	3.62	3.55	3.62	3.03	3.47	4.58
环氧氯丙烷	2.62	2.22	1.81	2.31	1.22	2.33
巴陵分公司						
合成氨	28.37	28.70	35.02	35.99	35.78	47.86
尿　素	—	—	—	—	—	24.34
己内酰胺	28.22	23.49	24.76	22.87	27.09	22.34
尼龙 6 切片	10.53	4.93	4.60	3.98	4.69	4.83
硫酸铵	39.95	32.98	33.95	32.08	38.04	17.60
环己酮	11.25	8.54	8.41	7.38	8.23	8.55
双氧水	28.35	24.24	25.75	18.23	23.53	19.26

长岭炼化

【概况】 中国石油化工股份有限公司长岭分公司（简称长岭分公司）和中国石化集团资产经营管理有限公司长岭分公司（简称长岭资产分公司）统称长岭炼化，坐落在湖南岳阳长江之滨、洞庭湖畔，与三合机场、武广高速铁路、京广铁路、京珠高速公路、107 国道相邻，水陆空交通便利。

长岭炼化前身为长岭炼油厂，始建于 1965 年，1971 年 5 月建成投产。2000 年 4 月，按照集团公司整体重组改制的要求，炼油主业部分重组改制为长岭分公司，存续部分改制为中国石化集团长岭炼油化工有限责任公司（简称长岭炼化公司）。2007 年 5 月，按照体制转换的要求，长岭炼化公司改制为长岭资产分公司。截至 2018 年底，长岭炼化有正式员工 3 423 人，其中长岭分公司有正式员工 2 236 人、长岭资产分公司有正式员工 1 007 人。

截至 2018 年底，长岭炼化拥有炼油化工生产装置 35 套，原油加工能力 800 万吨 / 年，拥有 13 万吨 / 年聚丙烯、20 万吨 / 年改性沥青、10 万吨 / 年乳化沥青、10 万吨 / 年环氧丙烷生产能力，是中南地区重要的石油化工产业基地。主要生产汽油、柴油、航煤、石脑油、液化石油气、“三苯”、沥青、环氧丙烷、乙酸酯等60余种产品，有17种产品获省部级以上优质产品称号，其中出口轻柴油和6#抽提溶剂油获国家金质奖，石油甲苯、二甲苯和120#溶剂油等产品获国家银质奖。“东海牌”改性沥青铺上奥运会国家体育场鸟巢的主跑道；高铁专用乳化沥青成功应用于武广高铁建设，实现高铁专用乳化沥青的国产化，打破日本、德国的垄断。10万吨/年双氧水法制环氧丙烷装置，拥有完全自主知识产权，打破国外技术垄断，填补国内空白。

2018年，长岭炼化紧贴市场优化资源配置、狠抓安稳运行、调整产品结构、保障后路畅通，完成国VI A油品质量升级任务，实现炼油专业技术达标。全年装置平稳率超过99%，生产柴汽比降至0.8，高标号汽油比例达9.46%，航煤月产突破8万吨。环氧丙烷装置高负荷运行标定顺利完成，丙丁共聚装置试生产一次成功，乙苯装置能耗创历史新低。全年加工原料油880.28万吨，其中加工原油752万吨；实现营业收入485.6亿元，上缴各类税收105亿元；炼油盈利16.58亿元，连续3年效益突破10亿元。

长岭分公司主要技术经济指标和主要产品产量分别见表1和表2。

（李　晓）

【领导班子调整】 2018年1月24日，长岭炼化召开干部大会，宣布集团公司党组对长岭炼化领导班子的调整决定：王妙云任长岭炼化董事会董事长（仍任总经理）；李华不再担任长岭炼化董事会董事长、董事职务，任正局级调研员；王妙云任中共长岭炼化委员会书记，胡先红为长岭炼化工会主席人选（仍为党委副书记、纪委书记），免去李华的中共长岭炼化委员会书记、委员职务。12月25日，长岭炼化召开领导班子会，受集团公司党组委托，长岭炼化董事长、党委书记、总经理王妙云宣读干部任职文件：陈斌、罗昕任长岭分公司副总经理、长岭炼化董事会董事、中共长岭炼化委员会委员。

（李　晓）

【安全生产势头良好】 2018年，长岭炼化贯彻党中央、国务院、集团公司安全生产指示精神，落实各级安全生产主体责任。抓问题导向，重责任落实，管控过程风险，夯实“三基”工作，扎实做好HSSE各项基础工作，加强全员安全风险识别，加强承包商管理考核，加强常态化督察督办，强化预案演练，提高各级应急处置能力，总体保持安全平稳的良好态势。全年没有发生上报集团公司级事故，实现年初“四无”安全生产目标。再次获评湖南省安全生产优秀单位、中国石化安全生产先进单位。

（李　晓）

【环保治理持续推进】 2018年，长岭炼化落实习近平总书记“守护一江碧水”指示要求，聚焦“争当长江经济带绿色发展排头兵”，以迎接总部和地方“沿长江经济带”环保专项督察为重点，优化管理体系，强化责任落实，细化保障措施，推进治理进程。采用多种方式开展环保自查自改工作，全面完成集团公司下达的各项环保考核指标和主要污染物总量减排任务，没有发生环境污染事故（事件），厂区及周边环境质量得到进一步改善，通过总部、湖南省清洁生产验收。出台《环保三年行动计划》和《绿色企业行动计划》，统筹资金和项目，为争创中国石化绿色企业、全国绿色示范工厂做好准备。

（李　晓）

【经营效益创历史新高】 2018年，长岭炼化落实集团公司年度工作会议精神，以11项专题工作及73个创新点为重点突破方向，克服诸多困难，积极稳定装置运行，优化炼化生产，调整产品结构，紧跟市场节奏，完成油品销售配置，汽、柴油及各类高附加值油品保持较好生产销售水平。全年原料油加工量创历史新高；上缴税费超100亿元，盈利创历史新高；全面完成总部下达的目标任务。

（李　晓）

【深化改革蹄疾步稳】 2018年，长岭炼化将深化内部改革作为增强活力激发动力的重要举措，坚持“先机关、后基层”，对标先进制订方案，“机构一步到位、人员逐步到位”稳步实施，以“定机构、定岗位、定人员”为核心的“三定”改革工作顺利完成，机关职能部门由 21 个减少至 13 个，精简 38%；基层单位由 14 个减少至 9 个，精简 36%；业务中心由 12 个减少至 5 个，精简 58%。液化气站搬迁及装卸业务外包如期实现。倒班模式顺利变更。持续推进“三供一业”和企业办社会职能分离移交，全方位加大工作力度，所有移交项目的移交协议全部签署，现场改造施工紧锣密鼓实施。

（李 晓）

【创新发展动能强劲】 2018 年，长岭炼化坚持把技术进步作为改革发展的根本推动力，改进完善炼化生产技术路线、工艺流程，搭建科技创新体系，完善体制机制，营造全员创新氛围。100 万吨 / 年柴油加氢改质装置建成，100 万吨 / 年重整项目、长岭—长沙黄花机场航煤管线项目可研通过总部审查即将开工建设，发展动力继续增强。积极推进“两化融合”，以互联网 +、智慧石化、新概念炼厂为引领，完善信息化规划设计，开展重点部位火灾监控智能识别报警、搭建工业 4G 网络、完善班组成本核算等，生产经营信息化、数字化、标准化、智能化水平持续提升。在中国创新方法大赛上，5 个项目在长岭地区获奖。

（李 晓）

【国Ⅵ A 油品质量升级按时完成】 2018 年，长岭炼化落实国家和总部油品质量升级要求，精心组织装置生产瓶颈消缺、油品性质评估、调和方案测算和装置降烯烃实验；发布质量升级作业指导书和宣传册，机关处室和运行部紧密协作，细化方案。9 月 27 日，公司汽、柴油按国Ⅵ A 标准组织生产；严格按时间节点顺利完成国Ⅵ A 汽、柴油厂内置换，10 月 15 日开始按国Ⅵ A 汽、柴油质量标准出厂产品。

（李 晓）

【环氧丙烷顺利“出龙”】 2018 年，长岭炼化加强与石油化工科学研究院、长岭石化科技开发公司等单位合作，历时 14 年攻克一系列技术难关，完成小试、中试及工业放大试验，10 万吨 / 年环氧丙烷装置实现安全、稳定、满负荷运行，拥有自主知识产权的双氧水法制环氧丙烷成套技术通过总部鉴定，获国内外授权技术专利 70 余件。12 月 19 日，项目正式“出龙”。

（李 晓）

【“建设优秀企业”理念深入人心】 2018 年，长岭炼化进一步明确“建设优秀企业”目标愿景，9 个要素建设课题全面展开，“一个目标、三个导向、六大转型”的体系架构进一步完善。公司董事长、党委书记、总经理王妙云宣讲《建设优秀企业——我们的使命与担当》，阐述建设理念、路径、方法。积极组织开展征文、讨论等宣贯活动，通过主题研讨进一步查找工作不足，制定改进措施，营造良好环境氛围，“建设优秀企业”理念逐步入脑入心。

（李 晓）

【党建质量全面提升】 2018 年，长岭炼化落实总部“党建质量提升年”总体部署，结合实际，大抓基础基层，党建工作进一步融入中心，彰显实效，规范化、制度化水平持续提升。以服务中心工作为宗旨，扎实开展基层党支部分类定级和“一支部一品牌”活动，打造各自特色，形成支部品牌 75 个，基层党组织功能作用进一步显化。定期召开“四干会”、举办“长岭大讲堂”，进一步凝心聚力。加大审计问责、安全问责力度，加强纪律作风建设，深化“微腐败”治理，持之以恒反“四风”，政治生态持续向好。

（李 晓）

表 1　　长岭分公司主要技术经济指标　　亿元

指标名称 \ 年份	2018	2017	2016	2015	2014	2013
原油加工量 / 万吨	752.12	606.11	660.55	696.33	639.36	769.16
工业总产值	475.92	333.57	329.72	357.28	392.81	483.92

续表

指标名称 \ 年份	2018	2017	2016	2015	2014	2013
炼　油	466.29	327.45	316.29	348.14	382.82	470.42
化　工	9.62	6.12	8.79	9.15	9.99	13.50
工业增加值	145.82	117.05	142.75	123.17	69.20	93.43
资产总计	79.91	92.89	87.18	86.12	90.16	88.26
流动资金	17.03	25.56	18.45	16.09	18.52	23.38
固定资产原值	123.27	123.54	120.19	117.40	110.83	101.11
固定资产净值	53.25	58.55	60.05	62.99	61.35	56.11
销售收入	480.07	332.72	329.99	356.02	393.47	479.67
实现利税	121.02	95.32	112.27	94.63	54.16	80.66
税　金	104.44	84.56	99.83	97.52	66.01	77.64

表 2　长岭分公司主要产品产量　万吨

产品名称 \ 年份	2018	2017	2016	2015	2014	2013
汽　油	278.61	220.76	239.73	228.33	199.02	203.49
柴　油	221.37	193.40	258.99	287.41	243.25	314.33
航　煤	82.43	64.36	63.35	51.69	38.98	35.22
商品液化气	68.88	56.40	60.35	54.03	41.51	50.10
石油焦	34.15	31.19	33.05	34.56	29.68	33.41
三　苯	26.14	20.88	20.86	22.35	14.31	25.57
聚丙烯	13.77	7.90	14.31	13.88	10.93	14.73
工业硫黄	5.87	4.73	5.08	4.48	4.49	4.68
沥　青	6.98	9.52	5.62	5.84	3.21	7.97

仪征化纤

【概况】 中国石化仪征化纤有限责任公司（简称仪化有限公司）和中国石化集团资产经营管理有限公司仪征分公司（简称仪征资产分公司）统称仪征化纤，位于江苏省仪征市，占地 10 平方千米。前身为仪征化纤工业联合公司，1978 年筹建，1981 年设立，1993 年进行股份制改组，分为上市部分（仪征化纤股份有限公司）和非上市部分（仪化集团公司）。1997 年加入东联集团，1998

年整体加入集团公司。2000 年，仪征化纤股份有限公司更名为中国石化仪征化纤股份有限公司，成为中国石油化工股份有限公司的控股子公司。2006 年，仪化集团公司进行体制转换，更名为中国石化集团资产经营管理有限公司仪征分公司。2014 年，中国石化仪征化纤股份有限公司进行重大资产重组，成为中国石油化工股份公司的全资子公司。2015 年 4 月，更名为中国石化仪征化纤有限责任公司。

仪化有限公司主要从事聚酯、涤纶纤维和特种纤维的生产及销售，并配套生产聚酯原料精对苯二甲酸（PTA）。截至 2018 年底，拥有 2 套 PTA 装置，产能 100 万吨 / 年；17 条聚酯生产线、5 条瓶级切片生产线、36 条涤纶短纤维生产线，合计聚酯聚合产能 230 万吨 / 年；4 套高性能聚乙烯纤维干法纺丝装置，产能 3 300 吨 / 年；1 套对位芳纶试验装置和 1 套对位芳纶生产装置，产能 1 100 吨 / 年；1 套 1,4- 丁二醇（BDO）装置，产能 10 万吨 / 年。

仪征资产分公司下属 3 个生产单位和离退休管理中心。PBT 部主要产品为工程塑料（PBT），产能 9.5 万吨 / 年；仪化东丽聚酯薄膜有限公司是仪征资产分公司与日本东丽公司各以 50% 股权合资设立，主要产品为聚酯薄膜，产能 4.5 万吨 / 年；仪化博纳织物有限公司是仪征资产分公司与英国博纳公司以 40%∶60% 股权设立，主要产品为聚丙烯织物和人造草坪纱，产能 9 500 万米^2/ 年。

仪征化纤实行一体化管理，下设 16 个二级单位（含 2 个合资企业）、3 个直属机构、13 个机关职能部门。截至 2018 年底，有在岗正式职工 6 187 人，其中管理技术人员 1 311 人、技能操作人员 4 876 人。

仪征化纤主要技术经济指标及主要产品产量分别见表 1 和表 2。

（黄　斌）

【领导班子调整】 2018 年 1 月 9 日，集团公司党组发文决定：万涛任中共中国石化仪征化纤有限责任公司委员会书记；免去卢立勇的中共中国石化仪征化纤有限责任公司委员会书记、常委、委员职务，任正局级调研员。股份公司发文决定：万涛任仪征化纤有限责任公司执行董事（仍任总经理）；卢立勇不再担任仪征化纤有限责任公司执行董事职务。

（黄　斌）

【生产经营再创佳绩】 2018 年，仪征化纤落实集团公司各项决策部署，坚持稳中求进，观大势、谋全局、干实事、抓落实，迎难而上、奋勇拼搏，取得好于预期的经营业绩，巩固了扭亏增盈的向好势头。全年仪化有限公司实现营业收入 180.12 亿元，在消化资产减值 2.9 亿元的基础上，盈利 1.01 亿元；仪征资产分公司实现营业收入 9.77 亿元，实现扭亏为盈，甩掉连续多年亏损的“帽子”。仪征化纤连续 2 年被集团公司授予炼化企业创效进步优胜单位。

（黄　斌）

【创效能力持续提升】 2018 年，仪征化纤大力开拓市场，坚持低库存运作，密切产销研用结合，推进精准营销，努力增产多销有市场、有效益的产品，在克服减煤限产、环保硬约束等不利因素下，聚酯产品销量增加 1.58 万吨，产品价格普遍高于市场均价。紧贴市场组织生产经营，高纤、PBT、MAH 产品销量增加 2.35 万吨。主动应对市场变化，抢抓 PTA、瓶片等市场有利时机，积极发挥装置柔性化优势，动态优化调整装置负荷和产品结构，累计增效 2.6 亿元。发挥一体化优势，优化供应渠道和原料结构，有效降低采购成本。持续开展全员成本目标管理，加大费用管控和考核力度，全年挖潜增效 1.03 亿元，主要成本费用指标均控制在预算范围内。

（黄　斌）

【确立新时代发展方位】 2018 年，仪征化纤主动融入集团公司“两个三年、两个十年”战略部署，立足于打造“百年老店”，紧扣更好满足人民群众个性化、多样化、高品质需求，完善公司发展定位和发展规划，明确“做强高端、做大优势、改善常规、淘汰落后”的发展思路，提出在确保整体持续盈利的基础上，到 2023 年把仪征化纤建设成为国内领先、世界一流的科技创新型、生产服务型新材料专业公司，迈向高质量发展阶段。

（黄　斌）

【10万吨/年差别化涤纶短纤维项目成功开车】 2017年3月，为满足市场对环保型水刺、有光缝纫线等高附加值短纤产品需求，优化产品结构，进一步巩固行业领先地位，仪征化纤利用聚酯富余产能和闲置厂房设施，依托40年建设和发展形成的聚酯短纤、差别化纤维技术和质量优势，启动10万吨/年差别化涤纶短纤维项目建设。2018年5—7月，该项目4条生产线相继投料开车一次成功，其中37K–38K创造了仪征化纤短纤项目建设史上打通前纺流程用时最短、堵孔最少的好成绩。

（黄　斌）

【第4套高纤装置投料开车一次成功】 2017年9月，仪征化纤利用中国石化自有技术，开工建设第4套1 000吨/年干法纺丝高纤装置，项目总投资2.14亿元。2018年11月13日，该项目一次开车成功。项目建成后，仪征化纤公司形成3 300吨/年高纤生产能力，综合竞争力处于国内领先水平。

（黄　斌）

【热电脱硫超低排放完成改造】 仪征化纤为履行好国有企业社会责任，持续推进“碧水蓝天”建设，投资近7 000万元，对热电部4个脱硫塔逐一实施烟气超低排放升级改造。2018年4月28日，随着2#脱硫塔正式试投运，标志着历时19个月的超低排放升级改造项目全面完成。改造后的脱硫设施可有效确保排放烟气中的烟尘、二氧化硫、氮氧化物浓度达到国家环保排放要求。

（黄　斌）

【安全形势持续向好】 2018年，仪征化纤坚持党政同责、一岗双责，逐级分解落实安全生产责任制，统筹推进安全生产长效机制建设和管理提升工作，强化领导干部引领力，实施安全考核与上岗晋级挂钩，常态化开展监督检查，积极推进安全风险分级管控和隐患排查治理，严抓承包商和直接作业环节管理，通过全国二级安全生产企业复审，全年未发生上报事故，在集团公司HSSE大检查中的排名大幅上升，扭转了安全生产的被动局面。

（黄　斌）

【环保水平有效提升】 2018年，仪征化纤全面启动绿色企业行动计划，强化源头减排、末端治理，开展环保问题大排查大整治，投入3.33亿元，实施VOCs治理、干煤棚封闭改造等24个环保隐患治理项目，全年COD、氨氮等主要污染物指标全部达标排放，危险废弃物100%合规处置。

（黄　斌）

【节能减排创效突出】 2018年，仪征化纤首次实施节能量交易，创效13万元。完成9项“能效倍增”计划，投资2 682万元，年节约标煤1.02万吨，年创效益1 000多万元。主要生产装置运行平稳率进一步提升，排废减少614吨。

（黄　斌）

【科技创新成果丰硕】 2018年，仪征化纤持续完善创新机制，修订《科技成果转化及新产品开发提成奖励细则》，评选科技进步奖76项，奖励470万元，调动了科研人员的积极性。加大新产品开发力度，耐候性切片实现工业化生产，亚光膜用母粒成功开发，阻燃产品技术日趋成熟，车用高品质吸音棉专用料开发取得积极进展。全年完成研发一代新产品17个，累计产量1.2万吨，生产和储备一代产品15.3万吨，累计增效9 400多万元。原液着色聚酯纤维、绿色环保聚酯实现工业化生产，低熔点、阳离子、复合纤维等生产技术成功开发。主持或参与30项国标、行标的起草和修订，完成专利申请31件，获授权10件。

（黄　斌）

【“两化”融合成效显著】 2018年，仪征化纤持续深化信息化成果应用，着力提升应用能力和水平，成功通过工业和信息化部管理体系认证，LIMS、MES等系统运行全面提升，高纤锭位管理、工艺管理等系统开发运行，短纤产品捆包自动化、头尾丝检测等技术有效应用。开展互联网应用安全专项治理行动，提高了信息系统运行保障和安全防护能力。

（黄　斌）

【纤维新品获新殊荣】 2018年3月14日，在中国纤维流行趋势发布会上，仪征化纤怡然新型生态催化聚酯纤维获中国纤维流行趋势2018/2019发布纤维奖，中空阻燃聚酯纤维、光谱蓄热纤维获入围纤维奖。已连续4年参加中国纤维流行趋势评选，累计有4个产品获发布纤维奖。

（黄 斌）

【“两事件”入选中国纺织服装改革开放40年标志性事件】 2018年10月，在中国纺织工业联合会评选的中国纺织服装改革开放40年标志性事件评选中，“江苏仪征化纤一期工程发行外债建大企业”和“年产1.5万吨大型涤纶短纤维成套设备研制成功”同时入选。

（黄 斌）

【2项成果获“纺织之光”科学技术奖】 2018年12月5日，“纺织之光”2018年度中国纺织工业联合会科技教育奖励大会在人民大会堂隆重举行。仪征化纤“超仿棉聚酯纤维及其纺织品产业化技术开发”“纤维级聚酯切片国家标准样品复制”2项成果分获中国纺织工业联合会科学技术一等奖、三等奖。

（黄 斌）

【“三项制度”改革稳步推进】 2018年，仪征化纤“三项制度”改革实施方案及配套制度相继出台，明确了阶段性目标和措施。基本完成“三定”机构优化目标，全年用工总量减少448人，劳动生产率提升16.8%。在PTA部、BDO部、PBT部和瓶片部推行一级管理，内部机构更加精简高效。

（黄 斌）

【改革举措落地见效】 2018年，仪征化纤在分析检验业务推行计件工作、业务承包、市场化收费等内部市场化改革措施，建立与分析检验特点相契合的价值量评价和薪酬分配体系，推动人员、岗位整合，优化生产组织和检验频次，分析检验中心技能操作岗位从9个压缩至5个，人员减少21人，人均完成价值量、人力资源利用效率显著提高。

（黄 斌）

【医保移交平稳有序】 2018年5月1日，仪征化纤职工基本医疗保险正式移交至仪征市统筹管理，移交全程实现平稳过渡有序移交。

（黄 斌）

【“四供一业”移交全面完成】 2018年10月，仪征化纤顺利完成供水、供电、供气、物业及14个办社会职能的分离移交正式协议签订，提前2个月完成集团公司下达的“四供一业”分离移交任务。

（黄 斌）

【党建工作质量持续提升】 2018年，仪征化纤党委坚持以习近平新时代中国特色社会主义思想武装头脑、指导实践，党的十九大精神轮训实现全覆盖，广大党员干部“四个意识”更加牢固、“四个自信”更加坚定、“两个维护”更加坚决。严格落实党建工作责任制，细化“一岗双责”责任清单，开展党组织书记抓党建述职评议和全覆盖党建考核，压实党建工作责任。加强领导班子和干部队伍建设，探索竞争性选拔，选人用人满意度进一步提高。大力提升基层组织力，实施基层党支部书记集中轮训和考核上岗，支部达标考核和分类定级不断深化，党员先锋工程蓬勃开展，支部堡垒进一步筑牢。狠抓党风廉洁建设和反腐败工作，完善监督委员会运行机制，突出重大决策部署的监督检查和巡察，加强纪律审查，开展作风问题专项治理，保持反腐败高压态势，信访举报下降73%。加强宣传思想文化工作，开展以转变观念为重点的形势任务教育，组织庆祝建厂40周年系列活动，精心讲述仪化奋进故事，立体传播仪化好声音，干事创业的正能量更加充沛。全心全意依靠职工群众办企业，劳动竞赛、劳模（技师）工作室以及“双十百佳”等群众性创新项目成效斐然，“一团一品”等青字号活动精彩纷呈，激发广大职工建功立业的积极性和创造性。真诚关爱职工，为倒班职工免费送夜餐，投入专项资金改善工作环境，认真落实“九大帮扶”措施，把组织温暖送到职工心坎上。广大职工幸福感获得感进一步增强，问卷调查显示，职工满意度提升21个百分点。持续开展“公众开放日”活动，树立了公司良好形象。

（黄 斌）

【滕官洋获中国纺织大工匠称号】 2018 年 10 月 10 日，在吉林省吉林市召开的全国纺织行业党建工作经验交流会、第 2 批“中国纺织大工匠”命名暨先进事迹推介大会上，仪征化纤短纤部一装置高级技师滕官洋获中国纺织大工匠称号。1985 年入厂以来，腾官洋刻苦钻研，努力工作，成为解决现场问题和产品开发的行家里手。先后获中国石化创先争优优秀共产党员称号和江苏省五一劳动奖章。2016 年以来创新创效 2 883.3 万元。

（黄 斌）

中国纺织大工匠——滕官洋 （刘宝福 摄）

【首获江苏省党支部书记工作室示范点称号】 2018 年 1 月 29 日，江苏省委授予仪征化纤短纤部五装置党支部书记工作室为江苏省党支部书记工作室示范点称号。也是仪征化纤首次获此殊荣。

（黄 斌）

【入选央视《我们一起走过——致敬改革开放 40 周年》专题片】 2018 年 12 月 5 日晚，由中共中央宣传部、中央广播电视总台联合制作的 18 集大型电视纪录片《我们一起走过——致敬改革开放 40 周年》第 7 集《我们的生活充满阳光》在央视综合频道播出，这集电视片用时超过 5 分钟集中介绍了仪征化纤 40 年改革发展的不平凡历程。

（黄 斌）

【入选国家“伟大的变革——庆祝改革开放 40 周年”大型展览】 2018 年 11 月 18 日，仪征化纤职工刘玉福拍摄的反映超高分子量聚乙烯纤维生产线的摄影作品，成功入选国家“伟大的变革——庆祝改革开放 40 周年”大型展览。

（黄 斌）

超高分子量聚乙烯纤维生产线 （刘宝福 摄）

【江苏卫视新闻栏目专题报道仪征化纤】 2018 年 11 月 10 日，江苏卫视《江苏新时空》栏目头条播出的题为《仪征化纤：在改革中重焕生机》专题片，回顾了仪征化纤从 20 世纪 80 年代，承载解决老百姓“穿衣难”的历史使命，开创“借债建厂、负债经营”的先河，到 90 年代，强化技术创新，打破国外技术垄断，实现装置国产化，再到 2000 年以来，深化结构调整，创新体制机制，加快产品结构调整，着力降本增效，经受住了历史新考验，开启了高质量发展新征程。

（黄 斌）

【开展庆祝改革开放 40 周年暨公司建厂 40 周年“六个一”系列活动】 2018 年，为庆祝改革开放 40 周年和仪征化纤建厂 40 周年，仪征化纤党委先后开展青年员工演讲活动、建厂 40 周年座谈会和员工收藏书画展、“万众一心、你我同行”健步走活动、庆祝改革开放 40 周年暨仪征化纤建厂 40 周年文艺汇演及“我与仪化 40 年”征文“六个一”系列活动，总结仪征化纤 40 年与改革开放同呼吸、共命运，从无到有、从小到大、从弱到强不断壮大成长的过程，提炼仪征化纤 40 年来凝聚的企业精神和作风，激励广大干部员工坚守“爱我中华、振兴石化”“为美好生活加油”“为美好生活添彩”的初心和使命，振奋精神，砥砺奋进，在新时代推进仪征化纤更高质量、更好发展。

（黄　斌）

表 1　　仪征化纤主要技术经济指标　　亿元

指标名称 \ 年份	2018	2017	2016	2015	2014	2013
工业总产值						
仪化有限公司	175.46	152.77	125.61	122.26	153.48	176.86
仪征资产分公司	9.50	8.88	7.72	6.86	5.98	18.79
工业增加值						
仪化有限公司	22.13	19.30	14.98	11.00	6.05	5.67
仪征资产分公司	1.70	1.02	0.44	0.17	−0.21	0.59
资产总计						
仪化有限公司	80.41	83.03	82.73	79.50	91.87	104.71
仪征资产分公司	11.99	13.14	11.82	12.19	12.20	16.76
流动资产						
仪化有限公司	22.05	26.76	27.84	23.48	33.03	41.62
仪征资产分公司	2.44	3.28	1.91	2.26	2.63	5.23
固定资产原值						
仪化有限公司	154.99	151.68	151.05	153.99	151.62	140.45
仪征资产分公司	10.15	12.82	16.81	16.73	16.08	15.61
固定资产净值						
仪化有限公司	47.03	33.17	35.47	36.78	38.57	39.64
仪征资产分公司	6.21	8.23	9.98	9.97	9.59	9.54
销售收入						
仪化有限公司	180.12	157.57	130.17	123.17	154.87	176.77
仪征资产分公司	9.77	9.13	6.83	7.06	6.23	18.94
实现利税						
仪化有限公司	4.67	4.03	−2.31	−4.37	−20.31	−11.78
仪征资产分公司	1.41	−0.87	−0.87	−1.22	−1.92	−1.62

续表

指标名称 \ 年份	2018	2017	2016	2015	2014	2013
税　金						
仪化有限公司	3.66	3.97	3.55	2.83	1.93	0.38
仪征资产分公司	0.34	0.27	0.24	0.21	0.24	0.17
综合能耗 / 吨标煤・万元 $^{-1}$						
仪化有限公司	0.89	0.92	0.98	0.94	0.97	1.03
仪征资产分公司	0.10	0.11	0.11	0.11	0.12	0.12

表 2　　仪征化纤主要产品产量　　万吨

产品名称 \ 年份	2018	2017	2016	2015	2014	2013
涤　纶	238.08	235.43	236.61	229.46	232.14	254.00
聚酯切片	126.18	125.80	126.78	118.47	116.66	118.43
瓶级切片	34.36	33.17	34.94	35.94	37.98	54.87
涤纶短纤维	70.09	68.93	74.89	75.05	75.09	70.73
中空纤维	7.45	7.52	7.14	6.78	7.34	7.12
涤纶长丝	—	—	—	—	1.39	6.59
加弹丝	—	—	—	—	1.02	3.38
高　纤	0.23	0.23	0.17	0.11	0.12	0.10
顺酐（MAH）	12.52	10.09	6.05			
PTA	86.91	94.31	102.48	94.00	101.51	105.82
PBT 树脂	9.41	9.14	8.60	8.39	5.69	5.94
四氢呋喃	0.60	0.59	0.64	0.65	0.52	0.56

南化公司

【概况】 中国石化集团南京化学工业有限公司（简称南化公司）坐落于江苏省南京市六合区，占地面积 3.79 平方千米，由原南化公司与南京化工厂于 2005 年 5 月重组成立。原南化公司的前身是近代著名爱国实业家范旭东先生于 1934 年创办的永利化学工业公司铔厂。南京化工厂的前身是始建于 1947 年的国民政府资源委员会中央化工厂筹备处京厂。原南化公司、南京化工厂分别于 1998 年、1999 年进入集团公司。2005 年，两个企业合并后，南京化工厂整体搬迁到江北南化公司厂区内，原厂 2007 年停产拆除。

南化公司是国内无机化工、有机化工、精细

化工的生产基地。主要产品有三大系列：一是以煤、盐、硫黄为原料的无机化工产品，年产量分别为合成氨 30 万吨、氢气 9 万吨、硫酸 50 万吨、稀硝酸 37.5 万吨、浓硝酸 22 万吨、烧碱 10 万吨；二是以苯为原料的有机化工产品，年产量分别为苯胺 25 万吨、硝基苯 35 万吨、环己酮 16 万吨、氯化苯 12 万吨、硝基氯苯 15 万吨、环己胺 6 500 吨、己内酰胺 40 万吨（合资）；三是以橡胶助剂为主体的精细化工产品，年产量分别为 RT 培司 3 万吨、防老剂 TMQ 3 万吨、防老剂 6PPD/4010NA 3 万吨、表面活性剂 2 000 吨。

南化公司还是国内石油化工、精细化工科研与设备制造基地。有以气体净化、铜系催化剂研发为主的化工研究院；有以石油化工压力容器制造为主，被集团公司定位为中国石化大型非标设备制造基地的化工机械厂。

南化公司化工主业实行公司—运行部二级管理，下设 4 个生产运行部（煤化工、苯化工、橡胶化学品、油田化学品）、3 个辅助生产运行部（检验、检维修、动力）、2 个业务中心（销售、物装）及 1 个业务运行部（储运）。非化工主业实行分、子公司管理，下设化工机械厂 1 个分公司和研究院 1 个子公司。合资企业有南京福邦特东方化工有限公司，生产己内酰胺，外方控股，南化公司持有股权 36.09%。托管集体企业江苏永大实业公司。

截至 2018 年底，南化公司有资产总额 55.53 亿元；在职员工 6 755 人，其中在岗员工 4 389 人、不在岗员工 2 366 人；离退休人员 17 748 人；二级党委（直属党总支）17 个，基层党支部 172 个；有党员总数 5 341 人，其中在职党员 1 867 人、离退休党员 3 474 人。

南化公司主要技术经济指标及主要产品产量分别见表 1 和表 2。

（耿汉学）

【实现“三步走”战略第一步目标】 2018 年，南化公司按时完成国务院国资委下达的扭亏脱困专项治理目标，首次实现自由现金流为正，基本实现公司“三步走”发展战略第一步目标。

（耿汉学）

【部分关键装置运行水平创新高】 2018 年，南化公司 TMQ 和苯胺出口创新高；销售中心、苯化工部、橡胶化学品部和研究院 4 个单位经营创效超过预算目标；化机公司在减亏同时，全年经营订单创近年来新高；非计划停工下降 60%；制氢系统气化 C 炉连续运行 173 天、合成氨系统气化 A 炉连续运行 74 天，均创历史最好纪录；动力部锅炉系统实现全年稳定运行，创年度运行纪录。

（耿汉学）

【安全环保工作取得新突破】 2018 年，南化公司以安全为突破口，抓实“三基”工作，连续第 4 年实现安全生产无事故，获集团公司安全生产先进单位称号。开展污染防治攻坚战和绿色企业创建行动，环境行为等级评价巩固“蓝牌”等级。锅炉氨法脱硫超洁净排放项目按期一次烟气接入成功并顺利运行，各项指标、消耗等数据在行业内均处于领先地位。

（耿汉学）

【制氢系统大修后实现一次开车成功】 2018 年 3 月 31 日，南化公司邀请青岛安全工程研究院作为第三方现场安全指导和监督，对煤化工部制氢系统进行大修。大修项目总共 258 项，42 家施工单位共投入劳动力 24 330 人次，实现安全检修 28 天共 194 640 工时，达到安全、环保、优质、高效、节约、文明，一次开车成功的目标。

（耿汉学）

煤化工部制氢系统大修交出现场（王　稳　摄）

【启动污染防治攻坚战】 2018 年 6 月，南化公司正式启动打好污染防治攻坚战，以厂容厂貌专项整治为突破口，利用 2.5 年左右时间，在全公司范围内打一场水、气、声、渣、土壤等污染防治攻坚战，以彻底扭转公司环保工作的被动局面，赶上中国石化的发展步伐，使企业步入可持续的、绿色发展轨道。

（耿汉学）

【深化改革、转型发展取得新进展】 2018年，南化公司按时保质完成供水、供电、物业和有线电视网络等资产的分离移交任务，被集团公司评为推进“四供一业”阶段性工作先进集体。研究制订“三定”方案、深化人事劳动分配制度改革方案、完善人才成长通道建设实施方案、人才强企工程规划和行动方案，上报集团公司获批并启动实施。努力压减分支机构和法人数量，按节点注销4户，超额完成1户。进一步优化聚焦转型产业，形成转型产业发展总体方案上报集团公司。

（耿汉学）

【科研创新取得新成果】 2018年，南化公司完成专利申请160件，获授权专利67件，授权量创历史新高；获中国石化科技进步奖一等奖2项、三等奖3项。技改增效、合作开源齐发力，技改增效、技改项目竣工验收项目数均超额完成年度奋斗目标。

（耿汉学）

【文化遗产工作成效显著】 2018年2月，南化公司的前身永利铔厂入选中国科协评选的首批中国工业遗产保护名录。11月，工业和信息化部发布通告，南化公司前身永利化学工业公司铔厂获评第2批国家工业遗产。获中国石化公众开放日品牌活动示范单位授牌，全年共举办36次开放日，共计2 230人参与。

（耿汉学）

【获优秀测量管理体系认证企业】 经企业申请、质监（市场监管）部门审核、第三方机构现场评定、网上公示等流程，南化公司被省质监局认定为2018年度优秀测量管理体系认证（AAA）企业。

（耿汉学）

【深入学习习近平新时代中国特色社会主义思想】 2018年，南化公司举办学习贯彻习近平新时代中国特色社会主义思想和党的十九大精神培训班，组织公司中层领导、党支部书记共187人集中培训。推行公司党委班子成员所在党支部和挂钩的基层党支部打造为“双示范”党支部；从严开展党支部分类定级；组织58家党支部规范完成集中换届，并组织在职党支部书记和组织、宣传、纪检委员共361人集中轮训。举办“80后”基层管理干部“三强”能力提升班，努力培养一批政治坚强、本领高强、意志顽强的高素质专业化管理人才。

（耿汉学）

学习贯彻党的十九大精神培训班（裴　昱　摄）

【职工队伍保持良好气势】 2018年，南化公司分3个阶段深入开展“三个讲清楚”形势任务教育。领导班子带头研讨，贯穿全年开展以“解放思想对标找差”为主题的“转观念、勇担当、创效益”大讨论，“干好自己的事”的尽责文化氛围初步形成。

（耿汉学）

【多人次获上级荣誉】 2018年9月，南化公司苯化工部莫丽丽被中华全国总工会授予全国优秀工会工作者称号；五一前夕，安环处杨根山、苯化工部滕衍青、橡胶化学品部代秀洋、化机厂黄春林4人获南京市劳动模范称号；12月，南京化工研究院有限公司被授予中国石化先进集体称号，橡胶化学品部洪庆军、检维修部柏京江被授予中国石化劳动模范称号；南化公司被评为集团公司离退休工作先进单位。

（耿汉学）

【选树首届“南化工匠”】 2018年3月起，在基层选拔、推荐的基础上，南化公司对各位候选人从爱岗敬业、技能素质、作用发挥等方面进行评审，命名高申华、尹春荣、柏京江3名职工为首届“南化工匠”，授予孔庆广、吴志强、张国忠3

名职工“南化工匠”提名奖。

（耿汉学）

【开展第 9 届职工职业技能竞赛】 2018 年，南化公司组织 3 200 多人开展岗位练兵和技术培训。10 月 26—27 日，举办 10 个工种的技能竞赛，221 名选手参赛。各工种比赛第 1 名的 10 名选手获南化公司技术状元称号，其他获得名次的 41 名选手获南化公司技术能手称号，煤化工部化工操作一队等 3 个团队分别获一、二、三等奖。

（耿汉学）

第 9 届职工职业技能竞赛钳工比赛现场 （裴 昱 摄）

【南化研究院建院 60 周年】 2018 年，南化研究院开展建院 60 周年“六个一”活动。征集编辑一本企业文化故事集、征集编辑一本职工文艺作品集、编辑一本科技论文集、完成院史馆改造，配套制作一部形象宣传片、举办一场“不忘初心 牢记使命”为主题的歌咏比赛、举办一场庆祝建院 60 周年座谈会。

（耿汉学）

表 1 南化公司主要技术经济指标 亿元

指标名称 \ 年份	2018	2017	2016	2015	2014	2013
工业总产值	56.78	56.15	41.57	70.17	87.42	84.78
工业增加值	14.45	8.73	6.19	6.74	12.26	13.27
资产总计	55.55	59.43	61.81	61.15	97.57	99.62
流动资产	13.94	14.91	12.71	13.45	18.75	21.29
固定资产原值	112.99	114.81	113.94	111.18	125.03	101.71
固定资产净值	57.49	61.55	64.47	65.01	68.98	51.93
销售收入	61.20	58.34	48.13	52.33	87.44	83.94
实现利税	−1.12	−7.05	−5.67	−2.34	−6.34	−8.73
税 金	2.44	1.84	1.80	2.51	2.64	1.47
综合能耗 / 吨标煤 · 万元 $^{-1}$	2.12	2.10	2.17	2.01	2.12	2.09

表 2 南化公司主要产品产量 万吨

产品名称 \ 年份	2018	2017	2016	2015	2014	2013
硫 酸	33.85	40.65	40.60	43.89	41.80	37.12
浓硝酸	18.29	20.04	15.99	15.52	19.12	21.34

续表

年份 / 产品名称	2018	2017	2016	2015	2014	2013
稀硝酸	59.59	58.84	57.72	60.01	72.87	89.19
盐　酸	7.42	10.17	10.91	11.96	16.29	17.68
烧　碱	5.35	7.41	8.13	8.12	9.39	8.48
纯　碱	划转	划转	划转	109.05	112.69	98.92
氢　气	6.86	7.57	8.38	7.16	5.85	2.92
合成氨	22.58	24.68	29.88	25.38	19.29	22.73
硝酸铵	关停	关停	关停	3.16	8.75	13.07
NPK 复合肥	关停	关停	租赁	租赁	8.67	17.71
氯化苯	6.49	9.10	10.18	10.08	11.69	10.63
环己酮	14.99	14.20	15.13	14.02	11.36	5.33
苯　胺	19.77	20.81	13.29	13.94	22.24	25.33
环己胺	0.61	0.59	0.49	0.48	0.53	0.42
硝基苯	30.18	31.14	20.26	21.07	32.30	37.04
对硝基氯化苯	4.20	6.54	7.06	6.84	8.68	7.75
邻硝基氯化苯	2.28	3.51	3.88	3.66	4.72	4.19
RT 培司	1.12	1.08	0.63	0.76	0.87	0.58
防老剂 TMQ	3.05	3.01	3.00	3.01	3.02	2.98
防老剂 6PPD	1.49	1.47	0.84	0.91	1.07	0.85
防老剂 4010NA	0.10	0.06	0.05	0.16	0.15	0.16
化工设备制造	1.37	1.15	0.92	1.74	1.52	1.82

广州石化

【概况】 中国石油化工股份有限公司广州分公司（简称广州分公司）和中国石化集团资产经营管理有限公司广州分公司（简称广州资产分公司）统称广州石化，位于广东省广州市黄埔区石化路，占地面积 445 万平方米，其前身为始建于 1973 年 6 月 18 日的广州石油化工总厂，1983 年 11 月划归中国石油化工总公司。

广州石化拥有炼油、化工生产主要装置 56 套，24.9 万千瓦装机容量的自备热电站及惠州大亚湾 15 万吨级和 30 万吨级深水泊位原油码头各 1 个、80 万立方米首站原油罐区及完善的长输管道。原油综合加工能力 1 275 万吨 / 年、乙烯生产能力 22 万吨 / 年，石油化工产品共 130 种产品牌号，石油产品主要有汽油、煤油、柴油、航空煤油等 60

种，化工产品有聚乙烯、聚丙烯、聚苯乙烯 3 类共 70 种（其中固体产品 52 种，气液体 18 种）。

截至 2018 年底，广州石化设有 14 个管理部门、5 个职能中心、3 个专业中心、8 个作业部及代管 1 家公司。共有在册职工 4 451 人，其中具有正高级职称的 16 人、副高级职称 353 人、中级职称 717 人，专业技术人员 1 131 人，技能操作人员 2 829 人。

广州资产分公司主要经济指标见表 1，广州分公司主要技术经济指标和主要产品产量见表 2 和表 3。

（邓志伸）

【领导班子调整】 2018 年 6 月 13 日，集团公司党组在广州石化召开干部大会，对广州石化领导班子做出调整：陈尧焕任广州分公司总经理、党委副书记、常委，广州资产分公司总经理；免去陈坚广州分公司总经理、党委副书记、常委职务，广州资产分公司总经理，广州分公司调出另有任用。

（邓志伸）

【完成各项目标任务】 2018 年，广州石化克服国际原油持续宽幅震荡、国内炼油产能过剩加剧、成品油市场竞争激烈、加工量和成品油配置受限、化工市场结构性过剩和结构性短缺并存等复杂形势和不利因素影响，坚持稳中求进工作总基调，围绕“降成本、拓市场、调结构、抓改革、强基础”，统筹推进企业各项工作，圆满完成 2018 年各项目标任务。全年加工原油 1 261.37 万吨，生产乙烯 22.52 万吨，实现利润 41.06 亿元，超额完成总部下达指标。广州资产分公司首次全级次扭亏，全年盈利 830 万元。

（邓志伸）

【HSSE 工作显著进步】 2018 年，广州石化扎实开展“三查两严一记忆”和“两高一严一整改”活动，切实提高政治站位，深刻认识“安全环保是企业的生命线和职工的幸福线”，坚持高标准、严要求，把安全环保面临的压力层层传递到广大干部员工，全员安全环保意识得到提升。通过强化责任落实、工艺管理、设备管理、应急演练，确保生产总体平稳，连续 3 年没有发生上报集团公司安全生产事故。

（邓志伸）

【以党建促生产】 2018 年，广州石化党委围绕安全环保、效益和企业稳定大局，坚持“生产出题目，党建做保障”，精心研究运用党建资源和优势破解重点难点问题，开展“两高一严一整改”大学习大讨论大整改活动，以及一系列旨在促进安全环保的党建工作，包括“抓安全、守纪律、做表率”“六个大抓严抓”“三查两严一记忆”“美丽厂区、美丽石化”“厕所革命”“美化更衣室”“职业健康大行动”、安全环保项目管理专项监察等，取得成效，推进安全环保管理、生产经营优化和队伍素质提升。

（邓志伸）

【维稳工作】 2018 年，广州石化党委聚焦企业改革发展和谐稳定，抓实“解决小诉求、凝聚大力量”工作，推进维稳工作从“救火”向“防火”转变，实现“零进京”“零上访”目标，发挥党委把方向、管大局、保落实的作用，得到党组的充分肯定。

（邓志伸）

【欧Ⅴ汽油持续供应香港市场】 2018 年 8 月 12 日下午，广州石化首批 4 500 吨符合欧Ⅴ排放标准的 98# 无铅汽油通过油轮运往香港，中国石化首次实现可持续向香港市场提供汽油，结束了中国石化在香港 47 家油（气）站无内地生产的符合欧Ⅴ排放标准 98# 汽油销售的历史，对进一步加大汽油出口，拓宽高标号油品市场具有积极意义。

（邓志伸）

中国石化欧Ⅴ汽油首次实现可持续供应香港市场（黄敏清 摄）

【启动绿色企业行动计划】 2018年，广州石化启动绿色企业行动计划。积极谋划研究炼油总流程优化，提出“原料清洁化、生产过程清洁化、产品清洁化、关停部分老旧装置”的思路，助力绿色企业建设，取得预期效果。全力推动安全环保隐患治理、优化节能项目，提高企业发展质量。强化源头减排、过程管控和末端治理，持续提升清洁生产水平。全年没有发生重、特大环境事件，二氧化硫、氮氧化物、COD和氨氮累计排放分别下降44.67%、22.16%、23.84%和57.18%。群众投诉事件持续下降，企地和谐共处的良好局面进一步巩固。在2018年地方政府环保信用评级中，广州石化顺利摘掉“黄牌”，获“蓝牌”，并获广东省资源综合利用企业、广州市清洁生产企业、中国石油和化学工业联合会重点耗能产品能效“领跑者”标杆企业称号。

（邓志伸）

【推进环保装置改造建设】 新建硫黄回收系统环保治理项目基础设计获批复并正在实施；炼油污水提标改造项目和炼油清污分流项目进入实施阶段，其中污水提标改造项目于6月建成投用；化工危险废物临时贮存场、焦化三装置增设密闭除焦系统改造、炼油污水装置外排管线改造、原油在线优化调和等项目前期工作得到推进。开展5个重点项目的后评价工作，其中20万吨/年高性能聚丙烯项目独立后评价通过总部验收。

（邓志伸）

【原油码头接卸输送原油突破2亿吨】 2018年8月8日，广州石化华德公司实现油轮安全环保靠泊1 535艘，原油接卸量突破2亿吨；8月29日，原油输送量突破2亿吨，为广州石化持续健康发展提供保障，为大亚湾乃至惠州的经济发展做出突出贡献，标志着华德公司在全力打造储运行业原油码头标杆的道路上又迈进了一步。

8月8日，广州石化惠州码头原油接卸量突破2亿吨（邓志伸 摄）

（邓志伸）

【落实企业公众开放日工作】 2018年，广州石化精心策划、高标准、高质量落实企业公众开放日工作，先后组织“走进粤港澳大湾区绿色发展新时代”大型采访团及多家媒体和社会公众12批次447人走进广州石化参加开放日活动，企业勇于承担社会责任、自觉接受社会监督的诚意和胸襟，得到各方的好评，营造了良好外部舆论环境。

（邓志伸）

【开展解决小诉求工作】 2018年，广州石化创新开展“解决小诉求，凝聚大力量”工作，打造“有困难找工会”的升级版，提升职工的获得感、幸福感和安全感，打造有温度的企业。2018年共收到职工提出的诉求2 254项，其中已解决2 111项、正在办理143项。该项工作在全省工业工会系统得到全面推广，成为省总工会示范点，得到职工一致好评，并得到全总、省总高度肯定。7月19日，广东省工业系统“解决小诉求 凝聚大力量”现场推进会在广州石化举行。

（邓志伸）

【获得荣誉】 2018年，广州石化获广东省五一劳动奖状、全国模范劳动关系和谐企业、广东省诚信企业、中国石化网络安全先进单位等称号，连续3年被评为集团公司安全生产先进单位，连续2年被评为集团公司环境保护先进单位；广州分公司消防队被评为集团公司优秀应急消防队。

（邓志伸）

【完成“三供一业”移交任务】 截至2018年12月31日，广州石化分别按照与广州市自来水公司、科学城（广州）园区投资运营发展有限公司、大沙街道办事处、文冲街道办事处、黄埔区教育局等接收方签订的移交协议和总部批复，完成全部居民供水、物业、企业办社会职能相关移交资产的无偿划转及国有权益核销工作，共划转资产 183 项，合计 6 214.36 万元，其中实物资产 1 447.36 万元、维修改造资金 4 767 万元，标志着广州石化 2018 年“三供一业”及企业办社会职能移交工作顺利完成。

（邓志伸）

【内部深化改革稳步推进】 2018 年，广州石化深化企业改革，精简组织机构，直属单位从 34 个减少到 30 个。以生产作业部“区域化”管理为突破口，在公用工程部率先试行“区域化”管理。深化“三项制度”改革，重点突出“三能”机制的建设和完善，制订《广州石化深化人事劳动分配制度改革实施方案》和《广州石化人才强企工程行动方案》，持续深化薪酬制度、劳动用工和干部人事制度改革，建立“业绩论英雄，收入凭贡献”的激励机制，让职工发展有通道、成长有空间。坚持从严管理和关心关爱相结合，平稳有序做好退出现职领导人员的安排。实施明珠宾馆改善经营方案，推进广州资产分公司全级次扭亏取得初步成效。完成职工上下班交通车、工间事项等方案。

（邓志伸）

【优化创效 3.32 亿元】 2018 年，广州石化牢牢把握创效有利时机，在原油加工边际效益明显的情况下，以效益为导向，积极争取总部支持，做大原油加工量和化工烯烃总量，抓住系统内镇海、茂名等企业检修机会，多争取配置计划，努力实现增产增效。通过抓好原料采购优化、生产运行优化、产品结构优化，炼油各项达标指标全部完成总部考核指标，化工专业除裂解高附能耗外其余主要技术经济指标均完成计划。年内，柴油、汽油出厂实现国Ⅵ标准，产品出厂质量检验合格率达 100%。全年累计实施优化项目 109 项，创效 3.32 亿元。新产品加专用料创效约 1.24 亿元。

（邓志伸）

【信息化深化应用取得新成效】 2018 年，广州石化信息化和工业化深度融合，信息化深化应用在计划执行、生产运行、安全环保风险管控、设备运行、成本管理等专业管理方面均取得新成效，管控水平得到持续提升，全年 APC 控制器投用率 99.85%，装置自控率稳定在 95% 以上，装置平稳率稳定在 90% 以上。按照“去存量、控增量、提质量”的原则，加大信息资源优化与整合，合同履约消除重复审批，“五源”通知单管理消除数据冗余，信息孤岛治理初见成效。以信息 HSSE“十大风险源”管控为抓手，落实网络安全主体责任，提升动态管控能力，网络安全实现“零事故”。

（邓志伸）

【科技工作成果显著】 2018 年，广州石化重视科研和新产品开发工作，推动创新成果转化。“炼化企业胺液系统及酸性水汽提节能与长周期高效运行技术”项目通过总部技术鉴定。“S-Zorb 催化汽油吸附脱硫装置专用高通量金属粉末滤芯”项目通过国家科技成果评价。“高抗冲聚苯乙烯聚合过程相转变调控技术及应用”等一批项目分别在中国石化、广东省、中国石油和化学工业联合会获奖。全年累计申请专利 10 件，其中发明专利 2 件；获国家知识产权局授权专利 6 件，其中发明专利 1 件。加强产销研结合，抓好新产品开发工作，先后开发高结晶嵌段共聚料 K7010 等 6 个新产品，创历史最高纪录，进一步拓宽产品结构，提高了企业核心竞争力。

（邓志伸）

【有效应对极端天气】 2018 年，广州石化有序有力有效应对台风“艾云尼”“山竹”等极端天气，确保安全平稳运行。尤其是 9 月 16 日登陆的“山竹”超强台风，中心风力达 14 级。严格执行干部值班和领导带班制度，各级领导班子成员靠前指挥，广大干部员工主动请战，从安全生产和环境保护 2 个方面积极应对，扎实做好安全环保生产和清污分流等工作，实现台风暴雨期间不发生人身伤害事故、不发生安全次生事故、不发生环境污染事故的“三个确保”目标。

（邓志伸）

【一批项目成功投用】 2018 年，广州石化共完成贮运部罐区隐患治理、炼油污水提标改造、炼油污水处理装置臭气隐患整改、化工区回收火炬气作可燃气等 36 项安全环保隐患治理项目，其中安全隐患治理项目 12 项、环保隐患治理项目 22 项。

（邓志伸）

表 1　广州资产分公司主要经济指标　亿元

指标名称＼年份	2018	2017	2016	2015	2014	2013
资产总计	5.91	6.15	6.22	5.84	5.70	5.64
流动资产	1.00	1.09	1.10	0.85	0.70	0.60
固定资产原值	6.69	6.80	6.56	6.50	6.40	6.51
固定资产净值	4.55	4.76	4.65	4.54	4.60	4.70
主营业务收入	5.29	4.65	4.23	4.73	6.00	4.91
实现利税	0.23	0.07	−0.0024	0.07	0.10	0.06
税　金	0.15	0.31	0.29	0.33	0.40	0.35

表 2　广州分公司主要技术经济指标　亿元

指标名称＼年份	2018	2017	2016	2015	2014	2013
原油加工量 / 万吨	1 261.37	1 173.81	1 223.64	1 210.00	1 261.20	1 171.60
工业总产值	636.02	486.50	425.54	470.12	653.00	656.52
工业增加值	211.82	207.15	197.86	191.42	121.00	122.94
资产总计	188.81	246.15	223.24	152.19	142.55	194.44
流动资产	118.85	171.13	145.01	69.58	54.55	102.46
固定资产原值	221.83	218.50	216.36	207.03	207.22	204.50
固定资产净值	56.95	61.69	69.35	66.61	74.08	77.18
主营业务收入	628.99	478.23	428.80	460.89	649.29	652.51
实现利税	243.15	219.62	213.08	207.31	183.96	187.77
税　金	202.96	177.86	177.46	184.99	186.66	180.48
综合能耗 / 吨标煤・万元 $^{-1}$	0.39	0.41	0.39	0.42	0.42	0.46

表 3　广州分公司主要产品产量　万吨

产品名称＼年份	2018	2017	2016	2015	2014	2013
汽　油	303.56	252.24	260.22	249.02	240.50	213.55
煤　油	197.32	176.81	179.85	177.65	167.57	128.55

续表

产品名称 \ 年份	2018	2017	2016	2015	2014	2013
柴 油	363.60	352.76	378.50	372.77	427.88	411.15
液化气	55.53	49.47	49.88	53.00	51.51	51.03
沥 青	64.06	54.95	62.61	61.92	47.55	52.73
石油焦	86.53	86.05	92.20	89.85	97.90	87.23
乙 烯	22.52	22.61	22.13	20.16	22.21	22.50
聚乙烯	19.52	19.69	20.95	19.44	21.58	22.21
聚丙烯	37.76	33.37	21.44	20.05	21.56	22.19
聚苯乙烯	6.61	6.46	5.66	6.06	6.91	6.35

注：2018 年起燃料油不再纳入统计

洛阳石化

【概况】 中国石油化工股份有限公司洛阳分公司（简称洛阳分公司）和中国石化集团资产经营管理有限公司洛阳石化分公司（简称洛阳资产分公司）统称洛阳石化，是股份公司直属的油、化、纤一体化石油化工企业。

洛阳分公司前身是国家第 5 个“五年计划”期间批准建设的单系列 500 万吨 / 年燃料型炼油厂，1978 年动工建设，1993 年建成 500 万吨 / 年炼油工程，2000 年建成 20 万吨 / 年化纤工程，2010 年形成 800 万吨 / 年炼油能力。经过 30 多年的建设，依托炼油发展化工，逐步从单纯燃料型炼厂发展成为炼化一体化企业。

洛阳分公司炼油板块有 800 万吨 / 年常减压、140 万吨 / 年重油催化裂化（2 套）、70 万吨 / 年连续催化重整、220 万吨 / 年蜡油加氢、140 万吨 / 年延迟焦化、80 万吨 / 年溶剂脱沥青、260 万吨 / 年柴油加氢、100 万吨 / 年催化柴油加氢、80 万吨 / 年航煤加氢、65 万吨 / 年气体分馏、150 万吨 / 年催化汽油吸附脱硫（S-Zorb）等生产装置及配套公用工程和环保设施。化工板块主要有 26 万吨 / 年芳烃抽提、24.5 万吨 / 年对二甲苯（PX）、32.5 万吨 / 年精对苯二甲酸（PTA）、20 万吨 / 年聚酯（PET）、10 万吨 / 年短纤维装置、9 万吨 / 年长丝装置（2014 年关停）、14 万吨 / 年聚丙烯装置和 9 万吨 / 年聚丙烯装置（2014 年关停）。主要产品有汽油、柴油、航空煤油、轻燃料油、粗白油、石脑油、石油醚、液化气、道路沥青、工业硫黄、石油焦、聚丙烯、对二甲苯、精对苯二甲酸、涤纶短纤维等。

截至 2018 年底，洛阳分公司共设 13 个处室、6 个中心、9 个运行部；洛阳资产分公司下辖集体企业惠康物业管理公司和控股子公司自来水公司。洛阳分公司有合同制员工 3 190 人，合资公司有合同制员工 24 人，洛阳资产分公司有合同制员工 163 人；其中具有高级及以上职称的 269 人、中级职称的 540 人。

洛阳分公司主要技术经济指标及主要产品产量分别见表 1 和表 2。

（徐子晴）

【召开第七次党代会】 2018 年 10 月 23—24 日，中共中国石化洛阳分公司第七次代表大会召开。大会客观全面总结过去 5 年，特别是党的十八大以来，洛阳石化取得的巨大成就，分析了企业发展面临的形势和任务，提出了企业今后一个时期发展的指导思想和奋斗目标，动员全体干部职工把握时代大势，加快转型升级，为把洛阳石化建设成一流炼化企业而努力奋斗。会议审议并通过中共中国石化洛阳分公司第六届委员会工作报告、中共中国石化洛阳分公司纪律检查委员会工作报告，选举产生中共中国石化洛阳分公司第七届委员会、中共中国石化洛阳分公司纪律检查委员会。根据集团公司党组和洛阳市委意见，公司党委由常委制改为委员制。杜平安当选中共中国石化洛阳分公司第七届委员会书记，江寿林、韩超当选副书记，韩超当选中共中国石化洛阳分公司纪律检查委员会书记。中国共产党中国石油化工股份有限公司洛阳分公司第七届委员会委员（按姓氏笔画为序排名）：王鑫武、刘耀宇、江寿林、杜平安、李恩忠、张日勇、韩超。

（徐子晴）

【领导班子成员调整】 2018 年 4 月 24 日，股份公司聘任张日勇为洛阳分公司副总经理，聘期到 2021 年 5 月 15 日止。9 月 8 日，集团公司党组任命韩超为中共中国石化洛阳分公司委员会副书记兼纪律检查委员会书记，为中国石油化工股份有限公司洛阳分公司工会主席人选；原中共中国石化洛阳分公司委员会副书记、常委、委员、纪律检查委员会书记王治平调任中国石化华北石油管理局。12 月 21 日，股份公司聘任叶国庆为洛阳分公司副总经理，聘期到 2021 年 5 月 15 日止。调整后的领导班子由 8 人组成：总经理江寿林，党委书记杜平安，党委副书记、纪委书记韩超，副总经理王鑫武，总会计师李恩忠，副总经理刘耀宇，副总经理张日勇，副总经理叶国庆。

（徐子晴）

【盈利能力持续增强】 2018 年，洛阳石化实施燃料结构优化、芳烃柔性生产等 31 项挖潜增效措施，增效 2.86 亿元。加强设备管理及关键机组特护攻关，开展非计划停工专项治理，非计划停工和临时停工次数减少 39.13%。持续优化装置运行，高价值产品收率 86.36%，提高 0.59%；航煤收率 10.74%，提高 0.24%；重整生成油产量提高 5.7%。全年汽油、航煤、液化气、丙烯产量分别提高 7.2%、6.2%、10.3% 和 10.8%，柴汽比降低 0.08 个单位。

全年累计加工原料油 694.68 万吨，其中原油 621 万吨；实现营业收入 359 亿元、利税 92 亿元；在向销售板块让利 2.2 亿元、计提吉润公司股权债权减值 1.96 亿元的情况下，实现利润超 8 亿元（其中炼油 7.9 亿元、化工化纤 1 039 万元，洛阳资产分公司 634 万元），完成总部下达的考核指标。

（徐子晴）

【降本减费成效显著】 2018 年，洛阳分公司调整原油采购策略，优化接卸运输等环节组织，剔除塔河油因素后原油采购价格与总部平均价差缩小 11 元 / 吨，降本 9 473 万元。异辛烷、石脑油等外购原料采购降本 1 967 万元。优化 PSA 装置运行，充分挖掘自产氢能力，减少外购氢气，降本 475 万元。开展节能降损攻关，加强物料计量管理，炼油综合能耗、化工综合能耗、原油综合损失率均完成总部下达指标。强化招标采购，节约物资采购资金 1.36 亿元。优化资金管理，财务费用减少 3 782 万元。全年炼油单位完全费用 273 元 / 吨，化工吨产品费用 1 089 元，完成总部年度考核指标。

（徐子晴）

【炼油结构调整项目及外部配套项目建设】 洛阳分公司炼油结构调整项目总投资 45.25 亿元，主要以现有 800 万吨 / 年原油加工能力为依托，通过新建 260 万吨 / 年渣油加氢（含 8 万米^3（标准）/ 时氢提浓）、120 万吨 / 年连续重整（含 45 万吨 / 年芳烃抽提）、12 万吨 / 年乙苯、10 万吨 / 年硫黄回收装置和常减压、1# 催化、2# 催化、蜡油加氢航、煤加氢扩能改造及配套项目，将加工能力提升至 1 000 万吨 / 年，实现装置结构的优化调整和油品质量升级。

该项目可行性研究报告于 2017 年 7 月 14 日获得总部批复，项目总体设计于 2018 年 3 月 11 日获批，基础设计于 8 月 10 日获批。截至 2018 年底，项目完成 4 套新建装置和 5 套改造装置的设计和超长周期设备订货工作，完成安全和职业卫生、消防和环保“三同时”手续的审核、备案，正在进行基础施工。

项目外部配套工程为“两线一库”，即日照—濮阳—洛阳原油管道、洛阳—新郑机场航煤管道、原油商业储备库项目。截至2018年底，日照—濮阳—洛阳原油管道已焊接451千米，占全长的57%；原油商业储备库正在进行罐基础施工；洛阳－新郑国际机场航煤管道正在规划路由。

（徐子晴）

【20万吨/年烷基化装置开工建设】 该装置为国Ⅵ油品质量升级改造项目，采用国产硫酸法技术，年开工时间按8 400小时设计，操作弹性60%—110%。装置主要包含烷基化和废酸再生2个单元，其中烷基化单元包括原料处理和烷基化反应2个部分，项目总概算核定为3.87亿元。2017年4月18日，总部批复项目可行性研究报告。11月30日—12月1日，总部召开项目基础设计审查会。2018年3月28日，总部批复项目基础设计，进入基础施工阶段。

（徐子晴）

2018年10月31日，烷基化装置最大设备脱异丁烷塔吊装成功（王东亮　摄）

【完成“四供一业”及其他办社会职能分离移交工作】 2018年，洛阳石化按照国家和总部相关政策要求，稳妥推进“四供一业”及企业办社会职能分离移交工作。8月完成所有分离移交项目正式协议签订，全面完成总部下达的2018年分离移交工作目标。截至年底，全面完成供水、供电、供暖、物业、托幼教育、市政道路和排洪沟分离移交项目资产、业务和管理职能移交。

（徐子晴）

【人力资源优化配置】 2018年，洛阳分公司继续实行严把入口、放开出口、畅通退出渠道等措施，严控用工总量，较上年末减少用工369人，其中合同制员工净减少318人、业务外包用工净减少51人。通过将长丝9#线租赁、承揽哈萨克斯坦阿特劳炼油厂芳烃项目开工任务，盘活用工156人。抓住中科炼化项目建设等机会，向系统内其他单位输出133人。

（徐子晴）

【人才强企工程】 2018年，洛阳分公司制订《人才强企工程行动方案》，完善人才成长通道建设。开展首席技师、主任技师选聘工作，10名技师通过集团公司评审获高级技师职业资格。杨涛、郭建波被评为集团公司技能大师。持续完善干部管理制度，干部总量较上年底减少38人，压减比例达9.6%。强化重点人才培养培训和技能操作人员基本功训练，全年共举办领导干部培训班、专业技术研修班、技能操作人员“4+X”脱产轮训班106个，培训5 100人次。

（徐子晴）

【党建工作持续加强】 2018年，洛阳石化党委认真贯彻党的十九大精神和全国国有企业党的建设工作会议精神，狠抓党建质量提升和组织力提升。组织开展“转观念、勇担当、创效益”专题讨论和“凝心聚力、提质增效”主题教育活动，引领干部职工打好“三大攻坚战”，推动企业提质增效。以基层党支部建设“五四三”工作思路为统领，推行“三带三融合”，党建工作与中心工作实现深度融合。严肃党内政治生活，开展“4+X”主题党日活动，强化党员身份意识，激励党员发挥先锋模范作用。组织开展穿透性党建检查考核和党组织分类定级工作，对定级为“优秀”的党组织给予表彰奖励；对定级为“一般”和“不达标”的党组织开展“结对帮带”工作。完成11项党组巡视反馈问题和18项党建检查问题的整改工作。

（徐子晴）

【精准帮扶洛宁县苇山村】 2018年，洛阳石化落实国家精准扶贫精神，继续做好洛宁县苇山村扶贫工作。增派工作队员入村扶贫，形成3人驻村工作队。开展节日慰问和走访调研，为饮水设施更新改造、党群服务中心设施配备等工作开展捐赠活动。邀请省人大代表开展精准扶贫交流培训。推进农家乐建设。推动完成 13 户贫困户 43 人易地搬迁，基本完成样板村打造，协调架通宽带。截至年底，苇山村具备脱贫验收条件。

（徐子晴）

【栗战书到洛阳石化检查大气污染防治工作】 2018 年 5 月 28 日，中共中央政治局常委、全国人大常委会委员长栗战书在河南检查大气污染防治法实施情况期间，到洛阳石化检查工作。栗战书先后到应急指挥中心和生产装置现场，查看企业环保工作。总经理江寿林向栗战书简要汇报企业环保工作情况，栗战书对企业清洁生产和环保工作给予肯定。

（徐子晴）

表 1　　洛阳分公司主要技术经济指标　　亿元

指标名称 \ 年份	2018	2017	2016	2015	2014	2013
原料油加工量 / 万吨	694.68	670.69	626.77	510.80	707.00	784.13
工业总产值	357.90	296.86	232.91	210.37	390.13	459.20
炼　油	323.99	267.11	209.56	191.43	353.79	408.73
化　工	33.91	29.75	23.35	18.94	36.34	50.47
工业增加值	106.55	105.29	88.68	60.23	53.31	72.58
资产总计	77.30	71.70	67.64	76.23	86.76	103.46
流动资产	32.09	29.40	22.68	25.35	33.56	50.28
固定资产原值	156.93	161.82	161.40	160.54	160.94	158.23
固定资产净值	32.94	37.29	40.63	45.30	48.37	50.11
销售收入①	325.19	301.40	236.52	289.53	477.60	549.85
实现利税	90.62	95.78	75.69	45.26	38.81	58.45
税　金	85.77	87.17	62.48	63.55	60.00	68.24
综合能耗② / 吨煤 • 万元 $^{-1}$	0.49	0.48	0.53	0.55	0.51	0.47

① 包括洛阳资产分公司
② 从 2011 年起万元产值能耗改为 2010 年不变价格

表 2　　洛阳分公司主要产品产量　　万吨

产品名称 \ 年份	2018	2017	2016	2015	2014	2013
92# 汽油	125.73	108.32	29.44	—	—	—
93# 汽油	—	—	64.85	65.34	95.21	123.53
95# 汽油	61.38	58.82	23.23	—	—	—
97# 汽油	—	—	46.98	50.99	64.35	50.72

续表

产品名称＼年份	2018	2017	2016	2015	2014	2013
98# 汽油	5.78	12.79	9.70	11.59	12.88	12.02
3# 喷气燃料	66.66	62.80	62.78	49.48	72.63	78.28
分子筛料	—	—	—	—	1.59	4.38
0# 柴油	170.77	174.48	139.96	137.25	182.62	219.52
-10# 柴油	1.89	1.95	3.84	1.18	8.66	10.23
-20# 柴油	—	—	—	—	-0.06	1.45
2# 燃料油	5.75	0.49	—	—	—	—
炉用燃料油	2.11					
4# 燃料油	—	1.60	—	—	—	—
化工石脑油	14.24	12.96	13.54	10.78	15.43	17.63
溶剂油	—	—	—	—	-0.04	—
工业白油	—	—	4.58	5.02	2.74	—
粗白油	—	5.08	2.71	—	—	—
工业己烷	—	—	1.09	0.97	10.62	11.07
石油醚	6.65	7.21	8.45	5.50	—	—
商品重油	0.11	0.58	0.11	1.04	0.75	0.69
沥　青	13.99	16.33	14.39	20.80	29.93	39.54
液化气	51.22	46.44	43.86	27.88	42.04	43.22
丙　烯	17.20	15.53	13.99	9.20	13.03	13.66
硫　黄	5.35	5.00	3.97	2.41	4.41	5.03
液　氨	0.35	0.32	0.26	0.24	0.33	0.37
聚丙烯	14.92	15.70	15.24	10.21	13.39	13.85
双向拉伸薄膜	—	—	—	—	—	0.62
纯　苯	8.47	8.53	7.34	6.89	8.96	10.46
对二甲苯	14.21	15.07	13.58	11.59	16.48	22.32
邻二甲苯	2.80	2.28	—	—	0.98	3.42
精对苯二甲酸	19.91	16.02	20.08	17.98	23.31	29.62
聚　酯	10.86	10.74	10.50	9.31	10.33	12.91
涤纶长丝	—	—	—	—	—	1.81

续表

年 份 产品名称	2018	2017	2016	2015	2014	2013
涤纶短纤维	10.79	10.58	10.36	9.13	10.19	9.99

安庆石化

【概况】 中国石油化工股份有限公司安庆分公司（简称安庆分公司）和中国石化集团资产经营管理有限公司安庆分公司（简称安庆资产分公司）统称安庆石化，始建于1974年7月，是安徽省最大的中央直属生产企业、最大的石化产品生产基地。

截至2018年12月底，安庆石化拥有年综合加工能力800万吨的炼油装置，日处理煤2 000吨的壳牌粉煤气化装置，以及年产33万吨合成氨、21万吨丙烯腈、7万吨腈纶、10万吨乙苯—苯乙烯等主要生产装置70余套。同时拥有20万千瓦发电机组、吞吐能力382万吨/年的油品化学品码头、80万吨/年的卸煤码头和日产24万吨的供水系统，以及全长13千米的厂内铁路专用线。在册员工总数4 606人，固定资产原值220.84亿元、净值114.2亿元，累计上缴国家和地方税金超过847亿元。

安庆石化主要技术经济指标及主要产品产量分别见表1和表2。

（关广磊）

【领导班子调整】 2018年9月18日，集团公司以视频会议的方式，召开安庆石化、镇海炼化干部大会，宣布2家企业干部调整的相关文件：刘晓华任安庆石化总厂厂长、党委副书记，安庆分公司总经理；吕亮功任镇海炼化总经理、党委副书记，不再担任安庆石化总厂厂长、党委副书记、安庆分公司总经理职务；张业金、宫超任安庆石化副总经理。

（关广磊）

【创效能力持续提升】 2018年，安庆石化顺利完成重加换剂及部分装置停工检修任务，积极争取原油加工计划，精心开展产销衔接，开足马力做大总量；圆满完成焦化应急抢修和汽柴油质量升级，克服四季度国际油价大幅下挫困局，组织好“大干100天”劳动竞赛，全力以赴增产增效。全年累计加工原油727.46万吨，累计实现利润22.9亿元，盈利水平再创历史新高。

（关广磊）

【优化运营成效显著】 2018年，安庆石化全力推进增气减油、增汽减柴，热电、公用工程、油品输转、储运、铁路运输等系统保障有力，装置的创效能力充分发挥。液化气、丙烯对原油收率增加，提前完成国Ⅵ质量标准汽、柴油出厂，顺利实现全车柴生产；丙烯腈装置负荷率103.09%，煤气化装置累计产品气负荷率86.32%、创历史新高；扁平纤维产能提升16.48%，运行周期和单线产能实现质的飞跃。高标号汽油、航煤、二甲苯等高附加值产品销量再创历史新高，产品综合均价大幅提升，外向型出口业务取得突破。

（关广磊）

【转型发展步伐有力】 2018年，安庆石化完成固定资产投资超10亿元。炼油转化工结构调整项目获中国石化总部批复同意开展前期工作，30万吨/年烷基化项目安装工作全面铺开，热电锅炉超低排放改造项目顺利完成，危险化学品码头及油气输送管线迁建项目顺利投用。加快“两化”深度融合，争当“深化应用”示范，“优化生产、精细管理、生产指挥”新型信息化能力日益成型。

（关广磊）

【党建工作持续加强】 2018年，安庆石化积极推进“党建质量提升年”各项工作，持续加强领导班子和干部队伍建设，党委把方向管大局保落实的作用进一步发挥。扎实开展“三创三争”主题实践，开展“从严管理”大讨论，从“提高政治站位、更新思想观念、转变工作作风、提高工作标准”入手，落实创争措施，形成浓厚的创先争优氛围。党建责任、党建措施、党建作用、党建成效不断增强，政治生态、队伍素质、企业形象持续提升。

（关广磊）

【企业保持和谐稳定】 2018 年，安庆石化积极组织“劳动模范”“十佳优秀班长”评选，深化“安康杯”“工人先锋号”竞赛，实施首届劳模创新工作室技术创新成果评选，全年完成 86 项创新课题，经济效益超过 4 000 万元。深入贯彻落实共青团十八大精神，广大青工听党话、跟党走的思想觉悟不断提升。加大帮扶救助力度，全年慰问困难职工 179 人次，提供医疗互助 409 人次，发放慰问金及医疗互助金 268 万元，组织疗休养 380 人次、员工体检 4 757 人次。持续推进风险防控，加强法治建设，狠抓信访维稳工作，企业保持和谐稳定的良好局面。

（关广磊）

【企业形象不断提升】 2018 年，安庆石化结合纪念改革开放 40 周年和中国石化成立 35 周年，全面加强宣传工作，增强“公众开放日”活动影响力，擦亮企业名片。广泛开展“主题党日”“党员身边无事故”“党员之星”活动，全面提升党员干部形象。组织“从严管理”大讨论，提倡“严细实”作风，践行“马上就办”工作要求，深入开展“当好主人翁，建功新时代”“三创三争，青年当先”主题活动，干部员工精神面貌呈现新气象。推进“厂容厂貌提升”专项治理，发布绿色企业创建实施方案，推动环保网格化管理，实施 53 项大气污染防治措施，高标准危废库建成投用，热电锅炉超低排放改造、罐区 VOCs 治理成效显著，彰显了央企的责任担当。

（关广磊）

【国产新型催化剂首次应用成功】 2018 年，由石油化工科学研究院开发的器外真硫化态加氢催化剂在安庆石化 220 万吨 / 年柴油液相加氢装置应用成功，这是国内首套采用该催化剂开工的加氢装置。器外真硫化技术是一项解决炼油企业开工过程安全环保问题的新型技术，使用真硫化态催化剂开工，可省去氮气干燥和器内硫化等环节，节省开工时间 5 天，过程中无废水、废气排放，节约开工费用 300 多万元，且开工过程简单、环保，产品质量满足国 V 柴油生产要求，对减轻炼油企业装置开工过程中的安全、环保压力具有重要意义。

（关广磊）

【车用汽、柴油进入国 VI 时代】 2018 年 9 月，安庆石化车用汽油实现稳定量产，这是继 2018 年 7 月底安庆石化实现国Ⅵ车用柴油稳定量产后的又一突破，标志着安庆石化车用汽、柴油提前迈入国Ⅵ时代。截至 2018 年底，安庆石化具备国Ⅵ汽油、柴油市场保供能力分别为 25 万吨 / 月和 17.5 万吨 / 月，有效保证成品油市场供应。

（关广磊）

【被列为石油化工行业国家生态环境执法实训基地】 2018 年，经现场调研、综合评估，国家生态环境部批准在安庆石化设立石油化工行业国家生态环境执法实训基地。此举是贯彻落实《中共中央国务院关于全面加强生态环境保护坚决打好污染防治攻坚战的意见》、推进生态环境保护综合执法队伍能力建设的重要举措，是提升基层监管能力、丰富培训方式的有益探索。安庆石化将积极承担培训任务，深入研究培训需求，开发更有针对性和时效性的培训课程，建设专兼结合的师资队伍，确保实训基地发挥应有的作用。

（关广磊）

生态环境执法实训基地

【2 项技术成果获中国发明专利】 2018 年，安庆石化申请的“防止液态排渣气化炉渣屏挂渣的装置”和“一种煤粉输送过程中煤粉质量流量的检测方法及装置”2 件发明专利获国家知识产权局授权。

（关广磊）

【全面推行区域管理模式】2018 年，安庆石化持续对内设机构、定员、业务流程进行优化整合，全面推广作业部区域管理模式，运行作业部按区域化管理要求，进行专业组、装置（作业区）管理模式的改革，撤销专业组，设综合管理组，基层以区域运行团队作为直接生产单位，将过去浮在作业部的基层管理力量下沉到现场。通过改革，基层内设机构由 163 个减少到 125 个，106 个在岗党支部优化调整为 88 个，基层管理力量进一步下沉。

（关广磊）

【积极营造争先进位的学习氛围】 2018 年，安庆石化深化网络培训体系建设与应用，开设网络培训班、网络学习任务 220 期，网络学习达 5.7 万人次。全面推进系统操作培训与考核，开展基本功训练“每月一考”，岗位练兵覆盖率达 100%；组织安全实操和应急技能比武 5 300 多人次，提升了员工操作技能和应急处理能力；开设“周末讲坛”，由公司领导、部门领导、专业人员授课，学管理、学制度、学技术，累计开讲 16 期。坚持赛训结合，选送 1 139 人次参加集团公司高研班、技师及专项培训，组织开展 8 个专业技术比武和 6 个工种职业技能竞赛，形成了良好的学习竞赛氛围。

（关广磊）

【安庆—合肥成品油管道（一期）输送航煤正式签约】 2018 年 12 月 6 日，安庆—合肥成品油管道（一期）输送航煤正式签约。该方案实施后，将进一步推进石化企业产销一体化进程，有效提升航煤出厂效率，持续巩固中国石化在安徽地区的航煤市场份额，为深化中国石化与中航油两大集团合作、助力石化产销企业拓市增效奠定坚实基础。经初步测算，该方案实施后，每年将增加管输航煤 30 多万吨，实现创效 2 000 多万元。

（关广磊）

【“8828”项目新建码头顺利完成取证工作】 2018 年 12 月 29 日，安庆石化“8828”项目新建码头《港口经营许可证》《港口危险货物作业附证》获批下发，标志着“8828”项目港口经营许可取证工作全部完成，新建码头正式进入合法投用阶段。

（关广磊）

“8828”项目新建码头

【扎实推进扶贫工作】 2018 年，安庆石化认真贯彻落实集团公司、地方政府关于脱贫攻坚决策部署，以“单位帮扶、干部驻村、整村包保”工作为着力点，强化工作举措，压实工作责任，为三县三镇五村（岳西县黄龙村，潜山市三里村、天柱村，望江县武昌村、花园村）“县摘帽、村出列、户脱贫”尽职尽责、尽心尽力，切实履行国有企业的政治、经济和社会责任。8 月 8 日，安徽省政府正式批准岳西县退出贫困县，岳西成为全省首个脱贫“摘帽”县。

（关广磊）

【全面完成“三供一业”分离移交】 2018 年，安庆石化分离移交工作领导小组积极稳妥推进“三供一业”及其他办社会职能分离移交工作。10 月 26 日，安庆石化学前教育（幼儿园大湖分园）正式签订移交协议，这标志着安庆石化已全面完成集团公司下达的“三供一业”及其他办社会职能分离移交正式协议签订工作。

（关广磊）

表 1　　安庆石化主要技术经济指标　　亿元

指标名称 \ 年份	2018	2017	2016	2015	2014	2013
原油加工量 / 万吨	727.46	750.58	538.41	689.31	748.00	550.78
工业总产值	451.14	400.90	254.90	345.12	473.94	358.51
炼　油	391.31	346.17	218.96	301.72	417.21	303.42
化　工	45.13	40.88	24.13	31.06	43.05	39.83
其　他	14.70	13.85	11.81	12.34	13.68	15.26
工业增加值	156.33	150.27	109.59	126.91	58.25	58.67
资产总计	132.62	142.49	134.98	132.96	144.68	151.04
流动资产	22.82	32.61	29.14	25.01	33.14	37.13
固定资产原值	220.84	210.16	206.41	200.64	195.29	189.61
固定资产净值	114.20	110.53	111.21	112.72	114.80	116.88
营业收入	464.23	411.76	261.71	355.70	485.10	365.39
实现利税	140.35	142.99	95.78	111.60	82.75	45.61
税　金	117.90	124.48	90.27	115.86	85.61	52.78

表 2　　安庆石化主要产品产量　　万吨

产品名称 \ 年份	2018	2017	2016	2015	2014	2013
汽　油	269.61	243.43	176.38	216.55	230.85	126.88
柴　油	183.22	251.65	197.19	280.02	302.43	224.15
航　煤	40.37	34.83	12.98	0.44	—	—
燃料油	3.37	0.34	0.97	1.74	4.27	4.41
原料油	28.23	36.34	20.48	18.82	10.90	40.53
液化气	75.07	67.64	48.23	58.34	60.81	43.83
石油焦	27.56	28.98	22.30	32.84	34.21	38.65
合成氨	26.30	28.85	25.19	20.82	25.50	25.86
丙烯腈	21.80	23.64	18.07	22.51	22.45	18.07
腈　纶	4.40	3.98	4.13	6.41	6.58	7.13
苯乙烯	10.08	10.52	7.28	9.63	9.50	8.69

海南炼化

【概况】 中国石化海南炼油化工有限公司（简称海南炼化）位于海南省西北部洋浦半岛的洋浦经济开发区，毗邻北部湾，位于新加坡—香港—上海—大阪国际海运主航线上，拥有天然的深水良港和避风港，地理和海运条件优越，同时享受保税港区、经济特区和开发区的全部优惠政策。海南炼化一期占地面积2.5平方千米，一期投资116亿元，成立于2003年10月31日，原名海南实华炼油化工有限公司。2004年4月26日，海南炼油项目奠基开工。2006年2月28日，公司名称注册变更为中国石化海南炼油化工有限公司。2006年9月28日，全部装置和系统一次投料试车成功，打通全流程，投入商业运行。2008年7月1日，海南炼化通过总部组织的项目竣工验收，正式投入商业运营。2011年12月22日开工建设中国第1套自主知识产权的芳烃联合装置，2013年12月27日建成投用，标志着中国石化成为全球第3家拥有自主知识产权芳烃成套生产技术的企业。2016年9月，海南炼化第2套芳烃项目获批复，预计2019年建成投产。

海南炼化采用全加氢型加工流程工艺，主要加工中东和非洲的进口原油，生产和销售各种规格的汽油、柴油、煤油、石脑油、苯、液化气、燃料油、聚丙烯、对二甲苯、邻二甲苯、苯乙烯等石油化工产品。截至2018年底，海南炼化原油综合加工能力920万吨/年，拥有26套炼油化工生产装置及相应的油品储运设施、公用工程系统，自备的深水码头位于洋浦神头港区，共拥有包括30万吨级原油泊位、10万吨级成品油泊位在内的泊位8座，年吞吐能力3 030万吨。还拥有总罐容110万立方米的原油和超过100万立方米成品、半成品储存能力及相应的输转设施。

海南炼化主要技术经济指标及主要产品产量分别见表1和表2。

（郑立婕）

【领导班子调整】 2018年5月9日，海南炼化召开领导班子扩大会，集团公司人事部宣布海南炼化领导班子调整。根据工作需要，集团公司党组、股份公司任命刘凯为中共中国石化海南炼油化工有限公司委员会委员，建议为中国石化海南炼油化工有限公司总会计师人选。

（郑立婕）

【安全环保再创佳绩】 2018年，海南炼化不断强化本质安全，健全安环监管体系，保证装置安全环保平稳运行，全年无安全环保上报事故。获集团公司炼油生产装置“四年一修”长周期运行优胜企业，连续6年被评为海南省安全生产先进单位，连续3年被评为集团公司环保先进单位。

（郑立婕）

【多项指标创近年最优水平】 2018年，海南炼化推进精益管理，持续强化管理、降本减费、增效创收，炼油吨油利润、年末自有资金存量、财务费用、库存规模、投资计划完成率、炼油“比学赶帮超”得分等创近年来甚至历史最优水平，获集团公司炼化企业创效进步优胜单位、炼化企业人均劳效优胜单位、炼油“比学赶帮超”优胜单位、芳烃增产优胜单位、炼油板块领先奖等称号。

（郑立婕）

【百万吨乙烯项目启动】 2018年，海南炼化积极响应海南建设国家生态文明试验区的战略要求和中国石化推进“两个三年、两个十年”发展战略，根据中央政治局常委、国务院副总理韩正视察指导海南炼化的指示要求，加速推进海南炼化100

海南炼化百万吨乙烯项目启动（林鸿冠　摄）

万吨/年乙烯及炼油改扩建工程，进一步从提高技术及产品先进性、安全环保标准等方面梳理优化项目方案。项目可研报告于10月10日上报总部审批，11月16日通过咨询公司综合评估论证，12月底通过总部和海南省的审议。12月28日，召开100万吨/年乙烯及炼油改扩建工程建设动员会。

（郑立婕）

【二套芳烃项目进展顺利】 2018年，海南炼化加快推进二套芳烃项目建设，17个里程碑控制节点已完成15个，项目总体形象进度约为97.09%，累计完成工程量约34.37亿元，其中2018年完成26.37亿元。“第二代高效环保芳烃成套技术开发与应用”等科技项目进展顺利，现场21个单元中14个单元已实现中交，按节点开展“三查四定”工作，生产准备有序推进。

（郑立婕）

二套芳烃项目顺利推进 （林鸿冠 摄）

【被授予第9届海南省优秀企业称号】 2018年7月25日，在2018年海南企业家年会暨第9届海南省优秀企业、优秀企业家表彰大会上，海南炼化被授予第9届海南省优秀企业称号。

（郑立婕）

【国产PX技术装备现场经验交流暨布局方案宣贯会召开】 2018年11月28日，由工业和信息化部原材料工业司主办、海南炼化协办的国产PX技术装备现场经验交流暨《石化产业规划布局方案（修订版）》宣贯会召开。会议对中国石化自主芳烃技术及装备的研发与应用进行经验交流和现场观摩，对布局方案进行宣贯。

（郑立婕）

【在全国催化裂化技能竞赛中喜获佳绩】 2018年10月11—13日，在中国技能大赛全国催化裂化工职业技能竞赛中，海南炼化员工庞士民、冯存涛、陈志锋分别获个人金、银、铜奖，海南炼化代表队获团体第4名的好成绩，创下海南炼化在国家级职业技能竞赛中的最佳战绩。

（郑立婕）

【公司照片在国家博物馆展出】 2018年12月，在国家博物馆举办的“伟大的变革——庆祝改革开放40周年”大型展览上，海南炼化60万吨/年芳烃联合装置的2张照片入选展出。

（郑立婕）

【国家级危险化学品应急救援洋浦基地项目顺利推进】 国家级危险化学品应急救援洋浦基地项目由国家应急管理部和海南炼化双方共同投资，海南炼化负责建设，项目在完成施工方案编制、施工图纸审查、建设资金落实、开工报告审批等前期准备工作后，于2018年6月4日开工建设，9月15日土建施工基本结束，10月11日消防楼顺利封顶，消防车辆全部完成订货，项目工地获洋浦经济开发区社会文明大行动暨创卫工作测评第1批达标点位。

（郑立婕）

【积极响应海南自贸区建设】 自2018年4月13日，习近平总书记在庆祝海南省办经济特区30周年大会上宣布党中央决定支持海南全岛建设自由贸易试验区和中国特色自由贸易港以来，海南炼化积极把握机遇，紧密跟踪海南省相关政策动态，积极思考新政策对公司规划发展、生产经营等方面的影响，5月邀请经济技术研究院共同研究贸区（港）战略背景下公司的转型发展，完成海南炼化全面先行方案研究报告，并以此为指导，提前布局，积极开展物流仓储资源整合，开立FT账户等先期工作。

（郑立婕）

【宣传工作成效显著】 2018年，海南炼化积极开展“中国石化在海南”系列宣传，3月27日，来自《人民日报》、新华社、中央电视台等21家中央主要媒体以及部分省市重点新闻单位的40名媒体记者到公司开展“辉煌30年 美好新海南”大型主题采访活动。《海南日报》分别在5月1日、6月6日的头版头条、专刊刊发中国石化、海南炼化在科技创新、产业带动、安全环保、服务社会等方面做出的积极贡献。宣传创建厂以来最好水平，累计在《中国石化报》刊发稿80余篇，进一步提升了公司打造绿色企业、履行社会责任的企业形象。

（郑立婕）

表1 海南炼化主要技术经济指标 亿元

指标名称＼年份	2018	2017	2016	2015	2014	2013
原油加工量/万吨	865.74	791.70	900.38	901.43	903.25	730.90
工业总产值	502.89	386.10	382.42	427.19	575.93	466.89
炼　油	497.84	328.68	376.82	424.32	570.58	449.84
化　工	79.33	58.42	380.14	65.64	112.45	17.05
工业增加值	122.50	96.20	101.03	89.48	63.42	25.35
资产总计	212.39	121.76	114.28	122.67	155.95	164.93
流动资产	120.72	41.92	34.45	30.86	54.56	64.05
固定资产原值	154.27	148.40	148.11	145.83	144.76	140.45
固定资产净值	57.63	61.65	71.47	79.21	87.98	93.25
销售收入	485.74	319.66	277.31	314.78	440.87	369.23
实现利税	120.04	107.69	110.22	95.46	46.59	72.92
税　金	84.84	85.27	86.22	90.51	57.62	64.91

表2 海南炼化主要产品产量 万吨

产品名称＼年份	2018	2017	2016	2015	2014	2013
汽　油	254.24	224.41	232.94	235.79	218.06	242.65
柴　油	249.50	222.46	260.78	260.82	267.62	229.70
煤　油	142.25	133.09	151.19	150.21	138.64	90.57
液化气	59.26	54.69	57.96	68.07	62.31	41.07
燃料油	15.02	14.75	17.06	17.52	20.64	20.50
石脑油	20.28	9.90	5.40	17.81	26.50	12.37
硫　黄	6.51	5.43	6.80	6.56	6.59	4.81
对二甲苯	68.05	59.94	66.48	67.54	75.68	—
邻二甲苯	6.57	7.37	7.77	6.20	10.50	—

续表

年份 产品名称	2018	2017	2016	2015	2014	2013
苯	14.23	14.65	14.63	15.53	17.20	4.41
聚丙烯	21.84	19.72	20.90	22.09	21.84	17.70
有机热载体	8.98	18.41	17.33	14.53	14.27	22.17
发泡剂	2.97	6.49	4.22	7.79	1.37	1.80

青岛炼化

【概况】 中国石化青岛炼油化工有限责任公司（简称青岛炼化）成立于2004年，是中国石化、山东省、青岛市共同出资设立的特大型石油化工联合企业（出资比例为85∶10∶5），位于青岛经济技术开发区重化工园区，总占地290公顷，毗邻青岛港，位置优越，配套完备，交通便捷。青岛炼化是中国石化系统内单套装置规模最大、体制机制最新、用工定员最少的炼化企业之一，1 000万吨/年大炼油项目是中国批准建设的第1个单系列千万吨级炼油项目，总投资125亿元，于2008年6月正式投产。青岛炼化采用较为先进的管理体制机制，组织机构扁平，采用两级管理组织架构，设8个机关职能部门、5个直属机构、7个二级单位，职工数量600余人。

青岛炼化工艺路线采用“焦化+CFB锅炉+催化”方案，主要加工进口高硫原油，截至2018年底，原油综合配套加工能力达1 200万吨/年，拥有22套生产装置和相应的公用工程及辅助设施，每年可生产汽、煤、柴成品油800多万吨，生产聚丙烯、苯乙烯、混苯、硫黄等各类石化产品300多万吨。车用汽、柴油质量可全部达到国Ⅵ标准。

青岛炼化主要技术经济指标及主要产品产量分别见表1和表2。

（刘仕成　王鑫磊）

【投产运营10周年】 2018年，青岛炼化投产运营10周年，历史累计加工原油突破1亿吨大关，历史累计上缴国家利税突破1 000亿元，企业综合竞争力位居中国石化炼油板块领先行列。年内，青岛炼化深入贯彻落实集团公司党组“两个三年、两个十年”战略部署，全面推进实施“一三五”战略，以“建设世界一流炼化企业”为目标，发挥“管理优势、区位优势、人才优势”三重优势，打造“绿色炼化、效益炼化、智慧炼化、海洋炼化、幸福炼化”五大品牌，推动公司实现率先向高质量发展迈进。

（刘仕成　王鑫磊）

青岛炼化投产运营10周年（陈鸣启　摄）

【领导班子调整】 2018年9月8日，中共中国石化党组和股份公司发文，决定：杜博华任青岛炼化党委委员，免去宋立群的青岛炼化党委委员职务；建议杜博华为青岛炼化副总经理人选，宋立群不再担任青岛炼化副总经理职务，另有任用。12月21日，中共中国石化党组和股份公司发文，决定：孙浩任青岛炼化党委委员，免去胡正海的青岛炼化党委委员职务；建议孙浩为青岛炼化副总经理人选，胡正海不再担任青岛炼化副总经理职务，另有任用。

（刘仕成　王鑫磊）

【上合峰会保障工作圆满完成】 2018年6月9—10日，上海合作组织峰会在青岛成功召开。青岛炼化作为驻青企业，把做好上合峰会服务保障工作作为极端重要的政治任务，提前系统筹划、全员协同应对，不折不扣贯彻落实集团公司和地方部署，圆满完成了服务保障任务，充分展现讲政治、顾大局、负责任的企业形象，受到集团公司高度肯定和驻地政府的书面表扬。

（刘仕成　王鑫磊）

【生产经营业绩良好】 2018年，青岛炼化全年加工原油1 161万吨，实现营业收入538亿元，实现利税140亿元，利润总额（47.56亿元）和吨油利润（420元）均在集团公司炼油板块处于领先行列。全年出口总量增加至327万吨，保持系统内出口总量第一，在有效拉动原油加工量的同时，为集团公司整体增效做出贡献。公司获中国石化经济效益优胜单位、人均劳效优胜单位、炼油“比学赶帮超”优胜单位、设备管理先进单位等称号；位列青岛市2018年百强企业第4名。

（刘仕成　王鑫磊）

【安全环保持续巩固】 2018年，青岛炼化及时识别承接最新法律法规和总部新版管理体系要求，持续完善HSSE管理体系；切实抓好安全环保教育培训，坚持并改进事故警示经验分享机制，全面提高全员安全意识和素质；认真落实“日检查、周通报、月讲评”工作机制，从严抓好直接作业环节监督管理；强化应急管理企地联动，数次协助排除企外危化品险情，受到集团公司和驻地政府的表扬。启动实施“绿色企业行动计划”，加快实施环保治理提升项目，加大环境风险排查力度，抓实达标排放和节能减排，圆满完成上合峰会期间VOCs阶段性减排任务。被评为中国石化安全生产先进单位、环境保护先进单位。

（刘仕成　王鑫磊）

【节能降耗持续领跑】 2018年，青岛炼化深化“渐进追赶”能源管理模式的应用，对标先进全力抓促节能降耗。公司连续第6年荣膺中国石油和化学工业联合会发布的“能效领跑者标杆企业”榜首，并作为唯一原油加工企业入选工信部发布的重点用能行业能效领跑者榜单，被评为山东省节能先进单位。

（刘仕成　王鑫磊）

【人才强企工程全面启动】 2018年，青岛炼化进一步完善人才成长通道建设方案及配套管理办法，畅通了所有员工的上升通道。坚持“德才兼备、以德为先、五湖四海”的选人用人导向，风清气正的企业政治生态进一步巩固；全面开展专业技术和技能操作序列的职位公开选聘，91人获聘副主任（技）师及以上职位，人才队伍干事创业的活力得到进一步激发。

（刘仕成　王鑫磊）

【企业发展取得新突破】 2018年，青岛炼化进一步将贯彻集团公司总体部署与承接地方发展战略相融合，秉承“实事求是，面向未来”原则主动谋求企业发展，得到集团公司和青岛市的大力支持。公司至青岛新机场航煤路由获得地方批准，进入项目实施阶段，标志着公司发展取得新突破。以浆态床为主的结构调整环保提升项目在集团公司的支持下，前期工作正在加快推进，公司进一步做强做优做大的根基更加牢固，发展格局更加广阔。

（刘仕成　王鑫磊）

【依法依规治企深入推进】 2018年，青岛炼化在实现加强党的领导和完善公司治理的有机统一的基础上，根据组织机构调整情况，全面梳理修订公司制度流程；管理体系和内部控制不断完善，进一步提升企业管理水平。坚持用制度管人、按程序办事，利用工作例会强化重点制度流程宣贯培训，由人治向法治转变逐步落地生根。

（刘仕成　王鑫磊）

【科研开发取得硕果】 2018年，青岛炼化开展科研项目22项，申报专利7件，向总部申报成果转化奖5项；参与攻关的稀乙烯增值转化高效催化剂及成套技术获国家科学技术进步二等奖。开发高速高挺超薄专用料、地毯基布专用料等聚丙烯新产品，打破了国内相应领域依赖进口的局面，为壮大“中国制造”贡献了力量。

（刘仕成　王鑫磊）

【“两化”融合多点开花】 2018 年，青岛炼化智能工厂项目建设稳步推进，出门票电子化等多项自建及总部推广项目完成实施，ERP、MES、APC 等信息系统应用绩效继续保持先进水平。深化应用创新创效行动扎实开展，形成创新创效成果 74 项，绩效提升案例 108 项，综合评价排名稳居集团公司炼油企业前列。

（刘仕成　王鑫磊）

【党建工作取得新成效】 2018 年，青岛炼化全面贯彻落实新时代党的建设总要求，贯彻落实“党建质量提升年”工作部署，推进政工例会形式创新，完善党建责任清单与通用细则，细化支部抓“三基”工作方案，党建制度体系更加健全完善。深化与承包商基层党组织共建，联合开展“双促双学”拓宽基本功训练；开创与驻地政府、合作单位党支部共建新模式，推动业务关系、企地关系进一步和谐融洽。有效发挥宣传思想文化引领作用，深入开展形势任务和理想信念教育；启动中国石化“公众开放日”活动，参加“中国石化在山东”系列宣传推广活动，展示了青岛炼化智慧、绿色、开放的良好企业形象。制定公司“大监督”工作 5 项机制管理规定，“大监督”体制机制进一步完善；创新开展窗口单位廉洁风险排查，探索开展安全、环保领域“四风”问题查摆，切实推动作风转变深度融入中心工作。持续推进家文化建设，增强了队伍的凝聚力和向心力。

（刘仕成　王鑫磊）

表 1　　青岛炼化主要技术经济指标　　亿元

指标名称 \ 年份	2018	2017	2016	2015	2014	2013
原油加工量 / 万吨	1 160.97	1 172.16	1 131.91	948.69	1 127.01	1 145.01
工业总产值	536.35	423.95	324.35	327.81	546.90	577.82
工业增加值	139.83	174.05	166.89	135.47	100.71	95.05
资产总计	201.74	185.22	122.66	120.87	142.56	160.72
流动资产	132.73	105.74	34.15	22.59	37.56	49.78
固定资产原值	157.34	155.91	154.53	150.79	145.73	142.39
固定资产净值	59.06	68.24	77.78	84.45	89.51	96.16
销售收入	538.26	427.92	330.79	331.18	548.73	571.13
实现利税	152.85	183.24	171.21	123.93	87.61	101.67
税　金	105.30	133.14	131.21	108.92	89.90	94.50
综合能耗 / 千克标油・吨 $^{-1}$	55.30	55.66	56.19	57.10	57.20	57.14

表 2　　青岛炼化主要产品产量　　万吨

产品名称 \ 年份	2018	2017	2016	2015	2014	2013
汽　油	343.03	336.98	332.14	276.59	338.71	299.99

续表

产品名称 \ 年份	2018	2017	2016	2015	2014	2013
柴　油	251.76	280.28	274.93	249.27	313.41	354.16
煤　油	188.59	186.44	170.07	126.48	126.94	109.65
液化气	84.22	81.59	81.30	69.91	89.24	84.61
石脑油	14.02	14.99	11.36	10.35	13.74	24.44
$5^{\#}$ 白油油料	—	—	—	—	—	3.48
商品石油焦	64.35	67.09	64.00	52.25	69.35	69.88
发泡剂	8.62	11.07	10.94	10.33	5.89	11.45
纯　苯	0.67	0.22	—	—	—	—
混合二甲苯	29.37	31.29	29.55	26.95	29.32	33.62
硫　黄	20.99	20.95	21.05	17.01	20.84	21.77
聚丙烯	20.02	20.59	19.54	17.80	19.88	21.44

石家庄炼化

【概况】 中国石油化工股份有限公司石家庄炼化分公司（简称石家庄炼化分公司）和中国石化集团资产经营管理有限公司石家庄分公司（简称石家庄资产分公司）统称石家庄炼化，位于河北省省会石家庄市东南 25 千米处，其前身为石家庄炼油厂，始建于 1978 年，1983 年建成投产，同年 7 月 1 日划归中国石油化工总公司。1997 年采用局部改制方式募集发起设立石家庄炼油化工股份有限公司，上市筹集资金投入到当年河北省人民政府与中国石油化工总公司合资设立的石家庄化纤有限责任公司（简称石家庄化纤公司），共同建设石家庄 5 万吨 / 年己内酰胺工程。石家庄化纤公司股权几经变更，2009 年 3 月转换成为股份公司的分公司。根据集团公司改革重组的统一部署，2006 年注销石家庄炼油厂，注册成立石家庄资产分公司，2007 年注册成立石家庄炼化分公司。2009 年 5 月，根据“一企一制”的整体要求，石家庄化纤公司整体、石家庄资产分公司部分资产和人员被整合并入石家庄炼化分公司。

截至 2018 年底，石家庄炼化共设生产技术处、计划经营处、安全环保处、设备工程处等机关职能部门 12 个，行政事务中心、物资采购中心、质量管理中心等直属机构 5 个，炼油运行一部、化工运行部等二级单位 10 个；共有职工 2 462 人，其中具有高级职称的 218 人、中级职称的 389 人。

石家庄炼化分公司炼油部分主要包括 500 万吨 / 年和 350 万吨 / 年常减压装置各 1 套、220 万吨 / 年和 110 万吨 / 年催化裂化装置各 1 套、180 万吨 / 年蜡油加氢装置、150 万吨 / 年渣油加氢装置、120 万吨 / 年连续重整装置和 260 万吨 / 年柴油加氢装置等 28 套生产装置；化工部分经过己内酰胺“5 改 6.5”扩能改造、“6.5 改 16”和己内酰胺质量升级项目，己内酰胺生产规模达 20 万吨 / 年，聚合装置达 2.5 万吨 / 年。主要产品有汽油、柴油、航空煤油、聚丙烯、液化气、己内酰胺、聚酰胺切片等 30 多个品种、牌号。

石家庄炼化分公司主要技术经济指标及主要

产品产量分别见表 1 和表 2。

（张智玮）

【领导班子调整】 2018 年 12 月 27 日，石家庄炼化召开干部大会，宣布领导班子调整的决定：胡正海任石家庄炼化分公司、石家庄炼化资产公司总经理，兼任党委副书记；叶晓东不再担任石家庄炼化分公司、石家庄炼化资产公司总经理，以及党委副书记、委员职务。

（张智玮）

【生产经营业绩创历史最好水平】 2018 年，石家庄炼化原油加工量创历史新高，全年累计加工原油 614.16 万吨，实现利润 12.57 亿元；化工部分，生产己内酰胺 11.08 万吨、聚酰胺切片 2.19 万吨、聚丙烯 18.35 万吨、“三苯”（苯 + 甲苯 + 二甲苯）34.65 万吨，实现利润 5 157.17 万元。全年石家庄炼化利润总额达 13.08 亿元，经营业绩创历史最好水平，继续保持稳中向好的发展态势。

（张智玮）

【产品结构持续优化升级】 2018 年，石家庄炼化坚持市场导向，积极推进供给侧结构性改革，持续优化调整产品结构。开发军用航煤，增产航煤组分，航煤产率提高 0.29 个百分点。优化催化操作，催化汽油收率达 44.96%，汽油辛烷值平均上升 0.62 个单位。优化二次加工装置柴油组分加工路线，车用柴油收率提高 8.35 个百分点。液化气、异辛烷及丙烯总收率提高 0.43 个百分点，芳烃收率提高 1.05 个百分点。成功开发并量产 Y35、MM60 等聚丙烯高端产品，聚丙烯产品差别化率达 52.71%。高烯烃组分、高烷烃组分分储分销，增收 809 万元。推进硫酸铵差别化生产，大力推广大颗粒产品，创效 118 万元。

（张智玮）

【全流程优化得到持续推进】 2018 年，石家庄炼化把握关键装置、重点环节，扎实推进全流程系统优化。外采重整料 6.39 万吨、蜡渣油 7.8 万吨，保证催化、重整加工负荷，创效 1 亿元。渣油加氢保持高负荷、高残炭、高苛刻度运行；实施减压深拔和焦化高苛刻度操作，实施催化高活性、高苛刻度，增产汽油、丙烯、液化气，降低催化柴油产率。渣油加氢、航煤加氢等 4 套装置运行水平进入总部排名前 10 名。

（张智玮）

【降本减费成效显著】 2018 年，石家庄炼化科学调整原油采购策略，积极应对价格波动，实时购进卡宾达等机会油种，累计增效 1.67 亿元。建成富氢气体回收装置，回收氢气 5 000 米^3（标）/ 时，年增效约 7 000 万元以上。双氧水装置生产能力提高 1 万吨 / 年。大力推进高效风机、永磁调速等节能改造，实时跟踪能源介质消耗，较上年炼油综合能耗降低 8.03 个单位，己内酰胺综合能耗降低 85.23 个单位，蒸汽消耗降低 18 吨 / 时，电力消耗降低 2 600 千瓦，加热炉效率平均达 92.83%。合理利用财政税收政策，获得税收优惠 6 830 万元，取得油品质量升级项目贷款财政贴息 1.26 亿元。

（张智玮）

【安全文化逐步深入人心】 2018 年，石家庄炼化持续推进安全文化建设，逐步形成以“大声喊、细致做、经常演、捡黄金、全员应急”为主要内容的安全文化体系，浓厚了企业安全生产文化氛围。在班组交接班前、重要会议前，手指口念中国石化安全理念；编制点检列表 426 项，规范现场直接作业环节；经常性开展应急演练，累计组织应急演练公司级 10 次、运行部级 480 次、班组级 3.36 万班次；全员参与“低头捡黄金”活动，全员参与排查隐患 6 万项，奖励 91.09 万元；提升全员应急能力，开展了 2 次公司级消防技能大赛。高压严管直接作业环节，督察大队累计发现问题 1 254 项，承包商罚款 110.14 万元，1 家承包商纳入黑名单，清退 13 名承包商人员。在总部 HSSE 大检查中获得小组第 1 名，特色安全文化正在深入人心。

（张智玮）

【落实环保责任建设绿色花园式企业】 2018 年，石家庄炼化从理念、管理和技术 3 个维度入手，启动石家庄炼化环保革命，开展全员“五个一”大讨论，转变思想观念，强化环保意识。在 HSSE 管理委员会下增设环保专业分委会，建立环保四级网格化管理，强化全员、全方位、全地域、全过程、全天候环保责任落实。打造花园式生态文明工厂，每天对全厂进行移动走行监测，有计划拆除报废装置，对危废库区实施美化改造，增设事故监控池荷花游鱼景观。在石家庄市环保局组织的 VOCs 深度治理技术体检式评估中被评定为 A 级（优秀）。

（张智玮）

【硫酸烷基化项目顺利开车成功】 2018 年 6 月 18 日，国内首套采用国产硫酸烷基化（SINOALKY）技术的石家庄炼化 20 万吨 / 年硫酸烷基化装置顺利开车成功、产出合格产品，实现该项技术的首次工业化应用，打破了国外技术垄断，产品辛烷值稳定在 96.5 以上，成为国Ⅵ清洁环保汽油生产的重要技术支撑。

（张智玮）

【技术攻关取得阶段性成果】 2018 年，石家庄炼化顺利完成碳四烯烃选择性叠合技术工业试验，成为国家推进乙醇汽油政策、大气污染防治的重要技术支撑。自主开发、投用机泵润滑油雾回收设施，极大改善了装置现场环境。大力推进聚丙烯造粒机组攻关，破解了高熔脂产品的生产难题。

（张智玮）

【“三项制度”改革不断深入】 2018 年，石家庄炼化优化调整组织机构，中层机构压减 10%，职能处室减员 14.3%，中层职数降低 21%，切实推进了扁平化管理。成功完成新闻媒体、电信业务改革，机制改革迈出新步伐。在炼油运行五部、生产技术处推行以定员为基准的薪酬体系，精简 10 人。全年人工成本利润率达 300%，增长 87%。

（张智玮）

【与力诺集团武汉有机实业有限公司正式签署合资合作协议】 2018 年 12 月 18 日，石家庄炼化与力诺集团武汉有机实业有限公司正式签署合资合作协议。双方将利用石家庄炼化甲苯法己内酰胺生产线的部分闲置装置，借助武汉有机公司的技术优势和研发能力，合作建设 6 万吨 / 年工业苯甲酸、1.5 万吨 / 年苯甲酸钠、2 000 吨 / 年苯甲醛、2 000 吨 / 年苯甲酸苄脂，研发苯甲酸及下游衍生物等精细化工产品，推动化工业务向精细化发展，努力迈向产业链、价值链的中高端。

（张智玮）

【顺利完成“三供一业”及其他办社会职能分离移交工作】 2018 年，石家庄炼化相继与石家庄循环化工园区、国网河北省电力公司石家庄供电分公司、石家庄经济开发区供水公司、石家庄循环化工园区建设投资有限公司等单位签署协议，顺利完成“三供一业”分离移交工作，剥离了企业办社会职能。

（张智玮）

【管理创新成果突出】 2018 年，石家庄炼化推进核算型财务向流程型财务转型，审计向全流程、服务型审计转型，价值导向进一步得到突显。直径 377 毫米河间—石家庄输油管线等资产移交转让至华港燃气公司，完成老重整装置的系统内调拨，有力盘活了低效无效资产。

（张智玮）

【扎实推进人才强企工程】 2018 年，石家庄炼化完善技能人才成长通道，增设首席技师、主任技师等职位，初步建立操作人员全岗位操作技能星级评定机制，制定技能等级评定一次性津贴鼓励和补贴政策；培养郗艳龙、石晓棠 2 名首席工人技师。实施技术人员技术等级评定，完善从副主任师到首席专家的技术任职序列。优化管理干部梯队建设，在“赛马”中发现和重用干部，选拔任用优秀年轻干部到生产经营一线培养锻炼；破格晋升、青年才俊、特岗特薪等措施纳入制度；主要处室长以 1975 年前后为主，运行部部长以 1980 年后为主，40 岁以下中层干部占比为 16%，45 岁以下中层正职占比为 46%，45 岁以下中层正职主专业占比 85%，老中青干部梯队不断完备。

（张智玮）

【在多项技能竞赛中取得优异成绩】 2018 年，在全国催化裂化技能竞赛中，石家庄炼化炼油运行四部张杰获金奖，炼油运行一部王景波、黄昌达

2 人获银奖。在集团公司网络安全专业技术比武中，石家庄炼化获优秀团队奖。在集团公司安全管理技术比武中，石家庄炼化获团体第 9 名，炼油运行四部刘吉艳获基层应急团队个人铜奖。

（张智玮）

【推动干部队伍作风转变】 2018 年，石家庄炼化坚持严管厚爱相结合，推进干部能上能下，提拔任用 26 名干部，3 名干部被追责，17 名干部转任非领导职务；新聘任副主任师及以上人员 19 人，解聘、降级 10 人。对照检查“不担当、不作为、慢作为”表现，把干部的工作执行力、工作推动力与组织考核、绩效考核挂钩。坚持“三个面向、五到现场”，生产类处室领导干部现场巡查问题 3 400 余项，综合类处室领导干部跟班劳动 208 人次。实施项目管理首问负责制，解决推诿扯皮问题；开展专项督办，62 项重点工作“马上就办”、办就办好。

（张智玮）

【聚焦“三基”工作持续加强基层建设】 2018 年，石家庄炼化坚持大抓基层导向，试点推进大横班管理模式，下沉安全环保生产直接环节责任；明确横班班长副科级待遇，从横班班长中选拔干部 4 名。以班组交接班管理、现场管理为抓手，严格执行“十交五不接”“设备管理六条标准”，推行装置现场不间断巡检；全员包设备管理，完善“区域化”“包机制”网格化标准，现场面貌焕然一新；获全国设备管理优秀单位。推进逐级讲课全覆盖，“大专小微”讲课 1.56 万人次；累计组织星级评定、全员季考等技能考试 400 余场，1 920 名操作员工的技能星级得到提升。

（张智玮）

【大力弘扬红色职业化精神】 2018 年，石家庄炼化明确以“忠诚、团结、尽职、担当”为核心内涵的红色职业化精神，先后组织开展“自觉践行职业化精神、为提质竞进建功立业”“八方面问题”大讨论、大反思、大教育。在中层干部、基层干部、班组长、退伍军人等不同群体中，大力选树于吉平、贾智祥、武云峰、郗艳龙等 10 余位践行红色职业化精神的先进典型，全面组织开展向践行职业化精神先进典型学习活动，以及员工故事会演讲赛、领导干部形势任务宣讲赛、支部委员讲党课、党员讲党建故事、践行红色职业化精神先进事迹报告会等活动，红色职业化精神融入了员工日常工作。

（张智玮）

【全面推进党建提升工程】 2018 年，石家庄炼化在 4 个支部试点推进“标准 +”支部建设；结合阶段重点，内嵌中心做实主题实践“党建 +”，支部堡垒作用不断增强。推进横班党小组建设，强化支部分类定级和党员积分管理，将党小组与班组建设紧密结合，做到班组和党小组双向挂钩、双向考核，实现了互促互提升。

（张智玮）

【做好精准扶贫工作】 2018 年，石家庄炼化在对口扶贫点张家口蔚县卧羊台村建立党员干部践行新时代红色职业化精神教育基地；建设乡村文化站，组织省京剧院，送文化进村；铺设饮水管线，解决 256 户村民的饮水问题；投资 20 万元实施太阳能发电项目，每年增收 2 万元，用于村民养老保险缴纳，实现绿色科技脱贫。联络慈善机构捐建“西黎元”小学，近百名贫困和留守儿童的上学问题得到解决；组织干部员工为贫困村民捐款 1.1 万元、捐物 3 300 件，对口帮扶的 84 个贫困户，80% 基本脱贫。

（张智玮）

表 1　石家庄炼化分公司主要技术经济指标　亿元

指标名称 \ 年份	2018	2017	2016	2015	2014	2013
原油加工量 / 万吨	614.16	476.31	600.10	578.28	292.20	291.40
工业总产值	361.05	236.13	247.64	255.61	154.86	191.83

续表

年份 指标名称	2018	2017	2016	2015	2014	2013
工业增加值	119.07	96.35	111.69	83.05	13.94	25.18
资产总计	128.88	156.07	129.12	127.52	154.93	126.52
流动资产	38.96	60.94	33.94	25.57	47.52	34.35
固定资产原值	166.04	165.82	161.42	153.76	149.74	84.45
固定资产净值	77.21	78.97	81.52	88.70	86.04	23.56
销售收入	351.63	235.06	246.29	256.77	152.01	194.49
实现利税	104.00	82.85	95.16	66.72	3.03	16.69
税　金	90.92	74.60	91.46	85.46	23.03	24.80
综合能耗 / 吨标煤·万元 $^{-1}$	0.32	0.33	0.33	0.38	0.45	0.43

表 2　　石家庄炼化分公司主要产品产量　　万吨

年份 产品名称	2018	2017	2016	2015	2014	2013
汽　油	199.09	149.97	188.67	173.40	68.05	58.02
煤　油	58.29	42.64	57.90	44.15	13.50	13.72
柴　油	164.62	135.28	174.59	194.16	108.87	123.10
燃料油	13.69	9.69	6.56	1.93	3.56	2.33
液化气	54.29	43.58	47.96	42.79	17.68	16.64
硫　黄	8.02	5.90	7.86	6.41	2.31	1.82
精丙烯	18.08	12.97	15.27	15.87	7.22	7.09
聚丙烯	18.83	13.49	16.17	15.19	2.86	3.41
石油焦	21.88	17.50	25.94	22.66	13.57	18.02
沥　青	0	0.38	5.04	0.49	0	0
己内酰胺	11.08	7.25	7.10	3.67	2.89	11.24
硫　铵	16.69	11.11	11.23	6.11	7.50	27.91
苯甲醛	0	0	0	0	0.15	0.58
切　片	2.19	1.53	1.43	0.85	0.67	2.20
苯	5.54	4.49	4.58	4.63	1.67	0.76
甲　苯	10.54	5.73	3.98	4.18	2.39	2.16
二甲苯	18.25	8.94	4.22	8.05	2.91	1.78

荆门石化

【概况】 中国石油化工股份有限公司荆门分公司（简称荆门分公司）和中国石化集团资产经营管理有限公司荆门分公司（简称荆门资产分公司）统称荆门石化，位于湖北省荆门市掇刀区。荆门石化是国家“三线”建设时期的战备炼油厂，1970年正式动工建设，1983年由石油工业部划归中国石油化工总公司，1993年成为国家特大型企业，2000年企业重组改制为荆门分公司和中国石化集团荆门石油化工总厂。建厂48年来，荆门石化已发展成为中国石化系统内加工手段最为齐全、生产灵活性较大的企业之一，是中部地区最大的润滑油基础油、特种产品生产基地。企业占地面积11.67平方千米（其中生产区4.61平方千米），社区总人口3万多人。

截至2018年底，荆门石化设有机关处室14个、业务中心6个、运行部8个，在岗员工4 169人，其中在岗经营管理人员373人、专业技术人员790人、技能操作人员3 006人。荆门石化共有46套生产装置(其中燃料油系统27套、润滑油系统13套、综合利用4套、化工装置2套)，主要加工南阳原油、江汉原油、仪长管输油，生产燃料油、润滑油基础油、石油蜡、聚丙烯等20多个品种、100多个牌号的产品，成品油主要供应湖北、湖南、河南、四川、重庆、贵州等地区。

荆门石化主要技术经济指标及主要产品产量分别见表1和表2。

（孔峥臻）

【领导班子调整】 2018年12月21日，朱亚东任中共荆门石油化工总厂委员会委员、荆门分公司总工程师。

（孔峥臻）

【超额完成生产经营任务】 2018年，荆门石化加工原（料）油500.65万吨、比预算增加2.47%，实现销售收入295.15亿元、增长8.89%，实现税收74.89亿元，实现利润4.8亿元（其中荆门分公司利润5.29亿元，还原预算外因素后8.63亿元，比奋斗值增加1.73亿元；荆门资产分公司还原“三供一业”政策性净支出后利润230万元）。经济总量占全市GDP的16%；税收占全市的40%，名列全省第四、全市第一。

（孔峥臻）

【安全环保水平不断提升】 2018年，荆门石化全面落实HSSE责任制，杜绝分公司级及以上事故、事件。安全方面，通过湖北省应急管理示范企业验收，实施安全风险管控的做法在全省危化品领域推广；将关键装置、要害部位作为各级领导干部的承包点，充分发挥领导干部安全引领力；加强直接作业环节管理，对高压窜低压风险、重大安全隐患判定标准不合规风险进行专项排查；持续开展承包商安全行为指数观察，首次引入第三方对装置大检修进行全方位督察。环保方面，启动“绿色企业行动计划”，公司党政主要领导两次就HSSE工作发出全员公开信，并以律师函的形式对法律风险进行了宣贯；加强源头管控，将污染物控制指标纳入工艺卡片管理；完成全厂VOCs综合整治方案编制，LDAR工作实现常态化；全面开展环保隐患和环境风险排查，外排污水和边沟排水综合合格率保持100%；COD、氨氮、二氧化硫、氮氧化物分别下降39%、2%、42%和30%。

（孔峥臻）

【重点项目建设有序展开】 2018年，荆门石化坚持转型发展、特色发展战略，一批重点工程建设项目稳步推进。①坚持做精做优做大特色。10万吨/年白油高压加氢装置建成投产，装置馏出口质量稳定达到食品级、化妆品级。2#航煤加氢装置投入生产，并获得中国国产航空（舰艇）油料鉴定委员会航煤生产许可，企业具备70万吨/年航煤加工能力。②“五大项目”加快推进。280万吨/年重油催化裂化装置建设全面展开，55万吨/年润滑油高压加氢装置正在组织开工准备，荆襄成品油管道首站库已完成原油罐、柴油罐主体安装，15万吨/年硫酸装置完成主要设备安装。③对外合资合作稳步实施。20万吨/年烷基化项目合资意向书获得集团公司发展计划部同意，合资工作进入实质性推动阶段。乙苯—苯乙烯合资合作正加紧进行前期工作。

（孔峥臻）

【实现国Ⅵ汽、柴油质量升级】 2018年，为完成国Ⅵ汽、柴油质量升级任务，荆门石化成立攻关小组，制订质量升级控制方案。汽油质量升级控制方案为新建20万吨/年烷基化装置，配套现有国Ⅴ汽油生产装置，生产国Ⅵ车用汽油。因20万吨/年烷基化装置尚未交付使用，荆门石化制订汽油质量升级应急预案，保证汽油产品调和质量符合国Ⅵ标准要求，实现汽油质量升级。柴油质量升级控制方案是将100万吨/年柴油加氢装置改造为80万吨/年柴油加氢改质装置。劣质的催化柴油经80万吨/年柴油加氢改质，产品中多环芳烃含量大大降低，与180万吨/年柴油加氢产品调和，满足国Ⅵ柴油标准。9月中旬，生产装置开始按照国Ⅵ质量控制方案要求组织调整，实施生产和储运系统置换。9月25日完成系统置换，达到国Ⅵ汽、柴油质量升级要求。

（孔峥臻）

【优化运行水平不断提升】 2018年，荆门石化加强生产异常管理，加大考核问责力度，未发生二级以上非计划停工。①加强平稳率统计分析，每日发布操作平稳率，每周开展分析和通报，每月严格考核兑现，全年装置平稳率达97.97%。②开展PID参数优化整定，控制回路稳定性得到显著改善。③开展DCS报警专项治理，对1 237个报警点数进行修改，DCS报警合理性、处置及时性得到进一步改善。④推进生产信息化、自动化管理，工艺参数实现实时监控；仪表自控率达96.02%，联锁保护投用率100%。

（孔峥臻）

【全面深化改革纵深推进】 ①持续推进“三定”。下达2018年阶段定员和2025年目标定员，积极推进竞争上岗、定员达标；扎实推进一体化管理体系构建，完成了职责手册、内控手册和业务流程的修订工作，全年共修订408项制度、新制定47项制度。②积极推进“三项制度”改革。编制“三项制度”改革实施方案、3年行动计划；加强干部考核和调配工作，提拔121人、交流90人；加大“80后”“90后”干部选拔力度，现职经营管理人员平均年龄相比2017年初下降2.3岁。③做好人力资源输出和离岗人员分流安置。129人调至系统内兄弟企业，系统外人力资源输出134人次，离岗分流安置77人。④“三供一业”分离移交任务全面完成。供电、物业、市政、社区管理的业务、资产和管理职能移交完毕。⑤形成综合改革试点初步方案。实施了机电仪部创收、自销产品创效、新产品产销研用一体化、印刷业务创收等项目的承包经营。

（孔峥臻）

【党建与和谐企业建设成效显著】 坚持党对国有企业的领导不动摇，坚持加强党的领导和完善公司治理相统一，修订“三重一大”集体决策制度，公司党委“把方向、管大局、保落实”作用得到充分发挥。全面落实“两个责任”，加强监督监察和考核问责，促进风清气正的政治生态和管理生态的形成。启动改善性住房建设前期工作，开展生产区、生活区环境整治，推进“易捷”进社区、EAP中心建设，做好关爱驻外员工志愿者服务工作，提升职工群众对企业的归属感。成为集团公司“公众开放日”活动示范单位，联合驻鄂兄弟企业发布《“中国石化在湖北”社会责任报告》，展现企业良好风貌。坚决落实中央军委关于军队全面停止有偿服务的战略决策，妥善处置原中南公司老职工住房问题；严格落实信访维稳工作责任，保证队伍稳定企业和谐。

（孔峥臻）

【“大通量等离子体VOCs成套技术研发与示范”入选集团公司“十条龙”科技攻关项目】 2018年3月20日，集团公司科技部在荆门石化召开“大通量等离子体VOCs成套技术研发与示范”攻关项目启动会。该项目预计总投资1 468万元，将在荆门石化采用的低温柴油吸收技术基础上，在污水处理场建成一套处理规模1.2万米^3（标准）/时的挥发气处理工业示范装置，开发安全可靠大通量低温等离子体处理VOCs工艺技术并工程化，满足《石油炼制工业污染物排放标准》排放限值要求，从而全面提高 VOCs 控制水平。项目计划“出龙”时间为 2020 年 12 月。

（孔峥臻）

【积极开展先进典型选树】 2018 年，总经理杨勇刚被评为湖北省劳动模范。炼油一部 1# 催化装置工艺四班被评为中国石化先进集体，炼油二部赵绍军、储运部王庆凯被评为中国石化劳动模范。机电仪部郭振恩被评为首届湖北工匠，并获一次性专项人才奖励 50 万元；机电仪部付胜利被评为湖北省技术能手，并获一次性奖励 2 万元。公司层面开展了优秀共产党员、转岗明星、荆门石化工匠等评选活动。

（孔峥臻）

【为 AG600 水上首飞“加油”】 2018 年 10 月 20 日上午，由中国自主研发的水陆两栖飞机“鲲龙”AG600，在湖北省荆门市漳河机场成功进行了水上首飞。这是中国继运 20 交列装、C919 实现首飞后，在大飞机领域取得的又一重大突破。荆门石化作为 AG600 水上试飞航空煤油的生产企业，共为 AG600 提供了 105 吨 3# 航空煤油，圆满完成保供任务。

（孔峥臻）

表 1　　荆门石化主要技术经济指标　　亿元

指标名称 \ 年份	2018	2017	2016	2015	2014	2013
原油加工量 / 万吨	500.65	533.90	485.04	494.93	472.36	510.72
工业总产值	270.28	253.27	195.43	216.26	271.33	305.17
资产总计	80.49	86.51	65.84	56.13	55.66	58.31
流动资产	20.09	35.99	17.51	12.99	15.75	17.73
固定资产原值	96.16	96.42	81.81	79.24	76.15	75.12
固定资产净值	36.71	40.91	30.57	30.27	30.40	31.72
销售收入	295.15	271.05	216.14	235.97	298.62	331.94
实现利税	78.22	88.59	79.06	75.69	43.70	50.67

表 2　　荆门石化主要产品产量　　万吨

产品名称 \ 年份	2018	2017	2016	2015	2014	2013
汽　油	169.30	171.85	150.63	152.42	131.07	134.40
柴　油	134.11	148.72	146.01	157.10	153.58	177.09
煤　油	32.54	31.70	29.30	28.04	27.10	25.56
石　蜡	8.83	9.31	6.40	8.01	9.78	8.48
润滑油基础油	10.99	11.43	7.79	7.15	12.95	16.38
石油焦	24.98	30.72	29.31	28.58	31.06	34.25
聚丙烯	11.57	11.57	11.69	11.57	10.31	12.94

ICBC

工银故宫联名借记卡

秋卡 今宵团圆

设计取材于故宫珍宝『紫檀金桂月挂屏』。卡面使用全息幻彩工艺，蓝色随光线变化，十分梦幻。月亮本体镀幻彩膜，晶莹闪亮。寓意天上月宫，地下故宫，天涯此时，阖家团圆。

中国工商银行客户服务
微信公众号

扫码在线申办

Live more,
Bank less
星展银行
未来理财之道 今日与您同步

旺泰能源（北京）集团有限公司

旺泰能源（北京）集团有限公司（以下简称：旺泰能源）成立于2008年3月10日，系旺泰集团全资子公司，主要经营范围：成品汽油柴油批发零售、销售润滑油、化工产品、汽车配件，信息咨询，机械设备租赁，物业管理等。

旺泰能源销售主要由两大部分组成：成品油零售版块和成品油批发版块。

成品油零售版块目前共有自营、联营加油站约30座，分布在东城、朝阳、石景山、丰台、昌平、通州、丰台、海淀、大兴等地，旺泰能源集团一直坚持"视顾客为上帝，视质量为生命"的经营方针，以独特灵活的管理方式和优良的油品在同行业中享有盛誉，拥有加油站数量仅次于中石油和中石化，单站销售额位列在京多家成品油经营企业前沿。

在成品油批发方面，集团将能源业务拓展至批发领域，与首农集团合作成立北京市燕庆旺泰成品油销售有限公司，主导开展批发业务，并与中石化、北石化等企业签署了战略合作协议，成为中石化、北石化在北京地区的供应商。

为把北京建成环境清洁优美的国际化大都市，减少尾气污染，旺泰能源集团按照国家的有关规定，始终致力于无铅汽油、高清洁汽油的推广与应用，并且在同行业中具有较高的威望和知名度。集团始终坚持高标准的服务水平和服务质量，并受到广大客户的赞誉。集团在注重自身经济效益的时也非常注重顾客的利益，集团加油站的员工均以 ISO9001:2000 量管理体系认证的标准严格要求自己，使集团加油站的服务水平与服务质量均得到显著提高。集团的成品油批发业务正在逐年提升，2018 年销售额约 30 亿元；零售业务规模、加油站数量、单站加油量等指标均处于北京同行业领先地位。

2015 年 9 月旺泰能源与中国石化销售有限公司北京石油分公司达成战略合作协议，双方建立了战略合作伙伴关系，共同发展、充分发挥双方优势，优势互补、共同进行市场开拓。根据旺泰能源集团的未来战略规划，依据地区、路段的消费特点及客户需求，收购、开发更多的加油站，争取遍及全市主要路段，方便更多的消费群体；展望未来，公司将深入践行中国石油“资源市场、低成本、创新”发展战路，以“做精、做优、做强”为目标，主动应对新常态、加快网络建设，提升销售能力，推动业务转型，完成销售结构，改革创新驱动，开放合作共赢，持续提高运行质量、管理水平、服务水平，不断增强竞争实力、盈利能力和品牌影响力，努力建设发展、高效、幸福的旺泰能源销售，为中国石油销售事业发展和北京经济社会繁荣而不懈努力。

奉献能源，创造和谐；旺泰能源将为保障北京市能源安全，助力生态文明，推进绿色发展，建设美丽北京做出新的更大的贡献。

旺泰能源加油站

大华会计师事务所（特殊普通合伙）

中国会计审计、税务评估、造价咨询大型专业服务机构

大华会计师事务所创立于1985年，为国内首批获准从事H股上市审计资质的大型会计师事务所，连续八年排名位居行业前八。大华所总部设在北京，在上海、深圳等29个城市设立了分支机构。现有从业人员5500余名，中国注册会计师超过1200人，“行业领军后备人才”16人，中注协资深会员50多人。大华经PCAOB认可，具有美国上市公司审计业务执业资格。

大华所服务对象主要为大型中央企业、上市公司、金融保险企业、外商投资企业等，常年审计客户万余家，其中上市公司客户294家、大型中央企业20余家、外资企业500余家，挂牌新三板客户千余家，涉及航空航天、金融保险等多个行业领域。

大华所还在石油、石化领域开展了大量的专业化审计服务，自2009年以来为中国石油天然气集团有限公司提供常年的财务决算审计、专项审计等专业服务。2018年12月，大华所又在中国石油2019—2021年度财务决算审计会计师事务所招标采购中，成功中标主审所标段，承担中国石油集团合并报表决算审计，以及部分工程技术服务板块、国际勘探开发公司、吉化集团、济柴等所属企业的审计工作。

大华所秉持“谦逊、认真、诚恳、守信”的大华作风，致力于沿着专业化、多元化、国际化发展之路，为把大华建设成为国内一流、国际知名、能够积极参与国际竞争的大型专业服务机构而不懈努力。

大华年会表彰

上海分所团建

荣膺北京商务品牌百强

第七届大华论坛

We have one simple guiding philosophy: business must benefit society. It's kept us successful since our foundation in 1858. Of course, times change, products change, modes of communication and transportation change, but our core principle holds fast. Today, our global business is driven by innovation, but our loyalty remains with the societies we serve.

SINCE 1858

上海化学工业经济技术开发区

上海化学工业经济技术开发区是国家级经济技术开发区，位于杭州湾北岸，规划面积29.4平方千米，是以石油化工产品为主的专业开发区，建设形成以乙烯为龙头的循环经济产业链，以化工新材料为主导的特色产业集群，成为全国集聚知名跨国化工企业最多、主导产业能级高端、安全环保管理严格、循环经济水平领先的化工园区，被列为全国重点建设的七大石化产业基地之一，被评为国家首批新型工业化示范基地、国家生态工业示范园区、全国循环经济先进单位，连续六年蝉联中国化工园区发展排名前列，呈现生产、效益双增长的良好局面。

2018年，上海化工区经济平稳增长。全年，全区（包括金山、奉贤分区）共完成工业总产值1338.20亿元，销售收入1368.07亿元；引进项目投资9.86亿美元，完成固定资产投资41.52亿元；注册企业实现利润271.31亿元，上缴税金167.62亿元，同比增长33.5%。

展望未来，上海化工区作为上海化工产业的重要承载区，将秉持“创新、协调、绿色、开放、共享”的发展理念，积极推动上海化工产业集聚，以最高标准、最严要求、最好水平为目标，实现高端化发展，打响上海化工制造品牌；推动化工新材料科技成果转移转化，打造具有国际影响力的科创中心；加快智慧园区建设，实现智慧生产、智慧服务、智慧政务，建设具有国际竞争力的世界级石化产业基地。

川维化工公司

【概况】 中国石化集团重庆川维化工有限公司（简称川维化工公司）位于重庆市长寿区，其前身为中国石化集团四川维尼纶厂，是20世纪70年代初引进的四大化纤项目之一，主要装置从英、法、德、日等国引进，1974年破土动工，1979年建成投产，1983年竣工验收，同年整体进入中国石化。2017年11月完成公司制改革，下设12个职能部门、6个专业中心和6个生产运行部。

川维化工公司是中国最大的以天然气为主要原料生产化工和化纤产品的特大型联合企业，也是中国石化唯一的天然气化工企业。天然气加工能力为15.5亿米^3/年（含合资企业），主要产品产能为甲醇（MeOH）87万吨/年、乙酸乙烯酯（VAc)50万吨/年、聚乙烯醇（PVA)16万吨/年、乙酸乙烯酯—乙烯共聚乳液（VAE）6万吨/年、乙酸甲酯（MeOAc）30万吨/年、液氨20万吨/年、维纶纤维2万吨/年。截至2018年底，企业资产总额59.37亿元，资产负债率为51.8%。有与英国BP公司合资的扬子江乙酰化工有限公司、与德国林德合资的重庆川维林德气体有限责任公司2家合资企业。在岗合同制员工2 816人。

川维化工公司主要技术经济指标及主要产品产量分别见表1和表2。

（邵　鹏）

【“三定”改革工作正式启动】 2018年3月1日，川维化工公司启动中层管理岗位竞聘工作，选拔出65名中层管理人员，其中11名中层助理，标志川维化工公司“三定”改革工作正式启动。3月7日，对中层机构进行调整，下设24个二级单位，分别为12个职能部门、6个专业中心和6个生产运行部。7月9日，启动基层管理岗位竞聘工作，选拔出135名基层管理人员。

（邵　鹏）

【党组织重新设置调整】 2018年5月2日，川维化工公司党委对党组织进行调整，下设2个二级党委、10个党总支、4个直属党支部。新成立机关党委，下设13个党支部；在运行部设立党总支，并将支部由原来设在横班上调整为设在区域装置上。

（邵　鹏）

【获中国石化创新型企业称号】 2018年3月2日，集团公司授予川维化工公司中国石化创新型企业称号。

（邵　鹏）

【获国家高新技术维纶研发生产基地称号】 2018年4月2日，川维化工公司通过中国化学纤维工业协会评审，被授予国家高新技术维纶研发生产基地称号，并在行业内发布，对提高川维化工公司在行业内综合地位和产品知名度具有重要意义。

（邵　鹏）

【智能仓库管理系统成功上线试运行】 2018年8月1日，川维化工公司智能仓库管理系统成功上线试运行，这是中国石化系统内智能仓库系统在产成品上首次应用。该系统的上线进一步促进仓库管理流程规范化、系统化，提高仓库作业效率和质量，提升仓储管理水平。

（邵　鹏）

【2018年质量体系换版通过认证审核】 2018年8月17日，经过中质协质量保证中心审核组的审核，审核组一致认为川维化工公司质量管理体系运行有效，质量体系管理成熟度水平处于较高水平，川维化工公司通过2018年质量体系换版认证审核。

（邵　鹏）

【“三供一业”及市政分离移交正式协议全部签订完成】 2018年8月28日，川维化工公司与重庆市九龙坡西彭镇人民政府正式签订黄磏职工家属区物业及管理职能分离移交项目实施协议，标志着公司“三供一业”及市政分离移交正式协议全部签订完成。

（邵　鹏）

【视频监控系统正式投用】 2018年11月1日，川维化工公司视频监控系统升级改造项目圆满完成，正式投入使用。视频监控升级改造项目的投运实现川维化工公司生产现场管理的可视化和可追溯，实现视频监控全覆盖无盲区的目标。

（邵　鹏）

【获 2018 年度国家知识产权局知识产权示范企业称号】 2018 年 8 月 15 日，川维化工公司在申报国家知识产权示范企业中，在重庆市排名第一，得到国家知识产权局认可，获 2018 年度国家知识产权局知识产权示范企业称号。全年申请专利 40 件，获授权 23 件。

（邵　鹏）

【“PVA 光学膜工业化成套技术开发”项目“入龙”】 2018 年 12 月 18 日，川维化工公司“PVA 光学膜工业化成套技术开发”项目被集团公司纳入“十条龙”重大科技攻关项目管理。PVA 光学膜是制造液晶显示器（LCD）所用偏光片的一种高端产品，项目的建成投运，将充分发挥川维化工公司专用原料优势，也将打破长期国外技术垄断和市场垄断。

（邵　鹏）

表 1　　川维化工公司主要技术经济指标[①]　　亿元

指标名称＼年份	2018	2017	2016	2015	2014	2013
天然气加工量 / 亿立方米	10.42	12.13	10.37	10.13	9.92	7.86
工业总产值[②]	56.71	56.45	41.52	43.02	49.49	39.31
工业增加值	12.89	13.45	5.64	2.71	5.91	3.49
资产总计	59.37	64.39	69.11	71.31	90.24	88.49
流动资产	6.24	4.70	8.95	5.52	8.58	7.42
固定资产原值	107.19	110.03	107.83	106.31	101.47	96.48
固定资产净值	54.20	57.54	59.27	62.16	61.14	61.14
营业收入	60.09	60.17	45.63	49.22	53.70	43.43
实现利税	4.62	3.77	−5.65	−7.15	−5.10	−8.75
税金及附加	3.57	3.10	1.85	2.04	1.72	0.75
综合能耗 / 吨标煤 · 万元 $^{-1}$	3.02	2.84	3.05	3.03	3.21	3.34

① 数据不含合资企业
② 工业总产值数据以现价计算

表 2　　川维化工公司主要产品产量　　万吨

产品名称＼年份	2018	2017	2016	2015	2014	2013
甲　醇	74.07	87.39	68.84	69.10	68.43	53.22
醋酸乙烯	47.13	52.88	47.74	46.90	43.80	34.44
聚乙烯醇	15.74	15.75	14.13	12.37	12.79	13.36
醋酸甲酯	8.52	17.83	15.36	11.57	13.52	13.54

续表

产品名称 \ 年份	2018	2017	2016	2015	2014	2013
醋酸乙烯—乙烯共聚乳液	6.24	6.35	5.60	5.93	5.45	5.76
维纶纤维	1.98	2.05	1.83	1.34	1.62	1.79
液　氨	7.66	13.86	11.58	6.67	0.38	1.48

九江石化

【概况】 中国石油化工股份有限公司九江分公司（简称九江分公司）和中国石化集团资产经营管理有限公司九江分公司（简称九江资产分公司）统称九江石化，地处江西省九江市东郊，占地面积4.08平方千米。其前身为九江炼油厂，1975年经国家批准筹建，1980年10月建成投产，1991年10月更名为中国石化九江石油化工总厂，1998年更名为中国石化集团九江石油化工总厂。2000年，根据中国石化整体重组改制部署，九江石油化工总厂主要经营性业务划入集团公司上市部分，组建股份公司九江分公司。2007年，非上市部分设立九江资产分公司。截至2018年底，九江石化共有机关处室13个、专业中心7个、运行部12个，用工总量2 618人。

九江分公司主营业务有炼油、化工生产经营，现有原油一次加工能力1 000万吨/年、综合加工能力800万吨/年，主要生产装置有常减压、催化裂化、连续重整、延迟焦化、汽柴油加氢、吸附脱硫、渣油加氢、加氢裂化、煤制氢、聚丙烯、苯乙烯等；主要产品有汽油、柴油、航煤、燃料油、沥青、液化气、“三苯”、石油焦、硫黄、聚丙烯、苯乙烯等。

九江资产分公司主要业务有供水、排水、社区服务（包括离退休管理、居委会）。

九江分公司主要技术经济指标及主要产品产量分别见表1和表2。

（张　茜）

【生产经营实现新突破】 2018年，九江石化积极应对国内炼油产能过剩的严峻形势，统筹内外资源，突破运行瓶颈，保持装置高效大负荷稳定运行，努力做大加工总量，催化、连续重整等关键二次加工装置实现历史最大负荷运行，苯乙烯装置投产第1个完整日历年运行实现达产，煤制氢装置两炉连续供氢天数达277天，动力蒸汽系统保供有力。全年完成加工总量830.24万吨，首次突破800万吨，其中加工原油766.59万吨（含来料加工6.07万吨），创历史新高。坚持价值引领，狠抓拓市扩销，加强经营管控，持续提升盈利能力，实现营业收入459.10亿元，创历史新高；实现利润20.20亿元，首次突破20亿元；实现各类税费115.05亿元，连续第3年位居江西省首位。

（张　茜）

九江石化码头运行部员工接卸原料进厂（王群伟　摄）

【获评江西省第1批绿色工厂】 2018年，九江石化深入贯彻习近平生态文明思想，坚持绿色发展，持续巩固“绿色低碳”核心优势，发布《九江石化绿色企业创建实施方案》，积极推进绿色企业创建。认真贯彻《水污染防治法》，主动申报，提前取得江西省首张石化行业排污许可证。落实长江经济带“共抓大保护、不搞大开发”部署，推进码头生态环保整治，启动“2018 清废行动”，打造长江最美岸线“石化名片”，获评江西省第 1 批绿色工厂，连续第 4 年获评中国石化环境保护先进单位。

（张　茜）

九江石化水务观察池景观（邓　颖　摄）

【坚持问题导向从严抓安全生产】 2018 年，九江石化深刻吸取“3·12”事故教训，坚持问题导向，强化基础工作，完善各级安全生产责任制，狠抓责任落实。开展全员反思，组织高压窜低压、高低温互窜、全面风险隐患、仪表报警设置、HSSE 领域反形式主义和弄虚作假、技术文件修订 6 个专项排查，开展员工岗位素质达标考核。强化领导干部“六个必”，提升安全引领力。建立 HSSE 日报和周例会机制，安全监管实现闭环。全面梳理安全管理制度，提高安全管理有效性和穿透性。强化承包商监督和直接作业环节过程管控，试点安全网格化监管、安全行为指数观察，考核承包商 170 次。强化异常和应急处置，严格事件事故问责。开展全员“辨风险、查隐患、反三违”安全诊断，全年发现处置隐患 131 起。

（张　茜）

【获评第 11 届全国设备管理优秀单位】 2018 年，九江石化不断强化设备“三基”工作，加强设备检维修管理，推进设备完整性管理体系建设，狠抓推进设备预知预防性维修，设备完好率 99.80%，装置平均仪表自控率 97.07%，在线分析仪表投用率 99.83%，均创历史最好水平，获评第 11 届全国设备管理优秀单位，入选中国石化设备完整性管理体系建设第 1 批推广企业。

（张　茜）

【芳烃项目系统配套工程启动】 2018 年，九江石化全面落实“十三五”发展规划，转方式调结构，发展建设实现新突破，芳烃项目规模调至 89 万吨 / 年，12 月 29 日启动芳烃项目系统配套物资仓库拆还建工程仪式。

（张　茜）

【烷基化项目实现中交】 2018 年，九江石化按照“统筹部署、深度交叉、整体运作、分布实施”的原则，积极推进国内首套离子液烷基化大型工业化的装置——30 万吨 / 年烷基化项目建设，12 月 30 日实现装置中交。

（张　茜）

【海外开工服务项目圆满完成】 2018 年，九江石化承接的哈萨克斯坦阿特劳炼油厂石油深加工 EPCC 项目柴油加氢、石脑油加氢、苯加氢、醚化、异构化 5 套装置相继实现一次开车成功，海外开工服务项目圆满收官，为公司走出去开展技术服务、拓展海外市场进行有益探索。

（张　茜）

【提前实现国 VI 汽、柴油质量升级】 2018 年 9 月，九江石化根据总部统一部署，提前进行国 VI 汽、柴油质量升级工作，开展装置适应性生产，9 月底生产出符合国 VI 质量标准的汽、柴油产品，提前 1 个季度实现国 VI 汽、柴油质量升级。

（张　茜）

【136 项措施推进降本减费】 2018 年，九江石化聚焦成本竞争力，优化运行降成本，以降本减费月度工作例会为平台，围绕 14 类成本费用、136 项管控措施，落实 16 家责任单位、责任人、节点目标和管理要求，持续深化降本减费工作，全年实现降本减费 3.63 亿元。

（张　茜）

【深化智能工厂应用】 2018 年，九江石化坚持创新驱动发展，持续巩固“智能工厂”核心优势，推进智能工厂深化应用，覆盖五大业务域、17 个重要信息系统，贯穿于生产、环保、管理、销售服务各个环节。开发核磁分析技术，建立 554 个核磁分析模型，其中86个已应用替代化验室分析；推进智能工厂升级版建设，设备管理KPI指标等系统上线运行，智能巡检系统逐步推广。9月，入选国家工信部“信息物理系统（CPS）试点示范项目”，深化应用创新创效综合评价处于中国石化先进行列。

（张　茜）

【推进“三项制度”改革】 2018年，九江石化精心策划，稳步实施，推动“三项制度”改革取得实效。做好“三定”机构调整，中层机构数量由35个减少到32个，达到中国石化AA级企业组织机构标准。坚持新时期好干部标准，选优配强领导班子，大力选拔优秀年轻干部，选拔任用干部涉及28家单位、128人。优化人力资源配置，全员劳动生产率创历史最好水平。

（张　茜）

【实施人才强企工程】 2018年，九江石化强化“人才是第一资源”理念，制订《九江石化人才强企工程行动方案》。完善人才成长通道建设，选聘专业技术和技能操作中高级职位人员81名。以素质达标考核、业务流程考试、网络学习、仿真训练等方式加强员工培训，提升员工素质能力。

（张　茜）

【狠抓“三基”强化管理】 2018年，九江石化以提升“三基”为抓手，加强生产、设备、安全、环保、质量、计量等各专业“三基”管理，制订《2018年强化提升“三基”工作“1+7”系列方案》。建立检查评比新机制，提升“三基”工作系统性、长效性、专业性。全年检查发现问题2 500余项，考核1 800余项。

（张　茜）

【提前完成总部下达的“三供一业”分离移交任务】 2018年，九江石化稳步推进“三供一业”及企业办社会职能分离移交工作，按照总部2018年分离移交目标任务界定的标准，完成9项分离移交项目的正式协议签署，“1+5”实施方案上报并获得总部批复，其他办社会职能分离移交项目全部完成。7月，新的石化社区居委会揭牌；8月，石化社区首届业主委员会成立。以市场化改革方式保留社区供暖方案获总部批复，是中国石化非供暖区首家获得批复的企业。

（张　茜）

【构建“党建力量”理念体系】 2018年，九江石化党委积极探索构建“党建力量”理念体系，通过开展“党建力量”体系课题研究，架设党建力量体系的“四梁八柱”，构建“党建力量12345”模型，并形象直观地设计成为动力无限、勇往直前、安稳可靠的“高铁动力”模型，发布“党建力量”核心优势体系手册。倾力打造“党建力量”核心优势，开展“党建+”特色活动，促进“党建力量”抓实落地，实现基层组织力提升，持续推进党的政治优势转化为企业发展优势。

（张　茜）

【选树先进典型传播正能量】 2018年，九江石化积极践行社会主义核心价值观，培育选树“立得住、叫得响、传得远”的先进典型，获评全国最佳志愿服务组织奖，庞刚获评中国石化精神文明建设标兵。深入开展“弘扬爱国奋斗精神、建功立业新时代”活动，举办庆祝改革开放40周年“丝路壮歌”海外项目汇报会，发挥先进典型示范引领作用，用榜样的力量激发广大干部员工干事创业的内生动力。

（张　茜）

【“大江奔流”采访团聚焦九江石化】 2018年，九江石化按照长江经济带“共抓大保护、不搞大开发”部署，坚持绿色发展，打造长江最美岸线“石化名片”。8月5日，人民日报社、新华社、中央电视台等中央媒体和行业地方媒体60余名记者组成的“大江奔流——来自长江经济带的报道”大型主题采访团聚焦九江石化，进行全媒体报道，点赞九江石化打造长江最美岸线“石化名片”。九江石化作为中国石化唯一一家企业接受“大江奔流”主题采访，树立了中央企业在生态环境保护上当先锋、当表率的良好形象。

（张　茜）

【联手发布驻赣央企社会责任报告】 2018年7月

6 日，结合庆祝改革开放 40 周年和中国石化成立 35 周年，九江石化与江西石油分公司联手发布《中国石化在江西白皮书》，是中央驻赣企业首次以集体名义发布社会责任报告，向全社会集中发布中国石化驻赣企业履行社会责任、服务地方经济情况，自觉接受媒体、公众监督。

（张　茜）

“中国石化在江西”新闻发布会（邓　颖　摄）

【和谐家园持续巩固】 2018 年，九江石化坚持真困难、真帮助，扎实开展困难帮扶工作，累计为 1 617 人次发放困难补助 125 万元，为 2 307 人次提供补充、互助医疗补助 445 万元。完善信访工作机制，立足源头治理，保持队伍稳定、企业稳定。全面建设平安和谐企业，实现公共安全“零发案”。认真落实定点帮扶和文明帮建工作，体现国有企业的责任与担当。继续保持全国文明单位殊荣，企兴人和局面持续巩固。

（张　茜）

表 1　九江分公司主要技术经济指标　亿元

指标名称＼年份	2018	2017	2016	2015	2014	2013
原油加工量 / 万吨	766.59	698.72	725.01	555.50	471.26	519.18
工业总产值	456.60	351.60	311.47	264.31	295.18	321.53
炼　油	429.84	333.46	295.78	250.70	281.65	304.64
化　工	26.76	18.14	15.69	13.61	13.53	16.99
工业增加值	157.39	137.88	139.26	99.30	52.91	63.13
资产总计	122.98	169.79	146.81	126.24	105.75	68.67
流动资产	23.95	66.33	41.77	19.32	25.43	20.79
固定资产原值	158.12	158.82	145.66	133.74	76.90	80.48
固定资产净值	92.94	98.99	93.50	88.18	32.21	34.87
销售收入	457.38	354.37	326.06	266.03	299.06	327.85
实现利税	142.98	131.06	137.38	88.46	48.80	56.53
税　金	122.74	114.86	118.23	86.80	45.08	56.35
综合能耗 / 吨标煤 · 万元 $^{-1}$	0.36	0.36	0.35	0.34	0.31	0.31

表 2　九江分公司主要产品产量　万吨

产品名称＼年份	2018	2017	2016	2015	2014	2013
98# 汽油	—	0.95	2.32	0.22	—	—
97# 汽油	—	—	57.55	66.76	58.07	48.28

续表

产品名称 \ 年份	2018	2017	2016	2015	2014	2013
95# 汽油	61.41	50.81	18.40	—	—	—
93# 汽油	—	—	104.84	125.78	103.95	111.05
92# 汽油	176.65	152.14	34.88	—	—	—
柴　油	289.44	288.26	307.32	211.92	179.61	204.73
煤　油	67.15	57.47	54.95	34.17	24.35	21.93
燃料油	1.41	0.24	—	0.20	1.40	5.29
液化气	42.81	40.61	42.02	32.18	26.51	31.45
沥　青	8.34	6.65	4.49	8.35	12.10	14.28
聚丙烯	11.21	10.22	11.18	10.53	9.23	11.16
苯　类	19.88	14.30	20.51	13.65	5.96	7.99
硫　黄	6.35	5.69	5.75	3.21	2.67	2.67
石油焦	34.69	31.23	32.26	32.24	31.60	31.43
石脑油	39.99	24.16	25.41	2.23	0.29	—
戊烷发泡剂	12.28	13.58	13.66	7.13	5.15	0.96

湖北化肥

【概况】 中国石油化工股份有限公司湖北化肥分公司（简称湖北化肥分公司）暨中国石化集团资产经营管理有限公司宜昌分公司（简称宜昌资产分公司）统称湖北化肥，位于湖北省枝江市，紧邻沪渝高速和318国道，南距长江约1.5千米，铁路专用线由枝江车站接轨至厂卸煤线站台，交通优势十分明显。湖北化肥前身为湖北省化肥厂，于1974年10月动工建设，1979年8月投产，1983年7月1日整体并入中国石油化工总公司。2000年和2006年分别实施燃料、原料路线“煤代油”改造。2014年3月，20万吨/年合成气制乙二醇示范装置投产后，退出化肥业务，实现由化肥向化工转型。2017年11月，合成气制乙二醇项目“出龙”，企业产品结构调整获得重大突破。

截至2018年底，湖北化肥拥有30万吨/年合成氨装置、52万吨/年尿素生产装置、日处理2 000吨煤的煤气化装置、20万吨/年乙二醇装置、2台240吨/时生产能力高压煤粉锅炉和1台220吨/时生产能力高压煤粉锅炉、2台2.5万（千瓦·时）/时的汽轮发电机组的公用工程和配套设施、1条23千米的自有专用铁路线和工业编组站。主要产品为乙二醇、合成氨，副产品二乙二醇、草酸二甲酯、粗乙醇、硝酸钠、氮气、氧气、氩气、硫黄等。

截至2018年底，湖北化肥设10个职能处室、4个中心、5个运行部共19个直属单位。有合同制员工995人，其中具有高级职称的57人、中级职称的223人，高级技师22人、技师99人。

湖北化肥主要技术经济指标及主要产品产量分别见表1和表2。

（张　英）

【领导班子调整】 2018年4月24日，集团公司党组决定：李绪青任中共湖北化肥厂委员会委员、湖北化肥分公司总会计师；8月4日，集团公司党组决定：杜阳任中共湖北化肥厂委员会委员、湖北化肥分公司副总经理、总工程师；赵晓军不再担任中共湖北化肥厂党委委员、湖北化肥分公司副总经理，另有任用。

（张 英）

【开展“精益管理深化年”活动】 2018年为湖北化肥“精益管理深化年”，印发《“精益管理深化年”活动实施方案》，以“克服组织惰性，提高管理效率”为目标，以“抓观念态度、抓‘三基’工作、抓问题短板、抓形象声誉”为重点，制定和落实66项措施，推动精益管理不断深化。

（张 英）

【提出“基地转型、异地发展”新思路】 贯彻习近平总书记关于推动长江经济带发展重要指示要求，按照集团公司打造世界一流的战略部署，结合地方关于沿江化工企业转型升级部署，湖北化肥提出“基地转型，异地发展”的转型升级思路。基地转型就是抓污染治理，坚持内涵发展，做优做强主业；融入地方，发展精细化工，优化产品结构；异地发展就是实施走出去发展战略，到中国石化煤化工基地发展，打造中国石化煤制乙二醇品牌基地。

（张 英）

【深化内部机制改革】 ①推行人才“能上能下”。开展专业技术和技能操作人才竞聘上岗，25名专业技术和技能操作人员落聘，优秀人才得到晋升。②推行收入“能增能减”。增加薪酬分配“活”的部分，将原固定的骨干专项奖改为特人特薪奖，特人一年一评定，一月一考核。③推行内部承包。在产品销售部试行自销产品内部承包机制，调动销售人员积极性。

（张 英）

【开展安全生产“精准帮扶”】 针对“安全环保事故事件频发、非计划停车多发”问题，湖北化肥主要领导带队，分别对煤气化部和公用工程部进行长周期运行和安全环保工作帮扶，每月总结评价，推动循序渐进，为公司打赢HSSE翻身仗发挥关键性作用。

（张 英）

【表彰14名倒班35年以上员工】 2018年10月15日，湖北化肥对倒班35年以上的14名在岗员工进行表彰。公司领导为他们佩戴绶带，颁发荣誉证书、奖杯和奖金，感谢他们为企业生产建设和经营发展做出的贡献，激励全体员工以他们为榜样，扎根一线、立足岗位、履职尽责。

（张 英）

【积极推行“马上就办”】 主动对标总部机关，推行“马上就办”。出台践行“马上就办”实施方案，坚持问题导向，针对机关管理中存在的突出问题，提出办文、办会、办事时限要求，通过督办系统跟踪督办，每月对落实情况进行通报考核，促进机关部门作风转变和效率提升。

（张 英）

【建立干部作风巡查常态化机制】 将干部作风巡查工作固化为制度，日常一周一巡查一通报，检修期间一天一巡查一通报。对领导干部履职、重点事项落实、重点问题督办等情况每周在调度会上通报，并在公司主页“作风巡查专栏”公开，接受职工监督。全年巡查300余次，通报101期，考核39人次，有效促进领导干部担当作为。

（张 英）

【获得荣誉】 湖北化肥工会被授予模范职工之家称号，乙二醇部被授予全国工人先锋号、中国石化先进集体等称号。王文被评为集团公司劳动模范，黄延兵被湖北省总工会授予荆楚工匠称号。

（张 英）

【获首届宜昌生态环境保护奖】 “宜昌生态环境保护奖”是宜昌市政府为表彰生态文明建设和环境保护方面做出重要贡献，事迹典型突出，社会影响较大，示范作用强的先进集体和个人，自2018年开始设立的生态环境领域最高奖项，湖北化肥获首届奖励。

（张　英）

【党建质量体系通过认证审核】 为推动党建与一体化管理体系深度融合，开展党建质量管理体系建设。经过宣传发动、业务梳理、制度完善、体系建立、运行审核、外部审核等阶段的工作，于2018年10月通过中质协质量保证中心审核，取得体系认证。

（张　英）

表 1　　湖北化肥主要技术经济指标　　亿元

指标名称＼年份	2018	2017	2016	2015	2014	2013
工业总产值						
湖北化肥分公司	17.70	13.84	8.06	5.52	6.58	9.04
宜昌资产分公司	5.99	4.78	3.39	2.50	2.98	3.20
工业增加值						
湖北化肥分公司	0.95	−0.60	−1.58	−1.86	−1.91	−0.85
宜昌资产分公司	0.87	0.97	0.30	0.18	0.24	0.29
资产总计						
湖北化肥分公司	20.47	21.97	25.20	25.78	25.67	25.42
宜昌资产分公司	5.50	6.05	5.70	5.58	5.97	5.43
流动资产						
湖北化肥分公司	2.68	3.78	2.89	3.06	1.78	3.29
宜昌资产分公司	0.80	0.68	0.53	0.06	0.21	0.44
固定资产原值						
湖北化肥分公司	53.73	53.00	52.39	51.35	50.54	31.64
宜昌资产分公司	10.08	10.18	10.14	10.18	8.90	8.65
固定资产净值						
湖北化肥分公司	12.91	13.02	18.99	19.52	20.14	2.00
宜昌资产分公司	3.89	4.23	4.70	5.30	4.55	4.72
销售收入						
湖北化肥分公司	21.38	17.23	10.49	6.98	8.82	10.40
宜昌资产分公司	8.19	6.81	4.64	3.64	4.15	3.70
实现利税						
湖北化肥分公司	−2.10	−8.92	−5.22	−5.25	−4.61	−2.66
宜昌资产分公司	0.05	0.11	−0.70	−0.72	−0.55	−0.65

续表

指标名称 \ 年份	2018	2017	2016	2015	2014	2013
税　金						
湖北化肥分公司	0.10	0.06	0.04	0.05	0.05	0.06
宜昌资产分公司	0.08	0.10	0.09	0.04	0.06	0.06
综合能耗 / 吨标煤・万元 $^{-1}$						
湖北化肥分公司	5.60	5.81	6.10	6.33	6.61	7.00
宜昌资产分公司	1.56	1.73	1.81	1.87	1.88	1.94

表 2　　湖北化肥主要产品产量　　万吨

产品名称 \ 年份	2018	2017	2016	2015	2014	2013
湖北化肥分公司						
乙二醇	13.96	12.20	8.34	5.16	3.47	—
合成氨	17.70	14.03	13.28	7.98	14.55	28.68
尿　素	—	—	—	—	9.27	44.26
宜昌资产分公司						
蒸　汽	462.43	392.86	339.64	256.00	255.10	211.22
电 / 亿千瓦・时	1.91	1.53	1.65	1.16	0.62	1.27

济南炼化

【概况】 中国石油化工股份有限公司济南分公司（简称济南分公司）和中国石化集团资产经营管理有限公司济南分公司（简称济南资产分公司）统称济南炼化，始建于 1971 年，1975 年投产，1983 年划归中国石油化工总公司，1998 年留转至集团公司，2000 年根据重组改制方案，企业进行主辅分离，主业即进入股份公司，成为济南分公司；辅业部分于 2006 年 11 月经过体制转换，成为济南资产分公司。

济南炼化位于山东省济南市历下区，占地面积 2.4 平方千米，距市中心 11 千米，地处胜利、中原两大油田之间，自备铁路与胶济线相连，厂区南北有济王路、309 国道和济青高速公路，距济南遥墙国际机场 15 千米，地理位置优越，交通运输四通八达。

截至 2018 年底，济南炼化固定资产原值 86.36 亿元，具备 750 万吨 / 年原油一次加工能力，拥有常减压、催化裂化、柴油加氢、蜡油加氢、润滑油加氢、S-Zorb、逆流连续重整、润滑油系列、聚丙烯等 30 余套主要生产装置，可生产汽油、柴油、液化气、航空煤油、石油焦、聚丙烯、硫黄、润滑油基础油等 50 余种产品，产品出厂合格率始终保持 100%。济南分公司职工人数为 1 653 人，其中各类专业技术人员 295 人（具有高级职称的 79 人、中级职称的 155 人）；济南资产分公司职工人数为 89 人，其中各类专业技术人员 13 人（具有高级职称的 3 人、中级职称的 4 人）。

济南分公司主要技术经济指标及主要产品产量分别见表 1 和表 2。

（邓顺平）

【炼油结构调整提质升级改造项目全面建成投产】 2018 年 7 月 17 日，项目建成中交。9 月 16 日，120 万吨 / 年催化裂化装置一次开车成功并产出合格产品，标志着济南炼化炼油结构调整提质升级改造项目全面建成投产。

（邓顺平）

【临济原油复线投产】 该管线全长 80 千米，设计输量 330 万—350 万吨 / 年，管线路由经德州市临邑县、济南市济阳县和历城区，于 2017 年 5 月 15 日正式开工建设。2018 年 8 月 30 日，项目顺利实现中交；9 月 28 日，全线贯通投运输油正常。临济原油复线投产后，济南炼化原油供给能力大幅提高，有效保障原油资源的安全输送、稳定供应。

（邓顺平）

【济南炼化—济南机场航煤管线全线贯通】 该管线全长 30 千米，设计输量 40 万—60 万吨 / 年，全部在济南市历城区范围内敷设。项目由中航油石化管道公司投资承建，2017 年 2 月 27 日获济南市发改委核准批文，2017 年 9 月 28 日正式施工，2018 年 12 月 29 日全线贯通。

（邓顺平）

【生产经营优化成效明显】 2018 年，济南炼化聚焦效益目标，持续优化生产组织。结构优化成效突出，深挖运行装置潜力，发挥 LTAG 工艺优势，炼油结构调整项目投产后柴汽比降至 0.7、车柴比例 100%，航煤月均产销 2.1 万吨以上。拓市扩销有力有效，全年汽、煤、柴油计划完成率 100%，工业气销售比例 69.9%，重交沥青比例 100%，润滑油副产品对比标杆产品增效明显。装置设备平稳运行，深化设备完整性管理体系建设，稳妥组织运行装置 HAZOP 分析，积极开展“两重点一重大”装置 SIL 评估，实现长周期安稳运行。

（邓顺平）

【完成“四供一业”分离移交目标任务】 2018 年，济南炼化按照打好分离移交攻坚战的部署和要求，加强组织领导，逐级落实责任，努力协调政府有关部门及接收方，在坚持政策的前提下，通过与济南水务集团、热力集团、物业综合服务公司的谈判，于 2018 年 10 月底全部完成济炼社区“四供一业”分离移交正式协议签订，实施方案同步上报，12 月完成相关资产移交，维修改造资金随资产一并划转，全面完成分离移交目标任务。

（邓顺平）

表 1　济南分公司主要技术经济指标　亿元

指标名称 \ 年份	2018	2017	2016	2015	2014	2013
原油加工量 / 万吨	441.40	364.63	501.49	504.32	500.69	414.56
工业总产值	244.61	172.30	208.73	226.98	293.69	246.08
工业增加值	84.34	70.53	109.19	103.06	67.16	50.82
资产总计	59.13	51.91	45.39	44.44	49.93	48.49
流动资产	17.25	11.17	11.47	9.24	13.34	13.04
固定资产原值	86.36	75.33	73.91	72.54	68.59	66.48
固定资产净值	38.80	30.72	31.32	33.08	32.46	33.10
销售收入	242.43	172.63	208.70	225.30	292.77	243.95

续表

指标名称 \ 年份	2018	2017	2016	2015	2014	2013
实现利税	76.90	64.28	102.04	93.73	60.64	43.76
税　金	69.61	59.93	86.16	86.23	57.68	43.60

表 2　　济南分公司主要产品产量　　万吨

产品名称 \ 年份	2018	2017	2016	2015	2014	2013
汽　油	142.22	108.36	162.60	163.74	157.60	110.58
柴　油	136.71	129.54	174.39	190.61	197.03	166.57
沥青料	15.38	9.46	14.04	11.98	10.63	8.07
液化石油气	22.42	18.06	31.32	31.68	29.15	23.19
润滑油基础油	10.81	6.80	8.99	5.47	6.08	6.61
聚丙烯	9.53	7.54	12.11	12.01	11.63	9.40
化工轻油	7.40	5.37	7.09	7.10	8.63	19.80

中原石化

【概况】 中国石化中原石油化工有限责任公司（简称中原石化）是股份公司控股的企业，位于河南省濮阳市，占地 173 万平方米。1987 年国家批准立项建设，1996 年建成投产，1998 年 4 月划归集团公司，2005 年 1 月进入股份公司。截至 2018 年底，公司注册资本金 24 亿元，其中股份公司占 94.99%、河南省投资集团占 3.51%、中原银行占 1.50%。

截至 2018 年底，中原石化有新、老 2 套生产系统，老系统为石油化工生产路线，主体装置 1996 年建成投产，先后进行 2 次技术改造，有 10 套化工生产装置，乙烯装置设计规模为 18 万吨 / 年，经过技术改造和技术攻关，实际产能超过 21 万吨 / 年；聚乙烯设计能力为 26 万吨 / 年，聚丙烯装置设计能力为 6 万吨 / 年，另有汽油加氢、苯抽提、制氢、1- 丁烯、催化裂解制烯烃（OCC）5 套副产品深加工装置。新系统为煤化工生产路线，包括 1 套 60 万吨 / 年甲醇制烯烃（S-MTO）装置和配套的 10 万吨 / 年聚丙烯装置，分别于 2011 年 10 月 10 日和 9 月 20 日投产。主要产品有聚乙烯、聚丙烯、苯、MTBE、氢气等。中原石化设 11 个机关部室、6 个运行部和 5 个中心。用工总量 1 339 人。

中原石化主要经济指标及主要产品产量分别见表 1 和表 2。

（李继增）

【领导班子调整】 2018 年 8 月，集团公司党组对中原石化领导班子进行调整：总会计师张怀玺因工作需要外调。调整后的中原石化领导班子由胡明生、王家纯、尹光耀、刘焕荣组成。

（李继增）

【扎实推进“两个三年、两个十年”战略部署】 2018 年，中原石化坚持稳中求进工作总基调，认真贯彻落实集团公司工作会议精神，紧紧围绕集团公司党组“两个三年、两个十年”战略部署，结合中原石化“十三五”发展规划，制定并落实中原石化“两个三年、两个十年”战略部署，以解决事关公司长远发展及近期工作重点的重大问题，实现产业转型升级，推进企业全面可持续、高质量发展。聚焦“两个三年”中第1个3年全面可持续发展目标，启动中原石化结构调整项目。

（李继增）

【实现持续盈利】 2018年，中原石化全力转观念、抓改革、夯基础、促管理、稳生产、强党建，各项工作取得较好成效。在顺利完成大检修的基础上，全年实现利润473万元，连续5年盈利。资产负债率从2017年底的35.74%下降到2018年底的32.33%，国有资产实现保值增值。

（李继增）

【积极推进业财融合促生产经营优化】 2018年，中原石化按照“宜油则油、宜醇则醇、宜烃则烃”原则，持续优化装置结构、原料结构，及时调整乙烯装置、MTO装置生产负荷，实现装置运行效益最大化。建立原料边际贡献测算模型，开展日效益和原料加工边际测算，及时发现、解决生产经营运行中的异常指标问题。紧紧抓住丁二烯、混合碳四等上游产品价格上涨的时机，及时调整装置结构，增效907万元。通过测算不同裂解原料加工效益，优化裂解原料，加大轻石脑油和饱和液化气轻质原料采购，创效2 477万元。

（李继增）

【连续18年无上报安全事故】 2018年，中原石化牢固树立“发展决不能以牺牲安全为代价”红线意识，按照“一切事故都是可以避免的”理念，以“识别大风险、消除大隐患、杜绝大事故”为主线，发挥HSSE委员会和安全分委会作用，强化安全生产责任落实，完成安全生产许可证延期换证、危险化学品登记证换证等工作。积极推进HSSE体系和双重预防机制建设，实施隐患排查治理清单化，狠抓承包商和承运商管理，规范现场作业安全管理，加强应急预案演练，持续开展全员安全诊断活动，提出安全诊断建议22 835条。开展公司级综合应急演练等各级演练共计548次。连续18年无上报安全事故。

（李继增）

举行消防安全演习

【切实践行绿色发展理念】 2018年，中原石化认真贯彻落实“绿水青山就是金山银山”发展理念，按照集团公司和地方政府大气污染治理要求，持续开展环境风险识别和管控，深入开展节能减排，大力推行清洁生产，积极推进绿色企业行动计划，强化环保隐患治理项目建设，严格环保监测管理，确保“三废”处理达标排放，外排废水、废气达标率和固体废物妥善处置率100%。开展11次“公众开放日”活动，受到社会各界和公众媒体的好评。12月25日，河南省生态环境厅、河南省教育厅下发《关于命名第三批河南省环境教育基地的决定》，命名中原石化在内的15个单位为第3批“河南省环境教育基地”。

（李继增）

【召开“查思想、查管理、查技术”启动会】 2018年8月23日中原石化公司根据党委《关于印发在安全环保工作中充分发挥党组织和党员作用实施方案的通知》要求，召开“查思想、查管理、查技术”启动会暨绿色企业行动计划。集团公司能源与环境保护部主任陈俊以“拥抱绿色革命，创建绿色企业”为题，从“生态文明建设总体要求”“绿色企业行动”“建设项目环保管理”等方面进行培训。

（李继增）

【“高效甲醇制烯烃全流程技术”获国家科学技术进步奖一等奖】 2018年1月8日，2017年度国家科学技术奖励大会在北京人民大会堂开幕，中原石化申报的科技成果“高效甲醇制烯烃全流程技术”获国家科学技术进步奖一等奖。

（李继增）

【结构调整项目取得阶段性成果】 2018年6月21日，股份公司下发同意中原石化开展结构调整项目前期工作的函，标志着结构调整项目取到“路条”。10月31日，按程序取得濮阳市开发区《河南省企业投资项目备案证明》；完成原油管线可研报告；召开听证会确定选址方案；完成第1次环评公示，并进行环境监测。同时完成项目行政许可备案。

（李继增）

【乙烯单体外卖提前完成全年生产任务】 2018年，中原石化加强乙烯单体外卖装置特护、精心操作、优化运行，确保装置安稳运行。8月15日，中原石化新增乙烯单体外卖装置外售乙烯5万多吨，增效5 000余万元，提前4.5个月完成全年生产任务。

（李继增）

【化工产品客户座谈会召开】 2018年4月12日，中国石化化工产品客户座谈会及中原石化新产品发布会召开。会议介绍化工生产经营、质量管理等情况，并发布聚丙烯、聚乙烯新产品，受到客户的欢迎和好评，树立了中国石化良好形象。骆驼集团股份有限公司、武汉金牛经济发展有限公司等企业共计80余名客户代表出席座谈会。

（李继增）

【新产品亮相国际橡塑展】 2018年4月24日，中原石化新产品PPR-MT75、PPR-MT45亮相上海国际橡塑展，以其独特性能和过硬质量受到用户的欢迎和好评。PPR-MT75是国内熔融指数最高的无规共聚新产品，填补了国内空白，主要应用于高端注塑领域，具有良好的刚韧平衡性，在高端薄壁制品领域应用有独特的优势，降低了生产成本。

（李继增）

【冷热水用聚丙烯管材通过国家认证】 2018年12月20日，中原石化冷热水用聚丙烯管材PPR-P00通过国家化学建筑材料测试中心8 760小时认证，静液压状态下的热稳定性达到50年无破裂、无渗漏，标志着公司新产品开发取得新进步。由于管材PPR-P00具备优良的力学性能、成型加工性能以及良好的化学稳定性、耐热性、抗蠕变性能等，被广泛应用于各类建筑物的冷热水输送系统。

（李继增）

【中心化验室获国家认可】 2018年11月20日，中原石化中心化验室获中国合格评定国家认可委员会（CNAS）实验室认可证书和认可决定书。中心化验室严格按照管理体系文件要求工作，严格执行“做我所写、记我所做”，质量管理水平明显提高，促进了中心化验室管理水平和技术能力的提升。

（李继增）

【中国石化首款BOPP电容器膜料成功打入市场】 2018年1月12日，中原石化客户使用由中原石化生产电容器膜专用料制成的6.3微米粗化薄膜，成功应用于电容器中，可以替代同类进口产品。

（李继增）

【“四供一业”全面实现管理权移交】 2018年，中原石化加强“四供一业”分离移交政策解读和宣传引导，消除疑虑困惑，确保“四供一业”分离移交顺利推进。截至年底，供水、供电、供气、供暖、物业各项目均按计划签订分离移交实施协议，并全面实现管理权移交。

（李继增）

【与中原油田实现消防业务外包】 2018年1月30日，中原石化与中原油田消防业务外包举行交接仪式，标志着消防业务外包工作进入实质性阶段，公司深化改革迈出关键一步。

（李继增）

【绩效考核促管理提升】 2018年，中原石化积极探索实践“党建引领、三基筑底、价值导向绩效考核模式”，树立“严考核就是严管理”“奖金体现突出贡献，是超额劳动‘挣’来的”管理理念，突出提升价值创造能力，突出把国企的政治优势转化为核心竞争力，突出夯实“三基”工作，强化指标对标提升、强化党建检查考核、强化专业管理过程管控，用考核手段助推公司提质增效升级和持续健康发展。该模式获集团公司第 27 届管理现代化创新成果三等奖。

（李继增）

【党组第二巡视组巡视中原石化】 2018 年 8 月 27 日，集团公司党组第二巡视组巡视中原石化工作动员会召开。12 月 25 日，党组第二巡视组对巡视中原石化情况进行反馈，中原石化党委根据巡视组部署，强化组织领导，扎扎实实做好巡视“后半篇文章”，健全完善落实机制，巩固扩大巡视成果，推动公司生产经营管理、党建等各项工作再上新台阶。

（李继增）

【党建质量进一步提升】 2018 年，中原石化党委深入学习贯彻习近平新时代中国特色社会主义思想和党的十九大精神，认真贯彻新时代党的组织路线，按照党组“四个坚持”兴企方略、“两个三年、两个十年”战略部署和“党建质量提升年”推进会精神，紧紧围绕企业生产经营、改革管理等中心工作，切实落实全面从严治党主体责任和监督责任，加强党的政治建设、思想建设、组织建设、作风建设、纪律建设，企业党委把方向、管大局、保落实作用充分发挥，基层党组织的组织力有效提升，为完成全年目标任务提供了有力保证。

（李继增）

【强化人才队伍建设】 2018 年，中原石化党委认真贯彻落实集团公司人才强企工程动员部署视频会精神，组织两级班子学习组织人事工作会议精神，结合企业实际，制订人才强企工程行动方案和人才发展通道建设方案，优化三支通道建设职位设置，完成新一轮主任技师、主管等职位层级聘任，打通了专业人才成长空间。

（李继增）

【开展中层干部学制度专项考试】 2018 年，中原石化在中层管理人员中开展“画业务流程、记制度条款、考具体应用”学管理制度的系列培训。培训分为党务、设备、生产技术、安全、综合 5 个模块，采用在线考试和无人监考模式通过培训与考试，进一步提高了中层管理人员学制度、用制度的自觉性，促进了企业管理水平。

（李继增）

【召开基层党支部创新管理经验交流会】 2018 年 12 月 26 日，中原石化党委组织召开基层党支部创新管理经验交流会。通过典型引路、经验交流，进一步提升公司基层党建工作水平。

（李继增）

【推行基层党支部支委持证上岗】 2018 年，中原石化认真落实集团公司“党建质量提升年”推进会安排部署，全面开展党建创新管理，对支委委员进行持证上岗考试，标志着公司严格支委成员持证上岗、复审上岗制度正式启动，以此全面促进党支部班子整体作用发挥，切实把基层党组织建设成为“团结群众的核心、教育党员的学校、攻坚克难的堡垒”，为推进公司持续健康发展提供坚强的政治保证。

（李继增）

【精准扶贫成效显著】 2018 年，中原石化党委认真贯彻落实中央精准扶贫要求，按照集团公司党组部署，结合扶贫乡村实际投入 100 多万元发展养殖业，取得显著成效。11 月 7 日，在河南台前县清水河乡丁李村举行精准扶贫肉牛养殖项目分红现场会，为 59 户贫困村民分别发放 2 600 元分红款，这是继每户分红 300 元后再次分红，受到贫困村民好评。截至 2018 年底，51 户贫困户已实现脱贫。

（李继增）

丁李村养殖现场

表 1　　中原石化主要经济指标　　亿元

指标名称＼年份	2018	2017	2016	2015	2014	2013
工业总产值	41.69	45.26	37.10	34.62	45.19	48.30
工业增加值	4.70	7.25	8.86	6.63	5.15	2.60
资产总计	16.91	19.46	20.51	20.64	21.63	23.88
流动资产	3.06	4.07	3.65	3.64	3.26	4.39
固定资产原值	67.03	70.06	69.54	69.48	69.69	69.08
固定资产净值	22.43	24.57	25.54	26.98	28.15	29.06
销售收入	41.95	45.38	36.8	34.69	44.87	48.43
实现利税	1.37	4.38	5.80	2.34	1.40	−0.66
税　金	1.32	1.71	2.13	1.71	1.32	0.30

表 2　　中原石化主要产品产量　　万吨

产品名称＼年份	2018	2017	2016	2015	2014	2013
聚乙烯	17.23	23.86	27.06	24.08	24.49	26.08
聚丙烯	14.45	19.11	18.22	16.93	16.51	17.08
乙　烯	25.18	29.73	27.11	23.46	23.58	24.86
丙　烯	13.80	18.84	17.52	16.73	16.39	17.10
1# 苯	8.78	9.24	7.42	6.68	6.42	6.43
2# 苯	6.39	6.78	5.55	4.64	4.68	5.96
碳　四	4.12	4.15	3.65	3.16	2.84	2.80
碳　五	1.75	1.79	1.52	1.66	1.51	1.61
碳　六	1.05	1.22	1.08	1.00	0.95	1.07
碳　九	0.65	0.68	0.57	0.51	0.60	0.49
裂解焦油	1.74	1.73	1.15	0.85	0.74	1.24
1- 丁烯	0.42	1.11	1.57	1.28	1.17	1.35

续表

产品名称＼年份	2018	2017	2016	2015	2014	2013
2- 丁烯	2.37	4.52	4.62	4.58	3.65	0.87
MTBE	1.25	0.88	1.24	1.14	0.97	0.99
纯　苯	3.31	3.29	2.63	2.07	2.13	2.58
$3^{\#}$ 苯	2.00	2.27	1.78	1.45	1.59	2.25

沧州炼化

【概况】 中国石油化工股份有限公司沧州分公司（简称沧州分公司）暨中国石化集团资产经营管理有限公司沧州分公司（简称沧州资产分公司）统称沧州炼化，位于河北省沧州市，占地 3 062 亩（204.13 万平方米），地处胜利、中原、大港、华北四大油田之间，东临黄骅港、曹妃甸港、天津港，紧依京沪高铁和京九、京沪、朔黄、邯黄等 5 条铁路及大广、京福、津汕等 7 条高速公路，地理位置优越，交通便利。

沧州炼化始建于 1971 年，1975 年 10 月建成投产，建厂初期生产规模 50 万吨 / 年。1984 年 1 月 1 日，沧州炼化正式划归中国石油化工总公司。2000 年 1 月，按照集团公司统一部署，企业资产重组为上市部分中国石油化工股份有限公司沧州分公司和存续部分中国石化集团沧州炼油厂。2007 年 8 月，存续部分沧州炼油厂体制转换为沧州资产分公司。2009 年 7 月，中国石化集团资产经营管理有限公司与日本东丽精细化工株式会社合资组建沧州东丽精细化工有限公司（简称 TFCC），委托沧州资产分公司代为管理。

截至 2018 年底，沧州炼化有在职职工 1 520 人、离退休职工 839 人；有职能处室 11 个、业务中心 4 个、基层单位 7 个；有党支部 23 个、党员 922 名，其中在职党员 610 人。

截至 2018 年底，沧州炼化资产总额 35.65 亿元，原油一次加工能力 350 万吨 / 年。主体装置有：350 万吨 / 年常减压、120 万吨 / 年催化、（50+70）万吨 / 年焦化、160 万吨 / 年和 60 万吨 / 年 2 套柴油加氢、40 万吨 / 年逆流床连续重整、15 万吨 / 年固定床半再生重整、30 万吨 / 年气体分馏、5 万吨 / 年 MTBE 装置、8 000 米^3（标准）/ 时 PSA、2 万吨 / 年硫黄、2 万米^3（标准）/ 时制氢、8 万吨 / 年苯抽提、90 万吨 / 年 S-Zorb、12 万吨 / 年干气脱硫、6 万吨 / 年焦化液化气脱硫、36 万吨 / 年液化气脱硫、200 吨 / 时溶剂再生、60 吨 / 时污水汽提、7 万吨 / 年小本体聚丙烯。TFCC 主要装置年产 1 万吨二甲基亚砜。

沧州炼化主要产品有汽油、柴油、石脑油、液化石油气、聚丙烯、石油焦、硫黄、燃料油等。TFCC 主要产品是电子级和医药级二甲基亚砜。

沧州炼化主要产品产量见表 1。

（贲洋洋）

【领导班子调整】 2018 年，集团公司党组 3 次调整沧州炼化领导班子。1 月 17 日，决定：免去李敏中共沧州炼油厂委员会书记、委员职务，解聘其沧州分公司副总经理职务，免去其沧州炼油厂副厂长职务，办理退休手续；任命张昆为中共沧州炼油厂委员会书记，聘任其为沧州分公司副总经理（兼），任命其为沧州炼油厂副厂长（兼），免去其中共沧州炼油厂纪律检查委员会书记职务，不再担任沧州炼油厂工会主席职务。4 月 28 日，决定：免去李刚沧州分公司、沧州资产分公司总经理职务，免去其中共沧州炼油厂委员会副书记、委员职务，免去其沧州炼油厂厂长职务，调出另有任用；聘任周庆水为沧州分公司和沧州资产分公司总经理，任命其为沧州炼油厂厂长、中共沧州炼油厂委员会副书记（兼）。9月19日，决定：任命李少青为中共沧州炼油厂委员会副书记兼纪律检查委员会书记，为沧州炼油厂工会主席人选。

（责洋洋）

【生产经营】 2018年，沧州炼化加工原（料）油282.02万吨，主营业务收入149.97亿元，利润2.84亿元（其中上市部分盈利3.04亿元，存续部分亏损2 067万元），全面完成总部下达效益目标。年末现金流完成3.3亿元，实现集团公司党组提出的“三年扭亏脱困”目标。

（责洋洋）

【降本增效】 2018年，沧州炼化以建立持久成本优势为基础，推动“降本减费”向“降本增效”转变。全年吨油完全费用274.36元，较预算低6.54元，折合降本减费4 900万元、降幅6.5%，在总部“比学赶帮超”活动中，获26面红旗。按照“事前算赢”原则制定生产经营策略，完善优化工作组织体系和考核机制，优化加工方案，实施分储分炼，优化催化原料，提高催化负荷，减少低附加值产品产量，累计增效8 204万元。

（责洋洋）

【安全生产】 2018年，沧州炼化扎实推进HSSE管理体系建设，以“识别大风险、消除大隐患、杜绝大事故”为主线，强化领导干部安全引领力，加强安全风险识别管控，严抓承包商和直接作业环节安全监管，严格危险化学品管理，在党组织和党员中深入开展“查思想、查管理、查技术”大行动，未发生上报事故。强化公共安全管理，加强交通安全、油气长输管道安全防护、生产区域及施工作业现场封闭化等安全管理，安全生产总体稳定。

（责洋洋）

【环境保护】 2018年，沧州炼化积极践行绿色发展理念，深入落实绿色企业行动计划，全面开展“环保风暴、绿色革命、为生存而战”活动，推进污染防治工作，排查环保风险隐患，加快实施环保治理项目，各项排放指标全部达到《石油炼制工业污染物排放标准》特别排放限值要求，二氧化硫和氮氧化物排放量减少58.33%和48.39%。

（责洋洋）

【企业管理】 2018年，沧州炼化整合质量、健康、安全、环境、能源管理体系，构建“五位一体”的综合管理体系。健全完善抓落实机制，启动班组标准化建设，严格现场面貌整改和办公室规范管理，“三基”工作更加有力。推动“两化”融合，信息系统深化应用跻身炼化企业前10名。改进完善《全员绩效考核管理规定》，建立绩效提升长效机制和奖励实时兑现机制，激发职工争先创优热情。狠抓机关作风建设，推行“马上就办”，机关处室服务水平、质量持续提升。

（责洋洋）

【深化改革】 2018年，沧州炼化扎实推进“三定”工作，压减机构，优化流程，形成“11个职能处室、4个业务中心、7个基层单位”格局。改进离岗人员分流安置办法，进一步核定定员标准，严控用工总量，盘活用工存量。稳步实施“三项制度”改革，研究制订深化“三项制度”改革实施方案和三年行动计划。全力推进“四供一业”分离移交工作，积极争取地方政府支持，按照“先移交后改造”原则，按时完成供电、供水、供暖、物业移交。

（责洋洋）

【创新发展】 2018年，沧州炼化研究制定《创新创效奖励办法》，扩大参与范围，提高奖励额度，创新创效氛围进一步浓厚。下达固定资产投资计划4.17亿元，完成投资4.03亿元，实施重点项目65项。按照中国石化“两个三年、两个十年”战略部署，确立“三步走”的发展思路：第一步，解决生存问题，初步实现全面可持续发展；第二步，实现转型升级，迈上高质量发展阶段；第三步，寻求规模发展，建设世界一流炼化公司。

（责洋洋）

【项目建设】 油品质量升级改造项目重整装置搬迁改造工程，是沧州炼化的质量工程、生命工程和效益工程。项目于 2017 年 10 月 27 日开工建设，2018 年 12 月 18 日建成中交。沧州炼化干部职工牢固树立“安全第一、环保优先”思想，强化承包商管理，坚决杜绝现场违章，实现安全环保施工。

（赉洋洋）

【队伍建设】 2018 年，沧州炼化实施人才强企工程，加大年轻干部的培养和选拔力度，进一步优化干部队伍的知识和年龄结构。加强干部日常监督管理，完善干部考核评价机制、激励机制和容错纠错机制，调动了干部干事创业激情。完善人才成长通道体系，调整职位序列划分，合理确定层级关系，规范职位任职资格标准，形成三支人才队伍横向贯通、纵向畅通的成长体系。改进专业技术和技能操作队伍晋升办法，打破职位聘用“终身制”，建立职位动态管理机制。

（赉洋洋）

【和谐企业】 2018 年，沧州炼化持续健全帮扶救助机制，帮扶救助困难职工 158 人次，发放帮扶救助金 60.2 万元。创新开展“走基层、访万家、办实事”活动，建立走访长效机制，进门入户家访 1 025 人次。大力丰富职工业余生活，组织健步走等各类文体活动，做到月月有活动、人人能参与。持续开展“公众开放日”活动，主动邀请新闻媒体、社会公众进厂参观，企业外部形象得到提升。

（赉洋洋）

【党建工作】 2018 年，沧州炼化认真学习贯彻习近平新时代中国特色社会主义思想和党的十九大精神，将坚持党的领导、加强党的建设贯穿始终，坚定不移推动全面从严治党向纵深发展。召开第七次党代会，明确 2019—2023 年党建工作总体工作思路和主要目标任务，选举产生中国共产党沧州炼油厂第七届委员会和纪律检查委员会。组织党建工作提质增效专题研讨，形成抓学习、抓大事、抓思想、抓队伍、抓基层、抓作风、抓群团、抓亮点、抓两头、抓创新的“十个抓”工作思路。认真落实党支部“五项任务”，开展党支部书记集中轮训和党员培训，推进“双向进入、交叉任职”，组织党支部分类定级，基层党组织功能进一步增强。深化“转观念、勇担当、创一流”大讨论，讲好“沧炼故事”，唱响主旋律，汇聚正能量。驰而不息纠正“四风”，成立监督委员会，积极实践“四种形态”，营造了风清气正、干事创业的政治生态。深入推动党建融入中心，党委聚焦生产经营、改革发展的重点难点，认真开展调研，积极搭建载体平台，开展“亮身份比贡献”、党员示范岗等活动，引导党员群众“勇争第一、勇扛红旗、勇创一流”，实现党建和生产经营“双赢”。

（赉洋洋）

表 1　　沧州炼化主要产品产量　　万吨

产品名称 \ 年份	2018	2017	2016	2015	2014	2013
沧州资产分公司						
聚丙烯	5.50	2.95	3.17	2.38	3.39	2.69
氮　气	2.12	1.83	1.93	1.95	2.13	1.96
净化风 / 万立方米	12 086.50	10 608.00	7 311.00	3 945.00	4 700.00	4 287.00
非净化风 / 万立方米	—	—	2 571.00	5 419.00	6 050.00	4 943.00
沧州分公司						
汽　油	75.79	67.65	74.47	48.08	71.29	61.97

续表

年份 产品名称	2018	2017	2016	2015	2014	2013
柴　油	86.68	79.79	100.61	90.74	127.80	125.44
石脑油	23.20	18.60	22.12	18.38	26.24	26.21
液化气	18.01	14.52	18.21	12.93	16.98	13.60
铝箔油料	—	—	1.80	6.57	3.23	8.09
石油焦	24.85	21.91	23.53	16.67	20.52	22.65
硫　黄	1.69	1.14	1.27	0.83	1.16	1.33
粗白油	—	7.74	4.66	4.66	—	—
燃料油	12.86	—	—	—	—	—
4# 燃料油	—	11.66	1.74	—	—	—
正己烷	—	0.14	0.04	—	—	—

润滑油公司

【概况】 中国石化润滑油有限公司（简称润滑油公司）是股份公司下属全资子公司，前身是中国石油化工股份有限公司润滑油分公司，是集研发、生产、销售和服务为一体的专业化润滑油公司。2002 年 5 月，股份公司按照“统一计划安排、统一资源配置、统一市场开拓、统一品牌形象、统一产品开发”原则，对润滑油业务专业化重组，成立润滑油分公司。2014 年 3 月 4 日，在润滑油分公司基础上改制成立润滑油公司，本部位于北京市海淀区安宁庄西路 6 号。

2018 年，润滑油公司调和能力 169 万吨 / 年，包装油脂生产能力 137 万吨 / 年，生产和销售包括内燃机油、工业油、船用油、金属加工液、润滑脂和合成润滑油脂等 21 类、2 000 多个品种的“长城”润滑油脂产品。

截至 2018 年底，润滑油公司下设 12 个管理部门、12 家生产单位、5 家区域销售中心、7 个技术支持中心、5 家省级销售分公司、3 家合资公司和 1 家海外（新加坡）全资子公司、5 家研发机构。拥有在岗正式职工 3 282 人，其中专业技术人员 1 927 人，有博士学历的 23 人、硕士学历的 321 人、本科学历的 1 222 人，高级专业技术资格人员 352 人 (其中正高 24 人)。

润滑油公司主要技术经济指标及主要产品产量见表 1。

（韩新潮）

【领导班子调整】 1 月 9 日，根据《关于解聘李亮耀职务的通知》，鉴于年龄原因，解聘李亮耀的润滑油有限公司副总经理职务，任调研员。8 月 4 日，根据《关于张春辉同志任职的通知》，张春辉任中共中国石化润滑油有限公司委员会委员。根据《关于赵江、张春辉职务聘任的通知》，聘任赵江为润滑油有限公司总工程师（仍任副总经理），聘任张春辉为润滑油有限公司副总经理。

（韩新潮）

【获“诚信之星”称号】 2018年11月20日，润滑油公司因在社会与行业中长期累积的质量信誉以及对国家做出的积极贡献，获中央宣传部、国家发改委全国“诚信之星”称号，并成为此次“诚信之星”评选表彰的唯一获奖集体。

（韩新潮）

【举办第3届“最美长城人”表彰活动】 2018年3月9日，润滑油公司举办以“拼搏 创新 奉献”为主题的第3届“最美长城人”年度颁奖典礼，向获得先进集体的单位，以及营销标兵、研发先进、基层模范和海外优秀员工代表进行颁奖。颁奖典礼通过不同视角，展现各岗位先进员工的理想抱负、创新意识、奉献精神和实干作风，鼓舞更多的干部员工戮力向前，也向社会、客户完美地诠释长城人“亮剑”“争先”的性格和风骨，以及“以客户为中心”的真诚与坚守。

（韩新潮）

第3届“最美长城人”颁奖典礼（郑德辉　摄）

【获润滑油行业“2018全明星品牌”】 2018年4月10日，润滑油公司连续第8年获得工业和信息化部C-BPI中国润滑油行业全明星品牌，并再次获“黄金品牌”称号，与华为、格力、联想等中国知名品牌组成的“黄金品牌联盟”。

（韩新潮）

【实施“双百改革”试点】 2018年，润滑油公司作为国务院国资委“双百改革”试点单位之一，以“三项制度”改革为突破口“自下而上”推进内部机制改革，逐步在销售、生产、科研等业务板块，探索实施“绩效目标签约”“联量计酬”“人员优化”“业绩对标”等改革措施，保证全年目标实现。8月5日，国务院国资委下发《国有企业“双百行动”工作方案》，正式启动“双百改革”工作，包括润滑油公司在内的3家企业代表中国石化，正式纳入“双百企业”名单。9月15日，《润滑油公司综合改革实施方案》报国务院国资委备案，标志着润滑油公司“双百改革”试点进入实施阶段。

（韩新潮）

【助力中国航天延伸公益服务】 2018年7月13日，润滑油公司组织开展第11届中国航天员体验营活动。活动邀请来自中国石化定点联系扶贫地区——贵州省平塘县克度中学和甘肃省临夏州东乡族自治县布楞沟小学的学生代表参加，中国现役航天员刘伯明、刘洋共同出席开营仪式，助力贫困地区的孩子们圆梦航天，感受航天探索的魅力。

（韩新潮）

第11届长城润滑油航天员体验营开营仪式（郑德辉　摄）

【战略合作不断扩大】 2018年，润滑油公司围绕“打造中国高端制造业的支持者与参与者”目标，积极同产业链上下游企业开展战略合作。7月5日，与四川美丰股份有限公司达成战略合作，在车用尿素等原材料供应方面深化合作。7月18日，

润滑油公司同三一集团签订战略合作协议（郑德辉　摄）

与石油化工科学研究院签订战略合作协议，在科研开发与工业应用等领域共同发展，协同创新，形成产学研一体化优势。11月28日，与三一集团签订战略合作框架协议，并成为三一核心供应商联盟首批成员。产、研、销多维度的战略合作关系的建立，为润滑油公司未来可持续发展能力建设和参与市场竞争奠定了坚实基础。

（韩新潮）

【首个国际标准实现立项】 2018年10月1日，润滑油公司申请的ASTM标准《Measuring Friction Wear Properties of MTF Using SRV》（基于SRV的变速箱油摩擦磨损性能测试方法）正式通过ASTM D02审核组审查，获得标准号ASTM D8227。该标准方法具有原始创新及国际化特点，对润滑剂具有良好的区分性，对试验结果具有良好的重复性、再现性；实现了试验件的设计、研制、标准化和稳定的批量生产。该项目为润滑油公司建立首个国际标准化项目，实现了在国际标准化领域新突破。

（韩新潮）

【海外市场实现大幅增长】 2018年5月29日，润滑油公司在新加坡组织召开国际合作伙伴大会，来自亚太20多个国家和地区的120多名合作伙伴参加会议，为润滑油海外市场发展拉开新的篇章。2018年，根据集团公司对润滑油公司“实现经营总量、高档产品、海外市场大幅增长”要求，聚焦国际型企业拓展高端合作，依托国内市场品牌优势，充分发挥新加坡公司区位优势和海外发展平台支持作用，积极推进亚太、中东、非洲等“一带一路”沿线市场开发。全年中资企业海外配套销量增长51%，海外市场总销量增长23%，实现大幅增长。

（韩新潮）

【组织召开党建共建经验交流会】 2018年9月18日，润滑油公司组织召开主题为“党建共建 发展共赢——打造产业链融合发展生态圈”的党建工作创新经验交流会。会议采用“行业协会＋行业标杆企业＋润滑油公司”三方联动方式，分冶金、汽车（含发动机）、煤炭电力、建材、机械装备5个产业，就“党建共建成果应用、行业发展动态、跨行业合作、设备润滑管理与服务”等方面分别进行交流研讨，提出“携手前行，推进党建共建迈向更高层面；聚智聚力，携手打造产业链强势竞争力；双管齐下，共同构筑顺畅合作新格局”3项倡议。

（韩新潮）

党建共建大会

【践行中国石化“绿色企业行动计划”】 2018年4月2日，中国石化宣布正式启动“绿色企业行动计划”，将以“奉献清洁能源 践行绿色发展”为理念，提供清洁能源和绿色产品，提升绿色生产水平，引领行业绿色发展，到2023年建成清洁、高效、低碳、循环的绿色企业。润滑油公司作为实践单位之一，在启动仪式上与3家废油回收企业签订资源综合利用合作意向书，将在废旧润滑油回收再利用领域展开合作，践行绿色发展理念。全年积极推进绿色润滑服务和环保型包装替代工作，为内部炼厂削减200L钢桶使用12.4万只，降低了固废处置风险。

（韩新潮）

【高端制动液通过日本JIS标准认证】 2018年4月27日，长城HZY 6合成制动液产品通过日本工业产品质量认证，其产品级别领先日本本土产品现有等级，成为日本JIS认证通过的第1个Class 6级别产品。5月初，日本大阪举行的乙烯树脂展会中国石化展台上，长城HZY 6制动液产品受到日本和世界各国参观、参展客户关注。该产品填补了国内空白，进一步打破国际品牌的高端垄断，已获神龙汽车、宇通客车等汽车OEM认证。

（韩新潮）

【开展年度“三比三创”劳动竞赛活动】 2018年3月2日，润滑油公司召开销售系统“三比三创”劳动竞赛启动会，正式开启为期5个月的“三比三创”竞赛活动。活动以“比政策理解，创竞争力和信心”“比工作质量，创客户开发成效”“比单位贡献，创树品牌价值”为主题，公司5个区域销售中心、5家销售分公司、6个专项产品销售单位、17个销售代表处、44个地市经营部和近2 000名销售人员全体动员，积极走访客户、推介产品，在形势剧烈变化、竞争持续加剧的市场环境下，全面达成市场目标，为全年市场目标的完成奠定了坚实基础。

（韩新潮）

“三比三创”销售竞赛启动大会 （郑德辉 摄）

【润滑油北京有限公司正式揭牌运营】 2018年10月15日，润滑油北京有限公司53万吨/年搬迁改造项目（一期）试车方案经集团公司工程部现场验收，同意开启联动试车。11月25日，举行润滑油北京有限公司53万吨/年搬迁改造项目（一期）揭牌仪式。润滑油公司、燕山石化以及项目的设计、监理、施工单位、应急救援和网络保障单位共同见证润滑油北京有限公司和燕化分公司跨越式发展的新起点。

（韩新潮）

表1 润滑油公司主要技术经济指标 亿元

指标名称＼年份	2018	2017	2016	2015	2014	2013
工业总产值	136.06	134.71	126.23	129.99	152.54	159.11
工业增加值	22.97	23.32	24.22	25.79	25.21	23.25
资产总计	92.47	85.52	84.04	78.10	83.21	74.57
流动资产	57.94	53.00	49.25	43.85	50.36	45.55
固定资产原值	44.24	40.97	46.65	40.36	38.83	34.90
固定资产净值	23.37	21.81	26.21	21.82	21.80	16.17
销售收入	181.90	164.81	155.21	160.52	199.59	207.29
实现利税	11.79	14.10	15.93	16.61	13.00	13.01
税　金	6.67	8.08	8.42	9.07	5.56	7.38
综合能耗/吨标煤·万元$^{-1}$	0.015	0.015	0.02	0.02	0.02	0.02

青岛石化

【概况】 中国石化青岛石油化工有限责任公司（简称青岛石化）位于青岛市李沧区，占地0.94平方千米，厂区临近黄岛油港，与黄岛油港、青岛港码头分别有输油管线相连，自备铁路专用线与胶济铁路相连，厂外公路与济青、青银高速公路相接。青岛石化前身为创建于1962年的青岛市手工业管理局炼油厂，1966年4月改名为青岛石油化工厂。2000年12月，青岛石化整体划转集团公司，企业名称先后为中国石化集团青岛石油化工厂、中国石化集团青岛石油化工有限责任公司。2010年3月，青岛石化正式成为股份公司全资子公司，并更名为现名。

截至2018年底，青岛石化下设11个机关职能部门、4个直属机构和5个二级单位。资产总额为36.40亿元，在册员工总数为929人，其中在岗员工855人。原油加工能力为500万吨/年。生产装置主要包括500万吨/年常减压蒸馏、160万吨/年延迟焦化、140万吨/年重油催化裂化、100万吨/年汽柴油加氢精制、60万吨/年柴油加氢精制、60万吨/年催化汽油选择性加氢脱硫、25万吨/年催化重整、20万吨/年及15万吨/年气体分馏、7万吨/年聚丙烯等16套。产品主要有：汽油、柴油、石脑油、石油焦、船用燃料油、石油液化气、车用液化气、丙烷、丙烯、聚丙烯、工业硫黄、纯苯、MTBE等近20个品种。

青岛石化主要技术经济指标和主要产品产量分别见表1和表2。

（徐彩滨）

【领导班子调整】 2018年8月16日，青岛石化召开干部大会，宣布集团公司党组关于青岛石化领导班子调整决定。根据工作需要，经集团公司党组研究并征得中共青岛市委员会同意，李振民任青岛石化党委书记、副总经理，张成宝任青岛石化党委委员、总工程师，王明章任青岛石化党委委员、副总经理。

（徐彩滨）

【连续3年盈利】 2018年，青岛石化持续推进由生产型向生产经营型转变，狠抓降本增效、优化增效、管理增效，全年加工原油260.27万吨，实现销售收入142.65亿元，上缴各项税费34.70亿元，实现利润3.41亿元。在成品油价格“五连跌”的不利条件下，圆满完成年度利润指标，实现连续3年盈利，完成了企业扭亏脱困目标。

（徐彩滨）

【优化增效成效显著】 青岛石化围绕全方位优化增效工作重点，建立长效优化机制，紧盯市场变化开展优化增效。2018年，对运行负荷、馏分流向、切割温度、LTAG效益优化、外采外销保本价、生产航煤效益和低硫船用燃料油生产等方面跟踪优化64次，汽油、液化气、聚丙烯收率分别提高1.71%、0.38%和0.16%；柴汽比0.85，降低0.10，优化增效成效明显。公司获中国石化2018年度炼化企业创效进步优胜单位称号。

（丁　昊）

【降本减费措施到位】 2018年，青岛石化加强对市场价格走势的判断，用PIMS及时测算，指导主力原油品种的优化选择，择机采购效益好的机会油种，提高原油产出投入比。规避计价油种单一风险，全年掺炼高硫原油31.31万吨，降低原油采购成本约2 945万元，降低财务费用约621万元。争取购汇优惠，降低原油采购成本1 924万元。开展“银关保”（汇总征税）等业务，有效降低了财务费用。强化预算管理，加强费用管控，实现炼油单位完全费用371.85元/吨，较总部考核指标降低6.15元/吨。

（丁　昊）

【首次实现原油汇总征税方式通关】 2018年，青岛石化立足业财融合，在实践中探索降低财务费用的方式方法，积极寻求以汇总征税的方式实现原油通关。在股份公司大力支持下，9月13日，公司进口的卢拉原油申报首次成功采用汇总征税方式通关，成为青岛海关首个以汇总征税方式通关的原油进口企业。该项业务的开展在保证原油顺利通关的基础上，缩短放行时间，有效降低公司资金占用，节省了财务费用。

（徐彩滨）

【完成上合组织青岛峰会保障工作】 上合组织青岛峰会前，青岛石化认真贯彻集团公司党组和地方党委政府指示精神，全面落实安全生产、环境保护、公共安全等各项保障措施，积极整改各类隐患，加强安全督察、直接作业环节监管和环保异味检测，增设安保设施。峰会期间，公司领导带班进生产一线，职能部门和作业部主要领导每天带班，下基层指导、检查督促工作，及时掌握生产情况，既保证正常生产经营，又没有发生任何安全、环保和稳定问题，得到山东省政府、青岛市政府和集团公司的充分肯定。总结固化保障工作成功经验，牵头起草《炼化企业重大国事活动应对保障工作指导意见》。

（丁　昊）

【实现全年安全环保无事故】 2018年，青岛石化牢固树立“生产决不能以牺牲安全为代价”的红线意识，持之以恒抓好安全环保、平稳生产，全年未发生非计划停工和上报集团公司级事故，实现了废水、废气稳定达标排放，危废、固废规范化处置。①强化安全责任落实，按照结果考核与过程考核并重、定性考核与定量考核相结合的原则，修订完善HSSE绩效考核评价体系并实施考核。以识别大风险、消除大隐患、杜绝大事故为主线，抓好安全风险防控和隐患排查治理。②加大专业安全管理力度。技术、设备、生产3个安全分委会按照专业分工，全力以赴抓好专业安全管理。技术分委会开展装置平稳率竞赛，平稳率由年初的99.42%提高到99.76%；设备分委会开展“最差十台机泵”治理活动，消除机泵隐患；生产分委会开展串压风险管控，采取有效处理措施。③加强承包商安全监管和直接作业环节管控。落实专业主管部门对承包商的管理责任，强化承包商督察考核。采取有效措施严控用火作业，用火数量同比减少43%，有效降低直接作业环节风险。④实施绿色企业行动计划。完成环保隐患治理，确保废水、废气稳定达标排放。开展采样口改造、污水处理场密闭治理等厂区异味专项整治，组建专职化LDAR检测小组，组织厂区145个点网格化检测和厂界10个点检测，及时排查修复泄漏点，有效降低VOCs排放。编制完成《2018—2022年“绿色企业行动计划”实施方案》。

（丁　昊）

【抓牢员工安全培训和职业健康管理】 2018年，青岛石化持续加强员工安全培训教育，提升全员应急处置能力。开展“安全生产月”“安全生产警示日”等专项安全教育活动；组织直接作业环节“四类人员”、硫化氢专项防护等专题培训146次。开展佩戴空气呼吸器专项考核，组织3次“不打招呼”的应急演练，提高应急处置能力。持续抓牢全员职业健康管理，对中控室空调通风系统进行清洗消毒，保障员工身体健康。改造职业卫生用室，大大改善一线员工的职业卫生环境。全年共检测毒物、噪声、粉尘1 898点次，合格率100%。组织职业健康体检1 051人次，体检率100%。

（丁　昊）

【开展“管理提升年”活动】 2018年，青岛石化以开展“管理提升年”活动为着力点，找准短板，制订方案，以精益管理为目标，抓好从严管理、精细管理，企业管理水平不断提升。全年召开6次管理提升现场会，分别安排工艺管理、全流程操作和应急管理、物资采购管理、设备管理、生产运行管理、投资计划管理、财务管理、人力资源管理、质量和能源管理、纪检监察管理和制度评审管理等专业进行专题汇报，总结亮点，查摆不足，制定整改措施，确保责任落实到每个岗位。全年狠抓制度执行力，实施专项考核269项，首次建立加工损失、储运损失、能源消耗考核制度，把各项指标细化分解到各装置、各生产环节，使加工损失及能耗得到有效控制，从严管理、精细管理取得实效。

（丁　昊）

【专业达标成绩斐然】 2018年，青岛石化梳理87项经济技术指标，召开4次专题会议，落实对标、追标措施，扎实推动落后指标提升，在炼油板块“比学赶帮超”中获20面红旗。组织开展“装置运行平稳率竞赛”活动，提高公司整体运行平稳率，首次实现金牌零突破，全年共获得19枚金牌、56枚银牌、64枚铜牌。加强物资供应管理，管理指标在炼化板块绩效排名达到中上游水平。成立LIMS技术攻关小组，系统应用排名从上年度23名提高到16名。

（丁　昊）

【三支人才队伍建设持续加强】 2018年，青岛石化认真贯彻集团公司组织人事工作会议精神，不断加强领导班子和干部人才队伍建设。积极实施人才强企工程，进一步完善职位序列，统筹推进三支人才队伍建设。加强基层班子配备和优秀年轻干部选拔培养，开展7个部门（单位）11个职位的推荐考察工作，选拔任用中基层干部11名，其中45岁以下7名、35岁以下2名。以素质能力为导向，以工作业绩为重点，以同行认可为基础，认真选拔聘任专业技术和拔尖技能人才。年内通过公开竞聘方式，选拔聘任1名石油炼制首席专家，聘任9名主任师/高级主管、46名副主任师/主管，1名燃料油生产首席技师、5名主任技师、14名主管技师，专业技术和技能人才队伍的梯次结构、年龄结构和专业结构得到优化。

（徐彩滨）

【党的建设扎实有效】 2018年，青岛石化认真贯彻新时代党的建设总要求，按照“五加二”党建总体布局，切实履行管党治党责任，抓好党建责任落实和党建质量提升，把好方向、管好大局、保证落实，全力发挥政治核心作用。①持之以恒开展“主旋律”活动。深入研究企业形势任务，紧密围绕中心工作，确定全年党建工作主旋律为“新征程、新作为、新突破”，贯穿全年抓好弘扬宣贯，推动基层党支部认真落实年度主旋律、开展好支部特色活动，激发凝聚员工合力，使“主旋律”成为干事创业的思想引领。②全面落实抓党建工作责任。以政治建设为统领抓好企业党的建设，树牢“四个意识”、坚定“四个自信”，坚决做到“两个维护”，专题学习戴厚良在新一届党组会上讲话精神，以政治上坚定和行动上坚决确保党组决策部署有效落实。落实党委主体责任，完善党建工作机制，抓好党员领导干部“一岗双责”落实。8月公司领导班子调整后，及时对班子成员分工进行调整，明确了“一岗双责”抓党建工作要求，打造班子合力，狠抓担当作为。公司领导班子成员每季度1次到基层党建联系点调查研究，总结经验做法、剖析问题不足，向党委提出加强基层党组织建设的建议。公司党委每半年1次听取党委成员在分管领域履行党建工作责任汇报。落实全面从严治党要求，深入推动党风廉洁“两个责任”落实。③融入中心抓基层党建，提升基层组织力。强基层、打基础，围绕中心任务狠抓基层党建责任落实，推动基层党建融入中心、融入一线、融入生产经营，促进基层党组织规范运行。严格“三会一课”，坚持“两学一做”常态化制度化，以融入为导向丰富“主题党日”形式，规范开展组织生活会、民主评议党员工作。紧扣保障中心主题，持续开展“党支部示范点”“党员示范岗”“党员责任区”及支部结对共建活动，指导基层成立党小组、完善党支部议事规则，推动“两个作用”发挥，提升基层组织力，打造坚强的战斗堡垒。④完善党建制度，提升党建质量。集团公司“党建质量提升年”推进会召开后，公司党委反复研究讨论，制订下发详细实施方案，全力抓实党建质量提升。下发《党支部党建工作责任制实施细则》《基层党支部设置运行管理办法》，完善党建制度，落实责任清单，提升党建质量。⑤加强党建责任落实监督检查。借鉴总部HSSE大检查考核办法，深入推进从严抓、从细抓、从实抓，修订完善党建绩效评价体系，加强责任分解落实，强化量化打分，做到严考核、硬兑现。改变党支部书记例会召开方式，增加党支部报告月度工作环节，强化履职评价。把履行党建责任情况作为党支部书记抓党建述职评议、领导干部年度述职的重要内容，传递党建压力，推动责任落地，党建工作扎实有效。

（徐彩滨）

表1　青岛石化主要技术经济指标　亿元

指标名称＼年份	2018	2017	2016	2015	2014	2013
原油加工量/万吨	260.27	223.77	265.64	212.73	308.56	329.94
工业总产值	141.22	99.21	109.36	89.91	172.25	187.71

续表

指标名称 \ 年份	2018	2017	2016	2015	2014	2013
工业增加值	53.87	44.54	55.69	34.54	33.61	39.46
资产总值	36.40	39.18	39.87	44.64	51.58	64.81
流动资产	17.82	18.60	17.45	19.90	25.48	37.76
固定资产原值	47.11	46.77	45.82	45.03	44.33	42.36
固定资产净值	14.71	16.51	18.23	20.06	22.12	22.82
销售收入	142.65	98.53	110.10	90.34	171.07	188.89
实现利税	38.11	36.28	47.67	31.34	28.95	33.18
税　金	34.70	34.49	43.01	37.57	34.97	35.43
综合能耗 / 吨标煤・万元 $^{-1}$	0.278	0.270	0.277	0.306	0.282	0.304

表 2　　青岛石化主要产品产量　　万吨

产品名称 \ 年份	2018	2017	2016	2015	2014	2013
汽　油	95.28	77.06	90.79	59.91	84.70	79.52
柴　油	72.72	59.60	96.65	78.65	124.28	144.39
出口柴油	8.43	13.93	—	—	—	—
石脑油	4.43	1.45	2.28	4.20	4.57	4.42
溶剂油	—	—	0.06	0.25	1.49	0.76
苯	1.28	0.68	0.89	0.56	1.08	1.09
燃料油	3.95	4.71	3.15	7.13	8.02	12.00
石油焦	27.86	23.74	25.67	21.94	34.99	35.48
硫　黄	1.54	0.96	1.17	0.94	1.47	1.79
液化气	17.74	14.68	16.34	12.01	16.19	28.43
车用液化气	5.00	4.11	4.59	3.39	4.72	4.63
丙　烯	0.91	1.09	1.10	1.70	2.32	2.32
聚丙烯	6.28	4.97	6.53	4.05	5.62	5.67

湛江东兴公司

【概况】 中国石化湛江东兴石油化工有限公司（简称湛江东兴公司）位于广东省湛江市，地处广东省西南部、雷州半岛北部，是中国石化在粤三大炼化企业之一，主营业务为石油提炼加工和石化产品销售。其前身为私营炼油企业，2002 年 3 月经国务院和原国家计委批准同意，被集团公司收购。2007 年 11 月 22 日，集团公司将其拥有的湛江东兴公司 75% 的合同权益转让给股份公司。2008 年，湛江东兴公司经国务院国资委同意实施权益变更，完成工商变更登记。湛江东兴公司中外合作双方变更为中国石油化工股份有限公司和中国石化盛骏国际投资有限公司，合作权益比例变更为 75% 和 25%，公司名称由湛江东兴石油企业有限公司变更为中国石化湛江东兴石油化工有限公司。

截至 2018 年底，湛江东兴公司原油一次加工能力为 500 万吨 / 年，拥有 500 万吨 / 年常减压蒸馏、150 万吨 / 年重油催化裂化、50 万吨 / 年连续重整、200 万吨 / 年柴油加氢、14 万吨 / 年聚丙烯、6 万吨 / 年乙苯—苯乙烯等 24 套生产装置，主要生产汽油、柴油、聚丙烯、石脑油、液化气、苯乙烯、硫黄等 9 个大类 50 多种产品，资产总计 112.37 亿元，下设 10 个机关处室和 12 个基层车间，在职员工总数为 754 人。

2018 年，湛江东兴公司累计加工原油 478.96 万吨，实现现价工业总产值 290.39 亿元，实现销售收入 290.77 亿元。

湛江东兴公司主要技术经济指标及主要产品产量分别见表 1 和表 2。

（林益涵）

【领导班子调整】 2018 年 8 月 4 日，集团公司党组决定：吴惜伟任湛江东兴公司董事长、党委书记，不再担任湛江东兴公司总经理职务。调整后湛江东兴公司领导班子成员组成：吴惜伟、吴潮汉、吕建成、易荣培、申涛、蒋喜文。

（林益涵）

【生产经营再创佳绩】 2018 年，湛江东兴公司着力打基础、挖潜力、精管理、提质量和强党建，取得较好经营业绩，实现利润 21.44 亿元，各项技术经济指标顺利完成。全年累计加工原油 478.96 万吨，实现销售收入 290.77 亿元，实现利税 119.82 亿元。可比综合商品率 93.47%，轻油收率 80.52%，高附加值产品收率 90.7%，原油加工损失 0.427%，原油储运损失率 0.133%，吨油取水 0.406 吨，吨油排水 0.095 吨，炼油综合能耗 63.63 千克标油 / 吨，全年现金操作费用 142.5 元 / 吨，吨油完全加工费用 187.06 元，各项技术经济指标继续保持较好水平，在股份公司 30 家炼油企业 2018 年专业达标竞赛中排第 11 名，在 13 家中型企业中排第 2 名。

（林益涵）

【安全基础持续夯实】 2018 年，湛江东兴公司把安全生产放在首位，高标准、严要求抓细抓实安全生产工作，连续 17 年实现安稳生产，连续第 11 年被评为集团公司安全生产先进单位。着力夯实安全“三基”工作，为深刻吸取 2 月 24 日重整装置 C3201 干气密封损坏机组停机事故教训，以强技能保安全为突破口，在全厂开展操作人员、车间专业管理人员大机组（动设备）“四懂三会”操作和各类突发问题处置的培训及考评，持续提升各级人员应急处置能力；并组织开展青工技术比武竞赛，阮文静等 10 名选手获湛江东兴公司 2018 年十大操作能手称号，进一步激发了青工练内功、学技能、强本领的积极性。大力开展安全警示教育，按照“一厂出事故，万厂受教育”的要求，深刻吸取系统内外事故教训，深入开展全厂高压窜低压、危化品储存及装卸隐患专项排查整治，及时发现处置隐患 149 项。强化现场管理，狠抓高处、用火、进入受限空间等直接作业环节安全管理以及承包商和现场安全督察，查隐患反“三违”，全年督察项目 2 852 项，查处承包商违章 354 项，考核 32 家（215 人次），开除 2 人，考核 7.45 万元。

（林益涵）

【绿色发展持续发力】 2018 年，湛江东兴公司积极践行“依法治企”“绿水青山就是金山银山”的理念，启动绿色企业行动计划，持续提升资源节约、绿色发展水平，第6次获广东省环保信用绿牌称号。狠抓项目“三同时”执行，2018年新建航煤加氢项目合法开工建设，二催化提质升级、碳五碳六异构化、氢气提纯等项目“三同时”顺利完成。大力推进绿色企业创建工作，投资1.66亿元启动硫黄回收装置烟气达标排放等22个绿色企业行动计划项目。扎实做好LDAR检测工作，全年共检测48.6万个密封点，发现泄漏点707个并修复526个。从严抓好危废贮存、外委转移及处置全过程管控，确保危废依法合规转移和处置，全年外委处置固废2 705吨，费用达706万元。

（林益涵）

【效益指标继续保持较高水平】 2018年，湛江东兴公司紧紧围绕转方式调结构、提质增效升级，抓住前三季度原油震荡上行创效大好时机，深入开展精益管理，强化资源配置和生产运行优化，全年实现利润21.44亿元，吨油利润441元，连续2年在炼油板块排第1名。抓住国Ⅴ汽柴油在全国推开和国Ⅵ汽、柴油年底全面推开契机，充分利用碳五、碳六异构化及催化汽油吸附脱硫装置，优化生产组织，最大限度增产国Ⅴ95#、国Ⅵ95#汽油等高价值产品，进一步压减柴油，降低柴汽比，全年汽油收率37.02%、比年度计划高1.46%，多产汽油11万吨，增效4 730万元，柴汽比1.14、下降0.02。

（林益涵）

【提质增效升级成效显著】 2018年，湛江东兴公司强化抓难题攻关、结构优化调整，大力推进航煤加氢、安全隐患治理及环保提标项目建设。着力抓生产难题攻关，强化常压装置换热网络终温提升攻关，加大除垢技术应用，有力扭转了本周期装置运行换热终温持续下降（降幅38℃）的生产被动局面，提高换热终温6.3℃，增效234万元。加强与齐鲁石化研究院合作，通过采用重油乳化新技术试验并取得工业应用成功，有效解决了催化原料不易雾化、难完全气化难题，降低了一催化装置油浆收率1.65%，降低能耗1.37千克标油/吨，提升轻油收率1.27%，增效4 380万元。

（林益涵）

【生产运行持续优化】 2018年，湛江东兴公司按照“效益最大化”和汽、柴油国Ⅵ质量升级的要求，着力抓好异辛烷、MTBE、混合二甲苯采储产销优化，顺利完成国Ⅵ汽、柴油升级工作；深化常压装置深拔攻坚，常渣350℃以前馏分含量下降25%，增效780万元；强化催化装置催化剂配方优化，在满足国Ⅵ汽柴油烯烃含量指标要求的同时，应用新催化剂配方，使汽油及液化收率提升1.76%、柴油收率下降1%，增效891万元。强化平稳运行管理，着力抓生产平稳率控制，精心优化装置操作，蒸馏、催化、重整等装置在27家炼油企业调度系统平稳率评比中取得41金、68银、62铜，排名第8位、进步13名。

（林益涵）

【降本增效成效喜人】 2018年，湛江东兴公司坚持“从严管理出大效益、精益管理出最大效益”理念，强化生产全过程、全要素管控，不断挖掘节能降本减费潜力。强化国际原油市场走势研判，全力抓好原油采购降本，全年采购原油到厂价格3 736元/吨，比总部均价3 548元/吨高188元/吨，与总部继续保持较低价差水平。大力优化资金运作和深挖财税红利，狠抓海关税款保函、存款方式优化等工作，全年降本减费1亿元；创新开展装置运行、精细管理、降本增效等全员成本目标管控项目评选活动，全年开展攻关项目17项，降本减费3 273万元。强化物资采购降本，实现全年新增积压物资为零，集中物资采购金额4亿元、节约成本3 400万元。抓住大企业直供电政策，全年节约电费3 240万元。强化电力系统运行优化，全年功率因数调整、线路负荷平衡调整节约电费170万元。2018年湛江东兴公司资产运营良好，全年资产负债率39.52%、总资产报酬率22.32%。

（林益涵）

【精准扶贫工作持续深入】 湛江东兴公司以精准扶贫为中心，以实施乡村振兴战略为抓手，帮扶3年累计为贤洋村、南边黄村筹集扶贫资金2 100万余元（包括单位自筹、行业专项资金、社会捐赠等），其中贤洋村1 500多万元、南边黄村600多万元，帮扶雷州市北和镇贤洋村、南边黄村

4 条自然村 80 户贫困户、316 人实现稳定脱贫，其中贤洋村 3 年总脱贫 38 户 149 人，脱贫退出率 94%；南边黄村 3 年总脱贫 42 户 167 人，脱贫退出率 86%。2018 年筹集扶贫资金 800 多万元，帮扶两村 6 户 30 人脱贫。

（林益涵）

【党建质量持续提升】 2018 年，湛江东兴公司强化党委把方向管大局保落实的能力建设，着力抓党委的领导作用、党支部的战斗堡垒作用和党员的先锋模范作用的发挥，持续推进政治优势转化。压实管党治党责任，党委带头执行“三会一课”、主题党日等基本制度，常态化、制度化推进“两学一做”教育，党委组织学习 6 场次、各党支部组织学习 42 场次；狠抓党建工作与中心工作融合，重点聚焦主责主业、急难险重、优化升级、民主管理，全年确立“提高异构化油料品质”等攻关项目 62 项，完成评审 20 项。大力提升基层党建组织力。建强基本组织，把原来的 2 个机关党支部调整为 3 个，成立退休党支部，在催化、加氢等车间配备专职党支部书记，并完善支委设置。建强基本制度，完善党组织工作细则、“三重一大”“一岗双责”等制度，制订基层党组织组织力提升实施方案，并嵌入相应的内控流程中，使党建工作制度与重大决策、经营管理等全面融合并形成闭环。大力抓干部队伍建设，全年提拔 4 人，平调 2 人，调离 1 人；抓实“双培养”工作，激励党员成为生产经营的能手、业务骨干积极向党组织靠拢，全年培养入党积极分子 24 人、发展预备党员 11 人、按期转正党员 10 人。

（林益涵）

【巡视反馈整改工作扎实有力】 2018 年 7 月 2—26 日，集团公司党组第二巡视组对湛江东兴公司进行巡视，共反馈 4 个方面 13 项问题。湛江东兴公司扎实抓好巡视整改工作，先后组织召开党群工作扩大会、党委会、巡视整改工作动员会等会议 3 次，对巡视反馈的 13 项问题细化梳理为问题 122 项，共制定整改措施 141 条。

（林益涵）

【企业和谐稳定氛围更加浓厚】 2018 年，湛江东兴公司坚持真困难真帮助原则，细致做好员工关爱工作，全年帮扶救助困难员工 36 人次，累计发放帮扶补助金 9.1 万元。强化企业民主建设，着力抓职代会提案（建议）落实，全年完成 14 项提案和 44 项建议，并常态化、制度化开展合理化建议评比，员工参与企业管理出谋划策更加积极。定期开展信访维稳排查，及时把控员工思想动态，按照“三个到位”要求，抓好纠纷预防化解，并针对性开展人文关怀工作。深入开展 EAP 和“一团一品”工作，并积极开展文体和“走访”“走访寻”活动，举办球类比赛、“五四”和“春晚”等健康向上的文体活动，员工业余文化生活更加丰富、凝聚力更强。

（林益涵）

表 1　湛江东兴公司主要技术经济指标　亿元

指标名称 \ 年份	2018	2017	2016	2015	2014	2013
原油加工量 / 万吨	478.96	484.47	484.69	381.10	457.67	474.38
工业总产值①	290.39	256.89	224.06	190.02	290.60	306.53
工业增加值	124.46	127.58	117.31	82.80	60.41	56.91
资产总值	112.37	79.74	72.66	57.77	72.99	78.97
流动资产	78.81	51.61	44.07	23.83	36.36	41.23
固定资产原值	63.79	62.83	62.68	61.77	62.69	60.05
固定资产净值	21.21	23.23	24.96	26.87	28.95	29.99

续表

指标名称 \ 年份	2018	2017	2016	2015	2014	2013
销售收入②	290.77	256.31	223.81	191.34	290.23	305.73
实现利税③	119.82	122.86	112.59	77.98	53.30	54.41
税　金③	98.38	97.34	95.39	74.30	57.13	55.00
综合能耗 / 千克标油·吨$^{-1}$	62.63	63.30	62.74	66.04	64.22	63.10

① 工业总产值按现价计算
② 销售收入均不含海外销售部分
③ 2016 年数据有调整

表 2　湛江东兴公司主要产品产量　万吨

产品名称 \ 年份	2018	2017	2016	2015	2014	2013
汽　油	180.03	181.67	169.98	133.60	139.92	98.08
柴　油	205.13	209.68	219.47	171.54	217.83	161.08
化工轻油	2.63	7.30	3.48	4.51	10.58	14.77
苯乙烯	6.03	6.15	6.14	4.49	5.12	0.63
芳　烃	1.99	0	0	0	12.40	8.91
聚丙烯	12.55	13.39	14.02	11.07	12.21	9.85
液化石油气	29.85	30.26	29.22	23.58	26.48	18.13
燃料油	6.60	3.99	6.67	9.12	26.12	28.17

中科炼化

【概况】 中科（广东）炼化有限公司（简称中科炼化），地处广东省湛江市东海岛新区，是中国石化、广东省的重点建设工程，一期项目为 1 000 万吨 / 年炼油和 80 万吨 / 年乙烯，以及储运、热电、污水处理、码头、铁路等公用工程及配套设施，占地 435 公顷，总投资 385.5 亿元，计划 2019 年底建成投产。

2016 年 12 月 20 日，中科炼化项目正式开工建设。项目炼油装置包括 1 000 万吨 / 年常减压等 18 套炼油装置、80 万吨 / 年蒸汽裂解等 10 套化工装置，同时由湛江东兴公司作为业主方建设 18 万米^3（标准）/ 时 POX 装置及配套工程纳入项目管理。配套公用工程及辅助设施包括 4 台 450 吨 / 时高压 CFB 锅炉和 3 套 100 兆瓦汽轮发电机、10 个码头泊位。另外配套 1 条运量为 79.9 万吨 / 年、远期 159.8 万吨 / 年中科炼化湛江东海岛铁路专用线。

根据实际情况，中科炼化分为负责公司管理和生产准备及负责项目实施的项目管理部 2 套组织架构运行，其中公司设置有办公室、计划经营处等 10 个职能部门、12 个作业部（中心）；项目管理部设置有综合管理部、控制管理部等 9 个职能部门及 14 个项目分部。截至 2018 年底，中科炼化在册员工 1 319 人，其中具有高级职称的 127 人、中级职称的 231 人。项目累计完成投资 177.89 亿元。

（刘夏甜）

【领导班子调整】 2018 年，集团公司对中科炼化领导班子进行调整。3 月，聘任邓瀚深为中科炼化副局级调研员。8 月，方云任中共中科炼化委员会副书记兼纪律检查委员会书记、工会主席人选，中科炼化监事。调整后中科炼化领导班子由吴惜伟、陈晓文、曾松、王光、郭新、朱华周、方云、邓瀚深组成。

（刘夏甜）

【项目最大的 EPC 标段总承包合同签订】 2018 年 1 月 12 日，中科炼化与洛阳工程公司签署中科炼化项目最大的 EPC 总承包合同，合同金额达 106.4 亿元，标志着中科炼化项目全面进入 EPC 施工阶段。

（刘夏甜）

【项目建设取得重大进展】 2018 年，中科炼化扎实践行“三个一切”工作理念，狠抓项目管理“六大”控制，严格落实“规范化管理、标准化施工”要求，组织 2 次大干活动，全面掀起项目建设高潮。招标工作合法合规开展，由项目管理部负责的 460 台长周期设备和 92 个品种框架协议，全部通过公开招标方式采购，采购资金节约率为 6.34%，项目采购进度完成 51.34%。详细设计总体完成 82.22%，全厂土建基础图、上部结构图、二三级地管图基本完成出图。施工完成总体进度 42.14%，全厂混凝土浇筑累计完成总量的 51.54%，大件设备累计安装完成 22 台，5 座烟囱封顶 3 座。顺岸码头完成总进度 65.13%，离岸码头完成总进度 80.09%。

（刘夏甜）

【设备安装拉开序幕】 2018 年 9 月 23 日，中科炼化项目首批长周期设备——2 台渣油加氢反应器运抵装置现场。9 月 28 日 10 时 38 分，440 万吨 / 年渣油加氢脱硫装置的 R103 反应器一次成功吊装到位，拉开中科炼化项目设备安装的序幕。

（刘夏甜）

【生产准备工作稳步推进】 2018 年，中科炼化按照“组织准备、人员准备、培训准备、技术准备、物资准备、营销和外部条件”“七到位”要求，根据项目建设实际，优化完善生产准备组织领导，组织编制并发布《生产准备纲要》，制订并动态更新生产准备工作总体统筹及 3 个月滚动计划，实施销项管理，确保工作落实到位。完成《总体试车统筹计划》《总体试车方案（公用工程篇）》的编制，全面启动装置技术资料的编制工作。制定《关于强化运行部（中心）员工培训考核的指导意见》，各运行部（中心）结合自身特点制订培训计划和培训方案，落实“师带徒”工作方案和培训晋级考核方案，强化培训“领导带班”工作，提升员工理论和实操水平。

（刘夏甜）

中科炼化施工现场 （聂冬生 摄）

【安全态势持续向好】 2018 年，中科炼化践行“安全为天，质量是命，工期就是军令状”的理念，坚持“一切让位于安全、环保、质量”的管理要求，强化责任落实，构建以公司 HSSE 委员会为主、项目管理部责任部门为辅、项目分部为支点、EPC 总包、承包商单位及监理单位为区域面的“五位一体”HSSE 网格化管理机构，成立现场安全管理督察队，引入第三方安全监管机制，建立岗位安全行为负面清单，促进全员 HSSE 责任落实。全年累计提出安全观察问题 1 810 项，推荐安全行为为 353 项。实施 HSSE“黑名单”制度及承包商累计积分考核机制，共计查处承包商严重违章问题 119 项，开除违章人员 333 名，2 家公司被列入“黑名单”。严格落实《施工期扬尘污染防治管理方案》，项目现场建设3座生活污水处理站，设置30个移动厕所、38个生活垃圾收集点、11个符合规范要求的危废暂存点，有效防范污染问题发生。截至年底，项目建设累计安全人工时达1 052.7万，可记录伤害率为零。

（刘夏甜）

【质量管理整体受控】 2018年，中科炼化重点在“抓体系、查人员、重培训”上下功夫，开展“加强质量管控，建设精品工程”为主题的“质量月”活动，全面提升全员质量管理意识。狠抓各参建单位质量管理体系建设，确保施工质量全过程受控，全年共查出并整改质量体系问题431项。严把质量源头控制，大力推行样板工程，规范施工作业行为。严把重要岗位人员和特种作业人员资格审查关，认真核查职业资格动态管理台账，保证重要岗位人员到岗履职。严把原材料质量，加强对混凝土搅拌站砂石、钢筋等原材料的抽检，严格控制原材料来源，坚决清退套牌、地条钢，确保材料质量全面受控。

（刘夏甜）

蒸汽裂解装置（聂冬生　摄）

【企业管理更加规范精细】 2018年，中科炼化完成公司两级管理架构的设置，对各处室管理职能及运行部（中心）管理范畴进行梳理和划分，推进职责细化到人、代入岗位，实现“管理层次清晰、管理职责明确、管理效率提升”的目标。启动并完成第2批制度建设及项目管理程序文件的修订工作，完成制度制定（修订）87项，完成项目管理程序文件修订和发布134项。制订并出台《中科炼化践行“马上就办”实施方案》，将总部“马上就办”工作要求全面落实到位。加强督办督察力度，全年共发起督办186项，落实率达100%，有效提升管理效率。公司门户建立点赞台、曝光台，曝光不精细的人和事97项，发出专业检查通报52期，对766项事项进行考核，从严管理取得实效。

（刘夏甜）

【依法依规治企全面深入】 2018年，中科炼化全面落实党政主要领导法制建设“第一责任人”职责，以及总法律顾问制度，建立健全法制建设管理体系。紧盯工程建设招投标管理、合同管理、变更管理等关键环节，确保所有业务“应招必招、能招尽招”，所有变更审批程序经得起追溯。修订完善“三重一大”决策实施细则，落实重大决策法律审核机制，防范决策风险。

（刘夏甜）

【信息化建设快速推进】 2018年，中科炼化以打造智能工厂2.0为目标，突出强化组织领导和顶层设计，公司信息化、智能化建设扎实起步。智能工厂项目详细设计通过总部审查，结合生产准备的9个业务域56个子项的建设工作全面铺开，6套系统上线运行，仿真培训系统完成平台搭设并开展试运行。

（刘夏甜）

【队伍整体素质不断提升】 2018年，中科炼化以人员精干、管理高效为方向，不断细化“三定”方案，坚持“五湖四海”广纳贤才，全年从系统内引进各类人才586人，员工到位率达83.17%，基本满足生产准备的需要。坚持中心组理论学习制度，加强领导干部学习贯彻习近平新时代中国特色社会主义思想和党的十九大精神，大力宣贯“权力就是责任，责任就要担当”理念。公司党委严格按照干部选拔任用程序，结合项目建设统筹进度选优配强领导干部，全年共提拔调整中层领导干部14人、基层领导干部26人。组织开展专业技术职务任职资格评审工作，全年1人取得高级工程师任职资格、33人取得工程师任职资格。

（刘夏甜）

【党建工作全面加强】 2018年，中科炼化在推进项目建设、生产准备、团队建设等工作中，始终坚持把党的建设摆在首位，全面落实从严治党工作部署，充分发挥党委“把方向、管大局、保落实”作用，切实履行管党治党责任，实施“组织力提升工程”，营造了风清气正、干事创业良好氛围。各基层党组织围绕“组织建设好、团队建设好、特色党建好、廉洁建设好、工作创一流”标准，全面结合现场施工安全、工程质量、生产准备、人员培训等中心工作，开展“当先锋、筑堡垒、促培训”“学流程学技能、争做一流员工”“争当两士一星、打造世界一流”等主题劳动竞赛活动，基层党建质量全面提升。公司党委联合系统内 4 家 EPC 单位党委开展党建共建共促特色党建活动，共召开 7 次座谈会和协调会，实现党建工作与项目建设深度融合，打造中科炼化特色党建品牌，集团公司《党建通讯》第 8 期进行专题报道和推广。

（刘夏甜）

【党风廉政建设不断加强】 2018 年，中科炼化项目部设立监察部，落实党风廉政建设“两个责任”，努力构建“不敢腐、不能腐、不想腐”体制机制。抓好工程建设重点领域和关键环节的监督，到参建单位进行廉洁走访，对每个关键敏感岗位进行廉洁风险分析排查，详细列出廉洁风险“权责清单”。抓好关键岗位和关键人员的监督，建立因公外出廉洁监督、礼品登记、提醒谈话等制度，组织全员签订廉洁从业责任书，每季度召开公司级廉洁教育大会，让党员干部习惯在受监督和约束的环境下工作生活。加强中央八项规定精神执行情况的监督，开展节假日公务用车和业务招待专项检查 4 次，未发现违纪违法现象。成立公司监督委员会，制订大监督实施方案和工作计划，定期召开联席会，重点加强对招标投标流标、设计变更、业务外包等项目的监督，对关键环节和时点开展日常廉洁提醒、常规约谈，开展领导干部、关键岗位廉洁谈话 247 人次。

（刘夏甜）

【内外部环境更加和谐】 2018 年，中科炼化以“进入中科门，就是中科人”等文化凝聚共识，制定印发《中科炼化企业文化建设纲要》（2018 版），着力培育以“权力就是责任，责任就要担当”的担当精神为核心的价值理念，以企业文化引领员工的自觉行动。利用内部宣传阵地，营造项目“大干快上”“只争朝夕”的良好氛围；做好对外宣传，在市级及以上媒体发稿 80 篇，树立企业良好社会形象，扩大了企业影响力。开展“中科金点子”合理化建议活动，共提合理化建议 896 项。建立帮扶救助金制度，办理帮扶救助 8 人次，发放救助金 4.58 万元；及时回应员工诉求，办理 134 名调入职工户口落户手续，协调解决 62 名调入职工子女入学问题；全面启动员工帮助计划（EAP），持续关注职工身心健康；推动建设统一标准的“施工驿站”48 个，开展“夏日现场送清凉”活动及节假日慰问活动等。开展“走基层、访万家”活动，全年各基层工会走访员工 538 人。深化企地联席会制度，全年与地方政府召开企地联席会议 3 次。积极参与公益事业，全年投入 70 万元用于校企共建和扶贫济困。

（刘夏甜）

北海炼化

【概况】 中国石化北海炼化有限责任公司（简称北海炼化）地处广西省北海市铁山港区临海工业区，距北海市区约 40 千米，南邻铁山港码头。北海炼化始建于 1989 年，原名北海石油化工厂，原油加工能力为 60 万吨 / 年。1998 年 5 月划归集团公司；2002 年 7 月，划入股份公司，成立中国石油化工股份有限公司北海分公司。按照中国石化的战略部署，于 2009 年 7 月组建北海炼油异地改造项目筹备组，实施北海炼油异地改造石油化工（20 万吨 / 年聚丙烯）项目。项目于 2010 年 3 月土建开工，2011 年 9 月底建成中交，2012 年 1 月 1 日全面投产。2011 年 12 月 31 日，中国石化对北海炼油异地改造项目筹备组与北海分公司进行整合后，与北海市人民政府共同出资组建中国石化北海炼化有限责任公司。

截至 2018 年底，北海炼化共有正式职工 740 人，其中硕士及以上学历 10 人、本科学历 266 人、大专（高职）学历 202 人、中专及以下学历 262 人。设有 8 个职能部门、5 个运行部和 4 个业务中心。有常减压、催化裂化、延迟焦化、连续重整、柴油加氢、聚丙烯等 16 套生产装置和污水处理、余热回收等 44 套辅助系统。配套项目有 320 万立方米原油商业储备基地、设计年吞吐能力为 150 万吨的铁山港石化码头、北海—南宁成品油管道以及湛江—北海原油管道。主要产品有成品油、石油焦、硫黄、聚丙烯、苯、液化石油气、石脑油、沥青等。

北海炼化主要技术经济指标及主要产品产量分别见表 1 和表 2。

（覃辉平）

【领导班子调整】 2018 年 6 月 12 日，北海炼化召开干部大会，宣布集团公司党组关于北海炼化领导班子调整的决定：张忠和任北海炼化执行董事、党委书记，李继炳任北海炼化总经理、党委副书记，陈尧焕调出另有任用。调整后的北海炼化领导班子由张忠和、李继炳、闫宏、麦郁穗、姜红、韦巍组成。

（覃辉平）

【经营业绩继续保持增长态势】 2018 年，北海炼化经营业绩再上新台阶，经营质量稳步提升，圆满完成全年各项目标任务。全年加工原油 640.17 万吨，上缴税金 152.44 亿元（含进口原油税 31.49 亿元），实现销售收入 376.06 亿元。吨油利润、单位加工费用和人均劳效在中国石化 25 家大中型炼油企业中连续保持前 3 名。

（覃辉平）

【安全生产形势保持稳定】 2018 年，北海炼化未发生各类上报事故，连续 7 年实现安全生产，再获集团公司安全生产先进单位称号。狠抓属地责任、专业责任和监管责任落实，有力促进企业安全主体责任落实。强化领导干部安全引领力，认真落实班子领导安全承诺和风险承包，严格领导带班制度，有效管控安全风险。全年公司领导班子成员和部门处级以上领导干部参加基层安全活动、指导基层安全生产 204 人次，发现各类问题 125 项，整改率达 96%。岗位职工认真开展“不间断”巡检，现场管控能力进一步增强。科学编制各类应急预案，持续完善应急管理制度，认真组织应急知识培训，扎实做好抗台防汛工作，积极开展多层级应急演练，全年组织开展应急演练 5 次，全员安全技能和应急能力明显增强。充分发挥安全监察大队作用，强化现场安全管控和重点环节监控，全年安全督察发现各类问题 793 项，整改率 100%，违章处罚 407 起，罚款金额 23 万余元，列入黑名单 9 人，违章再培训 12 人次，违章现象明显减少。强化安全风险管控，扎实开展风险评估和隐患排查治理，发布 10 个风险清单，完成 4 项公司级重大隐患治理。注重发挥职工主观能动性，坚持开展“我为安全做诊断”活动和安全环保合理化建议活动，先后对发现重大安全隐患的 34 名职工给予重奖，全年累计发放奖金 33 万余元，队伍安全责任意识进一步强化。强化设备管控，加强设备运行维护，开展干气密封、冷却水系统、系统管廊钢结构腐蚀状况等专项排查，及时消除设备隐患，全年在用设备完好率 99.95%，主要设备完好率 99.91%，加热炉热效率 93.2%，静密封点泄漏率 0.0138‰，关键机组故障率 0.45%，生产长周期平稳运行基础得到夯实。

（覃辉平）

【绿色低碳发展再获佳绩】 2018 年，北海炼化牢固树立绿色发展理念，多措并举深入推进节能减排工作，绿色低碳发展取得较好成效。加强环保整治。全面实施、有序推进环保隐患治理项目，取得实质性成效。全面完成锅炉改造、碱渣处理设施消缺，妥善处置废白油、废润滑油、检修高浓度污水，二期建设预留地环保综合整治效果明显。严格源头管控，加大环保治理和技术改造力度，VOCs 治理、全厂污水管网改造方案全面推进。硫黄烟气二氧化硫含量从 200 毫克 / 米^3 降到了 50 毫克 / 米^3。全年环境污染、生态破坏事故发生率为 0，外排工业废水达标率 100%，废气外排达标率 99.99%。顺利通过中央环保督察组现场环保督察。

积极开展排污许可证申领工作，顺利取得排污许可证。持续推进能源管理体系建设，能源管理系统正式上线运行，管理流程进一步优化。顺利通过总部和政府口径 2017 年度碳盘查和碳核查工作，编制完成温室气体排放监测计划。通过实施节能改造、提高能源利用率、加强日常节能管理等措施，加大能耗指标对标力度，全年万元产值能耗 0.198 吨标准煤，低于集团公司下达的指标，累计节能 0.93 万吨标煤、节水 51 万吨，降幅分别为 1.15%和 12.7%。

（覃辉平）

【推进创新发展】 2018 年，北海炼化全力抓"十三五"发展规划落实，加快项目建设，大力推进创新驱动发展，全力赢取发展优势。坚持科研与生产相结合，围绕系统优化、指标提升、降本增效、节能降耗等重点加强科技和环保攻关，取得良好的社会和经济效益。顺利完成立项的 5 个总部科研项目顺利完成，"十大"技术攻关达到预期目标，自筹项目有序推进。全年累计完成投资费用 1.89 亿元，完成改造（技改）项目 166 项。信息化工作取得新进展，完成 APC、能源管理系统、IC 卡销售系统升级等 10 套信息项目建设和信息管理系统扩充提升，信息系统深化应用创新创效活动取得良好成效。全年完成创新创效行动计划重点工作 40 项，"两化"融合深入推进，信息安全得到有效加强。

（覃辉平）

【经营管控水平整体提升】 2018 年，北海炼化狠抓严细实管理，推进管理创新，企业综合管理水平显著提升。加强一体化体系建设，健全完善规章制度，拓展制度符合性检查、对标分析等工作内涵，着力构建"三基"管理体系；加强日常专业检查，进一步推动制度落实落地。加强财务管理，科学安排资金收付，及时清理应收预付款项，有效减少资金占用；积极推进财务转型，全面实施零基预算，加大预算考核力度。精心研究税收政策，优化税收工作，全年税收创效合计 4.89 亿元。依法从严治企，抓好总法律顾问入章的落实，修订公司章程和工作规则，制定出台《北海炼化企业主要负责人履行法治建设第一责任人职责实施办法》，健全完善公司内部治理机制。规范合同管理，进一步健全完善法律防控体系，优化合同流程，合同管理系统履约集成项目顺利上线运行，全年线上审批签订合同 979 份，合同标的金额 15.79 亿元。加强外包业务管理，规范外委业务，全年办结外委业务 110 项，总标的金额 3.80 亿元，节约费用 2 203 万元，降幅 5.8%。加强审计监督，开展内审外查发现问题整改、问题风险排查专项治理、与改制企业业务往来情况等专项审计，做好"三供一业"分离移交、工会经费及代管资金管理和使用、年度内控审计评价、费用结算审核等合规性审计和检维修技改技措等项目的结算审计工作，审减金额 438 万元，审减率 8.58%。

（覃辉平）

【"三强"人才队伍建设取得新成效】 2018 年，北海炼化党委积极实施人才强企工程，着力加强"三支队伍"建设，倾力打造"三强"人才队伍取得新成效。全面完成"三定"工作，完成公司组织机构调整，设置 8 个机关职能部门、4 个业务中心、5 个运行部。组织机构更加精简，业务划分更加科学规范。提拔调整 32 名处级干部、24 名科级干部。调整完成后处级干部 45 岁以下占比 25%，科级干部 40 岁以下占比 36.5%，分别提高 11.7%、11.9%。队伍结构得到优化改善，队伍断层、盖层问题得到缓解；实施"双向进入、交叉任职"，切实加强机关与基层、专业与管理、党政间的互相交流，畅通了人才成长通道。坚持"双轮驱动"模式，充分发挥职能部门和各基层单位主体作用，坚持实施走出去 + 请进来、集中培训 + 自主学习"双轮驱动"模式。全年累计外送培训 132 人次，内部培训 1 万多人次。持续深化技能操作人员一岗多能岗位大练兵活动，7 人取得同一装置内外操上岗资格，41 人取得第 2 套装置上岗资格，岗位大练兵工作取得阶段性成果。完成 S-Zorb 装置岗前培训，其中 12 人同时取得 S-Zorb 装置内外操上岗证。

（覃辉平）

【党建工作与中心工作深度融合】 2018 年，北海炼化党委严格按新体制开展工作，充分发挥党委把方向、管大局、保落实作用，推进党建工作与中心工作深度融合。坚持把政治建设放在第一位，把党的领导贯穿生产经营全过程。做好党建入章工作落实，修改完善《北海炼化“三重一大”决策制度实施细则》，确立党组织在公司治理结构中的政治核心地位，在决策机制建设上的领导核心地位，实现党组织监督、参与决策等职能的制度化、程序化。严格落实党委中心组学习制度和党支部政治理论学习制度，加强学习研讨，凝聚改革发展共识，确立“进一步调整结构，做强做优炼油，向特色化工转型”的发展思路和“两个三年、两个十年”战略目标。认真落实《中国共产党支部工作条例（试行）》，在“三定”中同步健全党的组织，设立 18 个党支部，按“双向进入、交叉任职”配齐配强党支部书记。以“三强基层组织”为标准，抓实支部建设，全力推进组织力提升工程，引领各级党组织全面进步、全面过硬，把党的领导融入企业治理各个环节。组织开展“居安思危”大讨论活动，树立和强化队伍的危机意识、责任意识和高质量发展意识。定期研究意识形态、党风廉洁建设和反腐败、群团等工作，确保党对全面工作有效覆盖和领导。坚持围绕中心服务大局，深入开展党员先锋机组活动、党员创新创效和技术攻关活动，积极拓宽渠道，创新活动载体，充分发挥党组织战斗堡垒作用和党员干部先锋模范作用。认真落实管党治党责任，强化监督执纪问责。加大风险防控力度，组织开展“聚焦王晓林违纪违法案件突出问题自查自纠”工作。全年检查考核 11 次，督促问题整改 24 项，按照“四类处置方式”规范办理函询党员干部 1 人。坚持以上率下和问题导向，针对集团公司党建考核组反馈的 6 个方面 29 项问题，制定 61 条整改措施；针对巡视组反馈的 5 个方面 16 个问题，制定整改措施 76 条。全面完成问题整改，对 15 个支部和 14 个责任人进行考核。完成巡视组移交的 15 件信访件处置。加强形势任务教育，增强员工紧迫感、责任感和使命感。传统媒体和“两微”同时发力，唱响主旋律，聚集正能量。加强舆情监控，提高舆情风险应对能力，全年没有发生负面舆情事件。

（覃辉平）

【扎实推进和谐企业建设】 2018 年，北海炼化坚持以人为本，关注和改善民生，不断提高职工群众的获得感和幸福指数，充分调动职工的积极性，增强企业的凝聚力、战斗力。发挥群团组织作用，通过职代会、厂务公开、领导信箱等平台和途径，畅通职工民主参与企业管理的渠道，全面保障职工的知情权、参与权和监督权，职代会提案办结率 100%。加强党建带团建，发挥团员青年生力军作用，有 3 个集体获北海市青年文明号称号、1 个集体获自治区青年文明号称号。确保员工福利待遇，健全职工工资增长与企业效益挂钩机制，职工收入水平稳步提高；积极推进职工帮助计划（EAP），关心职工身体健康，组织举办职工心理健康讲座，严格落实职工职业健康体检制度，职工年度职业健康体检率达 100%。加强食堂管理，不定期进行监督检查，促进了职工饭菜质量提升。顺利实施倒班公寓地下水管改造和 1#、3# 楼阳台封闭，全面完成基层单位外操间操作椅、座垫更换，进一步改善了职工生产生活环境。深入基层班组和职工家庭，了解职工群众疾苦，帮助解决实际问题，化解职工矛盾。春节、国庆期间领导班子成员走访慰问困难职工、离退休人员和患病职工 61 人次，发放慰问金、慰问品 8.07 万元，发放互助金 19 人次 28.94 万元；为离退休人员报销住院费、发放各类补贴慰问金 65 万元；为考上大学的职工子女发放奖品奖学金 8 万多元。丰富职工业余文化生活，先后组织开展除夕包饺子、新春联欢晚会、新春社区游园等活动，举办“三八”女职工户外游、“迎五一”职工春季健步走、“七一”拔河比赛、职工气排球比赛等活动。加强企地和谐共建，坚持开展“扶贫帮困”“圆梦大学，爱心助学”“企校共建”等社会公益活动，全年对外捐赠 16 万元，较好履行央企的社会责任。

（覃辉平）

【开展公众开放日活动】 2018 年 5 月 12 日，北海炼化开展公众开放日活动，北海晚报小记者以“工业游、科普行”为主题到公司“探秘智慧能源”，感受石化装置和企业践行“绿水青山就是金山银山”的具体行动，共有 50 名晚报记者参加。

（覃辉平）

北海晚报小记者“探秘智慧能源”

【举办党的十九大精神培训班】 2018 年 5 月 17 日，北海炼化学习贯彻习近平新时代中国特色社会主义思想和党的十九大精神培训班正式开班。公司副处级及以上领导干部和基层党政主要负责人共 30 人参加了培训班。

（覃辉平）

【举办“安全宣誓”活动】 2018 年 6 月 14 日，在第十七个“全国安全生产月”活动年来临之际，北海炼化公司组织开展了“安全宣誓”活动。重申“识别大风险、消除大隐患、杜绝大事故；生命至上、安全发展；家人平安我幸福，我的安全我做主！”等誓言，并进行宣誓签名活动。公司领导班子、员工代表和承包商代表共 240 多人参加宣誓活动。当日，还开展以安全环保为主题的公众开放日活动，邀请周边企业代表、乡村教师、居民 40 余人参加活动，向他们介绍解北海炼化安全环保生产情况，邀请他们现场参观公司环保现状以及应急处置能力，充分展示了具有高度社会责任的企业形象。

（覃辉平）

【中央环保督察组到北海炼化公司环保检查】 2018 年 6 月 22 日，中央环保第五督察组对北海炼化进行环保督察。环保督察组听取公司生产、经营、环保等情况介绍以及下一步的工作计划，查验历年来的环评、环保项目验收等文件批复材料，详细了解环保废水、废气排放情况，现场检查达标水排放达标情况和卫生防护距离周边居民情况。

（覃辉平）

【全面供应国Ⅵ汽、柴油】 2018 年，北海炼化认真落实中国石化“10 月 1 日后出厂车用汽、柴油均要达到国Ⅵ标准”和云南省政府“9 月 1 日起，全省地级以上市全部销售国Ⅵ车用柴油，11 月 1 日起全部销售国Ⅵ车用汽油”等要求，做好国Ⅵ汽油和车用柴油升级工作，组织相关单位、部门讨论制订并实施优化调和方案、罐底存油置换方案，克服罐容不足等困难，9 月 1 日，全面生产、供应国Ⅵ汽、柴油。车用柴油多环芳烃含量由 11% 降低到 6%；成为中国石化第 1 家生产国Ⅵ汽油的炼厂，车用汽油比国家规定提前 4 年达到国Ⅵ b 标准，产品经西南管道南线向广西、云南市场供应。

（覃辉平）

【S-Zorb 装置一次投料开车成功】 2018 年 10 月 8 日，北海炼化汽油吸附脱硫（S-Zorb）装置一次投油开车成功。该装置采用中国石化攻关开发的新一代 S-Zorb 专利技术，有效脱除汽油中的硫化物，硫含量将小于 10×10^{-6}，生产出更清洁环保的汽油产品，大幅提高高标号汽油产量，同时减少辛烷值损失，提高了企业经济效益。

（覃辉平）

【合同管理系统履约集成顺利上线运行】 2018 年 11 月 9 日，北海炼化合同管理系统履约集成顺利上线运行。合同管理系统履约集成是中国石化合同管理信息系统（CMIS 系统）与 ERP、费用报销（ERS）等系统在履约信息方面的实时集成。该项目借鉴了财务共享运行的新模式，在优化调整合同履约付款业务流程的同时，实现了合同付款全过程的进度跟踪。

（覃辉平）

【举行炼油结构调整项目场地平整开工仪式】 2018 年 11 月 28 日，北海炼化举行炼油结构调整项目场地平整开工仪式，标志着项目正式进入实施阶段。炼油结构调整项目是北海炼化为满足国Ⅵ油品升级要求实施的“十三五”重点项目之一，项目可行性研究报告于 7 月 22 日取得集团公司批复。项目总投资 9.58 亿元，建设内容主要有 120 万吨 / 年 LTAG 联合装置（包括 120 万吨 / 年 FCC 单元、65 万吨 / 年催柴加氢改质单元、烟气脱硫单元、产品精制单元）和 3 万米^3（标准）/ 时制氢装置及相关配套设施。

（覃辉平）

【党员大会胜利召开】 2018年12月18日，中共中国石化北海炼化有限责任公司党员大会胜利召开。大会审议并通过《党委工作报告》《纪委工作报告》，选举产生公司新一届党委委员、纪律检查委员会委员，圆满完成大会预定的各项议程，322名正式党员参加此次大会。集团公司党组发来贺电，广西壮族自治区国资委党委党建工作处负责人到会指导。

（覃辉平）

【联合发布《中国石化在广西》白皮书】 2018年12月20日，北海炼化在内的7家中国石化驻桂企业首次联合举行《中国石化在广西》白皮书发布会。这是中国石化成立35周年以来，驻桂企业首次整体亮相，向社会展现改革开放40年来中国石化驻桂企业服务广西跨越式发展、推动绿色发展、建设壮美广西的努力和贡献。同时，向社会公众展示了北海炼化追求高质量发展、服务区域发展、坚持绿色发展、践行社会公益事业的积极成效。

（覃辉平）

表1　　北海炼化主要技术经济指标　　亿元

指标名称 \ 年份	2018	2017	2016	2015	2014	2013
原油加工量/万吨	640.17	650.03	583.88	476.57	521.20	508.29
工业总产值	375.0	322.83	251.81	216.41	303.86	304.89
工业增加值	152.14	184.21	135.90	117.84	105.20	102.43
资产总计	171.37	168.11	134.96	91.19	82.09	72.28
流动资产	130.09	124.02	88.27	42.97	37.33	26.79
固定资产原值	61.88	58.71	56.22	51.58	47.44	46.49
固定资产帐面价值	37.44	38.32	39.78	38.84	38.08	40.09
销售收入	376.06	325.79	250.44	218.03	302.50	305.10
实现利税	181.34	144.86	122.38	94.38	56.12	51.82
税　金	152.44	113.60	96.95	84.70	56.09	50.17
综合能耗/吨标煤·万元$^{-1}$	0.198	0.20	0.196	0.20	0.21	0.22

表2　　北海炼化主要产品产量　　万吨

产品名称 \ 年份	2018	2017	2016	2015	2014	2013
汽　油	225.96	223.72	190.41	143.27	153.3	141.07
98# 汽油	3.46	6.83	4.57	2.95	4.15	3.30
97# 汽油			17.24	19.12	15.06	14.60
95# 汽油	63.22	53.13	4.68			
93# 汽油			120.13	121.19	134.09	123.17

续表

年份 产品名称	2018	2017	2016	2015	2014	2013
92# 汽油	154.68	163.76	43.77			
0# 柴油	258.88	265.25	252.25	212.49	235.76	234.76
3# 喷气燃料	15.20					
化工轻油	4.16	6.37	6.91	3.20	8.43	8.94
船用燃料油	1.50			0.10	0.89	4.11
液化石油气	42.09	40.25	36.63	25.98	28.32	28.41
商品干气	1.49	1.40	1.33	1.42	0.67	0.30
聚丙烯	16.46	15.54	13.23	10.11	11.50	10.40
石油苯	3.30	3.12	2.66	3.00	2.53	2.31
石油焦	51.12	56.84	49.65	41.79	49.58	44.11
工业硫黄	6.73	6.99	6.33	3.14	5.81	5.60
沥　青	11.61	6.76	3.00	10.44	4.38	0.00

塔河炼化

【概况】 中国石化塔河炼化有限责任公司（简称塔河炼化）地处新疆库车县，是中国石化在新疆唯一的炼化企业。其前身是筹建于 1993 年的地方股份制企业——新疆塔里木油气化工有限公司，1998 年 11 月被西北石油局全资收购，2003 年 12 月整体划转股份公司，2004 年 4 月 30 日设立中国石油化工股份有限公司塔河分公司（简称塔河分公司）。2012 年 6 月 25 日，股份公司对塔河分公司进行改制，与新疆阿克苏地区共同出资组建塔河炼化。

截至 2018 年底，塔河炼化拥有炼油生产装置 17 套，原油加工能力 500 万吨 / 年，焦化处理能力 340 万吨 / 年，汽、柴油混合加氢精制能力 270 万吨 / 年，催化重整能力 60 万吨 / 年，A 级沥青生产能力 40 万吨 / 年，汽油异构化能力 30 万吨 / 年，航煤生产能力 30 万吨 / 年，硫黄生产能力 8 万吨 / 年。塔河炼化以加工塔河油田重质原油为主，可生产汽油、柴油、3# 喷气燃料、化工轻油、沥青、石油液化气、石油焦、硫黄、工业纯苯等 10 余种产品，产品通过企业铁路专用线销往全国各地。

截至 2018 年底，塔河炼化有领导班子成员 7 人，总法律顾问兼副总会计师 1 人，安全总监兼副总工程师 1 人，副总工程师 1 人；下设 10 个机关处室、3 个中心（直属单位）、4 个作业部。共有在册职工 1 031 人，其中教授级高级工程师 2 人，具有高级职称的 20 人、中级职称的 125 人、初级职称的 285 人；高级技师 6 人、技师 57 人，高级工 360 人、中级工 329 人、初级工 38 人。

塔河炼化主要技术经济指标及主要产品产量分别见表 1 和表 2。

（刘希军）

【领导班子调整】 经集团公司党组研究并征得中共新疆维吾尔自治区委员会同意，2018 年 3 月 23 日，决定：从煜任塔河炼化执行董事、总经理、党委副书记（兼），赵亚新不再担任塔河炼化执行董事、总经理、党委副书记（兼）、委员职务，另有任用；高宏义任塔河炼化党委委员、副总经理；闫希华不再担任塔河炼化党委委员、总会计师职务，任西北油田分公司调研员。8月6日，决定：张怀玺任塔河炼化党委委员、总会计师。塔河炼化新一届领导班子由丛煜、邵国刚、丁智刚、施利春、冯兵、高宏义、张怀玺组成。

（刘希军）

【生产经营指标稳中向好】 2018年，塔河炼化层层分解指标任务，逐项落实措施方案，全面完成生产经营任务。全年加工原料油424.54万吨，生产商品总量404.68万吨，产销率100.04%；实现营业收入174.03亿元，利润6.73亿元，应交税费55.43亿元。塔河炼化获年度新疆阿克苏地区经济发展突出贡献奖。开展“提指标，争一流，奋战200天”劳动竞赛活动，技术经济指标和装置达标水平迅速提升，关键技术经济指标全部达到股份公司考核目标。综合商品率95.32%（指标95.00%），加工损失率0.39%（指标0.41%），综合能耗57.11千克标油/吨（指标58.50千克标油/吨），单因耗能9.13千克标油/吨（指标9.65千克标油/吨），吨油完全费用275.57元（指标282.60元）。综合商品率、轻质油收率、加工损失率、单因耗能等多项指标创塔河炼化历史最好水平。

（刘希军）

【HSSE工作扎实有效】 2018年，塔河炼化全面贯彻落实国家和新疆维吾尔自治区安全生产法律法规、《石油炼制排放标准》和集团公司《安全管理手册》要求，扎实开展HSSE管理工作。强化HSSE管理体系建设，及时调整HSSE委员会和专业分委会，将专业分委会由7个优化调整为3个，提高了工作效率；结合公司机构改革，强化作业部HSSE人员配置，压实各作业部、各岗位HSSE责任，提升了作业部HSSE管理水平。按照风险分级管控和隐患排查治理双重预防机制，逐级建立风险管控和隐患治理清单，各级领导班子带头承包重大风险隐患，落实风险管控、隐患消缺、培训练兵、警示教育、应急演练等管控措施。全年投入资金4 289万元治理18项安全隐患。强化承包商安全管理，全年组织开展承包商集中安全培训教育35期，培训3 173人次；从严开展承包商专项安全检查，推进承包商“黑名单”管理和约谈机制，督促承包商落实直接作业安全管理要求，提高现场作业管理标准。开展安全卫士评比表彰，全年奖励安全卫士87人次，奖励金额5.23万元。持续推进绿色企业创建，实施6项环保治理项目，COD、氨氮、二氧化硫、氮氧化物排放总量大幅下降，能源环境指标处于集团公司先进水平，成为新疆阿克苏地区首家取得排污许可证的企业，通过全国污染源普查。强化反恐防范和门禁管理，公司治安状况保持稳定，未发生上报公司级安全环保事故。强化职业健康防护管理，设立90个职业危害因素监测点，持续监测硫化氢、非甲烷总烃、噪声等8种职业危害因素，监测结果合格率96%，监测结果告知率100%。

（刘希军）

开展消防安全意识教育 （雷从营 摄）

【经营管理成效显著】 2018年，塔河炼化从产品结构调整、生产操作优化、节能降耗等方面，实施29项“双增双节”项目，增效1.33亿元。加大产品拓市扩销力度，全年销售低凝柴油8.92万吨，增加4.67万吨；销售航空煤油12.70万吨，增加2.30万吨；销售重整生成油15.47万吨，增加3.15万吨。全力推进物资代储，月平均代储物资价值1 200万元以上，有效减少物资占压资金。全年完成审计项目7项，提出改进管理、防范风险、提高效益措施建议37条，完善配套制度4项，规范企业管理。升级实时数据库、短信平台、微信公众号和MES等系统，提升公司信息化应用水平。如期完成国Ⅵ车用汽、柴油“换代升级”，成功攻克汽油电导率下降技术难题，解决-35#低凝车用柴油存储技术问题；践行“每一滴油都是承诺”的质量理念，全年在国家、地方和集团公司产品抽检中合格率100%。

（刘希军）

【完成2#系列装置检修改造任务】 2018年3月23日，塔河炼化2#系列装置开始停工检修改造，涉及6个车间9套生产装置及动力、储运系统。有4家施工单位投入劳动力1 500余人实施检修改造。完成常规检修项目1 385项、改造项目42项，设备更新51项，检验压力容器840台，检测管道160千米。主要实施2#焦化装置提高液收及底（顶）盖机自动化改造和60万吨/年连续重整装置增设二甲苯分离及配套设施2项重点改造项目，以及2#制氢炉反区转化气蒸汽发生器E101更新、2#焦化装置富气压缩机C701大修等10项主要检修项目。4月28日，安全绿色高效地完成检修改造任务，消除装置安全隐患和生产运行瓶颈，装置可靠性和环保水平全面提升，为实现装置“安稳长满优”运行、油品质量升级和产品结构调整奠定基础。

（刘希军）

装置检修改造现场 （雷从营 摄）

【投资规划迈出坚实步伐】 2018年，塔河炼化综合研判国际国内形势，结合生产经营和发展现状，统筹考虑资源、产品等因素，积极响应国家“西部大开发”战略和“一带一路”倡议，提出“两个三年”和“两个十年”炼油化工一体化，以化工为主的中长期发展规划，为塔河炼化转型发展描绘了宏伟蓝图。技改项目稳步推进，连续重整装置增上二甲苯分离设施、2#焦化装置提高液收及底（顶）盖机自动化改造项目施工基本完成；引进顺北原油适应性改造项目有序推进。塔河炼化与新疆敦华气体工程技术有限公司开展制氢驰放气回收二氧化碳项目，首开对外合作先例。全年完成3类技改技措项目87项，开展科研课题19项。完成历史遗留2 896亩（193.07万平方米）土地权属变更，取得产权手续。

（刘希军）

【全面深化改革有序推进】 2018年，塔河炼化围绕公司战略发展规划，贯彻落实集团公司部署，稳步推进“三项制度”改革。优化调整组织机构瘦身强体，公司中层机构由21个精简至17个。撤销机关职能部门、业务中心科室设置，将管理序列的科长（副科长）新聘为专业技术序列的高级主管（主管）。建立重点倒班骨干岗位和高学历员工倒班津贴制度，鼓励骨干人才留在基层。坚持薪酬向基层艰苦岗位倾斜的激励导向，完成237个样本岗位分析和薪酬优化设计，逐步完善差异化薪酬体系。

（刘希军）

【队伍建设】 2018年，塔河炼化持续强化干部员工队伍建设。干部队伍建设方面，坚持正确用人导向，选优配强各级班子，全年共选拔任用7名中层领导干部、18名正科级干部、18名副科级干部；加大干部交流力度，对10名干部进行岗位交流；加强基层作业部领导班子和干部配备，竞聘选拔一批年轻干部充实基层班子。员工队伍培养方面，坚持全员覆盖、分类推进原则，深入开展员工培训，全年选送76人参加集团公司40个专业项目培训，推荐16人参加集团公司业务竞赛；举办公司级培训59项，累计培训4 740人次；137人通过特种设备作业人员取证考试，取得特种设备作业证书；组织开展职业技能鉴定工作，16人取得高级工技能等级，38人取得中级工技能等级，48人取得初级工技能等级。

（刘希军）

【举办第3届“塔河杯”技术比武】 2018年，塔河炼化举办第3届“塔河杯”技术比武。比武设延迟焦化装置操作工、常减压蒸馏装置操作工、催化重整装置操作工、汽（煤、柴）油加氢装置操作工、制氢装置操作工、硫黄回收装置操作工、锅炉运行值班员、储运油品调和操作工、化工（油品）分析工、油品计量工 10 个工种，涵盖塔河炼化 6 个车间和 1 个中心所有技能操作主体工种，共有 468 名选手参赛。经过层层选拔，30 名选手分别获相应工种金、银、铜奖，加制氢车间、硫黄回收车间获优秀组织奖。

（刘希军）

【党建工作扎实有效】 2018 年，塔河炼化深入学习贯彻党的十九大精神，班子成员带头学习并深入基层宣讲，公司党委组织举办中层领导轮训班，抓实日常理论学习，不断提升领导干部的政治引领力。坚持大抓基层、大抓支部导向，推进党支部标准化规范化建设，整合党建政工力量，同步设置党组织机构，不断巩固组织支撑力。规范党内组织生活，认真开展“三会一课”和主题党日活动，突出党组织政治功能，强化党性锻炼，增强党员意识。围绕建党 97 周年、改革开放 40 周年、中国石化成立 35 周年等重要节点，举办主题教育活动，44 名党员代表到马兰基地学习“马兰精神”，开展“入党为什么，为党干什么”大讨论，增强党员干部的责任感和使命感。创新支部工作方法，注重“党建 + 生产经营”的双示范效应，各党支部“党员上讲台”“党员开讲”“标准化操作视频教学”，以及“支委 + 团队”“生态链式”理念、党员量化管理等做法贴近实际，取得良好效果。以专题组织生活会形式，在各级干部中深入开展不担当、不作为、慢作为突出问题查摆整改工作，95 名副科级（含）以上干部主动查摆问题 415 条，提出整改措施，明确整改时限，切实做到真查真改、立行立改，转变干部工作作风。

（刘希军）

党员代表在马兰基地学习“马兰精神”（雷从营　摄）

【党风廉洁建设】 2018 年，塔河炼化坚决落实“两个维护”，切实强化党内监督，不断强化党风廉政建设。健全完善“大监督”体制机制，坚持召开季度联席会议，通报监督情况和重要问题，部署“大监督”整体工作；列出重点监督事项 41 项、监督点 110 个，使监督目标更聚焦、发力更精准；制定《疑似违规违纪问题呈报表》，促使信息交流更及时、更顺畅。扎实开展常态化廉洁教育，组织党员干部学习党纪党规和违反中央八项规定精神典型问题，宣贯新修订的《中国共产党纪律处分条例》和中国石化《职工处分规定》，树立党员干部的纪律意识和规矩意识；扎实开展“四个一”（谈一次话、发一封信、讲一堂课、学一本书）活动，常态化开展温馨提示、微信“清风文苑”、廉洁教育培训等活动，筑牢廉洁自律防线；创新性地开展员工家属自愿参与廉洁家书评比活动，共征集家书 170 封，发挥了家庭助廉的作用。专题查摆“四风”问题，形成剖析材料 20 份，查摆问题 109 个，制定整改措施 81 条，不断巩固作风建设成果。

（刘希军）

【宣传思想文化工作】 2018 年，塔河炼化充分运用“一网一报两微”等媒体平台，宣传党的声音、传播正能量。积极参与中国石化举办的中国工业企业中规模最大、中央企业首个品牌化的公众开放日活动，协助发布《中国石化在新疆（1978—2018）责任报告》，全力打造中国石化的“西部名片”。持续深入开展形势任务教育，通过知识竞赛、日常抽考、微信分享、编印口袋书等形式，讲清形势、凝聚共识。举办“感恩塔化、报效企业、扎根边疆”演讲比赛，宣讲塔河炼化干部员工先进事迹，激励全体员工坚守责任担当、贡献智慧力量。在公司全面深化改革的进程中，开展“抓改革保稳定，我该怎么办”大讨论，激发全体员工干事创业的热情。加强人文关怀，打造“戈壁心泉工作坊”，200 多名员工参入 EAP 心理减压团体辅导和培训。拍摄制作《丝路明珠》企业宣传片，弘扬“奉献边疆、争创一流”的企业精神，倡导扎根边疆的“红柳文化”；培育各具特色的基层单位文化，引导干部员工涵养家国情怀，激发奋进斗志，推动创新创效。

（刘希军）

【举办首届“塔河炼化杯”羽毛球邀请赛】 2018年12月15日—16日，塔河炼化举办首届“塔河炼化杯”羽毛球邀请赛。共邀请中国石油独山子石化、乌鲁木齐石化，中国石化西北油田分公司、阿克苏石油分公司，阿克苏华锦化肥有限责任公司，国电库车发电有限公司，库车县教育局，库车经济技术开发区管理委员会8家单位参赛，100多名选手经过100余场次小组循环赛、友谊赛和决赛，中国石油独山子石化、乌鲁木齐石化和中国石化西北油田分公司代表队分别获冠、亚、季军。

（刘希军）

【和谐企业建设】 2018年，塔河炼化落实提案征集和职工代表巡视工作制度，职代会征集提案61件，均逐一答复解释。持续开展“走基层、访万家”、节日慰问和“冬送温暖、夏送清凉”活动，全年走访慰问员工4 300余人次；积极创造条件解决青年员工的婚恋问题，设置“红娘奖”，举办3次企地联谊活动，7对青年成功“牵手”；举办暑假员工子女托管班，解决员工的后顾之忧，共有35名员工子女参加。持续改善员工生活条件，提高伙食标准，创办员工超市，更新运动器材，推进新公寓项目建设和倒班宿舍改造，实施办公生活区美化亮化工程，为员工营造家的氛围。工会和文联体协组织开展长跑、游园、徒步、登山、歌舞、摄影和各类球赛等活动，全年吸引员工及家属3 100余人次参与，丰富了职工的业余文化生活。

（刘希军）

【履行社会责任】 2018年，塔河炼化自觉履行中央驻疆企业的社会责任，持续开展军企共建、校企共建、脱贫攻坚工作。接收安置南疆深度贫困地区贫困家庭50名劳动力转移就业，招聘新疆籍未就业高校毕业生30人、甘肃临夏州东乡县未稳定就业大中专毕业生4人。响应新疆维吾尔自治区党委号召，连续第5年开展“访民情、惠民生、聚民心”（简称“访惠聚”）驻村工作，抽派25名骨干组建“访惠聚”驻村工作队，分别在南疆地区的9个贫困村长期驻村帮扶；筹集扶贫资金393万元，实施7个扶贫项目，实现48户173人脱贫；落实“民族团结一家亲”干部下沉工作，全年共有98名干部下沉1 715人次；开展“爱心衣物”捐赠活动，年内为驻村村民捐赠衣物1 300余件；公司基层党支部与村党支部开展“共建”，强化村级党组织建设。塔河炼化驻村工作获新疆维吾尔自治区优秀组织单位、先进工作队、定点扶贫工作考核最优档等荣誉，树立了中国石化在南疆的社会形象，体现了中央驻疆企业的责任担当。

（刘希军）

表1　　塔河炼化主要技术经济指标　　亿元

指标名称 \ 年份	2018	2017	2016	2015	2014	2013
原油加工量/万吨	418.12	420.88	429.59	411.02	425.69	410.06
工业总产值	173.28	145.36	124.33	134.14	188.08	187.88
工业增加值	69.63	71.83	76.56	81.70	39.74	36.54
资产总计	84.62	72.71	66.32	54.69	57.96	55.68
流动资产	43.72	30.30	21.13	7.91	9.27	12.71
固定资产原值	69.56	69.25	68.34	64.64	59.81	47.18
固定资产净值	35.63	38.20	41.39	42.01	40.28	31.05

续表

指标名称＼年份	2018	2017	2016	2015	2014	2013
销售收入	174.03	144.82	126.34	134.19	187.15	187.46
实现利税	61.03	65.02	70.22	77.72	34.54	32.94
税　金	55.43	56.49	59.94	58.93	33.55	29.92
综合能耗 / 千克标油·吨 $^{-1}$	57.11	55.99	55.56	55.61	54.49	50.88

表 2　　塔河炼化主要产品产量　　万吨

产品名称＼年份	2018	2017	2016	2015	2014	2013
汽　油	45.46	47.80	49.75	42.00	31.00	17.15
3# 喷气燃料	12.74	10.18	8.66	7.39	1.82	—
柴　油	197.02	197.33	209.81	202.13	219.45	202.40
石脑油	0.57	—	—	0.42	20.20	34.74
重整生成油	16.36	12.25	7.20	—	—	—
沥　青	19.01	28.01	23.04	21.29	17.31	31.15
重交沥青	—	—	—	—	2.78	15.08
石油焦	97.59	96.10	100.37	97.44	102.52	94.46
硫　黄	4.08	4.09	4.25	4.00	4.27	3.80
商品液化气	12.08	12.10	12.47	12.57	14.12	12.95
石油苯	—	—	—	—	0.15	0.18

炼油销售公司

【概况】 中国石化炼油销售有限公司（简称炼油销售公司）是中国石化下属专业化全资子公司，于 2012 年 6 月 28 日挂牌成立，注册地在上海市。本部设有 17 个职能部门，在全国设有 4 个区域性子公司、29 个代表处，拥有职工 388 人。炼油销售公司集产品研发、运输、采购、销售、服务为一体，主要负责中国石化系统内液化气、石油焦、沥青、硫黄、异辛烷、石蜡等石油炼制产品的统一采购和供应。年销售量超 4 000 万吨、营业收入超 900 亿元，主要产品的市场占有率均居国内前列。

炼油销售公司拥有一支素质过硬，技术精湛的营销和科研团队，为企业和客户提供完整的产品开发、生产、应用、售后等整套营销解决方案；拥有国家级实验室和产品研发中心，产品多次获国家和地区科技进步奖；集成先进的信息资源，凭借优势物流网络，为企业和客户提供铁路、公路、船运等全方位运输和仓储支持；与中国铝业、中国交通集团等世界 500 强公司建立战略合作关系，并积极参与国际市场的竞争与合作，先后与多个国家和地区开展技术合作与交流，产品远销海内外。率先通过 ISO 9001 质量管理体系认证，并实施 QHSE 管理，是销售企业中率先通过并实施认证的企业之一。

2018 年，炼油销售公司产品销售总量 4 014.61 万吨，营业收入 951.92 亿元，完成利税 7.81 亿元。

炼油销售公司主要经营指标见表 1。

（杜益军）

【生产经营】 2018 年实现产品经营总量 4 014.61 万吨，经营总量创历史新高。其中，液化气产品销售 1 121.59 万吨，石油焦产品销售 1 329.73 万吨，沥青产品销售 812.60 万吨，硫黄产品销售 576.42 万吨，异辛烷产品销售 153.57 万吨，石蜡产品销售 20.71 万吨。经营效益取得新提升，实现销售收入 951.92 亿元。利润首次超过 5 亿元，增幅 17%。

（杜益军）

【设立子公司】 2018 年 9 月 21 日，根据股份公司《关于炼油销售有限公司与海高公司合资设立中石化炼油销售（青岛）有限公司的批复》有关精神，设立中石化炼油销售（青岛）有限公司，注册资本 3 000 万元人民币。

（杜益军）

【组织机构调整】 2018 年 1 月，炼油销售公司机关职能部门设置总经理办公室（党委办公室）、经营计划处、财务资产处、企业管理处（法律事务处）、人力资源处（党委组织部）、安全环保处、纪检监察处（审计处）、党群工作处 8 个处室，按中层机构管理。业务部门（直属机构）设置市场业务部、国际贸易部、技术服务部（应用技术中心）、液化气销售部、石油焦销售部、沥青销售部、硫黄销售部、异辛烷销售部、石蜡销售部 9 个部门，按中层机构管理。所属子公司、代表处组织机构设置、名称、主要职能不变，按基层单位管理。

（杜益军）

【市场占有率持续保持主导地位】 2018 年，炼油销售公司始终坚持系统内资源全产全销，全年各产品产销率均实现 100%。同时通过做好企业资源保供，不断扩大自营业务，力争资源增量，积极维护各产品市场占有率。石油焦市场占有率 42.4%，继续维持国内第一；沥青市场占有率 26.8%，提高 0.7 个百分点；硫黄市场占有率 31.7%，提高 2.6 个百分点；液化气市场占有率 29.2%；石蜡市场占有率 30.4%；4 个产品市场占有率居国内第 2 位。

（杜益军）

【自营及进出口业务取得突破】 在系统内资源增量有限的情况下，炼油销售公司围绕扩大自营做足文章，充分发挥专业化优势，利用“两种资源、两个市场”，积极开展代理、外采等自营业务及进出口贸易。实现丙烷进口 4.4 万吨，美国长约丙烷资源海外直接销售 13.8 万吨。石油焦稳定出口长约贸易，实现出口 70 万吨；延布石油焦进口 20 万吨，开拓加拿大碳素用石油焦进口渠道。沥青新增上海石化出口资源点，拓展巴基斯坦、缅甸、智利等市场，出口国家增至 17 个，全年出口 72 万吨。硫黄实现日本丸红、韩国现代及 SK 进口液硫销售 6.8 万吨，拓宽了资源渠道。全年进出口经营总量达 170 万吨。积极开展代理外采业务，液化气打通采购中国石油大港石化液化气业务流程，开拓华南资源社会化外采渠道；石油焦新增宁波中金代理销售业务；沥青代理青州金源等地炼产品；硫黄签署恒力（大连）炼化、浙江石化、河北日新化工 3 家企业代理销售协议；异辛烷大力推进代理回购业务，全年实现对 80 家客户、52.6 万吨回购销售。石油焦置换、沥青委托加工业务持续开展，努力做大业务量。

（杜益军）

【“东海牌”获中国石化优秀品牌称号】 2018 年 5 月 8 日，集团公司品牌创优工作研讨会在北京召开，并授予 10 个技术类、6 个产品类、4 个服务类、1 个潜力要素类共 21 个品牌中国石化优秀品牌称号，其中“东海牌”为获得该称号的 6 个产品类品牌之一。

（杜益军）

【“东海牌”沥青成功用于北京冬奥会重点工程】 2018 年 7 月 5 日，4 000 吨“东海牌”50A 沥青交付北京市政路桥建材集团，供应北京冬奥会兴延高速公路项目。8 月 16 日，“东海牌”沥青成功用于北京冬奥会重点工程京张高铁隧道，填补了喷涂速凝橡胶沥青涂料在强富水深基坑明挖隧道领域的应用空白。

（杜益军）

表 1　炼油销售公司主要经营指标　万吨

指标名称＼年份	2018	2017	2016	2015	2014	2013
经营总量	4 014.61	3 683.04	3 395.58	3 226.55	3 154.69	3 270.81
液化气	1 121.59	1 015.67	942.93	873.42	853.26	816.08
石油焦	1 329.73	1 288.33	1 253.94	1 167.46	1 155.62	1 210.76
沥　青	812.60	807.34	742.04	749.37	655.59	714.97
硫　黄	576.42	506.41	432.92	412.43	463.11	500.27
异辛烷	153.57	44.05				
石　蜡	20.71	21.24	23.75	23.87	27.11	28.73
营业收入 / 亿元	951.92	724.85	481.41	602.14	809.97	874.40

北京石油分公司

【概况】 中国石化销售有限公司北京石油分公司（简称北京石油分公司）主营汽油、柴油、航煤、天然气、润滑油、燃料油、非油品及充电业务，是首都成品油市场供应主渠道。其前身是北京市属石油集团有限公司，成立于 1950 年 4 月。1998 年 9 月，成建制划转集团公司。2000 年 2 月，成立中国石油化工股份有限公司北京石油分公司。2006 年 12 月，非上市部分成立中国石化集团资产经营管理有限公司北京石油分公司，2009 年 7 月实行上市与非上市一体化管理。2014 年 12 月，公司名称变更为中国石化销售有限公司北京石油分公司。

截至 2018 年底，北京石油分公司资产总额 151 亿元，有员工 6 621 人；拥有在营油库 7 座、库容 35 万立方米，加油站 567 座，充电站 2 座，加气站 34 座，便利店 510 个；汽、柴油长输管道 151 千米，航煤管线 98 千米。实现安全生产“十五连冠”，6 次获评集团公司绩效考核 A 类单位，连续 3 次获评集团公司党建考核 A 类单位。

2018 年，北京石油分公司积极抵御外部市场冲击，加快推进企业全面转型，保持健康平稳运行。全年，完成油品经营总量 534 万吨，增长 2.36%；机出零售量 324 万吨、增长 0.5%，市场占有率 60.6%；非油品基础商品营业额 9.5 亿元，增长 28%；实现利润 7.2 亿元。

北京石油分公司主要经营指标见表 1。

（毛　琳）

【领导班子调整】 2018 年 8 月，集团公司党组对北京石油分公司领导班子做出调整：徐旭日任北京石油公司董事长、党委书记、分公司代表；佟德健任北京石油公司总经理、党委副书记。

（毛　琳）

【多渠道巩固油品市场主导地位】 2018 年，北京石油分公司积极应对市场需求萎缩、加油站集中改造停业、市场竞争白热化的严峻形势，强化行业领导力，积极应对市场降价冲击。开展短期高强度点对点竞争，努力扩销增量，在135座加油站布局出租车专用通道和加油机，努力抢夺占有率长期偏低的出租车市场。优化加油站场地布局、油品结构和设备设施，实现微信扫码开票全覆盖。在柴油骨干站开展加满率精准营销，动态调整价格策略，日均销量增加约250吨。大力推进“一键加油”项目落地，截至年底开通网点300座，以出租车、网约车等价格敏感客户群体为重点，累计开发客户17万人，累计加油2.2万吨。

（毛　琳）

【“易捷北京”APP建成投用】 2018年，北京石油分公司“易捷北京”APP正式投入运营。平台具有购物送加油卡、易捷币购物抵现、加油送商品满减券等差异化优势，打通与京东、苏宁和网易严选等平台的信息接口。初步整合完成油卡充值、找油站、洗车、租车和自驾游等以汽车为特色的服务项目。截至年底，注册用户达257万人，日均活跃用户（DAU）3万人；日均销售额从4月的3万元增长到12月的67万元。

（毛　琳）

【推进加油支付变革】 2018年，北京石油分公司顺应零售市场支付智能化、便捷化、移动化新趋势，启动加油钱包项目，开通微信和支付宝充值、消费、退款、对账、预授权等功能。在电子钱包基础上开发的具有自主知识产权的“一键加油”APP，确立以GPS定位为主、以车牌识别为辅、以员工双界面卡为介质，实现加油流程绑定的一键加油技术方案，提供客户充值、加油、查询、电子发票等功能，实现免卡片、免下车、免开票等加油支付新体验，实现加油消费模式由线下变线上、由人工变智能、由有卡变无卡的新变革。

（毛　琳）

【全力开发物美价廉商品】 2018年，北京石油分公司深入开展市场调研，加快商品开发，打造主力商品。截至年底，平台商品达11.5万个，其中除与其他电商平台嫁接的商品外，重点开发工厂模式商品，全年开发供应商330家，工厂模式商品近9 000个SKU。同时关注商品质量，重点开发消费者日常家居用品和各省市特色商品，为打造爆款、提升平台营业额奠定基础。

（毛　琳）

【全方位组织开展营销活动】 2018年，北京石油分公司深化油非互促，推动线上线下一体化，完善购物送加油卡、加油送易捷币，引导油品现金客户向持卡客户转化。抓住易捷10周年店庆契机，开展“10·10易享节”等主题营销活动，提升非油品营业额，全年全口径非油品交易额20.5亿元，增幅排系统第7名。强化电商物流服务保障，建立自配服务体系，自配物流平均时效14.2小时，他配物流平均时效60小时以内。线下物流通过按需要货、信任交接、点对点客服等措施，在物流成本不增加的情况下，单日最大收、存、配能力分别增长71%、46%和79%。

（毛　琳）

【积极破解网络发展瓶颈】 2018年，北京石油分公司努力破解市场份额连续遭遇蚕食、网络发展成本一再抬高的困局，运用价格、资源、品牌、安保等综合手段积极应对，维护网络总体稳定。把长期停业站复业作为发展的重点，年内完成5座长期停业站恢复营业。全力抓好加油站贯标改造，全年完成贯标改造154座。

（毛　琳）

【提升加油站潜在价值】 2018年，北京石油分公司规范加油站设计，提高设计深度和标准，合理布局油罐、管线、油枪等设备设施，科学设计工艺管线，为减少车辆等候时间、增加车辆通过率、提高顾客舒适度创造条件，达到减员、增效、增量、增加人均劳效“一减三增”的效果。深入发掘加油站文化内涵，不断优化站房整体设计，对金融街、白家庄、景山、大立4座站完成新形象改造，打造特色文化加油站。

（毛　琳）

【探索推动新能源业务发展】 2018年，北京石油分公司积极协调市政府明确行业规划、落实补贴政策。多次赴全国各地调研考察氢能源发展情况，推动加氢示范站项目落地。积极利用加油站和办公区等闲置土地建设充电站，已经完成北京火车站、和平里、丰华、朝英 4 座充电站方案设计、投资效益测算及项目立项等工作。

（毛　琳）

【强化物流保障服务】 2018 年，北京石油分公司坚持全环节优化物流运行，转变二次配送运距最短、运费最低为一、二次综合费用最低的调度原则，合理摆布管输库与非管输库间柴油分布，努力节约物流综合费用 500 万元。针对“中非论坛”“两会”等重大活动，提前部署保供方案，落实配置需求，确保市场供应平稳。借力晟德油库，消除东方油库关停后东部地区发货能力不足的瓶颈，降低综合费用 1 137 万元。

（毛　琳）

【推进计量自动化建设】 2018 年，北京石油分公司完成 381 座在营站液位仪设备升级、管控电脑软硬件升级和液位仪深化应用系统联调工作。深化液位仪功能应用，强化油品进销存管控，基本实现通过销售公司液位仪统一管理平台进行加油站进货验收，为顺利推广液位仪深化应用系统，进而实现主动配送奠定基础。

（毛　琳）

【加强安全环保管理】 2018 年，北京石油分公司大力推进安全“四大体系”运行，健全完善加油站、油库、管道、工程施工等岗位安全操作规程 248 项，全面覆盖基层一线操作岗位。围绕操作规程的执行，认真开展培训练兵、监督检查和考核奖惩，以安全 APP 系统数据为支撑，对“低老坏”问题重复发生率等指标进行分析、考核和排名，每月通报并督促落实整改。制定出台《安全绩效考核管理办法》，公司绩效总额 10% 专项用于安全考核。强化重大风险防控，对所有油库、加油站实行分级管理，为“一级重点防范加油站”配备拒马阻车装置，为城六区 130 座重点站配发防暴器具、危险化学品洗消剂等，为所有加油站安装承重式减速带和防撞柱。对特殊时期安保和反恐工作进行升级管理，成功处置 11 起强买散装油、强行给无牌照摩托车加油事件。依法合规处置油库含油污泥及活性炭 42.75 吨，处置加油站罐危险废物 600 升。

（毛　琳）

【党建工作不断深入】 2018 年，北京石油分公司不断夯实党建基础，梳理修订《党建工作责任制实施办法》等党建制度文件 10 项，严格落实“三会一课”制度，引导党员干部每月对照“六项承诺”查摆自身工作，针对存在问题提出改进措施。结合经营管理体制调整，同步成立区公司党委，隶属公司党委直接管理，优化机关部门支部设置，对业务职能不相关的联合支部进行分设，党员人数较多的支部合理设置党小组。选编毛主席经典著作编印《党员带头》，发放全体党员学习。公司“三重一大”事项坚持党委源头介入、集体研究决策，涉及改革发展稳定和员工切身利益的重大事项全部经过党委会研究，推动党委领导作用制度化具体化，保证决策质量和改革发展的正确方向。

（毛　琳）

【党员带头选树典型】 2018 年，北京石油分公司从公司领导班子成员做起，各级领导干部和党员从“苦干实干加巧干，团结廉洁钉钉子”6 个方面做出公开承诺，在实际工作中干在前、走在先。建立党员带头人评选机制，同步开展员工之星、青年先锋评选。郭金芝获全国五一劳动奖章，包乌兰、温华平 2 人被评为中国石化劳动模范，日坛加油站获北京市工人先锋号称号。利用电子显示屏等各类媒体，广泛宣传先进人物事迹，充分发挥先锋模范作用，把广大职工的思想和行动聚焦到拓市创效、降本增效上来，形成党员带头、群众跟上，积极向上的良好氛围。

（毛　琳）

表 1　　北京石油分公司公司主要经营指标

年　份 指标名称	2018	2017	2016	2015	2014	2013
成品油销售总量 / 万吨	536.00	513.23	506.70	604.85	582.90	550.10

续表

年份 / 指标名称	2018	2017	2016	2015	2014	2013
零售量	324.00	322.77	360.10	306.01	309.60	303.70
销售收入 / 亿元	387.00	324.00	311.00	359.00	466.00	458.00
利润 / 亿元	7.22	10.10	10.90	6.70	4.20	10.50
吨油费用 / 元	387.00	436.00	383.00	279.00	277.00	265.00
资产总额 / 亿元	151.00	156.00	143.00	138.79	129.60	123.35
加油站总数 / 座	567	562	563	564	566	580
在营油库数量 / 座	7	7	8	9	9	10

天津石油分公司

【概况】 中国石化销售有限公司天津石油分公司（简称天津石油分公司）是股份公司所属销售企业，主要经营成品油、润滑油、燃料油、天然气的零售、直销、批发业务及其他非油品业务，是天津地区最大的成品油经营企业。其前身为天津石油集团有限公司，始建于 1950 年 10 月，1998 年 6 月上划集团公司，2000 年 4 月改制为中国石油化工股份有限公司天津石油分公司，2014 年 5 月调整改制为中国石化销售有限公司天津石油分公司。截至 2018 年末，天津石油分公司拥有加油站 564 座、油库 4 座，设 12 个职能处室、3 个专业中心，在岗员工 4 500 人，资产总额 79 亿元。

2018 年，天津石油分公司以“深化改革、开拓创新、真抓实干、提质增效，推动企业实现高质量发展”为工作主线，通过精心经营、精细管理实现逆势创效。面对严峻的市场形势，以开展“认清形势、聚焦短板、创新思路、攻坚克难，全面推进企业高质量发展”大讨论活动为载体，坚持“以深化三项制度改革为抓手，以转变思路、创新发展为主题，以精益管理、拓市增效为核心、以党政融合、齐抓共管为根本”，立足自身找办法，着力提高“企业治理能力、市场把控能力、多元创效能力和持续发展能力”，助力企业在扭转困局上取得初步进展。全年实现成品油销售 253.8 万吨，完成销售公司下达任务的 99.5%。其中，零售 196.5 万吨，完成任务的 100.2%，增幅 1.2%；直销批发 57.3 万吨，完成任务的 97.1%。非油品实现总销售额 6.42 亿元，增加 0.89 亿元，增幅 16%。天然气销售 2.9 万吨，其中 LNG2.6 万吨，增加 2.1 万吨、增幅 450%。实现考核利润 1.02 亿元，完成销售公司下达任务的 127.5%。全年实现销售收入 195 亿元。成品油市场占有率达 52%，比上年底提高 1.8 个百分点，实现稳中有升；零售量增加 1.2 个百分点，2018 年连续第 3 年实现零售量增长，零售市场占有率从 58.9% 回升至 62%。在市场再平衡过程中，做到市场不丢、销量不减、效益应得尽得，打赢天津市场攻坚战。天津石油分公司获天津地区最具影响力企业新媒奖、天津企业 100 强、离退休工作先进集体等荣誉、称号。

天津石油分公司主要经营指标见表 1。

（安　宁）

【成立创新工作室】 2018 年，天津石油分公司成立创新工作室，组织形式为建立“实践社群”，按专业管理条线选拔不同层面管理专家和技术能手，组成专项研讨组，明确项目牵头人，项目主题瞄准企业各线条、各流程中存在的短板和漏洞，着力在思路、方法、模式上创新攻关。全年，创新工作室工作小组对申报的65个创新项目进行评审，在已实施项目中评选出CMC(大数据平台)、资产生命周期管理系统等8个成果显著项目，并对66名员工给予奖励。

（安　宁）

【制定“两个三年”发展纲要】 2018年，围绕中国石化“两个三年、两个十年”的规划目标，天津石油分公司制定企业“两个三年”发展纲要，围绕实现全面可持续发展和高质量发展，初步探索创新发展的新路径。

（安　宁）

【开发企业综合可视化经营管理指挥平台CMC系统】 2018年，天津石油分公司深度提升企业各层级对市场的精准研判能力和精准决策能力，开发出综合可视化经营管理指挥平台CMC系统，推广实施“ETCF”加油、自助圈存、自助开票、自动售货，初步搭建起以综合指挥平台为核心，集成智能油库、在线物流、智能加油站三大板块，贯穿油品、非油品销售整个业务链条的平台系统，实现监控远程化、数据实时化、管理智能化、决策科学化，有效消除信息孤岛和系统壁垒，提升了系统的集成度和数据共享度。

（安　宁）

【率先完成车用乙醇汽油置换】 2018年，天津石油分公司筹集资金6 000万元，历时37天，完成400座加油站车用乙醇汽油置换，在天津地区率先成功封闭运行车用乙醇汽油，油品质量合格率100%，全力维护市场主导地位。

（安　宁）

【整合资源精准营销】 2018年，天津石油分公司打造微信会员平台，加强跨界合作和资源整合，与知名保险公司、银行、商超等深度合作，引入营销金额投入640万元，带动充值1.5亿元，电子券带动非油品零售1.89亿元、增幅152%，形成营销良性互动，保证零售增量。

（安　宁）

【打造“7S”标准化加油站】 2018年，天津石油分公司对所有站点实施“7S”标准化升级，打造形象、服务、管理、功能“四优”的小型特色站50座、服务驿站37座、服务样板站50座，易捷门店单店日均营业额由上年的1 380元增至2 200元，增幅60%。

（安　宁）

【开设易捷站外店】 2018年，天津石油分公司在销售华北分公司金皇和金泽酒店、第四建设公司、天津石化等兄弟单位开设便利店，月均营业额20万元。

（安　宁）

【实行全员成本目标管理】 2018年，天津石油分公司制订《天津石油分公司挖潜增效暨全员成本目标管理活动方案》，确定6类28项挖潜增效措施，实现挖潜增效1.18亿元，增幅4.4%。

（安　宁）

【建立零售三大基础管理防范体系】 2018年，天津石油分公司组建零售督察大队，建立零售三大基础管理防范体系，加强对关键业务环节的现场检查监管和风险防控。梳理细化风险控制点，完成15类风险的自查自纠，对100个问题点进行整改。通过整改修订新建制度16项，优化流程12个，法律维权12次。

（安　宁）

【建立联营合作命运共同体】 2018年，天津石油分公司进一步规范联营企业运作，安全督察、零管检查全面覆盖，审计督察形成常态化机制，联营获利空间增加，累计完成经营总量69万吨，增幅4%；完成零售销量40万吨（含天然气），增幅15%；全年累计收取合资企业利润分红7 030万元，增长38%。制订14家联营企业脱困方案，逐单位分析形成亏损原因，优化调整经营策略、价格体系，年末减亏7家，真正实现利益共享、风险共担、品牌同创、发展同谋。

（安　宁）

【深化经营管理体制改革】 2018年，天津石油分公司开展深化经营管理体制改革工作，撤并1个职能处室、1个专业中心，将原13个片区团队整合为 9 个分公司，中层机构控制到 25 个、精简 22%，中层干部控制到 76 人以内、精简 8%。

（安　宁）

【推进机关基层骨干员工的双向挂职交流】 2018 年，天津石油分公司推进机关基层骨干员工的双向挂职交流，4 名机关骨干、3 名优秀基层员工进行岗位交流，培养复合人才。

（安　宁）

【配合开展打击非法加油加气专项行动】 2018 年，天津石油分公司积极配合公安部门，通过市公安局领导带队督察、部门联合执法、镇街摸排等方式，开展打击非法加油加气专项行动，共清理取缔非法加油站点 11 处，查扣非法油品约 3.5 万升，传唤涉案人员 15 人，严厉打击非法加油站点，为乙醇汽油的销售创造良好的外部市场环境，保障了成品油市场的健康运行。

（安　宁）

【开展“我为安全做诊断”活动】 2018 年，天津石油分公司开展“我为安全做诊断”活动，全员安全诊断提供建议 2 万余条，采纳率 93%。组织 HSSE 培训 15 期，培训 670 余人次；组织承包商安全培训 32 期，培训 1 100 余人次。开展安全技术大比武，约 2 600 人参加岗位练兵和技能比武的初赛活动，评出优秀班组 15 个、优秀管理人员和技术能手 120 余人。

（安　宁）

【开展机关服务基层活动】 2018 年，天津石油分公司为帮助基层解决实际困难，促进机关人员转变作风、尽职履责，凝心聚力共同推动企业高效发展，持续开展“机关人员深入一线服务基层”活动，机关管理人员每月定期到站内加油服务，累计下站 325 人次，解决问题 52 项；总经理直接与基层 ME、站长代表面对面交流 3 次，职能处室、专业中心负责人现场答疑、会后落实反馈，形成机关服务基层、全员服务客户的良好氛围。

（安　宁）

表 1　天津石油分公司主要经营指标

指标名称＼年份	2018	2017	2016	2015	2014	2013
成品油销售总量 / 万吨	253.80	263.40	286.54	344.00	334.10	338.97
零售量	196.50	194.20	190.20	186.40	210.20	214.63
销售收入 / 亿元	57.30	163.60	161.00	195.00	254.70	275.00
利润① / 亿元	1.02	1.44	2.01	1.54	0.86	3.00
吨油费用② / 元	506.00	472.00	362.00	333.00	329.00	293.00
加油站总数 / 座	564	560	560	560	557	553
自营加油站数③	476	475	474	488	490	488
特许经营加油站数	0	0	0	0	0	0

① 考核利润
② 考核口径吨油费用
③ 年末自有加油站保有量

河北石油分公司

【概况】 中国石化销售有限公司河北石油分公司（简称河北石油分公司）本部位于河北省石家庄市，其机构前身成立于1947年。1998年6月27日正式划归集团公司管理。2000年5月23日，按照集团公司企业重组改制精神，其主营业务重组成立河北石油分公司，其存续部分称中国石化集团河北石油有限责任公司。后者于2006年更名为中国石化集团资产经营管理有限公司河北石油分公司。2014年按照中国石化混合所有制改革部署，变更为中国石化销售有限公司河北石油分公司。

河北石油分公司是河北省成品油市场供应主渠道，主要经营汽油、柴油、润滑油、天然气和非油品业务，兼营汽服、餐饮等多种业务。

截至2018年底，河北石油分公司下设14个职能处室和4个专业中心，在全省11个省辖市设有分公司，拥有资产总额106亿元，15座自有油库遍布于全省各主要交通枢纽和城镇，总容量达64万立方米；建有14条铁路专用线共1.7万米；拥有加油站点1 796个，销售网络覆盖全省城乡各地。全年销售成品油586.7万吨，其中零售456.03万吨。

河北石油分公司主要经营指标见表1。

（吴树彬）

【总体平稳运行】 2018年，河北石油分公司面对“两多一乱”的市场竞争环境、千座以上加油站环保改造的巨大压力和“国税一号”出台后不公平竞争更为加剧的实际，主动作为、创新工作，坚持“1233”总体工作思路，坚持“改革、管理、创新、发展”工作方针，通过实施精准营销、推进精益管理、推动全面改革、提高网络质量、发挥党建优势等，企业总体平稳有序：全年销售汽、柴油586.7万吨，减少3.6%；利润-14.98亿元；销售天然气1 412.65万立方米，增长1.3%；非油品营业额30.8亿元，增长33%。在参加总部6项专业赛事中有5项夺牌，公司首次获集团公司业务竞赛优秀组织奖；连续7年被集团公司评为安全生产先进单位。

（吴树彬）

【市场竞争水平稳步提升】 2018年，河北石油分公司按照“面稳点狠”“量效兼顾”原则，一站一策、一户一策，差异化竞争优势进一步释放。汽油竞争划分“三区九类”，以“区”“类”施策，在527座竞争区站点创新成本价竞争法，增量稳效；在352座缓冲区站点采取温和竞争策略，稳量保效；在640座高效区站点稳量增效。柴油竞争聚焦高速、国省道重要区域，通过“一线一策”“一路一策”阶梯定价、打造“核心增量站”精准竞争，零售量增长2.1%。开展“销售百日会战”“多卖一吨油”活动，推动“7+1”、柴油联名卡客户开发，增加高标号网络数量，加大与银行、通讯、保险等第三方合作力度，联合营销让利1 500万元。分层次构建“以客户为中心”的“油滴”累计营销体系，提升“油惠通”APP功能，APP关注人数826万个、“油滴”回馈2亿元，客户黏性进一步增强。重塑直分销业务流程，全国首创“平台＋营销＋客户”营销新模式，线上订单比例接近100%，平台抢单激发了内外活力，核心竞争力显著提升，全年差价收入增长57%，汽油销量增幅49%。

（吴树彬）

邢台威县第一加油站成为全国首座柴油专用卡推广示范站

【资源运作能力全面增强】 2018年，河北石油分公司坚持一体化运作、“价值创造”，夺得年度成品油资源进步红旗1面、月度先进红旗2面。始终定位在全产业链价值实现的终端环节，全力拓展资源出口，扩大直分销规模、加大“他有我管”输出力度，为更多外采资源进入零售腾挪空间，全年消化配置资源425万吨；统筹资源发、运、储、售各环节，克服外采渠道缩窄、油品升级、包装不匹配等困难，特别面对衡水、张家口两地油库关停实际，组织跨省保供、增加就厂直配资源，确保市场稳定供应。增强综合算账本领，统筹配置、外采、串换资源，充分用好总部激励政策，把握外采时机、踩准价格走势，优化外采渠道、调整资源占比，强化风险防范，实现效益最大化。严格进货损耗、三级物流、密度、资源串换管理，向资源流通各环节要效益，进货损耗率降至0.45‰，创历史最低；进货超耗全部索赔成功，并圆满解决了往年欠账问题。

（吴树彬）

【非油品业务发展保持领先】 2018年，河北石油分公司坚持以“平台共建、资源共享、互惠互促、合作共赢”为主旨，非油品销售规模再创新高，发展质量进一步提升，夺得销售公司年度先进红旗1面、月度先进红旗4面。突出基础品类的核心位置，实现营业额18.7亿元；成功举办“易捷10周年”“年货节”等重大活动，实现营业额4亿元，开展各类品鉴会、订货会、发布会近千场，实现营业额7 300万元；明确非油品业务“线上引流、线下进店、支撑油品”定位，优化商品组合，油非互促带动营业额9.8亿元；培育壮大新业务，累计打造综合服务站60座、汽服项目125座、快餐专区26个、广告站点807座，卡车销售4 014万元，易捷五洲合资公司汽车销售2亿元，开创销售企业先河；强化门店运营，打造各类特色专区243个，第三方正式入驻易捷，“店中店”模式取得突破；更加注重商品优化和经营风险，引入新品550种，淘汰滞销商品1 927个，清理掉1 275万元高风险库存产品。

（吴树彬）

【网络发展取得关键突破】 2018年，河北石油分公司打通高速网络发展通道，推动合资公司模式立项，获京石高速1对服务区经营权；针对增量网络成本高企实际，发展“他有我管”“短租短付”轻资产站65座、累计发展174座，年贡献增量20万吨；对城区、发达县域、重点乡镇新规划站点，综合考虑发展前景、投资回报、市场控制等因素，积极参与土地招拍挂，以较低成本新增8宗新建站用地储备；盯紧重点位置租赁临期站，加大沟通谈判力度，同时通过收购、土地资产化等方式，常规发展加油站10座；提升低效资产运营能力，歇业站复营7座。全力以赴抓存量网络质量提升，统筹推动防渗改造、提量改造、隐患治理、便利店改造等项目1 245座次，优化增加高标号站354座、新配多枪机1 881台；摸清全省353宗闲置土地家底，明确了盘活方案。

（吴树彬）

【改革创新动力不断释放】 2018年，河北石油分公司积极稳妥推进“三项制度”改革，大力推进加油站委托管理，671座加油站通过采取夫妻站、亲属站、合伙站等模式实施驻站委托管理，销量较改革前平均增幅10.6%，人均收入明显提高；打破油库专业班组建制，探索“一库一策”大班组运行模式，加油站实行全员联量考核，建立零售线条层层挂钩的分配机制。完善县区公司管理机制，在销售板块率先推行县级公司党支部书记兼经理领导体制，配强经营管理力量，强化基层党支部领导力。企业移交社会化职能推动有力，87个项目提前高质完成阶段性任务。信息化创新能力极大提升，“油惠通”APP体验不断改善，自主研发的累计“油滴”营销体系日渐成熟，分级回馈的差异化营销模式逐步成形；直分销网上抢单创效明显；油惠通营销平台、管理平台建设加速推进，线上线下互联互通、后台指导前台的网络营销模式加速构建；完善中控系统建设，全面推动站级一体化，实现加油站各类管理系统的数据集成，信息孤岛逐步消除；完成通信带宽升级和基础设备更迭，三级视频监控监督有力，企业自动化、信息化、智能化管理水平极大提升。

（吴树彬）

【基础管理根基更加稳固】 2018年，河北石油分公司突出抓好重大风险防控，对资金、主营业务、重点项目开展定期评价、穿行测试、专项审计、隐患清除、纪检监察等措施，完善风险防控体系；开展“强基础、防风险、促发展”专项活动，对15类业务问诊把脉，查摆问题475个，立行整改率85%；坚持依法依规治企，落实主要负责人履行法治建设第一责任人职责，推进“三重一大”事项合法性审查，合同法律审核率100%。完善“十项制度”、强化“四个体系”，加快制度建设和岗位权责匹配，“‘三基’优化改善年”活动扎实开展；进一步深化“清单 + 积分”工作法、加油站运营能力评价应用，地市公司一线工作法、现代化管理创新成果、改善经营管理建议得到采纳推广。坚持价值引领，深化全员成本目标管理，管理挖潜增效 5 000 万元。强化加油站现场管理，严厉打击加油卡“套现”现象，着力解决客户投诉问题，全年发放“黄牌”160 张，约谈地市公司 6 家。

（吴树彬）

【安全环保数质量工作取得新进步】 2018 年，河北石油分公司逐级签订责任状、修订安全环保制度 20 项、推行安全公示、不断完善 HSSE 体系建设；开展全省“低老坏”专项整治活动，建立负面问题清单，基层“低老坏”问题明显下降；通过风险隐患排查治理、应急演练、“全员安全诊断”“安全生产月”等主题活动，强化事前管理能力和全员安全意识；面对 1 245 座加油站和 12 座油库改造施工实际，重点狠抓施工现场安全，通过补强现场监管团队、用火作业提级管理、每日安全交底、严格作业票审批、严格检查考核奖惩等多种手段，保障施工安全；加大油气回收系统检测频次，规范处置危废物，补办 634 座库站环评手续，环保基础管理工作明显加强。数质量管理有效提升，地罐交接成效显著，实现进销存全封闭运行，零售损耗下降 0.4‰，交接标准与合格率在销售系统居于领先水平；严格质量检测，国家各级部门抽查合格率 100%，圆满完成各级环保检查 700 余次。连续 7 年被集团公司评为安全生产先进单位。

（吴树彬）

【党的建设更加有力】 2018 年，河北石油分公司加强政治建设，开展党的十九大精神轮训 6 期，组织 523 名科级以上干部培训，教育引领党员干部同以习近平同志为核心的党中央保持高度一致；发挥党委把方向、管大局、保落实作用，修订完善“三重一大”决策制度实施细则，地市班子党建考核占比首次不低于 20%，实现管人、管事、管业务与管党建的有机统一。强化基层党组织“三基”建设，大力实施“组织力提升工程”，优化设置省市两级机关党支部 39 个。明确省公司班子成员、地市公司党政主要领导所在党支部和联系点党支部共 48 个“双示范”创建单位，“头雁效应”进一步发挥。加强队伍建设，深入推进人才强企工程，加大年轻干部培养力度，优化地市班子年龄结构，建立“75 后”中层后备干部人才库。加强三支人才队伍建设，完善覆盖经营管理、专业技术、技能操作的培训体系，全年培训 2.8 万人次。落实意识形态责任，加强宣传阵地建设，省公司官微在集团公司考核中始终位列销售板块前 3 名，舆论引领力进一步提高。继续开展“转观念、勇担当、做贡献”全员大讨论活动，省市县三级干部 2 200 人次深入基层一线宣讲，执行力、凝聚力和敬业精神有了新提升。加强党的廉洁建设，各级廉洁教育受众 1.12 万人次；组织开展落实中央八项规定精神专项检查，开展扶贫领域专项治理、运用好监督执纪“四种形态”，信访件下降 42%。

（吴树彬）

【深入推进“家文化”建设】 2018 年，河北石油分公司践行“三个崇尚”理念，开展以“四送”为形式的“走基层、访万家”活动，全年解决基层员工期盼的问题 1 356 件，基层库站的工作生活条件进一步改善。大力弘扬劳模精神、工匠精神，2 人被评为集团公司劳动模范、1 人被评为集团公司精神文明先进个人，高阳县公司被评为集团公司先进集体。深化青工素质提升工程，6 名青工在总部专业竞赛比武中获得奖牌，青年作为企业生力军作用不断发挥。做好稳定工作，积案治理成效显著，圆满实现全国“两会”等特殊时期进京零上访目标，得到总部充分肯定。

（吴树彬）

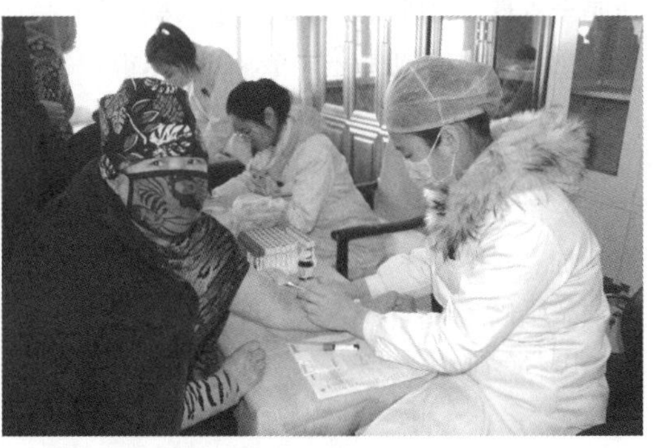

组织流动体检车到扶贫联系点——张家口蔚县南留庄镇史家堡、埚串堡开展“关爱健康、公益体检”活动

【精准扶贫取得成效】 2018年，河北石油分公司认真履行石化企业政治责任与社会责任，加强贫困地区基础设施建设和产业项目扶持，开展“暖心行动”，帮助贫困村民解决各种难题，增进与当地人民的情感交流。全年实施扶贫项目14个，投入资金174.95万元，6名驻村工作人员被评为扶贫工作先进个人。

（吴树彬）

表1　河北石油分公司主要经营指标

指标名称＼年份	2018	2017	2016	2015	2014	2013
成品油销售总量/万吨	586.70	608.68	608.10	649.10	650.90	654.00
零售量	456.03	482.17	503.00	506.80	529.30	547.00
销售收入/亿元	405.26	382.25	334.90	379.22	494.11	510.80
利润/亿元	−14.98	−4.91	0.68	0.03	2.30	6.50
成品油吨油费用/元	463.00	427.00	367.00	368.00	358.40	373.00
加油站总数/座	1 796	1 796	1 796	1 796	1 825	1 825

山西石油分公司

【概述】 中国石化销售有限公司山西石油分公司（简称山西石油分公司）本部位于山西省太原市万柏林区大王路8号，前身为成立于1951年的中国石油公司太原支公司，1991年改为山西省石油总公司，1998年整体上划集团公司，2000年10月重组改制为中国石油化工股份有限公司山西石油分公司，2014年按照中国石化油品销售系统改革重组安排，更为现名。

山西石油分公司为中国石化在山西唯一的、也是全省最大的成品油销售企业，承担着成品油资源配置、供应的主要任务，主营汽油、柴油、煤油、润滑油、天然气及非油品业务。

截至2018年底，山西石油分公司下辖11个市分公司、112个县（区）公司，用工总量9 433人，拥有在用油库13座、在营加油站1 385座、非油品便利店1 133座，资产总额74.42亿元。

山西石油分公司主要经营指标见表1。

（王喜梅）

【领导班子调整】 2018年5月8日，集团公司党组研究决定聘任邓红平为山西石油分公司总会计师。8月29日，山西石油分公司召开干部大会，集团公司人事部副主任谢劼宣读山西石油分公司班子有关人员任免文件：吴劲松任山西石油党委书记、副总经理。山西石油分公司新一届领导班子由董光明、吴劲松、徐福斌、郝润明、马建祥、徐光、韩祥峰、邓红平8人组成。

（王喜梅）

【全力市场攻坚】 2018年，山西石油分公司牢固树立“市场即战场”理念，全力组织市场攻坚。零售工作贯彻“点上狠、面上稳”竞争策略，建立对标、点评、通报工作机制，下放营销权限，出台增量激励政策，全力巩固零售市场份额。直分销工作坚持紧抓市场、细分客户，实行梯次定价、“一户一价”，开展“油气非”全商品营销，扩大量效规模。主动配合政府“打非治违”，全年参与政府部门联合执法1 726次，取缔流动加油车246辆、自建油罐388个、非法加油站468座，代储罚没油品578吨。通过狠抓市场攻坚、积极参与竞争和努力营造良好外部经营环境，全年累计销售成品油 395 万吨、增幅 3.4%，市场占有率提高 1.9%，经营总量下滑的不利局面得到扭转，实现经营总量和市场占有率双增长。

（王喜梅）

【夯实非油品业务基础】 2018 年，山西石油分公司非油品业务实现全口径营业额 28.2 亿元、增幅 85%，实现毛利额 1.19 亿元、增幅 4%。完善内部运行体制，实行非油分部制运作，推进管理专业化，充分发挥中央仓作用，统采统配覆盖全省 588 座便利店，逐步搭建起非油品供应链。强化盘点督导及人员配置，狠抓门店运营，努力做实门店销售，全年实现店内零售 3.88 亿元，增幅 13%；基础品类零售占比 57%，增加 7 个百分点。举办“易捷”全国特色商品展销会，扩大“易捷”品牌知名度和影响力，现场销售订货 2 600 余万元。持续优化库存结构，通过推进“四清”，大幅压减滞销商品库存，库存周转由 90 天降到 73 天。完成“加油山西”APP 平台开发和上线工作，1.5 个月注册用户 18 万人，绑卡用户 4.3 万人。积极推进汽服、广告、保险等平台类业务发展。

（王喜梅）

【优化网络发展】 2018 年，山西石油分公司积极发展终端网络，努力盘活无效低效站，加快实施加油站防渗改造，努力推进“生命工程”建设。采取传统方式和轻资产方式，累计发展站点 11 座，其中新建 5 座（加油站 4 座、LNG 加气站 1 座）、租赁 4 座、“他有我营”2 座。通过降费、提量、清理等措施，12 座站走出低效行列，退租 9 座无效低效站，资产存量进一步盘活。落实国家环保治理要求，累计完成防渗改造 914 座，改造完成率 66%。

（王喜梅）

【全面深化改革】 2018 年，山西石油分公司全面推进“三项制度”改革，实现“增活力、添动力、提效率”。围绕建立“三能”机制，扎实推进两级机关“瘦身健体”、全员竞聘上岗，大力实施加油站驻站式改革、油库“大班制”作业，积极开展优化用工，系统构建绩效考核体系，逐步实施市分公司综合考核、加油站联量计酬。改革后，两级机关一般人员精简 25%、科级干部精简 25%、用工总量精简 28%，人均成品油零售量达 473 吨/年、提高 55%。

（王喜梅）

【全面从严管理】 2018 年，山西石油分公司加强制度体系建设，推进全员成本目标管理，狠抓 HSSE 管理，加强数质量全过程管控，规范油库运行管理，强化审计监督，坚持依法依规治企，努力消除企业“低老坏”现象、“出血点”问题和不规范行为。全年新增制度 126 项，废止制度 131 项，制度管理体系建设，层级理清、分类规范、承接有序。规范资产运营，多渠道挖潜增效，费用总额较预算节约 4 396 万元，资产盘活创效 2 986 万元。落实 HSSE 专业分委会职责，突出领导干部“六必”要求，强化“四不两直”现场督察和综合检查，实现企业安全平稳运行。推进加油站液位仪深化应用，国家部委、集团公司和地方政府各级部门抽检 5 000 余个样品全部合格。推进管输扩距配送、跨区优化配送、降低铁路延时费，共计节费 742 万元，节费增加 207 万元。落实内审外查问题整改，推进遗留问题清理并开展自查自纠。加强合同管理，强化法律维权，挽回损失 2 009 万元，取缔假冒仿冒侵权站 6 座，对 43 座侵权站开展商业诉讼打假维权，捍卫企业合法权益。

（王喜梅）

【全面从严治党】 2018 年，山西石油分公司各级党组织融入中心开展工作，推进党建与经营管理加快融合、全面从严治党向基层延伸。加快构建“大监督”体系，从严执纪问责，全年共处分 555 人，其中解除劳动合同 91 人、辞退 101 人。统筹推进宣传、群团、维稳、舆情防控等工作，确保企业大局稳定。

（王喜梅）

【制订“两个三年、两个十年”发展目标规划】 2018 年，山西石油分公司按照集团公司战略部署和销售公司规划要求，结合公司实际，研究制订“两个三年、两个十年”发展目标规划。

第 1 个 3 年，即 2018—2020 年，实现公司可持续发展。重点打好市场开拓、网络发展、深化改革、降本增效、风险防控攻坚战，实现扭亏脱困。第 2 个 3 年，即 2021—2023 年，实现公司全面可持续发展。油气市场地位更加牢固，非油品创利能力明显增强，基本完成向综合服务商转型的结构调整。第 1 个 10 年，即 2024—2033 年，实现公司提质增效转型发展。油气市场地位更加稳固，非油品成为公司利润重要来源，效益效率稳步增长，各项考核指标在华北地区 4 家销售企业名列前茅。第 2 个 10 年，即 2034—2043 年，中国石化成立 60 周年左右，实现公司高质量发展。"油气氢电非"五大业态融合发展，企业向综合服务商成功转型，整体综合竞争力凸显，各项考核指标达到销售企业平均先进水平。

（王喜梅）

【与武警山西省总队签订油料供应协议】 2018 年 2 月 9 日，山西石油分公司和武警山西省总队保障部在太原签署油料社会化保障供应协议，双方在油品供应方面将建立起长期合作关系。公司将依托网络优势、服务优势、质量优势，满足武警山西省总队在山西的油料供应需求，落实好企业的军民合作责任。

（李　拯）

【中国石化首次在山西举办大型特色商品展销】 2018 年 11 月 22—26 日，山西石油分公司在中国煤炭博物馆举行为期 5 天的 2018 年中国石化"易捷"全国特色商品展销会，这是中国石化首次在山西举办大型特色商品展销。此次展销会是中国石化落实山西省委省政府"央企山西行"战略举措的具体行动，旨在践行央企与地方共建、共享、共赢的新发展理念，提升山西名优特色产品的品牌影响力，推动中国石化实现从油品供应商向综合服务商战略转变。展销会上，来自 26 个省市的 134 家知名企业携 2 000 余种特色商品亮相，共接待参展观众 3.5 万余人次，现场销售和订单金额达 2 600 余万元，富有地方特色的商品受到山西市民的青睐和喜爱。

（王喜梅）

【完成年度"四供一业"分离移交和法人压减任务】 2018 年，山西石油分公司 65 个"四供一业"分离移交项目全部实现业务、职能和资产（资金）移交划转"三到位"。

（王喜梅）

【获首张民用机场油料供应安全运营许可证】 2018 年 1 月 16 日，山西石油分公司下属运城石油公司获全国首张民用机场油料供应安全运营许可证。运城石油公司经过多年探索，尝试把中国石化精细化管理模式与民用航空行业服务理念相结合，逐步培养自有航油管理团队，在历次民航局、华北民航局、山西民航机场航油安全检查、适航审定书换证和资质验收中得到认可和好评，平均每日 29 条航线、37 个航班提供加油服务，累计为 5.34 万架次航班安全加注航油 21 万余吨。

（赵崇斗）

【首座"他有我营"加油站正式投入运营】 2018 年 6 月 12 日，山西石油分公司首座"他有我营"加油站——大同城区北都武定门加油站正式投入运营。公司发挥中国石化在成品油市场的品牌优

势，引入“他有我营”互惠互利合作方式，拓宽销售渠道、填补网点空白，为进一步提升山西石油市场占有率和控制力奠定基础。

（阎慧勇）

表 1　　山西石油分公司主要经营指标

指标名称 \ 年份	2018	2017	2016	2015	2014	2013
成品油销售总量 / 万吨	395.00	381.77	409.92	479.87	485.81	482.67
零售量	273.60	275.63	282.06	300.03	333.46	359.85
销售收入 / 亿元	277.45	230.74	224.11	269.33	359.24	374
利润 / 亿元	−13.50	−6.90	−2.78	−3.53	0.06	5.10
吨油费用 / 元	430.00	491.10	417.00	331.00	356.00	388.00
在营加油站总数 / 座	1 385	1 211	1 373	1 380	1 369	1 347

上海石油分公司

【概况】 中国石化销售有限公司上海石油分公司（简称上海石油分公司）位于上海市黄浦区中山东一路 24 号甲。其前身系创建于 1953 年 10 月的中国石油公司上海分公司。1983 年，其煤炭经营业务划归上海市燃料油公司后更名为上海市石油公司。1995 年 11 月，上海市原区县石油公司行政业务统一集中管理后成立为上海市石油（集团）有限公司。1998 年 9 月，上海石油（集团）有限公司成建制上划集团公司更名为中国石化上海石油（集团）公司。1999 年 8 月，原中国石化华东销售公司高桥石油站等经营性资产划入中国石化上海石油（集团）公司。2000 年 2 月，中国石化上海石油（集团）公司主辅分离，改制上市，主营业务部分组建为中国石油化工股份有限公司上海石油分公司，辅助业务部分组建为中国石化集团上海石油有限责任公司（后更名为中国石化集团上海石油资产分公司）。2014 年 5 月，中国石油化工股份有限公司上海石油分公司更名为中国石化销售有限公司上海石油分公司。

上海石油分公司是上海市成品油市场供应主渠道，主要从事汽油、柴油、天然气和液化气的零售、批发、直销配送、仓储业务以及非油品销售业务。

截至 2018 年底，上海石油分公司共设有 14 个管理处室、2 个专业中心、1 个管理中心和 6 个分公司。拥有员工 4 054 人，其中合同制员工 3 207 人、其他用工 847 人。拥有在营油库 4 座，总库容 64.41 万立方米；在营加油站 590 座，在营易捷便利店 459 家。

2018 年，上海石油分公司完成经营总量 545.4 万吨，增长 2.7%，销售成品油 544.9 万吨、增长 3.0%。其中，零售 437.9 万吨、增长 0.5%，直分销 107.0 万吨、增长 14.9%。非油品业务实现营业额 13.7 亿元、增长 7.8%，其中基础品类 13.1 亿元、增长 13.4%。报表利润 10.0 亿元，吨油费用 313 元。

上海石油分公司主要经营指标见表 1。

（徐　珏）

【领导班子调整】 2018 年 4 月，经集团公司党组研究并征得中共上海市委员会同意，批准聂时榜辞去公司总经理职务，免去其党委副书记职务。8 月，左兴凯兼任上海石油分公司代表，不再担任工会主席；张莺兼任工会主席；吕伟（原总经理助理、经营管理处处长）提任副总经理、党委委员。10月，潘桂妹自集团公司党组巡视工作领导小组办公室主任调动至上海石油分公司任总经理、党委副书记，夏凤梧任常务副总经理。调整后的上海石油分公司领导班子由左兴凯、潘桂妹、夏凤梧、张莺、李瑛、吕伟组成。

（徐　珏）

【庆祝公司成立65周年】 2018年，上海石油分公司召开公司成立65周年纪念大会，回顾公司65年来奋进历程，总结艰苦创业的宝贵经验和辉煌成就，展望新时代公司发展的光明前景，动员全体干部员工以永不懈怠的精神状态和一往无前的奋斗姿态，向着国内领先、世界一流销售企业扬帆前进。董事长（分公司代表）、党委书记左兴凯发表讲话，揭晓上海石油杰出贡献奖并颁奖。总经理潘桂妹揭晓感动上海石油人物并授奖。常务副总经理夏凤梧，党委副书记、纪委书记、工会主席张莺揭晓感动上海石油人物提名奖并授奖。副总经理、总会计师李瑛，副总经理吕伟分别向老同志代表和青年代表赠书。大会还揭晓上海石油成立65周年最有影响力大事，播放宣传片《弄潮》。

（徐　珏）

公司成立65周年纪念大会现场

【市场规模与营销网络不断扩张】 2018年，上海石油分公司强化零售经营组织，优化高标号汽油布局，坚持一体化应对，全力主导市场走势，实现零售量增长0.5%、高标号汽油销售增长3.3%。稳固拓展直分销市场份额，实现直分销增长14.9%。做实基础品类，做大自有核心商品，积极推进新业务开发，实现非油品全口径营业额增长7.8%。加大企业间深度合作，全力推进个人卡、集团卡、出租车专用卡销售，优化油卡非营销策略，持卡加油比例增长4.1个百分点。

（徐　珏）

【网络主渠道地位更趋稳固】 2018年，上海石油分公司坚持把巩固和开拓终端网络当作“生命工程”来抓，全年协调政府部门落实“拆一还一”1座、原地缩建保留2座、暂时续租争取规划保留1座；通过定向招拍挂取得加油站出让用地2宗，加油（气）站建设发展项目20座；积极推进闵行北桥油库及松江车墩油库动迁置换加油站项目，与虹口、普陀、松江、金山、崇明等区政府以及申能、城投、世博等国有企业达成加油站项目合作意向并签订框架协议，全力推进新建金闵管道规划落地。

（徐　珏）

【采销联动营造有利经营环境】 2018年，上海石油分公司强化市场分析预判，采销联动把控资源运作，实现成品油增长3%。完成国Ⅵ油品升级任务，协助海关、海警部门及市质监局执法总队处理罚没、走私油品，借助政府部门力量共同开展“打非治违”，市场环境得到有效改善。

（徐　珏）

【深化改革取得阶段性成效】 2018年，上海石油分公司全面启动深化“三项制度”改革，“机关适度瘦身、基层强身健体”目标逐步实现；年内99座3 000吨以下小型加油站实现委托家庭管理模式，人均劳效明显提升；物流中心全能型大班组运行模式有效运转；财务、客服、检测公司实现专业化管理、市场化运作，提质增效效果明显；打好压减法人攻坚战，股权管理水平稳步提升；“他有我营”轻资产发展取得实质性突破。在此基础上，公司着眼于中长期发展战略，规划制订符合销售企业转型发展、符合上海区域特点的全面深化改革总体方案及配套实施方案，为公司改革、发展、创新注入强大动力。

（徐　珏）

【重点工程项目有序推进】 2018年，上海石油分公司统筹全年重点项目工程建设，抽调骨干力量成立综合改造项目指挥办，明确工作推进机制，统筹改造计划，强化现场监管，完成改造263座，截至年底已有32座加油站实现单站平均25天的施工周期目标。精心统筹杨浦油库自动化系统深化应用各标段改造工程业务衔接，完成高桥油库自动化联锁改造及储罐液位测量系统改造项目。

（徐　珏）

【重点环节运行效能有效提升】 2018年，上海石油分公司深入挖潜降本增效，降低税负成本，获销售企业挖潜增效考核区内第2名；推进房地产办证工作，优化房地产利用结构，实现津滁公司扭亏为盈。开展“强基础、防风险、促发展”等专项检查整治，风险防控能力全面提升。积极推进信息化项目建设，深度挖掘信息系统应用创新创效能力，实现管理效率提升。

（徐　珏）

【QHSSE管理长效机制作用凸显】 2018年，上海石油分公司全面推进安全环保理念向夯实管理基础转变，深化落实“一岗双责”，把控好双层罐改造等关键业务和环节，制定落实三重检查机制，提高风险防控能力。建立安全教育培训体系和应急管理体系，制订落实进博会专项综合保障方案和空气质量保障方案。公司在首届中国国际进口博览会期间的各项服务保障工作获国家反恐办、上海市政府和集团公司的感谢与表扬。

（徐　珏）

加油站站长张贴首届进博会宣传海报

【企业迈上可持续发展之路】 2018年，上海石油分公司坚持绿色发展理念，持续开展污染防控整治，实现外排污水、油气排放全面达标；加大新兴业务探索和发展力度，完善高速公路LNG加气走廊布局建设，全面推进闵行油库B5生物柴油调和基地建设并增设供应网点207座，助力市政府综合治理“地沟油”。加快推进与氢车熟路公司以合资合作方式试点油氢能源合建站项目。

（徐　珏）

举行B5生物柴油调和设施项目发油仪式

【选人育人用人机制日趋完善】 2018年，上海石油分公司完成分公司整体建制升格，对4家分公司管理人员队伍进行整体考核升级；按照“德才兼备、任人唯贤”原则，调整公司党委管理的干部队伍，队伍年龄结构进一步优化。通过选聘专家、采取跨部门或跨区域交流干部、积极打造上海石油菁英人才项目、深入开展公开招聘、竞争上岗等方式，各类人才培养选拔机制更加健全。

（徐　珏）

【企业健康发展】 2018年，上海石油分公司坚持顶层设计，明确提出抓基层党建“12345”总体思路。从严落实党建责任，实施基层党建“对表工程”，优化调整机关处室支部设置，直属单位分别增设党群工作部，完善形成“1+18”“1+16”项基层党建制度体系；扎实开展“一先两优”评选，深化党支部分类定级考核管理，组织开展党建工作巡礼、党建特色品牌巡展；深入推进党员责任区、示范岗创建和党员积分管理，大力开展党员“三亮三比三评”活动。落实党风廉政建设责任制，建立和完善大“监督”有效运行机制，将党风廉政建设引向深入。充分发挥工团组织和老干部作用，党建工作活力进一步增强。

（徐　珏）

【企业文化建设】 2018 年，上海石油分公司积极推动习近平新时代中国特色社会主义思想和党的十九大精神进基层、进一线、进班组，组织开展“如何做好一名加油站站长”等大讨论活动，深入推进“不作为、慢作为、乱作为”等专项整治活动；举办首届员工风采展示节，搭建“幸福加油站”APP 平台；完善规范统一的职位序列，积极探索符合上海石油特点的“师带徒”工作机制；深入推进廉洁文化、安全文化、质量文化、法制文化、品牌文化和基层“家文化”建设，持续开展“公众开放日”、关爱环卫工人行动，积极投身加油站同创共建文明行业活动，主动融入区域化党建联建联创网络，构建企地、军企联动长效机制，为企业可持续高质量发展提供文化支撑和精神动力。

（徐　珏）

表 1　　上海石油分公司主要经营指标

指标名称＼年份	2018	2017	2016	2015	2014	2013
成品油销售总量 / 万吨	545.40	531.32	503.20	486.21	459.04	448.18
零售量	437.90	435.68	418.06	385.54	361.39	351.92
销售收入 / 亿元	411.59	345.07	302.40	300.65	359.64	364.18
利润 / 亿元	10.00	10.71	12.50	10.59	7.00	7.30
吨油费用 / 元	313.00	314.00	312.00	277.00	286.00	307.00
资产总额 / 亿元	136.86	143.29	135.73	124.61	113.34	103.78
在营加油站总数 / 座	590	584	587	583	583	585
在营油库数量 / 座	4	4	4	4	5	5

江苏石油分公司

【概况】 中国石化销售有限公司江苏石油分公司（简称江苏石油分公司），位于江苏省南京市中山北路 395 号，主营油品销售。1953 年中国石油公司江苏分公司成立，1997 年加入中国东联集团有限公司，1998 年整体划转集团公司。

江苏石油分公司下设南京、无锡、徐州、常州、苏州、南通、连云港、淮安、宿迁、盐城、扬州、泰州、镇江、江阴 14 个区域分公司。2004 年，与壳牌合资组建中国第 1 家经国务院批准的从事成品油零售业务的中外合资公司——中石化壳牌（江苏）石油销售有限公司。

截至 2018 年底，江苏石油分公司总资产 306.6 亿元，拥有在营加油站 2 564 座、在营油库 26 座、成品油管线 1 100 千米；各类用工总数 18 408 人，其中在岗正式工 2 826 人；设立 16 个二级党委（含机关党委），党员总数 3 165 人。

江苏石油分公司主要经营指标见表 1。

（葛康玲）

【企业总体量效稳健增长】 2018 年，江苏石油分公司全年实现成品油销量 1 579 万吨、增长 2.6%，其中零售量 1 283.5 万吨、增长 2.7%，直分销量 295.5 万吨、增长 2%。非油品销售 120.7 亿元、增长 43%。天然气销售 3.5 亿立方米、增长 14.8%。吨油费用 271.6 元。实现账面利润 38.02 亿元、当期效益 31.44 亿元，利润列板块第 1 位。ROCE 达 26%。

（葛康玲）

【市场攻坚扎实有效】 2018年，江苏石油分公司强化“市场就是战场”理念，用好用活产销协同、外采政策，外采资源363.4万吨、降本47.5亿元。灵活运用竞争策略，落实“三增三优”计划，狠抓精准营销，从整体上主导区域市场，自营机出量1 058.1万吨，增长2.8%；汽油持卡消费312万吨，增长5.0%；98#汽油零售34.9万吨；新增轻资产站171座，开业146座，贡献零售量83万吨。推动政府打非治违，用好用活媒体资源，拆除自流黑网点2 007个。

（葛康玲）

【零售发展屡出新招】 2018年，江苏石油分公司零售以“多卖一吨油”销售竞赛为抓手，全年总量完成1 283.5万吨，增长2.8%，区内排名第一；自营机出区内排名第二。大力推广线上平台运用，微信公众号有效关注人数1 065万人，注册用户数583万人，绑卡会员353万人。“加油江苏”APP注册用户111万人，绑卡会员50.4万人。油站改革显实效，改革站1 177座、用工3 721人，人均加油量提高20吨，其中夫妻改革站929座、用工2 779人，人均劳效816吨。试点网约车客户开发，开发网约车客户加油卡10 390张，累计消费1.3万吨。开展站内聚惠服务周及站外“五进”活动，办理加油卡62.7万张。积极推进加油站向综合服务体转变，汽服项目投营363座，其中综合汽服22座、单一洗车291座、自助洗车50座。截至年底，在营洗车点420座，日均洗车2.25万辆。

（葛康玲）

“感动石化”团队讨论加油站每日经营动态

【直分销客户群有效拓展】 2018年，江苏石油分公司贯彻“拼抢活、量价效”原则，实行直销、分销业务分开考核、管理，开发中小客户9 299个，毛利贡献率达31%；找回流失客户384个，增加销量4.7万吨；系统直分销客户超过1万户。

（葛康玲）

【非油品业务发展有招】 2018年，江苏石油分公司遵照“做大做实”原则，大力发展新兴业务。非油品业务贯彻“模式创新、业务创新、平台服务、优化结构”，培育千万级门店90座。强化核心商品销售，燃油宝销售2.75亿元、尾气处理液销售2.44亿元。优化商品结构，开展平台建设，微商城内外部商品数2 000余种，营业额4.38亿元，第三方商户入驻6家。新增免税店等店中店521座、综合及自动汽服网点313座；汽服营业网点增加至617座。创新营业模式，与新华报业组建合资公司，与京东合作成立易捷京东智慧便利店运营。

（葛康玲）

【天然气业务保持领先】 2018年，江苏石油分公司按照“批发与零售并举，区内与区外联动”思路，大力发展天然气业务，确保区域终端市场份额不降，实现年度奋斗目标，全年天然气销量突破3.5亿立方米，增长14%，规模列销售板块第一。暂停在营销量小、低效加气站，全年分2批暂停量小低效站8座。在营站88座。

（葛康玲）

【网络发展积极有为】 2018年，江苏石油分公司新增开业加油站31座、加气站7座、充电站3座。新增储备项目30个，其中公开竞拍13个、定向挂牌10个。消解各类督办项目11个。盘活闲置土地12宗，完成年度目标的200%，节约用地成本1.84亿元。淮安齐湖、盐城上冈、扬州油库、无锡徐舍、常州钟楼、苏州通桥、江阴滨江等油库建设、选址、改扩建得到推进。盐城、常宜管线建设筹备进展顺利。试点综合服务体建设。

（葛康玲）

【各项改革推进有序】 2018年，江苏石油分公司统筹推动以“三项制度”改革为核心的多项改革。推动干部选聘从“谁该用”向“该用谁”转变，选聘 8 名处级干部，淘汰 17 名科级干部、149 名站长。按职级、职位分离原则，选用年轻干部，先上岗、后提拔，为年轻干部使用探索新路。坚持“以块为主、条块结合”原则，深化县级公司管理体制改革，县公司零售量增长 3.46%，高于平均增幅 0.68 个百分点。徐州、南通职业经理人制度改革进入实质性操作阶段。小站管理体制改革进一步深化，驻站管理率提升到 80.6%。试点、推广 33 个共享管理团队，179 座加油站共享员工，实现人员互补余缺，提高了劳效。审计工作实现一级管理。

（葛康玲）

【连续 3 年蝉联板块标杆企业】 2018 年，江苏石油分公司将“比学赶帮超”与“新三年奋斗目标”有机结合，瞄准第一、对标先进，建立省一地一片区一贯通，涵盖销量、费用、利润、服务、安全、党建、管理 7 类、19 个单项的对标考核体系，夺得总部月度红旗 36 面、年度红旗 15 面，连续第 3 年荣膺板块标杆企业称号。

（葛康玲）

【安全环保稳中有进】 2018 年，江苏石油分公司细化运行专业分委会工作机制，修订、完善 30 余项 HSSE 管理制度。以“三线三板”为抓手，实行负面清单管理，督察考核发现问题 2 301 项，整改完成 2 250 项；提出安全诊断 10.52 万条、整改率 99%。践行绿色企业行动计划，制定“一方案两清单”，建立绿色企业工作机制。完成 430 座加油站双层罐改造工作。排查安全风险 154 项，均实现风险降级。建成一批“7S”示范库站及江北仿真实操基地。获集团公司安全生产先进单位、环保先进单位、首批绿色企业称号。

（葛康玲）

【精益管理挖潜增效】 2018 年，江苏石油分公司开展精益管理年活动，强化以安全、信息、经营、队伍为重点的“四大风险”管控，开展“强防促”自查自纠和经营管理风险排查防控工作，促进企业健康可持续发展，修订完善 52 项管理制度、217 条业务流程，表彰 39 个技术创新项目。实现管理创效 2.2 亿元：压降财务费用，POS 机交易手续费降幅 24%；处置资产 6 724 项；油气回收 7 796 吨，增加 504 吨，回收率 1.02‰，形成经济效益 6 384 万元；统筹优化物流，成品油进销运杂费下降 5 200 万元；运用电子地图管理运距，节约运费约 1 800 万元。年度挖潜增效考核列板块第一。

（葛康玲）

【数质量管理持续加强】 2018 年，江苏石油分公司深化液位仪应用、落实地罐交接、电子铅封、油气回收等工作，地罐交接准确率明显提升，计量风险控制进一步加强。损溢管理得到加强。严格质量检测，确保出入库油品 100% 合格。

（葛康玲）

【党建工作保障有力】 2018 年，突出“基本组织、基本队伍、基本制度”建设，开展“双百”书记培训、微党课竞赛、书记项目、特色支部创建、典型选树、表彰创新、疗休养等工作，党政更加融合，责任更加压实，党委“把方向、管大局、保落实”更显张力。开展“奋进 1133”大家谈、“假如我是客户”大讨论，推进“内学先进、外学华为”“以客户为中心”的理念得到进一步强化。奋斗者文化逐步形成，“幸福江苏石油”建设取得阶段性进展，一线员工人均收入增长 12%；湖西街油站获感动石化优秀团队、全国模范职工小家称号。举办 8 期社会公众开放日。率先举办《中国石化在江苏》专题新闻发布会。新增 100 座“爱心加油站・环卫驿站”，环卫驿站公益项目在全国 13 省市推广，被全球契约中国网络授予实现可持续发展目标 2018 中国企业最佳实践称号。

（葛康玲）

江苏爱心加油站“环卫驿站”服务好城市的“美容师”

表 1　　江苏石油分公司主要经营指标

指标名称 \ 年份	2018	2017	2016	2015	2014	2013
成品油销售总量 / 万吨	1 579.00	1 539.60	1 459.90	1 350.80	1 317.10	1 286.10
零售量	1 283.50	1 249.90	1 197.10	1 137.10	1 109.60	1 087.40
销售收入 / 亿元	1 191.53	1 008.80	861.00	837.00	1 014.00	1 019.13
利润 / 亿元	38.20	41.50	38.00	24.00	19.20	20.00
吨油费用 / 元	271.60	260.50	267.00	264.00	265.00	272.00
加油站总数 / 座	2 564	2 450	2 363	2 227	2 209	2 223

浙江石油分公司

【概况】 中国石化销售有限公司浙江石油分公司（简称浙江石油分公司）前身为建于 1950 年的中国石油公司杭州支公司。1985 年成立中国石油化工销售公司浙江省石油公司。1990 年更名为浙江省石油总公司。1998 年 8 月与省内各地（市）、县石油公司成建制划转集团公司。2000 年 4 月更名为中国石油化工股份有限公司浙江石油分公司。2014 年 5 月更名为中国石化销售有限公司浙江石油分公司。

浙江石油分公司主要经营成品油、天然气及其他化工产品，兼营加油站便利店非油品、洗车和餐饮等，是浙江省内最大的成品油销售企业。本部位于浙江省杭州市河坊街 58 号，截至 2018 年底，设立 15 个职能处室、4 个专业中心和 4 个直属单位，下辖 12 家分公司和 1 家合资公司，从业人员 18 389 人，其中委托经营公司员工 9 798 人。有定位油库 23 座，油罐容量 160 万立方米；铁路专用线 5 条，油库码头 17 座；各类加油（气）站等终端网点 2 085 座，其中加气站 79 座。已建成镇海炼化经宁波至杭州（康桥油库）、上海石化经浙江嘉兴至湖州、宁波经绍兴和金华至衢州、龙游到常山、绍兴至杭州、宁波经台州至温州、诸暨至桐庐 7 条成品油输送管道，合计长度 1 424 千米。至此，浙江石油分公司已构建起覆盖浙江 9 个地市的“两纵两横三专线”的成品油管网，年累计输送成品油达 1 145 万吨，管输比例达 70%。

2018 年，浙江石油分公司累计营业收入 1 149.75 亿元。连续 3 年获销售企业党建工作年度先进红旗，连续 3 年在集团公司的党建考核中获评 A 档企业（2018 年度免现场检查考评）。

浙江石油分公司主要经营指标见表 1。

（舒志国）

【较好完成全年经营目标】 2018 年，浙江石油分公司面对困难和挑战，有效完成各项任务目标。全年共销售成品油 1 564.8 万吨，增长 0.6%。分结构看，零售 1 141.2 万吨，减少 1%；直分销 423.5 万吨，增长 5.4%。分品种看，汽油 899.7 万吨，增长 3%；柴油 577.5 万吨，减少 3.9%。销售天然气 3.06 亿立方米，增长 22.35%，位居销售系统第二。非油品交易额 77.7 亿元，增长 43.6%。报表口径吨油费用 276 元，实现报表利润 33.32 亿元，费用先进水平、创效能力均位居销售系统前列。

（舒志国）

【发挥油气优势做强传统业务】 2018 年，浙江石油分公司开展油气非直分销“奋战 180 天”活动，油品直分销高基数下稳中有升，实现规模、份额、排名“三不降”；天然气业务新拓展直分销和点供客户 23 家，所有分公司均开展天然气直分销业务，全年天然气销售量跃居销售系统第二，并通过市场化管理供应商，降低资源成本，实现规模创效。

（舒志国）

【非油品业务不断做大做强】 2018年，浙江石油分公司以电商热销商品为导向，保持商品综合竞争力；以多种模式打造汽服网点370座，引进瑞幸咖啡、加油饱等优质合作伙伴；围绕“易捷十周年”开展全时段营销，进一步做强实体平台，基础品类增幅居同类企业之首。线下营销全渠道降本，油非互促降杠杆提毛利，非油品业务实现利润3.64亿元，居销售系统首位。线上营销发挥精准传播、绑定用户、整合资源作用，易捷钱包、油豆中心推广效果显著，微信关注人数突破1 100万人，用户规模及客户活跃度居销售系统首位。

（舒志国）

【易捷便利店新形象在杭州南环路加油站发布】 2018年10月9日，浙江石油分公司杭州南环路加油站，以“智慧、便利”体验升级为主题的全新易捷便利店靓丽登场。该站外观具国际范和时尚感；便利店分布更加合理，有快捷服务区、收银区、促销商品区和餐饮休闲区，满足不同消费者的不同功能需求。同时提供自助收银、刷脸支付、易捷钱包和扫车牌支付等多种支付手段，更加高效快捷。

（舒志国）

杭州南环路加油站新形象便利店夜景 （舒志国　摄）

【中国石化浙江省内首座综合供能站落户杭州古荡加油站】 2018年12月30日，浙江石油分公司杭州古荡加油站经过重新改造后正式对外营业。该站是中国石化在浙江省内首家集“油、气、电、非”为一体的综合供能站，不仅安装8台充电桩，还增加98#油品。该站从传统的供应汽、柴油，逐步发展到加油、加气、充电、购物为一体的综合供能站。

（龚良奇）

【管道及库站建设力度进一步加大】 2018年，浙江石油分公司投建的全长409千米的甬台温管道和滨海油库、诸暨油库成功投产。至此，全省管道总里程近1 500千米。积极推进灵昆、桐庐油库以及智能化管道建设，并对嘉兴七星、金华古方和义乌油库实施脱瓶颈改造。

（舒志国）

温州滨海油库油轮试靠泊成功 （林圣泽　摄）

【网络发展力度进一步加强】 2018年，浙江石油分公司主动对接“十三五”规划，大力抢占新增优质网点。全年共发展加油（气）站76座（新建27座、收购参股2座、租赁16座、“他有我营”31座），在营加油（气）站总数达2 085座；年内到期的14座高速站全部成功续约，并取得新增的高速站6座。21宗土地开工建设，全省系统还保有存量土地30宗。

（舒志国）

【优化二次物流实现降费增效】 2018年，浙江石油分公司围绕“提前谋划、提前分流、提前应急”，优化二次调度，对6座油库调整罐容，提高汽油保供能力，平稳推进第2轮公路承运商招投标，运价降低约0.02元/（吨·千米）。在保障经营、稳妥完成国Ⅵ升级任务前提下，吨油运费下降1.65元，全年实现降本压费2 300万元。全口径资源物流优化获销售公司奖励4 897万元、炼厂补贴2.55亿元。

（舒志国）

【样板片区建设助推经营管理提升】 2018年，浙江石油分公司通过专家组督导、跨区帮扶、经验复制等，将样板站建设扩大至全省，以安全、整洁、友好、便捷为核心，完善考核方案，把样板变为标准，把高标准变为常态。全年创建省级示范站260座，占陆上在营站的14%；省级样板片区30个，增加18个，逐步形成样板建设长效机制。

（舒志国）

【打非治违工作成效显著】 2018年，浙江石油分公司与新华社紧密配合，深入一线调研，通过内参上报市场乱象，协调政府部门明确油品打私打非的法律依据和标准，初步形成打私打非的长效机制，配合取缔黑窝点180个、非法配送车653辆，缴获走私油5万多吨。

（舒志国）

【加油站防渗改造进度明显】 2018年，浙江石油分公司以超常规的力度推进加油站防渗改造，全年完成898座，超计划进度380座，总体完成率84%，变被动为主动，为2019年零售经营打好基础。

（舒志国）

【安全环保工作抓实抓细】 2018年，浙江石油分公司认真吸取“4·21”事故教训，以问题为导向，常态化召开安全环保例会，逐步建立“回头看”机制，立废并改HSSE管理制度23项，完成5个分委会工作职责对接，加大抓落实力度。全面实施环保设施设备完好性治理，成为系统首批绿色企业创建单位。开展库站安全环保督察2 955座次，施工工地督察2 235座次，整改问题1.3万项，开具处罚通知书573份。组织安全环保主题宣讲120余场、培训16万余人次，应急演练2.3万次，经受住“玛利亚”等多个台风考验，加油站成功处置车辆自燃、劫持等事件，完成进博会、互联网大会等重大安保护航任务。

（舒志国）

【油品数质量损耗控制较好】 2018年，浙江石油分公司适应形势变化，修订10项外采油内控指标，及时处置、稳妥把控卡标配置油质量风险，前瞻性部署汽、柴油升级国Ⅵ标准；源头入手严控进货损耗，加大计量检查和加油机损耗管控力度。全年接受各级监督抽查414批次全部合格，连续7年实现“零损耗”。

（舒志国）

【风险防控措施有力】 2018年，浙江石油分公司完善“大监督”机制，对基层微腐败实行提级监督、重拳整治，专项检查1 166站次，查处违规员工590余名，有效遏制“套现、套发票、套积分”等违规行为。修订内控实施细则，立废并改控制点440个；深入开展“强防促”自查自纠工作，进一步梳理ERP不相容岗位，并对重点经营业务风险进行再次排查，对25个风险点提出改进措施31条；开通农信社银企直联，加强海上、农村网点资金监管，开发自动化客户信用检测。加大高风险点法律介入力度，从源头遏制法律风险。加大审计督察和闭环整改力度，敦促各单位整改问题450项，全年整改完成率超过85%，有效堵塞管理漏洞，促进增收节支9 560万元。

（舒志国）

【“三项制度”改革成效明显】 2018年，浙江石油分公司全面开展加油站优化用工改革，从顶层设计入手，与绩效考核挂钩，标准计划先行，先进经验领路，层层落实推进。以站内二次分配改革、基层管理者“联量、联人均劳效”考核为基础，以推广小站委托承包、优化排班为路径，以多渠道分流安置为保障，全面激发基层改革的内生动力。全年共精减加油站用工3 537人，减幅22.7%，排名销售公司第二；加油站人均劳效达730吨/年，提升25%，得到总部的高度评价。

（舒志国）

【精细管理促进降本增效】 2018年，浙江石油分公司强化财务价值引领，深化全面预算管理，搭建利润监控平台，动态反映量、价、费、利关键指标预算执行进度，强化过程控制；财务分析深度融入经营、管理、投资等全流程，助力经营决策。通过资源优化、税费筹划、集约管理、物流优化、精简用工等各项举措降本减费2.6亿元。通过发挥加油卡作用，优化上门收款、引导线上充值、优化存款和票据管理等，提高资金使用效率，年末上存款达 114.5 亿元，全年实现上存款利息收入 3.6 亿元。规范联营单位分红管理，强化联营单位供货价格管理，维护了母公司的利益。

（舒志国）

【宣传舆论引导作用发挥较好】 2018 年，浙江石油分公司发挥好期刊杂志传承企业文化的作用。进一步加强《中国石化报》等媒体的上稿工作，上稿量居销售系统第一。结合改革开放 40 周年、中国石化成立 35 周年，以“国企为国、在浙兴浙”为口号，联合 5 家驻浙企业牵头召开媒体恳谈会。借助“公众开放日”，常态化宣传企业社会责任，获得集团公司和社会各界的肯定。全年编发微信 110 余期。朝阳 e 站及总部新媒体的投稿成绩居销售系统第 2 位。集团公司官方微博、微信和抖音等新媒体上稿数居全系统前列，有 4 篇推文阅读量突破“10 万 +”。同时积极推进“奋进浙石”平台的建设。2018 年，浙江石油分公司在集团公司宣传工作中取得销售板块第 2 名、石化系统第 7 名的好成绩。

（舒志国）

【举办绿色企业媒体介绍会】 2018 年 11 月 29 日，中国石化公众开放日浙江石油站第 100 期活动在镇海炼化算山码头启动。60 余名媒体记者与公众代表，在青年志愿解说员引导下，沿着中国石化在浙油品管输线，跨越宁波、绍兴、杭州三地，目睹原油接卸、汽柴油出厂到加入汽车油箱的产业链，观摩 30 万吨巨轮接卸原油、海上消防演练、绿色油库、智能管道、智慧加油等，重点展示绿色石化的创建成果。

（舒志国）

媒体记者与公众代表，在青年志愿解说员引导下来到杭州南环路加油站参观 （龚良奇 摄）

【政务信息工作成绩显著】 2018 年，浙江石油分公司强化调研职能，全年收集各类政务信息 436 条，发布《动态信息》50 期，其中 11 月以后专门编辑商密信息 5 期。累计向总部报送信息 163 篇，其中专报 9 篇，获党组领导批示 3 篇。全年总分 1 139 分，再次夺得销售系统第一。近 8 年来，获 7 个第一、1 个第二。

（边 炜）

【“强三基 促融合”活动实现党政深度融合】 2018 年，浙江石油分公司扎实开展“强三基促融合”主题实践活动，149 个党支部深入寻找工作融合点，对融合效果跟踪评估，推动各支部服务中心、服务基层蔚然成风，在岗位练兵、用工改革、网络发展、基建改造等各项任务中发挥战斗堡垒作用。

（舒志国）

【人才队伍建设不断夯实】 2018 年，浙江石油分公司优化调整温州、绍兴、金华 3 个地市公司班子，加强“班长”的选配。紧紧围绕“忠诚、干净、担当”的基本原则，全面开展两级中层竞聘，提拔选用处级干部 6 名，调整处级干部 36 人次、科级干部 93 人次。制订人才强企工程和后备人才发展两个方案，初步建立三级人才储备库，试点建立青年骨干培养档案和团委推优荐才机制，为未来 3—5 年的干部培养谋篇布局。完善分层级、多元化的培训机制和基层轮岗锻炼机制。

（舒志国）

【作风建设不断强化】 2018 年，浙江石油分公司认真开展党章党规党纪、职工处分规定等学习宣贯，通过会议部署、制度规范、督导考核、述职评议、问责追责等，层层压实管党治党责任。签订党风廉洁建设责任书 406 份，开展干部员工任前廉洁谈话 227 人次，组织廉洁从业教育活动 318 次，夯实了党员干部拒腐防变思想防线。党风廉洁工作重心从机关进一步下沉到基层，加大对科级及以下干部监督执纪，涉及处级以上干部信访举报件明显减少。紧盯“四风”特别是形式主义、官僚主义，杜绝不担当不作为，倡导办实事解难题，促进走在前做表率，在系统上下弘扬清风正气。

（舒志国）

表 1　　浙江石油分公司主要经营指标

指标名称＼年份	2018	2017	2016	2015	2014	2013
成品油销售总量 / 万吨	1 564.80	1 554.90	1 509.50	1 491.60	1 483.00	1 415.00
零售量	1 141.20	1 152.90	1 151.80	1 172.00	1 164.00	1 109.00
报表利润 / 亿元	33.32	34.06	34.02	30.06	27.50	29.30
吨油费用 / 元	276.00	274.00	265.00	256.00	244.00	252.00
加油站总数 / 座	2 085	2 080	2 078	2 076	2 071	2 062

安徽石油分公司

【概况】 中国石化销售有限公司安徽石油分公司（简称安徽石油分公司）前身是中国石油公司安徽支公司，成立于 1952 年，1998 年 6 月成建制划转集团公司，2000 年改制重组为中国石油化工股份有限公司安徽石油分公司，2009 年升格为大 I 型（正局级）企业，2014 年重组为中国石化销售有限公司安徽石油分公司，本部位于安徽省合肥市。主营汽油、柴油、天然气和非油品业务，兼营油库及加油站设计，以及经营润滑油、汽车清洗服务等多种业务，是安徽省内最大的成品油销售企业。

截至 2018 年底，安徽石油分公司下设 13 个管理部门、5 个专业中心，下辖 16 个市级分公司，有高速石化、滁宁石化等合资公司；用工总量 6 202 人，其中合同制员工 4 539 人；总资产 128.99 亿元，资产负债率 44.71%；在营油库 18 座，库容总量 61.19 万立方米；铁路专用线 9 条，接卸油码头 3 座；在营加油站 1 387 座；在营便利店 1 065 座。

2018 年，安徽石油分公司经营总量 635.1 万吨，其中成品油经营量 625.36 万吨、天然气经营量 1.17 亿立方米。成品油零售量 496.38 万吨，直销批发量 128.98 万吨。销售收入 463.78 亿元，吨油费用 328 元，报表利润 6.82 亿元。获集团公司安全生产先进单位称号，党建工作被集团公司评为 A 类企业，在销售企业“比学赶帮超”评比中获优秀组织奖，获安徽省十大服务行业居民最满意供油公司和金口碑奖称号。

安徽石油分公司主要经营指标见表 1。

（邢大金）

【油气经营规模稳步增长】 2018 年，安徽石油分公司坚持稳中求进工作总基调，积极应对年初雪灾影响的不利开局，精准营销，拓市增量，油气经营规模稳步增长。全年实现成品油经营量 625.36 万吨，增长 2.5%；销售天然气 1.17 亿立方米，增长 16.4%。

（邢大金）

【零售增量区内公司排名前列】 2018 年，安徽石油分公司坚持“市场就是战场”理念，借力“大零售”体制机制，创新运用“量价互动”模型，坚持“点上狠、面上稳”，强化油非互促、点对点竞争等措施，加大增量激励，提升现场服务，扩大品牌效应，推动“打非治违”，全方位多层次直面市场竞争，零售规模稳步增长，市场份额得到巩固。全年实现成品油零售量 496.38 万吨，增长

2.5%，增幅区内公司排名第 2 位。其中，汽油零售量 299.44 万吨，增长 2.6%；柴油零售量 196.94 万吨，增长 2.3%；万吨站总数 94 座，位居销售系统第 7 位。

（邢大金）

【开拓航空煤油新业务】 2018 年，安徽石油分公司联合安庆石化、销售华中分公司，与中航油安徽分公司签订战略协议，通过安合管道向合肥新桥机场输送航煤。主动承接合肥油库航煤运营任务，与中航油联合解决航煤运输当中出现抗静电率衰减和如何防水等难题，最终如期顺利投油，并负责投油后航煤接卸和配送机场任务。安合管道航煤投油，将有效提高安庆石化航煤出厂效率，巩固中国石化在安徽地区的航煤市场份额。

（邢大金）

【非油品经营取得优异成绩】 2018 年，安徽石油分公司直面烟草政策调整导致基础品类销售下滑的困难，调控经营结构，立足门店经营，做强团购营销，加大卓玛泉、尾气处理液、燃油宝、赖茅酒等自有品牌商品销售，运用微信、APP 加快线上业务开发，拓展 ETC 销售业务，推进门店专业化运营水平提升，非油品经营取得优异成绩。全年实现非油品全口径交易额 26.9 亿元，增长 37%；自有品牌商品完成销售额 2.9 亿元；百万元门店数量达 251 座，六安加油东站、合肥新桥机场路加油站等 10 余座综合服务站初具规模，其中六安加油东站实现年交易额 4 090 万元，为销售系统地市级综合服务平台打造进行有益探索。

（邢大金）

合肥新桥机场路加油站

【成功举办易捷特色商品推介会】 2018 年 6 月 26 日，安徽石油分公司成功举办“易捷十年　感恩有你”易捷特色商品推介会，现场与 226 家单位成功签单，实现销售额 1 068 万元。活动的成功举办，发挥了很好的引领示范作用，全省系统各市、县、站相继举办中小型易捷特色商品推介会 51 场，带动销售额 2 195 万元。

（邢大金）

安徽石油易捷特色商品推介会现场

【终端网络竞争优势持续增强】 2018 年，安徽石油分公司坚持以效益为中心，加强投资管理，多元化发展网络，加快发展项目投营，终端网络的核心竞争优势持续增强。全年新发展加油（气）站 102 座，其中收购、租赁、“他有我管”发展 60 座；实现新投营 113 座；新增储备用地 34 宗。新增高速服务区加油站 36 座，总数达 220 座，网络占有率升至 98%，绝对数量和市场占有率均列销售系统第 1 位。乡镇网络发展实现新突破，全年共发展乡镇加油站 58 座，填补空白乡镇 50 个，乡镇市场控制力进一步提升。

（邢大金）

【储运设施持续完善】 2018 年，安徽石油分公司持续完善储运设施，六安油库完成中交，淮北、淮南、蚌埠、宣城油库脱瓶颈改造完成，安庆石化 800 万吨 / 年炼化一体化配套成品油管道和配套油库工程完成竣工验收，油库建设取得阶段性成果，为市场保供奠定坚实基础。到 2018 年末，库容优化提升至 61.19 万立方米，成品油输送管线提升至 692 千米。

（邢大金）

【安全管理持续加强】 2018 年，安徽石油分公司贯彻落实集团公司 HSSE 工作会议精神，严格安全主体责任落实，以“六个必”为切入点，狠抓市、县主要领导安全责任落实，加大安全监督考核和问责，加强各级人员安全培训，强化承包商安全监管，加强施工现场督察，落实员工职业健康措施，全年未发生上报等级安全事故，被集团公司评为安全生产先进单位。

（邢大金）

【环保举措严格落实】 2018 年，安徽石油分公司严格规避“安徽省生态保护红线”，组织对管辖的 1 237 座加油加气站、18 座油库开展环境风险排查，及时发现 2 座油库、4 座加油站处于环境敏感区，积极协调政府进行关停迁建；积极推进油库、加油站环保“三同时”手续补办，累计完成 911 座站点和 9 座油库环保手续办理工作，完成率达 74%；加大开展加油站防渗改造工作，累计完成双层罐改造 841 座站，完成率达 68%。

（邢大金）

【精细化水平不断提升】 2018 年，安徽石油分公司推进财务业务融合发展、联动分析，强化全员成本目标管理，开展挖潜降本工作，应对税收政策调整，盘活闲置资产，发挥了财务管理作用。扎实开展“强基础、防风险、促发展”自查自纠专项活动，坚持问题和风险导向，有效堵塞经营管理漏洞；围绕经营管理热点难点，开展直分销业务和合资公司专项审计，抓实经济责任审计和内审外查发现问题整改工作。推进依法合规管理，做好标准合同应用和重大项目审核，妥善处理争议纠纷及诉讼案件，坚决维护企业合法权益。推进视频监控、液位仪、ETC、掌上石化、极速扫码开票等信息系统建设与应用，普及高拍仪、自助发卡机，信息化水平不断提高。

（邢大金）

【干部队伍建设持续加强】 2018 年，安徽石油分公司贯彻落实集团公司“人才强企”战略和组织人事工作会议精神，在全面分析企业发展需求和现有人员结构的基础上，加快年轻干部选拔和成熟实干型人才重用，完成 5 家地市公司党委换届、9 家地市公司党政正职“双向进入、交叉任职”，中层干部调整 17 人、提拔 33 人，其中提拔“70 后”干部 24 人，干部队伍结构持续优化；完善人才成长通道建设，出台并落实省公司机关专业技术职位设置和选聘办法、中层和基层管理人员退出办法，干部能上能下、用工能进能出、薪酬能增能减机制不断完善。

（邢大金）

【党建聚力作用有效发挥】 2018 年，安徽石油分公司贯彻落实国有企业党建工作会议和集团公司党建提升年推进会议精神，深化党建与经营管理体制融合、机制融合、制度融合、工作融合，积极开展党建“同心圆”工程，围绕以省公司党委为圆心，带动所属 16 个基层党委，初步形成既融入中心、同频共振，又因地制宜、各具特色的“同心圆”工作法，实现企业党建和企业发展向高质量迈进，将 16 个地市公司党委打造成政治功能、服务功能、领导功能、组织功能 4 个示范功能区，构建起信息互通、资源共享、互助互进的“大党建”格局。

（邢大金）

【推进党建工作向基层延伸】 2018 年，安徽石油分公司开展“支部 + 特色”创建活动，大力实施“组织力提升工程”，推行领导班子党建联系点制度，开展党支部创建工作，突出把党支部建设与经营管理、安全发展紧密结合，真正把党支部建设成为团结群众的核心、教育党员的学校、攻坚克难的堡垒。大力实施“党员动车组”提升工程，发挥党员先锋模范作用，以“五一”“七一”表彰和推选集团公司劳动模范为契机，以“实施党员素质提升工程，打造先锋动车组”为主线，引导广大党员“争上动车组　争当动力源”。

（邢大金）

【从严管党治党不断强化】 2018 年，安徽石油分公司深入学习贯彻习近平新时代中国特色社会主义思想和党的十九大精神，树牢“四个意识”，坚定“四个自信”，坚决做到“两个维护”。落实管党治党“两个责任”，聚焦监督执纪，加大各类线索处置，按照“四种形态”、四类处置方式和六项纪律要求逐一核实分析、认真处置。科学运用好第一种形态，开展任前谈话、警示谈话、提醒谈话、诫勉谈话和基层谈心五种谈话。坚持严管厚爱，对新提拔的处级领导干部把好监督关和廉洁关，对 3 名处级干部给予正名，为干事创业者担当。

（邢大金）

【脱贫攻坚工作较好完成】 2018 年，安徽石油分公司切实抓好扶贫工作，全省系统共承担扶贫点 8 个，派出专职扶贫干部 15 人，投入扶贫资金 98 万元，帮助扶贫点巍岭村和三大家村实现“村出列”，为当地脱贫攻坚做出贡献。

（邢大金）

表 1　　安徽石油分公司主要经营指标表

项目 \ 年份	2018	2017	2016	2015	2014	2013
成品油销售总量 / 万吨	625.36	610.40	592.59	587.54	560.03	534.73
零售量	496.38	484.40	472.72	459.66	446.33	411.89
销售收入 / 亿元	463.78	397.86	337.94	350.00	422.00	414.00
报表利润 / 亿元	6.82	9.58	9.39	6.66	9.66	8.91
吨油费用 / 元	328.00	311.00	326.00	294.00	297.00	314.00
加油站总数 / 座	1 657	1 598	1 566	1 512	1 511	1 796

福建石油分公司

【概况】 中国石化销售有限公司福建石油分公司（简称福建石油分公司）的前身为福建省石油总公司，成立于 1952 年 10 月 13 日。1998 年 7 月成建制划归集团公司。2000 年 3 月，重组为中国石油化工股份有限公司福建石油分公司。2007 年 7 月 24 日，成品油业务划入由中国石化和埃克森美孚、沙特阿美合资成立的中石化森美（福建）石油有限公司（简称中石化森美公司）。2014 年 6 月，中国石化销售业务重组，中国石油化工股份有限公司福建石油分公司更名为中国石化销售有限公司福建石油分公司。

截至 2018 年底，福建石油分公司设有 10 个机关部门和 1 个直属机构，下辖 10 个二级单位。中石化森美公司设有 16 个总部职能部门及 9 个地市分公司。福建石油分公司和中石化森美公司（合称福建石油）用工总量 2 737 人，离退休 2 481 人。此外，全省 1 042 座代理制加油站用工 6 839 人。在营加油站 1 100 座，油库 15 座、库容 59.46 万立方米，成品油管道 326 千米，资产总额 133.8 亿元。

2018 年，福建石油成品油经营量 558 万吨、增长 3.9%，实现“经营总量、零售量同比不降”的目标任务。实现利润 19.4 亿元，完成年度计划的 106.6%。全年，福建石油坚守安全、稳定、有进步、可持续的工作目标，在拓市增效、深化改革、网络发展、精益管理、风险化解等方面工作成效显著。中国石化销售系统区内地市公司“两力”排名中，福建石油 2 家分公司分别进入发展进步能力、综合竞争力前 15 名。在中国石化销售系统“比学赶帮超”活动中获优秀组织奖，连续 17 年获集团公司安全生产先进单位称号，首次被集团公司评为环境保护先进单位。

福建石油主要经营指标见表 1。

（林　茹）

【产销协同创效益】 2018 年，福建石油深入产销合作，共同应对成品油“红海”市场。持续加强与中国石化在闽炼厂——福建联合石化（简称福炼）沟通联系，及时反馈终端市场需求，助力福炼优化产品结构，充分发挥产销一体化优势，实现中国石化在闽效益最大化。除消化福炼成品油外，在福炼检修期间，继续接收配置油，以实际行动落实集团效益最大化。

（林 茹）

【直分销量效齐升】 2018年，福建石油通过精准预判市场、科学把握采销节奏，最大限度发挥直分销提量增效作用。遵循“以量定价、一户一价”原则，确保市场上行量价齐升、市场下行量价齐稳，全年实现直分销量140.5万吨、增长16.2%。第4季度国际油价持续下行，市场观望氛围浓厚，福建石油秉持“客户至上”理念，积极开展“直分销客户大走访”活动，做实做细客户开发维护工作，有效客户群体持续增长。全年新增直分销客户690家，上涨1%。充分利用直分销客户资源，推广销售非油品核心产品，以油带非、以非促油，实现“油非双增长”。直分销环节全年累计实现非油品营业额1 832.84万元，增长32.9%。

（林 茹）

【拓展零售终端市场】 2018年，福建石油坚守“零售是创效根本”原则，全力构建“大零售”格局。持续加强营销指导规划，省公司机关针对地市零售规模、消费特点，累计提出营销规划建议109条，有效提升地市公司市场竞争力与量价控制力。零售量实现稳中有升，增幅0.3%。制定零售线条“比学赶帮超”考评细则，加大考核激励力度，压缩考核结果奖惩兑现周期，严考核、速兑现、重实绩，营造“你追我赶”的“大零售”氛围。保持战略定力，坚持“点上狠，面上稳”竞争原则，划分市场、客户类型，实行差异化营销，精准落实“一站一策”，实现量效兼顾、量价双收。福建石油全年在闽零售市场占有率约57%、上涨1个百分点。

（林 茹）

【扩大非油品经营规模】 2018年，福建石油聚焦经营质量，加速推进油非深度融合，非油品业务规模持续扩大。积极实施“走出去”战略，与本地区名优企业合作，大力推广“老知青山茶油”“戏球岩茶”等福建特产，满足客户个性化需求，拓宽非油品消费群体；主动参与社会企业竞争性福利招标，提升品牌社会认知度和盈利水平。全年非油品全口径营业额14.4亿元、增长3.3%，其中基础品类营业额4.7亿元、增长35.5%；实现毛利8 726万元，增长44.2%。积极开展油非互促、主题营销活动，打开商品销售渠道，实现石化品牌“进机关、进食堂、进社区”。6月，首家直营易捷便利店在省会福州走进社区。重点做大做强便利店业务，持续发展汽服、广告、保险等综合性服务，全年累计投营综合服务站20座，新增汽服网点123座，全省汽服网点达191座。有效推动线上线下互动融合，截至2018年底，“车e族”APP平台累计注册会员382万个，绑定加油卡或银行卡比例达81%，个人单用户加油卡在线充值34亿元、增长45%。

（林 茹）

【净化成品油市场环境】 2018年，福建石油积极配合当地政府打击“自留黑”，主动提供非法窝点和非法营运车辆线索。配合省内执法部门查处走私和非法经营成品油案件309起，协助执法部门扣押成品油8 512余吨，协助查扣非法运油车辆150辆、非法流动加油车80辆、非法自建油罐76个、黑窝点57处、非法油船16艘，涉案人员700余人，有效净化福建成品油市场环境。

（林 茹）

【深化改革稳步推进】 2018年，福建石油聚焦人均劳效，理顺体制、优化机制，调动存量，把改革向纵深推进。以理念融合为先导，以“四大融合平台”为抓手，逐步深化体制机制改革，加速两司融合脚步。体制上，稳步推进省公司部门归并、地市公司合署办公，省公司机关归并安全处、成立数质量科技处，实现安全、数质量工作同部署、共推进；取消中森美仓储中心，成立股份物流中心，整合一、二次物流，降本节费超过5 000万元。7家地市公司合署办公，人力、物力资源合二为一，经营管理力量增强。机制上，以考核促融合，统一省公司机关部门考核办法，落实省公司机关标准化管理；统一地市公司绩效考核办法，推动地市公司一体化经营。狠抓小站改革，综合运用委托管理、家庭承包、联量计酬等方式，将收入与业绩紧密挂钩，实现小站增量增效增收。全年参与改革小站 398 座，占比达 77%，累计减少用工 809 人，人均零售量提高 9%。

（林　茹）

【网络发展有力有效】 2018 年，福建石油主动转变思路，以资产、资源为纽带，主动与省属、市属企业合资合作，巩固网络发展基础。积极参与网络竞买，轻资产优化网络布局，全年参与 9 宗土地竞拍取得土地 1 宗，发展加油站 39 座，其中租赁站 8 座、“他有我营”站 14 座。落实项目责任制，土地置换工作加速推进，全年落实历史遗留项目土地 3 宗，建成投营加油站 2 座；落实迁建站土地资源 8 宗，建成投营加油站 5 座。截至年底，在营加油站 1 100 座，完成销售公司下达的发展、投营目标任务，获销售公司“比学赶帮超”网络发展先进季度红旗 2 面，被集团公司评为 2017 年投资绩效考核优胜单位。

（林　茹）

【安全生产平稳运行】 2018 年，福建石油坚持以培训考核、实操演练、竞赛比武为抓手打好基础、练好基本功、带好基层安全队伍，在集团公司安全管理技术比武中获销售板块决赛团体第 1 名。安全高效推进加油站防渗改造工作，全年改造完工站点 208 座，累计完成数量占在营站总数的 47%，基本满足地方政府安全环保要求；改造站平均工期 32 天，低于销售公司平均工期 13 天，排名销售系统区内企业第一。严密防控安全、环保、数质量风险，圆满完成台风灾害期间的保供任务，持续推进安全、环保隐患整改治理。全年油品合格率达 100%，实现安全生产零事故。

（林　茹）

【管理水平稳步提升】 2018 年，福建石油着力提升价值创造能力，有效应对、防范风险挑战，向精益管理要效益。持续加强依法依规治企力度，逐步解决历史遗留的大型法律纠纷案件，严细落实企业法治建设第一责任人职责，被集团公司评为法治工作 A 级企业；推进证照管理，全年补办证照 317 项，完成率 97%；稳妥处理“四供一业”分离移交项目，顺利完成集团公司下达的计划任务；逐步明晰资产管理定位与标准，全年资产对外租金收入 2 900 万元；强化全员成本目标管理，优化资金资产监管，推行充值资金核对及电子发票系统，降低人工失误率，有效防控交易风险。

（林　茹）

【党建质量持续提升】 2018 年，福建石油党委深入学习贯彻习近平新时代中国特色社会主义思想和党的十九大精神，贯彻落实新时代党的建设总要求，扎实推进全面从严治党向纵深发展。抓住政治建设统领，强化政治教育，扎实推进“两学一做”学习教育常态化制度化，推进“大学习”“大宣讲”，党员干部“四个意识”更加坚定、“四个自信”显著增强，践行“两个维护”成为自觉；严肃党内政治生活，严格制度落实，强化督促指导，提升党内生活质量；落实意识形态工作责任，把握正确政治方向，强化正面宣传，意识形态领域平稳可控。层层落实管党治党责任，严格执行党建工作基层联系点、党组织书记述职评议、“一岗双责”履职情况报告、党组织参与企业重大问题决策等制度；认真抓好集团公司党组巡视组巡视反馈意见和集团公司党建考核反馈问题整改工作；开展党建工作考核并强化结果运用。持续提升基层党组织组织力，优化完善党组织设置，健全基层党建工作机制，全面推行党支部分类定级、党支部书记述职评议，认真开展党支部书记轮训和党务人员培训，深化党员责任区、党员示范岗创建。充分彰显群团组织作用，健全“走基层、访万家”长效机制，持续开展帮扶救助、夏送清凉等活动，全年救助 157 人次，发放帮扶、慰问款 200 余万元；持续深化主题劳动竞赛、合理化建议、师带徒、一团一品、“安康杯”竞赛等活动，激发员工创新创效潜能；持续开展“青年文明号”“青年驿站”等“青”字号品牌创建；坚持“五必访、五必谈”，深入推进 EAP 工作，做好员工思想政治工作；认真做好维稳和统战等方面工作，为企业改革发展稳定汇聚智慧力量。

（林　茹）

【领导班子和干部人才队伍建设持续加强】 2018年，福建石油完善班子成员定期沟通机制，以碰头会、谈心谈话等方式，密切沟通、相互交流、增进理解；制订实施人才强企工程行动方案，持续开展机关年轻干部到基层交流挂职，加大年轻干部培养使用力度，推进“三项制度”改革，畅通干部人才成长通道，激发队伍活力；增加基层员工收入，有效提升员工满意度和企业凝聚力。

（林　茹）

【廉洁建设不断加强】 2018年，福建石油严格落实“两个责任”，深化“1+X”监督机制，构建“大监督”格局，整合监督资源，形成监督合力；认真贯彻中央八项规定精神和党组实施细则，查找整治“四风”突出问题特别是形式主义、官僚主义新表现，坚决防止回潮反弹；实践运用监督执纪“四种形态”，注重在运用第一种形态上下功夫，定期开展廉洁谈话、廉洁提醒、廉洁教育工作，强化底线红线意识；严格执纪问责，信访举报量同比下降50%以上，遏增量效果明显；紧盯重点领域和关键环节，扎实推进“微腐败”专项治理并取得积极成效。

（林　茹）

表1　福建石油主要经营指标①

指标名称＼年份	2018	2017	2016	2015	2014	2013
成品油销售总量/万吨	549.95	537.42	512.36	598.05	599.67	585.21
零售量	383.87	389.71	394.10	461.61	463.43	455.95
销售收入/亿元	407.08	347.30	302.37	366.62	480.61	465.95
利润/亿元	19.40	21.57	16.54	10.28	16.40	15.85
费用总额/亿元	19.71	19.01	18.16	18.53	18.36	16.31
吨油费用/元	357.00	353.00	353.00	299.00	285.00	269.00
加油站总数/座	1 100	1 090	1 059	1 056	1 038	1 002

① 合并后的数据去除中石化森美公司和福建石油分公司重复计算部分

江西石油分公司

【概况】 中国石化销售有限公司江西石油分公司（简称江西石油分公司）前身为江西省石油总公司，成立于1950年10月，是江西省专营成品油的国有大型企业，1998年10月成建制划转集团公司。非上市部分于2007年4月转制为中国石化集团资产经营管理有限公司江西石油分公司，由股份公司托管。2014年5月，按照改革重组步骤安排，中国石油化工股份有限公司江西石油分公司更名为中国石化销售有限公司江西石油分公司。

江西石油分公司主营成品油销售、储运及便利店等非油品业务，是江西省成品油供应主渠道。截至2018年底，下辖12个市级分公司、1个石油技校（销售公司培训基地）、1个全资子公司，99个县（区）分公司，实行省、市二级分公司管理。在营加油（气）站1 294座，在营油库14座、总库容量62万立方米。资产总额114.61亿元。在岗员工人数7 693人。

江西石油分公司主要经营指标见表1。

（刘美荣）

【领导班子调整】 2018 年 10 月 24 日，曹志宏不再任江西石油分公司副总经理，调出另有任用；12 月 21 日，石锦献任江西石油分公司副总经理。

（刘美荣）

【首次获销售公司“比学赶帮超”综合进步奖】 2018 年，江西石油分公司围绕打赢市场攻坚战目标，聚焦市场、聚焦基层，践行“三抢三抓”，全力开拓市场，深化改革管理，推动各项目标任务完成，夺得零售量、非油品经营、储运设施建设 3 面年度进步红旗和安全设备管理年度先进红旗。首次获销售公司“比学赶帮超”综合进步奖。

（刘美荣）

【成品油经营总量创历史新高】 2018 年，江西石油分公司总结推广柴油 6 项、汽油 7 项增量措施，相继在汽油市场控制相对薄弱的南昌、九江、新余城区开展“三大攻坚战”，在柴油竞争激烈的南昌县和高安市开展“两场阵地战”，提升市场占有率和销量。全年经营总量首次突破 600 万吨，达 605.8 万吨，增长 2.4%。零售量 482.4 万吨，零售比例 79.6%，其中汽油机出零售增长 2.6%，零售量和机出零售量增幅在华中区域分列第 2 名和第 1 名，在区内销售企业分列第 4 名和第 3 名。直分销 123.4 万吨，增长 4.8%。天然气经营量 1 744 万立方米，增长 1.2%。全年实现营业收入近 448.62 亿元。

（刘美荣）

【非油品经营取得新成效】 2018 年，江西石油分公司坚持“品牌 + 资本 + 商品 + 服务”的“四位一体”发展方式，坚持油非深度融合，做大做强自有品牌和重点商品销售，扎实推进新业务有序发展，全年实现非油品全口径交易额 22 亿元，增长 23%。其中，基础品类营业额 15.8 亿元，增长 26%，销售企业排名第四。毛利率 16%，毛利额 2.17 亿元。在 2018 年非油品提质增效销售竞赛中，获省市公司销售竞赛 7 强；在地市公司销售竞赛 50 强中，有 4 个地市公司上榜，销售企业排名第一。大力拓展汽服、广告、整车销售、旅游合作、店中店、金融保险等新兴业务，实现营业额 6.5 亿元，毛利 3 200 万元。

（刘美荣）

【制订“两个三年、两个十年”总体规划】 2018 年，江西石油分公司制订“两个三年”和“两个十年”总体规划，分步推进一流销售企业建设。其中，第 1 个 3 年，从 2018 年至 2020 年，决胜全面可持续发展，重点打好强本固基、市场攻坚、网络提升战役，创新创效、推动公司发展可持续新动能。在此基础上，再奋斗 3 年，到 2023 年公司上划 25 周年时，迈上高质量发展阶段。由此，再用 2 个 10 年左右向一流销售企业迈进。到 21 世纪中叶前，公司上划 45 周年前后，成为基业长青的一流销售企业。

（刘美荣）

【配合政府打击非法经营行为】 2018 年，江西石油分公司主动向省委、省政府领导汇报成品油非法经营行为危害，积极协调并寻求支持，取得省委、省政府主要领导和分管领导的多次批示支持。与江西省交通广播电台合作并联手全省 11 家地市交通广播电台开展打击非法成品油经营随手拍活动，全年累计协助政府部门查处非法窝点 160 个、非法加油站 108 座、社会小配送车 782 辆、自备罐 96 个，收缴油品 5 714 吨。刑事拘留 87 人，87 人因非法经营被刑拘，3 人被判刑。

（刘美荣）

【探索“新零售”模式】 2018 年，江西石油分公司围绕“互联网 +”，发挥加油站流量优势，在宜春率先试点“新零售”模式。从 2018 年 8 月开始，按照“融合、共享、跨界、分销”总体工作思路，构建“新零售”的场景、业态、分销体系和商业模式。新零售试点站——宜春明月加油站以第 1 名的成绩被销售公司评为全国综合样板站。

（刘美荣）

【深化体制机制改革】 2018 年，江西石油分公司深化“三项制度”改革，稳步推进小站委托家庭管理、多联计酬分配机制、机关“三定”、油库大班组运行等改革举措，全口径人均劳效从 415.97 吨提高至 456.23 吨，零售口径人均劳效从 569.9 吨提高至650.94吨。推进经营体制改革，省公司机关部门由20个减少到17个，地市公司机关部门由12个减少到9个（其中瑞昌4个）。探索中层领导人员竞争性选拔工作，首次面向全省系统公开选聘中层副职，9名优秀人才脱颖而出，成功竞聘上岗；出台《江西石油分公司科级干部竞聘上岗指导意见》，地市公司科级干部全体起立、重新竞聘。截至2018年底，10家地市公司完成科级干部竞聘工作。通过竞聘，落聘9人、降级5人、主动退出8人。在销售企业率先试点上线省市两级机关作风建设满意度测评系统，完成市公司对省公司机关、县区公司对市公司的机关满意度测评，评出3家机关作风建设先进单位。

（刘美荣）

【终端网络建设取得新进展】 2018年，江西石油分公司采取闲置土地置换、合资合作、长期保有和轻资产发展等方式抢占优质新增网点，全年新发展加油（气）站37座、投营47座。主动与各级地方政府、有关单位开展合资合作，与南昌、九江、新余三地政府达成成立合资公司的协议。与江铜集团成立的合资公司正式运营，取得成品油批发经营许可证。置换盘活闲置土地16宗，节约土地成本2.9亿元。在南昌、赣州选定7座站试点充电站建设，1座充电站正式投营，实现“油气电非”四合一突破。优化加油站防渗改造工期，建立通报制度，总结影响加油站改造工期经验，制定倒排工期论证表，统筹推进加油站防渗及综合改造，全年完成改造465座。

（刘美荣）

【安全生产平稳向好】 2018年，江西石油分公司以“识别大风险、消除大隐患、杜绝大事故”为主线，严抓现场直接作业环节和承包商安全管理，构建安全风险分级管控和隐患排查治理双重预防机制。定期组织安全环保风险识别和定量评估，确定重大安全环保风险清单和管控措施，风险总值下降17，降值率10.29%。按期完成集团公司对樟树油库重点督办隐患治理项目，“隐患攻坚战”稳步推进，37个攻坚战项目已全部完成。全面推进安全环保应急预案备案，积极开展应急演练，全年共组织开展应急演练12 016次，参演人次50 769次，其中区域联防演练51次、政企联合演练44次。严抓施工现场安全管理，共组织施工作业现场检查126次，现场叫停施工现场6个，对承包商处罚24.85万元，清退承包商9家。加强对重大风险部位的安全防护，投入84万元完善油库防冲撞栏、破胎器、周界报警、警戒器材等设备设施，所有加油（气）站配齐防爆盾牌、钢叉等常见防恐器材。推广作业现场安全标准化工作，完成14座油库、343座加油（气）站的“7S”推广。在集团公司安全大检查中，综合排名第8位。未发生任何安全事故。

（刘美荣）

【全面加强风险防控】 2018年，江西石油分公司结合集团公司党组巡视组反馈的问题，全面开展“强防促”专项活动，从省、市、县、站4个层级，围绕资金、HSSE、数质量、现场管理等方面开展专项整治，全面整改15个业务风险点排查出的88个问题，规范流程操作、堵塞管理漏洞、防范经营风险。组织开展经营纪律大检查，全面推进依法依规治企进程，被评为集团公司企业法治建设和法律工作A级企业。

（刘美荣）

【推进全员成本目标管理】 2018年，江西石油分公司深挖降费潜力，细化6类50项管理创效清单，全年管理降费增效1.3亿元。深化“效益型”物流建设，物流口径运杂费比预算节约517万元。深化资金管理，清理应收账款55.8万元。完成各类审计项目，促进增收节支1 651.4万元。落实税收优惠，全省土地使用税年减免额约1 000万元。关联交易土地面积核减12.1万平方米，实现降本减费。加强资产出租管理，实现租赁收入623万元。

（刘美荣）

【履行企业社会责任】 2018年，江西石油分公司推进对口支援及定点扶贫，派出393名干部员工投入扶贫工作，统筹协调90个扶贫点工作，累计投入471.82万元用于扶贫扶智、产业扶贫等，得到集团公司、地方政府和脱贫群体的高度赞扬，被集团公司评为扶贫工作组织奖。春运期间，携手共青团江西省委接棒“情暖驿站·满爱回家”大型爱心公益活动，在赣州6座加油站设置服务点，迎接在外务工人员铁骑返乡，央视新闻网全程直播。

（刘美荣）

【开展“中国石化在江西”系列活动】 2018年，江西石油分公司以改革开放40周年、中国石化成立35周年为契机，牵头开展“中国石化在江西”系列宣传活动，召开新闻发布会，首次发布“在赣兴赣”宣传片和《中国石化在江西》白皮书，150万人在线观看，41家中央和地方媒体同步宣传。首次编发《江西石油社会责任报告》和“为现代化江西加油”企业形象宣传片，集中展示江西石油履行政治责任、经济责任和社会责任的形象。

（刘美荣）

【党建与经营深度融合】 2018年，江西石油分公司抓实党政融合的平台和载体，创新开展党建“十百千”工程建设，推动基层党组织组织力提升。以“江西石油心灵加油站”为龙头，推动全省宣传“一盘棋”建设进程。2018年，江西石油心灵加油站累计发稿121期，发布信息437条，跃居集团公司微信公众号影响力排名A级，列销售企业前3名。举办11期“中国石化公众开放日”，邀请400余人走进企业，增强与客户和公众的互动，让公众更加了解石化产品，信赖中国石化企业品牌。构建“大监督”工作格局，成立江西石油分公司监督委员会，综合运用内部审计、内控检查、风险提示、效能监察等监管手段，揭示问题和风险，执行容错和纠错，开展问责和追责。全年开展提醒谈话18人次，诫勉谈话4人，通报批评19人次，组织处理3人。其中，涉及处级干部17人；立案2件，2名正处级干部党内警告处分。组织开展第1届员工运动会和主题劳动竞赛。开展典型选树工作，评选江西石油首届最美加油员。坚持“真困难、真帮助”，全年投入帮扶金额达169万元。

（刘美荣）

希望小学学生在公众开放日走进江西石油 （刘美荣 摄）

表1 江西石油分公司主要经营指标

指标名称＼年份	2018	2017	2016	2015	2014	2013
成品油销售总量 / 万吨	605.80	591.70	580.80	590.30	586.50	546.60
零售量	482.40	474.00	477.50	487.40	487.50	465.00
销售收入 / 亿元	448.62	372.00	333.00	400.40	445.00	428.00
利润 / 亿元	1.00	5.05	6.05	4.02	6.88	7.02
吨油费用 / 元	351.02	346.00	343.00	329.00	340.00	356.00
加油站总数 / 座	1 484	1 438	1 406	1 384	1 401	1 429

山东石油分公司

【概况】 中国石化销售有限公司山东石油分公司（简称山东石油分公司）始建于1953年，位于山东省济南市，1992年11月，被山东省政府确定为正厅级单位，国有大型一类企业，是省内最大的成品油销售企业。截至2018年底，公司下辖17个市公司、138个县公司（市片区）。共有在营加油站2 489座、加气站73座、油库22座（库容量106万立方米）、加气母站2座。控股及参股合资公司37家。企业资产总额259亿元。

山东石油分公司经营范围包括汽油、柴油、煤油的批发零售；天然气经营及非油品产品经营等。

2018年，山东石油分公司围绕“扭亏脱困、打造良好政治生态”两大主题，积极参与市场竞争。以价值管理为中心，从严管理，提升企业创效水平和抗风险能力。企业总体保持平稳有序，连续5年保持集团公司安全生产先进单位称号。全年销售成品油964.2万吨、天然气1.64亿立方米，实现非油品交易额65.9亿元。

山东石油分公司主要经营指标见表1。

（张玉龙）

【领导班子调整】 2018年8月10日，山东石油分公司召开干部大会，宣布集团公司党组关于调整山东石油分公司领导班子的决定：江建华任山东石油分公司总经理、党委副书记；左志民不再任山东石油分公司总经理、党委副书记，另有任用。

（张玉龙）

【经营量效水平提升】 2018年，山东石油分公司强化“综合业务”理念，强化沟通机制，加强资源统筹运作，建立采销联动机制，统筹好资源数量、价格和成本运作，最大限度发挥资源创效能力。优化配置外采结构，合理统筹资源数量和价格，最大限度发挥资源创效能力，在消化配置716万吨基础上，外采成品油263万吨。

（张玉龙）

【天然气经营实现量效新突破】 2018年，山东石油分公司天然气经营按照“增量、减亏”的经营方针，有效克服供暖季资源紧张等困难，提高单站销量及母站开工率，推动天然气实现量效新突破。全年累计销售天然气1.6亿立方米，增长38%。2座母站开工率38.3%、减亏855万元。积极开展LNG点供业务，新投营LNG点供项目2座，在营项目4座，项目运转正常，客户采购稳定，累计销售LNG 350万立方米。

（张玉龙）

【非油品经营实现跨越】 2018年，山东石油分公司非油品业务坚持“品牌+资本+商品+服务”的“四位一体”发展方式，强化创新驱动，提升价值创造，通过丰富营销活动、搭建非油品线上营销平台、完善实体服务功能等措施，积极推进新业务开发，实现非油品经营量效双提升。全年非油品实现交易额65.9亿元，实现毛利额5.2亿元、增长16%。围绕综合服务体建设增强实体服务功能，拓展汽服、广告、保险、店中店等项目，实现整车销售额1 326万元，易捷汽服在营155座、在建87座，为顾客免费提供洗车服务超85万车次。

（张玉龙）

【安全形势平稳有序】 2018年，山东石油分公司围绕查风险、除隐患、防事故，全面落实HSSE责任制，不断提高领导安全引领力和基层执行力。改进HSSE监管，扎实组织开展安全风险识别防控和隐患排查治理，加大风险防控力度，共开展风险区域识别2 487个，风险区域覆盖率100%。全年安全环保形势平稳，连续5年获集团公司安全生产先进单位称号。

（张玉龙）

【圆满完成上合组织青岛峰会安保任务】 2018年6月9—10日，上海合作组织青岛峰会在山东青岛举行。年初，山东石油分公司制订《上海合作组织峰会防恐安保工作方案》，成立工作领导小组，修订安保防恐制度，完善相关记录、台账，修订防恐预案，组织开展专项演练1.68万次。加大资金投入，为基层库站配备防暴器材、增设油库周界报警、电子门禁、更换视频监控等，物防、技防全部落实到位。组织开展公共安全风险评估，逐项研判风险管控措施，公共安全风险管控到位。5月21日—6月12日，严格执行24小时值班制度。与地方政府通力合作，圆满完成上合组织青岛峰会安保任务，得到国家反恐办、公安部、省委省政府和集团公司好评。

（张玉龙）

【网络建设实现新突破】 2018年，山东石油分公司坚持“严谨高效规范操作，内涵外延并重发展，当期与长远统筹兼顾”原则，拓展发展思路，创新发展模式，严格施工现场安全管理，超额完成销售公司下达的网络发展目标，发展加油（气）站81座。大力推进具备条件的市公司与高速公路、物流园区开展合资合作；成立8家合资公司，以解决土地成本问题为目标与当地政府进行合资合作。借助第三方实现新业务突破，与国家电网山东公司合作，在加油站建成充电站5座。

（张玉龙）

【高效推进加油站防渗改造】 2018年，山东石油分公司认真分析防渗改造工作特点，强化规律研究，大力推行“一二三工作法”，即坚持一套标准、开展两路创新、严把三关控制。面对短时间内大面积铺开的防渗改造工作，确定坚持统一标准，以保证质量和安全、提高改造效率原则，省公司统一组织制定管理和技术标准，切实增强业务指导针对性和日常管控约束性，确保改造过程规范有序。通过开展技术工艺创新和管理流程创新，科学控制工期，合理降低成本，有效发挥合力，全面防控风险。全面把控过程控制关、验收控制关和考核控制关，压实主体责任，激发各参与方的管理主动性，有效提高了改造效率和安全系数。截至年末，已顺利完成改造2 254座，占在营站91%以上。

（张玉龙）

【“三项制度”改革成效显著】 2018年，山东石油分公司认真落实集团公司人才强企工程战略规划，持续深化人事制度改革，进一步优化干部队伍结构，建立素质培养、选拔任用、从严管理、正向激励的干部工作体系，按照“两个优先”原则，加大年轻干部培养使用力度。截至年底，中层干部的平均年龄由49岁减至47.55岁。推进劳动用工制度改革，重点打破“铁饭碗”，加快建立健全以劳动合同管理为核心、以岗位管理为基础，人岗匹配、能进能出、灵活高效的市场化用工机制。全年，全口径用工总量21 261人，较上年末优化2 804人，优化比例11.8%。加快分配制度改革，重点打破“大锅饭”，建立健全与劳动力市场基本适应、与企业经济效益和劳动生产率挂钩的工资决定和正常增长机制。

（张玉龙）

【体制机制逐步理顺】 2018年，山东石油分公司注重强化企业内功，把“被破坏过的制度建设、监督机制尽快恢复起来”“被割裂过的工作流程、分工合作体系尽快弥合起来”“被打乱的职能职责和混淆的事权、财权、人事权尽快厘清”，围绕企业经营、发展、管理和党建四大类工作，分别明确省公司规划、服务、指导、监督和考核及市公司贯彻、指挥、实现和承担的职能定位，按照简政放权、激发活力、放管结合、权责对等要求，明晰省市公司事权、财权和人事权划分，细化部门职责，厘清交叉事项的职责分工，积极构建主体责任明确、职权划分清晰、运行顺畅高效的经营管理秩序。全年共编制162项一级职责和534项二级职责分工；对省公司432条事权、市公司419条事权，省公司4条财权、市公司4条财权，省公司16条人事权、市公司9条人事权分别进行明确。

（张玉龙）

【深入开展“止损降耗”专项治理】 2018年，山东石油分公司坚持问题导向，深刻剖析症结，对经营管理“出血点”和异常现象进行专项整治，强化规矩意识和行为，严肃查纠损害企业利益的违规违纪行为，堵塞管理漏洞，止损降耗。组织自查自纠，发现统计“出血点”或问题25个，涉及金额14 136.41万元；牵头召开专项治理小组工作例会，逐条研究自查问题，讨论整改措施，以外部承包商、供应商、服务商业务往来清查，商品溢耗全流程管理等为重点和突破口，推进实现“止血”止损降耗。

（张玉龙）

【党的政治优势充分发挥】 2018年，山东石油分公司以习近平新时代中国特色社会主义思想和党的十九大精神为指引，树牢把准国有企业改革发展的鲜明旗帜和正确方向，发挥政治核心优势，完善“三重一大”实施细则，明确党委会、领导班子会议事规则，规范党委决策流程和前置程序，有力发挥党委把方向、管大局、保落实核心作用。健全“一岗双责”制度，开展领导干部“三个示范点”创建工作，班子成员各负其责、配合默契。牢固树立大抓基层、党的一切工作到支部的鲜明导向，规范设置基层党支部267个，配齐配强基层党支部书记，确保党的组织和党的工作全覆盖。开展“抓整改、建示范、促提升”行动，推动基层组织力提升。开展“市场攻坚杯”等劳动竞赛，组织基层党员广泛参与“强服务、创效益、亮品牌”活动，发挥先锋榜样优势。

（张玉龙）

【逐步构建“大监督”格局】 2018年，山东石油分公司逐步完善“大监督”工作格局，在销售系统成立省公司监督委员会的基础上，推动建立17个市公司监督委员会。坚持定期召开联席会议，加强信息交流和资源共享，打破“九龙治水”局面，形成监督合力，增强监督的权威性、有效性。组织开展党委巡察工作，建立健全党委巡察工作实施办法、工作流程、工作规范等9项制度，以“打造良好政治生态　助力扭亏脱困”为主题对5家市公司开展专项巡察。

（张玉龙）

【用好监督执纪“第一种形态”】 2018年，山东石油分公司科学运用“四种形态”，制定“第一种形态”实施细则，以拓展“红脸出汗”实际效果为落脚点，推动“第一种形态”工作落细落小。把谈话函询作为用好用足“第一种形态”的有力抓手，建立线索收集、线索处置、谈话函询、跟踪回访和综合研判5项工作机制，推动“第一种形态”“四个深化”，使监督执纪由盯少数向既盯少数又管多数转变、由执纪在后向挺纪在前转变、由追究个人责任向“一案双查”转变。运用“四种形态”处理51人次，其中运用“第一种形态”处理49人次。

（张玉龙）

【履行党的新闻舆论工作职责使命】 2018年，山东石油分公司守正出新做实宣传工作，落实意识形态责任制，坚守意识形态阵地，完善新闻宣传管理办法。创办编发《山东石油手机报》170余期，在集团公司、社会主流媒体发稿663篇，微信公众号影响力列集团公司第3名，被中国石化报协评为优秀报刊和优秀记者站。牵头做好“中国石化在山东”35周年主题宣传，召开新闻发布会，发布《中国石化在山东》社会责任报告，制作宣传画册，拍摄《我们的追求》宣传片，在《大众日报》、山东卫视等30多家主流媒体发表重磅文章、播放重要新闻，宣传了中国石化驻鲁企业多年来为山东经济社会发展所做的突出贡献。

（张玉龙）

表1　　山东石油分公司主要经营指标

指标名称 \ 年份	2018	2017	2016	2015	2014	2013
成品油销售总量/万吨	964.20	1 086.40	1 084.29	1 066.40	1 252.05	1 179.90
零售量	718.90	802.80	826.57	822.00	867.90	846.20
销售收入/亿元	698.98	648.12	597.59	630.00	905.69	900.59
利润/亿元	−26.96	−8.93	8.67	6.12	10.61	10.91
吨油费用/元	369.36	313.50	295.00	303.00	266.00	270.00
加油站总数/座	2 621	2 549	2 572	2 550	2 578	2 624
自营加油站数	2 489	2 417	2 440	2 431	2 459	2 505

河南石油分公司

【概况】 中国石化销售有限公司河南石油分公司（简称河南石油分公司）位于河南省郑州市，是股份公司在河南省的唯一成品油销售分支机构。其前身为1950年7月成立的中国石油贸易分公司郑州分公司，1998年划归集团公司，2000年5月31日，中国石油化工股份有限公司河南石油分公司在河南省工商行政管理局注册成立。2014年10月28日公司名称变更为中国石化销售有限公司河南石油分公司。截至2018年底，河南石油分公司共设19个日常管理部门，下辖19个市分公司和108个县分公司，共有合同制员工9 753人，拥有在营加油站（点）1 851座，加气站51座，加气母站1座，“易捷”便利店1662座，在用油库22座，库容94万立方米；资产总额162.57亿元。

河南石油分公司经营管理范围为汽油、煤油、柴油的批发、零售；燃气经营；零售预包装食品；卷烟、雪茄烟的零售；国内版图书报刊、电子出版物、音像制品的零售。润滑油、燃料油、沥青的销售；石油化工品的销售、日用百货便利店经营，纺织、服装、日用品、五金、家用电器及电子产品、充值卡的零售，彩票代理销售、委托代理收取水电费、票务代理服务，广告服务；汽车清洗服务，技术及信息的研究、开发、应用。

河南石油分公司主要经营指标见表1。

（韩　笑）

【领导班子调整】 2018年9月21日，集团公司以视频会议形式召开河南石油分公司干部大会，宣布党组关于河南石油分公司领导班子调整的决定：焦德才任河南石油分公司代表、党委书记；杜予斌任河南石油分公司总经理、党委副书记。

（韩　笑）

【经营整体保持稳定】 2018年，河南石油分公司实现成品油经营量762.5万吨，增长0.7%。其中，零售618万吨，降幅0.7%；直分销144.5万吨，增长7.1%。非油品营业额30亿元，增长19%。天然气经营量9 269万立方米，增长0.18%。实现销售收入548.9亿元。吨油费用390元。获河南省政府安全生产先进单位、环境污染防治攻坚战先进单位称号，获销售企业2018年度“打非治违”先进企业称号。获销售公司“比学赶帮超”月度红旗16面，年度进步和先进红旗6面。郑州分公司在销售企业“两力”评选中，排名全国综合竞争力第41名，是华北区唯一进入综合竞争力先进单位的地市公司。

（韩　笑）

【改进完善省市两级绩效考核评价体系】 2018年，河南石油分公司持续优化地市公司绩效考核评价指标。在对地市公司及领导班子整体绩效考核体系保持不变的基础上，重点优化完善月度考核指标，按照“两个单位、两类片区”分类政策，引入标杆单位价差对比指标，通过与标杆单位价格到位情况对比以及与自身单位价格到位对比，积极发挥标杆单位引领作用，引导地市公司量效兼顾。结合市场变化，建立月度经营考核动态调整机制，分阶段制定零售、直分销扩销增量专项考核奖惩政策，提高增量奖励标准，建立同比减量薪酬扣罚机制，全面鼓励地市公司扩销增量。推进省分公司机关绩效考核工作。对机关部门实施分类考核，按照机关部门不同职能特性和业务特点的实际，对19个部门分为经营部门、经营管理部门和管理部门3类进行考核。设置多维度考核指标，根据3类部门业务特点，突出不同考核重点，建立部门关键绩效指标，上级、下级、平行部门的评价和支部建设、部门述职等多纬度综合考评体系。建立部门助理以上人员季度、年度奖金与部门绩效考核结果直接挂钩机制，通过严考核硬兑现，合理拉开部门之间薪酬差距。

（车子明）

【加大证照督办力度】 2018年，河南石油分公司对在营站和拟投营站证照缺失情况挂牌督办，按月度通报各单位办理进度，对办证进度缓慢单位进行调研督导和重点帮扶，保障证照办理费用，推动未营站启动工作有效开展，降低了企业违规经营风险。截至2018年底，补办在营站成品油零售批准证书 24 个、环评报告 45 个；列入未营站启动计划的 125 座站，已办理营业执照 97 个、成品油零售批准证书 86 个。出台《河南石油分公司终止合作站点证照管理办法》，明确管理责任和工作流程，建立责任追究体系，组织开展对终止合作站点进行全面排查，特别是对农网站点证照进行全面清理规范，有效防范经营风险。挂牌督办的 154 个终止合作站点营业执照已全部完成注销，清理完成危险品经营许可证 44 个，剩余 5 座拆除站正在办理注销手续，12 座拟合作站正在办理报批合作手续。

（车子明）

【网络建设实现新突破】 2018 年，河南石油分公司网络发展工作坚持以“大投资”管理为手段，解放思想，创新思路，加快加油（气）站网络外延发展。全年发展加油站 46 座、加气站 9 座，新储备加油（气）站建设用地 20 宗。多措并举，借力优质社会资源，发展“他有我营”加油站 62 座，新组建成立合资公司 6 家。注重内涵挖潜，优化存量网络，巩固传统市场控制力，全年完成加油站综合改造竣工 623 座，规范土地 12 宗，投营建成未营站 42 座，关停站改造重启 53 座，新增综合汽服 22 个、综合服务体 1 个。续租加油站 78 座，协调避免拆除加油站 16 座。通过投资改造和市场维稳，进一步提升了存量网络的资产创效能力。

（梁　博）

【巩固零售终端占有】 2018 年，河南石油分公司面对市场再平衡快速推进、“自流黑”泛滥、不带票资源冲击加剧、不公平竞争进一步凸显等严峻经营形势，坚持以市场为导向，以客户为中心，以价值为遵循，精准研判市场，统筹经营要素，坚守份额底线。建立健全以服务加油站经营管理为重点的管理体制，推动大零售核心理念向“全员围绕加油站转”深化；坚持做实做活做大原则，深化 522 座加油站驻站式委托管理改革，委托站销量高于全省 3.2 个百分点；强化汽油沦陷片区突围，按照“点上狠、面上稳”竞争策略，动态分析跟踪、持续指导通报，23 个片区降幅由 15% 收窄至 4% 以内；强力推进柴油联名卡营销，发行 14.9 万张，消费量 68.7 万吨；安装 500 台大自助发卡终端，全年共发卡 65.3 万张，充值 25 亿元，充值占比 10.4%；推进站长办公系统建设，精简优化 26 张账册表单实现信息化，减轻了员工工作量；强化视频督察、现场督察、神秘顾客暗访、客服“四位一体”管理体系建设和问责追责，促进销量、服务“双提升”；强力推动政府开展市场整顿，全省共查处“黑站点”1 940 家、“黑加油车”1 046 辆、自建罐 243 个，查扣油品 2 402 吨，回炼 1 343 吨，市场环境进一步得到净化。全年实现油品零售量 618 万吨，机出 590 万吨。

（李永恒）

【做大非油品规模增效益】 2018 年，河南石油分公司统筹抓好店销和团购，基础品类实现销售额突破 18 亿元，增长 20%，规模区内排名第八，全年获销售公司月度先进红旗 4 面，在总部非油品营销专业技术比武中获 1 枚银牌。以“易捷十年”为主线，筹划开展“i· 回家、i· 清凉、i· 旅行、i· 团圆”系列主题营销活动，涵盖全年传统节庆热点消费时段。其中，“i· 回家—年货节”营销带动年货商品销售 1.8 亿元，增长 258%，获总部双节营销效果全国第 2 名，借助各类营销平台，筹划开展 32 场内购会、48 场客户答谢会（特色商品品鉴会）、93 场“五进”活动，实现商品销售 1.74 亿元，向社会公众及石化客户彰显了易捷商品的影响力。打造豫货特色名片，与怀山堂生物科技股份有限公司签订战略合作协议，在产品定制、资源共享、渠道拓展、旅游开发等方面开展地方知名特产深度合作，成功举办定制产品发布会及河南易捷首届山药文化节。

（权　璐）

【安全生产总体平稳】 2018 年，河南石油分公司坚持识别风险、消除隐患、杜绝事故工作主线，落实年度“12345”工作总要求，“谁的业务谁负责、谁的岗位谁负责、谁的属地谁负责”理念得到进一步贯彻，风险管控能力不断增强，HSSE 管理水平得到较大提升，全省系统安全环保保持平稳运行态势，获河南省安全生产先进单位、环境污染防治攻坚战先进单位、集团公司安全生产先进单位等称号。郑州、信阳、商丘 3 家单位获河南省安全生产先进单位称号。在集团公司安全管理技术比武决赛中取得板块团体第2名，参赛选手个人获3金、1银、1铜的好成绩，公司获优秀组织奖。

（张艳丽）

【严格数质量管理】 2018年，河南石油分公司以狠抓基础管理、防控风险为中心，从强化教育培训提素质、推动技术应用提效率、加强监督检查促整改、强化考核促执行人手，以视频摄像系统、液位仪系统、油罐车电子铅封系统、LIMS系统等信息化手段为依托，严把数质量关口，有力保证经营工作的开展。在各级政府职能部门和总部质量抽检、加油机计量检查中做到合格率100%；油品全流程损耗率下降0.16‰。实现全年数质量工作平稳运行。

（王付木）

【推进信息项目建设】 2018年，河南石油分公司持续利用信息技术支撑创效创新。支撑经营营销拓展。累计部署500台加油卡自助服务终端，全年共发卡67.76万张、充值23.75亿元，约占加油卡业务的30%，有效提升了客户体验和员工劳效；扩展“礼上加礼”营销系统功能，摆脱单一价格竞争困境，实现精准营销和锁定客户。支撑管理效率提升，研发站长办公系统，实现站级多系统数据的整合，有效提升了站级管理效率；在省市部署31套即时视频会议系统，满足省市领导沟通、线条对接研讨等实时需求；完成郑州油库管理系统与ERP集成，进一步提升油库的信息化自动化管理，减少用工，降低劳动强度。

（陈祝春）

【人才队伍保障支撑作用显著增强】 2018年，河南石油分公司突出“六重”导向和“带育用管”，打造“三强”干部队伍。优化干部结构，对8家市公司班子进行考核补充，推动省公司机关部门主要领导岗位公开竞聘，省市累计配备助理41人、县公司经理助理78人。加强处、科级干部退出现职管理，规范承担任务及薪酬待遇。严格科级干部定编，将享受待遇干部统一纳入科级职数，8名机关挂职干部经考核圆满完成挂职锻炼。建立经济责任审计模板，对市公司领导干部进行业绩全貌评定，为领导干部选用、奖惩提供有效依据。培育一岗双能，坚持“六个引领”、强化“三逢必考”、述职评议和教育培训，组织4期处级干部政治轮训、省公司机关党员轮训，推动市公司党委成员、党支部书记履行党建责任述职，干部素质能力持续增强。

（韩　笑）

【加强职工教育培训】 2018年，河南石油分公司共组织各类培训4 238期，培训学员91 609人次，增加6.2%。其中，培训中心举办培训86期，培训学员3 850人次，培训计划完成率达93.5%。加强与总部相关部门和各培训中心的沟通协调，对企业急需的培训项目争取培训名额，共选派68人次参加总部重点人才培训，选派195人次参加总部岗位适应性培训。

（刘晓丽）

【党组织保障力明显提升】 2018年，河南石油分公司党委修订党建责任制，夯实党委主体责任和班子成员一岗双责，结合岗位职责将任务清单细化为网络发展、委托站改革、客户开发等具体任务，构建党建指标系统化、考核常态化、质量显性化考核体系，业绩不佳否决进入先进党委评比，形成责任共担、工作同步、考核评先互为前提的运行机制。坚持大抓基层，以“三型五好”为载体提升党支部组织力，选树洛宁、新密等5个示范党支部，召开现场会，带动党支部做实党员量化考核，发挥党员模范作用、凝聚员工力量完成中心任务，获销售公司党建年度红旗。

（代　东）

【加强宣传思想文化引领】 2018年，河南石油分公司着力提高中心组学习、“三会一课”质量，组织党的十九大宣讲245场次；通过材料辅导、专题征文、答题竞赛等，引领广大党员将理论与工作对接；广泛开展“六保行动”“抓党建助力安全经营”“我是全能营销员”“宝王争霸赛”等活动，聚焦中心抓党建的意识能力持续提升。有效发挥省市微信、豫石党建、政工通讯作用，宣传形势任务及劳动模范、十大青年岗位标兵等典型事迹，凝聚统一思想；组织“中国石化在河南”“为中原出彩助力加油”“三夏”保供、公众开放日、打击黑站点宣传，塑造企业形象，助力经营创效。

（代　东）

【政治生态持续优化】 2018年，河南石油分公司强化廉洁建设，压实责任制，逐级签订责任书、廉洁承诺书，建立科级以上干部“活页夹”，对系统85名新选拔任用处、科级（含助理）干部开展廉政审核和任前廉洁谈话。注重抓早抓小，把党风廉洁教育贯穿全年各业务线条，运用日常谈话、批评教育、提醒谈话、诫勉谈话、约谈函询等第一种形态，使红脸出汗成为常态。完善“大监督”体系，构建省市县站（库）4级监督网络，监督委员会召开3次例会，研究解决合作方管理、新业务、微腐败等问题，将1家违规合作方列入黑名单，对涉嫌违规的16家合作方启动调查程序。强化作风建设，重大节日监督常态化，抽查ETC通行记录、加油卡消费、招待性支出，核查问题线索62个；加强督察督办，发起督办事项83条次，通过QQ群、电话对OA文件流转进行催办，机关“马上就办”工作作风持续改进。

（韩　笑）

【深化业财对接融合】 2018年，河南石油分公司以价值引领为主线，以财务转型为驱动，深化业财“五个对接、五个融合”，大力推动管理创效和流程优化。助力经营打好市场攻坚战，建立业财算账群，落实逐日算账，对预算执行及时预警纠偏，及时跟进市场变化，在市场竞争拐点及关键节点，兼顾量效平衡，优化调整考核导向；强力组织推进资产创效，分类施策，下发资产创效指导意见，落实证照缺失、长期在建等7类措施，建立低效、无效、负效资产管理台账，推动资产全生命周期管理创效；聚力持续深化挖潜增效，建立联合创效工作机制，明确责任措施，逐月通报，推动采购降本、物流优化、用工优化、商品降耗、财务降费、维修提质等13项重点控本措施落地，实现税费减免、物流节费等直接降费8 074万元。

（宋廷刚）

表1　　河南石油分公司主要经营指标

指标名称 \ 年份	2018	2017	2016	2015	2014	2013
成品油销售总量/万吨	762.50	757.00	741.20	738.60	769.70	763.30
零售量	618.00	622.50	617.20	603.20	616.30	632.30
销售收入/亿元	548.90	485.48	418.70	437.10	575.19	590.69
利润/亿元	–5.85	1.29	1.50	3.60	6.22	7.70
吨油费用/元	390.00	392.00	392.00	362.00	370.58	371.00
在营加油站（点）总数/座	1 851	1 843	2 582	2 835	2 928	3 186
在营加气站总数/座	51	48	45	42	36	

湖北石油分公司

【概况】 中国石化销售有限公司湖北石油分公司（简称湖北石油分公司）位于湖北省武汉市，前身是成立于1953年的湖北省石油总公司。1998年7月整体划归集团公司管理，2000年4月按照中国石化整体重组上市要求，改制为中国石油化工股份有限公司湖北石油分公司；2008 年原武汉石油集团股份有限公司（深交所上市公司）退市后并入湖北石油分公司；2015 年 1 月按中国石化推进销售企业混合所有制改革要求，变更为中国石化销售有限公司湖北石油分公司。

湖北石油分公司是湖北省成品油销售的主渠道企业，主要经营成品油和天然气的销售、储运及便利店等非油品业务，经营服务网络覆盖湖北省所有地区，下辖武汉、宜昌、荆州等 16 家市州分公司，74 个县级公司和 25 个零售管理片区，承担着湖北省成品油资源配置和市场供应的主渠道责任。截至 2018 年底，湖北石油分公司资产总额 136.75 亿元，资产负债率 50.11%，用工总量 8 084 人。在营油库 13 座，库容 40 万立方米；在营加油站 1 895 座（其中加气站 55 座）。2018 年，湖北石油分公司成品油经营总量 724.72 万吨，非油品收入 29.19 亿元，实现报表利润 816 万元。

湖北石油分公司主要经营指标见表 1。

（张方涛）

【出台“3310”战略规划】 承接集团公司“两个三年、两个十年”发展战略，结合实际出台湖北石油分公司“3310”战略规划，计划用 2 个 3 年及以后 10 年左右时间，分步梯次推进“一流的现代化综合服务商”建设，开创高质量发展新时代。

（张方涛）

【市场攻坚战取得阶段性成果】 2018 年，面对愈演愈烈的成品油市场竞争，湖北石油分公司把市场当战场，坚决“打好市场攻坚战”，取得较好经营业绩，全年实现成品油零售 589.35 万吨、增长 0.1%，其中汽油 313.26 万吨、增长 3.3%；销售天然气 1.08 亿立方米，增长 1.2%；成品油市场份额保持 60% 以上，基本实现“两个不降”，在湖北地区成品油市场再平衡中巩固了中国石化的主导地位。突出“市场第一、效益第一”，强化经营统筹，密切协作联动，努力营造“一盘棋、一条心、一股劲”的良好氛围。坚持面上要稳、点上要狠，持续开展形式多样的 IC 卡营销和汽油销售竞赛活动，竞争性营销取得新突破，获销售企业“比学赶帮超”零售量月度先进红旗 3 面、零售可持续发展进步季度红旗 3 面、直分销月度红旗 2 面，获“油非气竞赛”年度优秀组织奖。强化价值引领，针对汽油短板，全力以赴调结构促创效，加强优惠管控，开展全省优惠清理工作，实现营销资源投入有组织、有目标、有管理。优化考核导向，根据每月市场情况和经营需要，将量效机动权重（18%）合理分配至各经营指标，动态调整各指标的分值比重，及时兑现增量激励至市州一线，激发员工扩销增效积极性。强化资源运作，精细平衡，优化节奏，超前运作，最大限度争取资源创效。加强资源统筹和运行调度，克服油库大面积关停等突出困难，顺利完成国Ⅵ油品升级置换、乙醇汽油推广等工作，确保市场稳定供应。

（张方涛）

【非油品销售持续稳定增长】 全力推进商品和服务多业态发展，全年完成非油品营业额 29.3 亿元、增长 21%，其中基础品类营业额 22.29 亿元，规模排名第五，获销售企业“比学赶帮超”新业务拓展年度先进红旗。着力强化店销，提升便利店销售能力，改善销售品类结构，加大核心商品销售力度，全力打造“易捷楚风”百强名品，控制烟草团购和润滑油大单销售，店销毛利水平显著提升。持续开展油非互促，连续第 3 年开展“易捷水世界”营销活动，落实总部易捷 10 周年“易享节”活动部署，精心策划组织开展“决战金秋”和“易享节”专项营销活动，10 月 10 日活动当天实现销售 1 556.89 万元，较上年同期增长 14 倍，活动网点汽油增幅达 12.1%。围绕“人 · 车 · 生活”，持续做大旅游业务规模，依托网络优势，发挥品牌影响力，策划推广“川藏线自驾游”“最美 318”“醉美恩施”“茶旅中国”“湖北潜江龙虾节”“中俄蒙茶旅复兴之路”等具有浓郁石化特色的自驾游产品，旅游业务规模达 1.86 亿元。优化汽服业务运营，加快汽服网点建设布局，新开发 80 座自动洗车汽服点，大力开展汽车轮胎销售业务，全年实现汽服业务营业额 4 000 多万元。

（张方涛）

【强化网建巩固发展基础】 全年完成投资 11.6 亿元，增长 98%，发展加油（气）站 63 座，投营加油（气）站 61 座，圆满完成各项年度目标任务，获网络发展年度进步红旗。全力抢占优质网点，坚持逢拍必竞、寸土必争，2018 年参与土地公开竞拍 25 次，较上年增长 3 倍。坚持“拆一还一”，5 座拆迁站点通过定向挂牌低价取得还建土地 7 宗，孝感花园油库成功置换 6 宗加油站用地。全年储备加油站用地 21 宗。积极维护租赁站稳定，全面清理，提前预警，对当年到期项目倒排时间计划“一站一策”开展谈判，次年到期项目开展续租谈判。积极争取军队加油站恢复经营，分别与各级军队单位积极沟通，保持现有租赁站点稳定。加强企地合作，咸宁、孝感公司与地方政府签订战略合作协议，十堰、武汉、黄石、荆门、孝感等地市公司与地方城投、交投成立合资公司得到总部批复，锁定加油站规划 23 座。加强信息技术支撑，搭建覆盖全省油库、1 700 座加油站及施工现场的视频监控平台，开发油品营销分析管控系统，对加油站挂牌直降、积分优惠、充值优惠和油非互动等营销活动实现线上统一管控。

（张方涛）

【全力加快沿江油库搬迁】 落实习近平总书记“共抓长江大保护”的指示精神，践行集团公司“绿色行动计划”，兼程并进加快沿江油库迁建改造。制订《湖北石油共抓长江大保护重点油库项目建设实施方案》，成立重点油库项目建设领导小组，组建省公司油库建设项目管理中心，相关市州成立项目分部。制订“十三五”保留 15 座油库的布局规划，规划库容 99.8 万立方米；拟订“5 年建设 8 座油库”的工作目标，按照“完工一批、在建一批、批复一批、论证一批”原则，制定“投一开三谋划二”的年度工作目标。余家湖油库项目顺利开工并紧锣密鼓推进，枝江、荆州油库土地、码头及化工园区相关规划获审批，枝江及荆州油库土地分别于 2018 年 8 月、12 月完成拆迁。为保障余家湖油库关停改造期间的油品供应，优化资源配送方案，精细开展物流调运，对荆门东宝山油库发油台进行优化扩建，充分利用荆门炼油厂地付发油台，统筹安排余家湖油库投营时间和白浪油库开工时间，确保无缝衔接，加强与国储及中油等第三方企业合作，保障部分关停区域的油品供应。

（张方涛）

【全面开展“三项制度”改革】 向存量开刀，动真碰硬、大刀阔斧推进“三项制度”改革，激发员工活力，增强企业动力，提升核心竞争力。为解决库站人均劳效低的难题，从一线员工薪酬考核全额联量、提升库站人均劳效入手，大力推进小型加油站委托家庭管理改革和油库大班制改革，实施委托家庭管理加油站 419 座，2018 年全口径用工减少 1 366 人。以洪湖螺山站为代表的委托家庭管理改革成效显著，初步建立起有利于“增量、增效、增收”的用工和分配机制。为破解效率低、活力差，队伍青黄不接等“机关病”，在省公司机关率先开展以“三定、三能、三优”为主要内容的改革，通过“三定”，初步构建起全新的机构、职责及岗位体系，机关员额由 249 人减少到 182 人，为打造“精简、务实、统筹、高效”的新型机关，提供坚实的体制机制保障。

（张方涛）

【夯实基础管理确保安稳运行】 围绕“识别大风险、消除大隐患、杜绝大事故”，层层压实安全环保责任，做实安全分委会，加强应急预案演练，企业保持安全平稳运行。强化 HSSE 风险防控，初步建立四级风险数据库，其中库站级 1 255 个、县公司级 243 个、市州公司级 149 个、省公司级重大风险 8 个，实行风险清单动态管理，在总部 HSSE 管理能力测评中，被评为销售企业 B 级单位。加大承包商考核力度，对 2017 年度 224 家承包商开展运行和安全业绩考核，对较差级标准承包商 1 家给予清退处理，对部分排名靠后的承包商给予暂停承揽资格 6 个月的处罚。严把油品数质量检验关口，确保出入库检验项目和检验率 100%，内外质量抽检合格率 100%。认真开展“强基础、防风险、促发展”活动，通过全面自查自纠，发现问题和风险点 1 189 个，年内整改完成率达 99.7%。深化全面预算管理，围绕价值引领和业财融合，强化预算执行和分析，深入经营管理全过程，及时提出改进建议，推动公司绩效目标实现。作为销售企业财务共享服务上线试点单位，精心筹备、周密部署推进，顺利实现共享上线。建立完善税收风险控制体系，不断夯实税收基础，提升税收合规水平。强化全员成本目标管理，提升成本费用创效能力，确保各项成本费用预算指标刚性控制。

（张方涛）

【纵深推进国家级质量提升示范项目创建】 围绕国家“质量变革、效率变革、动力变革”，建立推进质量提升、迈向高质量发展的目标管理系统、标准体系、监督评价机制和长效机制，为湖北省服务行业转型升级提供样板、智慧、案例和解决方案。构建“质量永远领先一步”的质量提升总体框架模型，分为“质量品牌文化”体系、“3310”中长期发展规划、管理系统、标准管理体系、服务现场管理、质量监督评价、资源保障 7 个层次，进一步理顺职责，细分任务。提出“安全、商品、服务、环境质量”的新质量标准，成立 4 个质量专业工作组，积极实施“标准领跑”计划，制定标准 281 项，其中商品标准 155 项、服务标准 56 项、环境标准 29 项、安全标准 41 项，在“企业标准信息公共服务平台”上进行自我申明公开 10 项标准，以 4 个质量为核心的新标准体系逐步完善。综合应用“质量攻关、质量创新、全面质量管理、全面质量监督、质量共治和品牌建设”等质量工具和方法，突破质量瓶颈。开展经营场所“服务提升竞赛”，打造标杆示范场所，邀请政府部门、媒体及客户代表、技术专家、第三方机构等组织开展“质量共治”检查评价活动。全面导入卓越绩效管理模式，ISO 9001:2015 版质量管理体系顺利通过第三方认证监督审核，推进质检室提档升级，制定国Ⅴ与国 VI 汽、柴油执行标准和调整项目对比表，实时监控油品质量，稳步推进油品质量升级。

（张方涛）

【坚定不移深化全面从严治党】 认真学习贯彻习近平新时代中国特色社会主义思想和党的十九大精神，始终把党的政治建设摆在首位，严格执行新形势下党内政治生活制度，牢牢把握意识形态主动权，引导和教育全体党员尤其是领导干部切实增强“四个意识”，严守政治纪律和政治规矩，始终保持思想上政治上行动上同以习近平为核心的党中央保持高度一致。落实“一岗双责”，压实党建工作责任；组织层层签订党建工作责任书，进一步明确各级党组织党建工作任务；召开党委会定期听取行政主要领导履行党建工作重要领导责任情况报告，听取党委委员履行“一岗双责”情况报告；专题研究部署党风廉洁建设工作，推动党风廉洁建设责任落实落地。狠抓基层支部建设，聚焦重点难点问题，持续推进党建工作融入中心、服务大局，涌现出零售中心党支部“三亮三比五不让”服务承诺、恩施公司“创星”工程、荆州公司“双指数”党建工作法等一批特色党建品牌，充分发挥党支部战斗堡垒作用和党员先锋模范作用。全力做好维护稳定工作，集团公司督办的 9 件信访积案中，有 7 件已化解。深化监督体制机制改革，成立省市两级监督委员会，压实专业监督和属地监督主体责任，着力构建“大监督”工作格局。以 15 类风险为切入点开展非油品经营、油库建设和防渗改造及“三项制度”改革等专项监督。组织开展重点领域专项治理，核查核实党组巡视组移交信访件及违规违纪问题线索，切实推动从严治党向基层延伸，努力营造风清气正的政治生态。

（张方涛）

表 1　　湖北石油分公司主要经营指标

指标名称 \ 年份	2018	2017	2016	2015	2014	2013
成品油销售总量 / 万吨	724.72	721.70	698.43	699.24	666.80	637.72
零售量	589.35	589.00	590.60	591.64	564.58	539.50
利润 / 亿元	0.08	3.10	5.02	6.53	7.15	6.93
销售收入 / 亿元	539.65	468.38	404.32	430.26	531.41	513.78

续表

指标名称 \ 年份	2018	2017	2016	2015	2014	2013
吨油费用 / 元	341.00	340.00	337.00	324.00	326.00	317.00
加油站总数 / 座	2 257	2 197	2 144	2 113	2 176	2 205

湖南石油分公司

【概况】 中国石化销售有限公司湖南石油分公司（简称湖南石油分公司）位于湖南省长沙市湘春路113号。其前身为成立于1950年7月的中国石油公司长沙分公司，1998年7月整体划归中国石化集团公司，2000年2月随同集团公司重组改制和主辅分离，分设为中国石油化工股份有限公司湖南石油分公司（上市公司）和中国石化集团湖南石油总公司（存续公司）。后者于2007年改组转制为中国石化集团资产经营管理有限公司湖南石油分公司（简称湖南石油资产分公司），2009年7月，湖南石油资产分公司交由湖南石油分公司托管。2014年5月14日，按照集团公司对销售公司实施改革重组的要求，公司名称由中国石油化工股份有限公司湖南石油分公司更名为中国石化销售有限公司湖南石油分公司。

截至2018年底，湖南石油分公司下设15个地市级分公司、89个县级公司；省公司机关设立17个处室（中心）。用工总量10 054人，离退休人员3 427人；资产总额189亿元；在营加油站1 649座、油库19座、易捷便利店1 605座。拥有湖南省最为完善的成品油销售网络，是湖南省成品油经营主渠道企业。主要从事汽油、柴油、燃料油的销售，法律法规允许的石油制品、润滑油、化工产品销售、储存，车用燃气经营，以及非油品（烟酒、饮料、百货、食品、汽车用品、润滑油、其他服务）销售业务。

2018年，湖南石油分公司共销售成品油750万吨、天然气1 243万立方米；非油品实现营业额32.4亿元；实现报表利润900万元。

湖南石油分公司主要经营指标见表1。

（全青丰）

【黄河当选十三届全国人大代表】 2018年1月29日，在湖南省十三届人大一次会议上，湖南石油分公司总经理黄河当选十三届全国人大代表。3月5—20日，黄河参加十三届全国人大一次会议，审议政府工作报告、《宪法修正案草案》、计划报告和预算报告、人大工作报告、《监察法草案》和国务院机构改革方案等，提交《关于进一步加强成品油消费税征管的建议》等3份建议，并接受《人民日报》《中国石化报》《经济日报》、腾讯网、《湖南日报》、湖南卫视、湖南经视、红网等20多家媒体采访，彰显中国石化的良好形象。

（全青丰）

【完善发展思路】 2018年，湖南石油分公司根据集团公司“两个三年、两个十年”战略部署，对公司“1234567”发展战略思路进行完善，相继制订实施《资产挖潜增效3—5年提升规划》《经营管理3年提升规划》《人才素质3—5年提升规划》和《薪酬收入3年提升规划》“四个提升规划”，并配套制定系列考核办法。在此基础上，开展一系列形势任务宣讲教育，布置落实一系列具体细化措施抓手，推动公司“1234567”发展战略思路形成一套系统性、整体性的行动方案，并成为全体员工的共同认知和一致行动。

（全青丰）

【成品油经营实现“两不降”目标】 2018年，面对国内成品油资源供大于求加剧、市场再平衡加深等带来的激烈竞争，湖南石油分公司推行“十个坚持”经营指导方针，明确省市两级创效单元责任，改进经营分析机制，强化经营“一盘棋”运作，加强采销联动，零售出台实施敏感应对竞争四级责任清单，加强与建设银行等第三方合作，细化落实“七项措施”提升客户体验，全力提高精细精准营销水平；直分销加大社会加油站和社会经营单位开发力度，全年新增分销客户 320 家，新增客户销量 11.2 万吨。全年实现成品油经营量 750 万吨、增长 0.5%，其中零售 587.6 万吨（机出零售 557.9 万吨、增长 0.2%），直分销 162.3 万吨、增长 8.6%，完成“两不降”目标，市场份额保持稳定。

（全青丰）

【“四联四保”提升最小经营单元效率效能】 2018 年，湖南石油分公司集中全省系统副科以上干部力量和才智，对全部加油站及易捷便利店实行全覆盖的联系挂点责任制，开展“四联四保”工作。四联，即联站、联心、联策（“一站一策”）、联量；四保，即保安、保廉、保品、保效（效果、效益）。工作分全面铺开对接、全面深度诊断、全面系统优化 3 个阶段，第二阶段抽调 60 名零售经营管理专家，组成 15 支小分队开展深度诊断，协同挂点联系干部，对全省系统所有加油站和易捷便利店实行“画像、把脉、开处方”，帮助解决制约“一站一策”落地的突出问题，督促指导最小经营单元整治内患、改善内涵、练好内功、挖好内潜、发好内力，全面提升市场竞争力。

（全青丰）

【制订并实施非油品发展 3 年提升规划】 2018 年，湖南石油分公司制订非油品发展 3 年提升规划，建立全员“大非油”工作机制，坚持“四位一体”发展方式，积极开拓核心商品销售渠道，实现核心重点商品销售额 4.7 亿元，增长 25%；强化主题策划，扩大“湘品出湘”、易捷年货节的名片效应和平台效应；大力发展汽服、广告、“店中店”等新业态，加快综合服务体建设，累计新增综合汽服站 42 座；加快完善网上商城和微信平台，改善线上线下消费体验，微信关注用户突破 367 万个，绑卡会员达 81 万个。全年非油品营业额突破 30 亿元大关，达 32.4 亿元。

（全青丰）

【轻资产网络发展实现新突破】 2018 年，面对资产规模大、经营量难以匹配的发展矛盾，湖南石油分公司大力推行合资合作、综合挖潜、他有我营等轻资产发展方式，积极推进与湘投集团合资组建湖南省能源集团公司；与永州、湘西、邵阳、汨罗、桃江、武冈等 6 个市（县）政府签订合作协议；与河西先导投、河东城建投达成合资合作协议。全年新投营加油（气）站 55 座，获取新批商务手续 75 个，获取建设用地 23 宗。综合治理改造加油站 203 座，建成综合服务智慧站 16 座，7 座油库脱瓶颈改造任务全面完工。扎实推进资产创效 3—5 年提升规划，完成资产全面清查及分类定级，压减低效无效资产金额 1.8 亿元。

（全青丰）

【从严治企强基础防风险】 2018 年，湖南石油分公司按照“从严治企、六亲不认，从严管理、久久为功”原则全面加强管理，组织开展非油品全面大盘点、“加油站百日综合整治”“违纪违规违法专项整治”，成立省市两级综合督察队，强化“监督的再监督”“检查的再检查”，全年查处库站各类违章违纪行为 382 起，给予经济处罚 506 人次，组织处理 317 人次，纪律处分 160 人次；扎实开展“强基础、防风险、促发展”专项活动，共发现整改问题及风险点 2 674 个、完善制度流程 191 项，企业风险得到有效控制，经营管理水平有效提升。

（全青丰）

【全力提升公司本质安全环保水平】 2018 年，湖南石油分公司健全 HSSE 管理体系，狠抓直接作业现场安全风险识别管控，严格落实承包商和承运商专项整治，稳步推进作业现场安全标准化，按时按质完成风险治理和隐患改造项目，强化公共安全管理，切实提升公司本质安全水平，连续 10 年获评湖南省安全生产先进单位。全面落实“绿色青山就是金山银山”环保理念，大力实施绿色企业行动计划和长江经济带环境保护方案，打好“蓝天、碧水、净土”三大战役，推进企业绿色发展。

（全青丰）

【“三项制度”改革深入推进】 2018 年，湖南石油分公司继续深入推进用人、用工和薪酬分配“三项制度”改革，完善薪酬考核分配体系，制定“四个提升”考核兑现办法和县公司“两力”考核评价办法；聚焦效益效率加强考核，管理人员突出增量增效增资，市州公司薪酬总额增长幅度最高为 19.5%、最低为 10%，市州公司班子考核薪酬兑现高低相差近 50%；加油站实行多联计酬考核，加油员突出增量增资，开发推广薪酬计算小程序帮助加油员 3 分钟算清收入；扎实推进 846 座小站完成驻站式委托家庭承包管理改革，严格自营自管站岗位设置，油库实施综合大班制，全年加油站优化用工 2 139 人，人均劳效不断提高，年末人均机出零售量达 644 吨，增幅达 22%。

（全青丰）

【多措并举推进人才强企工程】 2018 年，湖南石油分公司认真贯彻执行《中国石化人才强企工程战略规划和行动方案》，成立人才强企工程领导小组，编制《湖南石油分公司人才强企工程战略规划和行动方案》《2018—2020 年重点工作及分工》《湖南石油 3—5 年人才素质提升发展规划》，制定《关于加强人才队伍建设指导意见》《湖南石油高级专家和专家选聘办法》等制度办法，构建互融互通、竞争有序的三支人才队伍成长体系；加大优秀毕业生引进力度；统筹推进年轻干部轮岗交流，坚持“两个优先”加大年轻干部选拔培养力度。

（全青丰）

【持续提升全面从严治党质量】 2018 年，湖南石油分公司认真学习宣贯习近平新时代中国特色社会主义思想和党的十九大精神，全体干部员工牢固树立“四个意识”、增强“四个自信”、坚决做到“两个维护”；制订《把方向管大局保落实工作体系实施方案》，推动党建责任层层落实，以“四抓四提升”履责机制为抓手，聚焦基层组织力，全面提升党建质量。落实党风廉政建设责任制，切实把监督挺在前面，驰而不息纠“四风”，深化反腐倡廉教育，整治基层“微腐败”，配合党组巡视组完成巡视工作，巡视评价公司领导班子是一个好班子、公司政治生态良好。举办改革开放 40 周年暨中国石化成立 35 周年文艺汇演，举行“践行企业新文化”主题演讲比赛，联合长岭炼化、巴陵石化首次发布《中国石化在湖南》社会责任白皮书，彰显中国石化良好形象。

（全青丰）

【加强公司团员青年工作】 2018 年，湖南石油分公司成立全省系统团委，召开第 1 次全省系统团代会，创新建立“系统垂直管理、属地横向指导”的共青团工作体系，依托“智慧团建”平台加强全省系统省、市、县三级团员青年工作。全省系统团员青年围绕经营发展中心工作，实施“舞动七千青年热情 净增十万柴油客户”主题劳动竞赛，开展“践行新型企业文化 做最强执行力员工”主题实践活动，立足岗位建功立业，3 座加油站被评为省级青年文明号，5 个基层青年组织被评为市级五四红旗团支部或青年文明号。

（全青丰）

表 1　　湖南石油分公司主要经营指标

指标名称＼年　份	2018	2017	2016	2015	2014	2013
成品油销售总量 / 万吨	750.00	743.20	733.00	710.40	687.40	653.00
零售量	587.60	593.60	603.50	595.20	566.00	553.00
销售收入 / 亿元	558.00	493.00	427.00	432.70	525.00	513.00
报表利润 / 亿元	0.09	5.00	7.51	7.50	7.35	7.20
吨油费用 / 元	371.00	350.00	351.00	346.00	348.00	342.00
在营加油站总数 / 座	1 649	1 627	1 577	1 567	1 564	1 545

广东石油分公司

【概况】 中国石化销售有限公司广东石油分公司（简称广东石油分公司）前身是成立于 1950 年 6 月的中国石油贸易公司广州分公司，1961 年 11 月更名为广东省石油公司，1992 年 8 月改组为广东省石油企业集团公司，1998 年 7 月，广东省石油企业集团公司及其属下的 116 家市、县公司整体划归集团公司。2000 年 3 月，重组为中国石油化工股份有限公司广东石油分公司和广东省石油企业集团公司。2014 年 5 月，更名为中国石化销售有限公司广东石油分公司。

截至 2018 年底，广东石油分公司下设 15 个综合管理部门、3 个专业中心、21 家地市级分公司和 1 个仓储分公司。用工总量 18 465 人，有在营加油站 2 272 座、易捷便利店 2 242 座、在营油库 29 座，资产总额 304.60 亿元。

2018 年，广东石油分公司实现油气总销 1 707.29 万吨，非油品交易额 157.44 亿元。实现销售收入 1 286.45 亿元；报表利润 34.44 亿元。

广东石油分公司主要经营指标见表 1。

（陶思学）

【领导班子调整】 2018 年 12 月 21 日，广东石油分公司召开省公司机关中层干部会议，宣布：王征苑、邹伟海任广东石油总公司副总经理、党委委员，广东石油分公司副总经理。广东石油分公司新一届领导班子由陈成敏、何敏君、姜英会、张文胜、刘俊峰、王征苑、邹伟海 7 人组成。

（陶思学）

【油气总销实现历史性突破】 2018 年，广东石油分公司全力拓市创效，牢牢捍卫市场主导地位。全年实现成品油经营总量 1 686.01 万吨，创历史新高。其中，零售 1 331.46 万吨、增长 2.4%，直分销 354.55 万吨、增长 4.8%，经营规模、零售规模排名均居中国石化油品销售系统首位。

（陶思学）

【强化营销管理】 2018 年，广东石油分公司以客户服务为中心，强化数据分析，提高营销精准性。全年累计开展价格类竞争 498 站次，带动零售增量 32.7 万吨。重视差异化专项营销，积极开展“高标汽油初体验”“行业客户”等营销活动，全年累计带动油品消费量 25.2 万吨，带动高标号汽油增量 2 万吨。精细客户管理，强化客户画像，积极抢夺新增客户及需求，全年新增及回流客户 3 380 个，新增回流销量 74.1 万吨。

（陶思学）

【非油品交易额突破 150 亿元】 2018 年，广东石油分公司继续深化油非融合，不断优化商品品类，持续培育新的业务增长点，推动企业向综合服务商转型。全年累计引进新品 875 种，淘汰商品 764 种，商品更新率 56%。实现尾气处理液销售 2.4 亿元、卓玛泉销售 8 973 万元。全年新建汽服网点 208 座，实现汽服营业额 5 176 万元，实现广告收入 3 930 万元。通过与粤通卡合作，实现服务类营业额 86.8 亿元。2018 年，非油品交易额 157.44 亿元、增长 50.9%，毛利额 8.27 亿元、增长 21.8%，营业规模、毛利规模均保持中国石化油品销售系统首位。

（陶思学）

【互联网平台功能持续完善】 2018 年，广东石油分公司持续完善会员积分系统建设，明确会员体系架构，不断丰富“加油广东”APP 功能，通过加油支付、充值支付功能全覆盖，推进全自助加油场景逐步落地。全年，累计实现互联网保险交易额 1.1 亿元、加油卡移动充值额 145 亿元、平台交易额 4.1 亿元，日均实现“加油闪付”交易 2.2 万笔。

（陶思学）

【持续优化网络布局】 2018 年，广东石油分公司采取“低成本”“轻资产”发展模式，主动开展与地方政府及国资企业合资合作，锁定 11 对优质高速公路服务区加油站项目及 15 座城镇空白站点。

全年新发展油气项目 60 座，新增投营 48 座。通过统筹推进加油站改造，提升整体形象。年内共完成防渗改造 377 座、提量综合改造 182 座。积极探索新能源业务布局，推进佛山、云浮油氢合建站建设，投营充换电站 1 座，试点光伏项目 9 座。

（陶思学）

【提升资产创效】 2018 年，广东石油分公司进一步理顺合资管理体系，全年合资企业供货率提高 9 个百分点、多供油 7.9 万吨，实现投资分红 4.4 亿元。超额完成总部法人压减任务，全年完成法人压减及长投清理共 25 项，对比总部计划超 2 项。开展资产分类评价，梳理低效、无效、负效资产，加大资产盘活处置力度，全年盘活处置土地房产 47 宗，土地房产处置收入 5.1 亿元。

（陶思学）

【全面防范风险】 2018 年，广东石油分公司坚持“识别大风险、消除大隐患、杜绝大事故”，强化全员安全教育和应急预案演练，帮扶基层解决“低老坏”问题。全面推进绿色企业行动计划，高度重视“三废”排放治理工作，继续加大库站 VOCs 整治力度。持续加强油品进出库监管，开展加油机专项计量检查、数质量风险自查自纠等工作，保障油品数质量稳定。全年各项风险处于可控状态，油品、非油品未发生质量事故，安全环保形势总体平稳，被集团公司评为安全生产先进单位、环境保护先进单位、中国石化绿色企业。

（陶思学）

【完善制度体系建设】 2018 年，广东石油分公司加强制度顶层设计，全面完善制度体系建设，通过废止、修订、沿用，明确 356 项现行制度，减少 216 项。提炼 352 张权责清单，进一步明确制度责任、监管、考核；提炼 121 项基层“活页夹”制度，全面减轻基层负担。强化管理创新工作，全年获集团公司管理现代化创新成果奖 5 项，位列销售公司榜首。

（陶思学）

【人才强企队伍建设持续加强】 2018 年，广东石油分公司围绕全面推进“三项制度”改革和人才强企工程两大主题，抓关键少数，选优配强班子队伍。截至年末，中层干部“75 后”“80 后”比例达 38.6%，有效避免“盖层”“断层”现象。搭建年轻干部培养平台，全年新增 18 名省市两级机关骨干人员和 21 名大要站站长参加全省系统双向交流。畅通“三支队伍”通道，截至年末，已聘任专家 8 人、主任师及副主任师 126 人、高级技师 108 人。推进“三项制度”改革，激发创新创效活力，全年新增个人委托管理站 40 座，实施家庭委托管理站 364 座。通过使用校企合作实习生、调剂站间用工等方式使用灵活用工 316 人。全年全省优化用工 1 774 人，自营机出人均劳效 695 吨、增长 10%。

（陶思学）

【企业品牌形象持续提升】 2018 年，广东石油分公司重视宣传思想文化建设工作，不断提升企业品牌形象。连续第 6 年开展中国石化“情暖驿站·满爱回家”公益活动，全年开展“公众开放日”“智慧加油站”“碧水蓝天”等主题宣传 8 次，充分展示企业形象，获社会广泛好评。高度重视扶贫“双到”工作，投入 490 万元帮扶对口扶贫村脱贫致富，取得良好社会效应。深入开展青年文明号创建活动，共有 15 家单位被评为广东省青年文明号。

（陶思学）

【党建优势转化持续深入】 2018 年，广东石油分公司深入学习贯彻习近平新时代中国特色社会主义思想和党的十九大精神，坚决把党的政治建设摆在首位，全面落实管党治党责任。出台《基层组织力提升工程实施方案》，开展党支部分类定级，以点带面推进党支部建设，打造 23 个省公司级、33 个市公司级示范党支部。认真落实好党委主体责任和纪委监督责任，持之以恒加强党风廉洁建设，建立“大监督”工作格局，持续改善企业生态。

（陶思学）

表 1　　广东石油分公司主要经营指标

指标名称 \ 年份	2018	2017	2016	2015	2014	2013
成品油销售总量 / 万吨	1 686.01	1 639.04	1 576.64	1 525.50	1 546.52	1 501.51
零售量	1 331.46	1 300.81	1 268.72	1 241.90	1 195.37	1 149.67
销售收入 / 亿元	1 286.45	1 075.33	941.58	963.34	1 225.76	1 209.99
报表利润 / 亿元	34.44	35.02	33.17	28.76	27.26	29.29
报表吨油费用 / 元	379.36	380.17	384.06	374.72	343.47	377.15
在营加油站总数 / 座	2 272	2 247	2 226	2 236	2 233	2 255
自营加油站数	2 198	2 175	2 162	2 174	2 169	2 174
联营加油站数	74	72	64	62	64	81

广西石油分公司

【概况】 中国石化销售有限公司广西石油分公司（简称广西石油分公司）位于广西壮族自治区首府南宁市，前身是成立于 1952 年的广西壮族自治区石油总公司，1998 年划归集团公司，1999 年按照集团公司重组改制、主辅分离的原则，组建广西石油分公司。2009 年整合上市、非上市部门职能，推进了一体化管理改革。2014 年根据集团公司油品销售业务重组工作部署，变更为中国石化销售有限公司广西石油分公司。

截至 2018 年底，广西石油分公司设 13 个职能处室和 3 个专业中心，下辖 14 个地级分公司和 104 个片区，组建联营公司 20 个。主要经营汽油、柴油、天然气、润滑油和燃料油的批发零售以及加油站便利店非油品业务等。共有在岗员工 6 223 人，拥有在营加油站 1 278 座、易捷便利店 1 158 座，在用轻油油库 13 座、总库容 55.39万立方米，资产总额 155.38 亿元，全年完成固定资产投资 7.43 亿元。

2018 年，广西石油分公司销售成品油 675.74 万吨，其中零售 507.90 万吨、直分销 167.84 万吨；销售天然气 7 533 万立方米；非油品业务营业额 26.71 亿元；全年实现销售收入 511.22 亿元，报表利润 6.83 亿元。

广西石油分公司主要经营指标见表 1。

（吴茜茜）

【领导班子调整】 2018 年 4 月，集团公司党组决定章丽莉任中共广西石油总公司委员会委员、广西石油总公司总会计师（试用期 1 年）、广西石油分公司总会计师（试用期 1 年）。

（吴茜茜）

【成品油经营规模稳步提升】 2018 年，广西石油分公司科学应对市场严峻挑战，牢固捍卫市场主导权，市场占有率保持在 65% 以上。实现成品油经营总量 675.74 万吨、增长 4.19%。其中，汽油 321.65 万吨、增长 7.28%，柴油 354.09 万吨、增长 1.53%。通过推行加油站大班制改革与家庭驻站式管理、开展“六进”（进社区、进企事业机关、进物流园、进车展、进 4S 店、进农村）办卡充值活动、大力开发网约车客户、积极打造司机驿站等差异化营销策略，激活零售机制，全面提升市场份额。统筹做好加油站地下油罐防渗改造施工和客户稳定工作，防渗改造单站工期在销售系统排名第二，有效降低客户流失率。深化直分销客户走访工作，一客一策细化营销策略，稳定黄金级以上客户 90% 以上，直分销提前 1 个月完成全年任务，销量增长 14.78%。

（吴茜茜）

【非油品经营量效齐增】 2018 年，广西石油分公司大力推行油非深度融合，创新发展非油品业务，全力提质增效。实现非油品营业额 26.71 亿元、增长 21.62%，报表利润 9 002 万元、增长 36.28%。其中，基础品类销售 16.49 亿元，排名区内销售企业第二。首创广西自有品牌“易小果”，正式推广 50 天，实现销售 298.68 万元，填补易捷自有坚果品牌空白。着力提升门店运营水平，加油客户进店消费率由 7.32% 提高到 9.35%，门店单店日均营业额从年初 2 704 元提高到 3 441 元，增长 27%。加快推动新业务发展，打造“店中店”308 座，成功引进冰泉豆浆、正大食品、小猫洗车等业务，新增综合服务站 28 座。

（吴茜茜）

【天然气销量再创历史新高】 2018 年，广西石油分公司多点着力、精准施策发展天然气业务，实现天然气销售 7 533 万立方米、增长 83%、增幅列区内销售企业第三。着力扩大天然气零售量，细分市场区域开展差异化营销，13 座加气站销售天然气 2 795 万立方米、增长 57%。多措并举发展单点直供项目，创造独家设备投资、三方联营合作、点供“他有我营”等多种模式，全年在营点供项目 5 个、在建 5 个，形成合理项目梯队，实现销量 230 万立方米。积极拓宽资源保障渠道，协同重庆石油分公司，率先达成和广西中海油的资源串换协议并完成首笔业务，增强资源保障能力的同时有效降低成本。

（吴茜茜）

【“打非治违”全面深化】 2018 年，广西石油分公司多措并举，持续推动“打非治违”从“点”向“面”拓展、从“终端打击”向“源头治理”延伸。公司领导班子带头拜访区地县政府部门，协调媒体高频曝光非法经营乱象，推动自治区政府 12 月出台专项整治方案。配合公安部门经营线索、深挖根源，形成完整证据链，刑拘 106 人次、定罪判刑 5 人，实现打点又打面。紧盯区内非法油品来源地，推动政府部门开展源头治理。摸排掌握 800 多座社会站的销量上下限，推动税务部门关注无票销售涉税问题，打非行动不断升级。全年配合打击行动 572 次，查封“自流黑”853 个，打掉无证油站 22 座，罚没油品 4 131 吨，回流客户 6 000 多个，增量 10.5 万吨。

（吴茜茜）

【首次获集团公司安全先进称号】 2018 年，广西石油分公司着力严细管理，补短板强弱项，全年安全生产平稳运行，首次获集团公司安全生产先进称号，用 3 年时间实现从安全高危企业到安全先进单位的历史性跨越。狠抓安全管理责任制，严格落实“六个必”。对重大节假日、特殊时期的安全工作实行提级管理，落实领导干部带班值班，圆满完成自治区 60 周年大庆期间的安全保障任务。强化薄弱环节监管，通过严管理、硬兑现，处罚、清退一批不合格承包商项目管理团队。灵活采取换罐 + 内衬等改造方式，有序推进防渗改造，确保改造进度与施工安全。

（吴茜茜）

【绿色石化创建工作不断推进】 2018 年，广西石油分公司积极践行绿色低碳发展，牵头驻桂石化企业首次发布《中国石化在广西》白皮书，扎实推进油品质量升级和“碧水蓝天”计划。提前组织部署资源调运、油品置换等工作，顺利完成国Ⅵ油品升级任务。及时跟进广西工业企业“煤改气”进程，率先发展天然气单点直供项目，为地方企业在减少污染排放、降低生产成本方面发挥积极作用。积极协调总部和地方，推动解决梧州火山油库附近水厂取水点迁移工程，按期完成火山油库环保隐患整改项目。投入 2.65 亿元，完成 277 座加油站油罐防渗改造和 111 座站的油气二次回收改造。

（吴茜茜）

【油品数质量管理水平稳定提升】 2018 年，广西石油分公司全面加强库站损溢管理，紧盯来油损耗、运输损耗、超耗站点等重点目标，严查原因、严抓整治、严格考核，二次运输溢余率提高 0.33 个百分点，加油站溢余率持平，全年综合溢余率提升 2 个万分点。狠抓外采质量管理，确保油品质量

100% 合格。获第 3 届广西服务业品牌称号，是广西壮族自治区第 1 家获此荣誉的成品油经营企业。

（吴茜茜）

【物流运行管理迈出新步伐】 2018 年，广西石油分公司全面开展成品油和天然气公路运输承运商招投标，市场化管理取得突破性进展。开展物流三级优化，促进降本增效超过 1 356 万元。深入研究总部全口径资源和物流优化趋势，制订未来 3 年的物流运行总体方案。加强各方协调配合，有力保障重要节假日、重大活动特别是广西壮族自治区成立 60 周年大庆期间的资源供应。

（吴茜茜）

【网络发展实现新突破】 2018 年，广西石油分公司发展加油（气）站 40 座，新增投营加油（气）站 42 座，新增土地储备 14 宗，全年成功续租加油站 14 座。11 月挂牌成立广西中石化南宁石油有限公司，增强在南宁市的发展后劲。主动融入国家“乡村振兴战略”和精准扶贫、精准脱贫战略，积极探索“保供 + 扶贫”农网发展新模式。协调地方政府推进闲置土地置换工作，全年盘活落实加油站建设用地 4 宗。通过全网监控土地挂牌信息、多方反映招拍挂违规行为、主动参与土地竞拍等措施，用好用活“行政 + 法律 + 市场”综合打击手段，较好遏制社会资本无序扩张。

（吴茜茜）

【创新成果不断涌现】 2018 年，广西石油分公司着力打造“智慧加油站”，成功开发具有自主知识产权的微信加油卡，在全区 213 座加油站顺利试点，超过 10 万个现金客户转为持卡消费。大力推行数质量科技创新，在销售系统率先实现液位仪成功封闭运行，应用液位仪地罐交接、液位仪自动取数率、油库自动发油系统完成率、进货验收准确率等指标走在销售系统前列。“一种 LNG 汽化冷能回收装置”获国家实用新型专利授权。运营油乐园二期，员工即时激励项目获集团公司管理现代化创新成果一等奖，并在销售系统大力推广。

（吴茜茜）

【人才队伍建设扎实有效推进】 2018 年，广西石油分公司积极贯彻落实集团公司组织人事和人才强企会议精神，制订完善人才强企工作主体方案，配套覆盖干部队伍建设、百名青年人才建档培训、后备站长引进培养等多方面措施，不断健全干部人才成长通道。加强干部梯队建设，加大人才梯级培训力度，“75 后”中层干部占 36%、“80 后”占 11%，干部结构和年轻干部比例总体优于集团公司和销售企业平均水平。在总部举办的各类技术比武中获金牌 1 枚、银牌铜牌 3 枚。

（吴茜茜）

【员工获得感幸福感明显提升】 2018 年，广西石油分公司结合“家文化”建设、驻站式改革，投入 226 万元改善库站生活设施。开展自治区成立 60 周年专题慰问，落实“真困难、真帮助”，发放补助金 724.9 万元、精准帮扶困难员工 6 416 人次。2018 年全区加油站员工人均年收入实现连续 2 年保持 12% 以上的增幅，加油站部分员工月收入低于 2 000 元的情况实现清零。

（吴茜茜）

【企业品牌形象不断提升】 2018 年，广西石油分公司积极履行国企社会职责，主动服务富民兴桂事业，得到地方各级党委政府充分肯定。积极推进公益事业，连续 15 年举办服务春运返乡务工人员的大型公益活动“情暖驿站 · 满爱回家”，获广西志愿服务项目大赛优秀奖；“中国石化爱心加油站 · 环卫驿站”在桂林、百色、北海等地建成 58 座，在高速公路、国省道等线路的重要站点建设司机驿站 85 座，受到广泛好评。助力地方精准扶贫，将桂林罗汉果、梧州六堡茶等 150 多种广西土特优产品引入易捷门店销售，年营业额超过

开展“情暖驿站 · 满爱回家”公益活动

4 000 万元。积极推进“厕所革命”，投入专项资金 1 600 万元，实现加油站厕所面貌升级换代。

（吴茜茜）

【党建工作成效显著】 2018 年，广西石油分公司围绕党建质量提升目标，出台《两个三年行动计划实施意见》等一揽子措施，实现党政深度融合，为公司首次成为销售系统标杆企业提供坚强保障。认真部署落实集团公司党组巡视反馈意见，问题整改率达 100%。成立销售系统第 1 家党校。区地两级党委班子深入一线创建责任区，实行领导干部包片、普通党员包站，基层党组织组织力明显提升。实施监督体制机制改革，成立公司监督委员会，构建“8+N”监督格局。将党风廉洁建设纳入各级领导班子绩效考核，促进一岗双责落实落地。

（吴茜茜）

表 1　　广西石油分公司主要经营指标

指标名称＼年份	2018	2017	2016	2015	2014	2013
成品油经营量 / 万吨	675.74	648.59	638.61	590.24	585.74	572.64
零售量	507.90	502.35	491.35	486.50	482.76	463.77
销售收入 / 亿元	511.22	415.71	367.21	359.46	442.80	445.71
利润 / 亿元	6.83	9.20	10.11	10.00	11.82	11.09
吨油费用 / 元	305.81	311.54	314.74	320.58	330.83	315.41
加油站总数 / 座	1 278	1 251	1 233	1 213	1 172	1 166

海南石油分公司

【概况】 中国石化销售有限公司海南石油分公司（简称海南石油分公司）位于海口市滨海大道 177 号。其前身中国石油公司广东省海南公司创建于 1953 年，1988 年海南建省挂牌成立海南省石油总公司。1998 年 9 月划转集团公司。1999 年 7 月，集团公司将海南省石油总公司和海南经济开发公司的部分资产重组。2000 年实行主、辅分离，主业成立中国石油化工股份有限公司海南石油分公司，辅业为中国石化集团海南石油总公司（简称海南石油总公司）。2006 年，海南石油总公司整体转制为中国石化集团资产经营管理有限公司海南石油分公司（简称海南石油资产分公司）。2009 年 9 月，海南石油资产分公司委托股份公司海南石油分公司管理。2014 年 6 月，中国石化油品销售业务重组，中国石油化工股份有限公司海南石油分公司更为现名。

海南石油分公司主营汽油、柴油、天然气、燃料油、润滑油及其他化工化纤产品的零售；日用百货便利店经营，汽车清洗服务，预包装食品、散装食品、乳制品的经营；保健食品、卷烟、雪茄烟的零售等；是海南省最大的成品油批发零售企业，负责海南全省的成品油供应，销售网络覆盖海南省陆、海两域。

截至 2018 年底，海南石油分公司资产总额 28.51 亿元，拥有油库 4 座、在营加油（气）站 289 座、液化气站 17 座，用工总量 2 101 人。设有 12 个职能处室、5 个专业中心、4 个区域公司。

海南石油分公司主要经营指标见表 1。

（李春贻）

【领导班子调整】 2018 年 4 月，李峰玲调任海南石油分公司总会计师。8 月，史东斌调任海南石油分公司总经理。原总经理杨惠明调出另有任用；原总会计师田惠宏鉴于年龄原因，任调研员。海南石油分公司新一届领导班子由刘春波、史东斌、黄流雄、李峰玲、崔勇、彭彬6人组成。

（李春贻）

【多措并举保市场增销量创效益】 2018年，海南石油分公司成品油经营举步维艰。市场上非标油泛滥、竞争对手降价销售，资源结构不平衡性加剧，陆地水上市场分化加速。海南省新能源政策推出和环保高压态势为成品油市场走向增添不确定性。海南石油分公司通过外采资源调控、把握竞合关系、坚决回击低价销售、全面加强打非治违、实施“一站一策”、发展“他有我营”、增强油非互促等措施，组合营销精准发力，坚决捍卫市场份额，保持稳定的经营规模和效益。全年实现经营总量161.4万吨，零售量123.08万吨，与上年基本持平。其中，直分销（不含串换）27.8万吨，增长9%；液化气经营量19.4万吨，增长1.9%；天然气销售1.27万吨，增长23.8%。整体利润总额3.4亿元，完成年度计划142.4%。

（李春贻）

【“打非治违”取得显著成效】 2018年，海南石油分公司联合媒体加大力度“打非治违”取得显著成效。通过新华社内参上报海南成品油市场乱象，得到了中央政治局常委、国务院副总理韩正的亲笔批示和海南省委书记刘赐贵的批示。海南省政府紧急部署专项行动，重拳出击“打非治违”，有效遏制非标油泛滥势头，同时将海上市场纳入国Ⅵ油品质量升级实施范围，实现“三油并轨”。

（李春贻）

【全年实现安全平稳运营】 2018年，海南石油分公司安全环保质量管理不断加强，以“识别大风险、消除大隐患、杜绝大事故”为主线，落实HSSE分委会职责，持续推进风险识别管控、隐患治理，完成集团公司级安全隐患治理1项、环保隐患治理19项。持续开展安全检查，加强承包商强势管理和考核问责，开展各类检查、督察49次，共发现5 564项问题和隐患，整改率达95.6%；通报处罚相关责任人212名、承包商24次，罚金13万元。强化油品出入库、外采油、长输油检验，配合政府、集团公司油品抽检，合格率达100%。全年实现安全平稳运营，未发生上报集团公司等级事故。

（李春贻）

【非油品业务稳步提升】 2018年，海南石油分公司精心策划非油互促，优化商品结构，挖掘门店创效潜力，非油品业务实现稳中有升。全年引进商品730种，通过各类促销活动实现营业额1.7亿元，单店日均营业额3 704元。实现有效关注客户83万人、注册客户44万人、绑卡客户12万人，分别增幅39%、57%和28%，平台活跃度不断提升。

（李春贻）

【营销网络进一步扩展】 2018年，海南石油分公司投资8 683万元，建成运营三亚双拥站、昌江霸王岭站2座站点，开建屯昌枫木服务区站点2座，续租儋州海头站、文昌迈号站2座站点，发展“他有我营”轻资产站点11座，完成充电桩建设10座。

（李春贻）

【企业改革不断深入】 2018年，海南石油分公司稳妥推进年销量在6 000吨以下加油站委托管理改革，累计完成小站委托205座。完成黄金酒店委托管理改革，推进油库大班组运行模式，提升效率活力。“他有我营”经营模式实现零的突破。进一步推进企地务实合作，持续推进闲置土地盘活。加快“四供一业”分离移交取得实质性进展，全部完成项目协议签订和方案审批。立足海南自贸区建设政策导向，结合集团公司战略部署，谋划转型发展思路，形成公司“两个三年、两个十年”发展规划。

（李春贻）

【党建工作全面加强】 2018年，海南石油分公司把政治建设摆在首位，不断增强广大党员政治觉悟。加强思想建设和班子建设，注重团结协作，把各级党组织承担的重点和难点工作作为融入中心工作的切入点。区域公司改革后，同步完善基层党组织设置和配强基层领导班子，不断提升基层组织力。坚持党管宣传、意识形态、保密工作，持续推进意识形态管控和正面宣传教育，注重舆情引控和现场处置，有效坚守舆论宣传阵地。实施人才强企工程建设，持续推进“三支队伍”建设，全年组织选拔中层正职2人、副职2人、高级主管8人，公开竞聘选拔中层副职1人、高级主管4人、技术子序列6人，4个区域公司配备“80”后领导班子成员，持续提升管理及专业技术人员岗位任职资质，新增任职资质达标35人次。精心组织竞赛比武和职业技能鉴定，取得销售企业文秘技术比武决赛1金、1铜成绩。“五项技能”通过率81%，提高29个百分点。发挥群团组织桥梁纽带作用，持续开展群众性文体活动、共青团文明号创建活动和明星员工评选活动，树立先进典型，激发员工爱岗敬业热情，营造积极向上的浓厚氛围。

（李春贻）

【党风廉洁建设】 2018年，海南石油分公司持续推进党风廉政建设，落实“两个责任”，推进“一岗双责”落地。持之以恒抓中央八项规定精神执行，驰而不息反“四风”。通过参观教育基地、节前廉洁提醒、开展廉洁谈话、领导人员带头讲授廉洁党课等方式，多方位筑牢思想防线。整合经营、财务、审计、法律等监督资源，组建兼职纪检监察人才库，成立监督委员会，建立健全监督体制机制，逐步形成多维一体“大监督”格局，实现监督工作全覆盖。加强招投标、物资采购、资源外采、直分销、公务用车等重点领域监督检查，不断规范经营管理。开展“微腐败”专项治理，查处和解除因套卡、套现、套券等违规违纪人员86人劳动合同。建立基层“微腐败”举报平台，坚决遏制违规违纪行为。加大油品偷盗行为打击力度，处罚第三方物流运输公司34.8万元，将16名偷盗油品司押人员列入黑名单，形成有力震慑。

（李春贻）

【彰显企业担当】 2018年春节刚过，海南大雾降临。琼州海峡不间断停航，海口秀英港、新南港和南港3个港口上万辆过海车辆滞留，出岛车辆拥堵长达10千米，油品和生活物资供应已成燃眉之急。自2月20日（正月初五）凌晨起，海南石油分公司采取措施，启动油品保供应急预案，马村油库连续24小时发油作业，物流调度全天候监控加油站油品库存，全力做好油品保供工作。在海南交通广播电台公布油品应急配送电话。调派2辆油品配送车，沿途为排队车辆配送油品。安排邻近站点连夜为过海车辆配送油品、食物。在堵车路段周边的广场加油站收集便利油桶统筹安排配送油。还设立爱心服务点，免费为滞留旅客发放粥、面、矿泉水等食物。截至22日8时，海南石油分公司共向滞留车辆输送油品20 865升，提供紧急救援服务433次，免费发放饮水166箱，免费提供热食600余份，并不间断提供热开水，坚持服务到最后一批滞留游客离岛。

（李春贻）

【驿马汽服世纪店开业】 海南省首家无人值守全自动智能洗车便民服务驿站——驿马汽服世纪店落户海南石油分公司海口世纪加油站，并于2018年1月1日举行开业典礼。

（李春贻）

驿马汽服世纪店

【与中国电信海南分公司签订全面业务合作协议】 2018年1月17日，海南石油分公司与中国电信海南分公司（简称海南电信）签订全面业务合作协议。合作领域包括但不限于固话、手机、光纤宽带接入、手机支付、互联网应用、M2M、电子商务、IDC服务与云计算、大数据、WIFI业务等。海南电信为加油站提供光纤提速以及油站WIFI宽带建设，并为海南石油分公司在精准营销、区域洞察、风险风控等方面提供大数据分析服务。双方还在易捷商品进电信营业厅、电信业务进易捷便利店、双方微信公众号引流合作等方面开展深层次合作。

（李春贻）

表 1　　海南石油分公司主要经营指标

指标名称＼年份	2018	2017	2016	2015	2014	2013
成品油经营总量 / 万吨	161.40	168.87	158.76	144.89	138.73	130.86
零售量	123.08	123.72	119.56	115.72	114.55	109.32
销售收入 / 亿元	133.67	122.47	104.91	99.64	120.89	113.93
利润 / 亿元	3.40	5.07	4.55	3.54	3.45	3.07
吨油费用 / 元	344.00	331.00	325.00	338.00	342.00	325.00
加油站总数 / 座	306	303	307	300	291	303

贵州石油分公司

【概况】 中国石化销售有限公司贵州石油分公司（简称贵州石油分公司）位于贵阳市南明区解放路21号，主营成品油、天然气、非油品销售，是贵州省最大的成品油经营企业。其前身为贵州省石油总公司，1998年划归集团公司，成为中央在黔企业。2000年，贵州省石油总公司以石油主业和优良资产为核心，成立中国石油化工股份有限公司贵州石油分公司。2014年，更名为中国石化销售有限公司贵州石油分公司。

截至2018年底，贵州石油分公司共设14个职能部门和4个专业中心，下属9个市（州）分公司，共有员工11 817人（含离退休员工）；在营加油站902座，在营成品油油库10座（其中管道下载油库6座）、总库容40.4万立方米；易捷便利店919个，自营非油品物流配送中央仓1座。资产总额104.82亿元。

2018年，贵州石油分公司实现成品油销售总量559.9万吨，增长1.5%。其中，实现零售量418.1万吨，增长1.5%；直分销量141.8万吨，增长1.7%；非油品营业额（全口径）17.5亿元，增长30%；天然气销量7 824万立方米，增长18.4%。实现利润12.7亿元，完成年度计划的109%，增长5%。吨油费用372元。获评集团公司创新创效优秀成果奖2项，获销售公司2018年标杆企业称号。

贵州石油分公司主要经营指标见表1。

（施延吉）

【领导班子调整】 2018年12月，集团公司党组对贵州石油分公司领导班子进行调整：石锦献调任江西石油分公司党委委员、副总经理，冯云、周麟被聘任为党委委员、副总经理。调整后，贵州石油分公司领导班子由张家顺、裴留义、张宏良、罗洪战、邓德选、冯云、周麟组成。

（施延吉）

【经营量效稳步增长】 2018年，贵州石油分公司按照集团公司工作部署，紧紧围绕全年工作任务，坚持市场领先，加速网络攻坚，提升价值创造，主要经济指标实现预期。在资源配置上，密切跟踪国际国内油价走势，加强市场预判，理性把握外采时机和节奏，外采吨油创效排销售系统前列。在零售市场开拓上，坚持“面上稳，点上狠”竞争原则，综合运用油非互促、点对点降价、灌桶优惠、一户一价等手段，零售经营量效稳步增长。通过开展“深化县区公司管理，创客户满意加油站”主题活动，不断提升加油站软硬件水平，为消费者提供更流畅的消费体验。在直分销市场控制上，持续开展“客户需求在心中”“油气非”主题活动，强化客户开发维护，实施差异化营销，实现直分销量效兼顾。成立天然气管理处，组建专兼职客户经理队伍，拓宽天然气采购渠道，实现天然气点供业务零突破。在维护经营环境上，强化与省内经营单位在资源衔接、价格执行、互助协作等方面的有效沟通，配合政府职能部门开展“打非治违”专项行动，全年打击收缴非标油2 648吨，有效净化成品油市场经营环境。

（施延吉）

【非油品新业务显成效】 2018年，贵州石油分公司深化油非互促，扩大非油品经营规模，新业务发展取得实效。在全省441个便利店推进专业化运营，实现商品配置、标准化陈列、智能补货等业务信息化管理，提升便利店整体运营效率。大力拓展自有品牌社会渠道，全年开发社会渠道418个，销售1 327.3万元。引入地方特色产品、ETC充值、移动微型营业厅等业务进驻便利店，打造店中店516个，销售1.1亿元；全省综合服务站75座，汽服站点74座，实现汽服销售1 252万元。融合线上线下营销，持续扩大线上客户规模，APP、微信注册用户分别达208万人和223万人。开展易捷10周年庆、年货节、会员日等活动，易捷品牌知名度有效提升，全年油非互促投入6 989万元，带动非油品销售1.3亿元。

（施延吉）

【终端网络取得新进展】 2018年，贵州石油分公司以质量和效益为原则，全力发展网络，争抢加油（气）站，筑牢保障企业高质量发展的网络基石。为巩固既有网络优势，主动沟通协调地方政府“十三五”新增道路加油站专项规划从314座降至239座。围绕年度网建目标，开展网络攻坚，与贵阳市级平台公司合作项目取得突破，开工建设4座；10个县区公司“扫盲”取得实质性进展；通过合资形式，取得行业批复73个，建设投营14座；以挂牌基价取得土地21宗，保住核心区域可能被拆迁站点3座，完成统筹改造项目35个；完成郑屯油库征地，基本完成毕节油库征拆，启动大龙油库场平。全年新建完工加油站34座、加气站1座，新增租赁、收购站点10座，终端网络发展取得新进展。

（施延吉）

【强化油品数质量管理】 2018年，贵州石油分公司以全员质量管理体系运行为主线，围绕“质优量足，客户满意”质量目标，严把油气进、销、存质量关，落实风险防控，实现购进销售油品（天然气）100%合格。全面落实油品质量升级，确保销售油品符合国Ⅵ标准。实施加油（气）站全覆盖抽检，全年内外部抽检样品7 029个，质量检验全部合格。狠抓成品油损耗管理，油品零售（体积）损耗率下降0.01%。推进加油站液位仪应用，累计完成液位仪设备安装及系统联调867座，联调率100%。

（施延吉）

【夯实安全环保基础】 2018年，贵州石油分公司进一步强化安全环保管理，实现HSSE及设备管理工作运行总体平稳和未发生上报安全环保等级事故的目标。建立“2+1”安全工作机制，即每月9日、19日为加油站、油库应急演练日，每周四为加油站、油库设备维护保养及风险隐患排查日，库站按期开展，强化安全保障。完善督察机制，注重生产作业、工程施工“两个现场”及“2+1”安全工作机制的落实，围绕HSSE管理能力测评标准，全年共督察库站2 726座次，通过日总结、周通报、月分析、季考核方式对查出问题进行曝光和处罚，开展HSSE大检查、安全巡视、视频监控、督察问题整改“回头看”，确保整改消项。全年投入环保治理资金5 900余万元，推动地罐防渗、清污分流、油气回收改造等污染防治工作，梳理排查乌江1千米范围内的加油站环保底数情况，及时纳入防渗改造计划安排，加大防范力度，为创建绿色企业及打赢蓝天、碧水、净土保卫战夯实基础。

（施延吉）

【夯实企业基础管理】 2018年，贵州石油分公司强化基础管理水平，加强风险防控，提升企业品牌形象，各项管理工作取得突破。通过开展“深化县区公司管理 创客户满意加油站”主题活动，提升基层管理及服务水平。举办全省系统岗位技能竞赛，促进基层员工立足岗位开展基本功训练。开展全省“三基”知识APP线上答题及综合知识竞赛，提升员工技能，营造岗位履职尽责文化氛围。积极研究税务政策，及时发现并处理51个税收风险。推动依法依规治企，制定22个业务流程的法律风险防控“两表一图”。通过编写审计案例、制定审计问题整改考核问责办法等措施，强化审计对关键业务环节的监管，全年完成审计项目 547 个。获中国企业联合会颁发的企业信用评价 AAA 级信用企业证书，连续 14 年获省工商局颁发的“守合同、重信用”称号。

（施延吉）

【信息化建设进一步提升】 2018 年，贵州石油分公司加大信息投入，完成 3 座油库油罐自动计量系统升级改造，实现温度、密度、高度等参数自动采集换算。建设完善中控信息云平台，整合加油站在用系统功能，开发电子账表册、“管控—零管—ERP 系统对账”等 30 余项加油站经营管理模块，提升企业信息化管理水平，有效防控经营风险，同时减轻基层一线员工的数据录入工作量。利用督办系统，强化对重点工作的全流程跟踪管控。制定标准化模板，完成会计核算标准化改造，顺利实现财务共享。开通 APP 支付平台，累计加油金额突破 25 亿元。

（施延吉）

【人才队伍建设呈现新局面】 2018 年，贵州石油分公司以深化“三项制度”改革为核心，不断夯实人才强企工程基础，为企业高质量发展提供坚强保障。完善人才工作考核评价机制，将人才培养纳入地市公司班子绩效及党建考核内容，确保人才规划执行落地。优化人才资源配置，实行跨地区人才及机关借用人员公开选聘工作，推进人才资源有序流动。各地市分公司基本配备 1 名“80 后”班子成员或经理助理，中层领导人员后备人才年轻干部占比 55%，35 岁以下科级后备干部人才占比 74%。开展重点岗位培训，组织科级干部、优秀站长等培训班 7 期。开展岗位练兵和技术比武，全年各线条共组织 145 次培训，参与 2 556 人次，在集团公司人力资源管理业务竞赛中获 1 枚金牌。

（施延吉）

【党建工作持续强化】 2018 年，贵州石油分公司深入学习贯彻习近平新时代中国特色社会主义思想和党的十九大精神，按照集团公司党组工作部署，聚焦中心任务，围绕“强化基层党支部建设年”，以提升组织力为重点，抓责任、抓质量、抓实效，促进党建与经营工作进一步融合。各级班子成员带头宣讲党的十九大精神等理论，举办宣讲会 80 余场次，采取“每周一学”“每日十点”知识抢答、“大国顶梁柱”等专题宣讲及学习形式，取得良好效果。落实管党治党责任，完善落实“一岗双责”工作规定，签订党建责任书。建立健全党建工作制度体系，细化“三重一大”决策范围，制定合资企业党建工作指导意见。强化党风廉洁建设，统筹谋划党风廉洁建设，与中心工作同部署、同落实、同考核，层层签订党风廉洁建设责任书，组织 400 余名党员领导干部述职述廉。开展“微腐败”专项治理，梳理出廉洁风险点 48 个，处理直接责任人 308 人。加强团组织建设，积极开展“一团一品”创建活动。加强企业文化建设，开展“走基层、访万家”“冬送温暖、夏送清凉”“石化健步行，健康每一天”等活动。推进“真困难真帮助”，对 115 名困难员工、137 名特困员工和 15 名遗属进行帮扶救助。

（施延吉）

开展全省岗位技能竞赛

开展“情暖驿站 • 满爱回家”大型公益活动，为返乡人员提供便捷服务

【积极履行社会责任】 2018年，集团公司大力支持贵州省委省政府精准扶贫工作，全年向9个地州市36个县区共捐赠520万元扶贫资金。爱心援建黔东南州黎平县具有83年历史的红军桥，已完成大桥主体工程，贵州石油黔东南台江分公司党支部获评全省脱贫攻坚先进党组织。引进190多种贵州省地方农特产品进入易捷便利店，实现销售额2.3亿元，为推进“黔货出山”、助力全省扶贫工作做出应有贡献。受邀赞助贵州省第10届运动会中的部分体育项目，遵义小坝湾等加油站为运动会专用车辆开通绿色通道。积极开展中国石化“情暖驿站·满爱回家”大型公益活动，为春运期间返乡人员提供便捷服务。

（施延吉）

表1　　贵州石油分公司主要经营指标

指标名称＼年份	2018	2017	2016	2015	2014	2013
成品油销售总量/万吨	559.90	551.50	519.30	483.60	458.90	437.55
零售量	418.10	412.10	385.60	367.90	358.50	343.10
销售收入/亿元	431.52	370.00	304.54	296.60	354.02	345.18
吨油费用/元	372.00	361.00	321.00	306.00	298.00	287.00
在营加油站总数/座	902	895	871	850	827	806

云南石油分公司

【概况】 中国石化销售有限公司云南石油分公司（简称云南石油分公司）本部位于云南省昆明市国贸路865号。其前身云南省石油总公司建立于1952年7月，1998年6月整体划转集团公司，2000年2月按照主辅分离、改制上市的要求，主营业务部分组成中国石油化工股份有限公司云南石油分公司。2014年5月更为现名。

云南石油分公司是中国石化设在云南的直属销售企业，主营汽油、柴油和非油品的零售、直销配送、批发和仓储业务，是云南省内最具实力的成品油主渠道销售企业。公司下辖16个州市分公司和131个县分公司。截至2018年底，云南石油分公司全口径用工总量11 010人，在营加油站1 202座，在营油库12座、总库容61.13万立方米，资产总额136.07亿元。

2018年，云南石油分公司实现成品油经营总量643.07万吨，其中零售510.95万吨、直销82.83万吨、分销49.28万吨。非油品全口径交易额29.4亿元。实现销售收入488.67亿元，报表利润7.08亿元。

云南石油分公司主要经营指标见表1。

（徐长青）

【领导班子调整】 2018年5月10日，集团公司党组对云南石油分公司领导班子做出调整：杨惠明任云南石油分公司党委书记、副总经理；杨文化不再担任云南石油分公司党委书记、副总经理，另有任用。调整后的云南石油分公司领导班子由张伟成、杨惠明、何忠祥、史永明、伏韬、杜嘉良、戴树华7人组成。

（徐长青）

【市场攻坚】 2018年，云南石油分公司加强经营组织，优化资源结构，强化采销联动，主动引领市场，坚定打好市场攻坚战信心，圆满完成经营量、零售量“两不降”目标。紧盯竞争对手营销策略，灵活调整“点对点”竞争站点及幅度，全年参与“点对点”竞争站次1 296座次。精准开展油非互促营销活动，拓展增值服务项目。持续开展充值返利、出租车、柴油灌桶、网厅、阶梯、“一户一策”积分优惠等营销活动。

（徐长青）

【配合市场净化】 2018 年，云南石油分公司全力配合政府部门开展“云油利剑”等专项行动，负责检查运输油品人、车、油相关凭证，对油品进行抽样化验，配合打击取缔黑窝点 405 个、非法流动加油车辆 1 004 辆，收购政府部门及海关查处的罚没油 3 093 吨。

（徐长青）

【全口径资源优化】 2018 年，云南石油分公司加大属地化采购力度，做好公路、铁路、管输合理摆布，全年采购中国石油资源 80.5 万吨，保障省内资源合理有序投放。与销售华南分公司密切配合，继续深入推进一、二、三级物流优化，充分发挥长输管道优势，优化管输下载库资源辐射区域，压减铁路直发等高运价流向，加大中国石油油库提入站力度，节费金额排名销售企业前列。

（徐长青）

【建设综合服务体】 2018 年，云南石油分公司发挥平台优势，积极引入服务项目，建成昆明北二环站、玉溪九龙站等综合服务站 30 座，汽车服务项目投营 67 座、在营 134 座，积极引入快餐、广告、ETC、彩票等项目，满足客户需求，提高消费体验。

（徐长青）

【加快网络发展】 2018 年，云南石油分公司加大与云南交投、中交建合作力度，争取到 36 座高速公路站合作经营权。加强与地方政府的合资合作，有效推动项目 12 个，锁定加油站 14 座。开展产业扶贫合作，在红河州红河县、文山州麻栗坡县、昭通市巧家县各选定 1 座站。全年投营加油站 81 座，其中新建 32 座、复营 4 座、续租 6 座、“他有我管”39 座。

（徐长青）

【物流体制改革】 2018 年，云南石油分公司完成承运商市场化招投标，妥善处置玉溪等地区承运商停运事件，着力加强承运商市场化规范管理。撤销物流中心和配送中心，管理职能调整、业务流程重建和人员划转基本完成。

（徐长青）

【“三项制度”改革】 2018 年，云南石油分公司持续推进管理机构优化完善，省公司机关机构由 18 个优化为 15 个，启动州市公司机关和县公司“三定”工作。开展加油站用工优化，267 座站推行“大班制”，122 座推行驻站式委托家庭管理。

（徐长青）

【“四供一业”分离移交】 2018 年，云南石油分公司“四供一业”分离移交项目 94 个，其中供水项目 24 个、供电项目 11 个、物业项目 59 个，按照规定节点完成阶段性各项任务。

（徐长青）

【安全数质量管理】 2018 年，云南石油分公司完成隐患治理“攻坚战”项目 17 个、环保隐患项目 172 个。加强数质量全过程监控，国家级和集团公司级质量抽检合格率达 100%。落实环保监管要求，按期完成国Ⅵ标准汽柴油质量升级置换，防渗等统筹改造完成 142 座。

（徐长青）

【财务审计管理】 2018 年，云南石油分公司继续开展全员成本目标管理，实现挖潜增效 1.6 亿元。加大对重大项目跟踪审计力度，完成建设项目竣工结算审计 866 个，送审 3.7 亿元，其中审定 3.2 亿元、审减 0.5 亿元。

（徐长青）

【信息化提升】 2018 年，云南石油分公司开发现金电子券、非油品库存盘点程序应用，加快 APP 建设，提升海信、加油卡、液位仪系统应用功能，基本实现进销存数据系统自动取数。

（徐长青）

【“强基础、防风险、促发展”活动】 2018 年，云南石油分公司认真开展“强基础、防风险、促发展”专项活动，自查发现问题51个，立行立改比率达80.4%，依法依规对套现、套票、套积分的36人予以解除劳动合同。

（徐长青）

【发挥党建核心作用】 2018年，云南石油分公司细化党建责任清单，落实党组织书记履行党建工作第一责任人职责、班子成员履行“一岗双责”职责，做到党建工作与经营管理“三同时”，积极推动全面从严治党向基层延伸。坚持“围绕经营抓党建，抓好党建促发展”，大力开展“党员一线送服务 助力营销我先行”等活动，促进经营管理与党建工作深度融合。

（徐长青）

“党员一线送服务 助力营销我先行”进社区活动

【严格执纪问责】 2018年，云南石油分公司着力营造风清气正的政治生态，省公司给予提醒谈话5人次、诫勉谈话5人次、党内警告5人、行政降级2人、经济处罚64人次。

（徐长青）

【做实员工关爱】 2017年，云南石油分公司落实老同志“两个待遇”，做好离退休工作，认真开展矛盾纠纷排查，做好信访维稳、协解人员“两险”资助、生活困难帮扶、军转干部解困补助，化解集团公司级信访积案3件。

（徐长青）

【职工文艺汇演】 2018年6月28日晚，云南石油分公司在昆明市工人文化宫C区职工剧场举行“为美好生活加油——云南石油上划中国石化20周年职工文艺汇演”，纪念集团公司成立35周年、云南石油分公司上划中国石化20周年，讴歌20年来云南石油分公司所取得的各项工作成绩，颂扬先进典型事迹和石化人崭新的精神风貌。

（徐长青）

表1　　云南石油分公司主要经营指标

指标名称 \ 年份	2018	2017	2016	2015	2014	2013
成品油销售总量／万吨	643.07	654.52	657.43	591.57	588.65	573.36
零售量	510.95	510.23	518.16	498.23	488.30	470.18
销售收入／亿元	488.67	433.78	391.20	379.82	457.91	449.93
报表利润／亿元	7.08	9.05	10.54	9.51	12.59	9.01
吨油费用／元	393.00	390.00	380.00	376.00	369.00	387.00
加油站总数／座	1 351	1 314	1 268	1 231	1 229	1 281

燃料油公司

【概况】 中国石化燃料油销售有限公司（简称燃料油公司）是集团公司于2010年5月27日注册

成立的燃料油经营专业化公司，负责股份公司燃料油的集中销售。2014 年 4 月 1 日，根据中国石化油品销售业务重组的总体部署，成为中国石化销售有限公司的全资子公司。本部位于北京。

截至 2018 年底，燃料油公司设 7 个管理部门、3 个业务中心，下辖辽宁、天津、山东、江苏、上海、浙江、福建、广东 8 个分公司和浙江舟山、新加坡 2 个全资子公司，2015 年与 BP 成立 BP-SINOPEC 合资公司。用工总量 701 人；在营油库 54 座，库容总量 198 万立方米，在中国沿海 80 多个港口、海外 40 多个重点港口具备供油服务能力；总资产 89.5 亿元。全年经营总量 2 191 万吨，营业收入 761 亿元。

燃料油公司主要经营指标见表 1。

（李登兴）

【内贸业务创效能力持续增强】 2018 年，燃料油公司内贸业务经营量 335.3 万吨，盈利能力大幅提升。“访企业、送服务、拓业务、创效益”工作成效显著，进一步扩大石化资源经营、开展原料供应业务，实现经营规模快速增长。借助“三油合一”契机，推进内河船舶用油企业标准并入国家标准，制订船用轻质燃料油专业化经营方案，水上零售业务效益增长 55%。高效投用 3 座加油（气）站，开辟陆上成品油经营新领域，大连自贸区盛港加油（气）站当年运营达到万吨站规模。

（李登兴）

【保税业务规模效益大幅增长】 2018 年，燃料油公司保税油销量 525.5 万吨、增长 30%，在中国市场占有率达 36%、提高 3 个百分点。在浙江自贸区成立全球船供油业务中心并入驻舟山集中办公，释放了政策红利，提升了行业影响力，实现全国首单不同税号油品混兑业务，发挥仓储和资源优势，大力开展批发业务，携手行业伙伴共同做大中国保税油市场。牵头成立舟山船供油行业协会并成为会长单位，推动规范行业服务标准，加强与综合海事服务单位合作，推动港口综合服务能力提升。主办第 2 届世界油商大会低硫主题论坛，及时发布中国石化供应合规低硫船用燃料讯息，积极宣传推广低硫资源，与招商、力拓、中水等集团战略合作进一步深化。

（李登兴）

【国际化经营进一步取得突破】 2018 年，燃料油公司海外业务经营量 1 314 万吨，占经营总量的 60%，国内海外联动成为上期所保税 380 期货首单成交单位之一，拓展了跨市场套期保值业务。充分发挥新加坡子公司、BP-SINOPEC 合资公司海外平台作用，终端用户开发成效显著，核心客户合作港口范围不断扩大，船供油终端业务规模超过 500 万吨，进入新加坡市场前列。合资公司发挥双方股东品牌及渠道优势，逆市新增浮仓业务，统筹运作仓储、调和与大货贸易，成为东北亚主要燃料油供应商之一。推进与中国农业发展集团战略合作，成为远洋渔业 MGO 主要供应商，全球供油服务能力进一步提升。

（李登兴）

【多元业务发展进程不断加快】 2018 年，燃料油公司推进点供 LNG 业务区域规模化发展，拓展地炼企业甲烷制氢原料需求，丰富了点供用户类型，为系统内炼厂用气提供服务，湛江东兴公司天然气项目投入运营，全年经营量 2.3 亿立方米、增长 4.5 倍。“我要加油”电子商务平台交易金额超过 1 亿元。润滑油业务开通江苏江阴网点，开展辽宁、上海液袋分装业务，引入道达尔、雪佛龙品牌，全年量效实现翻番。非油品业务在营易捷体验店 4 座，橡胶均匀剂、油漆、咖啡等特色产品开发取得成效，累计实现易捷商品及自主商品销售超过 1 000 万元。

（李登兴）

【基础管理水平得到有效提升】 2018 年，燃料油公司落实抓“三基”主体责任，聚焦基层工作质量提升。系统梳理天然气业务制度流程，完成“两册”编制，《LNG 液体规范接卸作业“八步法”》获销售公司改善经营管理优秀成果一等奖，浙江分公司被销售公司评为“三基”十佳地市公司，“定制化调和服务 PDCA 四步法”获得“一线工作法”二等奖。构建法律风险防范责任制体系，加强业务、重大项目合规性审核，大力推进依法依规治企。开展“强基础、防风险、促发展”活动，全面加强排查，风险防控能力有效提升。开展保密法制宣传教育月活动，增强员工保密意识；严格合同管理，加强对合资公司规范管理，公司基础工作规范性得到加强。

（李登兴）

【深入开展“比学赶帮超”活动】 2018 年，燃料油公司坚持联量联利“差异化”“市场化”薪酬考核机制，有效调动各单位扩量增效积极性。进一步完善“比学赶帮超”评价体系，在坚持“8+8”量利评比基础上，围绕核心主业长远发展及夯实基础管理，增加终端网点经营、保税油综合服务、“三基”工作等评比指标，各线条、各分公司“见红旗就扛、有第一就争”的精神进一步加强。

（李登兴）

【HSSE 管理体系逐步完善】 2018 年，燃料油公司落实两级 HSSE 专业分委会主体责任，顺利通过体系外部审核认证。组织开展 2 轮管理能力测评，建立风险和隐患清单，完成 6 个销售公司级隐患治理项目。全年开展“应急管理强化年”演练 218 次，有效提升应急处置能力，在销售公司检查中浙江五里牌、普储油库现场实战演练取得良好效果，指标得分并列销售企业第一。青岛上合峰会、上海进口博览会期间安保工作获得总部表扬信嘉奖。HSSE 教育培训扎实开展，特种设备管理和作业人员取证大幅提高，数质量管理能力得到提升，全年一次物流损耗下降 48.2%。

（李登兴）

【风险防控能力有效提升】 2018 年，燃料油公司持续分析市场及油价走势，控制了商品跌价风险。密切关注汇率变化，采取稳健措施，资金运作实现稳定收益。强化费用管控，实现管理创效，保税业务在配送量增加 33% 的情况下，推进区域物流优化，通过扩大“跨关直供”、探索发展“期租船”业务模式节约物流费用。严控进、销、存等关键环节风险，加强客户授信管理，严格供应商准入标准。通过“财务基础管理年”活动促进财务基础工作提升，财务共享系统成功上线运行。完成舟山、清洁能源公司信息基础设施建设，搭建天然气点供站一体化远程管理平台，建设陆上加油站 IC 卡系统和零售管理系统，为业务安全、稳定、高效运行提供信息技术保障。

（李登兴）

【党建工作进一步强化】 2018 年，燃料油公司深入学习贯彻习近平新时代中国特色社会主义思想和党的十九大精神，通过中心组学习、中层干部培训班、青工政治轮训等多种形式，引导各级党员干部树牢“四个意识”，坚定“四个自信”，坚决做到“两个维护”，切实提升“观大势、谋全局、干实事”的素质能力。严格落实“三重一大”决策制度，坚持重大事项党委会审议前置程序，党委“把方向、管大局、保落实”的作用充分发挥。强化党建责任落地，建立党员干部抓党建责任清单，实施抓党建述职评议，完善党建考核闭环管理系统，党建工作责任越压越实。强化基层党建工作，新建 4 个党支部，持续推进组织延伸覆盖。

（李登兴）

【干部人才建设持续增强】 2018 年，燃料油公司牢牢把握正确的选人用人导向，突出有为有位，大力提拔使用年轻干部，持续改善干部年龄结构。全年提拔调整中层干部 16 人，其中 40 岁以下 4 人，调整优化 6 人。制订“人才强企”工程实施方案，持续推进三支人才队伍建设，选拔聘任主任师 2 人，评聘教授级高工 2 人、副高级职称 7 人，专业技术队伍建设进一步加强。结合成立三大业务中心，在舟山子公司探索实施“岗级分离”制度，取得良好效果。积极尝试市场化选人用人机制和考核激励机制，有效调动员工积极性，激发了人才队伍活力。

（李登兴）

【“两个责任”进一步落实】 2018 年，燃料油公司全面整改集团公司党组巡视、海外巡视、任中审计、内控审计发现的问题，落实党委主体责任，以巡视审计和立行立改为契机，进一步加强党风廉洁工作。加强系统内通报案件的警示教育，引以为戒、举一反三，强化纪委监督执纪问责，加强廉洁文化教育，结合公司廉洁风险点，在各类培训中增加案例学习，宣贯党章党规党纪，提高干部员工法纪意识，持续巩固风清气正、干事创业的良好氛围。

（李登兴）

【宣传和企业文化不断进步】 2018年，燃料油公司围绕重大事项、重大突破、重要节点，扎实开展内外部宣传工作，对外新闻报道频度力度不断加大，对内政务信息报送采用不断提高，营造了良好的内外部环境。加大对员工的关怀力度，建立“走基层访万家”常态化机制，加强对一线、海外、交流、困难“四个群体”的人文关怀。开展“当好主力军，奉献在岗位”主题劳动竞赛，通过一系列竞赛比武，有效提升员工素质能力。持续推进“燃油奖”评选，号召全员学习全球船供油业务中心入驻舟山的创业精神。加强青年员工思想引领，通过青工政治轮训、英语风采大赛、“师带徒”等活动，积极发现和培养人才，强化“一团一品”“青年创新创效”等工作，有效激发团员青年活力。

（李登兴）

表1　燃料油公司主要经营指标

指标名称＼年份	2018	2017	2016	2015	2014	2013
经营总量/万吨	2 191.00	2 199.00	1 909.00	1 881.00	2 032.00	2 027.00
保税油经营量/万吨	525.00	403.00	293.00	318.00	322.00	313.00
营业收入/亿元	761.00	557.00	384.00	458.00	856.00	921.00
报表利润/亿元	3.07	1.01	0.06	−3.00	0.16	1.52
资产总额/亿元	89.50	106.00	126.00	138.00	101.00	89.00

辽宁石油分公司

【概况】 中国石化销售有限公司辽宁石油分公司（简称辽宁石油分公司）成立于2009年12月18日，是国有大Ⅰ型石油流通企业，其前身为成立于2002年的中国石化销售东北分公司，本部位于辽宁省沈阳市。辽宁石油分公司机关设14个职能部门，包括总经理办公室、党群工作处（党委宣传部）、经营管理处、零售中心、人力资源处（党委组织部）、财务资产处、企业管理处（法律事务处）、发展规划处、安全数质量处、信息管理处、审计处、纪委（监察处）、实物资产处、天然气办公室；对外注册有14家地市分公司，其中7个地市实行一托二管理模式，包括沈阳分公司（沈阳、本溪区域）、大连分公司（大连、丹东区域）、鞍山分公司（鞍山、辽阳区域）、营口分公司（营口、盘锦区域）、阜新分公司（阜新、朝阳区域）、铁岭分公司（铁岭、抚顺区域）、葫芦岛分公司（葫芦岛、锦州区域），经营范围覆盖全省所有地市；设有辽宁中石化客运能源有限公司、大连中石化海港石油销售有限公司、辽宁中石化友好街加油站有限公司、辽宁省高速石化能源有限责任公司、辽宁中石化辽河石油销售有限公司和辽宁博大石化能源有限责任公司6家合资公司，辽宁福爱尔油气检验有限公司1家全资子公司；主要负责辽宁地区成品油零售、直销、批发及车用天然气、润滑油、燃料油、非油品销售等业务。授权管理辽宁经济开发公司、销售实业东北分公司2家存续企业。

截至2018年底，辽宁石油分公司共有员工1 907人；公司党委下设7个党总支、29个党支部，党员总数344人，基层党组织覆盖率达100%；资产总额52.50亿元；自有在用成品油油库6座，总库容30.31万立方米；年内新发展加油（气）站

26座，加油（气）站总数达414座，在营站达377座。存续企业均实现盈利，完成利润82.90万元。

辽宁石油分公司主要经营指标见表1。

（陈荐舒）

【领导班子调整】 2018年8月4日，集团公司党组决定：阎晓青任中共中国石油化工股份有限公司辽宁石油分公司委员会委员，免去周琼中共中国石油化工股份有限公司辽宁石油分公司委员会委员职务；股份公司决定：阎晓青任辽宁石油分公司总会计师，解聘周琼辽宁石油分公司总会计师职务。9月8日，集团公司党组决定：周绍海任中共中国石油化工股份有限公司辽宁石油分公司委员会副书记（兼）；免去胡乐天中共中国石油化工股份有限公司辽宁石油分公司纪律检查委员会书记职务，不再担任中国石油化工股份有限公司辽宁石油分公司工会主席职务（仍任党委书记）；王建民任中共中国石油化工股份有限公司辽宁石油分公司委员会副书记兼纪律检查委员会书记，为中国石油化工股份有限公司辽宁石油分公司工会主席人选。9月8日，股份公司决定：胡乐天任辽宁石油分公司副总经理（兼）。

（陈荐舒）

【主要经营指标完成情况】 2018年，辽宁石油分公司经营总量207.02万吨，增长8%。成品油经营量204.56万吨、增长7%，其中零售135.9万吨、增长6%，自营机出104.82万吨、增长8%，直分销68.66万吨、增长11%，天然气2 848万立方米、增长41%。实现全口径非油品交易额3.98亿元、增长25%，其中基础品类2.18亿元、增长30%。吨油考核费用308元，下降25元。实现报表利润3 067万元，增长152%。全年新发展加油（气）站26座，加油（气）站总数达414座，在营站达377座。存续企业持续盈利，实现利润82.9万元。各合资公司均取得较好的经营业绩。

（陈荐舒）

【狠抓资源稳定供应和综合创效能力】 2018年，辽宁石油分公司把握进销存滚动平衡，优化资源统筹，有序推进油品升级。通过把握时机采购低价资源、降低燃料乙醇结算价格，实现外采资源创效626万元。通过加大华锦集团仙人岛与宝来集团集采地付进站比例、充分利用资源互供、调整公路运输价格等，持续优化物流管理，节省物流费用共计2 358万元。

（陈荐舒）

【紧盯市场扩销增效】 2018年，辽宁石油分公司紧盯市场及竞争对手动态，灵活调整营销政策。按照“汽油保效、柴油保量”的经营策略，合理定价，坚持“一事一议、一户一价、量效双收”原则，持续做好社会加油站和市场空白区域开发工作。全年新增直分销客户506家，其中社会加油站客户45家，开单率达55%。空白区域开发客户92家，实现销量1.52万吨。优化客户经理队伍，强化考核，逐步打造销售尖兵。客户经理队伍全年销售成品油24.74万吨、贡献率提高13%，完成非油品销售额118万元，万吨以上客户经理达9人。

（陈荐舒）

【精准施策全面提升零售销量】 2018年，辽宁石油分公司坚决贯彻“点上狠、面上稳”竞争策略，精准施策，抢夺零售市场份额。狠抓“一站一策”落地，实现内涵挖潜创效。通过增加9座洗车服务点、实现微信支付和银联刷卡支付等，持续提升客户消费体验，带动零售量效齐增。坚持零售线条全省视频周例会制度，强化现场服务督导，提升工作效率。通过多渠道反映市场乱象，推动公安部门开展“打非治违”，多措并举打好市场清理整顿攻坚战。

（陈荐舒）

【非油品多元化经营】 2018年，辽宁石油分公司全力拓宽非油品经营模式，线上线下互动，开发新产品销售渠道，培育自有品牌商品，完善非油品业务线上交易平台，创新开展跨界融合，推动油非互促营销。通过新增军旅便利店、完善洗车服务点、配备尾气处理液加注机、拓展线上生鲜平台、开发自有品牌特色商品、深化大润发和大连三寰集团合作经营便利店等，提升企业经济效益和社会效益；以易捷易享节活动为契机，打造节日营销升级新模式，45 天的活动期间，全省汽油增量 2 804 吨，基础品类营业额增加 123 万元；通过开展营销竞赛，加强门店现场销售和开口营销，提升中央仓运营管理，周配站数量增加至 121 座，提升了配送效率；通过积分商城、充值赠券等方式，将客户从线上向加油站引流，促进加油站销量提升，全年累计推送使用赠券 62 万张，带动非油品销售 1.07 亿元。

（陈荇舒）

【大力发展天然气业务】 2018 年，辽宁石油分公司天然气业务取得长足进步，超额完成总部下达的目标任务。多方筹措资源，完善供货渠道，保证全年气源稳定；择优开发终端用户，点供业务顺利开展，已投营 2 个项目，为直销终端业务长期稳定发展奠定基础。

（陈荇舒）

【积极开拓终端网络新局面】 2018 年，辽宁石油分公司立足长远抓当前，始终坚持以经济效益为中心，以市场为导向，坚持外延发展和内涵挖潜并重，灵活采取长期保有和轻资产发展方式，租赁、合资、“他有我营”等全面发力、多点突破，不断优化终端网络结构和布局。全年新发展加油（气）站 26 座，其中租赁站 10 座、合资站 5 座、“他有我营”站 10 座、点供气化站 1 座；新增投营加油（气）站 33 座。消除本溪桓仁、沈阳辽中、葫芦岛绥中等县域空白点，抢占鞍山、抚顺主城区优质市场资源，进一步巩固市场份额。

（陈荇舒）

【狠抓双层罐改造】 2018 年，辽宁石油分公司精细抓好加油站双层罐及综合改造，对位置好、有增量潜力的站点进行“一站一策”研究，兼顾经营提出改造和优化方案，把加油站提量改造、隐患治理及双层罐改造等多项工作统筹安排，一次整改到位。全年完成加油站提量改造 60 座、双层罐改造 53 座、燃煤锅炉改造 61 座，进一步提升重要站点的品牌形象。

（陈荇舒）

【狠抓安全环保“三基”工作】 2018 年，辽宁石油分公司进一步发挥各级领导干部安全引领和 HSSE 分委会专业职能作用，持续抓好风险管控与隐患治理双重预防机制。狠抓安全环保“三基”工作，不断完善 HSSE 制度体系，统筹推进小体系建设。通过与中国石油开展互查互学，利用无人机、执法记录仪等科技手段，提升监督检查的广度与深度。扎实推进合法依规风险管理工作。公司证照和经营性营业增项办理工作快速高效落实。不断提升环保合法依规运行能力，扎实推进环保手续补办工作。全年累计完成 19 座站环保手续补办、148 座站环保预案备案工作。福爱尔公司顺利取得油气回收检测资质。辽宁石油分公司第 2 次连续 3 年获集团公司安全生产先进单位称号。周绍海、胡乐天等 7 人被授予 2018 年度安全生产先进管理者称号。

（陈荇舒）

【完善人才发展机制】 2018 年，辽宁石油分公司全面完善人才发展机制建设，畅通专业技术人才成长和晋升渠道。通过组织开展中层干部学习贯彻十九大精神和基层管理人员轮训，激励各级干部干在实处，走在前列；大力开展各线条岗位练兵，有效提升理论水平和专业素质，为选拔优秀人才提供支撑；强化考核评价，不断完善干部能上能下管理机制，推进干部年龄结构优化。畅通省市机关、基层单位交流锻炼渠道，提升综合素质；严控用工总量，扎实推进“三定”工作落地。将有限的人力资源向经营倾斜、向一线倾斜，提升管理效能。

（陈荇舒）

【完善制度强化内控环境】 2018 年，辽宁石油分公司通过完善制度、强化内控环境、严抓专项问题整改，堵塞管理漏洞。全年共增补修订各项制度 67 项，组织各项自查 300 次，发现各类问题 326 项，已整改 321 项，整改率达 98%。

（陈荇舒）

【提升成本效率降本减费】 2018 年，辽宁石油分公司提升全员目标成本效率，强化费用倒逼机制，从源头上降本减费，全年落实 14 项成本目标任务、25 项重点工作措施，实现增效 1.1 亿元（其中直接降本 1 420 万元）。通过提升资产创效水平，争取公司整体利益最大化。妥善解决 6 类 35 项历史遗留长期往来挂账，获收益 138 万元。狠抓税收优惠政策落地，持续推进税费减免工作，全年累计减免 18 宗土地使用税 65 万元。完成承运商公开招标工作，全年公路运费下降 8%。

（陈荇舒）

【全面从严治党】 2018 年，辽宁石油分公司党委始终把党的政治建设摆在第一位，把坚定理想信念作为首要任务，认真履行意识形态责任制，推进“两学一做”学习教育常态化、制度化。省市两级领导班子攥指成拳、形成合力，用坚强的党性保持团结。通过多种形式，认真学习宣贯习近平新时代中国特色社会主义思想和党的十九大精神，进一步树牢“四个意识”，坚定“四个自信”，坚决做到“两个维护”。公司党委全面落实从严治党要求，压实党建责任，抓好党建工作的统筹谋划，确保党的建设在企业改革发展中得到切实加强。坚持党委参与重大决策，发挥领导核心作用。在成立合资公司、“三项制度”改革、委托家庭管理等重大事项上，党委主动发声发力，积极前置研究，确保集体决策方向和落实效果。

（陈荇舒）

【加强基层党组织及群团建设】 2018 年，辽宁石油分公司将党建工作与中心工作深度融合。组织开展下站帮扶主题党日活动，帮助站内疏导车流，提升服务质量和效能，取得明显成效，48 座站纯枪环比增长 10%。开展机关党团员加油卡销售竞赛，全年累计售卡 3.65 万张，累计消费 7 316 万元，相当于增加 8 100 吨汽油纯枪量。扎实开展主题实践活动，组织承办中国石化 2018 年学雷锋启动仪式，在全系统引起较大反响。大力开展“党支部质量提升年”和“党建质量提升年”工作，推进基层党建工作全面进步、全面过硬。

（陈荇舒）

【加强党风廉洁建设和反腐败工作】 2018 年，辽宁石油分公司将党风廉洁建设和反腐败工作与企业重点工作同谋划、同部署，保持纠正“四风”高压态势，扎实开展廉洁教育，挺纪在前。提高政治站位，全力以赴配合“7·27”专案组查处纪波违纪违法案件。公司上下站稳政治立场，划清界限，放下思想包袱、轻装上阵、以案促教、以案促改，全身心投入到各项生产经营工作之中。

（陈荇舒）

【精准扶贫打赢攻坚战】 2018 年，辽宁石油分公司认真履行央企社会责任，扎实做好定点扶贫和乡村振兴工作，有效落实精准扶贫，注重扶贫同扶智、扶智相结合，为村里考取大学的高考生发放助学金，为后续思想脱贫和技能致富提供保障。

（陈荇舒）

表 1　　辽宁石油分公司主要经营指标

指标名称 \ 年份	2018	2017	2016	2015	2014	2013
经营总量 / 万吨	207.02	192.35	180.84	172.19	174.60	168.36
零售量	135.90	128.81	126.38	125.16	126.71	126.59
直销总量	68.66	59.71	54.46	22.49	34.74	27.65
吨油费用 / 元	308.00	315.00	389.00	410.00	418.00	404.00
报表利润 / 万元	3 067	1 216	14 152	15 522	8 357	8 019
加油（气）站总数 / 座	414	389	366	366	365	364

四川石油分公司

【概况】 中国石化销售有限公司四川石油分公司（简称四川石油分公司），于2010年1月17日正式揭牌成立，本部设在四川省成都市。其前身是2002年由原中国石化销售三川公司、新星公司重组成立的中国石化销售川渝分公司；2011年，四川石油分公司升格为大Ⅰ型企业。

四川石油分公司全权负责中国石化在四川省境内的成品油、车用天然气、润滑油、非油品（便利店、汽服、服务区）销售等经营业务及仓储、销售网点建设工作。截至2018年底，公司机关设11个处室、5个直属机构，设立地市公司21家。拥有加油（气站）514座，油库12座、库容30万立方米，资产总额94.95亿元。

2018年，四川石油分公司完成油气经营总量285万吨、增长2%，其中成品油销售268万吨、增长4%，天然气销售2.06亿立方米、增长2%。非油品营业额7.2亿元，增长46%。实现营业收入204.81亿元，报表利润1 015万元。

四川石油分公司主要经营指标见表1。

（赵孟闪）

【全力提升成品油机出量】 2018年，四川石油分公司坚持“面上稳、点上狠”竞争策略，实施差异化营销。推出“一惠双式”“定向充值”等4项营销菜单，迎合柴油客户需求；常态化开展限时优惠、主题营销、交叉营销，增强汽油客户黏性；实施扫码开票，建设30座洗车网点、12座司机之家，提升客户消费体验；抓实歇业站引流营销和开业营销，机出量增长1.7%。

（赵孟闪）

【做大直分销市场】 2018年，四川石油分公司锁定重点工程项目用油需求，建立开发维护进度表；增设微信公共平台中成品油直批价格动态、客户经理信息等功能，对首批573户重点客户进行信息推送；开展“五年再回首，赢得客户心”专项活动，梳理更新社会加油站档案，在空白、薄弱区域定期召开客户座谈会，提高直销终端客户供货率与稳定性，直分销量首次突破百万吨。

（赵孟闪）

【天然气销售稳中向好】 2018年，四川石油分公司天然气条线经过多方争取，CNG零售价格实现顺价销售；通过贴近市场定价、灵活淡季营销、深挖单位客户、开发小车客户，弥补了公交车气改电带来的影响，天然气零售增长5%，其中LNG零售增长165%。

（赵孟闪）

【打造非油品平台模式】 2018年，四川石油分公司努力搭建非油品互利共赢平台，扩大祥云公司平台经营范围，打通系统和社会销售渠道，开启供应链模式；打牢实体平台根基，启动站外店销售，门店营业额增长3%；搭建商品试销平台，实施宽进严出，吸引86家供应商入驻；探索异业合作平台，与各行业龙头单位开展合作，采用专柜、专区、专架方式，开设“店中店”89座；拓宽新业务平台，积极开发汽服、广告、旅游等新业态；完善CRM营销平台，发放电子券2 700余万张，带动非油品消费1.55亿元，平台价值创造能力稳步提升，非油品主要经营指标继续保持高速增长。

（赵孟闪）

【实施全口径物流优化】 2018年，四川石油分公司统筹优化资源运行，启动外采前置化验，动态调整油库罐容，打通铁路发运限装瓶颈，外采资源兑现率99%；推进简阳油库300千米扩距配送；覆盖310座加油站；开展库库中转，新增14条中转线路，完成车用柴油下载53万吨，全口径物流节费近2亿元。

（赵孟闪）

【开展“打非治违”】 2018年，四川石油分公司联合市场主营单位，协调推动政府部门开展成品油市场专项整治，通过拉网式摸排收集非法经营线索、多渠道向政府主要领导和相关执法部门汇报，全年配合政府查处流动加油车 41 辆、取缔非法自建油罐 47 个、查封黑窝点 1 个。

（赵孟闪）

【油库建设有序推进】 2018 年，四川石油分公司加强管控，抓好关键环节，定期召开工作进度协调会，加快油库建设进度，遂宁蓬溪油库一期建设工程顺利中交验收，内江双才油库进场开展场平工作。

（赵孟闪）

【提升油库母站管理基础】 2018 年，四川石油分公司启动为期 3 年油库母站管理提升活动，旨在打造管理标准化、现场可视化、过程自动化、服务自助化和队伍专业化的智慧库站。活动以“强‘三基’、争四好、创五化、保安全”为主题，覆盖所辖自有油库母站和长期租赁油库。按照 3 年总体规划，2018 年重点完善库站管理制度，统一管理标准，强化“三违”整治。

（赵孟闪）

【坚持依法依规治企】 2018 年，四川石油分公司查隐患、清积案，加大法律维权力度，通过诉讼、调解、强制执行等法律手段，取得胜诉 8 起，收回资金 3 400 余万元、价值上亿元土地 1 宗，避免直接损失 2 466 万元，解除债务风险 3.1 亿元；在没有新增历史遗留问题的基础上，加快解决 60 个存量遗留问题，成功处理 12 个，取得实质性进展 37 个。

（赵孟闪）

【管理创效成果显著】 2018 年，四川石油分公司突出价值引领，抓好现金流管理，盘活存量资产，坚持柴油低库存运行，加大应收款项清收，降低烟草等商品库存，非高效资产占比下降 8 个百分点，“两金”占用下降 11 亿元、降幅 57%，付息资金贷款余额下降 5.5 亿元、降幅 59%，节约财务成本 1 331 万元，吨油变动现金费用连续 3 年下降。

（赵孟闪）

【开设“干部讲堂”】 2018 年，四川石油分公司为强化干部员工按制度管权管事管人意识，开设“干部讲堂”，每周三下午采取视频会形式，由各处室负责人宣讲本条线制度要点，突出化繁为简，重点讲解与工作紧密相关的制度要点，切实提升全体干部员工掌握、理解、运用制度的水平。

（赵孟闪）

【加强干部队伍建设】 2018 年，四川石油分公司加强“75 后”“80 后”干部选拔培养，推行竞争性选拔，通过“民主推荐 + 竞聘 + 实操”3 个环节，提升选人用人公信力和人岗匹配度；加强干部多岗位历练，省地机关双向交流 15 人。公开竞聘 120 名片区管理人员，组织 2 期管理提升培训班，提高基层干部综合能力。举办省级培训班 48 期，培训员工 2 128 人次。取得高级技术职称 3 人、高级技师资格 7 人、技师资格 23 人。技术比武获得银牌 2 枚、铜牌 1 枚。

（赵孟闪）

【全面从严治党】 2018 年，四川石油分公司深入学习宣贯习近平新时代中国特色社会主义思想和党的十九大精神，以集团公司党组巡视和党建考核问题整改为抓手，全面推行“党群集中活动日”，实施“一单一册”工作法，坚持支部建在片区，聚焦经营开展课题研究，组织机关党员联系库站，开展地市级书记集中述职。认真开展“不担当不作为慢作为”查摆整改，组织违纪违法警示教育，积极用好“四种形态”，强化监督执纪问责，审慎处理信访举报。

（赵孟闪）

表 1　　四川石油分公司主要经营指标

年份 指标名称	2018	2017	2016	2015	2014	2013
成品油销售总量 / 万吨	268.00	263.00	257.00	244.00	216.00	216.00

续表

指标名称＼年份	2018	2017	2016	2015	2014	2013
零售量	156.00	157.00	152.00	139.00	136.00	135.00
销售收入/亿元	204.81	164.27	142.30	144.10	164.23	165.50
利润/亿元	0.10	2.30	2.50	2.12	1.21	1.01
吨油费用/亿元	422.00	409.00	408.00	411.00	404.00	376.00
加油站总数/座	514	499	487	452	429	395

重庆石油分公司

【概况】 中国石化销售有限公司重庆石油分公司（简称重庆石油分公司）组建于2009年12月，前身是中国石化销售川渝重庆分公司。2012年10月升格为大I型企业。

重庆石油分公司集仓储、物流、销售、服务于一体，主要负责重庆地区成品油批发、零售、直销以及车用天然气、液化天然气、非油品销售等业务。截至2018年底，公司资产总额79亿元，拥有员工2 805人；下设7个分公司、6个独立运行的控股合资公司（惠通、渝辉、和光、通汇、城盛、欣地）；在营加油（气）站318座（其中气站42座），在营油库6座、库容14.24万立方米。在营的长寿CNG加气母站及涪陵LNG工厂日生产能力分别为40万立方米、100万立方米，油气网络覆盖重庆市38个行政区县。

2018年，重庆石油分公司实现经营总量263.46万吨，市场份额29%，其中销售成品油242.78万吨、天然气2.69亿立方米。实现非油品营业额4.88亿元；利润3.11亿元。净资产收益率4.47%，总资产报酬率3.94%。未发生安全环保数质量上报等级事故。

重庆石油分公司主要经营指标见表1。

（郑怀录）

【调整领导班子】 2018年8月17日，重庆石油分公司召开干部大会，集团公司副总经理、党组成员喻宝才出席会议并做重要讲话。销售公司副董事长、总经理、党委副书记夏世祥主持会议。集团公司人事部副主任董烨宣读公司班子有关人员任免文件：王红兵任重庆石油总经理兼党委副书记；赵化廷任重庆石油党委副书记、纪委书记；江建华不再担任重庆石油总经理，另有任用。

（郑怀录）

【油气经营实现量效双增长】 2018年，重庆石油分公司实现成品油直分销96.74万吨，天然气直分销1.26亿立方米，分别增长12.8%、56%，创效3 324万元、7 400万元。

（郑怀录）

【零售实现持续稳定增长】 2018年，重庆石油分公司按照“坚决打好零售市场攻坚战”要求，不断增强市场意识和竞争意识，推行“一站一策”“一户一策”“增量与降价促销测算模型”精准营销策略，加强零售客户开发和分级维护，全年机出量增长10.2万吨、增幅9.8%。汽油持卡消费比例提高7个百分点。网厅充值额增长164%，沉淀资金突破5亿元。

（郑怀录）

【非油品经营有新进步】 2018年，重庆石油分公司投入油非互动资源8 993万元，带动非油销售1.46亿元，门店带动率为162%。累计实现毛利额2 255万元，毛利率14%。微信关注人数42万人、绑卡 1.9 万人，APP 会员数 61 万个，绑卡 34 万人。完成店中店项目 58 个，新建汽服项目 19 个，汽服在营网点达 27 个，综合服务站建设 19 个。

（郑怀录）

【天然气经营实现新增长】 2018 年，重庆石油分公司天然气经营量突破 2.69 亿立方米，毛利收入大幅增长，直分销队伍初步建立，基础管理、创效能力、风险防控进一步加强。LNG 直分销销量突破 1.13 亿立方米，增长 77%。业务范围覆盖重庆、四川、贵州、陕南、湘西、鄂西、广西等省区。

（郑怀录）

【加快推进销售网络发展】 2018 年，重庆石油分公司完成投资 2.7 亿元，投营加油气站 12 座，建成 6 座，开工 8 座，取得建站土地 4 宗，完成防渗改造 112 座。永川双石油库于 9 月实现开工建设，酉阳麻旺油库铁路专用线已基本建成。涪陵 LNG 工厂二期项目工程前期工作有序开展。成立智能加油站、LNG 布点和氢能源站推广调研、办公楼共 3 个项目部。推进“轻资产”经营模式，全年投营“他有我营”站 10 座。

（郑怀录）

【加快推进改革步伐】 2018 年，重庆石油分公司制定出台“三项制度”改革和人才强企工程三年工作计划及重点工作措施。推进小站委托家庭管理、油库大班组运行、多联计酬分配机制、机关“三定”等改革举措。全年成品油人均机出量 700 吨，提高 15%。全年增加家庭委托站 39 座。坚持效率优先、兼顾公平，运用零基预算理念，构建起以综合考核和加油站单列薪酬考核为“主线”，以专项奖励、“比学赶帮超”等为补充的绩效考核体系，客户经理、加油站员工等一线经营人员人均收入增长 20%。

（郑怀录）

【落实从严从细管理】 2018 年，重庆石油分公司贯彻集团公司安全会议精神和《安全管理手册》，严格落实安全生产责任制，增强安全风险识别，强化环保监管，未发生上报等级事故，企业安全环保形势总体稳定，集团公司、地方政府监管部门的抽检合格率为 100%。

（郑怀录）

【党建工作扎实有效】 2018 年，重庆石油分公司按照“转局面、抓规范、出亮点”总体规划，突出“问题整改、强基固本、质量提升”主要任务，在狠抓落实上下功夫，从严从细从实推动党建工作。成立 5 个党建课题组，开展 3 期 108 名支部委员集中轮训。认真处置信访件 16 件。

（郑怀录）

【工厂实现一次性投料试车成功】 2018 年 3 月 4 日 6 时 58 分，重庆涪陵 LNG 工厂 LNG 储罐正式接收来自冷箱的合格液化天然气，标志着该工厂实现一次性投料试车成功，顺利投营。2013 年，重庆涪陵 LNG 工厂项目获批立项。一期建设规模达日处理天然气 100 万立方米，年产天然气 22.13 万吨，不仅满足重庆市场需求，而且辐射四川、贵州、陕西、湖北、湖南、广西、广东等地。作为中国石化和重庆市的重点建设项目，该项目是采用中国石化工程建设有限公司自主开发的低能耗液化技术（LEP），是中国石化首座自主知识产权的 LNG 工厂，也是涪陵页岩气的深度开发加工项目。

（郑怀录）

【首个爱心加油站——环卫驿站揭牌】 2018 年 4 月 20 日，重庆石油分公司首个爱心加油站——环卫驿站在涪陵分公司卫古路加油站揭牌。组织对选定站点的独立房间或便利店进行整理、清扫、装饰，对条件不达标的加油站进行重新装修，营造良好环境。设计“环卫驿站”统一标识，张贴在站内外显眼处，张贴进站须知、爱心服务公约等，方便环卫工人知晓，明确服务项目。为选定站点配齐桌、椅、床、沙发、热水器、水壶、微波炉、空调等设施，为环卫工人提供“洗洗手、擦擦汗、歇歇脚、喝喝茶、乘乘凉、取取暖”等多项便利服务。

（郑怀录）

【举办“质量开放日”活动】 2018 年 5 月 9 日，重庆石油分公司“质量开放日”活动在计质量中心举行，邀请消费者代表、供应商、媒体记者等30余人走进中国石化，“零距离”观看油品检测过程，现场感受油品检测工作和质检人员严谨的工作态度。

（郑怀录）

【召开庆祝建党97周年暨“党建质量提升年”推进会】 2018年7月2日，重庆石油分公司召开庆祝建党97周年暨“党建质量提升年”推进会，市公司领导班子成员、各部门负责人、党支部委员，各分（子）公司党委（党总支）负责人、人力资源部（综合部）负责人及受表彰的“一先两优”代表参加会议。

（郑怀录）

【完成团委换届工作】 2018年7月10日，重庆石油分公司顺利完成团委换届工作。

（郑怀录）

【唐家沱油库首次汽、柴油管道顺序输送成功】 2018年9月10—12日，唐家沱油库首次汽、柴油管道顺序输送成功。自贵渝管道投用以来，因线路沿途起伏变化，汽柴油顺序输送存在大面积混油风险，该管道仅承担柴油输送任务。为拓宽油品入库渠道，渝辉公司于9月进行首次汽、柴油顺序输送测试，共计2.22万吨，其中汽油2 000吨，收油结果完全符合预期测算，管道汽、柴油顺序输送测试一次性成功。

（郑怀录）

【与重庆建行举行战略合作协议签约仪式】 2018年11月7日，重庆石油分公司与重庆建行在重庆建行大楼会议室举行战略合作协议签约仪式。双方一致同意，要在做好资金结算服务、上门收款服务、POS收单服务、活动促销、产品宣传推广、融资服务、金融科技业务，在普惠金融、劳动者港湾等领域合作的基础上，深入研究在金融科技（智慧自助加油及无感支付加油等）、场景融合（汽车银行与智慧加油等场景）、资源共享（联名卡、员工专属优惠等）、融资服务（包括上下游链条企业等）等方面合作，为服务普惠金融和搭建消费场景做出特色和示范。

（郑怀录）

【召开第一次代表大会】 2018年11月8日，中国共产党重庆石油分公司第一次代表大会胜利召开。会议总结近年来公司党的建设和改革发展所取得的成绩与经验，研究部署公司党委今后一段时期的重点工作。大会选举产生中国共产党重庆石油分公司第一届委员会和纪律检查委员会。公司领导、机关干部和基层党员共90名代表出席大会。

（郑怀录）

表1　重庆石油分公司主要经营指标

指标名称 \ 年份	2018	2017	2016	2015	2014	2013
成品油销量／万吨	242.78	221.70	198.06	185.00	179.38	178.84
零售量	145.18	135.97	127.83	125.16	119.99	119.82
销售收入／亿元	179.42	139.75	111.51	110.84	134.36	137.62
报表利润／亿元	3.11	3.86	3.31	2.40	2.00	1.70
报表吨油费用／元	331.00	334.00	356.00	337.00	354.00	321.00
在营加油（气）站总数／座	318	297	290	301	276	276
油库数量／座	6	6	6	6	6	6

陕西石油分公司

【概况】 中国石化销售有限公司陕西石油分公司（简称陕西石油分公司）本部位于陕西省西安市，是2009年底以原销售西北分公司机关为班底和原销售西北陕西分公司重组而成，2010年1月15日正式揭牌成立，时称中国石油化工股份有限公司陕西石油分公司。2012年10月，中国石化党组研究并征得中共陕西省委员会同意，决定将陕西石油分公司管理规格调整为大Ⅰ型。按照中国石化混合所有制改革部署，2014年5月更名为中国石化销售有限公司陕西石油分公司。

陕西石油分公司集仓储、物流、销售、服务为一体，全权负责中国石化在陕西省境内的成品油、天然气、非油品销售等经营业务和销售网络建设工作。截至2018年底，员工总数由成立之初的1 028人增加到3 173人；机关本部设有13个职能部门，下辖9个地市公司及36个县公司（片区）；在营加油（气）站总数从成立之初的77座增长到442座，非油品易捷便利店由21座增长到425座，自有油库由1座增长到3座、总库容达13.8万立方米。2018年实现油气经营总量187.01万吨，其中成品油经营量178.90万吨。

陕西石油分公司主要经营指标见表1。

（马保迁）

【领导班子调整】 2018年3月29日，陕西石油分公司召开干部大会，宣读集团公司党组关于陕西石油分公司领导班子调整的决定：杨其明任陕西石油分公司总经理、党委副书记，暂主持公司党政全面工作；谭莫羡任湖南石油分公司正局级调研员，李清杰任山东石油分公司调研员。9月19日，陕西石油分公司召开干部大会，宣读集团公司党组关于陕西石油分公司领导班子调整的决定：张森任陕西石油分公司党委书记、副总经理。

（马保迁）

【较好完成各项目标任务】 2018年，陕西石油分公司全年实现经营总量187.01万吨，增长6%。成品油销量178.9万吨，增长6%，列区外（下同）第6位，其中零售量、机出零售量127.59万吨和118.92万吨，增长5.2%和5.4%，列第8位和第10位；直分销51.31万吨，增长11.25%，列第6位。实现非油品销售4.15亿元，增长30%，列第6位。实现天然气销售1.14亿立方米，增长24%，列第6位。吨油费用487元；实现报表利润1 231万元，减少42%，列第7位。新增发展加油（气）站22座，计划完成率244%。企业安全和谐平稳运行，未发生上报集团公司、销售公司级安全数质量和媒体负面舆情事故。

（马保迁）

【着力抓好资源创效】 2018年，陕西石油分公司坚持全环节综合算账，按照“价格孰低”原则比对分析，延长价格低时采购集采资源，全年累计购进延长集采资源142.52万吨，增长39.6万吨，增幅38.5%。外采价格低时采购外采资源，看准时机，果断出手，累计外采低价资源25.28万吨，较同期集采资源降低采购成本0.23亿元。

（马保迁）

【坚守“零售量同比不降”底线】 2018年，陕西石油分公司按照“面上稳、点上狠”的原则，发力“精准、灵活”营销，综合运用点对点竞争、一站一策、油非互促、加油卡营销、机出小配等差异化营销策略，落实“三优五增”，全年汽、柴油机出零售分别实现39.4万吨、增长0.1%和79.52万吨、增长8.2%。其中，116座点对点竞争站实现增量3.2万吨，180座“一站一策”站实现增量0.95万吨；开展加油卡“五进”活动2 673次，累计发卡2.35万张，充值金额1.05亿元，实现省内加油卡客户消费增量7.1万吨，增长30%。

（马保迁）

【强化考核培训实现内涵创效】 2018年，陕西石油分公司制定扩销增量考核办法，建立多联计酬为核心的加油站考核分配机制，以业绩论“英雄”，激发一线员工扩销增量的积极性。全年累计获总部零售增量资源考核奖励1.59亿元，薪酬奖励334万元。全省建成18座“站长站”。公开选拔优秀站长和员工147人，总结提炼大师傅工作法49项，在全省推广“柳磊燃油宝销售工作法”。以现场“师带徒”等方式举办21期轮训班，186名站长和26名后备站长参加轮训，零售线条业务技能得到提升。

（马保迁）

【抓客户开发向市场要增量】 2018年，陕西石油分公司按照大客户保销量、中小客户保效益，开发社会油站客户提升汽油销售的经营策略，开展“拼市场、抢客户、扩销量、夺红旗”全员营销。全年新增客户524户，实现销量4.1万吨，占比8%，其中新增终端客户316户，实现销量2.1万吨；全年走访社会加油站客户363家，实现销售5.79万吨。

（马保迁）

【抓定价策略实现增量增效】 2018年，陕西石油分公司充分利用价格上行机遇，积极联合兄弟企业稳价推价，并根据客户购油批量和规模，实施“一户一策”差异定价策略，做到量效兼收。全年实现销售51.31万吨，增长11.25%（其中柴油增长22.6%、汽油下降15.9%）；直分销吨油毛利67元，增加104元。

（马保迁）

【天然气实现扩销增量增效】 2018年，陕西石油分公司天然气机出零售8 268万立方米，增长26%；实现机出价差收入2 840万元，吨气价差达472元。获总部月度先进红旗4面、年度进步红旗1面；专项薪酬奖励827万元。全年通过询比价购进LNG5.35万吨，累计节约采购成本187万元。

（马保迁）

【非油品拓展外延业务】 2018年，陕西石油分公司开展节日营销、季节营销等各类主题营销活动，开展品鉴会、内购会等特色营销，非油品基础品类销售额2.2亿元、增长3%，实现毛利4 933万元、毛利率23%。新增汽服项目31座，实现销售743万元，增长350%；汽车销售业务实现突破，销售额达308万元；新开餐饮店3座，实现销售24万元。筛选陕西名特优产品赴杭州参展，成功向5家区内公司现场推介；取得莆田青梅果酒陕西代理权，实现非油品业务向批发领域拓展；卓玛泉在咸阳、榆林机场和白鹿原景区上架销售，并通过京东电商平台销售1.4万箱。

（马保迁）

【深化分配制度改革】 2018年，陕西石油分公司以市场化、差异化为导向，推进收入能增能减。全面修订绩效考核与薪酬分配办法，对地市公司突出“量、效、费、管理”全方位考核；对地市公司领导班子突出业绩导向，按照考核排名兑现薪酬；对省公司机关突出部门关键绩效指标和以“效率+服务”为核心的7项公共业务指标考核体系，实现“部门+人员”全覆盖、差异化考核。同时，有效推进加油站薪酬“切块”管理，10月起把加油站考核分配权逐步交由零售部门管理，根据业绩差异，合理拉开收入差距，破除平均主义，员工积极性得到充分调动。

（马保迁）

2018年9月7日，陕西石油分公司举办赖茅全国巡回品鉴会暨陕西戊戌狗年生肖酒上市发布会（马保迁 摄）

2018年9月28日，陕西石油分公司举办庆祝易捷十周年系列营销活动（马保迁 摄）

【HSSE 基础管理稳步提升】 2018 年，陕西石油分公司基层单位负责人参加政府认证培训取证率达 100%；地市公司开展应急演练 36 次，库站级专项应急预案演练 5 017 次；赴基层现场督察 215 站（库）次，发现问题 1 042 条，整改率 96%；接受总部 4 次大型检查，获集团安全大检查小组第 2 名，获评销售公司 HSSE 综合管理 B 级单位。

（马保迁）

【积极推进网络项目发展】 2018 年，陕西石油分公司全力开发新项目和稳定现有网络。全年新发展和续租加油（气）站 22 座，完成销售公司计划（下同）244%，获年度发展进步红旗；新增投营站点 13 座，完成 108%；完成歇业复营项目 3 座，全年在营网点 430 座，守住了经营网点数量不减少的底线。

（马保迁）

【价值管理能力得到提升】 2018 年，陕西石油分公司坚持财务价值引领，树立服务意识，深度参与经营工作全过程，促进业财融合。建立财务和经营联动预算机制，推行利润序日跟踪模型，促进效益的提升。深化全员成本目标管理，强化费用管控，全年较预算节余 2 966 万元；吨油费用 487 元，较年度预算降低 18 元。围绕加强规范管理，深入开展“强基础、防风险、促发展”自查自纠工作及成品油外采等专项审计，严把完工项目结算审核关，累计审结工程项目 187 项，审减金额 800 万元，综合审减率 9.17%。

（马保迁）

【着力推进西安石化后续处置工作】 2018 年，陕西石油分公司落实股份公司《关于调整西安石化管理关系的通知》要求，建立一体化管理体制。成立由省公司党政一把手任组长的专项工作组，分设由陕西石油分公司与西安石化部门和人员组成的人事、清算、资产处置、土地处置、“四供一业”移交、安全环保、舆情稳定 7 个专项工作小组，确保工作有序推进。按照总部 2019 年底前完成西安石化税务及工商注销的要求，及时组织人员召开专题会、对接会，进行全面深入的沟通，梳理问题，厘清思路，初步完成西安石化处置清算方案的制订工作。

（马保迁）

【基层党建质量有效提升】 2018 年，陕西石油分公司修订党委工作规则、“三重一大”等制度，细化“一岗双责”清单，坚持党建与经营工作同汇报、同部署、同检查。完成西安、榆林等 5 家地市公司党委、纪委换届选举，严格落实领导干部“双向进入、交叉任职”制度。开展党支部分类定级，优化基层党支部设置，加强党员积分管理、党员示范岗创建和党员联系油气站等工作，支部战斗堡垒作用和党员先锋模范作用不断增强。按照党组巡视、党建考核的反馈意见，采取“止损挽损、倒逼改革、追责问责”三步法推进问题整改，截至年末巡视和党建考核问题整改率分别为 64% 和 90%。

（马保迁）

2018 年 7 月 7 日，陕西石油分公司在延安梁家河开展机关主题党日活动 （马保迁　摄）

【全面从严质量力度不断加强】 2018 年，陕西石油分公司进一步明确党委 3 个方面 32 项和纪委 5 个方面 33 项具体责任，完善党委成员履行主体责任清单，明确全面从严治党责任。开展党风廉政建设检查考核，对排名靠后单位的纪委书记实施约谈。成立监督委员会，完善配套措施，强化了监督力量沟通协作。强化各级领导人员监督与管理，开展党风廉洁建设约谈和运用监督执纪“第一种形态”开展谈话共 56 人次，其中领导干部廉洁谈话 36 人次、日常性谈话 3 人次、提醒谈话 11 人次、诫勉谈话 3 人次、党风廉洁建设问题约谈 3 人次。

（马保迁）

【党建助推经营管理质量提升】 2018年，陕西石油分公司通过“假如我是客户”全员大讨论等活动，共征集501条建议。狠抓“比学赶帮超”和“竞赛比武”工作，激发公司上下争先进位动力，累计发放地市公司月度红旗85面，夺得销售公司月度红旗13面、年度红旗2面，夺得集团公司比武竞赛团体第四、个人银牌2枚，销售公司比武个人银牌1枚。

（马保迁）

表1 陕西石油分公司主要经营指标

指标名称＼年份	2018	2017	2016	2015	2014	2013
成品油销售总量/万吨	178.90	169.42	180.80	217.71	208.08	200.46
零售量	127.59	121.29	124.03	130.28	150.20	145.36
销售收入/亿元	121.49	98.28	93.09	116.70	149.98	147.78
利润/亿元	0.12	0.21	1.64	2.70	0.40	1.00
吨油费用/元	487.00	488.00	475.00	375.00	394.00	368.00
加油（气）站总数/座	442	464	434	414	438	433

内蒙古石油分公司

【概况】 中国石化销售有限公司内蒙古石油分公司（简称内蒙古石油分公司）本部位于内蒙古自治区呼和浩特市如意开发区如意和大街28号万铭总部基地综合楼5号楼。其前身是中国石化销售有限公司西北内蒙古分公司。2009年12月，根据股份公司《关于印发〈区外油品销售企业管理体制调整方案〉的通知》，内蒙古石油分公司调整为股份公司直属企业，更名为中国石油化工股份有限公司内蒙古石油分公司。2014年4月，根据股份公司《关于中国石油化工股份有限公司31家省级石油分公司名称变更的通知》，变更为中国石化销售有限公司内蒙古石油分公司。内蒙古石油分公司主要在内蒙古地区从事成品油零售、直销和批发及润滑油、燃料油及非油品的销售等业务。

截至2018年底，内蒙古石油分公司本部设12个职能处室，下设11个盟市分公司，拥有在营油库9座、加油站383座，其中加油加气站15座，资产总额43.37亿元，职工总数2 240人（不包括委托站的742人），其中合同制员工2 217人、劳务工23人。控股中石化集团内蒙古石油销售有限责任公司（简称内蒙有限公司），其本部设综合、财务、业务部、发展安全部4个部门，下设赤峰分公司，参股包头有限公司，拥有在营油库2座（自有1座、租赁1座）、在营加油站5座，待重建2座，在册员工47人，资产总额1.66亿元。

内蒙古石油分公司主要经营指标见表1。

（邓轶涵）

【领导班子调整】 2018年8月15日，经集团公司党组研究并征得中共内蒙古自治区委员会同意，决定：张华任内蒙古石油分公司总经理、党委副书记；王红兵不再担任内蒙古石油分公司总经理、党委委员，另有任用。

（邓轶涵）

【搬迁新址】 2018年6月19日，内蒙古石油分公司办公地址由内蒙古呼和浩特市新城区成吉思汗大街26号日新大厦搬迁至内蒙古呼和浩特市如意开发区如意和大街 28 号万铭总部基地综合楼 5 号楼。

（邓铁涵）

【技能竞赛取得历史新突破】 2018 年，内蒙古石油分公司加强组织领导与顶层激励，深入推进竞赛比武工作，取得 1 银、3 铜、1 优秀选手的优异成绩，实现竞赛比武奖牌重大突破。

（邓铁涵）

【奋力打好零售市场攻坚战】 2018 年，内蒙古石油分公司充分利用总部机出奖励政策，强化区市两级协同，强势推进市场攻坚，实现量效兼顾的喜人业绩。全年零售增幅 19%，11 家盟市分公司全部实现正增长，鄂尔多斯增幅达 38.5%。全年纯机出汽油增幅 13%、柴油增幅 24%，天然气零售增幅 28%，围绕提质增效，加大高标号汽油推广营销，实现增长 18%，占汽油销量比重提升 1.1 个百分点；年末汽油持卡比例 39%，提升 7 个百分点；沉淀资金突破 5 亿元，增长 23%。较好完成总部“两增长一不降”任务目标，并保持较高增长水平。

（邓铁涵）

【统筹库存运作扩销增效】 2018 年，内蒙古石油分公司累计创效 6 387 万元。合理摆布配置与集采资源流向，降低采购成本 2 424 万元。更好发挥串换资源运输成本优势，节约二次运费 471 万元。围绕物流优化，不断调整公路、铁路进货结构，节约运输成本 463 万元。将集采资源纳入直分销口径，使用集采、自采平均进货价核算直分销成本，全区统一算账，东部 4 个盟市利用集采资源，直分销增长 42.5%。加大对社会加油站开发走访和汽油贸易商开发的力度，组织开展社会加油站客户专项调研，汽油直分销完成 7.8 万吨，增长 200%。

（邓铁涵）

【打造高标准综合服务站】 2018 年，内蒙古石油分公司紧紧围绕价值实现与形象提升，统筹规划，精准选点，高标准、高起点打造综合服务站。呼和浩特绕城七号、包头东官房、通辽河西等综合服务站先后开业，呼和浩特绕城七号站改造开业当日，汽油销量突破 100 吨大关，创内蒙古石油分公司单站单日销量纪录。

（邓铁涵）

【信息化建设迈出步伐】 2018 年，内蒙古石油分公司加快信息化建设应用，完成 60 台自助发卡机的安装、应用，在 252 座站增设高拍仪，上线运行“油你掌控”APP，深入开展信息系统深化应用创新创效，完成 33 项重点应运项目，有效提升公司的信息系统应用成效和经营管理水平。

（邓铁涵）

【非油品新业务创收显著】 2018 年，内蒙古石油分公司大力开拓新业务，在 42 座加油站开发洗车服务，增加 17 座，贡献平台交易额 2 494 万元。在 63 座加油站开展室内外广告业务，增加 29 座，贡献平台交易额 1 976 万元。邮政代缴费实现营业额 9 833 万元。

（邓铁涵）

【挖潜增效与管理创效再创新水平】 2018 年，内蒙古石油分公司针对各经营、管理线条出现的漏洞和问题，逐个梳理总结，定标整改，扎实推进全员目标成本管理，获集团公司“财务基础管理年”优秀企业称号。全年共计实现管理创效 1 728 万元，完成目标的 116%，其中减少日常、公务性支出 481 万元，节约财务费用 665 万元，降低上门收款费用 75 万元。争取税收减免政策，累计节税 212 万元。油品密度累计创效 2 184 万元，完成计划的 156%。

（邓铁涵）

【安全环保工作扎实巩固】 2018 年，内蒙古石油分公司坚持安全精细化管理目标，大抓严抓承包商、承运商安全管理，着力打造基层 HSSE 管理小体系。标本兼治，完善环保管理基础，实现油气回收设备配备率 100%，外排废水、废气检测合格率 100%。全面督察保平安。年均督察轨迹长约 1.2 万千米，各类现场和视频督察网点覆盖率达 100%，累计闭环监管问题 6 000 余项，基层单位“低老坏”和“重复性”问题得到有效削减，设备“跑冒滴漏”率降至 4.1%，作业严重违章数量降低 60%。

（邓轶涵）

【计质量工作持续强化】 2018 年，内蒙古石油分公司建立健全质量检测体系，全年完成油品质量检测 11 141 批次，确保出入库检测 100% 合格。顺利完成国Ⅵ汽、柴油质量升级。10 座加油站获自治区诚信计量示范单位称号。强化损耗管控，零售损溢率创历史最好水平。

（邓轶涵）

【党建工作持续提升】 2018 年，内蒙古石油分公司增强整体合力，以维护团结、勇于担当、增强合力为核心，从严抓实领导班子自身建设。班子成员主动牵头重点工作推进，严格落实党委会、领导班子会、“三重一大”等议事规则，确保为公司发展把准方向、管好大局、保证落实。融入经营中心，创新开展党建工作。深入开展“我为经营添光彩”大讨论，着力解决经营工作的深层次问题，全年筛选、提报改善经营管理建议 152 条，纳入实施 58 项。务实开展“走基层、听实情、解难事”调研，认真听取基层干部、员工意见建议，现场帮助盟市分公司解决经营和管理难题。创新开展“零售百日攻坚”“基层支部擂台赛”，不断深化党建成果应用。抓好党建考核问题整改，推行党建工作闭环管理。梳理 7 项 33 个具体问题，分类提出 66 条整改措施，全部整改到位。深入开展“新气象新担当新作为、整改不担当不作为慢作为突出问题”活动，持续改进机关工作作风，提升工作质量。

（邓轶涵）

表 1　　内蒙古石油分公司主要经营指标①

指标名称＼年份	2018	2017	2016	2015	2014	2013
成品油销售总量 / 万吨	196.40	192.22	166.25	184.48	179.11	165.31
零售量	147.17	128.80	108.91	97.56	106.15	125.07
销售收入 / 亿元	131.43	106.31	81.85	96.89	125.09	122.17
利润 / 亿元	0.96	1.50	0.51	0.03	−0.11	1.20
吨油费用 / 元	363.00	348.00	378.00	346.00	345.07	344.82
加油站总数 / 座	383	368	360	372	372	367
油库数量 / 座	9	9	10	10	10	10
铁路专用线数 / 条	8	8	10	10	10	10

① 以上指标均不含参股公司

新疆石油分公司

【概况】 中国石化销售有限公司新疆石油分公司（简称新疆石油分公司）本部位于新疆乌鲁木齐市长春南路 466 号，主要负责中国石化在新疆地区的成品油销售与营销网络建设，主营汽油、柴油、润滑油、非油品和其他石化产品的零售、直销配送、批发、仓储业务。2010 年 1 月 1 日，集团公司为加快在新疆地区的发展，与在疆的油田、炼厂发展相配套，确保开发的石油资源就地加工、就地销售，支持与服务于新的经济建设和社会发展，进行管理体制调整，新组建新疆石油分公司，隶属于中国石化销售有限公司直接领导。2012 年 10 月升格为大Ⅰ型企业（正局级）。

截至 2018 年底，新疆石油分公司设 12 个职能管理处室、3 个专业中心和 1 个运行保障机构，下辖 9 个地市分公司和 12 个控股公司、1 个全资子公司和 1 个参股公司。拥有在营加油（气）站 407 座、易捷便利店 351 座、油库 14 座。有员工 2 613 人，其中少数民族占员工总数的 55%；员工平均年龄为 33 岁；共有党员 567 名，占员工总数的 21%。

2018 年经营总量 273.2 万吨，其中成品油销售 267.57 万吨，零售 139.37 万吨（枪售量 110.08 万吨，增幅 11%）、直分销 128.2 万吨；天然气销量 6 826 万立方米，增幅 4%；非油品营业额 3.02 亿元，增幅 25%；完成投资 6 亿元；实现销售收入 183 亿元，报表利润 4 561 万元；QHSSE 平稳运行。

新疆石油分公司主要经营指标见表 1。

（李　飞）

【领导班子调整】 2018 年 12 月 26 日，集团公司宣布新疆石油分公司领导班子调整决定：党委书记孟伟兼任新疆石油分公司总经理，王士敏为新疆石油分公司工会主席人选（仍任党委副书记、纪委书记）；邱发森不再担任新疆石油分公司总经理职务。

（李　飞）

【机出零售创历年新高】 2018 年，新疆石油分公司继续坚持“疆油疆炼疆销”战略定位，牢固树立“量效兼顾”和“算账式”经营理念，坚持量效综合平衡，优化营销策略，努力把一体化优势转化为市场竞争优势，在确保塔河炼化后路畅通的基础上，克服市场竞争激烈、防渗改造任务繁重的困难，提前 1 个月完成油品质量升级；开展“全员营销劳动竞赛”活动，采取阶梯式绩效考核，重点围绕机出零售和高标号汽油定措施、激活力，以“三基”建设、视频监控、达标创星为抓手，狠抓站前管理与服务，坚决打好市场攻坚战，机出零售突破百万吨大关，达 110.08 万吨、增幅 11%，创历年新高。

（李　飞）

【天然气销售呈现增长势头】 2018 年，新疆石油分公司围绕 LNG 大通道和 CNG 小集群建设，积极开发天然气资源，努力优化气源气价和稳定供应。落实 LNG 代加工和统购统销，开展天然气直批业务，编制天然气发展三年滚动计划，天然气销售超额完成年度任务。

（李　飞）

【非油品销售创新高】 2018 年，新疆石油分公司统筹“品牌 + 资本 + 商品 + 服务”的发展方式，推进油非深度融合，全力拓展汽服、保险、广告等业务，打造综合服务体。优化商品采购、配送，运营中央仓，推进线上线下互动融合，探索微商城。开展主题营销、微信吸粉，绑卡会员快速增长。全年基础品类销售额增长 18%，将新疆 239 个特色商品推向全国，实现销售额 1 600 余万元。全年非油品营业额突破 3 亿元，创历史新高。

（李　飞）

【销售网络发展取得突破】 2018 年，新疆石油分公司围绕总部“经略南疆”战略，编制新疆石油分公司“两个三年、两个十年”发展规划，坚持把网络发展作为“生命工程”，紧盯“提质、增效、升级”目标，坚持“自建为主、效益优先、低成本发展”，充分发挥企地合作优势，打造高速公路网点的竞争长板，稳步推进轻资产发展，建设“能支撑一体化运作、规模化营销”的配套网络，全年续建、新建加油（气）站 40 座，投营 3 座，贡献零售量约 3 万吨。获销售公司项目批复 29 个、土地 11 宗，商务厅批复项目 15 个。全年短期租赁加油站 9 座、“他有我营”28 座。库车团结油库扩容投产，销售网络发展在新地区、复杂困难问题的协调上得到突破。

（李　飞）

【超计划完成双层罐改造任务】 2018 年，新疆石油分公司坚持“高效推进、质量创优、安全受控”原则，统筹非油、隐患治理、提量改造、防渗改造，安排投资计划，优化施工工期，超计划完成 341 座加油站双层罐改造任务，单站停工时间由平均 61 天缩短至 37 天，最短停业仅 12 天。

（李　飞）

【QHSSE 安稳运行】 2018 年，新疆石油分公司坚持安全环保发展理念，狠抓责任落实，强化风险管控与隐患治理，推进 QHSSE 管理规范化、制度化，全面梳理作业流程，建立基层责任、培训、作业、应急、检查和考核闭环，完善风险识别和隐患排查治理双重预防机制，抓好直接作业环节和承包商安全管控，狠抓施工现场检查监管，落实防渗改造环境风险防控措施，部署特殊时期、重大活动期间值班、检查和现场守卫，落实各项人防、物防、技防措施，做好应急演练与处置，持续加强油品数质量全环节控制，全年完成 78 项隐患项目，环保验收完成率由年初的 27% 提升至 82%，确保固废和含油污水等规范处置，在各级油品抽检中合格率均为 100%。

（李　飞）

【基础工作扎实有效】 2018 年，新疆石油分公司推进“三项制度”改革，深化人事用工分配制度改革，出台《新疆石油深化人事劳动分配制度改革实施方案》；关注年轻干部培养，建立三级人才后备干部数据库；完善“三基”工作机制，落实地市公司主体责任；优化内控体系，抓好制度发布督办；强化合同管理，优化资金资产监管；开展成品油外采业务等 4 项专项审计，做好标准合同应用和重大项目审核；加强合资公司管理，全年内控测试 2 838 个控制点，权属类证照完整率由 65% 提高至 86.5%。合同线上审查率 100%，提出 33 项 88 条改革措施，严格控制用工总量，提高劳动生产率，人均劳效提升 23%。年内，新疆石油分公司获自治区五一劳动奖状和全国“安康杯”优胜企业称号。

（李　飞）

【党建质量大幅提升】 2018 年，新疆石油分公司大抓基层党支部建设强基固本，召开基层党支部建设现场推进会，制订《实施基层党组织组织力提升工程实施方案》，优化基层党组织设置，配齐配强 48 名基层专职党支部书记及党务专岗人员，组成宣讲组进片区、进库站、进家庭、进“访惠聚”驻村点宣讲，坚持“一支部一品牌”建设，建立健全《关于落实基层党支部五项主要任务实施意见》《基层党支部委员会议事规则》等党建制度 6 项，推动基层党组织标准化、规范化建设，基层党组织组织力、号召力、推动力明显提升，连续第 2 年被评为集团公司党建考核 A 档。

（李　飞）

【落实中央和地方脱贫攻坚工作部署卓有成效】 2018 年，新疆石油分公司扎实开展“访惠聚”、扶贫攻坚和“民族团结一家亲”工作，50 多名员工全脱产与 13 个村的 2 万多位村民同吃同住同劳动，全力维护社会稳定，用心做好群众工作，扎实推进脱贫攻坚，切实坚强基层组织，全年 4 个贫困村通过自治区脱贫达标验收。

（李　飞）

表 1　　新疆石油分公司主要经营指标

指标名称 \ 年份	2018	2017	2016	2015	2014	2013
成品油销售总量 / 万吨	273.20	283.66	257.61	226.40	203.56	208.76
零售量	267.57	143.10	133.72	120.82	120.59	118.99
销售收入 / 亿元	183.02	160.35	128.88	121.77	141.15	149.69
利润 / 亿元	0.46	0.43	0.66	0.42	−1.37①	1.11
吨油费用 / 元	341.00	281.00	266.00	290.00	309.00	242.37
在营加油（气）站总数 / 座	407	392	392	395	395	368

① 2014 年利润为 −1.37 亿元，主要原因系新疆地区反恐形势影响年度销售量、吨油毛利都较上年大幅减少，而同时费用增加所致

吉林石油分公司

【概况】 中国石化销售有限公司吉林石油分公司（简称吉林石油分公司）是中国石油化工股份有限公司在吉林省设立的全资子公司，是吉林省主要的成品油供应商之一，主营汽油、柴油、天然气的批发和零售，同时开展加油站便利店经营等业务。

吉林石油分公司的前身是中国石化销售股份有限公司东北吉林省分公司。2009 年 11 月，根据中国石化总部调整区外油品销售企业管理体制的重大决策，重组成立中国石油化工股份有限公司吉林石油分公司。下辖吉林市、白城、天然气 3 个分公司；2010 年经总部批准成立松原、四平、延边、通化 4 个分公司；2014 年经总部批准成立长春分公司。2014 年 5 月因集团公司对油品销售板块业务重组要求，公司更名为中国石化销售有限公司吉林石油分公司。公司拥有自有油库 2 座、天然气 CNG 母站 2 座。经营范围覆盖吉林省内 7 个地市，初步形成成品油与天然气并举、供销一体化的经营格局。

2018 年，吉林石油分公司下设 9 个职能处室、2 个专业中心。共有员工 880 人，其中合同制员工 795 人、劳务工 85 人；具有高级职称的 5 人、中级职称的 42 人；技能操作人员中，高级技师 1 人、技师 8 人，高级工 113 人、中级工 114 人。

吉林石油分公司主要经营指标见表 1。

（郝　佳）

【统筹经营资源】 2018 年，吉林石油分公司坚持“市场就是战场”理念，精准定位、精心运作、灵活营销。统筹运作 3 种资源，按照“低价垫库、高价低库”原则运作库存，全年成品油集采增长 67%。成品油直分销贴近市场灵活定价，一户一策全力“稳户、增户”，销量与市场份额显著提升，直分销实现增幅 43%，获“油气非”销售竞赛区外公司第 1 名。成品油零售统筹把握量、价、效平衡关系，汽油保价稳量创效，柴油随行就市拓市抢量；运用“两张卡”稳定固有客户，开发新客户，坚持现金用户转卡，促进量效双增长，全年发卡量增幅 220%，持卡消费比达 53%、增幅 15%。持续做大天然气，发挥与东北油气一体化优势，开展代加工业务，包销龙凤山区域气源，主攻车用气市场，树立中国石化“品牌气”形象，全年天然气零售增幅 24%。大力发展非油品业务，上线“加油吉林”APP 平台，线上线下营销互动；共享第三方合作资源，与吉林地方国企签订合作协议，打造人、车综合服务生态圈；探索“智慧油站”建设，增加自助洗车、充值办卡等服务设施，提升消费体验。

（郝　佳）

【实施“三项制度”改革】 2018 年，吉林石油分公司实施“三项制度”改革，激发内生动力。以干部制度改革为突破口，公开选聘中层干部和机关专业技术人员，畅通干部人才成长通道，加快年轻干部培养，中层干部中“70 后”占 77%、“80 后”占 43%，竞聘上岗让拼搏进取精神在公司蔚然成风，干部年龄结构趋于合理，能上能下机制初步形成。以“三定”工作为抓手，全面实施机关“瘦身”，省市两级机关由 230 人优化至 190 人。推进基层用工改革，优化油库排班，实行大班组运转，3 000 吨以下加油站全部实行家庭式驻站改革，3 000—6 000 吨加油站全部实行委托管理，改革后用工总量优化率 15.49%，全员劳动生产率提升 40%，改革站员工收入增幅达 34%。聚焦人才强企工程，制订人才工程行动方案，积极开展人才素质提升工程，组织开展首届职称评审工作，34 人获初、中级专业技术职称；组织 7 人参加技师技能鉴定，通过率 100%；组织 2019 年高校毕业生引进，积极储备后备人才。

（郝　佳）

【网络建设取得积极进展】 2018 年，吉林石油分公司坚持“网络建设是生命工程”理念，正确处理发展成本与竞争资本的关系，综合测算投资回报，用短期发展成本溢价，换取长期稳定的竞争收益。租赁当地油库，仓储能力增加，为开拓吉林省东南部市场奠定坚实基础。加强统筹防渗改造工作，综合各类维修改造需求，区分轻重缓急，制订专项方案，明确时间节点，严肃考核兑现，专门成立督察组，强化现场督导。全年共完成加油站防渗改造63座，完成总数的60%。

（郝　佳）

【挖掘创效潜能】 2018年，吉林石油分公司在内部挖潜增效上强化精细管理，深挖增效潜能。大力开展降费创效工作，梳理运距，算细算精成本效益账。狠抓考核激励，构建多维度绩效考核体系，强化对扩销增量的激励作用，全年累计评比颁发月、季、年度红旗105面，长春分公司、吉林市分公司排名前列。强化管理提升效率，印发《吉林石油践行“马上就办”实施细则》，对重点工作定期督办；开展首届“三基”知识竞赛，提升合规意识；加强履约风险管理，全年审核合同文本1 384份，出具法律意见书15份；鼓励基层创新创效，农安油库申报的《移动式下装计量检定车》及《倒油神器》分别获销售公司《一线工作法》二、三等奖。持续推进“7S”标准化建设，完成90座加油（气）站、2座油库、2座母站的“7S”标准化建设目标。严把各环节油品质量关，全年开展外采及委托站数质量检查1 080批次，检查不合格做退货处理1次，确保销售油品100%合格。加快信息化建设步伐，“加油吉林”APP营销平台、海信电子券、零管系统、“油你掌控”等多个系统上线运行，全省视频监控系统投入使用，在营油站液位仪系统、普票系统、网络带宽提速改造升级，安装24台自助发卡终端，完成高拍仪以及老旧工控机安装维护，进一步提升信息化水平。

（郝　佳）

【打造党建新气象】 2018年，吉林石油分公司在党建工作中强化融合，努力打造党建新气象。依托新时代E支部和微信平台等，刊发习近平系列重要讲话80期，开展为学习活动30期、累计588人次参与，以信息化引领加强干部员工理论学习教育。以“三建”和“五强一创”为载体，成立政工部门，配备政工干部，配齐支部班子，组织支部书记、政工干部培训，开展党建和“家文化”调研，召开党建座谈会，启动“双示范”和组织力提升工程，全面落实集团公司“党建质量提升年”会议精神。压实党员干部“一岗双责”，对延边、通化党组织机构进行调整，将省公司机关党支部由原有的2个调整为8个。抓党建与中心工作融合，班子成员带头，行政例会对党建与经营管理工作同部署、同落实，党员“三支队伍”深入经营一线865人次，帮助基层解决问题384个。加强宣传工作，深入报道企业形势任务、基层拓市创效、改革创新、先进典型事迹，开展“我为经营做贡献，打好市场攻坚战”大讨论，唱响主旋律、弘扬正能量。加强群团工作，召开工会会员代表大会和职代会，深化民主管理，维护职工合法权益。开展“安康杯”“我为安全做诊断”“三基”知识竞赛等活动，提高员工素质。举办羽毛球、书画摄影、五四演讲等比赛活动，增强企业的凝聚力和职工归属感。落实社会责任，为柳河县红石镇由家村捐赠80万元资金帮助入股光伏发电项目，助力脱贫攻坚，彰显中国石化的使命与担当。统筹实施“大监督”工作，强化“一岗双责”，结合新媒体等形式持续开展廉洁教育宣传，组织参观廉洁教育基地，有效提升全员廉洁自律的思想自觉和行动自觉。

（郝　佳）

表1　　吉林石油分公司主要经营指标

指标名称＼年份	2018	2017	2016	2015	2014	2013
成品油销售总量/万吨	81.30	65.76	54.30	47.42	54.25	49.32
零售量	56.37	48.70	41.78	38.11	39.58	34.35
天然气销售量/亿立方米	1.28	1.16	0.65	0.78	0.93	0.98
非油品销售/亿元	1.28	1.03	0.62	0.49	0.38	0.24

续表

年份 指标名称	2018	2017	2016	2015	2014	2013
销售收入 / 亿元	57.76	40.99	30.42	29.28	42.05	39.85
利润 / 万元	5 481.00	6 508.00	3 864.00	283.00	407.00	−2 148.00
吨油费用 / 元	447.00	592.00	648.00	675.00	535.00	492.00
加油站总数 / 座	178	165	162	152	148	147

黑龙江石油分公司

【概况】 中国石化销售有限公司黑龙江石油分公司（简称黑龙江石油分公司）位于黑龙江省哈尔滨市道里区通达街 307 号。前身是中国石化销售有限公司东北黑龙江分公司，2010 年 1 月 1 日，根据中国石化发展战略需要，黑龙江石油分公司调整为股份公司直属企业，更名为中国石油化工股份公司黑龙江石油分公司；2014 年 5 月，总部进行资产重组，更名为中国石化销售有限公司黑龙江石油分公司，为国家大型二级企业，是中国石化在黑龙江省的唯一企业，主要从事汽油、柴油、煤油、润滑油等成品油批发零售、天然气业务、非油品业务。

黑龙江石油分公司集仓储、物流、销售、服务于一体，全权负责中国石化在黑龙江省境内的成品油、天然气、非油品销售等经营业务和销售网络建设工作。截至 2018 年底，员工总数 1 310 人；机关本部设有 9 个职能部门，下辖 6 个地市公司及 2 个控股子公司和 1 个参股公司；在营加油（气）站总数 161 座，非油品易捷便利店 137 座，年非油品销售额 1.72 亿元；油库（含租赁、控股）5 座，总库容达 7.9 万吨。2018 年实现油气经营总量 113.37 万吨，其中成品油经营量 111.81 万吨。

黑龙江石油分公司主要经营指标见表 1。

（王华峰）

【领导班子调整】 2018 年 6 月 14 日，黑龙江石油分公司召开干部大会，宣布集团公司党组关于丁建华等 4 人职务任免的通知，委派丁建华为黑龙江石油分公司代表、党委书记，解聘其黑龙江石油分公司总经理职务；聘任叶震为黑龙江石油分公司总经理、党委副书记；聘任孙勤凤为黑龙江石油分公司副总经理、党委委员；同时，解聘田树源的黑龙江石油分公司副总经理、党委委员职务，任调研员。9 月 19 日，黑龙江石油分公司召开干部大会，宣布集团公司党组关于杨猛任职的通知，聘任杨猛为黑龙江石油分公司党委副书记、纪委书记、工会主席。

（王华峰）

【多项指标实现突破】 2018 年，黑龙江石油分公司经营总量再创新高，零售总量同比增幅排名销售系统第一；获销售企业零售量、成品油资源、利润 3 面“比学赶帮超”年度进步红旗。在销售公司年度地市公司“两力”评价中，哈尔滨、齐齐哈尔、牡丹江、大庆榜上有名。公司市场占有率从年初的 15% 提高到 19%，具备一定的市场竞争力和影响力。一线员工薪酬增幅 22%，员工的幸福感和获得感进一步增强。全年未发生上报集团公司、销售公司级安全数质量和媒体负面舆情事件。

（王华峰）

【创效水平显著增强】 2018 年，黑龙江石油分公司面对黑龙江成品油市场非标油、“自流黑”等违法现象层出不穷，不带票资源不断冲击，不公平竞争加剧的局面，精细分析，提升经营创效水平。在月度预算、月中调控、月末分析的基础，以经营例会为抓手，做到事前算赢、心中有数，过程监控、动态纠偏，对比分析、洞悉得失，螺旋提升经营创效水平。精准预判，提升资源创效水平。坚持把“为经营提供有市场竞争力的优质资源”作为外采工作的终极目标，上行市场先采后销、适时涨库，下行市场先销后采、合理降库，通过时空统筹、采销联动，为拓市创效提供保障。精心运作，提升管理创效水平。适时引进地炼企业外采供应商，减少中间环节，提高外采的可控度，适时打破燃料乙醇独家垄断局面，大幅降低采购成本。

（王华峰）

【市场攻坚取得成效】 2018年，黑龙江石油分公司面对竞争对手低价倾销，合法资源批零倒挂，竞争白热化局面，坚决贯彻“市场就是战场”理念，遵循“点上狠、面上稳”原则，多渠道摸清竞争对手的内外部情况，发力“精细、精准、灵活”营销，把握经营主动权。细分市场精准营销，机出增幅显著提高。上半年，机出增幅34%。下半年，主动与兄弟企业共同加强市场研判，智慧竞合，落实“点上狠、面上稳”要求，汽油以卡锁户，柴油强化骨干站营销；深化一站一策，落实提量措施216项，量价齐升，量效双收，机出增幅12%，让利收窄375元/吨。细分客户整合资源，增户增量效果显著。按照总部“提高站位主动作为，打赢市场攻坚战持续发力”统一部署。以提高区域市场“六率”（覆盖率、建档率、开单率、购买率、新增率、减少流失率）为着力点，做大现有客户，持续跟踪潜在客户，紧盯重点工程项目开工进度，优化客户结构，提高客户购买率，减少客户流失率；以“一区一策、一户一策、一品一策”为抓手，全年新增客户128个，新增销量2.9万吨。春耕秋收期间，深挖乡村干部、种田大户等“能人”力量，创新“农村经纪人”销售模式，采取预售锁户，精心服务“三农”，全年农用油销售增幅36%。细化策略灵活营销，多措并举量效双收。按照销售公司“立足市场量效兼顾，确保完成两增长一不降”目标。合理利用区外市场及外采资源优势，1—9月国际油价整体呈震荡上行走势，采取“小步快推”价格策略，积极营造上行市场氛围，引导客户提前购油，提前消费降库；10月国际油价断崖式下跌，利用市场销售不旺、地炼后路受限契机，加大竞争性谈判力度，实现量效齐升。

（王华峰）

【网络发展持续优化】 2018年，黑龙江石油分公司强化“今天的投资，既是明天的成本，也是明天的效益”理念，注重发展质量和效益，盘活闲置资产，严控投资成本，狠抓工程项目管理。多措并举，超额完成发展目标。全年发展加油（气）站5座，轻资产加油站5座，投营8座，超任务完成销售公司下达的发展任务。运用法律手段维护权益，实现龙园站顺利投营；加强与地方政府沟通协调，取得3座站复营。打破仓储瓶颈，满足配送需求。租赁鹤立油库，满足佳木斯区域加油站零售配送和直分销客户需求。统筹项目规划，有效缩短工期。全年改造项目64个，完成改造任务的304%。从严管理承包商，组织33家施工单位开展培训，改造工期较上年平均减少6.3天，减少销量损失3 313吨。

（王华峰）

【改革攻坚稳步推进】 2018年，黑龙江石油分公司坚持推进“三项制度”改革和人才强企工程，激发员工活力，提高劳动效率。推进优化用工改革，提高人均劳效。通过优化油库大班组和推进驻站式改革等方式，共优化用工249人，人均机出零售量增加227吨，增幅达42%。推进分配制度改革，有效发挥考核指挥棒作用，有序推进加油站基层员工油品、非油品全额联量计酬进程，油品薪酬逐步弱化基本工资，升油联量考核，依据员工卡加油量实现多销多得。推进人才序列改革，拓宽人才成长通道。全年22名专业技术人员转聘管理序列岗位，18名技能操作人员转聘专业技术序列岗位，5名技能操作人员转聘管理序列岗位。省市公司共计86人选聘到专业技术相应职位，11人选聘到技能操作技师职位。开展岗位公开招聘，针对专业性强、单位内部选拔视野窄的职位，通过中国石化人力资源配置平台公开招聘，拓宽选人视野，提高选人用人质量。

（王华峰）

【精细管理严控风险】 2018年，黑龙江石油分公司坚持全面依法依规治企，推进从严管理、精细管理、精益管理取得实效。严控资金资产风险，推进业财融合。以价值管理为核心，深化资源顺推模型运用，加强业务与财务联动分析，通过年度预算控制和月度经营策划，推动传统会计向管理会计转型。强化资产基础管理，对实物资产进行实地清查，做到资产账实相符。严抓 HSSE 责任落实，理顺 HSSE 管理体系。抓 HSSE 风险防控和隐患治理，做到分级督办、分线条落实，形成“省公司重点督办、分公司主动防治、专业分委会主抓落实”的风险管控及隐患排查治理模式，企业风险总值由年初的 139 降低到 124。严抓环保治理，推进绿色企业创建。完成 2 座油库和 80 座加油站环保“三同时”验收，手续合规率达 85%。完成 64 座加油站油气回收检测和 34 座燃煤锅炉改造，依法依规处置危险废物 59.84 吨。严把审计监察关口，提升基础治理水平。充分运用审计监察合署办公一体化优势，重点开展财务收支专项审计、修理费专项审计、合资企业专项审计和成品油外采审计，共发现问题 81 项，整改完成 73 项，完善制度流程 6 项，挽回损失 120 万元。基础治理共梳理业务流程 194 个，梳理风险点 300 余条，修订完善制度 248 个，有效堵塞经营管理漏洞。严把法律风险防范，推进企业法治建设。增强风险识别处置能力，把法律审核作为制定和修改规章制度、签订经济合同和进行重大决策的必要前置环节，确保法律审核率达 100%。

（王华峰）

【党建质量持续提升】 2018 年，黑龙江石油分公司把党的政治建设摆在首位，把规矩和纪律挺在前面。深化“两个责任”落实，狠抓基层组织力提升，营造风清气正的政治生态，推进和谐企业建设。落实党建责任，突出党建引领。深入贯彻新时代党的建设总要求，部署实施“党建质量提升年”各项工作，坚定不移推动全面从严治党向基层延伸。开展学习党的十九大精神轮训 2 期，重在推动学习成果转化。修订党委会、领导班子会议事规则，“三重一大”实施细则等制度，坚持民主集中制，确保党委从顶层设计上发挥把方向、管大局、保落实的作用。下发“组织力提升工程”方案，持续提高基层支部工作水平。运用“四种形态”，加大监督执纪力度。全年运用“第一种形态”开展谈话函询和“微腐败”专项督察，查处违规违纪问题，及时对相关责任人进行处罚处理，有效遏制“微腐败”滋生蔓延。加强正面宣传，凝聚思想共识。开展主题宣传报道，发挥“内聚人心、外树形象”作用。开展员工思想动态调研，牢牢掌握意识形态的领导权、主动权，全年未发生负面舆情事件。丰富活动形式，扎实开展群团工作。成功举办“正青春、展风采、聚活力”篮球比赛、啦啦操表演赛等主题活动，激发员工工作热情。健全员工慰问帮扶长效机制，实现基层走访全覆盖。开展“学雷锋志愿者服务”“爱心加油站”主题活动，为环卫工人提供开水和热饭服务，得到广大市民一致好评。

（王华峰）

表 1　　黑龙江石油分公司主要经营指标

指标名称＼年份	2018	2017	2016	2015	2014	2013
成品油销售总量 / 万吨	111.81	99.74	74.03	72.72	90.58	84.10
零售量	72.89	60.85	52.45	53.16	59.45	60.80
销售收入 / 亿元	75.97	58.75	40.41	42.67	67.08	65.05
利润 / 亿元	0.50	1.20	1.10	0.25	0.09	0.32
成品油吨油费用 / 元	347.00	379.00	466.00	443.00	336.00	352.00
加油（气）站总数 / 座	161	160	162	160	163	162
油库数量 / 座	5	5	6	6	5	5

青海石油分公司

【概况】 中国石化销售有限公司青海石油分公司（简称青海石油分公司）成立于2002年12月，主要承担中国石化在青海省境内成品油的销售、管理和调运任务，经营范围涉及汽油、柴油、润滑油及非油品销售等业务，是中国石化在青海地区唯一成品油销售企业。本部位于西宁市，省公司机关设有10个职能处室，下辖西宁、格尔木、海西、海东、海南5个地市级分公司，拥有加油（气）站180座（其中加气站3座），易捷便利店138座，油库4座（西宁大通油库、格尔木油库、海西柯柯油库、湟源中心油库）、总库容达13.5万立方米。网点遍布西宁市、格尔木市、海东市、海西州、海南州、海北州、黄南州及109、214、227、315国道沿线、京藏高速公路沿线和省道沿线，后续网点建设工作正在有条不紊的进行中。

青海石油分公司主要经营指标见表1。

（王　瑜）

【经营总量实现进一步增长】 2018年，青海石油分公司紧紧围绕“一切为了经营、一切服务经营、一切服从经营、一切确保经营”的工作目标，采取“紧盯市场，决策经营”“确保资源，支撑经营”“紧贴市场，灵活经营”“差异营销，促进经营”的经营方针，在全年经营环境不利的条件下，资源策略与时俱进、依市调整，强化配置统筹，提升外采创效，强势面对市场竞争。全年零售增长8.5个百分点、比重达84%，机出零售增长13个百分点，非油品全口径交易额增长34个百分点，报表利润增长2.7倍。

（王　瑜）

【快速拓展终端市场】 2018年，青海石油分公司精准实施“一站一策”“点对点竞争”等差异化营销策略。狠抓汽油整体营销和高标号专项营销，提升汽油零售创效规模。以融入青海旅游经济为抓手，完善加油站的引流功能，重点打造“旅·油驿站”2座，推进洗车项目26个，新增自助发卡机26台、违章缴费机50台，不断满足汽油客户的需求。持续保持周末汽油促销的态势，利用集团卡、乡村卡绑定客户101家，全年汽油销售增幅6%。

（王　瑜）

【非油品综合竞争力进一步加强】 2018年，青海石油分公司立足门店，在扩宽采购渠道上，通过丰富门店商品品类，引进进口商品、系统内公司地方特色商品等措施，商品种类增长45%。2018年度“500万元”门店增长400%；“200万元”门店增长67%；门店平均毛利率达26.5%，基础品类营业额增幅34%，年度共取得销售公司“比学赶帮超”月度先进红旗4面。

（王　瑜）

【风险管控水平进一步提升】 2018年，青海石油分公司强化安全检查管理，紧密围绕“销售公司设备大检查”“销售公司环保专项检查”和“销售公司设备调研”等工作，认真开展各项自查自纠工作，全面推进HSSE工作水平。强化油品质量管理，有效保证油品质量“零缺陷”。从严管理油品损耗，全年加油站、油库油品溢余正增长。强化业务风险管理，以销售公司“强基础、防风险、促发展”工作为抓手，对公司14类业务进行全面自查自纠，整改不规范的业务流程，加强风险防控，全年整改完成率94%。

（王　瑜）

【网络发展质量进一步提高】 2018年，青海石油分公司进一步强化开拓意识，加快外延发展。先后成立黄南州、玉树州、果洛州办事处；拿到15个高速服务区项目。全年新增投营站点8座、改造投营站点12座。全年完成防渗改造46座，综合改造加油站6座，歇业复营加油（气）站13座，便利店改造12座，燃煤锅炉改造76座。全年液位仪深化应用162座，完成率达99%。

（王　瑜）

【“三项制度”改革初显成效】 2018年，青海石油分公司积极贯彻落实集团公司人才强企工程的工作要求，完善人才队伍基础数据管理工作，梳理各层级人才队伍现状，完成人才强企方案编制，对现有人才队伍的现状进行交叉分析，制定明确的目标和具体措施，稳步推进人才强企工作。突出抓好驻站式委托家庭管理工作，全年实施驻站式委托家庭管理在营站 43 座。坚持正确选人用人导向，持续强化干部的选拔与培养，调整干部 18 名，提拔 6 名，交流 12 名，公司 40 岁及以下的年轻干部占比 44%，“85 后”年轻干部占比 15%。分别于 2018 年 5 月、11 月、12 月在固原、延安、井冈山举办 3 期干部轮训班，公司中层领导、年轻后备干部、青年骨干共计 88 人参加培训。

（王　瑜）

【政治优势加速转化】 2018 年，青海石油分公司紧紧围绕“把方向、管大局、保落实”领导作用发挥加强党的建设，深度融入企业中心工作，推进全面从严治党向基层延伸，持续提升企业改革发展的引领力。结合集团公司、销售公司年初工作会议精神和企业实际，通过党委中心组学习，开展“提升党建质量”“打赢市场攻坚战”“安全环保”“从严治企”“干部人才队伍”等专题研讨。公司各级党员干部结合形势任务教育走进基层班组开展宣讲，全年共开展基层宣讲 70 场次，1 200 余名职工群众接受教育，凝聚了打赢市场攻坚战的思想力量。深度融入中心工作，以“规范就是亮点、抓实就是创新”的理念，通过在实践工作中坚持“三个导向”，以定位思考、定标谋划、定法管理深化对组织力的理解认识，提出“九抓九强”工作措施，夯实“三基本”。开展“忆司史、践初心，为百万吨做贡献”主题教育实践活动，统筹制定 152 条工作措施，狠抓工作落实，在公司上下形成“重融合、广参与”的干事创业的良好氛围。推进全面从严治党，营造风清气正干事创业政治生态。加强党员干部日常监督和动态管理，开展廉洁教育 12 次，教育党员干部 1 200 余人次，对 62 名党员干部进行摸底排查，建立党员领导干部廉洁情况“活页夹”，营造了风清气正干事创业的经营环境。

（王　瑜）

表 1　　青海石油分公司主要经营指标

指标名称 \ 年份	2018	2017	2016	2015	2014	2013
成品油销售总量 / 万吨	75.39	71.96	71.05	80.70	79.89	68.97
零售量	63.75	58.70	58.17	52.01	50.09	45.78
销售收入 / 亿元	51.98	44.62	39.66	42.34	54.71	50.12
利润 / 亿元	0.51	0.14	1.01	0.15	−0.55	0.21
吨油费用 / 元	460.00	442.00	439.00	399.00	366.00	365.00
加油站总数 / 座	180	169	156	151	149	138

甘肃石油分公司

【概况】 中国石化销售有限公司甘肃石油分公司（简称甘肃石油分公司）驻地兰州市，成立于 2010 年 1 月，前身为中国石化销售西北甘肃分公司，主要承担中国石化在甘肃境内成品油市场的销售、管理和调运任务及甘肃可利用资源的开发协调，主要经营汽油、柴油、润滑油、车用天然气、燃料油及非油品销售等业务。

截至 2018 年底，甘肃石油分公司设总经理办公室、企管法律处、人力资源处、财务资产处、纪检监察处、安全数质量处、零售管理中心、发展基建处、经营管理处、商业客户中心10个职能处室，下辖酒泉、张掖、武威、白银、兰州、定西、天水、平凉、庆阳9家地市级分公司及4家合资公司。拥有在营加油站122座、在营加气站6座、自有油库2座、在建油库1座、铁路专用线2条（其中自有线1条），资产总额24.93亿元。有合同制员工818人、委托站员工239人，其中党组管理干部4人、中层干部29人。大专以上文化程度537人，占合同制员工总数的65.65%。下辖2个二级党委、纪委，26个党支部，254名党员、占员工总数的33%。

甘肃石油分公司主要经营指标见表1。

（高　娜）

【经营量效实现预期】 2018年，面对复杂的市场形势、严峻的经营环境，在全系统1/3加油站进行双层罐改造及省会市区3座主力站被政府强拆的艰难环境下，甘肃石油分公司聚焦销售50万吨生存目标，主业保量运营，新业"含苞待放"，全年经营总量52万吨，完成全年任务的96.11%，下降0.19万吨。其中，成品油50.12万吨，下降0.66%；天然气2 145万立方米，增加227万立方米；非油品营业额7 861.60万元，增长18.55%，实现生产经营整体平稳运行的良好局面。

（高　娜）

【扎实推进主业持续发展】 零售：主动参与市场竞争，以骨干站点为增量点，以激励政策为抓手，紧盯主要竞争对手价格，采取"点对点"加油卡优惠营销、借助中交兴路合作平台发行柴油联名卡等营销手段，多措并举稳定零售市场。组建零售学院，完善培训体系，开展4期大型培训，覆盖两级公司零售线条管理人员及站长，着力打造零售片区经理队伍，有效提升零售管理团队经营管理水平。

经营：统筹资源配置，优化供应商结构，科学把控外采，扩大集采和串换规模，提升外采创效能力。2018年实现成品油集采13.02万吨、串换25.6万吨、自采5.92万吨。全面开展运距复测工作，确保年度运费结算的准确性，为下一步降本增效、优化二次物流配送、强化配送运距管理奠定基础。

直分销：依托地市公司网点优势，充分转变经营理念，扎实做好终端开发工作。扩充客户经理队伍，加强个性化服务，提高客户满意度。高度重视批、零联动，实现直分销与零售整体增量。着力开展油非互促、联量考核、客户名单制管理、客户走访及队伍建设等专项工作，实现直分销量的有效增长。

非油品：保持油非互促常态化，全年开展4档季节性主题油非互促活动，以及重大节日主题式营销，灵活运用线下充值赠礼、加油卡消费返券、微信线上发券等手段，推动销量稳步增长，全年油非互动累计投入2 663万元，带动非油品销售3 271万元，全年实现非油品销售7 861.60万元。其中，核心商品销售2 000.13万元，增加939.15万元，增幅88.5%。加强库存管理，对2017年度不动销的商品及销售额1 000元以下的商品进行筛选，淘汰无效单品2 309种，全省非油品含税库存由年初的3 095万元降至2 527万元。强化供应商管理，全年淘汰所有地采供应商及一家省级供应商。

天然气：引入多家供应商降低天然气采购结算价格，顺应市场环境调整销价，保障资源稳定供应，实现扭亏增盈。加大宣传力度，推广IC卡营销活动。加大省内天然气点供直销客户走访力度，全年共销售天然气263万立方米，实现天然气点供直批业务零的突破。

（高　娜）

【优化销售网络发展布局】 全年发展投营加油气站5座，年底开工在建项目13个，3个政企合资合作项目均在积极推进之中，加大与高服司合作力度，已累计建成服务区加油（气）站23座，在建国道服务区加油（气）站项目3座。依托扶贫、产业发展、总部支持等有利条件，全力以赴协调省发改委同意进行"十三五"规划中期调整，并将原来的审批制改为市县备案制，销售网络发展环境将相对改善。制订"两个三年""两个十年"网络发展规划，为公司可持续发展奠定基础。科学、协调部署双层罐改造工作，统筹提量、非油、形象、亮化、安全隐患及维修等全部改造内容，全年共完成防渗统筹改造在营站点 34 座，在营站达标率 63%。兰州新区油库建设项目确定选址，并取得总部同意全面开展前期工作的许可，酒泉、武威油库隐患改造项目完成招投标工作。

（高　娜）

【农牧品经营新探索】 配合省商务厅参加在厦门、天津举办的东西部协作甘肃农牧品订货会，开展总部机关大楼甘肃特色农牧品推介专场、第 2 届中国石化甘肃特色农牧品订货会，分批到上海、江苏、广东开展商品推介，甘肃农牧品受到东部消费者初步认可，初步搭建起与中国石化上中下游企业、沿海地区企业开展深度合作的桥梁。厦门 9 个甘肃特色商品专柜及胜大超市甘肃扶贫专柜均完成装修开业。“极臻甘肃” APP 顺利上线，已对接“奋进石化”公众号引流关注人数 60 万人及“广东石油” APP 共享关注人数 780 万人，线上交易突破 100 万元。通过打造农牧品电子商务，推动甘肃石油分公司向油气农电综合服务商迈出坚实一步。

（高　娜）

【深化体制机制改革】 制订甘肃石油分公司人才强企工程实施方案，构建符合公司持续发展要求的选才、育才、用才、聚才工作机制。进一步充实和完善两级机关主办及以下岗位配置工作，以组织推荐、竞争上岗、公开招聘等方式在全公司内组织开展省公司机关处室相关岗位人员的竞聘选拔工作。积极探索新业务市场化用工模式，积极探索从身份管理向岗位管理转变，初步试点兰州馆职业经理人新模式，进一步构建“能进能出”“能增能减”的市场化用工分配机制，全面提高加油（气）站人均劳效，精简优化用工。建立与业绩贡献挂钩的市场化薪酬分配制度及加油站薪酬分配方案。建立健全地市分公司薪酬切块管理机制，合理核拨薪酬，并对薪酬权限进行下放，分公司制订二次考核分配方案，实现多劳多得。2 座油库实施大班组改革，进一步完善激励机制及分配机制，促进油库员工力量整合，提升管理水平和工作效率。推进驻站式、家庭承包式管理。通过不断完善契约化管理、市场化运作、社会化服务的运行机制，积极稳妥推进和扩大加油站家庭承包工作，促进改革站增量增效，全年初步完成 53 座 3 000 吨以下站点家庭驻站式委托管理。

（高　娜）

【夯实基础管理工作】 坚持履行“谁的业务谁负责，谁的属地谁负责，谁的岗位谁负责”的工作原则，以深入开展隐患排查治理和现场管理为抓手，扎实推进各项基础工作落实，持续保持 HSSE 工作稳中趋好的态势，未发生安全、环保、职业卫生、数质量等各类等级上报事故，在 2018 年度销售公司 HSSE 综合能力测评中被评定为 B 级企业。优化提升信息基础设施建设，夯实信息化发展基础，制订站级网络统一管控方案及降费措施，完成公司全部加油站内网专线建设及提速工作。已实现 120 座加油站地罐交接，109 座加油站液位仪站级应用，液位仪安装率达 100%，卡机联动改造完成率达 93%，基层库站视频监控系统安装率 100%，联网率 90%。深入开展“财务基础管理年”活动，全面推进财务共享上线工作，实现基础工作和财务风险防控及信息化的提升。初步建立费用预算管理体系，强化归口管理，加大考核力度，强化资金管理和税务管理，通过规范资金收、付款结算业务和完成全省普票系统上线，全面防控资金与税务风险。修订完善《甘肃石油 2018 年版内控手册》，稳步推进法律风险防控责任制“四进”工作，积极应对法律纠纷，选聘 5 家具有较强实力的律所，成立法律中介机构资源库。开展“强基础、防风险、促发展”自查自纠专项工作，严格落实“内审外查”发现问题及“离任审计”整改结果实行销项管理。

（高　娜）

【聚焦扶贫精准发力】 2018 年，甘肃石油分公司派驻 2 名干部扶贫东乡，6 名干部赴文县等地驻村，与群众同吃同住同劳动。7 月，东乡发生特大暴洪灾害，第一时间运送赈灾物资 22 万元，组织 4 台工程机械参与抢险救灾，受到当地政府和村民的好评。主动与各地政府衔接，深度交换推介扶贫地区农牧品的建议，充分发挥央企自身优势，积极探索以实体店销售平台、APP 电子商务平台、低成本物流平台为手段，统筹做好甘肃特色农牧品销售推广工作。入股天水长城果汁公司，双方发挥各自优势，线上线下联动营销花牛果汁。积极参与“一带一路”建设，赞助敦煌文博会饮用水，先后与中天羊业、甘肃投资集团等单位签订战略合作协议，全力推动农牧品的销售，全力构建高效、低成本的农产品物流体系，全力推动“极臻甘肃”电子商务与物流效率、客服咨询、产品追溯三大系统联动运行。

（高 娜）

【落实党建工作责任】 切实提高全体党员的政治站位，树牢“四个意识”、坚定“四个自信”、坚决做到“两个维护”。开展“六个一”（1 套党建管理制度 +1 本党务工作指南 +1 本党支部工作手册 +1 本党员干部应知应会口袋书 +1 本党务公文手册 +1 本 EAP 宣传手册）基层党支部标准化建设，持续推进巡视整改。通过“3+X”主题党日，开展“查管理查技术查思想”“及“我为经营献一策”等活动。大力推进“党员政治生日”活动，在微信平台开展“我是党员我诵读”《梁家河》栏目，提升党员价值观、责任感。持续正风肃纪，严格落实中央八项规定精神，加强“微腐败”治理，加强违规违纪处理，营造风清气正干事创业的良好政治生态。

（高 娜）

表 1　　甘肃石油分公司主要经营指标

指标名称＼年份	2018	2017	2016	2015	2014	2013
成品油销售总量 / 万吨	50.12	50.45	55.57	54.69	58.06	53.54
零售量	39.10	41.32	41.36	41.19	32.29	32.56
销售收入 / 亿元	35.93	34.46	28.90	29.80	39.53	38.52
利润 / 亿元	…	0.70	1.24	0.20	−1.77	0.20
吨油费用 / 元	591.23	469.00	497.00	545.00	446.00	430.00
加油（气）站总数 / 座	130（含气站 7 座）	128（含气站 6 座）	120（含气站 6 座）	118（含气站 6 座）	102（含气站 6 座）	91（含气站 5 座）

宁夏石油分公司

【概况】 中国石化销售有限公司宁夏石油分公司（简称宁夏石油分公司）位于宁夏回族自治区银川市兴庆区，主营汽油、柴油、润滑油和其他石化产品的零售、直销配送、批发和仓储业务以及加油站便利店非油品业务。

截至 2018 年底，宁夏石油分公司本部设总经理办公室、财务资产处、人力资源处、党群工作处、审计监察处、发展规划处、安全数质量处、经营管理处、零售中心、非油品中心共 10 个职能处室；下设银川、石嘴山、吴忠、固原、中卫 5 个分公司；控股中石化宁夏易捷石化有限公司（简称易捷公司）、中石化石嘴山市常道石化有限公司（简称常道石化）2 家合资公司；公司党委下设 10 个党支部，党员 194 人。拥有加油加气站总数 114 座，在营油库 2 座；资产总额 22.55 亿元，期末用工总量 919 人。

宁夏石油分公司主要经营指标见表 1。

（张继强）

【主要经营指标】 2018 年，宁夏石油分公司坚持稳中求进工作基调，着力构建“六大格局”，坚决打赢“六大战役”，实现量效稳定增长，发展有序推进，管理基础夯实，队伍凝心聚力，党建切实从严，员工收入持续增长，扶贫工作扎实推进。全年实现销售收入 40.19 亿元。成品油经营总量 58.53 万吨，增幅 2%。天然气销售总量 5 266 万立方米，增幅 2%。全年发展新项目 2 个，遗留项目推进完成 4 个，投营项目 7 个，加油气站总数达 141 座。非油品全口径交易额 1.3 亿元，增幅 12%。报表利润 2 881.57 万元，完成率 107%，较上年增长 2 646.8 万元。费用总额 2.84 亿元，吨油费用 454 元。

（张继强）

【全力提升经营质量】 2018 年，宁夏石油分公司积极面对市场再平衡、不公平竞争加剧等带来的严峻挑战，全力应对竞争。联合中石油宁夏销售公司，积极沟通地方政府开展“打非治违”，提报政协提案、社情民意，努力净化市场；与区内及周边各大竞争主体建立市场联动反应机制，提升竞争效果。深化实施“一站一策”精准营销，灵活开展“9 惠”“春暖花开”等多种活动，不断丰富营销手段，自营机出零售量增幅 7.9%，排名销售系统第六，其中中卫分公司增幅高达 17.6%。坚守边际效益底线，直面恶劣外部环境，实现直分销量 14.95 万吨，其中中卫分公司增幅高达 91%。大胆探索做强非油品经营的新思路、新办法，开展“进社区、进厂矿”活动 113 次，常态化多样化开展多种主题营销活动，非油品全口径交易额 1.3 亿元，增幅 12%。

（张继强）

【切实增强销售网络支撑】 2018 年，宁夏石油分公司持续强化“传统市场要抢、新兴市场要争”指导思想，认真落实转观点、攻弱点、破难点、抓重点措施，进一步优化完善销售网络发展体制机制。全年共发展新项目 2 个，遗留项目推进完成 4 个，投营项目 7 个，加油气站总数达 141 座。全面加强施工改造，坚持“四不开工”原则，全环节优化工作流程，统筹推进双层灌改造项目 69 个，完成总任务的 65%。其中，固原三营加油站试点新建罐区改造，仅停业 7 天。全力提升信息保障，实现加油站微信充值、微信非油品消费、加油卡支付网关、自助充值和圈存及桌面安全管理全覆盖，信息安全检查达到 B 级。

（张继强）

【大力推行改革优化】 2018 年，宁夏石油分公司坚持抓“三基”、提效能、强服务，建立健全风险防控体系和风险提示机制，扎实开展“强基础、防风险、促发展”专项活动，严查资金、加油卡等风险问题 58 个，已整改完成 47 个。下放合同签审、劳动用工管理等权限，健全完善各类制度 33 项，优化工作流程 70 条。完成“五定”（定机构、定编制、定岗位、定人员、定职责）工作，调整优化中层机构 4 个，新成立中层合署机构 7 个，省市两级机关新增岗位 29 个；大力培养年轻干部，大胆选用“80 后”“85 后”干部，提拔中层副职领导人员 5 人，选拔基层管理人员 35 人，年轻干部占比领先销售系统。组织各类培训 82 期，累计 2 487 人次参培。8 月 6—17 日，组织公司员工 40 余人，高质量完成中国石化两院院士宁夏行活动接待工作。

（张继强）

【持续深化从严治党】 2018 年，宁夏石油分公司全面学习宣传贯彻党的十九大精神，举办 2 期十九大精神培训班，运用专题讲座、“三会一课”等多种方式，加强思想政治教育。健全党委参与公司重大问题决策工作制度，召开党委会 17 次，研究党风廉洁建设、基层党建等事项 56 项。推动成立二级党委，在市公司设置党建专岗，配备专职党务工作人员。持续加强党风廉洁建设和反腐败工作，强化廉洁教育，开展扶贫领域腐败和作风问题专项治理，全面梳理岗位廉洁风险；提高纪律审查的质量和效率，处理干部员工 55 人。加强意识形态管理和形式任务教育，制作中国石化驻宁企业宣传片，刊发 46 期手机报，发出宁夏石油好声音。派出一支 3 人扶贫工作队，先后投入资金近 50 万元，为定点扶贫村固原市西吉县李营村维修道路、捐赠物资、建立产业，截至年底，李营村村民人均纯收入达 4 280 元，较上年底增长 1 580 元，贫困发生率由上年的 64% 下降至 19.5%。

（张继强）

表 1　　宁夏石油分公司主要经营指标

指标名称＼年份	2018	2017	2016	2015	2014	2013
成品油（天然气）销售总量 / 万吨	62.57	62.19	62.69	66.00	46.97	53.63
零售量	43.58	40.27	35.98	29.89	30.48	32.51
销售收入 / 亿元	40.19	34.07	30.03	38.85	38.82	39.45
利润 / 万元	2 881.57	2 906.27	7 025.44	2 021	−13 997.02	−8 683
吨油费用 / 元	454.00	436.00	440.00	403.00	567.31	469.00
加油站总数 / 座	141	137	132	129	125	120

销售华北分公司

【概况】 中国石化销售有限公司华北分公司（简称销售华北分公司）是销售大区公司之一。始建于 1950 年 3 月，1985 年 1 月成建制划归中国石油化工总公司。主要履行“资源组织、物流优化、储运管理、统一结算、市场监管”职责，负责华北地区 6 个省市（北京、天津、河北、河南、山西、山东）、东北地区 3 个省（黑龙江、吉林、辽宁）成品油资源运行组织协调，并对华北区内重要储运设施实行统一管理。本部位于天津新技术产业园区榕苑路 11 号。

截至 2018 年底，销售华北分公司设有职能处室 12 个、专业中心 2 个，下设 12 个二级单位，在区内 12 个炼化企业设立办事处。销售公司的计量管理站、质量管理站也委托销售华北分公司管理，主要负责销售系统的数质量管理工作。拥有大区储备库 4 座，总库容 88 万立方米，分别位于天津、石家庄、青岛、营口；管理的在运成品油管道全长 3 100 千米，覆盖天津、山东、山西、河南、河北，辐射江苏、安徽等省市，采用国际先进的 SCADA 系统，由华北管网调度控制中心在天津集中远程控制。资产规模 140 亿元；职工 1 256 人，党员 524 人。销售华北分公司发展得到社会各界肯定，连年位列天津企业百强前茅。

销售华北分公司主要经营指标见表 1。

（郭伟玮）

【圆满完成各项经营指标】 2018 年，销售华北分公司坚决贯彻落实集团公司和销售公司工作部署，以“提质增效升级”为中心，以助力销售企业打好市场攻坚战和实现集团产业链价值最大化为主线，坚持改革创新，推动各项工作取得显著成绩。全年销售成品油 4 168.93 万吨；石化资源收购计划完成 3 641.31 万吨，兑现率为 99.79%；营业收入 2 719.67 亿元，实现利润 18.51 亿元；运杂费支出减少 1.94 亿元，吨油费用 42.54 元、降低 7.54 元；铁路罐车装载率为 94.58%，达到优秀水平。获销售企业成品油资源管理、安全设备管理、数质量管理、新业务拓展 4 面年度先进红旗，刘焕信获销售公司管理匠人称号。

（郭伟玮）

【获评集团公司安全生产先进单位】 2018 年，销售华北分公司进一步完善 HSSE 管理制度和管理体系，强化领导引领作用和分委会、专业部门管理作用，“大安全”格局基本形成。强化“四不两直”检查考核，全年完成问题整改 2 996 项，在集团公司、销售公司 HSSE 检查中取得较好成绩。大力推进风险隐患排查治理，实现集团公司级重大风险降级 1 项、公司级风险降级 6 项，按期完成 53 项隐患治理。强化环境风险分级管控，规范危废物外委处置，开展绿色企业行动创建和世界环境日主题活动，环保工作水平持续提升，在销售企业环保检查评比中名列前茅。加大承包商考核监管，推进作业现场安全标准化建设，开展应急演练等安全活动，职业健康体检和危害因素检测率、合格率均达 100%，全员安全生产行为更加规范，HSSE 管理水平大幅提升，被评为集团公司安全生产先进单位。

（郭伟玮）

设备安全检查

【管网输量再创新高】 2018 年，销售华北分公司精细编排输油计划，首次实现鲁皖二期东线反输与西线正输并行输送，通过增加批次、提高单批次输量等措施，管输工艺和运行模式不断优化。持续加大管输资源注入，扩大下载库辐射范围，严控管道沿线非管输资源入库，实现华北区管网汽柴油双增量。其中，洛郑驻管道连续 2 个月输量超 24 万吨，全年完成输量 286.90 万吨，单月和全年输量均创历史新高。华北区长输管线全年完成输量 1 568.58 万吨，增输 103.96 万吨，管输总量及增量均创历史新高。管输方式占比达 58%，管输柴汽比降到 0.93，运输结构日趋合理。

（郭伟玮）

【降本增效成效显著】 2018 年，销售华北分公司大力开展全口径物流优化，推进油品属地化供应，分省市制订年度物流优化方案，分近远期制订物流优化方案 16 项；统筹石化配置、大区统采、省市自采、中油互供等各方资源，减少辽宁、内蒙古、鄂北、华南等远距离流向资源，华北区石化生产企业资源外调量减少 87 万吨；合理调整管输、铁路、水运、公路 4 种运输方式，扩大管输地付规模，减少铁路比例，石化资源管输地付比例达 66%，增加 4%。全年吨油费用降低 7.54 元，降幅达 15%；运杂费成本支出减少 1.94 亿元，降幅达 13%，位居大区公司首位。

（郭伟玮）

【成品油出口再创新高】 2018 年，在国内成品油市场延续资源过剩加剧、消费需求增速放缓、竞争主体多元的新常态下，销售华北分公司统筹境内、境外两类市场，内外贸一盘棋运作，协同生产企业进一步扩大出口规模。利用天津储备库为天津石化出口油品，根据天津石化需求，制订油库改造方案，配合天津石化完成出口资质审批、商检保管等相关手续，实现天津储备库南疆 1 号库的内外贸混用，打通汽油出口流程，并于 4 月 27 日首次实现汽油出口，天津石化柴油单月出口达 16 万吨，创柴油单月出口历史新高；全年完成出口 209 万吨，增加 22 万吨，增幅 12%。2018 年，华北区成品油资源出口完成 610.42 万吨，增幅达 11.77%，营造了有利的资源环境。

（郭伟玮）

天津储备库接卸油船

【统采规模大幅提升】 2018 年 1 月起，由地理位置最近的沈阳管理处承担对东北地炼资源的直接管理工作，充分发挥沈阳管理处的地理位置优势，提高地炼资源统采工作效率；加强与地炼、省市沟通协调，建立定期沟通联系机制，对地炼资源开展质检前置管理，缩短进货化验周期，扩大地炼统采资源辐射范围；紧盯省市经营需求，挖潜统采炼厂 0# 柴油能达到负号油的潜力，为省市降低进货成本。全年共完成地炼统采 549 万吨，增加 207 万吨，实现增幅 61%。

（郭伟玮）

【全力做好青岛上合组织峰会期间安保工作】 2018年5月，上合峰会期间，销售华北分公司落实各项安保应急工作，细致梳理管道高后果区和重点防范区，在青岛12段防范重点区段增设24名夜间驻守人员。对管道高后果区、重要穿跨越、截断阀室等重点部位逐一落实承包责任人，加密巡线必经点。开展管道保护宣传、高后果区应急演练和防恐安全教育活动，与沿线公安机关开展联合夜巡，增设安全风险公告栏、管道警示桩、警示牌，强化警示力度。加强站场、油库、阀室反恐力量和装备配置，对管道截断阀室、管道架空部位安排专人24小时值守。严格落实领导干部值班制度、抢维修值班备勤制度、外管道事项信息零报告制度，畅通信息报送渠道，及时发现并消除安全隐患，为管道油库安全运行和公共安全做出贡献。

（郭伟玮）

【保证天津乙醇汽油顺利升级】 按照天津市政府工作部署，2018年10月1日起全面推广乙醇汽油。销售华北分公司保持高度政治站位，协同生产企业、省市公司共同制订清晰、快捷的清罐、置换方案。协调生产企业生产一批同时符合清洁和乙醇标准的双标油品，提升置换效率、保障置换节奏，用2个月时间完成置换工作。9月28日，天津地区所有中国石化加油站全部挂牌销售乙醇汽油，天津市成为国家号召全面推广乙醇汽油后首个完成升级置换的省市。

（郭伟玮）

【协调炼厂减免销售企业运杂费690万元】 2018年，销售华北分公司为减轻省市石油公司运杂费负担，助力销售企业打好市场攻坚战，认真梳理生产企业厂内运杂费项目和价格标准，协调区内生产企业在确保合理权益和生产经营正常运转的前提下，对8家生产企业厂内运杂费减免，全年累计减免销售企业运杂费690万元。

（郭伟玮）

【按期完成集团公司级重大安全隐患整改】 2018年6月，销售华北分公司所属河南输油管理处洛阳首站等11座场站SCADA系统增加紧急停车功能项目完成全部施工，并通过项目验收，11座场站均实现SCADA系统紧急停车功能，消除了安全隐患。

（郭伟玮）

【管道油库持续安稳运行】 2018年，销售华北分公司深入研究当前打孔盗油犯罪发展趋势，针对引管入院长期作案、预埋盗油阀后期接管隐蔽作案2种典型作案方式，细化防范应对措施。定期排查管道易发案部位和隐蔽部位巡护盲区并调整增补巡线必经点，模拟构建打孔盗油情景，监督检查护线队夜间巡查覆盖率及对历史发案集中管段、重点部位的徒步巡查到位率和反复巡查机动性；在青纱帐、秋收等高发时期增设夜间看守人员，两人一组每日22时至次日2时对高发部位进行徒步巡查，与护线队形成巡护交叉，缩减巡护间隙；在打孔盗油高发管段试点建设管道巡检通道80千米，消除犯罪分子隐蔽作案空间。在重点地区联合公安机关开展管道保护广播宣传，积极与公安机关对接案件信息，全年发生1起打孔盗油案件并告破，破案率100%。

（郭伟玮）

【严格管控管道施工破坏风险】 2018年，销售华北分公司结合智能化管线建设需求、管道保护法相关要求以及与管道交叉的不同类型基础设施建设项目管控要求，修订印发公司第三方施工管理办法。梳理通报高发站场、高发部位、高发时段以及主要施工类型，提高防范针对性。对与管道交叉的第三方施工项目实行升级管理，对安全风险较大的定向钻施工、顶管施工、公路铁路施工、地下综合管廊施工等施工类型，分别制订具体保护方案。全年累计制止第三方施工419起。

（郭伟玮）

【全面实施管道巡线业务外包】 2018年6月，销售华北分公司全面推行管道巡线业务外包模式。以管道巡护有效性为导向，以防范管道破坏事件为目的，在原有巡线管理要求的基础上，增加巡线员每日上线时间点和巡线时长要求，并针对打孔盗油高发管段、城区第三方施工密集管段、山区地质灾害风险管段的不同防范侧重分别提出具体巡护要求。全年累计抽查巡线员 15 万余人次、护线队 2.5 万余队次、站长 418 人次、管道管理员 1 430 人次。巡护人员 GPS 配备率 100%，巡护上线率 100%，巡护覆盖率 100%，必经点到位率 99.9%，护线队巡线时长合格率 99.9%，巡线员巡线时长（速度）合格率 99%。

（郭伟玮）

【管道管理科技含量不断提升】 2018 年，销售华北分公司完成所有具备内检测条件管道（含津唐管道）的内检测，按照平均每 3 千米 1 个标准在全管网安装智能阴保测试桩，并将智能阴保测试桩和所有站场的智能恒电位仪数据统一上传，集中监视管理。在汛期前使用无人机对高庄阳泉山区管段开展高清航拍，与汛期后图像进行比对，检查水土流失状况及水保设施完好情况。在濮阳至汤阴、邯郸至邢台和郑州城区管段安装 150 千米的光纤预警系统，对各类破坏事件进行预测性安全预警。为管道截断阀室安装门禁系统和周界报警系统；在邯郸、濮阳、郑州打孔盗油易发案部位新增 36 套监控摄像头并纳入公安“天网”指挥平台统一监控；在管道阀室、高后果区等重点部位安装 59 套视频监控系统，利用无人机快速巡线，加快对管道异常情况的反应速度和准确性。

（郭伟玮）

【加强管道高后果区管理】 2018 年，销售华北分公司全面组织开展管道高后果区识别工作，对 319 处Ⅱ级以上（含Ⅱ级）人口密集区实行“一点一案”管理，运用高空 720 度全景影像拍摄、视频监控系统、无人机巡查航拍等技术手段强化监控和数据比对分析。开展风险识别及评价专题培训，开发智能化表格《高后果区识别报告模板》，提高管道管理人员风险识别和管控的技能水平，规范相关数据采集分析，提升工作效率。

（郭伟玮）

【打通汤阴油库汽油增输通道】 2018 年 11 月 18 日，销售华北分公司与河南省石油分公司共同完成汤阴油库管输汽油首次下载。销售华北分公司汤阴站是济南—汤阴、汤阴—郑州、汤阴—石家庄管道的交汇点，连接青岛炼厂、齐鲁炼厂、济南炼厂、石家庄炼厂以及洛郑驻管道；河南省石油分公司汤阴油库总库容 3.8 万立方米。为提高罐容利用率，销售华北分公司与河南省石油分公司紧密配合，通过协调资源计划、调整汽柴油罐容结构、置换库区管线油品等措施，顺利打通汤阴库管输汽油下载通道，扩大了该库资源辐射范围，进一步优化了华北成品油管网管输结构，促进了山东、河南、河北三地资源的合理流动，提升了华北区资源统筹和市场保供能力。

（郭伟玮）

【驻信管道通过竣工验收】 2018 年 6 月 26 日，驻信管道工程竣工验收会在信阳召开，竣工验收委员会专家通过现场勘查、听取汇报、项目运行情况研讨后，为项目部颁发竣工验收证书。驻信成品油管道全长 172 千米，年设计输油能力 225 万吨，主要输送汽油和柴油 2 类 5 个品种。试运行 4 年多来，销售华北分公司严格按照地方政府和集团公司要求，顺利完成安全、环保、职业卫生、地震、地质灾害等专项竣工验收，全线通信系统畅通、电力系统可靠、自控系统稳定、工艺设备完好、安全设施完备、安全环保事故为零，达到设计运行要求。驻信管道的平稳运行，对于保障国家能源建设，优化集团公司成品油战略布局，连接华北、华中区域成品油管网，优化物流配送体系，服务当地市场需求和促进经济快速发展具有重要意义。

（郭伟玮）

场站管理人员在做验收准备工作

【南疆二号库下海设施改造项目管道连头顺利完成】 2018 年 12 月 2 日，销售华北分公司天津储备库南疆二号库下海油设施改造项目管线连头工程顺利完成。在施工过程中，南疆二号库严格执行属地管理，对施工地点的安全、环境等方面进行 24 小时监管。针对施工人员安全、用电作业、动火作业进行管控，严格执行相关规章制度，进行签发票据及核对工作。施工工程由开孔、高压封堵、解封回填等步骤组成，每步工序都谨慎处理。自 11 月 30 日至 12 月 2 日，下海油新装 2 台泵出口与柴油装船线连头工程顺利完成。

（郭伟玮）

【启动"三项制度"改革工作】 2018 年，销售华北分公司积极推进"三项制度"改革和薪酬改革试点工作，开展中层干部述职考核，规范中层干部退出现职管理，初步建立公司岗位价值评估体系，为实现"三能"奠定坚实基础。持续加大竞聘上岗、人才交流力度，加强年轻干部、专业干部培养选拔，为二级单位领导班子配备"75后""80"后年轻干部，建立年龄梯次结构、专业知识结构相对合理的中层后备干部人才库。组织开展 10 个专业线条职业技能竞赛和技术比武，在销售企业质量比武中获 2 枚个人金牌、团体第 6 名的好成绩。开展各类精准培训，公司操作人员鉴定取证率达 94% 以上，储运调和工取得高级技师突破，高技能人才队伍进一步壮大。

（郭伟玮）

油品分析工技术比武

【党建引领作用更加突出】 2018 年，销售华北分公司深入学习贯彻习近平新时代中国特色社会主义思想和党的十九大精神，营造领导班子带头学、中层干部深入学、全体党员系统学的良好氛围，全面树牢"四个意识"，更好地促进党建工作与生产经营深度融合。深入推进集团公司党组巡视、党建考核问题整改，完善规章制度，加强党建考核，各级领导干部"一岗双责"责任意识更加牢固。召开公司第一次党代会，优化调整 37 个党组织，建立党员档案电子信息库，改造党员活动室，党组织的组织力稳步提升，孙向东获中国石化劳模称号，抢维修中心获中央企业先进集体称号。完善"三重一大"决策制度，创建"大监督"格局，运用"四种形态"加大监督力度，坚定不移地落实中央"八项规定"精神和集团公司党组实施细则，持之以恒纠正"四风"，严肃查处违规违纪问题，开展警示教育和廉洁党课活动，营造了风清气正、干事创业的政治生态。圆满完成工会换届，深入推进民主管理，帮扶救助困难员工 99 人。加大扶贫工作组织力度，帮扶困难村工作有序开展。大力推进"家文化"和 EAP 建设，开展"五小"创新和形式多样的文体活动，营造了团结和谐、积极向上的企业发展氛围。

（郭伟玮）

表 1　　销售华北分公司主要经营指标

指标名称 \ 年份	2018	2017	2016	2015	2014	2013
成品油销售总量 / 万吨	4 168.93	3 885.00	3 818.00	3 863.00	4 189.00	4 172.00
销售收入 / 亿元	2 719.67	2 160.00	1 881.00	2 046.00	2 888.00	2 958.00
利润 / 亿元	18.51	25.14	3.55	32.00	30.00	27.00

销售华东分公司

【概况】 中国石化销售有限公司华东分公司（简称销售华东分公司），系国有大Ⅰ型企业。办公地址为上海市长宁区愚园路819号，内部资本金53.88亿元。公司始建于1949年8月，为中国石油运销公司。1950年10月，改称中国石油公司华东区公司。1953年4月，改组为中国石油公司上海石油采购供应站，为商业部直属企业。1985年1月，划归中国石油化工总公司。1988年2月，更名为中国石化销售公司华东公司。2002年10月，更名为中国石化销售有限公司华东分公司。2000—2004年期间，销售华东分公司的主要职责是：对浙江、江苏、山东、安徽、福建、江西、上海六省一市石油公司和炼厂实施资源配置、区间调拨、协调运输、统一结算、信息沟通和价格监督；2005—2007年，销售华东分公司资源管理辖区相继进行调整，调整后销售华东分公司资源管理辖区为江苏、浙江、福建和上海三省一市，主要履行资源组织、物流优化、储运管理、统一结算和市场监管等职能。

截至2018年底，销售华东分公司本部机关设总经理办公室（企管法律处）、政工处（党委办公室）、财务资产处、经营管理处、管道油库处、安全数质量处、发展规划处、信息管理处、人力资源处、审计监察处10个职能处室和1个成品油调控中心、1个抢维修中心。下设陈山油库、嘉兴输油处、南京输油处、扬州输油处4个二级单位。公司在华东区7家炼化企业设有办事处。

截至2018年底，公司共有职工549人，其中有高级职称者37人、中级职称者107人。拥有在营油库3座：陈山油库，位于浙江乍浦，主要承担华东区成品油储备和上岸油品的收储以及浙苏成品油管线首站等职能，总库容43.5万立方米；栖霞油库，位于江苏南京，主要承担苏南地区成品油储备和苏南管线首站等职能，首站库库容10万立方米；玉带油库，为苏北管道配套油库，库容16万立方米。在营直管成品油管道3条，为浙苏管线、苏南管线和苏北管线，总长1 220千米。

销售华东分公司主要经营指标见表1。

（刘　娜）

【经营指标全面完成】 2018年，销售华东分公司石化炼厂资源收购计划3 644.94万吨，完成3 644.93万吨，完成率100%。石化省市供应计划3 035.36万吨，完成3 035.30万吨，完成率100%。全年供省市长输管线管输量超额完成任务，达1 983.03万吨，完成销售公司下达的奋斗目标，其中自营管线管输量首次突破1 000万吨，达1 003.32万吨，一次出厂管输比例达69.72%。

（刘　娜）

【吨油运费持续受控】 2018年，吨油运杂费累计完成10.75亿元，实际吨油费用37.56元、减少0.70元。成品油铁路装载率94.47%，继续保持销售公司94%的优秀指标。

（刘　娜）

【安全生产责任制落实不断强化】 2018年，销售华东分公司切实履行“一岗双责”，领导班子带头推动安全工作，分解落实分委会及职能部门的安全责任。组织修订HSSE责任制，创新考核机制，推行绩效分类、分级量化评价。重视生产运行中的安全管理，组织制（修）订生产运行安全管理制度6项，建立生产日报及公开制度，不断提升全员安全意识。公司被集团公司评为安全生产先进单位。

（刘　娜）

【风险过程管控能力不断提高】 2018年，销售华东分公司加强对生产过程中不安全行为的防控，将作业风险识别要求内嵌至规程和指导书中，实施风险识别防控动态管理，实现4项风险降级、2项降值，风险总值下降65。强化过程安全控制，组织分析未遂事件158件，分析识别出异常情况78次，全部得到有效控制。

（刘　娜）

【安全检查监督不断加强】 2018年，销售华东分公司有效运行安全督察体系，开展各级检查共1 600次，共查出问题5 230项，整改率98%。完成进博会各项保障工作，受到国家部委及总部相关部门表扬。加大隐患排查治理力度，对排查出的 162 项隐患，均落实管控及整治措施，列入总部级重大安全隐患的项目和年度隐患治理项目均已完成整改。

（刘　娜）

【环保管理稳步推进】 2018 年，销售华东分公司积极开展绿色企业创建，编制环保管理体系，梳理完善环保管理责任制，整合现有 11 项环保管理制度，有效识别法律法规，细化环保要求 151 项，排查隐患 25 项并制定整改措施，环保工作稳步推进。

（刘　娜）

【强化协调积极服务产销】 2018 年，销售华东分公司有效应对区内炼厂检修，积极开展资源收储，灵活调度资源，开展华南、浙江等地区油品串换 15.16 万吨，综合优化创效 1 310 万元，保障了生产企业后路畅通和省市公司供应。协同产销企业共同推动高标号汽油做大市场，区内生产企业高标号汽油增加 35.43 万吨，高标号比例在各大区中最高。联合产销企业细化置换方案，克服区内部分炼厂装置改造升级影响，确保上海、江苏等地区提前完成国Ⅵ标准油品升级。在产销企业共同努力下，区内产销企业效益均处于全国产销企业前列。

（刘　娜）

【资源共享推动做大总量】 2018 年，销售华东分公司推动配置外采资源共享，打通上海石化上岸外采通道，外采上岸中转完成 87.1 万吨、增加 19 万吨，减少物流成本 3 050 万元。推动产销储运设施共享，实现浙江石油分公司配置与外采汽油资源利用镇海炼化储运设施中转后，通过管道输送至省内。推进丽水、温州等地区一、二次物流协同优化，进一步提升管输量，甬台温管线累计输送 42.7 万吨。

（刘　娜）

【提高站位全力提升出口能力】 2018 年，销售华东分公司积极落实总部关于加强国内外资源统筹的战略安排，多次前往相关企业现场调研对接，升级改造产销企业的储运设施，产销协同提高华东区出口总能力。全年区内生产企业出口完成 957 万吨，增加 145 万吨。成功开通陈山油库中转出口成品油业务，共完成出口代中转 5 船 13.8 万吨。牵头与镇海炼化、浙江石油分公司及地方政府协调，初步达成合资公司组建协议，为加快算山储备库及镇海炼化厂区内建设提供重要保障。

（刘　娜）

【管道完整性管理体系建设有序开展】 2018 年，销售华东分公司立足管道设备安稳优运行，多措并举，努力实现管道设备本质安全。搭建管道完整性管理体系，实现“年度有计划、专项有通知、检测有报告、缺陷有评价、修复有方案”的闭环管理。完成全部在营管道（1 098 千米）的现场检测。持续推进网格化管理，公司外管道网格化管理纳入政府或政府部门考核的地区覆盖率达 50%，已累计与管道沿线地市及村镇签订管道保护协议、共建协议 252 个，利用网格化平台，共处置问题 153 项。深化智能化管线系统应用，完成公司自营管道本体及周边环境数据的上线及六大模块功能搭建，巡线模块已成为巡线管理的最重要平台，第三方施工模块被集团认定为深化应用创新创效优秀成果，并向销售企业推广。

（刘　娜）

【从严管道设备管理考核】 2018 年，销售华东分公司加大外管道管理考核力度，对排名靠后的输油处给予扣分。狠抓设备维护保养，结合实际，调整考核比分权重，细化考核指标，将设备管理主要考核要素分成三级指标管理。编制 136 项设备“低老坏”重复问题清单，组织季度专项检查，对查出的问题及时进行考核，推动现场管理上台阶。

（刘　娜）

【管理创效工作稳中有进】 2018 年，销售华东分公司从严分解年度定额费用预算指标，严控成本费用支出进度，以月保年，实际支出 3 496.16 万元，完成年度指标的 65.70%。3 条自营管线吨油管输现金成本为 13.25 元，低于年度指标 1.27

元。落实第3轮税收返还财政支持资金7 711万元。深入推动“五小”创效工作，全年创效金额达202.77万元。优化管输节能降耗，通过优化工艺安排和物流配置，3条自营管线综合能耗为160（千瓦·时）/（吨·千米）。公司成功入选集团2018年深化应用创新创效示范企业培养计划，在37家销售企业中排名第三。

（刘　娜）

【风险管控更加突出】 2018年，销售华东分公司突出风险管理，根据股份公司新版内控手册，结合上级“财务基础管理年”活动要求，修订公司内控实施细则，组织培训，从严实施，并开展专项检查，发现问题57个。扎实开展“强基础、防风险、促发展”自查自纠工作，上报问题整改底稿53份，已完成整改50项。开展精益管理调研，对工程项目、物资采购、资金管理等8个方面进行全面排查梳理，形成30类问题清单，落实5个方面20项管控对策。

（刘　娜）

【绩效考核导向作用发挥明显】 2018年，销售华东分公司从严绩效考核，加大激励约束力度，对上级下达的考核指标，不仅满足于完成考核指标，且做到与排名挂钩，加大考核力度。健全内部考核，在公司季度、年度考核中，有效拉开奖励档次。进一步完善约束机制，对季度考核排名前3名和后3名的部门和单位进行考核兑现。严格中层考核，修订完善中层管理人员考核评价办法，将部门及单位的季度、年度绩效排名与中层管理人员奖惩同步挂钩，进一步激发中层干部干事创业的激情和活力。

（刘　娜）

【改善经营管理建议工作扎实开展】 2018年，销售华东分公司积极引导改善建议工作向重质量、强实施转变，全年收到员工提报改善经营管理建议363条，受理345条，采纳实施311条，奖励兑现6.92万元，其中一线员工提报建议269条，评选获奖建议195条，上升14.04%；上报销售公司优秀建议16条，其中3条被采纳推广。

（刘　娜）

【企业内部管理高效推进】 2018年，销售华东分公司优化精简制度，组织对制度管理系统中现行的343项制度，逐项进行甄别，优化精简141项，精简率37.06%。落实“马上就办”工作，实施相关细则和工作方案，线上发布督办工作277项，准办率由年初的30%提高至90.5%。加强网络安全管理，积极构建全面网络安全防控体系，未发生网络安全事件，在总部网络安全水平检查评价中得90分，保持B级企业称号。

（刘　娜）

【领导班子和干部人才队伍建设推动有力】 2018年，销售华东分公司加强班子队伍建设，班子整体作用发挥良好，在巡视反馈中，巡视组认为公司班子讲政治、顾大局，讲责任、重实效，讲团结、聚合力。在民主评议中，63名职工代表对领导班子评价为“好”+“较好”达100%。加强干部人才队伍建设，制订公司人才强企工程行动方案，编制2018—2020三年滚动计划。出台公司《完善人才成长通道建设实施方案》《专业技术和技能操作职位管理细则》，为员工畅通职业通道提供保障。出台多个制度机制，加强对年轻干部的培养，在公司新提拔的22名领导人员中，有5名中层领导，其中3名为“80后”。

（刘　娜）

【企业文化建设亮点纷呈】 2018年，销售华东分公司积极创建文明单位，顺利通过全国文明单位复评，继续保持全国文明单位称号。在上海市文明单位中途检查中，公司评分在市经信系统144家单位及石化在沪企业中均排名第一。持续开展“走基层、访万家”活动，建立长效机制，全年共走访127人。积极推进基层“家文化”建设，开展走廊文化，继续开展“五小”建设和EAP工作，推动“家文化”向文化建家深层次推进。

（刘　娜）

【党组织建设不断提升】 2018年，销售华东分公司党委严格执行“三重一大”决策制度，压实党建工作责任制，组织对各级人员党建履职情况的考核。扎实开展党建调查研究，围绕中心组织开展基层党组织建设、“三支队伍”建设、产销一体化、精益管理 4 个专项调研，积极做好调研成果转化。以“党建质量提升年”为抓手，积极推动党政融合，助力首届进博会，建立特殊时期党员责任区、党（团）员突击队、“平安志愿者”突击队，确保特殊时期各项工作安全有序、平稳运行。

（刘　娜）

【党风廉洁建设持续深化】 2018 年，销售华东分公司持续抓廉洁学习教育，党政领导带头讲廉洁党课，及时转发违反中央八项规定精神典型事件和基层“微腐败”典型案例，紧盯“关键少数”，对工程建设、物资采购、安全、承运商管理等工作核心环节开展监督。强化监督，开展“责任清单上桌面”工作，建立科级和重点岗位人员廉洁情况“活页夹”。印发监督委员会工作方案，针对工作中的重点、难点开展研究讨论，制定措施，完善“大监督”格局。纪委严格落实“三转”要求，配齐配强纪检委员和廉洁监督员，拓宽了监督领域、延伸监督渠道。

（刘　娜）

表 1　　销售华东分公司主要经营指标

指标名称 \ 年份	2018	2017	2016	2015	2014	2013
成品油资源收购量 / 万吨	3 644.93	3 719.09	3 624.50	3 897.55	3 670.57	3 857.88
省市供应量 / 万吨	3 035.30	3 163.74	3 007.70	3 282.72	2 971.34	3 134.34
管输量 / 万吨（全口径）	2 337.05	2 291.93	2 221.15	2 151.79	1 887.16	1 776.40
销售收入 / 亿元	2 408.77	2 109.06	1 857.52	2 109.89	2 583.55	2 756.51
利润 / 亿元	23.51	43.34	53.42	37.04	45.62	41.96
油库 / 座	3	3	3	3	3	2
管道 / 条	3	3	3	3	3	2

销售华中分公司

【概况】 中国石化销售有限公司华中分公司（简称销售华中分公司）成立于 1949 年，当时名称为华中石油公司，坐落于湖北省武汉市。1985 年 1 月 1 日，划归中国石油化工总公司，改名为中国石化销售公司中南公司；1998 年，改名为中国石化销售中南公司；1999 年 4 月，与湖北省石油公司实行资产重组；2006 年 10 月，进行区域调整，更名中国石化销售有限公司华中分公司。

销售华中分公司是中国石化销售有限公司的派出机构和区域物流中心，主要担负产销衔接、资源平衡、运输协调、物流优化、沟通协调的职能，负责辖区内荆门石化、武汉石化、巴陵石化、安庆石化、九江石化和长岭分公司的成品油收购，负责湖北、湖南、安徽、江西、四川、重庆的成品油供应，负责对华中、华东、华南、华北等地区的成品油跨区调拨，担负对部队、铁路、民航、交通、渔业等专项用户的成品油供应工作。截至 2018 年底，公司有 9 条成品油管道（含在建）、5 座油库、32 个输油站，管道总长约 2 600 千米，资产总额 129 亿元。公司设 12 个机关处室、1 个区域抢维修中心、5 个输油管理处，共有员工 1 083 人，其中合同制员工 971 人、劳务派遣工 112 人。公司党委下设党总支 6 个、党支部 29 个、党小组 3 个，党员共计 423 人，其中在岗党员 390 人。

2018 年，销售华中分公司多项工作获得佳绩。

获集团公司物资供应管理先进单位称号，销售公司年度、季度和月度红旗各2面；再次获集团公司安全生产先进单位称号，首次获销售公司HSSE管理能力A级企业称号；获集团公司法治工作A级评价、集团公司管理现代化创新成果二等奖，被销售公司授予“一线工作法”先进组织单位等称号。

销售华中分公司主要经营指标见表1。

（何映林）

【生产经营指标完成良好】 2018年，销售华中分公司各项费用均控制在总部下达的指标以内。其中，吨油运杂费用低于60元；管理定额费用约1 500万元，减少9.62%；吨油管输现金成本约15.5元，减少6.16%；外部债权赊销比85%，在总部下达的满分考核指标100%以内；实现管理创效约2.7亿元，超额完成近3 500万元；全年管输完成近1 300万吨，增加约100万吨。

（何映林）

【巩固加强平安管道建设】 2018年，销售华中分公司大力提升管道巡线质量，推进情景构建巡护线考核体系，设置各类情景考核点4 127次；在湖南地区配置专职夜巡队，各输油站巡线到位率基本达100%；积极运用管道管理新技术，在江西吉安至赣州管道开展无人机巡线，在江西九赣管道开展北斗高分遥感卫星地质灾害和异常行为预警。编制《第三方施工管理手册》，全年严格审批改线、乡道以上的交叉施工项目40余处，120余处第三方施工得到有效管控。不断巩固和完善联防联治工作机制，力促汨罗打孔盗油案件速判重判，其中9人被判处10年以上有期徒刑，有效震慑了犯罪分子，遏制了湖南汨罗地区打孔盗油的势头。

（何映林）

青年员工暴雪天抢修设备保管道运行

【管道完整性管理体系运行初见成效】 2018年，销售华中分公司建立“一个实施导则、八项管理规程”的管道完整性管理体系，对智能化管线系统前期采集的数据开挖验证590处、现场复测数据4 141处，为智能化管线系统平台运用提供有力支撑。识别高后果区700余处，风险管段约1 500段，确保“双高”管段处于安全可控状态，高后果区管理作为先进典型在销售公司做经验交流并受到国家应急管理部肯定。持续推进内检测及缺陷修复，内检测覆盖率达92.7%，立即响应类缺陷修复率达97.2%。

（何映林）

【大力推进库站标准化建设】 2018年，销售华中分公司编制印发《库站标准化建设与管理手册》，积极推进员工“说岗”“站长上讲台”等工作，员工对标准化管理的参与度、认可度、执行力持续增强；及时提炼总结建设过程中好的做法和经验，其中南昌站标准化建设成果被销售公司微信公众号“朝阳e站”报道。年内，15个库站完成主要建设任务，13个通过达标验收。启动油库规划管理工作，试点对武汉油库地上、地下设施情况进行探测，为智能化油库建设和油库规范管理奠定基础。

（何映林）

库站标准化建设

【产销一体化实现新突破】 2018年，销售华中分公司紧贴市场进行产销衔接，实现收购总量增长近100万吨；向总部申请调整高标号汽油生产计划近7万吨，既满足省市公司需求，又为炼厂带来经济效益3 000余万元；努力做大片区航煤市场，出厂航煤近300万吨，辐射重庆、四川、湖北、湖南、江西、安徽等地，增长20余万吨。积极打造管输航煤新模式，安合管道一期签订航煤输送协议，开启华中地区成品油管输航煤的先河，为助力石化产销企业拓市增效奠定了坚实基础。

（何映林）

【应急能力稳步提升】 2018年，销售华中分公司组建应急指挥调度云平台，成立区域水上安全响应中心，举办公司级应急比武，成功处置荆门进站埋地汽油管道渗漏、株洲进站柴油管线腐蚀渗漏2起突发事件，大庄油库成为湖北省首座智能安防管理油库，应急意识和初期处置能力得到进一步提高。

（何映林）

【工程项目建设加快推进】 2018年，销售华中分公司获投资类批复23项，投资计划完成率99.9%。强化项目规划统筹，组织开展樟株、襄十、翻坝、荆荆改线、湘江穿越等6条成品油管道可行性研究和设计方案编制；优化武汉、大庄等5座油库隐患治理、安庆首站库扩容及新增付油台项目可行性研究和方案设计；大力推进安合一期管道输送航煤项目，促成项目改造方案一次性通过总部审批并如期完成建设目标；积极协调政府及总部，及时获行政及项目立项批复，全年获政府批文36份，总部立项批复20项。全力推进项目实施，荆襄和合六项目线路工程顺利完成“三查四定”；孝感新增混油罐、长岭油库柴油改汽油和金鸡坡油库新增98#汽油等脱瓶颈改造项目已投入运行；圆满完成江西二期、安徽二期、岳阳和荆荆改线等项目的竣工验收工作。提升工程建设精细水平，工程初审项目24个，金额超4 500万元，审减额600余万元，有效降低工程建设成本。强化物资供应管理，提高框架协议采购、易派客采购比率，不断扩大储物于商规模，积极开展工程余料拍卖，获集团公司物资供应管理先进单位称号。

（何映林）

【推动科技管理上新台阶】 2018年，销售华中分公司完成集团公司2个科技项目预验收，申报7件并获授权3件国家实用新型专利，发表和获奖论文8篇，其中《成品油输送设备泄露故障分析及应对措施》获中国石化泄露管理专题研讨会论文一等奖，计量论文获奖篇数居销售企业第一。

（何映林）

【夯实管理凸显价值创造】 2018年，销售华中分公司实现财务共享一次性成功上线，在销售企业率先打通3项业务核算流程，并首次理顺科技研发项目自主立项管理流程；在确保风险可控的基础上，全面优化业务经办5环节内控审批权限，积极落实“大额支出计划管控”集体决策模式，内控权限优化理念走在股份公司的前列；实施工程造价前置严控投资成本、提升自主维修能力降低维修支出等挖潜增效措施，全年完成56项管道缺陷修复工作，降费超100万元。

（何映林）

【依法依规治企】 2018年，销售华中分公司完成35个流程22条法律风险提示嵌入，成为集团公司首批完成法律风险进内控流程的单位；合同审核率和线上审批率达100%，合同审查时间缩短1.1天，各项合同系统数据稳步提升，在集团公司法治检查工作中获A级评价。扎实开展专项审计，落实问题整改销号，共清理近两年审计、检查、巡察发现问题76项，完成整改67项。

（何映林）

【人才引进工作取得实效】 2018年，销售华中分公司引进系统内成熟人才21名，丰富了各专业线条人才储备。运用新模式开展操作工招聘，全年共招录39名，上岗资格证取证率为历年最高，缓解了基层操作工用工紧张的局面。积极探索用工新模式，与中原油田开展武汉、大庄2座油库的消防业务外包合作，引入江汉油建20人承揽新建襄阳站、六安站输油操作业务，引入荆门石化10人承揽抚州输油管理处抢维修队业务，通过优化系统内人员配置满足公司用人需求。

（何映林）

【融入中心抓实党建】 2018年，销售华中分公司召开第一次党代会，推动各级党组织认真落实好党建责任。深入开展党员责任区和党员示范岗创建，推行党建责任落实月度督查和通报制度，通过“三会一课”、支部主题党日、民主评议党员、组织生活会等形式，加强党员思想政治教育。坚持政治标准，严把党员“入口关”，全年发展党员15名，进一步壮大了党员队伍。

（何映林）

【强化监督保驾护航】 2018年，销售华中分公司召开监督委员会联席会议4次，解决招投标、费用、合同管理等方面问题19项。对2017年以来执行“八项规定”制度情况进行自查，优化作风建设；对江西、湖北输油处开展巡察，发现问题45项，推动全面从严治党向基层延伸；开展扶贫领域治理等专项检查4项，切实把制度优势转化为治理效能。全年调查违规违纪违法问题5件，处置问题线索2件，追究相关责任39人，中止党员权利1人。先后开展反腐倡廉“教育月”“廉洁好声音”“廉洁图书漂流”“廉洁文化创意大赛”等活动，1 800多人次参与；拍摄警示教育片《得不偿失》，发挥了以案为鉴的良好效果。

（何映林）

表1 销售华中分公司主要经营指标

指标名称 \ 年份	2018	2017	2016	2015	2014	2013
资产总额/亿元	129.00	118.98	110.65	100.62	91.23	80.54
成品油销售量/万吨	2 530.15	2 416.74	2 279.40	2 331.40	2 147.00	2 083.60
销售收入/亿元	1 695.62	1 376.00	1 141.00	1 245.01	1 519.00	1 490.00
利润/亿元	32.60	19.25	14.08	14.65	19.00	21.00
税金/亿元	14.34	9.21	11.21	7.28	10.17	11.67
吨油费用/元	59.24	69.09	73.65	86.00	88.74	89.99

销售华南分公司

【概况】 中国石化销售有限公司华南分公司（简称销售华南分公司）本部位于广东省广州市天河区体育西路191号，其前身是成立于2000年6月18日的中国石化销售有限公司西南分公司。2006年11月24日，经集团公司党组批准，在广州注册成立销售华南分公司，从2007年1月1日起正式运作，系国有大Ⅰ型企业。

销售华南分公司是中国石化销售有限公司下属的5个大区公司之一，是中国石化在华南地区跨省际、城际间的成品油区域物流中心，主要负责华南区域中国石化广州石化、茂名石化、湛江东兴公司、海南炼化和北海炼化5家炼化生产企业的成品油出厂和运输组织，以及广东、广西、贵州、云南、海南5个省区成品油资源供应，同时发挥地域优势，做好华中、川渝地区的资源补充；统一负责华南成品油管网（已建成运行的管道全长6 036千米、在建246千米）的运营管理和规划建设；承担成品油管道输送技术的应用研究和国产化装备研发职能。

销售华南分公司实行公司—输油管理处—输油站三级管理模式，在机关设10个职能处室和3个直属中心；在管道沿线设8个输油管理处和60座输油站；另根据管道建设需要，设若干个工程项目部；在上述炼厂设5个驻厂办事处，负责与炼厂的业务衔接。截至 2018 年底，公司拥有员工 1 541 人。

销售华南分公司主要经营指标见表 1。

（王乐乐）

【“油气管道系统完整性关键技术与工业化应用”获 2018 年度国家技术发明二等奖】 2018 年，销售华南分公司全面推行全管网、全覆盖、全生命周期管道完整性“三全”管理新模式，体系文件全面完善，技术标准日益成熟，被国家能源局评为全国管道完整性管理推先第一阶段 A 级企业，广东省能源局、海南省工信厅等 14 个政府部门及知名企业先后到公司考察交流。与中国石油大学（北京）等联合申报的“油气管道系统完整性关键技术与工业化应用”获国家技术发明二等奖。

（王乐乐）

国家技术发明奖

证　书

为表彰国家技术发明奖获得者，特颁发此证书。

项目名称：油气管道系统完整性关键技术与工业化应用

奖励等级：二等

获 奖 者：田中山（中国石油化工股份有限公司）

证书号：2018-F-303-2-01-R06

“油气管道系统完整性关键技术与工业化应用”
获国家技术发明二等奖

【连续 8 年获评集团公司安全生产先进单位】 2018 年，销售华南分公司主要领导每周召开安全生产例会（全年共召开 49 次），创新推行既承包“点”又承包“季”的安全承包管理创新模式，深入开展“三带三查三保”“下沉一级”当兵活动，率先推行人口密集型高后果区“区长制”和重大危险源“源长制”，每日开展三级风险研判、报告及承诺公示机制，每半年开展一次风险评估（风险总值由 2018 年初的 3 063 降至 1 842），常态化开展 HSSE 日常考核（全年共专项奖励 33 次、24.85 万元，扣罚履责不到位的相关单位 31.25 分），按照“四不放过”原则从严对事件“升级”追责，有力确保企业安全主体责任全面落实。安全生产形势连续 5 年持续向好，连续 8 年被集团公司评为安全生产先进单位，连续 4 年被销售公司评为 HSSE 综合能力测评 A 级企业并成为销售公司 2018 年度首家 HSSE 免检企业。

（王乐乐）

【获评集团公司首批绿色企业】 2018 年，销售华南分公司率先落实集团公司“绿色企业行动计划”，聚焦绿色发展、绿色能源、绿色生产、绿色服务、绿色科技、绿色文化，编制“一方案两清单”并狠抓落实。完成第 1 批富宁东站、桂林站等 17 座输油站的“花园式”绿色站场建设任务，义务植树 6 800 余棵（人均植树 4 棵以上），站库绿化覆盖率达 23%；建成光伏发电站点 13 个（另有 3 个站点在建），累计发电 73 万千瓦·时，低压无功补偿装置正推广应用，平均功率因数达 0.94，节约电费 42 万元 / 年；累计完成集团公司级绿色科研项目 6 项（在研项目 4 项）；获绿色科技相关专利授权 8 件（正在申请发明专利 11 件），获计算机软件著作权 5 件（正在申请 6 件），绿色企业创建工作走在销售板块前列，获评集团公司首批绿色企业和环境保护先进单位。

（王乐乐）

【应急处置能力显著提升】 2018 年，销售华南分公司持续提升应急处置能力，加强应急能力建设，完善应急管理体系，全面推行“双盲”演练，全年共开展公司级演练 2 次、管理处级演练 36 次、输油站级演练 911 次；联合广东深圳和茂名、广西南宁、云南玉溪等地方政府及兄弟企业，成功举办油品泄露、消防灭火、抗震救灾、防台抗台、反恐防暴等一系列大型综合应急演练，有效提高了员工队伍应急处置能力和水平。

（王乐乐）

【完成在营管道内检测工作】 2018 年，销售华南分公司全力推进华南管网内检测工作，完成剩余 247.5 千米的几何变形检测和 682.4 千米的漏磁检测工作，占销售公司总量（13 385 千米）的 44%，全部完成在营管道内检测；根据内检测结果下达 672 项缺陷修复计划，修复率达 100%；全线

开展中国石化华南成品油管网茂名段泄漏事故联合应急演练

100% 完成，符合使用评价，保障管道合法依规运行。

（王乐乐）

【生产经营指标创历史新高】 2018 年，销售华南分公司销售成品油首次超过 3 000 万吨，达 3089 万吨，增长 5%；销售收入首次超过 2 000 亿元，达 2 070 亿元，增长 22%；管输成品油 2 290 万吨，增长 4.1%；吨油费用 32.57 元，下降 13.7%；运杂费支出 8.22 亿元，下降 11.3%；管道成本费用 13.91 亿元，比年度考核指标节约 5 100 万元；获评销售公司 2018 年物流运行先进红旗。自 2005 年 4 月 26 日第 1 次正式输送成品油，到 2018 年 11 月 25 日止，华南成品油管网 13 年累计输油突破 2 亿吨。

（王乐乐）

【连续 4 年获评集团公司物资供应管理先进单位】 2018 年，销售华南分公司积极推进公开招标和物资采购电子商务，限上工程项目和 50 万元以上物资采购实行公开招标，物资采购和工程采购公开招标率分别达 81% 和 94% 以上，绩效指标居销售板块前列；主动克服点多线长面广、地域条件差异大造成的物资需求零散杂乱等难题，对各二级单位的物资需求进行差异化整合，最大限度统一技术要求指标，全力保障重点工程建设需要，上网采购率达 100%。公司连续 4 年被集团公司评为物资供应管理先进单位。

（王乐乐）

【湛江—北海成品油管道工程进度居“中科炼化一体化项目”配套工程之首】 2018 年，销售华南分公司将湛江—北海成品油管道工程作为“一号工程”抓好抓实，通过从严从细落实“五大控制”，在确保施工安全和质量的前提下，强力推进工程进度，截至 2018 年底，湛江—北海成品油管道累计扫线 150.79 千米，焊接 142.37 千米，回填 86.58 千米，管道建设长度占销售公司全年新建管道总长度达 40%，进度居“中科炼化一体化项目”配套工程进度之首。

（王乐乐）

【科技创新取得历史性突破】 2018 年，销售华南分公司牢固树立“石化发展，科技先行”理念，大力实施创新驱动战略，紧紧围绕产学研用结合，

无人机巡线和防爆巡检机器人

强力推进生产管理与科研创新高度融合、信息化与工业化深度融合，形成一批具有自主知识产权的科技成果。与航天六院联合研制智能泵控式电液执行机构达到国际先进水平，与浙江中控联合研发的国产化成品油管道工控软硬件系统在珠三角管道上成功试运行，与扬州恒春联合研制开关型电液执行机构在驱动、控制、检测等方面突破多项关键技术（已申请专利 20 件），与西安航天泵业联合研制的高压主输泵、电液减压调节阀和双关断旋塞阀功能达到了国际同类先进水平，第 2 代管道巡线无人机已广泛应用于管道高后果区和重点部位巡查、夜间巡查、事故抢险等，第 4 代站场巡检机器人已在北海等输油站推广应用。全年通过集团公司科技部、广东省机械工业学会科技成果鉴定 7 项，新申请发明专利 31 件、实用新型专利 7 件；获国家技术发明二等奖 1 项，省部级一等奖 2 项、二等奖 5 项、三等奖 1 项。

（王乐乐）

【输油站区域化管理模式改革成效显著】 2018 年，销售华南分公司按照“完善治理、强化激励、突出主业、提高效率”要求，继续创新实施“集中监控、统一管理、预防维修”的输油站区域化管理模式改革，优化完善生产管理作业流程，有效激发基层员工内在动力，突出专业化线条管理，优化减少站场岗位工作量 50%，优化站场劳动用工 10%，每千米管道平均用工从 2014 年的 0.36 人降至 0.24 人，基本达到国内领先、国际一流水平。

（王乐乐）

【人才强企工程效果凸显】 2018 年，销售华南分公司着眼于企业全面可持续发展，全面实施人才强企工程，持续加大年轻干部培养使用力度，努力打造一支“三强”高素质专业化干部队伍。全年提拔中层干部 14 人，40 岁以下占比 64%，其中新提拔的中层副职中 40 岁以下的占比高达 90%；现有中层干部 50 人，平均年龄 42.7 岁（比集团公司中层干部平均年轻 5 岁），其中“75 后”28 人，占比 56%，提高 17 个百分点（比销售板块平均水平高 20 个百分点）；拥有大学本科以上学历 42 人，占比 84%，提高 4 个百分点。全年引进高校毕业生 42 名（其中博士研究生 3 人），硕士研究生占比 52%；员工中拥有大专及以上学历 1 348 人，占比达 90%。

（王乐乐）

【“大监督”格局初显成效】 2018 年，销售华南分公司在综合监督委员会和综合监督小组的基础上，为所有输油站配备兼职监督员，形成公司—输油管理处—输油站三级大监督格局，实现对所有行使“公权”人员的监督全覆盖；在工程管理方面，全年工程造价审计项目共 362 项，经过复审再审减 389 万元，扣罚 189 万元；在承包商管理方面，全年约谈 7 家承包商，对 43 家承包商进行考核，扣罚 49 万元；综合运用审计、法律、组织人事、纪检监察等监督管理力量，加强对乱作为、慢作为等现象专项督察，全年共专项督察和审计 10 项。

（王乐乐）

【对外宣传工作实现新突破】 2018 年，销售华南分公司自觉担当“举旗帜、聚民心、育新人、兴文化、展形象”的责任使命，坚持讲好华南故事，树好华南形象，全年在《中国石化报》发稿 58 篇、石化新闻网发稿 67 篇，石化手机报发稿 22 篇，发稿总数增长 3 倍；累计在《人民日报》等权威主流媒体刊发稿件 128 篇，增长 4 倍，对外宣传工作居销售板块居前列，企业对外影响力进一步提升。

（王乐乐）

【精准扶贫工作成绩喜人】 2018 年，销售华南分公司认真抓好广东省委省政府交给公司的对口扶贫工作，公司领导 7 人次到扶贫点调研，共投入扶贫资金 125 万元，建成 2 个党群活动中心和 1 个 105 千瓦的村级光伏电站，建成投用下格安全饮水工程，扶贫进度和效果均走在所在县前列，得到政府扶贫部门的好评，定点扶贫驻村工作队获评广东省 2016—2018 年脱贫攻坚突出贡献集体。

（王乐乐）

【党建工作成功实现晋档升级】 2018 年，销售华南分公司党委以习近平新时代中国特色社会主义思想和党的十九大精神为指引，全面压实党建责任，坚持党委会决策前置程序（全年召开党委会42次，决策“三重一大”事项68项），充分发挥党委把方向、管大局、保落实领导作用；严抓党建质量提升，举办3期党建质量提升专题培训班，大力实施组织力提升工程，从严落实基层党组织“五项任务”，全面加强党小组建设，有效激活党组织“末梢神经”；聚焦党政深度融合，坚持“融入中心抓党建，抓好党建促发展”，通过深入开展“转观念、勇担当、创效益”“三带三查三保”和“下沉一级”等活动，助力企业中心任务超额完成。党建质量和实效有显著提升，在集团公司2018年度党建考核和领导班子综合考评中成功晋升为A档（是销售大区公司首家）。

（王乐乐）

表1　　销售华南分公司主要经营指标

指标名称＼年份	2018	2017	2016	2015	2014	2013
成品油销售总量/万吨	3 089.00	2 952.00	2 941.00	2 913.00	2 997.00	2 968.00
管输量/万吨	2 290.00	2 200.00	1 943.00	1 756.00	1 676.00	1 626.00
销售收入/亿元	2 070.00	1 692.70	1 510.00	1 584.00	2 103.00	2 113.00
实现利税/亿元	42.30	41.10	35.42	28.71	44.90	45.60
利　润	32.23	33.77	28.29	22.24	37.90	35.60

石油勘探开发研究院

【概况】 中国石油化工股份有限公司石油勘探开发研究院（简称石油勘探开发研究院）是中国石化直属上游综合研究机构，本部设在北京，京外设有无锡石油地质研究所、合肥培训测试中心2个机构。正式成立于2000年7月，其前身为原国家地质矿产部所属的7家油气普查勘探研究单位。

石油勘探开发研究院是中国石化上游发展战略及油气勘探开发参谋部、油气勘探开发技术支撑服务部、油气勘探开发技术研发和集成部、上游地质资料信息中心（三部一中心）。主要任务是承担国家及中国石化重大项目的科技攻关和牵头组织工作、油气勘探开发基础理论及应用技术研究与集成，承担中国石化国内外油气地质基础研究、油气资源评价、勘探选区评价、中长期发展规划编制、年度部署及相关工作，参与股份公司重大油气勘探开发科研项目和重大生产经营项目的设计审查、技术经济论证等工作。

石油勘探开发研究院拥有页岩油气富集机理与有效开发国家重点实验室、国家能源页岩油研发中心、国家油页岩开采研发中心3个国家级重点实验室或研发中心，海相油气藏开发实验室、油气成藏实验室、多波地震技术实验室、页岩油气勘探开发实验室4个中国石化重点实验室，提高采收率实验室、储层改造与保护实验室、构造与沉积—储层实验室、无机地球化学4个院级实验室，拥有一批具有国际先进水平的实验仪器设备，是国家核心期刊《石油与天然气地质》《石油实验地质》等科技期刊的编辑、出版单位。

截至2018年底，石油勘探开发研究院用工总量1 150人，包括中科院院士1人、工程院院士1人、集团公司首席专家2人、高级专家11人。全院拥有博士476人，占比41%；硕士375人，占比33%。

2018年，石油勘探开发研究院共承担各类科研生产任务455项，新签合同234项。5份参谋报告获党组批示。评价有利圈闭37个，提交风险勘探目标 10 个，设计风险井位 6 口，被采纳 1 口；部署各类井位 115 口；编制各类方案 8 个，已实施 5 个。牵头的 5 个国家重大专项及 18 个课题进展顺利，2 个项目中期审查排名第二。获中国石化科技进步一等奖 2 项、科技进步和技术发明二等奖 3 项。申请国家专利 199 件，获授权 98 件，其中发明专利 94 件；获美国专利授权 1 件。认定专有技术 12 项。

石油勘探开发研究院 2018 年主要科研成果获奖及 2013—2018 年专利申请与授权情况分别见表 1 和表 2。

（张爱国）

【领导班子调整】 2018 年 1 月 12 日，集团公司在石油勘探开发研究院召开干部大会，宣布对石油勘探开发研究院领导班子调整的决定：郑和荣任院长、党委副书记，主持党委工作。9 月 14 日，再次召开干部大会，集团公司宣布任命郑和荣为石勘院党委书记、院长，任命徐旭辉为副院长、党委委员。

（张爱国）

【持续深化十九大精神学习】 2018 年，石油勘探开发研究院深入学习宣传贯彻习近平新时代中国特色社会主义思想和党的十九大精神，共组织开展相关理论中心组学习 9 场次，班子成员下基层宣讲 11 场次，组织全院中层干部、专家、项目长分 6 批次开展为期 1 周的专题培训，部署各级党组织扎实开展十九大精神学习，实现全员覆盖。

（张爱国）

【规划支撑工作成效显著】 2018 年，石油勘探开发研究院承担完成国家科技部委托的《我国石油工业上游 2020—2035 科技发展战略研究》。编制中国石化《大力提升油气勘探开发力度行动计划（2019—2022）及 2025 年初步规划》。牵头完成《中国石化行动方案（2018—2050）暨三年滚动计划（2018—2020）》上游部分的主体研究任务。

（张爱国）

【参谋支撑成果丰硕】 2018 年，石油勘探开发研究院提交的《石油勘探开发研究院打造一流战略规划和行动方案暨三年滚动计划》《关于中国石化油气矿业权与保护地重叠区有关情况的报告》《邻区 4 项油气发现新成果对中国石化勘探事业具有启示意义》《加强地下储气库建设的建议》《关于推动上游板块天然气大发展的思考和建议”5 个报告获集团公司党组领导批示，较好地发挥了上游参谋部的角色。

（张爱国）

【矿权与储量管理支撑有力】 2018 年，石油勘探开发研究院针对中国石化到期投入不足区块，提出预警 60 块，涉及 14.5 万平方千米，对其中 13 个区块提出内部流转建议。深入开展 SPE 储量价值化研究，支撑了集团公司储量流转改革。

（张爱国）

【重大项目咨询支撑到位】 2018 年，石油勘探开发研究院持续推进开发项目筛选及分类油藏潜力评价，共协助中国石化上游核减低效益项目 90 个，筛选水驱、稠油油藏潜力单元 534 个，增加可采储量 7 006 万吨。组织地面工程可行性研究项目评审 75 个，协助上游核减投资 5 亿元。

（张爱国）

【风险井论证与管理成绩喜人】 2018 年，石油勘探开发研究院牵头组织中国石化风险井论证审查，完成 3 批 31 口风险探井技术初审，上会 27 口。牵头设计风险井 6 口，其中山页 1 井、枝页 1 井通过总部审定，与西南油气分公司共同提交的古店 1 井获准实施。

（张爱国）

【支撑西北地区石油勘探开发彰显担当】 2018 年，石油勘探开发研究院基于氮气辅助重力驱机理认识，编制的塔河 S86 单元注气调整方案效果显著，TK743 井含水率由 80% 左右下降至 5% 左右，增油 2.5 倍。

（张爱国）

【支撑华北老区油气稳产展现作为】 2018 年，石油勘探开发研究院完成的“大牛地气田大 8- 大 10 井区综合调整方案气藏工程研究”通过总部审查，已投入现场实施，共部署新钻井32口，补孔井4层/3口、治理低效井33口，新建产能2亿立方米。支撑鄂南致密油—页岩油开发，针对不同类型储层开展CO_2复合提高采收率研究，确定储改政策，并利用该方法，在泾河油田优选2口井编制CO_2复合压裂设计，被华北油气分公司采纳。

（张爱国）

【**支撑四川新区天然气上产发挥作用**】 2018年，石油勘探开发研究院编制完成的《威荣页岩气田龙马溪组页岩气产能建设可行性研究》及《10亿立方米/年产能建设实施方案》通过集团公司党组审查，为建成继涪陵气田之后又一个大型页岩气田发挥支撑作用；编制川西须家河组复产方案，优选甜点目标，设计8口井位。

（张爱国）

【**支撑海外上游可持续发展取得突破**】 2018年，石油勘探开发研究院协助国勘公司部署的喀麦隆Fox-Z探井取得重大突破，累计发现油层4层、净厚度26米，新增石油地质储量3 000万桶、圈闭资源量约1亿桶。在安第斯南部区块协助国勘公司部署开发井9口，新井单井产量达350桶/日以上；编制的Njaba油田开发方案，实施后5口水平井试采单井日产1 000桶以上，落实动用储量1 320万桶，建成30万吨/年产能的油田。

（张爱国）

【**科研成果转化应用成绩突出**】 2018年，石油勘探开发研究院探索技术大包支撑模式在江汉油田取得突破，中标潜江凹陷王57斜-16井CO_2干法压裂工程大包，超临界CO_2干法压裂在中国石化首次获得应用并初见成效。一体化预分水装置在塔河油田推广3套。新型活性高分子冷采降黏剂现场应用规模不断扩大，在渤海湾和准噶尔盆地共推广15口井，当年增油超过1 000吨。TSM 2.0盆地模拟软件在中国石化12家油田分公司推广应用216台（套），保障资评工作顺利进行。支撑东部老区稠油降黏开发，编制的胜利陈373块水平井化学降黏复合驱先导试验方案和33N529井组的堵调降黏复合驱试注方案，顺利通过胜利油田审查，并推进矿场试注试验工作。

（张爱国）

【**持续深化体制机制改革**】 2018年，石油勘探开发研究院突出创新创效的组织导向，大力实施机构改革，机构数量由40个大幅压缩为25个，组建和完善四川、西北、鄂南、鄂北4个靠前支撑科研团队，初步建成“大区式”支撑模式，实现纵向与横向配套、科研与生产衔接、勘探与开发一体。持续优化激励约束机制，出台前线补贴、生产专项奖等激励办法，构建“1+10”考核评价体系。紧跟总部部署，如期完成“三供一业”分离移交。

（张爱国）

【**进一步夯实基础管理**】 2018年，石油勘探开发研究院加大项目群立项模式，着力解决“小、碎、散”问题，纵向单项目经费增长近1倍。加强作风建设，积极落实“马上就办”工作方案，深挖科研“四风”表现形式，在全院大力开展“反科研四风”大反思、大讨论；启动机关作风建设年活动，明确服务承诺等5项要求，机关作风不断加强。优化制度体系架构，厘清制度执行责权关系，全年完成128项制度的制修订工作。完成巡视、审计、QHSE外审迎检，并针对反馈意见持续整改。

（张爱国）

【**持续加强科研创新平台建设**】 2018年，石油勘探开发研究院“国家油页岩开采研发中心”成功挂牌，总院20个检测项目顺利通过国家计量认证，成功申报取得工程咨询甲级单位资质，提升了石油勘探开发研究院在工程咨询行业的市场竞争力。

（张爱国）

【**持续加强人才队伍建设**】 2018年，石油勘探开发研究院积极推进“三项制度”改革和人才强企工程，初步完成“三定”工作。进一步做实专家作用，将专家全部依托到部门管理，带项目、带团队。推进管理与科研、党建与业务的干部交流18人次；新提拔干部17人，平均年龄38岁，干部盖层断层问题得到缓解。

（张爱国）

【持续加强信息化建设】 2018 年，石油勘探开发研究院以源头数据采集与数据主库建设为基础，构建以“数字盆地”为核心的上游信息化建设整体框架。在管理部门、四川中心等 13 个部门分类试点推广应用虚拟桌面。着力打破信息孤岛，在海外板块等科研部门试点信息资源清查与收缴工作，构建数据资料集中存储和共享应用环境；推动不同业务系统集成，将 44 个应用系统资源集成到 i3 平台上。

（张爱国）

【基层组织力进一步提升】 2018 年，石油勘探开发研究院大力实施将党支部全部设置在实体机构上，根据机构调整情况重新设置 24 个党支部，党员中层干部均在支委。实行业务所长和支部书记“一肩挑”，在党员人数较多、科研生产任务较重的支部配备专职书记，实现党政正职“双向进入、交叉任职”，基层支部领导能力进一步增强，保障了党建与业务工作不断融合。

（张爱国）

【持续开展巡视审计反馈问题整改】 2018 年 7 月 3 日，集团公司党组第五巡视组进驻石油勘探开发研究院，进行为期 26 天的巡视工作。之后，审计局北京分局进驻石油勘探开发研究院，开展金之钧离任审计工作。11 月 14 日，党组第五巡视组向石油勘探开发研究院专题反馈巡视情况和意见。根据巡视和审计反馈意见要求，能立行立改的已完成整改；对于需持续深化整改的已研究方案，制定措施，按计划有序推进问题整改。

（张爱国）

表 1　　2018 年石油勘探开发研究院获奖情况

序号	项目名称	奖项名称	获奖等级
1	海相页岩气富集机理、气藏评价与新领域开拓	集团公司科技进步奖	一等奖
2	面向复杂储层的全波形反演技术与应用	集团公司科技进步奖	一等奖
3	复杂储层测井流体性质识别与定量评价	集团公司技术发明奖	二等奖
4	中国石化油气地质综合评价选区研究及突破领域	集团公司科技进步奖	二等奖
5	高含水油田预分水短流程处理技术	集团公司科技进步奖	二等奖
6	塔河卡拉沙依组砂体精细刻画与目标评价优选	集团公司科技进步奖	三等奖
7	水驱废弃油藏 CO_2 驱油与埋存机理及优化研究	集团公司科技进步奖	三等奖
8	TaqTaq 裂缝—孔隙型碳酸盐岩油藏精细描述及开发技术政策	集团公司科技进步奖	三等奖
9	注 CO_2 提高凝析气藏采收率机理研究	集团公司前瞻性基础性研究科学奖	三等奖

表 2　　石油勘探开发研究院专利情况汇总　　件

年　份	国内专利		国外专利	
	申请数	授权数	申请数	授权数
2018	199	98	1	1
2017	262	49	0	1
2016	245	45	1	0

续表

年份	国内专利		国外专利	
	申请数	授权数	申请数	授权数
2015	210	34	0	1
2014	131	29	0	0
2013	65	20	1	1

石油工程技术研究院

【概况】 中国石化石油工程技术研究院（简称石油工程技术研究院）成立于2009年6月，是集团公司直属研究院。定位为集团公司石油工程业务发展的参谋部、石油工程高新技术研发中心和国内外石油工程技术支持中心。业务范围以井筒技术为主，从事石油钻井、完井、测井、录井、测试、储层改造及海洋石油工程等专业的发展规划研究、科研攻关、产品研发和推广应用。本部下辖6个职能部门、9个研究部门和4个技术支持中心；京外设有1个直属单位和2个分院，委托管理中国石化中东研发中心。建有页岩油气富集机理与有效开发国家重点实验室、国家能源页岩油研发中心、国家油页岩钻完井技术分中心、固井与完井实验室和页岩油气钻完井及压裂实验室2个中国石化重点实验室、9个专业实验室和4个基础实验室。通过健康/安全/环境管理体系认证、ISO 9001质量管理体系认证和API产品认证，创办有中文核心期刊《石油钻探技术》，是全国石油钻采设备和工具标准化技术委员会钻修井井下工具标准化工作部挂靠单位，实验室通过CNAS国家实验室认可，直属单位大陆架公司为国家高新技术企业。

截至2018年底，石油工程技术研究院用工总量547人，其中北京院本部（股份院）387人，具有正高级职称的59人、高级及以上职称的占75%，博士、硕士占84%，在站博士后9人，德州所（集团院）用工总量160人。拥有国家级突出贡献专家2人，享受政府特殊津贴专家11人，“百千万人才工程”人选2人，集团公司首席专家1人、高级专家6人，集团公司突出贡献专家11人，集团公司学术技术带头人9人，获闵恩泽、孙越崎奖15人，中国石化优秀创新团队6个。

2018年，石油工程技术研究院共承担各类科研项目206项，申请专利303件（发明专利233件）、获授权213件（发明专利134件），获国家科技进步奖1项，省部级奖16项。

石油工程技术研究院2018年主要科研成果获奖情况及2013—2018年专利申请与授权情况分别见表1和表2。

（朱　明）

【“高酸性活跃厚沥青层复杂碳酸盐岩油田钻完井技术及应用”获国家科技进步二等奖】 针对碳酸盐岩油田地层压力预测理论方法缺失、高酸性腐蚀介质危及工程安全等世界级难题，石油工程技术研究院创新形成高酸性活跃厚沥青层复杂碳酸盐岩油田钻完井技术体系，建立基于流体声速的碳酸盐岩孔隙压力预测方法，形成活跃厚沥青层安全钻井技术、高酸性环境井筒完整性一体化保障技术和复杂地层高效钻井技术，创建孔隙型碳酸盐岩储层长井段均匀改造技术。应用该成果节约钻完井成本1.08亿美元，为成功建成中国海外首个自主设计与开发的大型碳酸盐岩整装新油田做出突出贡献，突显了中国石化在石油工程领域理论创新、技术创新方面的引领作用。院长路保平代表项目组参加国家科学技术奖励大会，受到习近平总书记等党和国家领导人亲切接见。

（朱　明）

路保平与部分项目组成员参加国家科学技术奖励大会

【多项科技成果获省部级奖励】 2018年，石油工程技术研究院获省部级科技奖16项。其中，“液动射流冲击器研制及工业化应用”首获中国石化技术发明一等奖，“哈萨克斯坦低压复杂油藏高效钻完井技术及工业化应用”等获中国石化科技进步奖，“动载条件下水泥环密封失效机理与控制方法”首获中国石化前瞻性基础性研究科学奖。获奖项目首次涵盖中国石化科学技术奖三大奖种，补齐了前瞻性基础性研究科学奖“软肋”，彰显了石油工程技术研究院科技实力的提升。

（朱　明）

【“注液氮泡沫水泥浆固井自动化装备”获第18届石油装备展创新金奖】 在第18届中国国际石油石化技术装备展览会上，石油工程技术研究院自主研制的“注液氮泡沫水泥浆固井自动化装备”，从近万种国内外展品中脱颖而出，被评为CIPPE展品创新金奖。该奖是国际石油装备展最高奖项，每年仅评选1项。《中国石化报》《头版头条》《石油经理人》《石油学报》等对此进行报道，提升了石油工程技术研究院在低密度固井领域的影响力，吸引了俄罗斯国家石油公司、四机赛瓦公司等前来洽谈合作，市场应用前景广阔。

（朱　明）

曾义金、丁士东代表石油工程技术研究院
获颁CIPPE展品创新金奖

【科研生产工作迈上新台阶】 石油工程技术研究院在纵向课题申请、产品拓市增效上稳中有进、成效显著，在拓展技术服务市场、科研成果转化上多面开花、硕果累累，特别是西北技术支持收入实现“产值过亿”“塔指一千万”2个历史性突破。全年科研生产经营目标取得历史性跨越，全院经营总收入突破6亿元，股份院收入突破5亿元、横向收入突破2亿元，经营收入水平再上新台阶。

（朱　明）

【国家油页岩钻完井技术分中心正式挂牌运行】 2018年，页岩油富集机理与有效开发国家重点实验室建设稳步推进，国家油页岩钻完井技术分中心成功挂牌运行，启动了干热岩资源开发利用国家重点实验室和地下储气库钻完井及注采中国石化重点实验室申报工作，页岩油气钻完井及压裂、固井与完井2个中国石化重点实验室顺利通过年度考核。大陆架公司申报德州市固完井工具研发与应用重点实验室获得成功。

（朱　明）

【“探秘涪陵页岩气石油工程技术”在光明网直播反响强烈】 2018年1月11日，光明网到石油工程技术研究院进行网络直播，对获2017年度国家科学技术进步一等奖的“涪陵大型海相页岩气田高效勘探开发”项目情况和涪陵页岩气石油工程技术进行探秘。直播借助“一直播”平台，院长路保平携石油工程技术研究院集团公司高级专家，对涪陵页岩气石油工程核心技术进行深入解读。直播接入幸福石化平台，近2个小时的直播，最高同时在线观看人数达3.8万人，累计观看人数突破86万人，创中国石化在光明网的直播纪录。

（朱　明）

【蓬1井创亚洲陆上第一深井纪录】 石油工程技

术研究院在西北油田分公司顺北区块亚洲陆上第一深井（8 455.77 米）——顺北蓬 1 井，集成应用自主研发的耐高温镶嵌成膜防塌钻井液体系及白云岩破碎体自固壁等钻井液技术、抗高温乳液弹韧性水泥浆体系、分级箍及尾管悬挂器等固井工具，解决了超大超长裸眼安全密度窗口窄、白云岩破碎体井壁稳定性差、高温高压等技术难题，助力创造 444.5 毫米（5 350 米）、311.2 毫米（7 563 米）和 215.9 毫米（8 350 米）三级井眼钻深工程纪录；339.7 毫米（5 348.24 米）、244.5 毫米 +250.8 毫米（7 560.78 米）、177.8 毫米（8 350 米）三级套管下深工程纪录；149.2 毫米（8 450—8 455.77 米）取芯钻进最深纪录。

（朱　明）

【随钻高分辨率电阻率成像系统取得重大突破】 2018 年，石油工程技术研究院攻克高清成像电极、高精度信号检测等 6 项关键技术，成功研制出随钻高分辨率电阻率成像系统，并在临盘油田盘 2- 斜 123 井、盘 2- 斜 124 井连续入井作业成功。实钻下仪器连续运行 42 小时，高清成像测量 270 米。随钻成像分辨率达 10 毫米、成像扇区 128 个，系统整体性能达到工业应用要求，技术指标达到美国斯伦贝谢公司同类仪器先进水平。申报国家发明专利 20 件，申请美国、伊朗和哈萨克斯坦发明专利各 1 件。随钻成像系统的研制成功，标志着石油工程技术研究院拥有了自主知识产权的高清随钻成像系统成套技术，打破了国外公司的技术垄断，将为复杂油气藏高效安全开发提供重要的技术支撑。

（朱　明）

【双信道一体化随钻传输系统应用成功】 2018 年，石油工程技术研究院自主研发的双信道一体化随钻传输仪器样机在盘 2 斜 -125 井现场试验成功，在国内首次实现随钻传输模式的井下实时切换，填补了国内空白。该仪器集成 3 种传输模式：优先使用高速电磁传输；深井或不适合电磁传输的地层，使用脉冲传输；遭遇电阻率异常的薄层、大容量数据传输等特殊场合时，可采用灵活的、冗余双信道同时传输。可在 100 秒之内实现传输模式的实时切换，充分发挥电磁波和脉冲传输的优势，最大程度提高纯钻时间。经验证，仪器切换功能正常，数据传输稳定，双模式传输时脉冲和电磁信号传输数据一致，已达现场应用标准。

（朱　明）

【SM-ShaleMud 高性能页岩水基钻井液技术研发和应用取得重大突破】 2018 年，石油工程技术研究院攻关研究页岩水基钻井液体系，形成一套强抑制、强封堵的高性能水基钻井液 SM-ShaleMud 技术，在威页 23 平台试验成功。创造当时的页岩气井采用水基钻井液钻进进尺 2 115 米、水平段进尺 1 500 米、水基钻井液浸泡 67 天井壁保持稳定、水基钻井液 17 天三开钻井周期等多项纪录，大大减少了油基钻屑废弃物的排放，节约了环保治理成本。该技术的试验成功，是中国石化页岩气区块首次采用自有技术取得的重大技术突破，为绿色开发页岩气提供了环保安全的钻井液技术。

（朱　明）

【跨平台移动版远程作业支持系统研发成功并推广应用】 2018 年，石油工程技术研究院在石油工程远程作业支持平台基础上，采用最新的跨平台开发技术，完成石油工程远程作业支持移动端 APP 的研发，自主开发包括井信息查询、实时监测预警与进度时效分析等 11 个专业功能模块。该 APP 拓展了远程作业支持平台的使用场景，短期内实现规模化应用。截至 2018 年 11 月 31 日，安装用户达 308 个，日均访问量超过 400 人次。该 APP 的开发应用使得石油工程技术研究院远程作业支持系统成为用户日常工作的必备工具，在塔河主体区块得到全面推广应用。

（朱　明）

【首获中国石化质量管理先进单位称号】 2018 年 2 月 14 日，石油工程技术研究院获评集团公司质量管理先进单位，标志着石油工程技术研究院质量管理水平跨入集团公司先进行列。

（朱　明）

【个人和集体获多项荣誉】 2018 年，石油工程技术研究院丁士东、张进双获中国石化劳动模范称号，钻井液研究所获中国石化先进集体称号。杨广国获中国石化优秀共产党员称号，刘璐获中国石化优秀党务工作者称号，工具与材料研发中心党支部获中国石化先进基层党组织称号。

（朱　明）

【“三项制度”改革实施方案被集团公司评为标杆】 2018年，石油工程技术研究院扎实推进“三项制度”改革方案实施，自上而下组织全院公开竞聘，成功应用岗位竞聘系统，完成院本部全员岗位竞聘，真正实现岗位能上能下，薪酬能增能减，人才队伍生机活力进一步提升，经测评，全院员工对这项工作“满意＋基本满意”比例达95%。该方案被集团公司评为标杆并作为典型案例推荐上报国务院国资委。

（朱　明）

【“关于探索区块链技术在油气领域应用的建议”被《国资委信息》采用】 区块链技术在油气工业具有广阔的应用前景，石油工程技术研究院建议从国家层面推动区块链技术应用研究，以油气行业为试点，建立基于区块链技术的能源交易平台、构建基于区块链的电子货运系统和风险监管平台等。该建议被《国资委信息》第31914期采纳，是石油工程技术研究院建院以来首篇被国家部委采用的决策参谋专项报告。

（朱　明）

【首届“中国石化杯”创新创业大赛中获佳绩】 2018年，在集团公司首届“中国石化杯”创新创业大赛中，石油工程技术研究院“井下能量自动存储惯性牵连钻井提速器研究”项目获大赛三等奖，是上游直属研究院唯一入围决赛的获奖项目；“纳米多层膜工具结合面生成技术”项目获优秀奖。

（朱　明）

【申请专利和授权专利数量均创新高】 2018年，石油工程技术研究院共申请专利303件（发明专利233件），首次突破300件；获授权专利213件（发明专利134件），首次突破200件。申请专利数量和授权专利数量均创建院以来新高。在中国石化52家单位排名中，申请专利情况排名第7位，授权专利情况排名第6位，获总部肯定和表扬。

（朱　明）

【学习贯彻习近平新时代中国特色社会主义思想和党的十九大精神】 2018年5月31日—6月3日，石油工程技术研究院组织开展深入学习贯彻习近平新时代中国特色社会主义思想和党的十九大精神集中培训和专题研讨。全体学员在学深悟透、把握精髓上进一步深入，在联系实际、研究问题上进一步深入，在真抓实干、推动落实上进一步深入，树牢“四个意识”，坚定“四个自信”，坚决做到“两个维护”，自觉把思想和行动统一到习近平新时代中国特色社会主义思想和党的十九大精神上来，把力量和智慧凝聚到落实推进世界一流研究院建设的各项任务上来，切实做到学懂弄通做实，用党的十九大精神科学谋划发展，抓住全院改革发展过程中的主要矛盾，转变发展理念、激发创新思维、找准薄弱环节、加快科技研发、加强人才培养、提高党建质量，为建设世界一流研究院做出新贡献。

（朱　明）

【“示范党支部书记行”走进石油工程技术研究院】 2018年10月18—19日，集团公司“示范党支部书记行”工作团队一行到石油工程技术研究院就进一步提升党建工作质量进行交流指导，帮助石油工程技术研究院切实解决基层党建工作中的突出问题，促进基层党支部工作水平不断提升，助力科研团队建设和科技创新。

（朱　明）

【开展党支部党建业务竞赛】 2018年10—11月，石油工程技术研究院分思想政治及党务基础知识测试、党支部微党课评比和组织生活现场模拟比赛3个阶段组织开展党支部党建业务竞赛，从理论知识水平、实践操作能力等方面对基层党组织和基层党务干部进行全面考察，并邀请集团公司总部及兄弟单位党群部门党建专家担任评委。竞赛有效推动了党建工作与中心工作深度融合的思考和基层党组织组织力提升，得到集团公司党群工作部专家充分肯定。

（朱　明）

表 1　石油工程技术研究院 2018 年度主要科研成果获奖情况

序号	项目名称	奖项名称	获奖等级
1	高酸性活跃厚沥青层复杂碳酸盐岩油田钻完井技术及应用	国务院科技进步奖	二等奖
2	深层水平井均衡控液提高采收率技术研究与应用	北京市科学技术奖	三等奖
3	深井长裸眼大温差固井技术及工业化应用	北京市科学技术奖	三等奖
4	复杂页岩地层多尺度高导流缝网压裂技术及工业化应用	北京市科学技术奖	三等奖
5	液动射流冲击器研制及工业化应用	集团公司技术发明奖	一等奖
6	哈萨克斯坦低压复杂油藏高效钻完井技术及工业化应用	集团公司科技进步奖	二等奖
7	动载条件下水泥环密封失效机理与控制方法	集团公司前瞻性基础性研究科学奖	三等奖
8	重点探井随钻地层压力高精度预监测技术与应用	集团公司科技进步奖	三等奖
9	复杂环境下油气生产管柱与集输管道安全保障关键技术及应用	石化联合会科技进步奖	一等奖
10	致密砂岩气藏丛式水平井组同步压裂技术研究与应用	石化联合会科技进步奖	二等奖
11	页岩气Ⅱ代体积压裂技术及工业化应用	石化联合会科技进步奖	二等奖
12	非常规油气系列新型多级滑套分段压裂工具研制与产业化	石化联合会技术发明奖	三等奖
13	中国石化南美典型油田高效开发一体化技术	石化联合会科技进步奖	三等奖
14	页岩气井测试与开发效果评价技术	石化联合会科技进步奖	三等奖
15	能源变革背景下油气工程技术发展战略研究	石化联合会科技进步奖	三等奖
16	一种钻井液用润滑剂及其应用	石化联合会石油和化工行业专利奖	优秀奖
17	一种自膨胀封隔器	石化联合会石油和化工行业专利奖	优秀奖

表 2　石油工程技术研究院 2013—2018 年专利申请与授权情况　件

年　份	国内专利		国外专利	
	申请数	授权数	申请数	授权数
2018	303	213	5	2
2017	291	77	0	2
2016	260	142	1	1
2015	227	65	0	0

续表

年　份	国内专利		国外专利	
	申请数	授权数	申请数	授权数
2014	195	37	1	2
2013	136	52	1	0

石油物探技术研究院

【概况】 中国石油化工股份有限公司石油物探技术研究院（简称石油物探技术研究院）是中国石化石油物探技术发展参谋部、物探高新技术和核心技术研发中心、物探专业软件研发及推广中心和重大物探工程技术支持中心，是中国石化唯一从事油气地球物理技术研发的直属专业研究机构，位于江苏省南京市江宁区。

石油物探技术研究院设院长办公室、党委办公室、人力资源部、计划财务部、科研生产部、技术推广部、纪检审计部 7 个机关职能部门，设物探战略规划研究所、地震采集技术研究所、地震成像技术研究所、油藏地球物理研究所、地球物理软件研究所、地球物理实验中心、地震处理解释中心、地球物理信息中心 8 个业务单位，基地综合服务部 1 个直属单位。

石油物探技术研究院前身是 1977 年创建成立的国家地质总局石油物探研究大队，1983 年更名为地质矿产部石油物探研究所，1997 年建制更名为中国新星石油公司石油物探研究所，2000 年建制更名为中国石化石油勘探开发研究院南京石油物探研究所，2009 年 11 月 28 日组建成立石油物探技术研究院。

截至 2018 年底，石油物探技术研究院共有员工 435 名，其中享受政府特殊津贴 6 人、中国石化突出贡献专家 6 人，集团公司首席专家 1 人、高级专家 1 人，院首席专家 8 人、高级专家 10 人、专家 22 人，博士、硕士科技人才 228 人。主办出版国内第 1 份勘探地球物理专业科学学术期刊《石油物探》和国内第 1 份 SCI 检索的地球物理与工程专业英文科技期刊《Journal of Geophysics and Engineering》（JGE）。固定资产原值 7.4 亿元、净值 2.86 亿元。

2018 年，石油物探技术研究院承担各类科研项目 124 项；通过科技成果鉴定 7 项，其中 3 项达到国际领先水平；获省部级科技奖 5 项；申请国内发明专利 160 件，获授权专利 100 件；认定专有技术 22 项，登记软件著作权 16 项；安全环保无事故。

石油物探技术研究院 2018 年主要科研成果获奖情况及 2013—2018 年专利申请与授权情况分别见表 1 和表 2。

（贾春梅）

【领导班子调整】 2018 年 8 月 4 日，集团公司党组对石油物探技术研究院领导班子进行调整：胡中平任中共中国石油化工股份有限公司石油物探技术研究院委员会副书记兼纪律检查委员会书记，为中国石油化工股份有限公司石油物探技术研究院工会主席人选，解聘其石油物探技术研究院副院长职务。

（贾春梅）

【组织机构调整】 2018 年 3 月 7 日，石油物探技术研究院整合院长办公室的审计、法律事务职能，党委办公室的纪检监察职能，计划财务部的内控职能，组建纪检审计部（纪检监察部、审计部、法律事务部、内控办公室），列为机关职能部门管理。

（贾春梅）

【基础前瞻技术研究取得突破】 2018 年，石油物探技术研究院基础前瞻研究取得 6 项新进展。激光激发实验取得突破性进展，获得激光超声振动信号；顺北断溶体物理模拟研究取得新认识，验证了断裂识别的地震响应特征；深化岩石物理测试分析研究，形成页岩、碳酸盐储层等不同储层岩石物理特征的新认识；开发形成各向异性介质波场数值模拟和参数反演技术，实现了速度、密度及阻抗参数的弱耦合化多参数全波形反演；完成不同尺度、不同深度关系的溶洞模型设计和变偏 VSP 弹性波数值模拟与分析；搭建机器学习研发环境，探索了基于深度学习的去噪、速度建模和缝洞储层识别技术。

（贾春梅）

【三大科技创新平台建设取得显著进展】 2018 年，石油物探技术研究院三大科技创新平台建设取得显著进展。实验平台方面，完成水力压裂模拟实验系统升级改造，增加了激光测震系统，提高了信号精度，实现了 5 种信号的同步采集；制（修）订实验质量管理等 16 项制度流程，完善三级管理架构，初步形成实验平台开放和数据共享的工作机制，实现 5 家院企的共享应用，地球物理重点实验室在中国石化 29 家重点实验室考核中排名第二。π 平台建设方面，部署自主管理的研发环境，完成平台运维的全面接管和成果的全面接收，组建新的集成运维和系统运维团队，制定 π 平台工程化管理流程与规范，组织开展 π 平台的开发培训，建立基于 π 平台开展地震处理方法研究和模块开发的流程规范。云平台建设方面，完成 300 节点 CPU 集群和 3 千万亿字节高性能存储的集成和部署，总计算能力超过 5 000 万亿次 / 秒，总存储量达 10 千万亿字节；完善地球物理云计算管理平台，实现与总部云平台的对接和远程共享应用支撑，为院内、油田企业和直属研究院提供了远程应用服务；完成基于云平台的互联网 + 科研平台的开发、测试和部署，支撑了移动办公、科研生产的远程应用和成果共享。

（贾春梅）

【应用基础研究走向市场】 2018 年，石油物探技术研究院开创应用基础研究走向市场的新局面。开展复杂构造与薄储层的正演模拟研究，获得不同地质体的地震波场特征，解决了高邮凹陷复杂断块精确成像、火成岩屏蔽等难题；开展应力敏感物理模型材料研制及物理实验观测，获得地应力的地震响应特征，为致密油藏压裂工程设计提供了支撑；开展黏土弹性参数与正演模拟研究，明确了不同岩性的地震激发效果，支撑了下扬子常州地区的激发岩性优选。

（贾春梅）

【核心技术与特色技术取得新进步】 2018 年，石油物探技术研究院 4 项核心技术与特色技术取得新进步。地震采集技术，开展镇巴复杂山前带近地表调查和建模研究，建立精细的近地表模型，初步形成近地表对地震采集和地震成像影响的新认识；地震成像技术，研发黏声介质 Q 建模与 Q-RTM 偏移成像技术，实现了中深层弱反射信号的恢复和补偿，提高了成像精度；开发共偏移距域和自适应网格 RTM 成像技术，完善解析波场 GPU-RTM 并行算法，在顺北断溶体成像应用中取得显著效果；研发格林理论鬼波压制和逆散射级数多次波压制技术，在西湖凹陷等探区的测试应用中见到明显效果；储层预测技术，开发正交各向异性岩石物理建模方法，实现水平缝和垂直缝的模型植入及各向异性响应特征分析，研发时频域叠前 AVA 反演、正交各向异性介质叠前 AVAZ 反演、裂缝定量预测等技术，实现页岩气高精度甜点预测和水平缝定量预测描述；开发主分量多尺度分解、纹理波形分类等技术，有效解决了缝洞单元不同部分、边界分类检测及空间描述难题，精细刻画了断溶体的空间展布形态；油气藏动态监测技术，开发压裂均衡性分析、天然裂缝活化程度评价等解释技术，开展实时监测和压后评估研究，确定微地震压裂敏感参数及主控地质因素，有效支撑了涪陵、鄂西等工区的压裂工艺优化及开发方案制订。

（贾春梅）

【软件产品取得实用化进展和品牌化提升】 2018 年，石油物探技术研究院软件产品取得实用化进展和品牌化提升。采集设计软件，发布 iSeisMountain 软件 3.0 版本，新增三维地质模型的参数论证、GIS 逐点激发井深设计、三维模型拓扑一致性检查等功能；成像处理软件，发布 π

平台处理系统 1.5 版本，集成 RTM 逆时偏移、高斯束速度建模等多个特色模块，完成一批交互和批处理模块的实用化修补和完善，开展生产应用测试处理，“海量地震数据采集、处理、解释一体化软件平台及应用系统”项目完成各项攻关任务，实现预期目标，顺利“出龙”；解释软件，优化 NEWS 软件平台架构，新增叠前反演等多个模块，发布 4.6 版本，地层压力预测和地应力预测技术在生产应用中有效提高了预测精度。

（贾春梅）

【软件推广应用取得新进步】 2018 年，石油物探技术研究院软件推广取得新进步，为地球物理公司更新 SPSTool 软件 13 套，为油田企业安装 iSeisMountain 软件 5 套；在油田企业进行初至自动拾取软件的测试应用，极大提高了处理效率，推广至中国石油；基于 EPCC 云平台在 11 家单位推广应用，对其中 8 家单位进行 NEWS 软件培训，完成 23 个生产项目的应用支撑；完成国内最长水平段加密井焦页 2-5HF 井的微地震监测，在焦页 21-S2HF 井开展国内首次“井中 + 地面浅井”联合三分量微地震监测。

（贾春梅）

【生产服务能力大幅提升】 2018 年，石油物探技术研究院聚焦深层—超深层碳酸盐岩、碎屑岩、非常规等领域，完善五大综合应用技术系列。形成 OVT 域地震数据处理、基于递进式速度建模的 RTM 偏移成像技术、井震联合微地震处理 3 项高端服务技术，有效支撑了中国石化五大领域的油气勘探并走向系统外市场，服务能力显著提高。全年共完成三维地震资料处理解释超过 2.5 万平方千米，提供建议井位 55 口，为高效勘探和效益开发提供了强有力支撑。

（贾春梅）

【参谋服务作用有效发挥】 2018 年，石油物探技术研究院梳理中国石化物探技术现状、发展方向和行业需求，完成科技部、油田部物探技术“两个三年、两个十年”发展规划编写；向总部提交技术发展建议 25 条以及石油工程科技信息 118 条；完成近三年中国石化地震技术工作总结和东部老区三维地震资料品质评价，完成顺北等 6 个区块的采集方案设计论证，采纳率 100%；发布 2 项企业标准，完成 2 项行业标准和 1 项企业标准的立项，《石油物探》和《JGE》的影响因子双创新高。

（贾春梅）

【深入学习习近平新时代中国特色社会主义思想和党的十九大精神】 2018 年，石油物探技术研究院印发中心组学习计划，组织集体学习 14 次，树牢“四个意识”，坚定“四个自信”，坚决做到“两个维护”，坚决贯彻落实习近平总书记重要指示批示和党中央决策部署。开展 6 次专题学习研讨，先后形成科技奖励机制、横向团队建设和软件市场化的意见共识，有效指导相关工作的开展。开展党务人员十九大精神培训班，提升了党务干部政治意识和理论水平；开展十九大征文、演讲、座谈等系列活动，全面深化了职工对习近平新时代中国特色社会主义思想和党的十九大精神的学习认识。

（贾春梅）

【落实管党治党责任】 2018 年，石油物探技术研究院坚决贯彻落实党的方针政策和党组决策部署，落实“一岗双责”责任，组织党委委员和各党总支、直属党支部签订党建责任书。印发《党委会议事管理细则》，修订“三重一大”实施细则，规范党委会、院长办公会、职工代表大会的决策范围。建立重大事项前置审议研究和上会申报流程，全年召开党委会 31 次，涉及“三重一大”事项 30 项，保证应上会都上会。开展巡视整改专题民主生活会，针对从严治党、从严管理、作风建设、廉洁自律等方面深入查摆自身问题，通过开诚布公的讨论和批评，领导班子成员认清自身存在的问题，增进了班子团结。

（贾春梅）

【加强意识形态管理】 2018 年，石油物探技术研究院修订领导班子分工，与党总支、直属党支部签订目标责任书，层层落实意识形态工作责任。积极开展形势任务教育，增强职工责任感和事业心。开展意识形态自查工作，党委 2 次研究意识形态和职工思想动态分析，分析问题提出解决方案。加强思想政治工作研究，强化阵地建设和监管，积极宣贯社会主义核心价值观、中国石化核心价值理念、院企业文化，规范企业形象标识使用。定期开展民主党派、无党派人士座谈研究，引导他们爱国爱企，与党同心同德。

（贾春梅）

【提升宣传工作实效】 2018年，石油物探技术研究院审核发布院网新闻稿件460余篇，编辑发放《物探勘源报》12期，为全院各单位沟通交流提供优质平台；完成石化媒体方面稿件100余篇，其中版面头条4篇、刊登专版1篇，着力宣传解读在科技创新、成果转化、服务支撑3个方面取得的成绩和做出的贡献；外部媒体方面，完成《新华日报》报道1篇、《扬子晚报》专版1篇、《科技日报》报道1篇，有效提升了石油物探技术研究院在地方知名度。院记者站被石化报社评为优秀记者站。

（贾春梅）

【强化纪检监察工作】 2018年，石油物探技术研究院认真落实“一岗双责”，部署巡视整改重点工作，对审计问题、职工违纪违规处分进行归口管理，形成“大监督”格局。签订党风廉洁责任书等，组织开展物资采购专项巡察工作，各党总支、直属党支部展开自查，开展“深入纠‘四风’，持续转作风”反腐倡廉教育月活动，保障中央八项规定精神执行和落实。累计开展党章党规党纪教育活动47次，警示教育活动32次，党员干部1 332人次参加学习教育活动。

（贾春梅）

【开展主题教育实践双促年活动】 2018年，石油物探技术研究院以“促进科技成果转化，促进经济效益提升”为主题开展“献身科技事业，引领物探发展，争创国际一流”主题教育实践双促年活动，开展“精神与担当”讨论，让员工准确理解科学家精神，明确物探人应有的担当。量化“任务目标”与“奋斗目标”，在原有“任务目标”基础上，基层党组织将增加10%—20%作为本单位的“奋斗目标”，将全年任务分解落实到每一个党员头上，形成“支委有责任、党员有指标”、压力有效传递的良好氛围，经营业绩增幅明显。

（贾春梅）

【推进一体化建设】 2018年，石油物探技术研究院积极推进科技体制机制改革，按照“两个一体化”的思路，确定“班子主抓、部门主研、团队主攻”的专业化研究和一体化攻关新格局；调整领导班子分工，制订“三项制度”改革实施方案及三年推进计划，初步形成干部能上能下、员工能进能出、收入能增能减的机制；完善配套制度，修订科技创新团队组建管理与考核办法，推进院所两级创新团队建设，修订并实施业务部门目标责任书及考核办法、成果转化奖励办法，完善分类目标责任考核机制，实施部门考核与个人考核结果强制分档，发挥了绩效考核的“指挥棒”作用。

（贾春梅）

【推进人才强企工程】 2018年，石油物探技术研究院全面加强干部队伍建设，举办4期中层干部党的十九大精神专题学习研讨班，出台中层干部考评实施细则，调整、选拔任用中层干部22名，进一步优化干部队伍结构。编制并实施人才强企工程战略规划和行动方案，明确未来3年人才强企工程的路线图和时间表。加强基本功训练和岗位练兵，组织70余班次的各类培训。完善人才成长通道建设，52人晋升上一层级职位，全年引进各类人才29人。国家级博士后科研工作站获批设立。开展集团公司科研单位岗位价值评估，形成具有本单位特色的应用模型。

（贾春梅）

【推进和谐企业建设】 2018年，石油物探技术研究院探索建立劳模创新工作室，积极推进达标竞赛活动。选举院共青团第二届委员会，组织开展“学雷锋”“志愿者在行动”和无偿献血活动，举办第1届职工广播体操比赛和第2届青年运动会。全面完成卫岗和李府街家属区的物业移交工作，在集团公司相关会议上介绍经验。建立信访重点群体人员档案，积极排解困难，保障和谐稳定发展环境。

（贾春梅）

【全面完成党组巡视整改和党建考核反馈问题整改工作】 2018年，石油物探技术研究院组织成立领导小组，统筹协调党建工作、选人用人、从严治党、从严管理4个整改工作组扎实推进巡视反馈问题的整改落实。将党建考核反馈问题整改纳入巡视反馈问题整改工作，认真研究制订整改方案，通过党群管理系统上报。共细化梳理41个问题，提出68条整改措施，拟定问题清单、任务清单和责任清单，明确责任领导、责任单位和责任人，形成整改工作台账，对照整改情况逐条销号检查，及时上报整改进展。7月26日，整改结果通过党内通报和OA公告形式在全院公开，接受全体党员和职工的监督；9月15日，巡视整改工作顺利通过党组第五巡视组“回头看”的全面检查。

（贾春梅）

【获得荣誉】 2018年，处理解释中心分工会获全国模范职工小家称号；地震物理模拟研究组获江苏省工人先锋号称号；全波形反演技术研发与应用创新团队获评集团公司优秀创新团队。王立歆被授予中国石化劳动模范称号；刘定进增选为江苏省“333工程”第二层次培养对象，蔡杰雄、李博、薛诗桂增选为江苏省“333工程”第三层次培养对象；白英哲获集团公司优秀青年科技创新人才称号；李鹏获江苏省优秀工会积极分子称号；张玥获中国石化第七届青年外语风采大赛金奖。

（贾春梅）

表1　石油物探技术研究院2018年主要科研成果获奖情况

序号	项目名称	奖项名称	获奖等级
1	基于广义散射理论的高分辨率地震成像技术	集团公司技术发明奖	三等奖
2	面向复杂储层的全波形反演技术与应用	集团公司科技进步奖	一等奖
3	沙漠区超深碳酸盐岩储集体成像与描述技术及应用	集团公司科技进步奖	二等奖
4	川南深层页岩气地球物理综合预测技术及应用	集团公司科技进步奖	二等奖
5	涠西区块复杂构造精细成像及储层预测技术	集团公司科技进步奖	三等奖
6	海洋及陆地全波形反演技术	中国地球物理学会科学技术奖	二等奖
7	三维数字岩芯建模技术研究及应用	中国地球物理学会科学技术奖	二等奖

表2　石油物探技术研究院2013—2018年专利申请与授权情况　件

年份	国内专利		国外专利	
	申请数	授权数	申请数	授权数
2018	160	100	0	0
2017	152	85	0	0
2016	142	37	2	0
2015	131	26	0	1
2014	120	15	0	1
2013	91	8	3	0

石油化工科学研究院

【概况】 中国石油化工股份有限公司石油化工科学研究院（简称石油化工科学研究院）创建于1956年7月，是中国石化直属综合性科学技术研究开发机构，学科完整，技术优势突出，研发领域涵盖炼油工业技术全流程，并有重点地向石油化工和新能源领域延伸。

石油化工科学研究院下设20个研究室、12个职能部门，职工总数为1 156人，各类技术人员878人。其中，中国科学院、中国工程院院士4人，教授级高级工程师及研究员125人，高级技术人员548人；博士317人，硕士329人。

石油化工科学研究院是全国石油产品标准化归口单位，挂靠国家石油产品质量监督检验中心、全国石油产品和润滑剂标准化技术委员会秘书处和中国石油学会石油炼制分会。拥有炼油工艺与催化剂国家工程研究中心、石油化工催化材料与反应工程国家重点实验室、国家能源石油炼制技术研发中心、工业产品质量控制和技术评价实验室等国家级研发机构中心4个，拥有中国石化重点实验室（中心）6个，编辑出版《石油学报（石油加工）》《石油炼制与化工》和《China Petroleum Processing and Petrochemical Technology》3个科技期刊。下设研究生部和博士后流动站，拥有化学工艺、应用化学专业博士学位，化学工艺、应用化学、工业催化和化学工程专业硕士学位的授予权。

截至2018年底，石油化工科学研究院共获得部级以上奖励的科技成果965项、国家级奖励133项。其中，国家最高科学技术奖1项、国家发明一等奖2项、国家科技进步特等奖2项、国家科技进步一等奖8项。累计申请国内专利8 371件，获授权5 549件；申请国外专利1 219件，获授权753件；获中国国家知识产权局和世界知识产权组织联合颁发的中国专利金奖7项、银奖1项、优秀奖18项。

2018年，石油化工科学研究院获国家科技进步二等奖、第20届中国专利奖银奖各1项，石化联合会专利金奖、石油石化科技成果转化与推介会金奖、中国能源研究会能源创新奖各2项，中国石化科学技术奖励9项。通过技术鉴定7项、评议8项，发表论文477篇。制（修）订国家和行业标准32项，发布实施18项；审查备案企业标准168项。申请中国专利701件，获授权589件；申请国外专利90件，获授权82件。

石油化工科学研究院2018年度主要科研成果获奖情况及2013—2018年专利申请与授权情况分别见表1和表2。

（杜诗画）

【"一种抽提蒸馏分离芳烃的方法及使用的复合溶剂"获第20届中国专利银奖】 该发明创造性地提出一种芳烃抽提蒸馏复合溶剂及使用方法，复合溶剂综合性能优于单一溶剂，原料应用范围广，溶剂回收条件缓和，装置长周期运行稳定。以此发明为核心开发的SED分离芳烃成套技术经济指标达到国际先进水平，国内市场占有率超过80%，年产芳烃产品约1 350万吨，年新增利润超100亿元，经济效益显著。SED技术还广泛应用于降低汽油苯含量，是减少汽油污染物排放的主要加工手段之一。该发明已获得美国、日本等8个国家和地区的专利授权，2018年12月25日，被国家知识产权局和世界知识产权组织授予中国专利银奖。

（杜诗画）

【"大型变径流化床反应器关键技术研究与开发"获集团公司技术发明一等奖】 该技术通过流化床变径使反应器内气固流动状态发生变化，在同一反应器中形成多个不同的颗粒浓度场和温度场，能为不同类型的反应提供最佳反应环境，实现复杂催化反应路径定向控制。该反应器已被国内大部分催化裂化装置采用，其加工总量占总加工量的70%以上，以该技术为基础的炼油技术工艺族已应用到115套工业装置，累计处理原料7.4亿吨。

（杜诗画）

【"满足国Ⅴ柴油生产的高性价比加氢催化剂关键制备技术创新及应用"获集团公司科技进步一等奖】 该项目通过对加氢催化剂关键制备技术进行创新，开发出具有高活性、高稳定性和高性价比的 RS-2100 和 RS-2200 两种新型柴油加氢催化剂。RS-2100 催化剂加氢脱硫活性高，脱氮活性好，具有较好的芳烃饱和性能，RS-2200 催化剂氢耗低、直接脱硫活性好。该技术具有自主知识产权，获授权中国发明专利 9 件，成功应用于 20 余套加氢装置，可长期稳定生产国Ⅴ柴油，解决了企业降低成本和在生产超低硫条件下延长装置运行周期的需要，为中国柴油质量升级以提升柴油加氢装置生产效益提供有力支撑。

（杜诗画）

【高端润滑油基础油技术开发及应用团队获中国石化优秀创新团队称号】 该团队专注于高端润滑油基础油生产技术及配套催化剂研发，所开发的“加氢异构脱蜡生产高档基础油成套技术”首次以中间基油为原料生产出黏度指数在 130 以上的 API Ⅲ$^{+}$类基础油，具有自主知识产权并达国际领先水平。近 3 年来，该团队承担中国石化“十条龙”攻关项目 1 项、重点课题 3 项，发表学术论文 4 篇，申请专利 41 件，获授权专利 28 件，被授予 2018 年中国石化优秀创新团队称号。

（杜诗画）

【“溶剂抽提—选择性加氢脱硫组合技术开发及应用”通过鉴定】 2018 年 2 月，由石油化工科学研究院牵头承担的“溶剂抽提—选择性加氢脱硫组合技术开发及应用”项目通过中国石化科技部组织的鉴定。该技术在处理高硫、高烯烃催化裂化汽油生产硫含量满足国Ⅴ、国Ⅵ汽油组分时，RON 损失小、运行稳定、投资费用低、技术经济性好，是生产低硫清洁汽油的重要技术。

（杜诗画）

【新型半再生重整催化剂在哈萨克斯坦成功应用】 2018 年 5 月，由石油化工科学研究院开发的 SR-1000 半再生重整催化剂在哈萨克斯坦一次开车成功且运行稳定，主要指标优于国外产品，受到用户高度肯定。该催化剂采用具有特殊孔道结构的新型氧化铝为载体，采用独特的首创原位处理技术，具有积炭速率低、选择性高、活性稳定性好等特点，开工方法简单、环境友好。

（杜诗画）

【选择性叠合技术工业应用成功】 2018 年 7 月 2 日，由石油化工科学研究院牵头开发的碳四烯烃选择性叠合工业试验装置投料试车成功并产出合格产品。该技术工业应用成功，进一步验证了技术的可靠性，将为乙醇汽油时代碳四烯烃深度加工提供新途径。

（杜诗画）

【3 个“十条龙”攻关项目出“龙”】 2018 年 12 月，经“十条龙”科技攻关领导小组审议，由石油化工科学研究院与兄弟单位共同承担的“加氢异构脱蜡生产高档基础油成套技术开发及工业应用”“20 万吨 / 年新型硫酸烷基化技术开发及工业应用”和“10 万吨 / 年双氧水法制环氧丙烷成套技术”3 个项目完成预定攻关目标，批准“出龙”。

（杜诗画）

【掌握高档柴油机油产品技术】 API 润滑油标准组公布的 CJ-4 柴油机油规格，首次对柴油机油的硫、磷、灰等理化指标进行限制，配方开发难度大。2018 年 9 月，石油化工科学研究院完成 API CJ-4 级别柴油机油油品开发工作，顺利通过该规格要求的 9 个发动机试验，填补了中国 CJ-4 柴油机油自主配方研发的空白，打破了国外公司对高档柴油机油的技术垄断。

（杜诗画）

【制定 ASTM 国际组织标准获正式发布】 2018 年 3 月，由石油化工科学研究院起草制定的 ASTM 国际组织标准《中间馏分中芳烃、非芳烃和脂肪酸甲酯组分的分离和测定固相萃取和气相色谱法》获美国试验与材料协会国际组织正式批准发布（ASTM D8144-18）。该 ASTM 方法可测定柴油和生物柴油调和燃料等产品中芳烃、饱和烃及脂肪酸甲酯含量，具有分析速度快、操作简单、环境友好等特点，可广泛应用于柴油和生物柴油调和燃料产品的生产、使用和质量控制检测。

（杜诗画）

【与海外客户成功续签整体技术服务协议】 2018 年 3 月，石油化工科学研究院顺利完成对泰国 IRPC 公司的一期整体技术服务协议，助力 IRPC

公司当年利润实现大幅增长，获得客户高度认可，双方成功签署二期协议。石油化工科学研究院将继续为IRPC公司提供包括原油选择、全厂工艺优化、装置操作优化、催化剂配方调整、产品质量提升等整体技术支持服务。

（杜诗画）

【LTAG技术入选首届中国石化十大优秀技术品牌】 2018年5月8日，中国石化举办“为中国品牌加油”启动仪式，发布十大优秀技术品牌，石油化工科学研究院研发的“选择性加氢—催化裂化生产高辛烷值汽油或芳烃料（LTAG）技术”成功入选。

（杜诗画）

【LTAG技术获美国《烃加工》杂志最佳炼油技术提名奖】 2018年8月30日，第2届《烃加工》最佳炼油技术奖揭晓，石油化工科学研究院LTAG技术获提名奖，是国内唯一一项入围技术。《烃加工》杂志是石油炼制与化工领域最重要的专业核心期刊，此项奖励标志着世界炼油领域对LTAG技术的充分认可。

（杜诗画）

【实行机构调整】 2018年，石油化工科学研究院整合现有资源，进行机构调整，重组燃料技术及润滑剂标准检测研究室、煤及合成气转化研究室。结合总部发展战略和自身转型发展需求，成立中国石化新能源研究所。

（杜诗画）

表1　　石油化工科学研究院2018年度主要科研成果获奖情况

序号	项目名称	奖项名称	获奖等级
1	稀乙烯增值转化高效催化剂及成套技术（第三完成单位）	国家科技进步奖	二等奖
2	大型变径流化床反应器关键技术研究与开发	集团公司技术发明奖	一等奖
3	满足国五柴油生产的高性价比加氢催化剂关键制备技术创新及应用	集团公司科技进步奖	一等奖
4	中间基油生产优质高黏度基础油加氢处理催化剂及工艺技术	集团公司科技进步奖	二等奖
5	空间扫描电机轴承润滑油的研制	集团公司科技进步奖	二等奖
6	生物化学驱油技术研究与应用	集团公司科技进步奖	二等奖
7	中间馏分族组成分离测定及化工产品熔融色度的三项ASTM标准制修订	集团公司科技进步奖	二等奖
8	中国炼油技术新进展	集团公司科技进步奖	二等奖
9	超低排放型FCC烟气污染物转化助剂开发与应用	集团公司科技进步奖	三等奖
10	加氢LCO回炼专用催化裂化催化剂的开发与工业应用	集团公司科技进步奖	三等奖

表2　　石油化工科学研究院2013—2018年专利申请与授权情况　　件

年　份	国内专利		国外专利	
	申请数	授权数	申请数	授权数
2018	701	589	90	82
2017	682	564	30	75
2016	685	660	47	69

续表

年 份	国内专利		国外专利	
	申请数	授权数	申请数	授权数
2015	666	652	88	47
2014	638	445	102	80
2013	616	318	88	58

北京化工研究院

【概况】 中国石油化工股份有限公司北京化工研究院（简称北京化工研究院）成立于1958年6月，是中国最早从事石油化工综合性研究的科研机构。曾隶属化学工业部，1998年9月转制进入集团公司。2010年，按照集团公司调整完善科技体制的整体部署，设立齐鲁分院、扬子分院和燕山树脂所3家挂牌分院。

截至2018年底，北京化工研究院已经形成“一院三地”的发展格局。本部位于朝阳区北三环内，占地面积9.7万平方米，建筑面积6.8万平方米，设有12个研究所、1个二级单位、4个专业中心、11个机关职能部门。燕山分院位于房山区向阳街道，占地面积30万平方米，建筑面积6万平方米，设有7个专业研究室。科学试验基地位于通州区台湖镇，占地面积23万平方米，建筑面积3.8万平方米。员工总数1 033人，其中中国工程院院士1人、集团公司科技创新功勋奖3人、享受政府特殊津贴9人，集团公司首席专家1人、高级专家3人、突出贡献专家18人，博士268人、硕士284人。

截至2018年底，北京化工研究院设有聚烯烃国家工程研究中心、橡塑新型材料合成国家工程研究中心、高浓度难降解有机废水处理技术国家工程实验室、国家基本有机原料质量监督检验中心、国家石化有机原料合成树脂质量监督检验中心、国家化学建材测试中心、国家高分子材料与制品质量监督检验中心等10个国家及行业级技术中心。承担2个国内外行业协会秘书处和6个中国石化技术中心职能，拥有3个中国石化重点实验室及7个设计制造资质。建设配备塑料技术中心（PTC）、橡胶技术中心（RTC）、高通量研发技术中心（HTC）、聚烯烃中试试验中心等专业技术平台。编辑出版《石油化工》《化工环保》和《石油化工快报》3个学术期刊和行业性杂志。

截至2018年底，北京化工研究院共获省部级以上科技奖励391项，其中国家级奖励97项，包括国家技术发明奖10项，中国专利金奖2项、银奖1项，国家科技进步特等奖1项、一等奖1项、二等奖9项。累计申请国内发明专利6 107件、获准授权3 162件，申请国外专利1 061件、获准授权587件。

北京化工研究院2018年度主要科研成果获奖情况和2013—2018年专利申请与授权情况分别见表1和表2。

（雷世龙）

【领导班子调整】 2018年4月4日，孙玉国任北京化工研究院副院长、党委委员。

（雷世龙）

【绿色环保汽车轻量化材料技术开发与应用列入集团公司重大科技项目】 2018年9月28日，中国石化重大项目“绿色环保汽车轻量化材料技术开发与应用”立项实施，北京化工研究院作为项目长单位牵头承担该重大项目。

（雷世龙）

【分离用膜材料研究与应用实验室被命名为集团公司重点实验室】 2018年9月22日，集团公司命名北京化工研究院分离用膜材料研究与应用实验室为集团公司重点实验室。至此，北京化工研究院拥有3个集团公司重点实验室。

（雷世龙）

【参与国家重点研发计划“场地土壤污染成因与治理技术”研究】 2018年11月30日，国家重点研发计划“场地土壤污染成因与治理技术”重点专项中，股份公司作为承担单位组织开展“长江经济带石化类场地污染治理技术研究与集成示范”项目。北京化工研究院主要负责可降解生物基阻隔材料和强化微生物修复技术的开发，为在产石化企业场地污染管控提供技术支撑。

（杨芳芳）

【薄壁注塑无翘曲聚丙烯树脂开发项目通过鉴定】 2018年4月17日，该项目通过中国石化组织的鉴定。项目在镇海炼化和茂名石化开发M60ET、PPR-M55-S共2个薄壁注塑聚丙烯树脂新产品。产品取得食品卫生、RoHS、FDA等认证，在一次性餐盒、汽车改性等领域得到广泛应用，取得可观的经济效益。通过该技术攻关，中国石化已在多家生产企业实现薄壁注塑聚丙烯的生产。

（雷世龙）

【低滚阻、高耐磨轮胎胎面用溶聚丁苯橡胶工业技术开发项目通过鉴定】 2018年5月3日，该项目通过中国石化组织的鉴定。项目设计开发并生产的新产品SSBR 1107完全满足全钢胎胎面胶对低滚阻及高耐磨的需求。

（王　雪）

【硫化胶囊用星型支化丁基橡胶新产品生产技术开发与应用项目通过鉴定】 2018年5月3日，该项目通过中国石化组织的鉴定。项目开发的S-IIR 1451产品在抗热氧老化性能、耐气体渗透性能、胶囊使用寿命等方面均超过进口产品，其微观结构设计与其性能的匹配技术达到国际领先水平，打破了国外产品在这个领域的垄断。

（邱迎昕）

【石化企业废水和循环水中VOCs组学研究项目通过鉴定】 2018年5月3日，该项目通过中国石化组织的鉴定。项目开发了石化企业废水及循环水中总挥发性有机物（POC）的分析方法。首次建立炼化行业污水处理系统及循环水系统中POC排放总量与化学需氧量（COD）、石油类的相互关系。首次建立石化企业废水和循环水中主要挥发性有机物的成分谱。

（雷世龙）

在茂名石化循环水现场采样

【制（修）订2项顺酐熔融色度ASTM方法标准项目通过鉴定】 2018年5月11日，该项目通过中国石化组织的鉴定。项目开发了适用于以顺酐为代表的固定化工产品熔融色度的测试方法及配套测试装置。完成2项ASTM标准的制（修）订及发布工作。其中，ASTM D8087-18是国际上首次以三刺激值原理仪器法测定顺丁烯二酸酐熔融色度的标准方法，填补了国际空白。

（雷世龙）

【BCZ催化剂在Innovene装置的工业应用项目通过鉴定】 2018年5月22日，该项目通过中国石化组织的鉴定。项目开发了适用于该工艺的BCZ-108催化剂，实现了其在Innovene气相装置的长周期应用，成功开发出高熔指抗冲共聚聚丙烯。该催化剂具有独立的知识产权。

（雷世龙）

【新一代强化传热技术在裂解炉的工业试验项目通过鉴定】 2018年5月23日，该项目通过中国石化组织的鉴定。新一代扭曲片管在裂解炉运行周期、炉管管壁温度、炉管压降等方面均优于传统扭曲片管。在保证强化传热效果的同时，降低了扭曲片管的损坏概率，增加了扭曲片管的通透性，延长了使用寿命。

（杨　溢）

【丁基橡胶己烷汽提溶胶技术工艺包开发通过审查】 2018 年 9 月 4 日，由北京化工研究院承担的“丁基橡胶己烷汽提溶胶技术工艺包开发”通过中国石化组织的工艺包审查。该工艺包结合燕山石化 9 万吨 / 年丁基橡胶生产装置，系统研究己烷汽提溶胶工艺，发明了低温淤浆无水终止、淤浆脱气溶胶、胶液汽提提纯和胶液浓缩等技术，开发出具有自主知识产权的热己烷汽提溶胶工艺和专有设备。该工艺技术可明显减少废气和废水排放，大幅度降低能耗和物耗，有利于提高溴化产品的质量，降低生产成本。

（杨芳芳）

【20 万吨 / 年精环氧乙烷成套技术项目通过鉴定】 2018 年 9 月 21 日，该项目通过中国石化组织的鉴定。该成套技术自主开发了高选择性 EO 银催化剂、环氧乙烷反应系统优化设计等系列技术，并据此集成开发 20 万吨 / 年精环氧乙烷工艺包、完成装置大型化工程研究。其中，银催化剂的开发打破了国外垄断，使中国石化成为全球第 4 家掌握高选择性银催化剂制备技术的公司。该成套技术实现了国产高通量管在多效蒸发系统的首次应用和成套技术在国内的首次工业化应用。

（雷世龙）

【获首届“中国石化杯”创新创业大赛 4 项大奖】 2018 年 5 月 9 日，在首届“中国石化杯”创新创业大赛中，北京化工研究院“高韧性高耐热环氧树脂”“超大通量家用纳滤膜及元件”“高效经济制备多级孔全硅分子筛”项目分别获一等奖、二等奖和三等奖。北京化工研究院获最佳组织单位奖。

（雷世龙）

【夏先知获中国石化科技创新功勋奖】 2018 年，夏先知获中国石化科技创新功勋奖。30 余年来，夏先知一直致力于聚丙烯催化剂的研发与市场推广工作，先后推出 DQC、DQS、NDQ、HA、HR、BCND、BCNX、BCM、BCZ 等多个聚丙烯催化剂品种，为中国石化创新创效做出突出贡献。曾先后获中国石化技术发明一等奖 1 项、二等奖 2 项、三等奖 1 项，中国石化科技进步一等奖 1 项、二等奖 2 项、三等奖 1 项。

（雷世龙）

【乙烯技术节能降耗团队获集团公司优秀创新团队称号】 2018 年 3 月 2 日，北京化工研究院乙烯技术节能降耗团队获集团公司优秀创新团队称号。该团队承担国家及中国石化多项科研任务，开发了多项应用于裂解炉及分离装置的节能降耗新技术。其中，CBL 裂解技术、扭曲片管强化传热技术、原位涂层抑制结焦技术等多项核心技术达到国际领先水平，创造了显著的经济和社会效益。该团队曾获国家技术发明二等奖 1 项、中国石化技术发明一等奖 1 项、中国石化科技进步一等奖 2 项。

（刘　逸）

【开展建院 60 周年纪念活动】 2018 年，北京化工研究院开展纪念中国石化成立 35 周年、北京化工研究院建院 60 周年暨进入中国石化 20 周年系列活动。通过“拥抱时代 继往开来”主题座谈会、系列技术讲座、系列学术交流、科技成果展示、“拥抱新时代 共创新辉煌”文艺汇演等活动，弘扬 60 年来北京化工研究院“求真务实、艰苦奋斗、拼搏进取、实干奉献、崇尚科学、创新发展”的企业精神。

（雷世龙）

【“人才强院”工程启动】 2018 年，北京化工研究院制订实施“人才强院”工程行动方案和三年滚动计划。该方案是深入贯彻落实党的十九大精神，落实集团公司人才强企部署的一项重要举措。完善人才成长通道建设，修订《专家管理办法》；大力培养选拔年轻优秀干部，13 名“75 后”“80 后”年轻干部通过竞争性选拔走上中层副职岗位；制定《中层干部管理办法》，德政勤绩廉全面评价考核领导干部。

（刘　旸）

【北京化工研究院第三次团代会召开】 2018 年 9 月 7 日，共青团中国石化北京化工研究院第三次团员大会召开。大会对今后 5 年工作进行部署，明确党建带团建为青年成长导航、围绕中心工作为青年成长助力、深入一线切实服务青年成长需求的工作思路。大会选举产生第三届团委委员。

（刘　涛）

北京化工研究院第三次团队会召开

表 1　　北京化工研究院 2018 年度主要科研成果获奖情况

序号	项目名称	获奖名称	获奖等级
1	聚合物及碳作为连续相的负载型催化剂的制备及应用	集团公司前瞻性基础性研究科学奖	二等奖
2	内给电子体化合物异构体对聚丙烯催化剂性能的影响及原理	集团公司前瞻性基础性研究科学奖	三等奖
3	淤浆聚乙烯催化剂成形机理	集团公司前瞻性基础性研究科学奖	三等奖
4	丁基橡胶分子调控机制及工业化生产关键技术开发	集团公司技术发明奖	二等奖
5	双向拉伸聚乙烯专用树脂的分子链结构调控及关键技术研究	集团公司技术发明奖	三等奖
6	绿色高效百万吨级乙烯成套技术开发及工业应用	集团公司科技进步奖	特等奖
7	YS-9010 银催化剂的工业开发及应用	集团公司科技进步奖	二等奖
8	高效节能碳二回收成套技术开发	集团公司科技进步奖	二等奖
9	低滚阻高耐磨轮胎胎面用溶聚丁苯橡胶工业技术开发及推广应用	集团公司科技进步奖	二等奖
10	中间馏分族组成分离测定及化工产品熔融色度的三项 ASTM 标准制修订	集团公司科技进步奖	二等奖
11	聚丙烯制品收缩变形研究及低翘曲高韧树脂工业技术开发	集团公司科技进步奖	三等奖
12	PE 管材专用料耐慢速开裂性能快速评价技术	集团公司科技进步奖	三等奖
13	中国石化合成树脂产品质量稳定性评价体系建立及应用推广	集团公司科技进步奖	三等奖
14	胜利油田稠油采出液集输成套处理技术研究及应用	集团公司科技进步奖	三等奖
15	石化企业废水及循环水中 VOCs 组学研究与应用	集团公司科技进步奖	三等奖
16	C_4–C_8 烯烃制丙烯催化剂及应用	中国石油和化学工业联合会科技进步奖	三等奖
17	用于烯烃聚合的固体催化剂组分和含该催化剂组分的催化剂及其应用	中国专利奖	银奖

表 2　　北京化工研究院 2013—2018 年专利申请与授权情况　　件

年　份	国内专利		国外专利	
	申请数	授权数	申请数	授权数
2018	635	461	63	68
2017	630	406	55	67
2016	623	566	146	78
2015	602	450	71	92
2014	601	370	98	72
2013	590	242	102	18

大连（抚顺）石油化工研究院

【概况】 大连（抚顺）石油化工研究院是中国石油化工股份有限公司大连石油化工研究院和中国石油化工股份有限公司抚顺石油化工研究院的统称。其前身创建于 1953 年 4 月，是新中国最早建立的石油研究机构，1983 年 7 月划归新组建的中国石油化工总公司。建院初期位于辽宁省抚顺市望花区。2017 年 9 月，主要研发部分搬迁至辽宁省大连市旅顺口区，设立大连石油化工研究院；加氢中试装置留在抚顺，保留抚顺石油化工研究院。

经过 60 余年的发展，大连（抚顺）石油化工研究院已形成清洁炼油、新兴能源资源和炼化公用技术三大创新研发平台，下设 14 个研究室和 1 个环保研究所。设有国家石油产品检验实验室、国家石蜡质量监督检验中心及博士后工作站和硕士研究生工作站，是国家石油蜡类产品标准化归口单位，同时也是石油化工环境污染防治技术国家地方联合工程研究中心、中国石化环境监测总站及一些省部级工程研究中心（重点试验室）的依托单位。

截至 2018 年底，大连（抚顺）石油化工研究院正式职工总数 693 人，具有高级技术职称的各类专业技术人员 310 人。其中，中国工程院院士 1 人，国家“千人计划”专家 1 人，“百千万人才工程”国家级人选 1 人，享受国务院政府特殊津贴专家 15 人，集团公司高级技术专家 8 人、突出贡献专家 18 人。获国家科技进步奖和技术发明奖 23 项，获省部级科技成果奖励 400 余项，获中国发明专利金奖 2 项、优秀奖 14 项，累计申请中国专利近 7 000 件、境外专利 300 余件，获国内外专利授权 4 700 余件。

大连（抚顺）石油化工研究院 2018 年度主要科研成果获奖情况和 2013—2018 年专利申请与授权情况见表 1 和表 2。

（刘建宇）

【“炼化污水处理场废气全面治理深度净化成套技术”获集团公司科技进步一等奖】 为实现炼化企业废气的深度处理，满足新的排放标准，大连石油化工研究院等单位开发“低温柴油吸收—脱硫及总烃浓度均化—催化氧化”“洗涤—吸附（再生气催化氧化）”等工艺技术，并研制出新型高效的 WSH-5 催化氧化催化剂、FSTS-4 脱硫及总烃浓度均化剂和 DSH-2 吸附剂，形成污水处理场废气全面治理深度净化成套技术，实现难处理污染物的深度净化。该技术在青岛石化和沧州分公司工业应用后，净化气非甲烷总烃浓度分别小于 50 毫克 / 米^3 和 15 毫克 / 米^3，苯、甲苯、二甲苯及硫化物含量低于检出限，首次实现污水处理场废气全面治理深度净化，技术指标优于国内外现行标准，整体技术达到国际先进水平。该项目获2018年度集团公司科技进步一等奖。

（刘建宇）

【“直馏柴油加氢裂化增产航煤及化工原料技术开发与工业应用”获集团公司科技进步一等奖】 该技术是为适应降低柴汽比，增产航煤产品、芳烃原料和乙烯原料而开发的新技术。采用加氢精制—加氢裂化—加氢补充精制一段串联工艺技术及专用催化剂，可有效提高航煤收率及石脑油和未转化柴油质量。该技术在燕山石化120万吨/年装置上首次应用，可以全周期生产优质3[#]喷气燃料、高芳潜重整原料及优质蒸汽裂解制乙烯原料。该技术的开发成功，为炼化企业产品结构调整提供有效途径，获2018年度集团公司科技进步一等奖。

（刘建宇）

【“乙烯裂解炉烟气脱硝成套技术”工业应用取得成功】 该技术包括上流式一体化脱硝反应器、小模块催化剂及防烟气短路密封技术、低压降（小于50帕）喷氨格栅内构件等，具有整体压降低、设备与催化剂模块安装方便、脱硝效率高和氨逃逸低等特点。该技术在镇海炼化乙烯裂解炉上工业应用结果表明：烟气中氮氧化物可由109—148毫克/米^3（标准）降低至40毫克/米^3（标准）以下（最低10毫克/米^3（标准）以下，脱硝效率大于93%），整个脱硝系统压降小于300帕，氨逃逸未检出，乙烯裂解炉及脱硝反应器运行稳定。排放烟气中的氮氧化物不但满足现行标准，还为将来更严格标准预留空间。该技术的工业应用成功，为乙烯裂解炉适应环保需求的发展提供了技术保障。

（刘建宇）

【开发成功“储运系统完整性管理技术”】 该技术由高后果区识别、风险评价、完整性检测评价与维修决策、效能评价、智能决策管理系统及体系建设等专项技术组成，形成包含理论方法、检测评价、数值模拟、软件开发、体系建设、咨询服务的完整性管理综合解决方案。该技术在原油、成品油、天然气长输管道、油库及油田集输管网等处的应用均取得很好的结果。

（王晓霖）

【开发成功船用燃料油优化调和技术】 该技术包括船用燃料油非线性指标预测方法、多组分原料油自适应优化调和方法、燃料油稳定性评价方法和连续调和工艺、燃料油优化调和管理系统，并研制出连续高效调和装置，形成船用燃料油优化调和和连续生产成套技术，实现船用燃料油调和从数据管理、方案优化到工艺流程设计、加工设备研发，再到调和产品稳定性评价的全面技术升级。

（王晓霖）

【“STRONG沸腾床渣油加氢技术”获评中国石化十大优秀技术品牌】 该技术是中国石化立足高起点，为实现炼油行业转方式调结构而开发的一项重油高效转化技术，解决了从催化剂、工艺流程、关键设备、工程放大及安全控制系统等不同领域十几个重大行业难题，形成百余项发明专利及专有技术，开发出具有中国石化自主知识产权的沸腾床渣油加氢技术。该技术既可以在低转化率下脱除劣质渣油中的金属、硫、氮等杂质，也可以在高转化率下将渣油转化为馏分油，是一种高效的劣质渣油加氢技术。

（刘建宇）

【“长江经济带石化类场地污染治理技术研究与集成示范”项目获准立项】 由大连石油化工研究院牵头申报的“长江经济带石化类场地污染治理技术研究与集成示范”项目于2018年12月获国家科技部批准立项。该项目由股份公司等10个单位共同承担，主要是针对长江经济带等地区炼化企业、油库、加油站类石化有机污染场地，研究建立场地土壤环境风险管理的大数据平台，集成形成石化场地污染源控制—过程阻断—原位修复相耦合的风险管控与修复技术体系，创建绿色可持续石化类场地污染治理修复集成技术方案与管控模式。项目完成后，可促进土壤资源永续利用，实现土壤污染防治目标，确保生态环境质量得到改善。

（刘建锟）

【“微波 / 等离子耦合强化生物质快速气化关键技术”通过验收】 该项目是国家高技术研究发展计划（“863”计划）项目。利用微波“体加热”和等离子“高温、高焓、富含活性粒子”的加热特性，从反应和传热 2 个方面对生物质气化过程进行强化，从而解决常规气化过程能耗高、效率低及产品品质低和焦油含量高等问题，实现生物质高负载微波装备的大型化、连续化和自动化。建设的年处理 1 000 吨林业剩余物的中试示范装置，年产生物质合成气 208 万标准立方米、木醋液 4 759 吨、冶金焦 27.4 吨、生物沥青原料 4.4 吨，形成生物质气化多元化利用集成新模式。该项目于 2018 年 5 月通过国家科技部组织的验收。

（刘建宇）

【举办“创新驱动 绿色发展”高端论坛】 2018 年 7 月 20 日，“创新驱动 绿色发展”高端论坛在大连召开。论坛由大连石油化工研究院与华东理工大学高浓度难降解有机废水处理技术国家工程实验室联合举办。来自国内绿色炼油、绿色化工、生态保护、污染防治等领域的 10 位院士及 80 余位专家学者，聚焦海域、海岛和海岸带石化行业的绿色发展，围绕污染源头控制、海洋生态环境、沿海绿色石化等专题，从能源、环境和发展等多角度多层面，深入探讨和交流沿江沿海企业的绿色发展大计，探索产、学、研结合的绿色炼油化工发展道路。

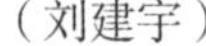
（刘建宇）

“创新驱动 绿色发展”高端论坛会场 （王晓峰　摄）

【启动创新团队负责人制试点工作】 为深化科技体制改革，进一步激发科研人员创新创效活力，大连石油化工研究院开展创新团队负责人制的工作，初步确定 4 个创新团队进行试点。

（刘建宇）

【智能化研究院建设获批】 大连石油化工研究院智能化研究建设获中国石化批准立项。该项目是中国石化智能化研究院试点项目，拟从科研管理、科研创新和技术服务 3 个方面建设 13 个系统。项目完成后，可大大提升研究院科研精细管理及知识沉淀共享能力，提高实验执行、数据分析和实验保障能力，提高在线技术服务能力，形成中国石化智能化研究院建设整体方案和推广模板。

（刘建宇）

表 1　　大连（抚顺）石油化工研究院 2018 年度主要科研成果获奖情况

序号	项目名称	奖项名称	获奖等级
1	直馏柴油加氢裂化增产航煤及化工原料技术开发与工业应用	集团公司科技进步奖	一等奖
2	炼化污水处理场废气全面治理深度净化成套技术	集团公司科技进步奖	一等奖
3	乙烯裂解炉烟气脱硝成套技术	集团公司科技进步奖	一等奖
4	炼化企业产品质量升级和结构调整高效加氢裂化技术开发及应用	集团公司科技进步奖	二等奖
5	适应劣质渣油的高效加氢处理技术开发及工业应用	集团公司科技进步奖	二等奖
6	沥青储运等多污染源有机物废气超洁净治理技术	集团公司科技进步奖	二等奖
7	成品油管道储运智能检测评价技术及装备开发	集团公司科技进步奖	二等奖

续表

序号	项目名称	奖项名称	获奖等级
8	FC-14 多产柴油单段加氢裂化催化剂研制及工业应用	集团公司科技进步奖	三等奖
9	劣质蜡油加氢装置长周期运转组合技术	集团公司科技进步奖	三等奖
10	大型储罐完整性检测评价技术	集团公司科技进步奖	三等奖
11	原油管网智能排产及优化运行技术	集团公司科技进步奖	三等奖
12	炼化企业排污许可证申请技术开发及应用	集团公司科技进步奖	三等奖
13	长链正构烷烃高效异构催化材料基础研究	集团公司前瞻性基础性研究科学奖	二等奖
14	炼化企业胺液系统及酸性水汽提装置节能与长周期高效运行技术	集团公司技术发明奖	三等奖
15	FC-46 多产化工原料型加氢裂化催化剂创制及应用	辽宁省科技进步奖	二等奖
16	重油浅度热裂化降黏高效采集输一体化关键技术及应用	辽宁省科技进步奖	二等奖
17	重质船用燃料油优化调和技术开发及应用	辽宁省科技进步奖	三等奖
18	基于安全风险管控的长输成品油管道完整性管理体系建设与应用	广东省科技进步奖	二等奖

表 2　大连（抚顺）石油化工研究院 2013—2018 年专利申请及授权情况　件

年　份	国内专利		国外专利	
	申请数	授权数	申请数	授权数
2018	692	546	48	42
2017	680	564	24	24
2016	655	609	28	11
2015	597	637	32	11
2014	572	440	22	14
2013	569	307	25	3

上海石油化工研究院

【概况】 中国石油化工股份有限公司上海石油化工研究院（简称上海石油化工研究院）位于上海市浦东新区，创建于 1960 年（时称上海市石油化学研究所），是股份公司直属综合性研究开发机构；1984 年转隶原中国石油化工总公司，1998 年更为现名，2004 年 12 月上海石化科技开发公司整合，2010 年 4 月增挂上海石油化工研究院南化分院、仪征分院、天津分院、巴陵分院和川维分院；

研究领域涵盖基本有机化工、新型煤化工、油田化学品、精细化工和合成纤维材料等，设有直属机构 1 个、研究开发部门 20 个、职能部门 11 个；是基本有机原料催化剂国家工程研究中心、绿色化工与工业催化国家重点实验室、全国石油化学标准化委员会的依托单位；设有中国石化甲醇转化、三采用表面活性剂、芳烃技术（联合）、碳纤维及其复合材料（联合）、精细化工重点实验室，中国石化有机原料情报中心站，上海市石油化工产品质量监督检验站，上海市催化剂行业测试中心等机构和企业博士后科研工作站；与联合化学反应工程研究所合办《化学反应工程与工艺》（双月刊），另有内刊《石油化工快报（有机原料）》（半月刊）。

截至 2018 年底，上海石油化工研究院拥有员工 790 人，其中高级技术人员 343 人，博士 204 人、硕士 214 人，中国工程院院士 1 人，国家级突出贡献专家 3 人，享受政府特殊津贴 36 人，入选国家百千万人才工程 3 人，国家千人计划专家 1 人，ASTM 国际标准化分会主席 1 人。累计获国家级奖励 50 项，其中国家科技进步特等奖 1 项、国家科技进步一等奖 2 项、国家技术发明二等奖 5 项、中国专利金奖 5 项；累计获省部级及以上奖励 311 项，其中中国石化科技进步特等奖 2 项，科技进步、技术发明及前瞻性基础性研究科学等一等奖 37 项。累计申请中国专利 6 423 件、获授权中国专利 3 497 件，在 20 多个国家和地区申请专利 521 件、获授权专利 254 件，其中 2018 年度申请中国专利 567 件、获授权中国专利 403 件，申请涉外专利 45 件、获授权涉外专利 41 件；获 2018 年中国专利优秀奖 2 项。

上海石油化工研究院 2018 年度主要科研成果获奖情况和 2013—2018 年专利申请与授权情况分别见表 1 和表 2。

（潘　波）

【全新结构分子筛获国际分子筛协会授予结构代码】 2018 年 5 月 15 日，一种全新结构分子筛材料 SCM-14 获得国际分子筛协会（IZA）授予的结构代码 SOR。自 2013 年起，上海石油化工研究院开展新结构分子筛高效合成和筛选探索研究，利用分子筛高通量合成与表征技术，经过持续创新，在新结构分子筛材料合成方面取得突破，成功合成 SCM 系列新型分子筛材料；通过对电子衍射数据解析得到晶体结构模型，利用同步辐射粉末 X 射线衍射数据验证模型并获得精确结构。其中，具有 12×8×8 元环三维交叉孔道的全新结构 SCM-14 分子筛被授予结构代码 SOR，实现中国企业在分子筛合成领域零的突破。全新结构分子筛材料合成研究工作在 JACS，Angew.Chem.Int. Ed.，Chem.Eur.J. 等期刊发表论文 16 篇，总他引 100 余次。获集团公司前瞻性基础研究科学一等奖。

（潘　波）

【“稀乙烯增值转化高效催化剂及成套技术”获国家科技进步二等奖】 针对国内炼化企业稀乙烯资源亟待高效利用的需求，通过创制形貌择向纳米分子筛材料，开发了低温高活性烷基转移催化剂，并创新反应及分离回收工艺与大型化装备技术，可适应多种稀乙烯原料，提高稀乙烯转化效率，整体技术达到国际领先水平。该技术已在 21 家企业实现工业应用，并在宁波大榭石化建成世界最大规模 30 万吨 / 年产能装置；该技术获授权中国发明专利 36 件，中国石化专有技术 5 项，发表论文 25 篇；该技术可以提高中国石油资源利用效率，获 2018 年度国家科技进步二等奖。

（潘　波）

【“20 万吨 / 年合成气制乙二醇成套技术”项目获中国石化科技进步一等奖】 该项目突破合成气制乙二醇核心催化剂、工艺技术、产品质量、工艺安全和装置大型化等技术难点，创制高性能偶联、加氢和硝酸转化催化剂，创新氧化酯化反应、草酸二甲酯和乙二醇产品精制、在线分析、安全控制等技术，于 2014 年 4 月在湖北化肥建成单系列规模最大的 20 万吨 / 年工业装置并投产。工业运行结果表明，成套技术高效安全，偶联和加氢催化剂性能良好，乙二醇精制回收率高；乙二醇产品质量优、纯度高，已大规模应用于聚酯生产。专家鉴定意见认为：总体技术处于国际领先水平。该项目获授权专利 110 件，制（修）订国家标准 3 项。该项目推动中国煤炭清洁利用的技术发展，为降低乙二醇生产对石油资源依赖提供技术支撑，获 2018 年中国石化科技进步一等奖。

（潘　波）

【新型农膜材料及热塑性 PVA 包装材料加工应用技术取得突破】 上海石油化工研究院牵头承担的国家重点研发项目“化学与结构驱动的可控性能农膜材料开发及产业化示范”取得创新成果，开发出超薄、高韧、高保墒全生物降解地膜产品，其阻隔性高于国际生物降解地膜先进水平，入选国家农业农村部 2018 年 10 项重大引领性农业技术。新型热塑性、低温速溶 TPVA 薄膜专用料实现放大试制，产品可用于生产水溶包装、阻隔包装用 TPVA 薄膜新产品，完成千吨级工艺包开发，分别在川维化工公司和宁夏能化建成 2 000 吨 / 年生产线，打通全流程。

（潘　波）

【“HAT-300 高效增产二甲苯催化剂的工业试验”通过技术鉴定】 2018 年 5 月 17 日，由上海石油化工研究院承担的“HAT-300 高效增产二甲苯催化剂的工业试验”项目通过中国石化组织的技术鉴定。该项目创制自组装纳米多级孔分子筛材料，开发高分散双金属改性分子筛催化剂，提高催化反应活性及二甲苯收率，抑制芳烃饱和副反应。HAT-300 催化剂在天津石化 70 万吨 / 年甲苯歧化装置上工业试验。工业运行结果表明：HAT-300 催化剂进一步优化产品分布，在高空速低氢烃比条件下稳定运行，苯质量达到优级品指标，具有更高转化率、更低氢耗和能耗特点，进一步提高重芳烃利用率，综合性能达国际领先水平。该项目申请中国发明专利 15 件，其中已获授权 8 件。

（潘　波）

【“MTO 碱洗塔黄油抑制剂的开发与工业试验”通过技术鉴定】 2018 年 1 月 5 日，由上海石油化工研究院承担的“MTO 碱洗塔黄油抑制剂的开发与工业试验”项目通过中国石化组织的技术鉴定。该项目通过系统分析 MTO 装置碱洗塔黄油样品组成，研究含氧化合物聚合反应规律，建立模拟黄油形成抑制剂的实验室评价方法，开发 MTO 专用多功能 SHY-1 型黄油抑制剂。SHY-1 型黄油抑制剂在中原石化 60 万吨 / 年 S-MTO 工业装置完成工业试验。工业试验结果表明，具有抑制新黄油生成、分散已生成黄油、防腐蚀、用量少等特点；碱洗塔操作稳定，综合性能优于国内外同类产品。该项目申请中国发明专利 4 件，形成专有技术 1 项，具有创新性。

（潘　波）

【布局战略新兴产业新技术研发】 2018 年，上海石油化工研究院组建动力电池材料实验室，布局动力电池正极材料、硅碳负极材料、动力电池电解液、有机液体储氢技术、碳纤维复合材料气瓶等新领域，通过技术研发培育战略新兴产业。

（潘　波）

【2 个项目“入龙”攻关】 2018 年 11 月，上海石油化工研究院与合作单位共同研发的 15 万吨 / 年 CHP 法环氧丙烷、40 万吨 / 年富乙烷气制乙苯 / 苯乙烯技术 2 个项目获批列入中国石化“十条龙”科技攻关。

（潘　波）

【人才强企工程初显成效】 上海石油化工研究院落实中国石化人才强企工程，制订“人才强院”工作规划，激发创新活力。2018 年，有 3 位科技人员分别入选国家中青年科技创新领军人才、集团公司首席专家、集团公司高级专家；3 位科技人员分别获侯德榜化工科学技术成就奖和青年奖、吴蕴初化学化工奖等。

（潘　波）

【首届“中国石化杯”创新创业大赛获得佳绩】

2018 年 5 月，上海石油化工研究院青年骨干创新团队参加首届“中国石化杯”创新创业大赛，分别获一等奖 2 项、二等奖 2 项、三等奖 1 项。其中，“红外辐照环化法制备无色透明聚酰亚胺薄膜”和“新型车载常温常压储氢技术研究”项目为一等奖。

（潘　波）

表 1　　上海石油化工研究院 2018 年度主要科研成果获奖情况

序号	项目名称	获奖名称	获奖 + 等级
1	稀乙烯增值转化高效催化剂及成套技术	国家科技进步奖	二等奖
2	用于粗对苯二甲酸精制的加氢催化剂	中国专利优秀奖	优秀奖
3	丁烯双键异构化的方法	中国专利优秀奖	优秀奖
4	20 万吨 / 年合成气制乙二醇成套技术	集团公司科技进步奖	一等奖
5	全新结构分子筛材料的合成	集团公司前瞻性基础性研究科学奖	一等奖
6	HAT-300 高空速低氢耗增产二甲苯催化剂的研发与应用	集团公司技术发明奖	二等奖
7	深度脱氮、脱硫吸附剂的开发及工业应用	集团公司科技进步奖	三等奖
8	MTO 碱洗塔黄油抑制剂的开发与工业应用	集团公司科技进步奖	三等奖
9	二氧化碳高效催化转化新材料研制及其中试验证	集团公司前瞻性基础性研究科学奖	三等奖
10	新型高效阴、阳离子表面活性剂体系的研制及在油田中的应用	中国石油和化学工业联合会技术发明奖	一等奖

表 2　　上海石油化工研究院 2013—2018 年专利申请与授权情况　　件

年　份	国内专利		国外专利	
	申请数	授权数	申请数	授权数
2018	567	403	45	41
2017	588	378	42	26
2016	600	379	44	26
2015	588	438	41	30
2014	578	336	37	20
2013	558	314	45	9

安全工程研究院

【概况】 中国石油化工股份有限公司青岛安全工程研究院（简称安全工程研究院）位于山东省青岛市，是中国石化直属的安全、环保和职业健康科研机构。安全工程研究院成立于 1979 年，1999 年 7 月整体进入集团公司。2004 年 4 月，国家安全生产监督管理总局依托安全工程研究院成立国家安全生产监督管理总局化学品登记中心，为中国危险化学品安全监管提供综合性技术支持。2007 年 7 月，国家科技部依托安全工程研究院设立化学品安全控制国家重点实验室，是首批企业国家重点实验室之一，2011 年 1 月 18 日通过国家科技部验收。

截至2018年底，安全工程研究院下设8个职能管理部门，14个研究所（室）、中心。用工总数476人，其中特聘院士2人，教授级高级工程师36人、高级工程师174人；博士64人，硕士261人，博士后工作站在站博士后4人；享受政府特殊津贴5人，集团公司突出贡献专家5人，中国石化优秀学术技术带头人9人，获中国石化闵恩泽青年科技人才奖17人；各类国家级HSE领域专家50余人，具有注册安全工程师、安全评价师、职业危害评价师、环境影响评价师、注册计量师等执业资格的人员300余人。

安全工程研究院2018年度主要科研成果获奖情况及2013—2018年专利申请与授权情况分别见表1和表2。

（王新军）

【党组第十巡视组巡视安全工程研究院】 根据集团公司党组关于巡视工作的统一部署，2018年5月17日—6月10日，党组第十巡视组对安全工程研究院党委进行巡视。9月27日，第十巡视组向安全工程研究院党委反馈巡视情况，认为安全工程研究院本届班子“政治素质好，大局意识强；科技创新好，发展上台阶；政治生态好，干事热情高”，并对存在的问题和不足进行通报。

（王新军）

【国家安全生产监督管理总局化学品登记中心更名】 2018年12月4日，应急管理部办公厅下文，将国家安全生产监督管理总局化学品登记中心更名为应急管理部化学品登记中心，财政补助事业编制25人，机构类别为公益二类。

（王新军）

【《中国石化HSSE管理体系（要求）》等系列文件正式发布】 2018年9月27日，集团公司董事长戴厚良签署发布令，发布《中国石化HSSE管理体系》。中国石化HSSE管理体系是集团公司安全监管局会同能源管理与环境保护部、宣传工作部、国际合作部，组织安全工程研究院编制而成，由《HSSE管理体系（要求）》《HSSE管理体系实施要点》和《HSSE管理制度》3个部分组成，并首次将公共安全纳入HSSE管理体系，于2019年1月1日正式实施。

（王新军）

【山东省院士专家工作站获批】 2018年9月26日，山东省科学技术协会下发《关于公布2018年山东省院士专家工作站名单的通知》，依托安全工程研究院设立的省级院士专家工作站顺利获得批准。安全工程研究院院士专家工作站面向国家危险化学品安全监管和公共信息服务的国家重大战略需求，整合国内优势科技资源，开展基础理论研究、技术攻关、装备研制和应用示范工作，在大力提升我国危险化学品领域安全风险监测预警、态势研判、公共综合信息服务保障等关键技术水平、健全我国危险化学品安全监管体系、全面提升我国危险化学品安全监管和防控保障能力的同时，向企业推广信息化平台产品和专业服务，向省市政府提供化学品行业专业技术咨询服务。

（王新军）

【化学品安全控制实验室获评优秀类国家重点实验室】 2018年，国家科技部发文（国科发基〔2018〕51号）公布99个企业国家重点实验室评估结果，依托安全工程研究院建设的化学品安全控制国家重点实验室被评为优秀类实验室，是集团公司参加此轮评估实验室中唯一获评优秀的实验室。化学品安全控制国家重点实验室在本评估周期内建立了高危化学品危险性鉴别分类、高危工艺安全防控、化学事故过程模拟与大尺度验证等开放式研究平台，开展了一系列关于危险工艺安全防控以及重大危险源安全保障的共性技术研究，解决了多项制约中国危险化学品全生命周期安全风险防控技术研发与评价的关键技术问题，推进了中国危险化学品和高危工艺原始数据和基础模型的系统化建设工作，为提升中国应对化学事故科学高效处置能力做出了贡献。

（王新军）

【石油工业安全专业标准化技术委员会落户安全工程研究院】 2018年10月17日，根据科技部《关于调整石油工业安全专业标准化技术委员会秘书处承担单位的通知》要求，石油工业安全专业标准化技术委员会承担单位由胜利油田分公司调整至安全工程研究院。

（王新军）

【牟善军获评中国化工学会会士】 2018 年，国务院安委会专家咨询委员会专家、安全工程研究院总工程师、副院长牟善军教授在中国化工学会组织开展的首批会士评选工作中，被中国化工学会授予中国化工学会会士称号。牟善军教授在化工过程安全、风险评估、储运安全工程等领域具有扎实的理论基础和丰富的实践经验，曾获国家科技进步二等奖、国家安全监管总局科技成果一等奖、中国石化科技进步一等奖等 7 项国家和省部级科技奖励，拥有授权发明专利 8 件、合著专著 9 部，发表各类学术论文 63 篇。

（王新军）

【获中国石化优秀创新团队称号】 2018 年，安全工程研究院燃爆风险评估与工程防护技术创新团队获中国石化优秀创新团队称号。该团队长期从事石化风险评估及火灾爆炸相关的基础性科研工作，先后承担 20 余项科研课题的研究，开展高危气体扩散行为及抑制技术、泄放气体燃烧安全、石化建构筑物抗爆技术、气相连通罐组阻火抑爆等基础性和前瞻性研究；形成石化装置定量风险评估、火灾热辐射及爆炸冲击波三维模拟、管道阻火阻爆、建筑物抗爆评估与改造、烃类气安全环保燃烧等 7 项核心技术及产品，开发了中国石化安全风险评估管理平台（PHAMS）。研究成果在 100 余套石油和化工企业装置得到应用；先后获中国石化科技进步一等奖等省部级奖励 8 项，申请发明专利 65 件；编制多项过程风险评估技术行业标准，形成完善的从定性、半定量到定量燃爆风险评估的成套标准体系。

（王新军）

【获多项荣誉】 2018 年，安全工程研究院被评为集团公司安全生产先进单位、环保工作先进单位；获评青岛市文明单位；等离子体技术实验室获批中国石化重点实验室；发明专利“一种用于油气回收的疏水性硅胶”获第 20 届中国专利优秀奖，“化学事故应急预案动态推演模拟系统和方法”获石油和化工行业专利优秀奖；“基于微流控技术的便携式腐蚀细菌超敏快速检测仪”“无线传输蜂窝布局雷电预警系统”2 个项目获首届“中国石化杯”创新创业大赛二等奖，安全工程研究院获评大赛最佳组织奖；刘全桢副总工程师获第 10 届侯德榜化工科技创新奖，于安峰博士获侯德榜化工科技青年奖；王世强博士获中国石化优秀青年科技创新人才称号；《以精准化诊断为基础的石化企业安全管理提升新模式的构建与实践》和《创新多维柔性引才机制 提升科技人才集聚效能》分获中国石化第 27 届管理现代化创新成果二、三等奖。

（王新军）

表 1　安全工程研究院 2018 年度主要科研成果获奖情况

序号	项目名称	奖项名称	获奖等级
1	化工工艺本质安全化关键技术	集团公司科技进步奖	一等奖
2	20 万吨 / 年合成气制乙二醇成套技术	集团公司科技进步奖	一等奖
3	基于介观半导体氧化物材料的微传感芯片研制与应用	集团公司前瞻性基础性研究科学奖	一等奖
4	炼化企业设备完整性管理体系及关键技术	集团公司科技进步奖	二等奖
5	低温等离子体高效降解 VOCs 的方法及安全型反应器	集团公司技术发明奖	二等奖
6	石化企业安全水平量化评估技术研究与应用	集团公司科技进步奖	三等奖
7	精 EO 安全控制及工程技术开发及工业应用	集团公司科技进步奖	三等奖
8	管输油品静电动态监测与控制技术及装备	集团公司技术发明奖	三等奖

续表

序号	项目名称	奖项名称	获奖等级
9	电芬顿氧化耦合电增强吸附处理成品油库含油污水技术与装备	集团公司技术发明奖	三等奖
10	石化工程建设及大检修施工风险管控关键技术	中国职业安全健康协会科技进步奖	一等奖
11	石化企业重大事故情景构建及应急辅助决策技术研究与应用	中国职业安全健康协会科技进步奖	二等奖
12	环己酮装置安全自保技术开发与应用	中国职业安全健康协会科技进步奖	二等奖
13	油品静电在线监测与联锁控制技术研究	中国职业安全健康协会科技进步奖	二等奖
14	石化企业安全水平量化评估和风险动态智能管控技术	中国石油和化学工业联合会科技进步奖	二等奖
15	典型石化过程工艺异常诊断及安全优化运行关键技术	中国石油和化学工业联合会科技进步奖	二等奖
16	石化装置过程风险动态智能管控技术与应用	中国石油和化工自动化应用协会科技进步奖	二等奖
17	石化装置安全控制关键技术研究与应用	中国石油和化工自动化应用协会科技进步奖	二等奖
18	安全环保节能型石化火炬技术开发与应用	中国石油和化工自动化应用协会科技进步奖	二等奖
19	基于风险的劣质原油加工腐蚀防控技术的研究与应用	中国石油和化工自动化应用协会科技进步奖	二等奖
20	罐区应急能力评估与应急救援技术研究	中国石油和化工自动化应用协会科技进步奖	三等奖
21	炼化企业员工体验式安全培训研究	中国石油和化工自动化应用协会科技进步奖	三等奖
22	“互联网 + 石化装置检维修施工”安全监管云平台	中国信息协会中国能源企业信息化产品技术创新奖	一等奖

表 2　　安全工程研究院 2013—2018 年专利申请与授权情况　　件

年份	国内专利		国外专利	
	申请数	授权数	申请数	授权数
2018	314	200	1	0
2017	286	129	1	0
2016	228	150	0	0
2015	218	98	0	0

续表

年　份	国内专利		国外专利	
	申请数	授权数	申请数	授权数
2014	102	63	0	0
2013	79	50	0	0

催化剂公司

【概况】 中国石化催化剂有限公司（简称催化剂公司）作为股份公司的全资子公司，是中国石化催化剂生产、销售和管理的责任主体，是中国石化旗下唯一生产催化剂的企业，成立于 2013 年 5 月 28 日，本部位于北京市朝阳区惠新东街甲 6 号。其前身是 2004 年 12 月 29 日在北京成立的中国石油化工股份有限公司催化剂分公司。

催化剂公司是国内最大的炼油化工催化剂生产商、供应商、服务商，催化剂产品涵盖炼油催化剂、聚烯烃催化剂、基本有机原料催化剂、煤化工催化剂、环保催化剂、其他催化剂六大类，年生产能力合计超过 20 万吨。

截至 2018 年底，催化剂公司下设 13 个管理部门、13 家分（子）公司。生产基地主要分布在北京、上海、湖南、山东、辽宁和江苏 6 个省、市。催化剂公司用工总量 3 765 人，拥有各类经营管理及专业技术人员 1 435 人，其中教授级高级职称人员 30 人、高级职称人员 393 人；拥有博士 24 人、硕士 245 人，并建有博士后工作站。

催化剂公司主要生产经营指标见表 1。

（胡东生）

【领导班子调整】 2018 年 6 月 1 日，集团公司党组对催化剂公司领导班子进行调整，由集团公司科技部主任谢在库暂时主持行政工作。9 月 21 日，催化剂公司召开干部大会，宣读集团公司党组对公司领导班子调整的决定：张凯任催化剂公司副总经理、党委委员，裴建武任催化剂公司党委副书记、纪委书记、工会主席人选、监事。

（胡东生）

【市场开拓量效兼顾】 2018 年，催化剂公司的催化剂产品销售总量不断提升，重点市场取得新突破。国内催化剂销量增长 29%，客户满意度不断提高。通过量身定制的产品和优质高效的服务，保证炼化企业装置“安稳长满优”运行，为中国石化提质增效升级和结构调整做出积极贡献。催化剂产品出口结构更趋合理，多品种、多区域开花结果。在海外销量与上年基本持平的情况下，收入和盈利能力均有明显提高。国际合作持续深化，影响力有效提升。推进与雅保公司在加氢裂化催化剂的合作，探索与工艺专利商合作。

（胡东生）

【发展建设坚实有力】 2018 年，催化剂公司围绕绿色生产、技术升级、产业链延伸，推进投资项目建设。齐鲁综合污水近零排放装置建设、长岭云溪基地粉尘治理等环保改造项目陆续开工，南京颗粒型聚烯烃催化剂生产装置建设项目前期工作有序推进，长岭高纯氢氧化铝工业生产装置和球形氧化铝载体工业试验装置可研获批。长岭云溪基地 FCC 催化剂联合生产装置一次开车成功，大连基地（一期）项目完成竣工决算，脱硝催化剂项目完成竣工验收。

（胡东生）

【科技创新成果显著】 2018 年，催化剂公司紧紧围绕生产过程重点难点问题，开展科技创新和技术攻关。全年完成 6 个环保技术开发课题、3 个重点单元工艺优化、3 项成套技术工艺包编制。深化与直属研究院合作，完成近 20 项集团公司课题研究，其中 3 项集团公司“十条龙”攻关项目顺利“出龙”。“富含介孔结构的高效 BSSY 分子筛创制及其应用”等 4 个项目分获集团公司技术发明一、二、三等奖，“渣油 MIP 装置高辛烷值汽油裂化催化剂开发与工业应用”获集团公司科技进步三等奖。全年申请国内专利 76 件，获授权 32 件。

（胡东生）

【围绕中心开展党建工作】 2018 年，催化剂公司党委紧紧围绕生产经营中心开展党建工作，充分发挥党委把方向、管大局、保落实作用。全年组织召开党委会 24 次，专题研究涉及企业生产、经营、改革、发展、稳定、保密及基层组织建设等重大事项，重点针对集团公司“做生态文明建设的引领者”展开专题研讨；推进实施公司两级党委班子成员“三示范”工程；建立健全党群工作例会制度，对单位生产经营情况、党风廉洁建设、员工思想动态进行及时掌握、实时分析，在例会中协调解决突出问题。

（胡东生）

【结构稳定 Y 型分子筛加热式反应器的研发项目通过技术鉴定】 项目于 2016 年立项，由催化剂公司和天华化工机械及自动化研究设计院共同承担，2018 年 8 月 14 日通过集团公司技术鉴定。新开发的双螺旋电加热反应器工业应用结果表明：装置运行周期由原来的 40 天左右延长到 230 天以上，反应温度控制在 ±10℃以内，结构稳定反应均匀性和超稳分子筛的质量及稳定性得到全面提升，具有明显的经济效益和社会效益。该技术获授权中国实用新型专利 1 件。

（胡东生）

【含磷含氟废水处理技术开发项目通过技术鉴定】 项目于 2015 年立项，由催化剂公司和石油化工科学研究院共同承担，2018 年 8 月 14 日通过集团公司技术鉴定。该项目设计开发了针对 PSRY 分子筛废水处理的除磷除氟工艺技术，研究确定最佳的处理技术参数。工业应用结果表明：在进水氟含量不大于 3000 毫克 / 升、总磷含量不大于 500 毫克 / 升的条件下，经过两级除氟除磷后，外排废水中氟含量不大于 10 毫克 / 升、总磷含量不大于 0.5 毫克 / 升，达到《石油化学工业污染物排放标准》（GB 31571—2015）要求。

（胡东生）

【FCC 催化剂喷雾干燥塔模型开发及工业应用项目通过技术鉴定】 项目于 2015 年立项，由催化剂公司和石油化工科学研究院共同承担，2018 年 8 月 14 日通过集团公司技术鉴定。该项目运用欧拉—拉格朗日模型对 FCC 催化剂喷雾干燥塔进行了多相 CFD 模拟，建立了喷雾干燥塔数学模型，并基于该模型对 3.3 万吨 / 年 FCC 催化剂装置喷雾干燥塔进行了数值模拟，分析塔内热风及浆料运行的多种信息，通过数值计算提出工业喷雾干燥塔改造优化方案。应用结果显示：塔内流场和催化剂颗粒分布更加均匀，直径小于 20 微米的小颗粒和直径大于 149 微米的大颗粒均明显减少，催化剂颗粒圆整度更好，产品质量控制及稳定性得到进一步改善。

（胡东生）

【FCC 催化剂单元排水固液分离技术的开发应用项目通过技术鉴定】 项目于 2016 年立项，由催化剂公司独立承担，2018 年 8 月 14 日通过集团公司技术鉴定。该项目开发了适于分离裂化催化剂生产单元排水中悬浮物的胀鼓过滤技术及成套装备，考察了装置运行参数对各工序滤液中悬浮物分离效果的影响，优化了运行条件，提高了技术的适应性。工业应用结果表明：利用该技术处理裂化催化剂生产各单元滤液，处理后滤液中悬浮物含量不超过 30 毫克 / 升，脱除率大于 90%，从源头减少了胶渣产生量，裂化催化剂产品收率提高 0.3 个百分点。具有较好的经济效益和社会效益。

（胡东生）

【SMTO 分子筛母液废水处理技术开发项目通过技术鉴定】 项目于 2016 年立项，由催化剂公司独立承担，2018 年 12 月 15 日通过集团公司技术鉴定。该项目开发了适于 SAPO-34 分子筛母液废水处理的减压脱水—真空干燥—固渣焙烧组合工艺，研究确定优化的三乙胺精馏提纯条件，提高了回收三乙胺的纯度，实现了三乙胺的回用；研究确定母液干燥废渣焙烧条件，焙烧后废渣经分析检验达到一般固废标准。工业应用结果表明：有效回收了废水中三乙胺，回用率达52%；与按危险固废处理相比，综合处理成本明显降低。

（胡东生）

【举办第7届中国石化催化技术国际交流会】 2018年10月17—19日，第7届中国石化催化技术国际交流会在杭州召开。会议的主题是“创新引领未来，服务增值效益”。来自境外40多家公司的140余位代表和国内180多位代表参加大会。会议期间，院士专家做主题报告并在嘉宾论坛环节和与会嘉宾进行互动问答，国内外专家及用户围绕会议主题分化工催化剂和炼油催化剂进行专题交流和讨论。主办方正式发布《中国石化催化技术解决方案》，该方案通过为客户提供高附加值、量身定制的产品和服务，进一步展示了中国石化在催化剂领域科研、工程、应用的综合实力。

（胡东生）

第7届中国石化催化技术国际交流会

【持续打造“奋斗的青春最美丽”品牌活动】 2018年，催化剂公司持续打造“奋斗的青春最美丽”品牌活动，以视频会议的形式组织召开“奋斗的青春最美丽——五四表彰会”，对优秀团员青年典型进行广泛宣传。举办业务竞赛暨第5届青年英语风采大赛，积极参加集团公司第7届英语风采大赛，为公司国际化发展挖掘和培养后备力量。开展“最美青工”评选，通过选树青年典型，引导青年员工向最美学习，激发青年员工工作热情与干劲，坚定青年不断奋斗的决心。

（胡东生）

【任靖获中国化工学会第10届侯德榜化工科学技术奖创新奖】 2018年12月15日，催化剂公司工程技术研究院院长任靖在中国化工学会年会上被授予侯德榜化工科学技术奖创新奖。任靖致力于催化材料、催化剂开发放大相关的工程制备技术、催化剂制备过程的单元设备及连续化与自动化生产技术、催化剂清洁化生产技术和技术集成研究和成套技术工艺包开发，先后获辽宁省科学技术奖二等奖1项、辽宁省自然科学学术成果奖三等奖1项、中国石化科技进步奖二等奖3项、中国石化科学技术发明奖二等奖2项，中国石化技术发明奖三等奖1项，申请实用新型专利5件、获授权4件，申请发明专利5件、获授权3件，公开发表论文32篇。

（胡东生）

表1　催化剂公司主要生产经营指标

指标名称＼年份	2018	2017	2016	2015	2014	2013
生产各类产品/万吨	18.22	19.84	17.90	17.46	17.8	14.28
销售各类产品/万吨	21.60	18.45	16.10	17.83	17.72	17.26
销售收入/亿元	79.48	64.2	59.41	56.47	59.12	67.45
资产总额/亿元	99.85	89.72	78.80	79.70	75.43	72.45

国勘公司

【概况】 中国石化集团国际石油勘探开发有限公司（简称国勘公司，英文缩写 SIPC）成立于 2001 年 1 月，本部设在北京。历经改革重组起步探索（2001—2007 年）、粗放经营盲目扩张（2008—2015 年）、严谨投资调整结构扭亏脱困（2015 年 5 月至今）3 个发展阶段，油气资产初步形成油气并举、海陆兼顾、常规非常规多样化的特点。

国勘公司设董事会和监事会，实行董事会领导下的总经理负责制。实行两级管理模式，本部为投资、管理和生产经营决策中心，驻在国公司（或项目机构）为执行中心。北京本部设 14 个机关职能部门及 1 个技术服务中心。截至 2018 年底，国勘公司在 26 个国家执行 50 个项目。中外员工总数达 5 981 人，其中中方员工 1 035 人、外籍员工 4 946 人。公司 2P 权益储量 4.96 亿吨油当量，其中石油 3.29 亿吨、天然气 2 049 亿立方米；2018 年权益油气产量 4 250 万吨油当量。

国勘公司主要生产经营指标见表 1。

（魏雨萌）

【不断强化 HSSE 管控】 2018 年，国勘公司未发生重大公共安全事故或事件，HSE 事故发生率进一步降低，接近 IOGP 国际油气行业平均水平。建立并运行“两高”（高风险设施和高风险作业活动）管控模式，完善总部和海外机构对 HSE 重大风险预防性管理的联动机制，识别高风险作业活动 190 项，完成整改 131 项；识别高风险设备设施 46 台（套），完成整改 19 台（套），实现有效管控。进一步明确全岗位 HSE 职责，推进量化管理，落实奖惩并行的 HSE 考核。加强过程安全指标分析和措施落实，全年 Tier 1 级和 Tier 2 级过程安全事件率分别为 0.46 和 0.18，指标明显向好。推进 HSE 审计督察，开展公共安全风险评估，排查环境负债情况，拓展健康管理渠道。

（魏雨萌）

【强化成本管控】 2018 年，国勘公司以现金流为管理核心，精细投资管理加大项目前期审查力度，提升投资效益。从“开源、节流、止损”3 个方面入手，对公司经营成本进行全级次管控，持续推进全员成本目标管理。加强运营现金流管控，细化、落实现金流年度预算及日常筹资审核管理，合理分解下达“两金”占用、外部货币资金等指标，重视应收账款清理，挖掘资金回流潜力。2018 年实现自由现金流转正。

（魏雨萌）

【优化勘探部署成绩显现】 2018 年，国勘公司坚持以获得商业油气发现和增加经济可采储量为目的，优化勘探部署，通过勘探管理体系（EMS）的修订与完善，持续加强制度化、流程化和平台化建设，全年新增 2P&2C 油气当量 900 万吨，完钻勘探井 62 口，其中 41 口探井和评价井完成测试并获商业油气流，成功率达 75%。安哥拉 1506 项目 2 口井取得勘探突破，在加拿大 Daylight、厄瓜多尔安第斯、埃及阿帕奇项目等取得 27 项商业发现，实现当年新建产能 33 万吨。在加拿大 Daylight、喀麦隆、安哥拉、巴西 PB 及苏丹 3/7 项目获 5 项油气发现。加强勘探战略选区，积极推进勘探新项目评价，对 225 个勘探区块进行技术筛选，中标埃及、巴西等 6 个有勘探潜力的区块。

（魏雨萌）

【超额完成开发生产任务】 2018 年，国勘公司开发生产坚持以效益为核心，把控关键节点，强化生产运行管理，推进储产效一体化。精细储量资产管理，加强储量评估的过程管理和结果审核，提高数据合理性和可靠性。狠抓生产运行管理，鼓励现金流和效益好的项目提高产量，对高成本生产采取控制，对现金流、利润“双负”的项目严控投资，减少无效产量。严抓开发方案审查。全年严格按照开发管理体系（DMS），重点对加拿大 Wapiti Stage 1A、加蓬 Tsiengui 油田开发调整等 16 个方案进行审查，其中 13 个通过审批，增加权益可采储量 2 865 万吨，权益新建产能 236 万吨。稳推产能建设，全年投产新井 469 口、完成计划的 97%，新建（增）产能 421 万吨、完成计划的 102%。全年完成权益油气产量 4 250 万吨油当量，超计划 100 万吨。

（魏雨萌）

【资产创效能力显著提升】 2018 年，国勘公司继续围绕生产优化、技术措施、合同谈判、生产耗材、人工成本、财税管理、销售管理，分类施策，实现公司整体提质增效。全年实现挖潜增效 12.5 亿元，其中优化挖潜增效 6.85 亿元、降本增效 5.66 亿元，超额完成年初 11 亿元的目标。采办贸易通过合同重谈、招标、计划管控等措施，减少工程服务和物资采购支出 1.01 亿美元；通过优化库存结构等措施，常规储备物资规模下降 3 528 万美元。喀麦隆公司开展生产优化，压减人工成本，降低生产服务价格，全年桶油成本 9.15 美元，实现在国勘公司类似生产区块中桶油成本最低。厄瓜多尔公司围绕井场生产模式下操作费的构成特点，探索出高含水期有效挖潜方法并取得成效，生产口径桶油成本 6.96 美元。哈萨克斯坦公司克服油藏开发后期含水上升快、燃料动力价格大幅上涨等不利因素，在生产优化、合同谈判等方面下功夫，年度桶油成本保持在 7.8 美元。通过建立成本分摊体系，国勘公司实现直接成本下转 1 711 万美元，将总部费用下转至项目公司以便成本回收。

（魏雨萌）

【资产结构调整取得进展】 2018 年，国勘公司按照扭亏脱困方案的具体部署，积极稳妥推进资产结构调整，取得一定的进展。大力推进资产处置，累计筛选跟踪资产运营项目信息 23 个，跟踪项目 9 个，完成审批并授权项目 18 个，完成交易 3 个。积极寻求新并购机会，聚焦重点富油盆地，注重内外部协同效应，通过加强与合作伙伴组成战略联盟，分摊风险，提高收购成功率；累计筛选新项目信息 78 个，重点评价项目 14 个，针对 7 个评价结果较好的目标成立项目组，参与投标区块 14 个，成功收购 / 中标包括俄罗斯 UDM 奥秋金区块扩边等 4 个项目，

（魏雨萌）

【合规经营水平进一步提高】 2018 年，国勘公司狠抓财税、法律等关键领域风险防控和监管，稳步推进多项历史风险的化解。加强债务风险管理，对到期贷款和高息贷款进行降息和提前置换，债务发散风险得到初步遏制。强化境外税务风险管控，积极应对 BEPS（税基侵蚀和利润转移）行动计划，提出设立公司控股及投融资平台方案，并推动落地实施，实现整体税务效益最优。有效化解历史遗留的法律风险，进一步明晰 34 项重大法律纠纷的责任分工、应对策略和工作计划。

（魏雨萌）

【公司管理能力有效提升】 2018 年，国勘公司针对管理中存在的问题，进一步理顺管理界面，优化组织架构，实现管理增效。推进海外管理机构优化。完善公司总部—海外机构两级管理模式，制订 23 个海外机构优化方案，按照“压减法人户数，压缩法人层级”工作要求，全面梳理公司控股架构，开展注册机构双压工作，计入压减计划的法律实体 61 家。梳理公司管理界面，实行集中共享，将埃及等 8 个非作业者项目纳入总部项目管理部直管，实现分散资源集中共享、资料信息归口管理，初步形成符合国勘公司实际的非作业者项目差异化管控模式。加强技术支持体系建设，明确技术服务中心归口统筹公司技术支持，聚焦重点项目开展 213 项差异化支持任务，节约技术支持费用千余万元。

（魏雨萌）

【党建经营融合不断深入】 2018 年，国勘公司党委坚持把学习贯彻习近平新时代中国特色社会主义思想和党的十九大精神作为首要政治任务，增强“四个意识”，坚定“四个自信”，做到“两个维护”，常态化推进“两学一做”学习教育。强化管党治党政治责任，认真贯彻落实集团“党建质量提升年”部署要求，国内党建抓实抓好“规定 + 特色”、海外党建深入推进“合法 + 创新”，不断提升党建工作质量。班子成员对分管领域党建工作与生产经营同步部署、同步调研、同步督察，定期汇报“一岗双责”履职情况。开展国内和海外差异化党建考核，发挥考核“指挥棒”作用，党建工作责任得到有效落实。公司党委积极参与重大事项决策，落实民主集中制，发挥班子合力。完善公司内控体系流程，保证党委参与决策、带

头执行、有效监管。党委委员带头改进领导方式和工作作风，切实帮助海外基层剖析问题、解决困难，推动公司决策在海外基层落实落地。

（魏雨萌）

【组织建设迈上新台阶】 2018 年，国勘公司制订“组织力提升工程”方案，及时优化调整党组织设置 38 个，配齐配强党组织书记、委员 182 名，组织支部书记赴安徽大别山革命老区接受红色教育。加强党员管理，设立“党员责任区”76 个、“党员示范岗”74 个。贯彻落实集团公司“人才强企”工程，持续推进“三项制度”改革。选优配强干部队伍，配合集团公司完成 5 名党组管理人员的考察任用，配备 4 名公司副总师，对 16 个海外机构领导班子进行调整优化，通过竞（选）聘相结合的方式提任 36 名中层干部，包括 6 名“75 后”、8 名“80 后”及 7 名女干部，中层干部平均年龄下降近 2 岁，畅通人才成长通道，实现员工岗级匹配全覆盖。优选 14 名“80 后”干部赴海外项目实岗锻炼，选派 6 名青年骨干赴西北石油局、中国海油渤海局等单位现场一线锻炼，10 名新入职员工赴胜利油田实习。

（魏雨萌）

【形势任务教育入脑入心】 2018 年，国勘公司落实集团公司党组“转观念、勇担当、创效益”要求，以“争做大国顶梁柱”“国勘兴衰、我的责任”为主题开展学习讨论，组织领导干部深入海外基层宣讲研讨 80 余次。组织开展党建思想政治工作课题研究和评选交流，围绕 4 类专题形成 34 项成果，引导基层党组织创新党建形式，提高党建质量。运用报纸杂志和新媒体平台，发布对外宣传报道 32 篇、上报海外故事 40 余项，配合央视等主流媒体开展“一带一路”采访报道，内聚人心，外树形象。选树表彰“一先两优”、劳动模范、扭亏脱困等先进集体典型 24 个、个人典型 102 人，激发同甘共苦、献计出力的敬业热情。群团桥梁纽带有效搭建，通过“民意直通车”、员工思想动态调查、召开各类座谈会及走访调研活动征集意见建议，并将合理需求变为服务清单和责任清单，定期督办反馈。完善帮扶救助机制、深化员工帮助计划。

（魏雨萌）

表 1　国勘公司主要生产经营指标

指标名称 \ 年份	2018	2017	2016	2015	2014	2013
勘探新增权益石油储量（2P+2C）/ 百万桶	33.49	37.99	36.69	73.12	226.55	259.21
勘探新增权益天然气储量（2P+2C）/ 亿立方米	58.30	85.38	44.77	75.99	171.74	308.64
权益油气产量 / 万吨	4 249.70	4 371.89	4 295.27	4 436.30	4 091.99	3 871.41

石油工程公司

【概况】 中石化石油工程技术服务股份有限公司（简称石油工程公司，英文缩写 SSC）是集团公司的控股子公司。2012 年 6 月 28 日，集团公司实施石油工程专业化整合重组，成立石油工程公司。2014 年，集团公司实施仪征化纤股份有限公司（*ST 仪化 600871，仪征化纤 1033）重大资产重组，将石油工程资产置入仪征化纤，并将化纤业务置出，从而实现石油工程公司在上海、香港两地上市。

截至 2018 年底，石油工程公司设有国际石油工程公司、地球物理公司及石油工程建设公司 3 家专业公司，胜利、中原、江汉、西南、华北、华东、海洋 7 家地区公司。用工总量 7.85 万人，其中合同制员工 7.58 万人（在岗合同制员工 6.09 万人）、劳务派遣工 0.18 万人、非全日制及其他用工 0.09 万人。在岗合同制员工平均 42.9 岁，具有大学本科及以上学历的 2.41 万人，管理、专业技术、技能操作人员分别为 0.81 万人、2.46 万人、2.84 万人，具有高级及以上技术职称的 1.01 万人、具有高级工及以上职业资格的 2.01 万人。

（汪映春）

【领导班子调整】 2018 年，周世良到龄退休，不再担任石油工程公司党委书记、董事、副总经理职务。陈锡坤任石油工程公司党委书记、董事、副总经理。

（汪映春）

【财务资产】 2018 年，石油工程公司全年实现营业收入 584.09 亿元，利润总额 5.16 亿元，净利润 1.42 亿元；收入利润率为 0.9%，净资产收益率为 2.46%。截至年末，石油工程公司资产总额 609.05 亿元，负债总额 551.26 亿元，所有者权益 57.78 亿元，资产负债率为 90.51%。

（汪映春）

【实现经营目标化解退市风险】 2018 年，石油工程公司抓住市场回暖的有利契机，积极开拓市场，大力降本减费，持续深化改革，完成定向增发，适时补充现金流，优化债务结构，资产负债率 90.51%，比年初下降 12.7%。全年实现营业收入 584.09 亿元，净利润 1.42 亿元，扭转了低油价“寒冬期”连续亏损的被动局面，实现预期利润目标，化解了退市风险。

（汪映春）

【市场开拓取得新业绩】 2018 年，石油工程公司完善市场开发体系，加强市场分析研判，加快调整市场结构，重点压实专业经营单位主体责任，加大激励力度，保持拓市创效的强大攻势，形成全员拓市的良好局面。全年累计新签合同额 627.7 亿元，增加 95.7 亿元、增幅 18%。超前对接任务，优质高效服务，全力保障涪陵二期、顺北区块、华北致密油气、川西中浅层、普光气田、威荣页岩气和东部老油田勘探开发，西北工区钻井周期下降 22.4%，创 22 项工区纪录，得到甲方高度评价；中标中国石油威远、重庆、新疆贝肯等页岩气项目，中标三峡新能源等 4 个海上风电项目，拓展了中国海油致密砂岩气、中国地质调查局等市场；完成鄂安沧输气管线应急投产任务，文 23 储气库一期工程进入收尾阶段，中标古雷炼化、贵州煤化工等炼化板块工作量 13.5 亿元；中标 KOC 公司 20 部钻机 5+1 年合同、合同额 10.6 亿美元，井筒业务在沙特实现利润 10.05 亿元，在科威特实现利润 2.6 亿元。

（汪映春）

【深化改革扭亏脱困取得阶段性成果】 2018 年，石油工程公司紧紧围绕扭亏脱困保市及全面可持续发展目标，认真贯彻落实集团公司工作部署，全力推进《深化改革扭亏脱困框架方案》各项措施落实落地，机构优化、装备压减、富余人员显现及分流安置、辅业单位专业化整合及承包经营等重点工作取得阶段性成果。截至年底，本部机关部门由 17 个压减到 12 个，定员压减 20.3%；专业经营单位由 97 家压减为 76 家，减少 21 家，压减 21.6%；专业经营单位机关科室及附属机构减少 492 个，压减 40%。充分利用装备资产调剂共享平台，对 389 台套集中共享设备信息进行发布，实现装备资源的有效调剂使用。持续推进辅助业务专业化整合，辅助业务基层单位由 294 家整合压减至 139 家，压减 52.7%，并全部实施承包经营。

（汪映春）

【科技创新取得新进展】 深入实施创新驱动战略，全年申请专利 562 件、获专利授权 465 件，获集团公司科技进步奖 8 项。聚焦提质提速提效提产，重点攻关加快突破，单点高密度、高精度地震勘探技术在东部、四川、准中等地区实现工业化，国内首次自主扫描高效采集攻关实验获得成功。应用“低温多效蒸发”等技术，建成国内首座高含硫气田采出水资源化利用处理站。油基泥浆电成像测井、元素测井、钻井液地质信息激光在线检测样机、高精度小型化拉曼激光气体分析仪研发成功，碳同位素录井填补国内多项空白。联合攻关的185℃高温MWD、钻井旋转导向仪器、随钻井涌井漏预警系统试验成功，烷基糖苷衍生物基钻井液首次在页岩油井成功应用，DREAM-I钻机管柱自动化装备开始推广应用。

（汪映春）

【党建工作发挥新优势】 深入学习贯彻习近平新时代中国特色社会主义思想和党的十九大精神；持续开展“转观念、勇担当、促改革、创效益”专题讨论，掀起“决胜扭亏脱困保市”主题活动热潮，涌现出一批先进集体和个人。落实管党治党责任，召开党建暨党风廉洁建设和反腐败工作会议、党建工作座谈会，实施组织力提升工程，提高了党建工作质量。积极探索“三基”与“三标”融合抓落实的有效途径，将基层党支部建设成为教育党员的学校、团结群众的核心、攻坚克难的堡垒。

（汪映春）

国际石油工程公司

【概况】 中国石化集团国际石油工程有限公司（简称国际石油工程公司）由集团公司出资于2003年12月成立，注册地北京。2012年，集团公司石油工程专业化重组，国际石油工程公司出资人由集团公司变更为石油工程公司。主要负责统一管理协调中国石化石油工程海外业务，重点包括市场开发、项目管理、支撑服务、绩效考核、财税管理、队伍建设等，承揽项目并组织石油工程企业实施。业务范围包括地球物理勘探、钻修井、工程建设、油藏综合服务和物流贸易等。

国际石油工程公司下设7个机关职能部门、3个业务部门和沙特分公司、科威特分公司、尼日利亚子公司、阿尔及利亚子公司、厄瓜多尔子公司、墨西哥子公司、玻利维亚子公司、哈萨克斯坦子公司等62个分（子）公司。

截至2018年底，国际石油工程公司员工总数为675人，其中中方员工322人、外籍员工308人、境外自聘中国籍员工45人。

国际石油工程公司境外合同额见表1。

（牛玉达）

【领导班子调整】 2018年，集团公司宣布张永杰任国际石油工程公司党委书记；免去张继歌的国际石油工程公司党委副书记、委员、纪委书记职务，不再担任工会主席职务，另有任用。

（牛玉达）

【海外业务稳中有进】 2018年，国际石油工程公司紧密围绕集团公司“两个三年、两个十年”战略部署和石油工程公司“深化改革扭亏脱困保市”中心任务，坚定发展海外业务信心，攻坚克难、真抓实干，海外业务稳中有进，经济效益进一步提升。截至年底，在37个国家执行项目370个，在建合同总额154.4亿美元，其中集团公司投资项下合同46个，合同额6.7亿美元，占总额的4.3%。全系统新签合同额22.15亿美元，完成合同额18.81亿美元。

（牛玉达）

【市场开拓成效显著】 2018年，在全球油价大幅震荡、市场竞争异常激烈的形势下，国际石油工程新签合同额增长16.5%，取得显著成效。井筒业务新签合同额19.8亿美元，增长45.4%。油藏业务完成EBANO油田综合服务项目合同转型，合同期30+10年。物探业务阿尔及利亚新业务和高端市场取得进展，中标签约3个采集项目和4个资料处理项目，签约厄瓜多尔无人机航空摄影测量项目，中标玻利维亚磁带转储和突尼斯地震数据处理项目。地面业务签约沙特路桥、肯尼亚道路、缅甸土建、SWCC淡化厂运营等项目。科威特市场新签合同额10.8亿美元，增长457.9%。一次性签署20部钻修井机5+1年服务合同，另有8部修井机获得延期工作量。油田提高采收率、井场建设施工均通过资格预审，江钻3种型号钻头现场试用成功并顺利入网科威特国家石油公司（KOC）。沙特市场新签合同额6.1亿美元，增长

21.0%。陆续通过井场及道路建设、硫化氢检测、洗井作业、陀螺测斜和地面测试 5 项服务资质认证。厄瓜多尔市场新签合同额 1.7 亿美元，成功签署 34 口井钻井服务合同和 6+5 口井钻完井总包服务合同。哈萨克斯坦、阿尔及利亚、墨西哥市场分别新签合同额 4 000 万美元，乍得、乌克兰等新市场开拓取得突破，获得新项目签约。

（牛玉达）

【项目运行保持高效】 2018 年，国际石油工程公司围绕石油工程公司“扭亏脱困保市”中心任务，大力整合优化区域资源，统一组织项目实施，积极推动项目提质增效，海外重点市场项目运行始终保持优质高效。沙特市场钻井平均日费率保持在 99% 的较高水平，各项主要考评指标位居阿美钻井承包商前列，1 台钻机连续 12 年无损失工时事故（LTI），2 台钻机全年日费率 100%；S62A 物探项目安全运行，第 6 次获安全生产奖项；SWCC 项目主干线一次投产成功，TWPP 项目全线通水；中国石化中东研发中心建设项目，工程主体按计划顺利完工。科威特市场精心组织新上项目启动，2 部深井修井机和 5 台综合录井仪按期开工，61 支钻修录井队伍保持高效运行，钻修井机平均日费率达 99.54% 和 99.85%，其中 23 支全年日费率达 100%，全年获业主安全奖励 345 万美元。厄瓜多尔市场 ITT 钻完井大包项目累计钻完井 82 口，平均钻井周期 10.16 天、比计划节约 17.7%，完井周期 4.7 天、比计划节约 7.8%。尼日利亚市场顺利启动 2 个钻井平台项目，新胜利 1 号平台获壳牌 HSE 表扬和奖励。阿尔及利亚市场运用新技术、新方法，完成阿尔及利亚第 1 个复杂地形高密度、大道数高效可控震源三维地震采集项目。玻利维亚、墨西哥、哈萨克斯坦、缅甸等市场项目均实现平稳顺利运行。

钻井队整托搬迁

（牛玉达）

【境外 HSSE 监管业绩明显】 2018 年，国际石油工程公司认真履行监管职责，建设长效机制，按照新标准换版升级 HSE 体系，发布新版质量管理体系。全年境外项目继续保持安全平稳运行，未发生上报集团公司级安全生产事故和公共安全事件，获壳牌、沙特阿美公司等业主书面表彰 94 项。组织领导干部上讲台、跑现场、定点承包高风险单位，发挥领导干部安全引领力作用，落实领导干部赴境外执行任务期间检查 HSSE 工作制度。发布安全公示 10 期，发挥民主监督作用。加强 HSSE 制度体系宣贯，开设境外专题培训、NEBOSH 取证等培训班，组织特种作业资格取证，提升境外员工安全能力。开展“安全生产月”“安全生产万里行”“安全生产警示日”和“境外员工健康管理深化年”等活动，组织境外 HSSE 危害识别和风险评估，全面排查治理隐患，落实风险管控措施。对境外员工进行健康风险评估，排查出高风险人员 823 人。严格评估境外项目公共安全风险，全年审核批复备案投标项目 165 个。

（牛玉达）

施工作业现场

【职能管理持续加强】 2018 年，国际石油工程公司充分发挥专业支撑保障作用，保持海外业务持续健康发展。编制完成海外业务战略行动方案、三年滚动发展规划、海外市场布局方案，制定《国际化经营绩效考核细则》，全年制修订制度 29 项，开展境外机构制度建设试点工作。办理因公出国（境）任务团组初审 1 265 个 8 855 人次，办理工作签派遣函 436 人次、外国人来华邀请函 30 人次。加强财税管理，严格账户监管，严防资金风险，提高周转效率。动态监控境内外资金流，全年回流国内资金 7.2 亿美元，调剂置换资金 1 570 万美元，办理委托存款 3 638 万美元。累计办理保函 14.4 亿元，新增科威特直开授信 1.5 亿美元。优化税务管理，申请办理境外已纳企业所得税境内抵免 7 180 万元。稳步推进国内财务共享和 ERP 上线，探索境外财税共享试点。加强法律合同管理，全年审查合同 730 份，办理授权委托 98 件、公证认证 820 件。组织开展项目法律风险评估，指导协调处理各类境外法律纠纷，实行挂牌督办。组织协调动迁设备物资，提供顶驱、防喷器服务项目，设备租赁实现收入 5 937 万元。办理物资出口退税资料审查审批，退税 235 万元。

（牛玉达）

【队伍建设逐步深化】 2018 年，国际石油工程公司坚持党管干部原则，按照“五个过硬”和“政治坚强、本领高强、意志顽强”要求，着力提升两级班子管党治党、开拓市场、统一管理、风险防控能力。完善制度体系建设，制定《领导人员能上能下暂行办法》《加强和改进优秀年轻干部培养选拔实施办法》，研究畅通年轻干部成长绿色通道的措施。不断提升选人用人质量，年内新提拔中层干部 3 人，其中 40 岁以下 2 人。加大干部交流力度，对 8 名中层干部进行职务调整。

持续改善干部队伍结构，加大境外项目负责人及公司专家的培养力度，组织 31 名 40 岁以下骨干人员参加履职能力提升培训，推荐 2 名 35 岁以下优秀员工参加集团公司青年干部综合能力提升培训，选拔推荐 2 名青年博士赴新疆挂职锻炼。建立“师带徒”培养制度，签订“师带徒”协议，明确导师及培养目标、任务。

（牛玉达）

【党建工作不断加强】 2018 年，国际石油工程公司以深入学习贯彻习近平新时代中国特色社会主义思想和党的十九大精神为主线，紧密围绕“扭亏脱困保市”和海外业务持续健康发展中心任务，落实全面从严治党工作责任。全面加强党委领导核心作用，组织修订公司“三重一大”决策制度实施细则，完善党委会议事规则。开展党支部建设示范点创建工作，促进基层党支部“抓班子、带队伍、强‘三基’、保稳定、促发展”功能发挥。加强意识形态管理，切实增强党员队伍“四个意识”和“四个自信”。进一步加强党风廉洁建设和作风建设，建立中层干部廉洁情况活页夹，深入开展“机关作风建设年”和“反腐倡廉教育月”活动，开展境外风险识别排查，防控境外廉洁风险。强化舆论宣传和企业文化建设，组织参加“新时代石油工程铁军”征文大赛，筛选上报 15 篇“我在海外这十年”作品全部获奖，较好发挥抒发情怀、激发斗志、凝心聚力的作用。深入推广使用 EAP 系统，进一步增强员工归属感和凝聚力。

（牛玉达）

跨文化培训

表 1　国际石油工程公司境外合同额　亿美元

指标名称 \ 年份	2018	2017	2016	2015	2014	2013
新签合同额	22.15	19.02	23.80	27.10	30.70	46.97
完成合同额	18.81	20.17	21.20	22.60	26.80	29.05

海洋石油工程公司

【概况】 中石化海洋石油工程有限公司（简称海洋石油工程公司）成立于 2014 年 11 月，位于上海市浦东新区，是集团公司从事海洋石油工程服务的专业队伍，其业务范围涉及海洋钻井、海洋物探、船舶运输、特殊作业、海洋石油工程技术研究等。

海洋石油工程公司的前身为地质矿产部上海海洋地质调查局，组建于 1973 年 4 月，1997 年 1 月整体归入中国新星石油公司，2000 年 3 月随中国新星石油公司整体并入集团公司，2002 年 7 月直属集团公司管理。2014 年，上海海洋石油局有关海洋石油工程业务整合成立海洋石油工程公司，随石油工程公司上市，直属石油工程公司管理。

截至 2018 年底，海洋石油工程公司下设 14 个机关综合管理部门、3 个直属机构、8 个二级单位；拥有从业人员 1 322 人，在岗合同制员工 933 人，其中经营管理人员 166 人、专业技术人员 598 人，具有高级专业技术职称的 124 人。

截至 2018 年底，海洋石油工程公司大型装备主要有钻井平台 5 座，其中自升式平台 3 座、半潜式平台 2 座；地震物探船 3 艘，其中 12 缆物探船 1 艘；海洋工程地质调查船 1 艘；多用途工作船、平台供应船 7 艘，其中拥有 DP2 动力定位系统船舶 4 艘，测录固井装备 14 套。

2018 年，海洋石油工程公司实现营业收入 12.78 亿元，利润总额 -0.98 亿元。

海洋石油工程公司主要技术经济指标和主要生产建设指标见表 1 和表 2。

（林雪梅）

【参与完成中国首次环球海洋综合科学考察】 2018 年 2 月，海洋石油工程公司参与完成中国首次环球海洋综合科学考察第四航段——南极航段暨中国第 34 次南极科学考察任务。科学考察历时 46 天，开展 480 道海洋高分辨率多道地震探测，获 1 100 千米高分辨率地震剖面，清晰地展示海底以下 2 000—3 000 米的真实情景，为南极大陆海底地壳深部做了“CT”。这是中国首次在南极大西洋扇区开展海洋高分辨率多道地震探测，取得迄今分辨率最高的南极大陆地震探测剖面。

（林雪梅）

【勘探七号平台在东海创新纪录】 2018 年 5 月，勘探七号平台承钻的 NB14-5-2d 井完钻，完钻井深 4 679 米，作业时间 23 天。该井刷新东海区块探井三开 12¼ 英寸井眼的井深纪录，深度达 2 479 米，钻井各项参数指标均满足设计要求，得到甲方监督组的认可。

（林雪梅）

【市场开拓拼出新业绩】 2018 年，海洋石油工程公司抓住油价回暖、工作量加快释放的有利时机，克服重重困难，拼抢市场，主要大型装备均落实有效合同。国内市场，勘探六号平台、勘探二号平台相继进入渤海、南海市场，落实长期服务合同，勘探三号平台稳守南海市场，勘探七号平台先后在东海和南海服务，勘探四号平台进入南海市场，5 条平台年底首次实现同时作业；发现 6 号物探船积极拓展新市场，首次承担中国地质调查局首个设计、采集、处理和解释一体化三维地震项目；船舶巩固了市场份额，12 条船在航率达 88.07%，生产经营连续保持盈利。国际市场，发现 2 号物探船进入巴巴多斯海域执行二维地震项目；勘探四号平台实施韩国大宇弃置项目。市场开发管理方面，优化海洋石油工程公司投标流程，明确国内国外市场开发的责任主体；修订“市场奖励制度”，进一步完善市场激励机制。全年，海洋石油工程公司完成新签合同额 12.66 亿元，完成计划的 90.43%；完成合同额 12.54 亿元，完成计划的 125.4%，为减亏扭亏贡献了力量。

（林雪梅）

【科技研究收获新成果】 2018 年，海洋石油工程公司承担石油工程公司项目 8 个、局级项目 2 个。针对目标市场技术瓶颈加强攻关，研发的震源数值模拟设计技术与地震采集参数设计技术，在南海天然气水合物三维地震调查项目中得到应用，保证了项目的技术指标和采集技术的先进性。海洋第四系钻探绳索取芯技术系列，助力“勘407轮”工程地质调查船优质高效完成200米深钻孔项目。研发的高温高压气井井控技术，为勘探三号平台顺利施工提供技术保障。围绕南黄海高参1井钻井工程的关键技术难题，研发的堵漏技术和提速工艺，为钻井施工提供技术方案，获行业好评。研究形成的油基钻井液录井技术，解决了岩屑清洗和识别岩性的难题，支持了东海的录井技术服务。紧追新领域新技术加强探索实践，在天然气水合物勘探开发上，开展物探采集和钻采方面的技术攻关，进行了针对深水浅层的宽频震源设计。在水合物钻井、完井、试采与管道输送等方面开展预研究。专利工作取得新进展，“一种岩石可钻性预测方法”等4件专利获受理，“平衡波浪升沉的第四系回转绳索取芯器”发明专利获授权。

（林雪梅）

【ERP系统物资管理模块正式上线】 2018年8月，海洋石油工程公司ERP系统物资管理模块正式上线。上线工作共历时5个多月，有效完成梳理、编码、测试、培训和手册编写等工作，梳理和优化90项企业管理流程、5 000余条供应商产品目录，完成5万条物料编码的扩充、4次ERP培训、3次最终用户培训、5本操作手册的编写工作。

（林雪梅）

【开展“安全技能大比武”活动】 2018年6月，海洋石油工程公司开展“安全技能大比武”活动，以此提升全体员工劳动保护意识和技能，营造“人人参与安全、人人重视安全”的安全文化氛围，推动企业持续安全发展。100余名职工分为8支代表队在东塘路基地展开角逐。活动分单项赛和团体赛，围绕理论测试、安全隐患识别、背戴空气呼吸器及铺水龙带4个项目展开，全方位、多层次测试职工在生产工作中对于安全知识和技能的掌握。船舶分公司凭借4个项目的稳定发挥获团体第1名，钻井分公司、物探分公司分列第2名和第3名。

（林雪梅）

【“舟海供5”轮参与海上搜救】 2018年1月，长江口以东约160海里处，巴拿马籍油船“桑吉”轮与中国香港籍散货船“长峰水晶”发生碰撞。正在东海巡航的海洋石油工程公司外租船“舟海供5”轮接到救援通知后，第一时间赶赴事发海域，成为参与此次搜救工作的首批船舶，并主动承担现场指挥船与部分现场搜救船的通信沟通任务，使得搜救工作得以安全有序进行。7月，该轮在野鸭山锚地撤台避风时，突然接到海事部门紧急搜救通知，受2018年第8号超强台风“玛莉亚”影响，在象山县檀头山岛东北侧海域，一艘渔船发生倾覆后失联。该轮随即启动应急预案，急速行驶71海里后抵达事发海域，在与指挥船“东海救118”轮联系沟通后进行分区域搜救。历时26小时搜救后，该轮发现并打捞一件桔黄色救生衣和若干件棉工作服，为指挥船进一步决策提供了依据。

（林雪梅）

表1　海洋石油工程公司主要技术经济指标　亿元

指标名称＼年份	2018	2017	2016	2015	2014
资产总计	52.63	53.94	57.81	62.84	46.16
流动资产	7.13	5.56	7.30	10.18	8.66
固定资产原值	76.03	75.59	75.55	58.06	54.82
固定资产净值	45.32	47.23	50.33	35.88	35.47
销售收入	12.78	8.86	9.98	16.00	17.48

续表

年份 指标名称	2018	2017	2016	2015	2014
实现利税	−0.97	− 3.07	−2.81	4.20	4.70
税　金	0.01	0.08	0.37	1.33	1.37
综合能耗 / 吨标煤・万元 $^{-1}$	0.11	0.343	0.345	0.345	0.358

表 2　　海洋石油工程公司主要生产建设指标

年份 指标名称	2018	2017	2016	2015	2014
钻井 / 口	21	9	16	35	31
钻井进尺 / 万米	6.50	2.61	5.00	10.42	8.72
测井监督 / 井次	7	7	24	15	23
录井 / 口	10	6	17	14	23
固井 / 口	10	3	7	25	19
试油井次 / 口	0	2	5	10	8
试油层数 / 层	0	6	7	10	9

石油工程建设公司

【概况】 中石化石油工程建设有限公司（简称石油工程建设公司）总部设在北京，于 2012 年 12 月 28 日正式挂牌成立，是石油工程公司的全资子公司。下辖 2 家设计企业（石油工程设计公司、中原设计公司）、7 家施工企业（胜利油建公司、中原油建公司、河南油建公司、江汉油建公司、江苏油建公司、胜利建工公司、中原建工公司）、1 家监理企业（江苏监理公司）、1 家节能环保企业（节能环保公司）和 1 家管道技术服务企业（管道技术公司）。

截至 2018 年底，石油工程建设公司共有从业人员 14 525 人，员工平均年龄 44 岁，其中设计板块 2 341 人（16.12%）、油建板 8 762 人（60.32%）、建工板块 3 098（21.33%）、监理板块 127 人（0.88%）。共有享受政府特殊津贴人员 2 人、集团公司突出贡献专家 9 人、集团公司三个层次学术技术带头人 26 人、闵恩泽青年科技人才奖 19 人、全国技术能手 5 人、集团公司（省部级）技术能手 54 人。

2018 年，石油工程建设公司共实现收入 155.92 亿元。截至年底，资产总额 234.17 亿元，流动比率 0.97，速动比率 0.96。

石油工程建设公司主要经济指标和工作量完成情况分别见表 1 和表 2。

（朱爱武 等）

【领导班子调整】 2018 年 4 月 24 日，集团公司任命程新建为石油工程建设公司总会计师、党委委员（试用期 1 年）；12 月 21 日，鉴于年龄原因，免去宗铁石油工程建设公司党委书记、副总经理职务。

（朱爱武）

【深化改革成效显著】 2018年，石油工程建设公司争当集团综合改革试点，积极向改革要活力、要潜力、要动力。①全面推进二级单位承包经营。在现有经营管理模式授权基础上，适度下放投标决策、工程分包、物资采购等自主经营权，实行超额利润分成奖励机制。2018年度预考核，5家单位超额完成利润目标，兑现超额奖励1 708万元，承包经营效果初步显现。②坚决推进经营性亏损机构专项整治。注销5家法人机构，撤销6家持续亏损的经营性三级机构，对出现过年度亏损的52个机构进行月度监督，自下而上、上下联动考核，40个机构扭亏为盈。③强力推进辅助通用业务改革。通过整合、撤销、合并等方式将47个通用辅助三级机构调整为31个，全面实施承包经营，全年25个机构盈利，整体盈利2 251万元、减亏7 515万元。加快推行车辆改革，完成车辆集中管理，完善内部核算、结算机制，8家单位车辆业务实现盈利。江苏油建公司石化设备厂优化人员配置、缴纳风险抵押金，激发增收创效潜力，成功扭亏为盈。④深入推进“三项制度”改革。充分对标调研，加强顶层设计，选取河南油建公司等单位作为试点，推进“1+6”政策体系稳步落地，“三能”机制建设初见成效。坚持“好干部”标准，注重从项目经理中选拔领导干部，公开招聘4名40岁以下副处级项目经理，打破论资排辈传统，实现竞争择优。针对刚性用工需求，探索通过短期用工形式，补充项目用工缺口，有效畅通员工能进能出通道。在公司81个机组推广单机组承包，实现项目效益、员工收益同步提升。江汉油建公司新气项目通过机组承包，积极性大幅提高，项目毛利率持续提升，最高达18.5%，员工收入比同类项目增加30%。⑤积极推进人力资源优化。充分利用国家有关政策，争取分流安置人员补贴资金3.74亿元，2018年累计分流安置人员1 150人。组建专业化队伍，积极推进业务承揽，累计输出862人，创收8 983万元。

（刘天波）

【推进党建深度融合】 石油工程建设公司党委深度融入生产经营，积极发挥党建和思想政治工作优势，为扭亏脱困提供坚强保障。①抓责任，提质量。坚持把党的政治建设摆在首位，增强“四个意识”，坚定“四个自信”，坚决做到“两个维护”。修订完善“三重一大”议事决策制度，将“两个涉及”事项列入党委会前置程序，充分发挥党委把方向、管大局、保落实作用。扎实开展党员领导干部承包帮扶基层“达标创优”活动，104名党员干部分别与188个党支部建立承包帮扶联系，加快实现基层党支部全面达标、全面进步。②抓融合，促发展。贯彻落实集团公司党组《关于在安全环保工作中充分发挥党组织和党员作用的通知》要求，广泛开展“党支部保安全、党支部书记抓安全、党员身边无违章”等活动，形成党政齐抓共管的安全管理氛围。深入开展“转勇促创”主题活动，持续强化作风建设，各级领导求真务实、攻坚克难的表率作用明显增强，全体员工“三个决裂”的思想意识显著提升。③抓廉洁，严纪律。积极运用“大监督”思维提升治理能力，向16个重点工程项目委派党风廉洁督察员，持续对各单位下达“命题作文”12项，深入开展“微腐败”和“小金库”专项治理，全年揭示并整改问题267项，规范了管理行为，堵塞了管理漏洞。全面完成集团公司党组专项巡视反馈问题整改，持续督导3家单位落实好石油工程公司党委巡察反馈问题，做好“后半篇文章”。对信访举报及问题线索一一进行核查，立案审查14个，给予党纪政纪处分26人，强化了震慑效果。④抓稳定，促和谐。建立“走基层、访万家”工作长效机制，走访慰问一线队伍436个、员工6 493人次，发放慰问金124万元。石油工程建设公司领导班子考核跃升到A级，在集团公司党建工作考核中跃升到A档，生产经营和党建工作深度融合、同频共振、互为促进，创出“双A”好成绩。获评集团公司2018年度宣传工作先进单位，石油工程公司“决胜扭亏脱困保市”创效突出贡献单位、市场开拓突出贡献单位。

（刘天波）

【重点项目顺利推进】 2018年，石油工程建设公司以单项目为核心，持续强化项目全过程管控，聚焦工期和效益，努力打好“项目管控攻坚战”，大力开展“出精品、创品牌、提高客户满意度”专项行动，突出抓重点项目、抓业主关注度高的项目，确保重点项目工期正点、安全平稳运行。

国内市场，潜江—韶关输气管道工程、湛江—北海成品油管道工程、日照—濮阳—洛阳原油管道工程、鄂安沧输气管道工程等大型项目相继开工，国家危险化学品应急救援（实训）濮阳基地、文23储气库地面工程EPC项目、涪陵页岩气管道建设和油田产能建设等重大项目正点、安全运行，云南宜毕和格巧高速公路工程、北京新机场供油工程京津第二输油管道工程等系统外重点工程进行顺利。对22个重点项目（项目群）实行领导挂牌督导，成立新气项目部、鄂安沧项目协调组、日濮洛项目协调组、湛北项目协调组4个项目协调小组，选出18个重点项目作为“出精品、创品牌、提高客户满意度”专项行动的标杆工程。全年国内项目超额完成下达的产值指标。

国外市场，肯尼亚五期地热发电项目、泰国5#线项目强化成本管控，无质量事故及质量事件发生，整体保证了工期和正现金流。重点项目成功收尾，沙农项目投产一次成功。沙特SWCC项目5月10日获临时验收证书，进入一年质保期；玻利维亚路桥项目一、三标项目主体工程完成并启动交工工作。全年完成合同额约3.46亿美元。

（陈恢祥　刘晓天）

【市场开拓取得新成果】 2018年，石油工程建设公司各级市场开发人员以市场开发“三三制”为统领，充分利用“四项沟通机制”，坚持“五不干”原则，抓住国内油气领域投资复苏抬头的机遇，千方百计访客户、闯市场，取得可圈可点的优秀业绩。全年国内市场新签合同额170.33亿元，增加8.93亿元。积极推动以EPC模式承建项目，新签EPC项目数量由上年的20个增加到32个，累计新签EPC项目合同额30.5亿元，并呈现3家设计院多点开花的局面，先后承揽中江—龙泉输气管道、中天合创渣场二期、南川—涪陵管道、国家危险化学品二期工程等多个EPC工程。

以服务集团重点工程建设为己任，充分发挥专业化优势，突出强化重大项目策划，集团内市场份额得到持续巩固和提升。全年国内集团内新签合同额118.78亿元，增加23.22亿元，增幅24.3%；占国内新签合同额的69.74%，提高10个百分点。积极参与集团公司绿色企业行动计划，节能环保公司利用竞争优势加强业务承揽，新签合同额2.10亿元，增长24%。胜利油建公司通过独家谈判，中标销售华南分公司中科炼化项目国内最长海底成品油管道穿越工程，总长度4.06千米。

国内外部市场在激烈竞争中积极拓展，严格遵守“五不干”原则，既积极拓展国内外部优良市场，又避免外部市场的无序开发。胜利油建公司充分发挥海上平台制造优势，先后中标4个海上风电升压站项目，累计金额约3.7亿元。管道技术公司通过提升业务资质，提高市场竞争力，中标浙江省天然气管道维护项目1 170万元，集团外部市场实现零突破。地方燃气市场主要集中在山西、陕西、浙江、江苏、江西、湖北、广东和广西等省，全年新签17.94亿元，增加3.41亿元。市政道桥工程新签20.77亿元，增加6.44亿元，其中胜利建工承建的云南宜毕高速工程总合同额14.6亿元。

海外市场按照非洲、中东、亚太、拉美四大市场开展工作，业务主要分布在沙特、伊拉克、加纳、乌干达、肯尼亚、泰国、缅甸等22个国家。海外市场继续优化布局，优选项目，加强与重点市场客户的合作、开发，有所为有所不为。集中优势力量，开发有项目实施经验的成熟市场，积极探索市场潜力大、后续项目有保障、资金来源可靠、整体风险可控的新市场，努力推动融资项目，以融资促市场。年内与美国Mc Dermott的英国子公司联合投标乌干达Tilenga油田开发项目，独立投标东非原油管道（EACOP）项目。投标沙特、泰国、尼日利亚、肯尼亚和乌干达等多个国家的油气水和路桥项目。全年累计投标71个项目，中标36个项目，新签合同额1.63亿美元。

（刘琦锋　刘晓天）

【科技创新有新进展】 2018年，石油工程建设公司共开展各级科研项目100余项，在油气田集输与处理工程、长输管道、海洋工程、节能环保等领域承担“石油污染土壤高效快速移动式绿色洗脱技术及成套装备”“高含硫天然气集输管道分布式光纤泄漏预警测试”“注CO_2驱地面集输管线中输送条件模拟测试”等国家级课题4项，“油田开发废液废固资源化利用技术与装备研制”等集团公司级科研项目10项，“长输管道建设期完整性管理技术研究（二期）”等石油工程公司级科技项目17项，“油田三维地理信息系统关键技术研究”

等自立科技项目 6 项。依靠工程技术优势承揽元坝气田采出水零排放工程，建成国内首座高含硫气田采出水资源化利用处理站。自主研发设备“油气田及长输管道电控一体化小屋”通过集团公司科技部评议并成功应用于鄂安沧管道项目，形成具有自主知识产权的科技成果转化设备，已在鄂安沧管道项目中成功应用 29 套，合同金额总计 1 952 万元。实现“技术研发—成果转化—装备研制—推广应用”的科研投入到产出的市场化、商业化转化，成为科技成果转化的示范工程。截至年底，拥有施工工法 168 项，其中国家级 12 项、省（部）级 129 项。

（刘　琛）

【获奖情况】 2018 年，石油工程建设公司共获省部级以上奖项 76 项，其中：“江汉油田分公司涪陵页岩气田焦石坝区块一期工程产能建设项目”获中国施工管理协会优秀设计一等奖；济南—青岛输气管道二线工程等 22 项工程获 2017 年度中国石化优质工程奖；天然气川气东送管道增压工程（一期）压气站等 11 项工程获全国优秀焊接工程奖；获优秀 QC 成果 24 项，其中国家级优秀 QC 成果 14 项、集团公司优秀 QC 成果 1 项；获评省级优秀施工组织设计 6 项、优秀勘察设计 3 项、优秀工程咨询 4 项。

（刘　琛）

【安全环保持续加强监管】 2018 年，石油工程建设公司坚持“生命至上、安全第一”的理念，紧盯项目现场安全管理，以问题为导向，强化领导安全引领力，深入落实安全责任，持续完善 HSSE 制度体系建设，形成以《HSE 管理手册》为纲领文件，以各项管理制度、规范、图册为支撑的制度体系。大力开展 HSSE 教育培训工作，强化风险管控，大力推进现场标准化建设，不断完善“严抓、常抓、实抓”的长效机制，围绕项目重点，扎实推进安全管理规范化，从严从细狠抓重大风险管控，严格分包商管理，从严直接作业环节管控。强化各项措施落实，环保、职业健康和公共安全管理更加规范。持续推动 HSSE 监管水平有效提升，HSSE 形势总体保持稳定。

（张　滨）

【涪陵页岩气田江东区块产能建设（一期）地面工程稳步推进】 该项目由江汉油建公司承建，工程包含新建集气站 15 座、试采站 1 座、中心站 2 座、集气输管约 52.4 千米。截至 2018 年底，工程场站部分建成 11 座集气站、投产 11 座，线路部分完成 DN450 集气干线 15.6 千米、DN300 集气干线 6.5 千米投产，集气支线完成 19.8 千米、投产 16.1 千米。

（陈恢祥）

涪陵页岩气田江东区块产能建设（一期）地面工程项目

【涪陵页岩气二期平桥南区产建项目】 平桥南区为涪陵页岩气二期百亿立方米产建重要区块，建设地点位于重庆南川区。该项目地面工程由节能环保公司实行 EPC 总承包，江汉油建公司作为施工总承包商。EPC 项目部紧紧围绕“提速提效、快速建产”的思路组织策划生产，集输工艺采用“井下节流 + 气液两相计量”，按照集输站场施工作业分区图，确保项目安全平稳快速推进。截至 2018 年底，项目关键工程东胜脱水站已投产销售，销量达 210 万米^3/ 日，实现页岩气本地化销售，推动了南川地区页岩气产业链发展。

（陈恢祥）

涪陵页岩气二期平桥南区产建项目

【**文 23 储气库地面工程 EPC 项目（一期工程）稳步推进**】 该项目由中原设计公司牵头，中原油建公司、中原建工公司共同组成 EPC 项目联合体。通过精心组织、科学管理，大力挖掘 EPC 总承包的综合优势，使设计、采办、施工紧紧围绕整体计划运行，现场标准化建设受到各级领导高度肯定。截至 2018 年底，注采站 12 台压缩机全部安装调试完成，并完成试车，吹扫试压、氮气置换已施工完毕。

（陈恢祥）

【**鄂安沧管道一期工程实现“11·15”向河北省供气目标**】 鄂尔多斯—安平—沧州输气管道一期工程是国家“十三五”规划大型能源项目，国家发改委、能源局督办的重点工程。石油工程设计公司、中原设计公司、胜利油建公司、江汉油建公司、江苏油建公司、中原油建公司、河南油建公司、中原建工公司参与一期项目的设计拿总，主干线和支线的线路设计，全线站场和系统工程设计，第 1、3、5、6、7、8 标段施工和辛集 - 威县段的线路监理任务，线路长 531.08 千米。项目于 2018 年 6 月 1 日正式开工。各参建单位充分发挥“一体化”“专业化”优势，集中调配各项资源、科学组织施工力量，以“集团军”整体作战模式，先后组织 3 000 余员工奋战在河北、河南施工现场，彰显了攻坚啃硬、能征善战的铁军本色，实现“11·15”向河北省供气目标，受到集团公司、河北省政府的高度赞扬。

（陈恢祥）

鄂安沧管道一期工程

【**春风油田 1 号注气站烟气治理 EPC 总承包工程顺利投产**】 该工程位于新疆克拉玛依市排 601 北区，主要内容包括改造已建烟气除尘、脱硫装置，新建布袋除尘器、脱硫塔和烟气脱硝等装置。节能环保公司严格按照施工图纸及施工规范要求，严把质量关，产品合格率 100%。9 月 25 日，2# 锅炉全系统通烟气调试；12 月 3 日，1# 锅炉全系统通烟气调试，12 月 20 日投产运行，环保验收一次通过，各项指标合格。

（陈恢祥）

【**顺北油气田主干道路建设工程（一期）工程竣工**】 该项目全长 31 千米，由胜利建工公司和中原建工公司承建，于 2018 年 4 月 25 日开工。承建单位克服时间紧、任务重、施工自然条件恶劣等困难，积极抢抓施工进度，强化工程质量管控，于 9 月 10 日完成所有施工任务，探索并成熟掌握沙漠地区道路施工经验，为服务顺北油气田开发建设打下坚实基础。

（陈恢祥）

【**三峡新能源大连市庄河Ⅲ（300 兆瓦）海上风电场项目基本完成**】 该项目位于辽宁省大连市庄河海域，是黄海北部海域首个海上风电工程，年上网电量超过 7 亿千瓦 · 时，对改善电网电源结构、降低环境承载压力具有积极意义。该工程由胜利油建公司承建，2018 年 8 月 25 日导管架及钢管桩顺利出海，10 月 22 日上部组块顺利完成安装，刷新公司海工建造历史上导管架及钢管桩工程的多项纪录：重量最大，导管架达 1 680 吨，单个钢管桩重量达 302 吨；长度最长，导管架高度 33 米，单个钢管桩长度达 107.7 米；升压站上部组块整体海上吊装总重达 3 300 吨。截至 2018 年底，完成陆地组装及海上安装、调试、验收工作，项目整体基本完成。

（陈恢祥）

三峡新能源大连市庄河Ⅲ（300 兆瓦）海上风电场项目

表 1　石油工程建设公司主要经济指标　亿元

指标名称＼年份	2018	2017	2016	2015	2014	2013
总资产	234.17	149.34	184.57	209.79	215.05	225.26
固定资产净值	12.30	12.25	13.96	15.46	16.98	23.69
营业收入	155.92	121.17	132.63	157.87	205.67	236.05

表 2　石油工程建设公司工作量完成情况　亿元

指标名称＼年份	2018	2017	2016	2015	2014	2013
新签合同额	180.69	186.88	112.11	138.84	170.34	253.40
集团内上市	95.60	58.76	45.75	68.65	92.85	73.80
集团内非上市	23.17	36.80	13.72	27.08	23.27	18.51
国内集团外	51.55	65.84	39.52	21.26	33.40	41.71
国　外	10.36	25.48	13.12	21.85	20.72	119.38
完成合同额	145.01	118.90	130.40	149.34	203.21	245.42
集团内上市	60.61	45.77	56.87	69.10	70.32	68.02
集团内非上市	27.32	18.68	20.56	20.80	24.45	24.83
国内集团外	35.15	33.23	31.52	31.60	50.23	70.98
国　外	21.94	21.22	21.45	27.84	58.21	81.59

地球物理公司

【概况】 中石化石油工程地球物理有限公司（简称地球物理公司）由胜利、中原、河南、江汉、江苏油田及华北、华东、西南石油局 8 家非上市油田企业的 10 家物探公司（大队）和国际石油工程公司物探工程部整合重组成立，于 2012 年 12 月 21 日在北京注册，总部位于北京市朝阳区吉市口 9 号。

地球物理公司是石油工程公司的全资子公司，是集团公司从事物探业务的独立法人和利润中心，是集物探资料采集、处理、解释、技术研发于一体的专业技术服务公司，是为中国石化上游业务提供物探专业一体化服务的技术支撑中心，是集团公司参与国内外物探工程技术服务市场竞争的责任主体。主要职能是：负责研究集团公司物探业务发展战略，提出中长期规划和年度部署方案建议，执行石油工程公司战略和年度部署；负责统筹物探采集、处理、解释的一体化经营和 QHSE 管理，承担资产保值增值责任；负责国内外物探业务市场开发；负责物探技术、装备仪器、软件研发，为上游业务发展和石油工程公司参与国内外市场竞争提供技术支撑。

截至 2018 年底，地球物理公司下设总经理办公室（政策研究室）、党群工作处（党委办公室、纪检监察处、审计处、工会、团委、维稳办）、人力资源处（党委组织部）、财务计划处、经营管理处、市场开发运行处、安全环保处、科技信息处 8 个机关处室，国际业务发展中心、科技研发中心、装备管理中心、综合管理支持中心 4 个附属中心，胜利、华北、地理地质信息勘查、华东、南方 5 家分公司。共有队伍 50 支，其中地震队伍 39 支、VSP 及井间队 3 支、非地震队 7 支；有甲级队伍 37 支，乙级队 2 支。从业人员 7 159 人，其中正式职工 7 108 人、其他用工 51 人。在职员工中，具有教授职称的 23 人、副高级职称的 1 226 人、中级职称的 1 491 人，具有中高级职称的占 38.27%。拥有可控震源 146 台，数字地震仪主机 66 台（套），接收道数 32.48 万道，单分量数字检波器 1.71 万个，VSP 采集设备 7 套，运载设备 1 448 台。固定资产原值 45.66 亿元、净值 12.11 亿元，新度系数 0.24。

地球物理公司主要生产经营指标见表 1。

（孙呈德）

【领导班子调整】 2018 年 4 月 24 日，鉴于年龄原因，经集团公司党组研究决定，免去张电辉中共中石化石油工程地球物理有限公司委员会副书记、委员、纪律委员会书记职务，不再担任工会主席。8 月 4 日，经集团公司党组研究决定，周松任中共中石化石油工程地球物理有限公司委员会书记；李秀娟任中共中石化石油工程地球物理有限公司委员会副书记、兼纪律委员会书记、监事，为工会主席人选。

（孙呈德）

【扭亏脱困成效显著】 2018 年，地球物理公司上下坚持以党的十九大精神为指引，在集团公司党组和石油工程公司党委的坚强领导下，紧紧抓住扭亏脱困中心任务，攻坚克难，全力打好创收、创效、改革、转型、管理“五大战役”，全力推进政治建设提升、党建‘三基’、人才强企“三大工程”，团结带领广大干部员工拓市场、去产能、抓改革、推转型、促创新、精管理，取得一系列新进展、新突破和新业绩，全年实现收入 49.88 亿元，实现账面利润 0.42 亿元、减亏 1.88 亿元，付息债务控制在石油工程公司下达的指标以内，实现减亏扭亏、安全稳定。

（孙呈德）

【服务上游勘探开发作用突出】 2018 年，地球物理公司深入贯彻习近平总书记关于大力提升国内油气勘探开发力度的重要批示，提高政治站位，加强与油田事业部和各油田分公司对接，努力克服各种困难，服务能力显著增强。大力推广高密度地震勘探、复杂山地高精度地震勘探等先进技术，成功实施胜利陈官庄、临邑北和江苏永安等三维项目。发展基于压缩感知的非规则地震采集设计和数据重建技术；形成可控震源高效采集配套技术体系；准南山前带地震攻关初见成效，全方位提升找油找气能力，完成集团内部地震勘探任务，作业效率、资料品质大幅提升。协助上游板块发现有效圈闭 170 个，面积 4 355 平方千米，提交探明石油储量 8 383 万吨、天然气储量 1 649 亿立方米，为集团公司增储上产做出积极贡献。

（孙呈德）

【市场开拓稳中有进】 2018 年，地球物理公司精心谋划，超前运作，市场创收攻坚战取得实效。集团内部市场方面，加强对单点高密度地震勘探技术的推广应用，为促进集团公司加大物探投资提供有力支撑，为物探投资需求释放奠定良好基础，全年新签物探项目 53 个，新签合同额 24.25 亿元。国际市场方面，中标阿尔及利亚索纳塔克公司 15 号标、16 号标、TINDOUF 二维等采集项目 3 个，巩固了阿尔及利亚第一大地球物理服务商的地位；获尼日利亚 8 977 万美元三维采集项目授标，进一步稳固非洲市场；中标巴基斯坦 MPCL 公司 Sukkur 三维采集项目；开辟孟加拉国陆上采集新市场，全年新签境外项目 12 个，新签合同额 6 509.5 万美元。国内外部市场方面，中标中国地质调查系统地震采集项目 9 个，全年新签合同额 1.33 亿元，市场占有率达 70% 以上。新兴业务市场方面，集团内外同步发力，全年中标项目 127 个，新签合同额 1.84 亿元，集团外部市场占比达 57%。

（孙呈德）

【一体化管理深入推进】 2018 年，地球物理公司充分发挥整体规模优势，深入推进一体化管理和要素整合优化。持续优化公司机关、直属单位的机构设置和职能定位，提高管控水平和管理效能。实施可控震源、沙漠设备、推土机、物探采集装备等装备的集中统一管理和专业化服务，促进国内外装备资源有效流通，有力保障生产运行，降低设备外租需求。按照物资采购供应、财务预决算、审计、安全督察“四位一体”的思路，以物流采办中心为基础组建综合管理支持中心，初步建立归口管理、集中采购、统一储备、统一结算的物资采购管理体系。优化科技研发中心建设，加强人才和软硬件资源的统一管理使用，增强创新合力和实力。国际业务管理中心按实体化运作，统筹公司国际业务的运作，国际业务一体化管理在深度和广度上不断延伸。

（孙呈德）

【新兴业务快速发展】 2018 年，地球物理公司加快推进转型发展，攻关特种资质，补齐资质短板，获 C 级特种设备无损检测机构和特级防腐蚀检测与施工资质，取得民用无人驾驶航空器经营许可证；在个人资质方面，取得各类新兴业务职业资格 444 人次，其中新增注册测绘师 7 人，5 人取得全国土壤污染状况详查人员资质，79 人取得 AOPA 证。进一步拓展新兴业务市场，持续推进土地确权调查业务，开拓了具有巨大市场潜力的场地土壤污染调查业务，推进城市地下空间资源地质调查、地热地勘、岩溶塌陷勘查、地下水探测、土壤环境调查与风险评估、管道内检测等项目，积极推进集团公司智能化管线涉密数据管理工作进展。全年共投（议）新业务项目 169 个，中标 127 个、中标率 75.15%；中标 / 新签合同额为 1.84 亿元、增加 9 209 万元，增长 61.39%，其中集团外项目比上年同期增加 3 865.92 万元、增长 57.92%。

（孙呈德）

【信息化建设取得积极进展】 2018 年，地球物理公司统筹规划、加快信息化建设，深入推进信息技术与业务深度融合。ERP 系统建设平稳推进，SICP 项目重点跟进，一体化管理平台国际业务模块投入使用。地震采集实时信息管理系统多次举办推广培训，在基层地震队开展人工智能深度学习、北斗等先进新技术应用探索。高密度培训宣贯信息网络安全，筑牢防线，组织参加中国石化信息网络安全一类技能大赛并获佳绩。信息化手段在生产、安全、质量管理中广泛应用，推动生产高效运行和经营管理水平提升。

（孙呈德）

【3 项技术实现工业转化】 2018 年，地球物理公司深化实施创新驱动发展战略，促进科研成果向现实生产力转化，取得良好效果。①单点高密度地震勘探技术在东部地区实现工业转化。在胜利油田罗家地区三维地震采集项目的成功实施的基础上，年内对单点高密度三维地震技术进行优化，在胜利油田陈官庄、临邑北和江苏油田永安等地区更加复杂的隐蔽性油气藏进行推广应用，效果显著，大幅提高目的层的分辨率，断裂系统更加清晰，层间弱反射信息更加丰富。②高精度地震勘探技术在四川、准中等地实现工业化转化。普光二期东岳寨—清溪场工区在复杂山地首次采用上万道采集观测系统，资料效果改善明显；准中地区庄 3 井三维首次应用高精度地震勘探技术，获取高分辨率的地震资料。③复杂地表地震勘探技术在四川、塔里木等盆地实现工业转化。复杂区域的观测系统优化设计、复杂地表安全激发智能检测技术、现场质量控制实时可视化技术以及河滩大卵石区钻井工艺等形成配套，应用效果明显。

（徐雷良）

【2 项技术攻关取得重要进展】 2018 年，地理物理公司围绕勘探开发技术瓶颈，在新疆地区开展 2 项技术的攻关试验，取得良好效果。米泉山前带采取“从点到线、从线到面、分层实施”的思路，进行高密度三维地震攻关试验，三维资料试处理获较好的山前带的资料反射，准南山前带地震勘探攻关取得重要进展。塔里木盆地完成顺北地区可控震源激发试验，初步建立地表条件与地震响应特征之间关系，为研究特深层地质目标地震响应变化规律打下基础，通过可控震源低频段驱动幅度测试，获取最佳出力特征曲线，优化了可控震源激发低频扫描信号，顺北特深层技术攻关取得重要进展。

（徐雷良）

【4 项自主研发成果稳步推广推进】 2018 年，地理物理公司积极抢占技术制高点，攻关高精度、高效率、低成本物探技术，4 项自主研发成果稳步推广推进。节点自主采集系统完成研发工作，在临邑北三维、普光二期三维、成都城市地下空间调查等项目中进行现场试验。海量地震数据现场质量分析监控及软件研发取得新进展，先后在车 66、庄 3 井、十三间房、牛庄高精度等 10 多个工区应用，通过量化分析与评价软件，不出监视记录，可对地震资料进行有效监控。地震采集工程软件 SeisWay3.0 完成地震采集队伍全面推广，覆盖地球物理公司 95% 的野外地震队。井中分布式光纤（DAS）探测装备初步研发成功，耐高温高压的铠装光缆的设计工作已完成，正在进行生产加工。

（徐雷良）

【精细管理推动效益提升】 2018 年，地球物理公司坚持走内涵式发展道路，以精细化管理为手段，深入挖掘项目管理、财务管理、物资管理等要素的潜力，实现成本硬下降、效益大提升。持续规范尽职调查，精准识别风险，超前化解矛盾，推动建立“项目管理核心团队 + 人力资源共享中心”生产组织模式，探索队伍“兵团化”运作、工序“车间化”管理，提高项目运营能力。推进财务转型，增强财务管理的指导、控制作用，强化现金流管理，统筹资金运营，提高资金使用效率；加快境外资金回流，全年境外累计回流 6 753 万美元，净回流 4 804 万美元；狠抓全员目标成本管理，累计挖潜增效 1.8 亿元，百元收入营业成本降低 9.25 元。强化物资供应管理，全年节约采购资金 3 966 万元。

（孙呈德）

【安全管理全面从严】 2018 年，地球物理公司认真落实上级各项要求，在公司党委领导下，以“识别大风险、消除大隐患、杜绝大事故”为工作主线，坚持问题导向，严格作业现场风险管控，切实加强各级领导安全引领力建设，保障全年生产经营任务顺利完成，保持良好的安全生产态势，获 2018 年度集团公司安全生产先进单位称号。推行工作任务清单，全年明确 10 类重点工作、63 项业务工作，以月度为节点，稳步推进。实施责任“画像”工作，对 51 个项目领导班子 421 人次进行责任“画像”，责任落实有了显著提高。实施项目安全承包联系，对 51 个项目进行安全联系。与杜邦公司合作，借鉴先进管理理念，开展运营风险评估。投入 1 340 万元，重点解决现场安全信息化提升、消防设施改造、危险油料库处置、安全岗前培训教材的开发等较重大隐患。制定《HSSE 工作规范》，把地震勘探项目 HSSE 工作分解成 85 个作业规范。修订《HSSE 检查表》，细化分成 7 类 90 个检查表。编制《岗前 HSSE 培训教材》，分班组、分岗位编制考试题库，建立 6 870 道的“云题库”。完成安全培训班 16 期、773 人次，实现网络信息化考核。

（孙呈德）

【宣传工作亮点纷呈】 2018 年，地球物理公司在《中国石化报》《中国石化新闻联播》、中国石化新闻网、中国石化抖音等集团所属媒体刊登 61 条通讯及消息稿件，其中各版头条倒头条 9 篇、整版稿件 3 篇；在集团外部媒体刊登新闻稿件 21 条，其中《石化物探检修女工炫富摔》图文先后刊登在国务院国资委新闻中心官方微博“国资小新”、人民日报官方微博、新浪新闻中心官方微博“头条新闻”、中央电视台新闻中心官方微博“央视新闻”等媒体上，累计点赞量 26.7 万次。围绕公司发展理念发展战略先后策划实施《三项制度改革系列解读》《青年大学习之梁家河读后感》《大干 60 天，决胜扭亏脱困》《喜迎党代会·党旗引领》等 17 个专题。8 月，集团公司公布中国石化 130 余家企业的微信公众号排行榜，地球物理公司创下传播力月度排名 B 档、位列 15 名的好成绩。

（孙呈德）

【党的建设不断加强】 2018 年，地球物理公司以习近平新时代中国特色社会主义思想为指引，聚焦过硬，全面从严，党的建设不断加强。按照公司党委“一年打基础、两年抓提高、三年抓巩固”总体思路，有序推进党建“三大工程”和 3 项重点工作的实施。成功召开公司第一次党代会，选举产生新一届党委和纪委，对未来 5 年党建工作进行顶层设计和全面部署。组织处级干部、基层干部加强政治理论的学习，常态化开展“三会一课”开展情况的检查，广大党员干部“四个自信”进一步增强、“四个意识”更加坚定，“两个维护”更加自觉。修订完善党建工作制度24项，明确党委书记“六个必”责任清单和党委班子成员履行“一岗双责”工作任务清单和项目检查清单，将党建工作抓在日常、严在平常、做在经常，充分发挥党委把方向、管大局、保落实的作用，融入中心工作，保障公司全年工作目标的实现。

（孙呈德）

【获奖情况】 2018年，地球物理公司获多项奖励及荣誉。实施的“济阳坳陷罗家地区高密度三维地震勘探”获股份公司优秀工程项目奖；“SeisWay可视化目标采集优化设计技术”达到国际先进水平。4月开展“保密发展宣传月”活动，受到集团公司通报表扬。公司被评为集团公司2018年度安全生产先进单位、集团公司2018年度“财务基础管理年”活动先进单位。1人被聘任为集团公司石油地震勘探工技能大师。

（孙呈德）

表1　　地球物理公司主要生产经营指标

年　份 指标名称	2018	2017	2016	2015	2014	2013
国内二维地震 / 千米	5 463.45	3 775.52	4 431.26	6 720.33	7 607.67	15 009.70
国外二维地震 / 千米	9 266.55	9 803.20	10 127.38	5 658.65	6 333.56	6 955.45
国内三维地震 / 平方千米	5 942.84	4 837.16	4 105.54	5 837.48	5 863.32	9 880.16
国外三维地震 / 平方千米	4 511.16	4 709.65	6 581.16	3 821.75	5 979.73	6 508.65
收入 / 亿元	46.55	38.97	35.99	51.06	47.57	63.80

胜利石油工程公司

【概况】 中石化胜利石油工程有限公司（简称胜利石油工程公司）于2012年12月20日注册登记，2013年1月4日挂牌成立，是石油工程公司的全资子公司，位于山东省东营市东营区济南路125号，主要业务有钻井、修井、完井、测井、测试、录井、井下作业、资料处理解释、储层改造，以及井筒工程设计、施工、技术服务，井筒工程技术研究与试验，地质勘查技术服务，机械设备的租赁等，并提供综合一体化解决方案，被认定为国家高新技术企业。

截至2018年底，胜利石油工程公司机关设有10个职能部门、1个直属机构、16个二级（处级）单位、475个基层单位。用工总量22 438人，其中有管理人员1 504人，专业技术人员6 174人、技能操作人员13 273人，平均年龄44.6岁。职称结构中，具有正高级职称的106人、副高级职称的2 852人、中级职称的3 282人；技能等级结构中，有高级技师321人、技师551人。有集团公司高级专家4人，公司首席专家4人、高级专家14人；集团公司技能大师2人，公司首席技能大师2人、技能大师12人。

截至2018年底，胜利石油工程公司有主要施工队伍478支，其中钻井队156支、测井队85支、录井队148支、井下作业队89支，涵盖钻完井、测录井、井下特种作业、石油装备仪器研发制造等。固定资产原值146.65亿元、净值64.04亿元，设备资产原值133.86亿元，主要专业设备2 961台（套），其中钻井设备309台（陆地钻机160台、海洋钻井平台10座）、测井设备393套、录井设备214台（套）、特种作业设备414台（辆），设备新度系数0.37，综合完好率99.39%。配套形成综合设计技术、钻完井技术、油气藏识别与评价技术、特种作业技术、海洋石油工程技术“五大石油工程技术系列”，打造形成SinoLOG900网络成像测井系统、SinoWSL综合录井仪、SinoMACS地质导向系统等为代表的石油工程产品和技术品牌。

截至2018年底，胜利石油工程公司共有11家二级单位的31个项目部或分公司、2 754人、183支施工队伍，征战在新疆、四川、重庆、江苏、海南、陕西、山西、吉林、河北、内蒙古等10多个省（市）和自治区。国外市场在沙特、乌克兰、埃及、墨西哥、土库曼斯坦、印尼、科威特、土耳其、蒙古国、厄瓜多尔、孟加拉国和尼日利亚等13个国家或地区，境外施工作业队伍103支，境外中方员工671人，执行项目合同35个。

胜利石油工程公司主要技术经济指标和主要生产建设指标分别见表1和表2。

（蒋晓波　侯　哲　赵维彬　孙　申　江正清）

【领导班子调整】 2018年12月24日，集团公司召开胜利油田、胜利石油工程干部大会（视频），宣布对胜利油田、胜利石油工程公司领导班子调整的决定。根据工作需要，经集团公司党组研究并征得山东省委同意，决定：张煜任胜利石油管理局有限公司总经理、党委副书记，胜利油田分公司总经理，免去其胜利石油工程有限公司执行董事、总经理职务；张洪山任胜利石油工程有限公司执行董事、党委书记，仍任胜利石油管理局有限公司党委常委，免去其胜利石油工程有限公司副总经理职务；孙永壮任胜利石油工程有限公司总经理、党委副书记；张建阔任胜利石油工程有限公司副总经理。

（蒋晓波　董晓明）

【市场布局更加优化】 2018年，胜利石油工程公司立足做稳胜利、做优国内、做强海外，优化调整布局，工作量和收入实现有效增长。胜利市场优化生产运行管理模式，积极推进难动用储量合作开发和长停井修复，全年钻机利用率达93%，平均机械钻速提高0.58米/时，钻井周期减少1.77天，胜利市场占有率86.02%，完成钻井进尺251万米。国内外部市场持续稳固新疆传统市场，逐步退出东北、延长、地热等低效钻井市场，压减华北区域钻机规模并转移到川渝页岩气市场，从涪陵、西南石油局等集团内市场逐步向川庆钻探等工作量连续、价格相对较高的集团外市场延伸，市场布局不断优化，全年共投标项目538个，中标380个。海外市场在沙特续签3部钻机、新签2部钻机合同，取得地面测试等技术服务准入资质；在科威特续签3部修井机、新签3部钻机合同，录井队伍增加到5支。首次进入西非市场，在尼日利亚运行2座海上钻井平台。成功进入乌克兰市场，一次性启动5部钻机。全年共投标项目46个，中标27个。

（张东鹏　赵建勇）

2018年1月23日，胜利石油工程公司与新疆贝肯能源工程股份有限公司签署战略合作协议（张　玉　摄）

【改革调整持续推进】 2018年，胜利石油工程公司积极推进各项改革举措落地，市场化体制机制逐步建立。①专业化重组稳妥推进。整合装备管理处、物资采办中心、资产调剂租赁公司，成立物资装备管理中心；整合黄河钻井、渤海钻井等单位管具业务，成立管具技术服务中心；整合钻井工程技术、黄河钻井、井下作业等单位培训资源，成立培训中心；对分散在公司各单位的计量检测资源进行优化整合，成立山东胜工检测技术有限公司，逐步搭建起专业化发展的体制框架。②主辅分离工作取得有效进展。把公司业务划分为主营业务、辅助业务和服务保障业务三大板块，初步实现主辅业务分开预算、分开核算。③“三定”工作持续深化。持续对黄河钻井、渤海钻井内部机构进行优化调整，实现二级单位直管基层队，压扁管理层级真正落实到位。对各单位辅业进一步优化整合，公司辅业基层单位由71家压减到31家。优化主业定员，收紧辅业定员，引导机关后勤员工向生产一线流动，260余人重返一线岗位，全员劳动生产率不断提高。④绩效考核力度逐步加大。区分内外部市场、区分三大板块优化调整分配系数，加大薪酬“活”的部分占比，实行工效挂钩考核办法，建立利润、收入、资金回收“三挂钩”考核机制，公司对二级单位考核中绩效工资占比提高到40%，基层单位对员工考核中绩效占比达60%，生产一线与机关后勤、创效单位与亏损单位收入差距逐步拉开。

（曾兆红　刘　伟）

【降本增效成效突出】 2018年，胜利石油工程公司坚持以效益为中心，加强成本管控、“两金”清收、资源优化和项目管理，盈利能力和财务状况明显改善。①成本管控效果明显。建立分类预算、分类施策、分类管控机制，对主业统一项目费用分摊范围和标准，分业务、分市场核定项目毛利率；对辅业建立标准成本，严格预算控制；对各级管理机构突出减量减费，大幅压减差旅费、办公费、车辆费等运行费用，全年增效18.6亿元。②资金状况有所改善。利用资产售后回租政策、注资和募投项目改善财务状况，资产负债率从最高时的114.73%下降到101.73%。加大资金清收力度，在胜利市场加强关联交易结算，完工结算率100%，定额综合执行率96.89%；在外部市场下达114笔领导挂牌清理任务，对延长、十号平台等6个重难点项目实行专职清收，加强考核问责，全年应收账款回收率83%。③资源优化见到实效。加强资产分类管理，全年处置低效无效资产原值4.01亿元、净值6 819万元，变现收入1 661万元；调剂资产原值8 524万元、净值5 146万元。优化物资保供模式，在胜利东部及西北、西南推行区域集中代储，降低资金占用；推进内部市场自主集中采购，外部市场加大当地化采购力度，大力推行“易派客”下单，节约采购资金。

（赵　所　张　磊）

【创新创效能力显著增强】 2018年，胜利石油工程公司推进技术研发向市场应用转变，加快专业化和信息化融合，提高科技创新的支撑引领能力。①科技创新取得新成果。实施科技项目158项，获奖38项，其中“涪陵大型海相页岩气田高效勘探开发”获国家科技进步一等奖，“动态负压射孔技术”等6项成果获省部级奖励。新增获授权专利238件，其中发明专利51件，“一种扭冲工具”获国家专利优秀奖。②关键核心技术实现突破。国家“863”课题“天然气水合物钻探取芯工程样机及配套技术”成功进行工程应用并通过验收，打破国外技术垄断；185℃MWD仪器、耐温200℃耐压160兆帕测井仪研制成功，为深层勘探开发提供保障；钻井液参数自动化测量系统技术指标远高于国外同类产品，销往中国海油市场；双壁钻杆气举穿漏钻井、碳同位素录井、地层压力预监测等技术进入现场试验。③成熟技术有效推广应用。实施85项新技术转化创收计划，成果转化率达90%。其中，负压射孔技术、小直径泵送桥塞射孔技术和连续油管多级起爆技术等在市场中取得良好应用成效。④信息化建设稳步推进。对接中国石化勘探开发业务协同平台，进行钻、测、录、试源头数据采集系统升级。对接石油工程一体化云平台建设方案及公司业务需求，设计井筒业务一体化服务平台整体架构，完成平台搭建和成熟应用模块集成。搭建石油专用设备调剂、租赁、出售、服务和报废网络平台，为盘活存量设备资源提供支撑。

（宿振国）

【风险管理总体受控】 2018年，胜利石油工程公司坚持从严从实抓基层、打基础、强管理，堵塞漏洞、防范风险，生产经营管理朝着规范化方向迈进。①安全环保管理不断强化。加强HSSE管理体系运行，完善两级机关岗位HSSE职责、责任清单和考核标准，安全管理责任得到进一步明确和落实。推进“双重预防机制”建设，识别评估重大安全风险，集中整治二层台工作区域、井架起升装置等方面安全隐患，本质安全水平得到提升。从严监督考核问责，对各类安全问题、事件、事故及时曝光，加强经济处罚和行政处分，始终保持从严管理态势。强化环保工作，加大网电钻机应用力度，推广钻井液随钻随治处理工艺，推进节能综合应用项目实施，节能减排指标全面完成。②工程施工质量持续提高。实施技术分级管理，加强重点井、关键环节专家驻井指导或远程会诊，着力控复杂、降故障。顺利完成亚洲第一深井顺北蓬1井施工任务，被甲方评为优质工程。“三基”创建水平稳步提升，涌现出集团公司金、银牌队61支。③合同和招投标管理逐步规范。修订合同管理制度和标准文本，推进全过程标准化管理，合同管理综合指标得到进一步改善。调整招投标审批限额，严格招标项目选商审批程序，加强合规性审核把关，规范了源头管理。④统筹用好审计、纪检等各方面监督力量，完成重点监督检查项目11项，开展审计项目24项，促进依法合规治企。

（陈 松 宋 华 徐 华）

【政治优势保障有力】 2018年，胜利石油工程公司把坚持党的领导、加强党的建设贯穿到生产经营全过程，统一思想、凝聚合力，为扭亏脱困保市提供有力保障。①管党治党责任层层压实。深入学习贯彻习近平新时代中国特色社会主义思想和党的十九大精神，加强意识形态工作，牢固树立“四个意识”，坚定“四个自信”，践行“两个维护”。成功召开公司第一次党代会，对党建工作和公司未来发展做出总体规划部署。持续加强党风廉洁建设，全年运用监督执纪“四种形态”处理70人次，迎接集团公司党组巡视、石油工程公司党委巡察，深入抓好反馈问题整改，保持全面从严治党高压态势。②基层党建质量稳步提升。制定出台《关于在深化改革中进一步优化基层党支部设置和运行的实施意见》，实施外部市场“项目部+党组织”党建工作模式，保证党组织全覆盖、无空白。细化完善党建考核内容和指标，开展常态化基层党建点检巡察、党支部分类定级工作，党支部考核全部合格。推行党员“五星”评树和“四先”承诺，党员先锋模范作用进一步彰显。③干部人才队伍结构不断优化。制订落实“人才强企工程行动方案”，实施领导人员、年轻干部、科研技术专家等“六个一批”优先培育工程。④观念引导和群众工作扎实有效。深入开展“决胜扭亏脱困保市”主题活动，组织难动用储量合作开发经验启示专题报告会，开展“忆传统，悟初心，铁军精神代代传”老石油巡回宣讲，干部员工思想观念进一步转变。

（管京伟 陈 松 徐 华）

【“天然气水合物钻探取样技术”获山东省技术发明奖】 该项目根据天然气水合物在常温常压下无法保存的特点，研制特别钻探取样工具，攻克控制系统、保温保压筒、割样机构、温度压力记录仪等关键技术模块，集成非干扰式深海水合物钻探取样装置、绳索转动式保温保压取样工具、钻柱式水合物钻探取样装置、液压冲击保温保压取样和现场测量、带压转移、储存及转运装置等，并根据不同取样层位设计试制特有的合金与PDC复合片取样钻头。2017年5月，由胜利钻井工艺研究院研发的取样工具在南海中国南海天然气水合物目标层完成2口井取样试验，成功取得保压样品，并现场收集气体点火成功，标志着中国天然气水合物钻探取样技术打破国外垄断，跻身世界一流水平。

（蒋晓波 潘恩生）

【钻井液在线监测系统试验成功】 2018年3月6日，胜利钻井院自主研发的录井房式钻井液在线监测系统在桩12-平21井试验成功，实现钻井液10项参数实时测量、连续记录。系统取代了人工取样，消除了人工监测的不安全、不稳定因素，并且实现实时测量，每秒记录一组数据，远高于国外同类产品10—15分钟的监测频率，能更好预判井下状况，应对突发问题，实现工程化应用。

（潘恩生）

【积极应对极端暴雨天气】 2018年8月19日，受台风“温比亚”影响，山东东营连降暴雨，降雨量达300毫米以上，胜利油区75%以上的钻井队井场积水严重、设备被淹，无法正常施工。为将影响降到最低，胜利石油工程公司启动防汛气象灾害应急预案，采取现场落实、开挖排水沟、设备自查检修等措施，积极做好复工前的各项准备工作。加强统筹运行，安全系统实行全员、全方位、全过程HSE管理，各施工队重点加强设备维护检修工作，从预防、控制管理点出发，做到台台过滤、项点落实、不留死角，实现安全环保。

（蒋晓波 董晓明）

表 1　　胜利石油工程公司主要技术经济指标　　亿元

指标名称＼年份	2018	2017	2016	2015	2014	2013
工业总产值	115.48	94.21	76.61	117.23	175.66	190.65
工业增加值	21.27	29.74	15.64	70.53	84.12	78.74
资产总计	115.92	112.04	130.20	158.55	156.05	155.30
流动资产	40.04	32.26	44.72	66.81	59.03	55.77
固定资产原值	146.65	146.67	142.49	140.44	137.84	133.04
固定资产净值	64.04	70.01	69.96	72.11	74.87	71.54
销售收入	126.67	102.69	81.11	123.84	183.88	199.46
实现利税	2.46	−25.27	−36.59	9.90	31.58	16.43
税　金	2.07	1.83	1.55	12.81	18.45	17.93
综合能耗 / 吨标煤・万元 $^{-1}$	0.220	0.224	0.229	0.225	0.230	0.230

表 2　　胜利石油工程公司主要生产建设指标

指标名称＼年份		2018	2017	2016	2015	2014	2013
钻　井	开钻 / 口	1 292	1 067	638	1 188	2 091	2 303
	交井 / 口	1 267	1 063	715	1 153	2 083	2 354
	钻井进尺 / 万米	310.76	248.43	166.51	265.64	480.19	537.00
测录井	测井 / 井次	4 760	4 068	2 805	3 583	6 783	9 854
	射孔作业 / 井次	3 990	3 306	2 195	3 314	4 774	4 977
	录井 / 口	1 375	1 157	772	1 105	2 145	2 308
井　下	维护作业（小修）/ 井次	299	1 329	691	755	476	324
	措施作业						
	压裂 / 井次	283	197	164	307	550	653
	大修 / 井次	188	115	94	195	220	335
	侧钻 / 口	29	53	35	54	57	173

中原石油工程公司

【概况】 中石化中原石油工程有限公司（简称中原石油工程公司）于 2012 年 12 月 28 日成立，是石油工程公司的全资子公司，本部位于河南省濮阳市。主要从事油气勘探开发工程施工、技术维护及相关产业服务，业务领域涉及钻井、测井、录井、固井、管具、井下特种作业、油藏综合服务和钻井工程研究等。国内市场主要分布在西南、西北、华北、东北4个地区；海外市场主要分布在中东、非洲、中亚、东南亚、南美13个国家。非洲市场有苏丹、南苏丹、乌干达、刚果（布）、乍得，中东市场有沙特、科威特、也门、阿联酋，中亚市场有哈萨克斯坦，东南亚市场有印尼、泰国，南美有厄瓜多尔。是哈里伯顿、贝克休斯、斯伦贝谢等国际大公司的全球主要战略合作伙伴，哈里伯顿、贝克休斯中东北非首选合作伙伴。

截至2018年底，中原石油工程公司资产总额108.63亿元，主要装备2 059台（套），新度系数0.31；下设机关处室11个，机关直属单位2个，直属单位14个；用工总量21 085人，其中合同制员工13 453人、派遣制员工411人、合资公司员工4 170人、海外当地雇员3 051人。

中原石油工程公司主要技术经济指标和主要生产建设指标分别见表1和表2。

（冯文孝）

【领导班子调整】 2018年3月23日，中原石油工程公司召开干部大会，石油工程公司有关领导宣布集团公司党组对中原石油工程公司领导班子的调整决定：宋保健、徐泓任中原石油工程公司副总经理、党委委员。11月13日，集团公司在濮阳召开中原石油工程公司干部大会，宣布对中原石油工程公司领导班子的调整决定：陈惟国任中原石油工程公司执行董事、党委书记；吴柏志任中原石油工程公司总经理、党委副书记；免去黄松伟的中原石油工程公司执行董事、总经理、党委副书记、委员职务；免去李振智的中原石油工程公司党委书记、委员、副总经理职务。

（呼　凯）

【国内市场量效齐增】 2018年，中原石油工程公司坚持效益优先，优化市场布局，跨区域调迁钻机31部，钻机动用率达72%、提高20个百分点，新签合同额65.83亿元、增加119%。中原本部施工115口井，承钻的拐6井助推内蒙古探区增储上产；签订卫4块合作开发协议，实现产业链向上延伸；加速推进文23储气库建设，一期工程进入收尾阶段。国内外部按照“保障集团内部、攻坚集团外部、择机拓展地方”的思路，西南区域成功开辟川庆钻探、长城钻探、四川页岩气3个新市场，钻机规模达55部，成为创效主战场；西北区域29部钻机满负荷运转，利润和新签合同额分别增长126%和59%；其他区域持续优化调整，沃邦能源、中联煤层气、斯伦贝谢、冀东油田等市场工作量大幅增加。国内形成13个超亿元市场，市场规模显著提升。

（冯文孝）

2018年8月22日，钻井三公司50603钻井队在宁209H22钻井平台施工（陈英杰　摄）

【海外业务持续做优】 2018年，中原石油工程公司坚持拓市场、扩规模、提效益、控风险，运行钻修井机达60部，新签合同额44.91亿元、增长4.66%，28支钻修井队日费率保持100%。沙特市场高端业务更趋优化，2部钻机首次与斯伦贝谢合作，执行大包项目钻机达15部，占该市场现有钻机总数的“半壁江山”；科威特市场份额得到巩固，9部钻修井机中标5+1年合同，3部修井机合同延期；非洲市场实现恢复性增长，成功进入乍得钻井和固井领域，首个1+1年钻井项目超计划运行；哈萨克斯坦市场开发好于预期，成功中标阿克纠宾和佛肯公司9口大包井；完成伊拉克公司注册和乌克兰市场考察，海外市场总体呈现良好发展前景。

（冯文孝）

【技术服务多点突破】 2018年，中原石油工程公司近油基钻井液在松页油2井首次成功应用，实现国内水基钻井液技术全新突破。ZY系列特殊钻杆应用126口井，有效保障超深井施工顺利。VDX钻井参数仪成为沙特市场标配。顺利通过道达尔测井项目资审，成功与贝克休斯签订战略合作协议，为拓展页岩气及深井超深井市场奠定基础。

（冯文孝）

【深化改革统筹推进】 2018年，中原石油工程公司积极谋划举措，统筹配置资源，有效激发企业活力和发展潜能。①机构设置更加科学合理。成立西南区域一体化管理领导小组和涪陵、川南现场指挥部，实行市场、技术、安全一体化管理。坚持管理幅度与规模效益相匹配，推进常设机构扁平化、规模化，项目部设置市场化、规范化，压减各类机构14个，减少机关人员89人。开展“双严”专项治理，加强劳动合同管理，净减员670人。②人力资源得到持续优化。通过机构改革、建制显化、竞争择优等方式，显化富余人员5 900人，全部得到妥善安置。从停等队伍和机关后勤向施工队伍调整4 206人次，向勘探分公司等单位劳务输出632人，创收3 553万元，有效盘活人力资源。③承包经营走出探索一步。制定实施《支持保障辅助业务承包经营工作的指导意见》，分专业统一内部结算价格体系，逐步完善配套政策，引导鼓励承包单位自主经营、自我发展，13家承包经营单位全部实现减亏止亏；钻前、机修、通用车辆业务整合同质单元，集中承包经营，减少科级单位5个。

（冯文孝）

【基层基础不断夯实】 2018年，中原石油工程公司坚持以现场为中心，以基层队为核心，完善制度措施，从严从实管理，生产经营有序有效。①绩效考核持续加强。突出效益导向，利润指标实行完成率、增长率、贡献程度一体化考核。坚持公平公正，考核分配向基层一线、创效单位和关键岗位倾斜，员工收入实现有效增长，充分激发一线队伍创效活力。②装备结构持续优化。聚焦市场需求，升级改造5部电动钻机，更新补充顶驱等主要设备35台，租赁急需设备96台，共享调剂闲置设备37台，较好满足市场需求。加快老旧设备淘汰处置力度，处置报废设备1 696台。加强设备标准化管理，分钻机类型统一配置标准，装备本质化安全得到加强。③“三基”工作持续巩固。完成12个主要专业的“两册”编写，与“三标”班组建设同步运行。开展金银牌队创建，2支基层队被评为集团公司金牌标杆队。推行“线上＋线下”培训模式，开展平台经理、班组长培训17期，培训805人；加强现场培训和岗位练兵，培训一线员工2.4万余人次。在集团公司网络安全技术比武中获个人金奖1项、团体第2名；在集团公司井下特种作业专业技术比武中，取得2金、1铜的好成绩。④HSSE管理持续强化。采用理论考试、现场检查和业绩评价等方式，对国内4 681名干部开展HSE履职能力评估。推进“三项行动”，创建“三个示范”，75支基层队、98个班组和177个岗位通过验收。针对事故多发和人员不足问题，制定超常规措施，严控队伍规模，优化队伍及市场结构，解散8支钻井队。开展制度执行和现场隐患“双十查”，明确“三严格”“六不开工”要求，配齐岗位人员，严格“三班两倒”，强化生产组织，开展健康评估，夯实一线安全基础。两级机关346名干部深入基层督导安全生产，打通联系服务基层的“最后一千米”。

（冯文孝）

【技术支撑有效发挥】 2018年，中原石油工程公司承担国家及集团公司项目17项、石油工程公司课题43项，获集团公司科技进步奖1项、石油工程公司科技进步奖9项。①强化关键技术应用。在顺北顺托实施优快钻井关键技术，机械钻速提高45%；在松科2井应用超高温水泥浆体系，创集团公司水泥浆抗温最高纪录；在焦石坝实施页岩气随钻解释及产能预测技术，解释符合率高达86%；自主研发的高温高压泵送桥塞坐封技术，打破国外技术垄断；全可溶桥塞压裂技术取得突破，完全消除连续油管钻磨的风险。②强化区域提速提效。实施区域一体化管理，瞄准瓶颈难题，开展攻关研究，固化提速模板，文23储气库机械钻速提高9.5%、西北市场提高10%、冀东市场提高21.4%，焦石坝在完井井深增加473米的情况下，钻井周期缩短7.83天。累计打破中国石化纪录12项，创区域高指标57项。③强化故障复杂预防。定期召开故障复杂分析会，制定预防处理“双十条”，完善特殊工具操作规程，故障多发势头有效遏制。开展油基钻井液防漏堵漏专项攻关，堵漏一次成功率提升 6.35%。落实重点井井控风险月评估、日汇报制度，建立区域井控专人负责制，确保井控安全。④强化科技成果转化。59 项科技成果成功转化，创效 7 700 万元，5 项科技成果通过集团公司鉴定，其中钻井助剂分子设计方法及产品研制整体达到国际领先水平，混合动力新型节能钻机的研制及应用整体达到国际先进水平。获授权国家专利 82 件、增长 11.08%，其中发明专利授权 26 件、增长 36.84%。

（冯文孝）

2018 年 9 月 23 日，塔里木分公司 70163 钻井队征战塔河（庄新磊　摄）

【**竞赛促提质增效**】 2018 年，中原石油工程公司开展“四比四创”主题活动，统筹推进“当好主力军、奉献在岗位、建功‘十三五’”竞赛、争创金牌队、工人先锋号、青年文明号和女职工建功立业示范岗创建等活动，突出效益、收入、市场开拓，突出横向可比性，开展“四比四创”流动红旗擂台赛，发布流动红旗排名榜。加强学习创新工作室、技师工作站等群众性创新团队建设，形成共谋发展、争创一流的生动局面。打破集团公司纪录 12 项，创区域高指标 57 项，1 个基层单位被评为集团公司先进集体，4 个基层队被授予石油工程公司工人先锋号称号，2 个工作室被授予石油工程公司劳模（技能人才）创新工作室称号，在集团公司业务竞赛中获得 3 金、1 铜和 1 个团体第二的好成绩。

（冯文孝　缪小红）

【**党的建设不断加强**】 2018 年，中原石油工程公司认真贯彻落实新时代党的建设总要求和集团公司党组“党建质量提升年”有关部署，加强和改进党建思想政治工作，着力把政治优势转化成企业核心竞争力。①突出政治引领。深入宣贯习近平新时代中国特色社会主义思想和党的十九大精神，开展“四比四创打赢扭亏脱困决胜战”“万里征程万里行”系列宣传报道，深化“转观念、勇担当、促改革、创效益”专题讨论，强化形势任务教育，加强意识形态管理，统一思想、凝聚共识。②强化党建保障。成功召开公司一次党代会，深化“四好”领导班子创建，推进人才强企工程，深入实施基层党组织“组织力提升工程”，深化标杆党支部创建，基层党支部达标率 100%。坚定不移地正风肃纪反腐，用足用准用好监督执纪“四种形态”，营造风清气正、干事创业的政治生态。③深化和谐建设。开展“走基层、访万家”和“走基层、访青年、寻找最美青工”活动，实施 EAP 计划和外部市场“员工关爱行动”，发放慰问金、救助金 449.4 万元。坚持用群众工作统揽信访稳定工作，员工队伍保持总体稳定。

（冯文孝）

【**宣传思想文化工作不断深化**】 2018 年，中原石油工程公司以“打赢扭亏脱困保市决胜战”为主题，全面深化宣传思想文化工作，为公司持续有效和谐发展提供思想保证、精神动力和文化支撑。①创新中心组学习方式，探索建立全公司“一体化”+“个性化”学习形式，共享学习资源。公司层面举办党的十九大精神专题培训班 3 期，基层举办培训班 359 个，培训 10 928 人。②深化形势任务教育，编发宣讲材料 5 期；持续开展“转勇促创”专题讨论，集团公司“转勇创”简报专刊交流公司典型经验。③扎实推进政研课题研究，完成政研成果 40 篇，2 篇政研成果获集团公司优秀成果奖。④强化新闻宣传工作，建立 350 余人的通讯员队伍，深入开展“万里征程万里行”大型采访，宣传报道外部市场 16 个项目 40 多支基层队；全年在《中国石化报》等以上媒体发稿 1 300 多篇，编发微博微信 800 余条；积极参与《中国石化在河南》集中宣传推介工作，中央电视台《走遍中国》播发对李忠寿专访，参与的《石化油服：锻造品牌、淬炼国之利器》系列报道入选集团公司一季度优秀对外新闻宣传报道。⑤推进企业文化建设“六个一”工程，完善公司宣传片、画册资料，编发《铁军雄风》文学集、《铁军》专刊4期。收集整理公司层面4名重大典型和32名重要典型线索，广泛学习各类典型群体先进事迹。

（袁旭光）

表1　中原石油工程公司主要技术经济指标　亿元

指标名称＼年份	2018	2017	2016	2015	2014	2013
工业总产值	103.40	76.07	69.12	91.52	106.81	121.35
工业增加值	41.11	13.92	8.39	51.82	60.66	58.14
资产总计	108.63	96.31	121.66	137.81	142.39	128.37
流动资产	60.62	48.09	69.03	80.77	82.19	71.67
固定资产原值	105.02	105.17	105.93	105.05	99.72	94.93
固定资产净值	37.51	39.71	42.74	46.61	47.95	47.97
销售收入	103.40	76.07	69.12	91.52	106.81	121.18
实现利税	1.76	−21.84	−31.7	4.43	14.94	11.41
税　金	3.17	4.64	3.24	6.19	10.81	7.83
综合能耗/吨标煤·万元$^{-1}$	0.384	0.388	0.395	0.392	0.408	0.42

表2　中原石油工程公司主要生产建设指标

指标名称＼年份		2018	2017	2016	2015	2014	2013
钻　井	开钻/口	726	649	509	598	813	923
	交井/口	677	638	518	604	816	953
	钻井进尺/万米	216.23	190.92	165.80	197.11	238.60	279.82
	海外大修井/口						
	开　工	199	240	220	232	267	246
	完　工	205	237	216	233	266	240
测录固井	测井/井次	2 891	2 454	1 763	1 992	4 528	4 722
	射孔作业/井次	1 785	1 214	1 348	2 352	3 106	2 985
	录井/口	284	297	169	280	465	419
	固井/井次	1 796	1 374	1 062	1 892	2 005	
井　下	维护作业（小修）/井次	452	674	686	539	480	744
	措施作业						
	压裂/井次	205	136	185	177	359	636
	酸化/井次	42	41	31	55	84	123
	大修/井次	53	49	2	29	139	278
	侧钻/口	27	1	1	1	34	42

江汉石油工程公司

【概况】 中石化江汉石油工程有限公司（简称江汉石油工程公司）于 2013 年 1 月 19 日挂牌成立，是石油工程公司的全资子公司，本部位于湖北省潜江市。业务涵盖钻完井、测录井、井下作业、环保工程、特种运输、海外石油工程及国际贸易等领域，具备石油工程井筒业务设计施工一体化服务能力。施工队伍分布于湖北、重庆、四川、山东、陕西、新疆、海南、吉林、河北等 10 多个省市自治区，以及南美、非洲、亚洲地区的 7 个国家。

江汉石油工程队伍从 1958 年进入江汉平原开展石油勘探开始，历经 60 余年发展，先后在江汉、河南、中原、胜利、辽河、青海、大港、长庆、华北、东北、塔里木、塔河、川东北普光元坝、鄂西渝东建南、涪陵等油气区开展工程施工服务，创造和刷新多项施工纪录，积累形成以非常规页岩气、高温高压超深井、盐膏湖相（砂泥岩）岩性油藏等为代表特色技术系列。尤其是作为主力队伍服务涪陵国家级页岩气示范区建设，勘探开发保障能力、企业管控能力、创新创效水平得到全面提升，发展成为国内页岩气工程技术系列比较齐全、国产化程度较高的石油工程企业，形成核心竞争力和品牌。江汉石油工程公司先后获国家科学技术进步一等奖、全国企业管理现代化创新成果一等奖、国家优质工程金奖等荣誉。

截至 2018 年底，江汉石油工程公司设 9 个职能部门、1 个直属机构和 7 个二级单位，用工总量 6 958 人，有工程施工和技术服务队伍 236 支。资产总额 43.27 亿元，有各类设备 2 234 台套，新度系数 0.42；拥有先进的 70 型系列步进式、轨道式钻机，750 型系列修井机，3000 型压裂车组，450 型连续油管作业机，快速平台数控测井仪，高温高压井下测试工具等技术装备，以及自主研发的桥塞、封隔器、牵引器等特色石油工程工具系列。

江汉石油工程公司主要经济指标和主要生产建设指标分别见表 1 和表 2。

（徐　强）

【生产经营指标大幅增长】 2018 年，江汉石油工程公司累计完成钻井进尺 81.4 万米、测井 1 929 万标准米、录井 77.2 万米、井下作业 1 789 井次、试油气 742 层段，全面完成下达的工作目标；主要效益指标大幅增长，实现营业收入 43.86 亿元、增长 18.5%，利润 1.33 亿元、增加 1.27 亿元，绩效考核在石油工程公司所属地区公司中排名第一。

（徐　强）

【获得多项荣誉】 2018 年，江汉石油工程公司“实现百亿方产能的国家级页岩气示范项目工程建设管理”获第 25 届全国企业管理现代化创新成果一等奖。作为主要施工总承包的“涪陵页岩气田焦石坝区块一期工程产能建设”项目获 2018—2019 年度国家优质工程金奖。党建工作被集团公司评定为 A 档，连续 4 年获评集团公司财务管理先进单位，获评集团公司第 3 批创新型企业，获集团公司环境保护先进单位、环境保护先进单位、法治工作 A 级企业、关心下一代工作先进集体及石油工程公司审计工作先进单位等称号。在集团公司石油工程板块业务竞赛井下特种作业专业技术比武中获得 2 金、2 银、2 铜和团体第 1 名。

（徐　强）

【提速降本增产成效显著】 针对井深增加、复杂井增多、水平段增长、施工难度增大，材料普遍涨价、提速提效投入增加与结算价格持续下浮的突出矛盾，成立 23 个提速降本增产增效项目组，以提速为手段、降本为核心、增产增效为目标，全力保障页岩气勘探开发；涪陵工区与 2013 年产建初期相比，老区平均钻井周期控制在 60 天左右，降幅约 40%；单井结算费用降低 25.3%；工程质量保持稳定。在顺北工区，累计获甲方提速提效奖励 5 次，获奖金额占比 71.2%，成为工区内获甲方奖励井次最多、获奖金额最高的单位。在江汉油田老区，对大庆 130 钻机改造升级，推广应用新工艺新技术，钻机月速提高 12%。

（徐　强）

【市场开拓实现增收增效】 2018 年，江汉石油工程公司新签合同额 41.79 亿元，集团外收入占

28.87%，超额完成新签合同额40亿元的考核指标。做强做优西南市场，累计实现收入25.88亿元，增长53%。积极拓展川渝地区页岩气市场，涪陵外页岩气市场中标合同额超6亿元，形成新的规模市场。巩固扩大西北市场份额，实现收入6.05亿元、增长33.8%，用28%的钻井队伍完成顺北工区33%的钻井工作量；井下测试完成塔里木油田中秋1井施工，助力发现千亿立方米级气藏勘探突破。海外市场注重风险防控，强化项目管理，厄瓜多尔、阿根廷、哥伦比亚等老市场实现合同续签，巴基斯坦项目钻机由1部增至3部，扩大了市场规模。

（徐　强）

【特色业务实现规模化发展】 技术服务业务保持高速增长，全年实现收入15.44亿元、增幅28.4%，累计发展特色队伍30支，形成以环保、多级射孔、牵引器测井、连续油管为代表的多个亿元级收入规模的特色业务。其中，环保业务在保障涪陵页岩气田生产运行同时，进入新疆拜城、鄂西、中国石油浙江油田市场；多级射孔进入中国石油四川、新疆和中国地质调查局等市场，实现收入超过0.8亿元；连续油管形成10支队伍规模，累计创收1.4亿元。

（徐　强）

环保业务进入新疆市场 （杨海军　摄）

【改革调整激发发展活力】 加快业务结构调整，引导资源向设计与施工一体化服务聚焦、向产业链高端聚焦、向技术服务端聚焦，全年特色技术服务收入增幅高于传统业务22%。出台绩效考核管理办法，推行自下而上、上下联动的一体化绩效考核体系，绩效工资向创效单位和一线艰苦岗位倾斜。制订“三项制度”改革方案和行动计划，在辅业开展劳动用工试点，减少746人。

（徐　强）

【技术创新提升竞争能力】 搭建中石化石油工程页岩气技术中心、西北高温高压井下工具检测中心、中南地质科技创新中心三大创新创效平台。在研科研项目50项，申请专利36件，获授权专利33件、增长94.1%。获集团公司科技进步三等奖1项，石油工程公司科技进步一等奖4项、二等奖3项。一体化承包的鄂西页岩气地质调查科技攻关项目，入选全国2018年度地质科技十大进展，排名第一。钻井专业突破长水平段钻井、固井、井身结构优化等难题，刷新页岩气水平井钻井水平段最长3 065米纪录。压裂技术进步解决中深层页岩气分段压裂难题，实现丁山、大足等区块页岩气勘探突破。测录井专业定测录导一体化技术在涪陵工区推广应用，优质层钻遇率从84%上升至98.9%；牵引器功能拓展，配套形成牵引器射孔技术。

（徐　强）

用全套国内最先进的3000型压裂机组完成东页深1井施工，刷新5项指标，助力中国石化页岩气勘探在继涪陵、威荣页岩气田发现后又一个千亿立方米级增储上产阵地突破。图为东页深1井施工现场 （陈孝平　摄）

【企业管理持续提升】 强化在建项目管理，193个完工结算钻井项目全部盈利。推行全员目标成本管理，管理费用、财务费用分别下降12%和83%。成立11个挖潜增效项目组，超额完成总部挖潜增效指标。坚持依法合规经营，合同管理连续3年保持石油工程公司前列。注重审计质量和模式创新，获评石油工程公司2018年度审计工作先进单位。推进信息化建设，ERP和财务共享顺利上线运行，实现全业务流程高效管理。

（徐 强）

【党建政治优势充分彰显】 突出管党治党责任，源头参与重大决策，制定党建工作整体规划，公司党委被评为湖北省国有企业先进基层党组织。突出能力提升，选送 4 批次干部到基层一线和地方及相关企业挂职锻炼。开展执行力专项整治，出台年轻干部培养选拔工作实施办法。推进人才强企工程，用工管理经验被石油工程公司发文推广。突出组织力建设，开展“基层党建深化年”活动，21 个优秀基层党组织工作经验得到推广，10 个基层党组织、50 多名党员受到上级表彰。突出党风廉洁建设，完善监督方法，选聘基层监督员 410 人，一批监督执纪好做法被石油工程公司转发推广。突出宣传思想文化工作，在中央级媒体刊播新闻 13 篇，在省部级媒体刊发新闻 173 篇。

（徐 强）

【全面推行承包经营】 2018 年，江汉石油工程公司按照做精做强主业、放开搞活辅业思路，出台《关于鼓励承包经营的指导意见》，在部分主业所有辅业单位实施承包经营，全年辅业承包经营单位实现利润 4 000 万元，增加利润 7 855 万元，其中运输公司作为石油工程板块首个专业单位实施整体承包经营见到较好效果，在石油工程公司辅助业务深化改革工作推进会上典型发言。

（徐 强）

【人才队伍建设取得实效】 2018 年，江汉石油工程公司大力推进人才强企工程，加快高素质、专业化人才队伍建设，强化技能操作人才培养，通过推行“互联网 +”培训模式，建立网络学习平台和考试平台，开展岗位技能大练赛，五大工区 844 名随机抽考人员一次性合格率 90.8%，推动人才培养制度化、规范化、常态化。全年，江汉石油工程公司 21 人次获全国、集团公司、湖北省等省部级以上工匠、技能大师、突出贡献专家、政府津贴和技术能手称号。

（徐 强）

石油工程板块业务竞赛在江汉石油工程公司举行（吴丽萍 摄）

【第一届党代会召开】 2018 年 6 月 27 日，中国共产党江汉石油工程公司第一次代表大会召开。大会审议通过党委工作报告和纪律检查委员会工作报告，选举产生中共江汉石油工程公司第一届委员会委员和中共江汉石油工程公司第一届纪律检查委员会委员。

（徐 强）

【中石化页岩气技术服务中心揭牌】 2018 年 7 月 5 日，中石化石油工程页岩气技术中心在江汉石油工程公司揭牌。该中心的成立是落实集团公司创新驱动发展战略、推动页岩气产业发展、加快页岩气工程技术集成的需要，主要聚焦特色发展、科技成果转化、提质增效等方面，旨在打造成为国内领先、国际先进的页岩气技术中心。

（徐 强）

【高温高压井下工具检测中心建成投入使用】 该中心于 2017 年 3 月 25 日开始建设，2017 年底基本建成，主要分三大功能区：高温高压功能区具备国内最高水平的试验条件（温度 260℃、液压 210 兆帕、气压 140 兆帕、载荷 350T），可对封隔器、桥塞等井下工具进行设计等级验证和信封曲线验证；流动测试功能区可模拟分析入井、替液等工况对井下工具的影响；常温气密检测功能区可进行井下工具的常温气密封检测和封隔器销钉的抽检。该中心符合 API 标准和 CNAS 认证要求。2018 年 8 月，江汉石油工程与中国石油天然气股份公司塔里木油田分公司共同投资建设的“高温高压井下工具检测中心”完成首次检测任务，标志着该中心建成并投入使用。

（徐 强）

【共建中南科技创新中心】 2018年11月4日，中国地质调查局中南地质科技创新中心在武汉举行揭牌仪式。江汉石油工程公司作为5家单位之一共建中南地质科技创新中心。该中心由中央机构编制委员会办公室批复，以强化地质调查、服务区域重大需求为目的，建设国家地质科技创新体系、培育科技创新人才，形成国际一流的页岩气勘查创新团队，促进南方复杂构造区页岩气地质理论、工程技术创新，为长江中下游页岩气勘探示范区年产100亿立方米产能建设提供支撑服务，推进国家重大战略和中南地区经济社会发展。

（徐　强）

表1　江汉石油工程公司主要经济指标　亿元

指标名称＼年份	2018	2017	2016	2015	2014	2013
实收资本	2.50	2.50	2.50	2.50	2.50	2.50
资产总额	43.27	52.99	71.38	56.22	60.14	48.80
流动资产	21.60	30.28	44.24	26.54	31.53	17.97
固定资产净额	19.10	20.47	25.10	27.05	25.34	26.27
负债总额	32.59	43.35	57.35	39.56	48.60	36.18
营业收入	43.86	34.46	39.08	53.38	60.86	57.38
利润总额	1.33	0.06	0.01	5.42	1.19	−3.15

表2　江汉石油工程公司主要生产建设指标

指标名称＼年份	2018	2017	2016	2015	2014	2013
钻　井						
开钻井 / 口	258	211	122	246	375	526
完成井 / 口	262	205	137	238	377	529
钻井进尺 / 万米	81.40	60.70	43.30	78.50	101.50	122.20
测录井						
测井 / 井次	940	827	638	1 086	1 492	1 710
录井 / 口	249	217	137	262	400	506
井下作业						
作业井 / 口	1 772	1 501	1 373	1 809	1 981	1 874
作业 / 井次	1 789	1 532	1 393	1 843	2 077	1 996
试油气 / 口	131	90	117	199	204	344
试油气层数 / 层	742	622	1 154	1 455	1 300	1 367

西南石油工程公司

【概况】 中石化西南石油工程有限公司（简称西南石油工程公司）隶属石油工程公司，于2012年12月21日由原西南油气田石油工程板块技术服务业务整合重组而成立。本部位于四川省成都市，机关设10个处室和2个直属机构，下属9家单位和1家派驻机构。主营钻井、测井、录井、固井、井下作业、钻前、钻井液、井控、环保、热力供暖、特种汽车运输、油气田地面建设、管具加工等业务，具有油气工程技术服务完整的业务链，享有独立的对外经济贸易和承包工程经营权，是国内国外业务一体化的专业化公司。

截至2018年底，西南石油工程公司用工总量8 631人，其中合同制员工4 609人、规范劳务派遣业务外包用工3 022人，海外外籍员工和自聘中方员工1 000人。合同制员工中，管理序列998人、专业技术序列1 613人、技能操作序列1 998人；具有正高级专业技术职务的18人，副高级专业技术职务的542人，中级专业技术职务的1 037人，初级专业技术职称的878人。各类技术与施工队伍232支，其中具有中国石化甲级队资质96支、乙级队资质109支，中国石化金牌标杆队1支、金牌队11支、银牌队17支。共申请专利211件、其中发明专利60件，已获授权146件（发明专利20件）。设备资产原值55.17亿元、净值21.25亿元；设备在册总台数11 616台（套），主要专业设备1 775台（套），其中钻机76台套、修井机24台（套）、压裂车（撬）40台（套）（其中2000型8台，2500型26台）、测井设备101台（套）、录井设备179台（套）、起重搬运机械151台（套）。能承担9 000米及以下钻井施工、井下作业、测录固井等相关工程，具备年钻井100万米进尺作业能力。发展形成深层高酸性气藏、致密油气藏、页岩气3套勘探开发工程一体化服务集成技术，为普光气田产能建设、元坝气田40亿立方米酸性气投产、川西致密气53亿立方米产能建设、川西海相、威荣页岩气田发现及胜利油田、西北油田分公司增储上产做出重大贡献。

2018年，西南石油工程公司主动谋全局、干实事，不等不靠，负重奋进，用革命性举措推进深化改革、扭亏脱困保市，各项工作在一个新的发展起点上、在克服困难中取得较好成绩，呈现出经营成果持续向好、队伍士气高昂、安全稳定的良好发展态势，全面完成年度目标任务。全年完成钻井进尺75.82万米，增加9.64万米；实现收入40.74亿元，增加3.86亿元，为年计划的107.2%；实现利润1.11亿元，为年计划的111%。

西南石油工程公司主要技术经济指标和主要生产建设指标分别见表1和表2。

（何　成　张　润）

【领导班子调整】 2018年11月9日，西南石油工程公司召开领导班子扩大会议，集团公司人事部有关领导宣读集团公司党组任命文件：江旭任西南石油工程公司副总经理（按大Ⅰ型企业副职管理）、党委委员。

（何　成　张　润）

【天然气大发展工程建设主力军作用充分彰显】 2018年，西南石油工程公司深入贯彻落实习近平总书记关于加大国内勘探开发力度重要批示精神和集团公司天然气大发展战略各项部署，充分认识到扭亏脱困和增储上产都是政治任务，始终把支撑各油气田规模增储上产作为第一要务，全年累计新签合同额52.59亿元，完成年计划的131.48%；完成合同额38.59亿元，完成年计划的104.3%。在西南市场强化“一盘棋”思想，注重机制协调，全力推进石油工程提质提速提效，最

威页23号平台施工现场

大程度组织力量保障威荣页岩气产能建设、川西海相和中浅层勘探开发，为四川盆地探明千亿立方米级深层页岩气和西南油气田天然气产量突破60亿立方米做出突出贡献。西南钻井市场份额达85%，进尺增长28%，实现互利共赢、共同发展。威荣页岩气钻井周期不断缩短，全年共承接威荣区块8个平台48口井的施工任务，累计进尺9.75万米，大包井钻井周期缩短至82天。

（何　成　张　润）

【国内市场保持稳中有升】 2018年，西南石油工程公司坚持市场为主导，西南、西北、临盘等传统主力市场巩固发展，抓住顺北上产有利时机，积极占领高效市场，西北市场中标17口井，完成钻井进尺9.48万米、增加0.33万米，钻机利用率81.64%、增长33.1个百分点，测录固专业工作量稳中有升，井下高压测试队伍成功进入顺北市场，开展高压井测试施工、打捞业务；在临盘工区获得井位156口，增加30口，其中临盘采油厂145口、市场占有率为87%，勘探管理部8口、市场占有率100%。积极投标临盘油田老井侧钻项目，并中标2口井，实现临盘市场老井侧钻业务的突破；主动与临盘采油厂洽谈合作，承揽井下修井固井业务，配合小套管固井及井下修井封堵10口井，实现收入200多万元。临盘工区全年完成钻井进尺29.8万米，增加3.45万米。同时以技术和低成本攻坚新区和新兴市场，成功拓展中国石油西南页岩气、大庆油田西南矿权流转区、长城钻探、川庆钻探等市场，实现全产业链进入中国石油市场，外部市场收入实现翻番首超2亿元。大力拓展产业链，以西北冬季煤改气供暖为契机，对处理站放空天然气进行回收加工成液化天然气对外销售，成功开展LNG业务和承包西北供暖业务。形成LNG生产销售、专利研发产品、钻机预防单吊环装置、高温缓蚀剂等新的经济增长点。

（何　成　张　润）

【国外市场发展结硕果】 2018年，西南石油工程公司采取有力措施加强海外市场开拓，严格把控信息筛选、投标立项、投标团队组建、风险分析、财税策划、实施方案、报价策略等投标各个主要环节，投标风险得到有效控制。全年跟踪项目20个，组织投标7个，中标5个，涉及钻修井、测试、固井、录井、完井、泥浆、压裂等专业。厄瓜多尔市场先后启动5台钻机；科威特市场中标7台钻修井机5+1年合同，合同金额达18亿元，进一步巩固科威特项目的整体竞争优势。海外完成钻井进尺12.42万米，增加2.02万米。

（何　成　张　润）

【全面深化改革取得新突破】 2018年，西南石油工程公司贯彻落实集团公司、石油工程公司深化改革总体部署，压实深化改革主体责任，细化完善改革方案，扎实推进专业单位整合重组、“三定”、主辅业务分离、压减过剩产能、人员分流安置、闲置资产减值处置等工作。顺利完成6家专业经营单位整合重组，专业经营单位从12家减少为9家，钻井公司从5家减少为3家，专业化能力更加突出，实现改革与生产两不误，确保生产经营稳定、队伍稳定、安全稳定。大力压扁管理层级，组织架构更加精干，构建“公司—专业经营单位—基层队”管理架构，专业经营单位机关科室和直属机构从158个压减到89个，减幅44%。大力推进“瘦身健体”，体量规模更加合理。大力推进主辅分离，业务线条更加清晰，辅业队伍从22支压减为11支，全部实施承包经营，辅业队伍全部盈利，实现利润2 327万元；强化区域统筹，完善装备盘活机制，加强物资集中管理，有效激活内部资源，集中共享装备352台套，调剂钻机2台、其他设备7台套；钻机利用率63.8%，增加3个百分点，停待减少3 128天。完善绩效考核，激励作用持续发挥。新修订绩效考核办法，公司机关、经营单位、基层队、员工4个层级的考核体系不断完善，推行单井单项目考核全覆盖，加大工效挂钩考核力度，处级干部年度薪酬差距达35%。

（何　成　张　润）

【安全环保态势平稳】 2018年，西南石油工程公司认真贯彻习近平总书记有关安全生产重要讲话精神，牢固树立安全生产红线意识，严格执行集团公司和石油工程公司各项HSSE工作部署，强化领导干部引领力的充分发挥，以作业现场安全风险管控为核心，以基层单位HSSE体系建设为重点，以安全生产月和万里行活动为载体，扎实开展基层单位安全“三基”建设，严格各项 HSSE 目标任务的监督执行，强“三基”、反“三违”，持续加强现场 HSSE 管理和监督检查，强化高风险作业安全风险管控和特殊时期安全管理，全面开展 HSSE、井控、防洪防汛、设备等专项检查和反思警示教育，未发生重大安全生产和环保责任上报事故，保持生产经营的安全平稳发展态势。连续获集团公司、石油工程公司环境保护先进单位称号。

（何 成 张 润）

【项目管理创效水平持续提升】 2018 年，西南石油工程公司牢固树立“生产经营以财务管理为中心”和“把项目管理做实”的理念，构建项目管理“五大支持保障体系”，项目管理机制逐步完善，涵盖决策管理、项目运行、预算核算、项目分析、经营考核、责任追究六大体系的关键节点和全过程管控方法，储备 15 名项目经理人才；核心业务领域实施单井考核、单项目管理，重要市场“一体化统筹、项目部运营、分级管控、利益共享”的体制机制日趋成熟。强化资金管理，狠抓项目结算，严抓“两金”清收，资金管理创效成果显著。规范津补贴，加强机关工作经费管控，统筹清理土地房产，从严控制非生产性费用支出，成本费用持续压减。全年，有工作量钻井项目 245 个，平均利润率 20.5%，已完井结算项目 168 个，全部盈利。实现挖潜增效 2.78 亿元，完成下达目标 2 亿元的 139%。

（何 成 张 润）

【工程服务保障能力持续增强】 2018 年，西南石油工程公司开展川西海相深井提速、页岩气井高效开发、超深井测试及储层技术改造等研究，发挥系列集成配套技术优势，提升重点区块高效开发保障力，刷新 40 多项工程新纪录。顺利完成川深 1 井施工，完钻井深 8 420 米，对探索四川盆地超深天然气资源具有重大意义；鸣玉 1 井实施 3 000 立方米超大规模酸压创中国石化纪录；顺北鹰 1 井四开测井井深 8 400 米，一次性成功完成定向井测井施工，突破西北工区第一测井深度。积极开展酸性气技术研究和重点实验室建设，逐步将技术服务业务向钻井工程研究院集中，做优做精技术服务，主营业务实现特色化、专业化发展。钻井工程优质率 82.4%，创历史新高；钻完井周期缩短率 3%；固井、测井优良率分别为 99.4% 和 96.5%，井下、录井优良率 100%。科技项目验收一次通过率 100%，2 个集团公司项目成果整体达到国际先进水平。

（何 成 张 润）

鸣玉 1 井酸化压裂施工现场

【党建优势转化成效显著】 西南石油工程公司党委始终坚持把政治建设摆在首位，深入学习习近平新时代中国特色社会主义思想，抓牢理论武装，“四个意识”“四个自信”更加坚定，“两个维护”更加自觉。成功召开西南石油工程公司第一次党代会，立项研究党建工程融入石油工程的系统操作指南，加强海外党建工作，党建工作更加规范。强化基层支部在“三基”、安全环保等工作中的促进作用，基层能力得到提升，确保稳定的安全环保业绩。动态开展员工思想调查，促进员工观念转变，统一思想，激发干劲，保障改革重组平稳推进、生产经营任务全面完成。严格落实党风廉洁建设两个责任，督促领导干部落实“一岗双责”，切实维护良好的政治生态。信访维稳工作在务实推进中持续见效，创新思路解决历史遗留积案，久拖未决的 300 名计划内临时工群体社保问题得到解决，信访件降到历史最低，确保大局稳定。

（何 成 张 润）

【队伍建设取得新的进步】 切实加强班子建设、干部队伍建设、员工队伍建设，畅通人才队伍通道，构建起支撑企业发展的三支人才队伍。扎实开展“在‘三基’工作中充分发挥党支部作用”“进一步纠正‘四风’加强机关作风建设”和“决胜扭亏脱困保市”主题活动，劳模创新工作有力推进，召开劳模表彰大会，一大批劳模、先进集体和个人涌现出来。湖南钻井分公司 SP21 队在科威特以过硬的专业技术和安全效率的优异成绩，创造了“中国速度”，彰显了中国石化优秀示范标杆队伍的“明星效应”。成功召开西南石油工程公司第一次团代会，举办青工政治轮训，2 人在集团公司第 7 届外语风采大赛中获一等奖和“才艺之星”称号，创历史最好成绩，青年员工作用发挥突出。

（何　成　张　润）

表 1　　西南石油工程公司主要技术经济指标　　亿元

指标名称 \ 年份	2018	2017	2016	2015	2014	2013
工业总产值	40.74	36.88	30.92	38.00	53.77	61.45
工业增加值	15.12	11.54	6.05	14.44	21.33	17.87
资产总计	51.15	57.84	65.81	73.86	83.94	88.33
流动资产	24.09	28.66	34.77	41.34	52.39	54.97
固定资产原值	56.96	56.87	57.24	55.72	50.91	51.08
固定资产净值	23.13	25.07	27.32	28.57	27.30	28.56
销售收入	40.75	36.88	28.18	37.64	54.34	66.24
实现利税	1.55	–2.39	–6.25	4.08	10.09	11.68
税　金	0.44	0.49	0.41	2.86	5.54	9.13
综合能耗 / 吨标煤・万元 $^{-1}$	0.241	0.243	0.248	0.240	0.250	0.262

表 2　　西南石油工程公司主要生产建设指标

项　目 \ 年份		2018	2017	2016	2015	2014	2013
钻　井	开钻 / 口	273	221	183	239	334	379
	交井 / 口	235	221	191	237	264	398
	钻井进尺 / 万米	75.82	66.18	55.80	70.41	101.18	113.53
	完工口数	59	225	279		130	
测　井	测井 / 井次	673	735	528	688	1 147	1 373
	射孔作业 / 井次	45	362	301	433	719	676
	测井标准米 / 万米	1 845.62	1 963.77	1 224.59	1 635.75	2 989.58	

续表

项目		2018	2017	2016	2015	2014	2013
录井	录井/口	198	192	150	216	351	445
	录井进尺/万米	69.40	59.53	45.85	54.13	95.12	258
井下	维护作业（小修）/井次	156	185	217	171	122	
	措施作业/井次						
	压裂	150	89	81	126	244	353
	酸化	20	19	12	24	45	59
	大修	39	77	31	156	173	164

华东石油工程公司

【概况】 中石化华东石油工程有限公司（简称华东石油工程公司）为石油工程公司的全资子公司，设有江苏钻井分公司、六普钻井分公司、测井分公司、录井分公司、工程技术分公司、科技发展分公司 6 个专业经营单位，总经理办公室、经营管理处、安全环保处等 10 个机关部门和物资管理中心 1 个机关直属机构，公司机关设在南京。

截至 2018 年底，华东石油工程公司用工总量 6 089 人，其中合同制员工 4 136 人、派遣制员工 12 人、合资公司用工 1 675 人。拥有各类石油工程专业队伍 160 多支，其中钻井队 64 支、测井队 29 支、录井队 58 支、固井队 6 支、井下作业 7 支。有金牌基层队 9 支、银牌基层 12 队支。资产 35.05 亿元，设备资产原值 34.76 亿元、净值 13.03 亿元，新度系数 0.37。国内市场主要分布在江苏、安徽、新疆、重庆、四川、吉林、海南、陕西等省市；国外市场主要分布在阿尔及利亚、厄瓜多尔、泰国、玻利维亚、科威特、加蓬等国家。

2018 年，华东石油工程公司认真贯彻落实集团公司、石油工程公司工作会精神，以打好拼市场、抓改革、创效益“三大战役”为重点，积极应对风险挑战，全力抢抓机遇，工作量、收入、利润等主要指标明显增长，保持较好的发展态势。全年累计实现收入 23.37 亿元，增长 2.52 亿元，增幅 12%；利润 -2.31 亿元，账面减亏 8.53 亿元，实现主业扭亏。

华东石油工程公司主要经济指标和主要生产建设指标分别见表 1 和表 2。

（杨天梁）

【领导班子调整】 2018 年 3 月 30 日，华东石油工程公司召开干部大会，宣布领导班子调整决定：吴叶成任华东石油工程公司执行董事、总经理、党委副书记。12 月 26 日，华东石油工程公司召开领导班子扩大会，宣布领导班子调整决定：叶传华任华东石油工程公司党委副书记、纪委书记、监事，并为华东石油工程公司工会主席人选；免去全宏研华东石油工程公司党委副书记、纪委书记、工会主席、监事职务，任调研员。

（杨天梁）

【拓市创效取得突破】 2018 年，华东石油工程公司面对严峻的市场形势，压实拓市创效主体责任，全力以赴创收创效。①提升市场开拓成效。在集团内部市场，全力保障勘探开发，华东油气分公司南川市场份额稳步提升，与东北油气分公司形成深度战略合作。全年集团内部市场实现收入12.94亿元，增加1.85亿元，增幅16%。在集团外部市场，巩固传统的海南等市场，进入中国石油南方页岩气市场并形成一定规模，全年集团外部市场实现收入3.30亿元，增加2 553万元，增幅8%。在海外市场，优化市场布局，严控各类风险，加大市场开拓，全年海外市场实现收入7.12亿元，增加4 157万元，增幅6%。②完善市场管理机制。深入推进以项目管理为核心的六大制度体系建设，出台《公司石油工程项目亏损责任追究实施细则》等制度，成立公司市场综合管理领导小组，调整完善公司市场开发、生产运行部门职能和管理模式，形成统一的市场开发指导、监督、评价管理机制。③延伸拓展业务领域。积极推进压裂业务，全年压裂业务实现收入9 043万元；全力做好泵送桥塞射孔业务，全年实现收入2 700万元；大力推进信息、油气增产服务等业务发展，全年签订合同1 038万元，实现收入650万元；组织123人次到金坛注采、上海海洋石油、矿开元明粉、江苏石油分公司等单位进行劳务输出和业务承揽，实现收入1 751万元。

（杨天梁）

【深化改革扎实推进】 2018年，华东石油工程公司认真贯彻落实集团公司改革管理工作部署和石油工程公司深化改革研讨会精神，抓住突出矛盾和结构性问题，定向施策，精准发力。①持续推进内部重组。优化整合钻井业务，推进国际钻修井业务实行项目化运营，补足资源支撑短板，增强海外业务发展后劲。②优化整合生产辅助同质业务。完成机修、油服、管具等同质业务的整合，组建管具公司、机械公司和地面工程公司。同时在3家整合后的生产辅助单位率先试点“三项制度”改革，激发了员工的积极性和创造性。③大力推进承包经营。除所有辅助业务实行承包经营外，在整建制二级单位录井公司试点承包经营，7家辅助业务承包经营单位全年减少用工825人，减亏7 304万元。④持续强化绩效考核。采取“1+N”模式，出台《月度工效挂钩考核细则》等6个配套制度，加大利润、收入、应收账款等关键指标的考核权重，强化单井全成本考核，提升考核时效，切实将绩效向贡献突出人员、创效单元、关键岗位和一线艰苦岗位倾斜。⑤持续完善管理架构。优化机关机构设置，对工程技术、装备管理、市场开发、生产运行等管理职能进行调整完善，提升了管理能力和管理效率。

（杨天梁）

【管理提升持续加强】 2018年，华东石油工程公司坚持苦练内功、强化管理，严防各类风险，最大限度推进管理增效和管理提升。①提升基层管理，分专业编制“基层队管理手册、岗位操作手册”和项目管理手册，制定专业经营单位、项目部、基层队3个层级、18个基层队种的考评标准。②抓实项目管理，严格追责问责，对2017年出现重大经营亏损的单井承担单位进行责任追究，切实让“不能亏、不准亏、不敢亏”真正落地。③狠抓“两金”清理，压实清收责任，签订清收责任书，应收账款回收率增加4.6个百分点，超额完成石油工程公司下达的目标。④加强资金管控，财务费用减少3 407万元，债务重组利得同比增加2 442万元。⑤高效推进ERP上线工作，完成ERP模板宣贯、业务场景测试、最终用户培训等多项工作任务，于8月8日按期顺利完成上线目标。⑥加强法律合同管理，强化重大决策法律审核把关，扎实开展法律风险排查处置，妥善处理各项法律纠纷，维护了公司的合法权益，保障公司依法合规经营。⑦强化全面风险管理，制定出台公司全面风险管理办法，完成公司权限指引57个控制点、108个节点的修订，确保生产经营平稳运行。⑧抓实HSSE管理，紧紧围绕“识别风险、消除隐患、防范事故”主线，认真开展“安全生产月”“安全生产万里行”和安全“三基”等活动，加强HSSE管理体系建设，加大HSSE风险管控，抓实HSE、井控自查和专项检查，保持HSSE形势的总体平稳。

（杨天梁）

【提质增效成效明显】 2018年，华东石油工程公司坚持以提升施工效率和服务能力为抓手，强化生产组织，突出科技攻关，推进提速提效。①创先争优成效良好。加大瓶颈难题攻关，着力提高施工效率和质量，各专业施工队伍创造多项施工纪录和优秀业绩，其中塔河 TK964 井刷新中国石化 4 500—5 000 米钻井周期最短、机械钻速最高 2 项纪录；焦页 196-5HF 井刷新南川工区 5 500 米以上井三开一趟钻完成进尺纪录；东北龙凤山区块三开水平井钻速较 2017 年提高 36.5%。②生产组织不断优化。加大生产组织协调力度，保证生产施工工序的有效衔接和生产组织的高效顺畅，对重点项目、重点井实行全程监控，确保生产运行的平稳有序，全年钻井生产时效提高 2.64 个百分点，停工时效降低 2.15 个百分点，故障复杂降低 49.8%。其中，厄瓜多尔项目 SINOPEC 156 队在斯伦贝谢公司二季度全球安全、质量、效率综合评比中获第 1 名；科威特项目 SINOPEC 984 队实现无损工时事故 2 周年，获科威特石油公司嘉奖；阿尔及利亚项目科学安排搬迁，搬迁天数节约 4.3 天，搬迁效率提升 37.8%。③科研攻关扎实推进。自主研发的高性能水基钻井液体系，在中国石油页岩气水平井 YS117H1-6 井首次成功应用；“环保型生物润滑剂的研制与应用”科研项目，顺利通过集团公司技术鉴定，技术整体达到国内领先水平。全年，公司承担集团公司项目 3 项、石油工程公司项目 15 项，公司立项 16 项；申请专利 19 件，获授权专利 22 件，其中授权发明专利 13 件。

（杨天梁）

【人才强企稳步实施】 2018 年，华东石油工程公司牢固树立“人才资源是第一资源”的理念，激发各类人才在扭亏脱困中施展才干、展现活力。①持续提升员工业务能力。成功举办公司首次业务竞赛，涉及石油钻井工等 7 个工种和钻井技术等 6 个专业的 185 名选手参加决赛，其中石油钻井工技能竞赛被江苏省总工会列为省部属企业十大技能竞赛之一。扎实开展员工培训，举办系统培训 21 个班、548 人次，HSE、井控、硫化氢、境外公共安全等安全取证培训 6 019 人次，选送骨干人才参加集团公司、石油工程公司、石油院校等专项能力提升 83 个班、157 人次，提升了队伍综合能力素质。②统一基本薪酬，规范津补贴管理。结合薪酬制度改革和津补贴管理的要求，严格把握政策界限，主动接受群众监督，制定公司统一基本薪酬和津补贴实施办法。③强化中层领导人员考核评价。突出量化考核，出台中层领导人员考核评价办法，修订中层领导人员退出现职管理办法，形成由上级考评、下级测评、职工群众参与的考核评价方式。④加大高层次专家队伍建设。出台专家选聘与考核管理细则等制度，开展首席专家、高级专家、专家、首席技师选聘工作。⑤积极做好一线技能操作人员灵活配置工作。根据队伍动用率逐步提高、生产一线人员阶段性短缺的实际，采取业务（服务）外包的方式，灵活配置人员 211 人，有效缓解一线员工队伍老化和生产人员紧张问题。

（杨天梁）

2018 年 9 月 18 日，江苏省部属企业职工石油钻井工职业技能竞赛暨华东石油工程公司首届业务竞赛开赛

【党的建设不断加强】 2018 年，华东石油工程公司以习近平新时代中国特色社会主义思想和党的十九大精神为指引，从严从实加强党建思想政治工作，充分发挥党组织把方向、管大局、保落实的作用。①抓实党的建设。突出党的引领，组织召开公司第一次党代会，分析当前形势与任务，明确下步的发展思路和目标，进一步统一思想，凝聚力量。认真贯彻落实集团公司“党建质量提升年”活动要求和组织人事工作会议精神，扎实开展公司 2018 年度党建工作考核与基层党支部建设工作调研，促进基层党建质量的提升。以党组巡视整改为抓手，坚持问题导向抓整改、抓提升，党建工作持续推进。②加强领导班子和干部队伍建设。强化领导干部能力提升，举办 2 期处级干部十九大精神轮训班，参学率 97.7%；积极采用竞争性选拔、公开招聘方式，促进优秀干部脱颖而出；认真组织各级干部对照《领导人员不担当、不作为、慢作为的十五种具体表现》开展突出问

题查摆整改工作，即知即改、立行立改，取得良好成效。③加强作风能力建设。聚焦扭亏脱困，组织公司各个年代员工开展“跨越时空话创业”宣讲活动，引领员工弘扬石油传统文化、发扬铁人作风，在员工中引发强烈反响；加强机关作风能力建设，开展机关工作写实、谈心谈话等工作，践行“马上就办”，打造精干高效的机关和富有战斗力的机关干部队伍取得实效。④加强党风廉洁建设。持续加强党风廉洁教育，通过组织观看教育专题片、参观警示教育基地、领导干部带头讲廉政党课等形式，筑牢拒腐防变的思想防线。推进主体责任及“一岗双责”落实，强化领导干部履行党建工作责任和运用“四种形态”，党员领导干部的廉洁自律意识得到增强。⑤加强和谐队伍建设。充分发挥工团妇等组织作用，积极开展先进选树、舆论宣传、慰问帮扶、劳动竞赛、文体比赛等活动，激发了干劲、凝聚了人心、鼓舞了士气。强化信访稳定工作，排查矛盾纠纷和不稳定因素，做好释疑解惑，解决员工实际困难，实现队伍总体稳定。

（杨天梁）

表 1　　华东石油工程公司主要经济指标　　亿元

指标名称 \ 年份	2018	2017	2016	2015	2014	2013
营业收入	23.34	20.84	15.26	9.48	14.28	15.81
利润总额	−2.13	−9.43	−9.88	−0.38	0.88	0.26
企业增加值	7.11	0.69	0.27	4.75	6.58	5.94
资产总额	35.05	27.12	32.14	13.79	15.61	17.09
利税总额	−1.71	−8.92	−9.38	0.48	2.30	1.95
海外市场收入	7.02	6.63	4.32	1.92	2.22	2.11

表 2　　华东石油工程公司主要生产建设指标

指标名称 \ 年份	2018	2017	2016	2015	2014	2013
钻井进尺 / 万米	71.48	73.95	46.49	29.11	33.59	31.51
测井 / 万标准米	3 120.69	3 048.49	2 172.02	1 365.33	2 634.13	3 498.10
录井进尺 / 万米	59.04	63.90	51.00	30.19	110.22	104.49

华北石油工程公司

【概况】 中石化华北石油工程有限公司（简称华北石油工程公司）是由原华北石油工程公司和原河南石油工程公司于 2016 年 3 月经过区域整合重组成立，是石油工程公司的全资子公司。本部位于河南省郑州市中原区。

截至 2018 年底，华北石油工程公司设中层机构 19 个，其中机关职能处室 10 个、机关直属部门 1 个、所属二级单位 8 个。二级单位职能科室 61 个（含油服 3 个），机关附属 9 个，项目部 37 个。拥有各类施工队伍 313 支。其中，中国石化内部市场225支，主要分布在河南油田分公司和华北油气分公司、西北油田、东北油气田等工区；国内外部市场53支，分布在陕西、河南、山西、内蒙古、新疆等9个省区市；国外施工队伍共35支，分布在尼日利亚、沙特、科威特、伊拉克、哈萨克斯坦5个国家。具有集团公司甲级队伍资质85支、乙级队伍资质155支、达标队资质34支、国际队伍资质37支；拥有集团公司金牌标杆队1支、金牌队17支、银牌队24支。共有固定资产10 220台（不含房屋和构筑物类），原值49.96亿元、净值18.48亿元，新度系数0.37。其中，主要专业设备1 612台（套），设备资产原值33.63亿元、净值11.79亿元，新度系数0.35。

截至2018年底，华北石油工程公司用工总数8 511人，较2017年末减少261人：合同制员工5 201人（其中在岗4 398人，不在岗803人），较上年末减少204人；合资公司用工2 460人，较上年末减少242人；社会化用工850人，较上年末增加185人。另外，海外当地用工586人。

华北石油工程公司主要技术经济指标和主要生产建设指标分别见表1和表2。

（台献民）

【生产经营】 2018年，华北石油工程公司实现收入39.33亿元，增长4.82%；实现考核利润7 126万元，完成年度预算的117%，增长4.18亿元。EVA经济增加值增加4.06亿元，所有者权益总额达20.1亿元，实现国有资产保值增值，为石油工程公司扭亏脱困保市做出贡献。

（台献民）

【市场开拓】 华北石油工程公司树立“市场决定生存”理念，抓牢市场生命工程，全力推进国内外部市场“四个转移”、国际市场“四大区域”战略落地。2018年累计中标项目224个，新签合同额45.48亿元、增长10.28%，完成合同额40.07亿元、增长6.8%，剩余合同额28.77亿元。进一步完善一切围绕市场转的体制机制，修订《市场开发决策管理办法》等配套制度，制定《外部市场开发奖励办法》，调动全员闯市场的积极性，累计56个外部项目获市场开发贡献奖，奖励金额128.75万元。在集团内市场与华北油气分公司、河南油田进行“一对一”服务，西北油田和东北油气田新签合同额、完成合同额稳中有升。国内外部市场“四个转移”战略取得突破，新签合同额增长80.22%，完成合同额增长79.43%，国内外部市场收入占公司总收入的9.28%、提升3.86个百分点。长庆市场动用钻（修）井队伍12支，新签合同额2.47亿元，提升170.54%；川渝地区页岩气市场签订6部钻机施工合同，在青海油田、延长集团、中国海油致密砂岩气、国家地质调查局以及盐碱、地热等非油领域市场累计新签合同额3.9亿元、增长48.1%。国际市场战略有效落地。沙特、科威特市场新签钻井合同12.9亿元，率先代表中国石化进入沙特气井市场，沙特市场硫化氢检测项目已中标“5+2”年服务合同，钻前工程、井筒清洁、连续油管项目扎实推进，产业链延伸取得积极进展。伊拉克市场与UCD公司达成全面合作意向，为格拉芙油田提供技术和管理服务进展顺利，与米桑油田签订3部钻机合同。国际市场经过优化，布局得到合理调整，“五大市场”握指成拳，努力打造国际市场半壁江山。

（台献民）

2018年10月21日，经过数轮艰苦谈判，伊拉克市场开拓正式签署钻井施工协议

【深化改革】 华北石油工程公司以效益为导向，将改革方案的各项目标安排到财务预算，体现到财务账面，倒逼深化改革各项措施落地，2018年实现改革增效6 493万元，有力助推公司扭亏为盈。①机构优化效益见账。按照“压层级、减机构、提效率、降费用”原则，持续优化机关部门及外派项目部，累计压减机关及附属机构13个、项目部11个，机关及项目部定员分别压减20%

和30%，机关机构费用占经营收入的6.53%，下降1.7个百分点。②辅业整体实现扭亏为盈。按照《承包经营指导意见》，坚持"一业一案，一队一策"原则，将辅业基层队优化整合为19支，全部实施承包经营，辅业用工由承包前的1 462人压减至933人，制定10项扶持政策，扩大承包方6项自主经营权，实现辅业放开搞活。③"三项制度"改革有序推进。编制《三项制度改革实施方案》，突出市场和效益导向，持续完善干部能上能下、用工能进能出、员工收入能增能减工作机制。完成《项目经理人管理办法》《外部市场总监聘任办法》、建立优秀青年人才库等22项重点改革任务，聘任首席总监2人、特级总监6人，激励干部担当作为。④考核导向作用有效发挥。以效益为导向，突出消灭亏损的硬要求，加大绩效兑现向创效单元倾斜力度。

（台献民）

【项目管理】 华北石油工程公司建立起"分级决策、事前算赢、过程严控和后期追责"的项目全生命周期闭环管理模式，全力消灭亏损项目。制定《项目管理工作推进方案》及6项配套办法，细化关键控制点及58个控制要件，分解落实三级项目管理责任主体，为抓实项目管理提供机制保障。过程管控得到加强，通过设置从基层队到机关的各层级成本中心，规范项目预算全过程管理，强化项目成本费用管控，提升项目精细化管理水平，促进项目经济效益的提高。建立两级联动过程管控机制，有效堵塞管理漏洞。项目管理取得初步成效，各专业新上项目全部盈利。

（台献民）

【科技创新】 华北石油工程公司加快核心特色技术攻关，推进技术成果转化。①品牌建设和技术进步取得新成效。公司致密油气技术被纳入石油工程公司井筒技术研发体系，中石化致密油气技术中心正式挂牌，郑州市致密油气工程技术研究中心顺利获批，全力打造致密油气技术品牌。累计获石油工程公司科学技术奖励7项，首次获科技进步一、二等奖；全年申请专利35件、获授权17件，均创历年新高。②瓶颈技术攻关创造多项施工纪录。顺北工区超深井优快钻井及配套技术、杭锦旗地区防漏堵漏技术等一批特色技术攻关取得新进展。"东胜气田钻井防漏堵漏工艺技术"顺利通过集团公司科技成果鉴定，整体技术水平达到国内领先，其中KPD堵漏技术达到国际先进。东胜气田一体化成套技术成功应用9口井，J58P32H井实现4个"一趟钻"；顺北鹰1井创造国内311毫米井眼钻深最深、同尺寸套管下深及固井最深等多项新纪录；DPF-203井刷新工区单井入井液量、单井注酸量、单段加酸量最大3项纪录。③科技引领取得可喜成绩。首次承担东海残雪油田CX-A10H井水平段尾管、涠4-1井固井技术服务，被评为优秀，获甲方贺信；Logik测井解释评价系统在中原工程、江汉工程等地区公司推广应用，取得良好效果；基于国家"863"计划开发的雷达成像测井仪，被列入集团公司科技部2019年论证计划。"深层多连通水平井钻井技术"在舞阳盐井市场高效完成JDD-17井、JDD-18井等多口井的连通任务，为稳固非油市场提供支撑。

（台献民）

【从严管理】 华北石油工程公司坚持眼睛向内强管理，夯实发展根基，持续提升低成本生存能力和依法合规经营水平。①基层建设向纵深推进。制订《2018年度基层建设年重点工作计划》，配套5项工作推进保障机制。通过"强支部、创效益、促发展"活动，打造坚强的基层战斗堡垒；完成"两册"编写及发布，标准化班组建设迈出新步伐；完善岗位《学习地图》，加快"学习华北"系统开发；推行设备管理"四个一"管理规范，促进基层设备管理"学习有内容、操作有标准、执行有依据、填写有规范"。基层建设工作获集团公司2018年管理创新成果三等奖、石油工程公司管理创新二等奖。②"两金"清理取得积极进展。强化领导挂牌督办的责任落实，成立6个专项清收组，对逾期1年以上且单笔500万元以上的应收款项和工程存货，加大督办力度，取得明显成效。2018年累计回收资金57亿元，资金回收率为84%，其中重点工程存货项目实现全额清收，保障生产经营正常运行。③成本管控效果明显。编制《全员成本目标管理实施方案》，分解落实9类、33项具体成本管控措施，实现控指标和管行为的双结合。2018年实现降本增效1 154万元，百元收入营业成本减少 5.29 元，下降 5.61%。④公司运行依法合规。坚持把依法依规治企融入公司改革和生产经营的全过程，完成 2018 版内控手册的更新配置，对 47 项业务流程 1 054 个控制点进行调整，更新完善风险库。

（台献民）

【生产运行管理】 华北石油工程公司强化生产运行管理，努力提速提效，有效支撑集团公司勘探开发。①装备资源优化盘活。统筹优化各工区装备资源，动态调整各市场队伍部署。升级改造钻机 4 部，盘活闲置钻机 8 台，全年钻机动用率达 65%，提高 4.9 个百分点。②服务质量持续提升。强化技术管理，落实关键井、关键环节、关键工序领导带班制度，降低井下复杂故障率，持续提升生产运行效率，确保施工质量优质高效。钻井井身质量、固井质量合格率及录井油气显示发现率均达 100%，测井曲线优品率 96.1%，解释符合率 87.6%，井下复杂故障率降低 0.81 个百分点。③集团内市场主力军作用有效发挥。在华北油气分公司市场完成钻井进尺 34.36 万米，占工区总进尺的 78.02%，钻井排名包揽工区前 7 名，在前 20 名中占 15 席；西北油田市场主动承担顺北区块重点井施工任务，做好生产运行应急保障，落实专家驻井指导，有效保障顺北 4 井、鹰 1 井等重点井安全优质施工，70192HB 钻井队综合业绩排名第一，压裂专业连续 14 年业绩排名第一。

（台献民）

2 月 19 日，西部分公司 90152HB 钻井队承钻的顺北鹰 1 井完钻井深 8 588 米，刷新亚洲纪录，成为亚洲第一深井

【安全管理】 华北石油工程公司聚焦领导干部安全引领力提升，聚力基层 HSSE 体系建设，从严从实考核问责，全力构建 HSSE 工作长效机制。① HSSE 责任有效落实。全员签订责任合同，层层签订目标责任书，严格落实主体责任；抓实主要负责人召开月度 HSSE 会议、月度重大风险隐患识别、重点井安全承包、讲安全第一课等相关要求，示范引领作用有效发挥。②基层队 HSSE 管理标准化建设稳步推进。确立岗位责任制标准化、现场操作标准化、现场资料标准化等 5 项实施方案内容，完成标准化基层队 HSSE 管理资料编发工作，举办基层 HSSE 管理标准化推进交流会，着力抓好基层队的执行和推广应用，标准化管理水平进一步提升。③现场安全管控从严从实。扎实开展“安全生产月”“安全生产万里行”“全员安全诊断”活动，充分发挥异体监督、视频监控、HSSE 信息系统监督作用，开展 HSSE、设备和井控专项检查，组织开展公司重大安全风险识别，做好专项隐患排查，强化考核问责及问题整改，对检查出的隐患违章、应知应会考试不合格员工严肃问责，确保各类安全风险受控。④节能环保工作持续加强。严格落实现场环保减排措施，推广网电及燃气动力钻井作业，万元产值综合能耗逐年下降。

（台献民）

【党建工作】 华北石油工程公司深入学习贯彻习近平新时代中国特色社会主义思想和党的十九大精神，持续推进党建工作与生产经营、改革发展、企业管理的有机融合，党的政治建设坚强有力。在鄂北、西北工区开展融合式党建共建活动，搭建交流平台，以党建融合促进双方优势叠加，实现合作共赢。建立境外党建工作联动机制，创新“四心四化”党建工作法，打造新型特色党支部，不断提升基层党支部建设质量。建立理论宣传、新闻宣传、网络宣传、基层宣传“四宣联动”机制，运用报纸、电视、微信、网页等载体，推动党的十九大精神进基层、进班组、进岗位。持续开展“转观念、勇担当、抓基层、创效益”主题活动，组织“大国顶梁柱”等各类宣讲 129 场次。培育铁军文化，提炼形成以“团结、实干、创新、奉献”为主要内涵的华北铁军企业精神。狠抓中央八项规定精神落实，推进纪律防线和监督关口前移，抓好国际业务、钻前业务和物资采购领域廉洁风险防控的先行先试。群团及信访稳定工作扎实有效，践行党的群众路线，加强人文关怀，开展“中国梦·劳动美”演讲比赛和青年英语演讲比赛，弘扬劳模精神和工匠精神，讲好劳模故事，充分发挥党工团组织凝聚人心、服务群众作用。落实深化改革过程中的“一人一策”维稳措施和“包案”制度，确保公司发展大局持续稳定。

（台献民）

表 1　华北石油工程公司主要技术经济指标　亿元

指标名称 \ 年份	2018	2017	2016	2015	2014	2013
工业总产值	40.27	37.68	34.89	29.63	35.37	45.93
工业增加值	15.25	11.93	7.73	11.21	11.88	12.99
资产总计	40.22	42.89	49.54	43.36	46.16	45.84
流动资产	18.87	21.12	22.99	28.16	29.23	26.91
固定资产原值	49.96	49.42	50.86	28.51	28.40	29.39
固定资产净值	18.48	19.00	23.39	14.12	15.35	17.14
营业收入	39.33	37.62	34.04	34.04	35.37	45.90
实现税费	0.96	1.26	1.22	4.23	4.84	4.05
税　金	0.86	1.23	1.10	2.03	3.47	3.21
综合能耗 / 吨标煤·万元 $^{-1}$	0.321	0.336	0.352	0.43	0.42	0.43

表 2　华北石油工程公司主要生产建设指标

指标名称 \ 年份	2018	2017	2016	2015	2014	2013
钻井 / 口						
开　钻	417	457	344	207	193	198
完　钻	418	449	353	199	183	219
钻井进尺 / 万米	106.54	109.70	84.00	63.49	67.54	76.29
测井、射孔 / 井次	1 563	1 562	1 468	1 164	1 616	1 708
测井 / 万标准米	3 446.00	2 938.00	3 376.00	4 249.00	4 551.00	6 367.00
录井 / 口	437	512	341	232	355	436
录井进尺 / 万米	134.21	134.04	105.99	102.69	110.34	132.07
井下作业 / 井次	883	726	497	424	609	614
试油、试气 / 口	203	203	74	83	63	68
压裂 / 口	275	156	202	160	215	273
压裂 / 层（段）	1117	480	748	944	1018	—

石化机械公司

【概况】 中石化石油机械股份有限公司（简称石化机械公司）是中国石化唯一的油气装备研发、制造与专业技术服务中心和首批创新型企业，于2012年底由中国石化机械制造业务专业化整合重组而成，2015年7月在深交所整体上市（证券简称石化机械，股票代码000852），总股本5.98亿股，集团公司持股58.74%。

石化机械公司下辖四机公司、江钻公司、钢管分公司、三机分公司、四机赛瓦公司（持股65%）及机械研究院6家单位，主要分布在湖北武汉、荆州、潜江等地。其中，四机公司始建于1941年，是国家重大技术装备国产化基地、国家技术创新示范企业、国家压裂装备制造业单项冠军示范企业、固井压裂装备国产化基地、中国石油钻采设备制造专业十强企业。江钻公司始建于1973年，是国家牙轮钻头制造业单项冠军示范企业，拥有国际先进的石油钻头钻具研制能力和一体化服务能力。钢管分公司始建于1975年，是国内同时具备直缝、螺旋和高频焊管生产能力的三家钢管企业之一，在西气东输、川气东送等众多重点管线项目中创造了良好业绩。中美合资四机赛瓦公司成立于1992年，是跟踪国际前沿技术和管理理念的重要窗口，国内最成功的合资企业之一，拥有国内最强的油田井下工具、石油装备自动控制系统研制能力，油气井封层桥塞入选国家制造业单项冠军产品。三机分公司始建于1950年，主体技术自美国德莱赛兰公司引进，是压缩机国产化基地。机械研究院组建于2010年，主要从事科技发展规划研究、前瞻性产品和技术研究，承担公司科技、质量、信息化管理等职能。石化机械公司本部位于武汉，机关设办公室（董事会办公室）、党群工作部（党委办公室）、人力资源部（党委组织部）、财务计划部、企业管理部（法律事务部）、市场发展部（外事办公室）、安全环保部、纪检监察部（审计部、监事会办公室）8个职能处室，以及物资采办中心、国际市场部2个直属机构。

截至2018年底，石化机械公司用工总量6 825人，资产总额78.4亿元，净资产19.2亿元。

2018年，石化机械公司实现营业收入49.2亿元、利润总额4 866万元。

石化机械公司主要经济指标和主要产品指标分别见表1和表2。

（田治明）

【市场开拓再上台阶】 坚持优质高效服务集团公司重点工程，贴近客户、主动作为，实现集团内部市场新签合同额33.4亿元、增长57.1%。为集团公司重点管道项目生产钢管34.6万吨，保障鄂安沧管道按期投产，得到新气管道公司嘉奖；为涪陵和华北增压工程研制压缩机63台，累计采气2亿立方米以上，为客户创造显著经济效益；向石化油服直接出租压裂装备56台、改造升级钻机8台，促进了石化油服轻资产运营；以针对性产品拓市场，强化驻井服务，巩固了钻完井工具主力供应商地位，水力振荡器实现商业化应用，促进了钻井提速提效。加大国内外部市场开拓力度，打好高端产品技术优势牌、常规产品品质优胜牌。电动压裂装备、撬装海洋固井装备、混合钻头、螺杆钻具、高频焊管等产品批量进入中国石油、中国海油市场，实现国内外部市场新签合同额21.8亿元、增长25.3%。抓住“一带一路”机遇，加快国际化市场发展步伐。连续油管成套装备、橇装压裂装备首次出口俄罗斯，获钢管外贸订单3.7亿元、创历史最好业绩，高压管汇首次销往美国市场，3种型号钻头以优良技术指标通过科威特石油公司试用，钢管成功入网科威特石油公司，拓展高端优质市场取得新进展，实现海外市场新签合同额10.1亿元。以优质服务促市场发展，装备维修改造保运和租赁服务稳步增长，钻完井工具一体化服务领跑市场，天然气回收与增压服务扩大规模，安全质量检测服务资质升级，实现服务制造新签合同额15.8亿元、增长13.7%。加大工作力度，全年回收货款57.9亿元、增长30.1%，销售回款率达117.7%。

（田治明）

【科技创新成果丰硕】 全力推进“十三五”国家油气重大专项和集团公司重大科技项目攻关，产品研发和技术创新加速向深层页岩气、特深层油气开发等高端领域迈进。首创多相驱动、一机双泵的5000型全电动压裂装备相比同等功率燃油压裂装备减少能耗50%、减少作业人员40%、降低单段综合施工成本30%，已在涪陵、吐哈、大庆推广应用16套，获业界专家和客户一致好评，得到党组领导充分肯定；成功研制7 000米自动化钻机并投入工业试验，对保障钻井作业安全、降低劳动强度、提高作业效率起到积极作用；首台9 000米电动钻机在顺北工区经受住恶劣工况严峻考验，整体性能良好；首台页岩气增压压缩机在涪陵工区展示出色效果，平稳运行9 344小时、累计采气4 672万立方米，显著提高页岩气采收率；研制的个性化系列高效钻头和螺杆钻具在川渝、西北、长庆、科威特等国内外市场刷新纪录246项，承担3口超8 000米特深井90%以上的进尺，推动涪陵、顺北工区平均机械钻速比2017年分别提高10%和8%。加强科研能力建设，建成电动压裂泵试验中心，提升装备集群控制技术水平，完善高性能仿真设计实验室建设，推动PLM、MES、ERP系统互联互通、融合发展，开发和应用石油装备云服务系统、压缩机在线监测及诊断系统、高压管汇信息化管理平台、钻头监测仪，智能研发、智能生产、智能装备、智能服务取得新进步。全年获专利授权142件、增长40.6%。公司压裂成套装备亮相庆祝改革开放40周年大型展览。四机公司被认定为国家技术创新示范企业。四机赛瓦公司油气井封层桥塞被认定为国家制造业单项冠军产品。电动成套压裂装备研发创新团队被授予中国石化优秀创新团队称号。

（田治明）

5000型电动压裂机组在焦页82号平台作业

【深化改革稳步推进】 石化机械公司入选国务院国企改革“双百行动”企业，标志着石化机械改革进入由点及面、综合改革的新阶段。班子主要成员带头走出去学习中国一重、中国二重等企业先进改革经验，上下对接、不断完善，绘制了公司综合改革的路线图，并在具体实践中迈出坚实步伐。制订公司“三项制度”改革实施方案并有序推进。通过“公开选聘+竞争上岗”方式选拔四机赛瓦公司班子成员等11名中层干部，遴选75名优秀中青年干部纳入公司后备干部梯队锻炼培养，着力构建公开、公平、竞争、择优的干部选拔培养任用机制。完善绩效考核体系，将绩效工资占工资总额的比重由50%提升至60%，分类建立技术研发、营销服务、经营管理、技能操作人员差异化薪酬分配机制，有效调动各类人员干事创业的积极性。加强用工总量管控，以服务外包等方式缓解阶段性结构性用工短缺、保障上产需要，全年净减员601人，人均营业收入85万元、增长35.8%。引导和支持契约式经营单位搞活机制，对超额完成指标的单位给予重奖，对业绩不达标的单位重新竞聘经营团队，对经营状况恶化、扭亏无望的单位果断予以关停，通过弘扬契约精神、强化激励约束、促进优胜劣汰等举措，使契约式经营有效发挥机制改革“试验田”作用。划小核算单元在产品制造环节扩大实施。“四供一业”分离移交全面完成。承德江钻实现扭亏为盈。完成江汉机械厂165名离岗人员的分流安置，各项工作平稳推进。

（田治明）

【管理水平有效提升】 内树标杆、外学先进，抓实培训，以点带面，实施精益管理焦点课题8项，提效率、降成本成效逐渐显现，公司整体毛利率提高1.9个百分点、达20%。突出价值引领，推进资产分类管理，盘活闲置固定资产创效1 150万元，应收账款减少3.6亿元、减幅14.5%；统筹用好财税优惠政策，加强与地方政府部门的沟通，获财政补贴、税费减免2 120万元；压实管理责任，完善管理机制，盘活积压存货2.1亿元；推进框架协议采购、招标采购、易派客等电商平台采购，实现采购降本5 347万元。加强制度建设和内控管理，全年制修订公司制度88项，公司骨干制度达 192 项。落实依法治企责任，强化合同管理，抓好上级监督和财务收支审计发现问题整改，加强投资项目、资金使用、物资采购、存货管理等关键环节管控，优化 ERP 系统运行，公司经营管理日益规范。密切产销衔接，加强资源统筹，优化生产运行，全力打好生产保供攻坚战，全年生产钢管 42 万吨、压缩机 76 台，比历史最高纪录分别增长 24.3% 和 52%；生产钻修和固压装备 201 台、增长 25.6%，混合钻头年产量首次突破 1 000 只。持续抓好重点生产项目质量策划和质量问题“双归零”管理，质量管理水平得到提高。持续完善 HSSE 管理体系，提升领导干部安全引领力，强化风险管控，推进天然气加气站、噪声、烟尘等重大隐患治理，清退不合格承包商，推行岗位安全行为负面清单，实现“五个杜绝”HSSE 工作目标。

（田治明）

【党的建设持续强化】 认真学习习近平新时代中国特色社会主义思想和党的十九大精神，从严从实抓班子带队伍，凝心聚力抓工作干事业，以良好业绩赢得集团公司党组和干部员工的认同。全面启动人才强企工程，配优选好中层干部，9 名“75 后”“80 后”优秀中青年干部进入中层干部行列，35 岁及以下年轻干部占比由 1.7% 上升至 10%，优化了干部队伍结构；加强党管人才工作，集团公司高级专家、博士后、省级技术能手等高层次人才队伍不断壮大。聚焦全年目标任务，开展“转观念、勇担当、抓改革、强管理、提效益”主题活动，抓好钢管、压缩机生产保供专项劳动竞赛，推进基层党建与“三基”工作相融互促，促进了党建与中心工作同频共振。强化意识形态工作，抓好形势任务教育，选树先进典型，加强正面宣传引导，唱响了主旋律，凝聚了正能量。构建大监督格局，严肃监督执纪问责，对出现工作失职的 1 个中层班子给予通报批评并扣罚年度绩效奖金，对 42 名党员干部进行追责问责；严厉查处 1 名基层干部虚开发票套取并占有公款案，为公司挽回经济损失 479.5 万元。以真认账、真反思、真负责的态度抓巡视反馈问题整改，取得积极进展。狠抓体系建设、积案化解和措施落实，加强源头预防管控，实现“四个不发生”，确保公司大局持续稳定。

（田治明）

表 1　　石化机械公司主要经济指标　　亿元

年份 指标名称	2018	2017	2016	2015	2014	2013
总资产	78.40	70.00	65.20	73.78	78.36	85.51
净资产	19.20	19.00	18.36	25.42	25.36	24.98
固定资产	12.90	13.08	13.04	14.12	15.22	16.24
营业收入	49.20	40.00	34.44	50.96	77.48	83.82
利润总额	0.49	0.44	−7.83	0.41	2.48	1.50

表 2　　石化机械公司主要产品指标

年份 指标名称	2018	2017	2016	2015	2014	2013
机械产品吨位 / 万吨	38.50	24.50	17.00	24.70	31.80	34.32
设　备	1.10	0.90	0.68	1.60	2.41	1.96
设备配件及工具	1.40	1.10	0.67	0.92	1.35	1.30

续表

指标名称 \ 年份	2018	2017	2016	2015	2014	2013
钢　管	36.00	22.50	16.65	22.18	28.04	31.06
机械产品产量						
钻修设备 / 台（套）	56	42	48	89	123	97
固压设备 / 台（套）	145	118	120	310	510	529
钻头 / 只	32 306	31 001	11 863	20 366	40 577	44 759
天然气压缩机 / 台（套）	41	21	10	27	38	27

炼化工程公司

【概况】 按照集团公司专业化重组的总体部署，中石化炼化工程（集团）股份有限公司（简称炼化工程公司，英文缩写 SEG）于 2012 年 8 月 28 日在北京注册成立，9 月 3 日举行揭牌仪式。2013 年 5 月 23 日在香港联合交易所挂牌上市，公司在港交所股票简称：中石化炼化工程，股票代码为 2386。

作为中国石化炼化工程领域的唯一运营主体，炼化工程公司具备包括工程设计综合甲级资质、全国行业化工石油一级施工总承包等优良、全面的业务资质。具备同时执行 20 个以上大型 EPC 总承包项目、年完成设计投资额 1 000 亿元的生产能力和经营规模，并拥有一批具有自主知识产权的炼油全系列技术和乙烯裂解炉、聚乙烯、聚丙烯、丁二烯等化工成套核心技术，以及较为完善的施工技术和工法体系，可自行设计、建设单系列的千万吨级炼油厂和百万吨乙烯工程，具有领先的市场地位、全面的业务资质和强大的技术及人才实力。业务领域覆盖技术研发、技术咨询、工程设计、设备制造、工程施工、项目管理、EPC 总承包、施工总承包、投料试车等；业务覆盖炼油、石油化工、煤化工和储运等多个领域。

炼化工程公司境内共有 10 家全资子公司及 1 家研发中心，分别为：中国石化工程建设有限公司、中石化洛阳工程有限公司、中石化上海工程有限公司、中石化宁波工程有限公司、中石化南京工程有限公司、中石化第四建设有限公司、中石化第五建设有限公司、中石化第十建设有限公司、中石化重型起重运输工程有限责任公司、中石化节能技术服务有限公司以及 SEG 工程技术研发中心。

截至 2018 年 12 月 31 日，炼化工程公司用工总量 22 194 名，其中包括 1 名中国科学院院士和 2 名中国工程院院士、10 名国家级设计大师、45 名享受政府特殊津贴的专家、1 名集团公司首席专家、20 名集团公司高级专家和 3 900 余名各专业注册类工程师。

2018 年，美国《工程新闻记录》（ENR）国际 250 强工程承包商排名中，公司名列第 55 位，比上市初的 2013 年上升 36 位，公司整体实力和品牌影响力持续提升。

（刘红叶）

【生产经营任务全面完成】 2018 年，炼化工程公司面对国内外复杂多变的政治经济形势，全面抢抓机遇、应对挑战、积极作为，取得良好经营业绩，主要业绩指标均实现大幅增长。全年实现收入 470.19 亿元，资产负债率保持低位，现金流表现依旧强劲；全年新签合同额 509.27 亿元，增长 30.4%，圆满完成全年新签合同目标；截至 2018

年底，未完成合同量为 949.35 亿元，增长 4.3%。

（刘红叶）

【全力保障集团公司重点工程项目顺利实施】 2018 年，炼化工程公司参建的集团公司重点工程项目均顺利推进。坚持安全生产常抓不懈，全面强化质量管理，全年完成人工时 2.89 亿个、增长 33.8%，实现安全人工时 2.21 亿个、增长 12.1%。焊口合格率为 93.78%，提高 4.1%。

（刘红叶）

【全面强化安全质量管理】 2018 年，炼化工程公司落实集团公司质量安全工作部署和要求，持续推进体系建设，落实主体责任，强化风险防控，切实提高质量安全工作成效。全年建立完善基层岗位责任清单 3 959 个，88 项重大风险安全关闭 81 项，其余 7 项按计划推进。开展工程设计本质安全科技项目研究 16 项，开展 4 期 249 名设计人员工程设计本质安全培训。1.3 万名项目一线人员接受实操培训。对所有子公司、境内重点项目、3 个境外机构及 10 个境外项目开展安全检查、督导、审计，进行 6 次焊接质量专项检查。1 项工程获国家优质工程金奖，3 项工程获国家优质工程银奖。

（刘红叶）

【国际市场开拓卓有成效】 2018 年，炼化工程公司高度重视“已进入”市场的持续开发，在沙特、科威特和马来西亚新签一系列合同，密切跟踪其他“一带一路”沿线国家市场机遇，为开辟新的海外市场奠定基础。中标沙特 SABIC GAS Phase-9 空分 EPC 总承包项目，合同额 2.8 亿美元；科威特 KOC 新建收集中心项目合同额 1.37 亿美元；沙特 SABIC IBB 制氨可靠性改进 EPC 总承包项目合同额 9 700 万美元；科威特 MAA 炼厂 UNIFLUX 加热炉更换项目合同额 3 029 万美元；加大“一带一路”沿线市场开发力度，加强前期技术咨询等项目跟踪，新签设计及技术咨询类合同 5 个。强化风险防控，合同质量有所提升，新签项目均保持盈利。加强市场布局，围绕中东、中亚、东南亚等重点区域市场，重点开发项目 37 个。

（刘红叶）

【“十条龙”攻关全面完成任务】 2018 年，炼化工程公司积极推进技术创新和技术资源共享协同。以 22 项“十条龙”攻关为代表的重点攻关项目整体受控。“加氢异构脱蜡生产高档基础油成套技术开发”“新型硫酸烷基化技术开发及工业应用”等 7 个项目完成攻关目标出龙。“茂名 LAO、PAO 生产技术开发与工业应用”等 5 个项目加入“十条龙”攻关。第二代高效环保芳烃技术开发与工业应用、2 万吨 / 年浆态床蒽醌法制双氧水成套技术、SE 水煤（焦）浆气化成套技术开发 3 个攻关项目已完成详细设计，进入现场施工阶段。

（刘红叶）

【一批重点项目研发稳步推进】 2018 年，炼化工程公司负责的一批重点项目研发稳步推进。20 万吨 / 年固体酸烷基化成套新技术开发与工业应用、重质原料增产低碳烯烃和 BTX 关键技术、C_5/C_6 异构化技术开发及工业试验、2 000 吨级 SE 煤气化技术大型化工业示范与应用等项目完成不同阶段攻关目标。

（刘红叶）

【技术创新成果显着】 2018 年，炼化工程公司突出专利战略和专利申请策略，加大新业务、核心技术专利组织和管理，专利质量持续提升。全年完成新专利申请 532 件（发明专利占 61.5%），获授权专利 332 件（发明专利占 34.6%）。完成各类技术标准 115 项，发布 45 项。1 人获评集团公司首席专家，8 人获评集团公司高级专家，280 余人被评为单位首席、单位高级和单位专家，1 人获评集团公司技能大师。

（刘红叶）

【持续深化改革】 2018 年，炼化工程公司先后 2 次分别召开工程公司和施工企业改革务虚会，完成《关于公司深化改革、强化管理、创新发展的报告》，形成“1+N”总体改革方案。信息中心组建实施方案已经发布；编制完成职能部门调整初步方案；推进管理机制的优化、变革，成为集团公司“三项制度”改革试点单位并完成方案上报。发布《合同能源管理业务管理办法》，明确节能公司项目出资和签约模式，理顺管理流程，厘清工作界面，推动业务开展。

（刘红叶）

【解决遗留问题】 2018年，炼化工程公司推进社区分离移交工作，完成全部43个项目方案报批，按照节点完成考核目标，受到集团公司表彰；完成大连京海公司和新加坡公司的注销工作，完成集团公司下达的压减法人户数任务目标；调整部分单位资本结构，为企业更好地参与市场竞争创造条件。

（刘红叶）

【数字化工程稳步推进】 2018年，炼化工程公司聚焦协同智能的生产营运平台，提升完善工程设计生产线集成应用，整合优化统一工程材料编码与物料编码融合应用，统筹扩大工程软件许可管控范围应用，提高应用水平。工程建设公司主编、各工程公司参编的《石油化工工程数字化交付标准》国家标准发布，工程建设公司中科、中沙项目数字化工厂总体院接受/交付平台基本建成投用，洛阳工程镇海渣油加氢项目数字化交付得到业主肯定，宁波工程镇海POX项目数字化交付通过集团公司验收。

（刘红叶）

【精细管理、降本增效成效突出】 2018年，炼化工程公司发布《2018年全员成本目标管理工作实施方案》，在收入、采购管理、分包管控、“两金”占用、汇率风险、税务筹划6个方面落实挖潜增效措施，全年实现降本6亿元；大力压降“两金”占用，应收账款、存货余额均低于控制目标。

（刘红叶）

【持续提升项目管理能力】 2018年，炼化工程公司《国际项目管理手册》正式发布，为进一步规范提升公司境内外项目管理创造条件；开展国际项目系列合同的研究，出版《联合体协议指南》《国际项目施工合同指南》及配套指导书。持续完善分包管理体系，开展分包管理体系宣贯培训工作，制定培育A级分包商管理措施。推进一体化采购管理，全年完成采购232.97亿元，增加182.7%。推进集团化采购、协同采购和标准化采购，服务境内外104个项目，与915家供应商建立服务关系，其中新增系统内供应商70个、E&E供应商11个、东南亚地区供应商13个。在中科项目推广应用可视化监造平台（MSP），有效防范质量与进度风险。

（刘红叶）

【加强人力资源管理】 2018年，炼化工程公司日常用工规模约10万人，其中自有员工1.86万人、减少670人，全年新引进大学生、成熟人才216人，自有员工符合年度计划。进一步探索适合行业特点的用工机制，发挥企业用工自主性；编制公司人才强企实施方案，形成公司管理、专业技术、技能操作、项目经理和国际化人才共5支人才队伍建设目标和培养措施。全年1.46万人按照新的人才成长通道评聘到位。

（刘红叶）

【党建工作扎实推进】 2018年，炼化工程公司党组织深入学习贯彻习近平新时代中国特色社会主义思想和党的十九大精神，引导党员干部员工牢固树立“四个意识”、坚定“四个自信”，坚决做到“两个维护”，始终同以习近平同志为核心的党中央保持高度一致，认真贯彻落实党中央、集团公司党组决策部署；完善党建系统化管理体系，修订“三重一大”决策制度、党委会议事规则，党委“把方向、管大局、保落实”的作用逐步制度化、规范化；落实全面从严治党“两个责任”和“一岗双责”，总部班子成员连续3年以党委委员身份对联系点进行专项调研，对子公司进行党建工作督导，压实党建责任；坚持正确选人用人导向，加强优秀年轻干部选拔培养，干部队伍结构不断优化；开展组织力提升工作，基层党建质量明显提升；强化意识形态工作，抓好形势任务教育，凝聚正能量；落实维稳责任，实现稳定目标；工会作用充分发挥，共青团工作切实加强，离退休工作水平持续提高，各项工作取得较好成绩。坚定压实“两个责任”，将党风廉洁建设和反腐败融入中心工作；坚持问题导向，认真做好党建考核反馈问题整改，深化中央巡视反馈问题整改；积极探索公司党委巡察工作；开展反腐倡廉教育月活动，推动“要我廉洁”向“我要廉洁”转变；逐步完善监督工作机制，有效形成“大监督”工作合力；组织对重点项目开展联合检查，对境外业务自查自纠；坚持挺纪在前，深入推动改进作风，不断巩固正风肃纪成果；开展“四不两直”督察，促保重点工作任务落实。

（刘红叶）

工程建设公司

【概况】 中国石化工程建设有限公司（简称工程建设公司）的前身成立于1953年，位于北京市朝阳区，是新中国首家石油炼制与化工设计单位，拥有工程设计综合甲级、工程咨询甲级、工程监理甲级等国家级资质证书，能够提供以石油炼制、石油化工、煤化工和天然气等领域的工程研发和工程设计为主体，涵盖工程咨询、技术许可、工程研发、工程设计、项目管理和工程总承包（交钥匙）的一站式服务。截至2018年底，工程建设公司内设机构37个，其中职能管理部门11个、生产经营管理及支持部门14个、专业部室12个，拥有8家分（子）公司。有职工2 100余人，其中中国工程院院士2名、全国工程勘察设计大师5名、行业设计大师10名，具有教授级职称的100余人、高级职称的1 300余人。先后完成2 500多套石油炼制与石油化工装置的设计建设，掌握了具有国际水平的炼化工艺和工程技术。

2018年，工程建设公司实现营业收入120亿元，实现利税21.1亿元，完成设计项目369项、中交6项、开车19项。全年共获省部级以上科技奖励21项，其中省部级科技进步特等奖1项、一等奖6项、优秀工程奖5项。全年共获专利授权56件，其中发明专利29件。共拥有有效专利640件、专有技术277项。在国际权威的《工程新闻记录》（ENR）和《建筑时报》联合推出的“中国工程设计企业60强”排名中，工程建设公司再次名列榜首，实现“五连冠”，蝉联“最具国际拓展力工程设计企业”第1名，同时获中国建筑业行业先锋奖。

工程建设公司主要生产经营指标、开车项目及项目获奖情况分别见表1、表2和表3。

（门宽亮）

【重庆LNG项目一次开车成功】 2018年3月4日，由工程建设公司总承包的重庆涪陵LNG项目打通全部流程，顺利将气态的涪陵页岩气经深度净化和低温液化后转化成为液态LNG。该项目是工程建设公司承接的第1座天然气液化工厂，采用中国石化自主开发的低能耗天然气液化技术。

（门宽亮）

【泰国ROC裂解炉改造成功开车】 2018年4月14日，由工程建设公司承担工程设计、采用中国石化具有自主知识产权的CBL裂解技术的泰国罗勇烯烃厂（ROC）乙烷裂解炉改造项目一次投料开车成功。

（门宽亮）

【天津30万吨/年烷基化装置开车成功】 2018年5月30日，由工程建设公司总承包的天津分公司30万吨/年烷基化装置顺利中交。8月11日，装置一次投产成功并产出合格产品。

（门宽亮）

中国石化天津分公司30万吨/年烷基化装置

【中国海油惠州二期炼化一体化项目全面开车成功】 2018年3—6月，由工程建设公司承担工程设计的中国海油惠州炼化二期项目聚丙烯、高密度聚乙烯、丁二烯抽提、乙烯、汽油加氢、EO/

EG 等装置相继实现一次投料开车成功。其中，100 万吨 / 年乙烯装置是世界上以石脑油为主要裂解原料的单线生产能力最大、设备国产化率最高的乙烯装置，这也标志着中国海油惠州二期炼化一体化项目全面开车成功。

（门宽亮）

中国海油惠州炼化二期项目 100 万吨 / 年乙烯装置

【2 套 S-Zorb 装置实现开车成功】 2018 年 8 月 28 日，由工程建设公司总承包的济南分公司炼油结构调整提质升级改造项目关键装置——180 万吨 / 年 S-Zorb（催化汽油吸附脱硫）装置一次投料开车成功。10 月 10 日，由工程建设公司负责设计的北海炼化 150 万吨 / 年 S-Zorb 装置开车成功。

（崔丹玫）

【马来西亚 RAPID 项目取得重大进展】 2018 年 5 月 15 日，由工程建设公司承担 EPCC 总承包任务的马来西亚 RAPID 项目 1 500 万吨 / 年常压蒸馏装置（CDU）实现机械完工。10 月 31 日，CDU 装置顺利引入原油，成为 RAPID 项目第 1 个引入物料的核心装置。11 月 5 日，渣油加氢装置顺利实现机械中交，全面进入试车准备阶段。

（门宽亮）

马来西亚国家石油公司 RAPID 项目

【扬子合成气制乙醇酸（甲酯）中试装置成功开车】 2018 年 11 月 28 日—12 月 1 日，由工程建设公司承担工程设计的扬子石化 1 000 吨 / 年合成气制乙醇酸（甲酯）中试装置成功完成 72 小时标定，实验取得圆满成功。该项目为中国石化首批重大科技专项（试点）的 5 个试点项目之一，形成具有自主知识产权的合成气制乙醇酸和乙醇酸甲酯成套技术。

（崔丹玫）

【百万吨级乙烯成套技术通过鉴定】 2018 年 12 月 18 日，由工程建设公司等 10 家单位共同完成的“绿色高效百万吨级乙烯成套技术开发及工业应用”项目通过由中国石油和化学工业联合会组织的科技成果鉴定。鉴定委员会认为，该项目取得多项技术创新，推动乙烯产业及下游相关产业的快速发展，使中国成为世界少数几个独立掌握乙烯成套技术的国家之一。

（崔丹玫）

【“20 万吨 / 年精环氧乙烷成套技术”通过集团公司技术鉴定】 2018 年 9 月 15 日，由工程建设公司等 6 家单位共同合作开发的“20 万吨 / 年精环氧乙烷成套技术”通过集团公司技术鉴定。该课题自主开发高选择性 EO 银催化剂、环氧乙烷反应系统氧气快速混合及安全联锁控制技术、高效 EO 精制及脱醛技术、EO 贫吸收水双效制冷技术、低能耗高活性二氧化碳吸收技术及全过程安全控制技术，完成装置大型化工程研究，实现国产高通量管在多效蒸发系统的首次应用。应用该技术在茂名分公司建成 20 万吨 / 年环氧乙烷装置，实现成套技术在国内的首次工业化应用。

（门宽亮）

【“260 万吨 / 年逆流连续重整装置工艺包”通过审查】 2018 年 11 月 23 日，由工程建设公司开发的“260 万吨 / 年逆流连续重整装置工艺包”通过中国石化科技部审查。该工艺包的开发与编制，系统总结了现有逆流连续重整装置的运行经验，结合大型化工程经验，形成大型逆流连续重整装置的整套设计方法。

（崔丹玫）

【加氢反应器国产化攻关课题通过鉴定】 2018年4月11日，工程建设公司参与的“超大直径超大壁厚加氢反应器国产化攻关”课题成果通过集团公司科技部鉴定。该加氢反应器成套建造技术，在扬子石化200万吨/年和金陵石化180万吨/年渣油加氢装置得到成功应用，与同类进口设备相比节省投资近亿元。

（崔丹玫）

【《石油化工工程数字化交付标准》发布】 2018年9月，由工程建设公司牵头编制的《石油化工工程数字化交付标准》（GB/T 51296—2018）经住房和城乡建设部批准正式发布。该标准对石化工程数字化交付的内容、深度和质量等提出系统性要求，对中国石化工程项目数字化交付具有指导和规范作用。

（门宽亮）

【创新人才管理模式】 2018年，工程建设公司扎实推进人才强企工程，制订《人才强企工程战略规划和行动方案》和《深化三项制度改革方案》。结合人才队伍特点，探索“岗位+职位”两位一体的岗位管理体系，构建形成“部门主建、项目主用”的人才管理模式，编制完成266个岗位说明书、67个职种和70个项目角色的人才标准，为推进人才队伍建设奠定坚实基础。

（门宽亮）

【获国家企业技术中心资格】 2018年7月，国家发改委、科技部、财政部、海关总署、国家税务总局联合下发《关于发布2017~2018年（第24批）新认定及全部国家企业技术中心名单的通知》，工程建设公司正式获国家企业技术中心资格认定。

（门宽亮）

【成立65周年】 2018年是工程建设公司成立65周年，公司组织开展以“回顾历程传承薪火，肩负使命砥砺前行”为主题的系列纪念活动。通过纪念大会、文艺汇演、主题征文、摄影比赛、书画展及老物件展等形式，系统回顾65年来的历史贡献和宝贵经验，进一步增强广大干部员工的自豪感和使命感，聚焦高质量，担当新使命，奋进新时代。

（门宽亮）

表1　　工程建设公司主要生产经营指标

指标名称＼年份	2018	2017	2016	2015	2014	2013
资产总值/亿元	179.78	133.56	138.04	101.51	90.93	69.16
设计投资额/亿元	340.15	296.94	291.94	324.82	360.8	381.58
主营业务收入/亿元	120.03	101.72	111.65	94.76	119.95	101.17
利税总额/亿元	21.10	13.17	16.43	16.93	18.14	19.02
承接合同数量/项	186	188	294	181	155	166
获授权专利数量/件	56	64	63	154	87	52

表2　　工程建设公司2018年开车项目

序号	项目名称	开车日期	备注
1	福建联合石化公司乙烯装置F-08108裂解炉改造工程	2月10日	EPC
2	重庆中石化通汇能源有限公司涪陵液化天然气（LNG）工厂	3月4日	
3	中国海油惠州炼化二期项目40万吨/年聚丙烯装置	4月1日	

续表

序号	项目名称	开车日期	备注
4	中国海油惠州炼化二期项目 40 万吨 / 年高密度聚乙烯装置	4 月 1 日	
5	泰国罗勇烯烃厂（ROC）循环气裂解炉改造升级项目	4 月 14 日	
6	中韩石化新增 14 万吨 / 年轻烃裂解炉项目	5 月 8 日	EPC
7	中国海油惠州炼化二期项目 18 万吨 / 年丁二烯抽提装置	4 月 16 日	
8	中国石化天津液化天然气（LNG）项目接收站工程	4 月 17 日	EPC
9	中国海油惠州炼化二期项目 100 万吨 / 年乙烯装置	4 月 24 日	
10	中沙石化乙烯装置 11# 裂解炉原料适应性改造项目	6 月 15 日	
11	中国海油惠州炼化二期项目 15/48 万吨 / 年 EO/EG 装置	6 月 27 日	
12	淄博海益精细化工 80 万吨 / 年低碳烯烃装置节能技术改造项目	7 月 1 日	
13	北方华锦乙烯分公司裂解汽油加氢装置改造项目	7 月 12 日	
14	中国石油四川石化 65 万吨 / 年对二甲苯芳烃联合装置适应性改造项目	7 月 2 日	
15	中国石化天津分公司汽油质量升级项目 30 万吨 / 年烷基化装置	8 月 11 日	EPC
16	中国石化济南分公司炼油结构调整提质升级改造工程 180 万吨 / 年 S-Zorb 装置	8 月 28 日	EPC
17	中国石化济南分公司炼油结构调整提质升级改造工程 120 万吨 / 年催化裂化装置改造	9 月 16 日	EPC
18	中国石化中原油田普光分公司气田集气总站水洗脱氯工程	9 月 21 日	EPC
19	中国海油惠州炼化二期项目 POX（煤制氢）联合装置	9 月 29 日	
20	中国石化北海炼化 150 万吨 / 年 S-Zorb（汽油吸附脱硫）装置	10 月 9 日	
21	中国石油庆阳石化分公司催化烟机进出口管线安全隐患整改项目	11 月 20 日	
22	中国石化扬子石化 1 000 吨 / 年合成气制乙醇酸（甲酯）中试装置	12 月 1 日	
23	中国石化沧州分公司油品质量升级改造项目重整装置搬迁改造工程	12 月 18 日	中交日期 EPC
24	中安联合煤化工项目 35 万吨 / 年聚丙烯装置	12 月 27 日	中交日期 EPC
25	中韩石化 2.7 万吨 / 年裂解汽油抽提装置	12 月 28 日	中交日期 EPC

表 3 工程建设公司 2018 年获奖情况

序号	项目名称	获奖名称	获奖等级
1	绿色高效百万吨级乙烯成套技术开发及工业应用	集团公司科技进步奖	特等奖
2	元坝天然气净化工程技术开发与工业试验	中国能源研究会能源创新奖	一等奖

续表

序号	项目名称	获奖名称	获奖等级
3	基于复杂反应分区控制的柴油高效超深度脱硫 RTS 技术与工业应用	中国石油和化工工业联合会科技进步奖	一等奖
4	催化沉降器抑制结焦的综合技术及应用	中国石油和化工工业联合会科技进步奖	一等奖
5	20 万吨 / 年合成气制乙二醇成套技术	集团公司科技进步奖	一等奖
6	乙烯裂解炉烟气脱硝成套技术	集团公司科技进步奖	一等奖
7	1 500 千牛大型往复式压缩机组国产化研制	中国机械工业科学技术奖	一等奖
8	GB/T 18820—2011 工业企业产品取水定额编制通则等 15 项标准	中国标准创新贡献奖	二等奖
9	中国炼油技术新进展	集团公司科技进步奖	二等奖
10	石油化工加氢装置关键工艺阀门研发及工程化应用	中国机械工业科学技术奖	二等奖
11	高效转化 LCO 中低价值大分子芳烃生产高辛烷值汽油组分技术开发与工业应用	中国能源研究会能源创新奖	三等奖
12	重型特厚板焊加氢核心设备关键技术集成及产业化应用	北京市科学技术奖	三等奖
13	环氧乙烷 / 乙二醇（EO/EG）工艺转产精 EO 技术	集团公司科技进步奖	三等奖
14	炼油加氢装置双相钢高压设备成套工程技术开发	中国石油和化工工业联合会科技进步奖	三等奖
15	特大型高含硫天然气净化装置尾气焚烧余热锅炉研制与应用	集团公司科技进步奖	三等奖
16	石油炼制工程师手册	集团公司科技进步奖	三等奖
17	天津液化天然气（LNG）项目（一期）码头及接收站工程	集团公司优质工程奖	
18	湛江东兴公司 120 万吨 / 年 S-Zorb 催化汽油吸附脱硫装置	集团公司优质工程奖	
19	2.7 万吨 / 年裂解汽油抽提项目	集团公司优质工程奖	
20	普光气田净化厂原料气管线安全隐患治理工程	集团公司优质工程奖	
21	中国石化天津分公司外排污水深度治理提标改造项目	集团公司优质工程奖	

洛阳工程公司

【概况】 中石化洛阳工程有限公司（简称洛阳工程公司）是炼化工程公司全资子公司，前身是石油工业部抚顺设计院，成立于 1956 年 10 月，是国内能源化工领域集技术专利商与工程承包商为一体的高新技术企业，是国家级企业技术中心，拥有国家工程设计综合甲级资质，拥有工程总承包、工程设计、工程监理、工程咨询和环境影响评价等甲级资格证书。2012 年完成公司制改制，与中石化广州工程有限公司实行一体化管理，截至2018年底，洛阳工程公司广州基地人员规模已达1 270人，设计、总承包主营业务在广州运行；洛阳基地489人，由洛阳基地管委会强化运营管理，广州、洛阳一体化管理顺畅平稳。

洛阳工程公司设有运营管理部门、项目执行部门和设计专业室共33个部门。有在册职工1 754人，有中国炼油催化裂化工程技术的奠基人、中国科学院院士陈俊武和4名国家设计大师、8名石油化工行业设计大师，享受政府特殊津贴专家24人，教授级专业技术人员64人、高级专业技术人员1 009人、各类注册工程师530余人。

洛阳工程公司在石油炼制、石油化工、油气储运、煤化工、煤制油、新能源、液化天然气（LNG）等多个领域形成独具特色的工程技术优势和工程承包能力，先后承担并完成渣油加氢处理、低压组合床重整、灵活高效催化裂化（FDFCC）、甲醇制低碳烯烃（DMTO）等一批国家和集团公司的科技攻关课题。截至2018年底，累计获国家级科技进步奖和发明奖54项，省部级科技进步奖和技术发明奖344项；获国家级优秀设计奖25项，省部级优秀设计奖121项；获国家和省部级优质工程奖53项，获全国优秀总承包金、银钥匙奖9项，拥有国内外有效授权专利906件。

洛阳工程公司主要生产经营指标和2018年建成及中交工程项目分别见表1和表2。

（郭　晓）

【优化调整组织机构】 2018年4月27日，洛阳工程公司合并工会办公室和公司团委，成立群众工作部；并将广州基地行政事务管理、后勤保障管理等相关业务并入总经理办公室，机构调整后的行政事务部由洛阳基地管理委员会直接管理，继续负责除广州基地以外的原行政事务部其他业务。

（郭　晓）

【科技开发成果显著】 2018年，洛阳工程公司进一步强化技术创新，多个新技术领域取得实质性进展，对市场开拓的支撑作用日益彰显。全年通过省部级以上立项课题34项，科技开发项目结题25项，其中集团公司“十条龙”攻关项目4项；通过省部级以上技术鉴定（评议、验收）19项；完成专利申请115件，其中发明专利70件；获国家授权专利68件，其中发明专利29件；完成国家标准阶段稿17项、行业标准阶段稿26项；获国家科技进步二等奖1项，中国石化技术发明奖1项、科技进步奖5项；全年签订技术许可合同9项，技术许可费7 465.5万元。

（郭　晓）

【市场开发取得新突破】 2018年，洛阳工程公司创新商业模式，优化市场开发战略，完善四地市场开发协同机制，发挥好品牌优势，统筹好国内国外“两个市场”，不断延伸产业链和业务链，开发“一站式”整体解决方案新模式，国内外市场开发成效显著。全年签订境内工程总承包、设计及“四技”合同额90.7亿元，独立中标科威特MAA炼厂加热炉改造EPCC项目，合同额约3 000万美元。

（郭　晓）

【项目运作能力稳步提高】 2018年，洛阳工程公司持续提升工程设计管控水平和EPC项目管理水平，克服任务繁重、人力紧张等困难，组织开展全员劳动竞赛，多渠道补充人力缺口，确保中科炼化、镇海炼化等项目顺利完成和实施；积极对标TR公司，启动国际项目管理执行标准建设，科威特项目运作整体可控，经济效益良好；持续推进镇海渣油加氢项目数字化交付平台的深化开发和应用，全面实现多专业三维协同建模；中科项目数字化交付有序开展，各相关专业数字化交付工作进展顺利；组织洛阳石化、天津渤化、延长中煤等项目启动策划工作，确保石家庄炼化烷基化、洛阳石化烷基化、贵州鑫醇乙二醇等项目实现年度目标。

（郭　晓）

【改革发展活力不断增强】 2018年，洛阳工程公司“四供一业”分离移交工作顺利推进，完成6个移交协议签订；建立健全选人用人工作机制，做好专家选聘、转聘，编制公司三项制度改革方案、人才强企工程行动方案和行动计划，提升人力资源效能；完成公司组织机构的重新确认，夯实洛阳基地相关组织机构的管理职责，强化业务归口管理；重新发布两地人力资源配置方案，工程设计综合甲级资质延续申报获批；完成洛阳 A 楼消防隐患改造和广州公租房设施配置，广州基地运作模式优势初显，洛阳基地运行平稳。

（郭　晓）

【多项环保技术国际领先】 2018 年，洛阳工程公司合作开发的“炼油装置工艺防腐蚀整体技术方案研究”“新型硫酸法烷基化技术（SINOALKY）”“安全环保型延迟焦化密闭除焦、输送及存储成套技术（S-CCHS）”等环保新技术顺利通过科技鉴定，整体技术达到国际领先水平。

（郭　晓）

【“稀乙烯增值转化高效催化剂及成套技术”获国家科技进步二等奖】 在 2018 年度国家科技奖励大会上，洛阳工程公司参与开发的“稀乙烯增值转化高效催化剂及成套技术”项目获国家科技进步二等奖。该项目历经 10 余年的持续创新，实现稀乙烯增值转化制乙苯技术的新突破，技术工艺先进，设备运行稳定，物耗和能耗低，产品纯度高，二甲苯杂质少，装置运行周期长，“三废”排放符合国家环保要求，整体技术达到国际领先水平。

（郭　晓）

【哈萨克斯坦阿特劳炼油厂石油深加工项目催化裂化装置一次投产成功】 2018 年 3 月 27 日当地时间 16 时 56 分，由洛阳工程公司执行 EPCC 总承包建设的哈萨克斯坦阿特劳炼油厂石油深加工项目 243 万吨 / 年催化裂化装置一次投产成功、产出合格产品，液化烃脱硫、硫黄回收等装置及系统单元同步开始生产运行。

（郭　晓）

哈萨克斯坦阿特劳炼油厂石油深加工项目催化裂化装置一次投产成功

【贵州鑫醇新一代煤制乙二醇中试装置工业试验成功】 2018 年 6 月 5 日，由洛阳工程公司承担设计、采购和项目管理的贵州鑫醇 1 000 吨 / 年新一代煤制乙二醇中试装置工业试验成功。该技术由洛阳工程公司和中国科学院福建物质结构研究所共同合作开发，经过创新和突破，开发全新的工艺技术流程，实现贵金属的高效利用和有毒金属铬的替代，大幅度降低了催化剂成本。

（郭　晓）

【废水处理国家工程实验室揭牌】 2018 年 6 月 11 日，高浓度难降解有机废水处理技术国家工程实验室产业化基地揭牌仪式在洛阳工程公司广州基地举办。

（郭　晓）

【石家庄炼化硫酸烷基化项目开车成功】 2018 年 6 月 15 日，由洛阳工程公司总承包建设的石家庄炼化 20 万吨 / 年硫酸烷基化装置开车成功、产出合格产品。硫酸烷基化技术由石油化工科学研究院、洛阳工程公司、石家庄炼化、华东理工大学和青岛安工院联合开发，2016 年被纳入集团公司“十条龙”技术攻关项目，具有完全的自主知识产权。

（郭　晓）

【陈俊武院士获评“感动石化”十大人物】 2018 年 7 月 12 日，中国石化“不忘初心、牢记使命、永远奋斗”感动石化特别节目在北京举办。洛阳工程公司技术委员会名誉主任、91 岁高龄的炼油工程技术奠基人，中国科学院院士、全国工程勘察设计大师陈俊武获评“感动石化”十大人物。

（郭　晓）

【中标科威特 MAA 炼厂加热炉改造项目】 2018 年 8 月 9 日，作为投标和执行主体，洛阳工程公司成功中标科威特 MAA 炼厂加热炉改造 EPC 总承包项目。该项目是洛阳工程公司首次独立承担的海外EPC项目，对促进海外项目管理能力提升、推进国际化工程公司建设具有重大意义。

（郭　晓）

【助力脱贫攻坚】 2018年，洛阳工程公司通过严密组织和督导，以党建扶贫、基础设施建设、乡村文明建设、特色产业培育、爱心助学等为突破口，进一步加大对帮扶村——汝阳县三屯镇庙湾村（深度贫困村）的扶贫力度，将村里原有臭水沟建成幸福渠，主导建成汝阳县首个“爱心小屋”，建设村幸福小广场和村文化广场等，惠及1 300多位村民，96户贫困户基本实现整体脱贫。扶贫效果显著，影响较大，受到当地群众的称赞和当地政府的表彰，彰显了企业责任。

（郭　晓）

庙湾村爱心助学精准扶贫

表1　洛阳工程公司主要生产经营指标　亿元

指标名称＼年份	2018	2017	2016	2015	2014	2013
资产总值	123.30	99.21	94.44	105.54	86.31	79.99
建设投资	448.89	418.80	315.88	350.10	398.80	380.68
主营业务收入	107.10	76.74	65.22	95.24	110.63	84.17
实现利税	13.02	7.85	3.30	15.99	17.18	19.34
税　金	6.24	4.62	2.22	3.46	1.83	4.02
获授权专利数量/件	68	92	153	85	137	96

表2　洛阳工程公司2018年主要中交及投产工程项目

序号	项目名称	中交/投产日期
一	EPC项目	
1	贵州鑫醇科技发展有限公司新一代煤制乙二醇技术工业试验项目	6月投产
2	石家庄炼化汽油质量升级20万吨/年烷基化装置工程项目	6月投产
3	延安能源煤油气资源综合利用项目60万吨/年甲醇深加工装置和烯烃分离装置配套工程2个单元	9月投产
4	腾龙芳烃（漳州）有限公司对二甲苯（PX）项目受损区域加热炉重建项目	11月中交
5	哈萨克斯坦阿特劳炼厂石油深加工项目	12月全部开车成功
6	天津石化2万立方米湿式气柜改干式项目	12月中交
7	青海大美DMTO联合装置项目	12月中交
8	洛阳石化20万吨/年烷基化装置项目	12月中交

续表

序号	项目名称	中交 / 投产日期
二	设计项目	
1	山东华星石油化工集团有限公司油品质量升级项目 6 套装置	1 月投产
2	正和集团股份有限公司油品质量升级项目 7 套装置	2 月投产
3	茂名石化 150 万吨 / 年连续重整装置	5 月投产
4	腾龙芳烃（漳州）有限公司腾龙翔鹭海腾项目整改修复设计 3 套装置	12 月投产

上海工程公司

【概况】 中石化上海工程有限公司（简称上海工程公司）是炼化工程公司全资子公司，坐落于上海市浦东新区张杨路 769 号，位于中国（上海）自由贸易试验区内。上海工程公司前身是上海医药工业设计院，成立于 1953 年，是国内最早从事石油化工、医药、化工工程设计和工程总承包的大型综合性工程公司之一。曾先后归属轻工业部、化工部、国家医药管理总局领导，2000 年 12 月整体划归集团公司。2002 年 6 月，按照集团公司结构调整、专业化重组的部署，以上海医药工业设计院为核心，联合中石化上海金山工程公司和上海高桥石化设计院进行重组，并于 2003 年 4 月更名为中国石化集团上海工程有限公司。2012 年，按照集团公司炼化工程板块重组上市部署，更名为中石化上海工程有限公司。

截至 2018 年底，上海工程公司有在册员工 1 033 人，从事工程设计和服务的工程技术人员占 86%；拥有国家级设计大师 3 名、石油和化工行业工程勘察设计大师 9 名，高、中级职称人员 800 多人，各类执业资格人员 200 多人。

2018 年，上海工程公司深入贯彻习近平新时代中国特色社会主义思想和党的十九大精神，认真落实集团公司党组决策部署，融入中心从严从实抓好党建工作，按照高质量发展要求，扎扎实实做好各项工作，在市场开拓、工程建设、技术进步、质量安全、降本增效、精细管理、党的建设和廉洁从业等方面取得良好成绩，完成集团公司和炼化工程公司下达的考核指标。上海工程公司被认定为新一轮上海市高新技术企业。

上海工程公司主要生产经营指标和 2018 年完成的主要项目分别见表 1 和表 2。

（魏永忠）

【全年完成各类项目 394 项】 2018 年，上海工程公司完成各类项目 394 项。中安联合 35 万吨 / 年 LLDPE 装置、青海大美 40 万吨 / 年 PP 装置和全厂性仓库中交；马来西亚自动化立体仓库项目具备开车条件；安庆炼化曙光丁辛醇项目尾气和残液回收装置开车一次成功。沙特 SABIC 空分装置，扬子石化 10 万吨 / 年 EVA 装置，中沙石化聚碳项目 BPA 装置，中科一体化标段八 EO/EG、EVA、EOA、废碱装置及标段九原油罐区，中化泉州 40 万吨 / 年 HDPE 装置，湛江国家石油储备地下水封洞库，上海赛科球罐、废水罐及脱硫脱硝等项目按合同推进。工程项目质量、安全生产平稳受控。

（魏永忠）

【中标沙特 SABIC 公司大型空分装置总承包项目】 2018 年 3 月 15 日，上海工程公司成功中标沙特 SABIC 公司大型空分装置 EPC 总承包项目。项目是 SABIC 公司在沙特东部 GAS 工厂的第 9 套空分项目，建设投资 2.8 亿美元，合同工期 30 个月，承包内容为专利商的选择和工艺包的准备、基础设计、详细设计、采购、施工、预试车和项目机械竣工（MC）交付业主正式试车。12 月 11

日，项目在沙特东部的 Jubail 工业区破土动工。

（魏永忠）

【获各级各类奖项 10 余项】 2018 年，上海工程公司承担的“20 万吨 / 年合成气制乙二醇成套技术”获集团公司科技进步一等奖，“聚合级烯烃深度净化材料的关键技术研究与应用”获集团公司科技进步二等奖，“精 EO 安全控制工程技术开发及工业应用”等 3 项成果获集团公司科技进步三等奖；“江苏恒瑞豪森医药工业园江苏恒瑞医药股份有限公司新建工程系列项目”获全国医药优秀工程设计一等奖，“深圳康泰生物制品股份有限公司光明疫苗研发生产基地康泰生物园（一期）”等 5 个项目分别获全国医药优秀工程设计二等奖、三等奖。

（魏永忠）

【承担的“十条龙”攻关项目取得重大进展】 2018 年 12 月，上海工程公司联合承担的集团公司“十条龙”攻关项目“10 万吨 / 年双氧水法制环氧丙烷成套技术”“20 万吨 / 年精环氧乙烷成套技术”成功“出龙”，为福建古雷建设大型环氧丙烷装置、镇海炼化和海南炼化新建大型环氧乙烷 / 乙二醇装置奠定了技术基础。上海工程公司联合其他单位承担的“低成本乙烷裂解气制 40 万吨 / 年苯乙烯成套技术”“中科 50 万吨 / 年 EO/EG 装置银催化剂国产化攻关”“15 万吨 / 年 CHP 法制环氧丙烷成套技术工业应用” 3 个新项目“入龙”。

（魏永忠）

【“十二五”国家科技支撑计划课题通过验收】 2018 年 6 月 26 日，上海工程公司牵头承担的“十二五”国家科技支撑计划课题——“面向乙烯衍生物智能制造的工艺软件、知识库研发及工业应用”通过上海市科学技术委员会组织的验收。课题研究了典型乙烯衍生物的液体产品苯乙烯和固体产品聚乙烯的智能制造相关模型与优化控制知识库等关键技术，研制了适应工艺装置运行特性的面向乙烯衍生物流程运行优化的高精度工艺模拟软件，和面向乙烯衍生物流程优化控制的配套工艺软件。课题成果已在宁波大榭石化和茂名石化聚乙烯装置上进行示范应用，取得了良好的社会和经济效益。

（魏永忠）

【多项科技开发项目通过集团公司成果鉴定】 2018 年 3 月 30 日，上海工程公司与湖北化肥、炼化工程公司洛阳技术研发中心共同承担的“合成气制乙二醇系统腐蚀及材料优化研究与应用”项目通过集团公司组织的成果鉴定。7 月 11 日，上海工程公司和上海石化、上海石油化工研究院共同承担的“PAN 基大丝束原丝、碳纤维技术及工艺包开发”项目通过集团公司组织的成果鉴定。10 月 18 日，上海工程公司联合中天合创、工程建设公司、宁波工程公司共同承担的“大型煤炭深加工项目 DCS 技术研发与应用”项目通过集团公司组织的技术鉴定。11 月 23 日，上海工程公司与长岭分公司、石油化工科学研究院、长岭石化科技开发公司、安全工程研究院联合承担的“10 万吨 / 年双氧水法制环氧丙烷成套技术”项目通过集团公司组织的技术鉴定。此外，“精 EO 安全控制工程技术开发及工业应用”“15 万吨 / 年异丙苯法制环氧丙烷工艺包”“纤维素制燃料乙醇中提浓中试工艺包研究”“年产 4 万吨合成气生物法制燃料乙醇工艺包”“12 万吨 / 年丁烷氧化制顺酐工艺包开发”“煤气化制乙二醇污水处理技术”等科技开发项目先后通过集团公司组织的技术鉴定或审查。

（魏永忠）

【安庆炼化曙光丁辛醇项目尾气和残液回收装置投料开车一次成功】 2018 年 5 月 8 日，上海工程公司总承包的安庆炼化曙光丁辛醇项目尾气和残液回收装置开车一次成功，产出合格产品，达到设计值要求。项目为安庆炼化曙光丁辛醇公司 25 万吨 / 年丁辛醇装置提供尾气及残液回收系统，是 25 万吨 / 年丁辛醇装置的配套改造项目。项目于 2017 年 4 月 30 日完成桩基施工，5 月 15 日开始土建施工，2018 年 1 月 30 日实现中交。

（魏永忠）

【马来西亚自动化立体仓库项目聚丙烯系统率先实现 RFSU 节点】 2018 年 11 月 30 日，上海工程公司总承包的马来西亚自动化立体仓库（P12A 包）项目聚丙烯系统在马来西亚国家石油公司边佳兰炼化一体化项目化工包所有装置中率先实现RFSU（具备开车条件）节点。项目开工以来，安全生产始终处于受控状态，未发生任何人工时损失事故，截至2018年11月6日，累计实现安全人工时470万小时，被业主授予470万安全人工时纪念奖牌。

（魏永忠）

【中安联合35万吨/年线型低密度聚乙烯装置提前实现高标准中交】 2018年11月20日，上海工程公司总承包的中安联合煤化工项目35万吨/年线型低密度聚乙烯装置比合同约定提前10天实现高标准中交。装置于2014年10月23日桩基开工，2015年12月18日停工，2017年3月6日现场复工，2018年11月20日中交，前后历时4年基本建成。上海工程公司始终秉持“以客户的满意为我们工作的追求”的工程服务理念，在设计、采购、施工各个环节严格把关、精益求精，项目“投资、安全、质量、进度、合同、廉政”六大控制工作全面处于受控状态，获业主颁发的质量优胜单位、HSE红旗单位以及劳动竞赛奖等多种荣誉，装置还被业主誉为中安项目建设的标杆装置。

（魏永忠）

中安联合煤化工项目35万吨/年线型低密度聚乙烯装置

【青海大美40万吨/年聚丙烯装置提前实现高标准中交】 2018年12月26日，上海工程公司总承包的青海大美甘河工业园区尾气综合利用制烯烃项目40万吨/年聚丙烯装置比合同约定提前4天实现高标准中交，成为青海大美烯烃项目中第1个中交的生产装置。项目于2017年3月23日开工，上海工程公司加强动态质量安全管理，实现设计成品合格率100%、设备材料合格率100%、施工焊接质量一次合格率99.09%、单位工程质量合格率100%；安全质量“零”事故，累计实现安全人工时138万小时。

（魏永忠）

青海大美甘河工业园区尾气综合利用制烯烃项目40万吨/年聚丙烯装置

【承担美国强生北美区域外第1家JLABS项目设计】 2018年，上海工程公司被美国强生和上海张江集团选中承担强生创新中国上海JLABS项目设计工作。强生创新JLABS是由全球网络部署的开放创新生态体系，向制药、医疗设备、消费品和数字医疗等医疗保健领域的全体创业人士开放。迄今，全球8个JLABS均设立于北美创新热点地区。上海工程公司承担的是美国强生全球第9家、北美区域之外第1家JLABS项目。上海工程公司通过长期医药工程设计经验积累，具备实施新药探索、药物筛选、药理评估、临床研究、孵化放大、规模化生产、注册认证等完整产业链的工程设计和服务的技术能力，设计的多个医药科创平台项目通过AAALAC（国际实验动物评估和认可委员会）认证、OECD-GLP（经济合作与发展组织的良好实验室规范）认证。仅在上海张江药谷地区，已累计设计建筑面积达18万平方米的新药科创中心项目。

（魏永忠）

【主编参编6项医药工程全文强制性国家标准】 中国工程建设标准体制实施重大改革，住建部决定加快制定全文强制性标准，逐步用全文强制性标准取代现行标准中分散的强制性条文。2018年，上海工程公司担任《医药生产工程项目规范》和《医药研发工程项目规范》2项全文强制性国家标准主编单位，参编《医药仓储工程项目规范》《医药生产用气系统通用规范》和《医药生产用水系统通用规范》3项全文强制性国家标准，并成为跨领域的《洁净室通用技术规范》第一参编单位，保持在国家工程建设标准（医药工程部分）编制工作中的排头兵地位。

（魏永忠）

【全面实施组织力提升工程】 2018年，上海工程公司党委全面实施组织力提升工程，制订党支部组织力提升工程实施方案，以“一支部一特色”为重点，完善党建工作制度，提升党建工作覆盖力。各党支部对创新组织生活方式进行有益探索，积极开拓主题党日活动思路，通过典型示范，全面提升基层组织建设整体水平。上海工程公司建设部党支部被评为集团公司先进基层党组织，石化工艺室党支部、土建室党支部被评为炼化工程公司先进基层党组织。

（魏永忠）

【再获上海市静安区年度经济贡献200强企业荣誉】 2018年，上海工程公司积极支持、参与、推动上海市静安区的经济社会发展，为地方经济可持续发展增添动力，获静安区2018年度经济贡献200强企业第55名，较2017年度排名上升15个名次。

（魏永忠）

表1　上海工程公司主要生产经营指标

指标名称 \ 年份	2018	2017	2016	2015	2014	2013
主营业务收入 / 亿元	31.67	19.51	17.18	32.11	38.58	37.50
完成工程投资额 / 亿元	121.00	116.00	136.00	140.29	148.50	148.00
完成工程项目 / 项	394	327	250	165	130	135
获授权专利 / 件	301	279	231	168	129	89

表2　上海工程公司2018年完成的主要项目

委托单位	项目名称	完成日期	行业
中国石油化工股份有限公司湖北化肥分公司	污水处理提标改造项目	1月	石化
常州市第四制药厂有限公司	扩产搬迁二期综合车间项目	1月	医药
上海市食品药品检验所	上海市检测中心二期项目药检楼配套工艺设计	1月	医药
巴斯夫新材料有限公司	巴斯夫金星项目环评编制	3月	石化
中国石油化工股份有限公司广州分公司	干气综合利用完善项目（原广州分公司8万吨 / 年乙苯脱氢制苯乙烯项目可行性研究）	3月	石化
帝斯曼江山制药（江苏）有限公司	203酯化线改造项目	3月	医药
中沙（天津）石化有限公司	苯酚丙酮装置提升产品质量改造项目	3月	石化
白山市江源区发展和改革局	吉林白山人参生命科技产业园项目	4月	医药
中国石油化工股份有限公司镇海炼化分公司	EO/EG装置2018年消缺完善	4月	石化
中国石油化工股份有限公司广州分公司	化工危险废物临时贮存场项目	5月	石化

续表

委托单位	项目名称	完成日期	行业
中国石油化工股份有限公司天津分公司	PTA 车间 RTO 装置改造项目	5 月	石化
深圳赛保尔生物药业有限公司	松山湖生物药品研发及产业化项目（一期）二代 EPO 项目工程设计	5 月	医药
帝斯曼江山制药（江苏）有限公司	204 结晶线改造项目	5 月	医药
德之馨（上海）有限公司	微生物实验室改造项目	5 月	医药
佛山市顺德区美龙环戊烷化工有限公司	裂解 C_5、C_8+ 资源综合利用项目	6 月	石化
上海纳克润滑技术有限公司	2 万吨 / 年低黏度 PAO 项目	6 月	石化
中化泉州石化有限公司	100 万吨 / 年乙烯及炼油改扩建项目 40 万吨 / 年 HDPE 装置基础设计	6 月	石化
杭州中美华东制药有限公司	大分子中试平台建设项目设计	6 月	医药
中国石化集团资产经营管理有限公司巴陵石化分公司	苯乙烯中间罐区及装车站台 VOCs 治理项目工程设计	6 月	石化
中海石油宁波大榭石化有限公司	苯乙烯装置界区管廊增设检修平台项目	6 月	石化
中国石油化工股份有限公司天津分公司	15 万吨 / 年异丙苯氧化法制环氧丙烷项目	7 月	石化
中国石油化工股份有限公司湖北化肥分公司	PSA 改造工程设计	7 月	石化
海尔施生物医药股份有限公司	综合制剂车间、特殊制剂建设项目	8 月	医药
中海石油宁波大榭石化有限公司	苯乙烯装置填平补齐项目	8 月	石化
苏州鸿基洁净科技股份有限公司	武汉光谷生物医药服务平台项目	8 月	医药
中国石油化工股份有限公司湖北化肥分公司	乙二醇工业示范装置技术攻关及相关采购服务项目	8 月	石化
中国石化集团四川维尼纶厂	编制年产 6 万吨 VAE 乳液扩能项目可行性研究报告	9 月	石化
中国石化扬子石油化工有限公司	乙烯装置新增一套 LPG 蒸发系统	9 月	石化
中国石油化工股份有限公司湖北化肥分公司	废水系统优化提升改造项目	10 月	石化
中安联合煤化有限责任公司	90 万吨 / 年煤制乙二醇项目预可行性研究报告	10 月	石化
中海石油炼化有限责任公司惠州炼化分公司	苯酚焦油水洗脱盐系统设计项目	10 月	石化
中安联合煤化有限公司	35 万吨 / 年线型低密度聚乙烯装置	11 月	石化
南京中科康润新材料科技有限公司	年产 3 万吨高性能乙烯基新材料项目（一期）方案设计	11 月	石化
中国石化扬子石油化工有限公司	烯烃厂 VOCs 治理可行性研究报告	11 月	石化

续表

委托单位	项目名称	完成日期	行业
滕州中盛化工有限公司	醋酸乙烯装置改造技术咨询	11月	石化
委托单位	项目名称	完成日期	行业
福建古雷石化有限公司	古雷炼化一体化项目基础工程设计二标段	11月	石化
福建古雷石化有限公司	古雷炼化一体化项目 60 万吨 / 年苯乙烯装置基础工程设计	11月	石化
福建古雷石化有限公司	古雷炼化一体化项目 10/70 万吨 / 年环氧乙烷 / 乙二醇装置工程基础设计	11月	石化
福建古雷石化有限公司	古雷炼化一体化项目第二循环水场基础工程设计	11月	石化
中国石化扬子石油化工有限公司	烯烃厂罐区隐患排查 A 类问题整改（第 2 批）	11月	石化
山东科源制药股份有限公司	原料药综合生产线技术改造项目	11月	医药
上海张江药谷公共服务平台有限公司	上海张江药谷 JLABS@ 上海项目	11月	医药
中国石油化工股份有限公司湖北化肥分公司	乙二醇项目偶联装置扩能改造甩头项目	11月	石化
中国石化科技部化工处	10 万吨 / 年双氧水法制环氧丙烷成套技术开发	12月	石化
国家科学技术部	面向石化冶金行业流程生产过程的工艺软件与知识库研发	12月	石化
中国石油化工股份有限公司	煤气化制乙二醇污水处理及回用研究及工业应用	12月	石化
中国石油化工股份有限公司	大型煤炭深加工项目 DCS 技术研发与应用	12月	石化
巴斯夫新材料有限公司	BASF Pudong Site 罐区改造和槽区安全整改项目	12月	石化
巴斯夫新材料有限公司	BASF MCD 预处理项目	12月	石化
无锡药明康德生物技术股份有限公司	无锡 31 号楼 DS 项目详细设计	12月	医药
山东经方药业有限公司	中成药颗粒剂年产量 2 亿袋项目	12月	医药
巴斯夫新材料有限公司	巴斯夫浦东基地消防水系统优化项目	12月	石化

宁波工程公司

【概况】 中石化宁波工程有限公司（简称宁波工程公司）是炼化工程公司全资子公司，2003 年经中国石化批准，由原中国石化集团兰州设计院和中国石化集团第三建设公司重组设立的国有独资公司，注册地为浙江省宁波市高新区。宁波工程公司是以技术为先导，设计为基础，工程总承包和工程项目管理为主体，集科研开发、工程咨询、工程设计、设备制造、装置施工和检维修服务于一体，拥有多项专利、专有技术，面向国内、国际两个市场提供技术服务和管理服务的工程公司。

截至 2018 年底，宁波工程公司设有 6 个专业设计室、1 个专业公司、6 个分公司、4 个子公司、21 个职能管理部门及 25 个 EPC 项目部（在建）。拥有在册职工 2 800 余人，其中行业设计大师 6 人、享受国家政府津贴 4 人、高级以上职称 575 人、中级职称 856 人、各类注册工程师 460 人、其他管理和技术人员 700 余人。拥有 310 余项专利、专有技术，具备独有的核心技术优势和施工安装能力。在天然气化工、石油化工、煤化工以及合成气化工等领域的设计处于全国领先地位，是中国石化大型非标设备制造基地。

宁波工程公司主要生产经营指标和 2018 年完成的主要工程项目分别见表 1 和表 2。

（贺 颖）

【全面完成生产经营任务】 2018 年，宁波工程公司以建设一流国际工程公司为发展愿景，持续致力于提高发展质量和效益，以实现安全有序、效益优先为目标，抓市场开发、项目攻关、科技创新、效益挖掘和风险防控等，各项工作有序推进。全年实现利润 3.46 亿元，营业收入 53.48 亿元，累计实现安全生产 3 068 万人工时，工程质量验收合格率 100%，EPC 总承包项目一次投料试车（或投用）成功率 100%，企业保持总体稳定。

（贺 颖）

【科技创新取得重要突破】 2018 年，宁波工程公司大型装备国产化研发取得新突破，大型 DCS 系统、甲醇合成气压缩机组和甲醇合成反应器在国内煤化工行业实现首次应用，填补了国内自主设计、自主制造的空白；首次承担国家级重大专项“煤气化工艺装置系统风险防控技术及应用示范”和中国石化重大科研项目“千吨级流化床 GTO（合成气直接制低碳烯烃）工业试验”；“高含盐水分质结晶资源化利用关键技术”和“耐硫变换甲烷化一体化技术”中试取得突破，实现了废水无机盐的资源化高值转化利用。

（贺 颖）

【工业化应用进展明显】 2018 年，宁波工程公司“东方炉”工业化应用取得新进展，采用 1 500 吨级“SE- 东方炉”成套技术的中安联合煤气化装置顺利中交；首套采用 SE 水煤焦浆气化技术的镇海炼化 POX 装置成功投料开车，创下国内同类装置开车时间的新纪录。

（贺 颖）

【境内市场开发成效显著】 2018 年，宁波工程公司获福建古雷炼化一体化项目、陕西延长中煤一期启动工程、神华榆林能源酸性气体脱除装置、神华榆林空分装置项目、中化泉州 100 万吨 / 年乙烯和炼油改扩建、大唐多伦煤化工公司新增循环水场项目、浙江石化炼化一体化项目 I 标段竖向施工项目等合同，境内新签合同额增长 22%。

（贺 颖）

【成功签约福建古雷炼化一体化项目合同】 2018 年，宁波工程公司与福建古雷石化有限公司签订福建古雷炼化一体化项目第 4 标段 BEPC 总承包合同。该项目是大陆与台湾地区合资合作最大的石化产业项目。

（贺 颖）

【成功签约沙特 SABIC 公司合成氨改造项目合同】 2018 年，宁波工程公司与沙特 SABIC 公司签订合成氨改造项目 EPC 总承包合同，首次承接海外工艺装置 EPC 建设，为持续滚动开拓中东市场创造了良好条件。

（贺 颖）

【成功签约榆林能源酸性气体脱除项目合同】 2018 年，宁波工程公司与神华榆林能源化工公司签订循环经济煤炭综合利用酸性气体脱除装置 EPC 总承包合同，循环经济煤炭综合利用项目是支撑陕西省能源化工产业发展的重大骨干项目，也是世界上一次投资额最大的煤化工项目。

（贺 颖）

【多项装置顺利实现中交】 2018 年，宁波工程公司承担的中安联合煤化 170 万吨 / 年甲醇及转化烯烃项目煤气化装置、青海大美尾气综合利用制烯烃项目 30 万吨 / 年聚乙烯装置、镇海炼化制氢原料结构调整改造项目、神华宁煤集团煤化工副产品深加工综合利用项目聚乙烯装置相继实现中交。

（贺　颖）

中安联合煤化 170 万吨 / 年甲醇及转化烯烃项目煤气化装置

【制造业绩创历史新高】 2018 年，宁波工程公司交付浙江石化、俄气石油、海南炼化等 70 个合同、406 台设备，制造业绩创历史新高。在俄气石油项目设备制造过程中，以 ASME 和 GOST 标准成功交付 31 台非标设备，在业界获得良好口碑。

（贺　颖）

俄气设备正在装船启程运往俄罗斯

【国内首套高标准地下式刚性危废填埋场投用】 伊犁新天煤化工公司危废填埋场项目是宁波工程公司设计的首个危废填埋项目，该项目于 2018 年正式投用，设计库容 16.56 万立方米，占地面积 11.6 万平方米，是国内首套高标准地下式刚性危废填埋场。

（贺　颖）

【内部管理扎实有效】 2018 年，宁波工程公司制订“3310”发展战略规划，描绘未来 16 年发展蓝图；“四供一业”分离移交进展顺利，宁波和兰州两地共 10 个项目的实施协议全部签订完成；“三定”工作和人才强企工程建设稳步推进；研究院实体化运行、锅炉项目部优化运行和节能环保技术公司组建迈出重要一步；强化项目经营管控，加大降本增效力度；构建“大风险”防控体系；完善督办机制，落实完成年度重点工作；实施以法律、财务、审计和监督等为主要监督力量的工作机制，逐步形成“大监督”工作格局。

（贺　颖）

【推进企业党建与生产经营深度融合】 2018 年，宁波工程公司围绕中心抓党建，抓党建促发展，推进“基层党支部建设年”活动，抓“一优化三提升三规范”，落实“两个责任”，坚决运用“四种形态”，围绕工程建设重点环节开展专项督察，持续深化廉洁风险防控，促进政治生态不断好转；制定发布《企业文化手册》，举办第 4 届职工运动会，开展首届“女工文化节”“青年创新创效大赛”“青年智能化大讨论”；建立“走基层、访万家”和困难职工帮扶救助长效机制，党建责任落到实处，推进企业党建与生产经营深度融合。

（贺　颖）

【多项工程技术获奖】 2018 年，宁波工程公司承担的“单喷嘴冷壁式粉煤加压气化工业化示范项目”获中国石油和化工自动化行业科技进步一等奖；“现代煤气化装置用关键耐火材料研发及工业化应用集成技术”获河南省科技进步一等奖；“青岛海晶搬迁项目低温乙烯储运装置”获浙江省建设工程钱江杯奖（优秀勘察设计）综合工程三等奖；“2.7 万吨 / 年裂解汽油抽提项目”“甬绍金衢成品油管道及配套油库工程”被评为中国石化优质工程；“一种用于耐硫变换工艺的轴径向反应器结构”“一种精确配煤工艺”“一种同时气化粉煤和水煤浆的加压气化工艺”获宁波市发明创新大赛发明优秀奖。

（贺　颖）

【管理工作获多项荣誉】 2018 年，宁波工程公司获浙江省思想政治工作成绩突出单位；获中国石化物资供应、财务管理、网络安全、生产统计、关心下一代、离退休工作等先进单位称号；连续 8 年被评为全国“安康杯”优胜单位；获浙江省依法治企先进单位、宁波市勘察设计行业优秀诚信单位、宁波市综合百强企业、竞争力百强企业等。

（贺　颖）

表 1　　宁波工程公司主要生产经营指标

指标名称 \ 年份	2018	2017	2016	2015	2014	2013
资产总值 / 亿元	76.34	61.52	59.97	76.59	59.33	48.07
设计投资额 / 亿元	93.14	111.81	70.17	93.84	152.44	167.32
主营业务收入 / 亿元	52.91	35.10	31.51	65.97	65.48	53.78
利税 / 亿元	5.64	5.09	1.66	5.24	7.27	5.78
承接工程数量 / 项	385	397	341	265	339	291
工程总承包	25	18	14	14	21	15
工程设计	135	103	75	70	88	35
工程咨询	91	113	111	75	75	58
工程建设及制造	134	163	141	106	155	183
获授权专利 / 件	42	22	34	61	59	45

表 2　　宁波工程公司 2018 年完成的主要工程项目

序号	项目名称	中交或完工日期
一	EPC 总承包项目	
1	济南炼化烟气脱硝脱硫改造项目	7 月
2	安庆石化 II 号丙烯腈 PCC 炉完善总承包项目	7 月
3	中安联合煤化 170 万吨 / 年甲醇及转化烯烃项目煤气化装置	10 月
4	镇海炼化制氢原料结构调整改造项目	12 月
5	燕山石化 220 吨 / 时锅炉环保完善改造项目	12 月
6	神华宁煤集团煤化工副产品深加工综合利用项目聚乙烯装置	12 月
7	青海大美尾气综合利用制烯烃项目 30 万吨 / 年聚乙烯装置	12 月
二	设计项目	
1	陕西延长石油炼化公司轻烃综合利用项目动力站详细设计技术服务	6 月
2	宁夏精细化工基地一般工业固体废弃物处置场建设项目	6 月
3	扬子石化煤线适应性改造项目	7 月
4	浙江石化炼化一体化项目一期	8 月

续表

序号	项目名称	中交或完工日期
5	哈密煤基化工研究院年产 60 万吨洁净型煤项目	8月
6	青岛炼化加热炉联锁完善及高压串低压风险整改项目	9月
7	大唐呼伦贝尔化肥公司技术改造项目新建循环水场	12月
8	安庆石化增建磨煤 C 系列项目	11月
三	施工及制造项目	
1	镇海炼化储运部汽油多变量调合系统改造项目	1月
2	镇海炼化 G401–408 位置布置烷基化装置储运系统改造项目土建及安装工程	1月
3	镇海炼化甬绍金衢管线首站迁移物装仓库配套改造项目	1月
4	上海赛科公司 10# 炉对流段 LMPH 模块炉管更换项目	2月
5	浙江石化 4 000 万吨 / 年一体化项目 140 万吨 / 年乙烯装置 2 台塔	3月
6	管道储运公司白沙湾商业储备油库基地罐区二期工程	4月
7	青岛海晶低温乙烯二期项目气化装置采购、安装工程	4月
8	上海石化 3# 炼油检修项目及 2# 制氢装置、改质装置	4月
9	镇海炼化制氢原料结构调整改造项目容器、塔器、换热器 103 台产品制造	4月
10	高桥石化炼油部 2018 年检修改造项目	5月
11	高桥石化炼油区域污水处理场排水提标改造 3# 污水处理场改造项目	5月
12	浙江石化 4 000 万吨 / 年一体化项目 45 万吨 / 年全密度乙烯装置　反应器、产品吹出仓项目	5月
13	镇海炼化部分装置停工检修、消缺项目	6月
14	镇海炼化乙烯检修改造项目	6月
15	恒力石化（大连）炼化公司常减压装置 80 台换热器	6月
16	恒力石化（大连）炼化公司 2 000 万吨 / 年炼化一体化项目中间储罐、成品油储罐（三标段）和 8 台原油储罐安装工程	7月
17	上海石化 2# 乙烯检修改造项目	8月

南京工程公司

【概况】 中石化南京工程有限公司（简称南京工程公司）是炼化工程公司全资子公司，2009 年 6 月由中国石化集团第二建设公司和中国石化集团南京设计院重组成立，位于江苏省南京市江宁区，注册资本 5.56 亿元。

南京工程公司是以设计为先导、专利、专有技术、工艺包开发为核心，工程总承包和项目管理、专业施工为主体，面向国内外市场提供技术和管理服务的综合性、一体化的国际工程公司。在煤化工、天然气化工、环境工程、清洁能源、硫酸磷肥等无机化工、苯系化工、公用工程和工业民用建筑等设计业务方面优势明显；具有设计、采购、施工一体化独特优势和雄厚的国内外项目综合管理能力；具有以大型机组安装、大型储罐安装、大型 DCS/ESD 安装调试、特殊材质焊接等为核心的施工以及施工管理能力。

截至 2018 年底，南京工程公司下设 18 个职能部门、7 个专业设计室、8 个国内分（子）公司、1 个海外分公司。在册职工总数 2 316 人，其中经营管理、专业技术和工程项目管理人员 1 861 人，各类技能操作人员 455 人，具有本科及以上学历 1 503 人，拥有中、高级专业技术职称的 1 297 人。

南京工程公司主要生产经营指标和 2018 年完成的主要工程项目分别见表 1 和表 2。

（毕　华）

【领导班子调整】 2018 年，中国石化党组对南京工程公司领导班子做出调整：吴吉波任南京工程公司党委书记、副总经理，刘胜任南京工程公司总会计师，郑国洋任南京工程公司党委副书记、纪委书记、工会主席。截至 2018 年底，南京工程公司领导班子成员包括：徐德勤、吴吉波、陈德兴、王树华、唐明智、刘胜、郑国洋。

（毕　华）

【获高新技术企业资质】 2018 年 1 月，南京工程公司成功取得高新技术企业资质，对提升公司创新能力、高端技术开发能力，开拓国内外市场提供动力。

（毕　华）

【生产经营总体平稳】 2018 年，南京工程公司聚焦企业发展核心要务，统筹做好拓市场、抓改革、降成本、保效益、强基础、防风险工作，创造良好的业绩，企业发展总体呈现稳中向好、稳中有进势头。全年完成任务承揽总值 60.34 亿元，实现财务收入 55.98 亿元。

（毕　华）

【业务结构日趋优化】 2018 年，南京工程公司以煤化工、硫磷化工、环境工程、公用工程等优势专业为着眼点，突出抓好重大项目开发，设计、EPC 任务承揽额首次突破 50%，为业务结构调整打下坚实基础。境外中小型 EPC 市场份额不断提高，为境外业务转型发展创造有利条件。

（毕　华）

【技术质量管理有序】 2018 年，南京工程公司全年无上报质量事故，单位工程合格率 100%，设计产品合格率 100%，焊口合格率 95.7%，顾客满意度 98 分以上，均高于公司质量目标，质量管理体系运行平稳、持续、有效。全年完成技术开发项目 29 项，整理成熟工艺包 2 项，获授权专利 55 件（发明专利 15 件）。形成企业级工法 10 项，其中 5 项申报集团公司级工法。参编国家标准 11 项，主编行业标准 6 项、SEG 标准 8 项，发布公司标准 18 项。管道全位置自动焊和球罐全位置自动焊技术开发取得新成效。

（毕　华）

【国际业务稳步发展】 2018 年，南京工程公司境外业务收入 12.53 亿元。境外用工规模月均 4 000 人以上，8 个项目同时建设，各项目安全、优质、高效执行，普遍获业主和合作方认可，境外小型 EPC 项目执行水平再上新台阶。重视境外人才引进和培养，新聘成熟技术人才 19 人，自主招聘外籍员工 299 人，续聘率超 90%，外籍用工占比保持在 50% 以上，人力资源配置更趋国际化。公共安全管理求稳创新，首次推行境外公共安全复训“送教上门”服务。外事工作安全高效，有效保障各类国（境）需求。获省、市各类外经政策奖励 680 万元。

（毕　华）

参与建设的沙特延布电厂项目是全球在建规模最大的燃油电站项目

【庆祝公司设计业务发展 60 周年】 2018 年是南京工程公司设计业务发展 60 周年。公司经历了化工部第七设计院、中国石化集团南京设计院等不同历史发展时期，完成了包括一大批国家重点工程在内的设计 / EPC 项目 3 000 多项，获国家、省部级优秀设计、科技进步奖 200 多项，在现代煤化工、环保节能和硫磷、催化剂等无机化工、石化深加工及精细化工、新能源、公用工程、民用建筑等产品具备特色优势。拥有 25 个设计专业，基本覆盖所有工科门类。公司通过资源优化配置，发挥综合能力与集成优势，致力于开拓国内外两个市场，公司持续快速健康发展，位居国内同行业前列，在中国石油化工、精细化工、无机化工和基础化工领域具有十分重要的地位。通过开展“纪念公司设计业务发展 60 周年”系列活动，传承优良文化，推动设计业务发展和振兴，鼓舞士气，凝聚力量，增强了员工的荣誉感和归属感。

（毕　华）

【企业改革获新突破】 2018 年，南京工程公司围绕设计能力提升、市场开拓和技术进步、“三项制度”改革和增强企业凝聚力、项目管控和项目合规运行、企业管理效率提升，以及改制企业问题处理等方面，打出改革“组合拳”，一些重要改革取得成效。调整优化机关职能，完成区域分公司“三定”工作阶段性目标，推动沙特项目执行中心实体化运行。成立沙特设计中心，为沙特地区 EPC 项目发展提供有力支撑。稳步推进三支人才队伍通道建设，积极探索劳务分包试点新路子，打通劳务用工、成熟人才引进渠道，有效缓解人才短缺问题。“四供一业”社区管理职能分离移交工作顺利完成。

（毕　华）

【“三基”工作实现新提升】 2018 年，南京工程公司制定班组管理办法，推动“班组”标准化建设。持续推进安全“三基”工作，全面落实岗位安全责任，加强班组安全管理，规范作业环境标准化设置。强化机关作风建设，践行“马上就办”，修订管理制度 89 项，优化业务流程 205 条，压减基层报表 40%，会议、文件进一步精简，“两减少两增强”得到有效落实。获集团公司管理现代化创新成果 3 项。

（毕　华）

【党建工作展现新成果】 2018 年，南京工程公司落实全面从严治党要求，切实履行管党治党责任，党建共建成效明显，党建质量日益提升。深入推进干部改革，职数配置进一步优化。积极探索“互联网 +”党建工作方法，逐步将基层党组织建设从“现场”拓展到“线场”。大力开展“不担当不作为慢作为”突出问题查摆整改工作，党员干部担当意识和担当能力得到提高。全面开展自查自纠和微腐败专项整治工作，营造了风清气正的政治生态。坚持领导信访接待和领导联系点制度，及时排查化解矛盾，维护企业稳定。围绕服务职工、服务大局，做好群团和统战工作，调动各方力量，共保改革发展稳定大局。

（毕　华）

【中安项目实现全面中交】 2018 年，南京工程公司总承包的中安联合煤化工项目净化、甲醇合成、硫回收等多套装置顺利中交。中安联合煤化工项目是中国石化和安徽省合作的重点项目，是地方政府转型发展的“一号工程”。该项目是公司重组成立以来承接的最大 EPC 项目群，公司以设计为龙头，充分发挥设计、采购、施工一体化优势，项目安全、优质、高效执行，获业主和集团公司高度认可，标志着公司 EPC 总承包管理能力显著提升，标志着公司在现代煤化工专业领域工程建设取得新突破。

（毕　华）

中安联合煤化工 EPC 项目之净化装置

【宁夏合成气脱瓶颈及醋酸填平补齐项目顺利中交】 2018年，南京工程公司EPC总承包建设的宁夏能化合成气脱瓶颈及醋酸填平补齐项目顺利中交。该项目通过对合成气进行脱瓶颈改造，使合成气有效气生产能力由原来的15.5万米^3/时提升到21.1万米^3/时，满足甲醇和醋酸满负荷生产需求，为宁夏能化实现“三步走”战略奠定基础。

（毕　华）

【多个工程项目获奖】 2018年，南京工程公司江苏成品油管道无锡市新区新梅路段管道改线工程、仪征原油商业储备基地工程储油罐主体安装工程、液化气综合利用项目球罐安装工程获评全国优秀焊接工程优秀奖；金陵亨斯迈、九江乙苯苯乙烯装置获集团公司优质工程奖；九江油品质量升级改造工程获评全国工程建设项目优秀设计成果二等奖、国家优质工程奖。

（毕　华）

【获得荣誉】 2018年，南京工程公司获江苏省（市）守合同重信用企业、江苏省工程勘察设计行业诚信单位、江苏省模范职工之家、南京市对外经济技术合作协会副会长单位、南京市对外承包工程十强企业等荣誉、称号。

（毕　华）

表1　南京工程公司主要生产经营指标　亿元

指标名称＼年份	2018	2017	2016	2015	2014	2013
资产总值	55.87	56.81	53.87	47.59	44.24	36.78
设计投资	90.20	93.89	90.00	90.00	120.84	104.00
主营业务收入	55.98	46.77	70.06	59.53	48.74	52.43
利　税	6.26	3.62	2.64	3.66	3.35	3.24
承接工程数量/项	196	170	162	182	226	212
获授权专利/件	48	56	42	51	47	11

表2　南京工程公司2018年完成的主要工程项目

序号	项目名称	中交或完工日期
一	EPC总承包项目	
1	长城能化宁夏合成气脱瓶颈及醋酸填平补齐项目	6月
2	巴陵石化热电事业部一炉一机建设项目脱硫系统总承包	7月
3	青海大美甘河工业园区尾气综合利用制烯烃项目罐区	11月
4	中安联合煤化有限责任公司煤制170万吨/年甲醇及转化烯烃项目（空分装置、空压站）	11月
5	中安联合煤化有限责任公司煤制170万吨/年甲醇及转化烯烃项目（净化、甲醇合成、硫回收、循环水场）	12月
二	施工项目	
1	沙特Ma'aden输气管线项目	5月

续表

序号	项目名称	中交或完工日期
2	惠州国储项目库区地上安装工程	5月
3	扬子石化 80 万吨 / 年催化裂化联合装置检修工程	7月
4	重庆祥龙天燃气有限公司武陵山天然气管道 二标、三标段工程	7月
5	济南分公司炼油结构调整提质升级催化裂化装置改造项目	7月
6	扬子热电厂燃煤锅炉增设脱硫装置项目安装工程	8月
7	烟台万华 TDI 装置土建及安装工程 II 标段施工	8月
8	恒力石化（大连）炼化有限公司罐区项目	10月
9	扬子石化单喷嘴冷壁式粉煤加压气化工业化示范装置二期项目	10月
10	万华化学搬迁一体化项目 HCl 氧化装置二期土建、安装工程	11月
11	福建 – 福建联合 2018 年停工大修及小型改造项目	12月
12	九江石化 30 万吨 / 年烷基化项目装置区安装工程	12月
三	设计项目	
1	江西赛维 LDK 光伏硅科技有限公司新建 20 万吨 / 年冷氢化及还原炉夹套水热能利用改造	3月
2	新疆大全新能源股份有限公司 1.3 万吨 / 年多晶硅项目（B 阶段）	8月
3	艾仕得涂料系统（南京）有限公司年产 5.1 万吨树脂及 10.5 万吨高性能涂料项目一期工程	8月
4	新疆大全新能源股份有限公司年产 3.5 万吨硅单晶料装置填平补齐技改项目	9月
5	东明中信瑞华新材料有限公司 20 万吨 / 苯乙烯联产 8 万吨 / 年环氧丙烷装置	10月
6	亚洲硅业（青海）有限公司二期热氢化炉技改还原炉及提纯改造项目	11月
7	荆门分公司新建 15 万吨 / 年硫酸装置	11月
8	巴陵分公司化肥污水总氮总磷达标治理项目	12月

第四建设公司

【概况】 中石化第四建设有限公司（简称第四建设公司）位于天津市滨海新区大港世纪大道 180 号，成立于 1963 年 1 月，1968 年迁至湖南长岭参加“三线建设”，1974 年参加天津炼油厂建设，落户天津大港，2012 年 4 月 6 日改制为公司制企业，更名为中石化第四建设有限公司，成为炼化工程公司的全资子公司。

截至 2018 年底，第四建设公司机关设有 12 个职能部门、9 个二级单位，其中 3 个综合型工程公司、3 个专业工程公司、1 个国际工程公司、1 个以 PMC 业务为主的工程项目管理公司和 1 个培训中心。在建项目 88 个，其中国内 85 个、国外 3 个。项目中传统施工项目 78 个，PMC 项目 10 个。拥有在职员工 3 690 人，其中合同制员工 2 520 人、业务

（服务）外包人员 1 170 人。员工中管理和技术人员 2 273 人，占比 61.6%，取得国家一级建造师和二级建造师执业资格 254 人。2018 年，第四建设公司使用社会资源 11 456 人，其中外籍员工 588 人。

截至 2018 年底，第四建设公司账面资产总额 44.62 亿元，负债 40.54 亿元，所有者权益 4.08 亿元，资产负债率为 90.87%。拥有设备 5 797 台，净值 7 950.95 万元，主要施工生产设备 1 987 台，总功率 1.98 万千瓦。

2018 年，第四建设公司以“项目创效年”为主题，全年完成主营业务收入 38.51 亿元，实现当期考核利润 6 201 万元。全年完成 255 个主合同结算任务，结算额 60.92 亿元，完成年度计划的 94.59%。回收资金 40.34 亿元，其中完成老账清收 12.20 亿元，应收、存货较年初分别下降 1.90 亿元和 4.37 亿元。承建的陕西蒲城 70 万吨 / 年煤制烯烃项目、元坝气田产能建设工程项目 2 项工程获评全国优质工程；天津液化天然气（LNG）项目接收站 4 台 16 万立方米 LNG 储罐焊接工程、中海油惠炼二期项目 100 万吨 / 年乙烯装置、湛江原油商业储备基地工程罐主体工程第一标段和龙口京港油品储运及配套建设工程 4 个项目获评全国优秀焊接工程奖；神华宁煤项目合成氨装置、全厂火炬系统及管廊和山东海化石化盐化一体化项目一期升级改造工程 C2 标段 3 项工程获评省部级优质工程；公司连续 5 年获评全国石油和化工行业新闻宣传先进单位；获评中国石化财务基础管理先进企业、企业文化先进单位、全国安康杯竞赛优胜单位等称号，第一工程公司华能维保班获全国工人先锋号称号，公司马来西亚项目部党委被评为集团公司先进基层党组织。

第四建设公司主要生产经营指标和 2018 年度完成的主要工程项目分别见表 1 和表 2。

（张文龙　李明亮）

【班子建设得到加强】 2018 年 8 月 30 日，第四建设公司召开领导班子扩大会议，集团公司人事部领导人员管理处参加会议并宣布李希玲任公司党委委员、总会计师的决定。

（张文龙　李明亮）

【深化改革蹄疾步稳】 第四建设公司继 2017 年 12 月启动以项目为中心的体制机制改革之后，2018 年重点推动“三项制度”改革，按照“管理人员能上能下、员工能进能出、收入能增能减”的“三能”改革要求，搭建公司“三项制度”改革“1+4+15”的“四梁八柱”，明确改革时间表、路线图、任务书，确保公司改革的系统性、完整性、持续性和协同性。公司以“界面最少、流程最短、责任最清、配置最优”和“大部制、大监督、大岗位、大用工”为改革统领，推进“三能”机制建设，构建更加高效的组织效率、管理效率，激发公司的发展活力，促进公司治理体系和治理能力现代化。机关部门由 19 个减少至 12 个，中层机构精简 43.24%；中层管理人员从 167 人精简至 92 人，精简 44.9%；公司机关共设置专业技术管理岗位 65 个，减少 67.8%；公司机关管理岗位定员从 289 人减少至 196 人，精简 32.18%；二级单位实际在岗管理人员从 430 人减少至 238 人，精简 44.65%。

（张文龙　李明亮）

【市场开发成效显著】 2018 年，第四建设公司密切跟踪国内外市场，先后签约大连恒力乙烯、中安高盐水罐区、马来西亚增援项目、保运试车项目以及沙特空分等项目合同；中科一体化、天津炼油改造、中沙聚碳、辽宁宝来乙烯、天津渤化 DMTO 等一批大型传统工程成功签约并进入实施阶段；中科炼化、塔河炼化、天津石化等 PMC 业务承揽额超过 1 亿元。全年累计投标报价 525 次，中标 95 个，承揽任务 48.22 亿元、增加 10.37 亿元。

（张文龙　李明亮）

【项目执行平稳受控】 2018 年，第四建设公司同步实施 78 个项目，承担 182 项工程施工任务，实现天津渤化 DMTO、中科配套湛北成品油管道站库、京博石化、山东东营、辽宁宝来、中沙（天津）聚碳酸酯等工程项目顺利开工。确保上海高桥石化滨海码头油气排放治理项目、天津石化烷基化球罐项目、新疆伊犁项目、北海炼化 150 万吨 / 年 S-Zorb 催化汽油吸附脱硫装置等 38 项工程高标准中交；完成高桥石化、沈阳蜡化、中原石化 3 项检修改造任务。

（张文龙　李明亮）

投入运营的天津 LNG 天然气入港

【创新发展成果丰硕】 2018 年，第四建设公司采用立缝自动焊接技术，在国内行业施工中首次完成 12 万立方米 A537 CL2 钢丙烷低温罐内罐施工；“三层罐壁大型低温储罐施工技术”等 4 项技术通过立项评审；2 项管理创新成果分获集团公司一等奖、三等奖；完成集团公司 7 项行业标准和企业标准意见征询审查，参与 17 项国家标准、行业标准审查，公司参与编制的《汽车加油加气站设计与施工规范》获集团公司科技进步三等奖。全年形成企业级工法 12 项、QC 成果 15 项，完成焊接工艺评定开发 51 项，形成技术创新成果 32 项；完成专利申请 29 件，获专利授权 22 件；“施工技术交底可视化技术开发”等 2 项技术开发项目通过炼化工程公司组织的验收。

（张文龙　李明亮）

【经营业绩企稳回升】 2018 年，第四建设公司面对复杂多变的市场环境，及早谋划、积极应对，夯实基础，取得经营业绩上的突破，各项指标均好于上年。全年实现营业收入 38.51 亿元，增长 13%；实现考核利润总额 0.62 亿元，上升 521%；经营性现金流净流入 0.84 亿元，增加 1.50 亿元，实现近几年来首次经营性现金流为正；资产负债率下降 0.68%；完工项目结算额 60.92 亿元，增长 43%；百元收入营业成本 89.75 元，下降 0.68 元；毛利率从 9.45% 上升至 9.70%，全员劳动生产率从 100.8 万元上升至 127.84 万元。

（张文龙　李明亮）

【凝心聚力常抓不懈】 2018 年，第四建设公司党委持续加强形势任务教育，引领干部职工立足本职、努力工作，以实际行动支持改革。公司团委高度关注大龄青年婚姻问题，主动与驻地主管部门、兄弟企业联动，为单身职工牵线搭桥；各基层团组织结合实际，在机关和项目一线开展青工政治轮训，收到较好效果。工会系统关心弱势群体，持续组织开展入户慰问和困难帮扶工作，累计帮扶困难职工 681 人次，发放困难帮扶资金 112.25 万元。其中，走访、慰问入户 279 户，发放送温暖资金 87.2 万元；困难职工帮扶救助 363 人次，发放救助款 41.15 万元；大病救助 23 人次，发放救助款 33.24 万元；金秋助学 30 人次，发放助学金 11.98 万元；困难临时工困难家属暖气帮扶 34 人次，发放救助款 2.72 万元。

（张文龙　李明亮）

【员工素质显著提升】 2018 年，第四建设公司组织各类培训 223 期，培训 3 109 人次；开展业务竞赛、职业技能竞赛项目 8 个，参赛 1 003 人次。在中国石化涉外法律业务竞赛中获 1 项优秀组织奖、1 项个人银奖；在中国石化 2018 年安全管理技术比武（工程板块）中获 1 项团体第 2 名、1 项个人银奖；在集团公司第 7 届青年外语风采大赛中获 1 项个人二等奖；在中国石化 2018 年国际项目合同管控业务竞赛中获 1 项团体第 2 名、1 项个人银奖；在“中联重科杯”第 5 届全国吊装职业技能竞赛中获团体优胜奖；1 人享受国务院政府特殊津贴；2 人获天津市职业技能竞赛第 5 名、第 6 名；1 人晋升为集团公司技能大师；2 人被评为集团公司技术能手；5 人分别获天津市五一劳动奖章、天津“滨海工匠”、集团公司劳动模范、精神文明建设标兵等称号；孙志芬当选全国工会十七大代表。

（张文龙　李明亮）

【“四供一业”顺利移交】 2018 年，第四建设公司全力打好国企“四供一业”分离移交攻坚战，配合地方政府完成开元里、建安里 2 个老旧社区市容环境综合整治立面改造；5 项“四供一业”、3 项市政设施分离移交项目全部完成移交，在炼化工程板块率先完成集团公司有关移交资产划转申请的时间节点任务。

（张文龙　李明亮）

【党建质量持续提升】 2018年，第四建设公司党委聚焦“把方向、管大局、保落实”作用发挥，修订涉及班子集体决策、干部管理、基层党组织建设、党风廉洁建设等内容的制度文件11项；强化意识形态工作，两级班子成员以上率下，带头深入基层支部宣讲党的十九大，开展形势任务教育、“三项制度”改革等110余次。结合改革开放40周年、中国石化成立35周年等重要时间节点，加大宣传力度，公司“两微”、报纸、内网及时报道基层员工先进事迹、公司改革，在《天津日报》《中国石化报》等省部级以上媒体刊登稿件230余篇；全面落实党风廉洁建设和反腐败工作“两个责任”，开展廉洁谈话165人次；积极践行和运用监督执纪“四种形态”，问责18人次，为公司生产精益管理和改革发展营造良好的发展环境。

（张文龙　李明亮）

表1　第四建设公司主要生产经营指标

指标名称 \ 年份	2018	2017	2016	2015	2014	2013
资产总值 / 亿元	44.62	42.86	48.33	43.98	41.30	36.56
主营业务收入 / 亿元	38.51	33.63	37.51	42.42	43.78	38.73
利税 / 亿元	1.20	–2.99	0.94	1.38	1.19	1.23
承接工程数量 / 项	192	168	95	117	110	101
获授权专利 / 件	22	66	52	41	38	27

表2　第四建设公司2018年度完成的主要工程项目

序号	工程名称	交工
一	新建装置	
1	高桥石化储运系统海滨码头油气排放治理项目	1月22日
2	北海首站配套码头来油改造工程	1月30日
3	中国石化浙江甬绍金衢成品油管道及配套油库项目管道安装工程施工（诸暨－桐庐段）二标段	1月31日
4	正和集团股份有限公司5万吨 / 年硫黄回收联合装置安装工程	2月1日
5	中国石化销售有限公司福建石油分公司仓储管理中心抢维修工程	2月2日
6	浙江舟山液化天然气（LNG）接收及加注站项目一期工程	3月30日
7	中国石化催化剂有限公司长岭分公司200吨 / 年HTS分子筛生产装置废水废气工程	3月30日
8	海洋石油工程（青岛）有限公司巴油FPSO项目P67船体上部模块连接集成工程	5月21日
9	中沙（天津）石化有限公司乙二醇装置循环气冷却器E-6111更新工程	4月23日
10	海洋石油工程股份有限公司PL19-3（1389）项目WHPV组块东块配管专业工程	4月28日
11	新疆石油分公司新和县东服务区南、北侧加气站新建工程	5月28日
12	天津分公司化工部混苯流程优化工程	5月30日
13	天津分公司汽油质量升级项目30万吨 / 年烷基化装置安装工程	5月30日

续表

序号	工程名称	交工
14	宁夏睿源环保循环利用科技有限公司新增5万吨/年废旧甲醇及5万吨/年混醇回收利用项目建筑安装工程	6月20日
15	中沙（天津）石化有限公司乙烯装置11#裂解炉原料适应性改造（一标段）工程	6月20日
16	茂名天源石化有限公司丙烯工程	6月30日
17	新疆石油分公司库车团结油库扩容工程	7月3日
18	新奥集团股份有限公司舟山液化天然气（LNG）接收及加注站连接管道工程	7月9日
19	中国石化销售有限公司华北分公司济南输油管理处鲁皖二期东线251千米+931米处改线工程	7月17日
20	中国石化催化剂长岭分公司5万吨/年催化裂化催化剂联合生产装置建设项目辅助装置安装工程	7月18日
21	中国石化管道储运有限公司塘沽油库隐患治理工程	7月28日
22	中石化森美（福建）石油有限公司加油站工艺安装工程项目工程（二标段）	7月30日
23	天津分公司2万立方米湿式气柜改干式工程	12月28日
24	北海炼化有限责任公司150万吨/年S-Zorb催化汽油吸附脱硫装置建设工程	8月6日
25	中国航油集团天津石油有限公司乙醇汽油配送中心建设工程	8月15日
26	中国石化销售有限公司安徽石油分公司蚌埠油库扩容项目安装工程	8月30日
27	（内蒙古创源金属有限公司）电解二系列3车间电气仪表安装工程	9月10日
28	中国石化销售有限公司新疆哈密石油分公司G7高速工业园服务区南、北侧加油加气站新建工程	9月30日
29	中国石化销售有限公司新疆哈密石油分公司G30高速烟墩收费站南、北侧加油加气站新建工程	9月30日
30	中国航空油料集团公司民航专业工程施工合同——天津南疆储运基地油库质量问题整改工程	9月30日
31	中沙（天津）石化有限公司乙烯装置BA103、BA104、BA107、BA109裂解炉炉管更新工程	9月30日
32	中国石油化工股份有限公司西北油田分公司DHX工艺改造增效、罐区安全隐患治理、顺北区块应急泥浆站建设工程	10月10日
33	（中国石油化工股份有限公司抚顺石油化工研究院）搬迁服务工程	10月25日
34	山东益仁纸业有限公司190吨/时污水汽提装置工程	10月31日
35	（中海福陆重工有限公司）珠海Labor Supply for Steel Structural Fabrication工程	10月31日
二	检修改造项目	
1	高桥石化炼油三部检修工程	5月16日
2	沈阳蜡化CPP反再单元更换旋风分离器器改造工程	6月25日
3	中原石化MTO反再系统静设备管线施工工程	8月17日

第五建设公司

【概况】 中石化第五建设有限公司（简称第五建设公司）是炼化工程公司全资子公司。其前身成立于1953年，2010年12月18日根据集团公司的战略部署，从甘肃省兰州市西固区迁址到广东省广州市荔湾区中山七路81号。2012年4月，根据炼化工程板块实施重组上市要求，更名为中石化第五建设有限公司。

第五建设公司是中国最早从事石油化工建设的大型施工企业，也是集团公司直属大型综合性施工企业，具有石油化工工程施工总承包壹级企业资质、钢结构工程专业承包壹级资质、国外工程承包资质、对外经济合作经营资格资质和建筑行业（建筑工程）乙级、石油化工医药行业（化工工程、石油及化工产品储运）专业乙级设计资质、环保工程专业承包壹级资质等。具备50亿元/年以上的施工生产能力。能独立承担炼油、化工、化肥、化纤、橡胶、电力、医药、冶金、军工等大中小型装置及配套工程建设任务。在大型传动设备（机组）安装、大型储罐安装、大型DCS自动化集散控制系统安装与调试和特种材料焊接，以及大型锅炉、大型空分、炼油、聚烯烃、甲醇、煤化工、土壤修复、环保节能、安全监管等方面，形成独具特色的技术优势。培养了一大批高级工程技术人员和各专业高级技师。在国家许多重大项目建设中，充分体现了在工程管理、机具装备、专业人才、新技术开发应用等方面的实力和优势。

截至2018年底，第五建设公司本部共设16个职能处室；下辖海外分公司等14个二级单位。有51个项目部（其中国内48个、国外3个），分布在全国各地炼化企业和海外。

截至2018年底，第五建设公司用工总量为2 016人，其中在岗合同制员工1 793人、短期阶段性合同工4人、不在岗223人（含离岗调研、内退、工伤）。取得各类专业技术职称人员1 246人，获得国家一级、二级建造师104人。

第五建设公司主要生产经营指标和2018年完成的主要工程项目分别见表1和表2。

（林尚一）

【领导班子调整】 2018年，集团公司党组3次调整第五建设公司领导班子：5月4日，任命李辉煌为总会计师；8月28日，任命陈胜琪为党委副书记、纪委书记、工会主席，王忍利改任调研员；12月29日，任命衣浩为总经理、王永科为副总经理。第五建设公司新一届领导班子由蒋德军、衣浩、王建军、南亚林、李辉煌、陈胜琪、王永科7人组成。

（林尚一）

【党团组织关系转入广东省国资委】 2018年11月16日，广东省国资委接收广东省直属机关工作委员会开出的关于中石化第五建设有限公司党员组织关系介绍信，第五建设公司党组织关系正式转入广东省国资委。团组织关系与党组织关系一同调整。

（林尚一）

【第五建设公司成立65周年】 2018年12月18日，第五建设公司召开企业成立65周年纪念大会，回顾公司65年来的光辉历程，展望新时代企业的光明前景，动员广大干部员工以习近平新时代中国特色社会主义思想为指引，全面贯彻落实党的十九大精神，不忘初心、牢记使命、永远奋斗，以“工匠铸精品，智慧创未来”的信念引领企业，在祖国建设现代化强国新征程中再创辉煌。会议邀请第五建设公司历届老领导、劳动模范30余人参加。

（林尚一）

【市场开发成效显著】 2018年，第五建设公司完成境内市场开发额共计37.63亿元，为年度计划的107.5%，较上年增长48%，其中着力加强中科炼化一体化、古雷炼化一体化等大型项目的开发力度，中科炼化一体化共签订合同金额11.36亿元。境外签订补充合同5 400万美元。新业务市场开发取得重大突破，环保节能、安全技术完成市场开发额近2.5亿元。

（林尚一）

【海外项目减亏脱困】 2018年，第五建设公司就沙特JRTP项目与EPC总承包商进行多轮的谈判，改变合同计价模式，公司领导班子成员蹲点现场办公，强化项目过程监管，适时研究分析项目执行过程中存在的重大风险和需要协调解决的重大问题，及时采取措施，规避风险，最终摆脱困境，实现止损盈利，全年消化境外亏损1.38亿元。历时5年的沙特芳烃项目仲裁案胜诉结案，收回资金1 050万美元和履约保函。全年境外项目实现收入20.33亿元，占总收入的49%。沙特吉赞公用工程项目的成功实施，为进一步开拓中东市场打下坚实的基础；科威特新炼厂项目的平稳高效推进，为公司全年目标任务的完成及消化境外项目历史包袱做出突出的贡献。

（林尚一）

【海外项目设立劳模创新工作室】 2018年1月24日，第五建设公司在科威特新炼油厂项目举行以集团公司劳动模范黄会安名字命名的“黄会安劳模创新工作室”挂牌仪式。

（林尚一）

【高端业务迈出新步伐】 2018年1月17日，中国科学院院士、清华大学教授潘际銮与第五建设公司签订工作站合作建站协议。同时，潘际銮院士、第五建设公司与北京博清科技有限公司签订战略框架合作协议，就无轨导全位置爬行焊接机器人共同升级研发，在油气化工领域、储罐及管道自动焊接技术推广应用等方面进行合作。4月9日，潘际銮院士工作站授牌仪式在第五建设公司举行，标志着“潘际銮院士工作站”正式在第五建设公司成立，无轨导全位置爬行焊接机器人正式开始研发。12月1日，由第五建设公司、北京博清科技有限公司和潘际銮院士工作站共同研发的无轨导全位置爬行焊接机器人，在第五建设公司中科项目部预制厂对EO/EG装置TK80储罐首道焊缝进行焊接，标志着无轨导爬行焊接机器人正式投入实体化运用。

（林尚一）

无轨导全位置爬行焊接机器人进行焊接工作 （周 菁 摄）

【业务转型升级】 2018年，第五建设公司第1次获批承担国家重点科研专项“长江经济带石化类场地污染治理技术与集成示范”项目，经费达3 000万元。第五建设公司环保节能中心承担的集团公司6项科研项目稳步推进，其中“固定化微生物”已完成现场中试工作，“高性能一体化材料”已完成保温装置的小试试验。

年内，第五建设公司安全仿真与实操培训基地被集团公司认定为华南地区唯一安全培训基地。“移动式安全培训岛”项目作为集团公司重要研发项目，投资6 000万元。至年底，已全部开发建设完成并形成自主知识产权的移动式安全实操培训岛，开启对外销售业务，开始为石化企业、社会组织提供产品和服务。“智能安全带”研发项目进入国务院由国资委举办的中央企业创新创意大赛复赛阶段。

12月5日，第五建设公司作为第1届全国土壤修复大会的协办方，设置展厅参展并进行企业宣讲。

（林尚一）

【延安项目DMTO装置投料试车一次成功】 2018

延安煤油气资源综合利用项目60万吨/年甲醇深加工装置全景 （王正虎 摄）

年9月1日，第五建设公司承建的延安煤油气资源综合利用项目60万吨/年甲醇深加工装置DMTO单元已投料成功并产出合格的烯烃产品。

（林尚一）

【浙江卫星能源有限公司年产45万吨丙烷脱氢装置高标准中交】 2018年12月20日，浙江卫星能源有限公司年产45万吨丙烷脱氢（PDH二期）装置安装工程实现高标准中交。该工程于2017年10月5日开工，工期历时14个月。

（林尚一）

【通过QHSE管理体系监督审核及转版审核】 2018年6月29日，中国船级社质量认证公司通过检查、评审，认定第五建设公司的QHSE体系运行符合标准要求，同意推荐换发新版认证证书。

（林尚一）

【获广东省五一劳动奖状】 2018年4月28日，在广东省庆五一暨劳模表彰大会上，第五建设公司安全技术中心获广东省五一劳动奖状。其完成的安全仿真与实操培训基地的开发与建设获集团公司现代化管理创新成果一等奖；《工程项目HSE标准化》获作品著作权、7项实用新型和2项外观设计专利证书，并转化为集团公司科技成果，在行业项目全面推行。

（林尚一）

【多方合作实现共赢】 2018年1月24日，第五建设公司与华东理工大学签订石化行业场地修复合作框架协议和产学研创新基地，双方将进一步深入开展场地修复的技术研发和人才培养等方面工作，加强场地修复技术的研发，提升第五建设公司科研创新能力。4月12日，第五建设公司与清华大学签订共建研究生海外社会实践基地协议，进一步拓宽双方合作领域，更好地协同配合国家“走出去”战略。4月20日，“中石化第五建设有限公司兰州培训基地”在兰州石化职业技术学院正式授牌。5月28日，第五建设公司与清华珠三角研究院、北京创高助新会计师事务所签订三方合作协议，利用第五建设公司的“广东省节能环保土壤污染防治工程技术研究中心”共同开启申报广东省域内土壤污染防治科研类项目的工作。

（林尚一）

表1　第五建设公司主要生产经营指标　亿元

指标名称 \ 年份	2018	2017	2016	2015	2014	2013
资产总值	44.54	40.30	42.47	37.10	32.90	28.56
主营业务收入	41.27	33.97	38.20	41.10	45.22	34.38
利　税	1.86	−5.42	−3.92	1.72	1.50	1.33
承接工程数量/项	105	90	103	96	127	141

表2　第五建设公司2018年完成的主要工程项目

序号	项目名称	竣工时间
1	武汉石化污油回炼流程完善项目	1月
2	陕西神渭管道输煤项目蒲城终端场站十五标段	1月
3	湛江中冠石油化工有限公司工业异辛烷项目	4月
4	神华宁煤400万吨/年煤炭间接液化项目中间罐区增加产品储罐及装车设施工程	5月
5	烟台万华5万吨/年甲基丙烯酸甲酯（MMA装置）项目	5月

续表

序号	项目名称	竣工时间
6	仪征化纤热电生产中心锅炉烟气超低排放环保升级改造项目施工项目	5月
7	巴陵石化热电事业部一机一炉建设项目工程	6月
8	九江石化码头增设混合二甲苯出厂设施	6月
9	中国石油化工股份有限公司广州分公司水提标改造项目安装工程	7月
10	北海炼化 150 万吨 / 年 S-Zorb 催化汽油吸附脱硫装置项目	8月
11	九江石化 CFB 锅炉超低排放改造工程	8月
12	大连恒力石化 2 000 万吨 / 年炼化一体项目中间储罐、成品油储罐（五标段）安装工程	8月
13	荆门—襄阳成品油管道工程项目	8月
14	鲁宁线（齐河、长清、肥城、宁阳、邹城、薛城）城区改线及部分站场改造工程	9月
15	新疆宝塔石化有限公司 200 万吨 / 年灵活催化裂化装置	9月
16	新疆宣力 50 万吨 / 年煤焦油加氢装置维保（2018）	10月
17	陕西精益化工有限公司煤焦油深加工多联产综合利用项目全厂一级地管	10月
18	大连恒力石化 2 000 万吨 / 年炼化一体化项目硫黄、聚丙烯装置土建项目	10月
19	茂名石化化工 CFB 锅炉烟气超低排放改造项目	10月
20	30 万吨 / 年烷基化装置及系统配套区域的三通一平	10月
21	长岭分公司动力锅炉环保治理工程	10月
22	长岭分公司 5#、6# 动力锅炉烟气达标排放改造工程	10月
23	陕西神渭输煤管道工程线路三标段	10月
24	中安联合 35 万吨 / 年线型低密度聚乙烯装置	11月
25	长岭分公司芳烃罐区油气排放达标改造	11月
26	天然气分公司鄂尔多斯—安平—沧州输气管道一期工程（四标段）	11月
27	镇海炼化 2018 年部分装置停工检修、消缺项目	11月
28	烟台 MMA 装置保运项目	11月
29	新疆轮南工程项目计转站集输管道建设工程	12月
30	西安石化厂区内装置维护保运	12月
31	洛阳分公司 20 万吨 / 年烷基化项目	12月
32	沧州分公司油品质量升级改造——重整装置搬迁改造施工工程	12月
33	中安联合 35 万吨 / 年聚丙烯装置施工项目	12月
34	青海大美煤业股份有限公司甘河工业园区尾气综合利用制烯烃项目 DMTO 联合装置施工项目	12月
35	青海大美甘河工业园区尾气综合利用制烯烃项目聚乙烯装置施工项目	12月

续表

序号	项目名称	竣工时间
36	广州分公司一般技改技措工程项目	12月
37	九江石化芳烃中间罐苯原料及苯中间产品罐 VOCs 治理	12月
38	福建联合石油化工有限公司 2018 年停工以静设备专业为主的大修及小型改造项目	12月
39	浙江卫星能源有限公司年产 45 万吨丙烯及 30 万吨聚丙烯二期项目 PDH 二期项目施工项目	12月
40	上海石化热电部 3[#]、4[#] 炉达标排放改造 EPC 总承包建筑机务工程	12月

第十建设公司

【概况】 中石化第十建设有限公司（简称第十建设公司）是炼化工程公司全资子公司，成立于 1953 年 1 月，前身为重工业部化学工程管理局太原工程公司，1970 年 10 月分建山东淄博，后成立山东省化学石油建设公司，1983 年划入中国石油化工总公司，更名为中国石化第十建设公司，1998 年更名为中国石化集团第十建设公司，2012 年完成公司制改制并变更为现名，2014 年 8 月本部迁址山东青岛。

第十建设公司在能源化工工程建设诸多领域为境内外客户提供优质全面的一体化服务，主要承建石油化工、煤化工、精细化工、油气储运、医药、市政、环保、锅炉、电站及送变电等新建、改扩建、检维修工程，同时开展设备制造、大型设备吊装与运输、大型起运机械修造及工程项目监理业务，是国内承建炼油、乙烯、煤化工、清洁能源 LNG、大型储罐、大型设备吊装等工程最多、最具竞争力的工程企业。

第十建设公司拥有石油化工工程施工总承包一级、对外承包工程等多项资质证书，建立了全方位、多层次、宽领域的人才架构，并在大型储罐安装、大型设备吊装、大型压缩机组安装调试、大型起运机械修造、特种材料焊接、长输管道 SCADA 系统及装置 DCS 和 SIS 系统安装与调试等方面，形成国内领先的核心技术优势。

截至 2018 年底，第十建设公司下设 15 个机关部室以及安装、仪电、储运、重机、建筑工程、齐安工程（管道结构工程）、项目管理等 13 个专业分公司，北京金海湾工程建设监理有限公司等 4 个全资子公司。拥有在册员工 2 902 人，其中经营管理与专业技术人员 1 964 人、技能操作人员 815 人，拥有高级职称及以上人员 291 人、中级职称人员 799 人、技师及高级技师 121 人。

第十建设公司主要生产经营指标和 2018 年完成的主要工程项目分别见表 1 和表 2。

（翟巍巍）

【生产经营任务全面完成】 2018 年，第十建设公司围绕“管理创新年”和“改革推进年”主题，坚持创新驱动，狠抓管理提升，提质增效实现新跨越，新签境内合同额 48.6 亿元，新签境外合同额 2.09 亿美元，完成总包产值 53 亿元，建成工程项目 51 项。公司主要经济指标全面完成，安全生产总体平稳，企业综合实力和市场口碑进一步提升。

（翟巍巍）

【境内业务持续提升】 2018 年，第十建设公司本着“八个坚持”（坚持“钉钉子”精神，开展市场开发；坚持既定“导向”，引导市场开发；坚持“灵活主动”，跟踪市场；坚持“客户满意”，赢得市场；坚持以“项目盈利”，经营市场；坚持“长效发展”，拓宽市场；坚持“全员参与”，开发市场；坚持“创新提升”，引领市场）开发市场，中标中科炼化一体化乙烯、EVA、催化裂化及公用工程，茂名渣油加氢等系统内项目；承揽到中化泉州乙烯、EVA 及罐区工程，烟台万华气化、乙烯及公用工程，恒力石化乙二醇及 PTA 等系统外项目；发挥专业化优势，大力承揽油气储运工程，中标山东 LNG 接收站二期、日濮洛原油管道、中国石化董家口商储基地二期等工程。2018 年，新签各类境内合同 231 个，合同额 48.6 亿元，增长 19.39 %。

（翟巍巍）

【境外业务稳中有进】 2018 年，第十建设公司坚持国际化战略不动摇，境外市场开发方面，围绕中东、中亚、东南亚 3 条主线，中标科威特新建收集中心（GC—32）工程项目，合同额 1.37 亿美元；中标科威特新建炼油厂 P2/P3 包—K031（污水处理）项目，合同额 4 515 万美元，在科威特初步形成可连续市场，境外市场开发实现良性循环。境外项目执行方面，坚持“公司主导下的专业公司负责制”，牢牢把控境外项目组织架构和关键人员配置，坚持人员轮训常态化，推动人员使用国际化、本土化，截至 2018 年底，已有 47 名领导干部及骨干人员完成历时半年以上的境外轮训，国际化用工比例不断扩大，境外项目执行能力得到提升。

（翟巍巍）

【项目管理创新开创新格局】 2018 年，第十建设公司围绕“管理创新年”主题，把握施工组织模式创新、技术装备创新、“两化”融合创新 3 条主线，由典型项目引领创新向全面创新加快发力。全力推动施工组织创新，开展施工管理创新研讨交流和先进经验推广，发布《典型装置施工组织标准化》《生活及办公暂设的标准化指导意见》，提升施工组织标准化水平。以创新引领先进装备升级，在重点项目推广二维码应用和全位置自动焊、智能喷码枪等智能化工装，施工过程系列 APP 软件、仪表施工工序管理模块加快开发，创新驱动发展成效显著。

（翟巍巍）

【技术创新取得新提升】 2018 年，第十建设公司加快技术创新步伐，开展技术开发项目 55 项，获授权实用新型专利 10 件，合作研发的“大型地下水封石洞油库建设关键技术集成创新”“LNG 储罐用国产 9Ni 钢研制及工程技术应用”分获集团公司科技进步一、二等奖。开发应用管道固定口全位置机动焊技术，完成在镍基、耐热钢、大厚壁不锈钢等材料上的焊接工艺评定，促进了焊接技术的进步。

（翟巍巍）

【安全管理扎实有效】 2018 年，第十建设公司坚持安全投入“硬到位”、风险遗留“硬杜绝”，累计实现 6 834 万安全人工时，增加 2 762 万安全人工时。深化对安全事故成本、事故教训的认知，加强可记录事件共享分析，推动安全风险点承包和安全责任全覆盖；抓牢直接作业环节，严格作业程序和检查，严控检维修等重大风险，确保检维修工程和重点项目的平稳推进；强化专业安全引领，开展脚手架、临时用电和起重吊装等专业培训和检查，专业安全意识、能力和绩效得到提升；安全竞赛创佳绩，获集团公司安全比武团体第 1 名，个人 2 金、2 银、2 铜的优异成绩。

（翟巍巍）

【广东巨正源产品分离塔成功吊装】 2018 年 12 月

采用液压顶升 U 型梁吊装

11 日，第十建设公司采用 3 600 吨液压顶升系统，历时 9 小时 30 分钟，将吊装质量达 3 050 吨的广东巨正源产品分离塔整体一次顺利吊装就位，改变了以往同类大型塔器设备分段吊装施工的传统方式。

（翟巍巍）

【多项工程获奖】 2018 年，第十建设公司参建的齐鲁石化 30 万吨乙烯工程、茂名石化 30 万吨乙烯工程、川气东送工程入选“改革开放 40 年百项经典工程”；元坝气田产能建设项目、舟山国家石油储备基地扩建项目获国家优质工程奖；承建的液空（中国）福建煤气化项目、神华宁夏煤业集团煤化工副产品深加工综合利用项目裂解装置、山东海化石化盐化一体化项目一期升级改造工程、鄂尔多斯国泰化工 40 万吨煤制甲醇项目获全国化学工业优质工程奖；中石化催化剂大连基地（一期）工程、中国石化山东省石油分公司烟台八角港油库项目、天津液化天然气（LNG）项目（一期）码头及接收站工程获集团公司优质工程。

（翟巍巍）

【明确公司重要历史节点】 2018 年，本着尊重历史的原则，通过深入查阅档案史料，经过公司领导班子会研究确认，第十建设公司对公司发展历程中的重大历史节点和日期做进一步澄清和明确。其中，第十建设公司始建于 1953 年 1 月 9 日，其前身为重工业部化学工程管理局太原工程公司；1965 年 3 月 5 日，更名为化工部第二化工建设公司；1970 年 10 月 8 日，燃料化学工业部决定，将第二化建公司一分为二，分别下放山西省和山东省，成为公司东迁的标志；1970 年 12 月 7 日，第二化建公司下放山东部分，成立山东省化学石油建设公司；1978 年 10 月 31 日，更名为化学工业部第十化工建设公司；1983 年 8 月 2 日，由化工部划入中国石油化工总公司，随着集团公司的持续发展而不断壮大。

（翟巍巍）

【“四供一业”移交取得实质性突破】 2018 年，第十建设公司后线工作牢牢抓住移交、服务、稳定 3 条主线，牢牢把握分离移交关键节点，全力协调地方政府和接收单位，加快推动移交工作。6 月 27 日，签订供电正式分离移交正式协议；6 月 29 日，签订供暖分离移交、物业管理职能分离移交、市政和社区管理职能分离移交正式协议。截至 2018 年底，上报的分离移交实施方案集团公司已全部审批，资产移交工作全面完成，“四供一业”分离移交取得实质性、阶段性成果。

（翟巍巍）

【改制（新建）企业党组织关系移交地方】 2018 年 11 月 19 日，第十建设公司代管的 12 家改制（新建）企业党组织关系移交淄博地方管理，共涉及 12 家改制（新建）企业的 11 个党组织、173 名党员，改制（新建）企业实现根植地方、依托地方发展。

（翟巍巍）

【党建工作持续强化】 2018 年，第十建设公司坚持围绕中心工作抓党建，全力把方向、管大局、保落实，突出政治引领，强化“四个意识”，推进读书讲课活动开展，开启“下基层、接地气、马上办”作风建设，形成担当作为、崇尚实干进取的良好氛围。全面提升党建工作质量，抓好基层党组织组织力提升工程，实现在建项目部党支部覆盖率 100%，在浙江石化、中安煤制烯烃等特大型项目开展“管理创新，提质增效”“比学赶帮超”主题劳动竞赛，“走基层、访万家”“一团一品”“导师带徒”等活动扎实开展，增强了企业凝聚力。在做好帮扶救助工作的同时，公司持续做好对认领的西藏班戈县 81 名贫困学生的“一对一”捐资助学活动，2014—2018 年，资助助学金共计 72 万余元。

（翟巍巍）

【集体和个人获得荣誉】 2018 年，第十建设公司获评集团公司“财务基础管理年”优秀企业、统计工作先进单位，第十建设公司记者站被评为中国石化报社优秀记者站，第一安装分公司被评为中国石化先进集体；王坤获中国石化劳动模范称号，唐元生获山东省劳动模范称号，姬鹏获青岛市劳动模范称号。

（翟巍巍）

表 1　　第十建设公司主要生产经营指标

指标名称＼年份	2018	2017	2016	2015	2014	2013
资产总值 / 亿元	42.01	40.79	41.82	44.64	46.10	40.10
主营业务收入 / 亿元	53.60	36.67	51.11	55.65	60.59	59.52
利税 / 亿元	1.65	2.03	2.26	2.8	2.35	1.57
承建工程数量 / 项	70	62	48	52	47	58
获授权专利 / 件	80	70	60	50	43	31

表 2　　第十建设公司 2018 年完成的主要工程项目

序号	项目名称	竣工日期
1	中化无锡分销油库项目库区土建、安装工程	1 月
2	上海高桥石化炼油区域污水处理场排水提标改造一标段	1 月
3	齐鲁石化 280 万吨 / 年芳烃及配套项目 180 万吨 / 年柴油改质制芳烃装置及配套公共系统	3 月
4	中海油惠州炼化 15/48 万吨 / 年 EO/EG 装置	4 月
5	武汉石化新增 1 台 14 万吨 / 年轻烃裂解炉土建安装工程	4 月
6	青岛炼化烟气脱硫含盐废水改造项目	4 月
7	烟台万华 MMA 装置区土建工程	5 月
8	日照港油品码头有限公司铁路专用线改建工程（装卸车工艺部分）	5 月
9	大连西太平洋 2018 年换剂消缺检修工程	5 月
10	上海高桥石化炼油三部、五部检修施工（1# 重整装置、2# 加氢装置、3# 蒸馏装置）	5 月
11	广西液化天然气输气管道工程	6 月
12	岳阳 5 万吨 / 年催化裂化催化剂联合生产装置建设项目辅助装置建筑安装工程	7 月
13	济南炼化炼油结构调整提质升级改造项目 180 万吨 / 年 S-Zorb 催化汽油吸附脱硫装置改造项目	7 月
14	华锦乙烯公司裂解、压分装置改造施工	7 月
15	哈萨克斯坦阿特劳炼油厂加氢装置	8 月
16	哈萨克斯坦阿特劳炼油厂原油深加工联合装置	8 月
17	齐鲁公司加工高硫高酸原油适应性改造系统配套项目	8 月
18	商储罐区工程（一期）项目土建、安装	8 月
19	巴陵分公司废液焚烧装置环保治理项目	8 月
20	山东桓台 80 万吨 / 年加氢精制装置	9 月
21	宁波中金合成气制氢装置	9 月

续表

序号	项目名称	竣工日期
22	齐鲁石化 15 万吨 / 年润滑油基础油加氢联合装置	9 月
23	长兴岛原油库区一期工程 8# 罐组油罐主体安装及配套工程	10 月
24	长兴岛原油库区一期工程 9# 罐组油罐主体安装及配套工程	10 月
25	宁波大榭溶剂脱沥青项目土建安装工程	11 月
26	神宁煤制油新增成品罐区新增储罐及装车设施工程	11 月
27	宁波中金石化合成气综合利用技改工程	11 月
28	中韩石化 2.7 万吨 / 年裂解汽油抽提装置	12 月
29	宁波镇海炼化林德气体有限公司合资空分项目	12 月
30	福建联合石化 2018 年乙烯大检修改造项目 EO/EG 装置	12 月
31	大连恒力中间储罐、成品油储罐（六标段）安装工程	12 月
32	大连恒力 4 台 10 万立方米原油储罐制安工程	12 月

长城能化

【概况】 中国石化长城能源化工有限公司（简称长城能化）是 2012 年 8 月 27 日注册成立的煤化工专业公司，是股份公司的全资子公司，业务归口化工事业部管理与指导，是中国石化煤化工业务投资的平台，负责中国石化煤化工业务的投资和经营，组织协调煤化工项目建设，对煤化工企业进行专业化管理。

长城能化本部机关位于北京市朝阳区吉市口路 9 号，注册地为北京亦庄经济技术开发区，设有办公室（外事办公室）、规划计划处、财务处、人力资源处（党委办公室、党委组织部、党委宣传部、工会、团委）、企管法律处、监察审计处、安全环保处、设备工程处、煤炭处、化工处和煤矿安全管理处 11 个部门；下设中国石化新疆能源化工有限公司（简称新疆能化）、中国石化长城能源化工（宁夏）有限公司（简称宁夏能化）和中国石化长城能源化工（贵州）有限公司（简称贵州能化）3 个控股公司，中天合创能源有限责任公司（简称中天合创）、中安联合煤化有限责任公司（简称中安联合）和毕节中城能源有限公司（简称中城能源）3 个参股公司。截至 2018 年底，长城能化已在宁夏、内蒙古、安徽、贵州和新疆等地规划布局 5 个煤化工项目。其中，宁夏项目和内蒙古项目已建成投产，安徽项目全面进入工程收尾，贵州项目正在做开工准备，新疆项目处于前期工作阶段。长城能化本部机关、各控股公司和依托长城能化管理的中天合创及中安联合用工总量为 5 141 人。

2018 年，长城能化认真学习贯彻习近平新时代中国特色社会主义思想和党的十九大精神，全面落实集团公司“四个坚持”兴企方略和“改革、管理、创新、发展”工作方针，紧紧围绕提高煤化工发展质量和效益这个中心，扎实推进扭亏脱困、安全环保、项目实施、管理提升和党的建设等各项工作，实现在建和前期阶段项目有力推进、投产项目生产经营持续好转、板块经济效益明显回升的良好业绩。各项目全年完成投资 98.04 亿元，其中中国石化股权投资 52.09 亿元，含资本金注入 0.29 亿元；自开工以来累计完成投资 1 116.13 亿元。年末合并口径公司总资产 329.83

亿元，总负债 179.75 亿元，负债率 54.5%；权益口径公司总资产 674.97 亿元，总负债 412.56 亿元，负债率 61.12%。

（从怀芳）

【扭亏脱困任务完成较好】 2018 年，长城能化面对煤化工板块连续发生较大亏损的严峻形势，细化分解全年效益目标，压实扭亏脱困工作责任，落实挖潜增效工作措施，加强煤矿与化工的统筹优化，扎实抓好煤矿投产、安全生产、消缺改造、运行优化、产销衔接、降本减费等工作，完成宁夏能化银星二号煤矿试生产和化工装置首次年度大修及脱瓶颈改造、中天合创水系统和聚烯烃装置运行问题整改及优化等工作，全年公司合并口径实现销售收入 41.14 亿元，增加 8.49 亿元，较好完成年度效益指标；特别是 10 月和 11 月，煤化工板块整体和宁夏能化均实现月度经营扭亏为盈，扭转了宁夏能化投产后连续亏损的被动局面。

（从怀芳）

【投产装置运行水平持续提升】 2018 年，长城能化狠抓投产装置的平稳运行，在积极协调保障化工用煤的基础上，聚焦存在问题，消除装置运行隐患和瓶颈，组织开展达产达标、工艺调优、行业对标和节能降耗，严控非计划停工，装置运行水平不断提升，尤其是进入 2018 年下半年，各生产装置保持满负荷稳定运行，主要产品产量屡创新高，全年累计生产原煤 1 523.78 万吨，完成年度计划的 100.2%；主要化工产品产量 270.68 万吨，增加 27.49%。

（从怀芳）

【项目布局统筹有序推进】 2018 年，长城能化贯彻落实集团公司“两个三年、两个十年”战略部署，优化调整“十三五”煤化工发展规划，研究制定并实施煤化工板块“两个三年、两个十年”发展战略，统筹有序推进煤化工项目工程建设和前期工作。中安联合项目建设成效显著，热电机组核准和项目融资得到落实，建设进度纠偏和生产准备加快推进，总体试车和大机组试车方案通过审查，截至 2018 年底，项目总体进度完成 96.76%，“8·30”锅炉点火等关键节点目标顺利实现，76 个主项已中交 36 个，全面进入中交收尾阶段。贵州煤化工项目前期工作取得突破，落实集团公司与贵州省高层会谈达成的共识，完成中城能源股权变更、管理体制调整、筹融资和肥田煤矿复工建设，实现聚烯烃项目的核准和可研报告批复，以及现场详勘的完工。按照集团公司部署要求，组织开展中天合创三期 80 万吨 / 年煤制烯烃可研报告编制和柔性化联产天然气方案研究，并重点围绕中国石化煤制天然气发展及布局、在内蒙古鄂尔多斯布局发展煤化工等开展调研和合作洽谈，扎实推进项目前期工作。

（从怀芳）

中安联合项目建设现场

【基础管理进一步夯实】 2018 年，长城能化充分发挥“统筹、管理、协调、服务”职能作用，指导和督促各煤化工企业加强“三基”工作、制度建设、绩效考核等基础工作，促进基础管理水平不断提升。狠抓 HSSE 管理，成立煤矿安全管理处，健全煤矿安全管理体制机制，加强“三标”班组建设，开展风险识别管控、隐患排查治理和问题整改，突出抓好煤矿投产、大修改造、工程建设和生产运行等过程中的安全环保监管工作，总体实现安全生产、清洁生产。全面推进“三定”工作，调整优化组织机构，理清职责界面，规范管理流程，提高了管理效率。落实集团公司部署要求，组织编制和实施煤化工板块深化“三项制度”改革实施方案和人才强企工程实施方案。加强人员优化配置和人才培养，统筹协调做好项目所需成熟人才引进、毕业生招聘及项目交流顶岗实习培养，启动人才成长通道建设，强化培训学习和岗位练兵，提高了员工队伍综合素质。统筹优化资金管理，协调落实中安联合和中城能源筹融资，重点支持宁夏能化开展到期委托贷款置换，有效降低资金使用成本。加强合资公司管理，制定《长城能化全资及控参股公司管理办法（试行）》，明确对不同股比合资公司的监管方式，调整优化中安联合和中城能源管控模式，增强“三会”对合资公司财务、人事、考核、计划等业务的统筹管控，开展股东方现场监督检查，规范了合资公司经营行为。

（从怀芳）

【党的建设进一步深化】 2018年，长城能化深入学习贯彻习近平新时代中国特色社会主义思想和党的十九大精神，分层次组织参加集团公司、长城能化和各煤化工企业组织的培训班，实现煤化工板块党务政工干部和公司本部全体党员培训的全覆盖，强化政治引领作用。坚持围绕中心抓党建、抓好党建促发展，紧紧围绕公司发展战略和中心工作，研究制定党建“3+3+3”工作目标，积极探索合资企业党建工作新思路新措施，着力加强党建“雷达图”对标、基层党支部和企业文化建设，深化两级机关与基层“结对子”活动，提升了党建工作水平。加强党风廉洁建设，抓实教育筑牢防线，组建监督资源专家库，聚焦主责主业，突出监督执纪问责，开展专项监察和审计，并配合完成党组巡视组、总部监察局对煤化工板块开展巡视和审计工作，扎实推进问题整改。加强形势任务教育，开展“新时代、新气象、新作为”专题大讨论、“建功十三五，立业煤化工”主题劳动竞赛和青年突击队等活动，积极选树先进典型，引导广大干部员工不忘初心、牢记使命、比学赶超、争先创优，有效助推了中心工作。

（从怀芳）

宁夏能化

【概况】 中国石化长城能源化工（宁夏）有限公司（简称宁夏能化）位于宁东能源化工基地C区，前身为2010年6月成立的国电宁夏英力特宁东煤基化学有限公司，2012年12月，中国石化长城能源化工有限公司入股，成立合资企业；2014年1月，股东双方进一步签署股权转让协议，长城能化持股比例上升到95%，承担控股股东管理责任，公司更名为中国石化长城能源化工（宁夏）有限公司。

宁夏能化一期项目于2009年6月25日正式启动建设，2014年9月26日全面打通工艺流程，是中国石化煤化工产业板块第1个进入生产运营的企业，主要经营化工、电力、热力、水泥及水泥制品的生产与销售，煤炭销售，化工技术开发，设备检修，房屋租赁等业务。

截至2018年底，宁夏能化拥有65万吨/年甲醇、23万吨/年乙炔、45万吨/年醋酸乙烯、30万吨/年醋酸、20万吨/年1,4-丁二醇5个化工项目，2×330兆瓦自备热电项目，100万吨/年水泥项目，公用工程项目及2个总产能300万吨/年煤矿项目。设有机关处室12个、专业中心4个、基层单位10个，共有在职职工1 985人。

宁夏能化主要技术经济指标及主要产品产量分别见表1和表2。

（何小华）

【领导班子调整】 2018年11月13日，集团公司对宁夏能化领导班子做出调整：官调生不再担任宁夏能化公司董事、总经理、党委副书记职务，公司总经理职责暂由陆伟群代理。

（何小华）

【首次大修改造顺利完成】 2018年4月1日—5月15日，宁夏能化顺利完成开车以来首次大修改造。大修改造以甲醇空分区域A套空分机组汽轮机、增压机解体大修为主线，涉及20套装置5 358个检修项目，同步实施合成气脱瓶颈及醋酸填平补齐改造项目及28项一般技措、隐患治理项目。统一指挥、科学筹划、周密部署、强化协调，紧盯关键线路项目实施，推行网格化管理，强化大修过程管控及停、开车管理，顺利实现“安全、优质、准点、文明、节约、成功”的大修改造目标。大修改造后，影响装置联产效益发挥和安稳运行的瓶颈问题和长期隐患得到较好解决，各化产装置陆续进入或接近达产达标运行。尤其是合成气脱瓶颈及醋酸填平补齐项目改造完成后，甲醇日产量平均提升30%，填补醋酸原料缺口，年增产醋酸7万余吨，取得超出预期的改造效果。

（何小华）

甲醇通风装置检修吊装作业（王　鑫　摄）

【银星二号煤矿转入联合试运转】 2018年，宁夏能化积极推进煤矿生产运营工作，在较短时间内完成煤矿产能置换指标购买及生产运营队伍引进；同时加强与政府沟通，4月11日，银星二号煤矿取得宁夏回族自治区发改委联合试运转批复，并于当日召开联合试运转启动会；4月26日，煤矿联合试运转全面启动，成为中国石化系统第1个进入联合试运转的煤矿。

（何小华）

【产品总量和经济效益同创历史新高】 2018年，宁夏能化抢抓市场机遇，牢牢抓住产品价格高位时机，通过狠抓瓶颈攻关、优化生产运行、深化挖潜增效、实施产量提升“三台阶”劳动竞赛等措施，持续做大商品总量，在大修停产45天的情况下，产品总量达384.3万吨，增加120万吨，增长46%；实现营业收入41.13亿元，增长26.06%，产品总量和生产经营业绩同创历史最好成绩，连续2年获评宁夏回族自治区工业稳增长突出贡献企业。

（何小华）

【挖潜增效取得实效】 2018年，宁夏能化深入推进挖潜增效工作，深挖装置潜力，拓展降本空间，强化预算管控，统筹市场因素，通过狠抓增产增收、节能降耗、实施公用工程优化等12项措施实现增效3.71亿元，完成年度目标的140%。

（何小华）

【党的建设持续加强】 2018年，宁夏能化坚持以习近平新时代中国特色社会主义思想为指引，认真履行管党治党责任，切实发挥党委“把方向、管大局、保落实”作用，强化党建工作融合，通过优化党员示范岗、示范机、责任区等“党员先锋工程”载体，深入开展“三查”专项行动，狠抓支部5项任务，有效发挥党支部和党员在安全环保、“三基”等工作中的作用。以“新时代、新担当、新作为”为主题开展大讨论，教育引导干部员工正确认识形势；选树先进典型，唱响主旋律，凝聚正能量，开展13场次形势任务主题教育宣讲和“初心·使命·大国顶梁柱”主题演讲，举办“我们的企业文化故事”征集活动，在9个基层单位建立企业文化墙；在《宁夏日报》《中国石化报》等内外部媒体刊发稿件19篇。

（何小华）

【管理基础不断夯实】 2018年，宁夏能化深入推进风控、内控、制度一体化建设，规范制度全生命周期管理，建立公司全面风险库，通过质量、环境、职业卫生及中国石化HSE管理体系认证。深入推进机构优化工作，将28个处级机构优化调整为26个，将46个机关科室调整为41个，逐步取消运行部区域管理层级。全面启动“三项制度”改革和人才强企工程，规范业务外包管理，理顺不同群体间收入分配关系，狠抓员工培训实效，年全员劳动生产率提高24.14%，员工队伍稳定性持续向好。扎实推进“三基”工作，完善公司“三基”建设总体规划，健全“比学赶帮超”工作机制，扎实推进“三标”班组建设，将基层单位169项台账报表梳理精简到90余项，真正起到“为管理瘦身、为基层减负”的作用。

（何小华）

【TPVA中试装置具备连续生产条件】 2018年8月30日，集团公司重大科技项目——宁夏能化热塑性聚乙烯醇阻隔功能膜技术开发项目中试装置建成；9月19日，中试装置一次性投料成功，打通流程。截至2018年底，共完成3轮中试放大实验，产品表征数据达到目标值，中试装置具备连续生产条件。

（何小华）

【聚四氢呋喃产品销量居全国第一】 2018 年，宁夏能化深耕市场，积极面对外部市场竞争激烈、行业产能过剩等销售困境，在优化销售策略、提升客户服务质量、品牌建设上下功夫，聚四氢呋喃产品年销量 4.7 万吨，增加 51.61%，居全国第一。

（何小华）

表 1　宁夏能化主要技术经济指标　亿元

指标名称 ＼ 年份	2018	2017	2016	2015	2014	2013
产品总量 / 万吨	384.30（含煤炭）	261.25	171.14	128.31	72.77	3.25
工业总产值	41.31	33.61	22.58	23.62	25.13	2.10
工业增加值	2.81	−28.04	−1.75	5.06	5.12	—
资产总计	183.87	187.47	218.52	219.39	202.28	157.27
流动资产	8.11	7.19	5.40	7.78	18.82	2.66
固定资产原值	212.97	188.61	188.73	172.71	58.18	20.32
固定资产净值	136.74	126.92	168.74	165.97	55.68	19.58
销售收入	41.13	32.63	17.89	9.76	8.42	2.10
利　润	−16.20	−46.03	−18.95	−1.60	−0.03	0

表 2　宁夏能化主要产品产量　万吨

产品名称 ＼ 年份	2018	2017	2016	2015	2014	2013
甲　醇	52.20	54.25	50.61	52.03	38.33	—
电　石	48.51	54.08	35.70	24.54	19.41	3.25
乙　炔	15.88	15.26	9.17	6.21	2.17	—
醋　酸	23.64	27.34	14.75	3.60	7.50	—
醋酸乙烯	31.91	31.66	19.81	10.57	3.19	—
聚乙烯醇	5.48	5.93	1.98	2.04	0.04	—
1,4- 丁二醇	15.30	12.68	6.69	6.64	1.70	—
四氢呋喃	6.72	4.73	1.77	1.45	0	—
聚四氢呋喃	4.94	3.59	0.99	0.48	0.29	—
水　泥	58.19	51.72	29.66	20.75	0.14	—
煤　炭	121.53	—	—	—	—	—

上海石油化工股份有限公司

中国石化上海石油化工股份有限公司(简称上海石化)位于上海市金山区,占地面积9.40平方千米,是中国大型的炼油化工一体化综合性石油化工企业,是中国重要的成品油、中间石化产品、合成树脂和合成纤维的生产企业。

上海石化前身是创建于1972年的上海石油化工总厂。1993年作为中国第一批股份制改制试点企业之一,改制为上海石油化工股份有限公司,是中国第一家股票在上海、香港和纽约三地同时上市的股份制企业。2000年10月,更名为现名。

截至2018年底,上海石化具有1600万吨/年综合加工原油能力和乙烯70万吨/年、塑料树脂100万吨/年、合纤原料109万吨/年、合纤聚合物59万吨/年、合成纤维26万吨/年的生产能力,并拥有独立的公用工程、环境保护系统,及海运、内河航运、铁路及公路运输配套设施。

上海石化牢固树立"向先进水平挑战、向最高标准看齐"的理念,积极履行社会责任,为振兴中国石化工业而不懈努力;一贯坚持规范化运作,致力于用良好的经营业绩回报股东;一直以为顾客提供优质的石化产品和良好服务为己任,多次获得社会各界的嘉奖。近年来,先后获得"全国文明单位"、全国"重合同、守信用"单位、"全国用户满意企业""中华环境友好企业""全国模范劳动关系和谐企业""智能制造试点示范企业"、中国石化集团公司安全生产和环境保护先进单位等一系列荣誉称号。

上海石化塑料部设立"党员服务点"更好发挥党员先锋模范作用

上海石化污水处理车间生物观测点

上海石化严把装置检修改造质量关提升运行可靠性

上海石化开展应急预案演练提升应急处置能力

上海石化参加第二十届中国国际工业博览会，
48K大丝束碳纤维荣获新材料产业展优秀参展产品一等奖

上海石化“公众开放日”活动迎来百期

坚持高质量发展 展现新时代担当
向着建设绿色和谐卓越奋进新扬子坚定前行

扬子石化全景

扬子石化

中国石化扬子石油化工有限公司（简称扬子石化公司）和中国石化集团资产经营管理有限公司扬子石化分公司（简称资产公司扬子分公司）统称扬子石化，占地面积12.43平方千米，位于江苏省南京市北郊，南临长江，北接京沪铁路，与国家级的南京化学工业园融为一体。2007年底，扬子石化有限公司收购淮安清江石油化工有限责任公司（清江石化）和泰州石油化工有限责任公司（泰州石化），2012年，成立南京扬子石油化工有限责任公司(以原塑料厂资产在南京化工园注册设立)，2016年8月，全额收购江苏金浦集团持有的扬子金浦橡胶有限公司股份，更名为南京扬子石化橡胶有限公司。

截至2018年底，扬子石化总资产370.7亿元，有限公司本部拥有1 250万吨/年炼油、80万吨/年乙烯、140万吨/年芳烃等58套大型石油化工装置，可生产合成树脂、合成纤维原料、基本有机化工原料、成品油、合成橡胶等5大类50多种产品，是国内主要的纯苯、对二甲苯、邻二甲苯、精对苯二甲酸（PTA）、乙二醇、丁二烯和环氧乙烷生产商；扬子资产分公司拥有与石油化工生产相配套的36万千瓦发电能力、66万吨/日供水及3 400立方米/小时二级污水生化处理能力；清江石化拥有100万吨/年特油预处理、62万吨/年催化裂化等13套石油化工装置；泰州石化拥有60万吨/年常减压、14万吨/年酮苯等6套石油化工装置；扬子橡胶公司拥有10万吨/年丁苯橡胶和10万吨/年顺丁橡胶生产能力。

2018 年度炼化企业创效进步优胜单位”称号

2018 年度炼化企业经济效益优胜单位”称号

2018年

扬子石化履行社会责任上缴税收超百亿元

扬子石化开展送荣誉进家庭活动

启动绿企创建，污染防治攻坚显成效

2018年，烯烃厂乙烯甲轮班获得全国工人先锋号称号

加强科技开发，推进智能工厂建设

扬子石化 高效环保芳烃成套技术 PX示范装置

巴陵石化公司

Baling Petrochemical Company

公司简介 Company

巴陵石化公司始建于 1969 年 9 月，位于湖南省岳阳市云溪区，前身为中国人民解放
2348 工程，现包括中国石油化工股份有限公司巴陵分公司（上市）和中国石化集团资产
营管理有限公司巴陵石化分公司（未上市）两个部分。

经过 50 年的发展，公司年炼化产品总量近 500 万吨，营业收入近 300 亿元，上缴税
30 亿元，在湖南省百强企业中名列前茅。目前拥有炼油、合成橡胶、环氧树脂、己内酰胺
煤化工 5 条产品链，共有 50 多种 170 多个牌号产品，已成为国内重要的锂系橡胶、己内
胺生产企业和环氧树脂生产基地。

进入新时代，公司明确了“建设一流化工材料企业”的发展愿景，确定了“立足巴陵
展巴陵、走出巴陵发展巴陵”的发展路径，以及“做实化工型炼油和煤气化两个原料基础
做强己内酰胺、合成橡胶、环氧树脂三大基础材料，做精高附加值化工新材料”的发展方向

公司先后获得全国文明单位、全国五一劳动奖状、全国先进基层党组织、全国思想政
工作优秀企业等 53 项国家级荣誉，被评为中国石化创新型企业。

地址：湖南省岳阳市云溪区　电话：0730-8492348　传真：0730-8481456

上海石油化工研究院

上海石油化工研究院创建于1960年，直属于中国石化。通过不断周整优化研究领域，目前已在基本有机原料（烯烃、芳烃及其大宗衍主物）、新型煤化工、合成材料、油田化学品及精细化工等领域逐步彡成了研发特色和技术优势，开发了一系列先进技术。形成甲苯歧匕、乙苯/苯乙烯、丙烯腈、精对苯二甲酸、异丙苯、氢、醋酸乙烯、甲醇制烯烃、煤制乙二醇、重整油催化脱烯烃等具有中国石化自主知只产权的成套技术或催化剂，成功应用于国内外大中型石化企业，保寺了国际领先或先进水平。

上海院在浦东新区和上海市化学工业区分设科研创新、工程化研究两个基地，在南京、仪征、天津、岳阳和重庆分别设有南化分院、义征分院、天津分院、巴陵分院和川维分院。设有中国石化甲醇转化支术、三采用表面活性剂、芳烃技术和碳纤维及其复合材料等四个重点实验室。拥有基本有机原料国家工程研究中心、绿色化工与工业催匕研发基地，是全国石油化学标准化委员会的依托单位，拥有博士后工作站、上海市石油化工产品质量监督检验站、上海市催化剂行业测式中心等技术支持机构。

截至2018年底，上海院累计获得国家级奖励50项，其中国家科技进步特等奖1项，国家科技进步一等奖2项，国家技术发明二等奖5项，中国专利金奖5项；省部级及以上奖励311项，其中中国石化科技进步寺等奖2项，科技进步、技术发明及前瞻性基础性研究科学等一等奖37页。累计申请中国专利6423件、授权中国专利3497件，在20多个国家和地区申请专利521件、授权专利254件。

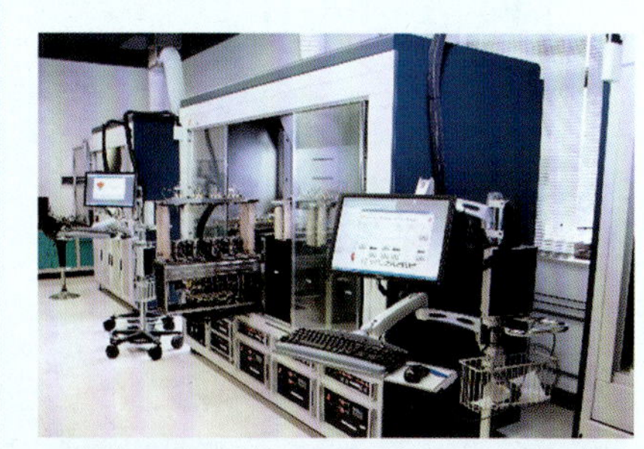

也址：上海市浦东北路1658号
邮编：201208
电话：+86（21）68462197 68462737
专真：+86（21）68462283、68466900
E-mail：yuanban.sshy@sinopec.com
网址：http://www.sript.com.cn

上海石油化工研究院

中石化华东石油工程有限公司

中石化华东石油工程有限公司于 2016 年 6 月由中石化江苏石油工程有限公司和中石化华东石油工程有限公司重组而成。自成立以来，中石化华东石油工程有限公司秉持客户至上的理念，践行“价值引领、创新驱动、改革转型、绿色人本、人才强企”发展战略，以保障中国石油化工集团有限公司上游勘探开发为首要任务，坚持走“专业化、市场化、国际化、高端化、特色化”的道路，突出加强党的建设，着力提高市场质量、持续深化改革、推行精益管理、加快技术进步、狠抓队伍建设，核心竞争力明显提高，在国内外市场赢得良好的声誉，经营质量逐年提升。

关于我们 About Us+

坚持客户至上
图为在厄瓜多尔施工的Sinopec156队获得斯伦贝谢 2018年“全球最佳井队奖”奖牌

以“苦干实干”“三老四严”的石油精神激励干部员工攻坚克难

图为公司钻井队在沙漠施工

“嗷嗷叫”的精气神是战胜各种困难的法宝

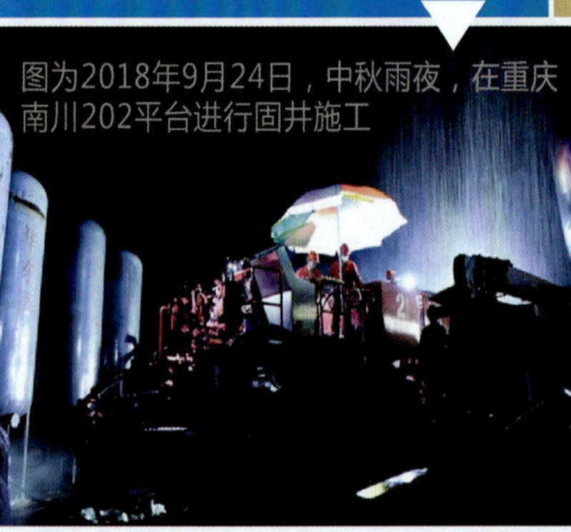

图为2018年9月24日，中秋雨夜，在重庆南川202平台进行固井施工

绿水青山就是金山银山

图为公司在重庆南川进行页岩气压裂施工

SINOPEC HUADONG OILFIELD SERVICE CORPORATION

沙特阿美FADHILI天然气处理项目是公司目前在海外承揽的工作量最大、施工额最高的项目。

庆祝中石化南京工程有限公司成立10周年

中石化南京工程有限公司是由1958年成立的中国石化集团南京设计院和1954年成立的中国石化集团第二建设公司于2009年重组成立的。

公司坚持“以设计为先导，专利、专有技术、工艺包开发为核心，设计、工程总承包和项目管理、专业施工为主体，面向国内外市场提供技术和管理服务一体化的国际化工程公司”的发展定位，通过优化资源配置，加快业务融合，有力推进设计、工程总承包、施工总承包三大板块业务发展和国际业务发展。10年来，累计承建国内外项目1500余项，完成管理总产值450亿元，顺利执行武汉乙烯、九江煤制氢、中安煤化工、沙特NDA等国内外大型EPC项目，企业综合实力稳步提升，国际化经营成果丰硕，品牌价值得到有效体现。

公司作为高新技术企业，拥有专利、专有技术300多项，主参编国、行标和工法1000多项，保持硫磷技术国内领先优势，在新型煤化工、大型公用工程、环境工程等专业建设能力显著。2018年，在中国勘察设计行业从事工程项目管理和工程总承包企业完成合同额排序中，境内排名第十三，境外排名第三。

中安联合煤化工项目是公司成立以来承接的规模最大EPC项目群，公司充分发挥设计、采购、施工一体化优势，承接的装置全部开车一次成功，获得集团公司和业主高度认可，公司EPC总承包管理能力显著提升，在现代煤化工专业领域工程建设取得新突破。

公司致力于打造一支素质优良、结构合理、专业配套的国际化用工队伍，统筹抓好海外员工的招聘、选拔、培养、使用、考核等环节，为公司海外业务发展提供坚实保障。近年来，国际化用工比例保持在50%以上，高峰期达到60%。

中天合创

【概况】 中天合创能源有限责任公司（简称中天合创）成立于2007年10月，是集焦炭、煤化工产品和电力生产为一体的特大型煤炭深加工企业，由中国中煤能源股份有限公司、中国石化长城能源化工有限公司、申能股份有限公司、内蒙古满世煤炭集团股份有限公司4家股东单位投资建设，股权比例为中煤能源38.75%、长城能化38.75%、申能股份12.5%、满世煤炭10%。中天合创负责中天合创鄂尔多斯煤炭深加工示范项目（简称示范项目）建设、运营与管理，下设煤炭分公司和化工分公司，分别负责项目煤炭部分和煤化工部分的建设、运营与管理。

示范项目位于内蒙古自治区鄂尔多斯市乌审旗境内，总占地面积约525公顷，项目配置煤炭资源52.7亿吨、黄河水资源2 729万米^3/年。总体建设规模为：煤炭2 500万吨/年、甲醇360万吨/年（中间产品）和烯烃137万吨/年。示范项目集成中国石化自主研发的甲醇制烯烃技术、美国GE公司水煤浆气化技术、德国Linde公司低温甲醇洗净化技术、英国Ineos公司Innovene气相法聚丙烯等技术。具体建设内容包括：葫芦素煤矿产能1 300万吨/年，门克庆煤矿产能1 200万吨/年；气化装置包括49.2万米^3（标准）/时空分装置、450万吨/年原料煤气化装置、360万吨/年甲醇合成装置，360万吨/年甲醇制烯烃装置、20万吨/年烯烃催化裂解、35万吨/年环管法聚丙烯装置、35万吨/年气相法聚丙烯装置，以及300兆瓦发电能力及厂外输水管线、铁路专用线、废渣掩埋场等公用工程和辅助设施。其中，葫芦素煤矿已于2015年四季度建成投产，门克庆煤矿于2016年一季度建成投产，化工装置于2017年8月全面投产。项目总投资约为590亿元。

示范项目是国家确定的煤炭深加工示范项目，也是国内最大规模的煤制烯烃装置。坚持高标准、高起点和绿色低碳发展，努力提高资源利用效率，项目建成后整体能源清洁转化效率高于44%，新鲜水耗低于3吨/吨标煤，可实现污水近零排放。

中天合创主要技术经济指标和主要产品产量分别见表1和表2。

（杨丽君）

【领导班子调整】 2018年10月26日，集团公司召开福建炼化、古雷石化、中天合创干部视频会，宣布福建炼化、古雷石化、中天合创领导班子调整决定：李少平任中天合创能源有限责任公司总经理、党委副书记，仍任中天合创化工分公司党委书记；褚小华任中天合创能源有限责任公司副总经理、党委委员，任中天合创化工分公司总经理、党委副书记。张西国任福建炼化副总经理、古雷炼化一体化项目部总经理、古雷石化总裁。

（杨丽君）

【烯烃铁路专用线正式开通】 2018年5月2日12时58分，中天合创装载2 400吨聚烯烃产品的列车从厂区开出。中天合创烯烃铁路专用线牵引试验的首发成功，标志着中天合创烯烃铁路专用线开通运营。自此，中天合创产品将自烯烃装车场始发，经新陶—包西—京包线至更远的京津冀及其他地区，极大缓解中天合创产品储存和运输压力、降低产品运输成本。该铁路专用线位于内蒙古自治区鄂尔多斯市乌审旗境内图克镇，紧邻新恩铁路图克车站。专用线自中煤尿素铁路专用线上的图达巴站北端咽喉引出，折向东南至中天合创厂区，线路全长7 837米，总投资1.83亿元。

（杨丽君）

【热电部1#汽轮发电机成功并网发电】 调试人员先后完成汽机冲转、汽机发变组短路试验、空载试验、励磁系统闭环试验、电气超速试验、发电机假同期试验等各项工作。至2018年3月10日21时45分，发电机同期合闸并网，宣告1#汽轮发电机首次并网一次成功。并网后汽轮机瓦温、振动等各项参数平稳，各系统及主辅设备运行稳定。

（杨丽君）

【输煤栈桥项目用地取得不动产权证书本】 2018

年，中天合创葫芦素选煤厂至化工园区输煤系统建设项目中的4.6564公顷土地历经建设用地报批、挂牌出让和组件办证等一系列手续，在取得自治区人民政府关于建设用地的批复并办理《建设用地规划许可证》和《建设用地批准书》之后，于4月2日由乌审旗不动产登记局制发5宗地的《中华人民共和国不动产权证书》，从相关法律角度证明公司拥有上述地块及地上构筑物50年的合法权益。此为中天合创公司煤化工项目约780公顷用地首次取得的不动产权证书，不仅使公司预交的部分土地款形成固定资产，更为将来办理其他项目不动产权证提供工作经验，对加快项目用地手续办理将起到积极的示范作用。

（杨丽君）

【成功生产出 BOPP 膜】 2018年，中天合创烯烃部环管聚丙烯装置成功生产出双向抗拉伸聚丙烯薄膜F280S。经过下游客户的试用，各项性能指标都满足要求，拉膜速度最高可达440米/分。

（杨丽君）

【矿井水深度处理工程输水管线全线贯通】 矿井水深度处理项目于2017年7月正式开工建设，项目总投资约8.29亿元，其中矿井水深度处理装置投资约6.62亿元、门克庆煤矿和葫芦素煤矿中转水池工程投资约1.40亿元、外部条件工程投资约0.27亿元。装置设计处理能力3 000米^3/时，主要分为脱盐、二次浓缩、结晶分盐3个单元。装置于2018年7月初试运行，并于8月31日打通全流程。该项目是世界上最大的矿井水处理项目，也是典型的绿色环保项目。处理后的产品水水质达到煤化工生产用水标准，彻底解除疏干水排放对地区环境的影响，解除两矿生产面临的环保压力，也减少煤化工生产对黄河水的需求量。

（杨丽君）

【获中国石化优秀 QC 成果一等奖】 2018年，中天合创甲醇部"净化凝液 NH_3-N 含量指标控制"QC小组的《降低净化凝液氨氮含量》获中国石化优秀QC成果一等奖。

（杨丽君）

【中国石化 3 项国产化成果在中天合创成功应用】 2018年10月18—19日，中国石化大型煤炭深加工项目DCS、甲醇合成气压缩机组和大型水冷—气冷甲醇合成反应器等项目国产化成果鉴定会在内蒙古鄂尔多斯举行。该3项国产化成果在中天合创得到成功应用，标志着中国石化重大装备国产化研发取得"中国制造"的新突破，拥有多项自主知识产权技术，并极大推动民族工业的技术进步。

（杨丽君）

【HSSE 工作扎实推进】 2018年，中天合创全面修订HSSE管理办法，推进基层安全体系建设。建立两级安全行为负面清单，实行分级管控，逐步规范员工安全行为。加强现场安全风险管控，实行关键装置（重点要害部位）定点承包制。强化属地管理责任，严格承包商安全管理，把好源头管控，开展专项督察，通过曝光、纠违，推进合同考核和安全积分考核，76人被列入黑名单。共排查安全风险与隐患334项，已整改隐患318项。组织三级安全督察，下发安全督察通报163期，完成整改2 287项，整改率95.6%。全力推进VOCs普查和泄漏检测与修复（LDAR）工作；组织高含盐装置运行达标攻关，投用高含盐暂存池废水处理－结晶单元并实现稳定运行，矿井水深度处理装置运行平稳；确定烯烃低压火炬改造方案，完成3$^{\#}$炉烟气脱硫超净排放改造，气化火炬凝液系统改造项目顺利投用，为绿色达标生产奠定基础。

（杨丽君）

【生产运行稳定向好】 2018年，中天合创组织完成2次装置停车消缺检修，包括甲醇部气化、净化、合成和烯烃部5套聚烯烃等装置，保障各装置进入高负荷运行状态。自6月起，甲醇装置、MTO装置运行负荷达100%以上；进入第四季度，甲醇装置、MTO装置运行负荷逐步稳定在105%以上，聚烯烃装置负荷同步提升。

（杨丽君）

【强化设备保障和技术攻关】 2018年，中天合创坚持设备定期检查，做到维护保养与预防性检修相结合，设备故障率大幅下降。组织开展设备周检、月检和润滑油分油站检查，共查出设备问题

831项。深化应用EM系统，推进设备管理信息化平台应用。开展技改技措项目113项，甲醇精馏及配套储运系统项目建成。抓好厂外渣场、中间渣场改造扩建，甲醇部气化粗渣脱水项目二系列完成改造，新增高含盐反渗透装置建成投运。

（杨丽君）

【优化经营提速增效】 2018年，中天合创降低釜式、管式聚乙烯物耗。优化全厂能源管理，强化蒸汽管理，减少放空量和减温减压量，实现降损增效。深入推进国产化替代工作，气相聚丙烯装置使用国产SAL催化剂获成功，积极开展化工“三剂”、润滑油、备件国产化替代，5套聚烯烃装置挤出机模板、切刀、切刀盘实现国产化，推进空分高压蒸汽进口放空调节阀和32台进口蝶阀进行国产化，节约成本效果明显。不断扩大自采物资招标比例，大力推进框架协议采购，易派客平台采购规模持续增长。创新产品销售模式，采取“计划+竞价”模式，收到良好效果。稳步拓展市场，“两聚”产品远销新疆等西北地区，覆盖全国27个省市自治区。

（杨丽君）

【加强管理凸显实效】 2018年，中天合创推动基层深入开展“三基”工作；开展现场“6S”管理，提高现场整体管理效果。切实将业务外包单位纳入一体化管理范畴，制定完善业务外包用工管理制度，把维保、承运队伍纳入装置、班组管理，推动考核奖惩一体化。加强基层单位对机关部门的逆向考核机制，推进业务工作实现AB角配置。组织开展“双严”专项治理工作，按照“分级管理、分级负责”的原则，加大对劳动纪律、交接班纪律和巡回检查制度执行情况的检查和考核力度，提高了员工遵章守纪意识。

（杨丽君）

【抓实党建工作和党风廉洁建设】 2018年4月4日，中天合创召开2018年党建工作暨党风廉洁建设和反腐败工作会议，明确2018年中天合创党建工作的总体思路，部署了2018年党风廉洁建设和反腐败工作。

（杨丽君）

表1　中天合创主要技术经济指标　亿元

指标名称＼年份	2018
原煤加工量/万吨	645.70
工业总产值	111.32
工业增加值	65.22
资产总计	354.50
流动资产	10.66
固定资产原值	350.60
固定资产净值	319.87
销售收入	113.76
综合能耗/吨标煤·万元$^{-1}$	4.75

表2　中天合创主要产品产量　万吨

产品名称＼年份	2018
MTO级甲醇	398.06
聚合级乙烯	63.24
聚合级丙烯	65.49
聚烯烃	127.07
其　他	37.96

中安联合

【概况】 中安联合煤化有限责任公司（简称中安联合）成立于2010年12月，为中国石化长城能源化工有限公司与安徽省皖北煤电集团公司根据中国石化与安徽省政府签订战略合作协议，按照各占 50% 均股合资成立，位于安徽省淮南市现代煤化工产业园区，是中国石化重点建设项目、安徽省重点工程、淮南市“一号工程”。

中安联合项目资本金 80.18 亿元，一期工程可研批复总投资 267 亿元，计划于 2019 年 6 月打通生产全流程。截至 2018 年底，化工项目总体进展已达 98.8%。其中，煤化工主要产品为 35 万吨 / 年线型低密度聚乙烯、35 万吨 / 年聚丙烯，以及乙烷、丙烷、C_4 液化气、C_5 汽油、硫黄等；配套煤矿项目朱集西煤矿，煤炭资源 8.56 亿吨，可采储量 4.06 亿吨，于 2017 年 8 月正式投产，生产能力 400 万吨 / 年。

中安联合下设煤化工分公司和煤矿分公司，截至 2018 年底，职工总数 1 014 人，其中具有正高级职称的 2 人、副高级职称的 101 人、中级职称的 208 人。

（赵杭之　张　峰）

【公司治理水平提升】 2018 年，中安联合按照界面清晰、运转高效的一体化管理思路，动态调整业务流程，优化整合组织机构。发布并宣贯 129 项制度，按照关键建设节点，设立“8·30”锅炉点火、“12·30”主体装置建成中交专项奖，充分调动参建人员的积极性。积极推进 ERP 建设，财务会计、人力资源、项目管理、物资采购 4 个模块成功上线运行，合同、公文、档案、门户等综合办公系统建成投用，信息化水平进一步提升。

（赵杭之　张　峰）

【项目建设与生产准备工作取得成效】 全力推进项目建设与生产准备工作，股东双方多次召开现场办公会、IPMT 会，协调解决相关问题，全体干部员工和参建人员抢抓进度，开展“奋战 100 天、确保总目标”专项劳动竞赛，顺利实现“8·30”锅炉点火工作。集团公司与省、市有关部门多次召开现场专题推进会，完成 224 户居民搬迁、952 亩（63.47 万平方米）土地供应工作。

（赵杭之　张　峰）

【220 千伏变电站受电一次成功】 2018 年 4 月 27 日，220 千伏变电站受电一次成功。220 千伏变电站是中安联合 170 万吨 / 年煤制甲醇及转换烯烃项目的配套工程，为后续装置的设备单机试运行及联动试车等提供有力保障，标志着项目建设实现重要关键节点目标。

（赵杭之　张　峰）

【煤化工项目第三循环水顺利中交】 2018 年 6 月 28 日，煤化工第三循环水装置顺利中交。第三循环水装置担负着为热电、空分、空压装置和冷冻站提供循环冷却水服务，装置的顺利中交，将全面拉开煤化工项目公用工程系统试车序幕，是保证实现动力中心锅炉点火成功的必要条件。

（赵杭之　张　峰）

煤化工第三循环水装置建成中交　（赵天奇　摄）

【1# 锅炉点火一次成功】 2018 年 8 月 30 日，1# 锅炉点火一次成功。标志着中安联合煤化工项目公用工程系统进入全面调试阶段，对实现全面建成中交具有里程碑式的意义。热电联产装置主要担负向各工艺生产装置提供蒸汽、脱盐水和部分电力，建设 4 台 465 吨 / 时锅炉及 3 台 50 兆瓦汽轮发电机组，同步建设除尘、脱硫、脱硝装置。建设中严格执行国家对锅炉烟气排放的最新标准、最严要求，对设计做出重大修改，确保锅炉烟气达到超洁净排放标准。

（赵杭之　张　峰）

【煤气化装置成功中交】 2018 年 10 月 28 日，煤化工项目重要装置煤气化装置成功中交。煤气化装置是 170 万吨 / 年煤制甲醇及转化烯烃项目的关键装置，采用中国石化与华东理工大学的原创专利“单喷嘴冷壁式粉煤加压气化技术”（SE- 东方炉），以煤为原料，氧气和水蒸气为气化剂，在高温、高压、非催化条件下进行部分氧化反应，生成以一氧化碳和氢气为有效成分的粗合成气，实现原料煤的有效转化，为甲醇合成等工序提供原料，并最终产出聚丙烯、聚乙烯等产品。

（赵杭之 张 峰）

煤气化装置建成中交 （赵天奇 摄）

【聚乙烯装置建成中交】 2018年11月20日，中安联合终端产品生产装置之一——聚乙烯装置实现准点建成中交。线型低密度聚乙烯装置是煤化工项目2套聚烯烃装置之一。装置采用中国石化科技开发公司提供的SGPE气相法聚乙烯技术，设计产能为35万吨/年。

（赵杭之 张 峰）

煤化工项目聚乙烯装置建成中交 （赵天奇 摄）

【煤化工生产准备工作稳步推进】 成立煤化工生产试车指挥部，建立健全生产值班调度及业务例会等运行机制。公用工程试车与总体试车方案通过有关部门审查。锅炉装置经调试运行平稳，1#汽轮发电机实现并网，生产水、生活水、脱盐水、循环水正常投用。220千伏、110千伏变电站实现双回路供电，35千伏、10千伏变电站完成受电工作，63台大机组业完成16台单机试车工作，与化工销售公司、炼油销售公司签订委托销售产品的有关协议。

（赵杭之 张 峰）

【开启煤炭接卸转运工作】 2018年，中安联合积极协调地方政府做好运输路线保障，煤化工码头在较短的时间内具备煤炭接卸、转运条件，保障煤炭运输和接卸工作，确保动力煤发运的顺利进行。

（赵杭之 张 峰）

【煤矿生产运营有序提升】 2018年，中安联合煤矿运营建立每月定期经济活动分析会制度，对煤矿经营、安全生产及经营绩效情况进行深入分析，提出指导性意见。煤矿运营开展快速掘进攻关工作，引进新型掘进设备，月均进尺160米，优化采掘设计和巷道施工层位，完成13煤煤仓整体设计，11502工作面已具备试采条件，并与中国石化签订煤炭销售框架协议，通过推行煤炭网络竞拍方式，严控煤质管理，降低采高和减少破底量，控制洗选产品水分和发热量等措施，提高商品煤的合格率和稳定率。

（赵杭之 张 峰）

【加强安全环保基础工作】 2018年，中安联合开展全员识别生产风险工作，共识别出化工生产风险11项。公司主要负责人针对承包一号重大风险，即试车与施工深度交叉风险，通过制定过渡期安全管理办法，开展高风险作业专项培训，加大现场安全督察力度，确保风险可控。煤矿安全绩效位列皖北煤电安全考核第2名，安全生产标准化通过安徽省经信委二级水平验收。组织编制化工项目环境风险评估报告、环境应急预案、开车环保方案、锅炉点火环保方案备案，落实各类污水总量控制及减排措施，并开展煤矿环境专项整治，利用瓦斯进行煤泥烘干和供热方案，推进清洁环保生产工作。

（赵杭之 张 峰）

【党建群团工作】 加强党建工作。2018年7月，中安联合召开第一次党代会，选举产生两级党委委员和纪律检查委员会委员。签订党建工作责任书，进一步压实领导班子管党治党责任。开展

"双示范"创建，体现领导班子的示范引领作用。系统出台党委工作规则、党委会议事规则、"三重一大"管理实施办法等制度。采取中心组扩大学习研讨、领导干部讲党课、中层干部集中培训等形式，树牢"四个意识"，坚定"四个自信"，坚决做到"两个维护"，增强在经济领域为党工作的思想自觉和行动自觉。推行各单位党政主要领导"双岗合一"的配备机制，实施"4+X"党日活动，增强党支部组织力和政治仪式感。推动党支部与参建单位党建结对，促进项目建设，并加强对外宣传工作，在省市媒体共发表稿件 120 余篇。

推进党风廉洁工作。2018 年内，中安联合制定《中安联合落实党风廉洁建设"两个责任"实施细则》，实现管党治党责任。制定纪委工作规则、议事规则、落实中央八项规定精神实施办法等制度，清晰界定党员干部的行为准则。完善"大监督"工作体系，成立监督委员会，配合派驻督察组开展对设计变更、工程分包、物资采购、公务用车等专项检查，做好干部离任审计问题整改，与 32 家业务外包单位签订《廉洁从业补充协议》，加强重要节点廉洁提醒，组织党员干部接受警示教育，营造风清气正的政治生态。

健全团员组织建设。8 月，中安联合团委成立，要求每名团员，找准政治定位，强化政治引领，把讲政治作为摆在首位，牢固树立"四个意识"，坚定"四个自信"，从学习和实践中增强党性修养和锻炼。强化组织引领，把作风建设放在首位，建设一支站排头、做表率、素质好、本领高的团干队伍，以青年为中心，把公司团组织打造成有温度、受欢迎的青年家园。成立 19 支"青年突击队"、开展突击活动 39 次，组织"青春微讲堂"100 余场，参加人数 2 000 余人次。

工会组织组建到位。9 月，召开工会第一次会员（职工）代表大会，选举产生公司第一届工会委员会及经费审查委员会，并产生第一届女职工委员会委员。

（赵杭之　张　峰）

【职工队伍建设水平提高】 2018 年，中安联合出台《"三项制度"改革实施方案》和《人才强企行动工程方案》，配套制定干部管理、员工培训、薪酬管理等 21 项制度，为人才强企提供支撑。按照"人岗相宜、岗级分离、岗薪匹配"的原则，对多名中层管理人员、基层管理人员进行岗位聘任。组织 650 余名员工，到 5 家兄弟单位进行培训。推行仿真培训，开展"导师带徒"活动。共计 302 名员工通过中级技能等级鉴定，950 人次取得特种设备作业证，473 人次取得特殊作业操作证等证书。启动专业技术比武和技能操作业务竞赛，李小亮、黄海波、武国栋、张帅 4 人参加中国石化 2018 年聚乙烯装置技能竞赛，获低压组个人前 4 名、团体第 1 名的成绩，并有 1 名员工获皖北煤电钻探抽采专业技能比武冠军。

（赵杭之　张　峰）

【成本意识落地生根】 全员树立"今天的投入就是明天的成本"理念，围绕化工项目投资 190 亿元控制目标，层层落实控制责任，严控计划外投资，定期发布费控报告。科学控制付款节奏，加强资金集中管控，落实增收节支措施，降低财务费用。发挥降本主体功能，调整电力负荷节约基本容量费 2 304 万元；煤矿修旧利废 800 余万元，节约电费 900 余万元，减少支护成本 300 余万元，推动地方政府兑现各项优惠政策。

（赵杭之　张　峰）

【深化"依法治企、规范管理"法治意识】 修订发布《合同管理办法》《法律纠纷管理办法》《授权委托管理办法》等制度，领导班子带头学法、用法，切实履行法治建设职责。法务人员全程参与工程招投标、项目建设、物资采购等谈判，从严履行决策程序，2018 年共签订合同 1 659 份，办理信访件 8 件，办结纠纷案件 5 起、涉案金额 3 161 万元，避免直接经济损失 2 047 万元。

（赵杭之　张　峰）

【业务外包管控执行"一体化"管理】 按照"一体化"原则抓好业务外包管理工作，将业务外包纳入管理体系。截至 2018 年底，37 家外包单位近千名员工，在业务上执行同一制度与考核标准，履行合同中强化契约精神，依规追究违反合同约定行为，维护做好外包单位正当权益，实行 HSSE 履职考评工作制，落实外包单位"四同步"及"党建共建"等制度，杜绝"以包代管、包而不管、管而不严"

的现象，实现工程优质、效益优良、人员优秀，违法违纪案件为零的“三优一零”目标。

（赵杭之　张　峰）

【增强“关爱员工、共建共享”的人本意识】 2018年，中安联合实施企业年金、补充医疗保险、休假补贴等政策，为职工累计缴纳保险和公积金7 163.74万元。职工福利支出835万元。协调地方政府，完成936套公租房分配，解决20余名员工子女上学问题。坚持在传统节日、员工生日和个人发生重大变故，对员工进行慰问，全年累计慰问员工2 000余人次、发放慰问金100余万元。夏季慰问建设人员2万余人次，发放清凉饮品1.5万余箱。组织职工体检，增加50岁以上职工和女职工特殊体检项目。邀请北京京剧院慰问演出，开展羽毛球、乒乓球和摄影等活动，建立职工图书室，开展工间操活动。

（赵杭之　张　峰）

化工销售公司

【概况】 中国石化化工销售有限公司（简称化工销售公司）是中国石化下属全资子公司，其前身中国石化化工销售分公司于2005年5月10日正式挂牌；2009年2月2日，完成化工产品内外贸业务整合，更名为中国石化化工销售有限公司，实现一体化运作。

截至2018年底，化工销售公司是国内及亚洲最大的内外贸一体化石化产品专业经营公司，业务涵盖石化产品资源统筹、市场营销、产品销售、物流运作、客户服务、相关化工原料采购和供应、物流设施及海外化工业务投资。拥有员工2 300余人，年经营化工产品逾7 700万吨，合成树脂、合成橡胶、合成纤维原料、合成纤维和聚合物、有机化工原料、化肥及特殊化学品等主要产品国内市场份额领先。与众多知名物流服务商建立战略伙伴关系，年物流运作量超过1 600万吨。

化工销售公司总部位于北京，分别在北京、上海、广州、武汉、南京设有华北、华东、华南、华中、江苏5家区域分公司，在全国各主要消费集中地和物流集散地设立有27个营销网点、35家驻企业办事处，配备中转仓库，贴近市场一线，能够快捷服务客户。在境外设有香港公司，依托香港公司在越南、台湾、新加坡、迪拜、美国、韩国、俄罗斯设立7个办事处，密切与全球同行合作，服务全球市场客户。

（武　晶）

【产业链研究】 完成丙烷、HDPE、腈纶、CPL、醋酸乙烯、溶聚丁苯橡胶等产品产业链分析。召开多层次的化工市场分析会，与外部专家交流，做好市场预测研判。重点组织分析中美贸易摩擦、敏感地区制裁及国家宏观政策调整带来的影响。持续补充完善供需数据库，更新市场数据库，确保数据实时更新，完善产业链研究平台，为深化研究平台应用提供支撑。

（武　晶）

【资源统筹】 面对2018年四季度原油和化工市场连续暴跌的形式，发挥稳定的渠道优势，坚持低库存运行，努力维护市场稳定。创新拓展自营贸易模式，通过积极开展商务谈判，取得多个大型民营企业产品代理权，稳步扩大自营贸易规模。进一步明确香港公司、自贸区公司、国贸处（部）职责定位和产品分配，努力调动生产企业出口积极性，做大进出口规模。

（武　晶）

【精细营销】 编制并下发“一户一案”运行管理实施细则，规范整体业务流程，建立总结反馈机制。完善系统功能，提升系统应用成效。推广“一户一案”平台，促进需求解决流程化。深化“一品一策”在产品条线应用，强化行业分析，进一步细化“产品、价格、渠道、服务”不同维度更加差异化的营销政策，推动精细营销。

（武　晶）

【QHSE 体系贯标认证】 以标准化管理为目标，全面完成 QHSE 体系贯标认证。周密布置体系培训，深入开展体系宣贯，加强认同感和执行力；完善管理体系手册，开展体系内外评审，推动区域公司同步开展体系运行，确保上下衔接一致，实现以一套体系统领全局；2018 年底，化工销售公司顺利通过第三方贯标认证，华东、华南、华中分公司及香港公司同步通过认证，标志着 QHSE 体系建设取得实质性成果。

（武　晶）

【依法治企】 持续推进依法依规治企，落实主要负责人法治建设第一责任人职责，完善法治建设体制机制，积极开展法治宣传教育，从工商事务、合同入手，夯实法律基础管理，推进法治建设工作。

（武　晶）

【风险防控】 开展 2018 年度全面风险评估，全面梳理排查各项风险隐患，明确资金管理风险、存货管理风险、利率汇率风险、跨国经营风险等 21 项重大重要风险，并制定相应的防控措施。梳理全面风险清单，绘制“化工销售风险树”。

（武　晶）

【党的建设】 以习近平新时代中国特色社会主义思想和党的十九大精神为指导，树牢“四个意识”，坚定“四个自信”，坚决做到“两个维护”。围绕“拓市扩销、提质增效”中心工作，加强党建和思想政治工作，在“思想建设、组织建设、作风建设、反腐倡廉建设、制度建设”五位一体中加强自身建设，牢牢把握正确的政治方向。发挥各级党组织的带头作用，把党支部建设和处室业务管理相结合，“把支部建在连上”，全面理顺基层支部建设，发挥党支部在营销、销售中的战斗堡垒作用。注重加强员工的理想信念教育，邀请知名人士开展理想信念、文化自信讲座，学习借鉴三军仪仗队和胜利油田党建经验，牢固树立“在经济领域为党工作”理念。围绕中心工作，开展专项劳动竞赛。深入基层走访调研，召开 7 次基层员工座谈会，对 300 多名员工进行思想动态问卷调查，了解基层党支部和员工的实际情况，加强意识形态和理想信念教育，引导员工树立正确的价值观、发挥正能量。开展丰富多彩的文体活动和“一团一品”活动，增强员工队伍凝聚力、战斗力。

（武　晶）

财务公司

【概况】 中国石化财务有限责任公司（简称财务公司）是由原中国石油化工总公司独家发起，经中国人民银行批准于 1988 年 7 月 8 日成立，以加强集团资金集中管理和提高集团资金使用效率为目的，为集团公司成员单位提供金融服务的非银行金融机构。财务公司注册资本 180 亿元（内含 6 000 万美元），其中集团公司出资 91.8 亿元，占注册资本的 51%；股份公司出资 88.2 亿元，占注册资本的 49%。

财务公司股东会是公司的最高权力机构，实行董事会领导下的总经理负责制，董事长为法定代表人。财务公司位于北京市朝阳区朝阳门北大街 22 号，设办公室（党委办公室）、人力资源部（党委组织部）、党群工作部（企业管理部、党委宣传部、企业文化部）、稽核（纪检监察）部、风险控制（法律事务）部、财务会计部、资金计划部、信贷部、票据业务部、国际业务部、投资银行部、结算部、信息部、金融研究开发部共 14 个本部部室；京外设上海、南京、广州、山东、郑州、武汉、成都、新疆、天津 9 家分公司。截至 2018 年底，财务公司拥有干部职工共 378 人，其中本部 109 人、分公司 269 人。

2018 年，财务公司实现营业收入 45.36 亿元，实现利润 24.41 亿元，年末资产总额 2 261.96 亿元，所有者权益 254.62 亿元。全年通过充分发挥金融专业优势，提供结算、贷款、委托贷款、直接购付汇、优惠贴现等各项服务，为集团公司协同创效超过 36 亿元。

财务公司资产负债损益情况见表1。

（张 贝）

【服务集团资金集中管理水平巩固提升】 2018年，财务公司全力为各成员单位提供一流的资金归集、收付和交易结算服务，保持集团公司“资金池”“票据池”、电商支付三大平台及各主要信息系统安稳运行。全年累计完成资金结算2 916.31万笔、50.73万亿元，保持“录入零差错、收付零损失、服务零投诉”。为成员单位提供票据业务服务合计9.18万笔、907.35亿元。进一步提升电商支付功能，支付平台累计注册会员19 200户，在线结算量23.38万笔、2 933.38亿元。

（张 贝）

【筹融资能力持续提升】 2018年，财务公司充分发挥金融机构优势，综合利用本外币拆借、债券回购、票据转（再）贴现等手段，积极从外部金融市场融资，满足集团公司和成员企业资金需求，加权融资成本保持同业市场较低水平。

（张 贝）

【信贷服务稳妥有力】 2018年，财务公司持续以优惠信贷资金，积极支持配合集团主业提质增效和推进三大改革攻坚战，累计提供各类贷款支持634笔、1 040.84亿元，信贷资产日均规模540.86亿元。坚持提供信贷便利服务，免费办理提前还款550笔、912.56亿元；开展委存委贷业务，累计办理539亿元；成功在湛江关区试点开展“企业集团财务公司担保”业务，成为石油化工行业可开立关税保函的首家财务公司，累计开立保函26.71亿元。

（张 贝）

【产业链金融业务成效明显】 2018年，财务公司两级班子成员带头，加大推介力度，主动走访企业900余次、参加企业组织的内部会议及客户座谈会60余场，先后向7 800余人次进行产品推介，累计开展产业链票据贴现、应收账款保理、买方信贷等产业链金融业务1.17万笔、120.12亿元，积累产业链客户1 234个。通过开展产业链金融业务，间接为石化成员单位减少资金占用上百亿元，为上下游客户节约融资成本超亿元，促进了成员企业对产业链的影响力和掌控力。

（张 贝）

【市场化运作能力不断提升】 2018年，财务公司强化市场分析研究，紧盯市场动态，抢抓市场机遇，在确保流动性和风险可控的基础上，灵活运用各种同业市场工具，加强阶段性沉淀资金运作，短期资金运作加权收益率高于一年期国债利率。精确把握外汇市场动态，准确研判汇率趋势，加大灵活交易比例，外汇中间业务收入显著提升。金融衍生品业务资格申请取得进展，完成制度、系统、人员等各项准备工作。

（张 贝）

【风险防控工作扎实有效】 2018年，财务公司全面做好“打好防范风险攻坚战”各项工作。完善制度体系和内部控制机制，公司各类制度达196项，业务内部控制矩阵达98个。扎实开展贷款“三查”工作，制定产业链金融业务风险防控指导意见，促进业务稳健发展。加强投资业务底层资产管理，严控资金投向，有效防范外部风险传导。严格落实各项监管要求，密切跟踪监管政策导向，针对成员单位股权比例、委托贷款、投资等业务开展专项排查，及时报送非现场监管、反洗钱工作等各类报告、报表近千份。全年未出现任何风险上报事件。

（张 贝）

【信息化水平稳步提升】 2018年，财务公司深入推进信息化建设，不断增强运维保障能力，始终确保各业务系统稳定高效运行。稳步推进信息化系统建设，完善票据交易系统的直连接口和功能提升，全面实现五大直联银行回单电子化，完成公司内外网网站改造及协同办公系统升级。构筑信息系统安全网，修订更新网络安全管理制度，开展重要信息系统综合应急演练。重要系统运行全年安全无事故。

（张 贝）

【管理基础不断夯实】 2018年，财务公司进一步完善公司治理结构，召开九届二次董事会、监事会以及股东会议。开展“严细管理防风险、攻坚克难拓市场”主题活动，以强化从严管理、规范管理、精益管理为抓手，推进公司各项重点工作有效落实。完善资产负债管理体系，统筹编制配置计划，优化资产结构，滚动开展压力测试，保障公司经营的盈利性、流动性和安全性有效平衡。完成新金融工具准则转化，成为国内第 1 家实施新金融工具准则的财务公司；强化业财融合，财务分析对业务的导向作用进一步发挥；规范公司银行账户管理，对 29 个银行和资金账户进行撤户。

（张　贝）

【党的建设持续加强】 2018 年，财务公司坚决把履行好政治责任放在首要位置，坚持将党建工作与经营管理工作同谋划、同部署、同要求。开展 2 期中层干部培训班，从延安精神中汲取营养，推动学懂弄通做实习近平新时代中国特色社会主义思想和党的十九大精神。持续推行党建工作“一岗双责”双单制，党委书记累计签发“一岗双责”任务单 16 份。制订人才强企工程行动方案，持续加强干部人才队伍建设。积极配合集团公司党组巡视，及时做好巡视反馈立行立改问题的整改落实。修订贯彻落实中央八项规定精神具体措施，制定 6 类岗位人员履行党风廉洁建设和反腐败工作责任清单，强化监督执纪问责力度。

（张　贝）

【文化建设和群团工作有声有色】 2018 年，财务公司深入推进企业文化建设，以公司成立 30 周年为契机，围绕“牢记使命、砥砺奋进”主题，制作公司宣传片、纪念册，征集编发企业文化故事集，加强企业文化教育，员工的企业归属感、荣誉感和责任感进一步增强。广泛开展群众性文体活动，持续做好“橙房子”青年志愿服务，举办中国石化金融风险管理专业技术比武，积极为青年搭建彰显个性、展示才华、提升能力的舞台，公司内部保持和谐向上的良好氛围。

（张　贝）

9 月 14 日，财务公司在成都举办 2018 年中国石化金融风险管理专业技术比武

【获得荣誉】 2018 年，财务公司《产业链金融票据贴现业务推广营销案例》获中国金融年度品牌案例大赛品牌营销年度案例奖；获评 2017 年度中国人民银行企业征信系统数据质量工作优秀机构；获评集团公司 2017 年度财务管理先进单位；获评 2018 年集团公司“财务基础管理年”活动优秀企业；1 项管理创新成果获集团公司第 27 届管理现代化创新成果二等奖。

（张　贝）

表 1　财务公司资产负债损益情况　亿元

指标名称 \ 年份	2018	2017	2016	2015	2014	2013
流动资产	2 098.37	1 611.80	1 495.21	1 544.37	1 089.99	1 044.77
非流动资产①	163.59	177.82	166.02	158.68④	149.92⑤	174.90⑥
资产总计	2 261.96	1 789.62	1 661.23	1 703.05	1 239.90	1 219.67
自营资产总额	1 335.08	1 085.63	996.56	842.73	647.66	575.02
流动负债	2 004.02	1 542.09	1 424.50	1 479.52	1 052.90	1 051.10
非流动负债②	3.32	0.06	1.19	1.46	1.04	2.73

续表

年 份 指标名称	2018	2017	2016	2015	2014	2013
所有者权益	254.62	247.47	235.54	222.07	185.97	165.84
实收资本	180.00	180.00	100.00	100.00	100.00	100.00
资本公积	0.19	0.19	0.19	0.19	0.19	8.38
盈余公积	24.15	22.28	20.75	19.32	15.84	13.31
未分配利润	33.79	30.27	97.79	89.44	59.68	37.58
负债及所有者权益	2 261.96	1 789.62	1 661.23	1 703.05	1 239.90	1 219.67
营业收入	29.45	25.30	21.54	47.35	42.16	19.51
营业支出	5.03	4.36	2.50	1.69	8.15	1.50
税金及附加③	0.23	0.26	0.55	1.53	2.43	1.62
利润总额	24.41	20.95	19.06	45.67	34.03	18.05
净利润	18.68	15.33	14.29	34.84	25.22	14.09

①②③ 指标名称有调整，④⑤⑥数据有调整

盛骏公司

【概况】 中国石化盛骏国际投资有限公司（简称盛骏公司）是1994年底经原中国石油化工总公司党组同意，1995年3月以收购方式设立的有限责任公司，原名豪锐投资有限公司，收购完成后更名为盛骏国际投资有限公司。盛骏公司持有香港特区政府颁发的放债人牌照和金钱服务经营者牌照，获穆迪公司“A2”、标普公司“A”信用评级。2008年6月，集团公司出台《中国石化境外资金管理办法》，明确以盛骏公司为平台，在集团公司范围内全面实施境外资金集中管理。

盛骏公司业务分为境外资金集中平台、境外投资平台、贸易业务和综合服务四大板块。盛骏公司设董事会，有管理层成员3人，截至2018年底，有员工51人，其中香港本部38人；内设8个部门，即企业业务部、银行业务部、全球市场部、风险控制部、财务会计部、综合管理部、投资管理部、业务开发部。设有新加坡、英国、美洲、中东、深圳和敏沃6家全资子公司，分别负责东南亚区域、欧洲及非洲区域、美洲区域、中东及中亚区域和跨境的相关资金和金融业务。

2018年，盛骏公司实现营业收入105.4亿元，实现利润28.05亿元。

（张　静　陈展基）

自保公司

【概况】 中石化保险有限公司（简称自保公司）由集团公司发起，于2013年10月31日获香港保险业监理局特许并受其监管开展专属自保业务，2014年1月1日起正式运营。自保公司注册地在

香港，注册资本 3 亿港币（2018 年增资至 5 亿港币），由集团公司全资控股。自保公司负责统筹集团公司境外资产和业务的保险及相关服务，以适应集团公司境外业务发展过程中风险管控和风险融资的需求。自保公司实行董事会领导下的总经理负责制，位于香港湾仔港湾道 1 号。截至 2018 年底，设综合管理部、业务管理部 2 个部门，共有员工 10 人。

截至 2018 年底，自保公司累计实现保费收入 15 亿元人民币（17.89 亿港币）；累计实现税前利润 4.81 亿元人民币（5.74 亿港币）；累计实现净利润 4.38 亿元人民币（5.22 亿港币），累计投资回报率（ROI）约 174%。

（赵海英）

保险经纪公司

【概况】 中石化保险经纪有限公司（简称保险经纪公司）由集团公司和股份公司注资成立（分别持股 51%、49%），注册资本为 5 000 万元。

保险经纪公司于 2016 年 4 月 7 日取得北京工商行政管理局核发的企业法人营业执照，于 2016 年 8 月 10 日取得中国保险监督管理委员会北京保监局核发的经营保险经纪业务许可证。保险经纪公司是集团公司实施境内保险集中管理的执行单位和操作平台，协助各单位开展境内商业保险投保、索赔、风险评估、风险管理等工作。

股东会是保险经纪公司的最高权力机构。保险经纪公司实行董事会领导下的总经理负责制，董事长为法定代表人。保险经纪公司位于北京市朝阳区朝阳门北大街 22 号，下设经纪业务部、财务资产部、综合管理与风险控制部。

2018 年，保险经纪公司实现营业收入 4 618.27 万元，实现利润 3 237.24 万元，年末资产总额 9 447.83 万元，所有者权益 9 648.33 万元。全年通过保险集中统筹管理、开展多项重点工程项目保险采购招标等工作，累计帮助企业降低保费 8 007 万元。

（娄蕴清）

浙石期货

【概况】 上海浙石期货经纪有限公司（简称浙石期货）于 1995 年 5 月经中国证监会批准设立，经营商品期货经纪和金融期货经纪业务，是以打造中国石化期货交易和风控平台为目标，为集团公司期货业务服务的非银行金融机构。

股东会是浙石期货的最高权力机构。浙石期货实行董事会领导下的总经理负责制，董事长为法定代表人。浙石期货位于上海市浦东新区浦电路 438 号双鸽大厦 10G 室，设交易部、风控部、财务部、结算交割部、信息技术部、综合部、稽核部、研发部、金融期货部、资产管理部 10 个部门，下设杭州、宁波营业部。截至 2018 年底，浙石期货共有干部职工 47 人。

2018 年，浙石期货实现营业收入 2 137.46 万元，实现利润总额 441.67 万元，年末资产总额 63 575.31 万元，所有者权益 24 404.02 万元。获上海期货交易所优秀会员称号。

（应　峻）

金租公司

【概况】 太平石化金融租赁有限责任公司（简称金租公司）是由中国石油化工集团有限公司和中国太

平保险集团有限责任公司共同发起，经原中国银监会批准于2014年10月成立。股东会是金租公司最高权力机构。金租公司实行董事会领导下的总经理负责制，董事长为法定代表人。金租公司位于上海市浦东新区银城中路488号，设办公室（党委办公室）、董事会办公室（监事会办公室）、监察部、人力资源部（党委组织部）、战略规划部、计划财务部、风险管理及合规部、项目审批部、资产管理部、金融市场部、上海业务总部、北京业务总部、绿色金融业务部、汽车金融业务部、石化能源业务部、航空事业部16个部门。截至2018年底，金租公司干部职工共127人。

2018年，金租公司实现营业收入22.83亿元，实现净利润2.68亿元，年末租赁资产余额473.88亿元，所有者权益59.03亿元。全年石化能源板块新增投放13.13亿元，累计向中国石化及相关企业投放租赁业务99.05亿元。

2018年，金租公司获2018年度中国（上海）自由贸易试验区保税区域融资租赁业最具影响力奖、2018年度浦东新区经济突出贡献奖、2018中国租赁年会最佳“一带一路”金融服务奖。

（尹　阳）

实华租赁

【概况】 实华国际租赁有限公司（简称实华租赁）是经原对外经济贸易部批准，于1990年10月15日在国家工商行政管理总局注册成立的中日合资企业，注册资本为1 000万美元，经营期限20年。2005年10月，4家股东协商并经商务部批准将经营期限延长10年至2020年。

董事会是实华租赁的最高权力机构，实华租赁实行董事会领导下的总经理负责制。实华租赁设计划财务部、营业一部、营业二部、管理部、总经理办公室5个部门，共20名职员。位于北京市朝阳区建国门外大街1号国贸写字楼1座。

2018年，实华租赁实现主营业务收入1 114万美元、营业利润142万美元。年末资产总额2 261.96亿元，所有者权益254.62亿元。

（武光义）

资本公司

【概况】 中国石化集团资本有限公司（简称资本公司）是由集团公司和股份公司联合出资设立，初期实缴注册资金100亿元人民币，于2018年7月10日在河北雄安新区注册成立。其中，集团公司出资51亿元，占股51%；股份公司出资49亿元，占股49%。

资本公司通过财务投资发现战略投资机会，重点布局新能源、新材料、节能环保、高端智能制造、大数据和人工智能等战略性新兴产业，为被投企业赋能，为中国石化实现转型升级和可持续发展培育新动能、打造新引擎。资本公司倡导“创业、创新、创效”的企业文化，打造专业化投资能力，采用国际投资机构普遍采用的董事总经理（MD）职级体系，建立市场化薪酬和职级晋升机制，以及管理层和投资团队跟投机制，形成员工和公司紧密结合的价值创造共同体。

2018年12月18日，资本公司在北京举办“新时代·新机遇·新动能”专场交流会，旨在回顾改革开放历程，展望新兴产业投资机遇，探讨未来发展路径，寻求开放合作机会。来自多个政府部门、金融机构和投资机构的近百位嘉宾出席。

资本公司股东会是公司的最高权力机构，董事长为法定代表人。截至2018年底，资本公司设综合管理部、财务部、人力资源管理部、风控合规部、投后管理部、基金管理部、产业投资管理部7个部门，并组建投资团队、固收团队。资本公司于 2018 年 10 月进行第 1 批面向全球的公开招聘，所发布的 43 个岗位 70 个职位共吸引 25 156 人报名，通过分专业、分岗位，公平、公正、公开的笔试和面试，截至年底，共有 24 人到岗（含集团公司委派 1 人）。

（王怀胜）

百川公司（机关服务中心）

【概况】 百川经济贸易有限公司（机关服务中心）主要负责为集团公司和股份公司总部机关及专业公司提供后勤服务保障，是集团公司直属专业公司、全资子公司，由原石化总公司机关事务部发展演变而来，企业性质为全民所有制。

百川经济贸易公司成立于 1993 年 2 月，注册资金 3 000 万元人民币，经营范围为住宿、餐饮、物业管理、办公用品、洗衣等服务。机关服务中心于 1995 年 2 月经原石化总公司正式批准成立，2002 年 11 月经集团公司人事部、中央机构编制委员会办公室和国家事业单位登记管理局批准，成为事业单位法人。2017 年 10 月，按集团公司公司制改制工作部署，百川经济贸易公司改制为百川经济贸易有限公司（简称百川公司），注册资本为 37.58 亿元，营业范围不变。

百川公司下设办公室、党群工作处（党委办公室、纪检监察处、党委宣传部、工会、团委）、人力资源处（党委组织部、外事办公室）、财务处、企业管理处、房产管理处、基建工程处、安全保卫处、设备工程处、服务处、餐饮处、交通处、供应处、医务处、小营办公区管理处 15 个处室和实华饭店、国际旅行社、会议中心、和园景逸大酒店 4 家经营单位。主要业务包括服务保障、职能管理、经营工作。其中，服务保障主要是为集团公司总部机关及专业公司提供餐饮、会议、安保、公务用车、医疗、设备维护维修等服务；职能管理主要是承担总部机关的 10 余项事务管理职能，包括负责总部机关办公、住宅和员工公寓的房产管理，基本建设管理等工作，履行总部机关住房制度改革领导小组办公室、绿化委员会办公室、总部机关消防安全委员会办公室、交通安全委员会办公室、医疗保险办公室、爱国卫生委员会办公室、人口与计划生育办公室、义务献血办公室等职能；经营工作主要是 4 家经营单位根据各自业务范围所开展的工作。

北京中石化井田工程建设有限公司是百川公司的全资子公司，是集团公司为沙河科研中心建设项目专门成立的工程管理公司。2014 年 10 月，集团公司将其管理权划转至机关服务中心。2016 年 5 月，变更为百川公司全资子公司。北京百川恒升物业管理有限公司是百川公司与北京燕化天钲建筑工程有限公司、新中物业管理（中国）有限公司于 2013 年 10 月共同出资成立的合资企业，主要通过业务外包形式为百川公司提供服务。截至 2018 年底，百川公司共有职工 234 人。

（郇　敬）

【重点工作】 2018 年，百川公司坚持以习近平新时代中国特色社会主义思想和党的十九大精神为指导，认真贯彻落实集团公司工作部署，围绕“一个根本、两个抓好、三条主线”总体思路，秉持打造“信得过、靠得住、过得硬”的后勤服务保障团队目标，团结一心、锐意进取，深化改革、稳中求进，统筹推进各项工作。①扎实推进重点项目建设。加强与国管局、北京市沟通协调，广华新城项目取得规划许可证、施工许可证等关键性手续，为配售配租提供基本保证。沙河职工住宅项目得到北京市支持，完成施工总承包单位招标。企业自持自用公租房按进度开展室内施工。广华新城职工住宅项目 17 栋楼全部完工，市政管线、燃气、电力等专项工程基本完工；沙河科研中心项目主要建筑结构封顶；安外 58 号院办公楼装修改造工程、会议中心 200 人会议室装修改造工程顺利完成。②有序推进“四供一业”分离移交。按照北京市政策要求和集团公司统一部署，倒排工作计划，组织完成物业资产核查，涉及移交住户 2 670 户，建筑面积 23.8 万平方米。完成 20 余类、600 余项、9 万多个数据点的移交资产清册。编制上报《分离移交实施方案》。经多轮谈判协商，按照集团公司要求的时间节点与北京房地集团签订正式移交协议，完成现场资产和相关移交材料的对接工作。按照国务院国资委老旧小区综合整治标准，对符合条件的自管住宅楼进行外墙保温、窗户及电梯更新。③顺利完成 LOGO 拆除工作。按照党组领导“务必做到不留任何风险隐患，确保绝对安全”的指示要求，成立领导小组，指定班子成员负责组织协调，明确分工、压实责任，周密制订拆除方案，排除安全隐患，确保万无一失，顺利完成朝阳门及小营办公区楼顶 LOGO 的拆除工作。④狠抓内审外查发现问题的整改落实。高度重视国务院监事会集中重点检查、集团公司年度党建考核、集团公司党组巡视及住房专项巡视等指出的问题，坚持把整改作为重大政治任务，即知即改、立行立改、真改实改，举一反三抓整改。组织专题民主生活会，开展研究讨论，全面分析问题，制订整改方案和整改台账，明确责任领导、责任处室和完成时限，逐一销项，取得较好整改效果。

（郁　敬）

【服务保障】 2018 年，百川公司坚持以服务为根本，努力打造服务品牌。认真开展服务质量检查，积极创新服务方式，着力抓好涉及员工切身利益的餐饮、医疗等服务，推行呼叫式服务等“互联网 +”服务新模式，加强对外委单位的检查考核，不断提升服务体验。在保证服务质量前提下，牢固树立服务讲规范、服务讲成本意识，以集团公司管理费用分摊为契机，深入梳理服务内容、服务标准，逐项细化服务成本，为精细化管理奠定基础。全年共完成餐饮服务 413 万人次，会议服务 60 万人次，交通服务 60 余万千米，各类维修 4.6 万项，医疗服务 4.9 万人次，前台访客接待 23 万人次，理发、健身、送水等服务 20 余万次，票务服务 8.6 万次。

（郁　敬）

【经营管理】 2018 年，百川公司坚持提升经营效益和保障服务两手抓，在高质量完成集团公司各项重大活动保障任务的同时，进一步强化市场意识、成本意识和效益意识，创新经营思路，大力开拓市场，加强预算管理，严格成本管控，超额完成集团公司下达的各项经济指标，创收增效、降本减亏成效明显。狠抓规范管理，加强制度建设，进一步完善制度体系，优化工作流程，确保各项工作依法合规。狠抓从严管理，采取专项检查、不定期抽查、多部门综合检查等形式开展管理检查，并将检查结果与绩效考核挂钩，有效堵塞管理漏洞。强化提升“三基”工作，积极发挥党支部在带动促进“三基”工作中的作用。从岗位责任制等最基本的制度抓起，从基础资料、日常台账等最基本的工作严起，提升基础管理水平。坚决贯彻执行集团公司安全工作部署，强化 HSSE 管理。始终坚持“识别大风险、消除大隐患、杜绝大事故”工作主线，突出问题导向，深入推进安全责任分解落实，严格重大安全风险管控和承包商安全监管。强化安全“三基”工作，组织多形式安全检查，深入开展宣传教育和培训。关注员工身心健康，树立“大健康”理念。高度重视环保工作，完善环保制度体系，严格落实北京市环保规定，排污排烟、厨余垃圾、废弃污染物处理更加规范。实现“六项事故为零”工作目标，连续 4 年获集团公司安全管理先进单位称号。

（郁　敬）

【改革发展】 2018 年，百川公司按照集团公司党组改革部署，结合自身发展中的重点难点问题，年初确定 9 个研讨专题，明确责任领导、责任处室和完成时限，围绕新形势下推进公司改革、优化服务模式、优化机构设置、深化人事劳动分配“三项制度”改革、加强财务管理、深化资产分类管理等，组织研讨、理清思路、制定措施，谋划顶层设计。以“瘦身健体”、严控总量、优化结构为主线，深入推进“三定”工作，进一步梳理处室职能，调整优化机构设置及人员配置，中层机构由 21 个调整为 19 个。梳理与恒升公司关系，指导恒升公司研究发展规划、完善体制机制。以恒升公司为服务主体，以安外 58 号院办公楼和大郊亭职工住宅物业管理为试点，积极探索公司管理型、市场型、经营型的发展道路。

（郁　敬）

【干部队伍建设】 2018 年，百川公司认真贯彻落实集团公司人才强企工程的决策部署，积极推进“三项制度”改革，加强干部队伍建设，严格执行集团公司干部选拔任用工作制度，规范选用方式，树立“有为才有位”选人用人导向，给有想法、有热情、想干事、能干事、肯吃苦、肯奉献的干部创造机会、提供平台，做到选拔过程公开、公平、公正。开展中层正、副职岗位后备干部推荐工作，建立健全后备干部信息库。加强优秀年轻干部培养，推进年轻干部多岗位锻炼，组织处科级干部、青年骨干培训和青工政治轮训，提升干部能力，为事业长远发展蓄力。狠抓作风建设，坚持从最基本的工作制度、劳动纪律抓起，以小及大、以点带面、以易促难，推动了干部员工工作作风、精神面貌的改进提升。

（郇　敬）

【党建工作】 2018，百川公司党委始终把党的政治建设放在首位，深入学习贯彻习近平新时代中国特色社会主义思想和党的十九大精神，教育引导党员干部旗帜鲜明讲政治、坚定不移跟党走。严格落实管党治党责任，突出抓好班子成员履行“一岗双责”。狠抓基层党支部建设，深入党支部开展调研，组织党支部书记集中述职，印发《党群工作指导手册》，启动党支部“强实效、树品牌”活动，进一步巩固党支部工作的规范性、提升党支部工作的实效性。全面落实集团公司党风廉政建设和反腐败工作部署，持之以恒正风肃纪，抓实廉洁风险防控，开展综合大检查，积极发挥“大监督”作用，查出各类问题166项，并抓跟踪整改不放松，不断打造干事创业的良好政治生态。加强意识形态阵地建设和管理，坚持典型引路，组织“最美班组长宣讲进支部”活动，印发《身边的榜样》事迹材料，用榜样的故事教育人、感染人。认真做好工团工作，有效调动了员工的积极性、主动性和创造性。

（郇　敬）

国际事业公司

【概况】 中国石化国际事业有限公司（简称国际事业公司）成立于1984年6月，2000年5月成为股份公司的全资子公司，注册地点北京。国际事业公司主要承担除原油、成品油、化工原料以外的进口物资采购业务和设备、材料、炼化产品的出口业务。

截至2018年底，国际事业公司共有在岗员工609人，其中本科及以上学历占91.8%。

在境内拥有中石化南光(上海)实业有限公司1个参股公司，在北京（2家）、上海（2家）、天津、重庆、广东、南京、武汉、宁波等地设有11家子公司，设有北京、南京、华南、重庆、武汉、宁波、大连、上海和天津9家招标中心。在美国、日本、德国、俄罗斯、阿联酋等国家设有5家境外二级子公司，在委内瑞拉、新加坡、澳大利亚、沙特、巴西等国家设有5家境外三级子公司和1家办事处。

2018年，国际事业公司实现经营规模1 043.9亿元人民币，增长94%。国际贸易规模51.9亿美元，增长91%。

国际事业公司主要经营指标见表1。

（李　佳）

【供应管理持续加强】 ①巩固管理体制机制，加强与体制不到位企业的对接，强化考核和指导帮扶，持续深化“七统一”要求，有效贯彻采购管理、决策、招标、执行“四分离”运行机制，集中统一供应管理体制不断完善。②持续优化招标采购，全面推进招标标准化、规范化、电子化，修订完善招投标管理制度，在招标采购中大力应用ES评价数据，制定并应用评标办法模板296个、通用评标办法1 441个；全力推进“互联网+”招标采购，电子化招标率由2017年底的70.9%提高到2018年底的89.2%。坚持应招必招、能招尽招，物资招标采购率79.6%、提高2.4个百分点，依法公开招标率100%；面向市场拓展招标服务，市场化招标规模158亿元，增长9.5倍。规范招标采购操作，优化评标专家管理，开发启用评标专家自动抽取系统，推行“1+6”专业关联化评标专家选择模式，提高专家抽取随机性和来源广泛性；制定招标从业人员“八不准”，对照“八不准”开展大查摆、大讨论、大落实活动。③加强供应资源管理，严格供应商资质评价，对 1 266 家供应商开展现场核查，从源头防控供应风险；加大违约供应商处罚和曝光力度，通过取消资格、暂停交易、通报降级等方式处理违约供应商 75 家，促使供应商进一步重质量、重服务、重品牌、重口碑。构建供应资源信息标准化数据库，整合供应商在法人信用认证、产品质量评价、招标投标等业务环节的综合信息，统一维护管理；全面改造供应资源管理系统，完善资质评价、动态考评、违约处理等各项功能，实现供应资源信息在多个系统实时共享。④强化物资采购监管，督导企业深化中央巡视反馈问题整改，剖析问题根源，落实整改措施，全面提升物资供应工作绩效；结合专项审计、专项检查发现问题，组织全面排查违规干预物资采购的行为，从严规范采购管理；发布集团外承包商采购监督管理制度，建立集团外承包商引用中国石化框架协议、委托招标等工作机制，规范承包商采购行为。⑤加强平台建设及应用管理，持续完善平台功能，提升友好性和便捷性；不断提高物料编码应用水平，成功上线英语版物料编码；大力推进 EPEC、EC、ERP、电招平台等系统的集成优化，消除“信息孤岛”取得初步成效；严格执行国家电子商务法，完善平台运营管理制度 15 项、运行规则 33 项、信息功能 23 项，确保平台运营依法合规；全面强化企业易派客平台采购管理，易派客平台采购率达 97.9%，提高 1.3 个百分点。全年，采购管理绩效持续提升，在国务院国资委组织的 2018 年中央企业采购管理对标评估排名中，中国石化在评估分组的 13 家央企中总分排名位居第一，6 项评估分指标中 5 项排名第一、1 项排名第二，采购管理连续 4 年走在央企前列。

（李　佳）

【物资保障服务有力】 ①全面保障生产运营，强化服务意识，密切跟踪市场，优化采购策略，精心组织资源，保障集团公司生产建设物资的安全及时经济供应，全年累计供应物资 2 346 亿元，增长 20%。②统筹保障重点工程，聚焦国家重点项目、集团公司发展战略关键项目，协同保供、多点保供，召开重点工程项目专题协调会 24 次，参加工程项目建设会 130 余次，狠抓过程控制和问题协调，为 32 项 94 个重点工程项目顺利建设、13 家企业 212 套装置大修改造及 3 座油气田地面工程、14 套炼化装置、2 套储运设施、5 条油气管道建成投用，提供强有力的物资保障服务。③快速保障应急需求，高效协调九江石化“3·16”着火事故、北海炼化 S-Zorb 电加热器事故、茂名石化化工分部二次机故障等应急物资供应，妥善处理南京煤炭船舶碰撞事故，收到企业感谢信 8 封。特别是克服管线钢管需求集中、市场资源紧缺困难，千方百计协调资源，7 个月时间为鄂安沧项目供应管线钢 36 万吨，确保应急投产段的按期建成。④全力保证物资质量，深入贯彻质量提升行动计划，修订物资质量管理制度，完善质量管理技术规范，开展质量月、质量日活动和质量满意度调查，79 家石油石化企业物资质量满意度达 99.9%。强化重要物资监造和过程监管，监造设备 7.7 万台套、阀门及配件 10.7 万件、关键材料 72.3 万吨，发现并跟踪处理制造过程质量问题 859 项，A 类物资监造率 100%，物资入库验收合格率 99%，油田采购物资质量监督抽查合格率 96%。

（李　佳）

【集团采购再上台阶】 ①提升集团采购效能，聚焦优化总部直采、强化平台采购应用、提高集团采购比例，先后 2 次优化调整集团化采购目录；分板块召开专题对接会，推进企业共享集团化采购成果。全年集团化采购率 87.5%，增长 1 个百分点；节约采购资金 111 亿元，节约率 5.4%，集中采购降本优势充分发挥。②规范框架协议采购，完善框架协议接续机制，全年签订集团化框架协议 11 926 份，框架协议接续完成率达 98.7%；加强框架协议执行监管，定期通报框架协议采购率和执行、变更情况，严控采购风险。③持续推进装备攻关，坚持高起点、高标准、高要求，依托重点工程项目组织开展 35 万吨 / 年聚丙烯挤压造粒机组、大型储气库压缩机组、超高压管道等重大装备国产化攻关。④加强物资储备管理，落实监督预警机制，大力推进储物于商，严防严控积压物资，在物资采购总额增长 20% 的情况下，2018 年底物资总库存 73.9 亿元、积压物资 7.1 亿元，分别减少 2% 和 2.6%；库存周转次数 12.8 次，加快 28.3%。⑤精心筹划进博会参会工作，周密制订方案、深入对接需求、全面统筹协调，中国石化交易团工作目标圆满完成，与 14 个国家的 48 家企业进行现场签约，展现了中国石化的资源获取能力和央企责任担当。其间，易派客平台与巴西出口投资促进局签署战略合作备忘录，建立了合作伙伴关系，扩展了贸易合作商机。

（李 佳）

【电商运营成果丰硕】 ①匠心铸就易派客标准，推出国内首个对工业品企业及产品质量评价的标准，专注对企业及工业品精确评价、精准画像、精挑细选，树立行业标杆、产品标准和市场标尺，致力营造品质为先、质量至上的商业新生态。基于 ES 评价数据，首次推出易派客标准指数数据榜、产品评价数据榜、贸易融通数据榜。累计收到 3 727 份法人信用认证申请，完成认证 3 130 份；发布 2 877 种产品质量评价办法，收到 640 家企业的 2 875 份产品质量评价申请，完成评价 1 600 份。②打造多语种国际平台，在英语版基础上，成功推出俄语、西班牙语版国际业务平台，累计上线供应商 1 207 家、商品 9 705 种，交易金额 109 亿美元，其中 2018 年交易金额达 81 亿美元。③推出商业化保理服务，成立易派客商业保理公司，深化平台大数据应用，聚焦实体企业、实体贸易，在线开展商业保理服务，累计为 110 家关联方企业提供保理融资 29.3 亿元，实现收入 1 427 万元。④推行一体化互联互通，与 118 家关联方企业完成一体化连接，上下游、内外贸、线上下，实现系统互通、数据互通、供销互通。⑤探索创新性创业孵化，响应集团公司“创新企业孵化器”政策，研究建立市场化激励机制，组建化工、电器、商旅、木材、医药、汽车 6 个品类创新运营团队，公开选聘项目经理并签订运营承包协议，激发创新创业活力。品类创新团队完成平台交易 59 亿元、在线支付 24 亿元。⑥探索 B2B2C 业务模式，易派客首批全球精品馆在中国石化北京方庄、西苑 2 座加油站正式开业，将来自 10 个国家的 162 种海外精品推向市场，提升了用户体验，增强了用户黏性，强化了易派客精品理念。

易派客平台运营绩效稳健增长，全年交易金额 2 862 亿元，增长 117%，超过前 3 年交易量之总和；外部市场服务规模 1 356 亿元，增长 565%；外部交易率 47.4%，增长 31.9 个百分点；在线支付 1 078 亿元，增长 174%；担保支付 54 亿元，增长 196%。平台市场影响不断扩大，易派客被中国品牌发展论坛评为信息能源化工领域前 50 强，品牌价值 74 亿元；国际事业公司被国家商务部等八部门确定为全国供应链创新与应用试点企业。

（李 佳）

【拓市创效实现突破】 ①聚焦“六通”创效益，依托中国石化坚实的产业链和供应链，顺应供给侧结构性改革，全面推进“六通”运营，大力培育大贸易、大基地、大流量业务，向外部市场要效益，开拓市场谋发展。试点贯通钢材、电缆、阀门、劳保用品等多个产业链和供应链，聚集名优产品，提升平台流量，实现贸易增长。②协同合作出效益，加强与炼油销售公司、化工销售公司、催化剂公司等企业的协调配合，共同开拓国际市场，推进长约销售，稳健开展贸易，实现经营“量数质效”同步提升。③创新激励增效益，强化绩效激励引导，开展“牢记初心使命、决胜奋斗目标”主题活动，逐月对各境内外公司 12 项经营指标进行考核排名，加大拓市奖励力度，最大激发创效活力，促进绩效良性成长。④防控风险保效益，聚焦集团公司外部董事关注的问题和审计及党组巡视反馈问题，举一反三，对违规业务全面开展排查整改，对责任单位实行绩效考核兑现；建立经营业务正负面清单，明确严禁开展和鼓励开展的业务范围，依法合规开拓市场；结合市场化业务特点，优化审批流程，既有效防范风险，又提升业务效能；成立应收账款催收和潜在风险防范领导小组，落实责任，挂牌督办，严防应收账款逾期风险；建立法律风险月排查工作机制，防范法律合规风险；研发投用风险管理系统（RMS），集成主要风险要素信息，对业务风险进行预警监控、统计分析、及时处置，实现风险管控平台化、工具化、规范化、系统化；加快推动商务纠纷、诉讼案件及历史遗留问题解决，成功收回委内瑞拉客户、山东LNG项目供应商等的索赔款项。

经营绩效再创新高，全年营业收入709亿元，增长109%。其中，市场化营业收入394亿元、增长186%，经营业务市场化率首次突破50%、达55.5%。实现利润10.08亿元、增长86%，较前3年完成利润平均值增长146%；人均利润89.1万元，增长63%。各境内外公司的优异绩效构成总体经营绩效的成倍增长，中东公司年度利润超过9 000万元，美国公司、华东公司、上海公司经营规模均超过50亿元，日本公司经营规模达128亿元，成为首个“百亿”营收的公司。

（李　佳）

【党建队建扎实深入】①全面加强党的建设，深入开展“两学一做”学习教育，组织领导班子集体学习14次，认真学习习近平新时代中国特色社会主义思想和党的十九大精神，在学深悟透上下功夫，在推动工作上求实效，增强“四个意识”，坚定“四个自信”，做到“两个维护”，牢固树立“在经济领域为党工作”的观念。借力巡视整改东风，压实党建工作责任，制定党建履职责任清单，开展“党建质量提升年”活动，建立党群工作例会制度，坚持党建工作与业务工作同部署、同检查、同考核，形成党委统一领导、党政齐抓共管的党建格局。加强基层党组织建设，制订下发组织力提升实施方案。按照“双向进入、交叉任职”要求，选优配齐专职党支部书记和党务管理人员，举办2期支部书记十九大精神和理想信念教育培训班，召开党支部书记集中述职会，强化党建第一责任人的角色定位。②加强党风廉洁建设，抓实“两个责任”和“一岗双责”，制定党风廉洁建设责任清单17项，把廉洁从业要求融入经营管理各环节，落实到两级领导干部肩上。完善大监督格局，健全党风廉洁建设制度体系，制定制度10项、修订制度3项；加强信访举报和问题线索管理，做到不拖延、不积压，严肃问题追责问责；强化异议投诉处理机制，畅通异议投诉渠道，共收到异议投诉127件，办结并在易派客平台公示12期112件；抓好廉洁从业教育，举办2期处级干部廉洁教育培训班、1期纪检监察干部培训班和2期纪检监察制度培训班，发布廉洁警示案例12期、纪检监察简报13期，干部员工“红线”意识不断增强。驰而不息纠“四风”，聚焦王晓林严重违纪违法案件自查自纠，开展“作风建设从我做起”主题活动，开展出国团组作风检查、公车管理情况自查自纠等专项活动，切实推进作风转变。③全面深化巡视整改，认真贯彻集团公司关于进一步深化中央巡视整改工作的要求，新增7项整改措施，多管齐下治本清源，整改成果不断巩固；严格对照党组巡视反馈意见，以统一思想认识、正心诚意整改、体现良好绩效、打造过硬队伍为标准，细化整改方案，实行销号管理，扎实推进整改，完成整改措施126项，正在整改10项，建立工作台账194项，夯实了基础工作，确保了整改实效。④持续加强队伍建设，规范干部选拔任用工作程序，加大优秀年轻干部培养锻炼和选拔使用力度，新提拔中层领导干部7人、基层领导干部23人，开展干部交流轮岗32人次。强化人才建设，完善与绩效紧密挂钩的考评体系，加大考评结果应用，推荐享受政府特殊津贴1人、集团公司高级专家1人、突出贡献专家称号1人、闵恩泽青年科技人才奖1人。围绕核心主业，加强人力资源统筹配置，引进毕业生27人、成熟人才28人。强化绩效考核兑现，深化考核在薪酬分配中的应用，加大专项奖励幅度，充分发挥薪酬激励作用。以专业知识和专业技术为重点，开展各层次员工培训1 160人次，努力培养高素质专业化人才队伍。⑤推进和谐企业建设，积极宣贯社会主义核心价值观，持续开展形势任务教育，大力宣传各类先进典型，引导干部员工勇于担当、强化履职。充分发挥工会组织作用，抓实抓好困难职工慰问、EAP健康辅导、员工健康体检等关怀工作，深入开展“大干实干一百天、打开新年新局面”和招标拓市创效劳动竞赛，积极开展“聚众智、献良策、促发展”合理化建议活动，激发干部员工主人翁意识、工作热情和创新活力。畅通信访渠道，及时排查化解矛盾纠纷，做好原东北公司维稳工作，实现“四个不发生”，维护和谐稳定大局。

（李　佳）

表 1　　国际事业公司主要经营指标

指标名称 \ 年份	2018	2017	2016	2015	2014	2013
经营规模 / 亿元	1 043.90	537.26	263.80	321.30	456.60	503.60
国际贸易规模 / 亿美元	51.90	27.22	15.30	21.00	29.60	31.30
进　口	37.90	17.96	8.40	12.50	19.70	21.00
出　口	10.90	7.86	6.00	7.30	8.80	8.60
第三国贸易	2.90	1.40	0.90	1.20	1.10	1.70

联合石化公司

【概况】 中国国际石油化工联合有限责任公司（简称联合石化公司，英文缩写 UNIPEC）成立于 1993 年，是股份公司的全资子公司，是世界最大的石油贸易公司之一。主营业务包括原油贸易、成品油贸易、LNG 贸易及仓储物流等。设有 11 个职能部门、5 个直属机构、6 个境外机构、3 个口岸公司、1 个国内全资子公司及 1 个国内合资公司。其中，11 个职能部门包括办公室（外事办公室）、党群工作部（党委宣传部、企业文化部、党委办公室、工会、团委）、人力资源部（党委组织部）、财务部、审计部、纪检监察处、风险管理部、法律合同部、市场战略部、企业管理部和信息部；5 个直属机构包括原油资源配置中心、石油产品贸易中心、天然气贸易中心、期纸货贸易管理中心和物流优化管理中心；6 个境外机构分别为联合石化亚洲有限公司、联合石化英国有限公司、联合石化新加坡有限公司、联合石化美洲有限公司、中石化冠德控股有限公司（香港上市公司）及联合石化印度办事处；3 个口岸公司为联合石化宁波公司、联合石化青岛公司及联合石化二连分公司；1 个全资子公司为中石化（上海）能源贸易有限责任公司；1 个合资公司为中海油中石化联合国际贸易有限责任公司，占股比 40%。

联合石化公司认真履行使命，积极落实国家能源战略，倡导诚信合作、规范经营、竭力服务客户的理念，着力搭建素质卓越、善于合作、具有全球化视野的国际贸易团队，全力打造成为具有市场领导地位的国际一流贸易商。进一步理顺管理体制机制，不断实现跨越式发展，资源保障能力不断提高，市场竞争力不断提升，抵御风险和应对危机能力不断增强。同时，把人才视为企业最重要的资源，坚持尊重和发挥个体的创造性，注重团队意识的培养，通过内部培养和积极引进，拥有从事原油贸易、成品油贸易、LNG 贸易、仓储物流、财务管理、HSSE 管理、人力资源管理及行政管理等各类人才组成的出色团队。

2018 年，面对严峻复杂的市场形势，联合石化公司在集团公司党组的正确领导下，在总部各部门和炼化企业的支持下，迎难而上，奋力拼搏，进一步锻炼队伍，明确方向，做大经营规模，为推进企业健康可持续发展打下坚实基础。同时，按照“围绕中心、夯实基础、突出特色、注重实效”的理念，全面落实党要管党、从严治党责任，认真践行“一岗双责”和“两个责任”，党建工作再上新台阶。全年，实现经营总量 3.89 亿吨，其中原油经营量 3.31 亿吨、成品油经营量 4 794 万吨、LNG 经营量 1 049 万吨。贸易额 1 940 亿美元。

（魏　亮）

天然气分公司

【概况】 中国石油化工股份有限公司天然气分公司（简称天然气分公司）成立于2005年6月，2009年7月股份公司设立天然气有限责任公司，与天然气分公司实行“一个机构，两块牌子”。主要职责为：负责中国石化天然气长输管道、LNG接收站、储气库等的建设和运行管理；天然气市场开发和天然气销售；天然气业务合资合作，建设和运营省级管网、地市级管网，以及拓展终端销售业务；管理区域性公司和合资公司。

天然气分公司认真贯彻中国石化天然气有效快速发展战略，遵循“资源、管网、市场、效益”相统一的原则，完善山东天然气管网，建设投运川气东送、榆济输气干线，山东、广西、天津LNG接收站，文96储气库、金坛储气库一期工程，国家大流量标定站武汉分站，以及山东、江苏等13个省级及区域管网；广西LNG配套管道全线贯通，天津LNG配套管道部分投产，鄂安沧管道一期顺利实现应急投用，文23储气库等项目正在建设；青宁管道、天津LNG二期等项目获核准；龙口LNG等项目正在开展前期工作。制定天然气发展市场战略和营销策略，建立天然气三级销售网络，市场涉及环渤海、长三角、珠三角等天然气需求旺盛区域和主要经济发达地区。截至2018年底，天然气分公司设有15个机关部室、10个直属单位、27个合（独）资公司、14个工程项目部（筹备组），合（独）资天然气管道1.2万千米，用工总量5 000余人，年供气规模约300亿立方米，市场范围覆盖20个省份。

（林媛媛）

【隶属关系调整】 2018年3月26日，股份公司印发《关于调整天然气有限（分）公司和管道储运有限公司管理关系的通知》，将天然气有限（分）公司由股份公司直接管理，调整到股份公司油田板块管理序列，归口油田勘探开发事业部管理。

（林媛媛）

【领导班子调整】 2018年8月13日，集团公司党组、股份公司对天然气分公司领导班子进行调整：高爱华任天然气分公司党委书记、有限公司执行董事，段彦修任天然气分公司总经理、党委副书记，左志民任天然气分公司党委委员、副总经理。

（林媛媛）

【超额完成年度生产经营任务】 2018年，天然气分公司认真落实“天然气有效快速发展”战略部署，坚持效益第一、市场导向，不断优化营销策略，创新经营管理模式，致力拓市场、增效益、建设施、严管理，取得经营大幅减亏的优异成绩。全年经营天然气296.7亿立方米，完成年计划的104%，增长18%。利润指标控制在总部预算范围内，成功消化因油价上涨、汇率波动增加的43亿元进口LNG采购成本，减亏幅度高达47%；管理口径实现整体盈利。加大资源统筹，优化市场结构，自主建成投产天津LNG项目一期及4处与中国石油互联互通工程，仅用半年多时间就实现鄂安沧管道一期应急投产段建成投用，顺利完成2017—2018年冬季、上合组织青岛峰会等期间的市场保供任务，未发生一起供应中断、影响社会稳定及生产应急事件。

（林媛媛）

【着力提升天然气价值】 着眼可持续发展，多措并举化解进口长约LNG经营巨额亏损困局，深入优化区域、产品、用户结构增强市场创效能力，千方百计提升储运设施负荷率，坚决实现扭亏脱困。①资源优化取得新成果。通过优化长约采购资源及择机采购现货方式弥补巴新地震资源缺口，协调供应商在冬季增供6船LNG资源保证市场需求，利用第三方LNG接收站增加接卸量，优化日常船货计划首次进行LNG富余运力转租，增加资源供应量，实现增量不增亏。年度进口LNG贸易累计实现降本增效约3亿元。②市场推价取得新业绩。灵活制定淡旺季气量与价格相挂钩的阶梯性量价策略，利用交易中心加大市场化竞价力度，提高增量气、调峰气、LNG液体销售效益，增强资源创效能力。年度管道气平均销售价格增加0.19元/米^3，LNG液体平均销售价格增加745元/吨。

③设施增效取得新突破。与中国石油达成冬季资源串换，通过互联互通增加管网输气量 1 300 万米^3/日，盘活广西 LNG 项目等资产；大力提升新建设施负荷，天津 LNG 接收站实现当年投产、当年盈利；优化现有管网生产，发挥设施最大效率，山东 LNG 接收站、榆济管道等主要储运设施均已实现高负荷运行，设施投资平均收益率达 9% 以上。④费用管控取得新进展。实现销售、管道、LNG 接收站等分类对标考核，做好月度经营分析和滚动预算管控，确保降本措施落到实处；深入论证优化项目设计方案，严格管控投资进度，认真抓好结算审核，审减固定资产投资 7.66 亿元；强化现金流管理，严格执行客户信用政策、预收款制度和应收货款回笼责任制，应收账款回款率达 99% 以上。

（林媛媛）

【实现管网安全平稳运行】 按照集团公司年度 HSSE 工作会议“四个从严”工作方针，以钉钉子的精神反复抓、抓反复，重点抓、抓重点，坚决杜绝重特大事故发生。将抓好风险源头管控作为保障储运设施安全运营的关键措施，把 HSSE 责任体系分解细化成 14 个方面 100 项具体工作，做到安全管理明确到点、分解到岗、落实到人。加强生产集中调控管理，强化管网系统日分析和仿真模拟，加快推进设备全生命周期管理模块应用，确保运行平稳高效。深化储气库井控管理，保障气井运行安全。加强计量及气质体系建设，定期发布天然气质量报告。强化承包商专项整治，注重直接作业环节监管，推进管道完整性体系建设，确保储运设施运行安全平稳。开展承包商专项整治，切实落实甲方主体责任。大力开展隐患治理，实施公司以上级隐患治理项目 3 项、治理完成地质灾害问题 112 处、修复管道内检测缺陷 394 处。定期开展演练，有效提高各级生产单位应急处置能力。加密巡检频次，强化风险管控，实现管网安全度汛。

（林媛媛）

【扎实推进工程项目建设】 以 LNG 接收站、储气库、支线管道、直供管道等保增长、提效益、促发展的项目为重心，科学规划设计、狠抓工程进度、严控施工质量，确保项目按期优质投产。①大力开展资源上产工程建设。天津 LNG 接收站一期建成投产、配套管道形象进度 99%，为华北市场资源增加和冬季保供提供坚实保障；涪陵—王场管道增压工程形象进度 89%，川气东送管道增压工程（二期）开工建设，天津 LNG 二期、广西 LNG 二期项目获核准，山东 LNG 二期完成可研批复，山东 LNG 三期、龙口 LNG 等项目抓紧推进。②大力开展供应通道工程建设。鄂安沧管道一期于 11 月 15 日按时投用应急投产段管道，主体工程建设从计划的 3 年时间成功压缩到半年多，创造“100 天焊接长度突破 300 千米”等国内长输管道建设纪录，极大增强了华北市场冬季供应能力、应急保障能力和资源灵活调配能力，完成向国家发改委、河北省承诺的“工期一天不晚、供气一方不少”建设目标；广西管道闸口—柳州段投产，实现广西 LNG 接收站管道气外输；南川—涪陵管道、中科炼化一体化输气管道、嘉兴—新塍管道开工建设，青宁管道获核准，濮阳—范县—台前管道取得可研批复，日照—临沂—濮阳管道等前期工作稳步开展。③大力开展储气调峰工程建设。文 23 储气库一期总体形象进度 86%，注采站、输变电等工程具备投用条件，先导工程开展试注气工作，二期工程前期工作加快进行；金坛储气库累计完钻井 29 口，造腔 214 万立方米；江汉黄场储气库获核准，为公司开展天然气经营提供有效手段。

（林媛媛）

【全面深化企业管理】 围绕一流天然气企业建设目标，加强精细管理、科学管理，企业管理水平进一步提高。组织推广制度管理信息系统，下发价格管理、管道气开户扩能等制度 23 项，进一步规范工作流程；按照“分类考核、突出重点”原则，完善绩效考核办法，加大考核兑现力度。实施人才强企工程，加强高层次专业技术人才选拔，激发了干事创业动能。加强对合资企业管理，优化股权结构，帮扶指导亏损企业扭亏。健全信息化管理体系，强化网络安全，积极消除信息孤岛；以数据中心为基础，完善智能化管线及数据标准建设；开展科研项目 15 项，实现成果应用转化 2 项，发挥了科技的支撑保障作用。建立项目采购和保供信息平台，开展3项重大设备国产化攻关工作，满足建设和生产需要。成立监督委员会，整合内部审计、业务监察等监督检查力量，构建“大监督”工作机制，有效防控各类经营风险。

（林媛媛）

【党建思想政治工作与中心工作深度融合】 始终把政治建设摆在首位，坚持用科学理论武装头脑、指导实践、推动工作，使党建成为优化管理、提高效率的“强心针”和“催化剂”。对所有中层干部进行党的十九大精神专题轮训，不断提高队伍政治理论水平。完善公司“三重一大”决策机制及领导班子会、总经理办公会议事规则，规范月度生产经营分析会等会议流程，提高决策效率；做好集团公司党建工作检查和党组巡视“回头看”迎检，扎实推进问题整改。开展“强党建、促跨越、提效益”主题实践活动和“大干100天、全面完成2018年各项生产经营目标”专项劳动竞赛，推进“五个联动”工作机制，加强基层党支部建设。履行“一岗双责”，积极构建“三不”机制，紧盯关键少数、重点领域和关键环节，强化监督执纪问责。加大“八要八不准”监督检查力度，开展基层“微腐败”专项治理和工程建设领域专项监督。加强形势任务教育，使“两个三年、两个十年”发展规划和扭亏脱困方案深入人心。广泛开展走访活动，提高思想工作针对性。通过“六位一体”平台，及时宣传重点工作和先进典型，公司对外宣传影响力位列集团公司年度第1名。发挥工团作用，汇聚各方力量推动企业发展。

（林媛媛）

新疆煤制气管道公司

【概况】 中国石化新疆煤制天然气外输管道有限责任公司（简称新疆煤制气管道公司）成立于2011年11月9日，与中国石化新疆煤制天然气外输管道工程项目经理部（简称项目部）同时成立，实行“一套班子、两块牌子”，主要承担中国石化新疆煤制气天然气外输管道工程建设和运营任务。2015年4月2日，经集团公司批准，召开新疆煤制气管道公司第1届股东会暨监事会、董事会，中国石油化工股份有限公司、新疆投资发展（集团）有限责任公司、浙江省能源集团有限公司成立合资公司，名称仍沿用中国石化新疆煤制天然气外输管道有限责任公司，注册资本金12亿元，股比为90%∶5%∶5%。2017年12月，股东会通过浙江省能源集团有限公司将其全部股权无偿划转给其全资子公司浙江能源天然气集团有限公司决议。2018年8月，股东会通过3家单位持股比例调整决议，中国石油化工股份有限公司、新疆投资发展（集团）有限责任公司合计占股比为95%［新疆投资发展（集团）有限责任公司维持6 000万元注册金不变］，浙江能源天然气集团有限公司占股比为5%。

新疆煤制气管道公司注册地为新疆乌鲁木齐高新技术产业开发区，本部位于北京市朝阳区吉市口路9号。截至2018年底，新疆煤制气管道公司设有11个职能部门；下设北京中心（与本部机关合署办公）、湖广分公司、长沙分部（与湖广分公司合署办公）、衡阳分部、韶关分部；用工总量207人（其中借聘人员19人）。

（罗鹏飞）

【项目建设稳步推进】 中国石化新疆煤制天然气外输管道工程主要建设主要包括1条干线、6条支干线，线路全长8 372千米。管道途经新疆、甘肃、宁夏、陕西、河南、山东、湖北、湖南、江西、浙江、福建、广东、广西13个省（自治区）。其中，干线起自新疆昌吉木垒县，终于广东省韶关市，全长4 159千米，管径1 219/1 016毫米，设计输量300亿米^3/年；6条支干线包括准东支干线（准东—木垒），伊犁支干线（伊宁—木垒）、南疆支干线（库车—七角井）、豫鲁支干线（宜阳—濮阳、濮阳—临沂、濮阳—齐河）、赣闽浙支干线（株洲—江山、抚州—南平）、广西支干线（衡阳—桂林），合计4 213千米。截至2018年底，线路工程累计完成焊接546千米，下沟477千米，二次回填 351 千米。完成长江定向钻穿越工程。科学统筹，推进工程建设一体化管理平台（建设期）和智能化管道管理系统（运营期）的数字智能建设，工程建设一体化管理平台上线 20 个管理模块，实现线路焊接、检测等 53 类数据采集，智能化管道管理系统上线 6 个总部应用模块，与总部智能化管道管理系统无缝对接。广西支干线、潜江—中原储气库群输气管道工程、韶关联通工程可行性研究报告已编制完成上报。广西支干线完成专项论证审查，待总部决策。

（罗鹏飞）

水网段施工

【生产准备工作全面提速】 2018 年，新疆煤制气管道公司立足全局、统筹部署工作计划，潜江—韶关输气管道工程生产准备工作全面推进。编制完成《潜江—韶关输气管道工程生产准备工作纲要》《生产准备统筹控制计划》并通过股份公司组织的专家审查会。积极开展生产培训，组织生产管理人员分批开展理论培训、实习培训及现场观摩学习，组织培训 8 次，参训人员 77 人次。加强业务调研交流，开展技术交流 10 次、组织外出业务调研 14 次，收集、整理投产运行各类标准 130 项，梳理生产运行类制度公司级 27 项、分公司级 79 项，解决、落实有关生产准备、投产试运、运行管理、智能化管理系统及维抢修设备、机具配置等多方面问题。明确物资需求计划，结合工程“分期建设、分段投产”的特点，梳理工程维抢修物资和投产物资需求清单，并根据采购周期的长短，分类别、分批次提报物资采购需求计划。有序落实外部依托，组织开展输气管理处、输气站场的社会依托调研，掌握沿线各运行单位社会依托条件，为下步办公、住宿房屋购置/租赁的决策提供详实参考；梳理投产试运前、后需办理的各类行政手续和政府报备工作，掌握办理流程，做好工作计划，确保投产各项手续依法合规。积极推进智能化管线管理系统建设，明确公司智能化管线管理系统建设方案，在集成股份公司统建功能的基础上，定制开发应急指挥、全生命周期设备管理、天然气调运管理、安全与环保管理、综合监管个性化功能，提升智能化水平。

（罗鹏飞）

【“模拟党工委”运行】 借鉴以往工程建设党工委运行模式，制定《关于在新气管道工程建设全过程加强党建工作的实施意见》，强化以习近平新时代中国特色社会主义思想为指导，公司党委牵头，以 3 个项目分部党委为责任主体，联合各参建单位 18 个基层党组织，共同开展“三讲三比三创”主题活动、“五比一创”劳动竞赛、重大信息披露、专项治理、和谐稳定、节庆慰问和文体活动等工作，促进各方资源共享、优势互补、力量汇聚，形成合力推进集团公司重大工程安全优质高效实施。

（罗鹏飞）

【持续开展“三讲三比三创”主题活动】 以“讲大局、比奉献，创一流队伍；讲严实、比规范，创一流管理；讲担当、比作为，创一流业绩”主题活动为载体，深入推进“转观念、勇担当、创一流”专题讨论活动，强化推进理论武装、形势任务教育、“比学赶帮超”等工作。组织培训班 3 期，组织党委中心组学习、党支部“三会一课”及主题党日活动等，习近平新时代中国特色社会主义思想和党的十九大精神学习做到“五个全覆盖”。组织开展“一找二查三促进”（找亮点，查苗头、查问题，促进作风提升、促进问题整改、促进制度执行，确保工程建设安全优质高效推进）大讨论 120 场次、查找整改问题 495 项。组织开展“五比一创”工程建设劳动竞赛评比表彰 20 个先进集体。组织以“五个一”（一次创新思想专题学习研讨、一次观影观展、一次成就宣讲、一次典型学习宣传、一次公众开放日）为主要内容的“大国顶梁柱”宣传活动激发践行初心和使命，涌现出 58 个“转勇创”先进集体和个人。

（罗鹏飞）

【基层党组织建设不断加强】 调整优化基层党支部设置，制定《党委班子成员所在党支部 联系党支部“双示范”创建工作实施意见》等规定，认真落实“三会一课”、组织生活会、民主评议党员等党内组织生活制度，坚持开展基层党建考核、党内先进评选表彰、支部任期届满及时换届及时改选补选。完成 2 期基层党组织能力提升专题培训，对基层党支部成员进行任职培训、能力培训全覆盖，发挥党组织和党员在推动公司管理上水平的突出作用。

（罗鹏飞）

【首次迎接集团公司党组巡视】 2018 年 8 月 27 日—9 月 21 日，集团公司党组第三巡视组对新疆煤制气管道公司进行首次巡视。巡视期间召开动员会，听取专题汇报，开展民主测评、调查问卷、个别谈话、查阅资料、实地走访及选人用人专项检查等工作。12 月 14 日，巡视组召开巡视情况反馈会提出反馈意见。公司党委按要求组织对巡视组反馈的 5 个方面 16 个问题进行深入整改，有力促进公司各项工作的全面提升。

（罗鹏飞）

【召开公司一届一次职代会】 2018 年 2 月 8 日，新疆煤制气管道公司召开一届一次职代会暨 2018 年工作会议，来自公司各条战线上的 54 名正式代表认真履行职责，审议总经理工作报告，选举专门委员会，民主测评公司领导班子及成员，进一步深化民主管理，有效保障职工民主权利。会议签订 2018 年绩效考核责任书和 HSSE 目标责任书，表彰 2017 年度先进工作者。

（罗鹏飞）

【干部人才建设不断推进】 制（修）定《党委会议事规则》《党委前置审议重大事项的实施办法》《领导班子会议事规则》和《“三重一大”决策制度实施细则》等制度，执行落实民主集中制。坚持好干部标准和正确导向，调整交流中层领导人员 21 人，选聘公司专家 8 人。实施人才强企工程，统筹推进领导人员高素质专业化锻造工程、专业技术人才阵地筑造工程和重点专项人才队伍建造工程 3 项人才子工程。开展培训工作，参加集团及系统外培训班 70 批 320 人次，举办业务培训班 41 个 1 350 人次。完成 2018 年度大学生入职和 2019 年大学生校园招聘工作，加强后备力量培养，人才队伍呈阶梯式发展。

（罗鹏飞）

【纪律作风建设不断深化】 层层签订党风廉政建设责任书，落实“两个责任”和“一岗双责”，加强执行党的纪律和党内法规情况的监督，坚持任前谈话、廉洁谈话，开展“反腐倡廉教育月”活动，加强廉洁教育。建立“大监督”格局，强化系统监督。与参建单位“联合发倡议、联合定方案、联合抓苗头、联合享成果”开展“四联合”专项治理。修订执行《党委关于进一步贯彻落实中央八项规定精神实施细则》，持续整治形式主义和官僚主义，践行“马上就办”要求，建立“走基层、访万家”长效机制，开展困难帮扶救助，突出一线节日值班慰问，开展 EAP 知识培训加强心理疏导，关心群众联系群众。

（罗鹏飞）

新星公司

【概况】 中国石化集团新星石油有限责任公司（简称新星公司）是中国石化的绿色清洁能源公司，本部位于北京市海淀区。设有国家地热能源开发利用研究及应用技术推广中心、能源行业地热能专业标准化技术委员会、中冰地热技术研发合作中心。新星公司以地热、余热、太阳能、天然气综合利用等清洁能源为主营业务，同时从事海外工程技术服务，致力于打造“地热 +”多种清洁能源供应商，努力建设国际知名绿色清洁能源公司。业务主要分布在陕西、河北、山东、山西、河南等省（区、市）；海外工程业务分布在埃及、尼日利亚、哈萨克斯坦、埃塞俄比亚、乍得、吉布提、新西兰等国家。先后获2018中国智慧城市建设优秀诚信企业、能源十年改革创新企业、中国节能减排领军企业、多能源综合利用奖、创新火炬奖等多项荣誉、称号。

新星公司前身为原地质矿产部石油地质海洋地质局。1996年12月7日，根据中央部署，以原地质矿产部石油地质海洋地质局及其所属石油系统的普查勘探、科研队伍为基础，成立中国新星石油有限责任公司。2000年2月29日，中国新星石油有限责任公司整体并入集团公司并进一步重组。2009年4月1日，新星公司正式划归集团公司上游板块，明确以海外工程服务、地热资源开发利用、盐卤及二氧化碳等矿产资源开发为主经营的发展格局。2012年6月，国家能源局以新星公司为主体成立国家地热能开发利用研究及应用技术推广中心。2015年1月，集团公司明确把新星公司定位为中国石化的新能源专业公司，代表中国石化投资建设运营新能源产业。2017年，集团公司进一步明确新星公司定位为集团公司以“地热+”为主营业务的绿色新能源公司。

截至2018年底，新星公司下设14个职能部门、2个直属机构、11个二级单位、1个海外机构。用工总量1 615人，其中劳动合同制员工577人、合资公司合同制员工930人、劳务派遣工106人、其他从业人员2人，海外临时用工9 044人。

新星公司主要经济指标见表1。

（徐　兵）

【领导班子调整】 2018年8月4日，经集团公司党组研究决定：党力强任中共新星石油有限责任公司委员会书记、新星公司副总经理（兼）。10月24日，经集团公司党组研究决定：韩志国任中共新星石油有限责任公司委员会副书记兼纪律检查委员会书记，为新星公司工会主席人选，任新星公司监事。

（徐　兵）

【持续推进绿色清洁能源产业发展】 2018年新增供暖能力794万平方米、供暖面积690万平方米，累计供暖能力4 831万平方米、供暖面积3 503万平方米，年可节约标煤80万吨，减排二氧化碳200万吨。新增太阳能光伏项目4个、装机容量6.05兆瓦；建成余热利用能力10万吉焦/年。开钻54口井，完钻44口井，建成换热站68座。年替代标煤115.2万吨，减排二氧化碳282.9万吨。余热综合利用能力累计88万吉焦/年，发电装机容量15兆瓦、发电5 100万千瓦·时；累计并网光伏发电项目33个、装机81兆瓦，累计发电突破1亿千瓦·时大关。

（徐　兵）

【地热资源勘探有效推进】 实施探井18口、完钻12口，成功率75%。深化渤海湾盆地等区带勘探研究，推进资源评价，优选出Ⅰ类勘探靶区22个、Ⅱ类勘探靶区51个；Ⅰ级资源县（市）36个、Ⅱ级资源县（市）95个。大王探采1井水温93.1℃、水量140米^3/时，容东1井水温61℃、水量110米^3/时，为雄安核心区、容东安置区市场布局提供依据。天津宁河造甲城1井水温85℃、水量112米^3/时，揭示沧县隆起北段地热资源特征。围绕西安城区市场成功部署探井3口，有效拓展关中盆地砂岩热储勘探范围。

（徐　兵）

【地热市场稳步拓展】 河北霸州、东光等8个县市新增供暖面积494万平方米，故城、清河城区新签供暖面积370万平方米，太原、曲沃新签供暖面积128万平方米，西安、西咸新区等地新签供暖面积63万平方米，濮阳地区新签供暖面积60万平方米并率先获国家清洁能源取暖补贴，东营、齐河等市场新签供暖面积77万平方米，取得湖北汉口滨江商务区210万平方米供暖制冷特许经营权。

（徐　兵）

【雄安新区“地热+”业务加快推进】 2018年，新星公司充分发挥在雄县地热领域的先发优势和国家地热能中心平台作用，以实际行动支持雄安新区建设。积极参与编制雄安新区“地热+”清洁供暖规划，部署三维地震14平方千米，实施探井 4 口。完成区域地热资源储量评价报告，编制供热制冷规划方案。按时建成雄县、容城地热开发实时监测信息系统，有效支撑新区地热开发动态监测工作。

（徐　兵）

【庄三联伴生气回收项目试车成功】 2018 年 11 月 5 日，庄三联伴生气回收项目一次性试车成功。该项目是新星公司首个天然气回收利用项目，按照小型化、一体化、撬块化、集成化、智能化思路建设，设计日处理天然气 3 万立方米，产出混烃约 15 吨。

（徐　兵）

【改革调整不断深化】 2018 年，按照集团公司部署要求，新星公司梳理混改范围项目、资产和人员现状，编报混改初步方案和配套措施，完成资产重组审计、法律尽调和评估。进一步优化组织机构，公司全级次法人产权层级压至 5 级以内，圆满完成压减 10 户法人任务目标，注销 7 家分公司。“四供一业”移交如期完成。新星公司北京基地供电和物业管理、广州公司基地物业管理等分离移交项目完成实施方案上报和正式协议签订工作。

（徐　兵）

【科技创新取得新进展】 2018 年，新星公司申报专利 11 件，获授权 6 件，自主研发能力有效增强。科技项目获集团公司立项 9 个，结题验收 4 个。“雄县地热高效科学开发及国家行业标准制定”获得中国石化科技进步一等奖。组织干热岩技术国际研讨会，与冰岛能源局合作筹建“联合国大学地热学院中国分校”，地热国际技术交流深入开展。地热尾水回灌技术持续向生产力转化，技术回灌率超过 90%。

（徐　兵）

【3 项地热能行业标准获正式发布】 2018 年 10 月 29 日，国家能源局发布 2018 年第 12 号公告，其中首次发布地热能行业标准，新星公司牵头编制的《地热能术语》《地热能直接利用项目可行性研究报告编制要求》《地热回灌技术要求》3 项标准获正式发布。

（徐　兵）

【2018 · 中国地热国际论坛成功举办】 2018 年 11 月 27—28 日，由中国工程院、中国石化联合主办，新星公司参与承办的“2018 · 中国地热国际论坛暨地热资源利用国际工程科技高端论坛”在上海举办。该届论坛的主题是“绿色引领、创新发展、合作共赢”。与会人员围绕地热资源勘查开发、绿色清洁能源产业新旧动能转换、地热资源开发利用装备升级和高效利用等议题进行研讨，助推全球特别是中国地热能高效利用和可持续发展。论坛共有 33 位中国工程院、中国科学院院士，冰岛及美国等国家的专家学者，以及国内相关企业负责人等共 500 余人参加。

（徐　兵）

【安全环保基础不断夯实】 坚持 HSSE 目标责任全覆盖，分解制定新星公司 2018 年度 HSSE 责任书，与各所属单位签订 HSSE 责任书 16 份，与机关各处室签订安全承诺书 14 份。制定 HSSE 绩效考核办法，推行领导引领力和安全公示，从严从细从实抓好绩效考核。积极推进地热供暖仿真实训系统研究，研发实训系统软件和考试系统，出版《地热供暖技能操作培训教程》，并初步建立首批 4 家地热供暖仿真实训基地。

（徐　兵）

【成功召开第一次党代会】 2018 年 12 月 21 日，中国共产党中国石化集团新星石油有限责任公司第一次代表大会胜利召开。集团公司党组发贺电。大会的主题是：以习近平新时代中国特色社会主义思想为指导，深入贯彻党的十九大精神，认真落实集团公司党组各项决策部署，坚持绿色低碳方向，推动政治优势转化，着力做优做强做大绿色清洁能源产业，不断开创新时代公司高质量发展新局面，为加快建设国际知名绿色清洁能源公司而努力奋斗。

（徐　兵）

【强化党组巡视整改】 针对 2018 年党组第九巡视组反馈问题，细化制定 94 项整改措施，开展落实中央八项规定精神和“四风”问题综合检查，落实责任，实行销号管理。巡视整改挽回经济损失5.2万元，修订完善各类制度32项。

（徐 兵）

表1 新星公司主要经济指标 亿元

指标名称 \ 年份	2018	2017	2016	2015	2014	2013
工业总产值	57.92	65.26	70.31	63.89	88.27	79.93
企业增加值	19.81	20.51	21.92	26.02	34.29	23.58
资产总计	136.24	142.32	132.29	140.13	121.88	109.25
流动资产	81.16	96.58	94.18	106.42	93.09	82.48
固定资产原值	64.79	51.66	43.16	53.29	47.49	43.23
固定资产净值	41.37	30.23	23.76	21.05	17.62	16.21
销售收入	57.92	65.26	70.31	63.89	88.27	79.93
实现利税	1.08	4.44	3.76	7.93	14.58	11.28
税 金	0.36	3.18	2.19	2.89	7.27	5.26

管道储运公司

【概况】 中国石化管道储运有限公司（简称管道储运公司）是股份公司全资子公司，是中国石化原油储运专业公司，创建于1975年2月，始称华东输油管线指挥部，1978年9月更名为华东输油管理局，1998年6月由中国石油划转到中国石化，成立中国石化集团管道储运公司，2000年3月输油主业进入股份公司成立管道储运分公司，非上市部分仍称管道储运公司，2014年4月，为强化原油储运专业化管理，建立网运分开的体制机制，中国石化以管道储运分公司为主体，整合上市非上市业务，成立中国石化管道储运有限公司。管道储运公司（非上市）保留法人机构，人员整体划转至有限公司，业务、资产委托有限公司实行一体化管理。2017年11月管道储运公司更名为管道储运资产管理有限公司（简称管道储运资产公司）。

管道储运公司负责中国石化原油管道储运业务的归口管理，是中国石化原油管道储运业务投资平台，负责中国石化原油管道储运业务投资和经营，组织协调中国石化原油管道储运项目建设，对原油管道储运企业进行专业化管理。经营范围包括原油批发；石油、天然气的储存、运输、销售；管道输送技术及信息的研究、开发、应用；管道检测、抢维修、管道及地面工程设计；通信信息化、管道输送技术培训服务等。

管道储运公司基地位于江苏省徐州市，下设天津输油处、宁波输油处等16个输油生产单位，以及华东管道设计研究院、抢维修中心、管道检测中心（管道完整性管理中心）、管道特种作业中心、科技研发中心、信息中心、物资供应中心等12个技术服务和后勤保障单位，2018年公司期末用工总量7 329人（其中合同制员工7 104人）。

管道储运公司管辖着38条输油管线，全长7 270千米，沿线共有81座输油站库，途经北京、天津、山东、江苏等14个省、自治区和直辖市。2018年末管理总罐容4 693万立方米。受托管理天津港实华原油码头、宁波实华原油码头、湛江港石化码头、拖船公司等 8 个合资公司，其中 7 家码头公司分别位于曹妃甸、天津、青岛、日照、宁波、舟山、湛江，年接卸能力为 2.67 亿吨。

截至 2018 年底，管道储运公司建成以油田和大型原油码头为接卸中心，以原油中转库为输转中心，形成东西衔接、南北贯通，覆盖华北、山东、华中、华东和华南地区主要炼化企业，国内原油与进口原油可灵活调运的管道储运网络。担负着胜利、中原等 5 家油田及部分进口原油的输送任务，为燕山、齐鲁、扬子等 22 家企业输转原油，已连续 9 年输油超亿吨，保证了原油资源的稳定供应。

管道储运公司主要经济指标和主要生产指标分别见表 1 和表 2。

（高浩亢）

【输油生产再创新高】 2018 年，管道储运公司累计输油 1.44 亿吨，完成计划的 102.29%，增长 4.64%，再创历史新高。输油损耗率 0.184%，同比基本持平；综合单耗 42.12 千克标油 /（万吨·千米），下降 4.34%。

（高浩亢）

【经济指标全面完成】 2018 年，管道储运公司累计实现利润 37.53 亿元，其中管道储运有限公司实现利润 36.04 亿元、管道储运资产公司实现利润 1.49 亿元，超额完成总部下达的经营目标任务。上市部分实现销售收入 1819.21 亿元、利税 42.43 亿元、利润总额 36.04 亿元，上缴税费 17.6 亿元。存续部分实现销售收入 10.12 亿元、利税 1.82 亿元、利润总额 1.5 亿元，上缴税费 0.51 亿元。截至 2018 年底，拥有总资产 412.16 亿元，其中上市资产 391.82 亿元、负债率 42.2%，存续资产 20.34 亿元、负债率 32.06%。

（高浩亢）

【HSSE 管理体系建设】 全力推进 HSSE 长效机制建设，确立公司管理体系框架模式，开展制度梳理、承接与修订，确定 152 项 HSSE 管理制度清单，组织编写 194 个试点岗位安全责任清单，编制完成公司 HSSE 管理手册，成为集团公司第 1 家完成体系上报送审的企业。

（高浩亢）

【风险识别管控】 风险识别管控与隐患排查治理力度持续加大。发布 9 类 102 项公司安全风险清单，明确 2018 年“十大”安全风险，开展环境风险识别评估，梳理出 3 类 52 项公司重大环境风险，全部落实风险消减和管控措施。开展库区安全符合性、设备设施防雷防静电等 9 项专项隐患排查，按照“五定”要求，落实动态管理。组织开展仪长线、鲁宁线等 4 条管线洪水地质灾害普查和风险评估，26 项公司级洪水地质灾害重点整治工程已完成 24 项。全力推进隐患治理，5 项集团公司级重大安全隐患已全部整治，89 项危险化学品安全综合治理项目已完成 44 项，810 项库区隐患已整治或评估销项 805 项，册镇海底管道悬空段重大隐患及时整治。

（高浩亢）

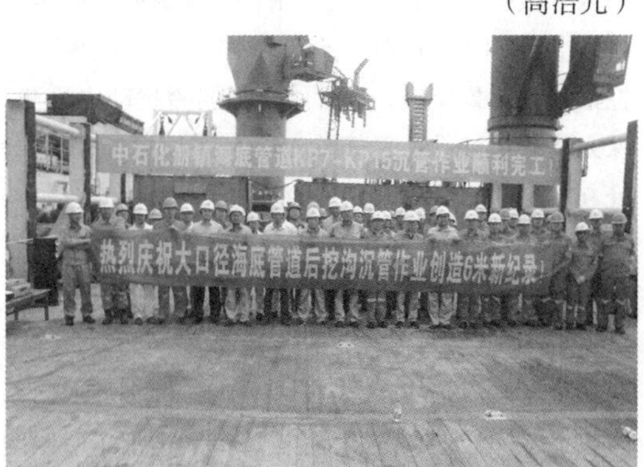

册镇海底管道隐患整治

【应急能力建设】 2018 年，管道储运公司以大榭岛油库为试点，全力推进标准化消防站建设，促进公司消防管理规范化、标准化，公司消防支队获集团公司级优秀应急消防队称号。持续完善应急响应程序，抓实应急演练，全年开展各级演练 1 320 次，演练视频评估 635 次，完成应急抢修 140 次，自主开展应急能力评估，有力提升应急处置能力。积极推进国家应急救援基地、中国石化华东安全实操培训基地建设，项目建设进展顺利。

（高浩亢）

【绿色企业行动】 编制完成管道储运公司绿色企业行动计划“一方案两清单”。排查出的管道途经一级水源地已全部落实管控措施。有序实施 VOCs 专项治理和 LDAR 泄漏检测与修复工作，实施 5 家输油站燃料原油换烧天然气工作，促进清洁生产。有效整治 17 个危废物临时贮存间，确保危废物依法合规处置。生态环境部通报的 2 项问题已整改销项，集团公司环保督办的 8 项问题已整改 6 项。

（高浩亢）

【管道完整性管理】 发布新版《管道完整性管理体系文件》，深化应用智能化管线管理系统，运用检验检测、现场风险评价等技术，将所有陆上管道管理纳入管道完整性管理体系。2018 年开展 1 113 千米管道内检测，实施海底管道加密路由检测，对不能进行内检测的魏荆线等 6 条老管线，开展基于外检测的全面检验及合于使用评价，为管道检修、维护提供有力依据，管道内检测发现的急需修复缺陷已整治 1 621 处。推行管道高后果区“段长”“河长”负责制，开展高后果区再排查，共识别 1 405 处，全部落实“一点一案”管控措施。对鲁宁线、河石线开展弱磁扰动内检测，深入排查盗油孔，已摘除 148 个盗油帽。完成 29 处 93 千米废弃管道无害化处置。

（高浩亢）

【管道保护工作】 落实管道有效巡护，强力推进巡护通道“畅通工程”，全年打通 1 712 千米，累计打通 4 065 千米。深入排查管道周边出租屋、闲置院落，完成管道沿线 40 034 户物权人登记；利用无人机对重点管段加密巡护，在塘燕复线开展管道智能监控系统试点，促进管道监护全覆盖。深入开展反打孔盗油“百日攻坚”行动，成立 91 个夜巡小分队，开展夜巡 1 万余次，有效遏制打孔盗油的反弹势头。不断健全企地警联防联治联护长效机制，开展“亮警灯、响警笛”活动 3 836 次。2018 年共发生打孔盗油案件 11 起，阻止打孔事件 9 起。加大盗油案件司法跟踪力度，已侦破 8 起，抓获盗油分子 28 名。严肃监督考核，追责问责 47 人次，处罚管道巡护工 2 132 人次，辞退 206 人。

（高浩亢）

【重点工程建设】 持续完善原油储运管网设施布局，树立严谨投资理念和效益观念，保障生产安全环保、隐患治理投入，强化投资计划全过程管控，不断提高投资决策和项目管理水平。全年下达投资计划 23.94 亿元，完成 23.93 亿元，投资计划完成率 99.96%。董东管道、连云港—仪征原油管道等项目前期工作顺利推进。加强项目设计、供应、招投标等统筹管理，严格落实工程建设全过程管控，深入开展质量监督检查，全力打造优质工程。日濮洛管道、董家口商储等 5 项集团公司重点工程进展顺利。日仪增输、仪征商储一、二罐区和临济复线工程一次投产成功。

（高浩亢）

【科技创新与技术攻关】 推进优秀青年创新基金项目实施，成功申报“长输油气管道综合外检测技术开发与应用”等 7 项集团公司级科技项目。激励员工开展 QC 小组活动，发布 185 项 QC 成果。加强自主知识产权保护，申请专利 15 件，获授权专利 18 件。大力推进“十条龙”项目“大型原油罐区安全及 VOCs 减排技术开发与应用”，部分成果已在黄岛油库应用。

（高浩亢）

【人才强企工程】 全面启动人事、劳动、分配“三项制度”改革，制定配套制度，逐步实施公司改革实施方案，打破“干部工人”身份界限，贯通人才成长通道。加强用工总量管控和结构优化，制订实施新版“三定”方案，进一步精简优化机构设置，鼓励辅助岗位员工向关键主体岗位流动。编制实施人才强企工程行动方案，完善高层次人才选拔和管理办法，制定人才成长通道建设实施细则，持续加强三支人才队伍建设。努力选好干部、配强班子，调整处级干部 126 人次，其中提拔 37 人。加快推进干部队伍年轻化，选拔“85 后”年轻干部充实到基层岗位挂职锻炼。开展专家、主任技师及以上职位选聘，推进公司领军人物、高层次人才队伍建设。科学制订人才引进计划，2018 年引进高校毕业生 96 名，其中研究生 40 名。签订“师带徒”协议 707 份，有效发挥“传帮带”作用。举办公司级培训班 65 个，累计培训 1.75 万人次，组织开展安全管理、输油工等 10 个专业（工种）业务竞赛，有效提升员工素质和履职能力，为公司改革发展提供有力的人才支撑。

（高浩亢）

“师带徒”现场

【标准化站库建设】 全力推进输油站库标准化建设，完善标准化手册及实施方案，促进岗位工作、设备维保、工艺操作等10项工作标准化，有效改善站场环境，有力激发员工的干事创业热情，提升了基层综合管理水平，标准化站库建设初见成效。推进标准化站库建设与“三基”工作深度融合，制订基层站队“三基”工作方案，全面开展“三基”检查考核，并将标准化站库建设作为“三基”标杆、先进站队评比的重要指标，有效提升“三基”工作水平。

（高浩亢）

【“四供一业”分离移交】 严格落实责任，狠抓关键环节，克服分离移交项目多、散、杂，区域跨度大等困难，抓实公司64项分离移交工作，提前3个月实现框架协议签订、实施方案上报及正式协议签订“三个100%”。各责任单位主动作为，坚持保障到底、服务到底、问题解决到底，完成“四供一业”移交任务，走在集团公司前列，得到集团公司的充分肯定。

（高浩亢）

表1 管道储运公司主要经济指标 亿元

年份	2018		2017		2016		2015		2014		2013	
指标名称	管道储运资产公司	管道储运有限公司	管道储运资产公司	管道储运有限公司	管道储运公司	管道储运有限公司	管道储运公司	管道储运有限公司	管道储运公司	管道储运有限公司	管道储运公司	管道储运分公司
工业总产值	9.70	88.48	7.26	81.74	7.11	77.78	4.94	84.30	9.85	72.07	10.80	67.38
工业增加值	1.65	78.26	1.74	78.01	1.44	67.26	1.32	85.02	5.30	10.39	4.35	35.08
资产总计	20.34	391.82	19.68	387.52	18.79	365.80	19.36	356.44	20.30	469.48	18.60	599.32
流动资产	14.66	170.66	13.49	167.42	12.34	135.74	12.89	131.45	14.20	252.48	12.34	378.02
固定资产原值	5.35	403.11	13.17	392.68	12.31	350.13	12.25	340.22	12.04	324.60	12.04	332.24
固定资产净值	10.12	182.62	6.09	191.34	5.54	166.71	5.20	173.39	6.08	176.71	5.82	188.82
销售收入①	10.12	1 819.21	7.41	1 304.09	7.33	996.50	10.16	1 310.40	10.16	2 523.30	11.21	2 679.30
利润总额	1.50	36.04	0.85	36.43	0.54	29.30	0.75	34.47	4.03	70.05	0.34	04.68
税　金②	0.58	15.57	0.62	20.47	0.65	17.26	0.12	45.07	0.75	8.76	0.18	5.35

① 2013年管道储运公司成立原油销售分公司，财务报表中销售收入大幅提升

② 2015年由于公司利润增加及营业税改增值税等原因导致纳税增加

表 2 管道储运公司主要生产指标①

指标名称 \ 年份	2018	2017	2016	2015	2014	2013
收油量 / 万吨	14 306.77	4 659.31	4 334.64	4 767.99	5 224.18	5 642.23
输油量 / 万吨	14 401.95	13 762.72	13 811.24	12 863.3	13 043.27	12 932.15
销油量 / 万吨	14 504.76	4 591.01	4 343.69	4 779.2	5 418.22	5 573.9
周转量 / 万吨・千米	7 100 072.00	6 718 834.00	6 405 410.00	6 232 509.00	6 163 339.00	6 192 504.00
原油总耗 / 万吨	0.70	0.88	0.98	1.346	1.77	2.47
电总耗 / 万千瓦・时	113 961.77	111 115.13	117 048.26	113 984.08	119 514.4272	120 704.35
蒸汽总耗 / 万吨	10.42	11.02	16.55	18.55	18.56	18.08
天然气总耗 / 万立方米	2 399.24	2 516.87	2 382.1	1 757.29	1 715.26	1 813.24
综合单耗 / 千克标煤・(万吨・千米)$^{-1}$	27.03	28.75	32.12	32.27	34.64	36.45

① 2018 年收、销油量中包括代输原油量，2013—2017 年中未包括

共享服务公司

【概况】 中国石化集团共享服务有限公司（简称共享服务公司）于 2017 年 5 月 20 日设立，8 月 25 日正式完成工商注册，是集团公司全资子公司。业务范围主要涵盖财务、人力资源和 IT 共享。财务共享业务范围主要包含资金、应付、成本、资产、总账、应收、费用报销 7 类会计核算和会计档案业务。人力资源共享业务范围主要包含薪酬发放、员工关系、信息维护、统计报表、信息化建设等 5 类 19 项服务。IT 共享业务范围主要包含系统运营、风险与安全、技术服务、项目服务、数据服务等 5 类服务。

共享服务公司组织架构包括本部机关及东营、南京 2 个分中心（按大Ⅱ型管理），设立淄博、濮阳、武汉、扬州 4 个区域服务部，由分中心按业务单元统一管理。用工总量 4 200 余人，员工平均年龄 40 岁。截至 2018 年底，共享服务业务已涵盖油田、炼油、化工、销售、科研、专业公司等板块，2018 年实现中国石化境内直属企业财务共享全部上线运行。通过一体化统筹、专业化管理、市场化运作，在促进管理提升和推动资源优化等方面取得了成效，实现具体事务的高效处理、业务流程的优化升级、管理效能的快速提升，为集团公司战略目标实现充分发挥支撑保障作用。

（王晓光）

【财务共享服务】 财务共享完成境内企业全面上线。2018 年完成 116 家，累计完成 213 家（核算并表口径），其中集团企业 106 家、股份企业 107 家。全面完成业务推广任务，实现境内企业全覆盖。率先在央企形成基于业务、流程、运行管控的完整财务共享服务管理体系，顺利完成全面上线后首次年终决算工作，取得共享服务建设里程碑式进展。大力开展财务共享业务标准化、规范化工作，形成集团公司统一的基于业务场景的财务共享会计核算操作标准体系，会计信息质量稳步提高，为集团公司下一步全面深化推进财务转型奠定坚实基础。全面推动流程优化与智能化建设，创新成果多点应用，手工工作量大幅降低，工作效率显著提高，共享服务规模化优势逐步发挥。

（王晓光）

【人力资源共享服务】 2018 年完成 90 家企业推广上线任务目标，累计服务企业 115 家，服务员工 46 万人、离退休人员 36 万人。完成一体化员工自

助系统 25 项功能开发和功能优化设计，员工自助系统与共享服务业务同步推广、同步上线。结合前期实践，总结形成为新成立单位提供 6 类 25 项人力资源共享业务的菜单式服务方案。推动电子考勤在胜利油田等 5 家单位应用，实现薪酬计发业务全流程信息化。持续推进服务标准化，制定发布人事、薪酬共享业务操作手册和薪酬计发业务规范，完成上线企业薪酬计发规则梳理和优化配置。

（王晓光）

【IT 共享服务】 IT 共享服务加强工作落实，确保业务稳步推进。在系统运营服务方面 受理 ERP、ERS 等系统事件 2.3 万余笔，事件处理完成时间平均提前 0.9 天，效率进一步提升。在风险与安全服务方面，梳理历史数据，排查处理企业隐患，完成 33 家企业安全帮扶促优工作，完成消除信息孤岛专项行动工作内容，为深入推进“两化”融合提供有力服务支撑。在信息化项目方面，组织完成 ERP、ERS、HR 等系统智能化提升与 10 余项专题方案部署应用，为企业端优化节省工时 89 人年，共享端优化节能工时 332 人年。IT 共享不断加强公司信息化建设，为公司经营管理业务的开展提供支撑。

（王晓光）

【制订公司战略规划】 对照集团公司“两个三年”和“两个十年左右”打造世界一流企业的战略部署，共享服务公司主动融入集团战略，结合公司发展实际，研究提出要用“两个三年、两个十年”分阶段实现“国内领先、国际一流”共享服务公司的企业愿景，制订公司战略规划和行动方案，统领公司创新发展。第一阶段（2018—2020 年）主要目标是：“全面推广”，推动内部客户与基础服务全面覆盖的专业化运营，实现“专业运营”；第二阶段（2021—2023 年）主要目标是：“优化提升”，推动产品化、数据化、智能化和一体化的增值服务，实现“国内领先”；第三阶段（2024—2035 年）主要目标是：“卓越运营”，基础业务运营和智能化指标达到领先水平，初步达到“国际一流”；第四阶段（2036—2045 年）主要目标是：“永续经营”，建设成为全球知名的创新型咨询服务公司，实现“国际一流”。

（王晓光）

【强化服务质量管理】 以“服务客户、支撑发展”为出发点，以聚焦聚力解决客户需求和问题为着力点，不断完善公司服务管理体系，积极开展“2018 年质量月活动”，通过质量评比、质量检查、质量论坛等形式进一步强化服务质量建设工作，贯彻落实“4Z”质量管理体系，全面提升业务质量和服务能力，致力于为客户提供快速高效的业务运营服务。全面落实服务水平协议，全年完成与 199 家上线企业服务水平协议签订工作。不断加强客户关系管理，建立定期沟通回访、问题快速响应、投诉纠纷处理和客户经理工作机制。客户服务平台实现问题处理、服务评价、统计分析等全流程线上管理。2018 年共享服务整体满意度 91.9 分，比上年提高 4.6 分，全年收到来自 51 家企业的感谢信和锦旗，客户满意度和认可度逐年提升。

（王晓光）

【商旅平台正式上线】 经过前期充分准备，共享服务公司承接中国石化商旅平台，4 月 1 日首批 22 家在京企业试点上线，年内完成境内全部企业上线。中国石化商旅平台为企业员工打造全流程一站式的商旅服务，提供机票、酒店、火车票预定等商旅服务，实现从出差申请、审批、预定、报销、集中支付、账务处理的一体化管理，商旅平台的正式上线，进一步简化员工差旅报销流程、整合资源降低差旅成本，实现差旅一体化管理。

（王晓光）

【RPA 流程自动化机器人开发应用】 共享服务公司坚持创新驱动，通过自动化、智能化不断提升业务处理效率。根据前期调研及行业领先实践，推进 RPA 机器人的研发和应用，自主研发以“智、享、快、创”为核心特征的中国石化共享服务机器人“享当当”，在发票校验、资金制证、报销制证、财务清账、数据维护、月结检查、档案签收、薪酬发放、经费计提等 20 多个业务场景广泛应用。部署后，每月平均节约 4 700 人工时，业务处理效率提升 90% 以上，业务准确性进一步提高，其中 ERP 到账通知收款检查及预收确认机器人，单笔凭证耗时由 60 秒缩短到 3 秒；岗位变动信息校验机器人使 100 人次的岗位变动校验处理耗时由平均 500 分钟降至 2 分钟，准确率达 99.01%。

（王晓光）

【提升业务标准化、规范化水平】 共享服务建设坚持标准先行的原则，通过对业务现状、业务流程、业务场景的梳理，依据集团公司制度规定，制定业务标准和操作规范，实现业务标准化、流程规范化。财务共享累计梳理 16 492 个业务场景，修订业务场景 521 个，消除核算差异 1 930 个；通过梳理确定会计科目使用、客户供应商选择、金额、记账期间等 13 类、86 项共性风险，2 150 个风险点，制定 180 个防范措施，形成风险防控常态化运行机制，风险管理水平有效提升。同时，利用业务和数据平台优势，公司不断总结、提炼先进企业的先进管理经验和最佳业务实践，并快速向相关企业复制推广，让标杆变标准、示范变规范，推动集团公司整体管理水平提升。

（王晓光）

【加强党建与中心工作融合】 ①创新党建工作垂直管理模式。结合公司实际，在完成员工关系划转的同时，理顺党建系统化和属地化管理关系，建立完善以“系统化管理、一体化运行”为核心的党建垂直管理模式，完成 2 个分中心 8 个党总支、57 个基层党支部设置，1 300 名党员关系接转，公司党委—分公司党委—服务部党支—基层支部四级联动的基层党组织体系初步搭建。②完善党建工作运行机制。召开首次公司党建工作视频会，制定党建工作要点，印发 20 余项党建制度，细化明确党委及班子成员责任清单，开展党委委员讲党课、党建自查交流、支部书记培训等，推动党建工作快速迈向制度化、规范化轨道。提升党建工作实效。围绕人员划转、业务推广、年度决算等重点工作，充分发挥党建政治优势，深入开展员工思想动态分析周报、面对面谈心谈话、领导干部基层联系点、“双示范”创建等活动，有力保障各项工作顺利开展。

（王晓光）

【贯彻落实人才强企工程方案】 在总部相关部门、分公司党委和 50 多家原依托企业的大力支持下，平稳顺利完成 2 498 人划转工作。截至 2018 年末，公司用工总量 4 331 人（其中合同制员工 2 961 人）。人员招聘程序及结果坚持全程公布、接受监督，形成风清气正的用人生态。为快速提升员工队伍素质，不断加强员工业务技能培训，以岗位分析为基础，搭建岗位胜任能力模型，推进学习地图和职业生涯规划建设，建立健全课程设计、内部讲师制度，开发职位晋升、转岗等特色培训包，通过培训人均业务处理量比上年提高 21%，人均劳效提升明显。初步建立公司人力资源管理体系，完成管理、技术两个序列人才成长通道建设，制订公司人才发展总体规划；编制公司“三项制度”改革和“人才强企”工程方案上报实施，积极探索新型人力资源管理体系建设，为高质量开展人力资源工作奠定坚实基础。

（王晓光）

【企业文化与宣传工作】 坚持品牌引领，深入打造共享服务新名片。围绕公司重要事件、重大工作进展，总结共享服务建设取得的先进经验、创新实践及价值成果并向国务院国资委报送《中国石化推进一体化共享服务建设推动高质量发展》有关材料。同时，积极向《中国石化报》《中国石化财会》、机关在线、手机报和《中国财会报》等内外部媒体投稿 16 篇。利用微信公众号、微博、抖音等平台输出原创文章、视频等 27 篇，整体用户总数增值 4 300 余人，成功打造公司专业引领、技术创新的行业形象；加大与集团内外部媒体合作力度、深度和广度，营造共享服务建设和外拓市场的良好氛围。加强企业文化建设，快速构建共享文化内涵和体系，制定公司《企业文化手册》，确定企业文化主题语“你我同行，共享美好未来”，不断推进企业文化落地，切实发挥企业文化在融合发展中的关键作用，形成全员参与、矢志践行、团结奋斗的浓厚氛围，凝聚起干事创业、创新发展、争创一流的强大合力。

（王晓光）

【集团业务竞赛获得佳绩】 共享服务公司坚持高素质专业化人才培养，积极参与集团公司各项业务竞赛。全年在集团公司会计大赛中获个人赛金奖、团体奖和优秀组织奖；组织推荐16参加集团公司人力资源业务竞赛，最终南京分中心代表队获得集团公司团体赛银牌，列炼化板块第一，个人赛取得银奖2人、铜奖2人的良好成绩。在集团人力资源管理业务竞赛中央企业网络安全攻防技术竞赛中获得先进团体和3个先进个人奖，充分显示出共享员工扎实的业务功底和高超的专业素养，专业人才集聚、专业能力优势逐步凸显。

（王晓光）

【共享服务东营分公司】 中国石化集团共享服务有限公司东营分公司（简称共享服务东营分公司）位于山东省东营市，于2017年5月20日组建，10月13日完成工商注册登记。2015年8月，在齐鲁石化驻地成立淄博服务部，2016年11月，在中原油田驻地成立濮阳服务部。2018年东营分公司圆满完成57家企业财务共享上线，115家对私报销业务上线工作。完成1 562名员工划转工作，按照“七步法”标准流程，统筹推进，稳步实施，超前完成50家企业HR共享业务上线和58家员工自助服务上线作。IT业务组建52人的RPA机器人研发团队，先后开发了84个RPA机器人，应用范围覆盖TMS对账、ERS对私报销、HR系统离退休人员减册等8类84个业务场景。坚持业务工作和党建工作同步推进，不断健全完善基层党组织机构，成立4个党总支、31个党支部，配备23名党组织书记和副书记，选举产生55名基层党组织委员，有力促进基层党建工作的顺利开展。

（王晓光）

【共享服务南京分公司】 中国石化集团共享服务有限公司南京分公司（简称共享服务南京分公司）位于江苏省南京市，与2017年5月20日组建。设有南京项目部、扬州服务部、武汉服务部，9月18日完成工商注册登记。2018年，南京分公司平稳顺利完成919人名员工劳动关系划转工作，其中本部划转404人、扬州服务部划转278人、武汉服务部划转237人。财务共享上线任务全面完成，累计企业上线96家。人力资源共享上线40家，累计上线53家企业，服务区域涵盖江苏、湖北、安徽等13个省市，服务员工总数超过35万人。南京分公司引入流程化自动机器人（RPA），搭建业务场景环境，开展研究、开发与测试工作。上线“凭证检查自动化”“对私报销ERS付款自动制证”等12个RPA业务流程，大幅提高工作效率。9月10日，由南京分公司承办的共享服务公司客户座谈会在南京顺利召开，集团公司总部主管部门、部分企业、石化盈科、石化财会、IBM和用友公司等部门单位共计240余人出席座谈会，对共享服务流程、服务内容、服务能力和水平进行实地调研交流。

（王晓光）

经济技术研究院（咨询公司）

【概况】 中国石油化工集团公司经济技术研究院（简称经济技术研究院）是中国石化直属的软科学研究机构，主要从事公司发展战略、宏观经济政策、国际化经营、金融证券、公司管理及营销战略研究，并为重大项目决策提供支持。1999年12月底，中国石化为加强发展战略、宏观经济与政策及市场营销、科技信息的研究，并为中国石化决策层提供决策咨询，决定将原中国石化石油化工规划院和原中国石化信息中心的经济技术信息部分合并，设立中国石化经济技术研究院。后经中央机构编制委员会办公室批复同意，经济技术研究院仍为事业单位。2015年，经济技术研究院获全国博士后管委会批准设立博士后科研工作站。2017年，经济技术研究院入选中国社会科学评价研究院《中国智库综合评价研究报告（2017）》核心智库榜单的企业智库，跻身十大国有企业智库。

中国石化咨询有限责任公司（简称咨询公司）的前身是成立于1985年的中国石化咨询公司，原与中国石化规划院、现与经济技术研究院合属办公，主要职责是对中国石化固定资产投资项目进行可行性研究的评估和后评价，是中国石化的直属专业公司。1994 年，咨询公司获中国首批甲级工程咨询资质，是中国工程咨询协会理事单位，2004 年获首批承担国家发展和改革委员会投资咨询评估任务的咨询机构资格并始终保持。2017 年，按照中央企业公司制改制的总体部署，咨询公司完成公司制改制工作，正式更名为中国石化咨询有限责任公司。

截至 2018 年底，经济技术研究院（咨询公司）有在职职工 190 人，其中 177 人具有专业技术职务任职资格，占全院职工总数的 93.2%。拥有博士研究生 28 人、硕士研究生 82 人；具有教授级高级技术职称的 13 人、高级技术职称的 87 人。

2018 年，经济技术研究院（咨询公司）按照加强中国特色新型智库建设的总体要求，围绕中国石化拥抱“四大革命”、跨越“四大关口”、贯彻“四个坚持”兴企方略、践行“八字工作方针”的目标任务，坚持新发展理念，加快推进世界一流能源化工智库建设，判大势、谋发展、提能力，推动课题研究、改革管理、队伍建设、党建工作取得新进展。

（高敏惠）

【课题研究提升新水平】 2018 年，经济技术研究院（咨询公司）围绕中国石化重点工作部署，坚持问题导向，精心选题，加强对新时期中国石化及能源化工行业的全局性、战略性、前瞻性、长期性、热点难点问题研究，全年开展各类研究课题 280 余项，其中重点课题 27 项；参与完成重点工作 5 项。扎实推进战略性、前瞻性、全局性问题研究，圆满完成中国石化“两个三年、两个十年”战略行动方案编制的支撑性研究任务。聚焦国际国内金融形势变化，金融市场研判及应对研究深入开展。聚焦中美贸易摩擦、自贸区（港）建立等热点焦点问题，经济与政策研判有力。聚焦新常态下的企业管理，改革管理研究不断深入。聚焦趋势研判，市场营销研究水平再获提升。聚焦经营环境变化应对，优化升级研究不断加强。评估评价量质齐升，全年完成评估项目 50 余项、后评价 7 项，数量达历年之最。信息化建设进一步夯实，课题研究工作平台和能源化工通用数据 APP 应用系统建成投用。

（高敏惠）

【品牌建设取得新突破】 2018 年，经济技术研究院（咨询公司）成功举办《2019 年中国能源化工产业发展报告》发布会，在业界取得广泛好评；《世界一流能源化工公司评价体系研究》获中央企业智库联盟优秀课题一等奖；与国外知名研究机构举办技术交流 10 余场；创办“大咖讲堂”，邀请国内知名专家亲临授课，学术交流氛围日益浓厚。

（高敏惠）

【改革管理迈出新步伐】 ①全面启动《经济技术研究院打造世界一流智库发展规划》编制，研究提出经济技术研究院（咨询公司）建设世界一流智库的目标、路径及保障措施。②进一步拓宽研究领域，增设国际发展研究所，核心业务体系进一步完善。③健全激励约束机制，制定《经济技术研究院（咨询有限责任公司）绩效考核管理办法（试行）》，突出业绩导向，引导各部门提升工作质量、提高工作效率。④深化改革，稳步推进经济技术研究院独立事业单位改制工作；落实中国石化“三供一业”分离移交工作要求，稳步开展职工宿舍区物业管理职能分离移交工作。⑤抓实内部管理，制订《经济技术研究院（咨询有限责任公司）践行“马上就办”实施方案》，健全工作机制，优化工作流程，推动效率变革、作风转变；增强内控制度执行力度，风控、内控、制度一体化建设不断推进；加强财务精细化管理，突出抓好风险防控，确保年度考核任务圆满完成；进一步提升期刊与学会管理水平，加大开放办刊力度，全力打造智库品牌重要载体。⑥加强后勤服务保障，努力营造良好工作环境。

（高敏惠）

【人才队伍建设卓有成效】 ①人力资源顶层设计科学务实。聚焦影响人才价值和人力资源效能发挥的关键问题，完成“三定”工作方案“三项制度”改革方案和“人才强企工程”实施方案等顶层设计。②人才队伍建设成效显著。坚持多元化人才引进，实现自主培养高端人才与引进高层次成熟人才并举；制订《经济技术研究院（咨询有限责任公司）完善人才成长通道建设方案》，构建形成符合发展需求的三支人才队伍成长通道体系。③青年人才培养扎实有力，着力构建更加有利于青年成长、满足事业需要、符合发展规律的人才培养体系和人才成长路径。④干部选拔任用规范有序。坚持“不拘一格选人才、聚天下英才而用之”的理念，2018 年调整中层领导人员 20 余人；高度重视优秀年轻干部的选拔培养，“80 后”干部的提拔占比达 50%，调整后 40 岁以下年轻干部比例已超过 31%。

（高敏惠）

【党建工作】 2018 年，经济技术研究院（咨询公司）认真学习贯彻习近平新时代中国特色社会主义思想和中国石化党组决策部署，用事业统一思想，用大局统一行动，切实发挥党委把方向、管大局、保落实的作用，构建横向到边、纵向到底的党建工作责任体系，在促进党建工作同智库建设深度融合方面取得良好成效。①以习近平新时代中国特色社会主义思想为指导，着力推进一流智库建设。召开“学悟领袖思想，建设一流智库”座谈会，努力做到学用结合、以学促做、以做践学，激发广大干部员工干事创业的热情。立足经济技术研究院（咨询公司）实际，大力弘扬劳模精神和工匠精神，营造精益求精的敬业风气，树立“每一份报告都是承诺”的理念，全力塑造智库品牌。②着力加强党的政治建设。坚持把党的政治建设放在首位，坚定落实“两个维护”，坚持在政治立场、政治方向、政治原则、政治道路上同以习近平同志为核心的党中央保持高度一致。紧密结合实际，组织召开“不忘入党初心，牢记使命担当”座谈会，引导干部员工悟初心、守初心、践初心，更加自觉地为建设一流能源化工智库不懈奋斗。③着力深化党建与中心工作相融合。坚持围绕中心抓党建，将经济技术研究院（咨询公司）课题研究、智库建设、高质量发展的重点难点，作为谋划推进党建工作的着力点。班子成员亲自挂帅，担任重点课题审定人，切实发挥“把方向”的作用。④作风建设永远在路上。坚持纠正“四风”不止步，结合《关于进一步贯彻落实中央八项规定精神实施细则》，不断强化作风建设，扎扎实实谋划各项工作。依规成立监督委员会，形成“大监督”格局，为监督执纪提供组织保障。切实加强《中国共产党纪律处分条例》宣贯工作，抓住“关键少数”，带动管住“绝大多数”，让党员干部真正做到心有所畏、言有所戒、行有所止。⑤着力抓好宣传思想工作。全面落实意识形态工作责任制，制定《经济技术研究院（咨询有限责任公司）意识形态工作责任制实施细则》，切实筑牢意识形态阵地。加大对“一先两优”、劳动模范、青年标兵等先进典型的宣传力度，树标立杆，以点带面，激发干部员工奋进新时代的冲劲和干劲。⑥着力发挥基层党组织战斗堡垒作用。不断增强基层党组织的政治功能，准确把握职责定位，抓好党支部书记培训、主题党日活动等，坚持“两学一做”常态化制度化。创新党支部活动方式，举办“青春经研院学术沙龙”“我为智库建设献言”党员专题讨论等活动，为一流智库建设凝聚智慧。扎实推进《党支部分类定级管理办法》，强化分类定级结果运用，通过引领示范、督促指导等措施，促进基层党组织工作水平整体提升。⑦全力配合巡视工作。认真接受中国石化党组第九巡视组的检查指导与监督，做到组织到位、责任落实、分工明确、协调有力。针对巡视组移交的问题，认真制订整改方案，落实责任，明确时间节点，实行对整改完成进度的月度督促检查及问题整改的销号式管理，建立健全巡视整改工作长效机制。

（高敏惠）

石化报社

【概况】 中国石化报社（简称石化报社）成立于 1988 年 7 月，是集团公司直属事业单位，主营业务是新闻报刊的出版与发行，注册资本 1 000 万元，社址位于北京市朝阳区吉市口路 9 号。

石化报社 1988 年成立时仅出版《中国石化报》，定位是集团公司党组机关报，也是石油石化行业经济报。1992 年，由原中国石油化工总公司企业管理部主办的《中国石化企业管理》杂志（1994 年更名为《中国石化》杂志）划入石化报社。2000 年，原中国石化信息中心声像业务整体划入石化报社。2016 年，集团公司官网、股份公司官网、中国石化网上博物馆的管理和维护职能及总部办公门户要闻栏目更新维护工作移交石化报社。

截至 2018 年底，石化报社所属媒体有《中国石化报》《车友报》《中国石化手机报》、《中国石化》杂志、中国石化新闻联播（电视，含网络视频）、中国石化新闻网、中国石化新闻图片网、石化新闻客户端、中国石化新闻网微博（中国石化报社官方微博）、中国石化报微信公众号等。石化报社有员工 144 人，其中具有硕士研究生以上学历 43 人、本科学历 91 人，副高级和高级技术职称的 46 人、中级技术职称的 72 人。内设 14 个机构，其中机关部门 3 个、直属机构 11 个。石化报社有驻省记者站 26 家。

石化报社主要报刊发行数量见表 1。

（庞 炜）

【深入一线挖掘基层亮点】 2018 年，石化报社积极组织记者深入一线采访。结合集团公司绿色企业创建活动，策划组织“绿色企业在行动”采访活动，报道石化企业保护环境、服务民生、助力绿色发展的生动实践；根据冬季天然气供需情况，策划组织“天然气保供”采访活动，记者深入华北，对中国石化强化管理、狠抓落实、多措并举开展天然气保供进行专题报道；派记者先后赴西北大漠，推出西北油田推进全面可持续发展系列报道；重访汶川地震灾区，报道汶川 10 年间的变化，特别是中国石化为灾区重建和当地经济发展、民生改善做出的贡献；深入甘肃东乡，湖南凤凰、芦溪，安徽颍上、岳西，新疆岳普湖 6 个定点扶贫县，报道中国石化扶贫以来当地老乡的脱贫故事。通过深入基层一线，报道企业亮点，生动诠释中国石化践行绿色低碳战略、实施精准扶贫、履行社会责任等方面的典型经验和最新进展。

（庞 炜）

2018 年 10 月 15 日，石化报社天然气保供一线行采访团在大牛地气田采访 （胡庆明 摄）

【编校质量抽检取得好成绩】 2018 年，《中国石化报》在国家新闻出版广电总局组织的“2017 年部分重点报刊及少儿类报刊编校质量抽查”中，以万分之 0.7 的差错率，在 116 种党报、行业报、晚报都市报中排名第 48 位，在行业报刊中更是名列前茅。

（庞 炜）

【媒体融合提升传播效果】 2018 年，石化报社认真落实习近平总书记关于媒体融合发展的重要讲话精神，以媒体融合和业务需要为原则优化采编流程，整合生产要素，坚持每日全媒体编前会制度，建立记者向全媒体供稿机制，明确重大新闻新媒体首发机制，对传统媒体和新兴媒体采编业务实行一体化策划、指挥、协调、考核，推进探索全媒体协同互融，实现跨部门合作、分平台刊播，针对不同受众进行差异化协同传播的格局。继 2017 年建成行业报首家融媒体实验室、完成全媒体采编平台 2.0 版升级后，2018 年又完成石化新闻客户端 3.0 版升级上线，不仅提供各种形式的新闻资讯产品，还利用大数据技术抓取优选的 34 家企业微信公众号内容，实现一站式信息服务，项目获 2018 年度中国报业技术产品优秀奖。年内首次运用无人机拍摄新手段，以全新视角对企业进行报道，营造出崭新视觉体验；运用 H5、视频手机直播等新技术，打造融合产品，《中国石化报》一版采用二微码推出《奋进石化微视频》，读者读报纸也能扫码看视频；跨部门合作制作的《易捷十年：小小便利店也有大大的梦想》《这一场飓风般的电动革命》《石化记者勇闯大沙漠》等融媒体作品，通过多渠道传播，反响良好。

（庞　炜）

【开源节流完成年度效益目标】 2018 年，石化报社积极拓展经营，推出系列公益广告，推进华夏实华广告公司与易派客、石化 e 贸、易捷等系统内部平台和单位合作，推进团购网与长安、一汽、宝沃汽车战略合作等，增加收益。通过强化财务预算管理，节约纸张等物资采购经费，严格控制各项成本，在人工成本增长的情况下，圆满完成年度效益考核指标。

（庞　炜）

【加强人才队伍建设】 2018 年，石化报社制订《中国石化报社三项制度改革方案》和《中国石化报社人才强企工程实施方案》，并获集团公司人事部批准。聘任中层干部 7 人，选聘专家 5 人、高级专家 3 人，竞聘评聘高级主管及以下岗位 37 人。制定《中国石化报社推进领导人员能上能下暂行办法》《中国石化报社中层干部考核评价管理办法（试行）》，科学评价中层领导人员绩效贡献，树立有担当有作为的鲜明导向。为推进媒体融合，有计划地引入新闻、传媒、石油、化工、中文、英文、信息等专业的毕业生，引入新闻采编、经营管理方面的成熟人才，逐渐担当起推进媒体融合的主力。

（庞　炜）

【纪念《中国石化报》创刊 30 周年】 2018 年是《中国石化报》创刊 30 周年，石化报社总结经验，传承创业精神，编印纪念书籍《守正创新三十年——中国石化报社奋进的足迹》。建成荣誉室，在走廊陈列领导题词、报纸创刊号和试刊号，用报社的特色文化育人，激励干部员工守正创新。

（庞　炜）

【落实责任提升党建质量】 2018 年，石化报社党委坚持把党的政治建设摆在首位，全面落实党建工作主体责任、第一责任和“一岗双责”，把方向、管大局、保落实。强化思想建设，坚持把学习党的创新理论、提高政治站位放在首位，把马克思主义新闻观作为必修课。大力推进组织建设，全年分 5 批组织党支部书记参加培训班，将所有支部书记轮训一遍；深入实施“双培养”工程，培养入党积极分子 11 名，接收预备党员 3 名，预备党员转正 5 名，党员结构进一步优化。加强作风建设，围绕“三聚焦三查看”，开展“思想作风提升年”活动，开展“严肃劳动纪律、严格考勤制度”专项治理和“不担当、不作为、慢作为”突出问题查摆整改工作，促进干部员工作风进一步改进。强化纪律约束，认真履行党风廉洁建设党委主体责任、纪委监督责任，逐级签订《党风廉洁建设责任书》，组织 32 名专家及以上岗位人员签订《廉洁自律承诺书》，建立党员领导干部廉洁情况“活页夹”23 份。

（庞　炜）

表 1　　石化报社主要报刊发行数量①　　万份

报刊名称＼年份	2018	2017	2016	2015	2014	2013
《中国石化报》	12.90	12.60	12.30	12.30	13.20	13.24
《中国石化》杂志	2.80	2.75	2.73	2.72	2.63	2.57
《车友报》周三刊	41.35	41.37	41.37	41.37	41.57	63.27
《车友报》周五刊	38.95	38.85	38.85	38.84	38.75	19.33
《中国石化手机报》	1.83	1.82	1.89	1.87	1.84	1.71

① 发行量为期均发行量

石化出版公司

【概况】 2015年9月，集团公司印发《关于中国石化出版社有限公司中国经济出版社整合的通知》（中国石化企〔2015〕471号），决定对中国石化出版社、中国经济出版社进行整合，实行“一套班子、两块牌子”，整合后保留2家出版社名称，对内称石化出版公司，对外分别使用中国石化出版社有限公司、中国经济出版社有限公司开展业务。

截至2018年12月末，石化出版公司有在岗员工187人，设置中层机构18个，其中业务部门13个、职能部门5个，有党员166人（离退休52人），9个党支部（含离退休党支部）。

（综合处）

【组建新一届领导班子】 2018年，石化出版公司整合后，组建了统一的领导班子，首次选举产生新一届党委、纪委、工会，为公司发展提供了重要的组织保障。新班子认真落实党组主要领导提出的各项要求，按照“四个坚持”兴企方略和“改革、管理、创新、发展”工作方针，统筹安排全年工作，全力抓好生产经营、改革发展、强化管理、人才强企、党的建设等各项工作，不断优化公司运营体制机制，努力提高发展质量和效益，全体干部员工不断进取、奋力拼搏，取得了良好业绩。

（综合处）

【企业经营效益】 2018年，石化出版公司共出版图书1 607种，出版码洋2.38亿元，实现销售收入1.47亿元。其中，石化出版社出版图书779种，完成上报集团公司8个重点项目，出版总码洋1.0亿元，主营业务收入6 687万元；经济出版社出版图书828种（个），完成上报集团公司5个重点项目，出版总码洋1.38亿元，主营业务收入7 993万元。

（综合处）

【全面深化公司体制机制改革】 2018年，石化出版公司着力加大体制机制改革力度，积极推进“三项制度”改革，做好压减法人工作。认真制订“三定”方案，精简、优化组织机构，调整部门职责，界定职责和工作界面，管理体制得到进一步完善；推进“三项制度”改革相关基础工作，统一两社的基本薪酬制度；改进绩效奖金兑现办法，进一步理顺各类部门、各类员工之间的收入分配关系；完成2家出版社福利待遇和津补贴的整合，规范福利待遇；积极探索灵活用工方式，统筹毕业生招聘、系统内招聘、社会成熟人才引进、业务外包等增补渠道，加大人才引进力度。努力推进压减法人户数工作，《中国经济贸易年鉴》社整体并入中国经济出版社。

（综合处）

【打造高质量精品图书力作】 2018年，石化出版公司按照重品质、富营养、高质量的要求，做好选题把关和质量管理。两社共有《全球构造体系概论》《国企改革若干问题研究》等共9种图书获国家出版基金项目资助。共有51种图书获奖，其中《中国炼油技术新进展》《石油炼制工程师手册》2个项目分获集团公司科技进步二、三等奖；石化板块39种图书获中国石油和化学工业联合会优秀出版物奖项；经济板块12种图书获省部级以上奖项；《中国创意风C-pop张艺兴音乐IP产业项目》，入选国家音乐产业优秀项目奖励计划；国企国资出版基地、财经出版基地建设成效明显，建立了中国国际经济交流中心、中国（深圳）综合开发研究院、中国与全球化智库等高端智库出版基地及蓝狮子财经、中德教育合作机构FCDB、盛世卓杰、阿米巴培训机构、慧泉文化等社会机构出版基地。

（综合处）

【统筹推进营销渠道】 2018年，实体店、线上、直销、馆配特渠“四箭齐发”全面推进销售工作。开展“重点图书进特色书店面”专项工作，加强图书推介，改进图书上架方式；加大各网络渠道的营销力度，管理更加细致，促销模式更加合理；直销部结合两社实际出版图书产品，改进完善征订模式，征订频率明显提高；在馆配渠道方面，发挥两社一体优势，扩大优质馆配渠道，首次以石化出版公司整体形象参加全国春季馆配会，统一调配工作人员，将专业化渠道整合后，在馆配市场进一步扩大了影响力。

（综合处）

【服务国企改革、服务国资委取得新进展】 2018年，国企改革发展类图书得到延伸，出版了新书《国企改革若干问题研究》和《国企改革探索与实践》1套4种6册；配合国务院国资委组织编写改革开放40周年的献礼图书《国企改革40年》;《国资年鉴》《经贸年鉴》《国资委公告》按计划出版；《国资报告》杂志策划央企负责人的2018、中国石化改革风云录等10余项重点选题，取得了较好的社会反响；紧密配合国务院国资委新闻中心的工作，完成音像服务任务。

（综合处）

【持续提升服务集团公司工作】 紧紧围绕集团公司战略发展、生产经营、精细化管理、人才强企等重要部署开展重点图书出版工作。《全球构造体系概论》《智能炼化建设——从数字化迈向智慧化》《陈俊武传》等重点图书顺利出版；按时高质量完成《集团公司年报》《集团公司年鉴》出版工作。配合集团公司10多个相关部门，做好有关业务领域图书出版和专业会议承办工作。通过出版年初工作会、年中工作会形势任务教育读本，配合了宣传工作部开展形势任务教育。

（综合处）

【全面夯实党建基础工作】 2018年，石化出版公司新一届领导班子，以习近平新时代中国特色社会主义思想武装头脑、指导实践、推动工作。全面落实新时代党的建设工作总要求和“党建质量提升年”工作部署，融入中心服务大局，以提升党建工作实效为目标，以抓责任落实为牵引，以问题为导向，以整改为主要抓手，统筹抓好“5+2”建设，在落实党建责任、提升班子和基层组织的能力、夯实党建工作基础上下功夫，更好发挥国企政治优势，党建工作取得明显进步。

召开第一届党员代表大会、第一届第一次职工暨工会会员代表大会，重新修订“三重一大”集体决策和党委会、领导班子会议事规则、意识形态工作责任制实施细则等制度；全年党委中心组集体学习20次，40名处级干部参加直属党委举办的脱产培训；以“七一”党建座谈会、领导干部务虚会、外部专家专题报告多种形式，推动学习，深刻领会出版行业的新发展趋势和意识形态工作新要求，为引领转型发展打好思想理论基础。

组织开展各业务岗位人员的培训，特别是加强编辑和销售人员的业务培训、交流，全年组织参加各类培训346人次，有效推动人员能力、素质的提升；建立“师带徒”制度，强化岗位锻炼，轮岗交流、集中培训，青年人才培养得到加强。

坚持大抓基层，推动全面从严治党向基层延伸；学习贯彻《中国共产党支部工作条例》，健全支部建设制度，加强党务工作者培训；建立部门双周学习制度；调研学习兄弟单位党建工作先进经验，系统研究部署组织力提升工作；认真开展主题党日活动，提高“三会一课”、组织生活会质量，组织党支部书记抓党建述职评议，开展党支部考核定级，狠抓党建整改提升，增强党支部组织生活规范性、针对性、实效性，基层组织力得到明显提升，支部战斗堡垒作用和党员先锋模范作用得到较好发挥。开展了“转观念、勇担当、创一流”讨论，培养和选树了一批先进典型。深化党风廉洁建设和反腐败工作，召开出版公司2018年党风廉洁建设和反腐败工作会议，分层次签订了《党风廉洁建设责任书》；对各级领导人员、关键岗位人员经常性进行廉洁从业教育；以“深入纠‘四风’持续转作风”为主题，开展“反腐倡廉教育月活动”；持续推进落实中央八项规定精神，注重防止微腐败，下大气力推进巡视整改，党风廉洁建设取得新的进展。着力增强队伍凝聚力战斗力，持续挖掘、宣传劳动模范、优秀员工等先进典型事迹；建立了公司企业文化建设责任制，持续开展“三老四严”的石油石化精神教育，传承“严细实”和精细严谨的优良作风；加强对工会、共青团工作的领导，围绕强“三性”、去“四化”要求，充分发挥工团组织桥梁纽带作用，做好统战、稳定、保密等各项工作，为公司改革发展凝聚了各方力量、营造了良好环境。

（综合处）

【高质量展览助推石化中心工作】 2018年，在集团公司党组领导和总部有关部门的关心支持下，通过不断优化展览展示方法和手段，全方位展示了中国石化的企业形象、综合实力、创新技术和科技成就，大力宣传中国石化发展战略、企业使命、企业愿景、核心价值观，加强了与总部机关各部门及企业间的联系，拓展了展览资源，提高了宣传展示效果。全年高质量完成美国海洋油气技术大会（简称 OTC）、阿尔及利亚国际博览会（FIA）、奥运博览会、第一届中国智能产业博览会等 18 项境内外展览。配合办公厅高质量完成集团公司成立 35 周年主题展览工作，受到党组领导和干部员工的广泛好评；中国石化展厅建设在稳步推进。对近三年展览项目开展效果后评估，促进了展览业务的改进提升。通过高质量办展，展示了中国石化的企业形象、科技创新、社会责任、绿色低碳环保理念和优质产品，为扩大中国石化的声誉，加强企地合作，助力“一带一路”倡议发挥了较好作用。

（索永平）

【获奖励情况】 2018 年，销售中心党支部被评为集团公司先进基层党组织；罗焱鑫获中国石化优秀共产党员称号；白桦获中国石化优秀党务工作者称号；展览处获中国石化先进集体称号；燕丽丽获中国石化劳动模范称号；索永平获集团公司精神文明建设先进个人称号；罗琳获集团公司宣传工作先进个人称号；胡晓明获集团公司“财务基础管理年”活动先进个人称号；刘亚轶获集团公司财务会计报表先进个人称号；赵文获集团公司第七届青年外语风采大赛半决赛三等奖；李志平被评为集团公司直属工会优秀职工之友，石化出版第一分工会被评为集团公司直属工会优秀工会小组，车平被评为集团公司直属工会优秀工会干部，王瑾瑜、李德亮、孟鹏、戴瑛被评为集团公司直属工会优秀工会会员。

（综合处）

石化出版社（展览办公室）

【概况】 中国石化出版社有限公司（简称石化出版社）是集团公司主管和主办的中央级科技出版社。其前身为经文化部批准于 1984 年 12 月成立的烃加工出版社，先后与原中国石化情报所、中国石化信息所、中国石化信息中心合署办公，1992 年更名为中国石化出版社，1999 年 3 月与原中国石化信息中心分离单列，成为中国石化直属独立的事业法人。2010 年 12 月根据中央文化体制改革有关要求转制为企业，设立中国石化出版社有限公司。中国石化集团公司展览办公室（简称展览办公室）经集团公司批准成立，负责中国石化境内外展览业务，与石化出版社合署办公。

截至 2018 年末，石化出版社有在岗员工 79 人，其中硕士研究生以上学历 22 人、本科学历 47 人；取得高级专业技术职称的 29 人、中级专业技术职称的 23 人，有 47 人取得编辑和发行职业资格证书。

石化出版社主要出版石油勘探开发、石油炼制、石油化工、安全环保、企业文化与管理等方面的图书，以及相关的行业标准、辞典、手册工具书、石油及石化专业系统教材和职工培训教材的出版及电子、音像制品的出版；同本社出版范围相一致的互联网图书出版，设计、制作图书广告，利用本出版社出版的图书发布广告；图书、期刊、电子出版物、音像制品批发、零售、网上销售；负责集团公司年鉴、年报的编辑出版工作；负责承办集团公司暨股份公司在国内外举办的各种展览业务、会议服务，承办展览展示。石化出版社与多家国际知名的出版机构开展版权贸易和业务合作活动，引进国际石油化工、勘探开发等专业科技书籍版权并组织翻译出版；坚持以为石油石化工业科技进步服务为宗旨，逐步摸索出一套具有新闻出版行业特色、适合自身发展、规范稳健的管理模式。

石化出版社 2018 年重点图书目录见表 1。

（李德亮）

【2 个项目入选“十三五”国家重点图书、音像、电子出版物出版规划增补项目】 2018 年 7 月 17 日，国家新闻出版署发布《关于公布国家重点

出版物出版规划调整情况的通知》(国新出发〔2018〕7号),石化出版社《智能炼化建设——从数字化迈上智慧化》图书和涪陵大型海相页岩气田高效勘探开发实践系列丛书《页岩气地质评价技术与实践》《涪陵页岩气田气藏工程技术》2个图书项目入选“十三五”国家重点图书、音像、电子出版物出版规划增补项目。

(宋开利)

【27个项目列入中国石化“十三五”重点科技图书出版规划增补项目】 2018年,石化出版社继续开展《中国石化“十三五”时期重点科技图书出版规划》(简称《出版规划》),滚动增补工作。该次增补共有27个项进入《出版规划》重点项目,其中包括上游板块《枯竭油气藏型储气库地面工程设计》等9个项目、炼油板块《碳四烷基化技术》4个项目、石油化工板块《石油化工工程知识体系研究》等4个项目,机械设备板块《催化裂化反应系统关键装备技术》等2个项目、安全/环保/节能板块《石油石化企业危险废物管理系列丛书》等2个项目、企业管理与培训/其他板块《中国石化“大监督”探索和实践》项目、能源经济板块《能源展望2018—2019》等5个项目。

(宋开利)

【2018年度全国石油石化企业管理现代化创新优秀著作奖】 2018年10月,中国石油企业协会《关于发布2018年度全国石油石化企业管理现代化创新优秀成果、优秀论文、优秀著作奖的通知》(企协〔2018〕31号),由石化出版公司组织申报的8个项目获优秀著作奖,1个项目获得优秀编辑奖。

(宋开利)

【2017年中国石油和化学工业优秀出版物奖】 2018年12月,中国石油和化学工业联合会《关于评选2018年中国石油和化学工业优秀出版物奖(图书奖、教材奖)的通知》(中石化联办发〔2018〕250号)和《关于公布2018年中国石油和化学工业优秀出版物奖(图书奖、教材奖)评选结果的通知》(中石化联办发〔2018〕409号),由石化出版公司组织申报的31种图书和教材获2018年中国石油和化学工业优秀出版物奖,其中图书奖20种(一等奖8种、二等奖12种),教材奖11种(一等奖4种、二等奖7种)。

(宋开利)

【《炼油工艺技术进展与应用》丛书部分分册编写工作启动会召开】 2018年1月23日,中国石化“十三五”重点科技图书出版规划项目——《炼油工艺技术进展与应用》丛书之常减压蒸馏、焦化、硫黄分册的编写工作启动会议在中国石化总部召开;10月26日,加氢、重整、催化分册的编写启动暨大纲审查会议在管理干部学院召开。《炼油工艺技术进展与应用》丛书内容覆盖催化裂化等六大炼油主要装置,可作为专家班配套教材使用,对于实现专业基础理论与装置生产技术实际的深度关联,解决炼油装置近年生产中存在的问题,提升一线工艺技术人员的技术分析能力和技术决策能力将具有一定的指导意义,对相关炼油装置的专业技术人员、管理人员的生产实践具有极为重要的参考价值。

(张正威)

【《中国石化压力容器发展史》编写工作讨论会召开】 2018年3月7日,《中国石化压力容器发展史》编写工作讨论会在合肥通用机械研究院召开。来自中国石化化工事业部、炼油事业部、科技部、物资装备部、工程建设公司、洛阳工程公司、宁波工程公司、上海工程公司、南化机、石化出版社和中国机械工程学会压力容器分会的专家参加会议。经过讨论,与会专家确定了《中国石化压力容器发展史》内容框架、编写工作进度,石化出版社规范了格式要求。

(白 桦)

【《石油化工设备维护检修规程》修编系列审查会召开】 2018年3月29—30日,《石油化工设备维护检修规程》(简称规程)修编组长单位及专家研讨会在杭州召开,化工事业部、炼油事业部、生产经营管理部、资本运营部、工程部和茂名石化、扬子石化、上海石化、金陵石化等11家企业及石化出版社的专家代表参加会议。会上,组长单位分别汇报规程修编工作进展情况、存在的问题,工程部介绍了设备检修定额的有关情况。会议还讨论了下一步分专业审定的方案，研讨了规程信息化建设工作思路。5—11 月，在化工事业部、炼油事业部、资本运营部和规程修编组长单位的支持下，先后在广州、上海、杭州、南京、仪征、岳阳、青州等地组织召开各专业第一次审查会。11 月 8—9 日，《石油化工设备维护检修规程》修编讨论会在武汉召开，化工事业部、炼油事业部、资本运营部和茂名石化、扬子石化、上海石化、金陵石化等 11 家企业及石化出版社、石化盈科、8 家检安公司、北京时林电脑公司的领导、专家 40 余人参加会议。会上，各组长单位汇报了所负责规程修编进展情况，并就一审过程中存在的问题及下一步工作进行讨论。

（潘向阳）

【第九届（2018）石油化工设备维护检修技术交流会召开】 为了加强石化企业设备管理工作，提高设备维护检修水平，确保炼油化工装置安全、稳定、长周期运行，在中国石化、中国石油、中国海油、中国中化和国家能源集团等总部设备管理部门的支持下，在中国化工学会石化设备检维修专业委员会的协助下，第九届（2018）石油化工设备维护检修技术交流会于 2018 年 6 月 14—15 日在杭州召开。来自以上五大集团的相关领导、生产企业、检维修企业、制造企业的 200 多名代表参加会议，会上有 24 位专家做了精彩报告。与会代表围绕炼化装置大检修管理、信息化、标准化，设备完整性、运行管理新趋势、腐蚀状态监测管理、大型加热炉模块化制造、压缩机智能化控制与节能降耗等行业热点和技术人员普遍关心的问题展开了咨询和研讨；会议气氛热烈，内容丰富，交流充分。

（白　桦）

【第九届（2018）炼油与石化工业技术进展交流会召开】 2018 年 11 月 8—9 日，第九届（2018）炼油与石化工业技术进展交流会在海口召开。参会代表来自三大石油公司总部及其所属单位、高等院校和国外石油公司、专利技术公司。会议期间代表们就国内外炼油化工企业如何应对当前形势，及时掌握石油化工工业生产、经营及相关先进技术应用和发展趋势进行了深入的探讨和技术交流。

（张正威）

表 1　石化出版社 2018 年重点图书书目

序号	书　名	著译者
1	实验设计数据处理与计算机模拟	孙培勤　孙绍晖
2	污水处理常用设备及应用	蒋克彬
3	生物工程导论	张　晶
4	中国石化基本功训练典型案例汇编	中国石油化工集团公司人事部
5	有机化学反应和机理	孔祥文
6	工程传热学	贾冯睿
7	炼油厂油品储运设计	李国清
8	炼油生产经营优化应用案例	何银仁　解增忠
9	天然气长输管道投产技术	全　恺
10	天然气长输管道施工技术	全　恺
11	炼油厂建筑与结构设计	陈瑞金 徐建棠
12	炼油厂厂址选择与总图运输	李国清

续表

序号	书　名	著译者
13	炼化企业现场安全管理	刘长伟
14	有机化学选论——立体化学与反应机理	赵明根　孙金鱼
15	催化重整装置技术手册	王治卿
16	炼化企业生产调度处（科）长培训教材	中国石化员工培训教材编审指导委员会
17	陈俊武传	张文欣
18	催化裂化专家培训班大作业选集（第一期）	赵日峰
19	泡沫和泡沫液膜——理论、实验及应用	李兆敏
20	石墨烯材料基本原理与新兴应用	Ashutosh Tiwari
21	Visual Basic 程序设计实验指导与习题集	倪红梅　李瑞芳　刘金月　顾洪博
22	Visual FoxPro 数据库与程序设计实验教程	杨　永　周　凯　吴明涛
23	有机化学简明教程	王　萍　饶红华
24	延迟焦化工艺与工程（第二版）	瞿国华
25	油脂资源化工利用理论与技术	姚志龙
26	测量地图学实验与实习教程	孟万忠　刘　敏
27	有机化学基础	孔祥文
28	智能炼化建设	吴　青
29	石油化工知识简明读本	曹湘洪
30	化工专业英语	贾长英 张晓娟
31	汽车胶黏剂密封胶实用手册	中国汽车工业协会汽车相关工业分会
32	废水厌氧处理与 IC 厌氧反应器	胡　超　康兆雨　邵希豪
33	工业水处理技术（第十七册）	秦　冰　傅晓萍　桑军强
34	机动车发动机冷却液（第二版）	万书晓
35	提高采收率现场案例研究	白振瑞　辛　力　王友启
36	水处理实验技术	尚秀丽　李　薇
37	合成燃料生产气化法的原理、工艺及应用	R Luque　J Speight
38	生产燃料和石油化工原料的绿色费－托合成工艺	Peter M. Maitlis　Arno de Klerk
39	炼油厂节能设计方法与技术	魏志强
40	中国石化加氢技术交流会论文集（2018 年）	俞仁明
41	Wastewater treatment principle and technologies	李大鹏

续表

序号	书　名	著译者
42	聚乳酸基复合材料的结构与性能	夏学莲
43	龚兆源传	郭凤霞
44	分析化学实验（第 2 版）	沈　霞
45	钠元素对准东煤热解和气化过程的作用机理研究	张志远
46	神府东胜煤成浆性及煤焦浆制备研究	宋成建
47	大学有机化学实验	孔祥文
48	能源与动力工程专业英语	《能源与动力工程专业英语》编写组
49	石油加工专业实验	李艳红　唐晓宁
50	油气储运实验实训教程	王玉福　仇　阳
51	环境科学与工程专业英语（第 2 版）	胡龙兴
52	中国生活用纸年鉴 .2018•2019	中国造纸协会生活用纸专业委员会
53	应用物理化学	王业飞
54	走进化工	杨元一
55	中国石化催化裂化技术交流会论文集（2018）	俞仁明
56	工程燃烧学	王春华
57	仪器分析	刘宝友
58	应用文写作	韩国廷
59	中国化工新材料产业发展报告（2018）	中国石油和化学工业联合会化工新材料专委会
60	炼油与石化工业技术进展（2018）	本书编委会
61	汪燮卿自传	汪燮卿
62	转型发展中的绿色生态能源化工技术——大连（抚顺）石油化工研究院建院六十五周年论文集	大连石油化工研究院
63	化学工程	Jack Hipple
64	化学反应性危害的管理实践	Robert W.Johnson
65	土木工程监理学	姜晨光
66	化工原理课程设计及实验	邹丽霞
67	国际稠（重）油勘探开发技术论坛论文集	孟卫工
68	应急物资装备与应急人员培训	方文林
69	应急指挥与处置	方文林

续表

序号	书　名	著译者
70	企业设备技术创新	刘炜光
71	ASME 锅炉及压力容器规范 第Ⅱ卷 材料 B 篇 非铁基材料 2017 中文版	中石协 ASME 规范产品专业委员会
72	ASME 压力管道规范 B31.1 动力管道 2016 中文版	中石协 ASME 规范产品专业委员会
73	涪陵页岩气田钻完井复杂情况与故障案例分析	孙　健
74	ASME 锅炉及压力容器规范 第Ⅸ卷 焊接、钎接和粘接评定——焊接、钎接和粘接工艺，焊工、钎接工和焊接、钎接和粘接操作工评定标准 2017 中文版	中石协 ASME 规范产品专业委员会
75	化工安全工程学	袁雄军
76	防火防爆技术	胡广霞
77	化工安全管理	王庆慧　张　峰　崔　巍　王丹枫
78	ASME 锅炉及压力容器规范 第Ⅱ卷 材料 C 篇 焊条、焊丝及填充金属（2017 版）	中石协 ASME 规范产品专业委员会（CACI）
79	电焊工	董克学
80	中国石化高技能培训教材　安装仪表工	中石化第四建设有限公司
81	金属结构制作工	亢万忠
82	材料成型加工安全与职业防护	蒋　姗　吴　盾　陈智栋
83	油气长输管道阴极保护技术及工程应用	王维斌　胡亚博　李　琴
84	水性涂料的成膜过程	陈雪莲
85	ASME 锅炉及压力容器规范 第Ⅷ卷 第一册 压力容器建造规则 2017 中文版	中石协 ASME 规范产品专业委员会
86	ECAP 加工超细晶 TWIP 钢的微观结构与力学性能	王　雷
87	石油管道输送技术（第二版）	黄春芳 等
88	石油化工设备维护检修技术（2018 版）	本书编委会
89	保温工	张宝杰
90	化工（危险化学品）企业主要负责人安全管理知识问答（第二版）	中国化学品安全协会
91	ASME 锅炉及压力容器规范 Ⅱ 材料 A 篇 铁基材料 2017 版	中石协 ASME 规范产品专业委员会（CACI）
92	仪表安装工	张宝杰
93	ASME 锅炉及压力容器规范 Ⅰ 动力锅炉建造规则 2017 版	中石协 ASME 规范产品专业委员会（CACI）
94	油漆工	张宝杰

续表

序号	书　名	著译者
95	管工	肖珍平
96	起重工	董克学
97	安全工程学原理	王志荣
98	常用危险化学品应急速查手册（第三版）	孙万付
99	铁素体不锈钢冷轧带钢连续退火过程的研究	张　雄
100	机械原理	邓茂云
101	化工过程安全管理与技术	牟善军
102	化学化工认识实习指南	史德青
103	电气安装工	王树华
104	化学工程与工艺专业实验（第二版）	李岩梅
105	ASME 压力管道规范 第 V 卷 无损检测 2017 中文版	中石协 ASME 规范产品专业委员会
106	钳工	南亚林
107	油气管道腐蚀失效预测与完整性评价	石仁委　丁继峰　王希峰
108	工程项目现场 HSE 专业监管技术	中国石油化工股份有限公司青岛安全工程研究院，刘洋
109	ASME 锅炉及压力容器规范国际性规范 II 材料 D 篇性能（公制）2017 版	中石协 ASME 规范产品专业委员会（CACI）
110	应急处置案例分析	方文林
111	油气管道安全与风险评估	邓少旭　支景波　高莎莎　刘　洋　王安鹏
112	头部防护	中国石油化工集团公司安全监管局 中国石油化工集团公司劳动防护用品检测中心
113	危险化学品安全监管人员安全管理知识问答	中国化学品安全协会
114	化工（危险化学品）企业安全管理人员安全管理知识问答	中国化学品安全协会
115	ASME 锅炉及压力容器规范 第 VIII 卷 第三册 高压容器建造规则 2017 中文版	ASME 锅炉及压力容器采暖锅炉委员会
116	ASME 锅炉及压力容器规范 第 IV 卷 采暖锅炉建造规则 2017 中文版	ASME 锅炉及压力容器采暖锅炉委员会
117	2018 年中国石油石化企业信息技术论文集	周抚生
118	水污染控制实验	赵　霞
119	环境监测实验与实践	戴竹青

续表

序号	书　名	著译者
120	ASME 锅炉及压力容器规范国际性规范 VIII 第二册 压力容器建造另一个规则 2017 版	中石协 ASME 规范产品专业委员会（CACI）
121	基础知识	中国石油化工集团公司安全监管局 中国石油化工集团公司劳动防护用品检测中心
122	中国石化泄漏安全管理技术进展（2018）	中国石油化工集团公司安全监管局
123	危险化学品使用安全	方文林
124	（B+M/A）大变形管线钢及 HOP 技术	张骁勇　高惠临
125	油田电网谐波分析及治理技术	杨黎鹏
126	等离子喷涂热障涂层的服役性能	董　会
127	危险化学品典型事故案例分析	方文林
128	ASME 压力管道规范 B31 国际性规范 B31.3 工艺管道 ASME B31.3--2016	中石协 ASME 规范产品专业委员会（CACI）
129	高硅电工钢薄板的制备	姬　帅
130	机泵拆装实训指导	赵　杰
131	天然气管网气体平衡与储气调峰	杜培恩　周　军
132	工程制图	曹喜承　祝　娟　王　妍　杜秀华
133	多巴胺基微纳米材料在生物医药中的应用	李　红
134	常减压装置隐蔽项目检查方法	中国石油化工股份有限公司炼油事业部
135	加氢装置隐蔽项目检查方法	中国石油化工股份有限公司炼油事业部
136	油气管道施工及保护	夏云生
137	ASME 锅炉及压力容器规范 国际性规范 XII 运输罐建造和延续使用规则	中石协 ASME 规范产品专业委员会（CACI）
138	工程制图习题集	曹喜承　杨　蕊　徐金超
139	AlB2-type WB2 基硬质薄膜的制备与性能研究	刘艳明
140	2018 年度灭火与应急救援技术学术研讨会论文集	中国消防协会灭火救援技术专业委员会 灭火救援技术公安部重点实验室
141	多孔介质中复杂流体输运和气体扩散效应的研究	卢银彬
142	油气田企业电离辐射防护口袋书	中国石油化工集团公司安全监管局 中国石化集团公司职业病防治中心

续表

序号	书　名	著译者
143	炼化企业电离辐射防护口袋书	中国石油化工集团公司安全监管局 中国石化集团公司职业病防治中心
144	压力容器工程师设计指南（第二版）	戚国胜　段　瑞
145	ASME 管法兰和法兰管件规范美国国家标准 B16.5 管法兰和法兰管件 NPS1/2 至 NPS24 公制 / 英制标准	中石协 ASME 规范产品专业委员会（CACI）
146	过程装备与控制工程专业英语教程	李晓红　吕　进　王宗明
147	加油站安全知识漫画读本	侯延勇
148	涪陵页岩气田开发技术	孙　健
149	管道储运企业硫化氢防护口袋书	中国石油化工集团公司安全监管局 中国石化管道储运有限公司
150	涪陵页岩气田试气压裂作业井复杂情况与故障案例分析	孙　健
151	转子系统多目标优化技术研究	黄晶晶
152	ASME 锅炉及压力容器规范 规范案例（Code Cases）	中石协 ASME 规范产品专业委员会（CACI）
153	中国石油石化行业互联网 + 安全生产与应急技术 (2018)	中国石油企业协会
154	危险化学品应急处置手册（第二版）	孙万付
155	压力管道等承压设备安全技术研究进展精选集（2018 版）	中国腐蚀与防护学会承压设备专业委员会 中国特种设备检测研究院 中特检管道工程（北京）有限公司
156	石油化工腐蚀与安全	中国腐蚀与防护学会石油化工腐蚀与安全专业委员会
157	阴极保护系统维护	冯洪臣
158	洛阳石化年鉴 2015	《洛阳石化年鉴》编纂委员会
159	胜利油田年鉴 2017	《胜利油田年鉴》编纂委员会
160	齐鲁石化年鉴 2017	齐鲁石化史志编纂委员会
161	江汉油田年鉴 2016	《江汉油田年鉴》编纂委员会
162	扬子石化年鉴 2017	扬子石化志鉴编纂委员会
163	茂名石化年鉴 2017	《茂名石化年鉴》编纂委员会
164	中原油田年鉴 2017	中原油田史志编纂委员会
165	河南油田年鉴 2017	河南石油勘探局年鉴编纂委员会
166	广州石化年鉴 2017	《广州石化年鉴》编纂委员会
167	江苏油田年鉴 2017	《江苏油田年鉴》编辑委员会

续表

序号	书　名	著译者
168	中国地热能发展报告（2018）	国务院发展研究中心资源与环境政策研究所 中国科学院科技战略咨询研究院 国家能源局新能源和可再生资源司 自然资源部中国地质调查局
169	齐鲁石化年鉴 2018	齐鲁石化史志编纂委员会
170	中国石油化工集团公司年鉴 2018	《中国石油化工集团公司年鉴》编委会
171	上海石化年鉴 2018	《上海石化年鉴》编纂委员会
172	胜利油田年鉴 2018	《胜利油田年鉴》编纂委员会
173	南化年鉴 2018	《南化年鉴》编纂委员会
174	茂名石化年鉴 2018	《茂名石化年鉴》编纂委员会
175	西南石油年鉴 2018	《西南石油年鉴》编纂委员会
176	全球构造体系概论	康玉柱　等
177	石油地理信息系统导论	周子勇　李芳玉
178	古生物学基础教程	朱才伐
179	古生物学基础实验指导书	朱才伐
180	鄂尔多斯盆地低渗透储层特征及开发参数设计——以甘谷驿油田长 6 油层组为例	张新春
181	采油注水试题汇编	李桂婷　谢文献　袁秀伟　李金妍　赵学忠
182	采油注水	谢文献　李桂婷　李金妍　袁秀伟　赵学忠
183	复杂致密河道砂岩气藏开发精细描述技术	武恒志　叶泰然　王志章　黎华继　邓虎成
184	元坝超深高含硫生物礁气田高效开发技术与实践	武恒志
185	焊接质量管理与检验实用手册	张应立
186	元坝高含硫气田采集输系统常见故障判断与处理	李华昌　蔡锁德　钟晓风
187	北美主要页岩层系油气地质特征	孙　健　易积正　胡德高
188	海洋石油 201——中国首艘深水铺管起重船的研制实践	中国海洋石油总公司
189	页岩气地球物理技术	杨勤勇　等
190	活性炭应用概述	王　鹏　孙仲超
191	高凝油油藏注水开发渗流特征	聂向荣

续表

序号	书　名	著译者
192	现代煤化工盐结晶技术及政策解析	刘志学
193	施工过程管理	中国石化管道储运有限公司
194	施工准备	中国石化管道储运有限公司
195	安全基础	中国石化管道储运有限公司
196	施工作业	中国石化管道储运有限公司
197	高风险作业	中国石化管道储运有限公司
198	油田用聚合物	王中华
199	水力脉冲波协同解堵技术理论与应用	何延龙
200	复杂地层井壁稳定评价新技术	闫传梁　赵　凯
201	低渗透油藏提高采收率方法	曹　毅
202	电化学采油技术在油砂矿开发中的应用	关建华　关良玉　田　坤　王素君
203	基于任务模型的用户界面设计与开发	李娟妮
204	建筑焊工实用教材	张应立
205	海洋石油工程概论（修订版）	张振国　王长进　李银朋
206	管理定量分析方法	孙　菲　李友俊　陈天鹏
207	云计算时代信息技术在图书馆中的应用研究	赵春燕
208	采油工程降本增效技术理论与实践	沈　琛
209	气层产出流体性质与腐蚀结垢实验	斯尚华　周瑞立　申志兵　刘玉祥
210	野外地质素描基础教程	颜世永
211	老油田稳产及低成本综合治理创新技术论文集	柯吕雄　阎洪涛
212	贵金属低维纳米材料的结构和物理性质	杨阿平　甄艳坤
213	延长油田勘探开发技术交流报告文集	李文明
214	延长油田优秀科技论文集	李文明
215	2018 年度钻井技术研讨会暨第十八届石油钻井院（所）长会议论文集	2018 年度钻井技术研讨会暨第十八届石油钻井院（所）长会议编委会
216	海洋石油工程技术论文（第十集）	中国石油学会石油工程专业委员会海洋工程工作部
217	辫状河型冲积扇沉积体系及优质储层分布模式	靳　军　纪友亮　杨　召　高崇龙　雷海艳
218	鄂尔多斯盆地陕北地区低渗透砂岩储层特征及油藏富集规律	马　瑶　李文厚

续表

序号	书　名	著译者
219	碎屑岩沉积环境地震地貌学	李　磊
220	基团间作用与新晶体设计	王　磊
221	油基钻井液技术	王中华
222	油田保安员岗位技能操作标准化培训教程	刘　兴　李　杰　马玉静
223	变电站值班员岗位技能操作标准化培训教程	刘　兴　李金龙
224	城镇燃气管道巡线工岗位技能操作标准化培训教程	刘　兴　程志霞　李辛铭
225	高含硫伴生气净化岗位技能操作标准化培训教程	刘　兴　许　峰　孙广平
226	中国油气产业发展分析与展望报告蓝皮书（2017-2018）	蒋庆哲　高潮洪
227	集输系列岗位技能操作标准化培训教程	刘　兴　赵　平
228	维修电工岗位技能操作标准化培训教程	刘　兴　李金龙
229	汽车保险与理赔	衣　娟
230	LNG 接收站槽车充装及维保岗位技能操作标准化培训教程	刘　兴　杜永军　刘胜华　周治平
231	LNG 橇装站 LNG 操作工岗位技能操作标准化培训教程	刘　兴　夏小军　向普及
232	丹霞地貌信息系统	刘　宁　戚正伟
233	化学工程与工艺专业实验	曾兴业　莫桂娣

经济出版社

【概况】 中国经济出版社有限公司（简称经济出版社）由原国家经济委员会创办于 1985 年 1 月，先后隶属国家计划委员会、国家经济贸易委员会、国务院国有资产监督管理委员会。2013 年 1 月 9 日经财政部批准整体划转中国石油化工集团公司。中国经济出版社为中央一级出版社，注册资本 2 500 万元，位于北京市西城区百万庄北街 3 号。经过 30 多年发展形成以热点经济、经济管理、财政金融、人文社科和教育教材为主营方向的业务板块，在经济界和社会上赢得良好声誉。

经济出版社整体组织结构分为出版社主体和子公司两部分，主体功能涵盖图书的出版、发行、批发、零售业务。下属 4 家子公司：中国经济图书进出口有限公司，主营出版物进出口贸易、国际出版合作等业务；中经录音录像中心有限公司，主营音像制品的出版业务；中国经济书店有限公司，主营书刊、音像制品、文化用品等的销售业务；《国资报告》杂志社有限公司，由经济出版社与国资委新闻中心共同主办，出版《国资报告》杂志（月刊）。

截至 2018 年末，经济出版社有在岗合同制员工 108 人，其中博士 5 人、硕士 24 人、本科学历 48 人；具有高级技术职称的 25 人、中级技术职称的 34 人。

经济出版社 2018 年重点图书目录见表 1。

（综合处）

【中国商贸物流银行发展高峰论坛在北京举行】 2018 年 4 月 1 日，由经济出版社主办的中国商贸物流银行发展高峰论坛在北京举行。论坛由郑州银行联合全国 22 家金融机构、10 余家物流、电商企业等，发起成立全国首个商贸物流银行联盟，同时发布《中国商贸物流银行研究暨行业发展报告 2017》。中国商贸物流银行联盟平台，聚集广泛的金融资源，借助大数据、区块链等新技术，打造“智慧平台”，聚焦解决商贸物流企业的痛点难点问题，最终实现商贸物流金融领域“商流、物流、资金流、信息流”的四流合一。

（财金分社）

【国企“大学习、大调研”暨《中国力量》出版座谈会在北京召开】 2018 年 6 月 10 日，由经济出版社主办，中国冶金科工集团公司协办的国企“大学习、大调研”暨《中国力量》出版座谈会在中冶大厦举办。该书是中国第一本全景式记录中央企业在过去“极不平凡的五年”中推进供给侧结构改革的纪实报告。来自国资委系统的领导专家、有关央企负责人、高校教授、企业管理研究机构专家学者、央企综合部门与新闻宣传部门负责人就怎样学习党的十九大精神，开展调研活动，总结国企改革经验，为国企改革营造良好思想舆论环境进行了讨论。

（多种经营中心）

【纪念改革开放四十周年——留法四十年纪念暨新书发布会召开】 2018 年 7 月 14 日，“纪念改革开放四十周年——留法四十年纪念暨新书发布会”在北京欧美同学会总会召开，“忆百年留学岁月，展群英报国风采”。活动由欧美同学会法比分会主办。来自社会各界的 200 余位留法学人代表参加会议，以《留法四十年》丛书发布为契机，留法学人齐聚，总结四十年来的留学历史经验，探讨“担当庄严使命、引领留学报国”的新路径。

（教育教材分社）

【《中国经济增长质量发展报告 2018》图书发布】

2018 年 7 月 22 日，由西北大学主办，西北大学经济管理学院、教育部人文社科重点研究基地——中国西部经济发展研究中心、陕西省哲学社会科学重点研究基地——陕西宏观经济与经济增长质量协同创新研究中心、陕西省宏观经济研究院在西安举办“西北大学增长质量指数发布会暨西北高质量发展联合调查启动会”，同时发布《中国经济增长质量发展报告 2018》，西北大学经济增长质量课题组连续在经济出版社出版的第 10 本经济增长质量报告。

（学术分社）

【《他们正在改变中国》在北京举行新书研讨会】

2018 年 7 月，由经济出版社策划的致敬改革开放 40 年主题图书《他们正在改变中国》在北京举行新书研讨会。会议邀请《经济日报》《封面新闻》《金融时报》、赵继成频道、创业邦、央视四套、新华社、中国财富网、中国外汇管理杂志社、《法制日报》等多家主流媒体的财经媒体人作为新书作者出席研讨会，会上就新书策划方向、稿件撰写等问题进行深度研讨，进一步推进新书出版进程。

（财金分社）

【主题纪录电影《他们正在改变中国》在深圳举行开机仪式】 2018 年 9 月，由经济出版社策划制作的致敬改革开放 40 周年，迎接新中国成立 70 周年的主题纪录电影《他们正在改变中国》在深圳举行开机仪式。

（财金分社）

【《中国少数民族地区扶贫进展报告（2017）》获奖】 该报告由中央民族大学经济学院编写，2018 年 10 月获国家民族事务委员会第四届全国民族研究优秀成果奖（著作类）二等奖。报告将在经济出版社连续出版五年，通过数据、调查和案例，忠实记录 2016—2020 年中国民族地区的贫困状况、贫困治理变化、脱贫攻坚进程，总结民族地区贫困特殊性，为民族地区防返贫工作提供政策参考及数据支持。

（经管分社）

【《马云传奇》完成版权输出】 2018 年 11 月，经济出版社与泰国溪流出版社就《马云传奇》签署版权输出协议，经济出版社授予溪流出版社该书在泰国的独家出版发行权。

（学术分社）

【“中国国际经济交流中心智库丛书”获 2018 年度国家出版基金资助】 该套丛书为中国高端智库——中国国际经济交流中心出品，1 套 7 种，范围涉及政治、经济、社会、文化、生态、外交等领域，既有发展问题、又有改革问题，既有国内问题、又有国际问题，可为政府和企业提供决策参考，在写作过程中曾获国家领导重要批示，具有很强的社会效益和出版价值。

（经管分社）

【第六届年鉴编纂出版质量评比中获奖图书】 2018 年底，在中国出版协会主办、年鉴工作委员会承办的第六届年鉴编纂出版质量评比中：中国经济贸易年鉴社编纂出版的《中国烟草年鉴（2017）》获中央级年鉴综合奖特等奖；《中国国有资产监督管理年鉴（2016）》获中央级年鉴综合奖一等奖；《中国铁建年鉴（2015）》获中央企业年鉴综合奖一等奖。

（年鉴社）

【中国石油和化学工业优秀出版物奖获奖图书】 2018 年底，中国石油和化学工业联合会发布 2017 年中国石油和化学工业优秀出版物奖（图书奖、教材奖）评奖结果，《中国非常规天然气发展战略》和《电力体制改革形势下的可再生能源电价机制研究》获中国石油和化学工业优秀出版物奖·图书奖二等奖。

（多种经营中心）

【《构建变化与增长潜力：中国潜在经济增长率的测算及其结构转换路径研究》获多个奖项】 2018 年，《构建变化与增长潜力：中国潜在经济增长率的测算及其结构转换路径研究》分别获陕西高等学校人文社会科学研究优秀成果三等奖、西安市第十次哲学社会科学优秀成果三等奖和第四届刘诗白经济学奖。

（多种经营中心）

表 1　　经济出版社 2018 年重点图书书目

序号	书　名	著译者
1	国际物流	苑春林
2	吴易风经济思想评说（第二辑）	朱　勇　余仁实　毛增余　韩玉玲
3	股市致胜术之谋略与心性	陈恒丹
4	2018 年度注册会计师全国统一考试历年真题 360° 全解析·会计	注册会计师全国统一考试命题研究中
5	工业定制	刘晓东
6	国企改革探索与实践——中央企业子企业 150 例	国务院国资委改革办
7	国企改革探索与实践——地方国有企业 100 例	国务院国资委改革办
8	国企改革探索与实践——中央企业集团 15 例	国务院国资委改革办
9	圆融东西文明·迎接信息时代	海南海航经济研究院
10	手把手教你学期权投资	陆丽娜
11	企业转型发展研究案例集（一）	卫海英　王国庆
12	我们的未来（精装本）	综合开发研究院（中国·深圳）
13	2018 年企业所得税年度纳税申报方法与业务处理技巧	周华洋
14	股权激励整体解决方案	姚宇峰　谢　洁

续表

序号	书　名	著译者
15	企业创新与成长：新旧动能转换视域	李光红　彭伟华
16	我们的社会（精装本）	综合开发研究院（中国•深圳）
17	隔代育儿经：92 个场景化祖孙教养示例	王老墨
18	中国崛起的奥秘——财富论	傅海棠
19	傻瓜狼股票量化交易	申棣什
20	峪中对——管理机制对话录	陈　安
21	企业领袖三合智慧	三合智慧商学院
22	中国企业改革发展优秀成果（首届）· 上下卷	中国企业改革与发展研究会
23	对立统一规律与凯恩斯主义经济学——宏观经济学讲义	姚　宇
24	直通新三板：中小企业资本突围的机会和挑战	江安海
25	京津冀雾霾治理与低碳协同发展研究	陆小成
26	重点公共政策决策咨询学习与借鉴	山东省人民政府研究室
27	商务礼仪和形象魅力（4 版）	靳　斓
28	深度 IP	苏　静　张瑞杰
29	最美的二十四节气诗词	李颜垒
30	中国融资租赁行业 2017 年度报告	零壹财经
31	会计基础实训	廖忠友
32	中国环境质量综合评价报告 2017	袁晓玲
33	企业融资整体解决方案	吴道富
34	私募股权投资解决方案	向凌云
35	财税政策、研发投资与公司价值	刘　振
36	中国碳排放：尽早达峰	中国尽早实现二氧化碳排放峰值的实施路径研究课题组
37	全渠道零售：新零售时代的渠道跨界与融合	王先庆　彭雷清　曹富生
38	服务经济崛起	程　晓　邓顺国　文丹枫
39	别让产品死于运营	龚光鹤
40	跨界众筹	叶荣祖　刘志成
41	有灵魂的双创故事	北京市科学技术协会
42	中国信托业发展报告（2018）	中国人民大学信托与基金研究所
43	创新型企业价值评估研究	孙　晶

续表

序号	书　名	著译者
44	资本无界　道通天下	杨光玉
45	2016'中国—东盟研究蓝皮书——"一带一路"倡议下中国与东盟贸易研究	广东海洋大学东盟研究院
46	大学生领导力研究与开发	吴小云
47	模式创新	李世杰
48	自由贸易港研究蓝皮书	黄建忠　文　娟
49	中国税式支出的预算治理安排研究	乔燕君
50	农村小型金融机构如何获取可持续资金	程惠霞
51	政策法规评估的理论与实践	尚　珂
52	北京能源发展研究报告（2017）	北京能源发展研究基地
53	丝绸之路经济带发展报告：2017	马莉莉
54	孟中印缅经济走廊	马　博
55	融资租赁案例解析与实践指导	北京市汇融律师事务所零壹融资租赁研究中心
56	融资租赁法律风险防范指南	任立华
57	费石庄村调查（汉族）	王玉芬
58	分析与展望：中国中小微企业生存发展报告（2017—2018）	沈亚桂
59	农业潜史	刘秉芝
60	中国企业信用发展报告（2017 年卷）	中国合作贸易企业协会
61	区域经济学通论	丁生喜
62	中国石油流通行业发展蓝皮书（2017—2018）	孙仁金　董秀成　王文澜
63	熵变："后地产"时代的智慧经营方略	苏海云
64	深圳健康产业发展报告 2016	深圳市健康产业发展促进会
65	顾客为何而来——零售商如何通过差异化赢得顾客	揭　超
66	思想政治理论课教学手册	李赫男
67	打造个人品牌	蔡丹红
68	阿米巴团队激励	胡八一
69	特殊膳食用食品产业发展与质量安全	河北省食品检验研究院
70	《青少年理想体质综合评价体系研究（中学生）》	彭玉林
71	供给侧改革下的煤炭产销协同——枣庄矿业集团煤炭产销创新实践	满慎刚

续表

序号	书　名	著译者
72	中国焦化行业发展研究报告（2017—2018）	中国炼焦行业协会 山西焦化行业协会 山西汾渭能源开发咨询有限公司
73	2018 年初始条件注册会计师真题题库与答案详解：会计	北京尚德在线教育科技有限公司
74	审计理论与实务考点・真题・预测全攻略	欧阳华生
75	俄罗斯经济潜力与产业发展	蒋　随
76	网络经济发展水平监测指标体系及其对经济增长影响的研究——以陕西省为例	王满仓
77	中美农产品贸易比较研究	陈珏颖　刘合光　蔡鸿毅
78	中国住房保障理论实践和创新研究	周　江
79	互联网 + 建筑：产业转型升级路径研究	项　勇　冉先进　魏军林
80	人口老龄化背景下的税制演进趋向研究	吉尔克
81	凉山彝族舞蹈素材收集整理与研究	雷　睿
82	读心：管理一定要懂的心理学	李亚轩
83	股东价值之路	方　锐
84	中国创意产业发展报告（2018）	张京成
85	中国力量	李　锦　李　宁
86	区域金融稳定及其预警问题研究	李　飞
87	中国开放褐皮书（2016—2017）（精装版）	综合开发研究院（中国・深圳）
88	东南及中南地区少数民族服饰	少数民族服饰课题组
89	循环经济理论与实践	郭福利　马　歆
90	国际化知识与市场学习能力对市场适应性的影响机制研究	冯永春
91	母婴・中国	包亚婷
92	中国煤炭市场发展报告（2018）	曲剑午
93	中国铁建年鉴 .2015	《中国铁建年鉴》编委会
94	绿色发展革命	林智钦
95	马克思工资理论及现实意义	徐本华
96	物业经理日常工作细节	孙红丹
97	产业经济学	鲍宏礼
98	消费金融年度发展报告 2018	零壹财经
99	企业行动学习培训模式	周志明

续表

序号	书　名	著译者
100	炒股生命周期理论与实战	刘光富
101	中国“双创”金融指数(2018)	综合开发研究院（中国·深圳）
102	新机制（全彩图解版）	张晓东
103	企业战略风险识别、评估与应对研究	商迎秋
104	企业规模决策及其有效路径研究	刘　芳
105	管理就是抓绩效重考核（视频学习版）	狄振鹏
106	管理就是带团队（视频学习版）	张子凡
107	基于地理国情普查的湖北省主体功能区规划实施监测	余瑞林　罗　静
108	一年十倍的期货操盘策略（六）：经典操盘技巧	李俊峰
109	中国—中亚—西亚经济走廊	郭利华
110	中国经济增长与经济周期（2017）	刘树成　张连城　张 平
111	中国城市信用状况监测评价报告（2018）	国家信息中心中国经济信息网
112	海底捞 VS 呷哺呷哺：餐饮企业经营模式的选择与创新	龚其国
113	会销演讲（升级版）	彭　博
114	新经济与旧体制	综合开发研究院（中国·深圳）
115	银企关联、财务弹性与企业成长	张改清
116	中国特色社会主义政治经济学发展报告 2018	何爱平
117	产业集群治理自我选择机制研究：基于治理经济学的视角	安　岗
118	农村土地制度改革中农民集体成员权行使机制研究	陈扬众
119	民族地区公共管理案例	乌　兰　李沃源
120	微商 5.0——新零售业态下的实体微商（新微商系列）	蔡湫雨
121	加强能源国际合作研究	中国国际经济交流中心课题组
122	陕西宏观经济发展报告（2018）：聚焦“五新战略”，奋力“追赶超越”	任保平
123	猫和银行家	Nadir Mehadji
124	军队转业干部安置实用指南——梦回十日谈	梦回吹角连营
125	山东大众创业研究	刘险峰
126	产经风云	曾高飞
127	重庆市研发投入统计分析体系及制度建设研究	易小光　丁　瑶　邓兰燕
128	“直播 + 互联网”精彩的成长蜕变	宋江龙

续表

序号	书　名	著译者
129	客户经理日常工作细节	唐海燕
130	脂肪战争——体重管理的认知革命	陈博君
131	行为供应链博弈模型及其复杂性研究	李秋香
132	中央企业职业经理人制度建设年度报告（2017）	刘晓军
133	从创业到 IPO 的股权融资一本通	黄昶凯
134	政府和社会资本合作（PPP）政策法规实用大全	叶　宽
135	留法四十年（1978—2018）——为中国留法学人存档	总策划：成　辉　封松林　曹　纬
136	河南省能源互联网发展研究	华小鹏
137	高新技术企业海外直接投资技术创新效应研究——基于中关村企业的分析	范　丹
138	基本医疗保险最优支付水平研究	鲍震宇
139	企业与公司治理理论研究	剧锦文
140	社会主义工作价值观的时代构建	刘　宁
141	河南省软件和信息服务业发展研究	臧振春
142	土地供给制度影响中国房价研究	曹　飞
143	跨境电商与多语言服务创新型人才培养：四川外国语大学学生创业案例集	张季菁　秦　勇
144	管理就是用好你身边的人	杨大川
145	民族经济学四十年	黄健英
146	正合管理会计学	张孝林　徐　辉
147	金鼎“5S”管理手册	彭　龙
148	四川省城市交通基础设施与区域经济相关耦合性研究	项　勇　李世杰　黄佳祯
149	国家统一法律职业资格考试：命题人 400 题 2018（全三册）	桑　磊
150	把脉经济与金融（2018）	苏　剑　任　莉
151	旅游大数据研究	黎　巎
152	解密操盘	孙　清（笔名江海）
153	G20 能效引领计划研究	张建国　白　泉
154	读绘本 玩创意——16 个有趣的儿童绘本延伸手工活动	董晓芳　潘金梅
155	供给侧结构性改革与中国经济发展	方福前

续表

序号	书　名	著译者
156	经世济民　雏凤清音——2017 年教育部“国家经济学基地人才培养基地”优秀论文集	西北大学经济管理学院“国家经济学基础人才培育基地”
157	国际志愿者服务教程	《国际志愿者服务教程》编委会
158	平台经济新战略	李　宏　孙道军
159	游资操盘手法与操盘实录	邵道明
160	食品供应链风险形成微观机理与防控机制研究	刘永胜
161	小公司股权融资全案	韩中华
162	IBM SPSS 统计分析与应用	钟海燕
163	博弈论及其在经济管理中的应用	郑长德
164	年度经营计划制订与管理	水藏玺　吴平新
165	开拓者的丰碑	秦　汉
166	中国产权交易资本市场经典案例	中国产权协会
167	世界级城市群与京津冀协同发展	陆小成
168	“一带一路”倡议下中国企业走出去	陈　祥
169	中国金融市场二十年——热点问题研究文集	许均华
170	北京文化创意产业功能区发展报告（2017）	北京市国有文化资产监督管理办公室
171	中国产业金融蓝皮书（2018）：中国产业金融发展指数报告	综合开发研究院（中国·深圳）
172	解读基金——我的投资观与实践（修订版）	季凯帆
173	极简企业史——中国商业文明的一种记忆（1978—2018）	何　丹　钱跃东　毛　洺
174	2018 中国企业跨境并购年度报告（精装版）	易界（DealGlobe） 工业和信息化部国际经济技术合作中心
175	交通网络、产业集聚、城市群耦合与协调发展研究	余　沛　谢　博　侯海涛
176	产业共生的医疗废弃物回收网络稳定性研究	聂　丽
177	国际互联网金融产业研究报告（日本篇）	杨纪成
178	能源供需两侧结构性改革初探	王仲颖　张有生　苏　铭
179	气候变化的宏观经济分析	李　宾
180	农业科技英语文献阅读	龚维国
181	决胜交易——如何在市场中获利	栾志乾
182	责任时代：变革与创新（上、下册）	孙继荣
183	中国可再生能源产业发展报告 2018	国家可再生能源中心 国家发展和改革委员会能源研究所可再生能源发展中心

续表

序号	书名	著译者
184	全面深化改革样本	潘治宏　贾存斗
185	中美产业创新能力比较分析——以生物医药产业为例	王晓珍
186	外国经济学说与中国研究报告（2018）	程恩富　华桂宏
187	社会主义现代化强国的能源绿色转型之路	张有生　高　虎　杨　晶
188	寻找百倍医药股	凯恩斯
189	宏观经济学——中国案例分析	刘吉双　蔡柏良　王　芳
190	民族地区利用外商直接投资研究	刘秀玲
191	性格与投资	潘添礼
192	中小企业法律风险防范指南	上海市中小企业发展服务中心
193	青藏高原东部草原生态建设补偿区域的优先级判别研究——以玛曲县、若尔盖县、红原县、阿坝县为例	宗　鑫
194	2019 国家统一法律职业资格考试系列用书：命题人讲主观题（全七册）	桑　磊
195	15 世纪以来世界人文社会科学人才年龄与成果的时空分布研究	崔　璐
196	辩证经济学：解构卅大经济悖论	周扬明
197	股票期权实战绝杀技法	连　升
198	相互保险：创新保险新方式	陈　辉
199	企业中台，成就智慧品牌	百胜智库
200	商社就是天网	白益民

管理干部学院

【概况】 石油化工管理干部学院（简称管理干部学院）是集团公司高层次人才培训基地，集党校、人才培训中心、远程培训中心和信息技术培训中心于一体，2011 年被评为国家级专业技术人员继续教育基地。

管理干部学院于 1985 年筹建，1987 年正式成立，2004 年迁入现址（北京市朝阳区立水桥北甲 1 号），占地 103 亩（6.87 万平方米），建筑面积 5.24 万平方米，可同时容纳 829 名学员在校学习。另在朝阳区安翔北里（健翔桥）设有分校区，建筑面积 1.6 万平方米，可同时容纳 230 名学员在校学习。截至 2018 年底，管理干部学院设有 12 个部门：院长办公室（校长办公室、党群工作部、纪检监察部、党委宣传部）、人事处（党委组织部）、行政管理处、财务资产处、教务处（外事办公室）、科研管理处（院研究中心、中国石化人力资源研究中心）、管理培训部（党建培训部）、技术培训部、国际化经营培训部、远程培训技术部、信息资源中心、后勤服务中心；建立了较为完备的专兼职教师队伍，聘任的客座教授和兼职教师包括集团公司党组领导，两院院士，高层管理人员和技术专家，国内外著名高校、教育培训和科研机构的专家学者等。

管理干部学院的功能定位是：集培训、研究、咨询于一体的集团公司高层次人才培训基地，在承担高层经营管理人才、高层次专业技术人才、国际化人才培训任务的同时，加强对区域性培训中心、专业化培训基地和直属单位培训机构的业务咨询和指导，发挥好在人才培训、基地建设、课程和教材体系建设、培训理论研究等方面的引领和示范作用。主要承担 4 类培训任务：①高层经营管理及后备人才培训，重点培训总部职能部门和直属企事业单位的领导干部、中青年后备干部及部分中层干部；②高级专业技术人才培训，重点培训油气勘探开发、炼油化工、工程建设、科研、销售等领域的各类专家及青年骨干人才；③国际化经营人才培训，重点培训国际勘探开发、国际石油工程、国际炼化工程、国际贸易等领域的经营管理、专业技术人员和外籍员工；④培训者培训，重点培训各直属企业的培训管理人员和培训机构的专兼职骨干教师。

2018 年是贯彻党的十九大精神开局之年，是落实集团公司人才强企工程开局之年，同时也是落实管理干部学院“十三五”发展规划和推进培训工作创新与提升的关键之年。管理干部学院全面贯彻党的十九大精神，以习近平新时代中国特色社会主义思想为指引，认真落实集团公司年度工作会议精神，以及“两个三年、两个十年”战略规划、人才强企工程等重大决策部署，切实履行“两个服务”使命，谋创新、筑基础、强能力，着重以价值引领推动培训工作高质量发展，圆满完成全年主要目标任务，为集团公司提供有力的人才培养支撑。

管理干部学院培训情况统计见图 1。

（苏丽静）

【党的十九大精神宣贯培训成效显著】 2018 年，管理干部学院把推动习近平新时代中国特色社会主义思想和党的十九大精神在集团公司的学习宣传贯彻作为培训任务的重中之重，发挥“网上党校”的辐射作用，设立习近平新时代中国特色社会主义思想和十九大精神学习专区，不断丰富课程资源并开展互动学习，专区成员达 3 727 名，访问量超 2.4 万人次，宣贯培训覆盖面更加广泛。

（苏丽静）

【管理党建类培训力度持续提升】 2018 年，管理干部学院按照“八个本领”“五大思维”和“三强”的要求，突出政治标准，塑造企业家精神、专业精神，培养高素质专业化领导干部，着力构建正职、副职、后备、战略后备“四类对象层次”，适应—胜任—优秀—卓越“四级提升阶梯”，问题—立题—破题—解题“四环思路链条”的干部教育培训框架体系，成功举办“三强”领导干部能力提升、“三强”中青年干部能力提高、“三强”年轻干部能力强化、青年干部综合能力提升示范班、“优才”综合能力培养实验班等“三强”系列培训项目，以及直属单位纪委书记培训班、新任总会计师培训班、营销领域高级专业人才培训班、金融领域高级专业人才培训班等专题培训项目。顺利完成第 66 期和 67 期党校班、海外项目经理思想政治教育轮训班等党建类培训班。

（苏丽静）

【技术类培训价值链延伸海外】 2018 年，管理干部学院整合工程建设公司、石油化工科学研究院、抚顺研究院和齐鲁石化的专家与资源，举办马来西亚石油公司渣油加氢关键岗位技术人员培训班，全面系统讲授渣油加氢装置的工艺技术、基本理论及操作，开 EPCC 炼化工程实施技术和操作培训之先河，首次将培训价值链延伸至海外。

（苏丽静）

【开发“一带一路”区域市场开拓与项目管理（系列）研讨班】 2018 年，管理干部学院为服务于中国石化的海外整体格局战略发展，以“一带一路”重点发展区域的各业务板块的共性问题和协同发展为基础，以“区域业务价值创造”为导线，开发“一带一路”区域市场开拓与项目管理（系列）研讨班，尝试市场开拓和项目管理业务阶段培训模块融合系统培训模式。

（苏丽静）

【学用转化理论实践再上新台阶】 学用转化理论研究进一步深化，形成学用转化通用模型，以及以解决问题为导向、以提升能力为导向、以培养价值观为导向 3 类培训项目学用转化子模型和相应的指导案例。促进学用转化的培训模式与方式方法进一步推广，在领导人员党的十九大精神研讨班中首次采用结构化研讨，在技术类培训中推广应用行动学习、“带着问题研讨交流式”“现场问题诊断式”现场教学，在海外项目经理培训、党校班中推行教练技术等，边研究边实践的学用转化模式形成较好的示范效应。

（苏丽静）

【积极打造活跃开放培训生态圈】 2018 年，管理干部学院坚持强沟通、搭平台、多交流原则，积极“走出去”开辟新途径，代表中国石化加入中国企业高管培训发展联盟，组织调研中化集团等 7 家企业培训机构，组织参加“中央企业人才培养荣誉体系”奖项评选，派员参加美国人才发展协会（ATD）国际会议、世界继续工程教育大会，同时努力“引进来”扩大朋友圈，邀请休斯敦大学、集团公司党组领导、院士等高端师资来院授课。

（苏丽静）

【培训体系建设稳步推进】 2018 年，管理干部学院启动培训质量手册 2.0 版编制工作，挖掘高端师资资源，建立相对稳定的合作关系，探索出“五步法”等聘请高端师资的有效方法。努力拓展现场教学基地，与古田干部学院、梁家河干部学院、大别山干部学院及中国石油、中国海油等多个技术培训现场教学基地开展合作。

（苏丽静）

【远程培训扎实推进】 2018 年 2 月，管理干部学院远程培训系统三期建设项目上线，11 月通过集团公司验收，系统融入“互联网 + 培训”理念，基于中国石化私有云平台、微服务架构进行全新构建，应用多项先进技术，实现岗位培训、学习专区、培训管理、资源管理等多类培训学习功能，呈现出培训管理规范化、学习内容体系化、学习方式多样化、学习分析智能化等特点。系统整体运行平稳，各项运行指标逐步攀升，截至 2018 年底，全年在线学习总时长达 1 141.1 万小时，在线考试参加人次逾 76 万。全年，网络学院新增课件 5 777 门，发布培训班 16 106 期次。

利用职工教育研究会、手机报、微信等多个平台开展宣传，通过在线课堂、学习专区等进行线上应用推广，逐步扩大网络学院的影响力和知名度，面向系统管理人员和培训管理人员组织 20 期应用培训，参加学员达千余名，覆盖集团公司所有直属单位和总部机关部门。配合线下培训完成 3 个网上重点培训项目，协助集团公司及 115 家直属单位导入并发布 2018 年培训计划项目 1 万多个，配合人事部、法律部等总部部门开展专项活动和在线培训，其中“七五”普法专项活动线上累计学习达 243 万人次、总学习时长超过 50 万小时。

（苏丽静）

【重点课题研究成果显著】 2018 年，管理干部学院开展 3 项集团公司级课题研究工作，其中，2 项顺利通过评审。评审会专家评审党建类课题《推动全面从严治党向基层延伸强化国有企业党组织政治功能》研究成果达到国内同行领先水平，对强化国有企业党组织政治功能，推动国有企业基层党建工作全面进步、全面过硬具有重要指导价值；技术类课题《基于公司战略的创新型炼油工艺专业技术人才培训对策》研究思路清晰、方法科学，继承与创新结合、理论与实践结合，具有较强的引领性、实用性和可操作性，课题研究成果达到国际领先水平。

（苏丽静）

【积极推进人力资源开发与管理课题研究】 2018 年，管理干部学院组织编制中国石化员工绩效管理手册、直属单位绩效管理实践案例，开发国内外先进企业绩效管理标杆案例，取得阶段性成果；继续深化《中国石化员工绩效管理》和《中国石化高层次人才成长规律及培养措施建议》；围绕纪念改革开放 40 周年，积极参与《中国国资企业改革发展 40 年》书稿撰写工作。

（苏丽静）

【科研咨询引领作用显著】 2018 年，管理干部学院紧紧围绕培训发展趋势和面临的新情况新问题，组织完成院级科研项目 11 项、案例项目 11 项，出版学术著作 1 部，新立院内科研项目 23 项，组织编写培训教材 1 部，发表论文 54 篇，编发《培训参考》13 期，利用学院培训平台积极开展企业咨询，结合地球物理公司转型发展、胜利油田公司模式培训基地建设，提供相关培训项目开发服务。组织召开 2018 年华北、华东、西南职工教育研究会培训工作研讨会，合作开展课题研究 30 项，发表学术论文 60 篇。组织申报中国石化第 27 届管理现代化创新成果 3 项，并首获一等奖。

（苏丽静）

【夯实人才队伍建设】 2018 年，管理干部学院坚持系统思维，加强顶层设计和机制建设，制订人才强院工程战略规划和行动方案，围绕“三项制度”改革方案和分步计划，优化调整学院机构，完善竞争性选拔制度，进一步发挥专家引领示范作用，深化推进专职教师培养，推行青年骨干教师轮岗制度。

（苏丽静）

【完善课堂风险防控措施】 2018 年，管理干部学院针对主要政治风险与廉洁风险进行分类定级，持续完善课堂风险防控措施。严把讲台纪律关，加强授课内容的审核和课堂监督，突出政治要求，同时与学员签订廉洁自律承诺书，加强对学员政治纪律、廉洁纪律的要求。

（苏丽静）

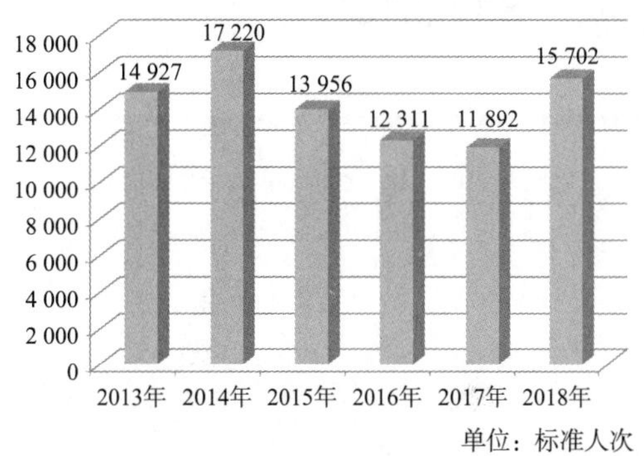

图 1　管理干部学院培训情况统计

注：统计口径为标准人次，每人培训 10 天为 1 个标准人次

人　物

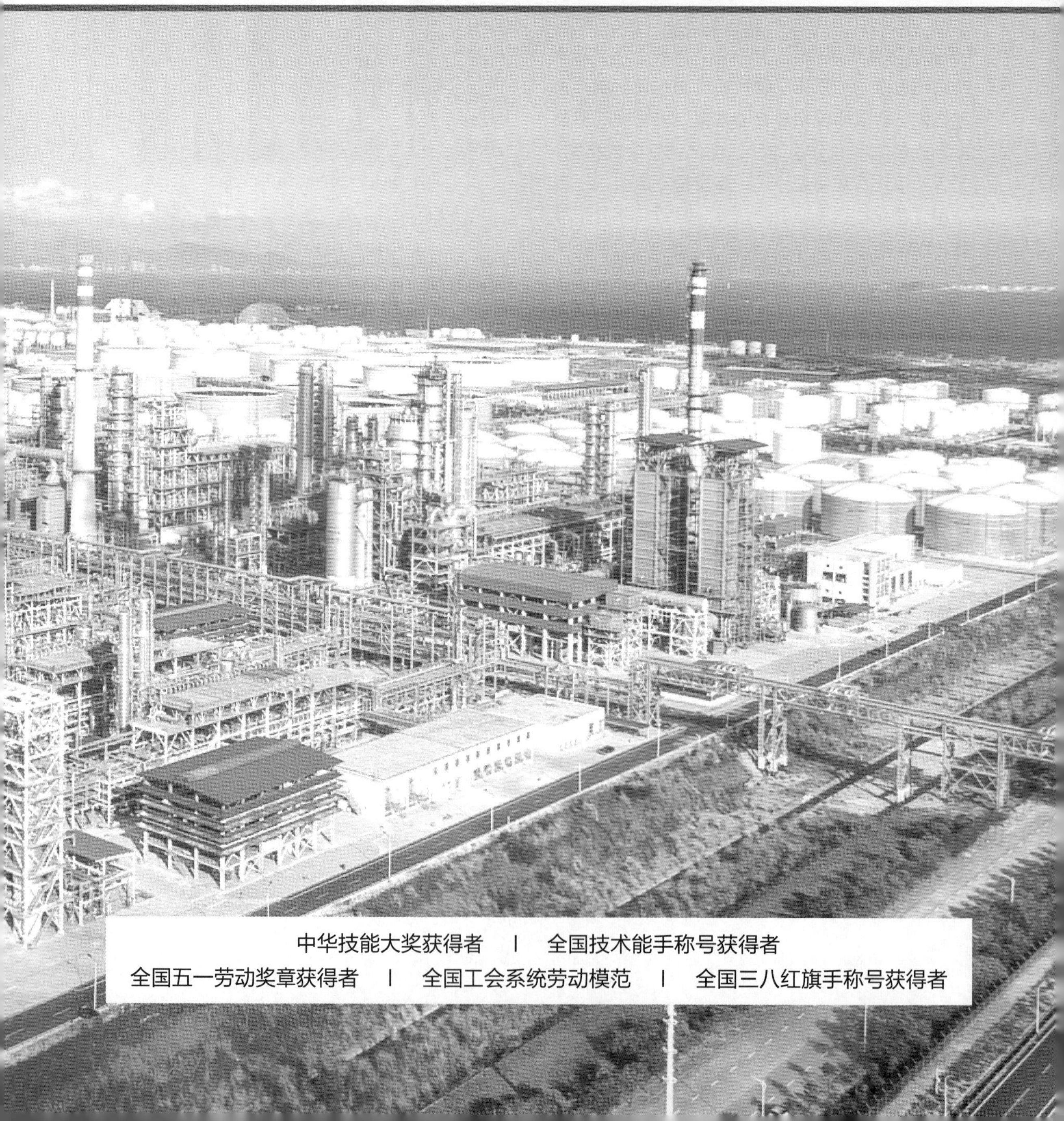

中华技能大奖获得者 ｜ 全国技术能手称号获得者

全国五一劳动奖章获得者 ｜ 全国工会系统劳动模范 ｜ 全国三八红旗手称号获得者

中华技能大奖获得者

【田　明】男，汉族，1965年12月出生，本科学历，中共党员，1985年参加工作，江苏油田井下作业高级技师，中国石化技能大师。工作33年来，田明先后完成“射孔测试联作工艺压力计过载保护技术”等革新成果92项，获授权专利34件；创新的连续油管修井、测井、切割等系列技术，打破国外技术垄断，在吉林、冀东、渤海钻探运用推广；独创的“试油测试技术”获2014年度国家科技进步二等奖，创效6 800万元。创建的国家级技能大师工作室先后培养中央企业技术能手1人，中国石化技术能手5人，高级技师、技师30多人，为企业技能人才队伍建设做出突出贡献。先后获中国石化技术能手、全国技术能手、全国五一劳动奖章、全国劳动模范、全国最美职工、全国岗位学雷锋标兵、江苏省时代楷模等荣誉称号，享受国务院政府特殊津贴。2018年获第14届中华技能大奖。

（丁新兴）

【张恒珍】女，汉族，1969年10月出生，大专学历，中共党员，1994年参加工作，茂名石化乙烯装置操作工高级技师，中国石化技能大师，党的十九大代表，十三届全国政协委员。张恒珍从只有中专学历的普通女工成长为全国乙烯行业技术“大拿”、石化“工匠”，关键时候能“一锤定音”解决生产技术难题的操作大师，创造了40多万次操作、零差错的纪录。她先后参与完成裂解装置重大科技攻关项目60多项，提出并参与解决影响裂解装置长周期运行效率的瓶颈问题136项，为企业直接创造效益超2亿元，独创茂名乙烯“1#裂解装置分离系统张恒珍操作法”，编写中国石化乙烯装置操作工分离系统工艺培训教材近8万字，带徒50多人。先后获全国技术能手、全国五一劳动奖章、全国能源化工系统五一劳动奖章、全国“巾帼建功”标兵、首届“加油中国·传承铁人”十大年度人物、全国优秀党员、全国三八红旗手等荣誉称号，享受国务院政府特殊津贴。2018年获第14届中华技能大奖。

（丁新兴）

全国技术能手称号获得者

【沈　霁】男，汉族，1984年1月出生，籍贯江苏东台，大学本科学历，中共党员，2001年参加工作，华东油气分公司采油气首席技师，中国石化技能大师。他建立采油创新工作室，带领团队解决生产难题百余项，研制出“抽油机智能控制柜”“移动式油井自洗计量装置”等15项技术成果，获授权国家专利5件。2006年获中央企业职工技能大赛采油工决赛银奖。先后获中央企业技术能手、江苏省青年岗位能手、江苏省新长征突击手标兵、中国石化青年成长成才典型、全国青年岗位能手、最美石化一线青工百强、江苏省企业首席技师、江苏工匠等称号，2016年享受国务院政府特殊津贴。2018年获全国技术能手称号。

（丁新兴）

【都亚军】男，汉族，1975年7月出生，籍贯河南内黄，大学本科学历，中共党员，1995年参加工作，中原油田采油工艺首席技师。创建“都亚军创新工作室”，组建高技能人才团队解决现场技术难题620余项，被授予河南省示范性劳模创新工作室称号。2010年获中国石化职业技能竞赛采油工金奖第1名，研制出“防窃气增效一体化管柱”等技术成果83项，获授权国家实用新型专利23件，在国家期刊发表专业论文11篇。先后获全国五一劳动奖章、中央企业技术能手、中国石化岗位练兵标兵、河南省中原技能大奖、河南省中原大工匠等荣誉称号，2016年享受国务院政府特殊津贴。2018年获全国技术能手称号。

（丁新兴）

【张思豪】 男，汉族，1968年9月出生，籍贯江苏启东，大学学历，中共党员，1989年参加工作，金陵石化首席技师和中国石化技能大师。近5年技改及合理化建议成果奖达130余项。在系统内26次解决催化装置异常故障。他主持的金陵石化大师工作室开展关键主题活动78次、难题攻关31次，其中总结的催化装置7项关键参数优化控制增效1.8亿。先后获南京市劳动模范、江苏省技术能手、中国石化技术能手等称号，2011年入选江苏省“333高层次人才培养工程”，2012年享受国务院特殊津贴。2018年获全国技术能手称号。

（丁新兴）

【张志华】 男，汉族，1968年8月出生，籍贯浙江绍兴，大专学历，中共党员，1988年参加工作，江汉石油工程公司高级技师，中国石化技能大师。他发扬工匠精神，勇于探索，在实干中创新，自主完成创新成果42项，获省部级创新成果奖6项、获授权国家专利10件，累计创造经济效益1.2亿元。先后获中国石化技术能手、全国石油石化系统创新先进人物、湖北省首席技师、全国五一劳动奖章等荣誉称号，享受湖北省政府专项津贴。2018年获全国技术能手称号。

（丁新兴）

全国五一劳动奖章获得者

【郭金芝】 女，48岁，中共党员，北京石油分公司快洁加油站站长，先后获中国石化销售企业“比学赶帮超”活动优秀便利店营业员标兵、北京石油分公司先进工作者、首都劳动奖章等荣誉称号。多年来，她以站为家，坚持客户至上，管理严格，带领员工一起拓市创效，服务首都客户，坚持以服务创品牌，以服务创效益，精心打造品牌加油站，以“严、细、实”的管理模式，实现客户员工“双满意”。她抓住“油非互促”契机，加大对员工的培训力度，完善奖励机制，双管齐下，不断提升非油品销售额。她深挖内潜、优质管理，制定出加油过程“十三步曲操作”，通过规范、礼貌的操作，有效提升服务效果。在管理上，她绝不松懈，工作中，她一丝不苟，严于律己，亮出党员身份，带动和带领员工一起向前，要求员工不仅能干好本职工作，更要成为守规矩、技能强、业务精、素质高的复合型人才。她坚持开展“五必谈五必访”，加强站内“家文化”建设，提升企业的凝聚力和向心力。郭金芝利用员工活动室，开展业务技能、专业知识培训，持续开展师带徒活动，不断提升站内全员工作水平，培养一大批业务骨干。

（谢梓峰）

【王　涛】 女，43岁，胜利油田油田化学高级专家，兼任中国科协八届九届全国委员会委员、山东省科协副主席、山东省十三届人大代表和东营市八届政协委员、山东石油学会油田化学专业委员会委员。先后获全国五一劳动奖章、国家孙越崎青年科技奖、山东省女职工建功立业标兵等荣誉称号。她长期在科研一线从事油田化学领域提高采收率技术研究工作，先后主持承担14项国家及省部级科技攻关项目，首次提出“进得去、堵得住、能移动”的深部调驱体系设计理念和“CO_2驱非水防窜”研究设想，在新型驱油聚合物合成、堵水调剖剂研发、CO_2驱防窜剂研制、纳米自适应智能调驱体系等方面取得重要进展。研究成果CO_2驱气溶性发泡剂在国内外首次实现矿场应用，并取得良好封窜效果；聚合物微球、乳液聚合物、新型功能聚合物等驱油技术实现矿场规模化应用，创造数亿元的经济效益，为胜利油田特高含水期提高采收率事业做出重要的贡献。获省部级科技进步奖4项，局级科技进步奖9项，获授权国家发明专利17件，发表科技论文40余篇。

（谢梓峰）

【于　健】 男，45岁，中共党员，齐鲁石化公司烯烃厂裂解车间首席操作师。先后获集团公司技术能手、山东省富民兴鲁劳动奖章等荣誉称号。

他在齐鲁乙烯装置“心脏”——压缩机岗位上默默奉献了25年，了解每一台压缩机的秉性，积累了丰富的操作经验，逐步成长为齐鲁乙烯装置压缩机操作专家。2016年，他紧盯压缩机管理，先后高质量完成大机组TTV阀微动试验、油路储压器检测等工作，妥善处理GB-1201波动等生产事件，避免了装置停车事件的发生，为压缩机经济运行奠定基础。他像爱惜自己眼睛一样精心守护着乙烯装置，解决GB-1201裂解气压缩机润滑油箱带水等10余项危及压缩机组安全运行的生产隐患，当年生产乙烯870 875吨，创下装置投产30年来的最高纪录。他先后完成DA-203填料清洗回装、GB-1201段间换热器更新扩容、GB-501/GB-601/GB/801调速系统升级改造、安全阀隐患治理等多项重点检修项目，为齐鲁石化提质增效，率先打造一流炼化企业做出突出贡献。

（谢梓峰）

【陈尧焕】 男，56岁，中共党员，1985年华东化工学院毕业，北海炼化执行董事、总经理、党委副书记。他围绕公司生产经营难点，着力消除发展瓶颈，破解发展难题。2017年投资重点项目建设费用1.78亿元，完成炼油结构调整项目可行性研究报告、5万吨级石化码头及库区工程可研方案的编制、S-Zorb项目建设及58项技改技措、隐患治理项目，为企业的降本增效、节能降耗和可持续发展提供强有力的科技支撑。面对经济发展新常态，他坚持“拓市场、抓优化、强管理、降成本、控风险”，狠抓平稳生产，强化基础管理，推进结构调整，聚焦提质增效。通过优化原油采购，增效6 000万元以上；优化产品结构，全年增收2.7亿元。实行精细化管理，全年节约物资采购资金3 013.13万元；加强资金运作，实现利息增收2.2亿元。公司连续6年实现安全生产无事故。2017年北海炼化加工原油650.03万吨，实现营业收入325.8亿元，上缴国家税金139.59亿元，利润总额31.26亿元，在中国石化25家大中型炼厂排名第7位，人均劳效排名第2位，带动了广西地区石化产业发展实现重大突破，为推动广西北部湾经济区开放开发做出突出贡献。

（谢梓峰）

全国工会系统劳动模范

【杨文代】 男，53岁，中共党员，中原油田油气储运中心党委副书记、纪委书记、工会主席。先后获油田信访稳定工作先进工作者、反邪教工作先进个人、提案落实工作先进个人等称号。杨文代工作中紧紧围绕党委中心工作，发挥工会工作“四项职能”，组织开展“五项劳动竞赛”、业务技能竞赛、“安康杯”竞赛和工人先锋号创建等活动，激励广大职工立足岗位建功立业；推进以区域化工建为主要内容的基层工会建设，承担工建研究课题，为开创油田外部市场工会工作的“共建、共享、互动”格局打下坚实基础；推行“明、选、立、促、推”为内容的职工创新“五字”工作法，解决生产经营中的实际问题；持续加强“应急帮扶暖人心、结对帮扶聚真心、日常帮扶送爱心”的帮扶体系建设，全面推进帮扶工作，统筹资源、搭建平台，构架“大帮扶”工作格局；坚持队伍走到哪里，工会组织就建到哪里，基层工会组织健全率和员工入会率均达100%。坚持集中考核与日常考核相结合、群众评议与党政评价相结合，让会员代表对建家情况进行民主评议，有力推动基层工会工作重心下移和桥梁纽带作用发挥。

（谢梓峰）

全国三八红旗手称号获得者

【谢　莉】 女，45岁，中共党员，长岭炼化工会副主席兼总经理办公室主任。先后获全国优秀共青团干部、中国石化工程建设先进个人、湖南省青年工作先进个人标兵称号，荣立湖南省一等功。她怀揣着“我为祖国献石油”的梦想，积极投身于石油石化的经济建设事业，扎根于一线的管理。任职团委书记时，她致力于青年人才工程建设，创建“青年夜校”“青年岗位课堂”，开展技能比武活动，有效带动激励年轻人成长成才，成为骨干。任工会副主席期间，积极弘扬工匠精神、劳模精神，组织开展劳动竞赛活动、劳模创新工作室创建活动，坚持走互联网 + 工会工作的创新之路，于2014年10月在中国石化系统内率先上线“长岭炼化职工之家”微信公众号，阅读总量达300万人次，并连续获2015年度、2016年度全国工会系统最具影响力新媒体百强。兼任总经理办公室主任职务后，以打造高效的行政管理中心和优质的服务中心为目标，强化“管理、协调、服务”3项职能，全力保障公司全局工作协调有力，坚持做好督察督办工作，强化各单位和各部门的工作执行力，推动长岭炼化生产经营业绩持续走好。

（谢梓峰）

【张恒珍】 女，50岁，中共党员，茂名分公司化工分部裂解车间压缩分离班长、公司首席技师。先后获全国技术能手、全国巾帼建功标兵、全国五一劳动奖章、全国优秀共产党员等荣誉称号，当选为党的十八大代表、十九大代表，并成为十九大主席团成员，享受国务院政府特殊津贴。2016年，被中央宣传部树为弘扬石油精神先进典型。先后参与完成高压脱丙烷塔、低压脱丙烷塔两塔聚合物堵塞、丙烯塔塔顶冷凝器泄漏等裂解装置重大科技攻关项目60多项，提出并参与解决影响裂解装置长周期运行的瓶颈问题136项，为企业直接创造效益超2亿元。始终保持石化工人本色，坚守生产一线，装置大修、开汽和重大技术攻关的关键时候，常常连续多天坚守现场，每年累计义务献勤100多天。同时，她非常热心“传帮带”，将自己的绝技倾囊相授，工作以来带徒51人，一大批徒弟已成为行业技术操作骨干，其中有6人取得高级技师资格、28人取得技师资格，为企业可持续发展做出突出贡献。

（谢梓峰）

统计资料

表 1 集团公司主要经济指标

项　目	计算单位	2018 年	2017 年	2016 年	2015 年	2014 年	2013 年
工业总产值（现价）	亿元	18 096.03	15 038.03	12 569.98	14 112.26	19 266.79	19 642.70
实现利税总额	亿元	4 168.76	3 831.05	3 747.11	3 920.11	3 662.55	4 050.61
其中：利　润	亿元	967.38	582.05	529.03	621.22	788.53	1 148.15
年末职工总数	万人	61.58	64.72	66.33	56.58	57.75	59.79
工资总额	亿元	692.03	592.29	548.80	494.98	518.28	510.41
营业收入	亿元	29 368.41	24 003.18	19 692.20	20 472.72	28 899.34	29 450.75
资产总值	亿元	22 600.94	22 566.98	21 593.91	20 585.08	22 283.66	21 369.23
负债总值	亿元	11 714.91	11 781.32	10 864.91	10 055.29	12 777.07	12 340.72
其中：流动负债	亿元	7 838.01	8 424.28	7 280.88	6 565.09	8 168.71	7 399.45
非流动负债	亿元	3 876.89	3 357.04	3 584.03	3 490.19	4 608.37	4 941.27

表2　　集团公司主要产品产量及占比（一）　　单位：万吨

项　目	2018年	2017年	2016年	2015年	2014年	2013年
原　油						
集团公司	3 506.03	3 505.36	3 565.51	4 173.74	4 378.47	4 378.01
全行业	18 910.60	19 150.61	19 942.40	21 458.60	21 142.90	20 991.90
占比 /%	18.54	18.30	17.88	19.45	20.71	20.86
天然气 / 亿立方米						
集团公司	275.75	257.38	215.90	206.96	201.72	186.97
全行业	1 602.70	1 480.35	1 358.60	1 339.50	1 301.60	1 208.60
占比 /%	17.21	17.39	15.89	15.45	15.50	15.47
原油加工量						
集团公司	24 596.39	24 012.24	23 732.03	23 828.84	23 697.71	23 369.76
全行业	60 357.00	56 537.80	54 078.60	52 634.80	50 278.58	47 769.53
占比 /%	40.75	42.47	43.88	45.27	47.13	48.92
成品油总量						
集团公司	15 479.77	15 066.29	14 916.65	14 838.24	14 622.72	14 085.76
全行业	36 034.00	35 825.11	34 776.00	33 967.60	31 825.21	29 558.56
占比 /%	42.96	42.06	42.89	43.68	45.95	47.65
汽　油						
集团公司	6 115.93	5 702.59	5 636.00	5 398.22	5 122.12	4 594.11
全行业	13 887.70	13 276.19	12 895.60	12 157.00	11 066.62	9 824.40
占比 /%	44.04	42.95	43.70	44.40	46.28	46.76
煤　油						
集团公司	2 891.45	2 688.09	2 546.57	2 435.17	2 074.51	1 743.37
全行业	4 770.30	4 230.90	3 983.80	3 658.60	3 001.09	2 513.83
占比 /%	60.61	63.53	63.92	66.56	69.13	69.35
柴　油						
集团公司	6 472.39	6 675.61	6 734.09	7 004.86	7 426.08	7 748.29
全行业	17 376.00	18 318.02	17 896.60	18 152.00	17 757.51	17 220.33
占比 /%	37.25	36.44	37.63	38.59	41.82	44.99
燃料油						
集团公司	223.44	154.17	156.91	228.51	359.48	424.42
全行业	2 024.10	2 408.90	2 711.70	2 506.20	2 479.11	2 583.80
占比 /%	11.04	6.40	5.79	9.12	14.50	16.43

注：全行业数据来源国家统计局

表 3　集团公司主要产品产量及占比（二）　单位：万吨

项　目	2018 年	2017 年	2016 年	2015 年	2014 年	2013 年
乙　烯						
集团公司	1 151.15	1 160.97	1 105.86	1 111.79	1 069.78	997.98
全行业	1 840.97	1 821.84	1 779.41	1 714.60	1 696.70	1 599.30
占比 /%	62.53	63.73	62.15	64.84	63.05	62.40
纯　苯						
集团公司	425.30	415.55	400.08	402.81	399.54	374.53
全行业	827.62	790.26	803.85	785.47	734.35	716.71
占比 /%	51.39	52.58	49.77	51.28	54.41	52.26
精甲醇						
集团公司	504.43	393.51	115.17	69.10	68.43	53.22
全行业	4 756.01	4 624.04	4 229.91	4 002.25	3 702.54	2 964.27
占比 /%	10.61	8.51	2.72	1.73	1.85	1.80
醋　酸						
集团公司	24.20	27.34	14.75	3.60	7.50	
全行业	616.42	607.99	589.90	586.97	578.24	438.30
占比 /%	3.93	4.50	2.50	0.61	1.30	
合成氨						
集团公司	102.60	110.12	114.95	96.90	95.50	115.94
全行业	4 611.55	4 946.26	5 190.82	5 854.65	5 690.17	5 806.57
占比 /%	2.22	2.23	2.21	1.66	1.68	2.00
氮肥（折合氮 100%）						
集团公司	18.41	18.32	18.14	16.14	30.71	68.71
全行业	—	—	4 458.80	4 838.80	4 650.88	4 816.09
占比 /%	—	—	0.66	0.66	0.66	1.43
尿素（实物量）						
集团公司	—	—	—	—	9.27	91.78
全行业	5 093.81	5 548.43	6 298.33	7 453.46	6 965.85	7 207.64
占比 /%	—	—	—	—	0.13	1.27

注：全行业数据来源国家统计局

表 4　　集团公司主要产品产量及占比（三）　　单位：万吨

项　目	2018 年	2017 年	2016 年	2015 年	2014 年	2013 年
合成纤维原料						
集团公司	639.77	654.90	647.71	634.80	572.46	626.33
全行业	4 917.26	4 334.85	3 889.36	3 572.44	2 219.05	2 152.91
占比 /%	13.01	15.11	16.65	17.77	25.80	29.09
合成纤维聚合物						
集团公司	318.99	313.49	302.56	285.39	284.29	328.79
全行业	1 722.21	1 590.80	1 596.33	1 647.74	1 662.59	1 709.76
占比 /%	18.52	19.71	18.95	17.32	17.10	19.23
合成纤维						
集团公司	123.75	124.01	126.04	129.57	133.13	141.03
全行业	4 562.66	4 236.16	4 265.41	4 384.58	3 958.04	3 783.97
占比 /%	2.71	2.93	2.95	2.96	3.36	3.73
锦　纶						
集团公司						
全行业	330.37	313.79	305.90	305.89	255.60	235.16
涤　纶						
集团公司	101.97	100.60	100.37	100.77	105.30	109.30
全行业	4 014.87	3 701.52	3 752.75	3 839.98	3 471.98	3 348.93
占比 /%	2.54	2.72	2.67	2.62	3.03	3.26
腈　纶						
集团公司	19.32	20.77	23.29	26.95	25.73	29.27
全行业	61.45	73.60	71.99	72.53	67.56	69.43
占比 /%	31.44	28.22	32.35	37.16	38.08	42.15
维　纶						
集团公司	1.98	2.05	1.83	1.34	1.62	1.79
全行业	10.08	10.34	8.72	7.15	11.07	10.09
占比 /%	19.64	19.83	20.99	18.78	14.67	17.72
丙　纶						
集团公司	0.22	0.36	0.36	0.37	0.35	0.57
全行业	34.78	34.00	25.31	23.15	26.07	26.93
占比 /%	0.63	1.06	1.43	1.60	1.36	2.11
其他（全行业）	111.11	102.91	100.74	135.88	125.75	93.42

注：全行业数据来源国家统计局

表 5　集团公司主要产品产量及占比（四）　单位：万吨

项　目	2018 年	2017 年	2016 年	2015 年	2014 年	2013 年
塑　料						
集团公司	1 624.37	1 621.49	1 546.45	1 547.79	1 505.96	1 412.93
全行业	8 558.02	8 458.08	8 018.16	7 718.20	6 959.49	6 303.53
占比 /%	18.98	19.17	19.29	20.05	21.64	22.41
聚乙烯						
集团公司	730.92	748.63	727.15	733.33	711.13	659.66
全行业	1 402.01	1 336.32	1 435.53	1 385.52	1 336.60	1 173.99
占比 /%	52.13	56.02	50.65	52.93	53.20	56.19
聚丙烯						
集团公司	747.59	716.31	658.11	651.74	629.96	581.84
全行业	2 041.88	1 903.51	1 810.63	1 686.42	1 378.94	1 246.54
占比 /%	36.61	37.63	36.35	38.65	45.68	46.68
聚苯乙烯						
集团公司	58.26	62.94	58.76	58.46	64.87	66.54
全行业	175.66	202.47	195.81	305.32	208.66	210.37
占比 /%	33.17	31.09	30.01	19.15	31.09	31.63
聚氯乙烯						
集团公司	23.22	20.34	23.12	22.60	22.41	30.83
全行业	1 873.88	1 774.52	1 689.95	1 619.01	1 636.76	1 529.80
占比 /%	1.24	1.15	1.37	1.40	1.37	2.02
合成橡胶						
集团公司	117.91	110.10	111.85	115.05	124.01	129.23
全行业	558.96	592.09	556.57	501.10	534.48	483.82
占比 /%	21.09	18.60	20.10	22.96	23.20	26.71

注：全行业数据来源国家统计局

表 6

中国石油与石油产品进口数量与金额

产品名称	2018 年		2017 年		2016 年		2015 年		2014 年		2013 年	
	数量 / 万吨	金额 / 百万美元	数量 / 万吨	金额 / 百万美元	数量 / 万吨	金额 / 百万美元	数量 / 万吨	金额 / 百万美元	数量 / 万吨	金额 / 百万美元	数量 / 万吨	金额 / 百万美元
原　油	46 189.04	240 361.26	41 996.65	160 750.93	38 103.78	115 308.30	33 549.13	134 152.00	30 835.68	228 138.44	28 214.40	219 548.64
成品油	1 653.03	12 247.34	1 569.03	9 544.66	1 572.63	8 097.77	1 407.98	9 004.73	1 178.12	12 071.98	1 322.14	13 898.67
车用、航空汽油	44.54	313.44	1.64	8.76	20.77	90.46	17.01	95.50	3.39	34.14	0.04	1.50
石脑油	747.21	4 802.37	666.76	3 290.12	669.92	2 721.62	664.76	3 568.07	369.77	3 299.56	354.18	3 351.32
橡胶等溶剂油	3.44	43.70	2.34	27.25	2.21	24.61	2.20	28.59	2.39	37.35	2.12	32.55
壬　烯	5.45	82.99	4.69	58.03	3.56	33.17	5.20	67.15	3.59	51.24	3.82	56.64
其他轻油及制品	73.00	560.03	124.39	757.70	110.81	590.39	35.08	247.83	29.84	332.57	0	0
航空煤油	406.19	2 796.98	371.44	1 945.69	349.45	1 495.11	346.11	1 933.24	391.44	3 700.64	532.93	5 266.90
灯用煤油	0	0.02	0	0.02	0	0.01	0	0.01	0	0.01	0	0.01
其他煤油馏分	6.47	68.00	4.30	39.92	2.72	25.01	2.36	25.69	25.29	288.29	135.93	1 480.45
柴　油	71.12	469.21	74.83	361.49	91.63	364.88	42.80	226.49	47.39	395.05	26.68	251.62
润滑油	33.51	840.47	34.41	820.47	34.57	797.12	32.61	811.99	31.77	869.49	29.79	782.91
润滑脂	2.40	119.38	2.57	122.06	2.30	112.90	2.25	114.32	2.26	125.52	2.16	113.64
润滑油基础油	259.70	2 150.75	281.66	2 113.15	284.69	1 842.49	257.60	1 885.85	270.99	2 938.12	234.48	2 561.14
燃料油	1 674.80	7 693.35	1 368.14	4 677.26	1 186.97	2 809.94	1 564.64	5 150.14	1 790.13	10 955.00	2 354.83	15 034.83
石　蜡	9.48	129.88	10.33	135.94	8.66	114.90	8.46	114.64	7.62	118.58	5.49	98.09
石油沥青	460.32	1 762.19	503.86	1 551.09	495.14	1 045.81	470.59	1 801.90	411.02	2 333.72	332.10	2 066.60
石油焦	982.61	1 674.67	742.61	974.21	431.63	367.49	588.66	586.12	534.97	648.04	935.33	1 146.08
液体石蜡	20.23	206.07	27.22	232.48	27.43	207.38	21.25	191.63	13.81	186.37	3.90	55.11
液化石油气	1 899.30	11 128.71	1 844.90	9 209.00	1 612.50	6 110.11	1 208.81	6 152.46	710.13	5 982.92	421.10	3 814.88

表 7

中国石油与石油产品出口数量与金额

产品名称	2018 年		2017 年		2016 年		2015 年		2014 年		2013 年	
	数量 / 万吨	金额 / 百万美元	数量 / 万吨	金额 / 百万美元	数量 / 万吨	金额 / 百万美元	数量 / 万吨	金额 / 百万美元	数量 / 万吨	金额 / 百万美元	数量 / 万吨	金额 / 百万美元
原　油	262.66	1 270.42	486.34	1 822.81	294.06	943.49	286.56	1 545.64	60.02	490.43	162.03	1 462.57
成品油	4 628.36	30 454.15	4 120.99	21 774.92	3 843.75	17 025.52	2 558.67	15 306.89	1 980.67	19 583.55	1 715.89	17 254.35
车用、航空汽油	1287.94	8 436.72	1 055.45	5 692.06	969.67	4 183.02	589.87	3 514.88	498.39	4 947.31	468.76	4 650.88
石脑油	4.40	25.71	2.58	9.31	7.45	30.19	0	0	13.11	126.64	35.41	353.23
橡胶等溶剂油	0.30	2.94	0.47	4.85	0.47	8.39	0.42	4.29	0.61	8.02	0.74	10.18
壬　烯	0	0	0	0	0	0	0	0	0	0	0.1	1.61
其他轻油及制品	0.63	6.85	0.91	7.60	0.05	0.37	0	0.04	0	0	0	0
航空煤油	1 467.00	10 155.13	1 318.93	7 157.06	1 310.07	6 075.78	1 235.86	7 623.31	1 051.07	10 280.27	917.51	9 217.61
其他煤油馏分	0.01	0.09	0.01	0.08	0.02	0.16	1.59	12.69	2.81	30.26	0.02	0.23
轻柴油	1 853.24	11 575.53	1 725.53	8 632.38	1 540.47	6 487.09	716.37	3 852.90	399.82	3 897.00	278.16	2 733.47
润滑油	10.81	195.92	11.47	211.34	9.98	190.55	11.88	265.48	12.57	258.44	11.53	233.98
润滑脂	1.60	35.06	1.30	26.89	0.88	17.27	0.81	16.18	0.77	16.70	1.10	22.46
润滑油基础油	2.43	20.20	4.34	33.35	4.69	32.70	1.87	17.12	1.52	18.91	2.55	30.71
燃料油	1 234.58	5 431.14	1 112.93	3 724.07	987.86	2 344.87	1 054.86	3 772.92	940.68	5 770.28	1 135.43	7 254.41
石　蜡	52.86	547.73	53.25	529.28	64.77	604.02	62.37	663.32	48.94	631.19	50.14	637.29
石油沥青	77.5	283.21	38.56	118.74	20.62	77.35	28.70	148.37	20.31	156.93	16.87	135.43
石油焦	248.87	1 046.16	225.36	628.12	258.42	506.49	241.92	604.70	244.24	612.81	234.03	675.33
液体石蜡	0.83	8.12	0.15	1.32	0.07	0.48	0.19	1.37	0.14	1.84	0.10	1.24
液化石油气	114.28	694.37	132.14	710.57	132.31	552.15	144.13	774.55	143.82	1 308.61	125.84	1 211.90

表 8

中国主要石化产品进口数量与金额

产品名称	2018 年		2017 年		2016 年		2015 年		2014 年		2013 年	
	数量 / 万吨	金额 / 百万美元	数量 / 万吨	金额 / 百万美元	数量 / 万吨	金额 / 百万美元	数量 / 万吨	金额 / 百万美元	数量 / 万吨	金额 / 百万美元	数量 / 万吨	金额 / 百万美元
一、五大合成树脂	2 140.80	28 256.56	1 850.58	23 720.06	1 619.71	19 731.20	1 659.47	22 119.21	1 618.33	26 355.08	1 606.86	25 307.73
1. 聚乙烯	1 402.48	17 512.78	1 179.35	14 215.28	994.31	11 664.63	986.66	12 623.73	910.79	14 325.15	881.53	13 144.65
低密度聚乙烯	729.45	8 682.89	539.96	6 671.78	205.23	2 515.49	217.80	2 864.25	205.39	3 319.55	172.50	2 663.12
高密度聚乙烯	673.03	8 829.89	639.39	7 543.50	527.68	5 995.71	512.82	6 462.46	459.60	7 058.05	473.75	6 920.06
2. 聚丙烯	327.96	4 193.17	317.76	3 843.41	301.75	3 524.15	339.70	4 439.67	363.25	5 816.99	359.30	5 595.81
3. 聚苯乙烯	115.27	1 628.92	74.32	1 099.81	68.38	932.88	77.77	1 122.51	84.88	1 524.85	94.66	1 744.89
可发性聚苯乙烯	9.16	125.02	3.31	58.17	3.04	54.52	4.82	85.72	6.29	139.24	6.21	127.63
其他聚苯乙烯	106.11	1 503.91	71.01	1 041.64	65.34	878.36	72.95	1 036.79	78.60	1 385.61	88.45	1 617.26
4. ABS 共聚物	201.28	3 923.51	178.90	3 508.06	168.55	2 748.41	162.48	2 993.52	166.83	3 576.64	166.97	3 596.71
5. 聚氯乙烯	93.81	998.18	100.25	1 053.50	86.72	861.13	92.86	939.78	92.58	1 111.45	104.40	1 225.68
纯聚氯乙烯	83.88	807.64	90.56	867.86	77.22	680.55	82.53	754.30	80.79	895.25	91.46	996.41
未塑化聚氯乙烯	1.93	28.09	1.83	25.80	1.93	25.08	2.51	26.45	3.75	44.88	5.14	65.54
已塑化聚氯乙烯	8.00	162.45	7.86	159.84	7.57	155.50	7.81	159.03	8.05	171.33	7.80	163.72
二、合成橡胶及胶乳合计	437.95	7 551.45	433.23	8 405.50	328.83	5 313.08	196.56	3 857.77	148.46	3 986.11	152.79	4 429.39
1. 丁苯橡胶	20.92	441.64	23.33	489.14	23.49	442.48	26.12	498.78	27.21	603.11	26.97	620.31
丁苯胶乳	10.12	198.05	10.92	199.28	8.60	132.80	10.60	151.83	10.40	154.90	9.26	143.62
2. 顺丁橡胶	6.54	139.75	7.24	168.66	6.30	109.76	7.78	136.66	7.11	163.61	7.75	192.05

续表

产品名称	2018 年		2017 年		2016 年		2015 年		2014 年		2013 年	
	数量 / 万吨	金额 / 百万美元	数量 / 万吨	金额 / 百万美元	数量 / 万吨	金额 / 百万美元	数量 / 万吨	金额 / 百万美元	数量 / 万吨	金额 / 百万美元	数量 / 万吨	金额 / 百万美元
3. 丁基橡胶	1.78	48.35	2.42	60.76	2.25	55.71	2.32	76.90	2.91	118.10	3.06	134.12
4. 氯丁橡胶	2.15	94.99	2.26	89.28	1.87	65.23	1.66	60.30	1.97	75.96	1.85	78.15
5. 丁腈橡胶	8.85	159.43	9.22	159.58	7.32	109.45	7.79	128.43	8.04	149.86	7.19	146.61
6. 异戊二烯橡胶	0.56	20.43	0.41	13.97	0.59	17.06	0.46	16.80	0.46	20.82	0.51	22.45
7. 乙丙橡胶	10.37	210.89	8.43	166.63	7.49	145.37	5.54	138.17	8.20	215.78	9.13	276.53
8. 其他合成橡胶	386.78	6 435.97	379.93	7 257.49	279.52	4 368.02	144.89	2 801.70	92.56	2 638.88	96.32	2 959.16
其他胶乳	0.50	8.71	0.76	11.69	0.50	11.64	0.63	9.60	0.74	11.96	0.62	11.61
三、合成纤维	71.05	2 438.94	67.38	2 202.85	61.34	2 073.36	63.80	2 349.12	66.66	2 675.53	74.41	2 958.29
1. 锦　纶	14.00	769.35	13.94	705.12	13.54	665.44	14.04	698.51	16.49	850.44	18.45	912.79
长　丝	12.79	670.58	12.63	611.78	12.41	583.13	12.90	617.85	15.34	760.98	17.32	818.53
短纤维及纤维条	1.21	98.77	1.31	93.34	1.13	82.31	1.14	80.66	1.15	89.46	1.14	94.26
2. 涤　纶	31.90	636.02	29.52	589.68	24.81	489.06	23.76	491.53	24.46	576.46	24.48	616.63
长　丝	13.01	356.42	13.72	361.81	12.58	322.88	11.14	303.54	11.26	338.38	11.71	376.92
短纤维及纤维条	18.89	279.60	15.80	227.86	12.23	166.17	12.62	187.98	13.19	238.08	12.77	239.71
3. 腈纶短纤维及纤维条	14.95	423.72	14.74	343.84	13.82	300.12	15.86	425.83	15.86	520.18	21.22	667.90
4. 丙　纶	0.32	7.50	0.40	9.02	0.44	11.41	0.67	18.14	0.68	20.08	0.57	17.43
长　丝	0.08	2.55	0.10	3.09	0.17	5.64	0.21	7.64	0.24	8.72	0.17	6.55

续表

产品名称	2018 年		2017 年		2016 年		2015 年		2014 年		2013 年	
	数量 / 万吨	金额 / 百万美元	数量 / 万吨	金额 / 百万美元	数量 / 万吨	金额 / 百万美元	数量 / 万吨	金额 / 百万美元	数量 / 万吨	金额 / 百万美元	数量 / 万吨	金额 / 百万美元
短纤维及纤维条	0.23	4.95	0.30	5.94	0.27	5.77	0.46	10.50	0.45	11.35	0.40	10.88
5. 氨纶长丝	3.09	232.94	2.69	203.09	2.64	202.40	2.56	219.82	2.46	222.94	2.02	202.60
6. 其　他	6.79	369.41	6.07	352.10	6.08	404.94	6.90	495.29	6.71	485.44	7.66	540.93
长　丝	1.46	132.05	1.08	119.04	1.04	120.09	1.14	139.40	1.09	140.52	1.17	142.87
短纤维及纤维条	5.33	237.36	4.99	233.06	5.04	284.86	5.76	355.89	5.62	344.92	6.49	398.06
四、制成肥料	936.60	2 681.82	917.90	2 336.62	832.89	2 410.80	1 115.65	3 926.98	955.34	3 348.06	788.97	3 371.64
尿　素	16.39	45.43	11.47	29.89	6.58	15.95	0.76	3.69	0.59	3.05	3.04	10.90
五、有机化学品												
（一）乙烯、芳烃												
乙　烯	257.59	3 302.38	215.69	2 507.02	165.65	1 750.48	151.57	1 621.62	149.72	2 217.50	170.38	2 269.98
纯　苯	257.25	2 184.13	250.31	2 094.57	154.92	993.38	120.55	864.94	60.14	769.74	88.65	1 192.22
甲　苯	32.73	257.46	50.90	343.07	76.39	471.17	75.01	525.05	93.29	1 060.90	81.20	977.86
混合二甲苯	1.26	9.73	0.96	6.76	0.02	0.56	0.91	8.00	1.74	20.21	3.09	45.97
邻二甲苯	26.23	225.18	35.60	281.74	29.02	215.28	34.93	287.20	48.24	610.09	55.53	834.59
对二甲苯	1 590.82	16 918.33	1 443.82	12 133.16	1 236.14	9 668.04	1 164.89	9 793.85	997.27	12 552.63	905.29	13 764.11
苯乙烯	291.35	3 957.03	321.22	4 008.55	349.85	3 629.12	374.44	4 159.04	373.09	5 948.01	367.50	6 350.92
乙　苯	17.91	186.75	13.72	139.01	5.46	46.27	2.82	26.98	1.04	15.21	3.78	56.50

续表

产品名称	2018 年		2017 年		2016 年		2015 年		2014 年		2013 年	
	数量 / 万吨	金额 / 百万美元	数量 / 万吨	金额 / 百万美元	数量 / 万吨	金额 / 百万美元	数量 / 万吨	金额 / 百万美元	数量 / 万吨	金额 / 百万美元	数量 / 万吨	金额 / 百万美元
（二）主要有机原料												
甲　醇	742.86	2 921.00	814.48	2 640.36	880.28	2 096.97	553.86	1 562.15	433.23	1 613.18	485.85	1 875.41
丁　醇	30.74	278.22	34.08	280.27	42.67	254.56	37.89	286.45	33.08	370.66	63.82	820.35
辛　醇	19.77	251.97	16.26	190.19	21.03	195.96	22.84	260.33	20.09	304.30	28.72	441.38
醋　酸	1.43	8.41	1.58	6.09	8.69	25.34	5.31	18.41	1.74	9.61	1.68	7.65
苯　酚	41.87	530.45	36.55	328.45	24.83	206.57	17.29	159.87	21.72	317.32	36.51	545.34
丙　酮	67.77	428.58	49.46	359.69	47.55	265.19	43.66	267.13	47.63	528.83	48.87	532.95
丁　酮	0.11	1.81	0.15	2.07	0.13	1.50	0.18	2.63	0.20	3.20	0.26	3.90
（三）主要合纤原料及聚合物												
乙二醇	979.99	9 009.68	875.01	7 507.91	757.28	4 934.59	877.16	7 123.97	845.03	8 149.15	824.63	8 807.34
对苯二甲酸	78.28	667.90	54.38	353.02	50.22	302.30	75.19	478.80	116.37	1 072.93	274.31	2 990.29
尼龙 66 盐	0.41	11.29	0.22	3.78	0.26	3.61	0.71	13.32	0.84	18.28	0.96	20.91
丙烯腈	37.00	742.30	27.08	398.02	30.61	326.08	39.79	556.78	51.79	1 001.72	54.76	982.75
己内酰胺	17.36	349.42	23.74	429.60	22.09	277.85	22.36	362.20	22.33	504.20	45.29	1 076.18
聚酯切片	43.35	527.44	22.13	332.29	17.87	271.78	16.67	262.83	18.01	328.78	18.90	350.63

表 9

中国主要石化产品出口数量与金额

产品名称	2018 年		2017 年		2016 年		2015 年		2014 年		2013 年	
	数量 / 万吨	金额 / 百万美元	数量 / 万吨	金额 / 百万美元	数量 / 万吨	金额 / 百万美元	数量 / 万吨	金额 / 百万美元	数量 / 万吨	金额 / 百万美元	数量 / 万吨	金额 / 百万美元
一、五大合成树脂	168.66	2 186.58	201.17	2 302.36	205.86	2 123.87	166.64	1 915.55	192.43	2 474.27	144.15	2 064.63
1. 聚乙烯	22.77	358.30	24.69	360.81	29.89	387.62	26.93	381.08	24.91	410.37	20.26	326.44
低密度聚乙烯	9.78	154.31	9.32	146.29	7.35	103.67	5.95	91.37	4.92	83.35	4.66	74.45
高密度聚乙烯	12.99	203.99	15.37	214.52	16.43	210.14	15.39	215.26	15.71	254.56	11.17	174.92
2. 聚丙烯	31.17	463.15	29.59	392.32	23.97	306.25	16.64	248.01	12.58	234.85	14.72	255.70
3. 聚苯乙烯	31.98	507.92	33.05	476.14	31.84	397.47	32.98	452.29	32.32	585.83	32.65	646.43
可发性聚苯乙烯	28.00	414.08	27.52	371.83	25.99	302.59	28.97	372.47	27.41	477.23	29.05	562.21
其他聚苯乙烯	3.98	93.84	5.53	104.32	5.84	94.88	4.02	79.82	4.91	108.60	3.60	84.22
4. ABS 共聚物	4.77	109.02	3.53	83.12	2.82	58.37	2.35	53.30	3.32	78.86	3.13	78.98
5. 聚氯乙烯	77.97	748.19	110.31	989.97	117.34	974.16	87.74	780.87	119.30	1 164.36	73.39	757.09
纯聚氯乙烯	62.73	543.41	96.92	801.14	105.01	792.43	78.23	627.63	111.07	1 028.75	66.22	634.11
未塑化聚氯乙烯	5.47	78.98	4.66	63.29	3.92	58.74	2.58	45.51	1.94	32.37	1.67	27.39
已塑化聚氯乙烯	9.77	125.8	8.73	125.54	8.41	123.00	6.94	107.73	6.29	103.24	5.50	95.59
二、合成橡胶及胶乳合计	29.74	699.76	25.92	601.69	20.76	427.10	18.84	419.07	19.43	506.88	21.19	555.56
1. 丁苯橡胶	6.06	118.69	5.10	100.03	6.08	116.13	6.50	128.27	7.31	174.28	7.16	182.78
丁苯胶乳	1.76	19.84	1.59	17.65	1.36	14.35	1.36	15.12	0.73	10.69	0.70	10.51
2. 顺丁橡胶	2.90	58.76	2.14	41.47	1.52	23.63	1.78	28.01	1.99	40.39	1.96	44.14

续表

产品名称	2018 年		2017 年		2016 年		2015 年		2014 年		2013 年	
	数量 / 万吨	金额 / 百万美元	数量 / 万吨	金额 / 百万美元	数量 / 万吨	金额 / 百万美元	数量 / 万吨	金额 / 百万美元	数量 / 万吨	金额 / 百万美元	数量 / 万吨	金额 / 百万美元
3. 丁基橡胶	0.05	2.13	0.13	3.53	0.03	0.67	0.02	1.09	0.03	1.03	0.09	3.01
4. 氯丁橡胶	1.18	57.84	0.44	17.44	0.18	6.21	0.18	6.75	0.29	11.35	0.34	14.10
5. 丁腈橡胶	3.40	60.00	1.43	29.04	2.03	26.70	1.43	22.45	0.95	21.16	1.30	21.36
6. 异戊二烯橡胶	0.08	4.32	0.09	2.64	0.09	1.82	0.02	0.64	0.02	1.34	0.03	1.38
7. 乙丙橡胶	0.57	12.14	0.42	9.04	0.46	15.53	0.21	6.27	0.18	6.59	0.11	3.84
8. 其他合成橡胶	15.5	385.88	16.16	398.50	10.39	236.41	8.71	225.59	8.66	250.74	10.20	284.97
其他胶乳	0.70	9.13	0.21	2.51	0	0.21	0.01	0.32	0	0.09	0	0.13
三、合成纤维	448.65	9 568.37	425.19	8 035.84	414.93	7 200.23	365.76	7 190.18	342.71	7 770.61	294.85	7 266.74
1. 锦　纶	24.69	994.24	24.76	869.95	23.07	744.36	19.36	734.32	18.24	794.20	16.18	722.92
长　丝	24.14	945.05	24.32	836.07	22.66	712.52	18.96	699.19	17.87	759.04	15.85	687.76
短纤维及纤维条	0.55	49.19	0.44	33.88	0.41	31.84	0.40	35.14	0.36	35.16	0.34	35.16
2. 涤　纶	333.53	5 195.18	308.66	4 187.75	302.28	3 644.76	266.94	3 634.37	248.44	4 045.06	204.22	3 597.32
长　丝	230.22	3 942.54	207.70	3 145.19	200.94	2 690.31	172.03	2 632.30	160.43	2 925.43	131.66	2 593.70
短纤维及纤维条	103.31	1 252.64	100.96	1 042.56	101.34	954.45	94.91	1 002.07	88.01	1 119.63	72.56	1 003.62
3. 腈纶短纤维及纤维条	1.94	47.99	4.57	88.82	3.04	52.58	1.95	43.24	1.93	52.49	0.94	31.35
4. 丙　纶	3.42	119.83	2.93	96.70	4.03	113.69	3.44	99.94	3.00	90.25	2.78	73.74
长　丝	2.05	96.19	1.96	80.85	3.21	99.72	2.58	83.69	2.33	76.11	2.04	58.11

续表

产品名称	2018年		2017年		2016年		2015年		2014年		2013年	
	数量/万吨	金额/百万美元	数量/万吨	金额/百万美元	数量/万吨	金额/百万美元	数量/万吨	金额/百万美元	数量/万吨	金额/百万美元	数量/万吨	金额/百万美元
短纤维及纤维条	1.37	23.64	0.97	15.84	0.82	13.98	0.86	16.26	0.67	14.15	0.73	15.63
5. 氨纶长丝	6.46	355.42	5.77	303.57	5.87	307.11	5.22	324.97	4.55	317.96	4.68	330.68
6. 其　他	78.61	2 855.71	78.5	2 489.06	76.64	2 337.72	68.84	2 353.34	66.55	2 470.66	66.05	2510.73
长　丝	10.73	536.35	9.92	483.36	9.02	418.13	8.07	407.40	7.45	385.08	7.10	365.76
短纤维及纤维条	67.88	2 319.36	68.57	2 005.70	67.63	1 919.59	60.77	1 945.94	59.10	2 085.57	58.95	2 144.97
四、制成肥料	2 080.25	6 050.30	2 420.43	6 060.47	2 677.95	6 531.00	3 450.36	10 857.92	2 902.94	8 907.90	1 901.03	6 253.53
尿　素	244.30	773.95	465.64	1 143.73	887.07	1 975.50	1 374.80	3 938.15	1 361.55	4 007.88	826.53	2 604.65
五、有机化学品												
（一）乙烯、芳烃												
乙　烯	0.02	0.61	0.63	6.10	0.82	9.20	0	0.08	0.02	0.41	0	0.07
纯　苯	4.11	31.52	3.55	22.04	5.32	29.43	9.28	66.80	7.49	80.79	3.11	31.01
甲　苯	1.50	11.63	0.09	0.90	0.44	2.99	0.52	4.32	0.22	2.99	0.31	4.09
混合二甲苯	0.61	4.91	0.09	0.71	0.05	0.49	0.04	0.43	0.66	7.62	7.33	81.43
邻二甲苯	0.63	6.01	0	0	0.20	1.24	0.20	1.96	0	0.03	0	0.02
对二甲苯	0.01	0.17	3.5	29.70	5.66	41.24	12.01	100.76	10.35	128.07	18.11	275.18
苯乙烯	0.52	7.27	6.34	86.46	0.01	0.06	0.49	4.94	2.98	50.65	5.28	92.52
乙　苯	0.07	1.07	0.03	0.40	0.03	0.32	0.01	0.20	0.02	0.36	0.01	0.21

续表

产品名称	2018 年		2017 年		2016 年		2015 年		2014 年		2013 年	
	数量 / 万吨	金额 / 百万美元	数量 / 万吨	金额 / 百万美元	数量 / 万吨	金额 / 百万美元	数量 / 万吨	金额 / 百万美元	数量 / 万吨	金额 / 百万美元	数量 / 万吨	金额 / 百万美元
（二）主要有机原料												
甲　醇	31.64	133.91	12.67	47.45	3.35	9.80	16.29	49.89	74.93	342.44	77.28	307.98
丁　醇	1.77	20.71	3.95	35.32	1.68	12.59	2.01	19.45	0.80	13.13	0.66	11.86
辛　醇	2.40	29.27	3.18	32.81	0.71	6.76	1.45	17.12	5.44	76.92	0.84	12.98
醋　酸	70.98	431.27	45.74	185.34	24.03	67.09	39.31	150.56	18.11	86.88	17.92	78.17
苯　酚	4.40	56.93	5.72	58.24	5.67	50.23	1.79	17.68	3.95	59.62	0.60	13.08
丙　酮	0.37	2.75	2.25	17.20	0.82	5.33	0.31	2.60	0.05	1.19	0.06	1.17
丁　酮	14.97	192.96	11.51	115.73	9.31	67.79	9.09	95.91	9.28	132.14	6.41	79.83
（三）主要合纤原料及聚合物												
乙二醇	0.45	13.04	1.81	22.47	1.96	28.66	1.99	28.25	0.57	11.53	0.54	8.43
对苯二甲酸	84.04	714.61	52.36	334.64	69.53	418.80	62.25	421.62	46.27	419.46	12.63	135.40
尼龙 66 盐	0	0.01	0	0	0	0.02	0	0.11	0	0.02	0	0.04
丙烯腈	0.49	11.99	0.98	15.14	0.20	2.47	0	0	0.01	0.24	0	0
己内酰胺	0.01	0.31	0.50	9.69	0.02	0.32	0.21	3.68	0.01	0.24	0.11	2.77
聚酯切片	317.49	3 826.49	247.76	2 416.94	217.90	1 887.47	209.02	2 034.17	229.84	2 889.33	195.83	2 798.15

表 10　　中国石化在《财富》杂志世界 500 强企业中排名

年　度	排　名
1999	73
2000	58
2001	68
2002	86
2003	70
2004	54
2005	31
2006	23
2007	17
2008	16
2009	9
2010	7
2011	5
2012	5
2013	4
2014	3
2015	2
2016	4
2017	3
2018	3

附　　录

企事业单位名录　|　制度性文件名一览表

附录 1

企事业单位名录

序号	单位名称	地址	邮政编码	电话	传真	董事长 / 经理（厂长）
1	中国石化集团胜利石油管理局有限公司 中国石油化工股份有限公司胜利油田分公司	山东省东营市济南路 125 号	257001	（0546）8552074	（0546）8221719	孔凡群
2	中国石化集团中原石油勘探局有限公司 中国石油化工股份有限公司中原油田分公司	河南省濮阳市中原路 277 号	457000	（0393）4822151 （0393）4822172	（0393）4828300	王寿平
3	中国石化集团河南石油勘探局 中国石油化工股份有限公司河南油田分公司	河南省南阳市宛城区油田五一村	473132	（0377）63830011	（0377）63830027	陶光辉
4	中国石化集团江汉石油管理局 中国石油化工股份有限公司江汉油田分公司	湖北省潜江市广华寺江汉路 1 号	433124	（0728）6502051	（0728）6502784	孙　健
5	中国石化集团江苏石油勘探局 中国石油化工股份有限公司江苏油田分公司	江苏省扬州市文汇西路 1 号	225009	（0514）87761792	（0514）87761111	李东海
6	中国石化集团上海海洋石油局有限公司 中国石油化工股份有限公司上海海洋油气分公司	上海市浦东新区商城路 1225 号	200120	（021）20896811	（021）68769284	张旭 / 周荔青
7	中国石化集团西北石油局 中国石油化工股份有限公司西北油田分公司	新疆乌鲁木齐市长春南路 466 号中国石化西北石油科研生产园区	830011	（0991）3166567	（0991）6637597	刘宝增 / 王世洁
8	中国石化集团西南石油局有限公司 中国石油化工股份有限公司西南油气分公司	四川省成都市高新区吉泰路 688 号	610041	（028）65285555	（028）65285666	甘振维
9	中国石化集团东北石油局有限公司 中国石油化工股份有限公司东北油气分公司	吉林省长春市绿园区西安大路 4936 号	130062	（0431）87958808	（0431）87974693 （0431）87973631	元　涛
10	中国石化集团华北石油局有限公司 中国石油化工股份有限公司华北油气分公司	河南省郑州市中原区陇海西路 199 号	450006	（0371）68629220	（0371）86002220	吕新华
11	中国石化集团华东石油局 中国石油化工股份有限公司华东油气分公司	江苏省南京市建邺区江东中路 315 号中泰国际广场 6 号楼	210019	（025）58777020	（025）58822349	方志雄

续表

序号	单位名称	地址	邮政编码	电话	传真	董事长 / 经理（厂长）
12	中国石油化工股份有限公司勘探分公司	四川省成都市高新区吉泰路 688 号中国石化西南科研办公基地	610041	（028）85164709	（028）85164600	郭旭升
13	中国石化集团北京燕山石油化工有限公司 中国石油化工股份有限公司北京燕山分公司	北京市房山区燕山岗南路 1 号	102500	（010）69347123	（010）69342736	罗　强
14	中国石化集团资产经营管理有限公司齐鲁石化分公司 中国石油化工股份有限公司齐鲁分公司	山东省淄博市临淄区桓公路 15 号	255400	（0533）7512777	（0533）7586888	韩　峰
15	中国石化集团茂名石油化工公司 中国石油化工股份有限公司茂名分公司	广东省茂名市双山四路 9 号大院	525000	（0668）2243941	（0668）2269317	尹兆林
16	中国石油化工股份有限公司镇海炼化分公司	浙江省宁波市镇海区蛟川街道	315200	（0574）86444000	（0574）86270077	张玉明 / 吕亮功
17	中国石化集团资产经营管理有限公司天津石化分公司 中国石油化工股份有限公司天津分公司	天津市滨海新区（大港）北围堤路（西）160 号	300271	（022）63805578	（022）25991000	李永林
18	中沙（天津）石化有限公司	天津市滨海新区（大港）北围堤路西 235 号	300271	（022）63809018	（022）63809000	戴立起
19	中国石化上海石油化工股份有限公司	上海市金山区金一路 48 号	200540	（021）57941941	（021）57942267	吴海君
20	上海赛科石油化工有限责任公司	上海化学工业区南银河路 557 号	201507	（021）37990088	（021）67250866	李成峰 / 张明龙
21	中国石化上海高桥石油化工有限公司	上海市浦东新区利津路 78 号	200129	（021）58711001	（021）58712207	侯勇 / 张建平
22	中国石化集团金陵石油化工有限责任公司 中国石油化工股份有限公司金陵分公司	江苏省南京市栖霞区甘家巷街 388 号	210033	（025）58989322	（025）85592004	戚建国 / 张春生
23	中国石化扬子石油化工有限公司	江苏省南京市沿江工业开发区（大厂）新华路 777 号	210048	（025）57782200	（025）57784389	洪剑桥 / 卫达
24	扬子石化—巴斯夫有限责任公司	江苏省南京市六合区新华东路 8 号	210048	（025）57770888	（025）58569701	王净依
25	福建炼油化工有限公司	福建省泉州市丰泽区安吉路福炼大厦	362011	（0595）27355053	（0595）27355000	顾越峰 / 刘向东

续表

序号	单位名称	地址	邮政编码	电话	传真	董事长 / 经理（厂长）
26	中国石化集团资产经营管理有限公司武汉分公司 中国石油化工股份有限公司武汉分公司	湖北省武汉市青山区长青路特 1 号	430082	（027）86595153 （027）86595156	（027）86595188	刘家海
27	中韩（武汉）石油化工有限公司	湖北省武汉市化学工业区八吉府大街特 1 号	430082	（027）86630024	（027）86630049	刘家海 / 管泽民
28	中国石化集团资产经营管理有限公司巴陵石化分公司 中国石油化工股份有限公司巴陵分公司	湖南省岳阳市云溪区	414014	（0730）8492348	（0730）8481456	邬智勇
29	中国石化集团资产经营管理有限公司长岭分公司 中国石油化工股份有限公司长岭分公司	湖南省岳阳市云溪区	414012	（0730）8452003	（0730）8451824	王妙云
30	中国石化仪征化纤有限责任公司	江苏省仪征市长江西路 1 号	211900	（0514）83231693	（0514）83233880	万　涛
31	中国石化集团南京化学工业有限公司	江苏省南京市六合区大厂葛关路 268 号	210048	（025）57765017	（025）57792812	王　宏
32	中国石化集团资产经营管理有限公司广州分公司 中国石油化工股份有限公司广州分公司	广东省广州市黄埔区石化路 239 号	510725	（020）62123888	（020）82396591	陈尧焕
33	中国石化集团资产经营管理有限公司洛阳石化分公司 中国石油化工股份有限公司洛阳分公司	河南省洛阳市吉利区大庆路 1 号	471012	（0379）66992300	（0379）66991882	江寿林
34	中国石化集团资产经营管理有限公司安庆分公司 中国石油化工股份有限公司安庆分公司	安徽省安庆市石化四路 20 号	246002	（0556）5381717	（0556）5378299	刘晓华
35	中国石化海南炼油化工有限公司	海南省洋浦经济开发区	578100	（0898）28820068	（0898）28820099	卞凤鸣
36	中国石化青岛炼油化工有限责任公司	山东省青岛市经济技术开发区千山南路 827 号	266500	（0532）86915983	（0532）86915988	孟祥德
37	中国石化集团资产经营管理有限公司石家庄分公司 中国石油化工股份有限公司石家庄炼化分公司	河北省石家庄市裕华区石炼路 1 号	050099	（0311）80863108	（0311）80861234	孙明荣
38	中国石化集团资产经营管理有限公司荆门分公司 中国石油化工股份有限公司荆门分公司	湖北省荆门市掇刀区白庙街办炼厂路 9 号	448039	（0724）2271917 （0724）2276857	（0724）2211677	杨勇刚

续表

序号	单位名称	地址	邮政编码	电话	传真	董事长 / 经理（厂长）
39	中国石化集团重庆川维化工有限公司	重庆市长寿区维江路 36 号	401254	（023）68974436	（023）68974009	许 毅
40	中国石油化工股份有限公司九江分公司	江西省九江市浔阳区滨江东路 230 号	332004	（0792）8492966 （0792）8493204	（0792）8617006	谢道雄
41	中国石化集团资产经营管理有限公司宜昌分公司 中国石油化工股份有限公司湖北化肥分公司	湖北省枝江市迎宾大道 15 号	443200	（0717）4232261	（0717）4212660	李德武
42	中国石化集团资产经营管理有限公司济南分公司 中国石油化工股份有限公司济南分公司	山东省济南市工业南路 26 号	250101	（0531）88832202	（0531）88983622	夏季祥
43	中国石化中原石油化工有限责任公司	河南省濮阳市胜利西路	457001	（0393）4471067	（0393）4416227	胡明生
44	中国石化集团资产经营管理有限公司沧州分公司 中国石油化工股份有限公司沧州分公司	河北省沧州市交通北大道 50 号	061000	（0317）3552247 （0317）3552095	（0317）3552688	周庆水
45	中国石化润滑油有限公司	北京市海淀区安宁庄西路 6 号	100085	（010）62949873	（010）62917732	宋云昌
46	中国石化青岛石油化工有限责任公司	山东省青岛市李沧区滨海路 8 号	266043	（0532）66762212	（0532）84816954	孟祥德
47	中国石化湛江东兴石油化工有限公司	广东省湛江市霞山区湖光路 15 号	524012	（0759）2606603	（0759）2606888	吴惜伟
48	中科（广东）炼化有限公司	广东省湛江市经济技术开发区东海岛东山镇中科炼化联合办公区	524076	（0759）8936026	（0759）8936000	吴惜伟
49	中国石化北海炼化有限责任公司	广西北海市铁山港区 4 号路	536016	（0779）8528881	（0779）8528888	陈尧焕
50	中国石化塔河炼化有限责任公司	新疆库车县天山东路 60 号	842000	（0997）7979067	（0997）7979016	赵亚新
51	中国石化炼油销售有限公司	上海市长宁区延安西路 728 号 22 层	200050	（021）60863300	（021）52381680	胡伟庆
52	中国石化销售股份有限公司北京石油分公司	北京市东城区广渠家园 6 号楼	100022	（010）67006700	（010）67006900	徐旭日
53	中国石化销售有限公司天津石油分公司	天津市南开区南京路 338 号	300100	（022）27201588	（022）27201555	王文联
54	中国石化销售有限公司河北石油分公司	河北省石家庄市槐安东路 6 号	050021	（0311）87182011	（0311）87182888	田凤林

续表

序号	单位名称	地址	邮政编码	电话	传真	董事长 / 经理（厂长）
55	中国石化集团资产经营管理有限公司陕西石油分公司 中国石化销售股份有限公司山西石油分公司	山西省太原市万柏林区大王路 8 号	030024	（0350）2217302	（0350）2217029	董光明
56	中国石化销售有限公司上海石油分公司	上海市黄浦区中山东一路 24 号甲	200002	（021）63219490	（021）63210762	左兴凯
57	中国石化销售有限公司江苏石油分公司	江苏省南京市中山北路 395 号	210003	（025）58808888	（025）58803729	张有根
58	中国石化销售股份有限公司浙江石油分公司	浙江省杭州市河坊街 58 号	310009	（0571）87818833	（0571）87803660	岑利祥
59	中国石化销售有限公司安徽石油分公司	安徽省合肥市屯溪路 188 号	230009	（0551）62212843	（0551）62212900	柴志明
60	中国石化销售有限公司福建石油分公司	福建省福州市中山路 18 号	350003	（0591）87817322	（0591）87817322	丁春生
61	中国石化集团江西石油总公司 中国石化销售股份有限公司江西石油分公司	江西省南昌市洪都北大道 102 号	330046	（0791）88512108	（0791）88511107	毛陆军
62	中国石化销售股份有限公司山东石油分公司	山东省济南市经十路 13777 号 9 栋中国石化山东石油大厦	250014	（0531）85856666	（0531）85856789	江建华
63	中国石化销售股份有限公司河南石油分公司	河南省郑州市郑东新区正光路 16 号	450016	（0371）87520290	（0371）87520299	焦德才
64	中国石化销售有限公司湖北石油分公司	湖北省武汉市硚口区解放大道 606 号	430030	（027）68837000	（027）68837100	于海平
65	中国石化销售股份有限公司湖南石油分公司	湖南省长沙市湘春路 113 号	410008	（0731）84841848	（0731）84841801	黄　河
66	广东省石油企业集团公司 中国石化销售有限公司广东石油分公司	广东省广州市体育西路 191 号中石化大厦 A 塔	510620	（020）38084610	（020）38081618	陈成敏
67	中国石化销售股份有限公司广西石油分公司	广西南宁市桃源路 67 号石油大厦	530021	（0771）6757886	（0771）6757889	李继从
68	中国石化销售有限公司海南石油分公司	海南省海口市滨海大道 163 号	570311	（0898）68680800	（0898）68680909	史东斌
69	中国石化销售有限公司贵州石油分公司	贵州省贵阳市南明区解放路 21 号石化大厦	550000	（0851）85947393 （0851）85986622	（0851）85985810	张家顺

续表

序号	单位名称	地址	邮政编码	电话	传真	董事长 / 经理（厂长）
70	中国石化集团资产经营管理有限公司云南石油分公司 中国石化销售有限公司云南石油分公司	云南省昆明市国贸路 865 号	650029	（0871）63115215	（0871）63115210	杨惠明
71	中国石化燃料油销售有限公司	北京市朝阳区惠新东街甲 6 号	100029	（010）69166666	（010）69168888	刘祖荣
72	中国石化销售有限公司辽宁石油分公司	辽宁省沈阳市皇姑区北陵大街 21 号沈阳天地 B 座平安财富中心 7 层	110000	（024）86629533		周绍海
73	中国石化销售股份有限公司四川石油分公司	四川省成都市高新区天府大道中段吉泰路 688 号中石化西南科研基地	610041	（028）65286812	（028）65286822	杨军泽
74	中国石化销售有限公司重庆石油分公司	重庆市渝中区民族路 188 号环球金融中心 48 楼	400010	（023）63107555	（023）63106320	王红兵
75	中国石化销售股份有限公司陕西石油分公司	陕西省西安市莲湖区北大街 29 号中天国际大厦 10 层	710003	（029）87255916	（029）87403810	杨其明
76	中国石化销售有限公司内蒙古石油分公司	内蒙古呼和浩特市如意开发区如意和大街 28 号万铭总部基地综合楼 5 楼	010090	（0471）5289806	（0471）5289808	张　华
77	中国石化销售有限公司新疆石油分公司	新疆乌鲁木齐长春南路 466 号中国石化科研生产园区 2 楼 B 座	830011	（0991）3163087	（0991）3163086	邱发森
78	中国石化销售股份有限公司吉林石油分公司	吉林省长春市南关区人民大街 10606 号东北亚国际金融中心 3 号楼	10030	（0431）81332986	（0431）81332966	仲　伟
79	中国石化销售股份有限公司黑龙江石油分公司	黑龙江省哈尔滨市通达街 307 号	150000	（0451）51536815		叶　震
80	中国石化销售有限公司青海石油分公司	青海省西宁市城西区海湖路 26 号	810000	（0971）6304329	（0971）6317257	刘踊林
81	中国石化销售有限公司甘肃石油分公司	甘肃省兰州市城关区天水中路 2 号	730030	（0931）8520683	（0931）8833795	冯培育
82	中国石化销售有限公司宁夏石油分公司	宁夏回族自治区银川市兴庆区和北街 1143 号	750000	（0951）3803515	（0951）3859299	杨计明

续表

序号	单位名称	地址	邮政编码	电话	传真	董事长 / 经理（厂长）
83	中国石化销售有限公司西藏石油分公司	西藏拉萨市城关区娘热路 13 号	850000	（0891）6820269	（0891）6820269	伏　韬
84	中国石化销售有限公司华北分公司	天津市华苑产业园区榕苑路 11 号	300384	（022）23059524	（022）23059522	于金广
85	中国石化销售股份有限公司华东分公司	上海市长宁区愚园路 819 号	200050	（021）62119325	（021）62119327	陈　坚
86	中国石化销售有限公司华中分公司	湖北省武汉市江汉区常青路 39 号	430023	（027）65798026	（027）65798015	张洪奎
87	中国石化销售股份有限公司华南分公司	广东省广州市天河区体育西路 191 号中石化大厦	510620	（020）38083931	（020）38083909	田中山
88	中国石油化工股份有限公司石油勘探开发研究院	北京市海淀区学院路 31 号	100083	（010）82312737	（010）82312417	郑和荣
89	中国石化集团石油工程技术研究院有限公司 中国石油化工股份有限公司石油工程技术研究院	北京市朝阳区北辰东路 8 号北辰时代大厦	100101	（010）84988012	（010）84988966	路保平
90	中国石油化工股份有限公司石油物探技术研究院	江苏省南京市江宁区上高路 219 号	211103	（025）68109926	（025）68109900	曲寿利
91	中国石油化工股份有限公司石油化工科学研究院	北京市海淀区学院路 18 号	100083	（010）62310806	（010）62311290	达志坚
92	中国石油化工股份有限公司北京化工研究院	北京市朝阳区北三环东路 14 号	100013	（010）59202342	（010）64228661	吴长江
93	中国石油化工股份有限公司大连石油化工研究院 中国石油化工股份有限公司抚顺石油化工研究院	辽宁省大连市旅顺口区南开街 96 号 辽宁省抚顺市望花区丹东路东段 31 号	116045 113001	（0411）39699999 （024）56389234	（0411）39699000 （024）56429551	方向晨
94	中国石油化工股份有限公司上海石油化工研究院	上海市浦东新区浦东北路 1658 号	201208	（021）68463662	（021）68462283	杨为民
95	中国石油化工股份有限公司青岛安全工程研究院	山东省青岛市崂山区松岭路 339 号	266100	（0532）83786202	（0532）83861318	孙万付
96	中国石化催化剂有限公司	北京市朝阳区惠新东街甲 6 号	100029	（010）69166523	（010）69166878	顾松园
97	中国石化国际事业有限公司	北京市朝阳区朝阳门北大街 22 号	100728	（010）59966049	（010）59760629	王玉冰
98	中国石化集团国际石油勘探开发有限公司 中国石化国际石油勘探开发有限公司	北京市海淀区北四环中路 263 号 北京市朝阳区惠新东街甲 6 号	100083 100029	（010）69165136	（010）69165140	李　勇

续表

序号	单位名称	地址	邮政编码	电话	传真	董事长 / 经理（厂长）
99	中石化石油工程技术服务有限公司	北京市朝阳区吉市口 9 号	100020	（010）59965998	（010）59965997	刘中云 / 袁建强
100	中国石化集团国际石油工程有限公司	北京市朝阳区吉市口 9 号	100020	（010）59965556	（010）59760955	张永杰
101	中石化海洋石油工程有限公司	上海市浦东新区商城路 1225 号	200120	（021）20896811	（021）68769284	张旭 / 周荔青
102	中石化石油工程建设公司	北京市朝阳区吉市口 9 号	100020	（010）59965321	（010）59760975	袁建强
103	中石化石油工程地球物理有限公司	北京市朝阳区吉市口路 9 号	100020	（010）59965715	（010）59760901	周　松
104	中石化胜利石油工程有限公司	山东省东营市东营区济南路 125 号	257000	（0546）8555613 （0546）8710018	（0546）8555026	孙永壮
105	中石化中原石油工程有限公司	河南省濮阳市中原路 277 号	457001	（0393）4816077	（0393）4816077	陈惟国 / 吴柏志
106	中石化江汉石油工程有限公司	湖北省潜江市广华江汉油田局机关	433124	（0728）6502636	（0728）6502632	杨国圣
107	中石化西南石油工程有限公司	四川省成都市高新区吉泰路 688 号中国石化西南科研办公基地	610041	（028）65285566	（028）65285577	张百灵
108	中石化华东石油工程有限公司	江苏省南京市建邺区江东中路 315 号中泰国际广场 6 号楼	210019	（025）58778911	（025）58778977	吴叶成
109	中石化华北石油工程有限公司	河南省郑州市中原区淮河西路 21 号（淮河西路与工人路西 50 米新蒲广场）	450006	（0371）60197619	（0371）60197619	常兴浩
110	中石化石油机械股份有限公司	湖北省武汉市东湖新技术开发区光谷大道 77 号金融港 A2 座 12 层	430205	（027）52306800	（027）52306868	袁建强 / 谢永金
111	中石化炼化工程（集团）股份有限公司	北京市朝阳区慧忠北里安园 19 号兰华国际 B 座	100101	（010）64998021	（010）64998599	向文武
112	中国石化工程建设有限公司	北京市朝阳区安慧北里安园 21 号	100101	（010）84875372	（010）64963395	孙丽丽
113	中石化洛阳工程有限公司	河南省洛阳市中州西路 27 号	471003	（0379）64887749	（0379）64887756	周成平

续表

序号	单位名称	地址	邮政编码	电话	传真	董事长 / 经理（厂长）
114	中石化上海工程有限公司	上海市浦东新区张杨路 769 号	200120	（021）58354214	（021）58358142	吴德荣
115	中石化宁波工程有限公司	浙江省宁波市高新区院士路 660 号	315103	（0574）87975589	（0574）87975199	许一君
116	中石化南京工程有限公司	江苏省南京市江宁区科建路 1189 号	211100	（025）87117369	（025）85561051	徐德勤
117	中石化第四建设有限公司	天津市滨海新区大港世纪大道 180 号	300270	（022）63862214	（022）25990156	周赢冠
118	中石化第五建设有限公司	广东省广州市荔湾区中山七路 81 号	510145	（020）28348128	（020）28348169	衣　浩
119	中石化第十建设有限公司	山东省青岛市黄岛区漓江西路 677 号	266555	（0532）55681666	（0532）55681000	王存庭
120	中国石化长城能源化工有限公司	北京市朝阳区吉市口路 9 号	100020	（010）59965243	（010）59760059	杨　栋
121	中国石化长城能源化工（宁夏）有限公司	宁夏回族自治区灵武市宁东能源化工基地煤化工 C 区	750411	（0951）3098828	（0951）3098833	陆伟群 / 胡传清
122	中安联合煤化有限责任公司	安徽省淮南市潘集区祁集镇煤化工大道经六路	232000	（0554）4239425	（0554）4618888	施华彪
123	中天合创能源有限责任公司	内蒙古自治区鄂尔多斯市乌审旗图克镇	017399	（0477）2247071	（0477）2247618	李少平 / 褚小华
124	中石化百川经济贸易公司（中国石油化工集团公司机关服务中心、中国石油化工集团公司机关服务局）	北京市朝阳区朝阳门北大街 22 号	100728	（010）59960509	（010）59960901	杨　军
125	中国石化化工销售有限公司	北京市朝阳区朝阳门北大街 22 号	100728	（010）59966916	（010）59760728	常振勇
126	中国石化财务有限责任公司	北京市朝阳区朝阳门北大街 22 号	100728	（010）59966700	（010）59760508	赵东 / 程忠
127	中国石化盛骏国际投资有限公司	香港湾仔港湾道 1 号会展广场办公大楼 24 楼		+852 28373336 +852 28373300	+852 28272630	寿东华 / 赵立
128	中石化保险有限公司	香港湾仔港湾道 1 号会展办公大楼 20 楼	999077	+852 28633011	+852 28632333	支华 / 刘继锋

续表

序号	单位名称	地址	邮政编码	电话	传真	董事长 / 经理（厂长）
129	中石化保险经纪有限公司	北京市朝阳区朝阳门北大街 22 号		（010）59965497		支华 / 李军航
130	上海浙石期货经纪有限公司	上海市浦东新区浦电路 438 号	200120	（021）50586901	（021）50586903	俞国华
131	太平石化金融租赁有限责任公司	上海市浦东新区银城中路 488 号太平金融大厦 4102 室	200120	（021）61625379	（021）61625389	陈锦奎 / 史立明
132	实华国际租赁有限公司	北京市建国门外大街 1 号				
133	中国石化集团资本有限公司	北京市朝阳区东三环中路 1 号环球金融中心东塔 22 层	100026	(010) 56633668		黄文生
134	中国国际石油化工联合有限责任公司	北京市朝阳区朝阳门北大街 22 号	100728	（010）59966528	（010）59966698	陈　波
135	中国石油化工股份有限公司天然气分公司	北京市朝阳区惠新东街甲 6 号	100029	（010）69166083	（010）69196617	段彦修
136	中国石化新疆煤制天然气外输管道有限责任公司	北京市朝阳区吉市口路 9 号	100020	（010）59965189	（010）59760084	高爱华 / 沈琛
137	中国石化集团新星石油有限责任公司	北京市海淀区北四环中路 263 号	100083	（010）82335563	（010）82335152	张召平
138	中国石化集团管道储运公司 中国石化管道储运有限公司	江苏省徐州市泉山区翟山新村Ⅶ区	221008	（0516）83453144	（0516）83453386	夏于飞
139	中国石化集团共享服务有限公司	北京市朝阳区吉市口路 9 号	100020	（010）59965596		刘利君
140	中国石油化工集团公司经济技术研究院（中国石化咨询有限责任公司）	北京市朝阳区安外小关街 24 号	100029	（010）52826100	（010）52826200	戴宝华
141	中国石化报社	北京市朝阳区吉市口 9 号	100020	（010）59963277	（010）59762243	陈维松
142	中国经济出版社有限公司	北京市东城区安定门外大街 58 号	100011	（010）57512507		周志明
143	中国石化出版社有限公司	北京市东城区安定门外大街 58 号	100011	（010）57512507		周志明
144	石油化工管理干部学院	北京市朝阳区立水桥北甲 1 号	100012	（010）52591895	（010）52591919	李德芳

附录 2

制度性文件名一览表

序号	制度名称	制度文号
1	中国石化集团公司领导班子成员基层联系点工作规定（试行）	中国石化党组〔2018〕35 号
2	中国石油化工集团有限公司党组民主生活会制度	中国石化党组〔2018〕78 号
3	中国石化党务公开实施办法（试行）	中国石化党组〔2018〕93 号
4	中国石化企业主要负责人履行法治建设第一责任人职责实施办法	中国石化党组〔2018〕26 号
5	中国石化领导人员异地交流若干规定	中国石化党组〔2018〕42 号
6	中国石油化工集团公司党组巡视工作办法	中国石化党组〔2018〕21 号
7	关于被巡视单位党委配合党组巡视工作的规定	中国石化党组〔2018〕66 号
8	集团公司督办工作管理办法（试行）	中国石化办〔2018〕1 号
9	中国石化建设工程电子招标投标交易平台　电子文件归档和电子档案管理办法（试行）	中国石化办〔2018〕429 号
10	中国石化统计工作考评办法	中国石化计〔2018〕266 号
11	中国石化资产调剂管理办法	中国石化财〔2018〕285 号
12	中国石油化工集团公司资产管理办法	中国石化财〔2018〕331 号
13	中国石化持续推进全员成本目标管理考评奖励办法	中国石化财〔2018〕470 号
14	中国石化金融衍生品业务管理规定	中国石化财〔2018〕484 号
15	中国石化境外区域财税协调管理细则（试行）	中国石化财〔2018〕490 号
16	中国石化税务管理办法（试行）	中国石化财〔2018〕501 号
17	中国石化直属机构与非直属法人单位设立变更撤销管理办法	中国石化企〔2018〕443 号
18	中国石化绩效考核管理办法	中国石化人〔2018〕202 号
19	中国石化直属单位领导人员绩效考核管理办法	中国石化人〔2018〕291 号
20	中国石化违规违纪党组管理领导人员薪酬扣减实施办法（试行）	中国石化人〔2018〕463 号
21	中国石化用工总量管理办法	中国石化人〔2018〕61 号
22	中国石化安全仪表系统安全完整性等级评估管理办法（试行）	中国石化安〔2018〕150 号
23	中国石化作业安全分析（JSA）管理办法	中国石化安〔2018〕174 号
24	中国石化生产区域及作业工地封闭化管理规定	中国石化安〔2018〕176 号
25	关于印发《中国石化安全生产保证基金资金管理办法》的通知	中国石化安〔2018〕17 号
26	中国石化安全生产保证基金自然灾害及事故损失赔偿细则	中国石化安〔2018〕18 号
27	中国石化生产安全事故管理规定	中国石化安〔2018〕191 号
28	中国石化危险化学品及危险化工工艺安全管理规定	中国石化安〔2018〕192 号

续表

序号	制度名称	制度文号
29	中国石化生产变更安全管理规定	中国石化安〔2018〕195 号
30	中国石化防雷防静电安全管理办法	中国石化安〔2018〕197 号
31	中国石化危险化学品重大危险源安全管理办法	中国石化安〔2018〕199 号
32	中国石化叉车安全管理细则	中国石化安〔2018〕226 号
33	中国石化安全设施管理办法	中国石化安〔2018〕232 号
34	中国石化生产安全风险和隐患排查治理双重预防机制管理规定	中国石化安〔2018〕268 号
35	中国石化全员安全行为规范（试行）	中国石化安〔2018〕271 号
36	员工健康管理规定	中国石化安〔2018〕272 号
37	中国石化长输油气管道完整性管理规定（试行）	中国石化安〔2018〕275 号
38	中国石化交通安全管理规定（试行）	中国石化安〔2018〕277 号
39	中国石化公共管廊运行安全管理规定（试行）	中国石化安〔2018〕283 号
40	中国石化公共安全管理规定（试行）	中国石化安〔2018〕296 号
41	中国石化 HSSE 检查监督管理规定	中国石化安〔2018〕303 号
42	中国石化生产异常情况安全管理规定	中国石化安〔2018〕314 号
43	企业应急演练评估工作指南	中国石化安〔2018〕320 号
44	中国石化安全记录管理规定（试行）	中国石化安〔2018〕326 号
45	中国石化作业许可管理规定	中国石化安〔2018〕327 号
46	中国石化安全科技管理办法	中国石化安〔2018〕338 号
47	中国石化工会安全监督作用管理规定	中国石化安〔2018〕33 号
48	中国石化安全培训与安全能力提升管理规定（试行）	中国石化安〔2018〕347 号
49	中国石化危化品承运商安全监督管理规定（试行）	中国石化安〔2018〕351 号
50	中国石化应急管理规定	中国石化安〔2018〕357 号
51	中国石化 HSSE 管理体系管理规定（试行）	中国石化安〔2018〕385 号
52	中国石化装置设施拆除安全管理办法	中国石化安〔2018〕401 号
53	中国石化生产安全事故责任追究管理办法	中国石化安〔2018〕409 号
54	中国石化应急队伍管理办法（试行）	中国石化安〔2018〕415 号
55	中国石化应急能力评估管理办法（试行）	中国石化安〔2018〕416 号
56	中国石化建设项目安全、职业病防护、消防设施“三同时”管理办法	中国石化安〔2018〕448 号
57	中国石化设备（设施）安全监督管理办法	中国石化安〔2018〕461 号
58	中国石化合资及委托管理类企业安全管理暂行规定	中国石化安〔2018〕63 号

续表

序号	制度名称	制度文号
59	中国石化建设项目设计安全管理办法	中国石化安〔2018〕67 号
60	中国石化境内公共安全风险评估及分级管控规范	中国石化安〔2018〕88 号
61	中国石化建设项目环境保护管理规定	中国石化能〔2018〕165 号
62	中国石化建设项目竣工环境保护验收管理实施细则（试行）	中国石化能〔2018〕181 号
63	中国石化环境保护检查与督查工作管理办法	中国石化能〔2018〕414 号
64	中国石化突发环境事件应急管理办法	中国石化能〔2018〕503 号
65	中国石化突发环境事件调查统计管理办法	中国石化能〔2018〕504 号
66	中国石化突发环境事件风险管理办法	中国石化能〔2018〕505 号
67	中国石化能源环境绩效考核实施细则	中国石化能〔2018〕62 号
68	中国石油化工股份有限公司违规经营投资责任追究实施办法（试行）	石化股份审〔2018〕337 号
69	中国石油化工集团有限公司违规经营投资责任追究实施办法（试行）	中国石化审〔2018〕499 号
70	中国石油化工股份有限公司职工处分规定	石化股份监〔2018〕290 号
71	中国石油化工集团有限公司职工处分规定	中国石化监〔2018〕442 号
72	中国石化生产调度信息报送管理规定	中国石化生〔2018〕225 号
73	中国石化信息化建设与运行维护费用分摊管理办法（试行）	中国石化财〔2018〕454 号
74	中国石化总部大楼有偿使用管理办法（试行）	中国石化财〔2018〕491 号
75	中国石化科技孵化器管理办法（试行）	中国石化科〔2018〕111 号
76	中国石化技术奖酬金管理办法	中国石化科〔2018〕157 号
77	中国石化科技成果转化推广激励实施细则	中国石化科〔2018〕158 号
78	中国石化总部法律费用预算和分担管理办法	中国石化法〔2018〕307 号
79	中国石化商标管理办法	中国石化法〔2018〕341 号
80	中国石化授权委托管理办法	中国石化法〔2018〕362 号
81	中国石化工商事务管理办法	中国石化法〔2018〕368 号
82	中国石化法律中介机构管理办法	中国石化法〔2018〕460 号
83	油气田和长输管道建设安装工程停（待）工计费办法（暂行）	中国石化建〔2018〕234 号
84	中国石化建设工程分包发包管理办法	中国石化建〔2018〕252 号
85	中国石化建设工程招标投标管理规定	中国石化建〔2018〕263 号
86	中国石化技术引进工作流程	中国石化物〔2018〕112 号
87	中国石化易派客平台物资采购业务运行管理办法（试行）	中国石化物〔2018〕117 号
88	中国石化网上采购管理办法	中国石化物〔2018〕22 号

续表

序号	制度名称	制度文号
89	中国石化物资采购供应资源管理办法	中国石化物〔2018〕282 号
90	中国石化应急抢险物资供应管理办法（试行）	中国石化物〔2018〕286 号
91	中国石化火工器材采购实施细则	中国石化物〔2018〕308 号
92	中国石化询比价采购管理办法	中国石化物〔2018〕55 号
93	中国石化重大装备国产化项目管理办法	中国石化物〔2018〕93 号
94	中国石化生产营运指挥系统运维管理办法	中国石化信〔2018〕264 号
95	中国石化卫星通信网络管理办法	中国石化信〔2018〕298 号
96	中国石化网络区域中心运行管理办法	中国石化信〔2018〕299 号
97	中国石化服务器操作系统补丁管理办法	中国石化信〔2018〕369 号
98	酸性气田净化装置换热设备检维修更新改造及报废管理办法（试行）	石化股份油〔2018〕204 号
99	中国石油化工股份有限公司炼油装置非计划停工管理办法	石化股份炼〔2018〕136 号
100	中国石油化工股份有限公司炼油调度汇报办法	石化股份炼〔2018〕191 号
101	化工板块持续推进全员成本目标管理考评奖励细则	中国石化化〔2018〕510 号
102	中国石化对口支援及扶贫工作考核管理办法	中国石化销〔2018〕508 号
103	中国石化对口支援及定点扶贫项目执行和资金使用管理办法	中国石化销〔2018〕509 号
104	中国石化销售有限公司合资企业管理办法	石化股份销财〔2018〕775 号
105	中国石化销售有限公司公共安全管理办法（试行）	石化股份销安〔2018〕784 号
106	中国石化销售有限公司 LNG 点供站 HSSE 管理规范	石化股份销气〔2018〕756 号
107	中国石化销售有限公司天然气物流运行管理办法（试行）	石化股份销气〔2018〕681 号
108	中国石化销售有限公司审计发现问题整改管理办法	石化股份销审〔2018〕682 号
109	中国石化销售有限公司地市级企业主要负责人 HSSE 考核办法	石化股份销安〔2018〕562 号
110	中国石化销售有限公司基层管理人员及一线员工培训管理办法	石化股份销人〔2018〕466 号
111	中共中国石化销售有限公司党委运用监督执纪“第一种形态”开展谈话工作实施细则	石化股份销党〔2018〕16 号
112	中共中国石化销售有限公司党委党风廉洁建设责任追究实施细则（试行）	石化股份销党〔2018〕17 号
113	中共中国石化销售有限公司党委党风廉洁建设约谈制度的规定	石化股份销党〔2018〕18 号
114	中国石化销售有限公司企业主要负责人履行法治建设第一责任人职责实施办法	石化股份销企〔2018〕423 号
115	中国石化销售有限公司信息系统接口管理办法	石化股份销信〔2018〕405 号
116	中国石化销售有限公司宣传工作绩效考核细则	石化股份销党〔2018〕12 号

续表

序号	制度名称	制度文号
117	中国石化销售有限公司典型经验管理办法	石化股份销企〔2018〕362 号
118	中国石化销售有限公司机关处级人员廉洁情况“活页夹”管理办法（试行）	石化股份销纪〔2018〕5 号
119	中国石化销售有限公司机关工作人员上交礼金礼品管理办法	石化股份销纪〔2018〕4 号
120	中共中国石化销售有限公司党委机关党支部组织生活实施细则	石化股份销党〔2018〕5 号
121	中共中国石化销售有限公司党委党员领导干部民主生活会制度实施细则	石化股份销党〔2018〕6 号
122	中共中国石化销售有限公司党委中心组学习实施细则	石化股份销党〔2018〕8 号
123	中共中国石化销售有限公司党委党建工作责任制实施办法	石化股份销党〔2018〕7 号
124	中国石化销售有限公司机关工会经费管理实施细则	石化股份销政〔2018〕335 号
125	中共中国石化销售有限公司党委成员参加双重组织生活规定	石化股份销党〔2018〕10 号
126	中共中国石化销售有限公司党委机关发展党员及党员组织关系管理规定	石化股份销党〔2018〕9 号
127	中国石化销售有限公司党建系统化管理考核办法（试行）	石化股份销党〔2018〕4 号
128	中国石化销售有限公司机关激励性年金管理办法	石化股份销劳〔2018〕239 号
129	中国石化销售有限公司信息项目需求管理办法	石化股份销信〔2018〕234 号
130	中国石化销售有限公司 HSSE 管理能力综合评价考核办法	石化股份销安〔2018〕125 号
131	中国石化销售有限公司境内合资公司人力资源管理办法	石化股份销人〔2018〕29 号
132	中国石化销售有限公司办公用品管理细则	石化股份销办〔2018〕5 号

索　引

企事业单位主题词索引　|　表题索引

企事业单位主题词索引

使用说明

1. 本索引引用主题词分析索引法编制。

2. 本索引按汉语拼音音序排列。具体如下：以英文字母开头的，排在最前面；汉字标目则按首字的音序、音调依次排列，首字相同时，则以第二个字排序，并依次类推。

3. 在索引中，索引标目之后的数字表示主题内容所在年鉴正文的页码；英文字母a、b分别表示左、右两个栏目。

4. 为反映索引款目的逻辑关系。对于二级目录，采取在上一级标目下缩两格的编排形式予以体现，之下的索引款目仍按上列排序方法依次排列。

A

B

C

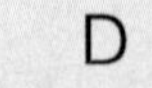

D

F

G

H

J

K

L

M

N

Q

R

S

T

Y

Z

表题索引

使用说明

1. 本索引采用表题索引法编制。年鉴中所有表题均在标引范围内。

2. 本索引基本上按汉语拼音音序排列。具体如下：以数字开头的，排在最前面；汉字标目则按首字的音序、音调依次排列，首字相同时，则以第二个字排序，并依次类推。

3. 在索引中，索引标目之后的数字表示主题内容所在年鉴正文的页码。

0~9

A

B

C

D

F

G

H

J

L

M

N

Q

R

S

T

W

X

Y

Z